D1725064

OR
Schweizerisches Obligationenrecht

OR

**Schweizerisches Obligationenrecht
mit Nebengesetzen und Verordnungen
sowie Bundesgerichtspraxis**

Herausgegeben und
mit Anmerkungen versehen von
Dr. iur. Sebastian Aeppli

37. Auflage / Ausgabe 2008

orell füssli Verlag AG

Stand der Gesetzgebung: 1. Januar 2008
Stand der Praxis: bis und mit BGE 133 III 350

Siebenunddreissigste, überarbeitete und erweiterte Auflage 2008
© Orell Füssli Verlag AG, Zürich
www.ofv.ch

Druck: Ebner & Spiegel, Ulm
ISBN 978-3-280-07203-5 (Einzelband)
ISBN 978-3-280-07204-2 (Kombinationsband OR/ZGB)

Bibliografische Information der Deutschen Bibliothek:
Die Deutsche Bibliothek verzeichnet diese Publikation in der
Deutschen Nationalbibliografie; detaillierte bibliografische
Daten sind im Internet abrufbar über http://dnb.ddb.de

Vorwort

Aus dem Vorwort zur 1. und 2. Auflage

Am 1. Juli 1937 tritt das Gesetz in Kraft, das von der Redaktionskommission der letzte Baustein zum schweizerischen Zivilgesetzbuch genannt wird; es enthält die Titel 24 bis 33 des Obligationenrechts, das seinerseits den fünften Teil des Zivilgesetzbuches bildet. Das alte Obligationenrecht, vom 14. Juni 1881, war, nach Revision der übrigen Titel, am 1. Januar 1912, mit dem Zivilgesetzbuch neu in Kraft getreten. Die Revision der Titel 24 bis 33, also in der Hauptsache des Gesellschaftsrechtes und des Handelsregisters, wurde durch einen Entwurf von Prof. Eugen Huber, dem Schöpfer des Zivilgesetzbuches, in Angriff genommen. Dieser Entwurf lag im März 1920 vor; er enthielt als neue Gesellschaftsform die «Gelegenheitsgesellschaft», welche, zusammen mit der Kollektiv- und der Kommanditgesellschaft, die «Handelsgesellschaften ohne Persönlichkeit» bildete. Den übrigen Gesellschaftsformen, der Aktien-, der Kommanditaktiengesellschaft und der Genossenschaft, den «Handelsgesellschaften mit Persönlichkeit», gingen gemeinsame Bestimmungen voraus. In einem Anhang war, inoffiziell, die Gesellschaft mit beschränkter Haftung aufgenommen. Einen Abschnitt der «Wertpapiere» bildete die Gläubigergemeinschaft bei Anleihensobligationen, die, 1918 als bundesrätliche Notverordnung erlassen, eine dauernde Rechtseinrichtung werden sollte. Zum Wechselrecht war die Wechselordnung nach dem internationalen Abkommen vom 23. Juli 1912, mit Abänderungen und Ergänzungen, erklärt. Prof. Eugen Huber musste das Werk bald aus den Händen legen; er starb am 24. April 1923.

Die nächste Etappe des Revisionswerkes war ein Entwurf von Altbundesrat Dr. A. Hoffmann vom Dezember 1923; nach Bearbeitung durch eine grosse Expertenkommission – und nach dem Ableben von Dr. Hoffmann – unterbreitete der Bundesrat der Bundesversammlung den Gesetzesentwurf über die Revision der Titel 24 bis 33 mit Botschaft vom 21. Februar 1928. Die Gelegenheitsgesellschaft war gestrichen, dagegen die Gesellschaft mit beschränkter Haftung endgültig aufgenommen. Die Trennung in Handelsgesellschaften mit und ohne juristische Persönlichkeit war fallengelassen; es sollte keine Stellung genommen werden zur Frage, ob die Kollektiv- sowie die Kommanditgesellschaft die juristische Persönlichkeit besitzen, und die Genossenschaft sollte nicht als Handelsgesellschaft behandelt werden. Die Haager Wechselordnung vom 23. Juli 1912 blieb die Grundlage des Wechselrechtes.

Das Genfer Abkommen vom 7. Juni 1930/19. März 1931 zur Vereinheitlichung des Wechsel- und Checkrechts hatte Änderungen des Entwurfs zur Folge, welche mit der bundesrätlichen Nachtragsbotschaft vom 12. Februar 1932 vorgelegt wurden.

Die eidgenössischen Räte beschäftigten sich mit diesen letzten Entwürfen in den Jahren 1931 bis 1936; die stenographischen Verhandlungsberichte liegen in einer Separatausgabe vor. Den Abschluss des Werkes bildet der Präsidialbericht der von der Bundesversammlung bestellten Redaktionskommission vom 8. Dezember 1936.

Dieser Ausgabe sind die Einführungsartikel des Zivilgesetzbuches vorangestellt, die auch das Obligationenrecht beherrschen. Mit den Anmerkungen sollen die vielverzweigten Zusammenhänge übersichtlicher gemacht werden, und sie verweisen auf einige grundlegende Entscheidungen des Bundesgerichts, wie sie auch der berücksichtigen kann, der nicht in die Einzelheiten eines Kommentars eingehen will. Die Randtitel, die Bestandteil des Gesetzes bilden, sind aus Gründen der Übersichtlichkeit in den Text gesetzt.

Zürich, im März/August 1937   Dr. W. Stauffacher

Aus dem Vorwort zur 18. Auflage

Nachdem der verdienstvolle Begründer und bisherige Herausgeber dieser Gesetzesausgabe, Dr. W. Stauffacher, leider am 17. Oktober 1967 verstorben war, übertrug die Verlagsleitung mir die ehrenvolle Aufgabe, die Edition fortzuführen. Ich werde mich bemühen, dies weiterhin im Sinne Dr. Stauffachers zu tun, also eine wissenschaftlich einwandfreie, für den praktischen Gebrauch bestimmte Taschenausgabe der einschlägigen Rechtsquellen vorzulegen.

Zürich, im März 1969   Dr. Heinz Aeppli

Vorwort zur 37. Auflage

Das GmbH Recht wurde umfassend revidiert. Auch das Revisionsrecht wurde revidiert. Diese beiden Neuordnungen treten per 1. Januar 2008 in Kraft. Die Handelsregisterverordnung wurde auch per 1. Januar 2008 umfassend revidiert. Diese umfangreichen Gesetzesänderungen wurden in den Anmerkungen und im Sachregister berücksichtigt. Im Aktienrecht wurden die Vergütungen an Mitglieder des Verwaltungsrates und der Geschäftsleitung transparenter gestaltet. Als neue Nebenerlasse wurden aufgenommen: Das Versicherungsvertragsgesetz, das Revisionsaufsichtsgesetz, die Geschäftsbücherverordnung und das Arbeitsgesetz.

Die Gesetzgebung ist somit bis zum 1. Januar 2008 nachgeführt, die bundesgerichtliche Rechtsprechung bis BGE 133 III 350. Dabei wurde ab BGE 100 zu mehr Bundesgerichtsentscheiden ein Stichwort angegeben. Das Sachregister ist aktualisiert worden.

Zollikon, im Dezember 2007   Dr. Sebastian Aeppli

Inhaltsübersicht

Inhaltsverzeichnis

14

17

19

33

63

Abkürzungsverzeichnis

Blosse Ziffern der Anmerkungen bedeuten Artikel des OR.

Abs.	Absatz
Anm.	Anmerkung
ArG	BG über die Arbeit in Industrie, Gewerbe und Handel vom 13. März 1964, SR 822.11 (→ Nr. 19)
Art.	Artikel
AS	Amtliche Sammlung der eidgenössischen Gesetze und Verordnungen seit 1948
BankG	BG über die Banken und Sparkassen vom 8. November 1934, SR 952.0
BB	Bundesbeschluss
BBl	Schweizerisches Bundesblatt
BewG	BG über den Erwerb von Grundstücken durch Personen im Ausland vom 16. Dezember 1983, SR 211.412.41 (→ Nr. 3)
BG	Bundesgesetz
BGBB	BG über das bäuerliche Bodenrecht vom 4. Oktober 1991, SR 211.412.11
BGE	Entscheidungen des schweizerischen Bundesgerichtes, amtliche Sammlung
Bot.	Botschaft (Bericht) des Bundesrates zur Revision 1920, 1928, 1932
BRB	Bundesratsbeschluss
BS	Bereinigte Sammlung der Bundesgesetze und Verordnungen 1848–1947
BV	Bundesverfassung der Schweizerischen Eidgenossenschaft vom 18. April 1999, SR 101
BVG	BG über die berufliche Alters-, Hinterlassenen- und Invalidenvorsorge vom 25. Juni 1982, SR 831.40
BZG	BG über den Bevölkerungsschutz und den Zivilschutz vom 4. Oktober 2002, SR 520.1
DesG	BG über den Schutz von Design vom 5. Oktober 2001, SR 232.12
EHG	BG betr. die Haftpflicht der Eisenbahn- und Dampfschiffunternehmungen vom 28. März 1905, SR 221.112.742
EleG	BG betr. die elektrischen Schwach- und Starkstromanlagen vom 24. Juni 1902, SR 734.0

EntsG	BG über die in die Schweiz entsandten Arbeitnehmer und Arbeitnehmerinnen vom 8. Oktober 1999, SR 823.20
FusG	BG über Fusion, Spaltung, Umwandlung und Vermögensübertragung vom 3. Oktober 2003, SR 221.301 (→ Nr. 12)
FZG	BG über die Freizügigkeit in der beruflichen Alters-, Hinterlassenen- und Invalidenvorsorge vom 17. Dezember 1993, SR 831.42
GeBüV	VO über die Führung und Aufbewahrung der Geschäftsbücher vom 24. April 2002, SR 221.431 (→ Nr. 16)
GestG	BG über den Gerichtsstand in Zivilsachen vom 24. März 2000, SR 272
GlG	BG über die Gleichstellung von Frau und Mann vom 24. März 1995, SR 151.1 (→ Nr. 2)
GSchG	BG über den Schutz der Gewässer vom 24. Januar 1991, SR 814.20
HandelsrG	BG über das Gewerbe der Reisenden vom 23. März 2001, SR 943.1
HRegV	Handelsregisterverordnung vom 7. Juni 1937, SR 221.411 (→ Nr. 14)
IPRG	BG über das Internationale Privatrecht vom 18. Dezember 1987, SR 291
JSG	BG über die Jagd und den Schutz wildlebender Säugetiere und Vögel vom 20. Juni 1986, SR 922.0
KG	BG über Kartelle und andere Wettbewerbsbeschränkungen vom 6. Oktober 1995, SR 251
KHG	Kernenergiehaftpflichtgesetz vom 18. März 1983, SR 732.44
KKG	BG über den Konsumkredit vom 23. März 2001, SR 221.214.1 (→ Nr. 9)
LFG	BG über die Luftfahrt vom 21. Dezember 1948, SR 748.0
lit.	litera
LPG	BG über die landwirtschaftliche Pacht (→ Nr. 7)
MSchG	BG über den Schutz von Marken und Herkunftsangaben vom 28. August 1992, SR 232.11
OR	Schweizerisches Obligationenrecht vom 30. März 1911, SR 220
PatG	BG betr. die Erfindungspatente vom 25. Juni 1954, SR 232.14
PG	Postgesetz vom 30. April 1997, SR 783.0
RAG	BG über die Zulassung und Beaufsichtigung der Revisorinnen und Revisoren vom 16. Dezember 2005, SR 221.302 (→ Nr. 13)
RLG	BG über Rohrleitungsanlagen zur Beförderung flüssiger oder gasförmiger Brenn- oder Treibstoffe vom 4. Oktober 1963, SR 746.1
SchKG	BG über Schuldbetreibung und Konkurs vom 11. April 1889, SR 281.1
SchlT	Schlusstitel des Zivilgesetzbuches
SchUeB	Schluss- und Übergangsbestimmungen
SprstG	BG über explosionsgefährliche Stoffe vom 25. März 1977, SR 941.41
SR	Systematische Sammlung des Bundesrechtes

StGB	Schweizerisches Strafgesetzbuch vom 21. Dezember 1937, SR 311.0
SVG	BG über den Strassenverkehr vom 19. Dezember 1958, SR 741.01
TG	BG über den Transport im öffentlichen Verkehr vom 4. Oktober 1985, SR 742.40
URG	BG über das Urheberrecht und verwandte Schutzrechte vom 9. Oktober 1992, SR 231.1
UVG	BG über die Unfallversicherung vom 20. März 1981, SR 832.20
USG	BG über den Umweltschutz vom 7. Oktober 1983, SR 814.01
UWG	BG gegen den unlauteren Wettbewerb vom 19. Dezember 1986, SR 241 (→ Nr. 18)
VVG	BG über den Versicherungsvertrag vom 2. April 1908, SR 221.229.1 (→ Nr. 11)
VZG	VO des Bundesgerichtes über die Zwangsverwertung von Grundstücken vom 23. April 1920, SR 281.42
VerantwG	BG über die Verantwortlichkeit des Bundes sowie seiner Behördemitglieder und Beamten vom 14. März 1958, SR 170.32
VMWG	VO über die Miete und Pacht von Wohn- und Geschäftsräumen vom 9. Mai 1990, SR 221.213.11 (→ Nr. 5)
VO	Verordnung
ZGB	Schweizerisches Zivilgesetzbuch vom 10. Dezember 1907, SR 210
Ziff.	Ziffer

■   Bestimmungen, die zuungunsten des Arbeitgebers wie des Arbeitnehmers nicht abänderbar sind (Art. 361).

◆   Bestimmungen, die zuungunsten des Arbeitnehmers nicht abänderbar sind (Art. 362).

Schweizerisches Obligationenrecht mit Anmerkungen

Nr. 1 Bundesgesetz betreffend die Ergänzung des Schweizerischen Zivilgesetzbuches (Fünfter Teil: Obligationenrecht)

vom 30. März 1911 (Stand am 1. Januar 2008)

SR 220

Die Bundesversammlung der Schweizerischen Eidgenossenschaft,
nach Einsicht in die Botschaften des Bundesrates vom 3. März 1905 und 1. Juni 1909[1],
beschliesst:

Das Obligationenrecht

Erste Abteilung: Allgemeine Bestimmungen

Erster Titel: Die Entstehung der Obligationen

Erster Abschnitt: Die Entstehung durch Vertrag

Art. 1 A. Abschluss des Vertrages
I. Übereinstimmende Willensäusserung
1. Im Allgemeinen

[1] Zum Abschlusse eines Vertrages ist die übereinstimmende gegenseitige Willensäusserung der Parteien erforderlich.

[2] Sie kann eine ausdrückliche oder stillschweigende sein.

> OR 8. Vertragsfähigkeit: ZGB 12 ff. Übereinstimmung: BGE 64 II 11.

Art. 2 2. Betreffende Nebenpunkte

[1] Haben sich die Parteien über alle wesentlichen Punkte geeinigt, so wird vermutet, dass der Vorbehalt von Nebenpunkten die Verbindlichkeit des Vertrages nicht hindern solle.

[2] Kommt über die vorbehaltenen Nebenpunkte eine Vereinbarung nicht zustande, so hat der Richter über diese nach der Natur des Geschäftes zu entscheiden.

[3] Vorbehalten bleiben die Bestimmungen über die Form der Verträge.

> OR 12 ff. BGE 108 II 112 (Miete). Nebenpunkte: BGE 54 II 303.

---

1 AS 27 317 und BS 2 199
BBl 1905 II 1, 1909 III 725, 1911 I 845

Art. 3   II. Antrag und Annahme
               1. Antrag mit Annahmefrist

[1] Wer einem andern den Antrag zum Abschlusse eines Vertrages stellt und für die Annahme eine Frist setzt, bleibt bis zu deren Ablauf an den Antrag gebunden.

[2] Er wird wieder frei, wenn eine Annahmeerklärung nicht vor Ablauf dieser Frist bei ihm eingetroffen ist.

> Subskription, Submission. VVG 1.

Art. 4   2. Antrag ohne Annahmefrist
               a. Unter Anwesenden

[1] Wird der Antrag ohne Bestimmung einer Frist an einen Anwesenden gestellt und nicht sogleich angenommen, so ist der Antragsteller nicht weiter gebunden.

[2] Wenn die Vertragschliessenden oder ihre Bevollmächtigten sich persönlich des Telefons bedienen, so gilt der Vertrag als unter Anwesenden abgeschlossen.

Art. 5   b. Unter Abwesenden

[1] Wird der Antrag ohne Bestimmung einer Frist an einen Abwesenden gestellt, so bleibt der Antragsteller bis zu dem Zeitpunkte gebunden, wo er den Eingang der Antwort bei ihrer ordnungsmässigen und rechtzeitigen Absendung erwarten darf.

[2] Er darf dabei voraussetzen, dass sein Antrag rechtzeitig angekommen sei.

[3] Trifft die rechtzeitig abgesandte Annahmeerklärung erst nach jenem Zeitpunkte bei dem Antragsteller ein, so ist dieser, wenn er nicht gebunden sein will, verpflichtet, ohne Verzug hievon Anzeige zu machen.

Art. 6   3. Stillschweigende Annahme

Ist wegen der besonderen Natur des Geschäftes oder nach den Umständen eine ausdrückliche Annahme nicht zu erwarten, so gilt der Vertrag als abgeschlossen, wenn der Antrag nicht binnen angemessener Frist abgelehnt wird.

> OR 395. IPRG 123. BGE 71 II 223; 100 II 18 (Miete); 112 II 500 (Rechnung); 114 II 250 (Bestätigungsschreiben).

Art. 6a[1]   3a. Zusendung unbestellter Sachen

[1] Die Zusendung einer unbestellten Sache ist kein Antrag.

[2] Der Empfänger ist nicht verpflichtet, die Sache zurückzusenden oder aufzubewahren.

[3] Ist eine unbestellte Sache offensichtlich irrtümlich zugesandt worden, so muss der Empfänger den Absender benachrichtigen.

Art. 7   4. Antrag ohne Verbindlichkeit, Auskündung, Auslage

[1] Der Antragsteller wird nicht gebunden, wenn er dem Antrage eine die Behaftung ablehnende Erklärung beifügt, oder wenn ein solcher Vorbehalt sich aus der Natur des Geschäftes oder aus den Umständen ergibt.

[2] Die Versendung von Tarifen, Preislisten u. dgl. bedeutet an sich keinen Antrag.

[3] Dagegen gilt die Auslage von Waren mit Angabe des Preises in der Regel als Antrag.

> Abs. 3: BGE 80 II 35. UWG 20a ff., → Nr. 18.

Art. 8   5. Preisausschreiben und Auslobung

[1] Wer durch Preisausschreiben oder Auslobung für eine Leistung eine Belohnung aussetzt, hat diese seiner Auskündung gemäss zu entrichten.

[2] Tritt er zurück, bevor die Leistung erfolgt ist, so hat er denjenigen, die auf Grund der Auskündung in guten Treuen Aufwendungen gemacht haben, hierfür bis höchstens zum Betrag der ausgesetzten Belohnung Ersatz zu leisten, sofern er nicht beweist, dass ihnen die Leistung doch nicht gelungen wäre.

> Auch mündlich: BGE 39 II 595.

Art. 9   6. Widerruf des Antrages und der Annahme

[1] Trifft der Widerruf bei dem anderen Teile vor oder mit dem Antrage ein, oder wird er bei späterem Eintreffen dem andern zur Kenntnis gebracht, bevor dieser vom Antrag Kenntnis genommen hat, so ist der Antrag als nicht geschehen zu betrachten.

[2] Dasselbe gilt für den Widerruf der Annahme.

Art. 10   III. Beginn der Wirkungen eines unter Abwesenden geschlossenen Vertrages

[1] Ist ein Vertrag unter Abwesenden zustande gekommen, so beginnen seine Wirkungen mit dem Zeitpunkte, wo die Erklärung der Annahme zur Absendung abgegeben wurde.

[2] Wenn eine ausdrückliche Annahme nicht erforderlich ist, so beginnen die Wirkungen des Vertrages mit dem Empfange des Antrages.

1   Eingefügt durch Ziff. I des BG vom 5. Okt. 1990, in Kraft seit 1. Juli 1991 (AS 1991 846 848; BBl 1986 II 354).

Art. 11   B. Form der Verträge
I. Erfordernis und Bedeutung im Allgemeinen

[1] Verträge bedürfen zu ihrer Gültigkeit nur dann einer besonderen Form, wenn das Gesetz eine solche vorschreibt.

[2] Ist über Bedeutung und Wirkung einer gesetzlich vorgeschriebenen Form nicht etwas anderes bestimmt, so hängt von deren Beobachtung die Gültigkeit des Vertrages ab.

> OR 19 Abs. 2. ZGB 10. IPRG 124.
> Abs. 1: BGE 81 II 502.
> Abs. 2: BGE 75 II 148; 86 II 230.

Art. 12   II. Schriftlichkeit
1. Gesetzlich vorgeschriebene Form
a. Bedeutung

Ist für einen Vertrag die schriftliche Form gesetzlich vorgeschrieben, so gilt diese Vorschrift auch für jede Abänderung, mit Ausnahme von ergänzenden Nebenbestimmungen, die mit der Urkunde nicht im Widerspruche stehen.

> OR 493 Abs. 5, OR 494 Abs. 3.

Art. 13   b. Erfordernisse

[1] Ein Vertrag, für den die schriftliche Form gesetzlich vorgeschrieben ist, muss die Unterschriften aller Personen tragen, die durch ihn verpflichtet werden sollen.

[2] ...[1]

> OR 115. Einfache Schriftlichkeit, öffentliche Beurkundung: ZGB 10. Schriftlichkeit: BGE 50 II 392; 85 II 568; 112 II 326 (Telex). Vgl. Bundesgesetz über die elektronische Signatur, SR 943.03.

Art. 14   c. Unterschrift

[1] Die Unterschrift ist eigenhändig zu schreiben.

[2] Eine Nachbildung der eigenhändigen Schrift auf mechanischem Wege wird nur da als genügend anerkannt, wo deren Gebrauch im Verkehr üblich ist, insbesondere wo es sich um die Unterschrift auf Wertpapieren handelt, die in grosser Zahl ausgegeben werden.

[2bis] Der eigenhändigen Unterschrift gleichgestellt ist die qualifizierte elektronische Signatur, die auf einem qualifizierten Zertifikat einer anerkannten Anbieterin von

---

1   Aufgehoben durch Anhang Ziff. 2 des BG vom 19. Dez. 2003 über die elektronische Signatur, mit Wirkung seit 1. Jan. 2005 (SR 943.03).

Zertifizierungsdiensten im Sinne des Bundesgesetzes vom 19. Dezember 2003[1] über die elektronische Signatur beruht. Abweichende gesetzliche oder vertragliche Regelungen bleiben vorbehalten.[2]

[3] Für den Blinden ist die Unterschrift nur dann verbindlich, wenn sie beglaubigt ist, oder wenn nachgewiesen wird, dass er zur Zeit der Unterzeichnung den Inhalt der Urkunde gekannt hat.

> OR 622 Abs. 5, OR 1085, 1100 Ziff. 6. Unterschrift: BGE 33 II 105. Blankett. Vgl. Bundesgesetz über die elektronische Signatur, SR 943.03.

Art. 15   d. Ersatz der Unterschrift

Kann eine Person nicht unterschreiben, so ist es, mit Vorbehalt der Bestimmungen über den Wechsel, gestattet, die Unterschrift durch ein beglaubigtes Handzeichen zu ersetzen oder durch eine öffentliche Beurkundung ersetzen zu lassen.

Art. 16   2. Vertraglich vorbehaltene Form

[1] Ist für einen Vertrag, der vom Gesetze an keine Form gebunden ist, die Anwendung einer solchen vorbehalten worden, so wird vermutet, dass die Parteien vor Erfüllung der Form nicht verpflichtet sein wollen.

[2] Geht eine solche Abrede auf schriftliche Form ohne nähere Bezeichnung, so gelten für deren Erfüllung die Erfordernisse der gesetzlich vorgeschriebenen Schriftlichkeit.

> OR 13, 15.
> Abs. 1: BGE 105 II 75.

Art. 17   C. Verpflichtungsgrund

Ein Schuldbekenntnis ist gültig auch ohne die Angabe eines Verpflichtungsgrundes.

> Formlosigkeit. 243. BGE 131 III 268. Bedeutung, Ordreklausel: BGE 65 II 81; 75 II 295.

Art. 18   D. Auslegung der Verträge, Simulation

[1] Bei der Beurteilung eines Vertrages sowohl nach Form als nach Inhalt ist der übereinstimmende wirkliche Wille und nicht die unrichtige Bezeichnung oder Ausdrucksweise zu beachten, die von den Parteien aus Irrtum oder in der Absicht gebraucht wird, die wahre Beschaffenheit des Vertrages zu verbergen.

[2] Dem Dritten, der die Forderung im Vertrauen auf ein schriftliches Schuldbekenntnis erworben hat, kann der Schuldner die Einrede der Simulation nicht entgegensetzen.

---

1   SR 943.03
2   Eingefügt durch Anhang Ziff. 2 des BG vom 19. Dez. 2003 über die elektronische Signatur, in Kraft seit 1. Jan. 2005 (SR 943.03).

Abs. 1: Auslegung: BGE 34 II 528; 64 II 11; 127 III 444; 128 III 212; 131 III 280, 528, 606. Innominatkontrakt: BGE 120 II 237. Contra proferentem: BGE 87 II 95. Simulation: BGE 50 II 148; 54 II 438; 112 II 337; 117 II 382. Fiduziarisches Rechtsgeschäft: BGE 71 II 99; 85 II 99. Inkasso: BGE 71 II 169. Usancen: BGE 47 II 163; 53 II 310. Lücke: BGE 83 II 308; ZGB 5. Clausula rebus sic stantibus: BGE 127 III 300.

Art. 19   E. Inhalt des Vertrages
              I. Bestimmung des Inhaltes

[1] Der Inhalt des Vertrages kann innerhalb der Schranken des Gesetzes beliebig festgestellt werden.

[2] Von den gesetzlichen Vorschriften abweichende Vereinbarungen sind nur zulässig, wo das Gesetz nicht eine unabänderliche Vorschrift aufstellt oder die Abweichung nicht einen Verstoss gegen die öffentliche Ordnung, gegen die guten Sitten oder gegen das Recht der Persönlichkeit in sich schliesst.

ZGB 27. UWG, → Nr. 18. Bedeutung: BGE 80 II 39.

Art. 20   II. Nichtigkeit

[1] Ein Vertrag, der einen unmöglichen oder widerrechtlichen Inhalt hat oder gegen die guten Sitten verstösst, ist nichtig.

[2] Betrifft aber der Mangel bloss einzelne Teile des Vertrages, so sind nur diese nichtig, sobald nicht anzunehmen ist, dass er ohne den nichtigen Teil überhaupt nicht geschlossen worden wäre.

OR 119. ZGB 28. KG 5. Konkurrenzverbot. Boykott: BGE 57 II 342, 491; 85 II 496. Preiskartell: BGE 62 II 99. Höchstpreise: BGE 47 II 464. «Ewige Verpflichtung»: BGE 67 II 224.
Abs. 1: BGE 80 II 329; 81 II 619; 109 II 15 (unsittliche Zuwendung); 129 III 320 (Beamtenbestechung), 604 (Telefonsex); 133 III 131 (Baurecht). Rückzug Baurekurs: BGE 115 II 232, 123 III 101.
Abs. 2: BGE 107 II 216; 112 II 433 (Globalzession).

Art. 21   III. Übervorteilung

[1] Wird ein offenbares Missverhältnis zwischen der Leistung und der Gegenleistung durch einen Vertrag begründet, dessen Abschluss von dem einen Teil durch Ausbeutung der Notlage, der Unerfahrenheit oder des Leichtsinns des andern herbeigeführt worden ist, so kann der Verletzte innerhalb Jahresfrist erklären, dass er den Vertrag nicht halte, und das schon Geleistete zurückverlangen.

[2] Die Jahresfrist beginnt mit dem Abschluss des Vertrages.

Wucher: BGE 53 II 488; 123 III 292. Unerfahrenheit, Leichtsinn: BGE 61 II 36. OR 73 Abs. 2, OR 314 Anm.

Art. 22   IV. Vorvertrag

[1] Durch Vertrag kann die Verpflichtung zum Abschluss eines künftigen Vertrages begründet werden.

[2] Wo das Gesetz zum Schutze der Vertragschliessenden für die Gültigkeit des künftigen Vertrages eine Form vorschreibt, gilt diese auch für den Vorvertrag.

OR 165 Abs. 2, OR 216 Abs. 2. Bürgschaft: OR 493 Abs. 6. BGE 118 II 32.

Art. 23   F. Mängel des Vertragsabschlusses
                   I. Irrtum
                   1. Wirkung

Der Vertrag ist für denjenigen unverbindlich, der sich beim Abschluss in einem wesentlichen Irrtum befunden hat.

BGE 128 III 70.

Art. 24   2. Fälle des Irrtums

[1] Der Irrtum ist namentlich in folgenden Fällen ein wesentlicher:

1. wenn der Irrende einen andern Vertrag eingehen wollte als denjenigen, für den er seine Zustimmung erklärt hat;

2. wenn der Wille des Irrenden auf eine andere Sache oder, wo der Vertrag mit Rücksicht auf eine bestimmte Person abgeschlossen wurde, auf eine andere Person gerichtet war, als er erklärt hat;

3. wenn der Irrende eine Leistung von erheblich grösserem Umfange versprochen hat oder eine Gegenleistung von erheblich geringerem Umfange sich hat versprechen lassen, als es sein Wille war;

4. wenn der Irrtum einen bestimmten Sachverhalt betraf, der vom Irrenden nach Treu und Glauben im Geschäftsverkehr als eine notwendige Grundlage des Vertrages betrachtet wurde.

[2] Bezieht sich dagegen der Irrtum nur auf den Beweggrund zum Vertragsabschlusse, so ist er nicht wesentlich.

[3] Blosse Rechnungsfehler hindern die Verbindlichkeit des Vertrages nicht, sind aber zu berichtigen.

Abs. 1: Ziff. 3: SVG 87. Ziff. 4: BGE 130 III 49 (Entschädigungsvereinbarung); 132 III 737; BGE 91 II 275; 109 II 105, 319 (gestohlenes Auto); 113 II 25 (Wohnungsgrösse); 114 II 131 (Kunstwerk).

Abs. 2: BGE 102 II 81; 105 II 23.
Abs. 3: BGE 116 II 685.

Art. 25   3. Geltendmachung gegen Treu und Glauben

[1] Die Berufung auf Irrtum ist unstatthaft, wenn sie Treu und Glauben widerspricht.

[2] Insbesondere muss der Irrende den Vertrag gelten lassen, wie er ihn verstanden hat, sobald der andere sich hierzu bereit erklärt.

BGE 123 III 200; 132 III 737.

Art. 26   4. Fahrlässiger Irrtum

[1] Hat der Irrende, der den Vertrag nicht gegen sich gelten lässt, seinen Irrtum der eigenen Fahrlässigkeit zuzuschreiben, so ist er zum Ersatze des aus dem Dahinfallen des Vertrages erwachsenen Schadens verpflichtet, es sei denn, dass der andere den Irrtum gekannt habe oder hätte kennen sollen.

[2] Wo es der Billigkeit entspricht, kann der Richter auf Ersatz weiteren Schadens erkennen.

Voraussetzungen: BGE 69 II 238.
Abs. 1: Negatives Vertragsinteresse, Vertrauensschaden. BGE 113 II 25.

Art. 27   5. Unrichtige Übermittlung

Wird beim Vertragsabschluss Antrag oder Annahme durch einen Boten oder auf andere Weise unrichtig übermittelt, so finden die Vorschriften über den Irrtum entsprechende Anwendung.

Art. 28   II. Absichtliche Täuschung

[1] Ist ein Vertragschliessender durch absichtliche Täuschung seitens des andern zu dem Vertragsabschlusse verleitet worden, so ist der Vertrag für ihn auch dann nicht verbindlich, wenn der erregte Irrtum kein wesentlicher war.

[2] Die von einem Dritten verübte absichtliche Täuschung hindert die Verbindlichkeit für den Getäuschten nur, wenn der andere zur Zeit des Vertragsabschlusses die Täuschung gekannt hat oder hätte kennen sollen.

Zivilrechtlicher Betrug. OR 203. BGE 64 II 144; 81 II 219; 112 II 503. Gehilfen: BGE 63 II 78.
Dolus eventualis: BGE 53 II 150. Verschweigen: BGE 116 II 431.

Art. 29   III. Furchterregung
              1. Abschluss des Vertrages

[1] Ist ein Vertragschliessender von dem anderen oder von einem Dritten widerrechtlich durch Erregung gegründeter Furcht zur Eingehung eines Vertrages bestimmt worden, so ist der Vertrag für den Bedrohten unverbindlich.

[2] Ist die Drohung von einem Dritten ausgegangen, so hat, wo es der Billigkeit entspricht, der Bedrohte, der den Vertrag nicht halten will, dem anderen, wenn dieser die Drohung weder gekannt hat noch hätte kennen sollen, Entschädigung zu leisten.

> Abs. 1: Widerrechtlich: franz. Text «sans droit». Juristische Personen: BGE 76 II 368. Strafanzeige: BGE 125 III 353.
> Abs. 2: Entschädigung: OR 41 ff.

Art. 30   2. Gegründete Furcht

[1] Die Furcht ist für denjenigen eine gegründete, der nach den Umständen annehmen muss, dass er oder eine ihm nahe verbundene Person an Leib und Leben, Ehre oder Vermögen mit einer nahen und erheblichen Gefahr bedroht sei.

[2] Die Furcht vor der Geltendmachung eines Rechtes wird nur dann berücksichtigt, wenn die Notlage des Bedrohten benutzt worden ist, um ihm die Einräumung übermässiger Vorteile abzunötigen.

> Abs. 2: BGE 110 II 132 (Prozessdrohung).

Art. 31   IV. Aufhebung des Mangels durch Genehmigung des Vertrages

[1] Wenn der durch Irrtum, Täuschung oder Furcht beeinflusste Teil binnen Jahresfrist weder dem anderen eröffnet, dass er den Vertrag nicht halte, noch eine schon erfolgte Leistung zurückfordert, so gilt der Vertrag als genehmigt.

[2] Die Frist beginnt in den Fällen des Irrtums und der Täuschung mit der Entdeckung, in den Fällen der Furcht mit deren Beseitigung.

[3] Die Genehmigung eines wegen Täuschung oder Furcht unverbindlichen Vertrages schliesst den Anspruch auf Schadenersatz nicht ohne weiteres aus.

> OR 23 ff. OR 28 Abs. 2. OR 41 ff.
> Abs. 1, Form, Wirkung: BGE 64 II 135; 79 II 145.
> Abs. 2: BGE 82 II 425. Verwirkung: BGE 74 II 100.

Art. 32   G. Stellvertretung
            I. Mit Ermächtigung
            1. Im Allgemeinen
            a. Wirkung der Vertretung

[1] Wenn jemand, der zur Vertretung eines andern ermächtigt ist, in dessen Namen einen Vertrag abschliesst, so wird der Vertretene und nicht der Vertreter berechtigt und verpflichtet.

[2] Hat der Vertreter bei dem Vertragsabschlusse sich nicht als solcher zu erkennen gegeben, so wird der Vertretene nur dann unmittelbar berechtigt oder verpflichtet, wenn der andere aus den Umständen auf das Vertretungsverhältnis schliessen musste, oder wenn es ihm gleichgültig war, mit wem er den Vertrag schliesse.

[3] Ist dies nicht der Fall, so bedarf es einer Abtretung der Forderung oder einer Schuldübernahme nach den hierfür geltenden Grundsätzen.

> OR 55, 101, 401, 425. IPRG 126. Bürgschaft: OR 493 Abs. 6. Selbstkontrahieren: BGE 89 II 324. Substitution: OR 398 Abs. 3. Blankovollmacht: BGE 78 II 372.
> Abs. 2: BGE 117 II 387.

Art. 33   b. Umfang der Ermächtigung

[1] Soweit die Ermächtigung, im Namen eines andern Rechtshandlungen vorzunehmen, aus Verhältnissen des öffentlichen Rechtes hervorgeht, ist sie nach den Vorschriften des öffentlichen Rechtes des Bundes und der Kantone zu beurteilen.

[2] Ist die Ermächtigung durch Rechtsgeschäft eingeräumt, so beurteilt sich ihr Umfang nach dessen Inhalt.

[3] Wird die Ermächtigung vom Vollmachtgeber einem Dritten mitgeteilt, so beurteilt sich ihr Umfang diesem gegenüber nach Massgabe der erfolgten Kundgebung.

> OR 396 Abs. 3.
> Abs. 3: BGE 120 II 197; 124 III 418; 131 III 511.

Art. 34   2. Auf Grund von Rechtsgeschäft
            a. Beschränkung und Widerruf

[1] Eine durch Rechtsgeschäft erteilte Ermächtigung kann vom Vollmachtgeber jederzeit beschränkt oder widerrufen werden, unbeschadet der Rechte, die sich aus einem unter den Beteiligten bestehenden anderen Rechtsverhältnis, wie Einzelarbeitsvertrag, Gesellschaftsvertrag, Auftrag, ergeben können.[1]

[2] Ein vom Vollmachtgeber zum voraus erklärter Verzicht auf dieses Recht ist ungültig.

---

1   Fassung gemäss Ziff. II Art. 1 Ziff. 1 des BG vom 25. Juni 1971, in Kraft seit 1. Jan. 1972 (am Schluss des OR, Schl- und UeB des X. Tit.).

3 Hat der Vertretene die Vollmacht ausdrücklich oder tatsächlich kundgegeben, so kann er deren gänzlichen oder teilweisen Widerruf gutgläubigen Dritten nur dann entgegensetzen, wenn er ihnen auch diesen Widerruf mitgeteilt hat.

OR 404, 565, 705, 726, 815, 905. BGE 127 III 515.

Art. 35 b. Einfluss von Tod, Handlungsunfähigkeit u.a.

1 Die durch Rechtsgeschäft erteilte Ermächtigung erlischt, sofern nicht das Gegenteil vereinbart ist oder aus der Natur des Geschäftes hervorgeht, mit dem Tod, der Verschollenerklärung, dem Verluste der Handlungsfähigkeit oder dem Konkurs des Vollmachtgebers oder des Bevollmächtigten.

2 Die nämliche Wirkung hat die Auflösung einer juristischen Person oder einer in das Handelsregister eingetragenen Gesellschaft.

3 Die gegenseitigen persönlichen Ansprüche werden hievon nicht berührt.

Abs. 1: BGE 132 III 222.

Art. 36 c. Rückgabe der Vollmachtsurkunde

1 Ist dem Bevollmächtigten eine Vollmachtsurkunde ausgestellt worden, so ist er nach dem Erlöschen der Vollmacht zur Rückgabe oder gerichtlichen Hinterlegung der Urkunde verpflichtet.

2 Wird er von dem Vollmachtgeber oder seinen Rechtsnachfolgern hierzu nicht angehalten, so sind diese den gutgläubigen Dritten für den Schaden verantwortlich.

Art. 37 d. Zeitpunkt der Wirkung des Erlöschens der Vollmacht

1 Solange das Erlöschen der Vollmacht dem Bevollmächtigten nicht bekannt geworden ist, berechtigt und verpflichtet er den Vollmachtgeber oder dessen Rechtsnachfolger, wie wenn die Vollmacht noch bestehen würde.

2 Ausgenommen sind die Fälle, in denen der Dritte vom Erlöschen der Vollmacht Kenntnis hatte.

Art. 38 II. Ohne Ermächtigung
1. Genehmigung

1 Hat jemand, ohne dazu ermächtigt zu sein, als Stellvertreter einen Vertrag abgeschlossen, so wird der Vertretene nur dann Gläubiger oder Schuldner, wenn er den Vertrag genehmigt.

2 Der andere ist berechtigt, von dem Vertretenen innerhalb einer angemessenen Frist eine Erklärung über die Genehmigung zu verlangen und ist nicht mehr gebunden, wenn der Vertretene nicht binnen dieser Frist die Genehmigung erklärt.

Falsus procurator. OR 540 Abs. 2, OR 564, 605, 998. VMWG 7, → Nr. 5. BGE 128 III 129.

Art. 39 2. Nichtgenehmigung

1 Wird die Genehmigung ausdrücklich oder stillschweigend abgelehnt, so kann derjenige, der als Stellvertreter gehandelt hat, auf Ersatz des aus dem Dahinfallen des Vertrages erwachsenen Schadens belangt werden, sofern er nicht nachweist, dass der andere den Mangel der Vollmacht kannte oder hätte kennen sollen.

2 Bei Verschulden des Vertreters kann der Richter, wo es der Billigkeit entspricht, auf Ersatz weitern Schadens erkennen.

3 In allen Fällen bleibt die Forderung aus ungerechtfertigter Bereicherung vorbehalten.

Abs. 1: BGE 104 II 94 (Verjährungsfrist); 116 II 689.

Art. 40 III. Vorbehalt besonderer Vorschriften

In Bezug auf die Vollmacht der Vertreter und Organe von Gesellschaften, der Prokuristen und anderer Handlungsbevollmächtigter bleiben die besonderen Vorschriften vorbehalten.

Art. 40a[1] H. Widerruf bei Haustürgeschäften und ähnlichen Verträgen
I. Geltungsbereich

1 Die nachfolgenden Bestimmungen sind auf Verträge über bewegliche Sachen und Dienstleistungen, die für den persönlichen oder familiären Gebrauch des Kunden bestimmt sind, anwendbar, wenn:

a. der Anbieter der Güter oder Dienstleistungen im Rahmen einer beruflichen oder gewerblichen Tätigkeit gehandelt hat und

b. die Leistung des Kunden 100 Franken übersteigt.

2 Die Bestimmungen gelten nicht für Versicherungsverträge.

3 Bei wesentlicher Veränderung der Kaufkraft des Geldes passt der Bundesrat den in Absatz 1 Buchstabe b genannten Betrag entsprechend an.

Art. 40b[2] II. Grundsatz

Der Kunde kann seinen Antrag zum Vertragsabschluss oder seine Annahmeerklärung widerrufen, wenn ihm das Angebot gemacht wurde:

a.[3] an seinem Arbeitsplatz, in Wohnräumen oder in deren unmittelbaren Umgebung;

b. in öffentlichen Verkehrsmitteln oder auf öffentlichen Strassen und Plätzen;

1 Eingefügt durch Ziff. I des BG vom 5. Okt. 1990, in Kraft seit 1. Juli 1991 (AS 1991 846 848; BBl 1986 II 354).
2 Eingefügt durch Ziff. I des BG vom 5. Okt. 1990, in Kraft seit 1. Juli 1991 (AS 1991 846 848; BBl 1986 II 354).
3 Fassung gemäss Ziff. I des BG vom 18. Juni 1993, in Kraft seit 1. Jan. 1994 (AS 1993 3120 3121; BBl 1993 I 805).

c. an einer Werbeveranstaltung, die mit einer Ausflugsfahrt oder einem ähnlichen Anlass verbunden war.

Art. 40c[1] III. Ausnahmen

Der Kunde hat kein Widerrufsrecht, wenn er:

a. die Vertragsverhandlungen ausdrücklich gewünscht hat;

b. seine Erklärung an einem Markt- oder Messestand abgegeben hat.

Art. 40d[2] IV. Orientierungspflicht des Anbieters

[1] Der Anbieter muss den Kunden schriftlich über das Widerrufsrecht sowie über Form und Frist des Widerrufs unterrichten und ihm seine Adresse bekannt geben.

[2] Diese Angaben müssen datiert sein und die Identifizierung des Vertrags ermöglichen.

[3] Sie sind dem Kunden so zu übergeben, dass er sie kennt, wenn er den Vertrag beantragt oder annimmt.

Art. 40e[3] V. Widerruf
1. Form und Frist

[1] Der Kunde muss dem Anbieter den Widerruf schriftlich erklären.

[2] Die Widerrufsfrist beträgt sieben Tage und beginnt, sobald der Kunde:

a. den Vertrag beantragt oder angenommen hat; und

b. von den Angaben nach Artikel 40*d* Kenntnis erhalten hat.

[3] Der Beweis des Zeitpunkts, in dem der Kunde von den Angaben nach Artikel 40*d* Kenntnis erhalten hat, obliegt dem Anbieter.

[4] Die Frist ist eingehalten, wenn die Widerrufserklärung am siebenten Tag der Post übergeben wird.

Art. 40f[4] 2. Folgen

[1] Hat der Kunde widerrufen, so müssen die Parteien bereits empfangene Leistungen zurückerstatten.

[2] Hat der Kunde eine Sache bereits gebraucht, so schuldet er dem Anbieter einen angemessenen Mietzins.

---

1 Eingefügt durch Ziff. I des BG vom 5. Okt. 1990 (AS 1991 846; BBl 1986 II 354). Fassung gemäss Ziff. I des BG vom 18. Juni 1993, in Kraft seit 1. Jan. 1994 (AS 1993 3120 3121; BBl 1993 I 805).

2 Eingefügt durch Ziff. I des BG vom 5. Okt. 1990 (AS 1991 846; BBl 1986 II 354). Fassung gemäss Ziff. I des BG vom 18. Juni 1993, in Kraft seit 1. Jan. 1994 (AS 1993 3120 3121; BBl 1993 I 805).

3 Eingefügt durch Ziff. I des BG vom 5. Okt. 1990 (AS 1991 846; BBl 1986 II 354). Fassung gemäss Ziff. I des BG vom 18. Juni 1993, in Kraft seit 1. Jan. 1994 (AS 1993 3120 3121; BBl 1993 I 805).

4 Eingefügt durch Ziff. I des BG vom 5. Okt. 1990, in Kraft seit 1. Juli 1991 (AS 1991 846 848; BBl 1986 II 354).

³ Hat der Anbieter eine Dienstleistung erbracht, so muss ihm der Kunde Auslagen und Verwendungen nach den Bestimmungen über den Auftrag (Art. 402) ersetzen.

⁴ Der Kunde schuldet dem Anbieter keine weitere Entschädigung.

> Geplant ist ein Widerrufsrecht für Erwerb von Teilnutzung an Immobilien (Timesharing).

Art. 40g[1]

Aufgehoben.

Zweiter Abschnitt: Die Entstehung durch unerlaubte Handlungen

Art. 41   A. Haftung im Allgemeinen
I. Voraussetzungen der Haftung

¹ Wer einem andern widerrechtlich Schaden zufügt, sei es mit Absicht, sei es aus Fahrlässigkeit, wird ihm zum Ersatze verpflichtet.

² Ebenso ist zum Ersatze verpflichtet, wer einem andern in einer gegen die guten Sitten verstossenden Weise absichtlich Schaden zufügt.

> Vgl. VVG, → Nr. 11. BGE 64 II 259; 66 II 121; 71 II 115; 112 II 32; 116 II 695 (Gefälligkeit); 121 III 358; 122 III 5 (Verjährung); 127 III 73 (Baum); 127 III 403 (Haushalt); 129 IV 322 (Geldwäscherei); 130 III 193 (Skipiste); 132 III 122 (Streik); 133 III 323.
> OR und Spezialgesetze: BGE 40 II 360. SVG 58 ff. UVG 36ff. PatG 38 ff. MSchG 52 ff. DesG 33 ff. URG 61 ff. LFG Art. 64, 77. EHG 1. RLG 33. EleG 27. SprstG 27. JSG 15. USG 59a/b. BZG Art. 60 ff. GSchG Art. 35. KHG. IPRG 129 ff. Produktehaftpflicht: → Nr. 4. Gesetz über genetische Untersuchungen beim Menschen (SR 810.12) Art. 29ff. Culpa in contrahendo: BGE 80 III 53; 105 II 75; 108 II 419; 120 II 331. Prozessuales Verhalten: BGE 117 II 394.
> In Revision (geplant: Allgemeiner Teil des Haftpflichtrechts).

Art. 42   II. Festsetzung des Schadens

¹ Wer Schadenersatz beansprucht, hat den Schaden zu beweisen.

² Der nicht ziffernmässig nachweisbare Schaden ist nach Ermessen des Richters mit Rücksicht auf den gewöhnlichen Lauf der Dinge und auf die vom Geschädigten getroffenen Massnahmen abzuschätzen.

³ Bei Tieren, die im häuslichen Bereich und nicht zu Vermögens- oder Erwerbszwecken gehalten werden, können die Heilungskosten auch dann angemessen als Schaden geltend gemacht werden, wenn sie den Wert des Tieres übersteigen.[1]

---

1   Eingefügt durch Ziff. I des BG vom 5. Okt. 1990 (AS 1991 846; BBl 1986 II 354). Aufgehoben durch Anhang Ziff. 5 des Gerichtsstandsgesetzes vom 24. März 2000, mit Wirkung seit 1. Jan. 2001 (SR 272).

ZGB 8. Kausalzusammenhang: BGE 57 II 39, 110, 545; 60 II 419; 80 III 58. Wahrscheinlich-keitsbeweis: BGE 74 II 81; 81 II 55. Presse: BGE 122 III 219; Zinsfuss: BGE 125 III 312; Ferien-anspruch BGE 128 III 271.

Art. 43 III. Bestimmung des Ersatzes

¹ Art und Grösse des Ersatzes für den eingetretenen Schaden bestimmt der Richter, der hiebei sowohl die Umstände als die Grösse des Verschuldens zu würdigen hat.

¹ᵇⁱˢ Im Falle der Verletzung oder Tötung eines Tieres, das im häuslichen Bereich und nicht zu Vermögens- oder Erwerbszwecken gehalten wird, kann er dem Affektionswert, den dieses für seinen Halter oder dessen Angehörige hatte, angemessen Rechnung tragen.[2]

² Wird Schadenersatz in Gestalt einer Rente zugesprochen, so ist der Schuldner gleich-zeitig zur Sicherheitsleistung anzuhalten.

EHG 3. EleG 36. SVG 58 ff. BGE 54 II 196; 129 III 331 (Baum).
Abs. 1: BGE 82 II 31; 111 II 164; 117 II 609.
Abs. 2: BGE 119 II 12.

Art. 44 IV. Herabsetzungsgründe

¹ Hat der Geschädigte in die schädigende Handlung eingewilligt, oder haben Umstän-de, für die er einstehen muss, auf die Entstehung oder Verschlimmerung des Schadens eingewirkt oder die Stellung des Ersatzpflichtigen sonst erschwert, so kann der Richter die Ersatzpflicht ermässigen oder gänzlich von ihr entbinden.

² Würde ein Ersatzpflichtiger, der den Schaden weder absichtlich noch grobfahrlässig verursacht hat, durch Leistung des Ersatzes in eine Notlage versetzt, so kann der Rich-ter auch aus diesem Grunde die Ersatzpflicht ermässigen.

SVG 58 ff. EHG 5. EleG 27 ff. Arglist: BGE 68 II 285.

Art. 45 V. Besondere Fälle
1. Tötung und Körperverletzung
a. Schadenersatz bei Tötung

¹ Im Falle der Tötung eines Menschen sind die entstandenen Kosten, insbesondere diejenigen der Bestattung, zu ersetzen.

---

1 Eingefügt durch Ziff. II des BG vom 4. Okt. 2002 (Grundsatzartikel Tiere), in Kraft seit 1. April 2003 (AS 2003 463 466; BBl 2002 4164 5806).

2 Eingefügt durch Ziff. II des BG vom 4. Okt. 2002 (Grundsatzartikel Tiere), in Kraft seit 1. April 2003 (AS 2003 463 466; BBl 2002 4164 5806).

² Ist der Tod nicht sofort eingetreten, so muss namentlich auch für die Kosten der versuchten Heilung und für die Nachteile der Arbeitsunfähigkeit Ersatz geleistet werden.

³ Haben andere Personen durch die Tötung ihren Versorger verloren, so ist auch für diesen Schaden Ersatz zu leisten.

> EHG 2. Versorger: BGE 72 II 166, 196; 82 II 38, 134; 114 II 144. Schaden: BGE 64 II 424, 429; 66 II 177; 69 II 25. Arzt, Sorgfaltspflicht: BGE 70 II 209. Hausfrau, Mutter: BGE 101 II 257; 102 II 90; 108 II 434.

Art. 46   b. Schadenersatz bei Körperverletzung

¹ Körperverletzung gibt dem Verletzten Anspruch auf Ersatz der Kosten, sowie auf Entschädigung für die Nachteile gänzlicher oder teilweiser Arbeitsunfähigkeit, unter Berücksichtigung der Erschwerung des wirtschaftlichen Fortkommens.

² Sind im Zeitpunkte der Urteilsfällung die Folgen der Verletzung nicht mit hinreichender Sicherheit festzustellen, so kann der Richter bis auf zwei Jahre, vom Tage des Urteils an gerechnet, dessen Abänderung vorbehalten.

> Erwerbsfähigkeit: BGE 65 II 234. Pfändbarkeit: BGE 58 II 129. Versicherungsleistungen: BGE 58 II 254; 73 II 40; 104 II 307.
> Abs. 1: BGE 111 II 295 (Dirne); 112 II 118; 116 II 295. Haushaltsschaden: BGE 131 III 360; 132 III 321. EHG 3 f. EleG 36.

Art. 47   c. Leistung von Genugtuung

Bei Tötung eines Menschen oder Körperverletzung kann der Richter unter Würdigung der besonderen Umstände dem Verletzten oder den Angehörigen des Getöteten eine angemessene Geldsumme als Genugtuung zusprechen.

> EHG 8. EleG 42. BGE 118 II 404. Vererblich: BGE 81 II 389. Betrag: BGE 107 II 349; 108 II 422; 112 II 131; 121 III 252; 123 III 10, 306. Selbstverschulden: BGE 116 II 733.

Art. 48¹   2. ...

Aufgehoben.

---

1   Aufgehoben durch Art. 21 Abs. 1 des BG vom 30. Sept. 1943 über den unlauteren Wettbewerb [BS 2 951].

Art. 49[1]   3. Bei Verletzung der Persönlichkeit

[1] Wer in seiner Persönlichkeit widerrechtlich verletzt wird, hat Anspruch auf Leistung einer Geldsumme als Genugtuung, sofern die Schwere der Verletzung es rechtfertigt und diese nicht anders wiedergutgemacht worden ist.

[2] Anstatt oder neben dieser Leistung kann der Richter auch auf eine andere Art der Genugtuung erkennen.

> Tort moral. ZGB 28. UWG 2, → Nr. 18. Juristische Person: BGE 64 II 21.
> Abs. 1: BGE 112 II 220 (Invalidität); 115 II 474 (Ferien); 117 II 50 (Invalidität); 118 II 410; 125 III 269, 412 (sexuelle Handlung); 130 III 699.
> Abs. 2: BGE 131 III 26 (Urteilsveröffentlichung).

Art. 50   VI. Haftung mehrerer
1. Bei unerlaubter Handlung

[1] Haben mehrere den Schaden gemeinsam verschuldet, sei es als Anstifter, Urheber oder Gehilfen, so haften sie dem Geschädigten solidarisch.

[2] Ob und in welchem Umfange die Beteiligten Rückgriff gegeneinander haben, wird durch richterliches Ermessen bestimmt.

[3] Der Begünstiger haftet nur dann und nur soweit für Ersatz, als er einen Anteil an dem Gewinn empfangen oder durch seine Beteiligung Schaden verursacht hat.

> OR 143 ff. IPRG 140. Gemeinsam: BGE 71 II 110.

Art. 51   2. Bei verschiedenen Rechtsgründen

[1] Haften mehrere Personen aus verschiedenen Rechtsgründen, sei es aus unerlaubter Handlung, aus Vertrag oder aus Gesetzesvorschrift dem Verletzten für denselben Schaden, so wird die Bestimmung über den Rückgriff unter Personen, die einen Schaden gemeinsam verschuldet haben, entsprechend auf sie angewendet.

[2] Dabei trägt in der Regel derjenige in erster Linie den Schaden, der ihn durch unerlaubte Handlung verschuldet hat, und in letzter Linie derjenige, der ohne eigene Schuld und ohne vertragliche Verpflichtung nach Gesetzesvorschrift haftbar ist.

> OR 101. Unechte Solidarität: Anm. zu OR 143: VVG 72, 96. BGE 81 II 167 133 III 6. UVG 36. EleG 28 ff. JSG 13.
> Abs. 1: BGE 115 II 42.
> Abs. 2: BGE 115 II 24; 126 III 521; 132 III 321.

---

1   Fassung gemäss Ziff. II 1 des BG vom 16. Dez. 1983, in Kraft seit 1. Juli 1985 (AS 1984 778 782; BBl 1982 II 636).

Art. 52   VII. Haftung bei Notwehr, Notstand und Selbsthilfe

[1] Wer in berechtigter Notwehr einen Angriff abwehrt, hat den Schaden, den er dabei dem Angreifer in seiner Person oder in seinem Vermögen zufügt, nicht zu ersetzen.

[2] Wer in fremdes Vermögen eingreift, um drohenden Schaden oder Gefahr von sich oder einem andern abzuwenden, hat nach Ermessen des Richters Schadenersatz zu leisten.

[3] Wer zum Zwecke der Sicherung eines berechtigten Anspruches sich selbst Schutz verschafft, ist dann nicht ersatzpflichtig, wenn nach den gegebenen Umständen amtliche Hilfe nicht rechtzeitig erlangt und nur durch Selbsthilfe eine Vereitelung des Anspruches oder eine wesentliche Erschwerung seiner Geltendmachung verhindert werden konnte.

> ZGB 701.

Art. 53   VIII. Verhältnis zum Strafrecht

[1] Bei der Beurteilung der Schuld oder Nichtschuld, Urteilsfähigkeit oder Urteilsunfähigkeit ist der Richter an die Bestimmungen über strafrechtliche Zurechnungsfähigkeit oder an eine Freisprechung durch das Strafgericht nicht gebunden.

[2] Ebenso ist das strafgerichtliche Erkenntnis mit Bezug auf die Beurteilung der Schuld und die Bestimmung des Schadens für den Zivilrichter nicht verbindlich.

> OR 60 Abs. 2. Strafurteil: BGE 57 II 32.
> Abs. 2: BGE 107 II 151.

Art. 54   B. Haftung urteilsunfähiger Personen

[1] Aus Billigkeit kann der Richter auch eine nicht urteilsfähige Person, die Schaden verursacht hat, zu teilweisem oder vollständigem Ersatze verurteilen.

[2] Hat jemand vorübergehend die Urteilsfähigkeit verloren und in diesem Zustand Schaden angerichtet, so ist er hierfür ersatzpflichtig, wenn er nicht nachweist, dass dieser Zustand ohne sein Verschulden eingetreten ist.

> ZGB 333.
> Abs. 1: BGE 102 II 226 (Kausalhaftung); 103 II 330.

Art. 55 C. Haftung des Geschäftsherrn

[1] Der Geschäftsherr haftet für den Schaden, den seine Arbeitnehmer oder andere Hilfspersonen in Ausübung ihrer dienstlichen oder geschäftlichen Verrichtungen verursacht haben, wenn er nicht nachweist, dass er alle nach den Umständen gebotene Sorgfalt angewendet hat, um einen Schaden dieser Art zu verhüten, oder dass der Schaden auch bei Anwendung dieser Sorgfalt eingetreten wäre.[1]

[2] Der Geschäftsherr kann auf denjenigen, der den Schaden gestiftet hat, insoweit Rückgriff nehmen, als dieser selbst schadenersatzpflichtig ist.

OR 101, 339, 585 Abs. 4, OR 718 Abs. 3, OR 814 Abs. 4, OR 899 Abs. 3. ZGB 55, 333. SVG 58.

Abs. 1: BGE 50 II 493; 68 II 289; 77 II 247; 110 II 456 (Produktemangel); 122 III 225.

Art. 56 D. Haftung für Tiere
I. Ersatzpflicht

[1] Für den von einem Tier angerichteten Schaden haftet, wer dasselbe hält, wenn er nicht nachweist, dass er alle nach den Umständen gebotene Sorgfalt in der Verwahrung und Beaufsichtigung angewendet habe, oder dass der Schaden auch bei Anwendung dieser Sorgfalt eingetreten wäre.

[2] Vorbehalten bleibt ihm der Rückgriff, wenn das Tier von einem andern oder durch das Tier eines andern gereizt worden ist.

[3] ...[2]

Geplant ist eine Verschärfung der Haftpflicht durch Wegfall der Sorgfaltsentlastung. JSG. BGE 64 II 375; 67 II 28, 122; 104 II 23 (Pferd); 110 II 136 (Hund); 115 II 237; 126 III 14 (Kühe); 131 III 115 (Pferd).

Art. 57 II. Pfändung des Tieres

[1] Der Besitzer eines Grundstückes ist berechtigt, Dritten angehörige Tiere, die auf dem Grundstücke Schaden anrichten, zur Sicherung seiner Ersatzforderung einzufangen und in seinen Gewahrsam zu nehmen und, wo die Umstände es rechtfertigen, sogar zu töten.

[2] Er ist jedoch verpflichtet, ohne Verzug dem Eigentümer davon Kenntnis zu geben und, sofern ihm dieser nicht bekannt ist, zu dessen Ermittlung das Nötige vorzukehren.

ZGB 700, 719, 725, 919.

---

1 Fassung gemäss Ziff. II Art. 1 Ziff. 2 des BG vom 25. Juni 1971, in Kraft seit 1. Jan. 1972 (am Schluss des OR, Schl- und Ueb des X. Tit.).

2 Aufgehoben durch Art. 27 Ziff. 3 des Jagdgesetzes vom 20. Juni 1986 (SR 922.0).

Art. 58   E. Haftung des Werkeigentümers
                 I. Ersatzpflicht

[1] Der Eigentümer eines Gebäudes oder eines andern Werkes hat den Schaden zu ersetzen, den diese infolge von fehlerhafter Anlage oder Herstellung oder von mangelhafter Unterhaltung verursachen.

[2] Vorbehalten bleibt ihm der Rückgriff auf andere, die ihm hierfür verantwortlich sind.

> OR 254 ff. BGE 60 II 342; 69 II 398. Werk: BGE 61 II 255; 79 II 78; 126 III 113. Kausalhaftung: BGE 35 II 243; 122 III 229. Öffentl.-rechtliche Körperschaft, Gemeinwesen: BGE 63 II 145. «Eigentümer»: BGE 121 III 448. Allgemein: 70 II 87; 91 II 201; 117 II 50 (Gasdurchlauferhitzer); 118 II 36 (Glatteis); 130 III 736 (Zufahrtsstrasse).

Art. 59   II. Sichernde Massregeln

[1] Wer von dem Gebäude oder Werke eines andern mit Schaden bedroht ist, kann von dem Eigentümer verlangen, dass er die erforderlichen Massregeln zur Abwendung der Gefahr treffe.

[2] Vorbehalten bleiben die Anordnungen der Polizei zum Schutze von Personen und Eigentum.

> ZGB 679. BGE 98 II 319.

Art. 59a[1]   F. Haftung für Signaturschlüssel

[1] Der Inhaber eines Signaturschlüssels haftet Drittpersonen für Schäden, die diese erleiden, weil sie sich auf das qualifizierte gültige Zertifikat einer anerkannten Anbieterin von Zertifizierungsdiensten im Sinne des Bundesgesetzes vom 19. Dezember 2003[2] über die elektronische Signatur verlassen haben.

[2] Die Haftung entfällt, wenn der Inhaber des Signaturschlüssels glaubhaft darlegen kann, dass er die nach den Umständen notwendigen und zumutbaren Sicherheitsvorkehrungen getroffen hat, um den Missbrauch des Signaturschlüssels zu verhindern.

[3] Der Bundesrat umschreibt die Sicherheitsvorkehrungen im Sinne von Absatz 2.

Art. 60   G. Verjährung[3]

[1] Der Anspruch auf Schadenersatz oder Genugtuung verjährt in einem Jahre von dem Tage hinweg, wo der Geschädigte Kenntnis vom Schaden und von der Person des

---

1   Eingefügt durch Anhang Ziff. 2 des BG vom 19. Dez. 2003 über die elektronische Signatur, in Kraft seit 1. Jan. 2005 (SR 943.03).

2   SR 943.03

3   Fassung gemäss Anhang Ziff. 2 des BG vom 19. Dez. 2003 über die elektronische Signatur, in Kraft seit 1. Jan. 2005 (SR 943.03).

Ersatzpflichtigen erlangt hat, jedenfalls aber mit dem Ablaufe von zehn Jahren, vom Tage der schädigenden Handlung an gerechnet.

[2] Wird jedoch die Klage aus einer strafbaren Handlung hergeleitet, für die das Strafrecht eine längere Verjährung vorschreibt, so gilt diese auch für den Zivilanspruch.

[3] Ist durch die unerlaubte Handlung gegen den Verletzten eine Forderung begründet worden, so kann dieser die Erfüllung auch dann verweigern, wenn sein Anspruch aus der unerlaubten Handlung verjährt ist.

> UWG 7, → Nr. 18. SchKG 7. BankG 45. PatG 48. MSchG 28. DesG 35. URG 44. EHG 14. EleG 37.
> Abs. 1: BGE 79 II 436 (Kenntnis); 82 II 44; 131 III 61.
> Abs. 2: BGE 66 II 160 (Strafurteil); 91 II 429; 96 II 39; 106 II 213; 107 II 151 (Organhaftung); 122 III 225 (Hilfspersonenhaftung); 123 III 204; 124 IV 49; 127 III 538; 131 III 430; 132 III 661 (ausländisches Strafrecht).
> Abs. 3: BGE 127 III 83.

Art. 61   H. Verantwortlichkeit öffentlicher Beamter und Angestellter[1]

[1] Über die Pflicht von öffentlichen Beamten oder Angestellten, den Schaden, den sie in Ausübung ihrer amtlichen Verrichtungen verursachen, zu ersetzen oder Genugtuung zu leisten, können der Bund und die Kantone auf dem Wege der Gesetzgebung abweichende Bestimmungen aufstellen.

[2] Für gewerbliche Verrichtungen von öffentlichen Beamten oder Angestellten können jedoch die Bestimmungen dieses Abschnittes durch kantonale Gesetze nicht geändert werden.

> OR 928. ZGB 5, 42, 59, 426 ff. SchKG 5. Kantonale Kompetenz: BGE 59 II 186; 63 II 30; 70 II 223. VerantwG 3 ff. BGE 77 I 95. BGE 111 II 149 (Spitalarzt); 122 III 101; 126 III 370 (Notar).

Dritter Abschnitt: Die Entstehung aus ungerechtfertigter Bereicherung

Art. 62   A. Voraussetzung
                   I. Im Allgemeinen

[1] Wer in ungerechtfertigter Weise aus dem Vermögen eines andern bereichert worden ist, hat die Bereicherung zurückzuerstatten.

[2] Insbesondere tritt diese Verbindlichkeit dann ein, wenn jemand ohne jeden gültigen Grund oder aus einem nicht verwirklichten oder nachträglich weggefallenen Grund eine Zuwendung erhalten hat.

---

1   Fassung gemäss Anhang Ziff. 2 des BG vom 19. Dez. 2003 über die elektronische Signatur, in Kraft seit 1. Jan. 2005 (SR 943.03).

OR 1052, 1143 Ziff. 14. SchKG 86. IPRG 127 f. Abs. 1. BGE 70 II 121 (Legitimation); 106 II 29; 126 III 119 (Akontozahlung); 129 III 422, 646 (Kindesunterhalt); 132 III 432; 133 V 205.

Art. 63 II. Zahlung einer Nichtschuld

[1] Wer eine Nichtschuld freiwillig bezahlt, kann das Geleistete nur dann zurückfordern, wenn er nachzuweisen vermag, dass er sich über die Schuldpflicht im Irrtum befunden hat.

[2] Ausgeschlossen ist die Rückforderung, wenn die Zahlung für eine verjährte Schuld oder in Erfüllung einer sittlichen Pflicht geleistet wurde.

[3] Vorbehalten bleibt die Rückforderung einer bezahlten Nichtschuld nach Schuldbetreibungs- und Konkursrecht.

Rechtsirrtum: BGE 70 II 272. Entschuldbarkeit: BGE 64 II 127. Öffentliches Recht: BGE 78 I 88; berufliche Vorsorge: BGE 128 V 230. Abs. 1: 131 III 222.

Art. 64 B. Umfang der Rückerstattung
I. Pflicht des Bereicherten

Die Rückerstattung kann insoweit nicht gefordert werden, als der Empfänger nachweisbar zur Zeit der Rückforderung nicht mehr bereichert ist, es sei denn, dass er sich der Bereicherung entäusserte und hiebei nicht in gutem Glauben war oder doch mit der Rückerstattung rechnen musste.

Bereicherung: BGE 73 II 108; 82 II 437.

Art. 65 II. Ansprüche aus Verwendungen

[1] Der Empfänger hat Anspruch auf Ersatz der notwendigen und nützlichen Verwendungen, für letztere jedoch, wenn er beim Empfange nicht in gutem Glauben war, nur bis zum Betrage des zur Zeit der Rückerstattung noch vorhandenen Mehrwertes.

[2] Für andere Verwendungen kann er keinen Ersatz verlangen, darf aber, wenn ihm ein solcher nicht angeboten wird, vor der Rückgabe der Sache, was er verwendet hat, wieder wegnehmen, soweit dies ohne Beschädigung der Sache selbst geschehen kann.

ZGB 939.

Art. 66 C. Ausschluss der Rückforderungen

Was in der Absicht, einen rechtswidrigen oder unsittlichen Erfolg herbeizuführen, gegeben worden ist, kann nicht zurückgefordert werden.

Bedeutung: BGE 66 II 258; 74 II 27; 75 II 297; 99 Ia 417; 102 II 401.

Art. 67 D. Verjährung

[1] Der Bereicherungsanspruch verjährt mit Ablauf eines Jahres, nachdem der Verletzte von seinem Anspruch Kenntnis erhalten hat, in jedem Fall aber mit Ablauf von zehn Jahren seit der Entstehung des Anspruchs.

[2] Besteht die Bereicherung in einer Forderung an den Verletzten, so kann dieser die Erfüllung auch dann verweigern, wenn der Bereicherungsanspruch verjährt ist.

> OR 60 Abs. 3, OR 127 ff., OR 109 (BGE 60 II 28), OR 1052 (BGE 53 II 119). Kenntnis: BGE 64 II 134; 82 II 429; 110 II 335; 119 II 20. Mieter: BGE 105 II 92.

Zweiter Titel: Die Wirkung der Obligationen
Erster Abschnitt: Die Erfüllung der Obligationen

Art. 68 A. Allgemeine Grundsätze
I. Persönliche Leistung

Der Schuldner ist nur dann verpflichtet, persönlich zu erfüllen, wenn es bei der Leistung auf seine Persönlichkeit ankommt.

> OR 289, 306 Abs. 2, 327, 529, 542.

Art. 69 II. Gegenstand der Erfüllung
1. Teilzahlung

[1] Der Gläubiger braucht eine Teilzahlung nicht anzunehmen, wenn die gesamte Schuld feststeht und fällig ist.

[2] Will der Gläubiger eine Teilzahlung annehmen, so kann der Schuldner die Zahlung des von ihm anerkannten Teiles der Schuld nicht verweigern.

> OR 85, 1029 Abs. 2, 1143 Ziff. 8. ZGB 2. BGE 75 II 140.

Art. 70 2. Unteilbare Leistung

[1] Ist eine unteilbare Leistung an mehrere Gläubiger zu entrichten, so hat der Schuldner an alle gemeinsam zu leisten, und jeder Gläubiger kann die Leistung an alle gemeinsam fordern.

[2] Ist eine unteilbare Leistung von mehreren Schuldnern zu entrichten, so ist jeder Schuldner zu der ganzen Leistung verpflichtet.

[3] Sofern sich aus den Umständen nicht etwas anderes ergibt, kann alsdann der Schuldner, der den Gläubiger befriedigt hat, von den übrigen Schuldnern verhältnismässigen

Ersatz verlangen, und es gehen, soweit ihm ein solcher Anspruch zusteht, die Rechte des befriedigten Gläubigers auf ihn über.

OR 209.

Art. 71   3. Bestimmung nach der Gattung

[1] Ist die geschuldete Sache nur der Gattung nach bestimmt, so steht dem Schuldner die Auswahl zu, insofern sich aus dem Rechtsverhältnis nicht etwas anderes ergibt.
[2] Er darf jedoch nicht eine Sache unter mittlerer Qualität anbieten.

OR 185 Abs. 2.

Art. 72   4. Wahlobligation

Ist die Schuldpflicht in der Weise auf mehrere Leistungen gerichtet, dass nur die eine oder die andere erfolgen soll, so steht die Wahl dem Schuldner zu, insofern sich aus dem Rechtsverhältnis nicht etwas anderes ergibt.

Art. 73   5. Zinse

[1] Geht die Schuldpflicht auf Zahlung von Zinsen und ist deren Höhe weder durch Vertrag noch durch Gesetz oder Übung bestimmt, so sind Zinse zu fünf vom Hundert für das Jahr zu bezahlen.
[2] Dem öffentlichen Rechte bleibt es vorbehalten, Bestimmungen gegen Missbräuche im Zinswesen aufzustellen.

OR 104, 313 f., 1045 f. ZGB 795. BankG 10. Kantonal: BGE 80 II 329. Interkantonales Konkordat über Massnahmen zur Bekämpfung von Missbräuchen im Zinswesen vom 8. Oktober 1957. Vgl. auch KKG 14, → Nr. 9.

Art. 74   B. Ort der Erfüllung

[1] Der Ort der Erfüllung wird durch den ausdrücklichen oder aus den Umständen zu schliessenden Willen der Parteien bestimmt.
[2] Wo nichts anderes bestimmt ist, gelten folgende Grundsätze:
1.   Geldschulden sind an dem Orte zu zahlen, wo der Gläubiger zur Zeit der Erfüllung seinen Wohnsitz hat;
2.   wird eine bestimmte Sache geschuldet, so ist diese da zu übergeben, wo sie sich zur Zeit des Vertragsabschlusses befand;
3.   andere Verbindlichkeiten sind an dem Orte zu erfüllen, wo der Schuldner zur Zeit ihrer Entstehung seinen Wohnsitz hatte.

³ Wenn der Gläubiger seinen Wohnsitz, an dem er die Erfüllung fordern kann, nach der Entstehung der Schuld ändert und dem Schuldner daraus eine erhebliche Belästigung erwächst, so ist dieser berechtigt, an dem ursprünglichen Wohnsitze zu erfüllen.

OR 189, 991 Ziff. 5, 1084, 1096 Ziff. 4, 1100 Ziff. 4, 1101. VVG 22.
Abs. 2 Ziff. 1: BGE 119 II 232 (Postanweisung).

Art. 75 C. Zeit der Erfüllung
I. Unbefristete Verbindlichkeit

Ist die Zeit der Erfüllung weder durch Vertrag noch durch die Natur des Rechtsverhältnisses bestimmt, so kann die Erfüllung sogleich geleistet und gefordert werden.

OR 80, 102 Abs. 2.

Art. 76 II. Befristete Verbindlichkeit
1. Monatstermin

¹ Ist die Zeit auf Anfang oder Ende eines Monates festgesetzt, so ist darunter der erste oder der letzte Tag des Monates zu verstehen.
² Ist die Zeit auf die Mitte eines Monates festgesetzt, so gilt der fünfzehnte dieses Monates.

Art. 77 2. Andere Fristbestimmung

¹ Soll die Erfüllung einer Verbindlichkeit oder eine andere Rechtshandlung mit dem Ablaufe einer bestimmten Frist nach Abschluss des Vertrages erfolgen, so fällt ihr Zeitpunkt:
1. wenn die Frist nach Tagen bestimmt ist, auf den letzten Tag der Frist, wobei der Tag, an dem der Vertrag geschlossen wurde, nicht mitgerechnet und, wenn die Frist auf acht oder 15 Tage lautet, nicht die Zeit von einer oder zwei Wochen verstanden wird, sondern volle acht oder 15 Tage;
2. wenn die Frist nach Wochen bestimmt ist, auf denjenigen Tag der letzten Woche, der durch seinen Namen dem Tage des Vertragsabschlusses entspricht;
3. wenn die Frist nach Monaten oder einem mehrere Monate umfassenden Zeitraume (Jahr, halbes Jahr, Vierteljahr) bestimmt ist, auf denjenigen Tag des letzten Monates, der durch seine Zahl dem Tage des Vertragsabschlusses entspricht, und, wenn dieser Tag in dem letzten Monate fehlt, auf den letzten Tag dieses Monates.

Der Ausdruck «halber Monat» wird einem Zeitraume von 15 Tagen gleichgeachtet, die, wenn eine Frist auf einen oder mehrere Monate und einen halben Monat lautet, zuletzt zu zählen sind.

² In gleicher Weise wird die Frist auch dann berechnet, wenn sie nicht von dem Tage des Vertragsabschlusses, sondern von einem andern Zeitpunkte an zu laufen hat.

[3] Soll die Erfüllung innerhalb einer bestimmten Frist geschehen, so muss sie vor deren Ablauf erfolgen.

> OR 932 Abs. 2, 1026. Europäisches Übereinkommen über die Berechnung von Fristen vom 16. Mai 1972, SR 0.221.122.3.

Art. 78   3. Sonn- und Feiertage

[1] Fällt der Zeitpunkt der Erfüllung oder der letzte Tag einer Frist auf einen Sonntag oder auf einen andern am Erfüllungsorte staatlich anerkannten Feiertag[1], so gilt als Erfüllungstag oder als letzter Tag der Frist der nächstfolgende Werktag.
[2] Abweichende Vereinbarungen bleiben vorbehalten.

> OR 1028, 1081 ff. Ausdehnung auf Samstag: BG über den Fristenlauf an Samstagen vom 21. Juni 1963, SR 173.110.3.

Art. 79   III. Erfüllung zur Geschäftszeit

Die Erfüllung muss an dem festgesetzten Tage während der gewöhnlichen Geschäftszeit vollzogen und angenommen werden.

Art. 80   IV. Fristverlängerung

Ist die vertragsmässige Frist verlängert worden, so beginnt die neue Frist, sofern sich aus dem Vertrage nicht etwas anderes ergibt, am ersten Tage nach Ablauf der alten Frist.

Art. 81   V. Vorzeitige Erfüllung

[1] Sofern sich nicht aus dem Inhalt oder der Natur des Vertrages oder aus den Umständen eine andere Willensmeinung der Parteien ergibt, kann der Schuldner schon vor dem Verfalltage erfüllen.
[2] Er ist jedoch nicht berechtigt, einen Diskonto abzuziehen, es sei denn, dass Übereinkunft oder Übung einen solchen gestatten.

> Abs. 2: BGE 118 II 63.

---

1   Hinsichtlich der gesetzlichen Frist des eidgenössischen Rechts und der kraft eidgenössischen Rechts von Behörden angesetzten Fristen wird heute der Samstag einem anerkannten Feiertag gleichgestellt (Art. 1 des BG vom 21. Juni 1963 über den Fristenlauf an Samstagen – SR 173.110.3).

Art. 82 VI. Bei zweiseitigen Verträgen
1. Ordnung in der Erfüllung

Wer bei einem zweiseitigen Vertrage den andern zur Erfüllung anhalten will, muss entweder bereits erfüllt haben oder die Erfüllung anbieten, es sei denn, dass er nach dem Inhalte oder der Natur des Vertrages erst später zu erfüllen hat.

OR 107 ff. ZGB 2. Zweiseitig: BGE 84 II 149. Arbeitsvertrag: BGE 120 II 209. Zug um Zug: BGE 127 III 199.

Art. 83 2. Rücksicht auf einseitige Zahlungsunfähigkeit

[1] Ist bei einem zweiseitigen Vertrag der eine Teil zahlungsunfähig geworden, wie namentlich, wenn er in Konkurs geraten oder fruchtlos gepfändet ist, und wird durch diese Verschlechterung der Vermögenslage der Anspruch des andern gefährdet, so kann dieser seine Leistung so lange zurückhalten, bis ihm die Gegenleistung sichergestellt wird.

[2] Wird er innerhalb einer angemessenen Frist auf sein Begehren nicht sichergestellt, so kann er vom Vertrage zurücktreten.

OR 107, 266, 316, 354. ZGB 897. VVG 37, 55. Zahlungsunfähigkeit: BGE 68 II 179; 105 II 28. Abs. 2, Folge: BGE 64 II 265.

Art. 84[1] D. Zahlung
I. Landeswährung

[1] Geldschulden sind in gesetzlichen Zahlungsmitteln der geschuldeten Währung zu bezahlen.

[2] Lautet die Schuld auf eine Währung, die am Zahlungsort nicht Landeswährung ist, so kann die geschuldete Summe nach ihrem Wert zur Verfallzeit dennoch in Landeswährung bezahlt werden, sofern nicht durch den Gebrauch des Wortes «effektiv» oder eines ähnlichen Zusatzes die wortgetreue Erfüllung des Vertrags ausbedungen ist.

OR 1031, 1092, 1122. Bedeutung: BGE 54 II 266; 74 II 90. BG über die Währung und die Zahlungsmittel vom 22. Dezember 1999, SR 941.10. BG über die Schweizerische Nationalbank vom 23. Dezember 1953, SR 951.11. IPRG 147.

---

1 Fassung gemäss Anhang Ziff. 2 des BG vom 22. Dez. 1999 über die Währung und die Zahlungsmittel, in Kraft seit 1. Mai 2000 (SR 941.10).

Art. 85   II. Anrechnung
             1. Bei Teilzahlung

[1] Der Schuldner kann eine Teilzahlung nur insoweit auf das Kapital anrechnen, als er nicht mit Zinsen oder Kosten im Rückstande ist.

[2] Sind dem Gläubiger für einen Teil seiner Forderung Bürgen gestellt, oder Pfänder oder andere Sicherheiten gegeben worden, so ist der Schuldner nicht berechtigt, eine Teilzahlung auf den gesicherten oder besser gesicherten Teil der Forderung anzurechnen.

     OR 69.

Art. 86   2. Bei mehreren Schulden
             a. Nach Erklärung des Schuldners oder des Gläubigers

[1] Hat der Schuldner mehrere Schulden an denselben Gläubiger zu bezahlen, so ist er berechtigt, bei der Zahlung zu erklären, welche Schuld er tilgen will.

[2] Mangelt eine solche Erklärung, so wird die Zahlung auf diejenige Schuld angerechnet, die der Gläubiger in seiner Quittung bezeichnet, vorausgesetzt, dass der Schuldner nicht sofort Widerspruch erhebt.

     OR 75 ff.

Art. 87   b. Nach Gesetzesvorschrift

[1] Liegt weder eine gültige Erklärung über die Tilgung noch eine Bezeichnung in der Quittung vor, so ist die Zahlung auf die fällige Schuld anzurechnen, unter mehreren fälligen auf diejenige Schuld, für die der Schuldner zuerst betrieben worden ist, und hat keine Betreibung stattgefunden, auf die früher verfallene.

[2] Sind sie gleichzeitig verfallen, so findet eine verhältnismässige Anrechnung statt.

[3] Ist keine der mehreren Schulden verfallen, so wird die Zahlung auf die Schuld angerechnet, die dem Gläubiger am wenigsten Sicherheit darbietet.

Art. 88   III. Quittung und Rückgabe des Schuldscheines
             1. Recht des Schuldners

[1] Der Schuldner, der eine Zahlung leistet, ist berechtigt, eine Quittung und, falls die Schuld vollständig getilgt wird, auch die Rückgabe des Schuldscheines oder dessen Entkräftung zu fordern.

[2] Ist die Zahlung keine vollständige oder sind in dem Schuldscheine auch andere Rechte des Gläubigers beurkundet, so kann der Schuldner ausser der Quittung nur die Vormerkung auf dem Schuldscheine verlangen.

Art. 89 2. Wirkung

[1] Werden Zinse oder andere periodische Leistungen geschuldet, so begründet die für eine spätere Leistung ohne Vorbehalt ausgestellte Quittung die Vermutung, es seien die früher fällig gewordenen Leistungen entrichtet.

[2] Ist eine Quittung für die Kapitalschuld ausgestellt, so wird vermutet, dass auch die Zinse bezahlt seien.

[3] Die Rückgabe des Schuldscheines an den Schuldner begründet die Vermutung, dass die Schuld getilgt sei.

OR 73.

Art. 90 3. Unmöglichkeit der Rückgabe

[1] Behauptet der Gläubiger, es sei der Schuldschein abhanden gekommen, so kann der Schuldner bei der Zahlung fordern, dass der Gläubiger die Entkräftung des Schuldscheines und die Tilgung der Schuld in einer öffentlichen oder beglaubigten Urkunde erkläre.

[2] Vorbehalten bleiben die Bestimmungen über Kraftloserklärung von Wertpapieren.

Art. 91 E. Verzug des Gläubigers
I. Voraussetzung

Der Gläubiger kommt in Verzug, wenn er die Annahme der gehörig angebotenen Leistung oder die Vornahme der ihm obliegenden Vorbereitungshandlungen, ohne die der Schuldner zu erfüllen nicht imstande ist, ungerechtfertigterweise verweigert.

OR 211. Abruf-, Sukzessivliefergeschäft: BGE 59 II 306.

Art. 92 II. Wirkung
1. Bei Sachleistung
a. Recht zur Hinterlegung

[1] Wenn der Gläubiger sich im Verzuge befindet, so ist der Schuldner berechtigt, die geschuldete Sache auf Gefahr und Kosten des Gläubigers zu hinterlegen und sich dadurch von seiner Verbindlichkeit zu befreien.

[2] Den Ort der Hinterlegung hat der Richter zu bestimmen, jedoch können Waren auch ohne richterliche Bestimmung in einem Lagerhause hinterlegt werden.[1]

---

1 Fassung gemäss Anhang Ziff. 5 des Gerichtsstandsgesetzes vom 24. März 2000, in Kraft seit 1. Jan. 2001 (SR 272).

Art. 93   b. Recht zum Verkauf

[1] Ist nach der Beschaffenheit der Sache oder nach der Art des Geschäftsbetriebes eine Hinterlegung nicht tunlich, oder ist die Sache dem Verderben ausgesetzt, oder erheischt sie Unterhaltungs- oder erhebliche Aufbewahrungskosten, so kann der Schuldner nach vorgängiger Androhung mit Bewilligung des Richters die Sache öffentlich verkaufen lassen und den Erlös hinterlegen.

[2] Hat die Sache einen Börsen- oder Marktpreis oder ist sie im Verhältnis zu den Kosten von geringem Werte, so braucht der Verkauf kein öffentlicher zu sein und kann vom Richter auch ohne vorgängige Androhung gestattet werden.

   Selbsthilfeverkauf. OR 82.

Art. 94   c. Recht zur Rücknahme

[1] Der Schuldner ist so lange berechtigt, die hinterlegte Sache wieder zurückzunehmen, als der Gläubiger deren Annahme noch nicht erklärt hat oder als nicht infolge der Hinterlegung ein Pfandrecht aufgehoben worden ist.

[2] Mit dem Zeitpunkte der Rücknahme tritt die Forderung mit allen Nebenrechten wieder in Kraft.

Art. 95   2. Bei andern Leistungen

Handelt es sich um die Verpflichtung zu einer andern als einer Sachleistung, so kann der Schuldner beim Verzug des Gläubigers nach den Bestimmungen über den Verzug des Schuldners vom Vertrage zurücktreten.

Art. 96   F. Andere Verhinderung der Erfüllung

Kann die Erfüllung der schuldigen Leistung aus einem andern in der Person des Gläubigers liegenden Grunde oder infolge einer unverschuldeten Ungewissheit über die Person des Gläubigers weder an diesen noch an einen Vertreter geschehen, so ist der Schuldner zur Hinterlegung oder zum Rücktritt berechtigt, wie beim Verzug des Gläubigers

   Ungewissheit: BGE 59 II 232.

Zweiter Abschnitt: Die Folgen der Nichterfüllung

Art. 97   A. Ausbleiben der Erfüllung
               I. Ersatzpflicht des Schuldners
               1. Im Allgemeinen

1 Kann die Erfüllung der Verbindlichkeit überhaupt nicht oder nicht gehörig bewirkt werden, so hat der Schuldner für den daraus entstehenden Schaden Ersatz zu leisten, sofern er nicht beweist, dass ihm keinerlei Verschulden zur Last falle.

2 Die Art der Zwangsvollstreckung steht unter den Bestimmungen des Schuldbetreibungs- und Konkursrechtes und der eidgenössischen und kantonalen Vollstreckungsvorschriften.

> OR 119. SchKG. BGE 41 II 736; 82 II 338; 111 II 263 (Sparguthaben); 113 II 246 (Skiunfall); 133 III 335 (Alternativität zu OR 197).

Art. 98   2. Bei Verbindlichkeit zu einem Tun oder Nichttun

1 Ist der Schuldner zu einem Tun verpflichtet, so kann sich der Gläubiger, unter Vorbehalt seiner Ansprüche auf Schadenersatz, ermächtigen lassen, die Leistung auf Kosten des Schuldners vorzunehmen.

2 Ist der Schuldner verpflichtet, etwas nicht zu tun, so hat er schon bei blossem Zuwiderhandeln den Schaden zu ersetzen.

3 Überdies kann der Gläubiger die Beseitigung des rechtswidrigen Zustandes verlangen und sich ermächtigen lassen, diesen auf Kosten des Schuldners zu beseitigen.

> BGE 114 II 329; 128 III 416.

Art. 99   II. Mass der Haftung und Umfang des Schadenersatzes
               1. Im Allgemeinen

1 Der Schuldner haftet im Allgemeinen für jedes Verschulden.

2 Das Mass der Haftung richtet sich nach der besonderen Natur des Geschäftes und wird insbesondere milder beurteilt, wenn das Geschäft für den Schuldner keinerlei Vorteil bezweckt.

3 Im übrigen finden die Bestimmungen über das Mass der Haftung bei unerlaubten Handlungen auf das vertragswidrige Verhalten entsprechende Anwendung.

Art. 100   2. Wegbedingung der Haftung

[1] Eine zum voraus getroffene Verabredung, wonach die Haftung für rechtswidrige Absicht oder grobe Fahrlässigkeit ausgeschlossen sein würde, ist nichtig.

[2] Auch ein zum voraus erklärter Verzicht auf Haftung für leichtes Verschulden kann nach Ermessen des Richters als nichtig betrachtet werden, wenn der Verzichtende zur Zeit seiner Erklärung im Dienst des anderen Teiles stand, oder wenn die Verantwortlichkeit aus dem Betriebe eines obrigkeitlich konzessionierten Gewerbes folgt.

[3] Vorbehalten bleiben die besonderen Vorschriften über den Versicherungsvertrag.

> Freizeichnung.
> Abs. 2: BGE 132 III 449.
> Abs. 3: VVG 97, 98.

Art. 101   3. Haftung für Hilfspersonen

[1] Wer die Erfüllung einer Schuldpflicht oder die Ausübung eines Rechtes aus einem Schuldverhältnis, wenn auch befugterweise, durch eine Hilfsperson, wie Hausgenossen oder Arbeitnehmer vornehmen lässt, hat dem andern den Schaden zu ersetzen, den die Hilfsperson in Ausübung ihrer Verrichtungen verursacht.[1]

[2] Diese Haftung kann durch eine zum voraus getroffene Verabredung beschränkt oder aufgehoben werden.

[3] Steht aber der Verzichtende im Dienst des andern oder folgt die Verantwortlichkeit aus dem Betriebe eines obrigkeitlich konzessionierten Gewerbes, so darf die Haftung höchstens für leichtes Verschulden wegbedungen werden.

> OR 55. ZGB 55. Rechtsnatur: BGE 80 II 253.
> Abs. 1: BGE 92 II 239; 108 II 420; 112 II 347; 117 II 65 (Untermieter); 119 II 337 (Untermieter); 130 III 591.

Art. 102   B. Verzug des Schuldners
               I. Voraussetzung

[1] Ist eine Verbindlichkeit fällig, so wird der Schuldner durch Mahnung des Gläubigers in Verzug gesetzt.

[2] Wurde für die Erfüllung ein bestimmter Verfalltag verabredet, oder ergibt sich ein solcher infolge einer vorbehaltenen und gehörig vorgenommenen Kündigung, so kommt der Schuldner schon mit Ablauf dieses Tages in Verzug.

> OR 75. Fixgeschäft: OR 108 Ziff. 3, 190. VVG 20.

---

1   Fassung gemäss Ziff. II Art. 1 Ziff. 3 des BG vom 25. Juni 1971, in Kraft seit 1. Jan. 1972 (am Schluss des OR. Schl- und Ueb des X. Tit.).

Art. 103   II. Wirkung
             1. Haftung für Zufall

[1] Befindet sich der Schuldner im Verzuge, so hat er Schadenersatz wegen verspäteter Erfüllung zu leisten und haftet auch für den Zufall.

[2] Er kann sich von dieser Haftung durch den Nachweis befreien, dass der Verzug ohne jedes Verschulden von seiner Seite eingetreten ist oder dass der Zufall auch bei rechtzeitiger Erfüllung den Gegenstand der Leistung zum Nachteile des Gläubigers betroffen hätte.

> Abs. 2: BGE 117 II 65 (Untermieter).

Art. 104   2. Verzugszinse
             a. Im Allgemeinen

[1] Ist der Schuldner mit der Zahlung einer Geldschuld in Verzug, so hat er Verzugszinse zu fünf vom Hundert für das Jahr zu bezahlen, selbst wenn die vertragsmässigen Zinse weniger betragen.

[2] Sind durch Vertrag höhere Zinse als fünf vom Hundert, sei es direkt, sei es durch Verabredung einer periodischen Bankprovision, ausbedungen worden, so können sie auch während des Verzuges gefordert werden.

[3] Unter Kaufleuten können für die Zeit, wo der übliche Bankdiskonto am Zahlungsorte fünf vom Hundert übersteigt, die Verzugszinse zu diesem höheren Zinsfusse berechnet werden.

> 73. ZGB 818 Abs. 2; BGE 130 III 591.
> Abs. 3: BGE 116 II 140; 122 III 53.

Art. 105   b. Bei Zinsen, Renten, Schenkungen

[1] Ein Schuldner, der mit der Zahlung von Zinsen oder mit der Entrichtung von Renten oder mit der Zahlung einer geschenkten Summe im Verzuge ist, hat erst vom Tage der Anhebung der Betreibung oder der gerichtlichen Klage an Verzugszinse zu bezahlen.

[2] Eine entgegenstehende Vereinbarung ist nach den Grundsätzen über Konventionalstrafe zu beurteilen.

[3] Von Verzugszinsen dürfen keine Verzugszinse berechnet werden.

> Abs. 1: SchKG 149 Abs. 4.
> Abs. 2: OR 160 ff. Abs. 3: BGE 130 III 694 (Kontokorrentkreditvertrag).

Art. 106   3. Weiterer Schaden

[1] Hat der Gläubiger einen grösseren Schaden erlitten, als ihm durch die Verzugszinse vergütet wird, so ist der Schuldner zum Ersatze auch dieses Schadens verpflichtet, wenn er nicht beweist, dass ihm keinerlei Verschulden zur Last falle.

[2] Lässt sich dieser grössere Schaden zum voraus abschätzen, so kann der Richter den Ersatz schon im Urteil über den Hauptanspruch festsetzen.

OR 1045 f. Kursverlust: BGE 60 II 340. 76 II 375; 109 II 436; 117 II 256.

Art. 107   4. Rücktritt und Schadenersatz
                 a. Unter Fristansetzung

[1] Wenn sich ein Schuldner bei zweiseitigen Verträgen im Verzuge befindet, so ist der Gläubiger berechtigt, ihm eine angemessene Frist zur nachträglichen Erfüllung anzusetzen oder durch die zuständige Behörde ansetzen zu lassen.

[2] Wird auch bis zum Ablaufe dieser Frist nicht erfüllt, so kann der Gläubiger immer noch auf Erfüllung nebst Schadenersatz wegen Verspätung klagen, statt dessen aber auch, wenn er es unverzüglich erklärt, auf die nachträgliche Leistung verzichten und entweder Ersatz des aus der Nichterfüllung entstandenen Schadens verlangen oder vom Vertrage zurücktreten.

OR 82, 97, 214. BGE 49 II 33. Kursverlust: BGE 60 II 340. Sukzessivliefergeschäft: BGE 52 II 142; 84 II 150. Wahlerklärung: BGE 54 II 313; 76 II 304; 86 II 234; 123 III 16. Positive Vertragsverletzung: BGE 69 II 244. Schaden: 116 II 441.

Art. 108   b. Ohne Fristansetzung

Die Ansetzung einer Frist zur nachträglichen Erfüllung ist nicht erforderlich:
1. wenn aus dem Verhalten des Schuldners hervorgeht, dass sie sich als unnütz erweisen würde;
2. wenn infolge Verzuges des Schuldners die Leistung für den Gläubiger nutzlos geworden ist;
3. wenn sich aus dem Vertrage die Absicht der Parteien ergibt, dass die Leistung genau zu einer bestimmten oder bis zu einer bestimmten Zeit erfolgen soll.

Bedeutung: BGE 54 II 31. Ziff. 3: Fixgeschäft. OR 190, 214 f., 226, 254.

Art. 109   c. Wirkung des Rücktritts

¹ Wer vom Vertrage zurücktritt, kann die versprochene Gegenleistung verweigern und das Geleistete zurückfordern.

² Überdies hat er Anspruch auf Ersatz des aus dem Dahinfallen des Vertrages erwachsenen Schadens, sofern der Schuldner nicht nachweist, dass ihm keinerlei Verschulden zur Last falle.

> Negatives Vertragsinteresse. BGE 61 II 256. OR 208 f.; 114 II 152 (Verjährung). VVG 21, 25.

Dritter Abschnitt: Beziehungen zu dritten Personen

Art. 110   A. Eintritt eines Dritten

Soweit ein Dritter den Gläubiger befriedigt, gehen dessen Rechte von Gesetzes wegen auf ihn über:

1. wenn er eine für eine fremde Schuld verpfändete Sache einlöst, an der ihm das Eigentum oder ein beschränktes dingliches Recht zusteht;
2. wenn der Schuldner dem Gläubiger anzeigt, dass der Zahlende an die Stelle des Gläubigers treten soll.

> Subrogation. OR 70, 149, 401, 505, 1062. ZGB 827 Abs. 2. Versicherung: BGE 64 II 139. Ziff. 1: BGE 108 II 188.

Art. 111   B. Vertrag zu Lasten eines Dritten

Wer einem andern die Leistung eines Dritten verspricht, ist, wenn sie nicht erfolgt, zum Ersatze des hieraus entstandenen Schadens verpflichtet.

> OR 430. Garantievertrag und Bürgschaft: Siehe OR 492 Anm.

Art. 112   C. Vertrag zugunsten eines Dritten
             I. Im Allgemeinen

¹ Hat sich jemand, der auf eigenen Namen handelt, eine Leistung an einen Dritten zu dessen Gunsten versprechen lassen, so ist er berechtigt, zu fordern, dass an den Dritten geleistet werde.

² Der Dritte oder sein Rechtsnachfolger kann selbständig die Erfüllung fordern, wenn es die Willensmeinung der beiden andern war, oder wenn es der Übung entspricht.

³ In diesem Falle kann der Gläubiger den Schuldner nicht mehr entbinden, sobald der Dritte dem letzteren erklärt hat, von seinem Rechte Gebrauch machen zu wollen.

VVG 60, 76 ff. SVG 65, 75, 76.

Art. 113   II. Bei Haftpflichtversicherung

Wenn ein Dienstherr gegen die Folgen der gesetzlichen Haftpflicht versichert war und der Dienstpflichtige nicht weniger als die Hälfte an die Prämien geleistet hat, so steht der Anspruch aus der Versicherung ausschliesslich dem Dienstpflichtigen zu.

VVG 60, 87.

Dritter Titel: Das Erlöschen der Obligationen

Art. 114   A. Erlöschen der Nebenrechte

[1] Geht eine Forderung infolge ihrer Erfüllung oder auf andere Weise unter, so erlöschen alle ihre Nebenrechte, wie namentlich die Bürgschaften und Pfandrechte.

[2] Bereits erlaufene Zinse können nur dann nachgefordert werden, wenn diese Befugnis des Gläubigers verabredet oder den Umständen zu entnehmen ist.

[3] Vorbehalten bleiben die besonderen Vorschriften über das Grundpfandrecht, die Wertpapiere und den Nachlassvertrag.

OR 68 ff., 115 ff., 120 ff., 980. ZGB 863. SchKG 303. IPRG 148.

Art. 115   B. Aufhebung durch Übereinkunft

Eine Forderung kann durch Übereinkunft ganz oder zum Teil auch dann formlos aufgehoben werden, wenn zur Eingehung der Verbindlichkeit eine Form erforderlich oder von den Vertragschliessenden gewählt war.

Erlass: BGE 52 II 220. 54 II 202; 69 II 377.

Art. 116   C. Neuerung
            I. Im Allgemeinen

[1] Die Tilgung einer alten Schuld durch Begründung einer neuen wird nicht vermutet.

[2] Insbesondere bewirkt die Eingehung einer Wechselverbindlichkeit mit Rücksicht auf eine bestehende Schuld oder die Ausstellung eines neuen Schuld- oder Bürgschaftsscheines, wenn es nicht anders vereinbart wird, keine Neuerung der bisherigen Schuld.

Novation. BGE 114 II 258.

Art. 117 II. Beim Kontokorrentverhältnis

[1] Die Einsetzung der einzelnen Posten in einen Kontokorrent hat keine Neuerung zur Folge.

[2] Eine Neuerung ist jedoch anzunehmen, wenn der Saldo gezogen und anerkannt wird.

[3] Bestehen für einen einzelnen Posten besondere Sicherheiten, so werden sie, unter Vorbehalt anderer Vereinbarung, durch die Ziehung und Anerkennung des Saldos nicht aufgehoben.

Abs. 2: BGE 104 II 190; 130 III 694.

Art. 118 D. Vereinigung

[1] Wenn die Eigenschaften des Gläubigers und des Schuldners in einer Person zusammentreffen, so gilt die Forderung als durch Vereinigung erloschen.

[2] Wird die Vereinigung rückgängig, so lebt die Forderung wieder auf.

[3] Vorbehalten bleiben die besondern Vorschriften über das Grundpfandrecht und die Wertpapiere.

OR 1001, 1108, 1152. ZGB 863. Erbe: BGE 71 II 220.

Art. 119 E. Unmöglichwerden einer Leistung

[1] Soweit durch Umstände, die der Schuldner nicht zu verantworten hat, seine Leistung unmöglich geworden ist, gilt die Forderung als erloschen.

[2] Bei zweiseitigen Verträgen haftet der hienach freigewordene Schuldner für die bereits empfangene Gegenleistung aus ungerechtfertigter Bereicherung und verliert die noch nicht erfüllte Gegenforderung.

[3] Ausgenommen sind die Fälle, in denen die Gefahr nach Gesetzesvorschrift oder nach dem Inhalt des Vertrages vor der Erfüllung auf den Gläubiger übergeht.

OR 20, 62 ff., 97, 185, 207, 324a und b, 376 Abs. 3, 378, 390. Unmöglichkeit: BGE 57 II 534; 69 II 100; 111 II 352 (Ausfuhrverbot); 112 II 235 (Pachtvertrag).

Art. 120 F. Verrechnung
I. Voraussetzung
1. Im Allgemeinen

[1] Wenn zwei Personen einander Geldsummen oder andere Leistungen, die ihrem Gegenstande nach gleichartig sind, schulden, so kann jede ihre Schuld, insofern beide Forderungen fällig sind, mit ihrer Forderung verrechnen.

[2] Der Schuldner kann die Verrechnung geltend machen, auch wenn seine Gegenforderung bestritten wird.

[3] Eine verjährte Forderung kann zur Verrechnung gebracht werden, wenn sie zurzeit, wo sie mit der andern Forderung verrechnet werden konnte, noch nicht verjährt war.

> 75, 573. Gleichartigkeit: BGE 63 II 391. Öffentl. Recht: BGE 72 I 379.
> Abs. 1: BGE 130 III 312.

Art. 121   2. Bei Bürgschaft

Der Bürge kann die Befriedigung des Gläubigers verweigern, soweit dem Hauptschuldner das Recht der Verrechnung zusteht.

> OR 502.

Art. 122   3. Bei Verträgen zugunsten Dritter

Wer sich zugunsten eines Dritten verpflichtet hat, kann diese Schuld nicht mit Forderungen, die ihm gegen den andern zustehen, verrechnen.

> OR 112. VVG 17 Abs. 3, 18 Abs. 3.

Art. 123   4. Im Konkurse des Schuldners

[1] Im Konkurse des Schuldners können die Gläubiger ihre Forderungen, auch wenn sie nicht fällig sind, mit Forderungen, die dem Gemeinschuldner ihnen gegenüber zustehen, verrechnen.

[2] Die Ausschliessung oder Anfechtung der Verrechnung im Konkurse des Schuldners steht unter den Vorschriften des Schuldbetreibungs- und Konkursrechts.

> SchKG 213 f.

Art. 124   II. Wirkung der Verrechnung

[1] Eine Verrechnung tritt nur insofern ein, als der Schuldner dem Gläubiger zu erkennen gibt, dass er von seinem Rechte der Verrechnung Gebrauch machen wolle.

[2] Ist dies geschehen, so wird angenommen, Forderung und Gegenforderung seien, soweit sie sich ausgleichen, schon im Zeitpunkte getilgt worden, in dem sie zur Verrechnung geeignet einander gegenüberstanden.

[3] Vorbehalten bleiben die besonderen Übungen des kaufmännischen Kontokorrentverkehres.

> OR 117. Abs. 2: BGE 132 V 127.

Art. 125 III. Fälle der Ausschliessung

Wider den Willen des Gläubigers können durch Verrechnung nicht getilgt werden:

1. Verpflichtungen zur Rückgabe oder zum Ersatze hinterlegter, widerrechtlich entzogener oder böswillig vorenthaltener Sachen;
2. Verpflichtungen, deren besondere Natur die tatsächliche Erfüllung an den Gläubiger verlangt, wie Unterhaltsansprüche und Lohnguthaben, die zum Unterhalt des Gläubigers und seiner Familie unbedingt erforderlich sind;
3. Verpflichtungen gegen das Gemeinwesen aus öffentlichem Rechte.

OR 340. Ziff. 3: BGE 110 V 183 (Krankenkasse).

Art. 126 IV. Verzicht

Auf die Verrechnung kann der Schuldner zum voraus Verzicht leisten.

Voraussetzungen: BGE 72 II 28.

Art. 127 G. Verjährung
I. Fristen
1. Zehn Jahre

Mit Ablauf von zehn Jahren verjähren alle Forderungen, für die das Bundeszivilrecht nicht etwas anderes bestimmt.

OR 60, 67, 210, 251, 315, 371, 454, 591, 619, 760, 919, 1069, 1098. ZGB. IPRG 148. Rechtsmissbrauch: BGE 76 II 117. Natur, Zweck: BGE 90 II 437.

Art. 128 2. Fünf Jahre

Mit Ablauf von fünf Jahren verjähren die Forderungen:

1. für Miet-, Pacht- und Kapitalzinse sowie für andere periodische Leistungen;
2. aus Lieferung von Lebensmitteln, für Beköstigung und für Wirtsschulden;
3.[1] aus Handwerksarbeit, Kleinverkauf von Waren, ärztlicher Besorgung, Berufsarbeiten von Anwälten, Rechtsagenten, Prokuratoren und Notaren sowie aus dem Arbeitsverhältnis von Arbeitnehmern.

Periodisch: BGE 78 II 149. Verzugszins: BGE 52 II 217. Ziff. 3: BGE 116 II 428 (Handwerksarbeit); 123 III 120 (Handwerksarbeit); 132 III 61 (Treuhandgesellschaft).

---

1 Fassung gemäss Ziff. II Art. 1 Ziff. 4 des BG vom 25. Juni 1971, in Kraft seit 1. Jan. 1972 (am Schluss des OR, Schl- und Ueb des X. Tit.).

Art. 129   3. Unabänderlichkeit der Fristen

Die in diesem Titel aufgestellten Verjährungsfristen können durch Verfügung der Beteiligten nicht abgeändert werden.

Art. 130   4. Beginn der Verjährung
             a. Im Allgemeinen

[1] Die Verjährung beginnt mit der Fälligkeit der Forderung.

[2] Ist eine Forderung auf Kündigung gestellt, so beginnt die Verjährung mit dem Tag, auf den die Kündigung zulässig ist.

> Abs. 2: BGE 122 III 10; 133 III 37.

Art. 131   b. Bei periodischen Leistungen

[1] Bei Leibrenten und ähnlichen periodischen Leistungen beginnt die Verjährung für das Forderungsrecht im Ganzen mit dem Zeitpunkte, in dem die erste rückständige Leistung fällig war.

[2] Ist das Forderungsrecht im Ganzen verjährt, so sind es auch die einzelnen Leistungen.

Art. 132   5. Berechnung der Fristen

[1] Bei der Berechnung der Frist ist der Tag, von dem an die Verjährung läuft, nicht mitzurechnen und die Verjährung erst dann als beendigt zu betrachten, wenn der letzte Tag unbenützt verstrichen ist.

[2] Im Übrigen gelten die Vorschriften für die Fristberechnungen bei der Erfüllung auch für die Verjährung.

Art. 133   II. Wirkung auf Nebenansprüche

Mit dem Hauptanspruche verjähren die aus ihm entspringenden Zinse und andere Nebenansprüche.

> OR 73, 114.

Art. 134   III. Hinderung und Stillstand der Verjährung

[1] Die Verjährung beginnt nicht und steht still, falls sie begonnen hat:

1.[1] für Forderungen der Kinder gegen die Eltern während der Dauer der elterlichen Sorge;

---

1   Fassung gemäss Anhang Ziff. 2 des BG vom 26. Juni 1998, in Kraft seit 1. Jan. 2000 (AS 1999 1118 1144; BBl 1996 I 1).

2. für Forderungen der Mündel gegen den Vormund und die vormundschaftlichen Behörden während der Dauer der Vormundschaft;

3. für Forderungen der Ehegatten gegeneinander während der Dauer der Ehe;

3bis.[1] für Forderungen von eingetragenen Partnerinnen oder Partnern gegeneinander, während der Dauer ihrer eingetragenen Partnerschaft;

4.[2] für Forderungen der Arbeitnehmer, die mit dem Arbeitgeber in Hausgemeinschaft leben, gegen diesen während der Dauer des Arbeitsverhältnisses;

5. solange dem Schuldner an der Forderung eine Nutzniessung zusteht;

6. solange eine Forderung vor einem schweizerischen Gerichte nicht geltend gemacht werden kann.

2 Nach Ablauf des Tages, an dem diese Verhältnisse zu Ende gehen, nimmt die Verjährung ihren Anfang oder, falls sie begonnen hatte, ihren Fortgang.

3 Vorbehalten bleiben die besondern Vorschriften des Schuldbetreibungs- und Konkursrechtes.

ZGB 586 Abs. 2. SchKG 207 Abs. 3, 297. Ziff. 6: BGE 88 II 290; 90 II 437. Abs. 1: Ziff. 6: BGE 124 III 449.

Art. 135 IV. Unterbrechung der Verjährung
1. Unterbrechungsgründe

Die Verjährung wird unterbrochen:

1. durch Anerkennung der Forderung von seiten des Schuldners, namentlich auch durch Zins- und Abschlagszahlungen, Pfand- und Bürgschaftsbestellung;

2. durch Schuldbetreibung, durch Klage oder Einrede vor einem Gerichte oder Schiedsgericht sowie durch Eingabe im Konkurse und Ladung zu einem amtlichen Sühneversuch.

OR 1070. Ziff. 1, Stundung: BGE 65 II 232. Ziff. 2: SchKG 67. BGE 63 II 170; 65 II 166; 114 II 261; 118 II 479; 119 II 339; 123 III 213; 132 V 404. Verwirkung: BGE 74 II 100.

Art. 136 2. Wirkung der Unterbrechung unter Mitverpflichteten

1 Die Unterbrechung der Verjährung gegen einen Solidarschuldner oder den Mitschuldner einer unteilbaren Leistung wirkt auch gegen die übrigen Mitschuldner.

2 Ist die Verjährung gegen den Hauptschuldner unterbrochen, so ist sie es auch gegen den Bürgen.

1 Eingefügt durch Anhang Ziff. 11 des Partnerschaftsgesetzes vom 18. Juni 2004, in Kraft seit 1. Jan. 2007 (SR 211.231).

2 Fassung gemäss Ziff. II Art. 1 Ziff. 5 des BG vom 25. Juni 1971, in Kraft seit 1. Jan. 1972 (am Schluss des OR, Schl- und Ueb des X. Tit.).

³ Dagegen wirkt die gegen den Bürgen eingetretene Unterbrechung nicht gegen den Hauptschuldner.

> OR 1071.
> Abs. 1: BGE 104 II 225.

Art. 137   3. Beginn einer neuen Frist
           a. Bei Anerkennung und Urteil

¹ Mit der Unterbrechung beginnt die Verjährung von neuem.

² Wird die Forderung durch Ausstellung einer Urkunde anerkannt oder durch Urteil des Richters festgestellt, so ist die neue Verjährungsfrist stets die zehnjährige.

Art. 138   b. Bei Handlungen des Gläubigers

¹ Wird die Verjährung durch eine Klage oder Einrede unterbrochen, so beginnt im Verlaufe des Rechtsstreites mit jeder gerichtlichen Handlung der Parteien und mit jeder Verfügung oder Entscheidung des Richters die Verjährung von neuem.

² Erfolgt die Unterbrechung durch Schuldbetreibung, so beginnt mit jedem Betreibungsakt die Verjährung von neuem.

³ Geschieht die Unterbrechung durch Eingabe im Konkurse, so beginnt die neue Verjährung mit dem Zeitpunkte, in dem die Forderung nach dem Konkursrechte wieder geltend gemacht werden kann.

> Abs. 1: BGE 106 II 32; 130 III 202.

Art. 139   V. Nachfrist bei Rückweisung der Klage

Ist die Klage oder die Einrede wegen Unzuständigkeit des angesprochenen Richters oder wegen eines verbesserlichen Fehlers angebrachtermassen oder als vorzeitig zurückgewiesen worden, so beginnt, falls die Verjährungsfrist unterdessen abgelaufen ist, eine neue Frist von 60 Tagen zur Geltendmachung des Anspruches.

> Verwirkung: BGE 61 II 154.

Art. 140   VI. Verjährung bei Fahrnispfandrecht

Durch das Bestehen eines Fahrnispfandrechtes wird die Verjährung einer Forderung nicht ausgeschlossen, ihr Eintritt verhindert jedoch den Gläubiger nicht an der Geltendmachung des Pfandrechtes.

Art. 141   VII. Verzicht auf die Verjährung

[1] Auf die Verjährung kann nicht zum voraus verzichtet werden.

[2] Der Verzicht eines Solidarschuldners kann den übrigen Solidarschuldnern nicht entgegengehalten werden.

[3] Dasselbe gilt unter mehreren Schuldnern einer unteilbaren Leistung und für den Bürgen beim Verzicht des Hauptschuldners.

Abs. 1: BGE 132 III 226.

Art. 142   VIII. Geltendmachung

Der Richter darf die Verjährung nicht von Amtes wegen berücksichtigen.

Vierter Titel: Besondere Verhältnisse bei Obligationen
Erster Abschnitt: Die Solidarität

Art. 143   A. Solidarschuld
I. Entstehung

[1] Solidarität unter mehreren Schuldnern entsteht, wenn sie erklären, dass dem Gläubiger gegenüber jeder einzeln für die Erfüllung der ganzen Schuld haften wolle.

[2] Ohne solche Willenserklärung entsteht Solidarität nur in den vom Gesetze bestimmten Fällen.

OR 50, 51, 308, 403, 478, 497, 544, 568, 645, 759, 797, 802, 869, 918, 1044. IPRG 143. Unechte Solidarität: BGE 55 II 315. 59 II 367, 62 II 139; 63 II 149; 133 III 6. Kumulative Schuldübernahme: BGE 129 III 702.

Art. 144   II. Verhältnis zwischen Gläubiger und Schuldner
1. Wirkung
a. Haftung der Schuldner

[1] Der Gläubiger kann nach seiner Wahl von allen Solidarschuldnern je nur einen Teil oder das Ganze fordern.

[2] Sämtliche Schuldner bleiben so lange verpflichtet, bis die ganze Forderung getilgt ist.

Art. 145   b. Einreden der Schuldner

[1] Ein Solidarschuldner kann dem Gläubiger nur solche Einreden entgegensetzen, die entweder aus seinem persönlichen Verhältnisse zum Gläubiger oder aus dem gemeinsamen Entstehungsgrunde oder Inhalte der solidarischen Verbindlichkeit hervorgehen.

[2] Jeder Solidarschuldner wird den andern gegenüber verantwortlich, wenn er diejenigen Einreden nicht geltend macht, die allen gemeinsam zustehen.

IPRG 145.

Art. 146   c. Persönliche Handlung des Einzelnen

Ein Solidarschuldner kann, soweit es nicht anders bestimmt ist, durch seine persönliche Handlung die Lage der andern nicht erschweren.

OR 141 Abs. 2.

Art. 147   2. Erlöschen der Solidarschuld

[1] Soweit ein Solidarschuldner durch Zahlung oder Verrechnung den Gläubiger befriedigt hat, sind auch die übrigen befreit.

[2] Wird ein Solidarschuldner ohne Befriedigung des Gläubigers befreit, so wirkt die Befreiung zugunsten der andern nur so weit, als die Umstände oder die Natur der Verbindlichkeit es rechtfertigen.

Abs. 2: Vergleich: BGE 107 II 226; 133 III 116.

Art. 148   III. Verhältnis unter den Solidarschuldnern
                 1. Beteiligung

[1] Sofern sich aus dem Rechtsverhältnisse unter den Solidarschuldnern nicht etwas anderes ergibt, hat von der an den Gläubiger geleisteten Zahlung ein jeder einen gleichen Teil zu übernehmen.

[2] Bezahlt ein Solidarschuldner mehr als seinen Teil, so hat er für den Mehrbetrag Rückgriff auf seine Mitschuldner.

[3] Was von einem Mitschuldner nicht erhältlich ist, haben die übrigen gleichmässig zu tragen.

OR 50 Abs. 2. IPRG 144.

Art. 149   2. Übergang der Gläubigerrechte

[1] Auf den rückgriffsberechtigten Solidarschuldner gehen in demselben Masse, als er den Gläubiger befriedigt hat, dessen Rechte über.

[2] Der Gläubiger ist dafür verantwortlich, dass er die rechtliche Lage des einen Solidarschuldners nicht zum Schaden der übrigen besser stelle.

> Subrogation. OR 110, 505.

Art. 150   B. Solidarforderung

[1] Solidarität unter mehreren Gläubigern entsteht, wenn der Schuldner erklärt, jeden einzelnen auf die ganze Forderung berechtigen zu wollen sowie in den vom Gesetze bestimmten Fällen.

[2] Die Leistung an einen der Solidargläubiger befreit den Schuldner gegenüber allen.

[3] Der Schuldner hat die Wahl, an welchen Solidargläubiger er bezahlen will, solange er nicht von einem rechtlich belangt worden ist.

> OR 264, 399.

Zweiter Abschnitt: Die Bedingungen

Art. 151   A. Aufschiebende Bedingung
         I. Im Allgemeinen

[1] Ein Vertrag, dessen Verbindlichkeit vom Eintritte einer ungewissen Tatsache abhängig gemacht wird, ist als bedingt anzusehen.

[2] Für den Beginn der Wirkungen ist der Zeitpunkt massgebend, in dem die Bedingung in Erfüllung geht, sofern nicht auf eine andere Absicht der Parteien geschlossen werden muss.

Art. 152   II. Zustand bei schwebender Bedingung

[1] Der bedingt Verpflichtete darf, solange die Bedingung schwebt, nichts vornehmen, was die gehörige Erfüllung seiner Verbindlichkeit hindern könnte.

[2] Der bedingt Berechtigte ist befugt, bei Gefährdung seiner Rechte dieselben Sicherungsmassregeln zu verlangen, wie wenn seine Forderung eine unbedingte wäre.

[3] Verfügungen während der Schwebezeit sind, wenn die Bedingung eintritt, insoweit hinfällig, als sie deren Wirkung beeinträchtigen.

Art. 153 III. Nutzen in der Zwischenzeit

[1] Ist die versprochene Sache dem Gläubiger vor Eintritt der Bedingung übergeben worden, so kann er, wenn die Bedingung erfüllt wird, den inzwischen bezogenen Nutzen behalten.

[2] Wenn die Bedingung nicht eintritt, so hat er das Bezogene herauszugeben.

Art. 154 B. Auflösende Bedingung

[1] Ein Vertrag, dessen Auflösung vom Eintritte einer Bedingung abhängig gemacht worden ist, verliert seine Wirksamkeit mit dem Zeitpunkte, wo die Bedingung in Erfüllung geht.

[2] Eine Rückwirkung findet in der Regel nicht statt.

Resolutivbedingung.

Art. 155 C. Gemeinsame Vorschriften
I. Erfüllung der Bedingung

Ist die Bedingung auf eine Handlung eines der Vertragschliessenden gestellt, bei der es auf dessen Persönlichkeit nicht ankommt, so kann sie auch von seinen Erben erfüllt werden.

OR 68. ZGB 560. SchKG 211 Abs. 2.

Art. 156 II. Verhinderung wider Treu und Glauben

Eine Bedingung gilt als erfüllt, wenn ihr Eintritt von dem einen Teile wider Treu und Glauben verhindert worden ist.

BGE 109 II 20; 113 II 31.

Art. 157 III. Unzulässige Bedingungen

Wird eine Bedingung in der Absicht beigefügt, eine widerrechtliche oder unsittliche Handlung oder Unterlassung zu befördern, so ist der bedingte Anspruch nichtig.

OR 20. ZGB 482 Abs. 2 und 3.

Dritter Abschnitt: Haft- und Reugeld. Lohnabzüge. Konventionalstrafe

Art. 158   A. Haft- und Reugeld

[1] Das beim Vertragsabschlusse gegebene An- oder Draufgeld gilt als Haft-, nicht als Reugeld.

[2] Wo nicht Vertrag oder Ortsgebrauch etwas anderes bestimmen, verbleibt das Haftgeld dem Empfänger ohne Abzug von seinem Anspruche.

[3] Ist ein Reugeld verabredet worden, so kann der Geber gegen Zurücklassung des bezahlten und der Empfänger gegen Erstattung des doppelten Betrages von dem Vertrage zurücktreten.

> Abs. 1: Arrha. BGE 110 II 141. Angeld: BGE 133 III 43.

Art. 159[1]   B. ...

Aufgehoben.

Art. 160   C. Konventionalstrafe
I. Recht des Gläubigers
1. Verhältnis der Strafe zur Vertragserfüllung

[1] Wenn für den Fall der Nichterfüllung oder der nicht richtigen Erfüllung eines Vertrages eine Konventionalstrafe versprochen ist, so ist der Gläubiger mangels anderer Abrede nur berechtigt, entweder die Erfüllung oder die Strafe zu fordern.

[2] Wurde die Strafe für Nichteinhaltung der Erfüllungszeit oder des Erfüllungsortes versprochen, so kann sie nebst der Erfüllung des Vertrages gefordert werden, solange der Gläubiger nicht ausdrücklich Verzicht leistet oder die Erfüllung vorbehaltlos annimmt.

[3] Dem Schuldner bleibt der Nachweis vorbehalten, dass ihm gegen Erlegung der Strafe der Rücktritt freistehen sollte.

> OR 359. ZGB 91 Abs. 2. BGE 122 III 420.

Art. 161   2. Verhältnis der Strafe zum Schaden

[1] Die Konventionalstrafe ist verfallen, auch wenn dem Gläubiger kein Schaden erwachsen ist.

[2] Übersteigt der erlittene Schaden den Betrag der Strafe, so kann der Gläubiger den Mehrbetrag nur so weit einfordern, als er ein Verschulden nachweist.

---

1   Aufgehoben durch Ziff. II Art. 6 Ziff. 1 des BG vom 25. Juni 1971 (am Schluss des OR, Schl- und Ueb des X. Tit.).

Art. 162   3. Verfall von Teilzahlungen

¹ Die Abrede, dass Teilzahlungen im Falle des Rücktrittes dem Gläubiger verbleiben sollen, ist nach den Vorschriften über die Konventionalstrafe zu beurteilen.

² ...¹

> OR 226 ff. ZGB 715 f.

Art. 163   II. Höhe, Ungültigkeit und Herabsetzung der Strafe

¹ Die Konventionalstrafe kann von den Parteien in beliebiger Höhe bestimmt werden.

² Sie kann nicht gefordert werden, wenn sie ein widerrechtliches oder unsittliches Versprechen bekräftigen soll und, mangels anderer Abrede, wenn die Erfüllung durch einen vom Schuldner nicht zu vertretenden Umstand unmöglich geworden ist.

³ Übermässig hohe Konventionalstrafen hat der Richter nach seinem Ermessen herabzusetzen.

> OR 20.
> Abs. 2: BGE 73 II 161. Abs. 3, «übermässig»: BGE 68 II 174; 82 II 146; 133 III 43, 201.

Fünfter Titel: Die Abtretung von Forderungen und die Schuldübernahme

Art. 164   A. Abtretung von Forderungen
                 I. Erfordernisse
                 1. Freiwillige Abtretung
                 a. Zulässigkeit

¹ Der Gläubiger kann eine ihm zustehende Forderung ohne Einwilligung des Schuldners an einen andern abtreten, soweit nicht Gesetz, Vereinbarung oder Natur des Rechtsverhältnisses entgegenstehen.

² Dem Dritten, der die Forderung im Vertrauen auf ein schriftliches Schuldbekenntnis erworben hat, das ein Verbot der Abtretung nicht enthält, kann der Schuldner die Einrede, dass die Abtretung durch Vereinbarung ausgeschlossen worden sei, nicht entgegensetzen.

> Forderungen und andere Rechte: BGE 39 I 261. Zukünftige Forderungen: BGE 57 II 538; 113 II 163. Inkasso: BGE 71 II 169. Abstraktheit: BGE 67 II 127. Fiduziarische Abtretung: BGE 72 II 72; 122 III 60. − OR 289, 306, 327, 529, 542; ZGB 93 Abs. 2, 758; EHG 15.

---

1   Aufgehoben durch Anhang 2 Ziff. II 1 des BG vom 23. März 2001 über den Konsumkredit (SR 221.214.1).

Art. 165 b. Form des Vertrages

[1] Die Abtretung bedarf zu ihrer Gültigkeit der schriftlichen Form.

[2] Die Verpflichtung zum Abschluss eines Abtretungsvertrages kann formlos begründet werden.

OR 12 ff. Blankozession: BGE 82 II 51. Rückzession: BGE 71 II 170. Abs. 1: BGE 105 II 83.

Art. 166 2. Übergang kraft Gesetzes oder Richterspruchs

Bestimmen Gesetz oder richterliches Urteil, dass eine Forderung auf einen andern übergeht, so ist der Übergang Dritten gegenüber wirksam, ohne dass es einer besondern Form oder auch nur einer Willenserklärung des bisherigen Gläubigers bedarf.

OR 70 Abs. 3, 110, 149, 170, 401, 505. IPRG 146.

Art. 167 II. Wirkung der Abtretung
1. Stellung des Schuldners
a. Zahlung in gutem Glauben

Wenn der Schuldner, bevor ihm der Abtretende oder der Erwerber die Abtretung angezeigt hat, in gutem Glauben an den frühern Gläubiger oder, im Falle mehrfacher Abtretung, an einen im Rechte nachgehenden Erwerber Zahlung leistet, so ist er gültig befreit.

BGE 131 III 586.

Art. 168 b. Verweigerung der Zahlung und Hinterlegung

[1] Ist die Frage, wem eine Forderung zustehe, streitig, so kann der Schuldner die Zahlung verweigern und sich durch gerichtliche Hinterlegung befreien.

[2] Zahlt der Schuldner, obschon er von dem Streite Kenntnis hat, so tut er es auf seine Gefahr.

[3] Ist der Streit vor Gericht anhängig und die Schuld fällig, so kann jede Partei den Schuldner zur Hinterlegung anhalten.

BGE 105 II 273.

Art. 169   c. Einreden des Schuldners

[1] Einreden, die der Forderung des Abtretenden entgegenstanden, kann der Schuldner auch gegen den Erwerber geltend machen, wenn sie schon zu der Zeit vorhanden waren, als er von der Abtretung Kenntnis erhielt.

[2] Ist eine Gegenforderung des Schuldners in diesem Zeitpunkt noch nicht fällig gewesen, so kann er sie dennoch zur Verrechnung bringen, wenn sie nicht später als die abgetretene Forderung fällig geworden ist.

Art. 170   2. Übergang der Vorzugs- und Nebenrechte, Urkunden und Beweismittel

[1] Mit der Forderung gehen die Vorzugs- und Nebenrechte über, mit Ausnahme derer, die untrennbar mit der Person des Abtretenden verknüpft sind.

[2] Der Abtretende ist verpflichtet, dem Erwerber die Schuldurkunde und alle vorhandenen Beweismittel auszuliefern und ihm die zur Geltendmachung der Forderung nötigen Aufschlüsse zu erteilen.

[3] Es wird vermutet, dass mit der Hauptforderung auch die rückständigen Zinse auf den Erwerber übergehen.

   Abs. 1: BGE 103 II 75 (Schiedsabrede).

Art. 171   3. Gewährleistung
              a. Im Allgemeinen

[1] Bei der entgeltlichen Abtretung haftet der Abtretende für den Bestand der Forderung zur Zeit der Abtretung.

[2] Für die Zahlungsfähigkeit des Schuldners dagegen haftet der Abtretende nur dann, wenn er sich dazu verpflichtet hat.

[3] Bei der unentgeltlichen Abtretung haftet der Abtretende auch nicht für den Bestand der Forderung.

   Umfang: BGE 82 II 523. Zahlungsunfähigkeit: BGE 68 II 179.

Art. 172   b. Bei Abtretung zahlungshalber

Hat ein Gläubiger seine Forderung zum Zwecke der Zahlung abgetreten ohne Bestimmung des Betrages, zu dem sie angerechnet werden soll, so muss der Erwerber sich nur diejenige Summe anrechnen lassen, die er vom Schuldner erhält oder bei gehöriger Sorgfalt hätte erhalten können.

Art. 173 c. Umfang der Haftung

[1] Der Abtretende haftet vermöge der Gewährleistung nur für den empfangenen Gegenwert nebst Zinsen und überdies für die Kosten der Abtretung und des erfolglosen Vorgehens gegen den Schuldner.

[2] Geht eine Forderung von Gesetzes wegen auf einen andern über, so haftet der bisherige Gläubiger weder für den Bestand der Forderung noch für die Zahlungsfähigkeit des Schuldners.

Art. 174 III. Besondere Bestimmungen

Wo das Gesetz für die Übertragung von Forderungen besondere Bestimmungen aufstellt, bleiben diese vorbehalten.

OR 1001 ff., 1108 f., 1152. ZGB 869.

Art. 175 B. Schuldübernahme
I. Schuldner und Schuldübernehmer

[1] Wer einem Schuldner verspricht, seine Schuld zu übernehmen, verpflichtet sich, ihn von der Schuld zu befreien, sei es durch Befriedigung des Gläubigers oder dadurch, dass er sich an seiner Statt mit Zustimmung des Gläubigers zu dessen Schuldner macht.

[2] Der Übernehmer kann zur Erfüllung dieser Pflicht vom Schuldner nicht angehalten werden, solange dieser ihm gegenüber den Verpflichtungen nicht nachgekommen ist, die dem Schuldübernahmevertrag zugrunde liegen.

[3] Unterbleibt die Befreiung des alten Schuldners, so kann dieser vom neuen Schuldner Sicherheit verlangen.

Abs. 1: BGE 110 II 340. Erfüllungsversprechen: BGE 73 II 177.

Art. 176 II. Vertrag mit dem Gläubiger
1. Antrag und Annahme

[1] Der Eintritt eines Schuldübernehmers in das Schuldverhältnis an Stelle und mit Befreiung des bisherigen Schuldners erfolgt durch Vertrag des Übernehmers mit dem Gläubiger.

[2] Der Antrag des Übernehmers kann dadurch erfolgen, dass er, oder mit seiner Ermächtigung der bisherige Schuldner, dem Gläubiger von der Übernahme der Schuld Mitteilung macht.

[3] Die Annahmeerklärung des Gläubigers kann ausdrücklich erfolgen oder aus den Umständen hervorgehen und wird vermutet, wenn der Gläubiger ohne Vorbehalt vom Übernehmer eine Zahlung annimmt oder einer anderen schuldnerischen Handlung zustimmt.

Privative und kumulative Schuldübernahme: BGE 46 II 68.

Art. 177   2. Wegfall des Antrags

[1] Die Annahme durch den Gläubiger kann jederzeit erfolgen, der Übernehmer wie der bisherige Schuldner können jedoch dem Gläubiger für die Annahme eine Frist setzen, nach deren Ablauf die Annahme bei Stillschweigen des Gläubigers als verweigert gilt.

[2] Wird vor der Annahme durch den Gläubiger eine neue Schuldübernahme verabredet und auch von dem neuen Übernehmer dem Gläubiger der Antrag gestellt, so wird der vorhergehende Übernehmer befreit.

Art. 178   III. Wirkung des Schuldnerwechsels
              1. Nebenrechte

[1] Die Nebenrechte werden vom Schuldnerwechsel, soweit sie nicht mit der Person des bisherigen Schuldners untrennbar verknüpft sind, nicht berührt.

[2] Von Dritten bestellte Pfänder sowie die Bürgen haften jedoch dem Gläubiger nur dann weiter, wenn der Verpfänder oder der Bürge der Schuldübernahme zugestimmt hat.

OR 493 Abs. 2, Zeitpunkt: BGE 67 II 130.

Art. 179   2. Einreden

[1] Die Einreden aus dem Schuldverhältnis stehen dem neuen Schuldner zu wie dem bisherigen.

[2] Die Einreden, die der bisherige Schuldner persönlich gegen den Gläubiger gehabt hat, kann der neue Schuldner diesem, soweit nicht aus dem Vertrag mit ihm etwas anderes hervorgeht, nicht entgegenhalten.

[3] Der Übernehmer kann die Einreden, die ihm gegen den Schuldner aus dem der Schuldübernahme zugrunde liegenden Rechtsverhältnisse zustehen, gegen den Gläubiger nicht geltend machen.

Abs. 3 nicht anwendbar auf 181: BGE 60 II 106.

Art. 180   IV. Dahinfallen des Schuldübernahmevertrages

[1] Fällt ein Übernahmevertrag als unwirksam dahin, so lebt die Verpflichtung des frühern Schuldners mit allen Nebenrechten, unter Vorbehalt der Rechte gutgläubiger Dritter, wieder auf.

[2] Ausserdem kann der Gläubiger von dem Übernehmer Ersatz des Schadens verlangen, der ihm hiebei infolge des Verlustes früher erlangter Sicherheiten od. dgl. entstanden ist, insoweit der Übernehmer nicht darzutun vermag, dass ihm an dem Dahinfallen der Schuldübernahme und an der Schädigung des Gläubigers keinerlei Verschulden zur Last falle.

Art. 181 V. Übernahme eines Vermögens oder eines Geschäftes

[1] Wer ein Vermögen oder ein Geschäft mit Aktiven und Passiven übernimmt, wird den Gläubigern aus den damit verbundenen Schulden ohne weiteres verpflichtet, sobald von dem Übernehmer die Übernahme den Gläubigern mitgeteilt oder in öffentlichen Blättern ausgekündigt worden ist.

[2] Der bisherige Schuldner haftet jedoch solidarisch mit dem neuen noch während dreier Jahre, die für fällige Forderungen mit der Mitteilung oder der Auskündigung und bei später fällig werdenden Forderungen mit Eintritt der Fälligkeit zu laufen beginnen.[1]

[3] Im übrigen hat diese Schuldübernahme die gleiche Wirkung wie die Übernahme einer einzelnen Schuld.

[4] Die Übernahme des Vermögens oder des Geschäfts von Handelsgesellschaften, Genossenschaften, Vereinen, Stiftungen und Einzelunternehmen, die im Handelsregister eingetragen sind, richtet sich nach den Vorschriften des Fusionsgesetzes vom 3. Oktober 2003.[2,3]

> OR 592 Abs. 2, 612, 748, 750, 824, 914, 953. Vgl. FusG, → Nr. 12.
> Abs. 2: BGE 63 II 16 (Frist); 126 III 375 (Kommanditgesellschaft).

Art. 182[4] VI. ...

Aufgehoben.

Art. 183 VII. Erbteilung und Grundstückkauf

Die besondern Bestimmungen betreffend die Schuldübernahme bei Erbteilung und bei Veräusserung verpfändeter Grundstücke bleiben vorbehalten.

> ZGB 639, 832 ff., 852.

---

1 Fassung gemäss Anhang Ziff. 2 des Fusionsgesetzes vom 3. Okt. 2003, in Kraft seit 1. Juli 2004 (SR 221.301).
2 SR 221.301
3 Fassung gemäss Ziff. I 3 des BG vom 16. Dez. 2005, in Kraft per 1. Jan. 2008 (AS 2007 4791 4839; BBl 2002 3148, BBl 2004 3969).
4 Aufgehoben durch Anhang Ziff. 2 des Fusionsgesetzes vom 3. Okt. 2003, mit Wirkung seit 1. Juli 2004 (SR 221.301).

Zweite Abteilung: Die einzelnen Vertragsverhältnisse

Sechster Titel: Kauf und Tausch

Erster Abschnitt: Allgemeine Bestimmungen

Art. 184   A. Rechte und Pflichten im Allgemeinen

[1] Durch den Kaufvertrag verpflichten sich der Verkäufer, dem Käufer den Kaufgegenstand zu übergeben und ihm das Eigentum daran zu verschaffen, und der Käufer, dem Verkäufer den Kaufpreis zu bezahlen.

[2] Sofern nicht Vereinbarung oder Übung entgegenstehen, sind Verkäufer und Käufer verpflichtet, ihre Leistungen gleichzeitig – Zug um Zug – zu erfüllen.

[3] Der Preis ist genügend bestimmt, wenn er nach den Umständen bestimmbar ist.

> Elektrizitätslieferung: BGE 76 II 107. Trödelvertrag: BGE 58 II 351; 70 II 106. Nebenpunkte: BGE 71 II 270.
> Abs. 3: UWG 16 ff., → Nr. 18. Preisüberwachungsgesetz, SR 942.20. IPRG 118.

Art. 185   B. Nutzen und Gefahr

[1] Sofern nicht besondere Verhältnisse oder Verabredungen eine Ausnahme begründen, gehen Nutzen und Gefahr der Sache mit dem Abschlusse des Vertrages auf den Erwerber über.

[2] Ist die veräusserte Sache nur der Gattung nach bestimmt, so muss sie überdies ausgeschieden und, wenn sie versendet werden soll, zur Versendung abgegeben sein.

[3] Bei Verträgen, die unter einer aufschiebenden Bedingung abgeschlossen sind, gehen Nutzen und Gefahr der veräusserten Sache erst mit dem Eintritte der Bedingung auf den Erwerber über.

> Abs. 1: BGE 128 III 370.
> Abs. 3: Vgl. OR 153.

Art. 186   C. Vorbehalt der kantonalen Gesetzgebung

Der kantonalen Gesetzgebung bleibt es vorbehalten, die Klagbarkeit von Forderungen aus dem Kleinvertriebe geistiger Getränke, einschliesslich der Forderung für Wirtszeche, zu beschränken oder auszuschliessen.

> ZGB 5.

Zweiter Abschnitt: Der Fahrniskauf

Art. 187   A. Gegenstand

1 Als Fahrniskauf ist jeder Kauf anzusehen, der nicht eine Liegenschaft oder ein in das Grundbuch als Grundstück aufgenommenes Recht zum Gegenstande hat.

2 Bestandteile eines Grundstückes, wie Früchte oder Material auf Abbruch oder aus Steinbrüchen, bilden den Gegenstand eines Fahrniskaufes, wenn sie nach ihrer Lostrennung auf den Erwerber als bewegliche Sachen übergehen sollen.

> Vgl. Haager Übereinkommen betr. das auf internationale Kaufverträge über bewegliche Sachen anzuwendende Recht vom 15. Juni 1955, SR 0.221.211.4. Übereinkommen der Vereinten Nationen über Verträge über den internationalen Warenkauf («Wiener Konvention») vom 11. April 1980, SR 0.221.211.1.
> Abs. 2: ZGB 642. «Incoterms»: BGE 122 III 106.

Art. 188   B. Verpflichtungen des Verkäufers
              I. Übergabe
              1. Kosten der Übergabe

Sofern nicht etwas anderes vereinbart worden oder üblich ist, trägt der Verkäufer die Kosten der Übergabe, insbesondere des Messens und Wägens, der Käufer dagegen die der Beurkundung und der Abnahme.

> Deklarationsverordnung, SR 941.281.

Art. 189   2. Transportkosten

1 Muss die verkaufte Sache an einen anderen als den Erfüllungsort versendet werden, so trägt der Käufer die Transportkosten, sofern nicht etwas anderes vereinbart oder üblich ist.

2 Ist Frankolieferung verabredet, so wird vermutet, der Verkäufer habe die Transportkosten übernommen.

3 Ist Franko- und zollfreie Lieferung verabredet, so gelten die Ausgangs-, Durchgangs- und Eingangszölle, die während des Transportes, nicht aber die Verbrauchssteuern, die bei Empfang der Sache erhoben werden, als mitübernommen.

> OR 74 Ziff. 3. SchKG 203. Distanzkauf. Frankoklausel: BGE 46 II 461; 52 II 365. CIF-Klausel: BGE 122 III 106.

Art. 190   3. Verzug in der Übergabe
               a. Rücktritt im kaufmännischen Verkehr

[1] Ist im kaufmännischen Verkehr ein bestimmter Lieferungstermin verabredet und kommt der Verkäufer in Verzug, so wird vermutet, dass der Käufer auf die Lieferung verzichte und Schadenersatz wegen Nichterfüllung beanspruche.

[2] Zieht der Käufer vor, die Lieferung zu verlangen, so hat er es dem Verkäufer nach Ablauf des Termines unverzüglich anzuzeigen.

> Fixgeschäft. OR 102 Abs. 2, 108 Ziff. 3
> Abs. 1: BGE 116 II 436.

Art. 191   b. Schadenersatzpflicht und Schadenberechnung

[1] Kommt der Verkäufer seiner Vertragspflicht nicht nach, so hat er den Schaden, der dem Käufer hieraus entsteht, zu ersetzen.

[2] Der Käufer kann als seinen Schaden im kaufmännischen Verkehr die Differenz zwischen dem Kaufpreis und dem Preise, um den er sich einen Ersatz für die nicht gelieferte Sache in guten Treuen erworben hat, geltend machen.

[3] Bei Waren, die einen Markt- oder Börsenpreis haben, kann er, ohne sich den Ersatz anzuschaffen, die Differenz zwischen dem Vertragspreise und dem Preise zur Erfüllungszeit als Schadenersatz verlangen.

> Abs. 1: OR 103. Positives Vertragsinteresse.
> Abs. 2: Deckungskauf, konkreter Schaden. BGE 120 II 296.
> Abs. 3: Abstrakter Schaden: BGE 78 II 432. Abs. 2, 3: BGE 81 II 52.

Art. 192   II. Gewährleistung des veräusserten Rechtes
               1. Verpflichtung zur Gewährleistung

[1] Der Verkäufer hat dafür Gewähr zu leisten, dass nicht ein Dritter aus Rechtsgründen, die schon zur Zeit des Vertragsabschlusses bestanden haben, den Kaufgegenstand dem Käufer ganz oder teilweise entziehe.

[2] Kannte der Käufer zur Zeit des Vertragsabschlusses die Gefahr der Entwehrung, so hat der Verkäufer nur insofern Gewähr zu leisten, als er sich ausdrücklich dazu verpflichtet hat.

[3] Eine Vereinbarung über Aufhebung oder Beschränkung der Gewährspflicht ist ungültig, wenn der Verkäufer das Recht des Dritten absichtlich verschwiegen hat.

> OR 97 ff. Entwehrung, Eviktion. BGE 82 II 420; 83 II 21; 109 II 319 (gestohlenes Auto); 110 II 239 (Patent).

Art. 193   2. Verfahren
            a. Streitverkündung

[1] Wird von einem Dritten ein Recht geltend gemacht, das den Verkäufer zur Gewährleistung verpflichtet, so hat dieser auf ergangene Streitverkündung je nach den Umständen und den Vorschriften der Prozessordnung dem Käufer im Prozesse beizustehen oder ihn zu vertreten.

[2] Ist die Streitverkündung rechtzeitig erfolgt, so wirkt ein ungünstiges Ergebnis des Prozesses auch gegen den Verkäufer, sofern er nicht beweist, dass es durch böse Absicht oder grobe Fahrlässigkeit des Käufers verschuldet worden sei.

[3] Ist sie ohne Veranlassung des Verkäufers unterblieben, so wird dieser von der Verpflichtung zur Gewährleistung insoweit befreit, als er zu beweisen vermag, dass bei rechtzeitig erfolgter Streitverkündung ein günstigeres Ergebnis des Prozesses zu erlangen gewesen wäre.

  BGE 100 II 24.

Art. 194   b. Herausgabe ohne richterliche Entscheidung

[1] Die Pflicht zur Gewährleistung besteht auch dann, wenn der Käufer, ohne es zur richterlichen Entscheidung kommen zu lassen, das Recht des Dritten in guten Treuen anerkannt oder sich einem Schiedsgericht unterworfen hat, sofern dieses dem Verkäufer rechtzeitig angedroht und ihm die Führung des Prozesses erfolglos angeboten worden war.

[2] Ebenso besteht sie, wenn der Käufer beweist, dass er zur Herausgabe der Sache verpflichtet war.

Art. 195   3. Ansprüche des Käufers
            a. Bei vollständiger Entwehrung

[1] Ist die Entwehrung eine vollständige, so ist der Kaufvertrag als aufgehoben zu betrachten und der Käufer zu fordern berechtigt:

1.   Rückerstattung des bezahlten Preises samt Zinsen unter Abrechnung der von ihm gewonnenen oder versäumten Früchte und sonstigen Nutzungen;

2.   Ersatz der für die Sache gemachten Verwendungen, soweit er nicht von dem berechtigten Dritten erhältlich ist;

3.   Ersatz aller durch den Prozess veranlassten gerichtlichen und aussergerichtlichen Kosten, mit Ausnahme derjenigen, die durch Streitverkündung vermieden worden wären;

4.   Ersatz des sonstigen durch die Entwehrung unmittelbar verursachten Schadens.

[2] Der Verkäufer ist verpflichtet, auch den weiteren Schaden zu ersetzen, sofern er nicht beweist, dass ihm keinerlei Verschulden zur Last falle.

Art. 196   b. Bei teilweiser Entwehrung

[1] Wenn dem Käufer nur ein Teil des Kaufgegenstandes entzogen wird, oder wenn die verkaufte Sache mit einer dinglichen Last beschwert ist, für die der Verkäufer einzustehen hat, so kann der Käufer nicht die Aufhebung des Vertrages, sondern nur Ersatz des Schadens verlangen, der ihm durch die Entwehrung verursacht wird.

[2] Ist jedoch nach Massgabe der Umstände anzunehmen, dass der Käufer den Vertrag nicht geschlossen haben würde, wenn er die teilweise Entwehrung vorausgesehen hätte, so ist er befugt, die Aufhebung des Vertrages zu verlangen.

[3] In diesem Falle muss er den Kaufgegenstand, soweit er nicht entwehrt worden ist, nebst dem inzwischen bezogenen Nutzen dem Verkäufer zurückgeben.

Art. 196a[1]   c. Bei Kulturgütern

Für Kulturgüter im Sinne von Artikel 2 Absatz 1 des Kulturgütertransfergesetzes vom 20. Juni 2003[2] verjährt die Klage auf Gewährleistung des veräusserten Rechts ein Jahr, nachdem der Käufer den Mangel entdeckt hat, in jedem Fall jedoch 30 Jahre nach dem Vertragsabschluss.

Art. 197   III. Gewährleistung wegen Mängel der Kaufsache
                 1. Gegenstand der Gewährleistung
                 a. Im Allgemeinen

[1] Der Verkäufer haftet dem Käufer sowohl für die zugesicherten Eigenschaften als auch dafür, dass die Sache nicht körperliche oder rechtliche Mängel habe, die ihren Wert oder ihre Tauglichkeit zu dem vorausgesetzten Gebrauche aufheben oder erheblich mindern.

[2] Er haftet auch dann, wenn er die Mängel nicht gekannt hat.

> OR 24, 219. BGE 71 II 240; 73 II 220; 88 II 413; 91 II 344; 109 II 24 (Zusicherung); 122 III 426; 126 III 59; 133 III 335 (Alternativität zu OR 97).
> Abs. 1: BGE 121 III 453 (Gattungskauf).

Art. 198   b. Beim Viehhandel

Beim Handel mit Vieh (Pferden, Eseln, Maultieren, Rindvieh, Schafen, Ziegen und Schweinen) besteht eine Pflicht zur Gewährleistung nur insoweit, als der Verkäufer sie dem Käufer schriftlich zugesichert oder den Käufer absichtlich getäuscht hat.

> OR 13 ff., 202. Irrtum: BGE 70 II 50. Schriftlichkeit: BGE 111 II 67.

---

1   Eingefügt durch Art. 32 Ziff. 2 des Kulturgütertransfergesetzes vom 20. Juni 2003, in Kraft seit 1. Juni 2005 (SR 444.1).
2   SR 444.1

Art. 199   2. Wegbedingung

Eine Vereinbarung über Aufhebung oder Beschränkung der Gewährspflicht ist ungültig, wenn der Verkäufer dem Käufer die Gewährsmängel arglistig verschwiegen hat.

> Klausel: «tel quel». BGE 72 II 267; 73 II 223; 107 II 161 (Grundstückkauf); 126 III 59; 130 III 686.

Art. 200   3. Vom Käufer gekannte Mängel

[1] Der Verkäufer haftet nicht für Mängel, die der Käufer zur Zeit des Kaufes gekannt hat.

[2] Für Mängel, die der Käufer bei Anwendung gewöhnlicher Aufmerksamkeit hätte kennen sollen, haftet der Verkäufer nur dann, wenn er deren Nichtvorhandensein zugesichert hat.

Art. 201   4. Mängelrüge
             a. Im Allgemeinen

[1] Der Käufer soll, sobald es nach dem üblichen Geschäftsgange tunlich ist, die Beschaffenheit der empfangenen Sache prüfen und, falls sich Mängel ergeben, für die der Verkäufer Gewähr zu leisten hat, diesem sofort Anzeige machen.

[2] Versäumt dieses der Käufer, so gilt die gekaufte Sache als genehmigt, soweit es sich nicht um Mängel handelt, die bei der übungsgemässen Untersuchung nicht erkennbar waren.

[3] Ergeben sich später solche Mängel, so muss die Anzeige sofort nach der Entdeckung erfolgen, widrigenfalls die Sache auch rücksichtlich dieser Mängel als genehmigt gilt.

> BGE 131 III 145. Prüfungsort: BGE 40 II 483. Erkennbarkeit: BGE 63 II 407; 66 II 137. Abs. 2, 3, Begriff: BGE 76 II 223. Folgen: BGE 67 II 134.

Art. 202   b. Beim Viehhandel

[1] Enthält beim Handel mit Vieh die schriftliche Zusicherung keine Fristbestimmung und handelt es sich nicht um Gewährleistung für Trächtigkeit, so haftet der Verkäufer dem Käufer nur, wenn der Mangel binnen neun Tagen, von der Übergabe oder vom Annahmeverzug an gerechnet, entdeckt und angezeigt wird, und wenn binnen der gleichen Frist bei der zuständigen Behörde die Untersuchung des Tieres durch Sachverständige verlangt wird.

[2] Das Gutachten der Sachverständigen wird vom Richter nach seinem Ermessen gewürdigt.

[3] Im Übrigen wird das Verfahren durch eine Verordnung des Bundesrates geregelt.

Bundesrätliche VO betr. das Verfahren bei der Gewährleistung im Viehhandel vom 14. November 1911 (SR 221.211.22).

Art. 203   5. Absichtliche Täuschung

Bei absichtlicher Täuschung des Käufers durch den Verkäufer findet eine Beschränkung der Gewährleistung wegen versäumter Anzeige nicht statt.

Art. 204   6. Verfahren bei Übersendung von anderem Ort

[1] Wenn die von einem anderen Orte übersandte Sache beanstandet wird und der Verkäufer an dem Empfangsorte keinen Stellvertreter hat, so ist der Käufer verpflichtet, für deren einstweilige Aufbewahrung zu sorgen, und darf sie dem Verkäufer nicht ohne weiteres zurückschicken.

[2] Er soll den Tatbestand ohne Verzug gehörig feststellen lassen, widrigenfalls ihm der Beweis obliegt, dass die behaupteten Mängel schon zur Zeit der Empfangnahme vorhanden gewesen seien.

[3] Zeigt sich Gefahr, dass die übersandte Sache schnell in Verderbnis gerate, so ist der Käufer berechtigt und, soweit die Interessen des Verkäufers es erfordern, verpflichtet, sie unter Mitwirkung der zuständigen Amtsstelle des Ortes, wo sich die Sache befindet, verkaufen zu lassen, hat aber bei Vermeidung von Schadenersatz den Verkäufer so zeitig als tunlich hievon zu benachrichtigen.

Distanzkauf.
Abs. 3: Notverkauf, Selbsthilfeverkauf.

Art. 205   7. Inhalt der Klage des Käufers
                a. Wandelung oder Minderung

[1] Liegt ein Fall der Gewährleistung wegen Mängel der Sache vor, so hat der Käufer die Wahl, mit der Wandelungsklage den Kauf rückgängig zu machen oder mit der Minderungsklage Ersatz des Minderwertes der Sache zu fordern.

[2] Auch wenn die Wandelungsklage angestellt worden ist, steht es dem Richter frei, bloss Ersatz des Minderwertes zuzusprechen, sofern die Umstände es nicht rechtfertigen, den Kauf rückgängig zu machen.

[3] Erreicht der geforderte Minderwert den Betrag des Kaufpreises, so kann der Käufer nur die Wandelung verlangen.

BGE 111 II 162; 117 II 550 (Teuerung).
Abs. 2: BGE 124 III 456 (EDV-Vertrag).

Art. 206 b. Ersatzleistung

[1] Geht der Kauf auf die Lieferung einer bestimmten Menge vertretbarer Sachen, so hat der Käufer die Wahl, entweder die Wandelungs- oder die Minderungsklage anzustellen oder andere währhafte Ware derselben Gattung zu fordern.

[2] Wenn die Sachen dem Käufer nicht von einem andern Orte her zugesandt worden sind, ist auch der Verkäufer berechtigt, sich durch sofortige Lieferung währhafter Ware derselben Gattung und Ersatz allen Schadens von jedem weiteren Anspruche des Käufers zu befreien.

Art. 207 c. Wandelung bei Untergang der Sache

[1] Die Wandelung kann auch dann begehrt werden, wenn die Sache infolge ihrer Mängel oder durch Zufall untergegangen ist.

[2] Der Käufer hat in diesem Falle nur das zurückzugeben, was ihm von der Sache verblieben ist.

[3] Ist die Sache durch Verschulden des Käufers untergegangen, oder von diesem weiter veräussert oder umgestaltet worden, so kann er nur Ersatz des Minderwertes verlangen.

> OR 119.
> Abs. 3: BGE 105 II 90.

Art. 208 8. Durchführung der Wandelung
a. Im Allgemeinen

[1] Wird der Kauf rückgängig gemacht, so muss der Käufer die Sache nebst dem inzwischen bezogenen Nutzen dem Verkäufer zurückgeben.

[2] Der Verkäufer hat den gezahlten Verkaufspreis samt Zinsen zurückzuerstatten und überdies, entsprechend den Vorschriften über die vollständige Entwehrung, die Prozesskosten, die Verwendungen und den Schaden zu ersetzen, der dem Käufer durch die Lieferung fehlerhafter Ware unmittelbar verursacht worden ist.

[3] Der Verkäufer ist verpflichtet, den weitern Schaden zu ersetzen, sofern er nicht beweist, dass ihm keinerlei Verschulden zur Last falle.

> OR 109. Nutzen: BGE 106 II 221. Schaden: BGE 79 II 379; 133 III 257.

Art. 209 b. Bei einer Mehrheit von Kaufsachen

[1] Sind von mehreren zusammen verkauften Sachen oder von einer verkauften Gesamtsache bloss einzelne Stücke fehlerhaft, so kann nur rücksichtlich dieser die Wandelung verlangt werden.

2 Lassen sich jedoch die fehlerhaften Stücke von den fehlerfreien ohne erheblichen Nachteil für den Käufer oder den Verkäufer nicht trennen, so muss die Wandelung sich auf den gesamten Kaufgegenstand erstrecken.

3 Die Wandelung der Hauptsache zieht, selbst wenn für die Nebensache ein besonderer Preis festgesetzt war, die Wandelung auch dieser, die Wandelung der Nebensache dagegen nicht auch die Wandelung der Hauptsache nach sich.

BGE 20 II 70.

Art. 210   9. Verjährung

1 Die Klagen auf Gewährleistung wegen Mängel der Sache verjähren mit Ablauf eines Jahres nach deren Ablieferung an den Käufer, selbst wenn dieser die Mängel erst später entdeckt, es sei denn, dass der Verkäufer eine Haftung auf längere Zeit übernommen hat.

1bis Für Kulturgüter im Sinne von Artikel 2 Absatz 1 des Kulturgütertransfergesetzes vom 20. Juni 2003[1] verjährt die Klage ein Jahr, nachdem der Käufer den Mangel entdeckt hat, in jedem Fall jedoch 30 Jahre nach dem Vertragsabschluss.[2]

2 Die Einreden des Käufers wegen vorhandener Mängel bleiben bestehen, wenn innerhalb eines Jahres nach Ablieferung die vorgeschriebene Anzeige an den Verkäufer gemacht worden ist.

3 Die mit Ablauf eines Jahres eintretende Verjährung kann der Verkäufer nicht geltend machen, wenn ihm eine absichtliche Täuschung des Käufers nachgewiesen wird.

OR 31. Fristbeginn: BGE 78 II 367; 102 II 97. Frist: BGE 107 II 231; 117 II 425. Abs. 3: BGE 89 II 409.

Art. 211   C. Verpflichtungen des Käufers
I. Zahlung des Preises und Annahme der Kaufsache

1 Der Käufer ist verpflichtet, den Preis nach den Bestimmungen des Vertrages zu bezahlen und die gekaufte Sache, sofern sie ihm von dem Verkäufer vertragsgemäss angeboten wird, anzunehmen.

2 Die Empfangnahme muss sofort geschehen, wenn nicht etwas anderes vereinbart oder üblich ist.

BGE 110 II 148 (Sukzessivlieferungsvertrag).

---

1   SR 444.1
2   Eingefügt durch Art. 32 Ziff. 2 des Kulturgütertransfergesetzes vom 20. Juni 2003, in Kraft seit 1. Juni 2005 (SR 444.1).

Art. 212 II. Bestimmung des Kaufpreises

1 Hat der Käufer fest bestellt, ohne den Preis zu nennen, so wird vermutet, es sei der mittlere Marktpreis gemeint, der zurzeit und an dem Ort der Erfüllung gilt.

2 Ist der Kaufpreis nach dem Gewichte der Ware zu berechnen, so wird die Verpackung (Taragewicht) in Abzug gebracht.

3 Vorbehalten bleiben die besonderen kaufmännischen Übungen, nach denen bei einzelnen Handelsartikeln ein festbestimmter oder nach Prozenten berechneter Abzug vom Bruttogewicht erfolgt oder das ganze Bruttogewicht bei der Preisbestimmung angerechnet wird.

Art. 213 III. Fälligkeit und Verzinsung des Kaufpreises

1 Ist kein anderer Zeitpunkt bestimmt, so wird der Kaufpreis mit dem Übergange des Kaufgegenstandes in den Besitz des Käufers fällig.

2 Abgesehen von der Vorschrift über den Verzug infolge Ablaufs eines bestimmten Verfalltages wird der Kaufpreis ohne Mahnung verzinslich, wenn die Übung es mit sich bringt, oder wenn der Käufer Früchte oder sonstige Erträgnisse des Kaufgegenstandes beziehen kann.

Art. 214 IV. Verzug des Käufers
1. Rücktrittsrecht des Verkäufers

1 Ist die verkaufte Sache gegen Vorausbezahlung des Preises oder Zug um Zug zu übergeben und befindet sich der Käufer mit der Zahlung des Kaufpreises im Verzuge, so hat der Verkäufer das Recht, ohne weiteres vom Vertrage zurückzutreten.

2 Er hat jedoch dem Käufer, wenn er von seinem Rücktrittsrecht Gebrauch machen will, sofort Anzeige zu machen.

3 Ist der Kaufgegenstand vor der Zahlung in den Besitz des Käufers übergegangen, so kann der Verkäufer nur dann wegen Verzuges des Käufers von dem Vertrage zurücktreten und die übergebene Sache zurückfordern, wenn er sich dieses Recht ausdrücklich vorbehalten hat.

OR 107. Grundstückkauf: BGE 86 II 234.

Art. 215 2. Schadenersatz und Schadenberechnung

1 Kommt der Käufer im kaufmännischen Verkehr seiner Zahlungspflicht nicht nach, so hat der Verkäufer das Recht, seinen Schaden nach der Differenz zwischen dem Kaufpreis und dem Preise zu berechnen, um den er die Sache in guten Treuen weiter verkauft hat.

² Bei Waren, die einen Markt- oder Börsenpreis haben, kann er ohne einen solchen Verkauf die Differenz zwischen dem Vertragspreis und dem Markt- und Börsenpreis zur Erfüllungszeit als Schadenersatz verlangen.

> OR 107. Selbsthilfeverkauf. Konkrete und abstrakte Schadensberechnung: BGE 65 II 172.

Dritter Abschnitt: Der Grundstückkauf

Art. 216   A. Formvorschriften

¹ Kaufverträge, die ein Grundstück zum Gegenstande haben, bedürfen zu ihrer Gültigkeit der öffentlichen Beurkundung.

² Vorverträge sowie Verträge, die ein Vorkaufs-, Kaufs- oder Rückkaufsrecht an einem Grundstück begründen, bedürfen zu ihrer Gültigkeit der öffentlichen Beurkundung.[1]

³ Vorkaufsverträge, die den Kaufpreis nicht zum voraus bestimmen, sind in schriftlicher Form gültig.[2]

> OR 12 f., 22. ZGB 681 ff. SchlT 55. VZG 51. IPRG 119. BGE 127 III 248. Formzwang: BGE 86 II 400; 87 II 30. Auftrag, Vollmacht: BGE 64 II 228; 81 II 231; 84 II 161. «Fertigung»: BGE 52 II 83.
> Abs. 1: BGE 112 II 330 (Vertretung); 132 III 549.
> Abs. 2: BGE 113 II 402; 118 II 395 (Erbteilung).
> Abs. 3: BGE 54 II 325; 70 II 151. Ges. Pfandrecht: ZGB 837 Ziff. 1. Ausländer: BewG, → Nr. 3.

Art. 216a[3]   A^bis. Befristung und Vormerkung

Vorkaufs- und Rückkaufsrechte dürfen für höchstens 25 Jahre, Kaufsrechte für höchstens zehn Jahre vereinbart und im Grundbuch vorgemerkt werden.

---

1   Fassung gemäss Ziff. II des BG vom 4. Okt. 1991 über die Teilrevision des Zivilgesetzbuches (Immobiliarsachenrecht) und des Obligationenrechts (Grundstückkauf), in Kraft seit 1. Jan. 1994 (AS 1993 1404 1409; BBl 1988 III 953).

2   Fassung gemäss Ziff. II des BG vom 4. Okt. 1991 über die Teilrevision des Zivilgesetzbuches (Immobiliarsachenrecht) und des Obligationenrechts (Grundstückkauf), in Kraft seit 1. Jan. 1994 (AS 1993 1404 1409; BBl 1988 III 953).

3   Eingefügt durch Ziff. II des BG vom 4. Okt. 1991 über die Teilrevision des Zivilgesetzbuches (Immobiliarsachenrecht) und des Obligationenrechts (Grundstückkauf), in Kraft seit 1. Jan. 1994 (AS 1993 1404 1409; BBl 1988 III 953).

Art. 216b[1] Ater. Vererblichkeit und Abtretung

[1] Ist nichts anderes vereinbart, so sind vertragliche Vorkaufs-, Kaufs- und Rückkaufsrechte vererblich, aber nicht abtretbar.

[2] Ist die Abtretung nach Vertrag zulässig, so bedarf sie der gleichen Form wie die Begründung.

Art. 216c[2] Aquater. Vorkaufsrechte
I. Vorkaufsfall

[1] Das Vorkaufsrecht kann geltend gemacht werden, wenn das Grundstück verkauft wird, sowie bei jedem andern Rechtsgeschäft, das wirtschaftlich einem Verkauf gleichkommt (Vorkaufsfall).

[2] Nicht als Vorkaufsfall gelten namentlich die Zuweisung an einen Erben in der Erbteilung, die Zwangsversteigerung und der Erwerb zur Erfüllung öffentlicher Aufgaben.

BGE 126 III 187 (Immobilien-AG).

Art. 216d[3] II. Wirkungen des Vorkaufsfalls, Bedingungen

[1] Der Verkäufer muss den Vorkaufsberechtigten über den Abschluss und den Inhalt des Kaufvertrags in Kenntnis setzen.

[2] Wird der Kaufvertrag aufgehoben, nachdem das Vorkaufsrecht ausgeübt worden ist oder wird eine erforderliche Bewilligung aus Gründen, die in der Person des Käufers liegen, verweigert, so bleibt dies gegenüber dem Vorkaufsberechtigten ohne Wirkung.

[3] Sieht der Vorkaufsvertrag nichts anderes vor, so kann der Vorkaufsberechtigte das Grundstück zu den Bedingungen erwerben, die der Verkäufer mit dem Dritten vereinbart hat.

---

1 Eingefügt durch Ziff. II des BG vom 4. Okt. 1991 über die Teilrevision des Zivilgesetzbuches (Immobiliarsachenrecht) und des Obligationenrechts (Grundstückkauf), in Kraft seit 1. Jan. 1994 (AS 1993 1404 1409; BBl 1988 III 953).

2 Eingefügt durch Ziff. II des BG vom 4. Okt. 1991 über die Teilrevision des Zivilgesetzbuches (Immobiliarsachenrecht) und des Obligationenrechts (Grundstückkauf), in Kraft seit 1. Jan. 1994 (AS 1993 1404 1409; BBl 1988 III 953).

3 Eingefügt durch Ziff. II des BG vom 4. Okt. 1991 über die Teilrevision des Zivilgesetzbuches (Immobiliarsachenrecht) und des Obligationenrechts (Grundstückkauf), in Kraft seit 1. Jan. 1994 (AS 1993 1404 1409; BBl 1988 III 953).

Art. 216e[1]   III. Ausübung, Verwirkung

Will der Vorkaufsberechtigte sein Vorkaufsrecht ausüben, so muss er es innert dreier Monate gegenüber dem Verkäufer oder, wenn es im Grundbuch vorgemerkt ist, gegenüber dem Eigentümer geltend machen. Die Frist beginnt mit Kenntnis von Abschluss und Inhalt des Vertrags.

Art. 217   B. Bedingter Kauf und Eigentumsvorbehalt

[1] Ist ein Grundstückkauf bedingt abgeschlossen worden, so erfolgt die Eintragung in das Grundbuch erst, wenn die Bedingung erfüllt ist.

[2] Die Eintragung eines Eigentumsvorbehaltes ist ausgeschlossen.

> OR 151 ff.

Art. 218[2]   C. Landwirtschaftliche Grundstücke

Für die Veräusserung von landwirtschaftlichen Grundstücken gilt zudem das Bundesgesetz vom 4. Oktober 1991[3] über das bäuerliche Bodenrecht.

> BGBB.

Art. 219   D. Gewährleistung

[1] Der Verkäufer eines Grundstückes hat unter Vorbehalt anderweitiger Abrede dem Käufer Ersatz zu leisten, wenn das Grundstück nicht das Mass besitzt, das im Kaufvertrag angegeben ist.

[2] Besitzt ein Grundstück nicht das im Grundbuch auf Grund amtlicher Vermessung angegebene Mass, so hat der Verkäufer dem Käufer nur dann Ersatz zu leisten, wenn er die Gewährleistung hiefür ausdrücklich übernommen hat.

[3] Die Pflicht zur Gewährleistung für die Mängel eines Gebäudes verjährt mit dem Ablauf von fünf Jahren, vom Erwerb des Eigentums an gerechnet.

> OR 197.
> Abs. 3: BGE 104 II 265.

---

1   Eingefügt durch Ziff. II des BG vom 4. Okt. 1991 über die Teilrevision des Zivilgesetzbuches (Immobiliarsachenrecht) und des Obligationenrechts (Grundstückkauf), in Kraft seit 1. Jan. 1994 (AS 1993 1404 1409; BBl 1988 III 953).

2   Fassung gemäss Art. 92 Ziff. 2 des BG vom 4. Okt. 1991 über das bäuerliche Bodenrecht, in Kraft seit 1. Jan. 1994 (SR 211.412.11).

3   SR 211.412.11

Art. 220   E. Nutzen und Gefahr

Ist für die Übernahme des Grundstückes durch den Käufer ein bestimmter Zeitpunkt vertraglich festgestellt, so wird vermutet, dass Nutzen und Gefahr erst mit diesem Zeitpunkt auf den Käufer übergehen.

Art. 221   F. Verweisung auf den Fahrniskauf

Im Übrigen finden auf den Grundstückkauf die Bestimmungen über den Fahrniskauf entsprechende Anwendung.

OR 187 ff. Mängel: BGE 81 II 60.

Vierter Abschnitt: Besondere Arten des Kaufes

Art. 222   A. Kauf nach Muster

[1] Bei dem Kaufe nach Muster ist derjenige, dem das Muster anvertraut wurde, nicht verpflichtet, die Identität des von ihm vorgewiesenen mit dem empfangenen Muster zu beweisen, sondern es genügt seine persönliche Versicherung vor Gericht und zwar auch dann, wenn das Muster zwar nicht mehr in der Gestalt, die es bei der Übergabe hatte, vorgewiesen wird, diese Veränderung aber die notwendige Folge der Prüfung des Musters ist.

[2] In allen Fällen steht der Gegenpartei der Beweis der Unechtheit offen.

[3] Ist das Muster bei dem Käufer, wenn auch ohne dessen Verschulden, verdorben oder zu Grunde gegangen, so hat nicht der Verkäufer zu beweisen, dass die Sache mustergemäss sei, sondern der Käufer das Gegenteil.

Abs. 1: BGE 75 II 220.

Art. 223   B. Kauf auf Probe oder auf Besicht
            I. Bedeutung

[1] Ist ein Kauf auf Probe oder auf Besicht vereinbart, so steht es im Belieben des Käufers, ob er die Kaufsache genehmigen will oder nicht.

[2] Solange die Sache nicht genehmigt ist, bleibt sie im Eigentum des Verkäufers, auch wenn sie in den Besitz des Käufers übergegangen ist.

ZGB 714.

Art. 224   II. Prüfung beim Verkäufer

¹ Ist die Prüfung bei dem Verkäufer vorzunehmen, so hört dieser auf, gebunden zu sein, wenn der Käufer nicht bis zum Ablaufe der vereinbarten oder üblichen Frist genehmigt.

² In Ermangelung einer solchen Frist kann der Verkäufer nach Ablauf einer angemessenen Zeit den Käufer zur Erklärung über die Genehmigung auffordern und hört auf, gebunden zu sein, wenn der Käufer auf die Aufforderung hin sich nicht sofort erklärt.

Art. 225   III. Prüfung beim Käufer

¹ Ist die Sache dem Käufer vor der Prüfung übergeben worden, so gilt der Kauf als genehmigt, wenn der Käufer nicht innerhalb der vertragsmässigen oder üblichen Frist oder in Ermangelung einer solchen sofort auf die Aufforderung des Verkäufers hin die Nichtannahme erklärt oder die Sache zurückgibt.

² Ebenso gilt der Kauf als genehmigt, wenn der Käufer den Preis ohne Vorbehalt ganz oder zum Teile bezahlt oder über die Sache in anderer Weise verfügt, als es zur Prüfung nötig ist.

Art. 226¹   C. Teilzahlungsgeschäfte
                I. ...

Aufgehoben.

Art. 226a–226d²

Aufgehoben.

Art. 226e³

Aufgehoben.

Art. 226f–226k⁴

Aufgehoben.

---

1   Aufgehoben durch Ziff. I des BG vom 23. März 1962 (AS 1962 1047; BBl 1960 I 523).
2   Eingefügt durch Ziff. I des BG vom 23. März 1962 (AS 1962 1047; BBl 1960 I 523). Aufgehoben durch Anhang 2 Ziff. II 1 des BG vom 23. März 2001 über den Konsumkredit (SR 221.214.1).
3   Eingefügt durch Ziff. I des BG vom 23. März 1962 (AS 1962 1047; BBl 1960 I 523). Aufgehoben durch Ziff. I des BG vom 14. Dez. 1990 (AS 1991 974; BBl 1989 III 1233, 1990 I 120).
4   Eingefügt durch Ziff. I des BG vom 23. März 1962 (AS 1962 1047; BBl 1960 I 523). Aufgehoben durch Anhang 2 Ziff. II 1 des BG vom 23. März 2001 über den Konsumkredit (SR 221.214.1).

Art. 226l[1]

Aufgehoben.

Art. 226m[2]

Aufgehoben.

Art. 227[3]

Aufgehoben.

Art. 227a[4] II. Der Vorauszahlungsvertrag
1. Begriff, Form und Inhalt

[1] Beim Kauf mit ratenweiser Vorauszahlung verpflichtet sich der Käufer, den Kaufpreis für eine bewegliche Sache zum voraus in Teilzahlungen zu entrichten, und der Verkäufer, die Sache dem Käufer nach der Zahlung des Kaufpreises zu übergeben.

[2] Der Vorauszahlungsvertrag ist nur gültig, wenn er in schriftlicher Form abgeschlossen wird und folgende Angaben enthält:

1. den Namen und den Wohnsitz der Parteien;

2. den Gegenstand des Kaufes;

3. die Gesamtforderung des Verkäufers;

4. die Zahl, die Höhe und die Fälligkeit der Vorauszahlungen sowie die Vertragsdauer;

5. die zur Entgegennahme der Vorauszahlungen befugte Bank;

6. den dem Käufer geschuldeten Zins;

7.[5] das Recht des Käufers, innert sieben Tagen den Verzicht auf den Vertragsabschluss zu erklären;

8. das Recht des Käufers, den Vertrag zu kündigen, sowie das dabei zu zahlende Reugeld;

9. den Ort und das Datum der Vertragsunterzeichnung.

---

1 Eingefügt durch Ziff. I des BG vom 23. März 1962 (AS 1962 1047; BBl 1960 I 523). Aufgehoben durch Anhang Ziff. 5 des Gerichtsstandsgesetzes vom 24. März 2000 (SR 272).

2 Eingefügt durch Ziff. I des BG vom 23. März 1962 (AS 1962 1047; BBl 1960 I 523). Aufgehoben durch Anhang 2 Ziff. II 1 des BG vom 23. März 2001 über den Konsumkredit (SR 221.214.1).

3 Aufgehoben durch Ziff. I des BG vom 23. März 1962 (AS 1962 1047; BBl 1960 I 523).

4 Eingefügt durch Ziff. I des BG vom 23. März 1962, in Kraft seit 1. Jan. 1963 (AS 1962 1047 1056; BBl 1960 I 523).

5 Fassung gemäss Anhang 2 Ziff. II 1 des BG vom 23. März 2001 über den Konsumkredit, in Kraft seit 1. Jan. 2003 (SR 221.214.1).

Art. 227b[1] 2. Rechte und Pflichten der Parteien
a. Sicherung der Vorauszahlungen

[1] Bei einem überjährigen oder auf unbestimmte Zeit abgeschlossenen Vertrag hat der Käufer die Vorauszahlungen an eine dem Bankengesetz vom 8. November 1934[2] unterstellte Bank zu leisten. Sie sind einem auf seinen Namen lautenden Spar-, Depositen- oder Einlagekonto gutzuschreiben und in der üblichen Höhe zu verzinsen.

[2] Die Bank hat die Interessen beider Parteien zu wahren. Auszahlungen bedürfen der Zustimmung der Vertragsparteien; diese kann nicht im Voraus erteilt werden.

[3] Der Verkäufer verliert bei einer Kündigung des Vertrages durch den Käufer gemäss Artikel 227 f alle Ansprüche diesem gegenüber.[3]

Art. 227c[4] b. Bezugsrecht des Käufers

[1] Der Käufer ist berechtigt, jederzeit gegen Zahlung des ganzen Kaufpreises die Übergabe der Kaufsache zu verlangen; er hat dabei dem Verkäufer die üblichen Lieferfristen einzuräumen, wenn dieser die Kaufsache erst beschaffen muss.

[2] ...[5]

[3] Hat der Käufer mehrere Sachen gekauft oder sich das Recht zur Auswahl vorbehalten, so ist er befugt, die Ware in Teillieferungen abzurufen, es sei denn, es handle sich um eine Sachgesamtheit. Ist nicht der ganze Kaufpreis beglichen worden, so kann der Verkäufer nur dann zu Teillieferungen verpflichtet werden, wenn ihm 10 Prozent der Restforderung als Sicherheit verbleiben.[6]

Art. 227d[7] c. Zahlung des Kaufpreises

Bei einem überjährigen oder auf unbestimmte Zeit abgeschlossenen Vertrag ist der Kaufpreis bei der Übergabe der Kaufsache zu begleichen, doch kann der Käufer schon beim Abruf der Ware dem Verkäufer aus seinem Guthaben Beträge bis zu einem Drittel des Kaufpreises freigeben. Eine Verpflichtung hierzu darf nicht beim Vertragsabschluss ausbedungen werden.

---

1 Eingefügt durch Ziff. I des BG vom 23. März 1962, in Kraft seit 1. Jan. 1963 (AS 1962 1047 1056; BBl 1960 I 523).

2 SR 952.0

3 Fassung gemäss Anhang Ziff. 6 des BG vom 16. Dez. 1994, in Kraft seit 1. Jan. 1997 (AS 1995 1227 1307; BBl 1991 III 1).

4 Eingefügt durch Ziff. I des BG vom 23. März 1962, in Kraft seit 1. Jan. 1963 (AS 1962 1047 1056; BBl 1960 I 523).

5 Aufgehoben durch Anhang 2 Ziff. II 1 des BG vom 23. März 2001 über den Konsumkredit (SR 221.214.1).

6 Fassung gemäss Anhang 2 Ziff. II 1 des BG vom 23. März 2001 über den Konsumkredit, in Kraft seit 1. Jan. 2003 (SR 221.214.1).

7 Eingefügt durch Ziff. I des BG vom 23. März 1962, in Kraft seit 1. Jan. 1963 (AS 1962 1047 1056; BBl 1960 I 523).

Art. 227e[1] d. Preisbestimmung

[1] Wird der Kaufpreis bei Vertragsabschluss bestimmt, so ist der Vorbehalt einer Nachforderung ungültig.

[2] Ist der Käufer verpflichtet, für einen Höchstbetrag Ware nach seiner Wahl zu beziehen, deren Preis nicht schon im Vertrag bestimmt wurde, so ist ihm die gesamte Auswahl zu den üblichen Barkaufpreisen anzubieten.

[3] Abweichende Vereinbarungen sind nur wirksam, sofern sie sich für den Käufer als günstig erweisen.

Art. 227f[2] 3. Beendigung des Vertrages
a. Kündigungsrecht

[1] Einen überjährigen oder auf unbestimmte Zeit abgeschlossenen Vertrag kann der Käufer bis zum Abruf der Ware jederzeit kündigen.

[2] Ein vom Käufer dabei zu zahlendes Reugeld darf $2^1/_2$ bzw. 5 Prozent der Gesamtforderung des Verkäufers nicht übersteigen und höchstens 100 bzw. 250 Franken betragen, je nachdem, ob die Kündigung innert Monatsfrist seit Vertragsabschluss oder später erfolgt. Anderseits hat der Käufer Anspruch auf Rückgabe der vorausbezahlten Beträge samt den üblichen Bankzinsen, soweit sie das Reugeld übersteigen.

[3] Wird ein Vertrag wegen des Todes oder der dauernden Erwerbsunfähigkeit des Käufers oder wegen des Verlustes der Vorauszahlungen gekündigt oder weil der Verkäufer sich weigert, den Vertrag zu handelsüblichen Bedingungen durch einen Abzahlungsvertrag zu ersetzen, so kann kein Reugeld verlangt werden.

Art. 227g[3] b. Vertragsdauer

[1] Die Pflicht zur Leistung von Vorauszahlungen endigt nach fünf Jahren.

[2] Hat der Käufer bei einem überjährigen oder auf unbestimmte Zeit abgeschlossenen Vertrag die Kaufsache nach acht Jahren nicht abgerufen, so erlangt der Verkäufer nach unbenütztem Ablauf einer Mahnfrist von drei Monaten die gleichen Ansprüche wie bei einer Kündigung des Käufers.

---

1   Eingefügt durch Ziff. I des BG vom 23. März 1962, in Kraft seit 1. Jan. 1963 (AS 1962 1047 1056; BBl 1960 I 523).

2   Eingefügt durch Ziff. I des BG vom 23. März 1962, in Kraft seit 1. Jan. 1963 (AS 1962 1047 1056; BBl 1960 I 523).

3   Eingefügt durch Ziff. I des BG vom 23. März 1962, in Kraft seit 1. Jan. 1963 (AS 1962 1047 1056; BBl 1960 I 523).

Art. 227h[1]   4. Verzug des Käufers

[1] Beim Verzug des Käufers mit einer oder mehreren Vorauszahlungen kann der Verkäufer lediglich die fälligen Raten fordern; sind jedoch zwei Vorauszahlungen, die zusammen mindestens einen Zehntel der Gesamtforderung ausmachen, oder ist eine einzige Vorauszahlung, die mindestens einen Viertel der Gesamtforderung ausmacht, oder ist die letzte Vorauszahlung verfallen, so ist er überdies befugt, nach unbenütztem Ablauf einer Mahnfrist von einem Monat vom Vertrag zurückzutreten.

[2] Tritt der Verkäufer von einem Vertrag zurück, dessen Dauer höchstens ein Jahr beträgt, so kann er vom Käufer nur einen angemessenen Kapitalzins sowie Ersatz für eine seit Vertragsabschluss eingetretene Wertverminderung der Kaufsache beanspruchen. Eine allfällige Konventionalstrafe darf 10 Prozent des Barkaufpreises nicht übersteigen.[2]

[3] Hat der Käufer bei einem überjährigen Vertrag die Kaufsache abgerufen, so kann der Verkäufer einen angemessenen Kapitalzins sowie Ersatz für eine seit dem Abruf eingetretene Wertverminderung verlangen. Eine allfällige Konventionalstrafe darf 10 Prozent des Kaufpreises nicht übersteigen.

[4] Ist jedoch die Kaufsache schon geliefert worden, so ist jeder Teil verpflichtet, die empfangenen Leistungen zurückzuerstatten. Der Verkäufer hat überdies Anspruch auf einen angemessenen Mietzins und eine Entschädigung für ausserordentliche Abnützung der Sache. Er kann jedoch nicht mehr fordern, als er bei der rechtzeitigen Erfüllung des Vertrages erhielte.[3]

Art. 227i[4]   5. Geltungsbereich

Die Artikel 227*a*–227*h* finden keine Anwendung, wenn der Käufer als Einzelunternehmen oder als Zeichnungsberechtigter eines Einzelunternehmens oder einer Handelsgesellschaft im Handelsregister eingetragen ist oder wenn sich der Kauf auf Gegenstände bezieht, die nach ihrer Beschaffenheit vorwiegend für einen Gewerbebetrieb oder vorwiegend für berufliche Zwecke bestimmt sind.

---

1   Eingefügt durch Ziff. I des BG vom 23. März 1962, in Kraft seit 1. Jan. 1963 (AS 1962 1047 1056; DDl 1960 I 523).

2   Fassung gemäss Anhang 2 Ziff. II 1 des BG vom 23. März 2001 über den Konsumkredit, in Kraft seit 1. Jan. 2003 (SR 221.214.1).

3   Fassung gemäss Anhang 2 Ziff. II 1 des BG vom 23. März 2001 über den Konsumkredit, in Kraft seit 1. Jan. 2003 (SR 221.214.1).

4   Fassung gemäss Ziff. I 3 des BG vom 16. Dez. 2005, in Kraft per 1. Jan. 2008 (AS 2007 4791 4839; BBl 2002 3148, BBl 2004 3969).

Art. 228[1]   6. Anwendung des Konsumkreditgesetzes

Folgende für den Konsumkreditvertrag geltenden Bestimmungen des Bundesgesetzes vom 23. März 2001[2] über den Konsumkredit gelten auch für den Vorauszahlungsvertrag:

a.   Artikel 13 (Zustimmung des gesetzlichen Vertreters);

b.   Artikel 16 (Widerrufsrecht);

c.   Artikel 19 (Einreden);

d.   Artikel 20 (Zahlung und Sicherheit in Form von Wechseln);

e.   Artikel 21 (Mangelhafte Erfüllung des Erwerbsvertrags).

Art. 229   D. Versteigerung
                 I. Abschluss des Kaufes

[1] Auf einer Zwangsversteigerung gelangt der Kaufvertrag dadurch zum Abschluss, dass der Versteigerungsbeamte den Gegenstand zuschlägt.

[2] Der Kaufvertrag auf einer freiwilligen Versteigerung, die öffentlich ausgekündigt worden ist und an der jedermann bieten kann, wird dadurch abgeschlossen, dass der Veräusserer den Zuschlag erklärt.

[3] Solange kein anderer Wille des Veräusserers kundgegeben ist, gilt der Leitende als ermächtigt, an der Versteigerung auf das höchste Angebot den Zuschlag zu erklären.

> SchKG 13, 133 ff. VZG. Natur der Zwangsversteigerung: BGE 38 I 313.

Art. 230   II. Anfechtung

[1] Wenn in rechtswidriger oder gegen die guten Sitten verstossender Weise auf den Erfolg der Versteigerung eingewirkt worden ist, so kann diese innert einer Frist von zehn Tagen von jedermann, der ein Interesse hat, angefochten werden.

[2] Im Falle der Zwangsversteigerung ist die Anfechtung bei der Aufsichtsbehörde, in den andern Fällen beim Richter anzubringen.

> OR 20.
> Abs. 1: BGE 109 II 123.

---

1   Fassung gemäss Anhang 2 Ziff. II 1 des BG vom 23. März 2001 über den Konsumkredit, in Kraft seit 1. Jan. 2003 (SR 221.214.1).

2   SR 221.214.1

Art. 231   III. Gebundenheit des Bietenden
              1. Im Allgemeinen

[1] Der Bietende ist nach Massgabe der Versteigerungsbedingungen an sein Angebot gebunden.

[2] Er wird, falls diese nichts anderes bestimmen, frei, wenn ein höheres Angebot erfolgt oder sein Angebot nicht sofort nach dem üblichen Aufruf angenommen wird.

Art. 232   2. Bei Grundstücken

[1] Die Zu- oder Absage muss bei Grundstücken an der Steigerung selbst erfolgen.

[2] Vorbehalte, durch die der Bietende über die Steigerungsverhandlung hinaus bei seinem Angebote behaftet wird, sind ungültig, soweit es sich nicht um Zwangsversteigerung oder um einen Fall handelt, wo der Verkauf der Genehmigung durch eine Behörde bedarf.

> Bedeutung: BGE 40 II 499.
> Abs. 2: Vormundschaftsbehörde u. a.

Art. 233   IV. Barzahlung

[1] Bei der Versteigerung hat der Erwerber, wenn die Versteigerungsbedingungen nichts anderes vorsehen, Barzahlung zu leisten.

[2] Der Veräusserer kann sofort vom Kauf zurücktreten, wenn nicht Zahlung in bar oder gemäss den Versteigerungsbedingungen geleistet wird.

> OR 213 f.

Art. 234   V. Gewährleistung

[1] Bei Zwangsversteigerung findet, abgesehen von besonderen Zusicherungen oder von absichtlicher Täuschung der Bietenden, eine Gewährleistung nicht statt.

[2] Der Ersteiger erwirbt die Sache in dem Zustand und mit den Rechten und Lasten, die durch die öffentlichen Bücher oder die Versteigerungsbedingungen bekannt gegeben sind oder von Gesetzes wegen bestehen.

[3] Bei freiwilliger öffentlicher Versteigerung haftet der Veräusserer wie ein anderer Verkäufer, kann aber in den öffentlich kundgegebenen Versteigerungsbedingungen die Gewährleistung mit Ausnahme der Haftung für absichtliche Täuschung von sich ablehnen.

> OR 28, 192 ff.
> Abs. 2: ZGB 836 ff.
> Abs. 3: BGE 123 III 165.

Art. 235   VI. Eigentumsübergang

¹ Der Ersteigerer erwirbt das Eigentum an einer ersteigerten Fahrnis mit deren Zuschlag, an einem ersteigerten Grundstück dagegen erst mit der Eintragung in das Grundbuch.

² Die Versteigerungsbehörde hat dem Grundbuchverwalter auf Grundlage des Steigerungsprotokolls den Zuschlag sofort zur Eintragung anzuzeigen.

³ Vorbehalten bleiben die Vorschriften über den Eigentumserwerb bei Zwangsversteigerungen.

> ZGB 656, SchKG 136 ff., 125.
> Abs. 1: BGE 112 II 337.

Art. 236   VII. Kantonale Vorschriften

Die Kantone können in den Schranken der Bundesgesetzgebung weitere Vorschriften über die öffentliche Versteigerung aufstellen.

> ZGB 6.

Fünfter Abschnitt: Der Tauschvertrag

Art. 237   A. Verweisung auf den Kauf

Auf den Tauschvertrag finden die Vorschriften über den Kaufvertrag in dem Sinne Anwendung, dass jede Vertragspartei mit Bezug auf die von ihr versprochene Sache als Verkäufer und mit Bezug auf die ihr zugesagte Sache als Käufer behandelt wird.

Art. 238   B. Gewährleistung

Wird die eingetauschte Sache entwehrt oder wegen ihrer Mängel zurückgegeben, so hat die geschädigte Partei die Wahl, Schadenersatz zu verlangen oder die vertauschte Sache zurückzufordern.

> OR 195 f., OR 208 f., OR 17. BGE 82 II 23.

Siebenter Titel: Die Schenkung

Art. 239   A. Inhalt der Schenkung

¹ Als Schenkung gilt jede Zuwendung unter Lebenden, womit jemand aus seinem Vermögen einen andern ohne entsprechende Gegenleistung bereichert.

[2] Wer auf sein Recht verzichtet, bevor er es erworben hat, oder eine Erbschaft ausschlägt, hat keine Schenkung gemacht.

[3] Die Erfüllung einer sittlichen Pflicht wird nicht als Schenkung behandelt.

> Willensübereinstimmung: BGE 49 II 97. Annahme: BGE 69 II 309. Gemischte Schenkung: BGE 84 II 258, 348. Sittenwidrige Schenkung: BGE 132 III 455.

Art. 240   B. Persönliche Fähigkeit
I. Des Schenkers

[1] Wer handlungsfähig ist, kann über sein Vermögen schenkungsweise verfügen, soweit nicht das eheliche Güterrecht oder das Erbrecht ihm Schranken auferlegen.

[2] Aus dem Vermögen eines Handlungsunfähigen kann eine Schenkung nur unter Vorbehalt der Verantwortlichkeit der gesetzlichen Vertreter, sowie unter Beobachtung der Vorschriften des Vormundschaftsrechtes gemacht werden.

[3] Eine Schenkung kann auf Klage der Vormundschaftsbehörde für ungültig erklärt werden, wenn der Schenker wegen Verschwendung entmündigt wird und das Entmündigungsverfahren gegen ihn innerhalb eines Jahres seit der Schenkung eröffnet worden ist.

> ZGB 17 ff., 395 Ziff. 7, 408, 527 Ziff. 3.

Art. 241   II. Des Beschenkten

[1] Eine Schenkung entgegennehmen und rechtsgültig erwerben kann auch ein Handlungsunfähiger, wenn er urteilsfähig ist.

[2] Die Schenkung ist jedoch nicht erworben oder wird aufgehoben, wenn der gesetzliche Vertreter deren Annahme untersagt oder die Rückleistung anordnet.

> ZGB 16, 279, 407.

Art. 242   C. Errichtung der Schenkung
I. Schenkung von Hand zu Hand

[1] Eine Schenkung von Hand zu Hand erfolgt durch Übergabe der Sache vom Schenker an den Beschenkten.

[2] Bei Grundeigentum und dinglichen Rechten an Grundstücken kommt eine Schenkung erst mit der Eintragung in das Grundbuch zustande.

[3] Diese Eintragung setzt ein gültiges Schenkungsversprechen voraus.

> Besitzeskonstitut: BGE 63 II 395; 70 II 204.
> Abs. 1: BGE 105 II 104.

Art. 243   II. Schenkungsversprechen

[1] Das Schenkungsversprechen bedarf zu seiner Gültigkeit der schriftlichen Form.

[2] Sind Grundstücke oder dingliche Rechte an solchen Gegen stand der Schenkung, so ist zu ihrer Gültigkeit die öffentliche Beurkundung erforderlich.

[3] Ist das Schenkungsversprechen vollzogen, so wird das Verhältnis als Schenkung von Hand zu Hand beurteilt.

> OR 12 ff. ZGB SchlT 55.

Art. 244   III. Bedeutung der Annahme

Wer in Schenkungsabsicht einem andern etwas zuwendet, kann, auch wenn er es tatsächlich aus seinem Vermögen ausgesondert hat, die Zuwendung bis zur Annahme seitens des Beschenkten jederzeit zurückziehen.

Art. 245   D. Bedingungen und Auflagen
        I. Im Allgemeinen

[1] Mit einer Schenkung können Bedingungen oder Auflagen verbunden werden.

[2] Eine Schenkung, deren Vollziehbarkeit auf den Tod des Schenkers gestellt ist, steht unter den Vorschriften über die Verfügungen von Todes wegen.

> OR 151 ff. ZGB 494, 512. BGE 75 II 186; 80 II 262; 89 II 91.
> Abs. 2: BGE 113 II 270 (einfache Gesellschaft).

Art. 246   II. Vollziehung der Auflagen

[1] Der Schenker kann die Vollziehung einer vom Beschenkten angenommenen Auflage nach dem Vertragsinhalt einklagen.

[2] Liegt die Vollziehung der Auflage im öffentlichen Interesse, so kann nach dem Tode des Schenkers die zuständige Behörde die Vollziehung verlangen.

[3] Der Beschenkte darf die Vollziehung einer Auflage verweigern, insoweit der Wert der Zuwendung die Kosten der Auflage nicht deckt und ihm der Ausfall nicht ersetzt wird.

Art. 247   III. Verabredung des Rückfalls

[1] Der Schenker kann den Rückfall der geschenkten Sache an sich selbst vorbehalten für den Fall, dass der Beschenkte vor ihm sterben sollte.

[2] Dieses Rückfallsrecht kann bei Schenkung von Grundstücken oder dinglichen Rechten an solchen im Grundbuche vorgemerkt werden.

Art. 248   E. Verantwortlichkeit des Schenkers

[1] Der Schenker ist dem Beschenkten für den Schaden, der diesem aus der Schenkung erwächst, nur im Falle der absichtlichen oder der grobfahrlässigen Schädigung verantwortlich.

[2] Er hat ihm für die geschenkte Sache oder die abgetretene Forderung nur die Gewähr zu leisten, die er ihm versprochen hat.

Art. 249   F. Aufhebung der Schenkung
                 I. Rückforderung der Schenkung

Bei der Schenkung von Hand zu Hand und bei vollzogenen Schenkungsversprechen kann der Schenker die Schenkung widerrufen und das Geschenkte, soweit der Beschenkte noch bereichert ist, zurückfordern:

1.[1] wenn der Beschenkte gegen den Schenker oder gegen eine diesem nahe verbundene Person eine schwere Straftat begangen hat;

2. wenn er gegenüber dem Schenker oder einem von dessen Angehörigen die ihm obliegenden familienrechtlichen Pflichten schwer verletzt hat;

3. wenn er die mit der Schenkung verbundenen Auflagen in ungerechtfertigter Weise nicht erfüllt.

OR 242, 243 Abs. 1. Ziff. 2: ZGB 159; BGE 113 II 253 (zwischen Ehegatten). Ziff. 3: OR 245. ZGB 94.

Art. 250   II. Widerruf und Hinfälligkeit des Schenkungsversprechens

[1] Bei dem Schenkungsversprechen kann der Schenker das Versprechen widerrufen und dessen Erfüllung verweigern:

1. aus den gleichen Gründen, aus denen das Geschenkte bei der Schenkung von Hand zu Hand zurückgefordert werden kann;

2. wenn seit dem Versprechen die Vermögensverhältnisse des Schenkers sich so geändert haben, dass die Schenkung ihn ausserordentlich schwer belasten würde;

3. wenn seit dem Versprechen dem Schenker familienrechtliche Pflichten erwachsen sind, die vorher gar nicht oder in erheblich geringerem Umfange bestanden haben.

[2] Durch Ausstellung eines Verlustscheines oder Eröffnung des Konkurses gegen den Schenker wird jedes Schenkungsversprechen aufgehoben.

---

1   Fassung gemäss Anhang Ziff. 2 des BG vom 26. Juni 1998, in Kraft seit 1. Jan. 2000 (AS 1999 1118 1144; BBl 1996 I 1).

Art. 251 III. Verjährung und Klagerecht der Erben

¹ Der Widerruf kann während eines Jahres erfolgen, von dem Zeitpunkt an gerechnet, wo der Schenker von dem Widerrufsgrund Kenntnis erhalten hat.

² Stirbt der Schenker vor Ablauf dieses Jahres, so geht das Klagerecht für den Rest der Frist auf dessen Erben über.

³ Die Erben des Schenkers können die Schenkung widerrufen, wenn der Beschenkte den Schenker vorsätzlich und rechtswidrig getötet oder am Widerruf verhindert hat.

ZGB 509.

Art. 252 IV. Tod des Schenkers

Hat sich der Schenker zu wiederkehrenden Leistungen verpflichtet, so erlischt die Verbindlichkeit mit seinem Tode, sofern es nicht anders bestimmt ist.

Achter Titel:¹ Die Miete

Erster Abschnitt: Allgemeine Bestimmungen

Art. 253 A. Begriff und Geltungsbereich
I. Begriff

Durch den Mietvertrag verpflichtet sich der Vermieter, dem Mieter eine Sache zum Gebrauch zu überlassen, und der Mieter, dem Vermieter dafür einen Mietzins zu leisten.

Schiffsmiete, Chartervertrag siehe Seeschifffahrtsgesetz (SR 747.30) Art. 90 ff. BGE 76 II 156; 108 II 112. Vgl. Anhänge 5 und 6.

Art. 253a II. Geltungsbereich
1. Wohn- und Geschäftsräume

¹ Die Bestimmungen über die Miete von Wohn- und Geschäftsräumen gelten auch für Sachen, die der Vermieter zusammen mit diesen Räumen dem Mieter zum Gebrauch überlässt.

² Sie gelten nicht für Ferienwohnungen, die für höchstens drei Monate gemietet werden.

³ Der Bundesrat erlässt die Ausführungsvorschriften.

---

1 Fassung gemäss Ziff. I des BG vom 15. Dez. 1989, in Kraft seit 1. Juli 1990 (AS 1990 802 834; BBl 1985 I 1389). Siehe auch Art. 5 der SchlB zu den Tit. VIII und VIIIbis am Schluss des OR.

Abs. 1 und 3: VMWG, → Nr. 5, insbes. Art. 1 und 2. BG über Allgemeinverbindlicherklärung von Rahmenmietverträgen, → Nr. 6. Geschäftsräume: BGE 118 II 40; 124 III 108. Autoabstellplatz: BGE 125 III 231.

Art. 253b   2. Bestimmungen über den Schutz vor missbräuchlichen Mietzinsen

1 Die Bestimmungen über den Schutz vor missbräuchlichen Mietzinsen (Art. 269ff.) gelten sinngemäss für nichtlandwirtschaftliche Pacht- und andere Verträge, die im Wesentlichen die Überlassung von Wohn- oder Geschäftsräumen gegen Entgelt regeln.

2 Sie gelten nicht für die Miete von luxuriösen Wohnungen und Einfamilienhäusern mit sechs oder mehr Wohnräumen (ohne Anrechnung der Küche).

3 Die Bestimmungen über die Anfechtung missbräuchlicher Mietzinse gelten nicht für Wohnräume, deren Bereitstellung von der öffentlichen Hand gefördert wurde und deren Mietzinse durch eine Behörde kontrolliert werden.

Abs. 3: BGE 124 III 463 (Nebenkosten).

Art. 254   B. Koppelungsgeschäfte

Ein Koppelungsgeschäft, das in Zusammenhang mit der Miete von Wohn- oder Geschäftsräumen steht, ist nichtig, wenn der Abschluss oder die Weiterführung des Mietvertrags davon abhängig gemacht wird und der Mieter dabei gegenüber dem Vermieter oder einem Dritten eine Verpflichtung übernimmt, die nicht unmittelbar mit dem Gebrauch der Mietsache zusammenhängt.

VMWG 3, → Nr. 5.

Art. 255   C. Dauer des Mietverhältnisses

1 Das Mietverhältnis kann befristet oder unbefristet sein.

2 Befristet ist das Mietverhältnis, wenn es ohne Kündigung mit Ablauf der vereinbarten Dauer endigen soll.

3 Die übrigen Mietverhältnisse gelten als unbefristet.

Art. 256   D. Pflichten des Vermieters
           I. Im Allgemeinen

1 Der Vermieter ist verpflichtet, die Sache zum vereinbarten Zeitpunkt in einem zum vorausgesetzten Gebrauch tauglichen Zustand zu übergeben und in demselben zu erhalten.

2 Abweichende Vereinbarungen zum Nachteil des Mieters sind nichtig, wenn sie enthalten sind in:

a.   vorformulierten allgemeinen Geschäftsbedingungen;

b.   Mietverträgen über Wohn- oder Geschäftsräume.

BGE 104 II 202; 107 II 426.

Art. 256a   II. Auskunftspflicht

[1] Ist bei Beendigung des vorangegangenen Mietverhältnisses ein Rückgabeprotokoll erstellt worden, so muss der Vermieter es dem neuen Mieter auf dessen Verlangen bei der Übergabe der Sache zur Einsicht vorlegen.

[2] Ebenso kann der Mieter verlangen, dass ihm die Höhe des Mietzinses des vorangegangenen Mietverhältnisses mitgeteilt wird.

Art. 256b   III. Abgaben und Lasten

Der Vermieter trägt die mit der Sache verbundenen Lasten und öffentlichen Abgaben.

Art. 257   E. Pflichten des Mieters
                I. Zahlung des Mietzinses und der Nebenkosten
                1. Mietzins

Der Mietzins ist das Entgelt, das der Mieter dem Vermieter für die Überlassung der Sache schuldet.

Art. 257a   2. Nebenkosten
                 a. Im Allgemeinen

[1] Die Nebenkosten sind das Entgelt für die Leistungen des Vermieters oder eines Dritten, die mit dem Gebrauch der Sache zusammenhängen.

[2] Der Mieter muss die Nebenkosten nur bezahlen, wenn er dies mit dem Vermieter besonders vereinbart hat.

VMWG 4, → Nr. 5. BGE 132 III 24.

Art. 257b   b. Wohn- und Geschäftsräume

[1] Bei Wohn- und Geschäftsräumen sind die Nebenkosten die tatsächlichen Aufwendungen des Vermieters für Leistungen, die mit dem Gebrauch zusammenhängen, wie Heizungs-, Warmwasser- und ähnliche Betriebskosten, sowie für öffentliche Abgaben, die sich aus dem Gebrauch der Sache ergeben.

[2] Der Vermieter muss dem Mieter auf Verlangen Einsicht in die Belege gewähren.

Abs. 1: VMWG 5 ff., → Nr. 5.

Art. 257c   3. Zahlungstermine

Der Mieter muss den Mietzins und allenfalls die Nebenkosten am Ende jedes Monats, spätestens aber am Ende der Mietzeit bezahlen, wenn kein anderer Zeitpunkt vereinbart oder ortsüblich ist.

Art. 257d   4. Zahlungsrückstand des Mieters

[1] Ist der Mieter nach der Übernahme der Sache mit der Zahlung fälliger Mietzinse oder Nebenkosten im Rückstand, so kann ihm der Vermieter schriftlich eine Zahlungsfrist setzen und ihm androhen, dass bei unbenütztem Ablauf der Frist das Mietverhältnis gekündigt werde. Diese Frist beträgt mindestens zehn Tage, bei Wohn- und Geschäftsräumen mindestens 30 Tage.

[2] Bezahlt der Mieter innert der gesetzten Frist nicht, so kann der Vermieter fristlos, bei Wohn- und Geschäftsräumen mit einer Frist von mindestens 30 Tagen auf Ende eines Monats kündigen.

> BGE 119 II 147; 124 III 145; 127 III 548; 132 III 747.

Art. 257e   II. Sicherheiten durch den Mieter

[1] Leistet der Mieter von Wohn- oder Geschäftsräumen eine Sicherheit in Geld oder in Wertpapieren, so muss der Vermieter sie bei einer Bank auf einem Sparkonto oder einem Depot, das auf den Namen des Mieters lautet, hinterlegen.

[2] Bei der Miete von Wohnräumen darf der Vermieter höchstens drei Monatszinse als Sicherheit verlangen.

[3] Die Bank darf die Sicherheit nur mit Zustimmung beider Parteien oder gestützt auf einen rechtskräftigen Zahlungsbefehl oder auf ein rechtskräftiges Gerichtsurteil herausgeben. Hat der Vermieter innert einem Jahr nach Beendigung des Mietverhältnisses keinen Anspruch gegenüber dem Mieter rechtlich geltend gemacht, so kann dieser von der Bank die Rückerstattung der Sicherheit verlangen.

[4] Die Kantone können ergänzende Bestimmungen erlassen.

Art. 257f   III. Sorgfalt und Rücksichtnahme

[1] Der Mieter muss die Sache sorgfältig gebrauchen.

[2] Der Mieter einer unbeweglichen Sache muss auf Hausbewohner und Nachbarn Rücksicht nehmen.

[3] Verletzt der Mieter trotz schriftlicher Mahnung des Vermieters seine Pflicht zu Sorgfalt oder Rücksichtnahme weiter, so dass dem Vermieter oder den Hausbewohnern die Fortsetzung des Mietverhältnisses nicht mehr zuzumuten ist so kann der Vermieter fristlos, bei Wohn- und Geschäftsräumen mit einer Frist von mindestens 30 Tagen auf Ende eines Monats kündigen.

4 Der Vermieter von Wohn- oder Geschäftsräumen kann jedoch fristlos kündigen, wenn der Mieter vorsätzlich der Sache schweren Schaden zufügt.

Abs. 3: BGE 123 III 124; 132 III 109.

Art. 257g IV. Meldepflicht

1 Der Mieter muss Mängel, die er nicht selber zu beseitigen hat, dem Vermieter melden.

2 Unterlässt der Mieter die Meldung, so haftet er für den Schaden, der dem Vermieter daraus entsteht.

Art. 257h V. Duldungspflicht

1 Der Mieter muss Arbeiten an der Sache dulden, wenn sie zur Beseitigung von Mängeln oder zur Behebung oder Vermeidung von Schäden notwendig sind.

2 Der Mieter muss dem Vermieter gestatten, die Sache zu besichtigen, soweit dies für den Unterhalt, den Verkauf oder die Wiedervermietung notwendig ist.

3 Der Vermieter muss dem Mieter Arbeiten und Besichtigungen rechtzeitig anzeigen und bei der Durchführung auf die Interessen des Mieters Rücksicht nehmen; allfällige Ansprüche des Mieters auf Herabsetzung des Mietzinses (Art. 259*d*) und auf Schadenersatz (Art. 259*e*) bleiben vorbehalten.

Art. 258 F. Nichterfüllung oder mangelhafte Erfüllung des Vertrags bei Übergabe der Sache

1 Übergibt der Vermieter die Sache nicht zum vereinbarten Zeitpunkt oder mit Mängeln, welche die Tauglichkeit zum vorausgesetzten Gebrauch ausschliessen oder erheblich beeinträchtigen, so kann der Mieter nach den Artikeln 107–109 über die Nichterfüllung von Verträgen vorgehen.

2 Übernimmt der Mieter die Sache trotz dieser Mängel und beharrt er auf gehöriger Erfüllung des Vertrags, so kann er nur die Ansprüche geltend machen, die ihm bei Entstehung von Mängeln während der Mietdauer zustünden (Art. 259*a*–259*i*).

3 Der Mieter kann die Ansprüche nach den Artikeln 259*a*–259*i* auch geltend machen, wenn die Sache bei der Übergabe Mängel hat:

a. welche die Tauglichkeit zum vorausgesetzten Gebrauch zwar vermindern, aber weder ausschliessen noch erheblich beeinträchtigen;

b. die der Mieter während der Mietdauer auf eigene Kosten beseitigen müsste (Art. 259).

Art. 259   G. Mängel während der Mietdauer
I. Pflicht des Mieters zu kleinen Reinigungen und Ausbesserungen

Der Mieter muss Mängel, die durch kleine, für den gewöhnlichen Unterhalt erforderliche Reinigungen oder Ausbesserungen behoben werden können, nach Ortsgebrauch auf eigene Kosten beseitigen.

Art. 259a   II. Rechte des Mieters
1. Im Allgemeinen

[1] Entstehen an der Sache Mängel, die der Mieter weder zu verantworten noch auf eigene Kosten zu beseitigen hat, oder wird der Mieter im vertragsgemässen Gebrauch der Sache gestört, so kann er verlangen, dass der Vermieter:
a.   den Mangel beseitigt;
b.   den Mietzins verhältnismässig herabsetzt;
c.   Schadenersatz leistet;
d.   den Rechtsstreit mit einem Dritten übernimmt.
[2] Der Mieter einer unbeweglichen Sache kann zudem den Mietzins hinterlegen.

Art. 259b   2. Beseitigung des Mangels
a. Grundsatz

Kennt der Vermieter einen Mangel und beseitigt er ihn nicht innert angemessener Frist, so kann der Mieter:
a.   fristlos kündigen, wenn der Mangel die Tauglichkeit einer unbeweglichen Sache zum vorausgesetzten Gebrauch ausschliesst oder erheblich beeinträchtigt oder wenn der Mangel die Tauglichkeit einer beweglichen Sache zum vorausgesetzten Gebrauch vermindert;
b.   auf Kosten des Vermieters den Mangel beseitigen lassen, wenn dieser die Tauglichkeit der Sache zum vorausgesetzten Gebrauch zwar vermindert, aber nicht erheblich beeinträchtigt.

Art. 259c   b. Ausnahme

Der Mieter hat keinen Anspruch auf Beseitigung des Mangels, wenn der Vermieter für die mangelhafte Sache innert angemessener Frist vollwertigen Ersatz leistet.

Art. 259d   3. Herabsetzung des Mietzinses

Wird die Tauglichkeit der Sache zum vorausgesetzten Gebrauch beeinträchtigt oder vermindert, so kann der Mieter vom Vermieter verlangen, dass er den Mietzins vom Zeitpunkt, in dem er vom Mangel erfahren hat, bis zur Behebung des Mangels entsprechend herabsetzt.

BGE 130 III 504.

Art. 259e 4. Schadenersatz

Hat der Mieter durch den Mangel Schaden erlitten, so muss ihm der Vermieter dafür Ersatz leisten, wenn er nicht beweist, dass ihn kein Verschulden trifft.

Art. 259f 5. Übernahme des Rechtsstreits

Erhebt ein Dritter einen Anspruch auf die Sache, der sich mit den Rechten des Mieters nicht verträgt, so muss der Vermieter auf Anzeige des Mieters hin den Rechtsstreit übernehmen.

Art. 259g 6. Hinterlegung des Mietzinses
a. Grundsatz

[1] Verlangt der Mieter einer unbeweglichen Sache vom Vermieter die Beseitigung eines Mangels, so muss er ihm dazu schriftlich eine angemessene Frist setzen und kann ihm androhen, dass er bei unbenütztem Ablauf der Frist Mietzinse die künftig fällig werden bei einer vom Kanton bezeichneten Stelle hinterlegen wird. Er muss die Hinterlegung dem Vermieter schriftlich ankündigen.

[2] Mit der Hinterlegung gelten die Mietzinse als bezahlt.

BGE 124 III 201 (Nebenkosten); 125 III 120.

Art. 259h b. Herausgabe der hinterlegten Mietzinse

[1] Hinterlegte Mietzinse fallen dem Vermieter zu, wenn der Mieter seine Ansprüche gegenüber dem Vermieter nicht innert 30 Tagen seit Fälligkeit des ersten hinterlegten Mietzinses bei der Schlichtungsbehörde geltend gemacht hat.

[2] Der Vermieter kann bei der Schlichtungsbehörde die Herausgabe der zu Unrecht hinterlegten Mietzinse verlangen, sobald ihm der Mieter die Hinterlegung angekündigt hat.

Art. 259i c. Verfahren

[1] Die Schlichtungsbehörde versucht, eine Einigung zwischen den Parteien herbeizuführen. Kommt keine Einigung zustande, so fällt sie einen Entscheid über die Ansprüche der Vertragsparteien und die Verwendung der Mietzinse.

[2] Ruft die unterlegene Partei nicht innert 30 Tagen den Richter an, so wird der Entscheid rechtskräftig.

Art. 260   H. Erneuerungen und Änderungen
             I. Durch den Vermieter

[1] Der Vermieter kann Erneuerungen und Änderungen an der Sache nur vornehmen, wenn sie für den Mieter zumutbar sind und wenn das Mietverhältnis nicht gekündigt ist.

[2] Der Vermieter muss bei der Ausführung der Arbeiten auf die Interessen des Mieters Rücksicht nehmen; allfällige Ansprüche des Mieters auf Herabsetzung des Mietzinses (Art. 259*d*) und auf Schadenersatz (Art. 259*e*) bleiben vorbehalten.

Art. 260a   II. Durch den Mieter

[1] Der Mieter kann Erneuerungen und Änderungen an der Sache nur vornehmen, wenn der Vermieter schriftlich zugestimmt hat.

[2] Hat der Vermieter zugestimmt, so kann er die Wiederherstellung des früheren Zustandes nur verlangen, wenn dies schriftlich vereinbart worden ist.

[3] Weist die Sache bei Beendigung des Mietverhältnisses dank der Erneuerung oder Änderung, welcher der Vermieter zugestimmt hat, einen erheblichen Mehrwert auf, so kann der Mieter dafür eine entsprechende Entschädigung verlangen; weitergehende schriftlich vereinbarte Entschädigungsansprüche bleiben vorbehalten.

    Abs. 3: BGE 124 III 149.

Art. 261   J. Wechsel des Eigentümers
             I. Veräusserung der Sache

[1] Veräussert der Vermieter die Sache nach Abschluss des Mietvertrags oder wird sie ihm in einem Schuldbetreibungs- oder Konkursverfahren entzogen, so geht das Mietverhältnis mit dem Eigentum an der Sache auf den Erwerber über.

[2] Der neue Eigentümer kann jedoch:

a.   bei Wohn- und Geschäftsräumen das Mietverhältnis mit der gesetzlichen Frist auf den nächsten gesetzlichen Termin kündigen wenn er einen dringenden Eigenbedarf für sich, nahe Verwandte oder Verschwägerte geltend macht;

b.   bei einer anderen Sache das Mietverhältnis mit der gesetzlichen Frist auf den nächsten gesetzlichen Termin kündigen, wenn der Vertrag keine frühere Auflösung ermöglicht.

[3] Kündigt der neue Eigentümer früher, als es der Vertrag mit dem bisherigen Vermieter gestattet hätte, so haftet dieser dem Mieter für allen daraus entstehenden Schaden.

[4] Vorbehalten bleiben die Bestimmungen über die Enteignung.

    BGE 125 III 123 (Doppelaufruf); 127 III 273.
    Abs. 2 lit. a: BGE 118 II 50.
    Abs. 4: Vgl. BG über die Enteignung vom 20. Juni 1930, SR 711.

Art. 261a II. Einräumung beschränkter dinglicher Rechte

Die Bestimmungen über die Veräusserung der Sache sind sinngemäss anwendbar, wenn der Vermieter einem Dritten ein beschränktes dingliches Recht einräumt und dies einem Eigentümerwechsel gleichkommt.

Art. 261b III. Vormerkung im Grundbuch

¹ Bei der Miete an einem Grundstück kann verabredet werden, dass das Verhältnis im Grundbuch vorgemerkt wird.

² Die Vormerkung bewirkt, dass jeder neue Eigentümer dem Mieter gestatten muss, das Grundstück entsprechend dem Mietvertrag zu gebrauchen.

ZGB 959 ff.

Art. 262 K. Untermiete

¹ Der Mieter kann die Sache mit Zustimmung des Vermieters ganz oder teilweise untervermieten.

² Der Vermieter kann die Zustimmung nur verweigern, wenn:

a. der Mieter sich weigert, dem Vermieter die Bedingungen der Untermiete bekanntzugeben;

b. die Bedingungen der Untermiete im Vergleich zu denjenigen des Hauptmietvertrags missbräuchlich sind;

c. dem Vermieter aus der Untermiete wesentliche Nachteile entstehen.

³ Der Mieter haftet dem Vermieter dafür, dass der Untermieter die Sache nicht anders gebraucht, als es ihm selbst gestattet ist. Der Vermieter kann den Untermieter unmittelbar dazu anhalten.

OR 273b. BGE 67 II 140; 81 II 349; 103 II 247; 126 III 69 (Gewinnherausgabe).
Abs. 2 lit. b: BGE 119 II 353; 125 III 62.
Abs. 3: BGE 119 II 337.

Art. 263 L. Übertragung der Miete auf einen Dritten

¹ Der Mieter von Geschäftsräumen kann das Mietverhältnis mit schriftlicher Zustimmung des Vermieters auf einen Dritten übertragen.

² Der Vermieter kann die Zustimmung nur aus wichtigem Grund verweigern.

³ Stimmt der Vermieter zu, so tritt der Dritte anstelle des Mieters in das Mietverhältnis ein.

⁴ Der Mieter ist von seinen Verpflichtungen gegenüber dem Vermieter befreit. Er haftet jedoch solidarisch mit dem Dritten bis zum Zeitpunkt, in dem das Mietverhältnis ge-

mäss Vertrag oder Gesetz endet oder beendet werden kann, höchstens aber für zwei Jahre.

Abs. 4: BGE 121 III 408.

Art. 264   M. Vorzeitige Rückgabe der Sache

1 Gibt der Mieter die Sache zurück, ohne Kündigungsfrist oder -termin einzuhalten, so ist er von seinen Verpflichtungen gegenüber dem Vermieter nur befreit, wenn er einen für den Vermieter zumutbaren neuen Mieter vorschlägt; dieser muss zahlungsfähig und bereit sein, den Mietvertrag zu den gleichen Bedingungen zu übernehmen.

2 Andernfalls muss er den Mietzins bis zu dem Zeitpunkt leisten, in dem das Mietverhältnis gemäss Vertrag oder Gesetz endet oder beendet werden kann.

3 Der Vermieter muss sich anrechnen lassen, was er:

a.   an Auslagen erspart und

b.   durch anderweitige Verwendung der Sache gewinnt oder absichtlich zu gewinnen unterlassen hat.

BGE 117 II 156 (niedrigerer Mietzins)
Abs. 1: BGE 119 II 36.

Art. 265   N. Verrechnung

Der Vermieter und der Mieter können nicht im Voraus auf das Recht verzichten, Forderungen und Schulden aus dem Mietverhältnis zu verrechnen.

OR 120 ff.

Art. 266   O. Beendigung des Mietverhältnisses
            I. Ablauf der vereinbarten Dauer

1 Haben die Parteien eine bestimmte Dauer ausdrücklich oder stillschweigend vereinbart, so endet das Mietverhältnis ohne Kündigung mit Ablauf dieser Dauer.

2 Setzen die Parteien das Mietverhältnis stillschweigend fort, so gilt es als unbefristetes Mietverhältnis.

Abs. 2: BGE 117 II 410.

Art. 266a   II. Kündigungsfristen und -termine
                  1. Im Allgemeinen

[1] Die Parteien können das unbefristete Mietverhältnis unter Einhaltung der gesetzlichen Fristen und Termine kündigen, sofern sie keine längere Frist oder keinen anderen Termin vereinbart haben.

[2] Halten die Parteien die Frist oder den Termin nicht ein, so gilt die Kündigung für den nächstmöglichen Termin.

Art. 266b   2. Unbewegliche Sachen und Fahrnisbauten

Bei der Miete von unbeweglichen Sachen und Fahrnisbauten können die Parteien mit einer Frist von drei Monaten auf einen ortsüblichen Termin oder, wenn es keinen Ortsgebrauch gibt, auf Ende einer sechsmonatigen Mietdauer kündigen.

> Fahrnisbaute: ZGB 677.

Art. 266c   3. Wohnungen

Bei der Miete von Wohnungen können die Parteien mit einer Frist von drei Monaten auf einen ortsüblichen Termin oder, wenn es keinen Ortsgebrauch gibt, auf Ende einer dreimonatigen Mietdauer kündigen.

Art. 266d   4. Geschäftsräume

Bei der Miete von Geschäftsräumen können die Parteien mit einer Frist von sechs Monaten auf einen ortsüblichen Termin oder, wenn es keinen Ortsgebrauch gibt, auf Ende einer dreimonatigen Mietdauer kündigen.

Art. 266e   5. Möblierte Zimmer und Einstellplätze

Bei der Miete von möblierten Zimmern und von gesondert vermieteten Einstellplätzen oder ähnlichen Einrichtungen können die Parteien mit einer Frist von zwei Wochen auf Ende einer einmonatigen Mietdauer kündigen.

Art. 266f   6. Bewegliche Sachen

Bei der Miete von beweglichen Sachen können die Parteien mit einer Frist von drei Tagen auf einen beliebigen Zeitpunkt kündigen.

> BGE 110 II 474 (Spielautomaten).

Art. 266g   III. Ausserordentliche Kündigung
                   1. Aus wichtigen Gründen

[1] Aus wichtigen Gründen, welche die Vertragserfüllung für sie unzumutbar machen, können die Parteien das Mietverhältnis mit der gesetzlichen Frist auf einen beliebigen Zeitpunkt kündigen.

[2] Der Richter bestimmt die vermögensrechtlichen Folgen der vorzeitigen Kündigung unter Würdigung aller Umstände.

     Abs. 2: BGE 122 III 262.

Art. 266h   2. Konkurs des Mieters

[1] Fällt der Mieter nach Übernahme der Sache in Konkurs, so kann der Vermieter für künftige Mietzinse Sicherheit verlangen. Er muss dafür dem Mieter und der Konkursverwaltung schriftlich eine angemessene Frist setzen.

[2] Erhält der Vermieter innert dieser Frist keine Sicherheit, so kann er fristlos kündigen.

     Abs. 1: SchKG 211 Abs. 2.

Art. 266i   3. Tod des Mieters

Stirbt der Mieter, so können seine Erben mit der gesetzlichen Frist auf den nächsten gesetzlichen Termin kündigen.

Art. 266k   4. Bewegliche Sachen

Der Mieter einer beweglichen Sache, die seinem privaten Gebrauch dient und vom Vermieter im Rahmen seiner gewerblichen Tätigkeit vermietet wird, kann mit einer Frist von mindestens 30 Tagen auf Ende einer dreimonatigen Mietdauer kündigen. Der Vermieter hat dafür keinen Anspruch auf Entschädigung.

     Vgl. KKG, → Nr. 9.

Art. 266l   IV. Form der Kündigung bei Wohn- und Geschäftsräumen
                   1. Im Allgemeinen

[1] Vermieter und Mieter von Wohn- und Geschäftsräumen müssen schriftlich kündigen.

[2] Der Vermieter muss mit einem Formular kündigen, das vom Kanton genehmigt ist und das angibt, wie der Mieter vorzugehen hat, wenn er die Kündigung anfechten oder eine Erstreckung des Mietverhältnisses verlangen will.

     Abs. 2: VMWG 9, → Nr. 5.

Art. 266m 2. Wohnung der Familie
a. Kündigung durch den Mieter

[1] Dient die gemietete Sache als Wohnung der Familie, kann ein Ehegatte den Mietvertrag nur mit der ausdrücklichen Zustimmung des anderen kündigen.

[2] Kann der Ehegatte diese Zustimmung nicht einholen oder wird sie ihm ohne triftigen Grund verweigert, so kann er den Richter anrufen.

[3] Die gleiche Regelung gilt bei eingetragenen Partnerschaften sinngemäss.[1]

ZGB 169.

Art. 266n[2] b. Kündigung durch den Vermieter

Die Kündigung durch den Vermieter sowie die Ansetzung einer Zahlungsfrist mit Kündigungsandrohung (Art. 257*d*) sind dem Mieter und seinem Ehegatten, seiner eingetragenen Partnerin oder seinem eingetragenen Partner separat zuzustellen.

BGE 118 II 42.

Art. 266o 3. Nichtigkeit der Kündigung

Die Kündigung ist nichtig, wenn sie den Artikeln 266*l*–266*n* nicht entspricht.

Art. 267 P. Rückgabe der Sache
I. Im Allgemeinen

[1] Der Mieter muss die Sache in dem Zustand zurückgeben, der sich aus dem vertragsgemässen Gebrauch ergibt.

[2] Vereinbarungen, in denen sich der Mieter im Voraus verpflichtet, bei Beendigung des Mietverhältnisses eine Entschädigung zu entrichten, die anderes als die Deckung des allfälligen Schadens einschliesst, sind nichtig.

Art. 267a II. Prüfung der Sache und Meldung an den Mieter

[1] Bei der Rückgabe muss der Vermieter den Zustand der Sache prüfen und Mängel, für die der Mieter einzustehen hat, diesem sofort melden.

[2] Versäumt dies der Vermieter, so verliert er seine Ansprüche, soweit es sich nicht um Mängel handelt, die bei übungsgemässer Untersuchung nicht erkennbar waren.

---

1 Eingefügt durch Anhang Ziff. 11 des Partnerschaftsgesetzes vom 18. Juni 2004, in Kraft seit 1. Jan. 2007 (SR 211.231).

2 Fassung gemäss Anhang Ziff. 11 des Partnerschaftsgesetzes vom 18. Juni 2004, in Kraft seit 1. Jan. 2007 (SR 211.231).

[3] Entdeckt der Vermieter solche Mängel später, so muss er sie dem Mieter sofort melden.

Art. 268   Q. Retentionsrecht des Vermieters
                 I. Umfang

[1] Der Vermieter von Geschäftsräumen hat für einen verfallenen Jahreszins und den laufenden Halbjahreszins ein Retentionsrecht an den beweglichen Sachen, die sich in den vermieteten Räumen befinden und zu deren Einrichtung oder Benutzung gehören.

[2] Das Retentionsrecht des Vermieters umfasst die vom Untermieter eingebrachten Gegenstände insoweit, als dieser seinen Mietzins nicht bezahlt hat.

[3] Ausgeschlossen ist das Retentionsrecht an Sachen, die durch die Gläubiger des Mieters nicht gepfändet werden könnten.

     SchKG 283. BGE 124 III 215.

Art. 268a   II. Sachen Dritter

[1] Die Rechte Dritter an Sachen, von denen der Vermieter wusste oder wissen musste, dass sie nicht dem Mieter gehören, sowie an gestohlenen, verlorenen oder sonstwie abhanden gekommenen Sachen gehen dem Retentionsrecht des Vermieters vor.

[2] Erfährt der Vermieter erst während der Mietdauer, dass Sachen, die der Mieter eingebracht hat, nicht diesem gehören, so erlischt sein Retentionsrecht an diesen Sachen, wenn er den Mietvertrag nicht auf den nächstmöglichen Termin kündigt.

Art. 268b   III. Geltendmachung

[1] Will der Mieter wegziehen oder die in den gemieteten Räumen befindlichen Sachen fortschaffen, so kann der Vermieter mit Hilfe der zuständigen Amtsstelle so viele Gegenstände zurückhalten, als zur Deckung seiner Forderung notwendig sind.

[2] Heimlich oder gewaltsam fortgeschaffte Gegenstände können innert zehn Tagen seit der Fortschaffung mit polizeilicher Hilfe in die vermieteten Räume zurückgebracht werden.

Zweiter Abschnitt: Schutz vor missbräuchlichen Mietzinsen und andern missbräuchlichen Forderungen des Vermieters bei der Miete von Wohn- und Geschäftsräumen

Art. 269 A. Missbräuchliche Mietzinse
I. Regel

Mietzinse sind missbräuchlich, wenn damit ein übersetzter Ertrag aus der Mietsache erzielt wird oder wenn sie auf einem offensichtlich übersetzten Kaufpreis beruhen.

VMWG 10, → Nr. 5. BGE 125 III 421.

Art. 269a II. Ausnahmen

Mietzinse sind in der Regel nicht missbräuchlich, wenn sie insbesondere:

a. im Rahmen der orts- oder quartierüblichen Mietzinse liegen;
b. durch Kostensteigerungen oder Mehrleistungen des Vermieters begründet sind;
c. bei neueren Bauten im Rahmen der kostendeckenden Bruttorendite liegen;
d. lediglich dem Ausgleich einer Mietzinsverbilligung dienen, die zuvor durch Umlagerung marktüblicher Finanzierungskosten gewahrt wurde, und in einem dem Mieter im Voraus bekanntgegebenen Zahlungsplan festgelegt sind;
e. lediglich die Teuerung auf dem risikotragenden Kapital ausgleichen;
f. das Ausmass nicht überschreiten, das Vermieter- und Mieterverbände oder Organisationen, die ähnliche Interessen wahrnehmen, in ihren Rahmenverträgen empfehlen.

VMWG 11 ff., → Nr. 5. BGE 120 II 302 (Festhypothek). Lit. a: BGE 118 II 130; 127 III 411. Lit. b: BGE 118 II 45; 133 III 61. Lit. e: BGE 120 II 100.

Art. 269b B. Indexierte Mietzinse

Die Vereinbarung, dass der Mietzins einem Index folgt, ist nur gültig, wenn der Mietvertrag für mindestens fünf Jahre abgeschlossen und als Index der Landesindex der Konsumentenpreise vorgesehen wird.

VMWG 17, → Nr. 5. BGE 123 III 76; 124 III 57.

Art. 269c C. Gestaffelte Mietzinse

Die Vereinbarung, dass sich der Mietzins periodisch um einen bestimmten Betrag erhöht, ist nur gültig, wenn:

a. der Mietvertrag für mindestens drei Jahre abgeschlossen wird;

b.   Der Mietzins höchstens einmal jährlich erhöht wird; und

c.   der Betrag der Erhöhung in Franken festgelegt wird.

BGE 121 III 397; 124 III 57.

Art. 269d   D. Mietzinserhöhungen und andere einseitige Vertragsänderungen durch den Vermieter

[1] Der Vermieter kann den Mietzins jederzeit auf den nächstmöglichen Kündigungstermin erhöhen. Er muss dem Mieter die Mietzinserhöhung mindestens zehn Tage vor Beginn der Kündigungsfrist auf einem vom Kanton genehmigten Formular mitteilen und begründen.

[2] Die Mietzinserhöhung ist nichtig, wenn der Vermieter:

a.   sie nicht mit dem vorgeschriebenen Formular mitteilt;

b.   sie nicht begründet;

c.   mit der Mitteilung die Kündigung androht oder ausspricht.

[3] Die Absätze 1 und 2 gelten auch, wenn der Vermieter beabsichtigt, sonstwie den Mietvertrag einseitig zu Lasten des Mieters zu ändern, namentlich seine bisherigen Leistungen zu vermindern oder neue Nebenkosten einzuführen.

VMWG 19 f., → Nr. 5. BGE 121 III 6; 128 III 419.
Abs. 1: BGE 121 III 214.
Abs. 3: BGE 121 III 460; 125 III 62.

Art. 270   E. Anfechtung des Mietzinses
              I. Herabsetzungsbegehren
              1. Anfangsmietzins

[1] Der Mieter kann den Anfangsmietzins innert 30 Tagen nach Übernahme der Sache bei der Schlichtungsbehörde als missbräuchlich im Sinne der Artikel 269 und 269a anfechten und dessen Herabsetzung verlangen, wenn:

a.   er sich wegen einer persönlichen oder familiären Notlage oder wegen der Verhältnisse auf dem örtlichen Markt für Wohn- und Geschäftsräume zum Vertragsabschluss gezwungen sah; oder

b.   der Vermieter den Anfangsmietzins gegenüber dem früheren Mietzins für dieselbe Sache erheblich erhöht hat.

[2] Im Falle von Wohnungsmangel können die Kantone für ihr Gebiet oder einen Teil davon die Verwendung des Formulars gemäss Artikel 269d beim Abschluss eines neuen Mietvertrags obligatorisch erklären.

BGE 120 II 240; 121 III 56, 319, 364; 124 III 62 (Untermiete); 124 III 310.
Abs. 2: BGE 120 II 341.

Art. 270a   2. Während der Mietdauer

¹ Der Mieter kann den Mietzins als missbräuchlich anfechten und die Herabsetzung auf den nächstmöglichen Kündigungstermin verlangen, wenn er Grund zur Annahme hat, dass der Vermieter wegen einer wesentlichen Änderung der Berechnungsgrundlagen, vor allem wegen einer Kostensenkung, einen nach den Artikeln 269 und 269*a* übersetzten Ertrag aus der Mietsache erzielt.

² Der Mieter muss das Herabsetzungsbegehren schriftlich beim Vermieter stellen; dieser muss innert 30 Tagen Stellung nehmen. Entspricht der Vermieter dem Begehren nicht oder nur teilweise oder antwortet er nicht fristgemäss, so kann der Mieter innert 30 Tagen die Schlichtungsbehörde anrufen.

³ Absatz 2 ist nicht anwendbar, wenn der Mieter gleichzeitig mit der Anfechtung einer Mietzinserhöhung ein Herabsetzungsbegehren stellt.

> Abs. 1: BGE 121 III 163; 122 III 257; 125 III 358; 126 III 124.
> Abs. 3: BGE 122 III 20; 132 III 702.

Art. 270b   II. Anfechtung von Mietzinserhöhungen und andern einseitigen Vertragsänderungen

¹ Der Mieter kann eine Mietzinserhöhung innert 30 Tagen, nachdem sie ihm mitgeteilt worden ist, bei der Schlichtungsbehörde als missbräuchlich im Sinne der Artikel 269 und 269*a* anfechten.

² Absatz 1 gilt auch, wenn der Vermieter sonstwie den Mietvertrag einseitig zu Lasten des Mieters ändert, namentlich seine bisherigen Leistungen vermindert oder neue Nebenkosten einführt.

> Abs. 1: BGE 131 III 566.

Art. 270c   III. Anfechtung indexierter Mietzinse

Unter Vorbehalt der Anfechtung des Anfangsmietzinses kann eine Partei vor der Schlichtungsbehörde nur geltend machen, dass die von der andern Partei verlangte Erhöhung oder Herabsetzung des Mietzinses durch keine entsprechende Änderung des Indexes gerechtfertigt sei.

Art. 270d   IV. Anfechtung gestaffelter Mietzinse

Unter Vorbehalt der Anfechtung des Anfangsmietzinses kann der Mieter gestaffelte Mietzinse nicht anfechten.

> BGE 121 III 397.

Art. 270e   F. Weitergeltung des Mietvertrages während des Anfechtungsverfahrens

Der bestehende Mietvertrag gilt unverändert weiter:

a.   während des Schlichtungsverfahrens, wenn zwischen den Parteien keine Einigung zustandekommt, und

b.   während des Gerichtsverfahrens, unter Vorbehalt vorsorglicher Massnahmen des Richters.

Dritter Abschnitt: Kündigungsschutz bei der Miete von Wohn- und Geschäftsräumen

Art. 271   A. Anfechtbarkeit der Kündigung
I. Im Allgemeinen

[1] Die Kündigung ist anfechtbar, wenn sie gegen den Grundsatz von Treu und Glauben verstösst.

[2] Die Kündigung muss auf Verlangen begründet werden.

> Abs. 1: BGE 120 II 105; 133 III 175.
> Nichtige Kündigung: BGE 121 III 156.

Art. 271a   II. Kündigung durch den Vermieter

[1] Die Kündigung durch den Vermieter ist insbesondere anfechtbar, wenn sie ausgesprochen wird:

a.   weil der Mieter nach Treu und Glauben Ansprüche aus dem Mietverhältnis geltend macht;

b.   weil der Vermieter eine einseitige Vertragsänderung zu Lasten des Mieters oder eine Mietzinsanpassung durchsetzen will;

c.   allein um den Mieter zum Erwerb der gemieteten Wohnung zu veranlassen;

d.   während eines mit dem Mietverhältnis zusammenhängenden Schlichtungs- oder Gerichtsverfahrens, ausser wenn der Mieter das Verfahren missbräuchlich eingeleitet hat;

e.   vor Ablauf von drei Jahren nach Abschluss eines mit dem Mietverhältnis zusammenhängenden Schlichtungs- oder Gerichtsverfahrens, in dem der Vermieter:

   1.   zu einem erheblichen Teil unterlegen ist;

   2.   seine Forderung oder Klage zurückgezogen oder erheblich eingeschränkt hat;

   3.   auf die Anrufung des Richters verzichtet hat;

   4.   mit dem Mieter einen Vergleich geschlossen oder sich sonstwie geeinigt hat;

f.   wegen Änderungen in der familiären Situation des Mieter aus denen dem Vermieter keine wesentlichen Nachteile entstehen.

² Absatz 1 Buchstabe e ist auch anwendbar, wenn der Mieter durch Schriftstücke nachweisen kann, dass er sich mit dem Vermieter ausserhalb eines Schlichtungs- oder Gerichtsverfahrens über eine Forderung aus dem Mietverhältnis geeinigt hat.

³ Absatz 1 Buchstaben d und e sind nicht anwendbar bei Kündigungen:

a. wegen dringenden Eigenbedarfs des Vermieters für sich, nahe Verwandte oder Verschwägerte;

b. wegen Zahlungsrückstand des Mieters (Art. 257*d*);

c. wegen schwerer Verletzung der Pflicht des Mieters zu Sorgfalt und Rücksichtnahme (Art. 257*f* Abs. 3 und 4);

d. infolge Veräusserung der Sache (Art. 261);

e. aus wichtigen Gründen (Art. 266*g*);

f. wegen Konkurs des Mieters (Art. 266*h*).

> Abs. 1 lit. d: BGE 131 III 33.
> Abs. 2: BGE 130 III 563.
> Abs. 3 lit. a: BGE 118 II 50; 132 III 737.

Art. 272   B. Erstreckung des Mietverhältnisses
            I. Anspruch des Mieters

¹ Der Mieter kann die Erstreckung eines befristeten oder unbefristeten Mietverhältnisses verlangen, wenn die Beendigung der Miete für ihn oder seine Familie eine Härte zur Folge hätte, die durch die Interessen des Vermieters nicht zu rechtfertigen wäre.

² Bei der Interessenabwägung berücksichtigt die zuständige Behörde insbesondere:

a. die Umstände des Vertragsabschlusses und den Inhalt des Vertrags;

b. die Dauer des Mietverhältnisses;

c. die persönlichen, familiären und wirtschaftlichen Verhältnisse der Parteien und deren Verhalten;

d. einen allfälligen Eigenbedarf des Vermieters für sich, nahe Verwandte oder Verschwägerte sowie die Dringlichkeit dieses Bedarfs;

e. die Verhältnisse auf dem örtlichen Markt für Wohn- und Geschäftsräume.

³ Verlangt der Mieter eine zweite Erstreckung, so berücksichtigt die zuständige Behörde auch, ob er zur Abwendung der Härte alles unternommen hat, was ihm zuzumuten war.

> BGE 121 III 260 (bedingter Mietvertrag); 128 III 82 (Zwangsvollstreckung).

Art. 272a   II. Ausschluss der Erstreckung

¹ Die Erstreckung ist ausgeschlossen bei Kündigungen:

a. wegen Zahlungsrückstand des Mieters (Art. 257*d*);

b.   wegen schwerer Verletzung der Pflicht des Mieters zu Sorgfalt und Rücksichtnahme (Art. 257 *f* Abs. 3 und 4);

c.   wegen Konkurs des Mieters (Art. 266 *h*).

d.   eines Mietvertrages, welcher im Hinblick auf ein bevorstehendes Umbau- oder Abbruchvorhaben ausdrücklich nur für die beschränkte Zeit bis zum Baubeginn oder bis zum Erhalt der erforderlichen Bewilligung abgeschlossen wurde.

[2] Die Erstreckung ist in der Regel ausgeschlossen, wenn der Vermieter dem Mieter einen gleichwertigen Ersatz für die Wohn- oder Geschäftsräume anbietet.

Abs. 1 lit. d: BGE 121 III 260.

Art. 272b   III. Dauer der Erstreckung

[1] Das Mietverhältnis kann für Wohnräume um höchstens vier, für Geschäftsräume um höchstens sechs Jahre erstreckt werden. Im Rahmen der Höchstdauer können eine oder zwei Erstreckungen gewährt werden.

[2] Vereinbaren die Parteien eine Erstreckung des Mietverhältnisses, so sind sie an keine Höchstdauer gebunden, und der Mieter kann auf eine zweite Erstreckung verzichten.

Abs. 1: BGE 125 III 226.

Art. 272c   IV. Weitergeltung des Mietvertrags

[1] Jede Partei kann verlangen, dass der Vertrag im Erstreckungsentscheid veränderten Verhältnissen angepasst wird.

[2] Ist der Vertrag im Erstreckungsentscheid nicht geändert worden, so gilt er während der Erstreckung unverändert weiter; vorbehalten bleiben die gesetzlichen Anpassungsmöglichkeiten.

Art. 272d   V. Kündigung während der Erstreckung

Legt der Erstreckungsentscheid oder die Erstreckungsvereinbarung nichts anderes fest, so kann der Mieter das Mietverhältnis wie folgt kündigen:

a.   bei Erstreckung bis zu einem Jahr mit einer einmonatigen Frist auf Ende eines Monats;

b.   bei Erstreckung von mehr als einem Jahr mit einer dreimonatigen Frist auf einen gesetzlichen Termin.

Art. 273 C. Verfahren: Behörden und Fristen

[1] Will eine Partei die Kündigung anfechten, so muss sie das Begehren innert 30 Tagen nach Empfang der Kündigung der Schlichtungsbehörde einreichen.

[2] Will der Mieter eine Erstreckung des Mietverhältnisses verlangen, so muss er das Begehren der Schlichtungsbehörde einreichen:

a. bei einem unbefristeten Mietverhältnis innert 30 Tagen nach Empfang der Kündigung;

b. bei einem befristeten Mietverhältnis spätestens 60 Tage vor Ablauf der Vertragsdauer.

[3] Das Begehren um eine zweite Erstreckung muss der Mieter der Schlichtungsbehörde spätestens 60 Tage vor Ablauf der ersten einreichen.

[4] Die Schlichtungsbehörde versucht, eine Einigung zwischen den Parteien herbeizuführen. Kommt keine Einigung zustande, so fällt sie einen Entscheid über die Ansprüche der Vertragsparteien.

[5] Ruft die unterlegene Partei nicht innert 30 Tagen den Richter an, so wird der Entscheid rechtskräftig.

Abs. 1: BGE 121 III 156 (nichtige Kündigung).

Art. 273a D. Wohnung der Familie

[1] Dient die gemietete Sache als Wohnung der Familie, so kann auch der Ehegatte des Mieters die Kündigung anfechten, die Erstreckung des Mietverhältnisses verlangen oder die übrigen Rechte ausüben, die dem Mieter bei Kündigung zustehen.

[2] Vereinbarungen über die Erstreckung sind nur gültig, wenn sie mit beiden Ehegatten abgeschlossen werden.

[3] Die gleiche Regelung gilt bei eingetragenen Partnerschaften sinngemäss.[1]

ZGB 169. BGE 115 II 361.

Art. 273b E. Untermiete

[1] Dieser Abschnitt gilt für die Untermiete, solange das Hauptmietverhältnis nicht aufgelöst ist. Die Untermiete kann nur für die Dauer des Hauptmietverhältnisses erstreckt werden.

[2] Bezweckt die Untermiete hauptsächlich die Umgehung der Vorschriften über den Kündigungsschutz, so wird dem Untermieter ohne Rücksicht auf das Hauptmietverhältnis Kündigungsschutz gewährt. Wird das Hauptmietverhältnis gekündigt, so tritt der Vermieter anstelle des Mieters in den Vertrag mit dem Untermieter ein.

1 Eingefügt durch Anhang Ziff. 11 des Partnerschaftsgesetzes vom 18. Juni 2004, in Kraft seit 1. Jan. 2007 (SR 211.231).

Art. 273c   F. Zwingende Bestimmungen

¹ Der Mieter kann auf Rechte, die ihm nach diesem Abschnitt zustehen, nur verzichten, wenn dies ausdrücklich vorgesehen ist.

² Abweichende Vereinbarungen sind nichtig.

Vierter Abschnitt: Behörden und Verfahren

Art. 274   A. Grundsatz

Die Kantone bezeichnen die zuständigen Behörden und regeln das Verfahren.

BGE 121 III 266.

Art. 274a   B. Schlichtungsbehörde

¹ Die Kantone setzen kantonale, regionale oder kommunale Schlichtungsbehörden ein, die bei der Miete unbeweglicher Sachen:

a.   die Parteien in allen Mietfragen beraten;

b.   in Streitfällen versuchen, eine Einigung zwischen den Parteien herbeizuführen;

c.   die nach dem Gesetz erforderlichen Entscheide fällen;

d.   die Begehren des Mieters an die zuständige Behörde überweisen, wenn ein Ausweisungsverfahren hängig ist;

e.   als Schiedsgericht amten, wenn die Parteien es verlangen.

² Vermieter und Mieter sind durch ihre Verbände oder andere Organisationen, die ähnliche Interessen wahrnehmen, in den Schlichtungsbehörden paritätisch vertreten.

³ Die Kantone können die paritätischen Organe, die in Rahmenmietverträgen oder ähnlichen Abkommen vorgesehen sind, als Schlichtungsbehörden bezeichnen.

VMWG 21 ff., → Nr. 5.

Art. 274b   C. ...

Aufgehoben.

Art. 274c   D. Schiedsgericht

Bei der Miete von Wohnräumen dürfen die Parteien die Zuständigkeit der Schlichtungsbehörden und der richterlichen Behörden nicht durch vertraglich vereinbarte Schiedsgerichte ausschliessen. Artikel 274*a* Absatz 1 Buchstabe e bleibt vorbehalten.

Art. 274d E. Verfahren bei der Miete von Wohn- und Geschäftsräumen
I. Grundsatz

[1] Die Kantone sehen für Streitigkeiten aus der Miete von Wohn- und Geschäftsräumen ein einfaches und rasches Verfahren vor.

[2] Das Verfahren vor der Schlichtungsbehörde ist kostenlos; bei mutwilliger Prozessführung kann jedoch die fehlbare Partei zur gänzlichen oder teilweisen Übernahme der Verfahrenskosten und zur Leistung einer Entschädigung an die andere Partei verpflichtet werden.

[3] Schlichtungsbehörde und Richter stellen den Sachverhalt von Amtes wegen fest und würdigen die Beweise nach freiem Ermessen; die Parteien müssen ihnen alle für die Beurteilung des Streitfalls notwendigen Unterlagen vorlegen.

Abs. 3: BGE 125 III 231.

Art. 274e II. Schlichtungsverfahren

[1] Die Schlichtungsbehörde versucht, eine Einigung zwischen den Parteien herbeizuführen. Die Einigung gilt als gerichtlicher Vergleich.

[2] Kommt keine Einigung zustande, so fällt die Schlichtungsbehörde in den vom Gesetz vorgesehenen Fällen einen Entscheid; in den anderen Fällen stellt sie das Nichtzustandekommen der Einigung fest.

[3] Weist die Schlichtungsbehörde ein Begehren des Mieters betreffend Anfechtbarkeit der Kündigung ab, so prüft sie von Amtes wegen, ob das Mietverhältnis erstreckt werden kann.

VMWG 21, → Nr. 5.

Art. 274f III. Gerichtsverfahren

[1] Hat die Schlichtungsbehörde einen Entscheid gefällt, so wird dieser rechtskräftig, wenn die Partei, die unterlegen ist, nicht innert 30 Tagen den Richter anruft; hat sie das Nichtzustandekommen der Einigung festgestellt, so muss die Partei, die auf ihrem Begehren beharrt, innert 30 Tagen den Richter anrufen.

[2] Der Richter entscheidet auch über zivilrechtliche Vorfragen und kann für die Dauer des Verfahrens vorsorgliche Massnahmen treffen.

[3] Artikel 274*e* Absatz 3 gilt sinngemäss.

Abs. 1: BGE 122 III 316; 123 III 67; 124 III 21; 124 III 245; 132 III 65.

Art. 274g   F. Ausweisungsbehörde

¹ Ficht der Mieter eine ausserordentliche Kündigung an und ist ein Ausweisungsverfahren hängig, so entscheidet die für die Ausweisung zuständige Behörde auch über die Wirkung der Kündigung, wenn der Vermieter gekündigt hat:

a.   wegen Zahlungsrückstand des Mieters (Art. 257*d*);

b.   wegen schwerer Verletzung der Pflicht des Mieters zu Sorgfalt und Rücksichtnahme (Art. 257*f* Abs. 3 und 4);

c.   aus wichtigen Gründen (Art. 266*g*);

d.   wegen Konkurs des Mieters (Art. 266*h*).

² Hat der Vermieter aus wichtigen Gründen (Art. 266*g*) vorzeitig gekündigt, so entscheidet die für die Ausweisung zuständige Behörde auch über die Erstreckung des Mietverhältnisses.

³ Wendet sich der Mieter mit seinen Begehren an die Schlichtungsbehörde, so überweist diese die Begehren an die für die Ausweisung zuständige Behörde.

BGE 117 II 554; 118 II 302; 119 II 141; 132 III 747.

Achter Titel^bis:1 Die Pacht

Art. 275   A. Begriff und Geltungsbereich
              I. Begriff

Durch den Pachtvertrag verpflichten sich der Verpächter, dem Pächter eine nutzbare Sache oder ein nutzbares Recht zum Gebrauch und zum Bezug der Früchte oder Erträgnisse zu überlassen, und der Pächter, dafür einen Pachtzins zu leisten.

BGE 53 II 133; 57 II 161; 131 III 257 (Unternehmenspacht).

Art. 276   II. Geltungsbereich
              1. Wohn- und Geschäftsräume

Die Bestimmungen über die Pacht von Wohn- und Geschäftsräumen gelten auch für Sachen, die der Verpächter zusammen mit diesen Räumen dem Pächter zur Benutzung überlässt.

Art. 276a   2. Landwirtschaftliche Pacht

¹ Für Pachtverträge über landwirtschaftliche Gewerbe oder über Grundstücke zur landwirtschaftlichen Nutzung gilt das Bundesgesetz vom 4. Oktober 1985¹ über die landwirtschaftliche Pacht, soweit es besondere Regelungen enthält.

---

1   Eingefügt durch Ziff. I des BG vom 15. Dez. 1989, in Kraft seit 1. Juli 1990 (AS 1990 802 834; BBl 1985 I 1389). Siehe auch Art. 5 der SchlB zu den Tit. VIII und VIIIbis am Schluss des OR.

2 Im Übrigen gilt das Obligationenrecht, ausser den Bestimmungen über die Pacht von Wohn- und Geschäftsräumen und denjenigen über die Behörden und das Verfahren.

Abs. 1: LPG, → Nr. 7.

Art. 277 B. Inventaraufnahme

Umfasst die Pacht auch Geräte, Vieh oder Vorräte, so muss jede Partei der andern ein genaues, von ihr unterzeichnetes Verzeichnis dieser Gegenstände übergeben und sich an einer gemeinsamen Schätzung beteiligen.

Art. 278 C. Pflichten des Verpächters
I. Übergabe der Sache

1 Der Verpächter ist verpflichtet, die Sache zum vereinbarten Zeitpunkt in einem zur vorausgesetzten Benutzung und Bewirtschaftung tauglichen Zustand zu übergeben.

2 Ist bei Beendigung des vorangegangenen Pachtverhältnisses ein Rückgabeprotokoll erstellt worden, so muss der Verpächter es dem neuen Pächter auf dessen Verlangen bei der Übergabe der Sache zur Einsicht vorlegen.

3 Ebenso kann der Pächter verlangen, dass ihm die Höhe des Pachtzinses des vorangegangenen Pachtverhältnisses mitgeteilt wird.

Art. 279 II. Hauptreparaturen

Der Verpächter ist verpflichtet, grössere Reparaturen an der Sache, die während der Pachtzeit notwendig werden, auf eigene Kosten vorzunehmen, sobald ihm der Pächter von deren Notwendigkeit Kenntnis gegeben hat.

Art. 280 III. Abgaben und Lasten

Der Verpächter trägt die mit der Sache verbundenen Lasten und öffentlichen Abgaben.

Art. 281 D. Pflichten des Pächters
I. Zahlung des Pachtzinses und der Nebenkosten
1. Im Allgemeinen

1 Der Pächter muss den Pachtzins und allenfalls die Nebenkosten am Ende eines Pachtjahres, spätestens aber am Ende der Pachtzeit bezahlen, wenn kein anderer Zeitpunkt vereinbart oder ortsüblich ist.

2 Für die Nebenkosten gilt Artikel 257*a*.

Vgl. Pachtzinsverordnung, → Nr. 8.

Art. 282   2. Zahlungsrückstand des Pächters

[1] Ist der Pächter nach der Übernahme der Sache mit der Zahlung fälliger Pachtzinse oder Nebenkosten im Rückstand, so kann ihm der Verpächter schriftlich eine Zahlungsfrist von mindestens 60 Tagen setzen und ihm androhen, dass bei unbenütztem Ablauf der Frist das Pachtverhältnis gekündigt werde.

[2] Bezahlt der Pächter innert der gesetzten Frist nicht, so kann der Verpächter das Pachtverhältnis fristlos, bei Wohn- und Geschäftsräumen mit einer Frist von mindestens 30 Tagen auf Ende eines Monats kündigen.

Art. 283   II. Sorgfalt, Rücksichtnahme und Unterhalt
                  1. Sorgfalt und Rücksichtnahme

[1] Der Pächter muss die Sache sorgfältig gemäss ihrer Bestimmung bewirtschaften, insbesondere für nachhaltige Ertragsfähigkeit sorgen.

[2] Der Pächter einer unbeweglichen Sache muss auf Hausbewohner und Nachbarn Rücksicht nehmen.

Art. 284   2. Ordentlicher Unterhalt

[1] Der Pächter muss für den ordentlichen Unterhalt der Sache sorgen.

[2] Er muss die kleineren Reparaturen nach Ortsgebrauch vornehmen sowie die Geräte und Werkzeuge von geringem Wert ersetzen, wenn sie durch Alter oder Gebrauch nutzlos geworden sind.

Art. 285   3. Pflichtverletzung

[1] Verletzt der Pächter trotz schriftlicher Mahnung des Verpächters seine Pflicht zu Sorgfalt, Rücksichtnahme oder Unterhalt weiter, so dass dem Verpächter oder den Hausbewohnern die Fortsetzung des Pachtverhältnisses nicht mehr zuzumuten ist, so kann der Verpächter fristlos, bei Wohn- und Geschäftsräumen mit einer Frist von mindestens 30 Tagen auf Ende eines Monats kündigen.

[2] Der Verpächter von Wohn- oder Geschäftsräumen kann jedoch fristlos kündigen, wenn der Pächter vorsätzlich der Sache schweren Schaden zufügt.

Art. 286   III. Meldepflicht

[1] Sind grössere Reparaturen nötig oder masst sich ein Dritter Rechte am Pachtgegenstand an, so muss der Pächter dies dem Verpächter sofort melden.

[2] Unterlässt der Pächter die Meldung, so haftet er für den Schaden, der dem Verpächter daraus entsteht.

Art. 287   IV. Duldungspflicht

1 Der Pächter muss grössere Reparaturen dulden, wenn sie zur Beseitigung von Mängeln oder zur Behebung oder Vermeidung von Schäden notwendig sind.

2 Der Pächter muss dem Verpächter gestatten, die Sache zu besichtigen, soweit dies für den Unterhalt, den Verkauf oder die Wiederverpachtung notwendig ist.

3 Der Verpächter muss dem Pächter Arbeiten und Besichtigungen rechtzeitig anzeigen und bei der Durchführung auf die Interessen des Pächters Rücksicht nehmen; für allfällige Ansprüche des Pächters auf Herabsetzung des Pachtzinses und auf Schadenersatz gilt das Mietrecht (Art. 259*d* und 259*e*) sinngemäss.

Art. 288   E. Rechte des Pächters bei Nichterfüllung des Vertrags und bei Mängeln

1 Das Mietrecht (Art. 258 und Art. 259*a*–259*i*) gilt sinngemäss, wenn:

a.   der Verpächter die Sache nicht zum vereinbarten Zeitpunkt oder in einem mangelhaften Zustand übergibt;

b.   Mängel an der Sache entstehen, die der Pächter weder zu verantworten noch auf eigene Kosten zu beseitigen hat, oder der Pächter in der vertragsgemässen Benutzung der Sache gestört wird.

2 Abweichende Vereinbarungen zum Nachteil des Pächters sind nichtig, wenn sie enthalten sind in:

a.   vorformulierten allgemeinen Geschäftsbedingungen;

b.   Pachtverträgen über Wohn- und Geschäftsräume.

Art. 289   F. Erneuerungen und Änderungen
              I. Durch den Verpächter

1 Der Verpächter kann Erneuerungen und Änderungen an der Sache nur vornehmen, wenn sie für den Pächter zumutbar sind und wenn das Pachtverhältnis nicht gekündigt ist.

2 Der Verpächter muss bei der Ausführung der Arbeiten auf die Interessen des Pächters Rücksicht nehmen; für allfällige Ansprüche des Pächters auf Herabsetzung des Pachtzinses und auf Schadenersatz gilt das Mietrecht (Art. 259*d* und 259*e*) sinngemäss.

Art. 289a   II. Durch den Pächter

1 Der Pächter braucht die schriftliche Zustimmung des Verpächters für:

a.   Änderungen in der hergebrachten Bewirtschaftung, die über die Pachtzeit hinaus von wesentlicher Bedeutung sein können;

b.   Erneuerungen und Änderungen an der Sache, die über den ordentlichen Unterhalt hinausgehen.

[2] Hat der Verpächter zugestimmt, so kann er die Wiederherstellung des früheren Zustandes nur verlangen, wenn dies schriftlich vereinbart worden ist.

[3] Hat der Verpächter einer Änderung nach Absatz 1 Buchstabe a nicht schriftlich zugestimmt und macht der Pächter sie nicht innert angemessener Frist rückgängig, so kann der Verpächter fristlos, bei Wohn- und Geschäftsräumen mit einer Frist von mindestens 30 Tagen auf Ende eines Monats kündigen.

Art. 290   G. Wechsel des Eigentümers

Das Mietrecht (Art. 261–261*b*) gilt sinngemäss bei:

a.   Veräusserung des Pachtgegenstandes;

b.   Einräumung beschränkter dinglicher Rechte am Pachtgegenstand;

c.   Vormerkung des Pachtverhältnisses im Grundbuch.

Art. 291   H. Unterpacht

[1] Der Pächter kann die Sache mit Zustimmung des Verpächters ganz oder teilweise unterverpachten oder vermieten.

[2] Der Verpächter kann die Zustimmung zur Vermietung einzelner zur Sache gehörender Räume nur verweigern, wenn:

a.   der Pächter sich weigert, dem Verpächter die Bedingungen der Miete bekanntzugeben;

b.   die Bedingungen der Miete im Vergleich zu denjenigen des Pachtvertrages missbräuchlich sind;

c.   dem Verpächter aus der Vermietung wesentliche Nachteile entstehen.

[3] Der Pächter haftet dem Verpächter dafür, dass der Unterpächter oder der Mieter die Sache nicht anders benutzt, als es ihm selbst gestattet ist. Der Verpächter kann Unterpächter und Mieter unmittelbar dazu anhalten.

Art. 292   J. Übertragung der Pacht auf einen Dritten

Für die Übertragung der Pacht von Geschäftsräumen auf einen Dritten gilt Artikel 263 sinngemäss.

Art. 293   K. Vorzeitige Rückgabe der Sache

[1] Gibt der Pächter die Sache zurück, ohne Kündigungsfrist oder -termin einzuhalten, so ist er von seinen Verpflichtungen gegenüber dem Verpächter nur befreit, wenn er einen für den Verpächter zumutbaren neuen Pächter vorschlägt; dieser muss zahlungsfähig und bereit sein, den Pachtvertrag zu den gleichen Bedingungen zu übernehmen.

[2] Andernfalls muss er den Pachtzins bis zu dem Zeitpunkt leisten, in dem das Pachtverhältnis gemäss Vertrag oder Gesetz endet oder beendet werden kann.

3 Der Verpächter muss sich anrechnen lassen, was er:

a.   an Auslagen erspart und

b.   durch anderweitige Verwendung der Sache gewinnt oder absichtlich zu gewinnen unterlassen hat.

Art. 294   L. Verrechnung

Für die Verrechnung von Forderungen und Schulden aus dem Pachtverhältnis gilt Artikel 265 sinngemäss.

Art. 295   M. Beendigung des Pachtverhältnisses
I. Ablauf der vereinbarten Dauer

1 Haben die Parteien eine bestimmte Dauer ausdrücklich oder stillschweigend vereinbart, so endet das Pachtverhältnis ohne Kündigung mit Ablauf dieser Dauer.

2 Setzen die Parteien das Pachtverhältnis stillschweigend fort, so gilt es zu den gleichen Bedingungen jeweils für ein weiteres Jahr, wenn nichts anderes vereinbart ist.

3 Die Parteien können das fortgesetzte Pachtverhältnis mit der gesetzlichen Frist auf das Ende eines Pachtjahres kündigen.

Art. 296   II. Kündigungsfristen und -termine

1 Die Parteien können das unbefristete Pachtverhältnis mit einer Frist von sechs Monaten auf einen beliebigen Termin kündigen, sofern durch Vereinbarung oder Ortsgebrauch nichts anderes bestimmt und nach Art des Pachtgegenstandes kein anderer Parteiwille anzunehmen ist.

2 Bei der unbefristeten Pacht von Wohn- und Geschäftsräumen können die Parteien mit einer Frist von mindestens sechs Monaten auf einen ortsüblichen Termin oder, wenn es keinen Ortsgebrauch gibt, auf Ende einer dreimonatigen Pachtdauer kündigen. Sie können eine längere Frist und einen anderen Termin vereinbaren.

3 Halten die Parteien die Frist oder den Termin nicht ein, so gilt die Kündigung für den nächstmöglichen Termin.

Art. 297   III. Ausserordentliche Beendigung
1. Aus wichtigen Gründen

1 Aus wichtigen Gründen, welche die Vertragserfüllung für sie unzumutbar machen, können die Parteien das Pachtverhältnis mit der gesetzlichen Frist auf einen beliebigen Zeitpunkt kündigen.

2 Der Richter bestimmt die vermögensrechtlichen Folgen der vorzeitigen Kündigung unter Würdigung aller Umstände.

Art. 297a   2. Konkurs des Pächters

[1] Fällt der Pächter nach Übernahme der Sache in Konkurs, so endet das Pachtverhältnis mit der Konkurseröffnung.

[2] Erhält jedoch der Verpächter für den laufenden Pachtzins und das Inventar hinreichende Sicherheiten, so muss er die Pacht bis zum Ende des Pachtjahres fortsetzen.

Art. 297b   3. Tod des Pächters

Stirbt der Pächter, so können sowohl seine Erben als auch der Verpächter mit der gesetzlichen Frist auf den nächsten gesetzlichen Termin kündigen.

Art. 298   IV. Form der Kündigung bei Wohn- und Geschäftsräumen

[1] Verpächter und Pächter von Wohn- und Geschäftsräumen müssen schriftlich kündigen.

[2] Der Verpächter muss mit einem Formular kündigen, das vom Kanton genehmigt ist und das angibt, wie der Pächter vorzugehen hat, wenn er die Kündigung anfechten oder eine Erstreckung des Pachtverhältnisses verlangen will.

[3] Die Kündigung ist nichtig, wenn sie diesen Anforderungen nicht entspricht.

Art. 299   N. Rückgabe der Sache
              I. Im Allgemeinen

[1] Der Pächter gibt die Sache und das gesamte Inventar in dem Zustand zurück, in dem sie sich zum Zeitpunkt der Rückgabe befinden.

[2] Für Verbesserungen kann der Pächter Ersatz fordern, wenn sie sich ergeben haben aus:

a.   Anstrengungen, die über die gehörige Bewirtschaftung hinausgehen;

b.   Erneuerungen oder Änderungen, denen der Verpächter schriftlich zugestimmt hat.

[3] Für Verschlechterungen, die der Pächter bei gehöriger Bewirtschaftung hätte vermeiden können, muss er Ersatz leisten.

[4] Vereinbarungen, in denen sich der Pächter im Voraus verpflichtet, bei Beendigung des Pachtverhältnisses eine Entschädigung zu entrichten, die anderes als die Deckung des allfälligen Schadens einschliesst, sind nichtig.

Art. 299a   II. Prüfung der Sache und Meldung an den Pächter

[1] Bei der Rückgabe muss der Verpächter den Zustand der Sache prüfen und Mängel, für die der Pächter einzustehen hat, diesem sofort melden.

[2] Versäumt dies der Verpächter, so verliert er seine Ansprüche, soweit es sich nicht um Mängel handelt, die bei übungsgemässer Untersuchung nicht erkennbar waren.

3 Entdeckt der Verpächter solche Mängel später, so muss er sie dem Pächter sofort melden.

Art. 299b III. Ersatz von Gegenständen des Inventars

1 Wurde das Inventar bei der Übergabe der Sache geschätzt, so muss der Pächter bei Beendigung der Pacht ein nach Gattung und Schätzungswert gleiches Inventar zurückgeben oder den Minderwert ersetzen.

2 Der Pächter muss für fehlende Gegenstände keinen Ersatz leisten, wenn er nachweist, dass der Verlust auf ein Verschulden des Verpächters oder auf höhere Gewalt zurückzuführen ist.

3 Der Pächter kann für den Mehrwert, der sich aus seinen Aufwendungen und seiner Arbeit ergeben hat, Ersatz fordern.

Art. 299c O. Retentionsrecht

Der Verpächter von Geschäftsräumen hat für einen verfallenen und einen laufenden Pachtzins das gleiche Retentionsrecht wie der Vermieter für Mietzinsforderungen (Art. 268ff.).

SchKG 283.

Art. 300 P. Kündigungsschutz bei der Pacht von Wohn- und Geschäftsräumen

1 Für den Kündigungsschutz bei der Pacht von Wohn- und Geschäftsräumen gilt das Mietrecht (Art. 271–273 c) sinngemäss.

2 Nicht anwendbar sind die Bestimmungen über die Wohnung der Familie (Art. 273 a).

Art. 301 Q. Behörden und Verfahren

Bei Streitigkeiten aus dem Pachtverhältnis richten sich die Zuständigkeit der Behörden und das Verfahren nach dem Mietrecht (Art. 274–274 g).

Art. 302 R. Viehpacht und Viehverstellung
I. Rechte und Pflichten des Einstellers

1 Bei der Viehpacht und Viehverstellung, die nicht mit einer landwirtschaftlichen Pacht verbunden sind, gehört die Nutzung des eingestellten Viehs dem Einsteller, wenn Vertrag oder Ortsgebrauch nichts anderes bestimmen.

2 Der Einsteller muss die Fütterung und Pflege des Viehs übernehmen sowie dem Verpächter oder Versteller einen Zins in Geld oder einen Teil des Nutzens entrichten.

Art. 303   II. Haftung

¹ Bestimmen Vertrag oder Ortsgebrauch nichts anderes, so haftet der Einsteller für Schäden am eingestellten Vieh, wenn er nicht beweist, dass er die Schäden trotz sorgfältiger Hut und Pflege nicht vermeiden konnte.

² Für ausserordentliche Pflegekosten kann der Einsteller vom Versteller Ersatz verlangen, wenn er sie nicht schuldhaft verursacht hat.

³ Der Einsteller muss schwerere Unfälle oder Erkrankungen dem Versteller so bald als möglich melden.

Art. 304   III. Kündigung

¹ Ist der Vertrag auf unbestimmte Zeit abgeschlossen, so kann ihn jede Partei auf einen beliebigen Zeitpunkt kündigen, wenn Vertrag oder Ortsgebrauch nichts anderes bestimmen.

² Die Kündigung soll jedoch in guten Treuen und nicht zur Unzeit erfolgen.

Neunter Titel: Die Leihe

Erster Abschnitt: Die Gebrauchsleihe

Art. 305   A. Begriff

Durch den Gebrauchsleihevertrag verpflichten sich der Verleiher, dem Entlehner eine Sache zu unentgeltlichem Gebrauche zu überlassen, und der Entlehner, dieselbe Sache nach gemachtem Gebrauche dem Verleiher zurückzugeben.

Immobilien: BGE 75 II 45.

Art. 306   B. Wirkung
             I. Gebrauchsrecht des Entlehners

¹ Der Entlehner darf von der geliehenen Sache nur denjenigen Gebrauch machen, der sich aus dem Vertrage oder, wenn darüber nichts vereinbart ist, aus ihrer Beschaffenheit oder Zweckbestimmung ergibt.

² Er darf den Gebrauch nicht einem andern überlassen.

³ Handelt der Entlehner diesen Bestimmungen zuwider, so haftet er auch für den Zufall, wenn er nicht beweist, dass dieser die Sache auch sonst getroffen hätte.

OR 103, 309 Abs. 2.

Art. 307   II. Kosten der Erhaltung

[1] Der Entlehner trägt die gewöhnlichen Kosten für die Erhaltung der Sache, bei geliehenen Tieren insbesondere die Kosten der Fütterung.

[2] Für ausserordentliche Verwendungen, die er im Interesse des Verleihers machen musste, kann er von diesem Ersatz fordern.

> OR 65, 419 ff. Retentionsrecht: ZGB 895.

Art. 308   III. Haftung mehrerer Entlehner

Haben mehrere eine Sache gemeinschaftlich entlehnt, so haften sie solidarisch.

> OR 143 ff.

Art. 309   C. Beendigung
            I. Bei bestimmtem Gebrauch

[1] Ist für die Gebrauchsleihe eine bestimmte Dauer nicht vereinbart, so endigt sie, sobald der Entlehner den vertragsmässigen Gebrauch gemacht hat oder mit Ablauf der Zeit, binnen deren dieser Gebrauch hätte stattfinden können.

[2] Der Verleiher kann die Sache früher zurückfordern, wenn der Entlehner sie vertragswidrig gebraucht oder verschlechtert oder einem Dritten zum Gebrauche überlässt, oder wenn er selbst wegen eines unvorhergesehenen Falles der Sache dringend bedarf.

> OR 74 Ziff. 2, 306 Abs. 2. BGE 125 III 363.

Art. 310   II. Bei unbestimmtem Gebrauch

Wenn der Verleiher die Sache zu einem weder der Dauer noch dem Zwecke nach bestimmten Gebrauche überlassen hat, so kann er sie beliebig zurückfordern.

Art. 311   III. Beim Tod des Entlehners

Die Gebrauchsleihe endigt mit dem Tode des Entlehners.

Zweiter Abschnitt: Das Darlehen

Art. 312   A. Begriff

Durch den Darlehensvertrag verpflichtet sich der Darleiher zur Übertragung des Eigentums an einer Summe Geldes oder an andern vertretbaren Sachen, der Borger dagegen zur Rückerstattung von Sachen der nämlichen Art in gleicher Menge und Güte.

OR 71.Vgl. KKG, → Nr. 9. Anleihen: vgl. Anleihensobligationen. Zins, Begriff: BGE 52 II 233. Essentialia: BGE 131 III 268. Zinscoupons: OR 980.

Art. 313   B. Wirkung
         I. Zinse
         1. Verzinslichkeit

[1] Das Darlehen ist im gewöhnlichen Verkehre nur dann verzinslich, wenn Zinse verabredet sind.

[2] Im kaufmännischen Verkehre sind auch ohne Verabredung Zinse zu bezahlen.

BGE 126 III 189.

Art. 314   2. Zinsvorschriften

[1] Wenn der Vertrag die Höhe des Zinsfusses nicht bestimmt, so ist derjenige Zinsfuss zu vermuten, der zurzeit und am Orte des Darlehensempfanges für die betreffende Art von Darlehen üblich war.

[2] Mangels anderer Abrede sind versprochene Zinse als Jahreszinse zu entrichten.

[3] Die vorherige Übereinkunft, dass die Zinse zum Kapital geschlagen und mit diesem weiter verzinst werden sollen, ist ungültig unter Vorbehalt von kaufmännischen Zinsberechnungen im Kontokorrent und ähnlichen Geschäftsformen, bei denen die Berechnung von Zinseszinsen üblich ist, wie namentlich bei Sparkassen.

ZGB 818 Abs. 2.
Abs. 3: OR 117; vgl. OR 105. Anleihensobligationen: OR 1170 Ziff. 3. Siehe OR 73 Anm.

Art. 315   II. Verjährung des Anspruchs auf Aushändigung und Annahme

Der Anspruch des Borgers auf Aushändigung und der Anspruch des Darleihers auf Annahme des Darlehens verjähren in sechs Monaten vom Eintritte des Verzuges an gerechnet.

Art. 316   III. Zahlungsunfähigkeit des Borgers

[1] Der Darleiher kann die Aushändigung des Darlehens verweigern, wenn der Borger seit dem Vertragsabschlusse zahlungsunfähig geworden ist.

[2] Diese Befugnis steht dem Darleiher auch dann zu, wenn die Zahlungsunfähigkeit schon vor Abschluss des Vertrages eingetreten, ihm aber erst nachher bekannt geworden ist.

OR 83.

Art. 317   C. Hingabe an Geldes Statt

1 Sind dem Borger statt der verabredeten Geldsumme Wertpapiere oder Waren gegeben worden, so gilt als Darlehenssumme der Kurswert oder der Marktpreis, den diese Papiere oder Waren zurzeit und am Orte der Hingabe hatten.

2 Eine entgegenstehende Übereinkunft ist nichtig.

Art. 318   D. Zeit der Rückzahlung

Ein Darlehen, für dessen Rückzahlung weder ein bestimmter Termin noch eine Kündigungsfrist noch der Verfall auf beliebige Aufforderung hin vereinbart wurde, ist innerhalb sechs Wochen von der ersten Aufforderung an zurückzubezahlen.

> Anleihensobligationen: OR 1173 ff. «Unbestimmt»: BGE 76 II 144. Vertragsauflösung: BGE 128 III 428.

Zehnter Titel:[1] Der Arbeitsvertrag

Erster Abschnitt: Der Einzelarbeitsvertrag

Art. 319   A. Begriff und Entstehung
I. Begriff

1 Durch den Einzelarbeitsvertrag verpflichtet sich der Arbeitnehmer auf bestimmte oder unbestimmte Zeit zur Leistung von Arbeit im Dienst des Arbeitgebers und dieser zur Entrichtung eines Lohnes, der nach Zeitabschnitten (Zeitlohn) oder nach der geleisteten Arbeit (Akkordlohn) bemessen wird.

2 Als Einzelarbeitsvertrag gilt auch der Vertrag, durch den sich ein Arbeitnehmer zur regelmässigen Leistung von stunden-, halbtage- oder tageweiser Arbeit (Teilzeitarbeit) im Dienst des Arbeitgebers verpflichtet.

> OR 342. IPRG 121. Heuervertrag der Schiffsleute: Art. 68 ff. des Seeschiffahrtsgesetzes vom 23. September 1953, SR 747.30. BG über die Arbeit in Industrie, Gewerbe und Handel, → Nr. 19. BG über die Arbeitsvermittlung und den Personenverleih vom 6. Oktober 1989, SR 823.11. Vgl. BG über Massnahmen zur Bekämpfung der Schwarzarbeit 17. Juni 2005, SR 822.41. Mitwirkungsgesetz, → Nr. 20. GlG, → Nr. 2. Für Arbeitnehmer, die ein Arbeitgeber mit Sitz im Ausland in die Schweiz entsendet, gilt ab 1. Juni 2004 das EntsG, SR 823.20.

---

1 Fassung gemäss Ziff. I des BG vom 25. Juni 1971, in Kraft seit 1. Jan. 1972 (AS 1971 1465 1507; BBl 1967 II 241). Siehe auch Art. 7 Schl- und Ueb des X. Tit. am Schluss des OR.

Art. 320   II. Entstehung

[1] Wird es vom Gesetz nicht anders bestimmt, so bedarf der Einzelarbeitsvertrag zu seiner Gültigkeit keiner besonderen Form.

[2] Er gilt auch dann als abgeschlossen, wenn der Arbeitgeber Arbeit in seinem Dienst auf Zeit entgegennimmt, deren Leistung nach den Umständen nur gegen Lohn zu erwarten ist.

[3] Leistet der Arbeitnehmer in gutem Glauben Arbeit im Dienste des Arbeitgebers auf Grund eines Arbeitsvertrages, der sich nachträglich als ungültig erweist, so haben beide Parteien die Pflichten aus dem Arbeitsverhältnis in gleicher Weise wie aus gültigem Vertrag zu erfüllen, bis dieses wegen Ungültigkeit des Vertrages vom einen oder andern aufgehoben wird.

> BGE 132 II 161.
> Abs. 2: BGE 113 II 414 (Mitarbeit Ehegatte); 124 III 249 (auf Abruf).
> Abs. 3: BGE 132 III 242.

Art. 321   B. Pflichten des Arbeitnehmers
                 I. Persönliche Arbeitspflicht

Der Arbeitnehmer hat die vertraglich übernommene Arbeit in eigener Person zu leisten, sofern nichts anderes verabredet ist oder sich aus den Umständen ergibt.

Art. 321a   II. Sorgfalts- und Treuepflicht

[1] Der Arbeitnehmer hat die ihm übertragene Arbeit sorgfältig auszuführen und die berechtigten Interessen des Arbeitgebers in guten Treuen zu wahren.

[2] Er hat Maschinen, Arbeitsgeräte, technische Einrichtungen und Anlagen sowie Fahrzeuge des Arbeitgebers fachgerecht zu bedienen und diese sowie Material, die ihm zur Ausführung der Arbeit zur Verfügung gestellt werden, sorgfältig zu behandeln.

[3] Während der Dauer des Arbeitsverhältnisses darf der Arbeitnehmer keine Arbeit gegen Entgelt für einen Dritten leisten, soweit er dadurch seine Treuepflicht verletzt, insbesondere den Arbeitgeber konkurrenziert.

[4] Der Arbeitnehmer darf geheim zu haltende Tatsachen, wie namentlich Fabrikations- und Geschäftsgeheimnisse, von denen er im Dienst des Arbeitgebers Kenntnis erlangt, während des Arbeitsverhältnisses nicht verwerten oder anderen mitteilen; auch nach dessen Beendigung bleibt er zur Verschwiegenheit verpflichtet, soweit es zur Wahrung der berechtigten Interessen des Arbeitgebers erforderlich ist.

> StGB 162.
> Abs. 4: BGE 127 III 310.

Art. 321b III. Rechenschafts- und Herausgabepflicht

[1] Der Arbeitnehmer hat dem Arbeitgeber über alles, was er bei seiner vertraglichen Tätigkeit für diesen von Dritten erhält, wie namentlich Geldbeträge, Rechenschaft abzulegen und ihm alles sofort herauszugeben.

[2] Er hat dem Arbeitgeber auch alles sofort herauszugeben, was er in Ausübung seiner vertraglichen Tätigkeit hervorbringt.

Art. 321c IV. Überstundenarbeit

[1] ■ Wird gegenüber dem zeitlichen Umfang der Arbeit, der verabredet oder üblich oder durch Normalarbeitsvertrag oder Gesamtarbeitsvertrag bestimmt ist, die Leistung von Überstundenarbeit notwendig, so ist der Arbeitnehmer dazu soweit verpflichtet, als er sie zu leisten vermag und sie ihm nach Treu und Glauben zugemutet werden kann.

[2] Im Einverständnis mit dem Arbeitnehmer kann der Arbeitgeber die Überstundenarbeit innert eines angemessenen Zeitraumes durch Freizeit von mindestens gleicher Dauer ausgleichen.

[3] Wird die Überstundenarbeit nicht durch Freizeit ausgeglichen und ist nichts anderes schriftlich verabredet oder durch Normalarbeitsvertrag oder Gesamtarbeitsvertrag bestimmt, so hat der Arbeitgeber für die Überstundenarbeit Lohn zu entrichten, der sich nach dem Normallohn samt einem Zuschlag von mindestens einem Viertel bemisst.

> Siehe auch BG über die Arbeit in Unternehmen des öffentlichen Verkehrs (Arbeitszeitgesetz) vom 8. Oktober 1971, SR 822.21. BGE 111 II 358; 129 III 171 (leitender Angestellter).
> Abs. 2: BGE 123 III 84, 469.
> Abs. 3: BGE 105 II 39, 110 II 264; 124 III 469; 126 III 337 (leitende Tätigkeit).

Art. 321d V. Befolgung von Anordnungen und Weisungen

[1] Der Arbeitgeber kann über die Ausführung der Arbeit und das Verhalten der Arbeitnehmer im Betrieb oder Haushalt allgemeine Anordnungen erlassen und ihnen besondere Weisungen erteilen.

[2] Der Arbeitnehmer hat die allgemeinen Anordnungen des Arbeitgebers und die ihm erteilten besonderen Weisungen nach Treu und Glauben zu befolgen.

Art. 321e VI. Haftung des Arbeitnehmers

[1] ◆ Der Arbeitnehmer ist für den Schaden verantwortlich, den er absichtlich oder fahrlässig dem Arbeitgeber zufügt.

[2] ◆ Das Mass der Sorgfalt, für die der Arbeitnehmer einzustehen hat, bestimmt sich nach dem einzelnen Arbeitsverhältnis, unter Berücksichtigung des Berufsrisikos, des Bildungsgrades oder der Fachkenntnisse, die zu der Arbeit verlangt werden, sowie der

Fähigkeiten und Eigenschaften des Arbeitnehmers, die der Arbeitgeber gekannt hat oder hätte kennen sollen.

> BGE 110 II 344; 123 III 257.

Art. 322   C. Pflichten des Arbeitgebers
               I. Lohn
               1. Art und Höhe im Allgemeinen

[1] Der Arbeitgeber hat dem Arbeitnehmer den Lohn zu entrichten, der verabredet oder üblich oder durch Normalarbeitsvertrag oder Gesamtarbeitsvertrag bestimmt ist.

[2] Lebt der Arbeitnehmer in Hausgemeinschaft mit dem Arbeitgeber, so bildet der Unterhalt im Hause mit Unterkunft und Verpflegung einen Teil des Lohnes, sofern nichts anderes verabredet oder üblich ist.

> Zur Gleichberechtigung von Mann und Frau, insbesondere beim Lohn: siehe BV 8 Abs. 3 und GlG, → Nr. 2.

Art. 322a   2. Anteil am Geschäftsergebnis

[1] Hat der Arbeitnehmer vertraglich Anspruch auf einen Anteil am Gewinn oder am Umsatz oder sonst am Geschäftsergebnis, so ist für die Berechnung des Anteils das Ergebnis des Geschäftsjahres massgebend, wie es nach den gesetzlichen Vorschriften und allgemein anerkannten kaufmännischen Grundsätzen festzustellen ist.

[2] ◆ Der Arbeitgeber hat dem Arbeitnehmer oder an dessen Stelle einem gemeinsam bestimmten oder vom Richter bezeichneten Sachverständigen die nötigen Aufschlüsse zu geben und Einsicht in die Geschäftsbücher zu gewähren, soweit dies zur Nachprüfung erforderlich ist.

[3] ◆ Ist ein Anteil am Gewinn des Unternehmens verabredet, so ist dem Arbeitnehmer überdies auf Verlangen eine Abschrift der Gewinn- und Verlustrechnung des Geschäftsjahres zu übergeben.

Art. 322b   3. Provision
               a. Entstehung

[1] ◆ Ist eine Provision des Arbeitnehmers auf bestimmten Geschäften verabredet, so entsteht der Anspruch darauf, wenn das Geschäft mit dem Dritten rechtsgültig abgeschlossen ist.

[2] ◆ Bei Geschäften mit gestaffelter Erfüllung sowie bei Versicherungsverträgen kann schriftlich verabredet werden, dass der Provisionsanspruch auf jeder Rate mit ihrer Fälligkeit oder ihrer Leistung entsteht.

[3] Der Anspruch auf Provision fällt nachträglich dahin, wenn das Geschäft vom Arbeitgeber ohne sein Verschulden nicht ausgeführt wird oder wenn der Dritte seine Verbind-

lichkeiten nicht erfüllt; bei nur teilweiser Erfüllung tritt eine verhältnismässige Herabsetzung der Provision ein.

Abs. 1: BGE 128 III 174.

Art. 322c   b. Abrechnung

[1] ◆ Ist vertraglich nicht der Arbeitnehmer zur Aufstellung der Provisionsabrechnung verpflichtet, so hat ihm der Arbeitgeber auf jeden Fälligkeitstermin eine schriftliche Abrechnung, unter Angabe der provisionspflichtigen Geschäfte, zu übergeben.

[2] ◆ Der Arbeitgeber hat dem Arbeitnehmer oder an dessen Stelle einem gemeinsam bestimmten oder vom Richter bezeichneten Sachverständigen die nötigen Aufschlüsse zu geben und Einsicht in die für die Abrechnung massgebenden Bücher und Belege zu gewähren, soweit dies zur Nachprüfung erforderlich ist.

Art. 322d   4. Gratifikation

[1] Richtet der Arbeitgeber neben dem Lohn bei bestimmten Anlässen, wie Weihnachten oder Abschluss des Geschäftsjahres, eine Sondervergütung aus, so hat der Arbeitnehmer einen Anspruch darauf, wenn es verabredet ist.

[2] Endigt das Arbeitsverhältnis, bevor der Anlass zur Ausrichtung der Sondervergütung eingetreten ist, so hat der Arbeitnehmer einen Anspruch auf einen verhältnismässigen Teil davon, wenn es verabredet ist.

BGE 109 II 447; 129 III 276.

Art. 323   II. Ausrichtung des Lohnes
1. Zahlungsfristen und -termine

[1] Sind nicht kürzere Fristen oder andere Termine verabredet oder üblich und ist durch Normalarbeitsvertrag oder Gesamtarbeitsvertrag nichts anderes bestimmt, so ist dem Arbeitnehmer der Lohn Ende jedes Monats auszurichten.

[2] Ist nicht eine kürzere Frist verabredet oder üblich, so ist die Provision Ende jedes Monats auszurichten; erfordert jedoch die Durchführung von Geschäften mehr als ein halbes Jahr, so kann durch schriftliche Abrede die Fälligkeit der Provision für diese Geschäfte hinausgeschoben werden.

[3] Der Anteil am Geschäftsergebnis ist auszurichten, sobald dieses festgestellt ist, spätestens jedoch sechs Monate nach Ablauf des Geschäftsjahres.

[4] ■ Der Arbeitgeber hat dem Arbeitnehmer nach Massgabe der geleisteten Arbeit den Vorschuss zu gewähren, dessen der Arbeitnehmer infolge einer Notlage bedarf und den der Arbeitgeber billigerweise zu gewähren vermag.

Art. 323a   2. Lohnrückbehalt

[1] Sofern es verabredet oder üblich oder durch Normalarbeitsvertrag oder Gesamtarbeitsvertrag bestimmt ist, darf der Arbeitgeber einen Teil des Lohnes zurückbehalten.

[2] Von dem am einzelnen Zahltag fälligen Lohn darf nicht mehr als ein Zehntel des Lohnes und im gesamten nicht mehr als der Lohn für eine Arbeitswoche zurückbehalten werden; jedoch kann ein höherer Lohnrückbehalt durch Normalarbeitsvertrag oder Gesamtarbeitsvertrag vorgesehen werden.

[3] Ist nichts anderes verabredet oder üblich oder durch Normalarbeitsvertrag oder Gesamtarbeitsvertrag bestimmt, so gilt der zurückbehaltene Lohn als Sicherheit für die Forderungen des Arbeitgebers aus dem Arbeitsverhältnis und nicht als Konventionalstrafe.

> Décompte.
> Abs. 2: BGE 119 II 162.

Art. 323b   3. Lohnsicherung

[1] Der Geldlohn ist dem Arbeitnehmer in gesetzlicher Währung innert der Arbeitszeit auszurichten, sofern nichts anderes verabredet oder üblich ist; ◆ dem Arbeitnehmer ist eine schriftliche Abrechnung zu übergeben.

[2] ■ Der Arbeitgeber darf Gegenforderungen mit der Lohnforderung nur soweit verrechnen, als diese pfändbar ist, jedoch dürfen Ersatzforderungen für absichtlich zugefügten Schaden unbeschränkt verrechnet werden.

[3] Abreden über die Verwendung des Lohnes im Interesse des Arbeitgebers sind nichtig.

> Abs. 3: BGE 130 III 19 (Verpflegung); 131 III 615.

Art. 324   III. Lohn bei Verhinderung an der Arbeitsleistung
1. bei Annahmeverzug des Arbeitgebers

[1] ◆ Kann die Arbeit infolge Verschuldens des Arbeitgebers nicht geleistet werden oder kommt er aus anderen Gründen mit der Annahme der Arbeitsleistung in Verzug, so bleibt er zur Entrichtung des Lohnes verpflichtet, ohne dass der Arbeitnehmer zur Nachleistung verpflichtet ist.

[2] ◆ Der Arbeitnehmer muss sich auf den Lohn anrechnen lassen, was er wegen Verhinderung an der Arbeitsleistung erspart oder durch anderweitige Arbeit erworben oder zu erwerben absichtlich unterlassen hat.

> BGE 114 II 274; 116 II 142; 125 III 65 (auf Abruf); 128 III 271.

Art. 324a 2. bei Verhinderung des Arbeitnehmers
a. Grundsatz

[1] ◆ Wird der Arbeitnehmer aus Gründen, die in seiner Person liegen, wie Krankheit, Unfall, Erfüllung gesetzlicher Pflichten oder Ausübung eines öffentlichen Amtes, ohne sein Verschulden an der Arbeitsleistung verhindert, so hat ihm der Arbeitgeber für eine beschränkte Zeit den darauf entfallenden Lohn zu entrichten, samt einer angemessenen Vergütung für ausfallenden Naturallohn, sofern das Arbeitsverhältnis mehr als drei Monate gedauert hat oder für mehr als drei Monate eingegangen ist.

[2] Sind durch Abrede, Normalarbeitsvertrag oder Gesamtarbeitsvertrag nicht längere Zeitabschnitte bestimmt, so hat der Arbeitgeber im ersten Dienstjahr den Lohn für drei Wochen und nachher für eine angemessene längere Zeit zu entrichten, je nach der Dauer des Arbeitsverhältnisses und den besonderen Umständen.

[3] ◆ Bei Schwangerschaft der Arbeitnehmerin hat der Arbeitgeber den Lohn im gleichen Umfang zu entrichten.[1]

[4] Durch schriftliche Abrede, Normalarbeitsvertrag oder Gesamtarbeitsvertrag kann eine von den vorstehenden Bestimmungen abweichende Regelung getroffen werden, wenn sie für den Arbeitnehmer mindestens gleichwertig ist.

Abs. 1: BGE 122 III 268 (Militärdienstverweigerung); 131 III 623.
Abs. 2: Die herrschende Gerichtspraxis sieht im 2. Dienstjahr noch Lohn für 1 Monat, im 3./4. Jahr für 2 Monate, im 5. bis 9. Jahr für 3 Monate, im 10.–14. Jahr für 4 Monate usw. vor (sog. Berner Skala).
Abs. 3: Vgl. BV 116.
Abs. 4: BGE 126 III 75.

Art. 324b b. Ausnahmen

[1] ◆ Ist der Arbeitnehmer auf Grund gesetzlicher Vorschrift gegen die wirtschaftlichen Folgen unverschuldeter Arbeitsverhinderung aus Gründen, die in seiner Person liegen, obligatorisch versichert, so hat der Arbeitgeber den Lohn nicht zu entrichten, wenn die für die beschränkte Zeit geschuldeten Versicherungsleistungen mindestens vier Fünftel des darauf entfallenden Lohnes decken.

[2] ◆ Sind die Versicherungsleistungen geringer, so hat der Arbeitgeber die Differenz zwischen diesen und vier Fünfteln des Lohnes zu entrichten.

[3] ◆ Werden die Versicherungsleistungen erst nach einer Wartezeit gewährt, so hat der Arbeitgeber für diese Zeit mindestens vier Fünftel des Lohnes zu entrichten.[2]

UVG 16.

---

1 Fassung gemäss Anhang Ziff. 1 des BG vom 3. Okt. 2003, in Kraft seit 1. Juli 2005 (AS 2005 1429 1437; BBl 2002 7522, 2003 1112 2923).
2 Eingefügt durch Anhang Ziff. 12 des Unfallversicherungsgesetzes, in Kraft seit 1. Jan. 1984 (SR 832.20, 832.201 Art. 1 Abs. 1).

Art. 325[1]   IV. Abtretung und Verpfändung von Lohnforderungen

[1] Zur Sicherung familienrechtlicher Unterhalts- und Unterstützungspflichten kann der Arbeitnehmer künftige Lohnforderungen so weit abtreten oder verpfänden, als sie pfändbar sind; auf Ansuchen eines Beteiligten setzt das Betreibungsamt am Wohnsitz des Arbeitnehmers den nach Artikel 93 des Schuldbetreibungs- und Konkursgesetzes vom 11. April 1889[2] unpfändbaren Betrag fest.

[2] ■ Die Abtretung und die Verpfändung künftiger Lohnforderungen zur Sicherung anderer Verbindlichkeiten sind nichtig.

     BGE 117 III 52.

Art. 326   V. Akkordlohnarbeit
                1. Zuweisung von Arbeit

[1] ◆ Hat der Arbeitnehmer vertragsgemäss ausschliesslich Akkordlohnarbeit nur für einen Arbeitgeber zu leisten, so hat dieser genügend Arbeit zuzuweisen.

[2] ■ Ist der Arbeitgeber ohne sein Verschulden ausserstande, vertragsgemässe Akkordlohnarbeit zuzuweisen oder verlangen die Verhältnisse des Betriebes vorübergehend die Leistung von Zeitlohnarbeit, so kann dem Arbeitnehmer solche zugewiesen werden.

[3] ◆ Ist der Zeitlohn nicht durch Abrede, Normalarbeitsvertrag oder Gesamtarbeitsvertrag bestimmt, so hat der Arbeitgeber dem Arbeitnehmer den vorher durchschnittlich verdienten Akkordlohn zu entrichten.

[4] ◆ Kann der Arbeitgeber weder genügend Akkordlohnarbeit noch Zeitlohnarbeit zuweisen, so bleibt er gleichwohl verpflichtet, nach den Vorschriften über den Annahmeverzug den Lohn zu entrichten, den er bei Zuweisung von Zeitlohnarbeit zu entrichten hätte.

Art. 326a   2. Akkordlohn

[1] ◆ Hat der Arbeitnehmer vertraglich Akkordlohnarbeit zu leisten, so hat ihm der Arbeitgeber den Akkordlohnansatz vor Beginn der einzelnen Arbeit bekanntzugeben.

[2] ◆ Unterlässt der Arbeitgeber diese Bekanntgabe, so hat er den Lohn nach dem für gleichartige oder ähnliche Arbeiten festgesetzten Ansatz zu entrichten.

Art. 327   VI. Arbeitsgeräte, Material und Auslagen
               1. Arbeitsgeräte und Material

[1] Ist nichts anderes verabredet oder üblich, so hat der Arbeitgeber den Arbeitnehmer mit den Geräten und dem Material auszurüsten, die dieser zur Arbeit benötigt.

---

1   Fassung gemäss Ziff. I des BG vom 14. Dez. 1990, in Kraft seit 1. Juli 1991 (AS 1991 974 975; BBl 1989 III 1233, 1990 I 120).
2   SR 281.1

2 Stellt im Einverständnis mit dem Arbeitgeber der Arbeitnehmer selbst Geräte oder Material für die Ausführung der Arbeit zur Verfügung, so ist er dafür angemessen zu entschädigen, sofern nichts anderes verabredet oder üblich ist.

Art. 327a 2. Auslagen
a. im Allgemeinen

1 ◆ Der Arbeitgeber hat dem Arbeitnehmer alle durch die Ausführung der Arbeit notwendig entstehenden Auslagen zu ersetzen, bei Arbeit an auswärtigen Arbeitsorten auch die für den Unterhalt erforderlichen Aufwendungen.

2 Durch schriftliche Abrede, Normalarbeitsvertrag oder Gesamtarbeitsvertrag kann als Auslagenersatz eine feste Entschädigung, wie namentlich ein Taggeld oder eine pauschale Wochen- oder Monatsvergütung festgesetzt werden, durch die jedoch alle notwendig entstehenden Auslagen gedeckt werden müssen.

3 Abreden, dass der Arbeitnehmer die notwendigen Auslagen ganz oder teilweise selbst zu tragen habe, sind nichtig.

Abs. 3: BGE 124 III 305 (Geschäftskreditkarte).

Art. 327b b. Motorfahrzeug

1 ◆ Benützt der Arbeitnehmer im Einverständnis mit dem Arbeitgeber für seine Arbeit ein von diesem oder ein von ihm selbst gestelltes Motorfahrzeug, so sind ihm die üblichen Aufwendungen für dessen Betrieb und Unterhalt nach Massgabe des Gebrauchs für die Arbeit zu vergüten.

2 Stellt der Arbeitnehmer im Einverständnis mit dem Arbeitgeber selbst ein Motorfahrzeug, so sind ihm überdies die öffentlichen Abgaben für das Fahrzeug, die Prämien für die Haftpflichtversicherung und eine angemessene Entschädigung für die Abnützung des Fahrzeugs nach Massgabe des Gebrauchs für die Arbeit zu vergüten.

3 ...[1]

Art. 327c c. Fälligkeit

1 Auf Grund der Abrechnung des Arbeitnehmers ist der Auslagenersatz jeweils zusammen mit dem Lohn auszurichten, sofern nicht eine kürzere Frist verabredet oder üblich ist.

2 ◆ Hat der Arbeitnehmer zur Erfüllung der vertraglichen Pflichten regelmässig Auslagen zu machen, so ist ihm ein angemessener Vorschuss in bestimmten Zeitabständen, mindestens aber jeden Monat auszurichten.

---

1 Aufgehoben durch Anhang Ziff. 12 des Unfallversicherungsgesetzes (SR 832.20).

Art. 328   VII. Schutz der Persönlichkeit des Arbeitnehmers
              1. im Allgemeinen

[1] ◆ Der Arbeitgeber hat im Arbeitsverhältnis die Persönlichkeit des Arbeitnehmers zu achten und zu schützen, auf dessen Gesundheit gebührend Rücksicht zu nehmen und für die Wahrung der Sittlichkeit zu sorgen. Er muss insbesondere dafür sorgen, dass Arbeitnehmerinnen und Arbeitnehmer nicht sexuell belästigt werden und dass den Opfern von sexuellen Belästigungen keine weiteren Nachteile entstehen.[1]

[2] ◆ Er hat zum Schutz von Leben, Gesundheit und persönlicher Integrität der Arbeitnehmerinnen und Arbeitnehmer die Massnahmen zu treffen, die nach der Erfahrung notwendig, nach dem Stand der Technik anwendbar und den Verhältnissen des Betriebes oder Haushaltes angemessen sind, soweit es mit Rücksicht auf das einzelne Arbeitsverhältnis und die Natur der Arbeitsleistung[2] ihm billigerweise zugemutet werden kann.[3]

UVG 82 ff. BG vom 19. März 1976 über die Sicherheit von technischen Einrichtungen und Geräten, SR 819.1. Vorschriften betr. Beleuchtung, Raumklima, Lärm, Rauchen am Arbeitsplatz siehe VO 3 zum ArG (SR 822.113) Art. 25 ff. Landwirtschaftsgesetz (SR 910.1) Art. 100. GlG, → Nr. 2. Art. 21 ff. des Gesetzes über genetische Untersuchungen beim Menschen, SR 810.12. BGE 127 III 351 (Drohungen); 132 III 115, 257.
Abs. 1: BGE 114 II 345.
Abs. 2: BGE 110 II 163, 112 II 138.

Art. 328a   2. bei Hausgemeinschaft

[1] ◆ Lebt der Arbeitnehmer in Hausgemeinschaft mit dem Arbeitgeber, so hat dieser für ausreichende Verpflegung und einwandfreie Unterkunft zu sorgen.

[2] ◆ Wird der Arbeitnehmer ohne sein Verschulden durch Krankheit oder Unfall an der Arbeitsleistung verhindert, so hat der Arbeitgeber Pflege und ärztliche Behandlung für eine beschränkte Zeit zu gewähren, im ersten Dienstjahr für drei Wochen und nachher für eine angemessene längere Zeit, je nach der Dauer des Arbeitsverhältnisses und den besonderen Umständen.

[3] ◆ Bei Schwangerschaft und Niederkunft der Arbeitnehmerin hat der Arbeitgeber die gleichen Leistungen zu gewähren.

---

1   Zweiter Satz eingefügt durch Anhang Ziff. 3 des Gleichstellungsgesetzes vom 24. März 1995, in Kraft seit 1. Juli 1996 (SR 151.1).
2   Berichtigt von der Redaktionskommission der BVers [Art. 33 GVG – AS 1974 1051].
3   Fassung gemäss Anhang Ziff. 3 des Gleichstellungsgesetzes vom 24. März 1995, in Kraft seit 1. Juli 1996 (SR 151.1).

Art. 328b[1] 3. Bei der Bearbeitung von Personendaten

◆ Der Arbeitgeber darf Daten über den Arbeitnehmer nur bearbeiten, soweit sie dessen Eignung für das Arbeitsverhältnis betreffen oder zur Durchführung des Arbeitsvertrages erforderlich sind. Im Übrigen gelten die Bestimmungen des Bundesgesetzes vom 19. Juni 1992[2] über den Datenschutz.

BGE 123 III 130; 130 II 425 (GPS).

Art. 329 VIII. Freizeit, Ferien, Urlaub für Jugendarbeit und Mutterschaftsurlaub
1. Freizeit[3]

[1] ◆ Der Arbeitgeber hat dem Arbeitnehmer jede Woche einen freien Tag zu gewähren, in der Regel den Sonntag oder, wo dies nach den Verhältnissen nicht möglich ist, einen vollen Werktag.

[2] ◆ Unter besonderen Umständen können dem Arbeitnehmer mit dessen Zustimmung ausnahmsweise mehrere freie Tage zusammenhängend oder statt eines freien Tages zwei freie Halbtage eingeräumt werden.

[3] ◆ Dem Arbeitnehmer sind im Übrigen die üblichen freien Stunden und Tage und nach erfolgter Kündigung die für das Aufsuchen einer anderen Arbeitsstelle erforderliche Zeit zu gewähren.

[4] Bei der Bestimmung der Freizeit ist auf die Interessen des Arbeitgebers wie des Arbeitnehmers angemessen Rücksicht zu nehmen.

VO über den Bundesfeiertag vom 30. Mai 1994, SR 116: 1. August = den Sonntagen gleichgestellter arbeitsfreier Tag (BG in Vorbereitung). BGE 128 III 271.

Art. 329a 2. Ferien
a. Dauer

[1] ◆ Der Arbeitgeber hat dem Arbeitnehmer jedes Dienstjahr wenigstens vier Wochen, dem Arbeitnehmer bis zum vollendeten 20. Altersjahr wenigstens fünf Wochen Ferien zu gewähren.[4]

[2] ...[5]

[3] ◆ Für ein unvollständiges Dienstjahr sind Ferien entsprechend der Dauer des Arbeitsverhältnisses im betreffenden Dienstjahr zu gewähren.

---

1   Eingefügt durch Anhang Ziff. 2 des BG vom 19. Juni 1992 über den Datenschutz, in Kraft seit 1. Juli 1993 (SR 235.1).
2   SR 235.1
3   Fassung gemäss Anhang Ziff. 1 des BG vom 3. Okt. 2003, in Kraft seit 1. Juli 2005 (AS 2005 1429 1437; BBl 2002 7522, 2003 2923, 2004 6641).
4   Fassung gemäss Ziff. I des BG vom 16. Dez. 1983, in Kraft seit 1. Juli 1984 (AS 1984 580 581; BBl 1982 III 201).
5   Aufgehoben durch Ziff. I des BG vom 16. Dez. 1983 (AS 1984 580; BBl 1982 III 201).

Art. 329b   b. Kürzung

[1] Ist der Arbeitnehmer durch sein Verschulden während eines Dienstjahres insgesamt um mehr als einen Monat an der Arbeitsleistung verhindert, so kann der Arbeitgeber die Ferien für jeden vollen Monat der Verhinderung um einen Zwölftel kürzen.[1]

[2] ◆ Beträgt die Verhinderung insgesamt nicht mehr als einen Monat im Dienstjahr und ist sie durch Gründe, die in der Person des Arbeitnehmers liegen, wie Krankheit, Unfall, Erfüllung gesetzlicher Pflichten, Ausübung eines öffentlichen Amtes oder Jugendurlaub, ohne Verschulden des Arbeitnehmers verursacht, so dürfen die Ferien vom Arbeitgeber nicht gekürzt werden.[2]

[3] ◆ Die Ferien dürfen vom Arbeitgeber auch nicht gekürzt werden, wenn eine Arbeitnehmerin wegen Schwangerschaft bis zu zwei Monaten an der Arbeitsleistung verhindert ist oder weil sie die Mutterschaftsentschädigung im Sinne des Erwerbsersatzgesetzes vom 25. September 1952[3] (EOG) bezogen hat.[4]

[4] Durch Normalarbeitsvertrag oder Gesamtarbeitsvertrag kann eine von den Absätzen 2 und 3 abweichende Regelung getroffen werden, wenn sie für den Arbeitnehmer im Ganzen mindestens gleichwertig ist.[5]

Art. 329c   c. Zusammenhang und Zeitpunkt

[1] ◆ Die Ferien sind in der Regel im Verlauf des betreffenden Dienstjahres zu gewähren; wenigstens zwei Ferienwochen müssen zusammenhängen.[6]

[2] ◆ Der Arbeitgeber bestimmt den Zeitpunkt der Ferien und nimmt dabei auf die Wünsche des Arbeitnehmers soweit Rücksicht, als dies mit den Interessen des Betriebes oder Haushaltes vereinbar ist.

> Abgeltung: BGE 101 II 283. Verwirkung: 130 III 19.

Art. 329d   d. Lohn

[1] ◆ Der Arbeitgeber hat dem Arbeitnehmer für die Ferien den gesamten darauf entfallenden Lohn und eine angemessene Entschädigung für ausfallenden Naturallohn zu entrichten.

[2] ■ Die Ferien dürfen während der Dauer des Arbeitsverhältnisses nicht durch Geldleistungen oder andere Vergünstigungen abgegolten werden.

---

1   Fassung gemäss Art. 117 des Arbeitslosenversicherungsgesetzes, in Kraft seit 1. Jan. 1984 (SR 837.0, 837.01).
2   Fassung gemäss Art. 13 des JFG vom 6. Okt. 1989, in Kraft seit 1. Jan. 1991 (SR 446.1).
3   SR 834.1
4   Fassung gemäss Anhang Ziff. 1 des BG vom 3. Okt. 2003, in Kraft seit 1. Juli 2005 (AS 2005 1429 1437; BBl 2002 7522, 2003 1112 2923).
5   Eingefügt durch Ziff. I des BG vom 16. Dez. 1983, in Kraft seit 1. Juli 1984 (AS 1984 580 581; BBl 1982 III 201).
6   Fassung gemäss Ziff. I des BG vom 16. Dez. 1983, in Kraft seit 1. Juli 1984 (AS 1984 580 581; BBl 1982 III 201).

3 ■ Leistet der Arbeitnehmer während der Ferien entgeltliche Arbeit für einen Dritten und werden dadurch die berechtigten Interessen des Arbeitgebers verletzt, so kann dieser den Ferienlohn verweigern und bereits bezahlten Ferienlohn zurückverlangen.

> Abs. 1 und 2: BGE 116 II 515; 129 III 493, 664; 132 III 172.

Art. 329e[1] 3. Urlaub für ausserschulische Jugendarbeit

1 ◆ Der Arbeitgeber hat dem Arbeitnehmer bis zum vollendeten 30. Altersjahr für unentgeltliche leitende, betreuende oder beratende Tätigkeit im Rahmen ausserschulischer Jugendarbeit in einer kulturellen oder sozialen Organisation sowie für die dazu notwendige Aus- und Weiterbildung jedes Dienstjahr Jugendurlaub bis zu insgesamt einer Arbeitswoche zu gewähren.

2 Der Arbeitnehmer hat während des Jugendurlaubs keinen Lohnanspruch. Durch Abrede, Normalarbeitsvertrag oder Gesamtarbeitsvertrag kann zugunsten des Arbeitnehmers eine andere Regelung getroffen werden.

3 ◆ Über den Zeitpunkt und die Dauer des Jugendurlaubs einigen sich Arbeitgeber und Arbeitnehmer; sie berücksichtigen dabei ihre beidseitigen Interessen. Kommt eine Einigung nicht zustande, dann muss der Jugendurlaub gewährt werden, wenn der Arbeitnehmer dem Arbeitgeber die Geltendmachung seines Anspruches zwei Monate im Voraus angezeigt hat. Nicht bezogene Jugendurlaubstage verfallen am Ende des Kalenderjahres.

4 Der Arbeitnehmer hat auf Verlangen des Arbeitgebers seine Tätigkeiten und Funktionen in der Jugendarbeit nachzuweisen.

Art. 329f[2] 4. Mutterschaftsurlaub

◆ Nach der Niederkunft hat die Arbeitnehmerin Anspruch auf einen Mutterschaftsurlaub von mindestens 14 Wochen.

> Bundesgesetz über den Erwerbsersatz für Dienstleistende und bei Mutterschaft vom 25. September 1952, SR 834.1.

Art. 330 IX. Übrige Pflichten
1. Kaution

1 ◆ Übergibt der Arbeitnehmer zur Sicherung seiner Verpflichtungen aus dem Arbeitsverhältnis dem Arbeitgeber eine Kaution, so hat sie dieser von seinem Vermögen getrennt zu halten und ihm dafür Sicherheit zu leisten.

---

1 Eingefügt durch Art. 13 des JFG vom 6. Okt. 1989, in Kraft seit 1. Jan. 1991 (SR 446.1).
2 Eingefügt durch Anhang Ziff. 1 des BG vom 3. Okt. 2003, in Kraft seit 1. Juli 2005 (AS 2005 1429 1437; BBl 2002 7522, 2003 1112 2923).

2 Der Arbeitgeber hat die Kaution spätestens bei Beendigung des Arbeitsverhältnisses zurückzugeben, sofern nicht durch schriftliche Abrede der Zeitpunkt der Rückgabe hinausgeschoben ist.

3 ◆ Macht der Arbeitgeber Forderungen aus dem Arbeitsverhältnis geltend und sind diese streitig, so kann er die Kaution bis zum Entscheid darüber insoweit zurückbehalten, muss aber auf Verlangen des Arbeitnehmers den zurückbehaltenen Betrag gerichtlich hinterlegen.

4 ◆ Im Konkurs des Arbeitgebers kann der Arbeitnehmer die Rückgabe der von dem Vermögen des Arbeitgebers getrennt gehaltenen Kaution verlangen, unter Vorbehalt der Forderungen des Arbeitgebers aus dem Arbeitsverhältnis.

Art. 330a   2. Zeugnis

1 ◆ Der Arbeitnehmer kann jederzeit vom Arbeitgeber ein Zeugnis verlangen, das sich über die Art und Dauer des Arbeitsverhältnisses sowie über seine Leistungen und sein Verhalten ausspricht.

2 ◆ Auf besonderes Verlangen des Arbeitnehmers hat sich das Zeugnis auf Angaben über die Art und Dauer des Arbeitsverhältnisses zu beschränken.

BGE 129 III 177.

Art. 330b[1]   3. Informationspflicht

1 Wurde das Arbeitsverhältnis auf unbestimmte Zeit oder für mehr als einen Monat eingegangen, so muss der Arbeitgeber spätestens einen Monat nach Beginn des Arbeitsverhältnisses den Arbeitnehmer schriftlich informieren über:

a.   die Namen der Vertragsparteien;

b.   das Datum des Beginns des Arbeitsverhältnisses;

c.   die Funktion des Arbeitnehmers;

d.   den Lohn und allfällige Lohnzuschläge;

e.   die wöchentliche Arbeitszeit.

2 Werden Vertragselemente, die nach Absatz 1 mitteilungspflichtig sind, während des Arbeitsverhältnisses geändert, so sind die Änderungen dem Arbeitnehmer spätestens einen Monat nachdem sie wirksam geworden sind, schriftlich mitzuteilen.

---

1   Eingefügt durch Art. 2 Ziff. 2 des BB vom 17. Dez. 2004 über die Genehmigung und Umsetzung des Protokolls über die Ausdehnung des Freizügigkeitsabkommens auf die neuen EG-Mitgliedstaaten zwischen der Schweizerischen Eidgenossenschaft einerseits und der Europäischen Gemeinschaft und ihren Mitgliedstaaten andererseits sowie über die Genehmigung der Revision der flankierenden Massnahmen zur Personenfreizügigkeit, in Kraft seit 1. April 2006 (AS 2006 979 994; BBl 2004 5891 6565).

Art. 331 D. Personalvorsorge
I. Pflichten des Arbeitgebers[1]

[1] ■ Macht der Arbeitgeber Zuwendungen für die Personalvorsorge[2] oder leisten die Arbeitnehmer Beiträge daran, so hat der Arbeitgeber diese Zuwendungen und Beiträge auf eine Stiftung, eine Genossenschaft oder eine Einrichtung des öffentlichen Rechtes zu übertragen.

[2] ■ Werden die Zuwendungen des Arbeitgebers und allfällige Beiträge des Arbeitnehmers zu dessen Gunsten für eine Kranken-, Unfall-, Lebens-, Invaliden- oder Todesfallversicherung bei einer der Versicherungsaufsicht unterstellten Unternehmung oder bei einer anerkannten Krankenkasse verwendet, so hat der Arbeitgeber die Übertragung gemäss vorstehendem Absatz nicht vorzunehmen, wenn dem Arbeitnehmer mit dem Eintritt des Versicherungsfalles ein selbständiges Forderungsrecht gegen den Versicherungsträger zusteht.

[3] ◆ Hat der Arbeitnehmer Beiträge an eine Vorsorgeeinrichtung zu leisten, so ist der Arbeitgeber verpflichtet, zur gleichen Zeit mindestens gleich hohe Beiträge wie die gesamten Beiträge aller Arbeitnehmer zu entrichten; er erbringt seine Beiträge aus eigenen Mitteln oder aus Beitragsreserven der Vorsorgeeinrichtung, die von ihm vorgängig hierfür geäufnet worden und gesondert ausgewiesen sind. Der Arbeitgeber muss den vom Lohn des Arbeitnehmers abgezogenen Beitragsanteil zusammen mit seinem Beitragsanteil spätestens am Ende des ersten Monats nach dem Kalender- oder Versicherungsjahr, für das die Beiträge geschuldet sind, an die Vorsorgeeinrichtung überweisen.[3]

[4] ◆ Der Arbeitgeber hat dem Arbeitnehmer über die ihm gegen eine Vorsorgeeinrichtung[4] oder einen Versicherungsträger zustehenden Forderungsrechte den erforderlichen Aufschluss zu erteilen.

[5] Auf Verlangen der Zentralstelle 2. Säule ist der Arbeitgeber verpflichtet, ihr die Angaben zu liefern, die ihm vorliegen und die geeignet sind, die Berechtigten vergessener Guthaben oder die Einrichtungen, welche solche Guthaben führen, zu finden.[5]

ZGB 89bis
Abs. 1: BGE 106 II 47; 112 II 245.
Abs. 3: BGE 101 I b 231.
Abs. 5: Vgl. das FZG, SR 831.42 (durch das dieser Abs. 5 eingefügt wurde).

1   Fassung gemäss Anhang Ziff. 2 des Freizügigkeitsgesetzes vom 17. Dez. 1993, in Kraft seit 1. Jan. 1995 (SR 831.42).
2   Ausdruck gemäss Anhang Ziff. 2 des Freizügigkeitsgesetzes vom 17. Dez. 1993, in Kraft seit 1. Jan. 1995 (SR 831.42).
3   Fassung gemäss Anhang Ziff. 2 des BG vom 3. Okt. 2003 (1. BVG-Revision), in Kraft seit 1. Jan. 2005 (AS 2004 1677 1700; BBl 2000 2637).
4   Ausdruck gemäss Anhang Ziff. 2 des Freizügigkeitsgesetzes vom 17. Dez. 1993, in Kraft seit 1. Jan. 1995 (SR 831.42).
5   Eingefügt durch Ziff. II 2 des BG vom 18. Dez. 1998, in Kraft seit 1. Mai 1999 (AS 1999 1384 1387; BBl 1998 5569).

Art. 331a[1] II. Beginn und Ende des Vorsorgeschutzes

[1] ◆ Der Vorsorgeschutz beginnt mit dem Tag, an dem das Arbeitsverhältnis anfängt, und endet an dem Tag, an welchem der Arbeitnehmer die Vorsorgeeinrichtung verlässt.

[2] ◆ Der Arbeitnehmer geniesst jedoch einen Vorsorgeschutz gegen Tod und Invalidität, bis er in ein neues Vorsorgeverhältnis eingetreten ist, längstens aber während eines Monats.

[3] ◆ Für den nach Beendigung des Vorsorgeverhältnisses gewährten Vorsorgeschutz kann die Vorsorgeeinrichtung vom Arbeitnehmer Risikobeiträge verlangen.

Art. 331b[2] III. Abtretung und Verpfändung

■ Die Forderung auf künftige Vorsorgeleistungen kann vor der Fälligkeit gültig weder abgetreten noch verpfändet werden.

Art. 331c[3] IV. Gesundheitliche Vorbehalte

Vorsorgeeinrichtungen dürfen für die Risiken Tod und Invalidität einen Vorbehalt aus gesundheitlichen Gründen machen. Dieser darf höchstens fünf Jahre betragen.

Art. 331d[4] V. Wohneigentumsförderung
                   1. Verpfändung

[1] Der Arbeitnehmer kann bis drei Jahre vor Entstehung des Anspruchs auf Altersleistungen seinen Anspruch auf Vorsorgeleistungen oder einen Betrag bis zur Höhe seiner Freizügigkeitsleistung für Wohneigentum zum eigenen Bedarf verpfänden.

[2] Die Verpfändung ist auch zulässig für den Erwerb von Anteilscheinen einer Wohnbaugenossenschaft oder ähnlicher Beteiligungen, wenn der Arbeitnehmer eine dadurch mitfinanzierte Wohnung selbst benutzt.

[3] Die Verpfändung bedarf zu ihrer Gültigkeit der schriftlichen Anzeige an die Vorsorgeeinrichtung.

[4] Arbeitnehmer, die das 50. Altersjahr überschritten haben, dürfen höchstens die Freizügigkeitsleistung, auf die sie im 50. Altersjahr Anspruch gehabt hätten, oder die Hälfte der Freizügigkeitsleistung im Zeitpunkt der Verpfändung als Pfand einsetzen.

[5] Ist der Arbeitnehmer verheiratet, so ist die Verpfändung nur zulässig, wenn sein Ehegatte schriftlich zustimmt. Kann er die Zustimmung nicht einholen oder wird sie

---

1 Fassung gemäss Anhang Ziff. 2 des Freizügigkeitsgesetzes vom 17. Dez. 1993, in Kraft seit 1. Jan. 1995 (SR 831.42).

2 Fassung gemäss Anhang Ziff. 2 des Freizügigkeitsgesetzes vom 17. Dez. 1993, in Kraft seit 1. Jan. 1995 (SR 831.42).

3 Fassung gemäss Anhang Ziff. 2 des Freizügigkeitsgesetzes vom 17. Dez. 1993, in Kraft seit 1. Jan. 1995 (SR 831.42).

4 Eingefügt durch Ziff. II des BG vom 17. Dez. 1993 über die Wohneigentumsförderung mit Mitteln der beruflichen Vorsorge, in Kraft seit 1. Jan. 1995 (AS 1994 2372 2378; BBl 1992 VI 237).

ihm verweigert, so kann er das Gericht anrufen. Die gleiche Regelung gilt bei eingetragenen Partnerschaften.[1]

[6] Wird das Pfand vor dem Vorsorgefall oder vor der Barauszahlung verwertet, so finden die Artikel 30*d*–30*f* und 83*a* des Bundesgesetzes vom 25. Juni 1982[2] über die berufliche Alters-, Hinterlassenen- und Invalidenvorsorge Anwendung.

[7] Der Bundesrat bestimmt:

a.   die zulässigen Verpfändungszwecke und den Begriff «Wohneigentum zum eigenen Bedarf»;

b.   welche Voraussetzungen bei der Verpfändung von Anteilscheinen einer Wohnbaugenossenschaft oder ähnlicher Beteiligungen zu erfüllen sind.

Abs. 6: BVG, SR 831.40.

Art. 331e[3]   2. Vorbezug

[1] Der Arbeitnehmer kann bis drei Jahre vor Entstehung des Anspruchs auf Altersleistungen von seiner Vorsorgeeinrichtung einen Betrag für Wohneigentum zum eigenen Bedarf geltend machen.

[2] Arbeitnehmer dürfen bis zum 50. Altersjahr einen Betrag bis zur Höhe der Freizügigkeitsleistung beziehen. Versicherte, die das 50. Altersjahr überschritten haben, dürfen höchstens die Freizügigkeitsleistung, auf die sie im 50. Altersjahr Anspruch gehabt hätten, oder die Hälfte der Freizügigkeitsleistung im Zeitpunkt des Bezuges in Anspruch nehmen.

[3] Der Arbeitnehmer kann diesen Betrag auch für den Erwerb von Anteilscheinen einer Wohnbaugenossenschaft oder ähnlicher Beteiligungen verwenden, wenn er eine dadurch mitfinanzierte Wohnung selbst benutzt.

[4] Mit dem Bezug wird gleichzeitig der Anspruch auf Vorsorgeleistungen entsprechend den jeweiligen Vorsorgereglementen und den technischen Grundlagen der Vorsorgeeinrichtung gekürzt. Um eine Einbusse des Vorsorgeschutzes durch eine Leistungskürzung bei Tod oder Invalidität zu vermeiden, bietet die Vorsorgeeinrichtung eine Zusatzversicherung an oder vermittelt eine solche.

[5] Ist der Arbeitnehmer verheiratet, so ist der Bezug nur zulässig, wenn sein Ehegatte schriftlich zustimmt. Kann er die Zustimmung nicht einholen oder wird sie ihm verweigert, so kann er das Gericht anrufen. Die gleiche Regelung gilt bei eingetragenen Partnerschaften.[4]

---

1   Fassung gemäss Anhang Ziff. 11 des Partnerschaftsgesetzes vom 18. Juni 2004, in Kraft seit 1. Jan. 2007 (SR 211.231).

2   SR 831.40

3   Eingefügt durch Ziff. II des BG vom 17. Dez. 1993 über die Wohneigentumsförderung mit Mitteln der beruflichen Vorsorge, in Kraft seit 1. Jan. 1995 (AS 1994 2372 2378; BBl 1992 VI 237).

4   Fassung gemäss Anhang Ziff. 11 des Partnerschaftsgesetzes vom 18. Juni 2004, in Kraft seit 1. Jan. 2007 (SR 211.231).

[6] Werden Ehegatten vor Eintritt eines Vorsorgefalls geschieden, so gilt der Vorbezug als Freizügigkeitsleistung und wird nach den Artikeln 122, 123 und 141 des Zivilgesetzbuches[1] sowie Artikel 22 des Freizügigkeitsgesetzes vom 17. Dezember 1993[2] geteilt. Die gleiche Regelung gilt bei gerichtlicher Auflösung einer eingetragenen Partnerschaft.[3]

[7] Wird durch den Vorbezug oder die Verpfändung die Liquidität der Vorsorgeeinrichtung in Frage gestellt, so kann diese die Erledigung der entsprechenden Gesuche aufschieben. Sie legt in ihrem Reglement eine Prioritätenordnung für das Aufschieben dieser Vorbezüge beziehungsweise Verpfändungen fest. Der Bundesrat regelt die Einzelheiten.

[8] Im Übrigen gelten die Artikel 30*d*–30*f* und 83*a* des Bundesgesetzes vom 25. Juni 1982[4] über die berufliche Alters-, Hinterlassenen- und Invalidenvorsorge.

Abs. 6: FZG, SR 831.42.
Abs. 8: BVG, SR 831.40.

Art. 331f[5]   3. Einschränkungen während einer Unterdeckung der Vorsorgeeinrichtung

[1] Die Vorsorgeeinrichtung kann in ihrem Reglement vorsehen, dass während der Dauer einer Unterdeckung die Verpfändung, der Vorbezug und die Rückzahlung zeitlich und betragsmässig eingeschränkt oder ganz verweigert werden können.

[2] Der Bundesrat legt die Voraussetzungen fest, unter denen die Einschränkungen nach Absatz 1 zulässig sind, und bestimmt deren Umfang.

Art. 332[6]   E. Rechte an Erfindungen und Designs

[1] Erfindungen und Designs, die der Arbeitnehmer bei Ausübung seiner dienstlichen Tätigkeit und in Erfüllung seiner vertraglichen Pflichten macht oder an deren Hervorbringung er mitwirkt, gehören unabhängig von ihrer Schutzfähigkeit dem Arbeitgeber.

[2] Durch schriftliche Abrede kann sich der Arbeitgeber den Erwerb von Erfindungen und Designs ausbedingen, die vom Arbeitnehmer bei Ausübung seiner dienstlichen Tätigkeit, aber nicht in Erfüllung seiner vertraglichen Pflichten gemacht werden.

[3] Der Arbeitnehmer, der eine Erfindung oder ein Design gemäss Absatz 2 macht, hat davon dem Arbeitgeber schriftlich Kenntnis zu geben; dieser hat ihm innert sechs Monaten schriftlich mitzuteilen, ob er die Erfindung beziehungsweise das Design erwerben will oder sie dem Arbeitnehmer freigibt.

1   SR 210
2   SR 831.42
3   Fassung gemäss Anhang Ziff. 11 des Partnerschaftsgesetzes vom 18. Juni 2004, in Kraft seit 1. Jan. 2007 (SR 211.231).
4   SR 831.40
5   Eingefügt durch Anhang Ziff. 2 des BG vom 18. Juni 2004, in Kraft seit 1. Jan. 2005 (AS 2004 4635 4638; BBl 2003 6399).
6   Fassung gemäss Anhang Ziff. II 1 des Designgesetzes vom 5. Okt. 2001, in Kraft seit 1. Juli 2002 (SR 232.12).

4 ◆ Wird die Erfindung oder das Design dem Arbeitnehmer nicht freigegeben, so hat ihm der Arbeitgeber eine besondere angemessene Vergütung auszurichten; bei deren Festsetzung sind alle Umstände zu berücksichtigen, wie namentlich der wirtschaftliche Wert der Erfindung beziehungsweise des Designs, die Mitwirkung des Arbeitgebers, die Inanspruchnahme seiner Hilfspersonen und Betriebseinrichtungen, sowie die Aufwendungen des Arbeitnehmers und seine Stellung im Betrieb.

Art. 332a[1]

Aufgehoben

Art. 333 F. Übergang des Arbeitsverhältnisses
1. Wirkungen[2]

1 Überträgt der Arbeitgeber den Betrieb oder einen Betriebsteil auf einen Dritten, so geht das Arbeitsverhältnis mit allen Rechten und Pflichten mit dem Tage der Betriebsnachfolge auf den Erwerber über, sofern der Arbeitnehmer den Übergang nicht ablehnt.[3]

1bis Ist auf das übertragene Arbeitsverhältnis ein Gesamtarbeitsvertrag anwendbar, so muss der Erwerber diesen während eines Jahres einhalten, sofern er nicht vorher abläuft oder infolge Kündigung endet.[4]

2 Bei Ablehnung des Überganges wird das Arbeitsverhältnis auf den Ablauf der gesetzlichen Kündigungsfrist aufgelöst; der Erwerber des Betriebes und der Arbeitnehmer sind bis dahin zur Erfüllung des Vertrages verpflichtet.

3 ◆ Der bisherige Arbeitgeber und der Erwerber des Betriebes haften solidarisch für die Forderungen des Arbeitnehmers, die vor dem Übergang fällig geworden sind und die nachher bis zum Zeitpunkt fällig werden, auf den das Arbeitsverhältnis ordentlicherweise beendigt werden könnte oder bei Ablehnung des Überganges durch den Arbeitnehmer beendigt wird.

4 Im übrigen ist der Arbeitgeber nicht berechtigt, die Rechte aus dem Arbeitsverhältnis auf einen Dritten zu übertragen, sofern nichts anderes verabredet ist oder sich aus den Umständen ergibt.

> BGE 123 III 466; 129 III 335; 132 III 32 (Sozialplan). Vgl. Arbeitslosenversicherungsgesetz, SR 837.0. Vgl. Mitwirkungsgesetz Art. 10, → Nr. 20. Vgl. ferner die zusätzlichen Schutzbestimmungen für Arbeitnehmer im FusG, → Nr. 12.

---

1   Aufgehoben durch Anhang Ziff. II 1 des Designgesetzes vom 5. Okt. 2001 (SR 232.12).
2   Fassung gemäss Ziff. I des BG vom 17. Dez. 1993, in Kraft seit 1. Mai 1994 (AS 1994 804 807; BBI 1993 I 805).
3   Fassung gemäss Ziff. I des BG vom 17. Dez. 1993, in Kraft seit 1. Mai 1994 (AS 1994 804 807; BBI 1993 I 805).
4   Eingefügt durch Ziff. I des BG vom 17. Dez. 1993, in Kraft seit 1. Mai 1994 (AS 1994 804 807; BBI 1993 I 805).

Art. 333a[1]   2. Konsultation der Arbeitnehmervertretung

[1] Überträgt ein Arbeitgeber den Betrieb oder einen Betriebsteil auf einen Dritten, so hat er die Arbeitnehmervertretung oder, falls es keine solche gibt, die Arbeitnehmer rechtzeitig vor dem Vollzug des Übergangs zu informieren über:

a.   den Grund des Übergangs;

b.   die rechtlichen, wirtschaftlichen und sozialen Folgen des Übergangs für die Arbeitnehmer.

[2] Sind infolge des Übergangs Massnahmen beabsichtigt, welche die Arbeitnehmer betreffen, so ist die Arbeitnehmervertretung oder, falls es keine solche gibt, sind die Arbeitnehmer rechtzeitig vor dem Entscheid über diese Massnahmen zu konsultieren.

Vgl. Mitwirkungsgesetz Art. 10, → Nr. 20.

Art. 334[2]   G. Beendigung des Arbeitsverhältnisses
            I. Befristetes Arbeitsverhältnis

[1] Ein befristetes Arbeitsverhältnis endigt ohne Kündigung.

[2] Wird ein befristetes Arbeitsverhältnis nach Ablauf der vereinbarten Dauer stillschweigend fortgesetzt, so gilt es als unbefristetes Arbeitsverhältnis.

[3] ■ Nach Ablauf von zehn Jahren kann jede Vertragspartei ein auf längere Dauer abgeschlossenes befristetes Arbeitsverhältnis jederzeit mit einer Kündigungsfrist von sechs Monaten auf das Ende eines Monats kündigen.

Art. 335[3]   II. Unbefristetes Arbeitsverhältnis
            1. Kündigung im Allgemeinen

[1] ■ Ein unbefristetes Arbeitsverhältnis kann von jeder Vertragspartei gekündigt werden.

[2] ■ Der Kündigende muss die Kündigung schriftlich begründen, wenn die andere Partei dies verlangt.

Abs. 2: BGE 121 III 60.

---

1   Eingefügt durch Ziff. I des BG vom 17. Dez. 1993, in Kraft seit 1. Mai 1994 (AS 1994 804 807; BBl 1993 I 805).
2   Fassung gemäss Ziff. I des BG vom 18. März 1988, in Kraft seit 1. Jan. 1989 (AS 1988 1472 1479; BBl 1984 II 551).
3   Fassung gemäss Ziff. I des BG vom 18. März 1988, in Kraft seit 1. Jan. 1989 (AS 1988 1472 1479; BBl 1984 II 551).

Art. 335a[1] 2. Kündigungsfristen
a. im Allgemeinen

[1] Für Arbeitgeber und Arbeitnehmer dürfen keine verschiedenen Kündigungsfristen festgesetzt werden; bei widersprechender Abrede gilt für beide die längere Frist.

[2] Hat der Arbeitgeber das Arbeitsverhältnis aus wirtschaftlichen Gründen gekündigt oder eine entsprechende Absicht kundgetan, so dürfen jedoch durch Abrede, Normalarbeitsvertrag oder Gesamtarbeitsvertrag für den Arbeitnehmer kürzere Kündigungsfristen vereinbart werden.

Abs. 1: BGE 116 II 145.

Art. 335b[2] b. während der Probezeit

[1] Das Arbeitsverhältnis kann während der Probezeit jederzeit mit einer Kündigungsfrist von sieben Tagen gekündigt werden; als Probezeit gilt der erste Monat eines Arbeitsverhältnisses.

[2] Durch schriftliche Abrede, Normalarbeitsvertrag oder Gesamtarbeitsvertrag können abweichende Vereinbarungen getroffen werden; die Probezeit darf jedoch auf höchstens drei Monate verlängert werden.

[3] Bei einer effektiven Verkürzung der Probezeit infolge Krankheit, Unfall oder Erfüllung einer nicht freiwillig übernommenen gesetzlichen Pflicht erfolgt eine entsprechende Verlängerung der Probezeit.

BGE 129 III 124; 131 III 467.

Art. 335c[3] c. nach Ablauf der Probezeit

[1] Das Arbeitsverhältnis kann im ersten Dienstjahr mit einer Kündigungsfrist von einem Monat, im zweiten bis und mit dem neunten Dienstjahr mit einer Frist von zwei Monaten und nachher mit einer Frist von drei Monaten je auf das Ende eines Monats gekündigt werden.

[2] Diese Fristen dürfen durch schriftliche Abrede, Normalarbeitsvertrag oder Gesamtarbeitsvertrag abgeändert werden; unter einen Monat dürfen sie jedoch nur durch Gesamtarbeitsvertrag und nur für das erste Dienstjahr herabgesetzt werden.

BGE 125 III 65 (Arbeit auf Abruf).

---

1 Eingefügt durch Ziff. I des BG vom 18. März 1988, in Kraft seit 1. Jan. 1989 (AS 1988 1472 1479; BBl 1984 II 551).

2 Eingefügt durch Ziff. I des BG vom 18. März 1988, in Kraft seit 1. Jan. 1989 (AS 1988 1472 1479; BBl 1984 II 551).

3 Eingefügt durch Ziff. I des BG vom 18. März 1988, in Kraft seit 1. Jan. 1989 (AS 1988 1472 1479; BBl 1984 II 551).

Art. 335d[1]   II_bis_. Massenentlassung
            1. Begriff

Als Massenentlassung gelten Kündigungen, die der Arbeitgeber innert 30 Tagen in einem Betrieb aus Gründen ausspricht, die in keinem Zusammenhang mit der Person des Arbeitnehmers stehen, und von denen betroffen werden:

1.   mindestens 10 Arbeitnehmer in Betrieben, die in der Regel mehr als 20 und weniger als 100 Arbeitnehmer beschäftigen;

2.   mindestens 10 Prozent der Arbeitnehmer in Betrieben, die in der Regel mindestens 100 und weniger als 300 Arbeitnehmer beschäftigen;

3.   mindestens 30 Arbeitnehmer in Betrieben, die in der Regel mindestens 300 Arbeitnehmer beschäftigen.

BGE 123 III 176. Vgl. Mitwirkungsgesetz Art. 10, → Nr. 20.

Art. 335e[2]   2. Geltungsbereich

[1] Die Bestimmungen über die Massenentlassung gelten auch für befristete Arbeitsverhältnisse, wenn diese vor Ablauf der vereinbarten Dauer enden.

[2] Sie gelten nicht für Betriebseinstellungen infolge gerichtlicher Entscheidungen.

Abs. 2: BGE 130 III 102.

Art. 335f[3]   3. Konsultation der Arbeitnehmervertretung

[1] Beabsichtigt der Arbeitgeber, eine Massenentlassung vorzunehmen, so hat er die Arbeitnehmervertretung oder, falls es keine solche gibt, die Arbeitnehmer zu konsultieren.

[2] Er gibt ihnen zumindest die Möglichkeit, Vorschläge zu unterbreiten, wie die Kündigungen vermieden oder deren Zahl beschränkt sowie ihre Folgen gemildert werden können.

[3] Er muss der Arbeitnehmervertretung oder, falls es keine solche gibt, den Arbeitnehmern alle zweckdienlichen Auskünfte erteilen und ihnen auf jeden Fall schriftlich mitteilen:

a.   die Gründe der Massenentlassung;

b.   die Zahl der Arbeitnehmer, denen gekündigt werden soll;

c.   die Zahl der in der Regel beschäftigten Arbeitnehmer;

d.   den Zeitraum, in dem die Kündigungen ausgesprochen werden sollen.

[4] Er stellt dem kantonalen Arbeitsamt eine Kopie der Mitteilung nach Absatz 3 zu.

1   Eingefügt durch Ziff. I des BG vom 17. Dez. 1993, in Kraft seit 1. Mai 1994 (AS 1994 804 807; BBl 1993 I 805).
2   Eingefügt durch Ziff. I des BG vom 17. Dez. 1993, in Kraft seit 1. Mai 1994 (AS 1994 804 807; BBl 1993 I 805).
3   Eingefügt durch Ziff. I des BG vom 17. Dez. 1993, in Kraft seit 1. Mai 1994 (AS 1994 804 807; BBl 1993 I 805).

BGE 123 III 176.

Art. 335g[1]   4. Verfahren

[1] Der Arbeitgeber hat dem kantonalen Arbeitsamt jede beabsichtigte Massenentlassung schriftlich anzuzeigen und der Arbeitnehmervertretung oder, falls es keine solche gibt, den Arbeitnehmern eine Kopie dieser Anzeige zuzustellen.

[2] Die Anzeige muss die Ergebnisse der Konsultation der Arbeitnehmervertretung (Art. 335*f*) und alle zweckdienlichen Angaben über die beabsichtigte Massenentlassung enthalten.

[3] Das kantonale Arbeitsamt sucht nach Lösungen für die Probleme, welche die beabsichtigte Massenentlassung aufwirft. Die Arbeitnehmervertretung oder, falls es keine solche gibt, die Arbeitnehmer können ihm ihre Bemerkungen einreichen.

[4] Ist das Arbeitsverhältnis im Rahmen einer Massenentlassung gekündigt worden, so endet es 30 Tage nach der Anzeige der beabsichtigten Massenentlassung an das kantonale Arbeitsamt, ausser wenn die Kündigung nach den vertraglichen oder gesetzlichen Bestimmungen auf einen späteren Termin wirksam wird.

BGE 132 III 406.

Art. 336[2]   III. Kündigungsschutz
1. Missbräuchliche Kündigung
a. Grundsatz

[1] ■ Die Kündigung eines Arbeitsverhältnisses ist missbräuchlich, wenn eine Partei sie ausspricht:

a.   wegen einer Eigenschaft, die der anderen Partei kraft ihrer Persönlichkeit zusteht, es sei denn, diese Eigenschaft stehe in einem Zusammenhang mit dem Arbeitsverhältnis oder beeinträchtige wesentlich die Zusammenarbeit im Betrieb;

b.   weil die andere Partei ein verfassungsmässiges Recht ausübt, es sei denn, die Rechtsausübung verletze eine Pflicht aus dem Arbeitsverhältnis oder beeinträchtige wesentlich die Zusammenarbeit im Betrieb;

c.   ausschliesslich um die Entstehung von Ansprüchen der anderen Partei aus dem Arbeitsverhältnis zu vereiteln;

d.   weil die andere Partei nach Treu und Glauben Ansprüche aus dem Arbeitsverhältnis geltend macht;

e.[1] weil die andere Partei schweizerischen obligatorischen Militär- oder Schutzdienst oder schweizerischen Zivildienst leistet oder eine nicht freiwillig übernommene gesetzliche Pflicht erfüllt.

---

1   Eingefügt durch Ziff. I des BG vom 17. Dez. 1993, in Kraft seit 1. Mai 1994 (AS 1994 804 807; BBl 1993 I 805).
2   Fassung gemäss Ziff. I des BG vom 18. März 1988, in Kraft seit 1. Jan. 1989 (AS 1988 1472 1479; BBl 1984 II 551).

2 ◆ Die Kündigung des Arbeitsverhältnisses durch den Arbeitgeber ist im Weiteren missbräuchlich, wenn sie ausgesprochen wird:

a. weil der Arbeitnehmer einem Arbeitnehmerverband angehört oder nicht angehört oder weil er eine gewerkschaftliche Tätigkeit rechtmässig ausübt;

b. während der Arbeitnehmer gewählter Arbeitnehmervertreter in einer betrieblichen oder in einer dem Unternehmen angeschlossenen Einrichtung ist, und der Arbeitgeber nicht beweisen kann, dass er einen begründeten Anlass zur Kündigung hatte;

c.[2] im Rahmen einer Massenentlassung, ohne dass die Arbeitnehmervertretung oder, falls es keine solche gibt, die Arbeitnehmer, konsultiert worden sind (Art. 335f).

3 Der Schutz eines Arbeitnehmervertreters nach Absatz 2 Buchstabe b, dessen Mandat infolge Übergangs des Arbeitsverhältnisses endet (Art. 333), besteht so lange weiter, als das Mandat gedauert hätte, falls das Arbeitsverhältnis nicht übertragen worden wäre.[3]

BGE 131 III 535; 132 III 115. Siehe auch GlG 10, → Nr. 2.
Abs. 1: Lit. a: BGE 125 III 70 (Mobbing); 127 III 86. Lit. b: BGE 125 III 277 (Streik); 130 III 699. Lit. d: BGE 123 III 246.

Art. 336a[4] b. Sanktionen

1 ■ Die Partei, die das Arbeitsverhältnis missbräuchlich kündigt, hat der anderen Partei eine Entschädigung auszurichten.

2 ■ Die Entschädigung wird vom Richter unter Würdigung aller Umstände festgesetzt, darf aber den Betrag nicht übersteigen, der dem Lohn des Arbeitnehmers für sechs Monate entspricht. Schadenersatzansprüche aus einem anderen Rechtstitel sind vorbehalten.

3 ■ Ist die Kündigung nach Artikel 336 Absatz 2 Buchstabe c missbräuchlich, so darf die Entschädigung nicht mehr als den Lohn des Arbeitnehmers für zwei Monate betragen.[5]

BGE 119 II 157.
Abs. 1: BGE 121 III 64; 123 III 391.
Abs. 2: BGE 131 III 243.

---

1   Fassung gemäss Anhang Ziff. 3 des Zivildienstgesetzes vom 6. Okt. 1995, in Kraft seit 1. Okt. 1996 (SR 824.0).

2   Eingefügt durch Ziff. I des BG vom 17. Dez. 1993, in Kraft seit 1. Mai 1994 (AS 1994 804 807; BBl 1993 I 805).

3   Eingefügt durch Ziff. I des BG vom 17. Dez. 1993, in Kraft seit 1. Mai 1994 (AS 1994 804 807; BBl 1993 I 805).

4   Fassung gemäss Ziff. I des BG vom 18. März 1988, in Kraft seit 1. Jan. 1989 (AS 1988 1472 1479; BBl 1984 II 551).

5   Eingefügt durch Ziff. I des BG vom 17. Dez. 1993, in Kraft seit 1. Mai 1994 (AS 1994 804 807; BBl 1993 I 805).

Art. 336b[1] c. Verfahren

[1] ■ Wer gestützt auf Artikel 336 und 336*a* eine Entschädigung geltend machen will, muss gegen die Kündigung längstens bis zum Ende der Kündigungsfrist beim Kündigenden schriftlich Einsprache erheben.

[2] ■ Ist die Einsprache gültig erfolgt und einigen sich die Parteien nicht über die Fortsetzung des Arbeitsverhältnisses, so kann die Partei, der gekündigt worden ist, ihren Anspruch auf Entschädigung geltend machen. Wird nicht innert 180 Tagen nach Beendigung des Arbeitsverhältnisses eine Klage anhängig gemacht, ist der Anspruch verwirkt.

Art. 336c[2] 2. Kündigung zur Unzeit
a. durch den Arbeitgeber

[1] ◆ Nach Ablauf der Probezeit darf der Arbeitgeber das Arbeitsverhältnis nicht kündigen:

a.[3] während die andere Partei schweizerischen obligatorischen Militär- oder Schutzdienst oder schweizerischen Zivildienst leistet, sowie, sofern die Dienstleistung mehr als elf[4] Tage dauert, während vier Wochen vorher und nachher;

b. während der Arbeitnehmer ohne eigenes Verschulden durch Krankheit oder durch Unfall ganz oder teilweise an der Arbeitsleistung verhindert ist, und zwar im ersten Dienstjahr während 30 Tagen, ab zweitem bis und mit fünftem Dienstjahr während 90 Tagen und ab sechstem Dienstjahr während 180 Tagen;

c. während der Schwangerschaft und in den 16 Wochen nach der Niederkunft einer Arbeitnehmerin;

d. während der Arbeitnehmer mit Zustimmung des Arbeitgebers an einer von der zuständigen Bundesbehörde angeordneten Dienstleistung für eine Hilfsaktion im Ausland teilnimmt.

[2] ◆ Die Kündigung, die während einer der in Absatz 1 festgesetzten Sperrfristen erklärt wird, ist nichtig; ist dagegen die Kündigung vor Beginn einer solchen Frist erfolgt, aber die Kündigungsfrist bis dahin noch nicht abgelaufen, so wird deren Ablauf unterbrochen und erst nach Beendigung der Sperrfrist fortgesetzt.

[3] ◆ Gilt für die Beendigung des Arbeitsverhältnisses ein Endtermin, wie das Ende eines Monats oder einer Arbeitswoche, und fällt dieser nicht mit dem Ende der fortgesetzten Kündigungsfrist zusammen, so verlängert sich diese bis zum nächstfolgenden Endtermin.

1 Fassung gemäss Ziff. I des BG vom 18. März 1988, in Kraft seit 1. Jan. 1989 (AS 1988 1472 1479; BBl 1984 II 551).

2 Fassung gemäss Ziff. I des BG vom 18. März 1988, in Kraft seit 1. Jan. 1989 (AS 1988 1472 1479; BBl 1984 II 551).

3 Fassung gemäss Anhang Ziff. 3 des Zivildienstgesetzes vom 6. Okt. 1995, in Kraft seit 1. Okt. 1996 (SR 824.0).

4 Berichtigt von der Redaktionskommission der BVers [Art. 33 GVG – AS 1974 1051].

Abs. 1 lit. b: BGE 120 II 124. Lit. c: BGE 118 II 58.
Abs. 2: BGE 115 V 437; 119 II 449; 128 III 212.
Abs. 3: BGE 121 III 107; 124 III 474.

Art. 336d[1]   b. durch den Arbeitnehmer

1 ■ Nach Ablauf der Probezeit darf der Arbeitnehmer das Arbeitsverhältnis nicht kündigen, wenn ein Vorgesetzter, dessen Funktionen er auszuüben vermag, oder der Arbeitgeber selbst unter den in Artikel 336c Absatz 1 Buchstabe a angeführten Voraussetzungen an der Ausübung der Tätigkeit verhindert ist und der Arbeitnehmer dessen Tätigkeit während der Verhinderung zu übernehmen hat.

2 ■ Artikel 336c Absätze 2 und 3 sind entsprechend anwendbar.

Art. 337   IV. Fristlose Auflösung
          1. Voraussetzungen
          a. aus wichtigen Gründen

1 ■ Aus wichtigen Gründen kann der Arbeitgeber wie der Arbeitnehmer jederzeit das Arbeitsverhältnis fristlos auflösen; er muss die fristlose Vertragsauflösung schriftlich begründen, wenn die andere Partei dies verlangt.[2]

2 ■ Als wichtiger Grund gilt namentlich jeder Umstand, bei dessen Vorhandensein dem Kündigenden nach Treu und Glauben die Fortsetzung des Arbeitsverhältnisses nicht mehr zugemutet werden darf.

3 Über das Vorhandensein solcher Umstände entscheidet der Richter nach seinem Ermessen, darf aber in keinem Fall die unverschuldete Verhinderung des Arbeitnehmers an der Arbeitsleistung als wichtigen Grund anerkennen.

Abs. 2: BGE 104 II 28; 108 II 301 (eigenmächtiger Ferienbezug); 111 II 245 (Streik); 114 II 279; 121 III 467; 124 III 25 (Schmiergelder); 127 III 153 (Verwarnung), 310, 351; 130 III 28, 213.

Art. 337a   b. wegen Lohngefährdung

◆ Wird der Arbeitgeber zahlungsunfähig, so kann der Arbeitnehmer das Arbeitsverhältnis fristlos auflösen, sofern ihm für seine Forderungen aus dem Arbeitsverhältnis nicht innert angemessener Frist Sicherheit geleistet wird.

SchKG 219 Abs. 4. Vgl. BG über die obligatorische Arbeitslosenversicherung und die Insolvenzentschädigung, SR 837.0.

---

1   Fassung gemäss Ziff. I des BG vom 18. März 1988, in Kraft seit 1. Jan. 1989 (AS 1988 1472 1479; BBl 1984 II 551).

2   Fassung gemäss Ziff. I des BG vom 18. März 1988, in Kraft seit 1. Jan. 1989 (AS 1988 1472 1479; BBl 1984 II 551).

Art. 337b 2. Folgen
a. bei gerechtfertigter Auflösung

[1] ■ Liegt der wichtige Grund zur fristlosen Auflösung des Arbeitsverhältnisses im vertragswidrigen Verhalten einer Vertragspartei, so hat diese vollen Schadenersatz zu leisten, unter Berücksichtigung aller aus dem Arbeitsverhältnis entstehenden Forderungen.

[2] In den andern Fällen bestimmt der Richter die vermögensrechtlichen Folgen der fristlosen Auflösung unter Würdigung aller Umstände nach seinem Ermessen.

> Abs. 1: BGE 116 II 142.

Art. 337c[1] b. bei ungerechtfertigter Entlassung

[1] ◆ Entlässt der Arbeitgeber den Arbeitnehmer fristlos ohne wichtigen Grund, so hat dieser Anspruch auf Ersatz dessen, was er verdient hätte, wenn das Arbeitsverhältnis unter Einhaltung der Kündigungsfrist oder durch Ablauf der bestimmten Vertragszeit beendigt worden wäre.

[2] Der Arbeitnehmer muss sich daran anrechnen lassen, was er infolge der Beendigung des Arbeitsverhältnisses erspart hat und was er durch anderweitige Arbeit verdient oder zu verdienen absichtlich unterlassen hat.

[3] Der Richter kann den Arbeitgeber verpflichten, dem Arbeitnehmer eine Entschädigung zu bezahlen, die er nach freiem Ermessen unter Würdigung aller Umstände festlegt; diese Entschädigung darf jedoch den Lohn des Arbeitnehmers für sechs Monate nicht übersteigen.

> Abs. 1: BGE 117 II 270; 120 II 243 (Mitverschulden); 121 III 64; 125 III 14.
> Abs. 2: BGE 118 II 139; 128 III 271.
> Abs. 3: BGE 116 II 300.

Art. 337d c. bei ungerechtfertigtem Nichtantritt oder Verlassen der Arbeitsstelle

[1] ■ Tritt der Arbeitnehmer ohne wichtigen Grund die Arbeitsstelle nicht an oder verlässt er sie fristlos, so hat der Arbeitgeber Anspruch auf eine Entschädigung, die einem Viertel des Lohnes für einen Monat entspricht; ausserdem hat er Anspruch auf Ersatz weiteren Schadens.

[2] ■ Ist dem Arbeitgeber kein Schaden oder ein geringerer Schaden erwachsen, als der Entschädigung gemäss dem vorstehenden Absatz entspricht, so kann sie der Richter nach seinem Ermessen herabsetzen.

[3] ■ Erlischt der Anspruch auf Entschädigung nicht durch Verrechnung, so ist er durch Klage oder Betreibung innert 30 Tagen seit dem Nichtantritt oder Verlassen der Arbeitsstelle geltend zu machen; andernfalls ist der Anspruch verwirkt.[1]

---

1 Fassung gemäss Ziff. I des BG vom 18. März 1988, in Kraft seit 1. Jan. 1989 (AS 1988 1472 1479; BBl 1984 II 551).

4 ...[2]

Abs. 1: BGE 118 II 312.

Art. 338   V. Tod des Arbeitnehmers oder des Arbeitgebers
               1. Tod des Arbeitnehmers

1 ◆ Mit dem Tod des Arbeitnehmers erlischt das Arbeitsverhältnis.

2 ◆ Der Arbeitgeber hat jedoch den Lohn für einen weiteren Monat und nach fünfjähriger Dienstdauer für zwei weitere Monate, gerechnet vom Todestag an, zu entrichten, sofern der Arbeitnehmer den Ehegatten, die eingetragene Partnerin, den eingetragenen Partner oder minderjährige Kinder oder bei Fehlen dieser Erben andere Personen hinterlässt, denen gegenüber er eine Unterstützungspflicht erfüllt hat.[3]

Art. 338a   2. Tod des Arbeitgebers

1 ◆ Mit dem Tod des Arbeitgebers geht das Arbeitsverhältnis auf die Erben über; die Vorschriften betreffend den Übergang des Arbeitsverhältnisses bei Betriebsnachfolge sind sinngemäss anwendbar.

2 ◆ Ist das Arbeitsverhältnis wesentlich mit Rücksicht auf die Person des Arbeitgebers eingegangen worden, so erlischt es mit dessen Tod; jedoch kann der Arbeitnehmer angemessenen Ersatz für den Schaden verlangen, der ihm infolge der vorzeitigen Beendigung des Arbeitsverhältnisses erwächst.

Art. 339   VI. Folgen der Beendigung des Arbeitsverhältnisses
               1. Fälligkeit der Forderungen

1 ■ Mit der Beendigung des Arbeitsverhältnisses werden alle Forderungen aus dem Arbeitsverhältnis fällig.

2 Für Provisionsforderungen auf Geschäften, die ganz oder teilweise nach Beendigung des Arbeitsverhältnisses erfüllt werden, kann durch schriftliche Abrede die Fälligkeit hinausgeschoben werden, jedoch in der Regel nicht mehr als sechs Monate, bei Geschäften mit gestaffelter Erfüllung nicht mehr als ein Jahr und bei Versicherungsverträgen sowie Geschäften, deren Durchführung mehr als ein halbes Jahr erfordert, nicht mehr als zwei Jahre.

3 Die Forderung auf einen Anteil am Geschäftsergebnis wird fällig nach Massgabe von Artikel 323 Absatz 3.

---

1   Fassung gemäss Ziff. I des BG vom 18. März 1988, in Kraft seit 1. Jan. 1989 (AS 1988 1472 1479; BBl 1984 II 551). Im Gegensatz zum Entwurf des BR wurde von der BVers ein mit der ursprünglichen Fassung völlig identischer Text angenommen.

2   Aufgehoben durch Ziff. I des BG vom 18. März 1988 (AS 1988 1472; BBl 1984 II 551).

3   Fassung gemäss Anhang Ziff. 11 des Partnerschaftsgesetzes vom 18. Juni 2004, in Kraft seit 1. Jan. 2007 (SR 211.231).

Arbeitslosenversicherungsgesetz vom 25. Juni 1982, SR 837.0.
Abs. 2: BGE 116 II 700.

Art. 339a   2. Rückgabepflichten

[1] ■ Auf den Zeitpunkt der Beendigung des Arbeitsverhältnisses hat jede Vertragspartei der andern alles herauszugeben, was sie für dessen Dauer von ihr oder von Dritten für deren Rechnung erhalten hat.

[2] ■ Der Arbeitnehmer hat insbesondere Fahrzeuge und Fahrausweise zurückzugeben sowie Lohn- oder Auslagenvorschüsse soweit zurückzuerstatten, als sie seine Forderungen übersteigen.

[3] ■ Vorbehalten bleiben die Retentionsrechte der Vertragsparteien.

Art. 339b   3. Abgangsentschädigung
                       a. Voraussetzungen

[1] ◆ Endigt das Arbeitsverhältnis eines mindestens 50 Jahre alten Arbeitnehmers nach 20 oder mehr Dienstjahren, so hat ihm der Arbeitgeber eine Abgangsentschädigung auszurichten.

[2] ◆ Stirbt der Arbeitnehmer während des Arbeitsverhältnisses, so ist die Entschädigung dem überlebenden Ehegatten, der eingetragenen Partnerin, dem eingetragenen Partner oder den minderjährigen Kindern oder bei Fehlen dieser Erben anderen Personen auszurichten, denen gegenüber er eine Unterstützungspflicht erfüllt hat.[1]

BGE 112 II 52; 125 III 78.

Art. 339c   b. Höhe und Fälligkeit

[1] Die Höhe der Entschädigung kann durch schriftliche Abrede, Normalarbeitsvertrag oder Gesamtarbeitsvertrag bestimmt werden, darf aber den Betrag nicht unterschreiten, der dem Lohn des Arbeitnehmers für zwei Monate entspricht.

[2] Ist die Höhe der Entschädigung nicht bestimmt, so ist sie vom Richter unter Würdigung aller Umstände nach seinem Ermessen festzusetzen, darf aber den Betrag nicht übersteigen, der dem Lohn des Arbeitnehmers für acht Monate entspricht.

[3] Die Entschädigung kann herabgesetzt werden oder wegfallen, wenn das Arbeitsverhältnis vom Arbeitnehmer ohne wichtigen Grund gekündigt oder vom Arbeitgeber aus wichtigem Grund fristlos aufgelöst wird, oder wenn dieser durch die Leistung der Entschädigung in eine Notlage versetzt würde.

[4] Die Entschädigung ist mit der Beendigung des Arbeitsverhältnisses fällig, jedoch kann eine spätere Fälligkeit durch schriftliche Abrede, Normalarbeitsvertrag oder Gesamtarbeitsvertrag bestimmt oder vom Richter angeordnet werden.

    1   Fassung gemäss Anhang Ziff. 11 des Partnerschaftsgesetzes vom 18. Juni 2004, in Kraft seit 1. Jan. 2007 (SR 211.231).

Abs. 2: BGE 115 II 30.

Art. 339d   c. Ersatzleistungen

[1] ◆ Erhält der Arbeitnehmer Leistungen von einer Personalfürsorgeeinrichtung, so können sie von der Abgangsentschädigung abgezogen werden, soweit diese Leistungen vom Arbeitgeber oder aufgrund seiner Zuwendungen von der Personalfürsorgeeinrichtung finanziert worden sind.[1]

[2] ◆ Der Arbeitgeber hat auch insoweit keine Entschädigung zu leisten, als er dem Arbeitnehmer künftige Vorsorgeleistungen verbindlich zusichert oder durch einen Dritten zusichern lässt.

Art. 340   VII. Konkurrenzverbot
              1. Voraussetzungen

[1] ◆ Der handlungsfähige Arbeitnehmer kann sich gegenüber dem Arbeitgeber schriftlich verpflichten, nach Beendigung des Arbeitsverhältnisses sich jeder konkurrierenden Tätigkeit zu enthalten, insbesondere weder auf eigene Rechnung ein Geschäft zu betreiben, das mit dem des Arbeitgebers in Wettbewerb steht, noch in einem solchen Geschäft tätig zu sein oder sich daran zu beteiligen.

[2] Das Konkurrenzverbot ist nur verbindlich, wenn das Arbeitsverhältnis dem Arbeitnehmer Einblick in den Kundenkreis oder in Fabrikations- und Geschäftsgeheimnisse gewährt und die Verwendung dieser Kenntnisse den Arbeitgeber erheblich schädigen könnte.

BGE 91 II 372; 105 II 200.

Art. 340a   2. Beschränkungen

[1] ◆ Das Verbot ist nach Ort, Zeit und Gegenstand angemessen zu begrenzen, so dass eine unbillige Erschwerung des wirtschaftlichen Fortkommens des Arbeitnehmers ausgeschlossen ist; es darf nur unter besonderen Umständen drei Jahre überschreiten.

[2] Der Richter kann ein übermässiges Konkurrenzverbot unter Würdigung aller Umstände nach seinem Ermessen einschränken; er hat dabei eine allfällige Gegenleistung des Arbeitgebers angemessen zu berücksichtigen.

Karenzentschädigung: BGE 101 II 277.

---

1   Fassung gemäss Ziff. 2 des Anhangs zum BG vom 25. Juni 1982 über die berufliche Alters-, Hinterlassenen- und Invalidenvorsorge, in Kraft seit 1. Jan. 1985 (SR 831.40, 831.401 Art. 1 Abs. 1).

Art. 340b 3. Folgen der Übertretung

1 ■ Übertritt der Arbeitnehmer das Konkurrenzverbot, so hat er den dem Arbeitgeber erwachsenden Schaden zu ersetzen.

2 ■ Ist bei Übertretung des Verbotes eine Konventionalstrafe geschuldet und nichts anderes verabredet, so kann sich der Arbeitnehmer durch deren Leistung vom Verbot befreien; er bleibt jedoch für weiteren Schaden ersatzpflichtig.

3 Ist es besonders schriftlich verabredet, so kann der Arbeitgeber neben der Konventionalstrafe und dem Ersatz weiteren Schadens die Beseitigung des vertragswidrigen Zustandes verlangen, sofern die verletzten oder bedrohten Interessen des Arbeitgebers und das Verhalten des Arbeitnehmers dies rechtfertigen.

Abs. 3: BGE 131 III 473 (vorsorgliche Massnahmen).

Art. 340c 4. Wegfall

1 ◆ Das Konkurrenzverbot fällt dahin, wenn der Arbeitgeber nachweisbar kein erhebliches Interesse mehr hat, es aufrecht zu erhalten.

2 ◆ Das Verbot fällt ferner dahin, wenn der Arbeitgeber das Arbeitsverhältnis kündigt, ohne dass ihm der Arbeitnehmer dazu begründeten Anlass gegeben hat, oder wenn es dieser aus einem begründeten, vom Arbeitgeber zu verantwortenden Anlass auflöst.

Abs. 2: BGE 110 II 172; 130 III 353.

Art. 341 H. Unverzichtbarkeit und Verjährung

1 ◆ Während der Dauer des Arbeitsverhältnisses und eines Monats nach dessen Beendigung kann der Arbeitnehmer auf Forderungen, die sich aus unabdingbaren Vorschriften des Gesetzes oder aus unabdingbaren Bestimmungen eines Gesamtarbeitsvertrages ergeben, nicht verzichten.

2 Die allgemeinen Vorschriften über die Verjährung sind auf Forderungen aus dem Arbeitsverhältnis anwendbar.

Abs. 1: BGE 106 II 222.
Abs. 2: 127 ff., insbes. 128 Ziff. 3.

Art. 342 I. Vorbehalt und zivilrechtliche Wirkungen des öffentlichen Rechts

1 Vorbehalten bleiben:

a.[1] Vorschriften des Bundes, der Kantone und Gemeinden über das öffentlich-rechtliche Dienstverhältnis, soweit sie nicht die Artikel 331 Absatz 5 und 331*a*–331*e* betreffen;

b. öffentlich-rechtliche Vorschriften des Bundes und der Kantone über die Arbeit und die Berufsbildung.

[2] ■ Wird durch Vorschriften des Bundes oder der Kantone über die Arbeit und die Berufsbildung dem Arbeitgeber oder dem Arbeitnehmer eine öffentlich-rechtliche Verpflichtung auferlegt, so steht der andern Vertragspartei ein zivilrechtlicher Anspruch auf Erfüllung zu, wenn die Verpflichtung Inhalt des Einzelarbeitsvertrages sein könnte.

Abs. 1 lit. a: ZGB 6; OR 61; BG über das Dienstverhältnis der Bundesbeamten vom 30. Juni 1927 (SR 172.221.10) und dazugehörende Verordnungen. Lit. b: ArG, → Nr. 19; Arbeitszeitgesetz, SR 822.21 (Anm. zu 321c); BG über die Berufsbildung vom 13. Dezember 2002, SR 412.10; VO über die Arbeits- und Ruhezeit der berufsmässigen Motorfahrzeugführer vom 18. Januar 1966, SR 822.22; BG über die Heimarbeit vom 20. März 1981, SR 822.31.

Abs. 2: BGE 122 III 110.

Art. 343   K. Zivilrechtspflege

[1] ...[2]

[2] Die Kantone haben für Streitigkeiten aus dem Arbeitsverhältnis bis zu einem Streitwert von 30 000 Franken ein einfaches und rasches Verfahren vorzusehen; der Streitwert bemisst sich nach der eingeklagten Forderung, ohne Rücksicht auf Widerklagebegehren.[3]

[3] Bei Streitigkeiten im Sinne des vorstehenden Absatzes dürfen den Parteien weder Gebühren noch Auslagen des Gerichts auferlegt werden; jedoch kann bei mutwilliger Prozessführung der Richter gegen die fehlbare Partei Bussen aussprechen und ihr Gebühren und Auslagen des Gerichts ganz oder teilweise auferlegen.

[4] Bei diesen Streitigkeiten stellt der Richter den Sachverhalt von Amtes wegen fest und würdigt die Beweise nach freiem Ermessen.[4]

IPRG 115.
Abs. 1: BGE 109 II 33; 114 II 353.
Abs. 2: BGE 100 II 358; 115 II 366.
Abs. 3: BGE 104 II 222.
Abs. 4: BGE 107 II 233.

---

1   Fassung gemäss Ziff. II 2 des BG vom 18. Dez. 1998, in Kraft seit 1. Mai 1999 (AS 1999 1384 1387; BBl 1998 5569).

2   Aufgehoben durch Anhang Ziff. 5 des Gerichtsstandsgesetzes vom 24. März 2000 (SR 272).

3   Fassung gemäss Ziff. I des BG vom 15. Dez. 2000, in Kraft seit 1. Juni 2001 (AS 2001 1048 1049; BBl 2000 3475 4859).

4   Fassung gemäss Ziff. I des BG vom 18. März 1988, in Kraft seit 1. Jan. 1989 (AS 1988 1472 1479; BBl 1984 II 551).

Zweiter Abschnitt: Besondere Einzelarbeitsverträge

Art. 344 A.[1] Der Lehrvertrag
I. Begriff und Entstehung
1. Begriff

Durch den Lehrvertrag verpflichten sich der Arbeitgeber, die lernende Person für eine bestimmte Berufstätigkeit fachgemäss zu bilden, und die lernende Person, zu diesem Zweck Arbeit im Dienst des Arbeitgebers zu leisten.

Vgl. Berufsbildungsgesetz, SR 412.10. BGE 132 III 753 (Abgrenzung zum Unterrichtsvertrag).

Art. 344a 2. Entstehung und Inhalt

[1] Der Lehrvertrag bedarf zu seiner Gültigkeit der schriftlichen Form.

[2] Der Vertrag hat die Art und die Dauer der beruflichen Bildung, den Lohn, die Probezeit, die Arbeitszeit und die Ferien zu regeln.

[3] Die Probezeit darf nicht weniger als einen Monat und nicht mehr als drei Monate betragen. Haben die Vertragsparteien im Lehrvertrag keine Probezeit festgelegt, so gilt eine Probezeit von drei Monaten.

[4] Die Probezeit kann vor ihrem Ablauf durch Abrede der Parteien und unter Zustimmung der kantonalen Behörde ausnahmsweise bis auf sechs Monate verlängert werden.

[5] Der Vertrag kann weitere Bestimmungen enthalten, wie namentlich über die Beschaffung von Berufswerkzeugen, Beiträge an Unterkunft und Verpflegung, Übernahme von Versicherungsprämien oder andere Leistungen der Vertragsparteien.

[6] Abreden, die die lernende Person im freien Entschluss über die berufliche Tätigkeit nach beendigter Lehre beeinträchtigen, sind nichtig.

Art. 345 II. Wirkungen
1. Besondere Pflichten der lernenden Person und ihrer gesetzlichen Vertretung

[1] Die lernende Person hat alles zu tun, um das Lehrziel zu erreichen.

[2] Die gesetzliche Vertretung der lernenden Person hat den Arbeitgeber in der Erfüllung seiner Aufgabe nach Kräften zu unterstützen und das gute Einvernehmen zwischen dem Arbeitgeber und der lernenden Person zu fördern.

---

1 Fassung gemäss Anhang Ziff. II 3 des Berufsbildungsgesetzes vom 13. Dez. 2002, in Kraft seit 1. Jan. 2004 (SR 412.10).

Art. 345a   2. Besondere Pflichten des Arbeitgebers

1 ◆ Der Arbeitgeber hat dafür zu sorgen, dass die Berufslehre unter der Verantwortung einer Fachkraft steht, welche die dafür nötigen beruflichen Fähigkeiten und persönlichen Eigenschaften besitzt.

2 ◆ Er hat der lernenden Person ohne Lohnabzug die Zeit freizugeben, die für den Besuch der Berufsfachschule und der überbetrieblichen Kurse und für die Teilnahme an den Lehrabschlussprüfungen erforderlich ist.

3 ◆ Er hat der lernenden Person bis zum vollendeten 20. Altersjahr für jedes Lehrjahr wenigstens fünf Wochen Ferien zu gewähren.

4 ◆ Er darf die lernende Person zu anderen als beruflichen Arbeiten und zu Akkordlohnarbeiten nur so weit einsetzen, als solche Arbeiten mit dem zu erlernenden Beruf in Zusammenhang stehen und die Bildung nicht beeinträchtigt wird.

Art. 346   III. Beendigung
             1. Vorzeitige Auflösung

1 ■ Das Lehrverhältnis kann während der Probezeit jederzeit mit einer Kündigungsfrist von sieben Tagen gekündigt werden.

2 ■ Aus wichtigen Gründen im Sinne von Artikel 337 kann das Lehrverhältnis namentlich fristlos aufgelöst werden, wenn:

a.   der für die Bildung verantwortlichen Fachkraft die erforderlichen beruflichen Fähigkeiten oder persönlichen Eigenschaften zur Bildung der lernenden Person fehlen;

b.   die lernende Person nicht über die für die Bildung unentbehrlichen körperlichen oder geistigen Anlagen verfügt oder gesundheitlich oder sittlich gefährdet ist; die lernende Person und gegebenenfalls deren gesetzliche Vertretung sind vorgängig anzuhören;

c.   die Bildung nicht oder nur unter wesentlich veränderten Verhältnissen zu Ende geführt werden kann.

Art. 346a   2. Lehrzeugnis

1 ◆ Nach Beendigung der Berufslehre hat der Arbeitgeber der lernenden Person ein Zeugnis auszustellen, das die erforderlichen Angaben über die erlernte Berufstätigkeit und die Dauer der Berufslehre enthält.

2 ◆ Auf Verlangen der lernenden Person oder deren gesetzlichen Vertretung hat sich das Zeugnis auch über die Fähigkeiten, die Leistungen und das Verhalten der lernenden Person auszusprechen.

Art. 347 B. Der Handelsreisendenvertrag
I. Begriff und Entstehung
1. Begriff

[1] Durch den Handelsreisendenvertrag verpflichtet sich der Handelsreisende, auf Rechnung des Inhabers eines Handels-, Fabrikations- oder andern nach kaufmännischer Art geführten Geschäftes gegen Lohn Geschäfte jeder Art ausserhalb der Geschäftsräume des Arbeitgebers zu vermitteln oder abzuschliessen.

[2] Nicht als Handelsreisender gilt der Arbeitnehmer, der nicht vorwiegend eine Reisetätigkeit ausübt oder nur gelegentlich oder vorübergehend für den Arbeitgeber tätig ist, sowie der Reisende, der Geschäfte auf eigene Rechnung abschliesst.

BGE 99 II 313 (Handelsreisender oder Agent?). Vgl. das BG über das Gewerbe der Reisenden vom 23. März 2001, SR 943.1.

Art. 347a 2. Entstehung und Inhalt

[1] Das Arbeitsverhältnis ist durch schriftlichen Vertrag zu regeln, der namentlich Bestimmungen enthalten soll über

a. die Dauer und Beendigung des Arbeitsverhältnisses,

b. die Vollmachten des Handelsreisenden,

c. das Entgelt und den Auslagenersatz,

d. das anwendbare Recht und den Gerichtsstand, sofern eine Vertragspartei ihren Wohnsitz im Ausland hat.

[2] Soweit das Arbeitsverhältnis nicht durch schriftlichen Vertrag geregelt ist, wird der im vorstehenden Absatz umschriebene Inhalt durch die gesetzlichen Vorschriften und durch die üblichen Arbeitsbedingungen bestimmt.

[3] Die mündliche Abrede gilt nur für die Festsetzung des Beginns der Arbeitsleistung, der Art und des Gebietes der Reisetätigkeit sowie für weitere Bestimmungen, die mit den gesetzlichen Vorschriften und dem schriftlichen Vertrag nicht in Widerspruch stehen.

Abs. 1 lit. c: BGE 116 II 700; 131 III 439.

Art. 348 II. Pflichten und Vollmachten des Handelsreisenden
1. Besondere Pflichten

[1] Der Handelsreisende hat die Kundschaft in der ihm vorgeschriebenen Weise zu besuchen, sofern nicht ein begründeter Anlass eine Änderung notwendig macht; ohne schriftliche Bewilligung des Arbeitgebers darf er weder für eigene Rechnung noch für Rechnung eines Dritten Geschäfte vermitteln oder abschliessen.

² Ist der Handelsreisende zum Abschluss von Geschäften ermächtigt, so hat er die ihm vorgeschriebenen Preise und andern Geschäftsbedingungen einzuhalten und muss für Änderungen die Zustimmung des Arbeitgebers vorbehalten.

³ Der Handelsreisende hat über seine Reisetätigkeit regelmässig Bericht zu erstatten, die erhaltenen Bestellungen dem Arbeitgeber sofort zu übermitteln und ihn von erheblichen Tatsachen, die seinen Kundenkreis betreffen, in Kenntnis zu setzen.

Art. 348a 2. Delcredere

¹ Abreden, dass der Handelsreisende für die Zahlung oder anderweitige Erfüllung der Verbindlichkeiten der Kunden einzustehen oder die Kosten der Einbringung von Forderungen ganz oder teilweise zu tragen hat, sind nichtig.

² Hat der Handelsreisende Geschäfte mit Privatkunden abzuschliessen, so kann er sich schriftlich verpflichten, beim einzelnen Geschäft für höchstens einen Viertel des Schadens zu haften, der dem Arbeitgeber durch die Nichterfüllung der Verbindlichkeiten der Kunden erwächst, vorausgesetzt dass eine angemessene Delcredere-Provision verabredet wird.

³ Bei Versicherungsverträgen kann sich der reisende Versicherungsvermittler schriftlich verpflichten, höchstens die Hälfte der Kosten der Einbringung von Forderungen zu tragen, wenn eine Prämie oder deren Teile nicht bezahlt werden und er deren Einbringung im Wege der Klage oder Zwangsvollstreckung verlangt.

Art. 348b 3. Vollmachten

¹ Ist nichts anderes schriftlich verabredet, so ist der Handelsreisende nur ermächtigt, Geschäfte zu vermitteln.

² Ist der Handelsreisende zum Abschluss von Geschäften ermächtigt, so erstreckt sich seine Vollmacht auf alle Rechtshandlungen, welche die Ausführung dieser Geschäfte gewöhnlich mit sich bringt; jedoch darf er ohne besondere Ermächtigung Zahlungen von Kunden nicht entgegennehmen und keine Zahlungsfristen bewilligen.

³ Artikel 34 des Bundesgesetzes vom 2. April 1908[1] über den Versicherungsvertrag bleibt vorbehalten.

Abs. 3: VVG, → Nr. 11.

Art. 349 III. Besondere Pflichten des Arbeitgebers
1. Tätigkeitskreis

¹ Ist dem Handelsreisenden ein bestimmtes Reisegebiet oder ein bestimmter Kundenkreis zugewiesen und nichts anderes schriftlich verabredet, so gilt er als mit Ausschluss anderer Personen bestellt; jedoch bleibt der Arbeitgeber befugt, mit den Kunden im Gebiet oder Kundenkreis des Handelsreisenden persönlich Geschäfte abzuschliessen.

1   SR 221.229.1

2 Der Arbeitgeber kann die vertragliche Bestimmung des Reisegebietes oder Kundenkreises einseitig abändern, wenn ein begründeter Anlass eine Änderung vor Ablauf der Kündigungsfrist notwendig macht; jedoch bleiben diesfalls Entschädigungsansprüche und das Recht des Handelsreisenden zur Auflösung des Arbeitsverhältnisses aus wichtigem Grund vorbehalten.

Art. 349a 2. Lohn
a. im Allgemeinen

1 ◆ Der Arbeitgeber hat dem Handelsreisenden Lohn zu entrichten, der aus einem festen Gehalt mit oder ohne Provision besteht.

2 Eine schriftliche Abrede, dass der Lohn ausschliesslich oder vorwiegend in einer Provision bestehen soll, ist gültig, wenn die Provision ein angemessenes Entgelt für die Tätigkeit des Handelsreisenden ergibt.

3 Für eine Probezeit von höchstens zwei Monaten kann durch schriftliche Abrede der Lohn frei bestimmt werden.

Abs. 2: BGE 129 III 664.

Art. 349b b. Provision

1 Ist dem Handelsreisenden ein bestimmtes Reisegebiet oder ein bestimmter Kundenkreis ausschliesslich zugewiesen, so ist ihm die verabredete oder übliche Provision auf allen Geschäften auszurichten, die von ihm oder seinem Arbeitgeber mit Kunden in seinem Gebiet oder Kundenkreis abgeschlossen werden.

2 Ist dem Handelsreisenden ein bestimmtes Reisegebiet oder ein bestimmter Kundenkreis nicht ausschliesslich zugewiesen, so ist ihm die Provision nur auf den von ihm vermittelten oder abgeschlossenen Geschäften auszurichten.

3 ◆ Ist im Zeitpunkt der Fälligkeit der Provision der Wert eines Geschäftes noch nicht genau bestimmbar, so ist die Provision zunächst auf dem vom Arbeitgeber geschätzten Mindestwert und der Rest spätestens bei Ausführung des Geschäftes auszurichten.

Art. 349c c. bei Verhinderung an der Reisetätigkeit

1 ◆ Ist der Handelsreisende ohne sein Verschulden an der Ausübung der Reisetätigkeit verhindert und ist ihm auf Grund des Gesetzes oder des Vertrages der Lohn gleichwohl zu entrichten, so bestimmt sich dieser nach dem festen Gehalt und einer angemessenen Entschädigung für den Ausfall der Provision.

2 Beträgt die Provision weniger als einen Fünftel des Lohnes, so kann schriftlich verabredet werden, dass bei unverschuldeter Verhinderung des Handelsreisenden an der Ausübung der Reisetätigkeit eine Entschädigung für die ausfallende Provision nicht zu entrichten ist.

3 ■ Erhält der Handelsreisende bei unverschuldeter Verhinderung an der Reisetätigkeit gleichwohl den vollen Lohn, so hat er auf Verlangen des Arbeitgebers Arbeit in dessen Betrieb zu leisten, sofern er sie zu leisten vermag und sie ihm zugemutet werden kann.

Art. 349d   3. Auslagen

1 Ist der Handelsreisende für mehrere Arbeitgeber gleichzeitig tätig und ist die Verteilung des Auslagenersatzes nicht durch schriftliche Abrede geregelt, so hat jeder Arbeitgeber einen gleichen Kostenanteil zu vergüten.

2 Abreden, dass der Auslagenersatz ganz oder teilweise im festen Gehalt oder in der Provision eingeschlossen sein soll, sind nichtig.

Art. 349e   4. Retentionsrecht

1 ◆ Zur Sicherung der fälligen Forderungen aus dem Arbeitsverhältnis, bei Zahlungsunfähigkeit des Arbeitgebers auch der nicht fälligen Forderungen, steht dem Handelsreisenden das Retentionsrecht an beweglichen Sachen und Wertpapieren sowie an Zahlungen von Kunden zu, die er auf Grund einer Inkassovollmacht entgegengenommen hat.

2 An Fahrausweisen, Preistarifen, Kundenverzeichnissen und andern Unterlagen kann das Retentionsrecht nicht ausgeübt werden.

Art. 350   IV. Beendigung
             1. Besondere Kündigung

1 ■ Beträgt die Provision mindestens einen Fünftel des Lohnes und unterliegt sie erheblichen saisonmässigen Schwankungen, so darf der Arbeitgeber dem Handelsreisenden, der seit Abschluss der letzten Saison bei ihm gearbeitet hat, während der Saison nur auf das Ende des zweiten der Kündigung folgenden Monats kündigen.

2 ■ Unter den gleichen Voraussetzungen darf der Handelsreisende dem Arbeitgeber, der ihn bis zum Abschluss der Saison beschäftigt hat, bis zum Beginn der nächsten nur auf das Ende des zweiten der Kündigung folgenden Monats kündigen.

Art. 350a   2. Besondere Folgen

1 ◆ Bei Beendigung des Arbeitsverhältnisses ist dem Handelsreisenden die Provision auf allen Geschäften auszurichten, die er abgeschlossen oder vermittelt hat, sowie auf allen Bestellungen, die bis zur Beendigung dem Arbeitgeber zugehen, ohne Rücksicht auf den Zeitpunkt ihrer Annahme und ihrer Ausführung.

2 ■ Auf den Zeitpunkt der Beendigung des Arbeitsverhältnisses hat der Handelsreisende die ihm für die Reisetätigkeit zur Verfügung gestellten Muster und Modelle, Preistarife, Kundenverzeichnisse und andern Unterlagen zurückzugeben; das Retentionsrecht bleibt vorbehalten.

Abs. 1: BGE 116 II 700.

Art. 351   C. Der Heimarbeitsvertrag
                 I. Begriff und Entstehung
                 1. Begriff

Durch den Heimarbeitsvertrag verpflichtet sich der Heimarbeitnehmer[1], in seiner Wohnung oder in einem andern, von ihm bestimmten Arbeitsraum allein oder mit Familienangehörigen Arbeiten im Lohn für den Arbeitgeber auszuführen.

Heimarbeitsgesetz (Anm. zu OR 342). BGE 132 V 181 (Tagesmutter).

Art. 351a   2. Bekanntgabe der Arbeitsbedingungen

[1] Vor jeder Ausgabe von Arbeit hat der Arbeitgeber dem Heimarbeitnehmer die für deren Ausführung erheblichen Bedingungen bekanntzugeben, namentlich die Einzelheiten der Arbeit, soweit sie nicht durch allgemein geltende Arbeitsbedingungen geregelt sind; er hat das vom Heimarbeitnehmer zu beschaffende Material und schriftlich die dafür zu leistende Entschädigung sowie den Lohn anzugeben.

[2] Werden die Angaben über den Lohn und über die Entschädigung für das vom Heimarbeitnehmer zu beschaffende Material nicht vor der Ausgabe der Arbeit schriftlich bekannt gegeben, so gelten dafür die üblichen Arbeitsbedingungen.

Art. 352   II. Besondere Pflichten des Arbeitnehmers
                 1. Ausführung der Arbeit

[1] Der Heimarbeitnehmer hat mit der übernommenen Arbeit rechtzeitig zu beginnen, sie bis zum verabredeten Termin fertigzustellen und das Arbeitserzeugnis dem Arbeitgeber zu übergeben.

[2] Wird aus Verschulden des Heimarbeitnehmers die Arbeit mangelhaft ausgeführt, so ist er zur unentgeltlichen Verbesserung des Arbeitserzeugnisses verpflichtet, soweit dadurch dessen Mängel behoben werden können.

Art. 352a   2. Material und Arbeitsgeräte

[1] Der Heimarbeitnehmer ist verpflichtet, Material und Geräte, die ihm vom Arbeitgeber übergeben werden, mit aller Sorgfalt zu behandeln, über deren Verwendung Rechenschaft abzulegen und den zur Arbeit nicht verwendeten Rest des Materials sowie die erhaltenen Geräte zurückzugeben.

[2] Stellt der Heimarbeitnehmer bei der Ausführung der Arbeit Mängel an dem übergebenen Material oder an den erhaltenen Geräten fest, so hat er den Arbeitgeber sofort

---

1   Ausdruck gemäss Art. 21 Ziff. 1 des Heimarbeitsgesetzes vom 20. März 1981, in Kraft seit 1. April 1983 (SR 822.31). Diese Änd. ist in den Art. 351-354 und 362 Abs. 1 berücksichtigt.

zu benachrichtigen und dessen Weisungen abzuwarten, bevor er die Ausführung der Arbeit fortsetzt.

3 ◆ Hat der Heimarbeitnehmer Material oder Geräte, die ihm übergeben wurden, schuldhaft verdorben, so haftet er dem Arbeitgeber höchstens für den Ersatz der Selbstkosten.

Art. 353   III. Besondere Pflichten des Arbeitgebers
                1. Abnahme des Arbeitserzeugnisses

1 ◆ Der Arbeitgeber hat das Arbeitserzeugnis nach Ablieferung zu prüfen und Mängel spätestens innert einer Woche dem Heimarbeitnehmer bekanntzugeben.

2 ◆ Unterlässt der Arbeitgeber die rechtzeitige Bekanntgabe der Mängel, so gilt die Arbeit als abgenommen.

Art. 353a   2. Lohn
                a. Ausrichtung des Lohnes

1 ◆ Steht der Heimarbeitnehmer ununterbrochen im Dienst des Arbeitgebers, so ist der Lohn für die geleistete Arbeit halbmonatlich oder mit Zustimmung des Heimarbeitnehmers am Ende jedes Monats, in den anderen Fällen jeweils bei Ablieferung des Arbeitserzeugnisses auszurichten.

2 ◆ Bei jeder Lohnzahlung ist dem Heimarbeitnehmer eine schriftliche Abrechnung zu übergeben, in der für Lohnabzüge der Grund anzugeben ist.

Art. 353b   b. Lohn bei Verhinderung an der Arbeitsleistung

1 ◆ Steht der Heimarbeitnehmer ununterbrochen im Dienst des Arbeitgebers, so ist dieser nach Massgabe der Artikel 324 und 324*a* zur Ausrichtung des Lohnes verpflichtet, wenn er mit der Annahme der Arbeitsleistung in Verzug kommt oder wenn der Heimarbeitnehmer aus Gründen, die in seiner Person liegen, ohne sein Verschulden an der Arbeitsleistung verhindert ist.

2 In den anderen Fällen ist der Arbeitgeber zur Ausrichtung des Lohnes nach Massgabe der Artikel 324 und 324*a* nicht verpflichtet.

Art. 354   IV. Beendigung

1 Wird dem Heimarbeitnehmer eine Probearbeit übergeben, so gilt das Arbeitsverhältnis zur Probe auf bestimmte Zeit eingegangen, sofern nichts anderes verabredet ist.

2 Steht der Heimarbeitnehmer ununterbrochen im Dienst des Arbeitgebers, so gilt das Arbeitsverhältnis als auf unbestimmte Zeit, in den anderen Fällen als auf bestimmte Zeit eingegangen, sofern nichts anderes verabredet ist.

Art. 355   D. Anwendbarkeit der allgemeinen Vorschriften

Auf den Lehrvertrag, den Handelsreisendenvertrag und den Heimarbeitsvertrag sind die allgemeinen Vorschriften über den Einzelarbeitsvertrag ergänzend anwendbar.

Dritter Abschnitt: Gesamtarbeitsvertrag und Normalarbeitsvertrag

Art. 356   A. Gesamtarbeitsvertrag
            I. Begriff, Inhalt, Form und Dauer
            1. Begriff und Inhalt

1 Durch den Gesamtarbeitsvertrag stellen Arbeitgeber oder deren Verbände und Arbeitnehmerverbände gemeinsam Bestimmungen über Abschluss, Inhalt und Beendigung der einzelnen Arbeitsverhältnisse der beteiligten Arbeitgeber und Arbeitnehmer auf.

2 Der Gesamtarbeitsvertrag kann auch andere Bestimmungen enthalten, soweit sie das Verhältnis zwischen Arbeitgebern und Arbeitnehmern betreffen, oder sich auf die Aufstellung solcher Bestimmungen beschränken.

3 Der Gesamtarbeitsvertrag kann ferner die Rechte und Pflichten der Vertragsparteien unter sich sowie die Kontrolle und Durchsetzung der in den vorstehenden Absätzen genannten Bestimmungen regeln.

4 Sind an einem Gesamtarbeitsvertrag auf Arbeitgeber- oder Arbeitnehmerseite von Anfang an oder auf Grund des nachträglichen Beitritts eines Verbandes mit Zustimmung der Vertragsparteien mehrere Verbände beteiligt, so stehen diese im Verhältnis gleicher Rechte und Pflichten zueinander; abweichende Vereinbarungen sind nichtig.

> BG über die Allgemeinverbindlicherklärung von Gesamtarbeitsverträgen, → Nr. 10. Internat. Übereinkommen über die Anwendung der Grundsätze des Vereinigungsrechts und des Rechts zu Kollektivverhandlungen vom 1. Juli 1949, SR 0.822.719.9. BGE 121 III 168; 125 III 82; 127 III 318; 133 III 213 (Sozialplan).
> Abs. 4: BGE 118 II 431.

Art. 356a   2. Freiheit der Organisation und der Berufsausübung

1 Bestimmungen eines Gesamtarbeitsvertrages und Abreden zwischen den Vertragsparteien, durch die Arbeitgeber oder Arbeitnehmer zum Eintritt in einen vertragschliessenden Verband gezwungen werden sollen, sind nichtig.

2 Bestimmungen eines Gesamtarbeitsvertrages und Abreden zwischen den Vertragsparteien, durch die Arbeitnehmer von einem bestimmten Beruf oder einer bestimmten Tätigkeit oder von einer hiefür erforderlichen Ausbildung ausgeschlossen oder darin beschränkt werden, sind nichtig.

3 Bestimmungen und Abreden im Sinne des vorstehenden Absatzes sind ausnahmsweise gültig, wenn sie durch überwiegende schutzwürdige Interessen, namentlich zum Schutz der Sicherheit und Gesundheit von Personen oder der Qualität der Arbeit gerechtfertigt sind; jedoch gilt nicht als schutzwürdig das Interesse, neue Berufsangehörige fernzuhalten.

Art. 356b　　3. Anschluss

1 Einzelne Arbeitgeber und einzelne im Dienst beteiligter Arbeitgeber stehende Arbeitnehmer können sich mit Zustimmung der Vertragsparteien dem Gesamtarbeitsvertrag anschliessen und gelten als beteiligte Arbeitgeber und Arbeitnehmer.

2 Der Gesamtarbeitsvertrag kann den Anschluss näher regeln. Unangemessene Bedingungen des Anschlusses, insbesondere Bestimmungen über unangemessene Beiträge, können vom Richter nichtig erklärt oder auf das zulässige Mass beschränkt werden; jedoch sind Bestimmungen oder Abreden über Beiträge zugunsten einer einzelnen Vertragspartei nichtig.

3 Bestimmungen eines Gesamtarbeitsvertrages und Abreden zwischen den Vertragsparteien, durch die Mitglieder von Verbänden zum Anschluss gezwungen werden sollen, sind nichtig, wenn diesen Verbänden die Beteiligung am Gesamtarbeitsvertrag oder der Abschluss eines sinngemäss gleichen Vertrages nicht offensteht.

　　Abs. 1: BGE 113 II 37.

Art. 356c　　4. Form und Dauer

1 Der Abschluss des Gesamtarbeitsvertrages, dessen Änderung und Aufhebung durch gegenseitige Übereinkunft, der Beitritt einer neuen Vertragspartei sowie die Kündigung bedürfen zu ihrer Gültigkeit der schriftlichen Form, ebenso die Anschlusserklärung einzelner Arbeitgeber und Arbeitnehmer und die Zustimmung der Vertragsparteien gemäss Artikel 356*b* Absatz 1 sowie die Kündigung des Anschlusses.

2 Ist der Gesamtarbeitsvertrag nicht auf bestimmte Zeit abgeschlossen und sieht er nichts anderes vor, so kann er von jeder Vertragspartei mit Wirkung für alle anderen Parteien nach Ablauf eines Jahres jederzeit auf sechs Monate gekündigt werden. Diese Bestimmung gilt sinngemäss auch für den Anschluss.

Art. 357　　II. Wirkungen
　　　　　　　　1. auf die beteiligten Arbeitgeber und Arbeitnehmer

1 Die Bestimmungen des Gesamtarbeitsvertrages über Abschluss, Inhalt und Beendigung der einzelnen Arbeitsverhältnisse gelten während der Dauer des Vertrages unmittelbar für die beteiligten Arbeitgeber und Arbeitnehmer und können nicht wegbedungen werden, sofern der Gesamtarbeitsvertrag nichts anderes bestimmt.

² Abreden zwischen beteiligten Arbeitgebern und Arbeitnehmern, die gegen die unabdingbaren Bestimmungen verstossen, sind nichtig und werden durch die Bestimmungen des Gesamtarbeitsvertrages ersetzt; jedoch können abweichende Abreden zugunsten der Arbeitnehmer getroffen werden.

Abs. 2: BGE 116 II 153.

Art. 357a 2. unter den Vertragsparteien

¹ Die Vertragsparteien sind verpflichtet, für die Einhaltung des Gesamtarbeitsvertrages zu sorgen; zu diesem Zweck haben Verbände auf ihre Mitglieder einzuwirken und nötigenfalls die statutarischen und gesetzlichen Mittel einzusetzen.

² Jede Vertragspartei ist verpflichtet, den Arbeitsfrieden zu wahren und sich insbesondere jeder Kampfmassnahme zu enthalten, soweit es sich um Gegenstände handelt, die im Gesamtarbeitsvertrag geregelt sind; die Friedenspflicht gilt nur unbeschränkt, wenn dies ausdrücklich bestimmt ist.

BGE 132 III 122.

Art. 357b 3. gemeinsame Durchführung

¹ In einem zwischen Verbänden abgeschlossenen Gesamtarbeitsvertrag können die Vertragsparteien vereinbaren, dass ihnen gemeinsam ein Anspruch auf Einhaltung des Vertrages gegenüber den beteiligten Arbeitgebern und Arbeitnehmern zusteht, soweit es sich um folgende Gegenstände handelt:

a. Abschluss, Inhalt und Beendigung des Arbeitsverhältnisses, wobei der Anspruch nur auf Feststellung geht;

b. Beiträge an Ausgleichskassen und andere das Arbeitsverhältnis betreffende Einrichtungen, Vertretung der Arbeitnehmer in den Betrieben und Wahrung des Arbeitsfriedens;

c. Kontrolle, Kautionen und Konventionalstrafen in Bezug auf Bestimmungen gemäss Buchstaben *a* und *b*.

² Vereinbarungen im Sinne des vorstehenden Absatzes können getroffen werden, wenn die Vertragsparteien durch die Statuten oder einen Beschluss des obersten Verbandsorgans ausdrücklich hiezu ermächtigt sind.

³ Auf das Verhältnis der Vertragsparteien unter sich sind die Vorschriften über die einfache Gesellschaft sinngemäss anwendbar, wenn der Gesamtarbeitsvertrag nichts anderes bestimmt.

Art. 358   III. Verhältnis zum zwingenden Recht

Das zwingende Recht des Bundes und der Kantone geht den Bestimmungen des Gesamtarbeitsvertrages vor, jedoch können zugunsten der Arbeitnehmer abweichende Bestimmungen aufgestellt werden, wenn sich aus dem zwingenden Recht nichts anderes ergibt.

Art. 359   B. Normalarbeitsvertrag
I. Begriff und Inhalt

[1] Durch den Normalarbeitsvertrag werden für einzelne Arten von Arbeitsverhältnissen Bestimmungen über deren Abschluss, Inhalt und Beendigung aufgestellt.

[2] Für das Arbeitsverhältnis der landwirtschaftlichen Arbeitnehmer und der Arbeitnehmer im Hausdienst haben die Kantone Normalarbeitsverträge zu erlassen, die namentlich die Arbeits- und Ruhezeit ordnen und die Arbeitsbedingungen der weiblichen und jugendlichen Arbeitnehmer regeln.

[3] Artikel 358 ist auf den Normalarbeitsvertrag sinngemäss anwendbar.

Übersicht über Normalarbeitsverträge: SR 221.215.32.

Art. 359a   II. Zuständigkeit und Verfahren

[1] Erstreckt sich der Geltungsbereich des Normalarbeitsvertrages auf das Gebiet mehrerer Kantone, so ist für den Erlass der Bundesrat, andernfalls der Kanton zuständig.

[2] Vor dem Erlass ist der Normalarbeitsvertrag angemessen zu veröffentlichen und eine Frist anzusetzen, innert deren jedermann, der ein Interesse glaubhaft macht, schriftlich dazu Stellung nehmen kann; ausserdem sind Berufsverbände oder gemeinnützige Vereinigungen, die ein Interesse haben, anzuhören.

[3] Der Normalarbeitsvertrag tritt in Kraft, wenn er nach den für die amtlichen Veröffentlichungen geltenden Vorschriften bekanntgemacht worden ist.

[4] Für die Aufhebung und Abänderung eines Normalarbeitsvertrages gilt das gleiche Verfahren.

Abs. 1: siehe SR 221.215.32.

Art. 360   III. Wirkungen

[1] Die Bestimmungen des Normalarbeitsvertrages gelten unmittelbar für die ihm unterstellten Arbeitsverhältnisse, soweit nichts anderes verabredet wird.

[2] Der Normalarbeitsvertrag kann vorsehen, dass Abreden, die von einzelnen seiner Bestimmungen abweichen, zu ihrer Gültigkeit der schriftlichen Form bedürfen.

Art. 360a[1] IV. Mindestlöhne

1. Voraussetzungen

[1] ◆ Werden innerhalb einer Branche oder einem Beruf die orts-, berufs- oder branchenüblichen Löhne wiederholt in missbräuchlicher Weise unterboten und liegt kein Gesamtarbeitsvertrag mit Bestimmungen über Mindestlöhne vor, der allgemein verbindlich erklärt werden kann, so kann die zuständige Behörde zur Bekämpfung oder Verhinderung von Missbräuchen auf Antrag der tripartiten Kommission nach Artikel 360b einen befristeten Normalarbeitsvertrag erlassen, der nach Regionen und gegebenenfalls Orten differenzierte Mindestlöhne vorsieht.

[2] ◆ Die Mindestlöhne dürfen weder dem Gesamtinteresse zuwiderlaufen noch die berechtigten Interessen anderer Branchen oder Bevölkerungskreise beeinträchtigen. Sie müssen den auf regionalen oder betrieblichen Verschiedenheiten beruhenden Minderheitsinteressen der betroffenen Branchen oder Berufe angemessen Rechnung tragen.

Art. 360b[2] 2. Tripartite Kommissionen

[1] Der Bund und jeder Kanton setzen eine tripartite Kommission ein, die sich aus einer gleichen Zahl von Arbeitgeber- und Arbeitnehmervertretern sowie Vertretern des Staates zusammensetzt.

[2] Bezüglich der Wahl ihrer Vertreter nach Absatz 1 steht den Arbeitgeber- und Arbeitnehmerverbänden ein Vorschlagsrecht zu.

[3] Die Kommissionen beobachten den Arbeitsmarkt. Stellen sie Missbräuche im Sinne von Artikel 360a Absatz 1 fest, so suchen sie in der Regel eine direkte Verständigung mit den betroffenen Arbeitgebern. Gelingt dies innert zwei Monaten nicht, so beantragen sie der zuständigen Behörde den Erlass eines Normalarbeitsvertrages, der für die betroffenen Branchen oder Berufe Mindestlöhne vorsieht.

[4] Ändert sich die Arbeitsmarktsituation in den betroffenen Branchen, so beantragt die tripartite Kommission der zuständigen Behörde die Änderung oder die Aufhebung des Normalarbeitsvertrags.

[5] Um die ihnen übertragenen Aufgaben wahrzunehmen, haben die tripartiten Kommissionen in den Betrieben das Recht auf Auskunft und Einsichtnahme in alle Dokumente, die für die Durchführung der Untersuchung notwendig sind. Im Streitfall entscheidet eine hierfür vom Bund beziehungsweise vom Kanton bezeichnete Behörde.

[6] Die tripartiten Kommissionen können beim Bundesamt für Statistik auf Gesuch die für ihre Abklärungen notwendigen Personendaten beziehen, die in Firmen-Gesamtarbeitsverträgen enthalten sind.[3]

---

1 Eingefügt durch Anhang Ziff. 2 des BG vom 8. Okt. 1999 über die in die Schweiz entsandten Arbeitnehmerinnen und Arbeitnehmer, in Kraft seit 1. Juni 2004 (SR 823.20).

2 Eingefügt durch Anhang Ziff. 2 des BG vom 8. Okt. 1999 über die in die Schweiz entsandten Arbeitnehmerinnen und Arbeitnehmer, in Kraft seit 1. Juni 2003 (SR 823.20).

3 Eingefügt durch Art. 2 Ziff. 2 des BB vom 17. Dez. 2004 über die Genehmigung und Umsetzung des Protokolls über die Ausdehnung des Freizügigkeitsabkommens auf die neuen EG-Mitgliedstaaten zwischen der Schweizeri-

Art. 360c[1]　　3. Amtsgeheimnis

[1] Die Mitglieder der tripartiten Kommissionen unterstehen dem Amtsgeheimnis; sie sind insbesondere über betriebliche und private Angelegenheiten, die ihnen in dieser Eigenschaft zur Kenntnis gelangen, zur Verschwiegenheit gegenüber Drittpersonen verpflichtet.

[2] Die Pflicht zur Verschwiegenheit bleibt auch nach dem Ausscheiden aus der tripartiten Kommission bestehen.

Art. 360d[2]　　4. Wirkungen

[1] Der Normalarbeitsvertrag nach Artikel 360*a* gilt auch für Arbeitnehmer, die nur vorübergehend in seinem örtlichen Geltungsbereich tätig sind, sowie für verliehene Arbeitnehmer.

[2] Durch Abrede darf vom Normalarbeitsvertrag nach Artikel 360*a* nicht zu Ungunsten des Arbeitnehmers abgewichen werden.

Art. 360e[3]　　5. Klagerecht der Verbände

Den Arbeitgeber- und den Arbeitnehmerverbänden steht ein Anspruch auf gerichtliche Feststellung zu, ob ein Arbeitgeber den Normalarbeitsvertrag nach Artikel 360*a* einhält.

Art. 360f[4]　　6. Meldung

Erlässt ein Kanton in Anwendung von Artikel 360*a* einen Normalarbeitsvertrag, so stellt er dem zuständigen Bundesamt[5] ein Exemplar zu.

　　schen Eidgenossenschaft einerseits und der Europäischen Gemeinschaft und ihren Mitgliedstaaten andererseits sowie über die Genehmigung der Revision der flankierenden Massnahmen zur Personenfreizügigkeit, in Kraft seit 1. April 2006 (AS 2006 979 994; BBl 2004 5891 6565).

1　　Eingefügt durch Anhang Ziff. 2 des BG vom 8. Okt. 1999 über die in die Schweiz entsandten Arbeitnehmerinnen und Arbeitnehmer, in Kraft seit 1. Juni 2003 (SR 823.20).

2　　Eingefügt durch Anhang Ziff. 2 des BG vom 8. Okt. 1999 über die in die Schweiz entsandten Arbeitnehmerinnen und Arbeitnehmer, in Kraft seit 1. Juni 2004 (SR 823.20).

3　　Eingefügt durch Anhang Ziff. 2 des BG vom 8. Okt. 1999 über die in die Schweiz entsandten Arbeitnehmerinnen und Arbeitnehmer, in Kraft seit 1. Juni 2004 (SR 823.20).

4　　Eingefügt durch Anhang Ziff. 2 des BG vom 8. Okt. 1999 über die in die Schweiz entsandten Arbeitnehmerinnen und Arbeitnehmer, in Kraft seit 1. Juni 2004 (SR 823.20).

5　　Gegenwärtig Staatssekretariat für Wirtschaft (SECO).

Vierter Abschnitt: Zwingende Vorschriften

Art. 361   A. Unabänderlichkeit zuungunsten des Arbeitgebers und des Arbeitnehmers

[1] Durch Abrede, Normalarbeitsvertrag oder Gesamtarbeitsvertrag darf von den folgenden Vorschriften weder zuungunsten des Arbeitgebers noch des Arbeitnehmers abgewichen werden:

Artikel 321 c:	Absatz 1 (Überstundenarbeit)
Artikel 323:	Absatz 4 (Vorschuss)
Artikel 323 b:	Absatz 2 (Verrechnung mit Gegenforderungen)
Artikel 325:	Absatz 2 (Abtretung und Verpfändung von Lohnforderungen)
Artikel 326:	Absatz 2 (Zuweisung von Arbeit)
Artikel 329 d:	Absätze 2 und 3 (Ferienlohn)
Artikel 331:	Absätze 1 und 2 (Zuwendungen für die Personalfürsorge)
Artikel 331 b:	(Abtretung und Verpfändung von Forderungen auf Vorsorgeleistungen)[1]
...[2]	
Artikel 334:	Absatz 3 (Kündigung beim langjährigen Arbeitsverhältnis)
Artikel 335:	(Kündigung des Arbeitsverhältnisses)
Artikel 336:	Absatz 1 (Missbräuchliche Kündigung)
Artikel 336 a:	(Entschädigung bei missbräuchlicher Kündigung)
Artikel 336 b:	(Geltendmachung der Entschädigung)
Artikel 336 d:	(Kündigung zur Unzeit durch den Arbeitnehmer)
Artikel 337:	Absätze 1 und 2 (Fristlose Auflösung aus wichtigen Gründen)
Artikel 337 b:	Absatz 1 (Folgen bei gerechtfertigter Auflösung)
Artikel 337 d:	(Folgen bei ungerechtfertigtem Nichtantritt oder Verlassen der Arbeitsstelle)
Artikel 339:	Absatz 1 (Fälligkeit der Forderungen)
Artikel 339 a:	(Rückgabepflichten)
Artikel 340 b:	Absätze 1 und 2 (Folgen der Übertretung des Konkurrenzverbotes)
Artikel 342:	Absatz 2 (Zivilrechtliche Wirkungen des öffentlichen Rechts)

---

1   Eingefügt durch Anhang Ziff. 2 des Freizügigkeitsgesetzes vom 17. Dez. 1993, in Kraft seit 1. Jan. 1995 (SR 831.42).

2   Aufgehoben durch Anhang Ziff. 2 des Freizügigkeitsgesetzes vom 17. Dez. 1993 (SR 831.42).

...[1]

Artikel 346:	(Vorzeitige Auflösung des Lehrvertrages)
Artikel 349*c*:	Absatz 3 (Verhinderung an der Reisetätigkeit)
Artikel 350:	(Besondere Kündigung)
Artikel 350*a*:	Absatz 2 (Rückgabepflichten).[2]

[2] Abreden sowie Bestimmungen von Normalarbeitsverträgen und Gesamtarbeitsverträgen, die von den vorstehend angeführten Vorschriften zuungunsten des Arbeitgebers oder des Arbeitnehmers abweichen, sind nichtig.

Art. 362   B. Unabänderlichkeit zuungunsten des Arbeitnehmers

[1] Durch Abrede, Normalarbeitsvertrag oder Gesamtarbeitsvertrag darf von den folgenden Vorschriften zuungunsten der Arbeitnehmerin oder des Arbeitnehmers nicht abgewichen werden:[3]

Artikel 321*e*:	(Haftung des Arbeitnehmers)
Artikel 322*a*:	Absätze 2 und 3 (Anteil am Geschäftsergebnis)
Artikel 322*b*:	Absätze 1 und 2 (Entstehung des Provisionsanspruchs)
Artikel 322*c*:	(Provisionsabrechnung)
Artikel 323*b*:	Absatz 1 zweiter Satz (Lohnabrechnung)
Artikel 324:	(Lohn bei Annahmeverzug des Arbeitgebers)
Artikel 324*a*:	Absätze 1 und 3 (Lohn bei Verhinderung des Arbeitnehmers)
Artikel 324*b*:	(Lohn bei obligatorischer Versicherung des Arbeitnehmers)
Artikel 326:	Absätze 1, 3 und 4 (Akkordlohnarbeit)
Artikel 326*a*:	(Akkordlohn
Artikel 327*a*:	Absatz 1 (Auslagenersatz im Allgemeinen)
Artikel 327*b*:	Absatz 1 (Auslagenersatz bei Motorfahrzeug)
Artikel 327*c*:	Absatz 2 (Vorschuss für Auslagen)
Artikel 328:	(Schutz der Persönlichkeit des Arbeitnehmers im Allgemeinen)
Artikel 328*a*:	(Schutz der Persönlichkeit bei Hausgemeinschaft)
Artikel 328*b*	(Schutz der Persönlichkeit bei der Bearbeitung von Personendaten)[1]

1   Aufgehoben durch Anhang Ziff. 5 des Gerichtsstandsgesetzes vom 24. März 2000 (SR 272).
2   Fassung gemäss Ziff. I des BG vom 18. März 1988, in Kraft seit 1. Jan. 1989 (AS 1988 1472 1479; BBl 1984 II 551).
3   Fassung gemäss Anhang Ziff. 1 des BG vom 3. Okt. 2003, in Kraft seit 1. Juli 2005 (AS 2005 1429 1437; BBl 2002 7522, 2003 1112 2923).

Artikel 329:	Absätze 1, 2 und 3 (Freizeit)
Artikel 329*a.*	Absätze 1 und 3 (Dauer der Ferien)
Artikel 329*b.*	Absätze 2 und 3 (Kürzung der Ferien)
Artikel 329*c.*	(Zusammenhang und Zeitpunkt der Ferien)
Artikel 329*d.*	Absatz 1 (Ferienlohn)
Artikel 329*e.*	Absätze 1 und 3 (Jugendurlaub)[2]
Artikel 329*f.*	(Mutterschaftsurlaub)[3]
Artikel 330:	Absätze 1, 3 und 4 (Kaution)
Artikel 330*a.*	(Zeugnis)
Artikel 331:	Absätze 3 und 4 (Beitragsleistung und Auskunftspflicht bei Personalfürsorge)
Artikel 331*a.*	(Beginn und Ende des Vorsorgeschutzes)[4]
...[5]	
Artikel 332:	Absatz 4 (Vergütung bei Erfindungen)
Artikel 333:	Absatz 3 (Haftung bei Übergang des Arbeitsverhältnisses)
Artikel 336:	Absatz 2 (Missbräuchliche Kündigung durch den Arbeitgeber)
Artikel 336*c.*	(Kündigung zur Unzeit durch den Arbeitgeber)
Artikel 337*a.*	(Fristlose Auflösung wegen Lohngefährdung)
Artikel 337*c.*	Absatz 1 (Folgen bei ungerechtfertigter Entlassung)
Artikel 338:	(Tod des Arbeitnehmers)
Artikel 338*a.*	(Tod des Arbeitgebers)
Artikel 339*b.*	(Voraussetzungen der Abgangsentschädigung)
Artikel 339*d.*	(Ersatzleistungen)
Artikel 340:	Absatz 1 (Voraussetzungen des Konkurrenzverbotes)
Artikel 340*a.*	Absatz 1 (Beschränkung des Konkurrenzverbotes)
Artikel 340*c.*	(Wegfall des Konkurrenzverbotes)

1   Eingefügt durch Anhang Ziff. 2 des BG vom 19. Juni 1992 über den Datenschutz, in Kraft seit 1. Juli 1993 (SR 235.1).

2   Eingefügt durch Art. 13 des JFG vom 6. Okt. 1989, in Kraft seit 1. Jan. 1991 (SR 446.1).

3   Eingefügt durch Anhang Ziff. 1 des BG vom 3. Okt. 2003, in Kraft seit 1. Juli 2005 (AS 2005 1429 1437; BBl 2002 7522, 2003 1112 2923).

4   Fassung gemäss Anhang Ziff. 2 des Freizügigkeitsgesetzes vom 17. Dez. 1993, in Kraft seit 1. Jan. 1995 (SR 831.42).

5   Aufgehoben durch Anhang Ziff. 2 des Freizügigkeitsgesetzes vom 17. Dez. 1993 (SR 831.42).

Artikel 341:	Absatz 1 (Unverzichtbarkeit)
Artikel 345*a*:	(Pflichten des Lehrmeisters[1])
Artikel 346*a*:	(Lehrzeugnis)
Artikel 349*a*:	Absatz 1 (Lohn des Handelsreisenden)
Artikel 349*b*:	Absatz 3 (Ausrichtung der Provision)
Artikel 349*c*:	Absatz 1 (Lohn bei Verhinderung an der Reisetätigkeit)
Artikel 349*e*:	Absatz 1 (Retentionsrecht des Handelsreisenden
Artikel 350*a*:	Absatz 1 (Provision bei Beendigung des Arbeitsverhältnisses)
Artikel 352*a*:	Absatz 3 (Haftung des Heimarbeiters)
Artikel 353:	(Abnahme des Arbeitserzeugnisses)
Artikel 353*a*:	(Ausrichtung des Lohnes)
Artikel 353*b*:	Absatz 1 (Lohn bei Verhinderung an der Arbeitsleistung).[2]

[2] Abreden sowie Bestimmungen von Normalarbeitsverträgen und Gesamtarbeitsverträgen, die von den vorstehend angeführten Vorschriften zuungunsten des Arbeitnehmers abweichen, sind nichtig.

Elfter Titel: Der Werkvertrag

Art. 363   A. Begriff

Durch den Werkvertrag verpflichtet sich der Unternehmer zur Herstellung eines Werkes und der Besteller zur Leistung einer Vergütung.

> Vgl. die Normen des Schweiz. Ingenieur- und Architekten-Vereins SIA, namentlich SIA-Norm 118. Werkvertrag und Dienstvertrag: BGE 59 II 263; 70 II 218. Theatervorstellung: BGE 70 II 218. Lieferung elektr. Energie: siehe Art. 184 Anm. Generalunternehmer: BGE 94 II 161; 114 II 53. Geometer: BGE 109 II 34; Architekt: BGE 109 II 464; 126 III 388; Kunstwerk: BGE 115 II 50. Vorarbeit: BGE 119 II 40. EDV-Vertrag: BGE 124 III 456.

Art. 364   B. Wirkungen
            I. Pflichten des Unternehmers
            1. Im Allgemeinen

[1] Der Unternehmer haftet im Allgemeinen für die gleiche Sorgfalt wie der Arbeitnehmer im Arbeitsverhältnis.[1]

1   Heute: des Arbeitgebers.
2   Fassung gemäss Ziff. I des BG vom 18. März 1988, in Kraft seit 1. Jan. 1989 (AS 1988 1472 1479; BBl 1984 II 551).

2 Er ist verpflichtet, das Werk persönlich auszuführen oder unter seiner persönlichen Leitung ausführen zu lassen, mit Ausnahme der Fälle, in denen es nach der Natur des Geschäftes auf persönliche Eigenschaften des Unternehmers nicht ankommt.

3 Er hat in Ermangelung anderweitiger Verabredung oder Übung für die zur Ausführung des Werkes nötigen Hilfsmittel, Werkzeuge und Gerätschaften auf seine Kosten zu sorgen.

OR 58, 321a.

Art. 365   2. Betreffend den Stoff

1 Soweit der Unternehmer die Lieferung des Stoffes übernommen hat, haftet er dem Besteller für die Güte desselben und hat Gewähr zu leisten wie ein Verkäufer.

2 Den vom Besteller gelieferten Stoff hat der Unternehmer mit aller Sorgfalt zu behandeln, über dessen Verwendung Rechenschaft abzulegen und einen allfälligen Rest dem Besteller zurückzugeben.

3 Zeigen sich bei der Ausführung des Werkes Mängel an dem vom Besteller gelieferten Stoffe oder an dem angewiesenen Baugrunde, oder ergeben sich sonst Verhältnisse, die eine gehörige oder rechtzeitige Ausführung des Werkes gefährden, so hat der Unternehmer dem Besteller ohne Verzug davon Anzeige zu machen, widrigenfalls die nachteiligen Folgen ihm selbst zur Last fallen.

Abs. 1: OR 192 ff., 376.
Abs. 2: BGE 113 II 421 (gestohlenes Auto).

Art. 366   3. Rechtzeitige Vornahme und vertragsgemässe Ausführung der Arbeit

1 Beginnt der Unternehmer das Werk nicht rechtzeitig oder verzögert er die Ausführung in vertragswidriger Weise oder ist er damit ohne Schuld des Bestellers so sehr im Rückstande, dass die rechtzeitige Vollendung nicht mehr vorauszusehen ist, so kann der Besteller, ohne den Lieferungstermin abzuwarten, vom Vertrage zurücktreten.

2 Lässt sich während der Ausführung des Werkes eine mangelhafte oder sonst vertragswidrige Erstellung durch Verschulden des Unternehmers bestimmt voraussehen, so kann ihm der Besteller eine angemessene Frist zur Abhilfe ansetzen oder ansetzen lassen mit der Androhung, dass im Unterlassungsfalle die Verbesserung oder die Fortführung des Werkes auf Gefahr und Kosten des Unternehmers einem Dritten übertragen werde.

Abs. 1: OR 107, 109; BGE 46 II 251; 98 II 113; 116 II 450.
Abs. 2: OR 98. BGE 126 III 230.

---

1   Fassung gemäss Ziff. II Art. 1 Ziff. 6 des BG vom 25. Juni 1971, in Kraft seit 1. Jan. 1972 (am Schluss des OR, Schl- und Ueb des X. Tit.).

Art. 367   4. Haftung für Mängel
             a. Feststellung der Mängel

[1] Nach Ablieferung des Werkes hat der Besteller, sobald es nach dem üblichen Geschäftsgange tunlich ist, dessen Beschaffenheit zu prüfen und den Unternehmer von allfälligen Mängeln in Kenntnis zu setzen.

[2] Jeder Teil ist berechtigt, auf seine Kosten eine Prüfung des Werkes durch Sachverständige und die Beurkundung des Befundes zu verlangen.

BGE 96 II 58.

Art. 368   b. Recht des Bestellers bei Mängeln

[1] Leidet das Werk an so erheblichen Mängeln oder weicht es sonst so sehr vom Vertrage ab, dass es für den Besteller unbrauchbar ist oder dass ihm die Annahme billigerweise nicht zugemutet werden kann, so darf er diese verweigern und bei Verschulden des Unternehmers Schadenersatz fordern.

[2] Sind die Mängel oder die Abweichungen vom Vertrage minder erheblich, so kann der Besteller einen dem Minderwerte des Werkes entsprechenden Abzug am Lohne machen oder auch, sofern dieses dem Unternehmer nicht übermässige Kosten verursacht, die unentgeltliche Verbesserung des Werkes und bei Verschulden Schadenersatz verlangen.

[3] Bei Werken, die auf dem Grund und Boden des Bestellers errichtet sind und ihrer Natur nach nur mit unverhältnismässigen Nachteilen entfernt werden können, stehen dem Besteller nur die im zweiten Absatz dieses Artikels genannten Rechte zu.

BGE 100 II 30 (OR 97 oder 367 ff.?); 109 II 40.
Abs. 2: BGE 105 II 99; 107 II 50.

Art. 369   c. Verantwortlichkeit des Bestellers

Die dem Besteller bei Mangelhaftigkeit des Werkes gegebenen Rechte fallen dahin, wenn er durch Weisungen, die er entgegen den ausdrücklichen Abmahnungen des Unternehmers über die Ausführung erteilte, oder auf andere Weise die Mängel selbst verschuldet hat.

BGE 116 II 454.

Art. 370   d. Genehmigung des Werkes

[1] Wird das abgelieferte Werk vom Besteller ausdrücklich oder stillschweigend genehmigt, so ist der Unternehmer von seiner Haftpflicht befreit, soweit es sich nicht um Mängel handelt, die bei der Abnahme und ordnungsmässigen Prüfung nicht erkennbar waren oder vom Unternehmer absichtlich verschwiegen wurden.

² Stillschweigende Genehmigung wird angenommen, wenn der Besteller die gesetzlich vorgesehene Prüfung und Anzeige unterlässt.

³ Treten die Mängel erst später zu Tage, so muss die Anzeige sofort nach der Entdeckung erfolgen, widrigenfalls das Werk auch rücksichtlich dieser Mängel als genehmigt gilt.

Abs. 3: BGE 107 II 172.

Art. 371   e. Verjährung

¹ Die Ansprüche des Bestellers wegen Mängel des Werkes verjähren gleich den entsprechenden Ansprüchen des Käufers.

² Der Anspruch des Bestellers eines unbeweglichen Bauwerkes wegen allfälliger Mängel des Werkes verjährt jedoch gegen den Unternehmer sowie gegen den Architekten oder Ingenieur, die zum Zwecke der Erstellung Dienste geleistet haben, mit Ablauf von fünf Jahren seit der Abnahme.

OR 210. BGE 89 II 406; 102 II 413.
Abs. 2: BGE 108 II 194; 109 II 34; 115 II 456; 130 III 362.

Art. 372   II. Pflichten des Bestellers
            1. Fälligkeit der Vergütung

¹ Der Besteller hat die Vergütung bei der Ablieferung des Werkes zu zahlen.

² Ist das Werk in Teilen zu liefern und die Vergütung nach Teilen bestimmt, so hat Zahlung für jeden Teil bei dessen Ablieferung zu erfolgen.

BGE 118 II 63 (Skonto).

Art. 373   2. Höhe der Vergütung
            a. Feste Übernahme

¹ Wurde die Vergütung zum voraus genau bestimmt, so ist der Unternehmer verpflichtet, das Werk um diese Summe fertigzustellen, und darf keine Erhöhung fordern, selbst wenn er mehr Arbeit oder grössere Auslagen gehabt hat, als vorgesehen war.

² Falls jedoch ausserordentliche Umstände, die nicht vorausgesehen werden konnten oder die nach den von beiden Beteiligten angenommenen Voraussetzungen ausgeschlossen waren, die Fertigstellung hindern oder übermässig erschweren, so kann der Richter nach seinem Ermessen eine Erhöhung des Preises oder die Auflösung des Vertrages bewilligen.

³ Der Besteller hat auch dann den vollen Preis zu bezahlen, wenn die Fertigstellung des Werkes weniger Arbeit verursacht, als vorgesehen war.

Abs. 2: BGE 104 II 314; 109 II 333; 113 II 513; 116 II 315.

Art. 374   b. Festsetzung nach dem Wert der Arbeit

Ist der Preis zum voraus entweder gar nicht oder nur ungefähr bestimmt worden, so wird er nach Massgabe des Wertes der Arbeit und der Aufwendungen des Unternehmers festgesetzt.

BGE 113 II 513; 127 III 520.

Art. 375   C. Beendigung
             I. Rücktritt wegen Überschreitung des Kostenansatzes

[1] Wird ein mit dem Unternehmer verabredeter ungefährer Ansatz ohne Zutun des Bestellers unverhältnismässig überschritten, so hat dieser sowohl während als nach der Ausführung des Werkes das Recht, vom Vertrag zurückzutreten.
[2] Bei Bauten, die auf Grund und Boden des Bestellers errichtet werden, kann dieser eine angemessene Herabsetzung des Lohnes verlangen oder, wenn die Baute noch nicht vollendet ist, gegen billigen Ersatz der bereits ausgeführten Arbeiten dem Unternehmer die Fortführung entziehen und vom Vertrage zurücktreten.

ZGB 671. BGE 98 II 299; 115 II 460.

Art. 376   II. Untergang des Werkes

[1] Geht das Werk vor seiner Übergabe durch Zufall zugrunde, so kann der Unternehmer weder Lohn für seine Arbeit noch Vergütung seiner Auslagen verlangen, ausser wenn der Besteller sich mit der Annahme im Verzug befindet.
[2] Der Verlust des zugrunde gegangenen Stoffes trifft in diesem Falle den Teil, der ihn geliefert hat.
[3] Ist das Werk wegen eines Mangels des vom Besteller gelieferten Stoffes oder des angewiesenen Baugrundes oder infolge der von ihm vorgeschriebenen Art der Ausführung zugrunde gegangen, so kann der Unternehmer, wenn er den Besteller auf diese Gefahren rechtzeitig aufmerksam gemacht hat, die Vergütung der bereits geleisteten Arbeit und der im Lohne nicht eingeschlossenen Auslagen und, falls den Besteller ein Verschulden trifft, überdies Schadenersatz verlangen.

Abs. 1: OR 119.

Art. 377   III. Rücktritt des Bestellers gegen Schadloshaltung

Solange das Werk unvollendet ist, kann der Besteller gegen Vergütung der bereits geleisteten Arbeit und gegen volle Schadloshaltung des Unternehmers jederzeit vom Vertrag zurücktreten.

BGE 129 III 738. Umfang: BGE 69 II 139.

Art. 378   IV. Unmöglichkeit der Erfüllung aus Verhältnissen des Bestellers

¹ Wird die Vollendung des Werkes durch einen beim Besteller eingetretenen Zufall unmöglich, so hat der Unternehmer Anspruch auf Vergütung der geleisteten Arbeit und der im Preise nicht inbegriffenen Auslagen.

² Hat der Besteller die Unmöglichkeit der Ausführung verschuldet, so kann der Unternehmer überdies Schadenersatz fordern.

Art. 379   V. Tod und Unfähigkeit des Unternehmers

¹ Stirbt der Unternehmer oder wird er ohne seine Schuld zur Vollendung des Werkes unfähig, so erlischt der Werkvertrag, wenn er mit Rücksicht auf die persönlichen Eigenschaften des Unternehmers eingegangen war.

² Der Besteller ist verpflichtet, den bereits ausgeführten Teil des Werkes, soweit dieser für ihn brauchbar ist, anzunehmen und zu bezahlen.

OR 364 Abs. 2.

Zwölfter Titel: Der Verlagsvertrag

Art. 380   A. Begriff

Durch den Verlagsvertrag verpflichten sich der Urheber eines literarischen oder künstlerischen Werkes oder seine Rechtsnachfolger (Verlaggeber), das Werk einem Verleger zum Zwecke der Herausgabe zu überlassen, der Verleger dagegen, das Werk zu vervielfältigen und in Vertrieb zu setzen.

Verhältnis zum URG: BGE 59 II 351.

Art. 381   B. Wirkungen
             I. Übertragung des Urheberrechts und Gewährleistung

¹ Die Rechte des Urhebers werden insoweit und auf so lange dem Verleger übertragen, als es für die Ausführung des Vertrages erforderlich ist.

² Der Verlaggeber hat dem Verleger dafür einzustehen, dass er zur Zeit des Vertragsabschlusses zu der Verlagsgabe berechtigt war, und wenn das Werk schutzfähig ist, dass er das Urheberrecht daran hatte.

³ Er hat, wenn das Werk vorher ganz oder teilweise einem Dritten in Verlag gegeben oder sonst mit seinem Wissen veröffentlicht war, dem Verleger vor dem Vertragsabschlusse hievon Kenntnis zu geben.

URG 42 ff.

Art. 382   II. Verfügung des Verlaggebers

¹ Solange die Auflagen des Werkes, zu denen der Verleger berechtigt ist, nicht vergriffen sind, darf der Verlaggeber weder über das Werk im Ganzen noch über dessen einzelne Teile zum Nachteile des Verlegers anderweitig verfügen.

² Zeitungsartikel und einzelne kleinere Aufsätze in Zeitschriften darf der Verlaggeber jederzeit weiter veröffentlichen.

³ Beiträge an Sammelwerke oder grössere Beiträge an Zeitschriften darf der Verlaggeber nicht vor Ablauf von drei Monaten nach dem vollständigen Erscheinen des Beitrages weiter veröffentlichen.

Art. 383   III. Bestimmung der Auflagen

¹ Wurde über die Anzahl der Auflagen nichts bestimmt, so ist der Verleger nur zu einer Auflage berechtigt.

² Die Stärke der Auflage wird, wenn darüber nichts vereinbart wurde, vom Verleger festgesetzt, er hat aber auf Verlangen des Verlaggebers wenigstens so viele Exemplare drucken zu lassen, als zu einem gehörigen Umsatz erforderlich sind, und darf nach Vollendung des ersten Druckes keine neuen Abdrücke veranstalten.

³ Wurde das Verlagsrecht für mehrere Auflagen oder für alle Auflagen übertragen und versäumt es der Verleger, eine neue Auflage zu veranstalten, nachdem die letzte vergriffen ist, so kann ihm der Verlaggeber gerichtlich eine Frist zur Herstellung einer neuen Auflage ansetzen lassen, nach deren fruchtlosem Ablauf der Verleger sein Recht verwirkt.

Abs. 3: OR 107, 109.

Art. 384   IV. Vervielfältigung und Vertrieb

¹ Der Verleger ist verpflichtet, das Werk ohne Kürzungen, ohne Zusätze und ohne Abänderungen in angemessener Ausstattung zu vervielfältigen, für gehörige Bekanntmachung zu sorgen und die üblichen Mittel für den Absatz zu verwenden.

² Die Preisbestimmung hängt von dem Ermessen des Verlegers ab, doch darf er nicht durch übermässige Preisforderung den Absatz erschweren.

Art. 385   V. Verbesserungen und Berichtigungen

¹ Der Urheber behält das Recht, Berichtigungen und Verbesserungen vorzunehmen, wenn sie nicht die Verlagsinteressen verletzen oder die Verantwortlichkeit des Verlegers steigern, ist aber für unvorhergesehene Kosten, die dadurch verursacht werden, Ersatz schuldig.

2 Der Verleger darf keine neue Ausgabe oder Auflage machen und keinen neuen Abdruck vornehmen, ohne zuvor dem Urheber Gelegenheit zu geben, Verbesserungen anzubringen.

Art. 386   VI. Gesamtausgaben und Einzelausgaben

1 Ist die besondere Ausgabe mehrerer einzelner Werke desselben Urhebers zum Verlag überlassen worden, so gibt dieses dem Verleger nicht auch das Recht, eine Gesamtausgabe dieser Werke zu veranstalten.

2 Ebenso wenig hat der Verleger, dem eine Gesamtausgabe sämtlicher Werke oder einer ganzen Gattung von Werken desselben Urhebers überlassen worden ist, das Recht, von den einzelnen Werken besondere Ausgaben zu veranstalten.

Art. 387   VII. Übersetzungsrecht

Das Recht, eine Übersetzung des Werkes zu veranstalten, bleibt, wenn nichts anderes mit dem Verleger vereinbart ist, ausschliesslich dem Verlaggeber vorbehalten.

URG 4, 13.

Art. 388   VIII. Honorar des Verlaggebers
1. Höhe des Honorars

1 Ein Honorar an den Verlaggeber gilt als vereinbart, wenn nach den Umständen die Überlassung des Werkes nur gegen ein Honorar zu erwarten war.

2 Die Grösse desselben bestimmt der Richter auf das Gutachten von Sachverständigen.

3 Hat der Verleger das Recht zu mehreren Auflagen, so wird vermutet, dass für jede folgende von ihm veranstaltete Auflage dieselben Honorar- und übrigen Vertragsbedingungen gelten, wie für die erste Auflage.

Art. 389   2. Fälligkeit Abrechnung und Freiexemplare

1 Das Honorar wird fällig, sobald das ganze Werk oder, wenn es in Abteilungen (Bänden, Heften, Blättern) erscheint, sobald die Abteilung gedruckt ist und ausgegeben werden kann.

2 Wird das Honorar ganz oder teilweise von dem erwarteten Absatze abhängig gemacht, so ist der Verleger zu übungsgemässer Abrechnung und Nachweisung des Absatzes verpflichtet.

3 Der Verlaggeber hat mangels einer andern Abrede Anspruch auf die übliche Zahl von Freiexemplaren.

Art. 390   C. Beendigung
              I. Untergang des Werkes

[1] Geht das Werk nach seiner Ablieferung an den Verleger durch Zufall unter, so ist der Verleger gleichwohl zur Zahlung des Honorars verpflichtet.

[2] Besitzt der Urheber noch ein zweites Exemplar des untergegangenen Werkes, so hat er es dem Verleger zu überlassen, andernfalls ist er verpflichtet, das Werk wieder herzustellen, wenn ihm dies mit geringer Mühe möglich ist.

[3] In beiden Fällen hat er Anspruch auf eine angemessene Entschädigung.

Art. 391   II. Untergang der Auflage

[1] Geht die vom Verleger bereits hergestellte Auflage des Werkes durch Zufall ganz oder zum Teile unter, bevor sie vertrieben worden ist, so ist der Verleger berechtigt, die untergegangenen Exemplare auf seine Kosten neu herzustellen, ohne dass der Verlaggeber ein neues Honorar dafür fordern kann.

[2] Der Verleger ist zur Wiederherstellung der untergegangenen Exemplare verpflichtet, wenn dies ohne unverhältnismässig hohe Kosten geschehen kann.

Art. 392   III. Endigungsgründe in der Person des Urhebers und des Verlegers

[1] Der Verlagsvertrag erlischt, wenn der Urheber vor der Vollendung des Werkes stirbt oder unfähig oder ohne sein Verschulden verhindert wird, es zu vollenden.

[2] Ausnahmsweise kann der Richter, wenn die ganze oder teilweise Fortsetzung des Vertragsverhältnisses möglich und billig erscheint, sie bewilligen und das Nötige anordnen.

[3] Gerät der Verleger in Konkurs, so kann der Verlaggeber das Werk einem anderen Verleger übertragen, wenn ihm nicht für Erfüllung der zur Zeit der Konkurseröffnung noch nicht verfallenen Verlagsverbindlichkeiten Sicherheit geleistet wird.

OR 83, 119.

Art. 393   D. Bearbeitung eines Werkes nach Plan des Verlegers

[1] Wenn einer oder mehrere Verfasser nach einem ihnen vom Verleger vorgelegten Plane die Bearbeitung eines Werkes übernehmen, so haben sie nur auf das bedungene Honorar Anspruch.

[2] Das Urheberrecht am Werke steht dem Verleger zu.

Tonfilm: BGE 74 II 116.

Dreizehnter Titel: Der Auftrag

Erster Abschnitt: Der einfache Auftrag

Art. 394 A. Begriff

[1] Durch die Annahme eines Auftrages verpflichtet sich der Beauftragte, die ihm übertragenen Geschäfte oder Dienste vertragsgemäss zu besorgen.

[2] Verträge über Arbeitsleistung, die keiner besondern Vertragsart dieses Gesetzes unterstellt sind, stehen unter den Vorschriften über den Auftrag.

[3] Eine Vergütung ist zu leisten, wenn sie verabredet oder üblich ist.

> Allgemein: Rechtsanwälte: Vgl. BG über die Freizügigkeit der Anwältinnen und Anwälte vom 23. Juni 2000 (BGFA), SR 935.61. BGE 122 III 361. Architekt: BGE 63 II 176; 64 II 10; 98 II 305; 109 II 464. Grundstückskauf: BGE 64 II 228; 81 II 230. Alleinvertretung: BGE 78 II 33. «Management»: BGE 104 II 108. Liegenschaftenverwaltung: BGE 106 II 157. Anlagefonds: siehe SR 951.31. Zahnarzt: BGE 110 II 375. Reisevertrag: BGE 111 II 270; BG über Pauschalreisen vom 18. Juni 1993, → Nr. 22. Chirurg: BGE 113 II 429; Reklameberater: BGE 115 II 57. Anwalt: BGE 117 II 282; Optionsgeschäft: BGE 124 III 155. Gutachten: BGE 127 III 328. Abs. 3: BGE 124 III 423.

Art. 395 B. Entstehung

Als angenommen gilt ein nicht sofort abgelehnter Auftrag, wenn er sich auf die Besorgung solcher Geschäfte bezieht, die der Beauftragte kraft obrigkeitlicher Bestellung oder gewerbsmässig betreibt oder zu deren Besorgung er sich öffentlich empfohlen hat.

Art. 396 C. Wirkungen
I. Umfang des Auftrages

[1] Ist der Umfang des Auftrages nicht ausdrücklich bezeichnet worden, so bestimmt er sich nach der Natur des zu besorgenden Geschäftes.

[2] Insbesondere ist in dem Auftrage auch die Ermächtigung zu den Rechtshandlungen enthalten, die zu dessen Ausführung gehören.

[3] Einer besonderen Ermächtigung bedarf der Beauftragte, unter Vorbehalt der Bestimmungen des eidgenössischen oder kantonalen Prozessrechtes, wenn es sich darum handelt, einen Prozess anzuheben, einen Vergleich abzuschliessen, ein Schiedsgericht anzunehmen, wechselrechtliche Verbindlichkeiten einzugehen, Grundstücke zu veräussern oder zu belasten oder Schenkungen zu machen.

> OR 32 ff.; BGE 41 II 271, 462.

Art. 397 II. Verpflichtungen des Beauftragten
1. Vorschriftsgemässe Ausführung

[1] Hat der Auftraggeber für die Besorgung des übertragenen Geschäftes eine Vorschrift gegeben, so darf der Beauftragte nur insofern davon abweichen, als nach den Umständen die Einholung einer Erlaubnis nicht tunlich und überdies anzunehmen ist, der Auftraggeber würde sie bei Kenntnis der Sachlage erteilt haben.

[2] Ist der Beauftragte, ohne dass diese Voraussetzungen zutreffen, zum Nachteil des Auftraggebers von dessen Vorschriften abgewichen, so gilt der Auftrag nur dann als erfüllt, wenn der Beauftragte den daraus erwachsenen Nachteil auf sich nimmt.

> Abs. 1: BGE 108 II 197; 110 II 184.

Art. 398 2. Haftung für getreue Ausführung
a. Im Allgemeinen

[1] Der Beauftragte haftet im Allgemeinen für die gleiche Sorgfalt wie der Arbeitnehmer im Arbeitsverhältnis.[1]

[2] Er haftet dem Auftraggeber für getreue und sorgfältige Ausführung des ihm übertragenen Geschäftes.

[3] Er hat das Geschäft persönlich zu besorgen, ausgenommen, wenn er zur Übertragung an einen Dritten ermächtigt oder durch die Umstände genötigt ist, oder wenn eine Vertretung übungsgemäss als zulässig betrachtet wird.

> Abs. 1: OR 321a. BGE 119 II 333 (Bank); 119 II 456 (Arzt).
> Abs. 2: BGE 115 II 62 (Vermögensverwalter); 117 II 563 (Anwalt); 122 III 61 (Architekt); 127 III 357 (Anwalt); 131 III 377 (Treuhandgesellschaft); 132 III 359 (Sterilisationsfehler); 133 III 121 (Arzt).
> Abs. 3: Substitution OR 101, StGB 159.

Art. 399 b. Bei Übertragung der Besorgung auf einen Dritten

[1] Hat der Beauftragte die Besorgung des Geschäftes unbefugterweise einem Dritten übertragen, so haftet er für dessen Handlungen, wie wenn es seine eigenen wären.

[2] War er zur Übertragung befugt, so haftet er nur für gehörige Sorgfalt bei der Wahl und Instruktion des Dritten.

[3] In beiden Fällen kann der Auftraggeber die Ansprüche, die dem Beauftragten gegen den Dritten zustehen, unmittelbar gegen diesen geltend machen.

> Abs. 2: BGE 112 II 347.
> Abs. 3: BGE 121 III 310.

---

[1] Fassung gemäss Ziff. II Art. 1 Ziff. 7 des BG vom 25. Juni 1971, in Kraft seit 1. Jan. 1972 (am Schluss des OR, Schl- und Ueb des X. Tit.).

Art. 400 3. Rechenschaftsablegung

[1] Der Beauftragte ist schuldig, auf Verlangen jederzeit über seine Geschäftsführung Rechenschaft abzulegen und alles, was ihm infolge derselben aus irgendeinem Grunde zugekommen ist, zu erstatten.

[2] Gelder mit deren Ablieferung er sich im Rückstande befindet, hat er zu verzinsen.

> OR 73.
> Abs. 1: BGE 91 II 442; 110 II 181; 132 III 460 (Retrozessionen).

Art. 401 4. Übergang der erworbenen Rechte

[1] Hat der Beauftragte für Rechnung des Auftraggebers in eigenem Namen Forderungsrechte gegen Dritte erworben, so gehen sie auf den Auftraggeber über, sobald dieser seinerseits allen Verbindlichkeiten aus dem Auftragsverhältnisse nachgekommen ist.

[2] Dieses gilt auch gegenüber der Masse, wenn der Beauftragte in Konkurs gefallen ist.

[3] Ebenso kann der Auftraggeber im Konkurse des Beauftragten, unter Vorbehalt der Retentionsrechte desselben, die beweglichen Sachen herausverlangen, die dieser in eigenem Namen, aber für Rechnung des Auftraggebers zu Eigentum erworben hat.

> Abs. 1: OR 110. Indirekte Stellvertretung. BGE 99 II 393; 115 II 468 (Fiduziar); 124 III 350; 130 III 312.
> Abs. 2: BGE 117 II 429.
> Abs. 3: ZGB 895 ff. SchKG 201 f., 425. BGE 102 II 103 (Geld).

Art. 402 III. Verpflichtungen des Auftraggebers

[1] Der Auftraggeber ist schuldig, dem Beauftragten die Auslagen und Verwendungen, die dieser in richtiger Ausführung des Auftrages gemacht hat, samt Zinsen zu ersetzen und ihn von den eingegangenen Verbindlichkeiten zu befreien.

[2] Er haftet dem Beauftragten für den aus dem Auftrage erwachsenen Schaden, soweit er nicht zu beweisen vermag, dass der Schaden ohne sein Verschulden entstanden ist.

> BGE 110 II 283; 120 II 34.

Art. 403 IV. Haftung mehrerer

[1] Haben mehrere Personen gemeinsam einen Auftrag gegeben, so haften sie dem Beauftragten solidarisch.

[2] Haben mehrere Personen einen Auftrag gemeinschaftlich übernommen, so haften sie solidarisch und können den Auftraggeber, soweit sie nicht zur Übertragung der Besorgung an einen Dritten ermächtigt sind, nur durch gemeinschaftliches Handeln verpflichten.

Abs. 1: OR 143 ff.
Abs. 2: OR 398 f.

Art. 404   D. Beendigung
I. Gründe
1. Widerruf, Kündigung

[1] Der Auftrag kann von jedem Teile jederzeit widerrufen oder gekündigt werden.

[2] Erfolgt dies jedoch zur Unzeit, so ist der zurücktretende Teil zum Ersatze des dem anderen verursachten Schadens verpflichtet.

Art. 405   2. Tod, Handlungsunfähigkeit, Konkurs

[1] Der Auftrag erlischt, sofern nicht das Gegenteil vereinbart ist oder aus der Natur des Geschäftes gefolgert werden muss, durch den Tod, durch eintretende Handlungsunfähigkeit und durch den Konkurs des Auftraggebers oder des Beauftragten.

[2] Falls jedoch das Erlöschen des Auftrages die Interessen des Auftraggebers gefährdet, so ist der Beauftragte, sein Erbe oder sein Vertreter verpflichtet, für die Fortführung des Geschäftes zu sorgen, bis der Auftraggeber, sein Erbe oder sein Vertreter in der Lage ist, es selbst zu tun.

Abs. 1: OR 35; ZGB 17.

Art. 406   II. Wirkung des Erlöschens

Aus den Geschäften, die der Beauftragte führt, bevor er von dem Erlöschen des Auftrages Kenntnis erhalten hat, wird der Auftraggeber oder dessen Erbe verpflichtet, wie wenn der Auftrag noch bestanden hätte.

Erster Abschnitt[bis]:[1] Auftrag zur Ehe- oder zur Partnerschaftsvermittlung

Art. 406a   A. Begriff und anwendbares Recht

[1] Wer einen Auftrag zur Ehe- oder zur Partnerschaftsvermittlung annimmt, verpflichtet sich, dem Auftraggeber gegen eine Vergütung Personen für die Ehe oder für eine feste Partnerschaft zu vermitteln.

[2] Auf die Ehe- oder die Partnerschaftsvermittlung sind die Vorschriften über den einfachen Auftrag ergänzend anwendbar.

---

1   Eingefügt durch Anhang Ziff. 2 des BG vom 26. Juni 1998, in Kraft seit 1. Jan. 2000 (AS 1999 1118 1144; BBl 1996 I 1).

Art. 406b B. Vermittlung von oder an Personen aus dem Ausland
I. Kosten der Rückreise

[1] Reist die zu vermittelnde Person aus dem Ausland ein oder reist sie ins Ausland aus, so hat ihr der Beauftragte die Kosten der Rückreise zu vergüten, wenn diese innert sechs Monaten seit der Einreise erfolgt.

[2] Der Anspruch der zu vermittelnden Person gegen den Beauftragten geht mit allen Rechten auf das Gemeinwesen über, wenn dieses für die Rückreisekosten aufgekommen ist.

[3] Der Beauftragte kann vom Auftraggeber nur im Rahmen des im Vertrag vorgesehenen Höchstbetrags Ersatz für die Rückreisekosten verlangen.

Art. 406c II. Bewilligungspflicht

[1] Die berufsmässige Ehe- oder Partnerschaftsvermittlung von Personen oder an Personen aus dem Ausland bedarf der Bewilligung einer vom kantonalen Recht bezeichneten Stelle und untersteht deren Aufsicht.

[2] Der Bundesrat erlässt die Ausführungsvorschriften und regelt namentlich:

a. die Voraussetzungen und die Dauer der Bewilligung;

b. die Sanktionen, die bei Zuwiderhandlungen gegen den Beauftragten verhängt werden;

c. die Pflicht des Beauftragten, die Kosten für die Rückreise der zu vermittelnden Personen sicherzustellen.

Vgl. die entsprechende VO vom 10. November 1999, SR 221.218.2.

Art. 406d C. Form und Inhalt

Der Vertrag bedarf zu seiner Gültigkeit der schriftlichen Form und hat folgende Angaben zu enthalten:

1. den Namen und Wohnsitz der Parteien;

2. die Anzahl und die Art der Leistungen, zu denen sich der Beauftragte verpflichtet, sowie die Höhe der Vergütung und der Kosten, die mit jeder Leistung verbunden sind, namentlich die Einschreibegebühr;

3. den Höchstbetrag der Entschädigung, die der Auftraggeber dem Beauftragten schuldet, wenn dieser bei der Vermittlung von oder an Personen aus dem Ausland die Kosten für die Rückreise getragen hat (Art. 406*b*);

4. die Zahlungsbedingungen;

5. das Recht des Auftraggebers, schriftlich und entschädigungslos innerhalb von sieben Tagen vom Vertrag zurückzutreten;

6. das Verbot für den Beauftragten, vor Ablauf der Frist von sieben Tagen eine Zahlung entgegenzunehmen;

7. das Recht des Auftraggebers, den Vertrag jederzeit entschädigungslos zu kündigen, unter Vorbehalt der Schadenersatzpflicht wegen Kündigung zur Unzeit.

Art. 406e   D. Inkrafttreten, Rücktritt

[1] Der Vertrag tritt für den Auftraggeber erst sieben Tage nach Erhalt eines beidseitig unterzeichneten Vertragsdoppels in Kraft. Innerhalb dieser Frist kann der Auftraggeber dem Beauftragten schriftlich seinen Rücktritt vom Vertrag erklären. Ein im Voraus erklärter Verzicht auf dieses Recht ist unverbindlich. Die Postaufgabe der Rücktrittserklärung am siebten Tag der Frist genügt.

[2] Vor Ablauf der Frist von sieben Tagen darf der Beauftragte vom Auftraggeber keine Zahlung entgegennehmen.

[3] Tritt der Auftraggeber vom Vertrag zurück, so kann von ihm keine Entschädigung verlangt werden.

Art. 406f   E. Rücktrittserklärung und Kündigung

Die Rücktrittserklärung und die Kündigung bedürfen der Schriftform.

Art. 406g   F. Information und Datenschutz

[1] Der Beauftragte informiert den Auftraggeber vor der Vertragsunterzeichnung und während der Vertragsdauer über besondere Schwierigkeiten, die im Hinblick auf die persönlichen Verhältnisse des Auftraggebers bei der Auftragserfüllung auftreten können.

[2] Bei der Bearbeitung der Personendaten des Auftraggebers ist der Beauftragte zur Geheimhaltung verpflichtet; die Bestimmungen des Bundesgesetzes vom 19. Juni 1992[1] über den Datenschutz bleiben vorbehalten.

Abs. 2: BG über den Datenschutz vom 19. Juni 1992, SR 235.1.

Art. 406h   G. Herabsetzung

Sind unverhältnismässig hohe Vergütungen oder Kosten vereinbart worden, so kann sie das Gericht auf Antrag des Auftraggebers auf einen angemessenen Betrag herabsetzen.

1   SR 235.1

Zweiter Abschnitt: Der Kreditbrief und der Kreditauftrag

Art. 407 A. Kreditbrief

[1] Kreditbriefe, durch die der Adressant den Adressaten mit oder ohne Angabe eines Höchstbetrages beauftragt, einer bestimmten Person die verlangten Beträge auszubezahlen, werden nach den Vorschriften über den Auftrag und die Anweisung beurteilt.

[2] Wenn kein Höchstbetrag angegeben ist, so hat der Adressat bei Anforderungen, die den Verhältnissen der beteiligten Personen offenbar nicht entsprechen, den Adressanten zu benachrichtigen und bis zum Empfange einer Weisung desselben die Zahlung zu verweigern.

[3] Der im Kreditbriefe enthaltene Auftrag gilt nur dann als angenommen, wenn die Annahme bezüglich eines bestimmten Betrages erklärt worden ist.

Abs. 1: OR 394 ff., 466 ff.

Art. 408 B. Kreditauftrag
I. Begriff und Form

[1] Hat jemand den Auftrag erhalten und angenommen, in eigenem Namen und auf eigene Rechnung, jedoch unter Verantwortlichkeit des Auftraggebers, einem Dritten Kredit zu eröffnen oder zu erneuern, so haftet der Auftraggeber wie ein Bürge, sofern der Beauftragte die Grenzen des Kreditauftrages nicht überschritten hat.

[2] Für diese Verbindlichkeit bedarf es der schriftlichen Erklärung des Auftraggebers.

Art. 409 II. Vertragsunfähigkeit des Dritten

Der Auftraggeber kann dem Beauftragten nicht die Einrede entgegensetzen, der Dritte sei zur Eingehung der Schuld persönlich unfähig gewesen.

Art. 410 III. Eigenmächtige Stundung

Die Haftpflicht des Auftraggebers erlischt, wenn der Beauftragte dem Dritten eigenmächtig Stundung gewährt oder es versäumt hat, gemäss den Weisungen des Auftraggebers gegen ihn vorzugehen.

Art. 411 IV. Kreditnehmer und Auftraggeber

Das Rechtsverhältnis des Auftraggebers zu dem Dritten, dem ein Kredit eröffnet worden ist, wird nach den Bestimmungen über das Rechtsverhältnis zwischen dem Bürgen und dem Hauptschuldner beurteilt.

OR 505 ff.

Dritter Abschnitt: Der Mäklervertrag

Art. 412   A. Begriff und Form

[1] Durch den Mäklervertrag erhält der Mäkler den Auftrag, gegen eine Vergütung, Gelegenheit zum Abschlusse eines Vertrages nachzuweisen oder den Abschluss eines Vertrages zu vermitteln.

[2] Der Mäklervertrag steht im Allgemeinen unter den Vorschriften über den einfachen Auftrag.

> OR 394 ff. BGE 72 II 86 (Form); 110 II 276; 124 III 481 (Versicherungsmaklervertrag); 131 III 268.

Art. 413   B. Mäklerlohn
               I. Begründung

[1] Der Mäklerlohn ist verdient, sobald der Vertrag infolge des Nachweises oder infolge der Vermittlung des Mäklers zustande gekommen ist.

[2] Wird der Vertrag unter einer aufschiebenden Bedingung geschlossen, so kann der Mäklerlohn erst verlangt werden, wenn die Bedingung eingetreten ist.

[3] Soweit dem Mäkler im Vertrage für Aufwendungen Ersatz zugesichert ist, kann er diesen auch dann verlangen, wenn das Geschäft nicht zustande kommt.

> Kausalzusammenhang: BGE 75 II 55; 84 II 523, 548.

Art. 414   II. Festsetzung

Wird der Betrag der Vergütung nicht festgesetzt, so gilt, wo eine Taxe besteht, diese und in Ermangelung einer solchen der übliche Lohn als vereinbart.

> BGE 110 Ia 111.

Art. 415   III. Verwirkung

Ist der Mäkler in einer Weise, die dem Vertrage widerspricht, für den andern tätig gewesen, oder hat er sich in einem Falle, wo es wider Treu und Glauben geht, auch von diesem Lohn versprechen lassen, so kann er von seinem Auftraggeber weder Lohn noch Ersatz für Aufwendungen beanspruchen.

> BGE 111 II 366 (Doppelmäkelei).

Art. 416[1]   IV. ...

Aufgehoben.

Art. 417[2]   V. Herabsetzung

Ist für den Nachweis der Gelegenheit zum Abschluss oder für die Vermittlung eines Einzelarbeitsvertrages oder eines Grundstückkaufes ein unverhältnismässig hoher Mäklerlohn vereinbart worden, so kann ihn der Richter auf Antrag des Schuldners auf einen angemessenen Betrag herabsetzen.

BGE 106 II 56.

Art. 418   C. Vorbehalt kantonalen Rechtes

Es bleibt den Kantonen vorbehalten, über die Verrichtungen der Börsenmäkler, Sensale und Stellenvermittler besondere Vorschriften aufzustellen.

ZGB 5.

Vierter Abschnitt:[3] Der Agenturvertrag

Art. 418a   A. Allgemeines
             I. Begriff

[1] Agent ist, wer die Verpflichtung übernimmt, dauernd für einen oder mehrere Auftraggeber Geschäfte zu vermitteln oder in ihrem Namen und für ihre Rechnung abzuschliessen, ohne zu den Auftraggebern in einem Arbeitsverhältnis zu stehen.[4]

[2] Auf Agenten, die als solche bloss im Nebenberuf tätig sind, finden die Vorschriften dieses Abschnittes insoweit Anwendung, als die Parteien nicht schriftlich etwas anderes vereinbart haben. Die Vorschriften über das Delcredere, das Konkurrenzverbot und die Auflösung des Vertrages aus wichtigen Gründen dürfen nicht zum Nachteil des Agenten wegbedungen werden.

Agentur oder Kauf: BGE 78 II 80.

---

1   Aufgehoben durch Anhang Ziff. 2 des BG vom 26. Juni 1998 (AS 1999 1118; BBl 1996 I 1).
2   Fassung gemäss Ziff. II Art. 1 Ziff. 8 bzw. 9 des BG vom 25. Juni 1971, in Kraft seit 1. Jan. 1972 (am Schluss des OR, Schl- und Ueb des X. Tit.).
3   Eingefügt durch Ziff. I des BG vom 4. Febr. 1949, in Kraft seit 1. Jan. 1950 (AS 1949 I 802 808; BBl 1947 III 661). Siehe die SchlB zu diesem Abschn. (vierter Abschn. des XIII. Tit.) am Schluss des OR.
4   Fassung gemäss Ziff. II Art. 1 Ziff. 8 bzw. 9 des BG vom 25. Juni 1971, in Kraft seit 1. Jan. 1972 (am Schluss des OR, Schl- und Ueb des X. Tit.).

Art. 418b   II. Anwendbares Recht

[1] Auf den Vermittlungsagenten sind die Vorschriften über den Mäklervertrag, auf den Abschlussagenten diejenigen über die Kommission ergänzend anwendbar.

[2] ...[1]

Art. 418c   B. Pflichten des Agenten
           I. Allgemeines und Delcredere

[1] Der Agent hat die Interessen des Auftraggebers mit der Sorgfalt eines ordentlichen Kaufmannes zu wahren.

[2] Er darf, falls es nicht schriftlich anders vereinbart ist, auch für andere Auftraggeber tätig sein.

[3] Eine Verpflichtung, für die Zahlung oder anderweitige Erfüllung der Verbindlichkeiten des Kunden einzustehen oder die Kosten der Einbringung von Forderungen ganz oder teilweise zu tragen, kann er nur in schriftlicher Form übernehmen. Der Agent erhält dadurch einen unabdingbaren Anspruch auf ein angemessenes besonderes Entgelt.

Art. 418d   II. Geheimhaltungspflicht und Konkurrenzverbot

[1] Der Agent darf Geschäftsgeheimnisse des Auftraggebers, die ihm anvertraut oder auf Grund des Agenturverhältnisses bekannt geworden sind, auch nach Beendigung des Vertrages nicht verwerten oder anderen mitteilen.

[2] Auf ein vertragliches Konkurrenzverbot sind die Bestimmungen über den Dienstvertrag entsprechend anwendbar. Ist ein Konkurrenzverbot vereinbart, so hat der Agent bei Auflösung des Vertrages einen unabdingbaren Anspruch auf ein angemessenes besonderes Entgelt.

> Abs. 2: OR 340 ff.

Art. 418e   C. Vertretungsbefugnis

[1] Der Agent gilt nur als ermächtigt, Geschäfte zu vermitteln, Mängelrügen und andere Erklärungen, durch die der Kunde sein Recht aus mangelhafter Leistung des Auftraggebers geltend macht oder sich vorbehält, entgegenzunehmen und die dem Auftraggeber zustehenden Rechte auf Sicherstellung des Beweises geltend zu machen.

[2] Dagegen gilt er nicht als ermächtigt, Zahlungen entgegenzunehmen, Zahlungsfristen zu gewähren oder sonstige Änderungen des Vertrages mit den Kunden zu vereinbaren.

[3] Die Artikel 34 und 44 Absatz 3 des Bundesgesetzes vom 2. April 1908[2] über den Versicherungsvertrag bleiben vorbehalten.

---

1   Aufgehoben durch Ziff. I Bst. b des Anhangs zum BG vom 18. Dez. 1987 über das Internationale Privatrecht (IPRG – SR 291).

2   SR 221.229.1

Art. 418f   D. Pflichten des Auftraggebers
            I. Im Allgemeinen

[1] Der Auftraggeber hat alles zu tun, um dem Agenten die Ausübung einer erfolgreichen Tätigkeit zu ermöglichen. Er hat ihm insbesondere die nötigen Unterlagen zur Verfügung zu stellen.

[2] Er hat den Agenten unverzüglich zu benachrichtigen, wenn er voraussieht, dass Geschäfte nur in erheblich geringerem Umfange, als vereinbart oder nach den Umständen zu erwarten ist, abgeschlossen werden können oder sollen.

[3] Ist dem Agenten ein bestimmtes Gebiet oder ein bestimmter Kundenkreis zugewiesen, so ist er, soweit nicht schriftlich etwas anderes vereinbart wurde, unter Ausschluss anderer Personen beauftragt.

Art. 418g   II. Provision
            1. Vermittlungs- und Abschlussprovision
            a. Umfang und Entstehung

[1] Der Agent hat Anspruch auf die vereinbarte oder übliche Vermittlungs- oder Abschlussprovision für alle Geschäfte, die er während des Agenturverhältnisses vermittelt oder abgeschlossen hat, sowie, mangels gegenteiliger schriftlicher Abrede, für solche Geschäfte, die während des Agenturverhältnisses ohne seine Mitwirkung vom Auftraggeber abgeschlossen werden, sofern er den Dritten als Kunden für Geschäfte dieser Art geworben hat.

[2] Der Agent, dem ein bestimmtes Gebiet oder ein bestimmter Kundenkreis ausschliesslich zugewiesen ist, hat Anspruch auf die vereinbarte oder, mangels Abrede, auf die übliche Provision für alle Geschäfte, die mit Kunden dieses Gebietes oder Kundenkreises während des Agenturverhältnisses abgeschlossen werden.

[3] Soweit es nicht anders schriftlich vereinbart ist, entsteht der Anspruch auf die Provision, sobald das Geschäft mit dem Kunden rechtsgültig abgeschlossen ist.

BGE 121 III 414; 127 III 449.

Art. 418h   b. Dahinfallen

[1] Der Anspruch des Agenten auf Provision fällt nachträglich insoweit dahin, als die Ausführung eines abgeschlossenen Geschäftes aus einem vom Auftraggeber nicht zu vertretenden Grunde unterbleibt.

[2] Er fällt hingegen gänzlich dahin, wenn die Gegenleistung für die vom Auftraggeber bereits erbrachten Leistungen ganz oder zu einem so grossen Teil unterbleibt, dass dem Auftraggeber die Bezahlung einer Provision nicht zugemutet werden kann.

Art. 418i   c. Fälligkeit

Soweit nicht etwas anderes vereinbart oder üblich ist, wird die Provision auf das Ende des Kalenderhalbjahres, in dem das Geschäft abgeschlossen wurde, im Versicherungsgeschäft jedoch nach Massgabe der Bezahlung der ersten Jahresprämie fällig.

Art. 418k   d. Abrechnung

[1] Ist der Agent nicht durch schriftliche Abrede zur Aufstellung einer Provisionsabrechnung verpflichtet, so hat ihm der Auftraggeber auf jeden Fälligkeitstermin eine schriftliche Abrechnung unter Angabe der provisionspflichtigen Geschäfte zu übergeben.

[2] Auf Verlangen ist dem Agenten Einsicht in die für die Abrechnung massgebenden Bücher und Belege zu gewähren. Auf dieses Recht kann der Agent nicht zum voraus verzichten.

Art. 418l   2. Inkassoprovision

[1] Soweit nicht etwas anderes vereinbart oder üblich ist, hat der Agent Anspruch auf eine Inkassoprovision für die von ihm auftragsgemäss eingezogenen und abgelieferten Beträge.

[2] Mit Beendigung des Agenturverhältnisses fallen die Inkassoberechtigung des Agenten und sein Anspruch auf weitere Inkassoprovisionen dahin.

Art. 418m   III. Verhinderung an der Tätigkeit

[1] Der Auftraggeber hat dem Agenten eine angemessene Entschädigung zu bezahlen, wenn er ihn durch Verletzung seiner gesetzlichen oder vertraglichen Pflichten schuldhaft daran verhindert, die Provision in dem vereinbarten oder nach den Umständen zu erwartenden Umfange zu verdienen. Eine gegenteilige Abrede ist ungültig.

[2] Wird ein Agent, der für keinen andern Auftraggeber gleichzeitig tätig sein darf, durch Krankheit, schweizerischen obligatorischen Militärdienst oder ähnliche Gründe ohne sein Verschulden an seiner Tätigkeit verhindert, so hat er für verhältnismässig kurze Zeit Anspruch auf eine angemessene Entschädigung nach Massgabe des eingetretenen Verdienstausfalles, sofern das Agenturverhältnis mindestens ein Jahr gedauert hat. Auf dieses Recht kann der Agent nicht zum voraus verzichten.

Art. 418n   IV. Kosten und Auslagen

[1] Soweit nicht etwas anderes vereinbart oder üblich ist, hat der Agent keinen Anspruch auf Ersatz für die im regelmässigen Betrieb seines Geschäftes entstandenen Kosten und Auslagen, wohl aber für solche, die er auf besondere Weisung des Auftraggebers oder als dessen Geschäftsführer ohne Auftrag auf sich genommen hat, wie Auslagen für Frachten und Zölle.

[2] Die Ersatzpflicht ist vom Zustandekommen des Rechtsgeschäftes unabhängig.

OR 419 ff.

Art. 418o   V. Retentionsrecht

[1] Zur Sicherung der fälligen Ansprüche aus dem Agenturverhältnis, bei Zahlungsunfähigkeit des Auftraggebers auch der nicht fälligen Ansprüche, hat der Agent an den beweglichen Sachen und Wertpapieren, die er auf Grund des Agenturverhältnisses besitzt, sowie an den kraft einer Inkassovollmacht entgegengenommenen Zahlungen Dritter ein Retentionsrecht, auf das er nicht zum voraus verzichten kann.

[2] An Preistarifen und Kundenverzeichnissen kann das Retentionsrecht nicht ausgeübt werden.

Art. 418p   E. Beendigung
I. Zeitablauf

[1] Ist der Agenturvertrag auf eine bestimmte Zeit abgeschlossen, oder geht eine solche aus seinem Zweck hervor, so endigt er ohne Kündigung mit dem Ablauf dieser Zeit.

[2] Wird ein auf eine bestimmte Zeit abgeschlossenes Agenturverhältnis nach Ablauf dieser Zeit für beide Teile stillschweigend fortgesetzt, so gilt der Vertrag als für die gleiche Zeit erneuert, jedoch höchstens für ein Jahr.

[3] Hat der Auflösung des Vertrages eine Kündigung vorauszugehen, so gilt ihre beiderseitige Unterlassung als Erneuerung des Vertrages.

Art. 418q   II. Kündigung
1. Im Allgemeinen

[1] Ist ein Agenturvertrag nicht auf bestimmte Zeit abgeschlossen, und geht eine solche auch nicht aus seinem Zwecke hervor, so kann er im ersten Jahr der Vertragsdauer beiderseits auf das Ende des der Kündigung folgenden Kalendermonates gekündigt werden. Die Vereinbarung einer kürzeren Kündigungsfrist bedarf der schriftlichen Form.

[2] Wenn das Vertragsverhältnis mindestens ein Jahr gedauert hat, kann es mit einer Kündigungsfrist von zwei Monaten auf das Ende eines Kalendervierteljahres gekündigt werden. Es kann jedoch eine längere Kündigungsfrist oder ein anderer Endtermin vereinbart werden.

[3] Für Auftraggeber und Agenten dürfen keine verschiedenen Kündigungsfristen vereinbart werden.

Art. 418r   2. Aus wichtigen Gründen

[1] Aus wichtigen Gründen kann sowohl der Auftraggeber als auch der Agent jederzeit den Vertrag sofort auflösen.

[2] Die Bestimmungen über den Dienstvertrag sind entsprechend anwendbar.

BGE 125 III 14. Alleinvertretung: BGE 78 II 33.

Art. 418s   III. Tod, Handlungsunfähigkeit, Konkurs

[1] Das Agenturverhältnis erlischt durch den Tod und durch den Eintritt der Handlungsunfähigkeit des Agenten sowie durch den Konkurs des Auftraggebers.

[2] Durch den Tod des Auftraggebers erlischt das Agenturverhältnis, wenn der Auftrag wesentlich mit Rücksicht auf dessen Person eingegangen worden ist.

Art. 418t   IV. Ansprüche des Agenten
             1. Provision

[1] Für Nachbestellungen eines vom Agenten während des Agenturverhältnisses geworbenen Kunden besteht, falls nicht etwas anderes vereinbart oder üblich ist, ein Anspruch auf Provision nur, wenn die Bestellungen vor Beendigung des Agenturvertrages eingelaufen sind.

[2] Mit der Beendigung des Agenturverhältnisses werden sämtliche Ansprüche des Agenten auf Provision oder Ersatz fällig.

[3] Für Geschäfte, die ganz oder teilweise erst nach Beendigung des Agenturverhältnisses zu erfüllen sind, kann eine spätere Fälligkeit des Provisionsanspruches schriftlich vereinbart werden.

Abs. 2: BGE 121 III 414.

Art. 418u   2. Entschädigung für die Kundschaft

[1] Hat der Agent durch seine Tätigkeit den Kundenkreis des Auftraggebers wesentlich erweitert, und erwachsen diesem oder seinem Rechtsnachfolger aus der Geschäftsverbindung mit der geworbenen Kundschaft auch nach Auflösung des Agenturverhältnisses erhebliche Vorteile, so haben der Agent oder seine Erben, soweit es nicht unbillig ist, einen unabdingbaren Anspruch auf eine angemessene Entschädigung.

[2] Dieser Anspruch beträgt höchstens einen Nettojahresverdienst aus diesem Vertragsverhältnis, berechnet nach dem Durchschnitt der letzten fünf Jahre oder, wenn das Verhältnis nicht so lange gedauert hat, nach demjenigen der ganzen Vertragsdauer.

[3] Kein Anspruch besteht, wenn das Agenturverhältnis aus einem Grund aufgelöst worden ist, den der Agent zu vertreten hat.

BGE 103 II 277; 122 III 66.
Abs. 1: BGE 110 IV 476.
Abs. 3: BGE 110 II 280.

Art. 418v V. Rückgabepflichten

Jede Vertragspartei hat auf den Zeitpunkt der Beendigung des Agenturverhältnisses der andern alles herauszugeben, was sie von ihr für die Dauer des Vertrages oder von Dritten für ihre Rechnung erhalten hat. Vorbehalten bleiben die Retentionsrechte der Vertragsparteien.

Vierzehnter Titel: Die Geschäftsführung ohne Auftrag

Art. 419 A. Stellung des Geschäftsführers
I. Art der Ausführung

Wer für einen anderen ein Geschäft besorgt, ohne von ihm beauftragt zu sein, ist verpflichtet, das unternommene Geschäft so zu führen, wie es dem Vorteile und der mutmasslichen Absicht des anderen entspricht.

Irrtum: BGE 75 II 226.

Art. 420 II. Haftung des Geschäftsführers im Allgemeinen

[1] Der Geschäftsführer haftet für jede Fahrlässigkeit.

[2] Seine Haftpflicht ist jedoch milder zu beurteilen, wenn er gehandelt hat, um einen dem Geschäftsherrn drohenden Schaden abzuwenden.

[3] Hat er die Geschäftsführung entgegen dem ausgesprochenen oder sonst erkennbaren Willen des Geschäftsherrn unternommen und war dessen Verbot nicht unsittlich oder rechtswidrig, so haftet er auch für den Zufall, sofern er nicht beweist, dass dieser auch ohne seine Einmischung eingetreten wäre.

Abs. 3: BGE 110 II 183.

Art. 421 III. Haftung des vertragsunfähigen Geschäftsführers

[1] War der Geschäftsführer unfähig, sich durch Verträge zu verpflichten, so haftet er aus der Geschäftsführung nur, soweit er bereichert ist oder auf böswillige Weise sich der Bereicherung entäussert hat.

[2] Vorbehalten bleibt eine weitergehende Haftung aus unerlaubten Handlungen.

ZGB 16.

Art. 422   B. Stellung des Geschäftsherrn
                 I. Geschäftsführung im Interesse des Geschäftsherrn

[1] Wenn die Übernahme einer Geschäftsbesorgung durch das Interesse des Geschäftsherrn geboten war, so ist dieser verpflichtet, dem Geschäftsführer alle Verwendungen, die notwendig oder nützlich und den Verhältnissen angemessen waren, samt Zinsen zu ersetzen und ihn in demselben Masse von den übernommenen Verbindlichkeiten zu befreien sowie für andern Schaden ihm nach Ermessen des Richters Ersatz zu leisten.

[2] Diesen Anspruch hat der Geschäftsführer, wenn er mit der gehörigen Sorgfalt handelte, auch in dem Falle, wo der beabsichtigte Erfolg nicht eintritt.

[3] Sind die Verwendungen dem Geschäftsführer nicht zu ersetzen, so hat er das Recht der Wegnahme nach den Vorschriften über die ungerechtfertigte Bereicherung.

> OR 418n. StGB 158.

Art. 423   II. Geschäftsführung im Interesse des Geschäftsführers

[1] Wenn die Geschäftsführung nicht mit Rücksicht auf das Interesse des Geschäftsherrn unternommen wurde, so ist dieser gleichwohl berechtigt, die aus der Führung seiner Geschäfte entspringenden Vorteile sich anzueignen.

[2] Zur Ersatzleistung an den Geschäftsführer und zu dessen Entlastung ist der Geschäftsherr nur so weit verpflichtet, als er bereichert ist.

> BGE 68 II 36; 129 III 422.
> Abs. 1: BGE 126 III 382.
> Abs. 2: OR 64.

Art. 424   III. Genehmigung der Geschäftsführung

Wenn die Geschäftsbesorgung nachträglich vom Geschäftsherrn gebilligt wird, so kommen die Vorschriften über den Auftrag zur Anwendung.

> OR 394 ff.

Fünfzehnter Titel: Die Kommission

Art. 425   A. Einkaufs- und Verkaufskommission
                 I. Begriff

[1] Einkaufs- oder Verkaufskommissionär ist, wer gegen eine Kommissionsgebühr (Provision) in eigenem Namen für Rechnung eines anderen (des Kommittenten) den Einkauf oder Verkauf von beweglichen Sachen oder Wertpapieren zu besorgen übernimmt.

2 Für das Kommissionsverhältnis kommen die Vorschriften über den Auftrag zur Anwendung, soweit nicht die Bestimmungen dieses Titels etwas anderes enthalten.

Abs. 2: OR 394 ff. BGE 133 III 221 (Börsengeschäft).

Art. 426 II. Pflichten des Kommissionärs
1. Anzeigepflicht, Versicherung

1 Der Kommissionär hat dem Kommittenten die erforderlichen Nachrichten zu geben und insbesondere von der Ausführung des Auftrages sofort Anzeige zu machen.

2 Er ist zur Versicherung des Kommissionsgutes nur verpflichtet, wenn er vom Kommittenten Auftrag dazu erhalten hat.

Art. 427 2. Behandlung des Kommissionsgutes

1 Wenn das zum Verkaufe zugesandte Kommissionsgut sich in einem erkennbar mangelhaften Zustande befindet, so hat der Kommissionär die Rechte gegen den Frachtführer zu wahren, für den Beweis des mangelhaften Zustandes und soweit möglich für Erhaltung des Gutes zu sorgen und dem Kommittenten ohne Verzug Nachricht zu geben.

2 Versäumt der Kommissionär diese Pflichten, so ist er für den aus der Versäumnis entstandenen Schaden haftbar.

3 Zeigt sich Gefahr, dass das zum Verkaufe zugesandte Kommissionsgut schnell in Verderbnis gerate, so ist der Kommissionär berechtigt und, soweit die Interessen des Kommittenten es erfordern, auch verpflichtet, die Sache unter Mitwirkung der zuständigen Amtsstelle des Ortes, wo sie sich befindet, verkaufen zu lassen.

Abs. 1: OR 440 ff.
Abs. 2: OR 97 ff.
Abs. 3: OR 93.

Art. 428 3. Preisansatz des Kommittenten

1 Hat der Verkaufskommissionär unter dem ihm gesetzten Mindestbetrag verkauft, so muss er dem Kommittenten den Preisunterschied vergüten, sofern er nicht beweist, dass durch den Verkauf von dem Kommittenten Schaden abgewendet worden ist und eine Anfrage bei dem Kommittenten nicht mehr tunlich war.

2 Ausserdem hat er ihm im Falle seines Verschuldens allen weitern aus der Vertragsverletzung entstehenden Schaden zu ersetzen.

3 Hat der Kommissionär wohlfeiler gekauft, als der Kommittent vorausgesetzt, oder teurer verkauft, als er ihm vorgeschrieben hatte, so darf er den Gewinn nicht für sich behalten, sondern muss ihn dem Kommittenten anrechnen.

Art. 429   4. Vorschuss- und Kreditgewährung an Dritte

1 Der Kommissionär, der ohne Einwilligung des Kommittenten einem Dritten Vorschüsse macht oder Kredit gewährt, tut dieses auf eigene Gefahr.

2 Soweit jedoch der Handelsgebrauch am Orte des Geschäftes das Kreditieren des Kaufpreises mit sich bringt, ist in Ermangelung einer anderen Bestimmung des Kommittenten auch der Kommissionär dazu berechtigt.

> OR 397.

Art. 430   5. Delcredere-Stehen

1 Abgesehen von dem Falle, wo der Kommissionär unbefugterweise Kredit gewährt, hat er für die Zahlung oder anderweitige Erfüllung der Verbindlichkeiten des Schuldners nur dann einzustehen, wenn er sich hiezu verpflichtet hat, oder wenn das am Orte seiner Niederlassung Handelsgebrauch ist.

2 Der Kommissionär, der für den Schuldner einsteht, ist zu einer Vergütung (Delcredere-Provision) berechtigt.

> Abs. 2: OR 111.

Art. 431   III. Rechte des Kommissionärs
              1. Ersatz für Vorschüsse und Auslagen

1 Der Kommissionär ist berechtigt, für alle im Interesse des Kommittenten gemachten Vorschüsse, Auslagen und andere Verwendungen Ersatz zu fordern und von diesen Beträgen Zinse zu berechnen.

2 Er kann auch die Vergütung für die benutzten Lagerräume und Transportmittel, nicht aber den Lohn seiner Angestellten in Rechnung bringen.

> Abs. 1: OR 73, 402.

Art. 432   2. Provision
              a. Anspruch

1 Der Kommissionär ist zur Forderung der Provision berechtigt, wenn das Geschäft zur Ausführung gekommen oder aus einem in der Person des Kommittenten liegenden Grunde nicht ausgeführt worden ist.

2 Für Geschäfte, die aus einem andern Grunde nicht zur Ausführung gekommen sind, hat der Kommissionär nur den ortsüblichen Anspruch auf Vergütung für seine Bemühungen.

Art. 433 b. Verwirkung und Umwandlung in Eigengeschäft

1 Der Anspruch auf die Provision fällt dahin, wenn sich der Kommissionär einer unredlichen Handlungsweise gegenüber dem Kommittenten schuldig gemacht, insbesondere wenn er einen zu hohen Einkaufs oder einen zu niedrigen Verkaufspreis in Rechnung gebracht hat.

2 Überdies steht dem Kommittenten in den beiden letzterwähnten Fällen die Befugnis zu, den Kommissionär selbst als Verkäufer oder als Käufer in Anspruch zu nehmen.

Art. 434 3. Retentionsrecht

Der Kommissionär hat an dem Kommissionsgute sowie an dem Verkaufserlöse ein Retentionsrecht.

ZBG 895 ff.

Art. 435 4. Versteigerung des Kommissionsgutes

1 Wenn bei Unverkäuflichkeit des Kommissionsgutes oder bei Widerruf des Auftrages der Kommittent mit der Zurücknahme des Gutes oder mit der Verfügung darüber ungebührlich zögert, so ist der Kommissionär berechtigt, bei der zuständigen Amtsstelle des Ortes, wo die Sache sich befindet, die Versteigerung zu verlangen.

2 Die Versteigerung kann, wenn am Orte der gelegenen Sache weder der Kommittent noch ein Stellvertreter desselben anwesend ist, ohne Anhören der Gegenpartei angeordnet werden.

3 Der Versteigerung muss aber eine amtliche Mitteilung an den Kommittenten vorausgehen, sofern das Gut nicht einer schnellen Entwertung ausgesetzt ist.

Art. 436 5. Eintritt als Eigenhändler
a. Preisberechnung und Provision

1 Bei Kommissionen zum Einkauf oder zum Verkauf von Waren, Wechseln und anderen Wertpapieren, die einen Börsenpreis oder Marktpreis haben, ist der Kommissionär, wenn der Kommittent nicht etwas anderes bestimmt hat, befugt, das Gut, das er einkaufen soll, als Verkäufer selbst zu liefern, oder das Gut, das er zu verkaufen beauftragt ist, als Käufer für sich zu behalten.

2 In diesen Fällen ist der Kommissionär verpflichtet, den zur Zeit der Ausführung des Auftrages geltenden Börsen- oder Marktpreis in Rechnung zu bringen und kann sowohl die gewöhnliche Provision als die bei Kommissionsgeschäften sonst regelmässig vorkommenden Unkosten berechnen.

3 Im Übrigen ist das Geschäft als Kaufvertrag zu behandeln.

Selbsteintritt: BGE 71 IV 125.

Art. 437 b. Vermutung des Eintrittes

Meldet der Kommissionär in den Fällen, wo der Eintritt als Eigenhändler zugestanden ist, die Ausführung des Auftrages, ohne eine andere Person als Käufer oder Verkäufer namhaft zu machen, so ist anzunehmen, dass er selbst die Verpflichtung eines Käufers oder Verkäufers auf sich genommen habe.

Art. 438 c. Wegfall des Eintrittsrechtes

Wenn der Kommittent den Auftrag widerruft und der Widerruf bei dem Kommissionär eintrifft, bevor dieser die Anzeige der Ausführung abgesandt hat, so ist der Kommissionär nicht mehr befugt, selbst als Käufer oder Verkäufer einzutreten.

Art. 439 B. Speditionsvertrag

Wer gegen Vergütung die Versendung oder Weitersendung von Gütern für Rechnung des Versenders, aber in eigenem Namen, zu besorgen übernimmt (Spediteur), ist als Kommissionär zu betrachten, steht aber in Bezug auf den Transport der Güter unter den Bestimmungen über den Frachtvertrag.

> OR 456. BGE 103 II 59 (Zwischenspediteur).

Sechzehnter Titel: Der Frachtvertrag

Art. 440 A. Begriff

[1] Frachtführer ist, wer gegen Vergütung (Frachtlohn) den Transport von Sachen auszuführen übernimmt.

[2] Für den Frachtvertrag kommen die Vorschriften über den Auftrag zur Anwendung, soweit nicht die Bestimmungen dieses Titels etwas anderes enthalten.

> OR 1153.
> Abs. 2: OR 394 ff. Konnossement. Internationales Übereinkommen, SR 0.747.354.11. Übereinkommen über den Beförderungsvertrag im internationalen Strassengüterverkehr vom 19. Mai 1956, SR 0.741.611. Montrealer Übereinkommen zur Vereinheitlichung bestimmter Vorschriften über die Beförderung im internationalen Luftverkehr vom 28. Mai 1999, SR 0.748.411. BGE 132 III 626.

Art. 441   B. Wirkungen
I. Stellung des Absenders
1. Notwendige Angaben

[1] Der Absender hat dem Frachtführer die Adresse des Empfängers und den Ort der Ablieferung, die Anzahl, die Verpackung, den Inhalt und das Gewicht der Frachtstücke, die Lieferungszeit und den Transportweg sowie bei wertvollen Gegenständen auch deren Wert genau zu bezeichnen.

[2] Die aus Unterlassung oder Ungenauigkeit einer solchen Angabe entstehenden Nachteile fallen zu Lasten des Absenders.

Abs. 2: OR 97 ff.

Art. 442   2. Verpackung

[1] Für gehörige Verpackung des Gutes hat der Absender zu sorgen.

[2] Er haftet für die Folgen von äusserlich nicht erkennbaren Mängeln der Verpackung.

[3] Dagegen trägt der Frachtführer die Folgen solcher Mängel, die äusserlich erkennbar waren, wenn er das Gut ohne Vorbehalt angenommen hat.

Art. 443   3. Verfügung über das reisende Gut

[1] Solange das Frachtgut noch in Händen des Frachtführers ist, hat der Absender das Recht, dasselbe gegen Entschädigung des Frachtführers für Auslagen oder für Nachteile, die aus der Rückziehung erwachsen, zurückzunehmen, ausgenommen:

1.   wenn ein Frachtbrief vom Absender ausgestellt und vom Frachtführer an den Empfänger übergeben worden ist;

2.   wenn der Absender sich vom Frachtführer einen Empfangsschein hat geben lassen und diesen nicht zurückgeben kann;

3.   wenn der Frachtführer an den Empfänger eine schriftliche Anzeige von der Ankunft des Gutes zum Zwecke der Abholung abgesandt hat;

4.   wenn der Empfänger nach Ankunft des Gutes am Bestimmungsorte die Ablieferung verlangt hat.

[2] In diesen Fällen hat der Frachtführer ausschliesslich die Anweisungen des Empfängers zu befolgen, ist jedoch hiezu, falls sich der Absender einen Empfangsschein hat geben lassen und das Gut noch nicht am Bestimmungsorte angekommen ist, nur dann verpflichtet, wenn dem Empfänger dieser Empfangsschein zugestellt worden ist.

OR 109, 404, 1153 Anm. Ziff. 3: OR 450. SchKG 203.

Art. 444　II. Stellung des Frachtführers
　　　　　　1. Behandlung des Frachtgutes
　　　　　　a. Verfahren bei Ablieferungshindernissen

[1] Wenn das Frachtgut nicht angenommen oder die Zahlung der auf demselben haftenden Forderungen nicht geleistet wird oder wenn der Empfänger nicht ermittelt werden kann, so hat der Frachtführer den Absender hievon zu benachrichtigen und inzwischen das Frachtgut auf Gefahr und Kosten des Absenders aufzubewahren oder bei einem Dritten zu hinterlegen.

[2] Wird in einer den Umständen angemessenen Zeit weder vom Absender noch vom Empfänger über das Frachtgut verfügt, so kann der Frachtführer unter Mitwirkung der am Orte der gelegenen Sache zuständigen Amtsstelle das Frachtgut zugunsten des Berechtigten wie ein Kommissionär verkaufen lassen.

　　Abs. 2: OR 435.

Art. 445　b. Verkauf

[1] Sind Frachtgüter schnellem Verderben ausgesetzt, oder deckt ihr vermutlicher Wert nicht die darauf haftenden Kosten, so hat der Frachtführer den Tatbestand ohne Verzug amtlich feststellen zu lassen und kann das Frachtgut in gleicher Weise wie bei Ablieferungshindernissen verkaufen lassen.

[2] Von der Anordnung des Verkaufes sind, soweit möglich, die Beteiligten zu benachrichtigen.

　　OR 93, 444, 453. Selbsthilfeverkauf.

Art. 446　c. Verantwortlichkeit

Der Frachtführer hat bei Ausübung der ihm in Bezug auf die Behandlung des Frachtgutes eingeräumten Befugnisse die Interessen des Eigentümers bestmöglich zu wahren und haftet bei Verschulden für Schadenersatz.

　　OR 97 ff.

Art. 447　2. Haftung des Frachtführers
　　　　　　a. Verlust und Untergang des Gutes

[1] Wenn ein Frachtgut verloren oder zugrunde gegangen ist, so hat der Frachtführer den vollen Wert zu ersetzen, sofern er nicht beweist, dass der Verlust oder Untergang durch die natürliche Beschaffenheit des Gutes oder durch ein Verschulden oder eine Anweisung des Absenders oder des Empfängers verursacht sei oder auf Umständen beruhe, die durch die Sorgfalt eines ordentlichen Frachtführers nicht abgewendet werden konnten.

[2] Als ein Verschulden des Absenders ist zu betrachten, wenn er den Frachtführer von dem besonders hohen Wert des Frachtgutes nicht unterrichtet hat.

[3] Verabredungen, wonach ein den vollen Wert übersteigendes Interesse oder weniger als der volle Wert zu ersetzen ist, bleiben vorbehalten.

Abs. 1: OR 441 f. BGE 102 II 256.
Abs. 3: OR 100, 160 f. TG 40 ff. Postgesetz SR 783.0. Weltpostverträge und internationale Übereinkommen. Seeschiffahrt: Seeschifffahrtsgesetz, SR 747.30. LFG 75.

Art. 448   b. Verspätung, Beschädigung, teilweiser Untergang

[1] Unter den gleichen Voraussetzungen und Vorbehalten wie beim Verlust des Gutes haftet der Frachtführer für allen Schaden, der aus Verspätung in der Ablieferung oder aus Beschädigung oder aus teilweisem Untergange des Gutes entstanden ist.

[2] Ohne besondere Verabredung kann ein höherer Schadenersatz als für gänzlichen Verlust nicht begehrt werden.

TG 40 ff.

Art. 449   c. Haftung für Zwischenfrachtführer

Der Frachtführer haftet für alle Unfälle und Fehler, die auf dem übernommenen Transporte vorkommen, gleichviel, ob er den Transport bis zu Ende selbst besorgt oder durch einen anderen Frachtführer ausführen lässt, unter Vorbehalt des Rückgriffes gegen den Frachtführer, dem er das Gut übergeben hat.

BGE 102 II 256.

Art. 450   3. Anzeigepflicht

Der Frachtführer hat sofort nach Ankunft des Gutes dem Empfänger Anzeige zu machen.

OR 443 Ziff. 3.

Art. 451   4. Retentionsrecht

[1] Bestreitet der Empfänger die auf dem Frachtgut haftende Forderung, so kann er die Ablieferung nur verlangen, wenn er den streitigen Betrag amtlich hinterlegt.

[2] Dieser Betrag tritt in Bezug auf das Retentionsrecht des Frachtführers an die Stelle des Frachtgutes.

Art. 452   5. Verwirkung der Haftungsansprüche

[1] Durch vorbehaltlose Annahme des Gutes und Bezahlung der Fracht erlöschen alle Ansprüche gegen den Frachtführer, die Fälle von absichtlicher Täuschung und grober Fahrlässigkeit ausgenommen.

[2] Ausserdem bleibt der Frachtführer haftbar für äusserlich nicht erkennbaren Schaden, falls der Empfänger solchen innerhalb der Zeit, in der ihm nach den Umständen die Prüfung möglich oder zuzumuten war, entdeckt und den Frachtführer sofort nach der Entdeckung davon benachrichtigt hat.

[3] Diese Benachrichtigung muss jedoch spätestens acht Tage nach der Ablieferung stattgefunden haben.

Art. 453   6. Verfahren

[1] In allen Streitfällen kann die am Orte der gelegenen Sache zuständige Amtsstelle auf Begehren eines der beiden Teile Hinterlegung des Frachtgutes in dritte Hand oder nötigenfalls nach Feststellung des Zustandes den Verkauf anordnen.

[2] Der Verkauf kann durch Bezahlung oder Hinterlegung des Betrages aller angeblich auf dem Gute haftenden Forderungen abgewendet werden.

OR 92 f.

Art. 454   7. Verjährung der Ersatzklagen

[1] Die Ersatzklagen gegen Frachtführer verjähren mit Ablauf eines Jahres, und zwar im Falle des Unterganges, des Verlustes oder der Verspätung von dem Tage hinweg, an dem die Ablieferung hätte geschehen sollen, im Falle der Beschädigung von dem Tage an, wo das Gut dem Adressaten übergeben worden ist.

[2] Im Wege der Einrede können der Empfänger oder der Absender ihre Ansprüche immer geltend machen, sofern sie innerhalb Jahresfrist reklamiert haben und der Anspruch nicht infolge Annahme des Gutes verwirkt ist.

[3] Vorbehalten bleiben die Fälle von Arglist und grober Fahrlässigkeit des Frachtführers.

Art. 455   C. Staatlich genehmigte und staatliche Transportanstalten

[1] Transportanstalten, zu deren Betrieb es einer staatlichen Genehmigung bedarf, sind nicht befugt, die Anwendung der gesetzlichen Bestimmungen über die Verantwortlichkeit des Frachtführers zu ihrem Vorteile durch besondere Übereinkunft oder durch Reglemente im voraus auszuschliessen oder zu beschränken.

[2] Jedoch bleiben abweichende Vertragsbestimmungen, die in diesem Titel als zulässig vorgesehen sind, vorbehalten.

[3] Die besonderen Vorschriften für die Frachtverträge der Post, der Eisenbahnen und Dampfschiffe bleiben vorbehalten.

Abs. 1: OR 447 ff.

Abs. 2: OR 447 Abs. 3, 448 Abs. 2.

Abs. 3: TG. Postgesetz, SR 783.0. Weltpostverträge und internationale Übereinkommen. Luftfahrtgesetz, SR 748.0.

Art. 456 D. Mitwirkung einer öffentlichen Transportanstalt

[1] Ein Frachtführer oder Spediteur, der sich zur Ausführung des von ihm übernommenen Transportes einer öffentlichen Transportanstalt bedient oder zur Ausführung des von einer solchen übernommenen Transportes mitwirkt, unterliegt den für diese geltenden besonderen Bestimmungen über den Frachtverkehr.

[2] Abweichende Vereinbarungen zwischen dem Frachtführer oder Spediteur und dem Auftraggeber bleiben jedoch vorbehalten.

[3] Dieser Artikel findet keine Anwendung auf Camionneure.

Abs. 1: OR 439, 455 Abs. 3.

Art. 457 E. Haftung des Spediteurs

Der Spediteur, der sich zur Ausführung des Vertrages einer öffentlichen Transportanstalt bedient, kann seine Verantwortlichkeit nicht wegen mangelnden Rückgriffes ablehnen, wenn er selbst den Verlust des Rückgriffes verschuldet hat.

Siebzehnter Titel: Die Prokura und andere Handlungsvollmachten

Art. 458 A. Prokura
I. Begriff und Bestellung

[1] Wer von dem Inhaber eines Handels-, Fabrikations- oder eines anderen nach kaufmännischer Art geführten Gewerbes ausdrücklich oder stillschweigend ermächtigt ist, für ihn das Gewerbe zu betreiben und «per procura» die Firma zu zeichnen, ist Prokurist.

[2] Der Geschäftsherr hat die Erteilung der Prokura zur Eintragung in das Handelsregister anzumelden, wird jedoch schon vor der Eintragung durch die Handlungen des Prokuristen verpflichtet.

[3] Zur Betreibung anderer Gewerbe oder Geschäfte kann ein Prokurist nur durch Eintragung in das Handelsregister bestellt werden.

Abs. 1: OR 566, 721 Abs. 3, 814. BGE 56 I 127; 63 II 94.

Abs. 2: OR 932 f. HRegV 7, 149, → Nr. 14. Stillschweigend: BGE 76 I 351.

Art. 459   II. Umfang der Vollmacht

[1] Der Prokurist gilt gutgläubigen Dritten gegenüber als ermächtigt, den Geschäftsherrn durch Wechsel-Zeichnungen zu verpflichten und in dessen Namen alle Arten von Rechtshandlungen vorzunehmen, die der Zweck des Gewerbes oder Geschäftes des Geschäftsherrn mit sich bringen kann.

[2] Zur Veräusserung und Belastung von Grundstücken ist der Prokurist nur ermächtigt, wenn ihm diese Befugnis ausdrücklich erteilt worden ist.

Abs. 1: OR 933, ZGB 3. BGE 84 II 170.

Art. 460   III. Beschränkbarkeit

[1] Die Prokura kann auf den Geschäftskreis einer Zweigniederlassung beschränkt werden.

[2] Sie kann mehreren Personen zu gemeinsamer Unterschrift erteilt werden (Kollektiv-Prokura), mit der Wirkung, dass die Unterschrift des Einzelnen ohne die vorgeschriebene Mitwirkung der übrigen nicht verbindlich ist.

[3] Andere Beschränkungen der Prokura haben gegenüber gutgläubigen Dritten keine rechtliche Wirkung.

Abs. 1: OR 935.
Abs. 3: ZGB 3. Halbseitige Prokura: BGE 60 I 391.

Art. 461   IV. Löschung der Prokura

[1] Das Erlöschen der Prokura ist in das Handelsregister einzutragen, auch wenn bei der Erteilung die Eintragung nicht stattgefunden hat.

[2] Solange die Löschung nicht erfolgt und bekannt gemacht worden ist, bleibt die Prokura gegenüber gutgläubigen Dritten in Kraft.

OR 937. HRegV 149, → Nr. 14.
Abs. 2: OR 933, ZGB 3.

Art. 462   B. Andere Handlungsvollmachten

[1] Wenn der Inhaber eines Handels-, Fabrikations- oder eines andern nach kaufmännischer Art geführten Gewerbes jemanden ohne Erteilung der Prokura, sei es zum Betriebe des ganzen Gewerbes, sei es zu bestimmten Geschäften in seinem Gewerbe als Vertreter bestellt, so erstreckt sich die Vollmacht auf alle Rechtshandlungen, die der Betrieb eines derartigen Gewerbes oder die Ausführung derartiger Geschäfte gewöhnlich mit sich bringt.

[2] Jedoch ist der Handlungsbevollmächtigte zum Eingehen von Wechselverbindlichkeiten, zur Aufnahme von Darlehen und zur Prozessführung nur ermächtigt, wenn ihm eine solche Befugnis ausdrücklich erteilt worden ist.

Gewerbe: BGE 56 I 127.

Art. 463[1]   C. ...

Aufgehoben.

Art. 464   D. Konkurrenzverbot

[1] Der Prokurist, sowie der Handlungsbevollmächtigte, der zum Betrieb des ganzen Gewerbes bestellt ist oder in einem Arbeitsverhältnis zum Inhaber des Gewerbes steht, darf ohne Einwilligung des Geschäftsherrn weder für eigene Rechnung noch für Rechnung eines Dritten Geschäfte machen, die zu den Geschäftszweigen des Geschäftsherrn gehören.[2]

[2] Bei Übertretung dieser Vorschrift kann der Geschäftsherr Ersatz des verursachten Schadens fordern und die betreffenden Geschäfte auf eigene Rechnung übernehmen.

Art. 465   E. Erlöschen der Prokura und der andern Handlungsvollmachten

[1] Die Prokura und die Handlungsvollmacht sind jederzeit widerruflich, unbeschadet der Rechte, die sich aus einem unter den Beteiligten bestehenden Einzelarbeitsvertrag, Gesellschaftsvertrag, Auftrag od. dgl. ergeben können.[3]

[2] Der Tod des Geschäftsherrn oder der Eintritt seiner Handlungsunfähigkeit hat das Erlöschen der Prokura oder Handlungsvollmacht nicht zur Folge.

OR 34 f.

Achtzehnter Titel: Die Anweisung

Art. 466   A. Begriff

Durch die Anweisung wird der Angewiesene ermächtigt, Geld, Wertpapiere oder andere vertretbare Sachen auf Rechnung des Anweisenden an den Anweisungsempfänger zu leisten, und dieser, die Leistung von jenem in eigenem Namen zu erheben.

---

1   Aufgehoben durch Ziff. II Art. 6 Ziff. 1 des BG vom 25. Juni 1971 (am Schluss des OR, Schl- und Ueb des X. Tit.).
2   Fassung gemäss Ziff. II Art. 1 Ziff. 10 des BG vom 25. Juni 1971, in Kraft seit 1. Jan. 1972 (am Schluss des OR, Schl- und Ueb des X. Tit.).
3   Fassung gemäss Ziff. II Art. 1 Ziff. 11 des BG vom 25. Juni 1971, in Kraft seit 1. Jan. 1972 (am Schluss des OR, Schl- und Ueb des X. Tit.).

Gegenstand: BGE 73 II 46. Mehrgliedrige Überweisung: BGE 124 III 253. Akkreditiv: BGE 78 II 48; 90 II 306; 104 II 275; 114 II 46; 122 III 73; 130 III 462; 132 III 609 (Banküberweisung); 620.

Art. 467   B. Wirkungen
            I. Verhältnis des Anweisenden zum Anweisungsempfänger

[1] Soll mit der Anweisung eine Schuld des Anweisenden an den Empfänger getilgt werden, so erfolgt die Tilgung erst durch die von dem Angewiesenen geleistete Zahlung.

[2] Doch kann der Empfänger, der die Anweisung angenommen hat, seine Forderung gegen den Anweisenden nur dann wieder geltend machen, wenn er die Zahlung vom Angewiesenen gefordert und nach Ablauf der in der Anweisung bestimmten Zeit nicht erhalten hat.

[3] Der Gläubiger, der eine von seinem Schuldner ihm erteilte Anweisung nicht annehmen will, hat diesen bei Vermeidung von Schadenersatz ohne Verzug hievon zu benachrichtigen.

Art. 468   II. Verpflichtung des Angewiesenen

[1] Der Angewiesene, der dem Anweisungsempfänger die Annahme ohne Vorbehalt erklärt, wird ihm zur Zahlung verpflichtet und kann ihm nur solche Einreden entgegensetzen, die sich aus ihrem persönlichen Verhältnisse oder aus dem Inhalte der Anweisung selbst ergeben, nicht aber solche aus seinem Verhältnisse zum Anweisenden.

[2] Soweit der Angewiesene Schuldner des Anweisenden ist und seine Lage dadurch, dass er an den Anweisungsempfänger Zahlung leisten soll, in keiner Weise verschlimmert wird, ist er zur Zahlung an diesen verpflichtet.

[3] Vor der Zahlung die Annahme zu erklären, ist der Angewiesene selbst in diesem Falle nicht verpflichtet, es sei denn, dass er es mit dem Anweisenden vereinbart hätte.

   Abs. 1: BGE 113 II 522; 122 III 237; 131 III 222.

Art. 469   III. Anzeigepflicht bei nicht erfolgter Zahlung

Verweigert der Angewiesene die vom Anweisungsempfänger geforderte Zahlung oder erklärt er zum voraus, an ihn nicht zahlen zu wollen, so ist dieser bei Vermeidung von Schadenersatz verpflichtet, den Anweisenden sofort zu benachrichtigen.

Art. 470   C. Widerruf

[1] Der Anweisende kann die Anweisung gegenüber dem Anweisungsempfänger widerrufen, wenn er sie nicht zur Tilgung seiner Schuld oder sonst zum Vorteile des Empfängers erteilt hat.

² Gegenüber dem Angewiesenen kann der Anweisende widerrufen, solange jener dem Empfänger seine Annahme nicht erklärt hat.

³ Wird über den Anweisenden der Konkurs eröffnet, so gilt die noch nicht angenommene Anweisung als widerrufen.

BGE 121 III 109; 127 III 553.

Art. 471   D. Anweisung bei Wertpapieren

¹ Schriftliche Anweisungen zur Zahlung an den jeweiligen Inhaber der Urkunde werden nach den Vorschriften dieses Titels beurteilt, in dem Sinne, dass dem Angewiesenen gegenüber jeder Inhaber als Anweisungsempfänger gilt, die Rechte zwischen dem Anweisenden und dem Empfänger dagegen nur für den jeweiligen Übergeber und Abnehmer begründet werden.

² Vorbehalten bleiben die besonderen Bestimmungen über den Check und die wechselähnlichen Anweisungen.

Abs. 1: OR 974.
Abs. 2: OR 1100 ff., 1147 ff. Konsignation, Natur: BGE 58 II 351.

Neunzehnter Titel: Der Hinterlegungsvertrag

Art. 472   A. Hinterlegung im Allgemeinen
I. Begriff

¹ Durch den Hinterlegungsvertrag verpflichtet sich der Aufbewahrer dem Hinterleger, eine bewegliche Sache, die dieser ihm anvertraut, zu übernehmen und sie an einem sicheren Orte aufzubewahren.

² Eine Vergütung kann er nur dann fordern, wenn sie ausdrücklich bedungen worden ist oder nach den Umständen zu erwarten war.

Garagevertrag: BGE 76 II 156. Wirt: BGE 109 II 234. Abrenzung: BGE 126 III 192.

Art. 473   II. Pflichten des Hinterlegers

¹ Der Hinterleger haftet dem Aufbewahrer für die mit Erfüllung des Vertrages notwendig verbundenen Auslagen.

² Er haftet ihm für den durch die Hinterlegung verursachten Schaden, sofern er nicht beweist, dass der Schaden ohne jedes Verschulden von seiner Seite entstanden sei.

Art. 474   III. Pflichten des Aufbewahrers
             1. Verbot des Gebrauchs

[1] Der Aufbewahrer darf die hinterlegte Sache ohne Einwilligung des Hinterlegers nicht gebrauchen.

[2] Andernfalls schuldet er dem Hinterleger entsprechende Vergütung und haftet auch für den Zufall, sofern er nicht beweist, dass dieser die Sache auch sonst getroffen hätte.

Art. 475   2. Rückgabe
             a. Recht des Hinterlegers

[1] Der Hinterleger kann die hinterlegte Sache nebst allfälligem Zuwachs jederzeit zurückfordern, selbst wenn für die Aufbewahrung eine bestimmte Dauer vereinbart wurde.

[2] Jedoch hat er dem Aufbewahrer den Aufwand zu ersetzen, den dieser mit Rücksicht auf die vereinbarte Zeit gemacht hat.

BGE 109 II 474 (Schadenersatz).

Art. 476   b. Rechte des Aufbewahrers

[1] Der Aufbewahrer kann die hinterlegte Sache vor Ablauf der bestimmten Zeit nur dann zurückgeben, wenn unvorhergesehene Umstände ihn ausserstand setzen, die Sache länger mit Sicherheit oder ohne eigenen Nachteil aufzubewahren.

[2] Ist keine Zeit für die Aufbewahrung bestimmt, so kann der Aufbewahrer die Sache jederzeit zurückgeben.

Art. 477   c. Ort der Rückgabe

Die hinterlegte Sache ist auf Kosten und Gefahr des Hinterlegers da zurückzugeben, wo sie aufbewahrt werden sollte.

Art. 478   3. Haftung mehrerer Aufbewahrer

Haben mehrere die Sache gemeinschaftlich zur Aufbewahrung erhalten, so haften sie solidarisch.

OR 143 ff.

Art. 479 4. Eigentumsansprüche Dritter

[1] Wird an der hinterlegten Sache von einem Dritten Eigentum beansprucht, so ist der Aufbewahrer dennoch zur Rückgabe an den Hinterleger verpflichtet, sofern nicht gerichtlich Beschlag auf die Sache gelegt oder die Eigentumsklage gegen ihn anhängig gemacht worden ist.

[2] Von diesen Hindernissen hat er den Hinterleger sofort zu benachrichtigen.

Abs. 1: BGE 100 II 200.

Art. 480 IV. Sequester

Haben mehrere eine Sache, deren Rechtsverhältnisse streitig oder unklar sind, zur Sicherung ihrer Ansprüche bei einem Dritten (dem Sequester) hinterlegt, so darf dieser die Sache nur mit Zustimmung der Beteiligten oder auf Geheiss des Richters herausgeben.

Art. 481 B. Die Hinterlegung vertretbarer Sachen

[1] Ist Geld mit der ausdrücklichen oder stillschweigenden Vereinbarung hinterlegt worden, dass der Aufbewahrer nicht dieselben Stücke, sondern nur die gleiche Geldsumme zurückzuerstatten habe, so geht Nutzen und Gefahr auf ihn über.

[2] Eine stillschweigende Vereinbarung in diesem Sinne ist zu vermuten, wenn die Geldsumme unversiegelt und unverschlossen übergeben wurde.

[3] Werden andere vertretbare Sachen oder Wertpapiere hinterlegt, so darf der Aufbewahrer über die Gegenstände nur verfügen, wenn ihm diese Befugnis vom Hinterleger ausdrücklich eingeräumt worden ist.

Irreguläres Depot.
Abs. 3: OR 71, 484. Sparheft: BGE 100 II 153. Offenes Depot: BGE 63 II 242. Sammeldepot: BGE 90 II 162. BankG 17.

Art. 482 C. Lagergeschäft
I. Berechtigung zur Ausgabe von Warenpapieren

[1] Ein Lagerhalter, der sich öffentlich zur Aufbewahrung von Waren anerbietet, kann von der zuständigen Behörde die Bewilligung erwirken, für die gelagerten Güter Warenpapiere auszugeben.

[2] Die Warenpapiere sind Wertpapiere und lauten auf die Herausgabe der gelagerten Güter.

[3] Sie können als Namen-, Ordre- oder Inhaberpapiere ausgestellt sein.

Lagerschein, Lagerpfandschein: OR 1153 ff., 965 ff. ZGB 902, 925.

Art. 483　　II. Aufbewahrungspflicht des Lagerhalters

[1] Der Lagerhalter ist zur Aufbewahrung der Güter verpflichtet wie ein Kommissionär.

[2] Er hat dem Einlagerer, soweit tunlich, davon Mitteilung zu machen, wenn Veränderungen an den Waren eintreten, die weitere Massregeln als rätlich erscheinen lassen.

[3] Er hat ihm die Besichtigung der Güter und Entnahme von Proben während der Geschäftszeit sowie jederzeit die nötigen Erhaltungsmassregeln zu gestatten.

　　Abs. 1: OR 426 ff.

Art. 484　　III. Vermengung der Güter

[1] Eine Vermengung vertretbarer Güter mit andern der gleichen Art und Güte darf der Lagerhalter nur vornehmen, wenn ihm dies ausdrücklich gestattet ist.

[2] Aus vermischten Gütern kann jeder Einlagerer eine seinem Beitrag entsprechende Menge herausverlangen.

[3] Der Lagerhalter darf die verlangte Ausscheidung ohne Mitwirkung der anderen Einlagerer vornehmen.

　　Summenlagerung. ZGB 727. Vgl. OR 481.

Art. 485　　IV. Anspruch des Lagerhalters

[1] Der Lagerhalter hat Anspruch auf das verabredete oder übliche Lagergeld, sowie auf Erstattung der Auslagen, die nicht aus der Aufbewahrung selbst erwachsen sind, wie Frachtlohn, Zoll, Ausbesserung.

[2] Die Auslagen sind sofort zu ersetzen, die Lagergelder je nach Ablauf von drei Monaten seit der Einlagerung und in jedem Fall bei der vollständigen oder teilweisen Zurücknahme des Gutes zu bezahlen.

[3] Der Lagerhalter hat für seine Forderungen an dem Gute ein Retentionsrecht, solange er im Besitze des Gutes ist oder mit Warenpapier darüber verfügen kann.

　　Abs. 3: OR 482. ZGB 895 ff.

Art. 486　　V. Rückgabe der Güter

[1] Der Lagerhalter hat das Gut gleich einem Aufbewahrer zurückzugeben, ist aber an die vertragsmässige Dauer der Aufbewahrung auch dann gebunden, wenn infolge unvorhergesehener Umstände ein gewöhnlicher Aufbewahrer vor Ablauf der bestimmten Zeit zur Rückgabe berechtigt wäre.

[2] Ist ein Warenpapier ausgestellt, so darf und muss er das Gut nur an den aus dem Warenpapier Berechtigten herausgeben.

Abs. 1: OR 476.
Abs. 2: OR 482.

Art. 487   D. Gast- und Stallwirte
I. Haftung der Gastwirte
1. Voraussetzung und Umfang

[1] Gastwirte, die Fremde zur Beherbergung aufnehmen, haften für jede Beschädigung, Vernichtung oder Entwendung der von ihren Gästen eingebrachten Sachen, sofern sie nicht beweisen, dass der Schaden durch den Gast selbst oder seine Besucher, Begleiter oder Dienstleute oder durch höhere Gewalt oder durch die Beschaffenheit der Sache verursacht worden ist.

[2] Diese Haftung besteht jedoch, wenn dem Gastwirte oder seinen Dienstleuten kein Verschulden zur Last fällt, für die Sachen eines jeden einzelnen Gastes nur bis zum Betrage von 1000 Franken.

BGE 46 II 119; 105 II 110 (Geld); 120 II 252 (Fahrzeug).

Art. 488   2. Haftung für Kostbarkeiten insbesondere

[1] Werden Kostbarkeiten, grössere Geldbeträge oder Wertpapiere dem Gastwirte nicht zur Aufbewahrung übergeben, so ist er für sie nur haftbar, wenn ihm oder seinen Dienstleuten ein Verschulden zur Last fällt.

[2] Hat er die Aufbewahrung übernommen oder lehnt er sie ab, so haftet er für den vollen Wert.

[3] Darf dem Gast die Übergabe solcher Gegenstände nicht zugemutet werden, so haftet der Gastwirt für sie wie für die andern Sachen des Gastes.

OR 97 ff., 487.

Art. 489   3. Aufhebung der Haftung

[1] Die Ansprüche des Gastes erlöschen, wenn er den Schaden nicht sofort nach dessen Entdeckung dem Gastwirte anzeigt.

[2] Der Wirt kann sich seiner Verantwortlichkeit nicht dadurch entziehen, dass er sie durch Anschlag in den Räumen des Gasthofes ablehnt oder von Bedingungen abhängig macht, die im Gesetze nicht genannt sind.

Abs. 2: OR 488.

Art. 490   II. Haftung der Stallwirte

¹ Stallwirte haften für die Beschädigung, Vernichtung oder Entwendung der bei ihnen eingestellten oder von ihnen oder ihren Leuten auf andere Weise übernommenen Tiere und Wagen und der dazu gehörigen Sachen, sofern sie nicht beweisen, dass der Schaden durch den Einbringenden selbst oder seine Besucher, Begleiter oder Dienstleute oder durch höhere Gewalt oder durch die Beschaffenheit der Sache verursacht worden ist.

² Diese Haftung besteht jedoch, wenn dem Stallwirte oder seinen Dienstleuten kein Verschulden zur Last fällt, für die übernommenen Tiere, Wagen und dazu gehörigen Sachen eines jeden Einbringenden nur bis zum Betrage von 1000 Franken.

Garage: siehe OR 472 Anm.

Art. 491   III. Retentionsrecht

¹ Gastwirte und Stallwirte haben an den eingebrachten Sachen ein Retentionsrecht für die Forderungen, die ihnen aus der Beherbergung und Unterkunft zustehen.

² Die Bestimmungen über das Retentionsrecht des Vermieters finden entsprechende Anwendung.

Abs. 2: OR 272.

Zwanzigster Titel:¹ Die Bürgschaft

Art. 492   A. Voraussetzungen
              I. Begriff

¹ Durch den Bürgschaftsvertrag verpflichtet sich der Bürge gegenüber dem Gläubiger des Hauptschuldners, für die Erfüllung der Schuld einzustehen.

² Jede Bürgschaft setzt eine zu Recht bestehende Hauptschuld voraus. Für den Fall, dass die Hauptschuld wirksam werde, kann die Bürgschaft auch für eine künftige oder bedingte Schuld eingegangen werden.

³ Wer für die Schuld aus einem wegen Irrtums oder Vertragsunfähigkeit für den Hauptschuldner unverbindlichen Vertrag einzustehen erklärt, haftet unter den Voraussetzungen und nach den Grundsätzen des Bürgschaftsrechts, wenn er bei der Eingehung seiner Verpflichtung den Mangel gekannt hat. Dies gilt in gleicher Weise, wenn jemand sich verpflichtet, für die Erfüllung einer für den Hauptschuldner verjährten Schuld einzustehen.

⁴ Soweit sich aus dem Gesetz nicht etwas anderes ergibt, kann der Bürge auf die ihm in diesem Titel eingeräumten Rechte nicht zum voraus verzichten.

---

1   Fassung gemäss Ziff. I des BG vom 10. Dez. 1941, in Kraft seit 1. Juli 1942 (AS 58 279 290 644; BBl 1939 II 841). Die UeB zu diesem Tit. siehe am Schluss des OR.

OR 111, 178, 1020 ff., 1114. Garantie: BGE 65 II 32; 81 II 526; 75 II 49; 113 II 434; 131 III 511, 606. Schuldübernahme: BGE 66 II 26; 129 III 702. Schuldversprechen: BGE 101 II 323. Wechselbürgschaft: BGE 44 II 145. Abgrenzung Garantievertrag: BGE 125 III 305.

Abs. 1: BGE 120 II 35.

Abs. 2: OR 151 ff. BGE 128 III 434.

Abs. 3: OR 23 ff., 60, 127 ff. ZGB 12 ff.

Art. 493   II. Form

[1] Die Bürgschaft bedarf zu ihrer Gültigkeit der schriftlichen Erklärung des Bürgen und der Angabe des zahlenmässig bestimmten Höchstbetrages seiner Haftung in der Bürgschaftsurkunde selbst.

[2] Die Bürgschaftserklärung natürlicher Personen bedarf ausserdem der öffentlichen Beurkundung, die den am Ort ihrer Vornahme geltenden Vorschriften entspricht. Wenn aber der Haftungsbetrag die Summe von 2000 Franken nicht übersteigt, so genügt die eigenschriftliche Angabe des zahlenmässig bestimmten Haftungsbetrages und gegebenenfalls der solidarischen Haftung in der Bürgschaftsurkunde selbst.

[3] Bürgschaften, die gegenüber der Eidgenossenschaft oder ihren öffentlich-rechtlichen Anstalten oder gegenüber einem Kanton für öffentlich-rechtliche Verpflichtungen, wie Zölle, Steuern u. dgl. oder für Frachten eingegangen werden, bedürfen in allen Fällen lediglich der schriftlichen Erklärung des Bürgen und der Angabe des zahlenmässig bestimmten Höchstbetrages seiner Haftung in der Bürgschaftsurkunde selbst.

[4] Ist der Haftungsbetrag zur Umgehung der Form der öffentlichen Beurkundung in kleinere Beträge aufgeteilt worden, so ist für die Verbürgung der Teilbeträge die für den Gesamtbetrag vorgeschriebene Form notwendig.

[5] Für nachträgliche Abänderungen der Bürgschaft, ausgenommen die Erhöhung des Haftungsbetrages und die Umwandlung einer einfachen Bürgschaft in eine solidarische, genügt die Schriftform. Wird die Hauptschuld von einem Dritten mit befreiender Wirkung für den Schuldner übernommen, so geht die Bürgschaft unter, wenn der Bürge dieser Schuldübernahme nicht schriftlich zugestimmt hat.

[6] Der gleichen Form wie die Bürgschaft bedürfen auch die Erteilung einer besonderen Vollmacht zur Eingehung einer Bürgschaft und das Versprechen, dem Vertragsgegner oder einem Dritten Bürgschaft zu leisten. Durch schriftliche Abrede kann die Haftung auf denjenigen Teil der Hauptschuld beschränkt werden, der zuerst abgetragen wird.

[7] Der Bundesrat kann die Höhe der Gebühren für die öffentliche Beurkundung beschränken.

Abs. 1: OR 12 ff.; BGE 117 II 490.

Abs. 2: ZGB 9; BGE 84 I 124; 125 III 131.

Abs. 3: BGE 106 II 161.

Abs. 5: OR 175. Schriftlichkeit: BGE 65 II 237; 81 II 62. Ungültigkeit, Folgen: BGE 70 II 272.

Art. 494   III. Zustimmung des Ehegatten

[1] Die Bürgschaft einer verheirateten Person bedarf zu ihrer Gültigkeit der im einzelnen Fall vorgängig oder spätestens gleichzeitig abgegebenen schriftlichen Zustimmung des Ehegatten, wenn die Ehe nicht durch richterliches Urteil getrennt ist.

[2] ...[1]

[3] Für nachträgliche Abänderungen einer Bürgschaft ist die Zustimmung des andern Ehegatten nur erforderlich, wenn der Haftungsbetrag erhöht oder eine einfache Bürgschaft in eine Solidarbürgschaft umgewandelt werden soll, oder wenn die Änderung eine erhebliche Verminderung der Sicherheiten bedeutet.

[4] Die gleiche Regelung gilt bei eingetragenen Partnerschaften sinngemäss.[2]

Art. 495   B. Inhalt
I. Besonderheiten der einzelnen Bürgschaftsarten
1. Einfache Bürgschaft

[1] Der Gläubiger kann den einfachen Bürgen erst dann zur Zahlung anhalten, wenn nach Eingehung der Bürgschaft der Hauptschuldner in Konkurs geraten ist oder Nachlassstundung erhalten hat oder vom Gläubiger unter Anwendung der erforderlichen Sorgfalt bis zur Ausstellung eines definitiven Verlustscheines betrieben worden ist oder den Wohnsitz ins Ausland verlegt hat und in der Schweiz nicht mehr belangt werden kann, oder wenn infolge Verlegung seines Wohnsitzes im Ausland eine erhebliche Erschwerung der Rechtsverfolgung eingetreten ist.

[2] Bestehen für die verbürgte Forderung Pfandrechte, so kann der einfache Bürge, solange der Hauptschuldner nicht in Konkurs geraten ist oder Nachlassstundung erhalten hat, verlangen, dass der Gläubiger sich vorerst an diese halte.

[3] Hat sich der Bürge nur zur Deckung des Ausfalls verpflichtet (Schadlosbürgschaft), so kann er erst belangt werden, wenn gegen den Hauptschuldner ein definitiver Verlustschein vorliegt, oder wenn der Hauptschuldner den Wohnsitz ins Ausland verlegt hat und in der Schweiz nicht mehr belangt werden kann, oder wenn infolge Verlegung des Wohnsitzes im Ausland eine erhebliche Erschwerung der Rechtsverfolgung eingetreten ist. Ist ein Nachlassvertrag abgeschlossen worden, so kann der Bürge für den nachgelassenen Teil der Hauptschuld sofort nach Inkrafttreten des Nachlassvertrages belangt werden.

[4] Gegenteilige Vereinbarungen bleiben vorbehalten.

Vorausklage, OR 511.

---

1   Aufgehoben durch Ziff. I des BG vom 17. Juni 2005 (Bürgschaften. Zustimmung des Ehegatten), mit Wirkung seit 1. Dez. 2005 (AS 2005 5097 5098; BBl 2004 4955 4965).

2   Aufgehoben durch Ziff. II 2 des BG vom 5. Okt. 1984 über die Änderung des ZGB (AS 1986 122; BBl 1979 II 1191). Fassung gemäss Anhang Ziff. 11 des Partnerschaftsgesetzes vom 18. Juni 2004, in Kraft seit 1. Jan. 2007 (SR 211.231).

Art. 496 2. Solidarbürgschaft

[1] Wer sich als Bürge unter Beifügung des Wortes «solidarisch» oder mit andern gleichbedeutenden Ausdrücken verpflichtet, kann vor dem Hauptschuldner und vor der Verwertung der Grundpfänder belangt werden, sofern der Hauptschuldner mit seiner Leistung im Rückstand und erfolglos gemahnt worden oder seine Zahlungsunfähigkeit offenkundig ist.

[2] Vor der Verwertung der Faustpfand- und Forderungspfandrechte kann er nur belangt werden, soweit diese nach dem Ermessen des Richters voraussichtlich keine Deckung bieten, oder wenn dies so vereinbart worden oder der Hauptschuldner in Konkurs geraten ist oder Nachlassstundung erhalten hat.

Art. 497 3. Mitbürgschaft

[1] Mehrere Bürgen, die gemeinsam die nämliche teilbare Hauptschuld verbürgt haben, haften für ihre Anteile als einfache Bürgen und für die Anteile der übrigen als Nachbürgen.

[2] Haben sie mit dem Hauptschuldner oder unter sich Solidarhaft übernommen, so haftet jeder für die ganze Schuld. Der Bürge kann jedoch die Leistung des über seinen Kopfanteil hinausgehenden Betrages verweigern, solange nicht gegen alle solidarisch neben ihm haftenden Mitbürgen, welche die Bürgschaft vor oder mit ihm eingegangen haben und für diese Schuld in der Schweiz belangt werden können, Betreibung eingeleitet worden ist. Das gleiche Recht steht ihm zu, soweit seine Mitbürgen für den auf sie entfallenden Teil Zahlung geleistet oder Realsicherheit gestellt haben. Für die geleisteten Zahlungen hat der Bürge, wenn nicht etwas anderes vereinbart worden ist, Rückgriff auf die solidarisch neben ihm haftenden Mitbürgen, soweit nicht jeder von ihnen den auf ihn entfallenden Teil bereits geleistet hat. Dieser kann dem Rückgriff auf den Hauptschuldner vorausgehen.

[3] Hat ein Bürge in der dem Gläubiger erkennbaren Voraussetzung, dass neben ihm für die gleiche Hauptschuld noch andere Bürgen sich verpflichten werden, die Bürgschaft eingegangen, so wird er befreit, wenn diese Voraussetzung nicht eintritt oder nachträglich ein solcher Mitbürge vom Gläubiger aus der Haftung entlassen oder seine Bürgschaft ungültig erklärt wird. In letzterem Falle kann der Richter, wenn es die Billigkeit verlangt, auch bloss auf angemessene Herabsetzung der Haftung erkennen.

[4] Haben mehrere Bürgen sich unabhängig voneinander für die gleiche Hauptschuld verbürgt, so haftet jeder für den ganzen von ihm verbürgten Betrag. Der Zahlende hat jedoch, soweit nicht etwas anderes vereinbart ist, anteilmässigen Rückgriff auf die andern.

OR 143 ff.
Abs. 1: OR 498.
Abs. 4: BGE 119 Ia 441.

Art. 498 4. Nachbürgschaft und Rückbürgschaft

[1] Der Nachbürge, der sich dem Gläubiger für die Erfüllung der von den Vorbürgen übernommenen Verbindlichkeit verpflichtet hat, haftet neben diesem in gleicher Weise wie der einfache Bürge neben dem Hauptschuldner.

[2] Der Rückbürge ist verpflichtet, dem zahlenden Bürgen für den Rückgriff einzustehen, der diesem gegen den Hauptschuldner zusteht.

Abs. 1: OR 495.
Abs. 2: OR 507.

Art. 499 II. Gemeinsamer Inhalt
1. Verhältnis des Bürgen zum Gläubiger
a. Umfang der Haftung

[1] Der Bürge haftet in allen Fällen nur bis zu dem in der Bürgschaftsurkunde angegebenen Höchstbetrag.

[2] Bis zu diesem Höchstbetrage haftet der Bürge, mangels anderer Abrede, für:

1. den jeweiligen Betrag der Hauptschuld, inbegriffen die gesetzlichen Folgen eines Verschuldens oder Verzuges des Hauptschuldners, jedoch für den aus dem Dahinfallen des Vertrages entstehenden Schaden und für eine Konventionalstrafe nur dann, wenn dies ausdrücklich vereinbart worden ist;

2. die Kosten der Betreibung und Ausklagung des Hauptschuldners, soweit dem Bürgen rechtzeitig Gelegenheit gegeben war, sie durch Befriedigung des Gläubigers zu vermeiden, sowie gegebenenfalls die Kosten für die Herausgabe von Pfändern und die Übertragung von Pfandrechten;

3. vertragsmässige Zinse bis zum Betrage des laufenden und eines verfallenen Jahreszinses, oder gegebenenfalls für eine laufende und eine verfallene Annuität.

[3] Wenn sich nicht etwas anderes aus dem Bürgschaftsvertrag oder aus den Umständen ergibt, haftet der Bürge nur für die nach der Unterzeichnung der Bürgschaft eingegangenen Verpflichtungen des Hauptschuldners.

Ziff. 1: OR 97 ff., 101 ff., 160; BGE 105 II 229. Ziff. 3: OR 73.

Art. 500 b. Gesetzliche Verringerung des Haftungsbetrages

[1] Bei Bürgschaften natürlicher Personen verringert sich der Haftungsbetrag, soweit nicht von vornherein oder nachträglich etwas anderes vereinbart wird, jedes Jahr um drei Hundertstel, wenn aber diese Forderungen durch Grundpfand gesichert sind, um einen Hundertstel des ursprünglichen Haftungsbetrages. In jedem Falle verringert er sich bei Bürgschaften natürlicher Personen mindestens im gleichen Verhältnis wie die Hauptschuld.

[2] Ausgenommen sind die gegenüber der Eidgenossenschaft oder ihren öffentlich-rechtlichen Anstalten oder gegenüber einem Kanton eingegangenen Bürgschaften für öffentlich-rechtliche Verpflichtungen, wie Zölle, Steuern u. dgl. und für Frachten, sowie die Amts- und Dienstbürgschaften und die Bürgschaften für Verpflichtungen mit wechselndem Betrag, wie Kontokorrent, Sukzessivlieferungsvertrag, und für periodisch wiederkehrende Leistungen.

Abs. 1: SchKG 208.

Art. 501   c. Belangbarkeit des Bürgen

[1] Der Bürge kann wegen der Hauptschuld vor dem für ihre Bezahlung festgesetzten Zeitpunkt selbst dann nicht belangt werden, wenn die Fälligkeit durch den Konkurs des Hauptschuldners vorgerückt wird.

[2] Gegen Leistung von Realsicherheit kann der Bürge bei jeder Bürgschaftsart verlangen, dass der Richter die Betreibung gegen ihn einstellt, bis alle Pfänder verwertet sind und gegen den Hauptschuldner ein definitiver Verlustschein vorliegt oder ein Nachlassvertrag abgeschlossen worden ist.

[3] Bedarf die Hauptschuld zu ihrer Fälligkeit der Kündigung durch den Gläubiger oder den Hauptschuldner, so beginnt die Frist für den Bürgen erst mit dem Tage zu laufen, an dem ihm diese Kündigung mitgeteilt wird.

[4] Wird die Leistungspflicht eines im Ausland wohnhaften Hauptschuldners durch die ausländische Gesetzgebung aufgehoben oder eingeschränkt, wie beispielsweise durch Vorschriften über Verrechnungsverkehr oder durch Überweisungsverbote, so kann der in der Schweiz wohnhafte Bürge sich ebenfalls darauf berufen, soweit er auf diese Einrede nicht verzichtet hat.

Abs. 1: SchKG 208.

Art. 502   d. Einreden

[1] Der Bürge ist berechtigt und verpflichtet, dem Gläubiger die Einreden entgegenzusetzen, die dem Hauptschuldner oder seinen Erben zustehen und sich nicht auf die Zahlungsunfähigkeit des Hauptschuldners stützen. Vorbehalten bleibt die Verbürgung einer für den Hauptschuldner wegen Irrtums oder Vertragsunfähigkeit unverbindlichen oder einer verjährten Schuld.

[2] Verzichtet der Hauptschuldner auf eine ihm zustehende Ein rede, so kann der Bürge sie trotzdem geltend machen.

[3] Unterlässt es der Bürge, Einreden des Hauptschuldners geltend zu machen, so verliert er seinen Rückgriff insoweit, als er sich durch diese Einreden hätte befreien können, wenn er nicht darzutun vermag, dass er sie ohne sein Verschulden nicht gekannt hat.

4 Dem Bürgen, der eine wegen Spiel und Wette unklagbare Schuld verbürgt hat, stehen, auch wenn er diesen Mangel kannte, die gleichen Einreden zu wie dem Hauptschuldner.

OR 121.

Art. 503   e. Sorgfalts- und Herausgabepflicht des Gläubigers

1 Vermindert der Gläubiger zum Nachteil des Bürgen bei der Eingehung der Bürgschaft vorhandene oder vom Hauptschuldner nachträglich erlangte und eigens für die verbürgte Forderung bestimmte Pfandrechte oder anderweitige Sicherheiten und Vorzugsrechte, so verringert sich die Haftung des Bürgen um einen dieser Verminderung entsprechenden Betrag, soweit nicht nachgewiesen wird, dass der Schaden weniger hoch ist. Die Rückforderung des zuviel bezahlten Betrages bleibt vorbehalten.

2 Bei der Amts- und Dienstbürgschaft ist der Gläubiger dem Bürgen überdies verantwortlich, wenn infolge Unterlassung der Aufsicht über den Arbeitnehmer, zu der er verpflichtet ist, oder der ihm sonst zumutbaren Sorgfalt die Schuld entstanden ist oder einen Umfang angenommen hat, den sie andernfalls nicht angenommen hätte.[1]

3 Der Gläubiger hat dem Bürgen, der ihn befriedigt, die zur Geltendmachung seiner Rechte dienlichen Urkunden herauszugeben und die nötigen Aufschlüsse zu erteilen. Ebenso hat er ihm die bei der Eingehung der Bürgschaft vorhandenen oder vom Hauptschuldner nachträglich eigens für diese Forderung bestellten Pfänder und anderweitigen Sicherheiten herauszugeben oder die für ihre Übertragung erforderlichen Handlungen vorzunehmen. Die dem Gläubiger für andere Forderungen zustehenden Pfand- und Retentionsrechte bleiben vorbehalten, soweit sie denjenigen des Bürgen im Rang vorgehen.

4 Weigert sich der Gläubiger ungerechtfertigterweise, diese Handlungen vorzunehmen, oder hat er sich der vorhandenen Beweismittel oder der Pfänder und sonstigen Sicherheiten, für die er verantwortlich ist, böswillig oder grobfahrlässig entäussert, so wird der Bürge frei. Er kann das Geleistete zurückfordern und für den ihm darüber hinaus erwachsenen Schaden Ersatz verlangen.

Art. 504   f. Anspruch auf Zahlungsannahme

1 Ist die Hauptschuld fällig, sei es auch infolge Konkurses des Hauptschuldners, so kann der Bürge jederzeit verlangen, dass der Gläubiger von ihm Befriedigung annehme. Haften für eine Forderung mehrere Bürgen, so ist der Gläubiger auch zur Annahme einer blossen Teilzahlung verpflichtet, wenn sie mindestens so gross ist wie der Kopfanteil des zahlenden Bürgen.

---

1   Fassung gemäss Ziff. II Art. 1 Ziff. 12 des BG vom 25. Juni 1971 in Kraft seit 1. Jan. 1972 (am Schluss des OR, Schl- und Ueb des X. Tit.).

[2] Der Bürge wird frei, wenn der Gläubiger die Annahme der Zahlung ungerechtfertigterweise verweigert. In diesem Falle vermindert sich die Haftung allfälliger solidarischer Mitbürgen um den Betrag seines Kopfanteils.

[3] Der Bürge kann den Gläubiger auch vor der Fälligkeit der Hauptschuld befriedigen, wenn dieser zur Annahme bereit ist. Der Rückgriff auf den Hauptschuldner kann aber erst nach Eintritt der Fälligkeit geltend gemacht werden.

Abs. 1: OR 75.

Art. 505 g. Mitteilungspflicht des Gläubigers und Anmeldung im Konkurs und Nachlassverfahren des Schuldners

[1] Ist der Hauptschuldner mit der Bezahlung von Kapital, von Zinsen für ein halbes Jahr oder einer Jahresamortisation sechs Monate im Rückstand, so hat der Gläubiger dem Bürgen Mitteilung zu machen. Auf Verlangen hat er ihm jederzeit über den Stand der Hauptschuld Auskunft zu geben.

[2] Im Konkurs und beim Nachlassverfahren des Hauptschuldners hat der Gläubiger seine Forderung anzumelden und alles Weitere vorzukehren, was ihm zur Wahrung der Rechte zugemutet werden kann. Den Bürgen hat er vom Konkurs und von der Nachlassstundung zu benachrichtigen, sobald er von ihnen Kenntnis erhält.

[3] Unterlässt der Gläubiger eine dieser Handlungen, so verliert er seine Ansprüche gegen den Bürgen insoweit, als diesem aus der Unterlassung ein Schaden entstanden ist.

SchKG 215 ff.

Art. 506 2. Verhältnis des Bürgen zum Hauptschuldner
a. Recht auf Sicherstellung und Befreiung

Der Bürge kann vom Hauptschuldner Sicherstellung und, wenn die Hauptschuld fällig ist, Befreiung von der Bürgschaft verlangen:

1. wenn der Hauptschuldner den mit dem Bürgen getroffenen Abreden zuwiderhandelt, namentlich die auf einen bestimmten Zeitpunkt versprochene Entlastung des Bürgen nicht bewirkt;

2. wenn der Hauptschuldner in Verzug kommt oder durch Verlegung seines Wohnsitzes in einen andern Staat seine rechtliche Verfolgung erheblich erschwert;

3. wenn durch Verschlimmerung der Vermögensverhältnisse des Hauptschuldners, durch Entwertung von Sicherheiten oder durch Verschulden des Hauptschuldners die Gefahr für den Bürgen erheblich grösser geworden ist, als sie bei der Eingehung der Bürgschaft war.

Revalierungsanspruch. Ziff. 2: OR 102.

Art. 507   b. Das Rückgriffsrecht des Bürgen. aa. Im Allgemeinen

[1] Auf den Bürgen gehen in demselben Masse, als er den Gläubiger befriedigt hat, dessen Rechte über. Er kann sie sofort nach Eintritt der Fälligkeit geltend machen.

[2] Von den für die verbürgte Forderung haftenden Pfandrechten und andern Sicherheiten gehen aber, soweit nichts anderes vereinbart worden ist, nur diejenigen auf ihn über, die bei Eingehung der Bürgschaft vorhanden waren oder die vom Hauptschuldner nachträglich eigens für diese Forderung bestellt worden sind. Geht infolge bloss teilweiser Bezahlung der Schuld nur ein Teil eines Pfandrechtes auf den Bürgen über, so hat der dem Gläubiger verbleibende Teil vor demjenigen des Bürgen den Vorrang.

[3] Vorbehalten bleiben die besonderen Ansprüche und Einreden aus dem zwischen Bürgen und Hauptschuldner bestehenden Rechtsverhältnis.

[4] Wird ein für eine verbürgte Forderung bestelltes Pfand in Anspruch genommen, oder bezahlt der Pfandeigentümer freiwillig, so kann der Pfandeigentümer auf den Bürgen hiefür nur Rückgriff nehmen, wenn dies zwischen dem Pfandbesteller und dem Bürgen so vereinbart oder das Pfand von einem Dritten nachträglich bestellt worden ist.

[5] Die Verjährung der Rückgriffsforderung beginnt mit dem Zeitpunkt der Befriedigung des Gläubigers durch den Bürgen zu laufen.

[6] Für die Bezahlung einer unklagbaren Forderung oder einer für den Hauptschuldner wegen Irrtums oder Vertragsunfähigkeit unverbindlichen Schuld steht dem Bürgen kein Rückgriffsrecht auf den Hauptschuldner zu. Hat er jedoch die Haftung für eine verjährte Schuld im Auftrag des Hauptschuldners übernommen, so haftet ihm dieser nach den Grundsätzen über den Auftrag.

Subrogation.

Art. 508   bb. Anzeigepflicht des Bürgen

[1] Bezahlt der Bürge die Hauptschuld ganz oder teilweise, so hat er dem Hauptschuldner Mitteilung zu machen.

[2] Unterlässt er diese Mitteilung und bezahlt der Hauptschuldner, der die Tilgung nicht kannte und auch nicht kennen musste, die Schuld gleichfalls, so verliert der Bürge seinen Rückgriff auf ihn.

[3] Die Forderung gegen den Gläubiger aus ungerechtfertigter Bereicherung bleibt vorbehalten.

Art. 509   C. Beendigung der Bürgschaft
              I. Dahinfallen von Gesetzes wegen

[1] Durch jedes Erlöschen der Hauptschuld wird der Bürge befreit.

[2] Vereinigen sich aber die Haftung als Hauptschuldner und diejenige aus der Bürgschaft in einer und derselben Person, so bleiben dem Gläubiger die ihm aus der Bürgschaft zustehenden besondern Vorteile gewahrt.

3 Jede Bürgschaft natürlicher Personen fällt nach Ablauf von 20 Jahren nach ihrer Eingehung dahin. Ausgenommen sind die gegenüber der Eidgenossenschaft oder ihren öffentlich-rechtlichen Anstalten oder gegenüber einem Kanton für öffentlich-rechtliche Verpflichtungen, wie Zölle, Steuern u. dgl., und für Frachten eingegangenen Bürgschaften sowie die Amts- und Dienstbürgschaften und die Bürgschaften für periodisch wiederkehrende Leistungen.

4 Während des letzten Jahres dieser Frist kann die Bürgschaft, selbst wenn sie für eine längere Frist eingegangen worden ist, geltend gemacht werden, sofern der Bürge sie nicht vorher verlängert oder durch eine neue Bürgschaft ersetzt hat.

5 Eine Verlängerung kann durch schriftliche Erklärung des Bürgen für höchstens weitere zehn Jahre vorgenommen werden. Diese ist aber nur gültig, wenn sie nicht früher als ein Jahr vor dem Dahinfallen der Bürgschaft abgegeben wird.

6 Wird die Hauptschuld weniger als zwei Jahre vor dem Dahinfallen der Bürgschaft fällig, und konnte der Gläubiger nicht auf einen frühern Zeitpunkt kündigen, so kann der Bürge bei jeder Bürgschaftsart ohne vorherige Inanspruchnahme des Hauptschuldners oder der Pfänder belangt werden. Dem Bürgen steht aber das Rückgriffsrecht auf den Hauptschuldner schon vor der Fälligkeit der Hauptschuld zu.

Abs. 1: Bereicherung: BGE 70 II 272.

Art. 510   II. Bürgschaft auf Zeit; Rücktritt

1 Ist eine zukünftige Forderung verbürgt, so kann der Bürge die Bürgschaft, solange die Forderung nicht entstanden ist, jederzeit durch eine schriftliche Erklärung an den Gläubiger widerrufen, sofern die Vermögensverhältnisse des Hauptschuldners sich seit der Unterzeichnung der Bürgschaft wesentlich verschlechtert haben oder wenn sich erst nachträglich herausstellt, dass seine Vermögenslage wesentlich schlechter ist, als der Bürge in guten Treuen angenommen hatte. Bei einer Amts- oder Dienstbürgschaft ist der Rücktritt nicht mehr möglich, wenn das Amts- oder Dienstverhältnis zustande gekommen ist.

2 Der Bürge hat dem Gläubiger Ersatz zu leisten für den Schaden, der ihm daraus erwächst, dass er sich in guten Treuen auf die Bürgschaft verlassen hat.

3 Ist die Bürgschaft nur für eine bestimmte Zeit eingegangen, so erlischt die Verpflichtung des Bürgen, wenn der Gläubiger nicht binnen vier Wochen nach Ablauf der Frist seine Forderung rechtlich geltend macht und den Rechtsweg ohne erhebliche Unterbrechung verfolgt.

4 Ist in diesem Zeitpunkt die Forderung nicht fällig, so kann sich der Bürge nur durch Leistung von Realsicherheit von der Bürgschaft befreien.

5 Unterlässt er dies, so gilt die Bürgschaft unter Vorbehalt der Bestimmung über die Höchstdauer weiter, wie wenn sie bis zur Fälligkeit der Hauptschuld vereinbart worden wäre.

Abs. 3: BGE 108 II 200; 125 III 322; 127 III 559.

Art. 511   III. Unbefristete Bürgschaft

1 Ist die Bürgschaft auf unbestimmte Zeit eingegangen, so kann der Bürge nach Eintritt der Fälligkeit der Hauptschuld vom Gläubiger verlangen, dass er, soweit es für seine Belangbarkeit Voraussetzung ist, binnen vier Wochen die Forderung gegenüber dem Hauptschuldner rechtlich geltend macht, die Verwertung allfälliger Pfänder einleitet und den Rechtsweg ohne erhebliche Unterbrechung verfolgt.

2 Handelt es sich um eine Forderung, deren Fälligkeit durch Kündigung des Gläubigers herbeigeführt werden kann, so ist der Bürge nach Ablauf eines Jahres seit Eingehung der Bürgschaft zu dem Verlangen berechtigt, dass der Gläubiger die Kündigung vornehme und nach Eintritt der Fälligkeit seine Rechte im Sinne der vorstehenden Bestimmung geltend mache.

3 Kommt der Gläubiger diesem Verlangen nicht nach, so wird der Bürge frei.

Art. 512   IV. Amts- und Dienstbürgschaft

1 Eine auf unbestimmte Zeit eingegangene Amtsbürgschaft kann unter Wahrung einer Kündigungsfrist von einem Jahr auf das Ende einer Amtsdauer gekündigt werden.

2 Besteht keine bestimmte Amtsdauer, so kann der Amtsbürge die Bürgschaft je auf das Ende des vierten Jahres nach dem Amtsantritt unter Wahrung einer Kündigungsfrist von einem Jahr kündigen.

3 Bei einer auf unbestimmte Zeit eingegangenen Dienstbürgschaft steht dem Bürgen das gleiche Kündigungsrecht zu wie dem Amtsbürgen bei unbestimmter Amtsdauer.

4 Gegenteilige Vereinbarungen bleiben vorbehalten.

> Wechselbürgschaft: OR 1020.

Einundzwanzigster Titel: Spiel und Wette

Art. 513   A. Unklagbarkeit der Forderung

1 Aus Spiel und Wette entsteht keine Forderung.

2 Dasselbe gilt von Darlehen und Vorschüssen, die wissentlich zum Behufe des Spieles oder der Wette gemacht werden, sowie von Differenzgeschäften und solchen Lieferungsgeschäften über Waren oder Börsenpapiere, die den Charakter eines Spieles oder einer Wette haben.

> BGE 62 II 114 (Differenzgeschäft); 77 II 46; 78 II 61; 120 II 42; 126 III 534 (ausländische Spielbank); 133 II 68.

Art. 514   B. Schuldverschreibungen und freiwillige Zahlung

[1] Eine Schuldverschreibung oder Wechselverpflichtung, die der Spielende oder Wettende zur Deckung der Spiel- oder Wettsumme gezeichnet hat, kann trotz erfolgter Aushändigung, unter Vorbehalt der Rechte gutgläubiger Dritter aus Wertpapieren, nicht geltend gemacht werden.

[2] Eine freiwillig geleistete Zahlung kann nur zurückgefordert werden, wenn die planmässige Ausführung des Spieles oder der Wette durch Zufall oder durch den Empfänger vereitelt worden ist, oder wenn dieser sich einer Unredlichkeit schuldig gemacht hat.

Abs. 1: OR 965 ff. ZGB 3.
Abs. 2: OR 62 ff. BGE 77 II 47.

Art. 515   C. Lotterie- und Ausspielgeschäfte

[1] Aus Lotterie- oder Ausspielgeschäften entsteht nur dann eine Forderung, wenn die Unternehmung von der zuständigen Behörde bewilligt worden ist.

[2] Fehlt diese Bewilligung, so wird eine solche Forderung wie eine Spielforderung behandelt.

[3] Für auswärts gestattete Lotterien oder Ausspielverträge wird in der Schweiz ein Rechtsschutz nur gewährt, wenn die zuständige schweizerische Behörde den Vertrieb der Lose bewilligt hat.

BG betr. die Lotterien und die gewerbsmässigen Wetten vom 8. Juni 1923, SR 935.51; BG über Glücksspiele und Spielbanken vom 18. Dezember 1998, SR 935.52.
Abs. 2: OR 514.

Art. 515a[1]   D. Spiel in Spielbanken, Darlehen von Spielbanken

Aus Glücksspielen in Spielbanken entstehen klagbare Forderungen, sofern die Spielbank von der zuständigen Behörde genehmigt wurde.

Zweiundzwanzigster Titel: Der Leibrentenvertrag und die Verpfründung

Art. 516   A. Leibrentenvertrag
I. Inhalt

[1] Die Leibrente kann auf die Lebenszeit des Rentengläubigers, des Rentenschuldners oder eines Dritten gestellt werden.

1   Eingefügt durch Anhang Ziff. 5 des Spielbankengesetzes vom 18. Dez. 1998, in Kraft seit 1. April 2000 (SR 935.52).

[2] In Ermangelung einer bestimmten Verabredung wird angenommen, sie sei auf die Lebenszeit des Rentengläubigers versprochen.

[3] Eine auf die Lebenszeit des Rentenschuldners oder eines Dritten gestellte Leibrente geht, sofern nicht etwas anderes verabredet ist, auf die Erben des Rentengläubigers über.

> ZGB 153, 463.

Art. 517   II. Form der Entstehung

Der Leibrentenvertrag bedarf zu seiner Gültigkeit der schriftlichen Form.

> OR 12 ff. Ruhegehalt: BGE 73 II 226.

Art. 518   III. Rechte des Gläubigers
1. Geltendmachung des Anspruchs

[1] Die Leibrente ist halbjährlich und zum voraus zu leisten, wenn nicht etwas anderes vereinbart ist.

[2] Stirbt die Person, auf deren Lebenszeit die Leibrente gestellt ist, vor dem Ablaufe der Periode, für die zum voraus die Rente zu entrichten ist, so wird der volle Betrag geschuldet.

[3] Fällt der Leibrentenschuldner in Konkurs, so ist der Leibrentengläubiger berechtigt, seine Ansprüche in Form einer Kapitalforderung geltend zu machen, deren Wert durch das Kapital bestimmt wird, womit die nämliche Leibrente zur Zeit der Konkurseröffnung bei einer soliden Rentenanstalt bestellt werden könnte.

> VVG 37, → Nr. 11.

Art. 519   2. Übertragbarkeit[1]

[1] Der Leibrentengläubiger kann, sofern nicht etwas anderes vereinbart ist, die Ausübung seiner Rechte abtreten.

[2] ...[2]

> VVG 73 ff., → Nr. 11. SchKG 92 Ziff. 7.

---

1   Fassung gemäss Anhang Ziff. 6 des BG vom 16. Dez. 1994, in Kraft seit 1. Jan. 1997 (AS 1995 1227 1307; BBl 1991 III 1).

2   Aufgehoben durch Anhang Ziff. 6 des BG vom 16. Dez. 1994 (AS 1995 1227; BBl 1991 III 1).

Art. 520 IV. Leibrenten nach dem Gesetz über den Versicherungsvertrag

Die Bestimmungen dieses Gesetzes über den Leibrentenvertrag finden keine Anwendung auf Leibrentenverträge, die unter dem Bundesgesetz vom 2. April 1908[1] über den Versicherungsvertrag stehen, vorbehältlich der Vorschrift betreffend die Entziehbarkeit des Rentenanspruchs.

Art. 521 B. Verpfründung
I. Begriff

[1] Durch den Verpfründungsvertrag verpflichtet sich der Pfründer, dem Pfrundgeber ein Vermögen oder einzelne Vermögenswerte zu übertragen, und dieser, dem Pfründer Unterhalt und Pflege auf Lebenszeit zu gewähren.

[2] Ist der Pfrundgeber als Erbe des Pfründers eingesetzt, so steht das ganze Verhältnis unter den Bestimmungen über den Erbvertrag.

ZGB 468, 512 ff. BGE 133 V 265.

Art. 522 II. Entstehung
1. Form

[1] Der Verpfründungsvertrag bedarf zu seiner Gültigkeit, auch wenn keine Erbeinsetzung damit verbunden ist, derselben Form wie der Erbvertrag.

[2] Wird der Vertrag mit einer staatlich anerkannten Pfrundanstalt zu den von der zuständigen Behörde genehmigten Bedingungen abgeschlossen, so genügt die schriftliche Vereinbarung.

Abs. 1: ZGB 512. Kaufvertrag, Formmangel: BGE 67 II 155.
Abs. 2: OR 12 ff.

Art. 523 2. Sicherstellung

Hat der Pfründer dem Pfrundgeber ein Grundstück übertragen so steht ihm für seine Ansprüche das Recht auf ein gesetzliches Pfandrecht an diesem Grundstück gleich einem Verkäufer zu.

ZGB 837 Ziff. 1.

---

[1] SR 221.229.1

Art. 524	III. Inhalt

[1] Der Pfründer tritt in häusliche Gemeinschaft mit dem Pfrundgeber, und dieser ist verpflichtet, ihm zu leisten, was der Pfründer nach dem Wert des Geleisteten und nach den Verhältnissen, in denen er bishin gestanden hat, billigerweise erwarten darf.

[2] Er hat ihm Wohnung und Unterhalt in angemessener Weise zu leisten und schuldet ihm in Krankheitsfällen die nötige Pflege und ärztliche Behandlung.

[3] Pfrundanstalten können diese Leistungen in ihren Hausordnungen unter Genehmigung durch die zuständige Behörde als Vertragsinhalt allgemein verbindlich festsetzen.

Art. 525	IV. Anfechtung und Herabsetzung

[1] Ein Verpfründungsvertrag kann von denjenigen Personen angefochten werden, denen ein gesetzlicher Unterstützungsanspruch gegen den Pfründer zusteht, wenn der Pfründer durch die Verpfründung sich der Möglichkeit beraubt, seiner Unterstützungspflicht nachzukommen.

[2] Anstatt den Vertrag aufzuheben, kann der Richter den Pfrundgeber zu der Unterstützung der Unterstützungsberechtigten verpflichten unter Anrechnung dieser Leistungen auf das, was der Pfrundgeber vertragsgemäss dem Pfründer zu entrichten hat.

[3] Vorbehalten bleiben ferner die Klage der Erben auf Herabsetzung und die Anfechtung durch die Gläubiger.

Abs. 1: ZGB 152, 159, 268, 271, 324, 328.
Abs. 3: ZGB 524, 527, 535. SchKG 285 ff.

Art. 526	V. Aufhebung
	1. Kündigung

[1] Der Verpfründungsvertrag kann sowohl von dem Pfründer als dem Pfrundgeber jederzeit auf ein halbes Jahr gekündigt werden, wenn nach dem Vertrag die Leistung des einen dem Werte nach erheblich grösser ist, als die des andern, und der Empfänger der Mehrleistung nicht die Schenkungsabsicht des andern nachweisen kann.

[2] Massgebend ist hiefür das Verhältnis von Kapital und Leibrente nach den Grundsätzen einer soliden Rentenanstalt.

[3] Was im Zeitpunkt der Aufhebung bereits geleistet ist, wird unter gegenseitiger Verrechnung von Kapitalwert und Zins zurückerstattet.

Abs. 1: OR 239 ff.

Art. 527 2. Einseitige Aufhebung

[1] Sowohl der Pfründer als der Pfrundgeber kann die Verpfründung einseitig aufheben, wenn infolge von Verletzung der vertraglichen Pflichten das Verhältnis unerträglich geworden ist oder wenn andere wichtige Gründe dessen Fortsetzung übermässig erschweren oder unmöglich machen.

[2] Wird die Verpfründung aus einem solchen Grunde aufgehoben, so hat neben der Rückgabe des Geleisteten der schuldige Teil dem schuldlosen eine angemessene Entschädigung zu entrichten.

[3] Anstatt den Vertrag vollständig aufzuheben, kann der Richter auf Begehren einer Partei oder von Amtes wegen die häusliche Gemeinschaft aufheben und dem Pfründer zum Ersatz dafür eine Leibrente zusprechen.

Art. 528 3. Aufhebung beim Tod des Pfrundgebers

[1] Beim Tode des Pfrundgebers kann der Pfründer innerhalb Jahresfrist die Aufhebung des Pfrundverhältnisses verlangen.

[2] In diesem Falle kann er gegen die Erben eine Forderung geltend machen, wie sie im Konkurse des Pfrundgebers ihm zuständе.

Art. 529 VI. Unübertragbarkeit, Geltendmachung bei Konkurs und Pfändung

[1] Der Anspruch des Pfründers ist nicht übertragbar.

[2] Im Konkurse des Pfrundgebers besteht die Forderung des Pfründers in dem Betrage, womit die Leistung des Pfrundgebers dem Werte nach bei einer soliden Rentenanstalt in Gestalt einer Leibrente erworben werden könnte.

[3] Bei der Betreibung auf Pfändung kann der Pfründer für diese Forderung ohne vorgängige Betreibung an der Pfändung teilnehmen.

> Abs. 3: SchKG 111.

Dreiundzwanzigster Titel: Die einfache Gesellschaft

Art. 530 A. Begriff

[1] Gesellschaft ist die vertragsmässige Verbindung von zwei oder mehreren Personen zur Erreichung eines gemeinsamen Zweckes mit gemeinsamen Kräften oder Mitteln.

[2] Sie ist eine einfache Gesellschaft im Sinne dieses Titels, sofern dabei nicht die Voraussetzungen einer andern durch das Gesetz geordneten Gesellschaft zutreffen.

> Personen-, Gelegenheits-, stille Gesellschaft, Konsortium, Syndikat: Bot. 1928 S. 7. IPRG 150 Abs. 2. BGE 49 II 490; 73 I 314; 79 I 181; 108 II 204 (Konkubinat).

Art. 531 B. Verhältnis der Gesellschafter unter sich
I. Beiträge

[1] Jeder Gesellschafter hat einen Beitrag zu leisten, sei es in Geld, Sachen, Forderungen oder Arbeit.

[2] Ist nicht etwas anderes vereinbart, so haben die Gesellschafter gleiche Beiträge, und zwar in der Art und dem Umfange zu leisten, wie der vereinbarte Zweck es erheischt.

[3] In Bezug auf die Tragung der Gefahr und die Gewährspflicht finden, sofern der einzelne Gesellschafter den Gebrauch einer Sache zu überlassen hat, die Grundsätze des Mietvertrages und, sofern er Eigentum zu übertragen hat, die Grundsätze des Kaufvertrages entsprechende Anwendung.

OR 544, ZGB 652, 654.

Art. 532 II. Gewinn und Verlust
1. Gewinnteilung

Jeder Gesellschafter ist verpflichtet, einen Gewinn, der seiner Natur nach der Gesellschaft zukommt, mit den andern Gesellschaftern zu teilen.

OR 537.

Art. 533 2. Gewinn- und Verlustbeteiligung

[1] Wird es nicht anders vereinbart, so hat jeder Gesellschafter, ohne Rücksicht auf die Art und Grösse seines Beitrages, gleichen Anteil an Gewinn und Verlust.

[2] Ist nur der Anteil am Gewinne oder nur der Anteil am Verluste vereinbart, so gilt diese Vereinbarung für beides.

[3] Die Verabredung, dass ein Gesellschafter, der zu dem gemeinsamen Zwecke Arbeit beizutragen hat, Anteil am Gewinne, nicht aber am Verluste haben soll, ist zulässig.

OR 537.
Abs. 2: societas leonina.

Art. 534 III. Gesellschaftsbeschlüsse

[1] Gesellschaftsbeschlüsse werden mit Zustimmung aller Gesellschafter gefasst.

[2] Genügt nach dem Vertrage Stimmenmehrheit, so ist die Mehrheit nach der Personenzahl zu berechnen.

Art. 535 IV. Geschäftsführung

¹ Die Geschäftsführung steht allen Gesellschaftern zu, soweit sie nicht durch Vertrag oder Beschluss einem oder mehreren Gesellschaftern oder Dritten ausschliesslich übertragen ist.

² Steht die Geschäftsführung entweder allen oder mehreren Gesellschaftern zu, so kann jeder von ihnen ohne Mitwirkung der übrigen handeln, es hat aber jeder andere zur Geschäftsführung befugte Gesellschafter das Recht, durch seinen Widerspruch die Handlung zu verhindern, bevor sie vollendet ist.

³ Zur Bestellung eines Generalbevollmächtigten und zur Vornahme von Rechtshandlungen, die über den gewöhnlichen Betrieb der gemeinschaftlichen Geschäfte hinausgehen, ist, sofern nicht Gefahr im Verzuge liegt, die Einwilligung sämtlicher Gesellschafter erforderlich.

Abs. 3: OR 462.

Art. 536 V. Verantwortlichkeit unter sich
1. Konkurrenzverbot

Kein Gesellschafter darf zu seinem besonderen Vorteile Geschäfte betreiben, durch die der Zweck der Gesellschaft vereitelt oder beeinträchtigt würde.

Art. 537 2. Ansprüche aus der Tätigkeit für die Gesellschaft

¹ Für Auslagen oder Verbindlichkeiten, die ein Gesellschafter in den Angelegenheiten der Gesellschaft macht oder eingeht, sowie für Verluste, die er unmittelbar durch seine Geschäftsführung oder aus den untrennbar damit verbundenen Gefahren erleidet, sind ihm die übrigen Gesellschafter haftbar.

² Für die vorgeschossenen Gelder kann er vom Tage des geleisteten Vorschusses an Zinse fordern.

³ Dagegen steht ihm für persönliche Bemühungen kein Anspruch auf besondere Vergütung zu.

Abs. 1: BGE 116 II 316.
Abs. 2: OR 73, 104.

Art. 538   3. Mass der Sorgfalt

¹ Jeder Gesellschafter ist verpflichtet, in den Angelegenheiten der Gesellschaft den Fleiss und die Sorgfalt anzuwenden, die er in seinen eigenen anzuwenden pflegt.

² Er haftet den übrigen Gesellschaftern für den durch sein Verschulden entstandenen Schaden, ohne dass er damit die Vorteile verrechnen könnte, die er der Gesellschaft in andern Fällen verschafft hat.

³ Der geschäftsführende Gesellschafter, der für seine Tätigkeit eine Vergütung bezieht, haftet nach den Bestimmungen über den Auftrag.

> Abs. 3: OR 394 ff.

Art. 539   VI. Entzug und Beschränkung der Geschäftsführung

¹ Die im Gesellschaftsvertrage einem Gesellschafter eingeräumte Befugnis zur Geschäftsführung darf von den übrigen Gesellschaftern ohne wichtige Gründe weder entzogen noch beschränkt werden.

² Liegen wichtige Gründe vor, so kann sie von jedem der übrigen Gesellschafter selbst dann entzogen werden, wenn der Gesellschaftsvertrag etwas anderes bestimmt.

³ Ein wichtiger Grund liegt namentlich vor, wenn der Geschäftsführer sich einer groben Pflichtverletzung schuldig gemacht oder die Fähigkeit zu einer guten Geschäftsführung verloren hat.

Art. 540   VII. Geschäftsführende und nicht geschäftsführende Gesellschafter
                  1. Im Allgemeinen

¹ Soweit weder in den Bestimmungen dieses Titels noch im Gesellschaftsvertrage etwas anderes vorgesehen ist, kommen auf das Verhältnis der geschäftsführenden Gesellschafter zu den übrigen Gesellschaftern die Vorschriften über Auftrag zur Anwendung.

² Wenn ein Gesellschafter, der nicht zur Geschäftsführung befugt ist, Gesellschaftsangelegenheiten besorgt, oder wenn ein zur Geschäftsführung befugter Gesellschafter seine Befugnis überschreitet, so finden die Vorschriften über die Geschäftsführung ohne Auftrag Anwendung.

> Abs. 1: OR 394 ff.
> Abs. 2: OR 419 ff.

Art. 541   2. Einsicht in die Gesellschaftsangelegenheiten

[1] Der von der Geschäftsführung ausgeschlossene Gesellschafter hat das Recht, sich persönlich von dem Gange der Gesellschaftsangelegenheiten zu unterrichten, von den Geschäftsbüchern und Papieren der Gesellschaft Einsicht zu nehmen und für sich eine Übersicht über den Stand des gemeinschaftlichen Vermögens anzufertigen.

[2] Eine entgegenstehende Vereinbarung ist nichtig.

Art. 542   VIII. Aufnahme neuer Gesellschafter und Unterbeteiligung

[1] Ein Gesellschafter kann ohne die Einwilligung der übrigen Gesellschafter keinen Dritten in die Gesellschaft aufnehmen.

[2] Wenn ein Gesellschafter einseitig einen Dritten an seinem Anteile beteiligt oder seinen Anteil an ihn abtritt, so wird dieser Dritte dadurch nicht zum Gesellschafter der übrigen und erhält insbesondere nicht das Recht, von den Gesellschaftsangelegenheiten Einsicht zu nehmen.

Abs. 1: OR 164.

Art. 543   C. Verhältnis der Gesellschafter gegenüber Dritten
        I. Vertretung

[1] Wenn ein Gesellschafter zwar für Rechnung der Gesellschaft, aber in eigenem Namen mit einem Dritten Geschäfte abschliesst, so wird er allein dem Dritten gegenüber berechtigt und verpflichtet.

[2] Wenn ein Gesellschafter im Namen der Gesellschaft oder sämtlicher Gesellschafter mit einem Dritten Geschäfte abschliesst, so werden die übrigen Gesellschafter dem Dritten gegenüber nur insoweit berechtigt und verpflichtet, als es die Bestimmungen über die Stellvertretung mit sich bringen.

[3] Eine Ermächtigung des einzelnen Gesellschafters, die Gesellschaft oder sämtliche Gesellschafter Dritten gegenüber zu vertreten, wird vermutet, sobald ihm die Geschäftsführung überlassen ist.

Abs. 2: OR 32 ff. BGE 124 III 355.

Art. 544   II. Wirkung der Vertretung

[1] Sachen, dingliche Rechte oder Forderungen, die an die Gesellschaft übertragen oder für sie erworben sind, gehören den Gesellschaftern gemeinschaftlich nach Massgabe des Gesellschaftsvertrages.

[2] Die Gläubiger eines Gesellschafters können, wo aus dem Gesellschaftsvertrage nichts anderes hervorgeht, zu ihrer Befriedigung nur den Liquidationsanteil ihres Schuldners in Anspruch nehmen.

³ Haben die Gesellschafter gemeinschaftlich oder durch Stellvertretung einem Dritten gegenüber Verpflichtungen eingegangen, so haften sie ihm solidarisch, unter Vorbehalt anderer Vereinbarung.

> Abs. 1: ZGB 652 ff.
> Abs. 2: OR 548.
> Abs. 3: OR 143 ff.

Art. 545   D. Beendigung der Gesellschaft
              I. Auflösungsgründe
              1. Im Allgemeinen

¹ Die Gesellschaft wird aufgelöst:

1. wenn der Zweck, zu welchem sie abgeschlossen wurde, erreicht oder wenn dessen Erreichung unmöglich geworden ist;
2. wenn ein Gesellschafter stirbt und für diesen Fall nicht schon vorher vereinbart worden ist, dass die Gesellschaft mit den Erben fortbestehen soll;
3. wenn der Liquidationsanteil eines Gesellschafters zur Zwangsverwertung gelangt oder ein Gesellschafter in Konkurs fällt oder bevormundet wird;
4. durch gegenseitige Übereinkunft;
5. durch Ablauf der Zeit, auf deren Dauer die Gesellschaft eingegangen worden ist;
6. durch Kündigung von seiten eines Gesellschafters, wenn eine solche im Gesellschaftsvertrage vorbehalten oder wenn die Gesellschaft auf unbestimmte Dauer oder auf Lebenszeit eines Gesellschafters eingegangen worden ist;
7. durch Urteil des Richters im Falle der Auflösung aus einem wichtigen Grund.

² Aus wichtigen Gründen kann die Auflösung der Gesellschaft vor Ablauf der Vertragsdauer oder, wenn sie auf unbestimmte Dauer abgeschlossen worden ist, ohne vorherige Aufkündigung verlangt werden.

> Auflösung: BGE 70 II 56.

Art. 546   2. Gesellschaft auf unbestimmte Dauer

¹ Ist die Gesellschaft auf unbestimmte Dauer oder auf Lebenszeit eines Gesellschafters geschlossen worden, so kann jeder Gesellschafter den Vertrag auf sechs Monate kündigen.

² Die Kündigung soll jedoch in guten Treuen und nicht zur Unzeit geschehen und darf, wenn jährliche Rechnungsabschlüsse vorgesehen sind, nur auf das Ende eines Geschäftsjahres erfolgen.

³ Wird eine Gesellschaft nach Ablauf der Zeit, für die sie eingegangen worden ist, stillschweigend fortgesetzt, so gilt sie als auf unbestimmte Zeit erneuert.

Abs. 1: BGE 106 II 226 (nicht zwingend).

Art. 547 II. Wirkung der Auflösung auf die Geschäftsführung

[1] Wird die Gesellschaft in anderer Weise als durch Kündigung aufgelöst, so gilt die Befugnis eines Gesellschafters zur Geschäftsführung zu seinen Gunsten gleichwohl als fortbestehend, bis er von der Auflösung Kenntnis hat oder bei schuldiger Sorgfalt haben sollte.

[2] Wird die Gesellschaft durch den Tod eines Gesellschafters aufgelöst, so hat der Erbe des verstorbenen Gesellschafters den andern den Todesfall unverzüglich anzuzeigen und die von seinem Erblasser zu besorgenden Geschäfte in guten Treuen fortzusetzen, bis anderweitige Fürsorge getroffen ist.

[3] Die andern Gesellschafter haben in gleicher Weise die Geschäfte einstweilen weiter zu führen.

Art. 548 III. Liquidation
                  1. Behandlung der Einlagen

[1] Bei der Auseinandersetzung, die nach der Auflösung die Gesellschafter unter sich vorzunehmen haben, fallen die Sachen, die ein Gesellschafter zu Eigentum eingebracht hat, nicht an ihn zurück.

[2] Er hat jedoch Anspruch auf den Wert, für den sie übernommen worden sind.

[3] Fehlt es an einer solchen Wertbestimmung, so geht sein Anspruch auf den Wert, den die Sachen zur Zeit des Einbringens hatten.

Abs. 1: BGE 105 II 204 (Grundstück).

Art. 549 2. Verteilung von Überschuss und Fehlbetrag

[1] Verbleibt nach Abzug der gemeinschaftlichen Schulden, nach Ersatz der Auslagen und Verwendungen an einzelne Gesellschafter und nach Rückerstattung der Vermögensbeiträge ein Überschuss, so ist er unter die Gesellschafter als Gewinn zu verteilen.

[2] Ist nach Tilgung der Schulden und Ersatz der Auslagen und Verwendungen das gemeinschaftliche Vermögen nicht ausreichend, um die geleisteten Vermögensbeiträge zurückzuerstatten, so haben die Gesellschafter das Fehlende als Verlust zu tragen.

OR 533, 537.

Art. 550 3. Vornahme der Auseinandersetzung

[1] Die Auseinandersetzung nach Auflösung der Gesellschaft ist von allen Gesellschaftern gemeinsam vorzunehmen mit Einschluss derjenigen, die von der Geschäftsführung ausgeschlossen waren.

[2] Wenn jedoch der Gesellschaftsvertrag sich nur auf bestimmte einzelne Geschäfte bezog, die ein Gesellschafter in eigenem Namen auf gemeinsame Rechnung zu besorgen hatte, so hat er diese Geschäfte auch nach Auflösung der Gesellschaft allein zu erledigen und den übrigen Gesellschaftern Rechnung abzulegen.

OR 535 Abs. 1.

Art. 551 IV. Haftung gegenüber Dritten

An den Verbindlichkeiten gegenüber Dritten wird durch die Auflösung der Gesellschaft nichts geändert.

Dritte Abteilung:[1] Die Handelsgesellschaften und die Genossenschaft

Vierundzwanzigster Titel: Die Kollektivgesellschaft

Erster Abschnitt: Begriff und Errichtung

Art. 552   A. Kaufmännische Gesellschaft

[1] Die Kollektivgesellschaft ist eine Gesellschaft, in der zwei oder mehrere natürliche Personen, ohne Beschränkung ihrer Haftung gegenüber den Gesellschaftsgläubigern, sich zum Zwecke vereinigen, unter einer gemeinsamen Firma ein Handels-, ein Fabrikations- oder ein anderes nach kaufmännischer Art geführtes Gewerbe zu betreiben.

[2] Die Gesellschafter haben die Gesellschaft in das Handelsregister eintragen zu lassen.

> OR 562 Anm. Formlose Entstehung. Bot. 1920 S. 15, 1928 S. 8. BGE 73 I 314; 84 II 381. Gewerbe: 934, 957. BankG 1. HRegV 40, → Nr. 14.

Art. 553   B. Nichtkaufmännische Gesellschaft

Betreibt eine solche Gesellschaft kein nach kaufmännischer Art geführtes Gewerbe, so entsteht sie als Kollektivgesellschaft erst, wenn sie sich in das Handelsregister eintragen lässt.

> Gewerbe: BGE 56 I 127.

Art. 554[2]   C. Registereintrag
I. Ort der Eintragung

Die Gesellschaft ist ins Handelsregister des Ortes einzutragen, an dem sie ihren Sitz hat.

> Sitz: BGE 56 I 374. Firma: OR 947 f., 951. Zweigniederlassung: OR 952.

Art. 555   II. Vertretung

In das Handelsregister können nur solche Anordnungen über die Vertretung eingetragen werden, die deren Beschränkung auf einen oder einzelne Gesellschafter oder eine Vertretung durch einen Gesellschafter in Gemeinschaft mit andern Gesellschaftern oder mit Prokuristen vorsehen.

> OR 458 ff., 563 ff.

1   Fassung gemäss BG vom 18. Dez. 1936, in Kraft seit 1. Juli 1937 (AS 53 185; BBl 1928 I 205, 1932 I 217). Siehe die Schl- und Ueb zu den Tit. XXIV–XXXIII am Schluss des OR.

2   Fassung gemäss Ziff. I 3 des BG vom 16. Dez. 2005, in Kraft per 1. Jan. 2008 (AS 2007 4791 4839; BBl 2002 3148, BBl 2004 3969).

Art. 556 III. Formelle Erfordernisse

[1] Die Anmeldung der einzutragenden Tatsachen oder ihrer Veränderung muss von allen Gesellschaftern persönlich beim Handelsregisteramt unterzeichnet oder schriftlich mit beglaubigten Unterschriften eingereicht werden.

[2] Die Gesellschafter, denen die Vertretung der Gesellschaft zustehen soll, haben die Firma und ihre Namen persönlich beim Handelsregisteramt zu zeichnen oder die Zeichnung in beglaubigter Form einzureichen.

Zweiter Abschnitt: Verhältnis der Gesellschafter unter sich

Art. 557 A. Vertragsfreiheit, Verweisung auf die einfache Gesellschaft

[1] Das Rechtsverhältnis der Gesellschafter untereinander richtet sich zunächst nach dem Gesellschaftsvertrag.

[2] Soweit keine Vereinbarung getroffen ist, kommen die Vorschriften über die einfache Gesellschaft zur Anwendung, jedoch mit den Abweichungen, die sich aus den nachfolgenden Bestimmungen ergeben.

  OR 531–542. BankG 3.

Art. 558 B. Gewinn- und Verlustrechnung

[1] Für jedes Geschäftsjahr sind auf Grund der Gewinn- und Verlustrechnung sowie der Bilanz der Gewinn oder Verlust zu ermitteln und der Anteil jedes Gesellschafters zu berechnen.

[2] Jedem Gesellschafter dürfen für seinen Kapitalanteil Zinse gemäss Vertrag gutgeschrieben werden, auch wenn durch den Verlust des Geschäftsjahres der Kapitalanteil vermindert ist. Mangels vertraglicher Abrede beträgt der Zinssatz vier vom Hundert.

[3] Ein vertraglich festgesetztes Honorar für die Arbeit eines Gesellschafters wird bei der Ermittlung von Gewinn und Verlust als Gesellschaftsschuld behandelt.

  OR 957 ff.

Art. 559 C. Anspruch auf Gewinn, Zinse und Honorar

[1] Jeder Gesellschafter hat das Recht, aus der Gesellschaftskasse Gewinn, Zinse und Honorar des abgelaufenen Geschäftsjahres zu entnehmen.

[2] Zinse und Honorare dürfen, soweit dies der Vertrag vorsieht, schon während des Geschäftsjahres, Gewinne dagegen erst nach Feststellung der Bilanz bezogen werden.

[3] Soweit ein Gesellschafter Gewinne, Zinse und Honorare nicht bezieht, werden sie nach Feststellung der Bilanz seinem Kapitalanteil zugeschrieben, sofern nicht einer der andern Gesellschafter dagegen Einwendungen erhebt.

OR 957 ff. BankG 3 f.

Art. 560 D. Verluste

[1] Ist der Kapitalanteil durch Verluste vermindert worden, so behält der Gesellschafter seinen Anspruch auf Ausrichtung des Honorars und der vom verminderten Kapitalanteil zu berechnenden Zinse; ein Gewinnanteil darf erst dann wieder ausbezahlt werden, wenn die durch den Verlust entstandene Verminderung ausgeglichen ist.

[2] Die Gesellschafter sind weder verpflichtet, höhere Einlagen zu leisten, als dies im Vertrage vorgesehen ist, noch ihre durch Verlust verminderten Einlagen zu ergänzen.

Art. 561 E. Konkurrenzverbot

Ohne Zustimmung der übrigen Gesellschafter darf ein Gesellschafter in dem Geschäftszweige der Gesellschaft weder für eigene noch für fremde Rechnung Geschäfte machen, noch an einer andern Unternehmung als unbeschränkt haftender Gesellschafter, als Kommanditär oder als Mitglied einer Gesellschaft mit beschränkter Haftung teilnehmen.

OR 536, 577.

Dritter Abschnitt: Verhältnis der Gesellschaft zu Dritten

Art. 562 A. Im Allgemeinen

Die Gesellschaft kann unter ihrer Firma Rechte erwerben und Verbindlichkeiten eingehen, vor Gericht klagen und verklagt werden.

OR 544. ZGB 652 ff. Nicht juristische Person? BGE 45 II 302.

Art. 563 B. Vertretung
I. Grundsatz

Enthält das Handelsregister keine entgegenstehenden Eintragungen, so sind gutgläubige Dritte zu der Annahme berechtigt, es sei jeder einzelne Gesellschafter zur Vertretung der Gesellschaft ermächtigt.

OR 555.

Art. 564   II. Umfang

[1] Die zur Vertretung befugten Gesellschafter sind ermächtigt, im Namen der Gesellschaft alle Rechtshandlungen vorzunehmen, die der Zweck der Gesellschaft mit sich bringen kann.

[2] Eine Beschränkung des Umfangs der Vertretungsbefugnis hat gegenüber gutgläubigen Dritten keine Wirkung.

OR 555.

Art. 565   III. Entziehung

[1] Die Vertretungsbefugnis kann einem Gesellschafter aus wichtigen Gründen entzogen werden.

[2] Macht ein Gesellschafter solche Gründe glaubhaft, so kann auf seinen Antrag der Richter, wenn Gefahr im Verzug liegt, die Vertretungsbefugnis vorläufig entziehen. Diese richterliche Vefügung ist im Handelsregister einzutragen.

Art. 566   IV. Prokura und Handlungsvollmacht

Die Prokura sowie eine Handlungsvollmacht zum Betriebe des ganzen Gewerbes können nur mit Einwilligung aller zur Vertretung befugten Gesellschafter bestellt, dagegen durch jeden von ihnen mit Wirkung gegen Dritte widerrufen werden.

OR 458 ff., 555.

Art. 567   V. Rechtsgeschäfte und Haftung aus unerlaubten Handlungen

[1] Die Gesellschaft wird durch die Rechtsgeschäfte, die ein zu ihrer Vertretung befugter Gesellschafter in ihrem Namen schliesst, berechtigt und verpflichtet.

[2] Diese Wirkung tritt auch dann ein, wenn die Absicht, für die Gesellschaft zu handeln, aus den Umständen hervorgeht.

[3] Die Gesellschaft haftet für den Schaden aus unerlaubten Handlungen, die ein Gesellschafter in Ausübung seiner geschäftlichen Verrichtungen begeht.

OR 32. Al. 3: BGE 66 II 251.

Art. 568   C. Stellung der Gesellschaftsgläubiger
                I. Haftung der Gesellschafter

[1] Die Gesellschafter haften für alle Verbindlichkeiten der Gesellschaft solidarisch und mit ihrem ganzen Vermögen.

[2] Eine entgegenstehende Verabredung unter den Gesellschaftern hat Dritten gegenüber keine Wirkung.

[3] Der einzelne Gesellschafter kann jedoch, auch nach seinem Ausscheiden, für Gesellschaftsschulden erst dann persönlich belangt werden, wenn er selbst in Konkurs geraten oder wenn die Gesellschaft aufgelöst oder erfolglos betrieben worden ist. Die Haftung des Gesellschafters aus einer zugunsten der Gesellschaft eingegangenen Solidarbürgschaft bleibt vorbehalten.

> BGE 124 III 363.
> Abs. 1: OR 143 ff.
> Abs. 3: OR 574 ff.

Art. 569   II. Haftung neu eintretender Gesellschafter

[1] Wer einer Kollektivgesellschaft beitritt, haftet solidarisch mit den übrigen Gesellschaftern und mit seinem ganzen Vermögen auch für die vor seinem Beitritt entstandenen Verbindlichkeiten der Gesellschaft.

[2] Eine entgegenstehende Verabredung unter den Gesellschaftern hat Dritten gegenüber keine Wirkung.

> Abs. 1: OR 143 ff.

Art. 570   III. Konkurs der Gesellschaft

[1] Die Gläubiger der Gesellschaft haben Anspruch darauf, aus dem Gesellschaftsvermögen unter Ausschluss der Privatgläubiger der einzelnen Gesellschafter befriedigt zu werden.

[2] Die Gesellschafter können am Konkurse für ihre Kapitaleinlagen und laufenden Zinse nicht als Gläubiger teilnehmen, wohl aber für ihre Ansprüche auf verfallene Zinse sowie auf Forderungen für Honorar oder für Ersatz von im Interesse der Gesellschaft gemachten Auslagen.

Art. 571   IV. Konkurs von Gesellschaft und Gesellschaftern

[1] Der Konkurs der Gesellschaft hat den Konkurs der einzelnen Gesellschafter nicht zur Folge.

[2] Ebenso wenig bewirkt der Konkurs eines Gesellschafters den Konkurs der Gesellschaft.

[3] Die Rechte der Gesellschaftsgläubiger im Konkurse des einzelnen Gesellschafters richten sich nach den Vorschriften des Schuldbetreibungs- und Konkursgesetzes vom 11. April 1889[1].

> SchKG 218.

1   SR 281.1

Art. 572   D. Stellung der Privatgläubiger eines Gesellschafters

[1] Die Privatgläubiger eines Gesellschafters sind nicht befugt, das Gesellschaftsvermögen zu ihrer Befriedigung oder Sicherstellung in Anspruch zu nehmen.

[2] Gegenstand der Zwangsvollstreckung ist nur, was dem Schuldner an Zinsen, Honorar, Gewinn und Liquidationsanteil aus dem Gesellschaftsverhältnis zukommt.

> OR 544, 548 f., 559 f. ZGB 652 ff.

Art. 573   E. Verrechnung

[1] Gegen eine Forderung der Gesellschaft kann der Schuldner eine Forderung, die ihm gegen einen einzelnen Gesellschafter zusteht, nicht zur Verrechnung bringen.

[2] Ebenso wenig kann ein Gesellschafter gegenüber seinem Gläubiger eine Forderung der Gesellschaft verrechnen.

[3] Ist dagegen ein Gesellschaftsgläubiger gleichzeitig Privatschuldner eines Gesellschafters, so wird die Verrechnung sowohl zugunsten des Gesellschaftsgläubigers als auch des Gesellschafters zugelassen, sobald der Gesellschafter für eine Gesellschaftsschuld persönlich belangt werden kann.

> OR 120 ff. SchKG 213 f.

Vierter Abschnitt: Auflösung und Ausscheiden

Art. 574   A. Im Allgemeinen

[1] Die Gesellschaft wird aufgelöst durch die Eröffnung des Konkurses. Im Übrigen gelten für die Auflösung die Bestimmungen über die einfache Gesellschaft, soweit sich aus den Vorschriften dieses Titels nicht etwas anderes ergibt.

[2] Die Gesellschafter haben die Auflösung, abgesehen vom Falle des Konkurses, beim Handelsregisteramt anzumelden.

[3] Ist eine Klage auf Auflösung der Gesellschaft angebracht, so kann der Richter auf Antrag einer Partei vorsorgliche Massnahmen anordnen.

> OR 545 ff., 939. HRegV 42, → Nr. 14.

Art. 575   B. Kündigung durch Gläubiger eines Gesellschafters

[1] Ist ein Gesellschafter in Konkurs geraten, so kann die Konkursverwaltung unter Beobachtung einer mindestens sechsmonatigen Kündigungsfrist die Auflösung der Gesellschaft verlangen, auch wenn die Gesellschaft auf bestimmte Dauer eingegangen wurde.

² Das gleiche Recht steht dem Gläubiger eines Gesellschafters zu, der dessen Liquidationsanteil gepfändet hat.

³ Die Wirkung einer solchen Kündigung kann aber, solange die Auflösung im Handelsregister nicht eingetragen ist, von der Gesellschaft oder von den übrigen Gesellschaftern durch Befriedigung der Konkursmasse oder des betreibenden Gläubigers abgewendet werden.

Art. 576   C. Ausscheiden von Gesellschaftern
              I. Übereinkommen

Sind die Gesellschafter vor der Auflösung übereingekommen, dass trotz des Ausscheidens eines oder mehrerer Gesellschafter die Gesellschaft unter den übrigen fortgesetzt werden soll, so endigt sie nur für die Ausscheidenden; im Übrigen besteht sie mit allen bisherigen Rechten und Verbindlichkeiten fort.

OR 568 Abs. 3.

Art. 577   II. Ausschliessung durch den Richter

Wenn die Auflösung der Gesellschaft aus wichtigen Gründen verlangt werden könnte und diese vorwiegend in der Person eines oder mehrerer Gesellschafter liegen, so kann der Richter auf deren Ausschliessung und auf Ausrichtung ihrer Anteile am Gesellschaftsvermögen erkennen, sofern alle übrigen Gesellschafter es beantragen.

OR 561. Schiedsgericht: BGE 69 II 118.

Art. 578   III. Durch die übrigen Gesellschafter

Fällt ein Gesellschafter in Konkurs oder verlangt einer seiner Gläubiger, der dessen Liquidationsanteil gepfändet hat, die Auflösung der Gesellschaft, so können die übrigen Gesellschafter ihn ausschliessen und ihm seinen Anteil am Gesellschaftsvermögen ausrichten.

OR 575 Abs. 2.

Art. 579   IV. Bei zwei Gesellschaftern

¹ Sind nur zwei Gesellschafter vorhanden, so kann derjenige, der keine Veranlassung zur Auflösung gegeben hatte, unter den gleichen Voraussetzungen das Geschäft fortsetzen und dem andern Gesellschafter seinen Anteil am Gesellschaftsvermögen ausrichten.

² Das gleiche kann der Richter verfügen, wenn die Auflösung wegen eines vorwiegend in der Person des einen Gesellschafters liegenden wichtigen Grundes gefordert wird.

Abs. 1: OR 181.

Art. 580   V. Festsetzung des Betrages

[1] Der dem ausscheidenden Gesellschafter zukommende Betrag wird durch Übereinkunft festgesetzt.

[2] Enthält der Gesellschaftsvertrag darüber keine Bestimmung und können sich die Beteiligten nicht einigen, so setzt der Richter den Betrag in Berücksichtigung der Vermögenslage der Gesellschaft im Zeitpunkt des Ausscheidens und eines allfälligen Verschuldens des ausscheidenden Gesellschafters fest.

Art. 581   VI. Eintragung

Das Ausscheiden eines Gesellschafters sowie die Fortsetzung des Geschäftes durch einen Gesellschafter müssen in das Handelsregister eingetragen werden.

OR 182 Abs. 2, 576, 578 f., 933.

Fünfter Abschnitt: Liquidation

Art. 582   A. Grundsatz

Nach der Auflösung der Gesellschaft erfolgt ihre Liquidation gemäss den folgenden Vorschriften, sofern nicht eine andere Art der Auseinandersetzung von den Gesellschaftern vereinbart oder über das Vermögen der Gesellschaft der Konkurs eröffnet ist.

Auflösung: BGE 70 II 56; 78 I 122.

Art. 583   B. Liquidatoren

[1] Die Liquidation wird von den zur Vertretung befugten Gesellschaftern besorgt, sofern in ihrer Person kein Hindernis besteht und soweit sich die Gesellschafter nicht auf andere Liquidatoren einigen.

[2] Auf Antrag eines Gesellschafters kann der Richter, sofern wichtige Gründe vorliegen, Liquidatoren abberufen und andere ernennen.

[3] Die Liquidatoren sind in das Handelsregister einzutragen, auch wenn dadurch die bisherige Vertretung der Gesellschaft nicht geändert wird.

Art. 584   C. Vertretung von Erben

Die Erben eines Gesellschafters haben für die Liquidation einen gemeinsamen Vertreter zu bezeichnen.

Art. 585   D. Rechte und Pflichten der Liquidatoren

[1] Die Liquidatoren haben die laufenden Geschäfte zu beendigen, die Verpflichtungen der aufgelösten Gesellschaft zu erfüllen, die Forderungen einzuziehen und das Vermögen der Gesellschaft, soweit es die Auseinandersetzung verlangt, zu versilbern.

[2] Sie haben die Gesellschaft in den zur Liquidation gehörenden Rechtsgeschäften zu vertreten, können für sie Prozesse führen, Vergleiche und Schiedsverträge abschliessen und, soweit es die Liquidation erfordert, auch neue Geschäfte eingehen.

[3] Erhebt ein Gesellschafter Widerspruch gegen einen von den Liquidatoren beschlossenen Verkauf zu einem Gesamtübernahmepreis, gegen die Ablehnung eines solchen Verkaufs oder gegen die beschlossene Art der Veräusserung von Grundstücken, so entscheidet auf Begehren des widersprechenden Gesellschafters der Richter.

[4] Die Gesellschaft haftet für Schaden aus unerlaubten Handlungen, die ein Liquidator in Ausübung seiner geschäftlichen Verrichtungen begeht.

Art. 586   E. Vorläufige Verteilung

[1] Die während der Liquidation entbehrlichen Gelder und Werte werden vorläufig auf Rechnung des endgültigen Liquidationsanteiles unter die Gesellschafter verteilt.

[2] Zur Deckung streitiger oder noch nicht fälliger Verbindlichkeiten sind die erforderlichen Mittel zurückzubehalten.

Art. 587   F. Auseinandersetzung
                 I. Bilanz

[1] Die Liquidatoren haben bei Beginn der Liquidation eine Bilanz aufzustellen.

[2] Bei länger andauernder Liquidation sind jährliche Zwischenbilanzen zu errichten.

Liquidationsbilanz: Bot. 1923 S. 142.

Art. 588   II. Rückzahlung des Kapitals und Verteilung des Überschusses

[1] Das nach Tilgung der Schulden verbleibende Vermögen wird zunächst zur Rückzahlung des Kapitals an die Gesellschafter und sodann zur Entrichtung von Zinsen für die Liquidationszeit verwendet.

[2] Ein Überschuss ist nach den Vorschriften über die Gewinnbeteiligung unter die Gesellschafter zu verteilen.

OR 558.

Art. 589   G. Löschung im Handelsregister

Nach Beendigung der Liquidation haben die Liquidatoren die Löschung der Firma im Handelsregister zu veranlassen.

Wiedereintragung: BGE 59 II 59; 75 I 274.

Art. 590   H. Aufbewahrung der Bücher und Papiere

[1] Die Bücher und Papiere der aufgelösten Gesellschaft werden während zehn Jahren nach der Löschung der Firma im Handelsregister an einem von den Gesellschaftern oder, wenn sie sich nicht einigen, vom Handelsregisteramt zu bezeichnenden Ort aufbewahrt.

[2] Die Gesellschafter und ihre Erben behalten das Recht, in die Bücher und Papiere Einsicht zu nehmen.

OR 962. StGB 325.

Sechster Abschnitt: Verjährung

Art. 591   A. Gegenstand und Frist

[1] Die Forderungen von Gesellschaftsgläubigern gegen einen Gesellschafter für Verbindlichkeiten der Gesellschaft verjähren in fünf Jahren nach der Veröffentlichung seines Ausscheidens oder der Auflösung der Gesellschaft im Schweizerischen Handelsamtsblatt, sofern nicht wegen der Natur der Forderung eine kürzere Verjährungsfrist gilt.

[2] Wird die Forderung erst nach dieser Veröffentlichung fällig, so beginnt die Verjährung mit dem Zeitpunkt der Fälligkeit.

[3] Auf Forderungen der Gesellschafter untereinander findet diese Verjährung keine Anwendung.

OR 127 ff., 932.

Art. 592   B. Besondere Fälle

[1] Die fünfjährige Verjährung kann dem Gläubiger, der seine Befriedigung nur aus ungeteiltem Gesellschaftsvermögen sucht, nicht entgegengesetzt werden.

[2] Übernimmt ein Gesellschafter das Geschäft mit Aktiven und Passiven, so kann er den Gläubigern die fünfjährige Verjährung nicht entgegenhalten. Dagegen tritt für die ausgeschiedenen Gesellschafter an Stelle der fünfjährigen die zweijährige Frist nach den Grundsätzen der Schuldübernahme; ebenso wenn ein Dritter das Geschäft mit Aktiven und Passiven übernimmt.

Abs. 2: OR 181.

Art. 593 C. Unterbrechung

Die Unterbrechung der Verjährung gegenüber der fortbestehenden Gesellschaft oder einem andern Gesellschafter vermag die Verjährung gegenüber einem ausgeschiedenen Gesellschafter nicht zu unterbrechen.

OR 135.

Fünfundzwanzigster Titel: Die Kommanditgesellschaft
Erster Abschnitt: Begriff und Errichtung

Art. 594 A. Kaufmännische Gesellschaft

[1] Eine Kommanditgesellschaft ist eine Gesellschaft, in der zwei oder mehrere Personen sich zum Zwecke vereinigen, ein Handels-, ein Fabrikations- oder ein anderes nach kaufmännischer Art geführtes Gewerbe unter einer gemeinsamen Firma in der Weise zu betreiben, dass wenigstens ein Mitglied unbeschränkt, eines oder mehrere aber als Kommanditäre nur bis zum Betrag einer bestimmten Vermögenseinlage, der Kommanditsumme, haften.

[2] Unbeschränkt haftende Gesellschafter können nur natürliche Personen, Kommanditäre jedoch auch juristische Personen und Handelsgesellschaften sein.

[3] Die Gesellschafter haben die Gesellschaft in das Handelsregister eintragen zu lassen.

OR 934. Natur: BGE 78 I 12, 120. Gewerbe: 934, 957 ff. BankG 1. Vgl. OR 601.
HRegV 40, → Nr. 14.
Siehe auch Kommanditgesellschaft für kollektive Kapitalanlagen, Art. 98 ff. BG über die kollektiven Kapitalanlagen vom 23. Juni 2006 (Kollektivanlagengesetz, KAG, SR 951.31).

Art. 595 B. Nichtkaufmännische Gesellschaft

Betreibt eine solche Gesellschaft kein nach kaufmännischer Art geführtes Gewerbe, so entsteht sie als Kommanditgesellschaft erst, wenn sie sich in das Handelsregister eintragen lässt.

Art. 596   C. Registereintrag
           I. Ort der Eintragung und Sacheinlagen[1]

[1] Die Gesellschaft ist ins Handelsregister des Ortes einzutragen, an dem sie ihren Sitz hat.[2]

[2] …[3]

[3] Soll die Kommanditsumme nicht oder nur teilweise in bar entrichtet werden, so ist die Sacheinlage in der Anmeldung ausdrücklich und mit bestimmtem Wertansatz zu bezeichnen und in das Handelsregister einzutragen.

   Firma: OR 947 Abs. 3, 951 Abs. 1.

Art. 597   II. Formelle Erfordernisse

[1] Die Anmeldung der einzutragenden Tatsachen oder ihrer Veränderung muss von allen Gesellschaftern beim Handelsregisteramt unterzeichnet oder schriftlich mit beglaubigten Unterschriften eingereicht werden.

[2] Die unbeschränkt haftenden Gesellschafter, denen die Vertretung der Gesellschaft zustehen soll, haben die Firma und ihre Namen persönlich beim Handelsregisteramt zu zeichnen oder die Zeichnung in beglaubigter Form einzureichen.

   Abs. 2: OR 563.

Zweiter Abschnitt: Verhältnis der Gesellschafter unter sich

Art. 598   A. Vertragsfreiheit. Verweisung auf die Kollektivgesellschaft

[1] Das Rechtsverhältnis der Gesellschafter untereinander richtet sich zunächst nach dem Gesellschaftsvertrag.

[2] Soweit keine Vereinbarung getroffen ist, kommen die Vorschriften über die Kollektivgesellschaft zur Anwendung, jedoch mit den Abweichungen, die sich aus den nachfolgenden Bestimmungen ergeben.

   Abs. 2: OR 557 ff.

---

1   Fassung gemäss Ziff. I 3 des BG vom 16. Dez. 2005, in Kraft per 1. Jan. 2008 (AS 2007 4791 4839; BBl 2002 3148, BBl 2004 3969).

2   Fassung gemäss Ziff. I 3 des BG vom 16. Dez. 2005, in Kraft per 1. Jan. 2008 (AS 2007 4791 4839; BBl 2002 3148, BBl 2004 3969).

3   Aufgehoben durch Ziff. I 3 des BG vom 16. Dez. 2005, in Kraft per 1. Jan. 2008 (AS 2007 4791 4839; BBl 2002 3148, BBl 2004 3969).

Art. 599   B. Geschäftsführung

Die Geschäftsführung der Gesellschaft wird durch den oder die unbeschränkt haftenden Gesellschafter besorgt.

Art. 600   C. Stellung des Kommanditärs

[1] Der Kommanditär ist als solcher zur Führung der Geschäfte der Gesellschaft weder berechtigt noch verpflichtet.

[2] Er ist auch nicht befugt, gegen die Vornahme einer Handlung der Geschäftsführung Widerspruch zu erheben, wenn diese Handlung zum gewöhnlichen Geschäftsbetrieb der Gesellschaft gehört.

[3] Er ist berechtigt, eine Abschrift der Gewinn- und Verlustrechnung und der Bilanz zu verlangen und deren Richtigkeit unter Einsichtnahme in die Bücher und Papiere zu prüfen oder durch einen unbeteiligten Sachverständigen prüfen zu lassen; im Streitfalle bezeichnet der Richter den Sachverständigen.

> Abs. 2: OR 535 Abs. 2.

Art. 601   D. Gewinn- und Verlustbeteiligung

[1] Am Verlust nimmt der Kommanditär höchstens bis zum Betrage seiner Kommanditsumme teil.

[2] Fehlt es an Vereinbarungen über die Beteiligung des Kommanditärs am Gewinn und am Verlust, so entscheidet darüber der Richter nach freiem Ermessen.

[3] Ist die Kommanditsumme nicht voll einbezahlt oder ist sie nach erfolgter Einzahlung vermindert worden, so dürfen ihr Zinse, Gewinne und allfällige Honorare nur so weit zugeschrieben werden, bis sie ihren vollen Betrag wieder erreicht hat.

> OR 609, 611. BankG 3 f.

Dritter Abschnitt: Verhältnis der Gesellschaft zu Dritten

Art. 602   A. Im Allgemeinen

Die Gesellschaft kann unter ihrer Firma Rechte erwerben und Verbindlichkeiten eingehen, vor Gericht klagen und verklagt werden.

> Siehe OR 562.

Art. 603   B. Vertretung

Die Gesellschaft wird nach den für die Kollektivgesellschaft geltenden Vorschriften durch den oder die unbeschränkt haftenden Gesellschafter vertreten.

OR 563 ff.

Art. 604   C. Haftung des unbeschränkt haftenden Gesellschafters

Der unbeschränkt haftende Gesellschafter kann für eine Gesellschaftsschuld erst dann persönlich belangt werden, wenn die Gesellschaft aufgelöst oder erfolglos betrieben worden ist.

OR 568.

Art. 605   D. Haftung des Kommanditärs
               I. Handlungen für die Gesellschaft

Schliesst der Kommanditär für die Gesellschaft Geschäfte ab, ohne ausdrücklich zu erklären, dass er nur als Prokurist oder als Bevollmächtigter handle, so haftet er aus diesen Geschäften gutgläubigen Dritten gegenüber gleich einem unbeschränkt haftenden Gesellschafter.

OR 458 ff., 462 ff., 564.

Art. 606   II. Mangelnder Eintrag

Ist die Gesellschaft vor der Eintragung in das Handelsregister im Verkehr aufgetreten, so haftet der Kommanditär für die bis zur Eintragung entstandenen Verbindlichkeiten Dritten gegenüber gleich einem unbeschränkt haftenden Gesellschafter, wenn er nicht beweist, dass ihnen die Beschränkung seiner Haftung bekannt war.

Art. 607   III. Name des Kommanditärs in der Firma

Ist der Name des Kommanditärs in die Firma der Gesellschaft aufgenommen worden, so haftet dieser den Gesellschaftsgläubigern wie ein unbeschränkt haftender Gesellschafter.

OR 568.

Art. 608   IV. Umfang der Haftung

[1] Der Kommanditär haftet Dritten gegenüber mit der im Handelsregister eingetragenen Kommanditsumme.

[2] Hat er selbst oder hat die Gesellschaft mit seinem Wissen gegenüber Dritten eine höhere Kommanditsumme kundgegeben, so haftet er bis zu diesem Betrage.

[3] Den Gläubigern steht der Nachweis offen, dass der Wertansatz von Sacheinlagen ihrem wirklichen Wert im Zeitpunkt ihres Einbringens nicht entsprochen hat.

OR 596 Ziff. 2.

Art. 609   V. Verminderung der Kommanditsumme

[1] Wenn der Kommanditär die im Handelsregister eingetragene oder auf andere Art kundgegebene Kommanditsumme durch Vereinbarung mit den übrigen Gesellschaftern oder durch Bezüge vermindert, so wird diese Veränderung Dritten gegenüber erst dann wirksam, wenn sie in das Handelsregister eingetragen und veröffentlicht worden ist.

[2] Für die vor dieser Bekanntmachung entstandenen Verbindlichkeiten bleibt der Kommanditär mit der unverminderten Kommanditsumme haftbar.

Art. 610   VI. Klagerecht der Gläubiger

[1] Während der Dauer der Gesellschaft haben die Gesellschaftsgläubiger kein Klagerecht gegen den Kommanditär.

[2] Wird die Gesellschaft aufgelöst, so können die Gläubiger, die Liquidatoren oder die Konkursverwaltung verlangen, dass die Kommanditsumme in die Liquidations- oder Konkursmasse eingeworfen werde, soweit sie noch nicht geleistet oder soweit sie dem Kommanditär wieder zurückerstattet worden ist.

OR 619. Rückerstattung: BGE 77 II 52.
Abs. 2: BGE 121 III 325.

Art. 611   VII. Bezug von Zinsen und Gewinn

[1] Auf Auszahlung von Zinsen und Gewinn hat der Kommanditär nur Anspruch, wenn und soweit die Kommanditsumme durch die Auszahlung nicht vermindert wird.

[2] Der Kommanditär ist jedoch nicht verpflichtet, Zinse und Gewinn zurückzubezahlen, wenn er auf Grund der ordnungsmässigen Bilanz gutgläubig annehmen durfte, diese Bedingung sei erfüllt.

Art. 612   VIII. Eintritt in eine Gesellschaft

[1] Wer einer Kollektiv- oder Kommanditgesellschaft als Kommanditär beitritt, haftet mit der Kommanditsumme auch für die vor seinem Beitritt entstandenen Verbindlichkeiten.

[2] Eine entgegenstehende Verabredung unter den Gesellschaftern hat Dritten gegenüber keine Wirkung.

OR 181 f., 606.

Art. 613   E. Stellung der Privatgläubiger

[1] Die Privatgläubiger eines unbeschränkt haftenden Gesellschafters oder eines Kommanditärs sind nicht befugt, das Gesellschaftsvermögen zu ihrer Befriedigung oder Sicherstellung in Anspruch zu nehmen.

[2] Gegenstand der Zwangsvollstreckung ist nur, was dem Schuldner an Zinsen, Gewinn und Liquidationsanteil sowie an allfälligem Honorar aus dem Gesellschaftsverhältnis zukommt.

Art. 614   F. Verrechnung

[1] Ein Gesellschaftsgläubiger, der gleichzeitig Privatschuldner des Kommanditärs ist, kann diesem gegenüber eine Verrechnung nur dann beanspruchen, wenn der Kommanditär unbeschränkt haftet.

[2] Im Übrigen richtet sich die Verrechnung nach den Vorschriften über die Kollektivgesellschaft.

Abs. 2: OR 573.

Art. 615   G. Konkurs
               I. Im Allgemeinen

[1] Der Konkurs der Gesellschaft hat den Konkurs der einzelnen Gesellschafter nicht zur Folge.

[2] Ebenso wenig bewirkt der Konkurs eines Gesellschafters den Konkurs der Gesellschaft.

Art. 616   II. Konkurs der Gesellschaft

[1] Im Konkurse der Gesellschaft wird das Gesellschaftsvermögen zur Befriedigung der Gesellschaftsgläubiger verwendet unter Ausschluss der Privatgläubiger der einzelnen Gesellschafter.

[2] Was der Kommanditär auf Rechnung seiner Kommanditsumme an die Gesellschaft geleistet hat, kann er nicht als Forderung anmelden.

Art. 617   III. Vorgehen gegen den unbeschränkt haftenden Gesellschafter

Wenn das Gesellschaftsvermögen zur Befriedigung der Gesellschaftsgläubiger nicht hinreicht, so sind diese berechtigt, für den ganzen unbezahlten Rest ihrer Forderungen aus dem Privatvermögen jedes einzelnen unbeschränkt haftenden Gesellschafters in Konkurrenz mit seinen Privatgläubigern Befriedigung zu suchen.

Art. 618   IV. Konkurs des Kommanditärs

Im Konkurse des Kommanditärs haben weder die Gesellschaftsgläubiger noch die Gesellschaft ein Vorzugsrecht vor den Privatgläubigern.

Vierter Abschnitt: Auflösung, Liquidation, Verjährung

Art. 619

[1] Für die Auflösung und Liquidation der Gesellschaft und für die Verjährung der Forderungen gegen die Gesellschafter gelten die gleichen Bestimmungen wie bei der Kollektivgesellschaft.

[2] Fällt ein Kommanditär in Konkurs oder wird sein Liquidationsanteil gepfändet, so sind die für den Kollektivgesellschafter geltenden Bestimmungen entsprechend anwendbar. Dagegen haben der Tod und die Entmündigung des Kommanditärs die Auflösung der Gesellschaft nicht zur Folge.

> OR 574 ff. HRegV 42, → Nr. 14.

Sechsundzwanzigster Titel:[1] Die Aktiengesellschaft
Erster Abschnitt: Allgemeine Bestimmungen

Art. 620   A. Begriff

[1] Die Aktiengesellschaft ist eine Gesellschaft mit eigener Firma, deren zum voraus bestimmtes Kapital (Aktienkapital[2]) in Teilsummen (Aktien) zerlegt ist und für deren Verbindlichkeiten nur das Gesellschaftsvermögen haftet.

[2] Die Aktionäre sind nur zu den statutarischen Leistungen verpflichtet und haften für die Verbindlichkeiten der Gesellschaft nicht persönlich.

[3] Die Aktiengesellschaft kann auch für andere als wirtschaftliche Zwecke gegründet werden.

---

1   Siehe auch die SchlB. zu diesem Tit. am Ende des OR.
2   Ausdruck gemäss Ziff. II 1 des BG vom 4. Okt. 1991, in Kraft seit 1. Juli 1992 (AS 1992 733 786; BBl 1983 II 745). Diese Änderung ist im ganzen Erlass berücksichtigt.

Vgl. BankG, SR 952.0.

Art. 621[1]   B. Mindestkapital

Das Aktienkapital muss mindestens 100 000 Franken betragen.

OR 633, 732 Abs. 5. SchUeB 2.

Art. 622   C. Aktien
I. Arten

[1] Die Aktien lauten auf den Namen oder auf den Inhaber.

[2] Beide Arten von Aktien können in einem durch die Statuten bestimmten Verhältnis nebeneinander bestehen.

[3] Die Statuten können bestimmen, dass Namenaktien später in Inhaberaktien oder Inhaberaktien in Namenaktien umgewandelt werden sollen oder dürfen.

[4] Der Nennwert der Aktie muss mindestens 1 Rappen betragen.[2]

[5] Die Aktientitel müssen durch mindestens ein Mitglied des Verwaltungsrates[3] unterschrieben sein. Die Gesellschaft kann bestimmen, dass auch auf Aktien, die in grosser Zahl ausgegeben werden, mindestens eine Unterschrift eigenhändig beigesetzt werden muss.

OR 683 f., 974. SchUeB 10. Revisionstendenz: Zulassung nennwertloser Aktien.
Abs. 1 (Namenaktien): BGE 114 II 57.

Art. 623   II. Zerlegung und Zusammenlegung

[1] Die Generalversammlung ist befugt, durch Statutenänderung bei unverändert bleibendem Aktienkapital die Aktien in solche von kleinerem Nennwert zu zerlegen oder zu solchen von grösserem Nennwert zusammenzulegen.

[2] Die Zusammenlegung von Aktien bedarf der Zustimmung des Aktionärs.

Art. 624   III. Ausgabebetrag

[1] Die Aktien dürfen nur zum Nennwert oder zu einem diesen übersteigenden Betrage ausgegeben werden. Vorbehalten bleibt die Ausgabe neuer Aktien, die an Stelle ausgefallener Aktien treten.

---

1   Fassung gemäss Ziff. I des BG vom 4. Okt. 1991, in Kraft seit 1. Juli 1992 (AS 1992 733 786; BBl 1983 II 745).
2   Fassung gemäss Ziff. I des BG vom 15. Dez. 2000, in Kraft seit 1. Mai 2001 (AS 2001 1047; BBl 2000 4337 Ziff. 2.2.1 5501).
3   Ausdruck gemäss Ziff. II 3 des BG vom 4. Okt. 1991, in Kraft seit 1. Juli 1992 (AS 1992 733 786; BBl 1983 II 745). Diese Änderung ist im ganzen Erlass berücksichtigt.

2–3 ...[1]

Agio, OR 671 Ziff. 1.

Art. 625[2]   D. Aktionäre

Eine Aktiengesellschaft kann durch eine oder mehrere natürliche oder juristische Personen oder andere Handelsgesellschaften gegründet werden.

Art. 626[3]   E. Statuten
I. Gesetzlich vorgeschriebener Inhalt

Die Statuten müssen Bestimmungen enthalten über:
1. die Firma und den Sitz der Gesellschaft;
2. den Zweck der Gesellschaft;
3. die Höhe des Aktienkapitals und den Betrag der darauf geleisteten Einlagen;
4. Anzahl, Nennwert und Art der Aktien;
5. die Einberufung der Generalversammlung und das Stimmrecht der Aktionäre;
6. die Organe für die Verwaltung und für die Revision;
7. die Form der von der Gesellschaft ausgehenden Bekanntmachungen.

BankG 3. Firma: OR 950. Ziff. 3: 622. Ziff. 4: 699 ff. Ziff. 7: 733, 742. SchUeB 14.

Art. 627[4]   II. Weitere Bestimmungen
1. Im Allgemeinen

Zu ihrer Verbindlichkeit bedürfen der Aufnahme in die Statuten Bestimmungen über:
1. Die Änderung der Statuten, soweit sie von den gesetzlichen Bestimmungen abweichen;
2. die Ausrichtung von Tantiemen;
3. die Zusicherung von Bauzinsen;
4. die Begrenzung der Dauer der Gesellschaft;
5. Konventionalstrafen bei nicht rechtzeitiger Leistung der Einlage;
6. die genehmigte und die bedingte Kapitalerhöhung;
7. die Zulassung der Umwandlung von Namenaktien in Inhaberaktien und umgekehrt;

---

1   Aufgehoben durch Ziff. I des BG vom 4. Okt. 1991 (AS 1992 733; BBl 1983 II 745).
2   Fassung gemäss Ziff. I 3 des BG vom 16. Dez. 2005, in Kraft per 1. Jan. 2008 (AS 2007 4791 4839; BBl 2002 3148, BBl 2004 3969).
3   Fassung gemäss Ziff. I des BG vom 4. Okt. 1991, in Kraft seit 1. Juli 1992 (AS 1992 733 786; BBl 1983 II 745).
4   Fassung gemäss Ziff. I des BG vom 4. Okt. 1991, in Kraft seit 1. Juli 1992 (AS 1992 733 786; BBl 1983 II 745).

8. die Beschränkung der Übertragbarkeit von Namenaktien;

9. die Vorrechte einzelner Kategorien von Aktien, über Partizipationsscheine, Genussscheine und über die Gewährung besonderer Vorteile;

10. die Beschränkung des Stimmrechts und des Rechts der Aktionäre, sich vertreten zu lassen;

11. die im Gesetz nicht vorgesehenen Fälle, in denen die Generalversammlung nur mit qualifizierter Mehrheit Beschluss fassen kann;

12. die Ermächtigung zur Übertragung der Geschäftsführung auf einzelne Mitglieder des Verwaltungsrates oder Dritte;

13. die Organisation und die Aufgaben der Revisionsstelle, sofern dabei über die gesetzlichen Vorschriften hinausgegangen wird.

Art. 628   2. Im besonderen Sacheinlagen, Sachübernahmen, besondere Vorteile[1]

[1] Leistet ein Aktionär eine Sacheinlage, so müssen die Statuten den Gegenstand und dessen Bewertung sowie den Namen des Einlegers und die ihm zukommenden Aktien angeben.[2]

[2] Übernimmt die Gesellschaft von Aktionären oder einer diesen nahe stehenden Person Vermögenswerte oder beabsichtigt sie solche Sachübernahmen, so müssen die Statuten den Gegenstand, den Namen des Veräusserers und die Gegenleistung der Gesellschaft angeben.[3]

[3] Werden bei der Gründung zugunsten der Gründer oder anderer Personen besondere Vorteile ausbedungen, so sind die begünstigten Personen in den Statuten mit Namen aufzuführen, und es ist der gewährte Vorteil nach Inhalt und Wert genau zu bezeichnen.

[4] Die Generalversammlung kann nach zehn Jahren Bestimmungen der Statuten über Sacheinlagen oder Sachübernahmen aufheben.[4] Bestimmungen über Sachübernahmen können auch aufgehoben werden, wenn die Gesellschaft endgültig auf die Sachübernahme verzichtet.[5]

OR 753 Ziff. 1, 657 Abs. 2. Verschleierung: BGE 83 II 286.
Abs. 2: BGE 128 III 178.
Abs. 3: BGE 131 III 636.

1   Fassung gemäss Ziff. I des BG vom 4. Okt. 1991, in Kraft seit 1. Juli 1992 (AS 1992 733 786; BBl 1983 II 745).

2   Fassung gemäss Ziff. I des BG vom 4. Okt. 1991, in Kraft seit 1. Juli 1992 (AS 1992 733 786; BBl 1983 II 745).

3   Fassung gemäss Ziff. I 3 des BG vom 16. Dez. 2005, in Kraft per 1. Jan. 2008 (AS 2007 4791 4839; BBl 2002 3148, BBl 2004 3969).

4   Eingefügt durch Ziff. I des BG vom 4. Okt. 1991, in Kraft seit 1. Juli 1992 (AS 1992 733 786; BBl 1983 II 745).

5   Fassung gemäss Ziff. I 3 des BG vom 16. Dez. 2005, in Kraft per 1. Jan. 2008 (AS 2007 4791 4839; BBl 2002 3148, BBl 2004 3969).

Art. 629[1] F. Gründung
I. Errichtungsakt
1. Inhalt

[1] Die Gesellschaft wird errichtet, indem die Gründer in öffentlicher Urkunde erklären, eine Aktiengesellschaft zu gründen, darin die Statuten festlegen und die Organe bestellen.

[2] In diesem Errichtungsakt zeichnen die Gründer die Aktien und stellen fest:

1. dass sämtliche Aktien gültig gezeichnet sind;
2. dass die versprochenen Einlagen dem gesamten Ausgabebetrag entsprechen;
3. dass die gesetzlichen und statutarischen Anforderungen an die Leistung der Einlagen erfüllt sind.

Art. 630[2] 2. Aktienzeichnung

Die Zeichnung bedarf zu ihrer Gültigkeit:

1. der Angabe von Anzahl, Nennwert, Art, Kategorie und Ausgabebetrag der Aktien;
2. einer bedingungslosen Verpflichtung, eine dem Ausgabebetrag entsprechende Einlage zu leisten.

Art. 631[3] II. Belege

[1] Im Errichtungsakt muss die Urkundsperson die Belege über die Gründung einzeln nennen und bestätigen, dass sie ihr und den Gründern vorgelegen haben.

[2] Dem Errichtungsakt sind folgende Unterlagen beizulegen:

1. die Statuten;
2. der Gründungsbericht;
3. die Prüfungsbestätigung;
4. die Bestätigung über die Hinterlegung von Einlagen in Geld;
5. die Sacheinlageverträge;
6. bereits vorliegende Sachübernahmeverträge.

---

1 Fassung gemäss Ziff. I des BG vom 4. Okt. 1991, in Kraft seit 1. Juli 1992 (AS 1992 733 786; BBl 1983 II 745).
2 Fassung gemäss Ziff. I des BG vom 4. Okt. 1991, in Kraft seit 1. Juli 1992 (AS 1992 733 786; BBl 1983 II 745).
3 Fassung gemäss Ziff. I 3 des BG vom 16. Dez. 2005, in Kraft per 1. Jan. 2008 (AS 2007 4791 4839; BBl 2002 3148, BBl 2004 3969).

Art. 632[1]   III. Einlagen
              1. Mindesteinlage

[1] Bei der Errichtung der Gesellschaft muss die Einlage für mindestens 20 Prozent des Nennwertes jeder Aktie geleistet sein.

[2] In allen Fällen müssen die geleisteten Einlagen mindestens 50 000 Franken betragen.

Art. 633[2]   2. Leistung der Einlagen
              a. Einzahlungen

[1] Einlagen in Geld müssen bei einem dem Bankengesetz vom 8. November 1934[3] unterstellten Institut zur ausschliesslichen Verfügung der Gesellschaft hinterlegt werden.

[2] Das Institut gibt den Betrag erst frei, wenn die Gesellschaft in das Handelsregister eingetragen ist.

Art. 634[4]   b. Sacheinlagen

Sacheinlagen gelten nur dann als Deckung, wenn:

1.   sie gestützt auf einen schriftlichen oder öffentlich beurkundeten Sacheinlagevertrag geleistet werden;
2.   die Gesellschaft nach ihrer Eintragung in das Handelsregister sofort als Eigentümerin darüber verfügen kann oder einen bedingungslosen Anspruch auf Eintragung in das Grundbuch erhält;
3.   ein Gründungsbericht mit Prüfungsbestätigung vorliegt.

Art. 634a[5]   c. Nachträgliche Leistung

[1] Der Verwaltungsrat beschliesst die nachträgliche Leistung von Einlagen auf nicht voll liberierte Aktien.

[2] Die nachträgliche Leistung kann in Geld, durch Sacheinlage oder durch Verrechnung erfolgen.

     HRegV 54, → Nr. 14.

---

1   Fassung gemäss Ziff. I des BG vom 4. Okt. 1991, in Kraft seit 1. Juli 1992 (AS 1992 733 786; BBl 1983 II 745).
2   Fassung gemäss Ziff. I des BG vom 4. Okt. 1991, in Kraft seit 1. Juli 1992 (AS 1992 733 786; BBl 1983 II 745).
3   SR 952.0
4   Fassung gemäss Ziff. I des BG vom 4. Okt. 1991, in Kraft seit 1. Juli 1992 (AS 1992 733 786; BBl 1983 II 745).
5   Eingefügt durch Ziff. I des BG vom 4. Okt. 1991, in Kraft seit 1. Juli 1992 (AS 1992 733 786: BBl 1983 II 745).

Art. 635[1]   3. Prüfung der Einlagen
a. Gründungsbericht

Die Gründer geben in einem schriftlichen Bericht Rechenschaft über:

1. die Art und den Zustand von Sacheinlagen oder Sachübernahmen und die Angemessenheit der Bewertung;
2. den Bestand und die Verrechenbarkeit der Schuld;
3. die Begründung und die Angemessenheit besonderer Vorteile zugunsten von Gründern oder anderen Personen.

Art. 635a[2]   b. Prüfungsbestätigung

Ein zugelassener Revisor prüft den Gründungsbericht und bestätigt schriftlich, dass dieser vollständig und richtig ist.

Art. 636–639[3]

Aufgehoben.

Art. 640[4]   G. Eintragung ins Handelsregister
I. Gesellschaft

Die Gesellschaft ist ins Handelsregister des Ortes einzutragen, an dem sie ihren Sitz hat.

OR 753 Ziff. 2. Sitz: BGE 53 I 131, HRegV 43, → Nr. 14. Gründungsmängel: BGE 64 II 281.

Art. 641[5]   II. Zweigniederlassungen

Zweigniederlassungen sind ins Handelsregister des Ortes einzutragen, an dem sie sich befinden.

OR 934 f., 952. HRegV 45, → Nr. 14.

---

1   Fassung gemäss Ziff. I des BG vom 4. Okt. 1991, in Kraft seit 1. Juli 1992 (AS 1992 733 786; BBl 1983 II 745).
2   Fassung gemäss Ziff. I 3 des BG vom 16. Dez. 2005, in Kraft per 1. Jan. 2008 (AS 2007 4791 4839; BBl 2002 3148, BBl 2004 3969).
3   Aufgehoben durch Ziff. I des BG vom 4. Okt. 1991 (AS 1992 733; BBl 1983 II 745).
4   Fassung gemäss Ziff. I 3 des BG vom 16. Dez. 2005, in Kraft per 1. Jan. 2008 (AS 2007 4791 4839; BBl 2002 3148, BBl 2004 3969).
5   Fassung gemäss Ziff. I 3 des BG vom 16. Dez. 2005, in Kraft per 1. Jan. 2008 (AS 2007 4791 4839; BBl 2002 3148, BBl 2004 3969).

Art. 642[1]   III. Sacheinlagen, Sachübernahmen, besondere Vorteile

Der Gegenstand von Sacheinlagen und die dafür ausgegebenen Aktien, der Gegenstand von Sachübernahmen und die Gegenleistung der Gesellschaft sowie Inhalt und Wert besonderer Vorteile müssen ins Handelsregister eingetragen werden.

Art. 643   H. Erwerb der Persönlichkeit
             I. Zeitpunkt; mangelnde Voraussetzungen[2]

[1] Die Gesellschaft erlangt das Recht der Persönlichkeit erst durch die Eintragung in das Handelsregister.

[2] Das Recht der Persönlichkeit wird durch die Eintragung auch dann erworben, wenn die Voraussetzungen der Eintragung tatsächlich nicht vorhanden waren.

[3] Sind jedoch bei der Gründung gesetzliche oder statutarische Vorschriften missachtet und dadurch die Interessen von Gläubigern oder Aktionären in erheblichem Masse gefährdet oder verletzt worden, so kann der Richter auf Begehren solcher Gläubiger oder Aktionäre die Auflösung der Gesellschaft verfügen. ...[3]

[4] Das Klagerecht erlischt, wenn die Klage nicht spätestens drei Monate nach der Veröffentlichung im Schweizerischen Handelsamtsblatt angehoben wird.

      OR 932. ZGB 52 ff.

Art. 644   II. Vor der Eintragung ausgegebene Aktien

[1] Die vor der Eintragung der Gesellschaft ausgegebenen Aktien sind nichtig; dagegen werden die aus der Aktienzeichnung hervorgehenden Verpflichtungen dadurch nicht berührt.

[2] Wer vor der Eintragung Aktien ausgibt, wird für allen dadurch verursachten Schaden haftbar.

Art. 645   III. Vor der Eintragung eingegangene Verpflichtungen

[1] Ist vor der Eintragung in das Handelsregister im Namen der Gesellschaft gehandelt worden, so haften die Handelnden persönlich und solidarisch.

[2] Wurden solche Verpflichtungen ausdrücklich im Namen der zu bildenden Gesellschaft eingegangen und innerhalb einer Frist von drei Monaten nach der Eintragung in das Handelsregister von der Gesellschaft übernommen, so werden die Handelnden befreit, und es haftet nur die Gesellschaft.

---

1   Fassung gemäss Ziff. I 3 des BG vom 16. Dez. 2005, in Kraft per 1. Jan. 2008 (AS 2007 4791 4839; BBl 2002 3148, BBl 2004 3969).

2   Fassung gemäss Ziff. I des BG vom 4. Okt. 1991, in Kraft seit 1. Juli 1992 (AS 1992 733 786; BBl 1983 II 745).

3   Zweiter Satz aufgehoben durch Ziff. I 3 des BG vom 16. Dez. 2005, in Kraft per 1. Jan. 2008 (AS 2007 4791 4839; BBl 2002 3148, BBl 2004 3969).

OR 32, 175 ff. Tragweite: BGE 83 II 293. Bürgschaft: BGE 123 III 24; nicht existierende AG: BGE 128 III 137.

Art. 646[1]

Aufgehoben.

Art. 647[2]   J. Statutenänderung

Jeder Beschluss der Generalversammlung oder des Verwaltungsrates über eine Änderung der Statuten muss öffentlich beurkundet und ins Handelsregister eingetragen werden.

OR 932.

Art. 648–649[3]

Aufgehoben.

Art. 650[4]   K. Erhöhung des Aktienkapitals
I. Ordentliche und genehmigte Kapitalerhöhung
1. Ordentliche Kapitalerhöhung

[1] Die Erhöhung des Aktienkapitals wird von der Generalversammlung beschlossen; sie ist vom Verwaltungsrat innerhalb von drei Monaten durchzuführen.

[2] Der Beschluss der Generalversammlung muss öffentlich beurkundet werden und angeben:

1. den gesamten Nennbetrag, um den das Aktienkapital erhöht werden soll, und den Betrag der darauf zu leistenden Einlagen;

2. Anzahl, Nennwert und Art der Aktien sowie Vorrechte einzelner Kategorien;

3. den Ausgabebetrag oder die Ermächtigung an den Verwaltungsrat, diesen festzusetzen, sowie den Beginn der Dividendenberechtigung;

4. die Art der Einlagen, bei Sacheinlagen deren Gegenstand und Bewertung sowie den Namen des Sacheinlegers und die ihm zukommenden Aktien;

5. bei Sachübernahmen den Gegenstand, den Namen des Veräusserers und die Gegenleistung der Gesellschaft;

---

1. Aufgehoben durch Ziff. I des BG vom 4. Okt. 1991 (AS 1992 733; BBl 1983 II 745)
2. Fassung gemäss Ziff. I 3 des BG vom 16. Dez. 2005, in Kraft per 1. Jan. 2008 (AS 2007 4791 4839; BBl 2002 3148, BBl 2004 3969).
3. Aufgehoben durch Ziff. I des BG vom 4. Okt. 1991 (AS 1992 733; BBl 1983 II 745)
4. Fassung gemäss Ziff. I des BG vom 4. Okt. 1991, in Kraft seit 1. Juli 1992 (AS 1992 733 786: BBl 1983 II 745).

6. Inhalt und Wert von besonderen Vorteilen sowie die Namen der begünstigten Personen;

7. eine Beschränkung der Übertragbarkeit neuer Namenaktien;

8. eine Einschränkung oder Aufhebung des Bezugsrechtes und die Zuweisung nicht ausgeübter oder entzogener Bezugsrechte;

9. die Voraussetzungen für die Ausübung vertraglich erworbener Bezugsrechte.

[3] Wird die Kapitalerhöhung nicht innerhalb von drei Monaten ins Handelsregister eingetragen, so fällt der Beschluss der Generalversammlung dahin.

Abs. 2 Ziff. 8: BGE 121 III 219.

Art. 651[1]   2. Genehmigte Kapitalerhöhung
                  a. Statutarische Grundlage

[1] Die Generalversammlung kann durch Statutenänderung den Verwaltungsrat ermächtigen, das Aktienkapital innert einer Frist von längstens zwei Jahren zu erhöhen.

[2] Die Statuten geben den Nennbetrag an, um den der Verwaltungsrat das Aktienkapital erhöhen kann. Das genehmigte Kapital darf die Hälfte des bisherigen Aktienkapitals nicht übersteigen.

[3] Die Statuten enthalten überdies die Angaben, welche für die ordentliche Kapitalerhöhung verlangt werden, mit Ausnahme der Angaben über den Ausgabebetrag, die Art der Einlagen, die Sachübernahmen und den Beginn der Dividendenberechtigung.

[4] Im Rahmen der Ermächtigung kann der Verwaltungsrat Erhöhungen des Aktienkapitals durchführen. Dabei erlässt er die notwendigen Bestimmungen, soweit sie nicht schon im Beschluss der Generalversammlung enthalten sind.

Art. 651a[2]   b. Anpassung der Statuten

[1] Nach jeder Kapitalerhöhung setzt der Verwaltungsrat den Nennbetrag des genehmigten Kapitals in den Statuten entsprechend herab.

[2] Nach Ablauf der für die Durchführung der Kapitalerhöhung festgelegten Frist wird die Bestimmung über die genehmigte Kapitalerhöhung auf Beschluss des Verwaltungsrates aus den Statuten gestrichen.

Art. 652[3]   3. Gemeinsame Vorschriften
                  a. Aktienzeichnung

[1] Die Aktien werden in einer besonderen Urkunde (Zeichnungsschein) nach den für die Gründung geltenden Regeln gezeichnet.

---

1   Fassung gemäss Ziff. I des BG vom 4. Okt. 1991, in Kraft seit 1. Juli 1992 (AS 1992 733 786; BBl 1983 II 745).
2   Eingefügt durch Ziff. I des BG vom 4. Okt. 1991, in Kraft seit 1. Juli 1992 (AS 1992 733 786; BBl 1983 II 745).
3   Fassung gemäss Ziff. I des BG vom 4. Okt. 1991, in Kraft seit 1. Juli 1992 (AS 1992 733 786; BBl 1983 II 745).

2 Der Zeichnungsschein muss auf den Beschluss der Generalversammlung über die Erhöhung oder die Ermächtigung zur Erhöhung des Aktienkapitals und auf den Beschluss des Verwaltungsrates über die Erhöhung Bezug nehmen. Verlangt das Gesetz einen Emissionsprospekt, so nimmt der Zeichnungsschein auch auf diesen Bezug.

3 Enthält der Zeichnungsschein keine Befristung, so endet seine Verbindlichkeit drei Monate nach der Unterzeichnung.

Art. 652a[1] b. Emissionsprospekt

1 Werden neue Aktien öffentlich zur Zeichnung angeboten, so gibt die Gesellschaft in einem Emissionsprospekt Aufschluss über:

1. den Inhalt der bestehenden Eintragung im Handelsregister, mit Ausnahme der Angaben über die zur Vertretung befugten Personen;

2. die bisherige Höhe und Zusammensetzung des Aktienkapitals unter Angabe von Anzahl, Nennwert und Art der Aktien sowie der Vorrechte einzelner Kategorien von Aktien;

3. Bestimmungen der Statuten über eine genehmigte oder eine bedingte Kapitalerhöhung;

4. die Anzahl der Genussscheine und den Inhalt der damit verbundenen Rechte;

5. die letzte Jahresrechnung und Konzernrechnung mit dem Revisionsbericht und, wenn der Bilanzstichtag mehr als sechs Monate zurückliegt, über die Zwischenabschlüsse;

6. die in den letzten fünf Jahren oder seit der Gründung ausgerichteten Dividenden;

7. den Beschluss über die Ausgabe neuer Aktien.

2 Öffentlich ist jede Einladung zur Zeichnung, die sich nicht an einen begrenzten Kreis von Personen richtet.

3 Bei Gesellschaften, die über keine Revisionsstelle verfügen, muss der Verwaltungsrat durch einen zugelassenen Revisor einen Revisionsbericht erstellen lassen und über das Ergebnis der Revision im Emissionsprospekt Aufschluss geben.[2]

Art. 652b[3] c. Bezugsrecht

1 Jeder Aktionär hat Anspruch auf den Teil der neu ausgegebenen Aktien, der seiner bisherigen Beteiligung entspricht.

2 Der Beschluss der Generalversammlung über die Erhöhung des Aktienkapitals darf das Bezugsrecht nur aus wichtigen Gründen aufheben. Als wichtige Gründe gelten insbesondere die Übernahme von Unternehmen, Unternehmensteilen oder Beteiligun-

---

1 Eingefügt durch Ziff. I des BG vom 4. Okt. 1991, in Kraft seit 1. Juli 1992 (AS 1992 733 786; BBl 1983 II 745).
2 Eingefügt durch Ziff. I 3 des BG vom 16. Dez. 2005, in Kraft per 1. Jan. 2008 (AS 2007 4791 4839; BBl 2002 3148, BBl 2004 3969).
3 Eingefügt durch Ziff. I des BG vom 4. Okt. 1991, in Kraft seit 1. Juli 1992 (AS 1992 733 786; BBl 1983 II 745).

gen sowie die Beteiligung der Arbeitnehmer. Durch die Aufhebung des Bezugsrechts darf niemand in unsachlicher Weise begünstigt oder benachteiligt werden.

[3] Die Gesellschaft kann dem Aktionär, welchem sie ein Recht zum Bezug von Aktien eingeräumt hat, die Ausübung dieses Rechtes nicht wegen einer statutarischen Beschränkung der Übertragbarkeit von Namenaktien verwehren.

BGE 121 III 219.

Art. 652c[1]   d. Leistung der Einlagen

Soweit das Gesetz nichts anderes vorschreibt, sind die Einlagen nach den Bestimmungen über die Gründung zu leisten.

Art. 652d[2]   e. Erhöhung aus Eigenkapital

[1] Das Aktienkapital kann auch durch Umwandlung von frei verwendbarem Eigenkapital erhöht werden.

[2] Die Deckung des Erhöhungsbetrags ist mit der Jahresrechnung in der von den Aktionären genehmigten Fassung und dem Revisionsbericht eines zugelassenen Revisors nachzuweisen. Liegt der Bilanzstichtag mehr als sechs Monate zurück, so ist ein geprüfter Zwischenabschluss erforderlich.[3]

Art. 652e[4]   f. Kapitalerhöhungsbericht

Der Verwaltungsrat gibt in einem schriftlichen Bericht Rechenschaft über:

1. die Art und den Zustand von Sacheinlagen oder Sachübernahmen und die Angemessenheit der Bewertung;
2. den Bestand und die Verrechenbarkeit der Schuld;
3. die freie Verwendbarkeit von umgewandeltem Eigenkapital;
4. die Einhaltung des Generalversammlungsbeschlusses, insbesondere über die Einschränkung oder die Aufhebung des Bezugsrechtes und die Zuweisung nicht ausgeübter oder entzogener Bezugsrechte;
5. die Begründung und die Angemessenheit besonderer Vorteile zugunsten einzelner Aktionäre oder anderer Personen.

---

1   Eingefügt durch Ziff. I des BG vom 4. Okt. 1991, in Kraft seit 1. Juli 1992 (AS 1992 733 786; BBl 1983 II 745).
2   Eingefügt durch Ziff. I des BG vom 4. Okt. 1991, in Kraft seit 1. Juli 1992 (AS 1992 733 786; BBl 1983 II 745).
3   Fassung gemäss Ziff. I 3 des BG vom 16. Dez. 2005, in Kraft per 1. Jan. 2008 (AS 2007 4791 4839; BBl 2002 3148, BBl 2004 3969).
4   Eingefügt durch Ziff. I des BG vom 4. Okt. 1991, in Kraft seit 1. Juli 1992 (AS 1992 733 786; BBl 1983 II 745).

Art. 652f[1] g. Prüfungsbestätigung

[1] Ein zugelassener Revisor prüft den Kapitalerhöhungsbericht und bestätigt schriftlich, dass dieser vollständig und richtig ist.[2]

[2] Keine Prüfungsbestätigung ist erforderlich, wenn die Einlage auf das neue Aktienkapital in Geld erfolgt, das Aktienkapital nicht zur Vornahme einer Sachübernahme erhöht wird und die Bezugsrechte nicht eingeschränkt oder aufgehoben werden.

Art. 652g[3] h. Statutenänderung und Feststellungen

[1] Liegen der Kapitalerhöhungsbericht und, sofern erforderlich, die Prüfungsbestätigung vor, so ändert der Verwaltungsrat die Statuten und stellt dabei fest:

1. dass sämtliche Aktien gültig gezeichnet sind;
2. dass die versprochenen Einlagen dem gesamten Ausgabebetrag entsprechen;
3. dass die Einlagen entsprechend den Anforderungen des Gesetzes, der Statuten oder des Generalversammlungsbeschlusses geleistet wurden.

[2] Beschluss und Feststellungen sind öffentlich zu beurkunden. Die Urkundsperson hat die Belege, die der Kapitalerhöhung zugrunde liegen, einzeln zu nennen und zu bestätigen, dass sie dem Verwaltungsrat vorgelegen haben.

[3] Der öffentlichen Urkunde sind die geänderten Statuten, der Kapitalerhöhungsbericht, die Prüfungsbestätigung sowie die Sacheinlageverträge und die bereits vorliegenden Sachübernahmeverträge beizulegen.

Art. 652h[4] i. Eintragung in das Handelsregister; Nichtigkeit vorher ausgegebener Aktien

[1] Der Verwaltungsrat meldet die Statutenänderung und seine Feststellungen beim Handelsregister zur Eintragung an.

[2] Einzureichen sind:

1. die öffentlichen Urkunden über die Beschlüsse der Generalversammlung und des Verwaltungsrates mit den Beilagen;
2. eine beglaubigte Ausfertigung der geänderten Statuten.

[3] Aktien, die vor der Eintragung der Kapitalerhöhung ausgegeben werden, sind nichtig; die aus der Aktienzeichnung hervorgehenden Verpflichtungen werden dadurch nicht berührt.

HRegV 46 ff., → Nr. 14.

---

1   Eingefügt durch Ziff. I des BG vom 4. Okt. 1991, in Kraft seit 1. Juli 1992 (AS 1992 733 786; BBl 1983 II 745).
2   Fassung gemäss Ziff. I 3 des BG vom 16. Dez. 2005, in Kraft per 1. Jan. 2008 (AS 2007 4791 4839; BBl 2002 3148, BBl 2004 3969).
3   Eingefügt durch Ziff. I des BG vom 4. Okt. 1991, in Kraft seit 1. Juli 1992 (AS 1992 733 786; BBl 1983 II 745).
4   Eingefügt durch Ziff. I des BG vom 4. Okt. 1991, in Kraft seit 1. Juli 1992 (AS 1992 733 786; BBl 1983 II 745).

Art. 653[1]   II. Bedingte Kapitalerhöhung
           1. Grundsatz

[1] Die Generalversammlung kann eine bedingte Kapitalerhöhung beschliessen, indem sie in den Statuten den Gläubigern von neuen Anleihens- oder ähnlichen Obligationen gegenüber der Gesellschaft oder ihren Konzerngesellschaften sowie den Arbeitnehmern Rechte auf den Bezug neuer Aktien (Wandel- oder Optionsrechte) einräumt.

[2] Das Aktienkapital erhöht sich ohne weiteres in dem Zeitpunkt und in dem Umfang, als diese Wandel- oder Optionsrechte ausgeübt und die Einlagepflichten durch Verrechnung oder Einzahlung erfüllt werden.

Art. 653a[2]   2. Schranken

[1] Der Nennbetrag, um den das Aktienkapital bedingt erhöht werden kann, darf die Hälfte des bisherigen Aktienkapitals nicht übersteigen.

[2] Die geleistete Einlage muss mindestens dem Nennwert entsprechen.

Art. 653b[3]   3. Statutarische Grundlage

[1] Die Statuten müssen angeben:
1. den Nennbetrag der bedingten Kapitalerhöhung;
2. Anzahl, Nennwert und Art der Aktien;
3. den Kreis der Wandel- oder der Optionsberechtigten;
4. die Aufhebung der Bezugsrechte der bisherigen Aktionäre;
5. Vorrechte einzelner Kategorien von Aktien;
6. die Beschränkung der Übertragbarkeit neuer Namenaktien.

[2] Werden die Anleihens- oder ähnlichen Obligationen, mit denen Wandel- oder Optionsrechte verbunden sind, nicht den Aktionären vorweg zur Zeichnung angeboten, so müssen die Statuten überdies angeben:
1. die Voraussetzungen für die Ausübung der Wandel- oder der Optionsrechte;
2. die Grundlagen, nach denen der Ausgabebetrag zu berechnen ist.

[3] Wandel- oder Optionsrechte, die vor der Eintragung der Statutenbestimmung über die bedingte Kapitalerhöhung im Handelsregister eingeräumt werden, sind nichtig.

     BGE 121 III 219.

---

1   Fassung gemäss Ziff. I des BG vom 4. Okt. 1991, in Kraft seit 1. Juli 1992 (AS 1992 733 786; BBl 1983 II 745).
2   Eingefügt durch Ziff. I des BG vom 4. Okt. 1991, in Kraft seit 1. Juli 1992 (AS 1992 733 786; BBl 1983 II 745).
3   Eingefügt durch Ziff. I des BG vom 4. Okt. 1991, in Kraft seit 1. Juli 1992 (AS 1992 733 786; BBl 1983 II 745).

Art. 653c[1]   4. Schutz der Aktionäre

[1] Sollen bei einer bedingten Kapitalerhöhung Anleihens- oder ähnliche Obligationen, mit denen Wandel- oder Optionsrechte verbunden sind, ausgegeben werden, so sind diese Obligationen vorweg den Aktionären entsprechend ihrer bisherigen Beteiligung zur Zeichnung anzubieten.

[2] Dieses Vorwegzeichnungsrecht kann beschränkt oder aufgehoben werden, wenn ein wichtiger Grund vorliegt.

[3] Durch die für eine bedingte Kapitalerhöhung notwendige Aufhebung des Bezugsrechtes sowie durch eine Beschränkung oder Aufhebung des Vorwegzeichnungsrechtes darf niemand in unsachlicher Weise begünstigt oder benachteiligt werden.

BGE 121 III 219.

Art. 653d[2]   5. Schutz der Wandel- oder Optionsberechtigten

[1] Dem Gläubiger oder dem Arbeitnehmer, dem ein Wandel- oder ein Optionsrecht zum Erwerb von Namenaktien zusteht, kann die Ausübung dieses Rechtes nicht wegen einer Beschränkung der Übertragbarkeit von Namenaktien verwehrt werden, es sei denn, dass dies in den Statuten und im Emissionsprospekt vorbehalten wird.

[2] Wandel- oder Optionsrechte dürfen durch die Erhöhung des Aktienkapitals, durch die Ausgabe neuer Wandel- oder Optionsrechte oder auf andere Weise nur beeinträchtigt werden, wenn der Konversionspreis gesenkt oder den Berechtigten auf andere Weise ein angemessener Ausgleich gewährt wird, oder wenn die gleiche Beeinträchtigung auch die Aktionäre trifft.

Art. 653e[3]   6. Durchführung der Kapitalerhöhung
a. Ausübung der Rechte; Einlage

[1] Wandel- oder Optionsrechte werden durch eine schriftliche Erklärung ausgeübt, die auf die Statutenbestimmung über die bedingte Kapitalerhöhung hinweist; verlangt das Gesetz einen Emissionsprospekt, so nimmt die Erklärung auch auf diesen Bezug.

[2] Die Leistung der Einlage durch Geld oder Verrechnung muss bei einem Bankinstitut erfolgen, das dem Bankengesetz vom 8. November 1934[4]unterstellt ist.

[3] Die Aktionärsrechte entstehen mit der Erfüllung der Einlagepflicht.

---

1   Eingefügt durch Ziff. I des BG vom 4. Okt. 1991, in Kraft seit 1. Juli 1992 (AS 1992 733 786; BBl 1983 II 745).
2   Eingefügt durch Ziff. I des BG vom 4. Okt. 1991, in Kraft seit 1. Juli 1992 (AS 1992 733 786; BBl 1983 II 745).
3   Eingefügt durch Ziff. I des BG vom 4. Okt. 1991, in Kraft seit 1. Juli 1992 (AS 1992 733 786; BBl 1983 II 745).
4   SR 952.0

Art. 653f[1]   b. Prüfungsbestätigung

[1] Ein zugelassener Revisionsexperte prüft nach Abschluss jedes Geschäftsjahres, auf Verlangen des Verwaltungsrats schon vorher, ob die Ausgabe der neuen Aktien dem Gesetz, den Statuten und, wenn ein solcher erforderlich ist, dem Emissionsprospekt entsprochen hat.[2]

[2] Er bestätigt dies schriftlich.

Art. 653g[3]   c. Anpassung der Statuten

[1] Nach Eingang der Prüfungsbestätigung stellt der Verwaltungsrat in öffentlicher Urkunde Anzahl, Nennwert und Art der neu ausgegebenen Aktien sowie die Vorrechte einzelner Kategorien und den Stand des Aktienkapitals am Schluss des Geschäftsjahres oder im Zeitpunkt der Prüfung fest. Er nimmt die nötigen Statutenanpassungen vor.

[2] In der öffentlichen Urkunde stellt die Urkundsperson fest, dass die Prüfungsbestätigung die verlangten Angaben enthält.

Art. 653h[4]   d. Eintragung in das Handelsregister

Der Verwaltungsrat meldet dem Handelsregister spätestens drei Monate nach Abschluss des Geschäftsjahres die Statutenänderung an und reicht die öffentliche Urkunde und die Prüfungsbestätigung ein.

> HRegV 51 ff., → Nr. 14.

Art. 653i[5]   7. Streichung

[1] Sind die Wandel- oder die Optionsrechte erloschen und wird dies von einem zugelassenen Revisionsexperten in einem schriftlichen Prüfungsbericht bestätigt, so hebt der Verwaltungsrat die Statutenbestimmungen über die bedingte Kapitalerhöhung auf.

[2] In der öffentlichen Urkunde stellt die Urkundsperson fest, dass der Prüfungsbericht die verlangten Angaben enthält.

---

1   Eingefügt durch Ziff. I des BG vom 4. Okt. 1991, in Kraft seit 1. Juli 1992 (AS 1992 733 786; BBl 1983 II 745).

2   Fassung gemäss Ziff. I 3 des BG vom 16. Dez. 2005, in Kraft per 1. Jan. 2008 (AS 2007 4791 4839; BBl 2002 3148, BBl 2004 3969).

3   Eingefügt durch Ziff. I des BG vom 4. Okt. 1991, in Kraft seit 1. Juli 1992 (AS 1992 733 786; BBl 1983 II 745).

4   Eingefügt durch Ziff. I des BG vom 4. Okt. 1991, in Kraft seit 1. Juli 1992 (AS 1992 733 786; BBl 1983 II 745).

5   Fassung gemäss Ziff. I 3 des BG vom 16. Dez. 2005, in Kraft per 1. Jan. 2008 (AS 2007 4791 4839; BBl 2002 3148, BBl 2004 3969).

Art. 654 III. Vorzugsaktien
1. Voraussetzungen[1]

[1] Die Generalversammlung kann nach Massgabe der Statuten oder auf dem Wege der Statutenänderung die Ausgabe von Vorzugsaktien beschliessen oder bisherige Aktien in Vorzugsaktien umwandeln.

[2] Hat eine Gesellschaft Vorzugsaktien ausgegeben, so können weitere Vorzugsaktien, denen Vorrechte gegenüber den bereits bestehenden Vorzugsaktien eingeräumt werden sollen, nur mit Zustimmung sowohl einer besonderen Versammlung der beeinträchtigten Vorzugsaktionäre als auch einer Generalversammlung sämtlicher Aktionäre ausgegeben werden. Eine abweichende Ordnung durch die Statuten bleibt vorbehalten.

[3] Dasselbe gilt, wenn statutarische Vorrechte, die mit Vorzugsaktien verbunden sind, abgeändert oder aufgehoben werden sollen.

Art. 655[2]

Aufgehoben.

Art. 656 2. Stellung der Vorzugsaktien[3]

[1] Die Vorzugsaktien geniessen gegenüber den Stammaktien die Vorrechte, die ihnen in den ursprünglichen Statuten oder durch Statutenänderung ausdrücklich eingeräumt sind. Sie stehen im Übrigen den Stammaktien gleich.

[2] Die Vorrechte können sich namentlich auf die Dividende mit oder ohne Nachbezugsrecht, auf den Liquidationsanteil und auf die Bezugsrechte für den Fall der Ausgabe neuer Aktien erstrecken.

Art. 656a[4] L. Partizipationsscheine
I. Begriff; anwendbare Vorschriften

[1] Die Statuten können ein Partizipationskapital vorsehen, das in Teilsummen (Partizipationsscheine) zerlegt ist. Diese Partizipationsscheine werden gegen Einlage ausgegeben, haben einen Nennwert und gewähren kein Stimmrecht.

[2] Die Bestimmungen über das Aktienkapital, die Aktie und den Aktionär gelten, soweit das Gesetz nichts anderes vorsieht, auch für das Partizipationskapital, den Partizipationsschein und den Partizipanten.

[3] Die Partizipationsscheine sind als solche zu bezeichnen.

---

1 Fassung gemäss Ziff. I des BG vom 4. Okt. 1991, in Kraft seit 1. Juli 1992 (AS 1992 733 786; BBl 1983 II 745).
2 Aufgehoben durch Ziff. I des BG vom 4. Okt. 1991 (AS 1992 733; BBl 1983 II 745).
3 Fassung gemäss Ziff. I des BG vom 4. Okt. 1991, in Kraft seit 1. Juli 1992 (AS 1992 733 786; BBl 1983 II 745).
4 Eingefügt durch Ziff. I des BG vom 4. Okt. 1991, in Kraft seit 1. Juli 1992 (AS 1992 733 786; BBl 1983 II 745).

Art. 656b[1] II. Partizipations- und Aktienkapital

[1] Das Partizipationskapital darf das Doppelte des Aktienkapitals nicht übersteigen.

[2] Die Bestimmungen über das Mindestkapital und über die Mindestgesamteinlage finden keine Anwendung.

[3] In den Bestimmungen über die Einschränkungen des Erwerbs eigener Aktien, die allgemeine Reserve, die Einleitung einer Sonderprüfung gegen den Willen der Generalversammlung und über die Meldepflicht bei Kapitalverlust ist das Partizipationskapital dem Aktienkapital zuzuzählen.

[4] Eine genehmigte oder eine bedingte Erhöhung des Aktien- und des Partizipationskapitals darf insgesamt die Hälfte der Summe die bisherigen Aktien- und Partizipationskapitals nicht übersteigen.

[5] Partizipationskapital kann im Verfahren der genehmigten oder bedingten Kapitalerhöhung geschaffen werden.

Art. 656c[2] III. Rechtsstellung des Partizipanten
      1. Im Allgemeinen

[1] Der Partizipant hat kein Stimmrecht und, sofern die Statuten nichts anderes bestimmen, keines der damit zusammenhängenden Rechte.

[2] Als mit dem Stimmrecht zusammenhängende Rechte gelten das Recht auf Einberufung einer Generalversammlung, das Teilnahmerecht, das Recht auf Auskunft, das Recht auf Einsicht und das Antragsrecht.

[3] Gewähren ihm die Statuten kein Recht auf Auskunft oder Einsicht oder kein Antragsrecht auf Einleitung einer Sonderprüfung (Art. 697a ff.), so kann der Partizipant Begehren um Auskunft oder Einsicht oder um Einleitung einer Sonderprüfung schriftlich zuhanden der Generalversammlung stellen.

Art. 656d[3] 2. Bekanntgabe von Einberufung und Beschlüssen der Generalversammlung

[1] Den Partizipanten muss die Einberufung der Generalversammlung zusammen mit den Verhandlungsgegenständen und den Anträgen bekannt gegeben werden.

[2] Jeder Beschluss der Generalversammlung ist unverzüglich am Gesellschaftssitz und bei den eingetragenen Zweigniederlassungen zur Einsicht der Partizipanten aufzulegen. Die Partizipanten sind in der Bekanntgabe darauf hinzuweisen.

---

1   Eingefügt durch Ziff. I des BG vom 4. Okt. 1991, in Kraft seit 1. Juli 1992 (AS 1992 733 786; BBl 1983 II 745).

2   Eingefügt durch Ziff. I des BG vom 4. Okt. 1991, in Kraft seit 1. Juli 1992 (AS 1992 733 786; BBl 1983 II 745).

3   Eingefügt durch Ziff. I des BG vom 4. Okt. 1991, in Kraft seit 1. Juli 1992 (AS 1992 733 786; BBl 1983 II 745).

Art. 656e[1]   3. Vertretung im Verwaltungsrat

Die Statuten können den Partizipanten einen Anspruch auf einen Vertreter im Verwaltungsrat einräumen.

Art. 656f[2]   4. Vermögensrechte
a. Im Allgemeinen

[1] Die Statuten dürfen die Partizipanten bei der Verteilung des Bilanzgewinnes und des Liquidationsergebnisses sowie beim Bezug neuer Aktien nicht schlechter stellen als die Aktionäre.

[2] Bestehen mehrere Kategorien von Aktien, so müssen die Partizipationsscheine zumindest der Kategorie gleichgestellt sein, die am wenigsten bevorzugt ist.

[3] Statutenänderungen und andere Generalversammlungsbeschlüsse, welche die Stellung der Partizipanten verschlechtern, sind nur zulässig, wenn sie auch die Stellung der Aktionäre, denen die Partizipanten gleichstehen, entsprechend beeinträchtigen.

[4] Sofern die Statuten nichts anderes bestimmen, dürfen die Vorrechte und die statutarischen Mitwirkungsrechte von Partizipanten nur mit Zustimmung einer besonderen Versammlung der betroffenen Partizipanten und der Generalversammlung der Aktionäre beschränkt oder aufgehoben werden.

Art. 656g[3]   b. Bezugsrechte

[1] Wird ein Partizipationskapital geschaffen, so haben die Aktionäre ein Bezugsrecht wie bei der Ausgabe neuer Aktien.

[2] Die Statuten können vorsehen, dass Aktionäre nur Aktien und Partizipanten nur Partizipationsscheine beziehen können, wenn das Aktien- und das Partizipationskapital gleichzeitig und im gleichen Verhältnis erhöht werden.

[3] Wird das Partizipationskapital oder das Aktienkapital allein oder verhältnismässig stärker als das andere erhöht, so sind die Bezugsrechte so zuzuteilen, dass Aktionäre und Partizipanten am gesamten Kapital gleich wie bis anhin beteiligt bleiben können.

Art. 657[4]   M. Genussscheine

[1] Die Statuten können die Schaffung von Genussscheinen zugunsten von Personen vorsehen, die mit der Gesellschaft durch frühere Kapitalbeteiligung oder als Aktionär, Gläubiger, Arbeitnehmer oder in ähnlicher Weise verbunden sind. Sie haben die Zahl der ausgegebenen Genussscheine und den Inhalt der damit verbundenen Rechte anzugeben.

---

1   Eingefügt durch Ziff. I des BG vom 4. Okt. 1991, in Kraft seit 1. Juli 1992 (AS 1992 733 786; BBl 1983 II 745).
2   Eingefügt durch Ziff. I des BG vom 4. Okt. 1991, in Kraft seit 1. Juli 1992 (AS 1992 733 786; BBl 1983 II 745).
3   Eingefügt durch Ziff. I des BG vom 4. Okt. 1991, in Kraft seit 1. Juli 1992 (AS 1992 733 786; BBl 1983 II 745).
4   Fassung gemäss Ziff I des BG vom 4. Okt. 1991, in Kraft seit 1. Juli 1992 (AS 1992 733 786; BBl 1983 II 745).

² Durch die Genussscheine können den Berechtigten nur Ansprüche auf einen Anteil am Bilanzgewinn oder am Liquidationsergebnis oder auf den Bezug neuer Aktien verliehen werden.

³ Der Genussschein darf keinen Nennwert haben; er darf weder Partizipationsschein genannt noch gegen eine Einlage ausgegeben werden, die unter den Aktiven der Bilanz ausgewiesen wird.

⁴ Die Berechtigten bilden von Gesetzes wegen eine Gemeinschaft, für welche die Bestimmungen über die Gläubigergemeinschaft bei Anleihensobligationen sinngemäss gelten. Den Verzicht auf einzelne oder alle Rechte aus den Genussscheinen können jedoch nur die Inhaber der Mehrheit aller im Umlauf befindlichen Genussscheintitel verbindlich beschliessen.

⁵ Zugunsten der Gründer der Gesellschaft dürfen Genussscheine nur aufgrund der ursprünglichen Statuten geschaffen werden.

Art. 658[1]

Aufgehoben.

Art. 659[2]   N. Eigene Aktien
                I. Einschränkung des Erwerbs

¹ Die Gesellschaft darf eigene Aktien nur dann erwerben, wenn frei verwendbares Eigenkapital in der Höhe der dafür nötigen Mittel vorhanden ist und der gesamte Nennwert dieser Aktien 10 Prozent des Aktienkapitals nicht übersteigt.

² Werden im Zusammenhang mit einer Übertragbarkeitsbeschränkung Namenaktien erworben, so beträgt die Höchstgrenze 20 Prozent. Die über 10 Prozent des Aktienkapitals hinaus erworbenen eigenen Aktien sind innert zweier Jahre zu veräussern oder durch Kapitalherabsetzung zu vernichten.

Art. 659a[3]   II. Folgen des Erwerbs

¹ Das Stimmrecht und die damit verbundenen Rechte eigener Aktien ruhen.

² Die Gesellschaft hat für die eigenen Aktien einen dem Anschaffungswert entsprechenden Betrag gesondert als Reserve auszuweisen.

---

1   Aufgehoben durch Ziff. I des BG vom 4. Okt. 1991 (AS 1992 733; BBl 1983 II 745).
2   Fassung gemäss Ziff I des BG vom 4. Okt. 1991, in Kraft seit 1. Juli 1992 (AS 1992 733 786; BBl 1983 II 745).
3   Eingefügt durch Ziff. I des BG vom 4. Okt. 1991, in Kraft seit 1. Juli 1992 (AS 1992 733 786; BBl 1983 II 745).

Art. 659b[1]   III. Erwerb durch Tochtergesellschaften

[1] Ist eine Gesellschaft an Tochtergesellschaften mehrheitlich beteiligt, so gelten für den Erwerb ihrer Aktien durch diese Tochtergesellschaften die gleichen Einschränkungen und Folgen wie für den Erwerb eigener Aktien.

[2] Erwirbt eine Gesellschaft die Mehrheitsbeteiligung an einer anderen Gesellschaft, die ihrerseits Aktien der Erwerberin hält, so gelten diese Aktien als eigene Aktien der Erwerberin.

[3] Die Reservebildung obliegt der Gesellschaft, welche die Mehrheitsbeteiligung hält.

Zweiter Abschnitt: Rechte und Pflichten der Aktionäre

Art. 660[2]   A. Recht auf Gewinn- und Liquidationsanteil
            I. Im Allgemeinen

[1] Jeder Aktionär hat Anspruch auf einen verhältnismässigen Anteil am Bilanzgewinn, soweit dieser nach dem Gesetz oder den Statuten zur Verteilung unter die Aktionäre bestimmt ist.

[2] Bei Auflösung der Gesellschaft hat der Aktionär, soweit die Statuten über die Verwendung des Vermögens der aufgelösten Gesellschaft nichts anderes bestimmen, das Recht auf einen verhältnismässigen Anteil am Ergebnis der Liquidation.

[3] Vorbehalten bleiben die in den Statuten für einzelne Kategorien von Aktien festgesetzten Vorrechte.

Art. 661   II. Berechnungsart

Die Anteile am Gewinn und am Liquidationsergebnis sind, sofern die Statuten nicht etwas anderes vorsehen, im Verhältnis der auf das Aktienkapital einbezahlten Beträge zu berechnen.

Art. 662[3]   B. Geschäftsbericht
            I. Im Allgemeinen
            1. Inhalt

[1] Der Verwaltungsrat erstellt für jedes Geschäftsjahr einen Geschäftsbericht, der sich aus der Jahresrechnung, dem Jahresbericht und einer Konzernrechnung zusammensetzt, soweit das Gesetz eine solche verlangt.

[2] Die Jahresrechnung besteht aus der Erfolgsrechnung, der Bilanz und dem Anhang.

---

1   Eingefügt durch Ziff. I des BG vom 4. Okt. 1991, in Kraft seit 1. Juli 1992 (AS 1992 733 786; BBl 1983 II 745).
2   Fassung gemäss Ziff. I des BG vom 4. Okt. 1991, in Kraft seit 1. Juli 1992 (AS 1992 733 786; BBl 1983 II 745).
3   Fassung gemäss Ziff. I des BG vom 4. Okt. 1991, in Kraft seit 1. Juli 1992 (AS 1992 733 786; BBl 1983 II 745).

Art. 662a[1]   2. Ordnungsmässige Rechnungslegung

[1] Die Jahresrechnung wird nach den Grundsätzen der ordnungsmässigen Rechnungslegung so aufgestellt, dass die Vermögens- und Ertragslage der Gesellschaft möglichst zuverlässig beurteilt werden kann. Sie enthält auch die Vorjahreszahlen.

[2] Die ordnungsmässige Rechnungslegung erfolgt insbesondere nach den Grundsätzen der:

1. Vollständigkeit der Jahresrechnung;
2. Klarheit und Wesentlichkeit der Angaben;
3. Vorsicht;
4. Fortführung der Unternehmenstätigkeit;
5. Stetigkeit in Darstellung und Bewertung;
6. Unzulässigkeit der Verrechnung von Aktiven und Passiven sowie von Aufwand und Ertrag.

[3] Abweichungen vom Grundsatz der Unternehmensfortführung, von der Stetigkeit der Darstellung und Bewertung und vom Verrechnungsverbot sind in begründeten Fällen zulässig. Sie sind im Anhang darzulegen.

[4] Im Übrigen gelten die Bestimmungen über die kaufmännische Buchführung.

Art. 663[2]   II. Erfolgsrechnung; Mindestgliederung

[1] Die Erfolgsrechnung weist betriebliche und betriebsfremde sowie ausserordentliche Erträge und Aufwendungen aus.

[2] Unter Ertrag werden der Erlös aus Lieferungen und Leistungen, der Finanzertrag sowie die Gewinne aus Veräusserungen von Anlagevermögen gesondert ausgewiesen.

[3] Unter Aufwand werden Material- und Warenaufwand, Personalaufwand, Finanzaufwand sowie Aufwand für Abschreibungen gesondert ausgewiesen.

[4] Die Erfolgsrechnung zeigt den Jahresgewinn oder den Jahresverlust.

Art. 663a[3]   III. Bilanz; Mindestgliederung

[1] Die Bilanz weist das Umlaufvermögen und das Anlagevermögen, das Fremdkapital und das Eigenkapital aus.

[2] Das Umlaufvermögen wird in flüssige Mittel, Forderungen aus Lieferungen und Leistungen, andere Forderungen sowie Vorräte unterteilt, das Anlagevermögen in Finanzanlagen, Sachanlagen und immaterielle Anlagen.

[3] Das Fremdkapital wird in Schulden aus Lieferungen und Leistungen, andere kurzfristige Verbindlichkeiten, langfristige Verbindlichkeiten und Rückstellungen unterteilt, das

---

1 Eingefügt durch Ziff. I des BG vom 4. Okt. 1991, in Kraft seit 1. Juli 1992 (AS 1992 733 786; BBl 1983 II 745).
2 Fassung gemäss Ziff. I des BG vom 4. Okt. 1991, in Kraft seit 1. Juli 1992 (AS 1992 733 786; BBl 1983 II 745).
3 Eingefügt durch Ziff. I des BG vom 4. Okt. 1991, in Kraft seit 1. Juli 1992 (AS 1992 733 786; BBl 1983 II 745).

Eigenkapital in Aktienkapital, gesetzliche und andere Reserven sowie in einen Bilanzgewinn.

[4] Gesondert angegeben werden auch das nicht einbezahlte Aktienkapital, die Gesamtbeträge der Beteiligungen, der Forderungen und der Verbindlichkeiten gegenüber anderen Gesellschaften des Konzerns oder Aktionären, die eine Beteiligung an der Gesellschaft halten, die Rechnungsabgrenzungsposten sowie ein Bilanzverlust.

Art. 663b[1]   IV. Anhang
    1. Im Allgemeinen[2]

Der Anhang enthält:

1. den Gesamtbetrag der Bürgschaften, Garantieverpflichtungen und Pfandbestellungen zugunsten Dritter;
2. den Gesamtbetrag der zur Sicherung eigener Verpflichtungen verpfändeten oder abgetretenen Aktiven sowie der Aktiven unter Eigentumsvorbehalt;
3. den Gesamtbetrag der nichtbilanzierten Leasingverbindlichkeiten;
4. die Brandversicherungswerte der Sachanlagen;
5. Verbindlichkeiten gegenüber Vorsorgeeinrichtungen;
6. die Beträge, Zinssätze und Fälligkeiten der von der Gesellschaft ausgegebenen Anleihensobligationen;
7. jede Beteiligung, die für die Beurteilung der Vermögens- und Ertragslage der Gesellschaft wesentlich ist;
8. den Gesamtbetrag der aufgelösten Wiederbeschaffungsreserven und der darüber hinausgehenden stillen Reserven, soweit dieser den Gesamtbetrag der neugebildeten derartigen Reserven übersteigt, wenn dadurch das erwirtschaftete Ergebnis wesentlich günstiger dargestellt wird;
9. Angaben über Gegenstand und Betrag von Aufwertungen;
10. Angaben über Erwerb, Veräusserung und Anzahl der von der Gesellschaft gehaltenen eigenen Aktien, einschliesslich ihrer Aktien, die eine andere Gesellschaft hält, an der sie mehrheitlich beteiligt ist; anzugeben sind ebenfalls die Bedingungen, zu denen die Gesellschaft die eigenen Aktien erworben oder veräussert hat;
11. den Betrag der genehmigten und der bedingten Kapitalerhöhung;
12. Angaben über die Durchführung einer Risikobeurteilung;[3]

---

1   Eingefügt durch Ziff. I des BG vom 4. Okt. 1991, in Kraft seit 1. Juli 1992 (AS 1992 733 786; BBl 1983 II 745).
2   Fassung gemäss Ziff. I des BG vom 7. Okt. 2005 (Transparenz betreffend Vergütungen an Mitglieder des Verwaltungsrates und der Geschäftsleitung), in Kraft seit 1. Jan. 2007 (AS 2006 2629 2632; BBl 2004 4471).
3   Fassung gemäss Ziff. I 3 des BG vom 16. Dez. 2005, in Kraft per 1. Jan. 2008 (AS 2007 4791 4839; BBl 2002 3148, BBl 2004 3969).

13. allenfalls die Gründe, die zum vorzeitigen Rücktritt der Revisionsstelle geführt haben;[1]

14. die anderen vom Gesetz vorgeschriebenen Angaben.[2]

Art. 663b[bis3] 2. Zusätzliche Angaben bei Gesellschaften mit kotierten Aktien
  a. Vergütungen

[1] Gesellschaften, deren Aktien an einer Börse kotiert sind, haben im Anhang zur Bilanz anzugeben:

1. alle Vergütungen, die sie direkt oder indirekt an gegenwärtige Mitglieder des Verwaltungsrates ausgerichtet haben;

2. alle Vergütungen, die sie direkt oder indirekt an Personen ausgerichtet haben, die vom Verwaltungsrat ganz oder zum Teil mit der Geschäftsführung betraut sind (Geschäftsleitung);

3. alle Vergütungen, die sie direkt oder indirekt an gegenwärtige Mitglieder des Beirates ausgerichtet haben;

4. Vergütungen, die sie direkt oder indirekt an frühere Mitglieder des Verwaltungsrates, der Geschäftsleitung und des Beirates ausgerichtet haben, sofern sie in einem Zusammenhang mit der früheren Tätigkeit als Organ der Gesellschaft stehen oder nicht marktüblich sind;

5. nicht marktübliche Vergütungen, die sie direkt oder indirekt an Personen ausgerichtet haben, die den in den Ziffern 1–4 genannten Personen nahe stehen.

[2] Als Vergütungen gelten insbesondere:

1. Honorare, Löhne, Bonifikationen und Gutschriften;

2. Tantiemen, Beteiligungen am Umsatz und andere Beteiligungen am Geschäftsergebnis;

3. Sachleistungen;

4. die Zuteilung von Beteiligungen, Wandel- und Optionsrechten;

5. Abgangsentschädigungen;

6. Bürgschaften, Garantieverpflichtungen, Pfandbestellungen zugunsten Dritter und andere Sicherheiten;

7. der Verzicht auf Forderungen;

8. Aufwendungen, die Ansprüche auf Vorsorgeleistungen begründen oder erhöhen;

9. sämtliche Leistungen für zusätzliche Arbeiten.

[3] Im Anhang zur Bilanz sind zudem anzugeben:

---

1   Eingefügt durch Ziff. I 3 des BG vom 16. Dez. 2005, in Kraft per 1. Jan. 2008 (AS 2007 4791 4839; BBl 2002 3148, BBl 2004 3969).

2   Eingefügt durch Ziff. I 3 des BG vom 16. Dez. 2005, in Kraft per 1. Jan. 2008 (AS 2007 4791 4839; BBl 2002 3148, BBl 2004 3969).

3   Eingefügt durch Ziff. I des BG vom 7. Okt. 2005 (Transparenz betreffend Vergütungen an Mitglieder des Verwaltungsrates und der Geschäftsleitung), in Kraft seit 1. Jan. 2007 (AS 2006 2629 2632; BBl 2004 4471).

1. alle Darlehen und Kredite, die den gegenwärtigen Mitgliedern des Verwaltungsrates, der Geschäftsleitung und des Beirates gewährt wurden und noch ausstehen;

2. Darlehen und Kredite, die zu nicht marktüblichen Bedingungen an frühere Mitglieder des Verwaltungsrates, der Geschäftsleitung und des Beirates gewährt wurden und noch ausstehen;

3. Darlehen und Kredite, die zu nicht marktüblichen Bedingungen an Personen, die den in den Ziffern 1 und 2 genannten Personen nahe stehen, gewährt wurden und noch ausstehen.

4 Die Angaben zu Vergütungen und Krediten müssen umfassen:

1. den Gesamtbetrag für den Verwaltungsrat und den auf jedes Mitglied entfallenden Betrag unter Nennung des Namens und der Funktion des betreffenden Mitglieds;

2. den Gesamtbetrag für die Geschäftsleitung und den höchsten auf ein Mitglied entfallenden Betrag unter Nennung des Namens und der Funktion des betreffenden Mitglieds;

3. den Gesamtbetrag für den Beirat und den auf jedes Mitglied entfallenden Betrag unter Nennung des Namens und der Funktion des betreffenden Mitglieds.

5 Vergütungen und Kredite an nahe stehende Personen sind gesondert auszuweisen. Die Namen der nahe stehenden Personen müssen nicht angegeben werden. Im Übrigen finden die Vorschriften über die Angaben zu Vergütungen und Krediten an Mitglieder des Verwaltungsrates, der Geschäftsleitung und des Beirates entsprechende Anwendung.

Art. 663c[1]   V. Beteiligungsverhältnisse bei Gesellschaften mit kotierten Aktien[2]

1 Gesellschaften, deren Aktien[3] an einer Börse kotiert sind, haben im Anhang zur Bilanz bedeutende Aktionäre und deren Beteiligungen anzugeben, sofern diese ihnen bekannt sind oder bekannt sein müssten.

2 Als bedeutende Aktionäre gelten Aktionäre und stimmrechtsverbundene Aktionärsgruppen, deren Beteiligung 5 Prozent aller Stimmrechte übersteigt. Enthalten die Statuten eine tiefere prozentmässige Begrenzung der Namenaktien (Art. 685*d* Abs. 1), so gilt für die Bekanntgabepflicht diese Grenze.

3 Anzugeben sind weiter die Beteiligungen an der Gesellschaft sowie die Wandel- und Optionsrechte jedes gegenwärtigen Mitglieds des Verwaltungsrates, der Geschäftsleitung und des Beirates mit Einschluss der Beteiligungen der ihm nahe stehenden Personen unter Nennung des Namens und der Funktion des betreffenden Mitglieds.[4]

---

1   Eingefügt durch Ziff. I des BG vom 4. Okt. 1991, in Kraft seit 1. Juli 1992 (AS 1992 733 786; BBl 1983 II 745).

2   Fassung gemäss Ziff. I 3 des BG vom 16. Dez. 2005, in Kraft per 1. Jan. 2008 (AS 2007 4791 4839; BBl 2002 3148, BBl 2004 3969).

3   Berichtigt von der Redaktionskommission der BVers [Art. 33 GVG – AS 1974 1051].

4   Eingefügt durch Ziff. I des BG vom 7. Okt. 2005 (Transparenz betreffend Vergütungen an Mitglieder des Verwaltungsrates und der Geschäftsleitung), in Kraft seit 1. Jan. 2007 (AS 2006 2629 2632; BBl 2004 4471).

Vgl. BankG Art. 6 Abs. 5.

Art. 663d[1]   V. Jahresbericht[2]

[1] Der Jahresbericht stellt den Geschäftsverlauf sowie die wirtschaftliche und finanzielle Lage der Gesellschaft dar.

[2] Er nennt die im Geschäftsjahr eingetretenen Kapitalerhöhungen und gibt die Prüfungsbestätigung wieder.

Art. 663e[3]   VI. Konzernrechnung
1. Pflicht zur Erstellung[4]

[1] Fasst die Gesellschaft durch Stimmenmehrheit oder auf andere Weise eine oder mehrere Gesellschaften unter einheitlicher Leitung zusammen (Konzern), so erstellt sie eine konsolidierte Jahresrechnung (Konzernrechnung).

[2] Die Gesellschaft ist von der Pflicht zur Erstellung einer Konzernrechnung befreit, wenn sie zusammen mit ihren Untergesellschaften zwei der nachstehenden Grössen in zwei aufeinander folgenden Geschäftsjahren nicht überschreitet:

1. Bilanzsumme von 10 Millionen Franken;
2. Umsatzerlös von 20 Millionen Franken;
3. 200 Vollzeitstellen im Jahresdurchschnitt.[5]

[3] Eine Konzernrechnung ist dennoch zu erstellen, wenn:

1. die Gesellschaft Beteiligungspapiere an einer Börse kotiert hat;[6]
2. die Gesellschaft Anleihensobligationen ausstehend hat;[7]
3. Aktionäre, die zusammen mindestens 10 Prozent des Aktienkapitals vertreten, es verlangen;
4. dies für eine möglichst zuverlässige Beurteilung der Vermögens und Ertragslage der Gesellschaft notwendig ist.

---

1   Eingefügt durch Ziff. I des BG vom 4. Okt. 1991, in Kraft seit 1. Juli 1992 (AS 1992 733 786; BBl 1983 II 745).

2   Fassung gemäss Ziff. I des BG vom 7. Okt. 2005 (Transparenz betreffend Vergütungen an Mitglieder des Verwaltungsrates und der Geschäftsleitung), in Kraft seit 1. Jan. 2007 (AS 2006 2629 2632; BBl 2004 4471).

3   Eingefügt durch Ziff. I des BG vom 4. Okt. 1991, in Kraft seit 1. Juli 1993 (AS 1992 733 786; BBl 1983 II 745).

4   Fassung gemäss Ziff. I des BG vom 7. Okt. 2005 (Transparenz betreffend Vergütungen an Mitglieder des Verwaltungsrates und der Geschäftsleitung), in Kraft seit 1. Jan. 2007 (AS 2006 2629 2632; BBl 2004 4471).

5   Fassung gemäss Ziff. I 3 des BG vom 16. Dez. 2005, in Kraft per 1. Jan. 2008 (AS 2007 4791 4839; BBl 2002 3148, BBl 2004 3969).

6   Fassung gemäss Ziff. I 3 des BG vom 16. Dez. 2005, in Kraft per 1. Jan. 2008 (AS 2007 4791 4839; BBl 2002 3148, BBl 2004 3969).

7   Fassung gemäss Ziff. I 3 des BG vom 16. Dez. 2005, in Kraft per 1. Jan. 2008 (AS 2007 4791 4839; BBl 2002 3148, BBl 2004 3969).

Art. 663f[1]   2. Zwischengesellschaften

[1] Ist eine Gesellschaft in die Konzernrechnung einer Obergesellschaft einbezogen, die nach schweizerischen oder gleichwertigen ausländischen Vorschriften erstellt und geprüft worden ist, so muss sie keine besondere Konzernrechnung erstellen, wenn sie die Konzernrechnung der Obergesellschaft ihren Aktionären und Gläubigern wie die eigene Jahresrechnung bekanntmacht.

[2] Sie ist jedoch verpflichtet, eine besondere Konzernrechnung zu erstellen, wenn sie ihre Jahresrechnung veröffentlichen muss oder wenn Aktionäre, die zusammen mindestens 10 Prozent des Aktienkapitals vertreten, es verlangen.

Art. 663g[2]   3. Erstellung

[1] Die Konzernrechnung untersteht den Grundsätzen ordnungsmässiger Rechnungslegung.

[2] Im Anhang zur Konzernrechnung nennt die Gesellschaft die Konsolidierungs- und Bewertungsregeln. Weicht sie davon ab, so weist sie im Anhang darauf hin und vermittelt in anderer Weise die für den Einblick in die Vermögens- und Ertragslage des Konzerns nötigen Angaben.

Art. 663h[3]   VII. Schutz und Anpassung[4]

[1] In der Jahresrechnung, im Jahresbericht und in der Konzernrechnung kann auf Angaben verzichtet werden, welche der Gesellschaft oder dem Konzern erhebliche Nachteile bringen können. Die Revisionsstelle ist über die Gründe zu unterrichten.

[2] Die Jahresrechnung kann im Rahmen der Grundsätze der ordnungsmässigen Rechnungslegung den Besonderheiten des Unternehmens angepasst werden. Sie hat jedoch den gesetzlich vorgeschriebenen Mindestinhalt aufzuweisen.

Art. 664[5]   VIII. Bewertung
1. Gründungs-, Kapitalerhöhungs- und Organisationskosten[6]

Gründungs-, Kapitalerhöhungs- und Organisationskosten, die aus der Errichtung, der Erweiterung oder der Umstellung des Geschäfts entstehen, dürfen bilanziert werden. Sie werden gesondert ausgewiesen und innerhalb von fünf Jahren abgeschrieben.

---

1   Eingefügt durch Ziff. I des BG vom 4. Okt. 1991, in Kraft seit 1. Juli 1993 (AS 1992 733 786; BBl 1983 II 745).

2   Eingefügt durch Ziff. I des BG vom 4. Okt. 1991, in Kraft seit 1. Juli 1993 (AS 1992 733 786; BBl 1983 II 745).

3   Eingefügt durch Ziff. I des BG vom 4. Okt. 1991, in Kraft seit 1. Juli 1992 (AS 1992 733 786; BBl 1983 II 745).

4   Fassung gemäss Ziff. I des BG vom 7. Okt. 2005 (Transparenz betreffend Vergütungen an Mitglieder des Verwaltungsrates und der Geschäftsleitung), in Kraft seit 1. Jan. 2007 (AS 2006 2629 2632; BBl 2004 4471).

5   Fassung gemäss Ziff. I des BG vom 4. Okt. 1991, in Kraft seit 1. Juli 1992 (AS 1992 733 786; BBl 1983 II 745).

6   Fassung gemäss Ziff. I des BG vom 7. Okt. 2005 (Transparenz betreffend Vergütungen an Mitglieder des Verwaltungsrates und der Geschäftsleitung), in Kraft seit 1. Jan. 2007 (AS 2006 2629 2632; BBl 2004 4471).

Art. 665[1]   2. Anlagevermögen
               a. Im Allgemeinen

Das Anlagevermögen darf höchstens zu den Anschaffungs- oder den Herstellungskosten bewertet werden, unter Abzug der notwendigen Abschreibungen.

Art. 665a[2]   b. Beteiligungen

[1] Zum Anlagevermögen gehören auch Beteiligungen und andere Finanzanlagen.
[2] Beteiligungen sind Anteile am Kapital anderer Unternehmen, die mit der Absicht dauernder Anlage gehalten werden und einen massgeblichen Einfluss vermitteln.
[3] Stimmberechtigte Anteile von mindestens 20 Prozent gelten als Beteiligung.

Art. 666[3]   3. Vorräte

[1] Rohmaterialien, teilweise oder ganz fertig gestellte Erzeugnisse sowie Waren dürfen höchstens zu den Anschaffungs- oder den Herstellungskosten bewertet werden.
[2] Sind die Kosten höher als der am Bilanzstichtag allgemein geltende Marktpreis, so ist dieser massgebend.

Art. 667[4]   4. Wertschriften

[1] Wertschriften mit Kurswert dürfen höchstens zum Durchschnittskurs des letzten Monats vor dem Bilanzstichtag bewertet werden.
[2] Wertschriften ohne Kurswert dürfen höchstens zu den Anschaffungskosten bewertet werden, unter Abzug der notwendigen Wertberichtigungen.

Art. 668[5]

Aufgehoben.

Art. 669[6]   5. Abschreibungen, Wertberichtigungen und Rückstellungen

[1] Abschreibungen, Wertberichtigungen und Rückstellungen müssen vorgenommen werden, soweit sie nach allgemein anerkannten kaufmännischen Grundsätzen notwendig sind. Rückstellungen sind insbesondere zu bilden, um ungewisse Verpflichtungen und drohende Verluste aus schwebenden Geschäften zu decken.

---

1   Fassung gemäss Ziff. I des BG vom 4. Okt. 1991, in Kraft seit 1. Juli 1992 (AS 1992 733 786; BBl 1983 II 745).
2   Eingefügt durch Ziff. I des BG vom 4. Okt. 1991, in Kraft seit 1. Juli 1992 (AS 1992 733 786; BBl 1983 II 745).
3   Fassung gemäss Ziff. I des BG vom 4. Okt. 1991, in Kraft seit 1. Juli 1992 (AS 1992 733 786; BBl 1983 II 745).
4   Fassung gemäss Ziff. I des BG vom 4. Okt. 1991, in Kraft seit 1. Juli 1992 (AS 1992 733 786; BBl 1983 II 745).
5   Aufgehoben durch Ziff I des BG vom 4. Okt. 1991 (AS 1992 733; BBl 1983 II 745).
6   Fassung gemäss Ziff. I des BG vom 4. Okt. 1991, in Kraft seit 1. Juli 1992 (AS 1992 733 786; BBl 1983 II 745).

[2] Der Verwaltungsrat darf zu Wiederbeschaffungszwecken zusätzliche Abschreibungen, Wertberichtigungen und Rückstellungen vornehmen und davon absehen, überflüssig gewordene Rückstellungen aufzulösen.

[3] Stille Reserven, die darüber hinausgehen, sind zulässig, soweit die Rücksicht auf das dauernde Gedeihen des Unternehmens oder auf die Ausrichtung einer möglichst gleichmässigen Dividende es unter Berücksichtigung der Interessen der Aktionäre rechtfertigt.

[4] Bildung und Auflösung von Wiederbeschaffungsreserven und darüber hinausgehenden stillen Reserven sind der Revisionsstelle im einzelnen mitzuteilen.

Art. 670[1] 6. Aufwertung

[1] Ist die Hälfte des Aktienkapitals und der gesetzlichen Reserven infolge eines Bilanzverlustes nicht mehr gedeckt, so dürfen zur Beseitigung der Unterbilanz Grundstücke oder Beteiligungen, deren wirklicher Wert über die Anschaffungs- oder Herstellungskosten gestiegen ist, bis höchstens zu diesem Wert aufgewertet werden. Der Aufwendungsbetrag ist gesondert als Aufwertungsreserve auszuweisen.

[2] Die Aufwertung ist nur zulässig, wenn ein zugelassener Revisor zuhanden der Generalversammlung schriftlich bestätigt, dass die gesetzlichen Bestimmungen eingehalten sind.[2]

Art. 671[3] C. Reserven
I. Gesetzliche Reserven
1. Allgemeine Reserve

[1] 5 Prozent des Jahresgewinnes sind der allgemeinen Reserve zuzuweisen, bis diese 20 Prozent des einbezahlten Aktienkapitals erreicht.

[2] Dieser Reserve sind, auch nachdem sie die gesetzliche Höhe erreicht hat, zuzuweisen:

1. ein bei der Ausgabe von Aktien nach Deckung der Ausgabekosten über den Nennwert hinaus erzielter Mehrerlös, soweit er nicht zu Abschreibungen oder zu Wohlfahrtszwecken verwendet wird;

2. was von den geleisteten Einzahlungen auf ausgefallene Aktien übrig bleibt, nachdem ein allfälliger Mindererlös aus den dafür ausgegebenen Aktien gedeckt worden ist;

3. 10 Prozent der Beträge, die nach Bezahlung einer Dividende von 5 Prozent als Gewinnanteil ausgerichtet werden.

[3] Die allgemeine Reserve darf, soweit sie die Hälfte des Aktienkapitals nicht übersteigt, nur zur Deckung von Verlusten oder für Massnahmen verwendet werden, die geeignet

---

1 Fassung gemäss Ziff. I des BG vom 4. Okt. 1991, in Kraft seit 1. Juli 1992 (AS 1992 733 786; BBl 1983 II 745).
2 Fassung gemäss Ziff. I 3 des BG vom 16. Dez. 2005, in Kraft per 1. Jan. 2008 (AS 2007 4791 4839; BBl 2002 3148, BBl 2004 3969).
3 Fassung gemäss Ziff. I des BG vom 4. Okt. 1991, in Kraft seit 1. Juli 1992 (AS 1992 733 786; BBl 1983 II 745).

sind, in Zeiten schlechten Geschäftsganges das Unternehmen durchzuhalten, der Arbeitslosigkeit entgegenzuwirken oder ihre Folgen zu mildern.

4 Die Bestimmungen in Absatz 2 Ziffer 3 und Absatz 3 gelten nicht für Gesellschaften, deren Zweck hauptsächlich in der Beteiligung an anderen Unternehmen besteht (Holdinggesellschaften).

5 Konzessionierte Transportanstalten sind, unter Vorbehalt abweichender Bestimmungen des öffentlichen Rechts, von der Pflicht zur Bildung der Reserve befreit.

6 ...[1]

Art. 671a[2]   2. Reserve für eigene Aktien

Die Reserve für eigene Aktien kann bei Veräusserung oder Vernichtung von Aktien im Umfang der Anschaffungswerte aufgehoben werden.

Art. 671b[3]   3. Aufwertungsreserve

Die Aufwertungsreserve kann nur durch Umwandlung in Aktienkapital sowie durch Wiederabschreibung oder Veräusserung der aufgewerteten Aktiven aufgelöst werden.

Art. 672[4]   II. Statutarische Reserven
1. Im Allgemeinen

1 Die Statuten können bestimmen, dass der Reserve höhere Beträge als 5 Prozent des Jahresgewinnes zuzuweisen sind und dass die Reserve mehr als die vom Gesetz vorgeschriebenen 20 Prozent des einbezahlten Aktienkapitals betragen muss.

2 Sie können die Anlage weiterer Reserven vorsehen und deren Zweckbestimmung und Verwendung festsetzen.

Art. 673[5]   2. Zu Wohlfahrtszwecken für Arbeitnehmer

Die Statuten können insbesondere auch Reserven zur Gründung und Unterstützung von Wohlfahrtseinrichtungen für Arbeitnehmer des Unternehmens vorsehen.

---

1   Aufgehoben durch Anhang Ziff. II 1 des Versicherungsaufsichtsgesetzes vom 17. Dez. 2004, mit Wirkung seit 1. Jan. 2006 (SR 961.01).
2   Eingefügt durch Ziff. I des BG vom 4. Okt. 1991, in Kraft seit 1. Juli 1992 (AS 1992 733 786; BBl 1983 II 745).
3   Eingefügt durch Ziff. I des BG vom 4. Okt. 1991, in Kraft seit 1. Juli 1992 (AS 1992 733 786; BBl 1983 II 745).
4   Fassung gemäss Ziff. I des BG vom 4. Okt. 1991, in Kraft seit 1. Juli 1992 (AS 1992 733 786; BBl 1983 II 745).
5   Fassung gemäss Ziff. I des BG vom 4. Okt. 1991, in Kraft seit 1. Juli 1992 (AS 1992 733 786; BBl 1983 II 745).

Art. 674[1]   III. Verhältnis des Gewinnanteils zu den Reserven

[1] Die Dividende darf erst festgesetzt werden, nachdem die dem Gesetz und den Statuten entsprechenden Zuweisungen an die gesetzlichen und statutarischen Reserven abgezogen worden sind.

[2] Die Generalversammlung kann die Bildung von Reserven beschliessen, die im Gesetz und in den Statuten nicht vorgesehen sind oder über deren Anforderungen hinausgehen, soweit

1.   dies zu Wiederbeschaffungszwecken notwendig ist;

2.   die Rücksicht auf das dauernde Gedeihen des Unternehmens oder auf die Ausrichtung einer möglichst gleichmässigen Dividende es unter Berücksichtigung der Interessen aller Aktionäre rechtfertigt.

[3] Ebenso kann die Generalversammlung zur Gründung und Unterstützung von Wohlfahrtseinrichtungen für Arbeitnehmer des Unternehmens und zu anderen Wohlfahrtszwecken aus dem Bilanzgewinn auch dann Reserven bilden, wenn sie in den Statuten nicht vorgesehen sind.

Art. 675   D. Dividenden, Bauzinse und Tantiemen
                I. Dividenden

[1] Zinse dürfen für das Aktienkapital nicht bezahlt werden.

[2] Dividenden dürfen nur aus dem Bilanzgewinn und aus hierfür gebildeten Reserven ausgerichtet werden.[2]

Art. 676   II. Bauzinse

[1] Für die Zeit, die Vorbereitung und Bau bis zum Anfang des vollen Betriebes des Unternehmens erfordern, kann den Aktionären ein Zins von bestimmter Höhe zu Lasten des Anlagekontos zugesichert werden. Die Statuten müssen in diesem Rahmen den Zeitpunkt bezeichnen, in dem die Entrichtung von Zinsen spätestens aufhört.

[2] Wird das Unternehmen durch die Ausgabe neuer Aktien erweitert, so kann im Beschlusse über die Kapitalerhöhung den neuen Aktien eine bestimmte Verzinsung zu Lasten des Anlagekontos bis zu einem genau anzugebenden Zeitpunkt, höchstens jedoch bis zur Aufnahme des Betriebes der neuen Anlage zugestanden werden.

OR 627 Ziff. 3.

---

1   Fassung gemäss Ziff. I des BG vom 4. Okt. 1991, in Kraft seit 1. Juli 1992 (AS 1992 733 786; BBl 1983 II 745).
2   Fassung gemäss Ziff. I des BG vom 4. Okt. 1991, in Kraft seit 1. Juli 1992 (AS 1992 733 786; BBl 1983 II 745).

Art. 677[1]   III. Tantiemen

Gewinnanteile an Mitglieder des Verwaltungsrates dürfen nur dem Bilanzgewinn entnommen werden und sind nur zulässig, nachdem die Zuweisung an die gesetzliche Reserve gemacht und eine Dividende von 5 Prozent oder von einem durch die Statuten festgesetzten höheren Ansatz an die Aktionäre ausgerichtet worden ist.

> Rechtsnatur: BGE 75 II 153; 82 II 149.

Art. 678[2]   E. Rückerstattung von Leistungen
               I. Im Allgemeinen

[1] Aktionäre und Mitglieder des Verwaltungsrates sowie diesen nahe stehende Personen, die ungerechtfertigt und in bösem Glauben Dividenden, Tantiemen, andere Gewinnanteile oder Bauzinse bezogen haben, sind zur Rückerstattung verpflichtet.

[2] Sie sind auch zur Rückerstattung anderer Leistungen der Gesellschaft verpflichtet, soweit diese in einem offensichtlichen Missverhältnis zur Gegenleistung und zur wirtschaftlichen Lage der Gesellschaft stehen.

[3] Der Anspruch auf Rückerstattung steht der Gesellschaft und dem Aktionär zu; dieser klagt auf Leistung an die Gesellschaft.

[4] Die Pflicht zur Rückerstattung verjährt fünf Jahre nach Empfang der Leistung.

Art. 679[3]   II. Tantiemen im Konkurs

[1] Im Konkurs der Gesellschaft müssen die Mitglieder des Verwaltungsrates alle Tantiemen, die sie in den letzten drei Jahren vor Konkurseröffnung erhalten haben, zurückerstatten, es sei denn, sie weisen nach, dass die Voraussetzungen zur Ausrichtung der Tantiemen nach Gesetz und Statuten erfüllt waren; dabei ist insbesondere nachzuweisen, dass die Ausrichtung aufgrund vorsichtiger Bilanzierung erfolgte.

[2] Die Zeit zwischen Konkursaufschub und Konkurseröffnung zählt bei der Berechnung der Frist nicht mit.

Art. 680   F. Leistungspflicht des Aktionärs
               I. Gegenstand

[1] Der Aktionär kann auch durch die Statuten nicht verpflichtet werden, mehr zu leisten als den für den Bezug einer Aktie bei ihrer Ausgabe festgesetzten Betrag.

[2] Ein Recht, den eingezahlten Betrag zurückzufordern, steht dem Aktionär nicht zu.

> Abs. 2: BGE 109 II 128.

---

1   Fassung gemäss Ziff. I des BG vom 4. Okt. 1991, in Kraft seit 1. Juli 1992 (AS 1992 733 786; BBl 1983 II 745).
2   Fassung gemäss Ziff. I des BG vom 4. Okt. 1991, in Kraft seit 1. Juli 1992 (AS 1992 733 786; BBl 1983 II 745).
3   Fassung gemäss Ziff. I des BG vom 4. Okt. 1991, in Kraft seit 1. Juli 1992 (AS 1992 733 786; BBl 1983 II 745).

Art. 681   II. Verzugsfolgen
1. Nach Gesetz und Statuten

[1] Ein Aktionär, der den Ausgabebetrag seiner Aktie nicht zur rechten Zeit einbezahlt, ist zur Zahlung von Verzugszinsen verpflichtet.

[2] Der Verwaltungsrat ist überdies befugt, den säumigen Aktionär seiner Rechte aus der Zeichnung der Aktien und seiner geleisteten Teilzahlungen verlustig zu erklären und an Stelle der ausgefallenen neue Aktien auszugeben. Wenn die ausgefallenen Titel bereits ausgegeben sind und nicht beigebracht werden können, so ist die Verlustigerklärung im Schweizerischen Handelsamtsblatt sowie in der von den Statuten vorgesehenen Form zu veröffentlichen.

[3] Die Statuten können einen Aktionär für den Fall der Säumnis auch zur Entrichtung einer Konventionalstrafe verpflichten.

Kaduzierung. OR 105, 160 ff., 671 Ziff. 2, 687.

Art. 682   2. Aufforderung zur Leistung

[1] Beabsichtigt der Verwaltungsrat, den säumigen Aktionär seiner Rechte aus der Zeichnung verlustig zu erklären oder von ihm die in den Statuten vorgesehene Konventionalstrafe zu fordern, so hat er im Schweizerischen Handelsamtsblatt sowie in der von den Statuten vorgesehenen Form mindestens dreimal eine Aufforderung zur Einzahlung zu erlassen, unter Ansetzung einer Nachfrist von mindestens einem Monat, von der letzten Veröffentlichung an gerechnet. Der Aktionär darf seiner Rechte aus der Zeichnung erst verlustig erklärt oder für die Konventionalstrafe belangt werden, wenn er auch innerhalb der Nachfrist die Einzahlung nicht leistet.

[2] Bei Namenaktien tritt an die Stelle der Veröffentlichungen eine Zahlungsaufforderung und Ansetzung der Nachfrist an die im Aktienbuch eingetragenen Aktionäre durch eingeschriebenen Brief. In diesem Falle läuft die Nachfrist vom Empfang der Zahlungsaufforderung an.

[3] Der säumige Aktionär haftet der Gesellschaft für den Betrag, der durch die Leistungen des neuen Aktionärs nicht gedeckt ist.

Abs. 1: BGE 113 II 275.

Art. 683   G. Ausgabe und Übertragung der Aktien
I. Inhaberaktien

[1] Auf den Inhaber lautende Aktien dürfen erst nach der Einzahlung des vollen Nennwertes ausgegeben werden.

[2] Vor der Volleinzahlung ausgegebene Aktien sind nichtig. Schadenersatzansprüche bleiben vorbehalten.

OR 622, 633, 687.

Art. 684[1]   II. Namenaktien

[1] Die Namenaktien sind, wenn nicht Gesetz oder Statuten es anders bestimmen, ohne Beschränkung übertragbar.

[2] Die Übertragung durch Rechtsgeschäft kann durch Übergabe des indossierten Aktientitels an den Erwerber erfolgen.

Art. 685[2]   H. Beschränkung der Übertragbarkeit
I. Gesetzliche Beschränkung

[1] Nicht voll liberierte Namenaktien dürfen nur mit Zustimmung der Gesellschaft übertragen werden, es sei denn, sie werden durch Erbgang, Erbteilung, eheliches Güterrecht oder Zwangsvollstreckung erworben.

[2] Die Gesellschaft kann die Zustimmung nur verweigern, wenn die Zahlungsfähigkeit des Erwerbers zweifelhaft ist und die von der Gesellschaft geforderte Sicherheit nicht geleistet wird.

Art. 685a[3]   II. Statutarische Beschränkung
1. Grundsätze

[1] Die Statuten können bestimmen, dass Namenaktien nur mit Zustimmung der Gesellschaft übertragen werden dürfen.

[2] Diese Beschränkung gilt auch für die Begründung einer Nutzniessung.

[3] Tritt die Gesellschaft in Liquidation, so fällt die Beschränkung der Übertragbarkeit dahin.

Vinkulierung.

---

1   Fassung gemäss Ziff. I des BG vom 4. Okt. 1991, in Kraft seit 1. Juli 1992 (AS 1992 733 786; BBl 1983 II 745).
2   Fassung gemäss Ziff. I des BG vom 4. Okt. 1991, in Kraft seit 1. Juli 1992 (AS 1992 733 786; BBl 1983 II 745).
3   Eingefügt durch Ziff. I des BG vom 4. Okt. 1991, in Kraft seit 1. Juli 1992 (AS 1992 733 786; BBl 1983 II 745).

Art. 685b[1]   2. Nicht börsenkotierte Namenaktien
            a. Voraussetzungen der Ablehnung

[1] Die Gesellschaft kann das Gesuch um Zustimmung ablehnen, wenn sie hierfür einen wichtigen, in den Statuten genannten Grund bekanntgibt oder wenn sie dem Veräusserer der Aktien anbietet, die Aktien für eigene Rechnung, für Rechnung anderer Aktionäre oder für Rechnung Dritter zum wirklichen Wert im Zeitpunkt des Gesuches zu übernehmen.

[2] Als wichtige Gründe gelten Bestimmungen über die Zusammensetzung des Aktionärskreises, die im Hinblick auf den Gesellschaftszweck oder die wirtschaftliche Selbständigkeit des Unternehmens die Verweigerung rechtfertigen.

[3] Die Gesellschaft kann überdies die Eintragung in das Aktienbuch verweigern, wenn der Erwerber nicht ausdrücklich erklärt, dass er die Aktien im eigenen Namen und auf eigene Rechnung erworben hat.

[4] Sind die Aktien durch Erbgang, Erbteilung, eheliches Güterrecht oder Zwangsvollstreckung erworben worden, so kann die Gesellschaft das Gesuch um Zustimmung nur ablehnen, wenn sie dem Erwerber die Übernahme der Aktien zum wirklichen Wert anbietet.

[5] Der Erwerber kann verlangen, dass der Richter am Sitz der Gesellschaft den wirklichen Wert bestimmt. Die Kosten der Bewertung trägt die Gesellschaft.

[6] Lehnt der Erwerber das Übernahmeangebot nicht innert eines Monates nach Kenntnis des wirklichen Wertes ab, so gilt es als angenommen.

[7] Die Statuten dürfen die Voraussetzungen der Übertragbarkeit nicht erschweren.

Art. 685c[2]   b. Wirkung

[1] Solange eine erforderliche Zustimmung zur Übertragung von Aktien nicht erteilt wird, verbleiben das Eigentum an den Aktien und alle damit verknüpften Rechte beim Veräusserer.

[2] Beim Erwerb von Aktien durch Erbgang, Erbteilung, eheliches Güterrecht oder Zwangsvollstreckung gehen das Eigentum und die Vermögensrechte sogleich, die Mitwirkungsrechte erst mit der Zustimmung der Gesellschaft auf den Erwerber über.

[3] Lehnt die Gesellschaft das Gesuch um Zustimmung innert dreier Monate nach Erhalt nicht oder zu Unrecht ab, so gilt die Zustimmung als erteilt.

---

1   Eingefügt durch Ziff. I des BG vom 4. Okt. 1991, in Kraft seit 1. Juli 1992 (AS 1992 733 786; BBl 1983 II 745).
2   Eingefügt durch Ziff. I des BG vom 4. Okt. 1991, in Kraft seit 1. Juli 1992 (AS 1992 733 786; BBl 1983 II 745).

Art. 685d[1]   3. Börsenkotierte Namenaktien
             a. Voraussetzungen der Ablehnung

[1] Bei börsenkotierten Namenaktien kann die Gesellschaft einen Erwerber als Aktionär nur ablehnen, wenn die Statuten eine prozentmässige Begrenzung der Namenaktien vorsehen, für die ein Erwerber als Aktionär anerkannt werden muss, und diese Begrenzung überschritten wird.

[2] Die Gesellschaft kann überdies die Eintragung in das Aktienbuch verweigern, wenn der Erwerber auf ihr Verlangen nicht ausdrücklich erklärt, dass er die Aktien im eigenen Namen und auf eigene Rechnung erworben hat.

[3] Sind börsenkotierte[2] Namenaktien durch Erbgang, Erbteilung oder eheliches Güterrecht erworben worden, kann der Erwerber nicht abgelehnt werden.

Art. 685e[3]   b. Meldepflicht

Werden börsenkotierte Namenaktien börsenmässig verkauft, so meldet die Veräussererbank den Namen des Veräusserers und die Anzahl der verkauften Aktien unverzüglich der Gesellschaft.

Art. 685f[4]   c. Rechtsübergang

[1] Werden börsenkotierte Namenaktien börsenmässig erworben, so gehen die Rechte mit der Übertragung auf den Erwerber über. Werden börsenkotierte Namenaktien ausserbörslich erworben, so gehen die Rechte auf den Erwerber über, sobald dieser bei der Gesellschaft ein Gesuch um Anerkennung als Aktionär eingereicht hat.

[2] Bis zur Anerkennung des Erwerbers durch die Gesellschaft kann dieser weder das mit den Aktien verknüpfte Stimmrecht noch andere mit dem Stimmrecht zusammenhängende Rechte ausüben. In der Ausübung aller übrigen Aktionärsrechte, insbesondere auch des Bezugsrechts, ist der Erwerber nicht eingeschränkt.

[3] Noch nicht von der Gesellschaft anerkannte Erwerber sind nach dem Rechtsübergang als Aktionär ohne Stimmrecht ins Aktienbuch einzutragen. Die entsprechenden Aktien gelten in der Generalversammlung als nicht vertreten.

[4] Ist die Ablehnung widerrechtlich, so hat die Gesellschaft das Stimmrecht und die damit zusammenhängenden Rechte vom Zeitpunkt des richterlichen Urteils an anzuerkennen und dem Erwerber Schadenersatz zu leisten, sofern sie nicht beweist, dass ihr kein Verschulden zur Last fällt.

     Abs. 2: Sog. Dispo-Aktien.

---

1   Eingefügt durch Ziff. I des BG vom 4. Okt. 1991, in Kraft seit 1. Juli 1992 (AS 1992 733 786; BBl 1983 II 745).
2   Berichtigt von der Redaktionskommission der BVers [Art. 33 GVG – AS 1974 1051].
3   Eingefügt durch Ziff. I des BG vom 4. Okt. 1991, in Kraft seit 1. Juli 1992 (AS 1992 733 786; BBl 1983 II 745).
4   Eingefügt durch Ziff. I des BG vom 4. Okt. 1991, in Kraft seit 1. Juli 1992 (AS 1992 733 786; BBl 1983 II 745).

Art. 685g[1] d. Ablehnungsfrist

Lehnt die Gesellschaft das Gesuch des Erwerbers um Anerkennung innert 20 Tagen nicht ab, so ist dieser als Aktionär anerkannt.

Art. 686[2] 4. Aktienbuch
a. Eintragung

[1] Die Gesellschaft führt über die Namenaktien ein Aktienbuch, in welches die Eigentümer und Nutzniesser mit Namen und Adresse eingetragen werden.

[2] Die Eintragung in das Aktienbuch setzt einen Ausweis über den Erwerb der Aktie zu Eigentum oder die Begründung einer Nutzniessung voraus.

[3] Die Gesellschaft muss die Eintragung auf dem Aktientitel bescheinigen.

[4] Im Verhältnis zur Gesellschaft gilt als Aktionär oder als Nutzniesser, wer im Aktienbuch eingetragen ist.

Art. 686a[3] b. Streichung

Die Gesellschaft kann nach Anhörung des Betroffenen Eintragungen im Aktienbuch streichen, wenn diese durch falsche Angaben des Erwerbers zustande gekommen sind. Dieser muss über die Streichung sofort informiert werden.

Art. 687 5. Nicht voll einbezahlte Namenaktien[4]

[1] Der Erwerber einer nicht voll einbezahlten Namenaktie ist der Gesellschaft gegenüber zur Einzahlung verpflichtet, sobald er im Aktienbuch eingetragen ist.

[2] Veräussert der Zeichner die Aktie, so kann er für den nicht einbezahlten Betrag belangt werden, wenn die Gesellschaft binnen zwei Jahren seit ihrer Eintragung in das Handelsregister in Konkurs gerät und sein Rechtsnachfolger seines Rechtes aus der Aktie verlustig erklärt worden ist.

[3] Der Veräusserer, der nicht Zeichner ist, wird durch die Eintragung des Erwerbers der Aktie im Aktienbuch von der Einzahlungspflicht befreit.

[4] Solange Namenaktien nicht voll einbezahlt sind, ist auf jedem Titel der auf den Nennwert einbezahlte Betrag anzugeben.

OR 681.

---

1 Eingefügt durch Ziff. I des BG vom 4. Okt. 1991, in Kraft seit 1. Juli 1992 (AS 1992 733 786; BBl 1983 II 745).
2 Fassung gemäss Ziff. I des BG vom 4. Okt. 1991, in Kraft seit 1. Juli 1992 (AS 1992 733 786; BBl 1983 II 745).
3 Eingefügt durch Ziff. I des BG vom 4. Okt. 1991, in Kraft seit 1. Juli 1992 (AS 1992 733 786; BBl 1983 II 745).
4 Fassung gemäss Ziff. I des BG vom 4. Okt. 1991, in Kraft seit 1. Juli 1992 (AS 1992 733 786; BBl 1983 II 745).

Art. 688   III. Interimsscheine

[1] Auf den Inhaber lautende Interimsscheine dürfen nur für Inhaberaktien ausgegeben werden, deren Nennwert voll einbezahlt ist. Vor der Volleinzahlung ausgegebene, auf den Inhaber lautende Interimsscheine sind nichtig. Schadenersatzansprüche bleiben vorbehalten.

[2] Werden für Inhaberaktien auf den Namen lautende Interimsscheine ausgestellt, so können sie nur nach den für die Abtretung von Forderungen geltenden Bestimmungen übertragen werden, jedoch ist die Übertragung der Gesellschaft gegenüber erst wirksam, wenn sie ihr angezeigt wird.

[3] Interimsscheine für Namenaktien müssen auf den Namen lauten. Die Übertragung solcher Interimsscheine richtet sich nach den für die Übertragung von Namenaktien geltenden Vorschriften.

    Abs. 3: OR 684. Zertifikate: BGE 86 II 98.

Art. 689[1]   J. Persönliche Mitgliedschaftsrechte
                I. Teilnahme an der Generalversammlung
                1. Grundsatz

[1] Der Aktionär übt seine Rechte in den Angelegenheiten der Gesellschaft, wie Bestellung der Organe, Abnahme des Geschäftsberichtes und Beschlussfassung über die Gewinnverwendung, in der Generalversammlung aus.

[2] Er kann seine Aktien in der Generalversammlung selbst vertreten oder durch einen Dritten vertreten lassen, der unter Vorbehalt abweichender statutarischer Bestimmungen nicht Aktionär zu sein braucht.

Art. 689a[2]   2. Berechtigung gegenüber der Gesellschaft

[1] Die Mitgliedschaftsrechte aus Namenaktien kann ausüben, wer durch den Eintrag im Aktienbuch ausgewiesen oder vom Aktionär dazu schriftlich bevollmächtigt ist.

[2] Die Mitgliedschaftsrechte aus Inhaberaktien kann ausüben, wer sich als Besitzer ausweist, indem er die Aktien vorlegt. Der Verwaltungsrat kann eine andere Art des Besitzesausweises anordnen.

---

1   Fassung gemäss Ziff. I des BG vom 4. Okt. 1991, in Kraft seit 1. Juli 1992 (AS 1992 733 786; BBl 1983 II 745).
2   Eingefügt durch Ziff. I des BG vom 4. Okt. 1991, in Kraft seit 1. Juli 1992 (AS 1992 733 786; BBl 1983 II 745).

Art. 689b[1] 3. Vertretung des Aktionärs
a. Im Allgemeinen

[1] Wer Mitwirkungsrechte als Vertreter ausübt, muss die Weisungen des Vertretenen befolgen.

[2] Wer eine Inhaberaktie aufgrund einer Verpfändung, Hinterlegung oder leihweisen Überlassung besitzt, darf die Mitgliedschaftsrechte nur ausüben, wenn er vom Aktionär hierzu in einem besonderen Schriftstück bevollmächtigt wurde.

Art. 689c[2] b. Organvertreter

Schlägt die Gesellschaft den Aktionären ein Mitglied ihrer Organe oder eine andere abhängige Person für die Stimmrechtsvertretung an einer Generalversammlung vor, so muss sie zugleich eine unabhängige Person bezeichnen, die von den Aktionären mit der Vertretung beauftragt werden kann.

Art. 689d[3] c. Depotvertreter

[1] Wer als Depotvertreter Mitwirkungsrechte aus Aktien, die bei ihm hinterlegt sind, ausüben will, ersucht den Hinterleger vor jeder Generalversammlung um Weisungen für die Stimmabgabe.

[2] Sind Weisungen des Hinterlegers nicht rechtzeitig erhältlich, so übt der Depotvertreter das Stimmrecht nach einer allgemeinen Weisung des Hinterlegers aus; fehlt eine solche, so folgt er den Anträgen des Verwaltungsrates.

[3] Als Depotvertreter gelten die dem Bankengesetz vom 8. November 1934[4] unterstellten Institute sowie gewerbsmässige Vermögensverwalter.

Art. 689e[5] d. Bekanntgabe

[1] Organe, unabhängige Stimmrechtsvertreter und Depotvertreter geben der Gesellschaft Anzahl, Art, Nennwert und Kategorie der von ihnen vertretenen Aktien bekannt. Unterbleiben diese Angaben, so sind die Beschlüsse der Generalversammlung unter den gleichen Voraussetzungen anfechtbar wie bei unbefugter Teilnahme an der Generalversammlung.

[2] Der Vorsitzende teilt die Angaben gesamthaft für jede Vertretungsart der Generalversammlung mit. Unterlässt er dies, obschon ein Aktionär es verlangt hat, so kann jeder Aktionär die Beschlüsse der Generalversammlung mit Klage gegen die Gesellschaft anfechten.

---

1   Eingefügt durch Ziff. I des BG vom 4. Okt. 1991, in Kraft seit 1. Juli 1992 (AS 1992 733 786; BBl 1983 II 745).
2   Eingefügt durch Ziff. I des BG vom 4. Okt. 1991, in Kraft seit 1. Juli 1992 (AS 1992 733 786; BBl 1983 II 745).
3   Eingefügt durch Ziff. I des BG vom 4. Okt. 1991, in Kraft seit 1. Juli 1992 (AS 1992 733 786; BBl 1983 II 745).
4   SR 952.0
5   Eingefügt durch Ziff. I des BG vom 4. Okt. 1991, in Kraft seit 1. Juli 1992 (AS 1992 733 786; BBl 1983 II 745).

Art. 690   4. Mehrere Berechtigte[1]

[1] Steht eine Aktie in gemeinschaftlichem Eigentum, so können die Berechtigten die Rechte aus der Aktie nur durch einen gemeinsamen Vertreter ausüben.

[2] Im Falle der Nutzniessung an einer Aktie wird diese durch den Nutzniesser vertreten; er wird dem Eigentümer ersatzpflichtig, wenn er dabei dessen Interessen nicht in billiger Weise Rücksicht trägt.

> Abs. 2: BGE 46 II 475. Pfandrecht: ZGB 905.

Art. 691   II. Unbefugte Teilnahme

[1] Die Überlassung von Aktien zum Zwecke der Ausübung des Stimmrechts in der Generalversammlung ist unstatthaft, wenn damit die Umgehung einer Stimmrechtsbeschränkung beabsichtigt ist.

[2] Jeder Aktionär ist befugt, gegen die Teilnahme unberechtigter Personen beim Verwaltungsrat oder zu Protokoll der Generalversammlung Einspruch zu erheben.

[3] Wirken Personen, die zur Teilnahme an der Generalversammlung nicht befugt sind, bei einem Beschlusse mit, so kann jeder Aktionär, auch wenn er nicht Einspruch erhoben hat, diesen Beschluss anfechten, sofern die beklagte Gesellschaft nicht nachweist, dass diese Mitwirkung keinen Einfluss auf die Beschlussfassung ausgeübt hatte.

> Umgehung, Strohmänner. BGE 59 II 442; 71 II 278; 81 II 540.
> Abs. 3: BGE 122 III 279.

Art. 692   III. Stimmrecht in der Generalversammlung
            1. Grundsatz

[1] Die Aktionäre üben ihr Stimmrecht in der Generalversammlung nach Verhältnis des gesamten Nennwerts der ihnen gehörenden Aktien aus.

[2] Jeder Aktionär hat, auch wenn er nur eine Aktie besitzt, zum mindesten eine Stimme. Doch können die Statuten die Stimmenzahl der Besitzer mehrerer Aktien beschränken.

[3] Bei der Herabsetzung des Nennwerts der Aktien im Fall einer Sanierung der Gesellschaft kann das Stimmrecht dem ursprünglichen Nennwert entsprechend beibehalten werden.

> BGE 53 II 47; 59 II 51; 83 II 64; 109 II 43 (Aktionärbindungsvertrag).

---

1   Fassung gemäss Ziff. I des BG vom 4. Okt. 1991, in Kraft seit 1. Juli 1992 (AS 1992 733 786; BBl 1983 II 745).

Art. 693   2. Stimmrechtsaktien

[1] Die Statuten können das Stimmrecht unabhängig vom Nennwert nach der Zahl der jedem Aktionär gehörenden Aktien festsetzen, so dass auf jede Aktie eine Stimme entfällt.

[2] In diesem Falle können Aktien, die einen kleineren Nennwert als andere Aktien der Gesellschaft haben, nur als Namenaktien ausgegeben werden und müssen voll liberiert sein. Der Nennwert der übrigen Aktien darf das Zehnfache des Nennwertes der Stimmrechtsaktien nicht übersteigen.[1]

[3] Die Bemessung des Stimmrechts nach der Zahl der Aktien ist nicht anwendbar für:

1. die Wahl der Revisionsstelle;
2. die Ernennung von Sachverständigen zur Prüfung der Geschäftsführung oder einzelner Teile;
3. die Beschlussfassung über die Einleitung einer Sonderprüfung;
4. die Beschlussfassung über die Anhebung einer Verantwortlichkeitsklage.[2]

   Abs. 3 Ziff. 4: BGE 132 III 707.

Art. 694   3. Entstehung des Stimmrechts

Das Stimmrecht entsteht, sobald auf die Aktie der gesetzlich oder statutarisch festgesetzte Betrag einbezahlt ist.

Art. 695   4. Ausschliessung vom Stimmrecht

[1] Bei Beschlüssen über die Entlastung des Verwaltungsrates haben Personen, die in irgendeiner Weise an der Geschäftsführung teilgenommen haben, kein Stimmrecht.

[2] ...[3]

   Abs. 1: BGE 118 II 496; 128 III 142.

Art. 696[4]   IV. Kontrollrechte der Aktionäre
1. Bekanntgabe des Geschäftsberichtes

[1] Spätestens 20 Tage vor der ordentlichen Generalversammlung sind der Geschäftsbericht und der Revisionsbericht den Aktionären am Gesellschaftssitz zur Einsicht aufzulegen. Jeder Aktionär kann verlangen, dass ihm unverzüglich eine Ausfertigung dieser Unterlagen zugestellt wird.

---

1   Fassung gemäss Ziff. I des BG vom 4. Okt. 1991, in Kraft seit 1. Juli 1992 (AS 1992 733 786; BBl 1983 II 745).
2   Fassung gemäss Ziff. I des BG vom 4. Okt. 1991, in Kraft seit 1. Juli 1992 (AS 1992 733 786; BBl 1983 II 745).
3   Aufgehoben durch Ziff. I 3 des BG vom 16. Dez. 2005, in Kraft per 1. Jan. 2008 (AS 2007 4791 4839; BBl 2002 3148, BBl 2004 3969).
4   Fassung gemäss Ziff. I des BG vom 4. Okt. 1991, in Kraft seit 1. Juli 1992 (AS 1992 733 786; BBl 1983 II 745).

[2] Namenaktionäre sind hierüber durch schriftliche Mitteilung zu unterrichten, Inhaberaktionäre durch Bekanntgabe im Schweizerischen Handelsamtsblatt sowie in der von den Statuten vorgeschriebenen Form.

[3] Jeder Aktionär kann noch während eines Jahres nach der Generalversammlung von der Gesellschaft den Geschäftsbericht in der von der Generalversammlung genehmigten Form sowie den Revisionsbericht verlangen.

Art. 697[1]   2. Auskunft und Einsicht

[1] Jeder Aktionär ist berechtigt, an der Generalversammlung vom Verwaltungsrat Auskunft über die Angelegenheiten der Gesellschaft und von der Revisionsstelle über Durchführung und Ergebnis ihrer Prüfung zu verlangen.

[2] Die Auskunft ist insoweit zu erteilen, als sie für die Ausübung der Aktionärsrechte erforderlich ist. Sie kann verweigert werden, wenn durch sie Geschäftsgeheimnisse oder andere schutzwürdige Interessen der Gesellschaft gefährdet werden.

[3] Die Geschäftsbücher und Korrespondenzen können nur mit ausdrücklicher Ermächtigung der Generalversammlung oder durch Beschluss des Verwaltungsrates und unter Wahrung der Geschäftsgeheimnisse eingesehen werden.

[4] Wird die Auskunft oder die Einsicht ungerechtfertigterweise verweigert, so ordnet sie der Richter am Sitz der Gesellschaft auf Antrag an.

BGE 132 III 71.

Art. 697a[2]   V. Recht auf Einleitung einer Sonderprüfung
             1. Mit Genehmigung der Generalversammlung

[1] Jeder Aktionär kann der Generalversammlung beantragen, bestimmte Sachverhalte durch eine Sonderprüfung abklären zu lassen, sofern dies zur Ausübung der Aktionärsrechte erforderlich ist und er das Recht auf Auskunft oder das Recht auf Einsicht bereits ausgeübt hat.

[2] Entspricht die Generalversammlung dem Antrag, so kann die Gesellschaft oder jeder Aktionär innert 30 Tagen den Richter um Einsetzung eines Sonderprüfers ersuchen.

Abs. 1: BGE 123 III 261; 133 III 133.

Art. 697b[3]   2. Bei Ablehnung durch die Generalversammlung

[1] Entspricht die Generalversammlung dem Antrag nicht, so können Aktionäre, die zusammen mindestens 10 Prozent des Aktienkapitals oder Aktien im Nennwert von 2

---

1   Fassung gemäss Ziff. I des BG vom 4. Okt. 1991, in Kraft seit 1. Juli 1992 (AS 1992 733 786; BBl 1983 II 745).
2   Eingefügt durch Ziff. I des BG vom 4. Okt. 1991, in Kraft seit 1. Juli 1992 (AS 1992 733 786; BBl 1983 II 745).
3   Eingefügt durch Ziff. I des BG vom 4. Okt. 1991, in Kraft seit 1. Juli 1992 (AS 1992 733 786; BBl 1983 II 745).

Millionen Franken vertreten, innert dreier Monate den Richter ersuchen, einen Sonderprüfer einzusetzen.

² Die Gesuchsteller haben Anspruch auf Einsetzung eines Sonderprüfers, wenn sie glaubhaft machen, dass Gründer oder Organe Gesetz oder Statuten verletzt und damit die Gesellschaft oder die Aktionäre geschädigt haben.

BGE 120 II 393; 133 III 180.

Art. 697c¹ 3. Einsetzung

¹ Der Richter entscheidet nach Anhörung der Gesellschaft und des seinerzeitigen Antragstellers.

² Entspricht der Richter dem Gesuch, so beauftragt er einen unabhängigen Sachverständigen mit der Durchführung der Prüfung. Er umschreibt im Rahmen des Gesuches den Prüfungsgegenstand.

³ Der Richter kann die Sonderprüfung auch mehreren Sachverständigen gemeinsam übertragen.

Art. 697d² 4. Tätigkeit

¹ Die Sonderprüfung ist innert nützlicher Frist und ohne unnötige Störung des Geschäftsganges durchzuführen.

² Gründer, Organe, Beauftragte, Arbeitnehmer, Sachwalter und Liquidatoren müssen dem Sonderprüfer Auskunft über erhebliche Tatsachen erteilen. Im Streitfall entscheidet der Richter.

³ Der Sonderprüfer hört die Gesellschaft zu den Ergebnissen der Sonderprüfung an.

⁴ Er ist zur Verschwiegenheit verpflichtet.

Art. 697e³ 5. Bericht

¹ Der Sonderprüfer berichtet einlässlich über das Ergebnis seiner Prüfung, wahrt aber das Geschäftsgeheimnis. Er legt seinen Bericht dem Richter vor.

² Der Richter stellt den Bericht der Gesellschaft zu und entscheidet auf ihr Begehren, ob Stellen des Berichtes das Geschäftsgeheimnis oder andere schutzwürdige Interessen der Gesellschaft verletzen und deshalb den Gesuchstellern nicht vorgelegt werden sollen.

³ Er gibt der Gesellschaft und den Gesuchstellern Gelegenheit, zum bereinigten Bericht Stellung zu nehmen und Ergänzungsfragen zu stellen.

---

1 Eingefügt durch Ziff. I des BG vom 4. Okt. 1991, in Kraft seit 1. Juli 1992 (AS 1992 733 786; BBl 1983 II 745).
2 Eingefügt durch Ziff. I des BG vom 4. Okt. 1991, in Kraft seit 1. Juli 1992 (AS 1992 733 786; BBl 1983 II 745).
3 Eingefügt durch Ziff. I des BG vom 4. Okt. 1991, in Kraft seit 1. Juli 1992 (AS 1992 733 786; BBl 1983 II 745).

Art. 697f[1]   6. Behandlung und Bekanntgabe

[1] Der Verwaltungsrat unterbreitet der nächsten Generalversammlung den Bericht und die Stellungnahmen dazu.

[2] Jeder Aktionär kann während eines Jahres nach der Generalversammlung von der Gesellschaft eine Ausfertigung des Berichtes und der Stellungnahmen verlangen.

Art. 697g[2]   7. Kostentragung

[1] Entspricht der Richter dem Gesuch um Einsetzung eines Sonderprüfers, so überbindet er den Vorschuss und die Kosten der Gesellschaft. Wenn besondere Umstände es rechtfertigen, kann er die Kosten ganz oder teilweise den Gesuchstellern auferlegen.

[2] Hat die Generalversammlung der Sonderprüfung zugestimmt, so trägt die Gesellschaft die Kosten.

Art. 697h[3]   K. Offenlegung von Jahresrechnung und Konzernrechnung

[1] Jahresrechnung und Konzernrechnung sind nach der Abnahme durch die Generalversammlung mit den Revisionsberichten entweder im Schweizerischen Handelsamtsblatt zu veröffentlichen oder jeder Person, die es innerhalb eines Jahres seit Abnahme verlangt, auf deren Kosten in einer Ausfertigung zuzustellen, wenn

1.   die Gesellschaft Anleihensobligationen ausstehend hat;
2.   die Aktien der Gesellschaft an einer Börse kotiert sind.

[2] Die übrigen Aktiengesellschaften müssen den Gläubigern, die ein schutzwürdiges Interesse nachweisen, Einsicht in die Jahresrechnung, die Konzernrechnung und die Revisionsberichte gewähren. Im Streitfall entscheidet der Richter.

Dritter Abschnitt: Organisation der Aktiengesellschaft

Art. 698   A. Die Generalversammlung
            I. Befugnisse

[1] Oberstes Organ der Aktiengesellschaft ist die Generalversammlung der Aktionäre.

[2] Ihr stehen folgende unübertragbare Befugnisse zu:

1.   die Festsetzung und Änderung der Statuten;
2.   die Wahl der Mitglieder des Verwaltungsrates und der Revisionsstelle;
3.   die Genehmigung des Jahresberichtes und der Konzernrechnung;

---

1   Eingefügt durch Ziff. I des BG vom 4. Okt. 1991, in Kraft seit 1. Juli 1992 (AS 1992 733 786; BBl 1983 II 745).
2   Eingefügt durch Ziff. I des BG vom 4. Okt. 1991, in Kraft seit 1. Juli 1992 (AS 1992 733 786; BBl 1983 II 745).
3   Eingefügt durch Ziff. I des BG vom 4. Okt. 1991, in Kraft seit 1. Juli 1992 (AS 1992 733 786; BBl 1983 II 745).

4. die Genehmigung der Jahresrechnung sowie die Beschlussfassung über die Verwendung des Bilanzgewinnes, insbesondere die Festsetzung der Dividende und der Tantieme;

5. die Entlastung der Mitglieder des Verwaltungsrates;

6. die Beschlussfassung über die Gegenstände, die der Generalversammlung durch das Gesetz oder die Statuten vorbehalten sind.[1]

Art. 699   II. Einberufung und Traktandierung
               1. Recht und Pflicht[2]

[1] Die Generalversammlung wird durch den Verwaltungsrat, nötigenfalls durch die Revisionsstelle einberufen. Das Einberufungsrecht steht auch den Liquidatoren und den Vertretern der Anleihensgläubiger zu.

[2] Die ordentliche Versammlung findet alljährlich innerhalb sechs Monaten nach Schluss des Geschäftsjahres statt, ausserordentliche Versammlungen werden je nach Bedürfnis einberufen.

[3] Die Einberufung einer Generalversammlung kann auch von einem oder mehreren Aktionären, die zusammen mindestens 10 Prozent des Aktienkapitals vertreten, verlangt werden. Aktionäre, die Aktien im Nennwerte von 1 Million Franken vertreten, können die Traktandierung eines Verhandlungsgegenstandes verlangen. Einberufung und Traktandierung werden schriftlich unter Angabe des Verhandlungsgegenstandes und der Anträge anbegehrt.[3]

[4] Entspricht der Verwaltungsrat diesem Begehren nicht binnen angemessener Frist, so hat der Richter auf Antrag der Gesuchsteller die Einberufung anzuordnen.

>   Abs. 4: BGE 132 III 555.
>   Es bestehen Pläne, die Generalversammlung auch via Internet durchführen zu lassen.

Art. 700[4]   2. Form

[1] Die Generalversammlung ist spätestens 20 Tage vor dem Versammlungstag in der durch die Statuten vorgeschriebenen Form einzuberufen.

[2] In der Einberufung sind die Verhandlungsgegenstände sowie die Anträge des Verwaltungsrates und der Aktionäre bekanntzugeben, welche die Durchführung einer Generalversammlung oder die Traktandierung eines Verhandlungsgegenstandes verlangt haben.

[3] Über Anträge zu nicht gehörig angekündigten Verhandlungsgegenständen können keine Beschlüsse gefasst werden; ausgenommen sind Anträge auf Einberufung einer

---

1   Fassung gemäss Ziff. I des BG vom 4. Okt. 1991, in Kraft seit 1. Juli 1992 (AS 1992 733 786; BBl 1983 II 745).
2   Fassung gemäss Ziff. I des BG vom 4. Okt. 1991, in Kraft seit 1. Juli 1992 (AS 1992 733 786; BBl 1983 II 745).
3   Fassung gemäss Ziff. I des BG vom 4. Okt. 1991, in Kraft seit 1. Juli 1992 (AS 1992 733 786; BBl 1983 II 745).
4   Fassung gemäss Ziff. I des BG vom 4. Okt. 1991, in Kraft seit 1. Juli 1992 (AS 1992 733 786; BBl 1983 II 745).

ausserordentlichen Generalversammlung, auf Durchführung einer Sonderprüfung und auf Wahl einer Revisionsstelle infolge eines Begehrens eines Aktionärs.[1]

[4] Zur Stellung von Anträgen im Rahmen der Verhandlungsgegenstände und zu Verhandlungen ohne Beschlussfassung bedarf es keiner vorgängigen Ankündigung.

Art. 701   3. Universalversammlung

[1] Die Eigentümer oder Vertreter sämtlicher Aktien können, falls kein Widerspruch erhoben wird, eine Generalversammlung ohne Einhaltung der für die Einberufung vorgeschriebenen Formvorschriften abhalten.

[2] In dieser Versammlung kann über alle in den Geschäftskreis der Generalversammlung fallenden Gegenstände gültig verhandelt und Beschluss gefasst werden, solange die Eigentümer oder Vertreter sämtlicher Aktien anwesend sind.

Art. 702[2]   III. Vorbereitende Massnahmen; Protokoll

[1] Der Verwaltungsrat trifft die für die Feststellung der Stimmrechte erforderlichen Anordnungen.

[2] Er sorgt für die Führung des Protokolls. Dieses hält fest:

1.   Anzahl, Art, Nennwert und Kategorie der Aktien, die von den Aktionären, von den Organen, von unabhängigen Stimmrechtsvertretern und von Depotvertretern vertreten werden;

2.   die Beschlüsse und die Wahlergebnisse;

3.   die Begehren um Auskunft und die darauf erteilten Antworten;

4.   die von den Aktionären zu Protokoll gegebenen Erklärungen.

[3] Die Aktionäre sind berechtigt, das Protokoll einzusehen.

Art. 702a[3]   IV. Teilnahme der Mitglieder des Verwaltungsrates

Die Mitglieder des Verwaltungsrates sind berechtigt, an der Generalversammlung teilzunehmen. Sie können Anträge stellen.

---

1   Fassung gemäss Ziff. I 3 des BG vom 16. Dez. 2005, in Kraft per 1. Jan. 2008 (AS 2007 4791 4839; BBl 2002 3148, BBl 2004 3969).

2   Fassung gemäss Ziff. I des BG vom 4. Okt. 1991. in Kraft seit 1. Juli 1992 (AS 1992 733 786; BBl 1983 II 745).

3   Eingefügt durch Ziff. I 3 des BG vom 16. Dez. 2005, in Kraft per 1. Jan. 2008 (AS 2007 4791 4839; BBl 2002 3148, BBl 2004 3969).

Art. 703   V. Beschlussfassung und Wahlen
1. Im Allgemeinen[1]

Die Generalversammlung fasst ihre Beschlüsse und vollzieht ihre Wahlen, soweit das Gesetz oder die Statuten es nicht anders bestimmen, mit der absoluten Mehrheit der vertretenen Aktienstimmen.

Art. 704[2]   2. Wichtige Beschlüsse

[1] Ein Beschluss der Generalversammlung, der mindestens zwei Drittel der vertretenen Stimmen und die absolute Mehrheit der vertretenen Aktiennennwerte auf sich vereinigt, ist erforderlich für:

1.   die Änderung des Gesellschaftszweckes;
2.   die Einführung von Stimmrechtsaktien;
3.   die Beschränkung der Übertragbarkeit von Namenaktien;
4.   eine genehmigte oder eine bedingte Kapitalerhöhung;
5.   die Kapitalerhöhung aus Eigenkapital, gegen Sacheinlage oder zwecks Sachübernahme und die Gewährung von besonderen Vorteilen;
6.   die Einschränkung oder Aufhebung des Bezugsrechtes;
7.   die Verlegung des Sitzes der Gesellschaft;
8.   die Auflösung der Gesellschaft.[3]

[2] Statutenbestimmungen, die für die Fassung bestimmter Beschlüsse grössere Mehrheiten als die vom Gesetz vorgeschriebenen festlegen, können nur mit dem vorgesehenen Mehr eingeführt werden.

[3] Namenaktionäre, die einem Beschluss über die Zweckänderung oder die Einführung von Stimmrechtsaktien nicht zugestimmt haben, sind während sechs Monaten nach dessen Veröffentlichung im Schweizerischen Handelsamtsblatt an statutarische Beschränkungen der Übertragbarkeit der Aktien nicht gebunden.

Abs. 1 Ziff. 6: BGE 121 III 219.

---

1   Fassung gemäss Ziff. I 3 des BG vom 16. Dez. 2005, in Kraft per 1. Jan. 2008 (AS 2007 4791 4839; BBl 2002 3148, BBl 2004 3969).
2   Fassung gemäss Ziff. I des BG vom 4. Okt. 1991. in Kraft seit 1. Juli 1992 (AS 1992 733 786; BBl 1983 II 745).
3   Eingefügt durch Ziff. I 3 des BG vom 16. Dez. 2005, in Kraft per 1. Jan. 2008 (AS 2007 4791 4839; BBl 2002 3148, BBl 2004 3969).

Art. 705   VI. Abberufung des Verwaltungsrates und der Revisionsstelle[1]

[1] Die Generalversammlung ist berechtigt, die Mitglieder des Verwaltungsrates und der Revisionsstelle sowie allfällige von ihr gewählte Bevollmächtigte und Beauftragte abzuberufen.

[2] Entschädigungsansprüche der Abberufenen bleiben vorbehalten.

OR 726 Abs. 2. 740 Abs. 4. Jederzeit: BGE 80 II 121. Quorum: BGE 117 II 291.

Art. 706   VII. Anfechtung von Generalversammlungsbeschlüssen
1. Legitimation und Gründe[2]

[1] Der Verwaltungsrat und jeder Aktionär können Beschlüsse der Generalversammlung, die gegen das Gesetz oder die Statuten verstossen, beim Richter mit Klage gegen die Gesellschaft anfechten.

[2] Anfechtbar sind insbesondere Beschlüsse, die

1. unter Verletzung von Gesetz oder Statuten Rechte von Aktionären entziehen oder beschränken;

2. in unsachlicher Weise Rechte von Aktionären entziehen oder beschränken;

3. eine durch den Gesellschaftszweck nicht gerechtfertigte Ungleichbehandlung oder Benachteiligung der Aktionäre bewirken;

4. die Gewinnstrebigkeit der Gesellschaft ohne Zustimmung sämtlicher Aktionäre aufheben.[3]

3–4 ...[4]

[5] Das Urteil, das einen Beschluss der Generalversammlung aufhebt, wirkt für und gegen alle Aktionäre.

Anfechtung, Natur: BGE 64 II 152; 74 II 41. Nichtigkeit: BGE 71 I 387; 80 II 275. Gleichbehandlung: BGE 69 II 248; 102 II 265. Sanierung: BGE 121 III 420.

Art. 706a[5]   2. Verfahren

[1] Das Anfechtungsrecht erlischt, wenn die Klage nicht spätestens zwei Monate nach der Generalversammlung angehoben wird.

[2] Ist der Verwaltungsrat Kläger, so bestellt der Richter einen Vertreter für die Gesellschaft.

---

1   Fassung gemäss Ziff. I 3 des BG vom 16. Dez. 2005, in Kraft per 1. Jan. 2008 (AS 2007 4791 4839; BBl 2002 3148, BBl 2004 3969).

2   v

3   Fassung gemäss Ziff. I des BG vom 4. Okt. 1991, in Kraft seit 1. Juli 1992 (AS 1992 733 786; BBl 1983 II 745).

4   Aufgehoben durch Ziff. I des BG vom 4. Okt. 1991 (AS 1992 733; BBl 1983 II 745).

5   Eingefügt durch Ziff. I des BG vom 4. Okt. 1991, in Kraft seit 1. Juli 1992 (AS 1992 733 786; BBl 1983 II 745).

[3] Der Richter verteilt die Kosten bei Abweisung der Klage nach seinem Ermessen auf die Gesellschaft und den Kläger.

Art. 706b[1] VIII. Nichtigkeit[2]

Nichtig sind insbesondere Beschlüsse der Generalversammlung, die:

1. das Recht auf Teilnahme an der Generalversammlung, das Mindeststimmrecht, die Klagerechte oder andere vom Gesetz zwingend gewährte Rechte des Aktionärs entziehen oder beschränken;

2. Kontrollrechte von Aktionären über das gesetzlich zulässige Mass hinaus beschränken oder

3. die Grundstrukturen der Aktiengesellschaft missachten oder die Bestimmungen zum Kapitalschutz verletzen.

Art. 707 B. Der Verwaltungsrat[3]
I. Im Allgemeinen
1. Wählbarkeit[4]

[1] Der Verwaltungsrat der Gesellschaft besteht aus einem oder mehreren Mitgliedern.[5]

[2] …[6]

[3] Ist an der Gesellschaft eine juristische Person oder eine Handelsgesellschaft beteiligt, so ist sie als solche nicht als Mitglied des Verwaltungsrates wählbar; dagegen können an ihrer Stelle ihre Vertreter gewählt werden.

OR 717. Stimmrecht: BGE 71 I 188.

Art. 708[7] …

Aufgehoben.

---

1 Eingefügt durch Ziff. I des BG vom 4. Okt. 1991, in Kraft seit 1. Juli 1992 (AS 1992 733 786; BBl 1983 II 745).
2 Fassung gemäss Ziff. I 3 des BG vom 16. Dez. 2005, in Kraft per 1. Jan. 2008 (AS 2007 4791 4839; BBl 2002 3148, BBl 2004 3969).
3 Fassung gemäss Ziff. I des BG vom 4. Okt. 1991, in Kraft seit 1. Juli 1992 (AS 1992 733 786; BBl 1983 II 745).
4 Fassung gemäss Ziff. I des BG vom 4. Okt. 1991, in Kraft seit 1. Juli 1992 (AS 1992 733 786; BBl 1983 II 745).
5 Fassung gemäss Ziff. I 3 des BG vom 16. Dez. 2005, in Kraft per 1. Jan. 2008 (AS 2007 4791 4839; BBl 2002 3148, BBl 2004 3969).
6 Aufgehoben durch Ziff. I 3 des BG vom 16. Dez. 2005, in Kraft per 1. Jan. 2008 (AS 2007 4791 4839; BBl 2002 3148, BBl 2004 3969).
7 Aufgehoben durch Ziff. I 3 des BG vom 16. Dez. 2005, in Kraft per 1. Jan. 2008 (AS 2007 4791 4839; BBl 2002 3148, BBl 2004 3969).

Art. 709[1]   2. Vertretung von Aktionärskategorien und -gruppen[2]

[1] Bestehen in Bezug auf das Stimmrecht oder die vermögensrechtlichen Ansprüche mehrere Kategorien von Aktien, so ist durch die Statuten den Aktionären jeder Kategorie die Wahl wenigstens eines Vertreters im Verwaltungsrat zu sichern.

[2] Die Statuten können besondere Bestimmungen zum Schutz von Minderheiten oder einzelner Gruppen von Aktionären vorsehen.

Abs. 1: BGE 120 II 47.

Art. 710[3]   3. Amtsdauer[4]

[1] Die Mitglieder des Verwaltungsrates werden auf drei Jahre gewählt, sofern die Statuten nichts anderes bestimmen. Die Amtsdauer darf jedoch sechs Jahre nicht übersteigen.

[2] Wiederwahl ist möglich.

Art. 711[5]   …

Aufgehoben.

Art. 712[6]   II. Organisation
               1. Präsident und Sekretär

[1] Der Verwaltungsrat bezeichnet seinen Präsidenten und den Sekretär. Dieser muss dem Verwaltungsrat nicht angehören.

[2] Die Statuten können bestimmen, dass der Präsident durch die Generalversammlung gewählt wird.

---

1   Fassung gemäss Ziff. I des BG vom 4. Okt. 1991, in Kraft seit 1. Juli 1992 (AS 1992 733 786; BBl 1983 II 745).
2   Fassung gemäss Ziff. I 3 des BG vom 16. Dez. 2005, in Kraft per 1. Jan. 2008 (AS 2007 4791 4839; BBl 2002 3148, BBl 2004 3969).
3   Fassung gemäss Ziff. I des BG vom 4. Okt. 1991, in Kraft seit 1. Juli 1992 (AS 1992 733 786; BBl 1983 II 745).
4   Fassung gemäss Ziff. I 3 des BG vom 16. Dez. 2005, in Kraft per 1. Jan. 2008 (AS 2007 4791 4839; BBl 2002 3148, BBl 2004 3969).
5   Aufgehoben durch Ziff. I 3 des BG vom 16. Dez. 2005, in Kraft per 1. Jan. 2008 (AS 2007 4791 4839; BBl 2002 3148, BBl 2004 3969).
6   Fassung gemäss Ziff. I des BG vom 4. Okt. 1991, in Kraft seit 1. Juli 1992 (AS 1992 733 786; BBl 1983 II 745).

Art. 713[1]   2. Beschlüsse

[1] Die Beschlüsse des Verwaltungsrates werden mit der Mehrheit der abgegebenen Stimmen gefasst. Der Vorsitzende hat den Stichentscheid, sofern die Statuten nichts anderes vorsehen.

[2] Beschlüsse können auch auf dem Wege der schriftlichen Zustimmung zu einem gestellten Antrag gefasst werden, sofern nicht ein Mitglied die mündliche Beratung verlangt.

[3] Über die Verhandlungen und Beschlüsse ist ein Protokoll zu führen, das vom Vorsitzenden und vom Sekretär unterzeichnet wird.

BGE 133 III 77.

Art. 714[2]   3. Nichtige Beschlüsse

Für die Beschlüsse des Verwaltungsrates gelten sinngemäss die gleichen Nichtigkeitsgründe wie für die Beschlüsse der Generalversammlung.

Art. 715[3]   4. Recht auf Einberufung

Jedes Mitglied des Verwaltungsrates kann unter Angabe der Gründe vom Präsidenten die unverzügliche Einberufung einer Sitzung verlangen.

Art. 715a[4]   5. Recht auf Auskunft und Einsicht

[1] Jedes Mitglied des Verwaltungsrates kann Auskunft über alle Angelegenheiten der Gesellschaft verlangen.

[2] In den Sitzungen sind alle Mitglieder des Verwaltungsrates sowie die mit der Geschäftsführung betrauten Personen zur Auskunft verpflichtet.

[3] Ausserhalb der Sitzungen kann jedes Mitglied von den mit der Geschäftsführung betrauten Personen Auskunft über den Geschäftsgang und, mit Ermächtigung des Präsidenten, auch über einzelne Geschäfte verlangen.

[4] Soweit es für die Erfüllung einer Aufgabe erforderlich ist, kann jedes Mitglied dem Präsidenten beantragen, dass ihm Bücher und Akten vorgelegt werden.

[5] Weist der Präsident ein Gesuch auf Auskunft, Anhörung oder Einsicht ab, so entscheidet der Verwaltungsrat.

[6] Regelungen oder Beschlüsse des Verwaltungsrates, die das Recht auf Auskunft und Einsichtnahme der Verwaltungsräte erweitern, bleiben vorbehalten.

BGE 129 III 499.

1   Fassung gemäss Ziff. I des BG vom 4. Okt. 1991, in Kraft seit 1. Juli 1992 (AS 1992 733 786; BBl 1983 II 745).
2   Fassung gemäss Ziff. I des BG vom 4. Okt. 1991, in Kraft seit 1. Juli 1992 (AS 1992 733 786; BBl 1983 II 745).
3   Fassung gemäss Ziff. I des BG vom 4. Okt. 1991, in Kraft seit 1. Juli 1992 (AS 1992 733 786; BBl 1983 II 745).
4   Eingefügt durch Ziff. I des BG vom 4. Okt. 1991, in Kraft seit 1. Juli 1992 (AS 1992 733 786; BBl 1983 II 745).

Art. 716[1]   III. Aufgaben
1. Im Allgemeinen

[1] Der Verwaltungsrat kann in allen Angelegenheiten Beschluss fassen, die nicht nach Gesetz oder Statuten der Generalversammlung zugeteilt sind.

[2] Der Verwaltungsrat führt die Geschäfte der Gesellschaft, soweit er die Geschäftsführung nicht übertragen hat.

Art. 716a[2]   2. Unübertragbare Aufgaben

[1] Der Verwaltungsrat hat folgende unübertragbare und unentziehbare Aufgaben:
1. die Oberleitung der Gesellschaft und die Erteilung der nötigen Weisungen;
2. die Festlegung der Organisation;
3. die Ausgestaltung des Rechnungswesens, der Finanzkontrolle sowie der Finanzplanung, sofern diese für die Führung der Gesellschaft notwendig ist;
4. die Ernennung und Abberufung der mit der Geschäftsführung und der Vertretung betrauten Personen;
5. die Oberaufsicht über die mit der Geschäftsführung betrauten Personen, namentlich im Hinblick auf die Befolgung der Gesetze, Statuten, Reglemente und Weisungen;
6. die Erstellung des Geschäftsberichtes[3] sowie die Vorbereitung der Generalversammlung und die Ausführung ihrer Beschlüsse;
7. die Benachrichtigung des Richters im Falle der Überschuldung.

[2] Der Verwaltungsrat kann die Vorbereitung und die Ausführung seiner Beschlüsse oder die Überwachung von Geschäften Ausschüssen oder einzelnen Mitgliedern zuweisen. Er hat für eine angemessene Berichterstattung an seine Mitglieder zu sorgen.

Abs. 1 Ziff. 4: BGE 128 III 129.

Art. 716b[4]   3. Übertragung der Geschäftsführung

[1] Die Statuten können den Verwaltungsrat ermächtigen, die Geschäftsführung nach Massgabe eines Organisationsreglementes ganz oder zum Teil an einzelne Mitglieder oder an Dritte zu übertragen.

[2] Dieses Reglement ordnet die Geschäftsführung, bestimmt die hierfür erforderlichen Stellen, umschreibt deren Aufgaben und regelt insbesondere die Berichterstattung. Der Verwaltungsrat orientiert Aktionäre und Gesellschaftsgläubiger, die ein schutzwürdiges Interesse glaubhaft machen, auf Anfrage hin schriftlich über die Organisation der Geschäftsführung.

---

1   Fassung gemäss Ziff. I des BG vom 4. Okt. 1991, in Kraft seit 1. Juli 1992 (AS 1992 733 786; BBl 1983 II 745).
2   Eingefügt durch Ziff. I des BG vom 4. Okt. 1991, in Kraft seit 1. Juli 1992 (AS 1992 733 786; BBl 1983 II 745).
3   Berichtigt von der Redaktionskommission der BVers [Art. 33 GVG – AS 1974 1051].
4   Eingefügt durch Ziff. I des BG vom 4. Okt. 1991, in Kraft seit 1. Juli 1992 (AS 1992 733 786, BBl 1983 II 745).

3 Soweit die Geschäftsführung nicht übertragen worden ist, steht sie allen Mitgliedern des Verwaltungsrates gesamthaft zu.

Art. 717[1] IV. Sorgfalts- und Treuepflicht

1 Die Mitglieder des Verwaltungsrates sowie Dritte, die mit der Geschäftsführung befasst sind, müssen ihre Aufgaben mit aller Sorgfalt erfüllen und die Interessen der Gesellschaft in guten Treuen wahren.

2 Sie haben die Aktionäre unter gleichen Voraussetzungen gleich zu behandeln.

Abs. 1: BGE 130 III 213.

Art. 718[2] V. Vertretung
1. Im Allgemeinen

1 Der Verwaltungsrat vertritt die Gesellschaft nach aussen. Bestimmen die Statuten oder das Organisationsreglement nichts anderes, so steht die Vertretungsbefugnis jedem Mitglied einzeln zu.

2 Der Verwaltungsrat kann die Vertretung einem oder mehreren Mitgliedern (Delegierte) oder Dritten (Direktoren) übertragen.

3 Mindestens ein Mitglied des Verwaltungsrates muss zur Vertretung befugt sein.

4 Die Gesellschaft muss durch eine Person vertreten werden können, die Wohnsitz in der Schweiz hat. Dieses Erfordernis kann durch ein Mitglied des Verwaltungsrates oder einen Direktor erfüllt werden.[3]

Abs. 1: BGE 127 III 332.
Abs. 3: BGE 133 III 77.

Art. 718a[4] 2. Umfang und Beschränkung

1 Die zur Vertretung befugten Personen können im Namen der Gesellschaft alle Rechtshandlungen vornehmen, die der Zweck der Gesellschaft mit sich bringen kann.

2 Eine Beschränkung dieser Vertretungsbefugnis hat gegenüber gutgläubigen Dritten keine Wirkung; ausgenommen sind die im Handelsregister eingetragenen Bestimmungen über die ausschliessliche Vertretung der Hauptniederlassung oder einer Zweigniederlassung oder über die gemeinsame Vertretung der Gesellschaft.

BGE 126 III 361.

1 Fassung gemäss Ziff. I des BG vom 4. Okt. 1991, in Kraft seit 1. Juli 1992 (AS 1992 733 786; BBl 1983 II 745).
2 Fassung gemäss Ziff. I des BG vom 4. Okt. 1991, in Kraft seit 1. Juli 1992 (AS 1992 733 786; BBl 1983 II 745).
3 Eingefügt durch Ziff. I 3 des BG vom 16. Dez. 2005, in Kraft per 1. Jan. 2008 (AS 2007 4791 4839; BBl 2002 3148, BBl 2004 3969).
4 Eingefügt durch Ziff. I des BG vom 4. Okt. 1991, in Kraft seit 1. Juli 1992 (AS 1992 733 786; BBl 1983 II 745).

Art. 718b[1]   3. Verträge zwischen der Gesellschaft und ihrem Vertreter

Wird die Gesellschaft beim Abschluss eines Vertrages durch diejenige Person vertreten, mit der sie den Vertrag abschliesst, so muss der Vertrag schriftlich abgefasst werden. Dieses Erfordernis gilt nicht für Verträge des laufenden Geschäfts, bei denen die Leistung der Gesellschaft den Wert von 1000 Franken nicht übersteigt.

Art. 719   4. Zeichnung[2]

Die zur Vertretung der Gesellschaft befugten Personen haben in der Weise zu zeichnen, dass sie der Firma der Gesellschaft ihre Unterschrift beifügen.

Art. 720   5. Eintragung[3]

Die zur Vertretung der Gesellschaft befugten Personen sind vom Verwaltungsrat zur Eintragung in das Handelsregister anzumelden, unter Vorlegung einer beglaubigten Abschrift des Beschlusses. Sie haben ihre Unterschrift beim Handelsregisteramt zu zeichnen oder die Zeichnung in beglaubigter Form einzureichen.

Art. 721[4]   6. Prokuristen und Bevollmächtigte[5]

Der Verwaltungsrat kann Prokuristen und andere Bevollmächtigte ernennen.

Art. 722[6]   VI. Haftung der Organe[7]

Die Gesellschaft haftet für den Schaden aus unerlaubten Handlungen, die eine zur Geschäftsführung oder zur Vertretung befugte Person in Ausübung ihrer geschäftlichen Verrichtungen begeht.

> BGE 121 III 176; 124 III 297 (Konzern).

---

1   Eingefügt durch Ziff. I 3 des BG vom 16. Dez. 2005, in Kraft per 1. Jan. 2008 (AS 2007 4791 4839; BBl 2002 3148, BBl 2004 3969).

2   Fassung gemäss Ziff. I 3 des BG vom 16. Dez. 2005, in Kraft per 1. Jan. 2008 (AS 2007 4791 4839; BBl 2002 3148, BBl 2004 3969).

3   Fassung gemäss Ziff. I 3 des BG vom 16. Dez. 2005, in Kraft per 1. Jan. 2008 (AS 2007 4791 4839; BBl 2002 3148, BBl 2004 3969).

4   Fassung gemäss Ziff. I des BG vom 4. Okt. 1991, in Kraft seit 1. Juli 1992 (AS 1992 733 786; BBl 1983 II 745).

5   Fassung gemäss Ziff. I 3 des BG vom 16. Dez. 2005, in Kraft per 1. Jan. 2008 (AS 2007 4791 4839; BBl 2002 3148, BBl 2004 3969).

6   Fassung gemäss Ziff. I des BG vom 4. Okt. 1991, in Kraft seit 1. Juli 1992 (AS 1992 733 786; BBl 1983 II 745).

7   Fassung gemäss Ziff. I 3 des BG vom 16. Dez. 2005, in Kraft per 1. Jan. 2008 (AS 2007 4791 4839; BBl 2002 3148, BBl 2004 3969).

Art. 723–724[1]

Aufgehoben.

Art. 725[2] VII. Kapitalverlust und Überschuldung
1. Anzeigepflichten

[1] Zeigt die letzte Jahresbilanz, dass die Hälfte des Aktienkapitals und der gesetzlichen Reserven nicht mehr gedeckt ist, so beruft der Verwaltungsrat unverzüglich eine Generalversammlung ein und beantragt ihr Sanierungsmassnahmen.

[2] Wenn begründete Besorgnis einer Überschuldung besteht, muss eine Zwischenbilanz erstellt und diese einem zugelassenen Revisor zur Prüfung vorgelegt werden.[3] Ergibt sich aus der Zwischenbilanz, dass die Forderungen der Gesellschaftsgläubiger weder zu Fortführungs- noch zu Veräusserungswerten gedeckt sind, so hat der Verwaltungsrat den Richter zu benachrichtigen, sofern nicht Gesellschaftsgläubiger im Ausmass dieser Unterdeckung im Rang hinter alle anderen Gesellschaftsgläubiger zurücktreten.

[3] Verfügt die Gesellschaft über keine Revisionsstelle, so obliegen dem zugelassenen Revisor die Anzeigepflichten der eingeschränkt prüfenden Revisionsstelle.[4]

BGE 132 III 564.

Art. 725a[5] 2. Eröffnung oder Aufschub des Konkurses

[1] Der Richter eröffnet auf die Benachrichtigung hin den Konkurs. Er kann ihn auf Antrag des Verwaltungsrates oder eines Gläubigers aufschieben, falls Aussicht auf Sanierung besteht; in diesem Falle trifft er Massnahmen zur Erhaltung des Vermögens.

[2] Der Richter kann einen Sachwalter bestellen und entweder dem Verwaltungsrat die Verfügungsbefugnis entziehen oder dessen Beschlüsse von der Zustimmung des Sachwalters abhängig machen. Er umschreibt die Aufgaben des Sachwalters.

[3] Der Konkursaufschub muss nur veröffentlicht werden, wenn dies zum Schutze Dritter erforderlich ist.

Abs. 1: BGE 120 II 425.

---

1   Aufgehoben durch Ziff. I des BG vom 4. Okt. 1991 (AS 1992 733; BBl 1983 II 745).
2   Fassung gemäss Ziff. I des BG vom 4. Okt. 1991, in Kraft seit 1. Juli 1992 (AS 1992 733 786; BBl 1983 II 745).
3   Fassung gemäss Ziff. I 3 des BG vom 16. Dez. 2005, in Kraft per 1. Jan. 2008 (AS 2007 4791 4839; BBl 2002 3148, BBl 2004 3969).
4   Eingefügt durch Ziff. I 3 des BG vom 16. Dez. 2005, in Kraft per 1. Jan. 2008 (AS 2007 4791 4839; BBl 2002 3148, BBl 2004 3969).
5   Eingefügt durch Ziff I des BG vom 4. Okt. 1991, in Kraft seit 1. Juli 1992 (AS 1992 733 786; BBl 1983 II 745).

Art. 726   VIII. Abberufung und Einstellung[1]

[1] Der Verwaltungsrat kann die von ihm bestellten Ausschüsse, Delegierten, Direktoren und andern Bevollmächtigten und Beauftragten jederzeit abberufen.

[2] Die von der Generalversammlung bestellten Bevollmächtigten und Beauftragten können vom Verwaltungsrat jederzeit in ihren Funktionen eingestellt werden, unter sofortiger Einberufung einer Generalversammlung.

[3] Entschädigungsansprüche der Abberufenen oder in ihren Funktionen Eingestellten bleiben vorbehalten.

OR 34, 705.

Art. 727[2]   C. Revisionsstelle
                    I. Revisionspflicht
                    1. Ordentliche Revision

[1] Folgende Gesellschaften müssen ihre Jahresrechnung und gegebenenfalls ihre Konzernrechnung durch eine Revisionsstelle ordentlich prüfen lassen:

1.   Publikumsgesellschaften; als solche gelten Gesellschaften, die:
       a.   Beteiligungspapiere an einer Börse kotiert haben,
       b.   Anleihensobligationen ausstehend haben,
       c.   mindestens 20 Prozent der Aktiven oder des Umsatzes zur Konzernrechnung einer Gesellschaft nach Buchstabe a oder b beitragen;

2.   Gesellschaften, die zwei der nachstehenden Grössen in zwei aufeinander folgenden Geschäftsjahren überschreiten:
       a.   Bilanzsumme von 10 Millionen Franken,
       b.   Umsatzerlös von 20 Millionen Franken,
       c.   50 Vollzeitstellen im Jahresdurchschnitt;

3.   Gesellschaften, die zur Erstellung einer Konzernrechnung verpflichtet sind.

[2] Eine ordentliche Revision muss auch dann vorgenommen werden, wenn Aktionäre, die zusammen mindestens 10 Prozent des Aktienkapitals vertreten, dies verlangen.

[3] Verlangt das Gesetz keine ordentliche Revision der Jahresrechnung, so können die Statuten vorsehen oder kann die Generalversammlung beschliessen, dass die Jahresrechnung ordentlich geprüft wird.

RAG, → Nr. 13. HRegV 61, → Nr. 14.

---

1   Fassung gemäss Ziff. I des BG vom 4. Okt. 1991, in Kraft seit 1. Juli 1992 (AS 1992 733 786; BBl 1983 II 745).
2   Fassung gemäss Ziff. I 1 des BG vom 16. Dez. 2005, in Kraft per 1. Jan. 2008 (AS 2007 4791 4839; BBl 2002 3148, BBl 2004 3969).

Art. 727a[1]   2. Eingeschränkte Revision

[1] Sind die Voraussetzungen für eine ordentliche Revision nicht gegeben, so muss die Gesellschaft ihre Jahresrechnung durch eine Revisionsstelle eingeschränkt prüfen lassen.

[2] Mit der Zustimmung sämtlicher Aktionäre kann auf die eingeschränkte Revision verzichtet werden, wenn die Gesellschaft nicht mehr als zehn Vollzeitstellen im Jahresdurchschnitt hat.

[3] Der Verwaltungsrat kann die Aktionäre schriftlich um Zustimmung ersuchen. Er kann für die Beantwortung eine Frist von mindestens 20 Tagen ansetzen und darauf hinweisen, dass das Ausbleiben einer Antwort als Zustimmung gilt.

[4] Haben die Aktionäre auf eine eingeschränkte Revision verzichtet, so gilt dieser Verzicht auch für die nachfolgenden Jahre. Jeder Aktionär hat jedoch das Recht, spätestens zehn Tage vor der Generalversammlung eine eingeschränkte Revision zu verlangen. Die Generalversammlung muss diesfalls die Revisionsstelle wählen.

[5] Soweit erforderlich passt der Verwaltungsrat die Statuten an und meldet dem Handelsregister die Löschung oder die Eintragung der Revisionsstelle an.

Art. 727b[2]   II. Anforderungen an die Revisionsstelle
                  1. Bei ordentlicher Revision

[1] Publikumsgesellschaften müssen als Revisionsstelle ein staatlich beaufsichtigtes Revisionsunternehmen nach den Vorschriften des Revisionsaufsichtsgesetzes vom 16. Dezember 2005[3] bezeichnen. Sie müssen Prüfungen, die nach den gesetzlichen Vorschriften durch einen zugelassenen Revisor oder einen zugelassenen Revisionsexperten vorzunehmen sind, ebenfalls von einem staatlich beaufsichtigten Revisionsunternehmen durchführen lassen.

[2] Die übrigen Gesellschaften, die zur ordentlichen Revision verpflichtet sind, müssen als Revisionsstelle einen zugelassenen Revisionsexperten nach den Vorschriften des Revisionsaufsichtsgesetzes vom 16. Dezember 2005 bezeichnen. Sie müssen Prüfungen, die nach den gesetzlichen Vorschriften durch einen zugelassenen Revisor vorzunehmen sind, ebenfalls von einem zugelassenen Revisionsexperten durchführen lassen.

RAG, → Nr. 13. Abs. 3: VO vom 15. Juni 1992, SR 221.302.

---

1   Fassung gemäss Ziff. I 1 des BG vom 16. Dez. 2005, in Kraft per 1. Jan. 2008 (AS 2007 4791 4839; BBl 2002 3148, BBl 2004 3969).
2   Fassung gemäss Ziff. I 1 des BG vom 16. Dez. 2005, in Kraft per 1. Jan. 2008 (AS 2007 4791 4839; BBl 2002 3148, BBl 2004 3969).
3   SR 221.302

Art. 727c[1]   2. Bei eingeschränkter Revision

Die Gesellschaften, die zur eingeschränkten Revision verpflichtet sind, müssen als Revisionsstelle einen zugelassenen Revisor nach den Vorschriften des Revisionsaufsichtsgesetzes vom 16. Dezember 2005[2] bezeichnen.

Art. 727d[3]   4. Wahl einer Handelsgesellschaft oder Genossenschaft

[1] In die Revisionsstelle können auch Handelsgesellschaften oder Genossenschaften gewählt werden.

[2] Die Handelsgesellschaft oder die Genossenschaft sorgt dafür, dass Personen die Prüfung leiten, welche die Anforderungen an die Befähigung erfüllen.

[3] Das Erfordernis der Unabhängigkeit gilt sowohl für die Handelsgesellschaft oder die Genossenschaft als auch für alle Personen, welche die Prüfung durchführen.

Art. 727e[4]   II. Amtsdauer, Rücktritt, Abberufung und Löschung im Handelsregister

[1] Die Amtsdauer beträgt höchstens drei Jahre; sie endet mit der Generalversammlung, welcher der letzte Bericht zu erstatten ist. Wiederwahl ist möglich.

[2] Tritt ein Revisor zurück, so gibt er dem Verwaltungsrat die Gründe an; dieser teilt sie der nächsten Generalversammlung mit.

[3] Die Generalversammlung kann einen Revisor jederzeit abberufen. Ausserdem kann ein Aktionär oder ein Gläubiger durch Klage gegen die Gesellschaft die Abberufung eines Revisors verlangen, der die Voraussetzungen für das Amt nicht erfüllt.

[4] Der Verwaltungsrat meldet die Beendigung des Amtes ohne Verzug beim Handelsregister an. Erfolgt diese Anmeldung nicht innert 30 Tagen, so kann der Ausgeschiedene die Löschung selbst anmelden.

Art. 727f[5]   III. Einsetzung durch den Richter

[1] Erhält der Handelsregisterführer davon Kenntnis, dass der Gesellschaft die Revisionsstelle fehlt, so setzt er ihr eine Frist zur Wiederherstellung des gesetzmässigen Zustandes.

[2] Nach unbenütztem Ablauf der Frist ernennt der Richter auf Antrag des Handelsregisterführers die Revisionsstelle für ein Geschäftsjahr. Er bestimmt den Revisor nach seinem Ermessen.

[3] Tritt dieser zurück, so teilt er es dem Richter mit.

---

1   Fassung gemäss Ziff. I 1 des BG vom 16. Dez. 2005, in Kraft per 1. Jan. 2008 (AS 2007 4791 4839; BBl 2002 3148, BBl 2004 3969).

2   SR 221.302

3   Eingefügt durch Ziff I des BG vom 4. Okt. 1991, in Kraft seit 1. Juli 1992 (AS 1992 733 786; BBl 1983 II 745).

4   Eingefügt durch Ziff I des BG vom 4. Okt. 1991, in Kraft seit 1. Juli 1992 (AS 1992 733 786; BBl 1983 II 745).

5   Eingefügt durch Ziff I des BG vom 4. Okt. 1991, in Kraft seit 1. Juli 1992 (AS 1992 733 786; BBl 1983 II 745).

4 Liegen wichtige Gründe vor, so kann die Gesellschaft vom Richter die Abberufung des von ihm ernannten Revisors verlangen.

Art. 728[1]   III. Ordentliche Revision
1. Unabhängigkeit der Revisionsstelle

1 Die Revisionsstelle muss unabhängig sein und sich ihr Prüfungsurteil objektiv bilden. Die Unabhängigkeit darf weder tatsächlich noch dem Anschein nach beeinträchtigt sein.

2 Mit der Unabhängigkeit nicht vereinbar ist insbesondere:

1.   die Mitgliedschaft im Verwaltungsrat, eine andere Entscheidfunktion in der Gesellschaft oder ein arbeitsrechtliches Verhältnis zu ihr;

2.   eine direkte oder bedeutende indirekte Beteiligung am Aktienkapital oder eine wesentliche Forderung oder Schuld gegenüber der Gesellschaft;

3.   eine enge Beziehung des leitenden Prüfers zu einem Mitglied des Verwaltungsrats, zu einer anderen Person mit Entscheidfunktion oder zu einem bedeutenden Aktionär;

4.   das Mitwirken bei der Buchführung sowie das Erbringen anderer Dienstleistungen, durch die das Risiko entsteht, als Revisionsstelle eigene Arbeiten überprüfen zu müssen;

5.   die Übernahme eines Auftrags, der zur wirtschaftlichen Abhängigkeit führt;

6.   der Abschluss eines Vertrags zu nicht marktkonformen Bedingungen oder eines Vertrags, der ein Interesse der Revisionsstelle am Prüfergebnis begründet;

7.   die Annahme von wertvollen Geschenken oder von besonderen Vorteilen.

3 Die Bestimmungen über die Unabhängigkeit gelten für alle an der Revision beteiligten Personen. Ist die Revisionsstelle eine Personengesellschaft oder eine juristische Person, so gelten die Bestimmungen über die Unabhängigkeit auch für die Mitglieder des obersten Leitungs- oder Verwaltungsorgans und für andere Personen mit Entscheidfunktion.

4 Arbeitnehmer der Revisionsstelle, die nicht an der Revision beteiligt sind, dürfen in der zu prüfenden Gesellschaft weder Mitglied des Verwaltungsrates sein noch eine andere Entscheidfunktion ausüben.

5 Die Unabhängigkeit ist auch dann nicht gegeben, wenn Personen die Unabhängigkeitsvoraussetzungen nicht erfüllen, die der Revisionsstelle, den an der Revision beteiligten Personen, den Mitgliedern des obersten Leitungs- oder Verwaltungsorgans oder anderen Personen mit Entscheidfunktion nahe stehen.

6 Die Bestimmungen über die Unabhängigkeit erfassen auch Gesellschaften, die mit der zu prüfenden Gesellschaft oder der Revisionsstelle unter einheitlicher Leitung stehen.

BGE 123 III 31; 131 III 38.

1   Fassung gemäss Ziff. I 1 des BG vom 16. Dez. 2005, in Kraft per 1. Jan. 2008 (AS 2007 4791 4839; BBl 2002 3148, BBl 2004 3969).

Art. 728a[1] 2. Aufgaben der Revisionsstelle
a. Gegenstand und Umfang der Prüfung

[1] Die Revisionsstelle prüft, ob:

1. die Jahresrechnung und gegebenenfalls die Konzernrechnung den gesetzlichen Vorschriften, den Statuten und dem gewählten Regelwerk entsprechen;

2. der Antrag des Verwaltungsrats an die Generalversammlung über die Verwendung des Bilanzgewinnes den gesetzlichen Vorschriften und den Statuten entspricht;

3. ein internes Kontrollsystem existiert.

[2] Die Revisionsstelle berücksichtigt bei der Durchführung und bei der Festlegung des Umfangs der Prüfung das interne Kontrollsystem.

[3] Die Geschäftsführung des Verwaltungsrats ist nicht Gegenstand der Prüfung durch die Revisionsstelle.

Art. 728b[2] b. Revisionsbericht

[1] Die Revisionsstelle erstattet dem Verwaltungsrat einen umfassenden Bericht mit Feststellungen über die Rechnungslegung, das interne Kontrollsystem sowie die Durchführung und das Ergebnis der Revision.

[2] Die Revisionsstelle erstattet der Generalversammlung schriftlich einen zusammenfassenden Bericht über das Ergebnis der Revision. Dieser Bericht enthält:

1. eine Stellungnahme zum Ergebnis der Prüfung;

2. Angaben zur Unabhängigkeit;

3. Angaben zu der Person, welche die Revision geleitet hat, und zu deren fachlicher Befähigung;

4. eine Empfehlung, ob die Jahresrechnung und die Konzernrechnung mit oder ohne Einschränkung zu genehmigen oder zurückzuweisen ist.

[3] Beide Berichte müssen von der Person unterzeichnet werden, die die Revision geleitet hat.

Art. 728c[3] c. Anzeigepflichten

[1] Stellt die Revisionsstelle Verstösse gegen das Gesetz, die Statuten oder das Organisationsreglement fest, so meldet sie dies schriftlich dem Verwaltungsrat.

[2] Zudem informiert sie die Generalversammlung über Verstösse gegen das Gesetz oder die Statuten, wenn:

---

1 Eingefügt durch Ziff. I 1 des BG vom 16. Dez. 2005, in Kraft per 1. Jan. 2008 (AS 2007 4791 4839; BBl 2002 3148, BBl 2004 3969).

2 Eingefügt durch Ziff. I 1 des BG vom 16. Dez. 2005, in Kraft per 1. Jan. 2008 (AS 2007 4791 4839; BBl 2002 3148, BBl 2004 3969).

3 Eingefügt durch Ziff. I 1 des BG vom 16. Dez. 2005, in Kraft per 1. Jan. 2008 (AS 2007 4791 4839; BBl 2002 3148, BBl 2004 3969).

1. diese wesentlich sind; oder
2. der Verwaltungsrat auf Grund der schriftlichen Meldung der Revisionsstelle keine angemessenen Massnahmen ergreift.

3 Ist die Gesellschaft offensichtlich überschuldet und unterlässt der Verwaltungsrat die Anzeige, so benachrichtigt die Revisionsstelle das Gericht.

Art. 729[1]   IV. Eingeschränkte Revision (Review)
          1. Unabhängigkeit der Revisionsstelle

1 Die Revisionsstelle muss unabhängig sein und sich ihr Prüfungsurteil objektiv bilden. Die Unabhängigkeit darf weder tatsächlich noch dem Anschein nach beeinträchtigt sein.

2 Das Mitwirken bei der Buchführung und das Erbringen anderer Dienstleistungen für die zu prüfende Gesellschaft sind zulässig. Sofern das Risiko der Überprüfung eigener Arbeiten entsteht, muss durch geeignete organisatorische und personelle Massnahmen eine verlässliche Prüfung sichergestellt werden.

Art. 729a[2]   2. Aufgaben der Revisionsstelle
           a. Gegenstand und Umfang der Prüfung

1 Die Revisionsstelle prüft, ob Sachverhalte vorliegen, aus denen zu schliessen ist, dass:
1. die Jahresrechnung nicht den gesetzlichen Vorschriften und den Statuten entspricht;
2. der Antrag des Verwaltungsrats an die Generalversammlung über die Verwendung des Bilanzgewinnes nicht den gesetzlichen Vorschriften und den Statuten entspricht.

2 Die Prüfung beschränkt sich auf Befragungen, analytische Prüfungshandlungen und angemessene Detailprüfungen.

3 Die Geschäftsführung des Verwaltungsrats ist nicht Gegenstand der Prüfung durch die Revisionsstelle.

Art. 729b[3]   b. Revisionsbericht

1 Die Revisionsstelle erstattet der Generalversammlung schriftlich einen zusammenfassenden Bericht über das Ergebnis der Revision. Dieser Bericht enthält:
1. einen Hinweis auf die eingeschränkte Natur der Revision;

---

1   Fassung gemäss Ziff. I 1 des BG vom 16. Dez. 2005, in Kraft per 1. Jan. 2008 (AS 2007 4791 4839; BBl 2002 3148, BBl 2004 3969).
2   Fassung gemäss Ziff. I 1 des BG vom 16. Dez. 2005, in Kraft per 1. Jan. 2008 (AS 2007 4791 4839; BBl 2002 3148, BBl 2004 3969).
3   Fassung gemäss Ziff. I 1 des BG vom 16. Dez. 2005, in Kraft per 1. Jan. 2008 (AS 2007 4791 4839; BBl 2002 3148, BBl 2004 3969).

2. eine Stellungnahme zum Ergebnis der Prüfung;
3. Angaben zur Unabhängigkeit und gegebenenfalls zum Mitwirken bei der Buchführung und zu anderen Dienstleistungen, die für die zu prüfende Gesellschaft erbracht wurden;
4. Angaben zur Person, welche die Revision geleitet hat, und zu deren fachlicher Befähigung.

[2] Der Bericht muss von der Person unterzeichnet werden, die die Revision geleitet hat.

Art. 729c[1]   c. Anzeigepflicht

Ist die Gesellschaft offensichtlich überschuldet und unterlässt der Verwaltungsrat die Anzeige, so benachrichtigt die Revisionsstelle das Gericht.

Art. 730[2]   V. Gemeinsame Bestimmungen
1. Wahl der Revisionsstelle

[1] Die Generalversammlung wählt die Revisionsstelle.

[2] Als Revisionsstelle können eine oder mehrere natürliche oder juristische Personen oder Personengesellschaften gewählt werden.

[3] Finanzkontrollen der öffentlichen Hand oder deren Mitarbeiter können als Revisionsstelle gewählt werden, wenn sie die Anforderungen dieses Gesetzes erfüllen. Die Vorschriften über die Unabhängigkeit gelten sinngemäss.

[4] Wenigstens ein Mitglied der Revisionsstelle muss seinen Wohnsitz, seinen Sitz oder eine eingetragene Zweigniederlassung in der Schweiz haben.

Art. 730a[3]   2. Amtsdauer der Revisionsstelle

[1] Die Revisionsstelle wird für ein bis drei Geschäftsjahre gewählt. Ihr Amt endet mit der Abnahme der letzten Jahresrechnung. Eine Wiederwahl ist möglich.

[2] Bei der ordentlichen Revision darf die Person, die die Revision leitet, das Mandat längstens während sieben Jahren ausführen. Sie darf das gleiche Mandat erst nach einem Unterbruch von drei Jahren wieder aufnehmen.

[3] Tritt eine Revisionsstelle zurück, so hat sie den Verwaltungsrat über die Gründe zu informieren; dieser teilt sie der nächsten Generalversammlung mit.

[4] Die Generalversammlung kann die Revisionsstelle jederzeit mit sofortiger Wirkung abberufen.

---

1 Fassung gemäss Ziff. I 1 des BG vom 16. Dez. 2005, in Kraft per 1. Jan. 2008 (AS 2007 4791 4839; BBl 2002 3148, BBl 2004 3969).
2 Fassung gemäss Ziff. I 1 des BG vom 16. Dez. 2005, in Kraft per 1. Jan. 2008 (AS 2007 4791 4839; BBl 2002 3148, BBl 2004 3969).
3 Eingefügt durch Ziff. I 1 des BG vom 16. Dez. 2005, in Kraft per 1. Jan. 2008 (AS 2007 4791 4839; BBl 2002 3148, BBl 2004 3969).

Art. 730b[1]   3. Auskunft und Geheimhaltung

[1] Der Verwaltungsrat übergibt der Revisionsstelle alle Unterlagen und erteilt ihr die Auskünfte, die sie für die Erfüllung ihrer Aufgaben benötigt, auf Verlangen auch schriftlich.

[2] Die Revisionsstelle wahrt das Geheimnis über ihre Feststellungen, soweit sie nicht von Gesetzes wegen zur Bekanntgabe verpflichtet ist. Sie wahrt bei der Berichterstattung, bei der Erstattung von Anzeigen und bei der Auskunftserteilung an die Generalversammlung die Geschäftsgeheimnisse der Gesellschaft.

Art. 730c[2]   4. Dokumentation und Aufbewahrung

[1] Die Revisionsstelle muss sämtliche Revisionsdienstleistungen dokumentieren und Revisionsberichte sowie alle wesentlichen Unterlagen mindestens während zehn Jahren aufbewahren. Elektronische Daten müssen während der gleichen Zeitperiode wieder lesbar gemacht werden können.

[2] Die Unterlagen müssen es ermöglichen, die Einhaltung der gesetzlichen Vorschriften in effizienter Weise zu prüfen.

Art. 731[3]   5. Abnahme der Rechnung und Gewinnverwendung

[1] Bei Gesellschaften, die verpflichtet sind, ihre Jahresrechnung und gegebenenfalls ihre Konzernrechnung durch eine Revisionsstelle prüfen zu lassen, muss der Revisionsbericht vorliegen, bevor die Generalversammlung die Jahresrechnung und die Konzernrechnung genehmigt und über die Verwendung des Bilanzgewinns beschliesst.

[2] Wird eine ordentliche Revision durchgeführt, so muss die Revisionsstelle an der Generalversammlung anwesend sein. Die Generalversammlung kann durch einstimmigen Beschluss auf die Anwesenheit der Revisionsstelle verzichten.

[3] Liegt der erforderliche Revisionsbericht nicht vor, so sind die Beschlüsse zur Genehmigung der Jahresrechnung und der Konzernrechnung sowie zur Verwendung des Bilanzgewinnes nichtig. Werden die Bestimmungen über die Anwesenheit der Revisionsstelle missachtet, so sind diese Beschlüsse anfechtbar.

---

1   Eingefügt durch Ziff. I 1 des BG vom 16. Dez. 2005, in Kraft per 1. Jan. 2008 (AS 2007 4791 4839; BBl 2002 3148, BBl 2004 3969).

2   Eingefügt durch Ziff. I 1 des BG vom 16. Dez. 2005, in Kraft per 1. Jan. 2008 (AS 2007 4791 4839; BBl 2002 3148, BBl 2004 3969).

3   Fassung gemäss Ziff. I 1 des BG vom 16. Dez. 2005, in Kraft per 1. Jan. 2008 (AS 2007 4791 4839; BBl 2002 3148, BBl 2004 3969).

Art. 731a[1]   6. Besondere Bestimmungen

[1] Die Statuten und die Generalversammlung können die Organisation der Revisionsstelle eingehender regeln und deren Aufgaben erweitern.

[2] Der Revisionsstelle dürfen weder Aufgaben des Verwaltungsrates, noch Aufgaben, die ihre Unabhängigkeit beeinträchtigen, zugeteilt werden.

[3] Die Generalversammlung kann zur Prüfung der Geschäftsführung oder einzelner Teile Sachverständige ernennen.

Art. 731b[2]   D. Mängel in der Organisation der Gesellschaft

[1] Fehlt der Gesellschaft eines der vorgeschriebenen Organe oder ist eines dieser Organe nicht rechtmässig zusammengesetzt, so kann ein Aktionär, ein Gläubiger oder der Handelsregisterführer dem Richter beantragen, die erforderlichen Massnahmen zu ergreifen. Der Richter kann insbesondere:

1.   der Gesellschaft unter Androhung ihrer Auflösung eine Frist ansetzen, binnen derer der rechtmässige Zustand wieder herzustellen ist;

2.   das fehlende Organ oder einen Sachwalter ernennen;

3.   die Gesellschaft auflösen und ihre Liquidation nach den Vorschriften über den Konkurs anordnen.

[2] Ernennt der Richter das fehlende Organ oder einen Sachwalter, so bestimmt er die Dauer, für die die Ernennung gültig ist. Er verpflichtet die Gesellschaft, die Kosten zu tragen und den ernannten Personen einen Vorschuss zu leisten.

[3] Liegt ein wichtiger Grund vor, so kann die Gesellschaft vom Richter die Abberufung von Personen verlangen, die dieser eingesetzt hat.

Vierter Abschnitt: Herabsetzung des Aktienkapitals

Art. 732   A. Herabsetzungsbeschluss

[1] Beabsichtigt eine Aktiengesellschaft, ihr Aktienkapital herabzusetzen, ohne es gleichzeitig bis zur bisherigen Höhe durch neues, voll einzubezahlendes Kapital zu ersetzen, so hat die Generalversammlung eine entsprechende Änderung der Statuten zu beschliessen.

[2] Sie darf einen solchen Beschluss nur fassen, wenn ein zugelassener Revisionsexperte in einem Prüfungsbericht bestätigt, dass die Forderungen der Gläubiger trotz der

---

1   Fassung gemäss Ziff. I 1 des BG vom 16. Dez. 2005, in Kraft per 1. Jan. 2008 (AS 2007 4791 4839; BBl 2002 3148, BBl 2004 3969).

2   Fassung gemäss Ziff. I 3 des BG vom 16. Dez. 2005, in Kraft per 1. Jan. 2008 (AS 2007 4791 4839; BBl 2002 3148, BBl 2004 3969).

Herabsetzung des Aktienkapitals voll gedeckt sind. Der Revisionsexperte muss an der Generalversammlung anwesend sein.[1]

[3] Im Beschluss ist das Ergebnis des Prüfungsberichts festzustellen und anzugeben, in welcher Art und Weise die Kapitalherabsetzung durchgeführt werden soll.[2]

[4] Ein aus der Kapitalherabsetzung allfällig sich ergebender Buchgewinn ist ausschliesslich zu Abschreibungen zu verwenden.

[5] Das Aktienkapital darf nur unter 100 000 Franken herabgesetzt werden, sofern es gleichzeitig durch neues, voll einzubezahlendes Kapital in der Höhe von mindestens 100 000 Franken ersetzt wird.[3]

> BankG 11. BGE 121 III 420. HRegV 55 ff., → Nr. 14.
> Abs. 2: RAG, → Nr. 13. VO über die fachlichen Anforderungen an besonders befähigte Revisoren vom 15. Juni 1992, SR 221.302.

Art. 732a[4] B. Vernichtung von Aktien im Fall einer Sanierung

[1] Wird das Aktienkapital zum Zwecke der Sanierung auf null herabgesetzt und anschliessend wieder erhöht, so gehen die bisherigen Mitgliedschaftsrechte der Aktionäre mit der Herabsetzung unter. Ausgegebene Aktien müssen vernichtet werden.

[2] Bei der Wiedererhöhung des Aktienkapitals steht den bisherigen Aktionären ein Bezugsrecht zu, das ihnen nicht entzogen werden kann.

Art. 733 C. Aufforderung an die Gläubiger[5]

Hat die Generalversammlung die Herabsetzung des Aktienkapitals beschlossen, so veröffentlicht der Verwaltungsrat den Beschluss dreimal im Schweizerischen Handelsamtsblatt und überdies in der in den Statuten vorgesehenen Form und gibt den Gläubigern bekannt, dass sie binnen zwei Monaten, von der dritten Bekanntmachung im Schweizerischen Handelsamtsblatt an gerechnet, unter Anmeldung ihrer Forderungen Befriedigung oder Sicherstellung verlangen können.

> OR 932.

---

1 Fassung gemäss Ziff. I 3 des BG vom 16. Dez. 2005, in Kraft per 1. Jan. 2008 (AS 2007 4791 4839; BBl 2002 3148, BBl 2004 3969).

2 Fassung gemäss Ziff. I 3 des BG vom 16. Dez. 2005, in Kraft per 1. Jan. 2008 (AS 2007 4791 4839; BBl 2002 3148, BBl 2004 3969).

3 Fassung gemäss Ziff. I 3 des BG vom 16. Dez. 2005, in Kraft per 1. Jan. 2008 (AS 2007 4791 4839; BBl 2002 3148, BBl 2004 3969).

4 Fassung gemäss Ziff. I 3 des BG vom 16. Dez. 2005, in Kraft per 1. Jan. 2008 (AS 2007 4791 4839; BBl 2002 3148, BBl 2004 3969).

5 Fassung gemäss Ziff. I 3 des BG vom 16. Dez. 2005, in Kraft per 1. Jan. 2008 (AS 2007 4791 4839; BBl 2002 3148, BBl 2004 3969).

Art. 734   D. Durchführung der Herabsetzung[1]

Die Herabsetzung des Aktienkapitals darf erst nach Ablauf der den Gläubigern gesetzten Frist und nach Befriedigung oder Sicherstellung der angemeldeten Gläubiger durchgeführt und erst in das Handelsregister eingetragen werden, wenn durch öffentliche Urkunde festgestellt ist, dass die Vorschriften dieses Abschnittes erfüllt sind. Der Urkunde ist der Prüfungsbericht beizulegen.[2]

Art. 735   E. Herabsetzung im Fall einer Unterbilanz[3]

Die Aufforderung an die Gläubiger und ihre Befriedigung oder Sicherstellung können unterbleiben, wenn das Aktienkapital zum Zwecke der Beseitigung einer durch Verluste entstandenen Unterbilanz in einem diese letztere nicht übersteigenden Betrage herabgesetzt wird.

Fünfter Abschnitt: Auflösung der Aktiengesellschaft

Art. 736   A. Auflösung im Allgemeinen
                I. Gründe

Die Gesellschaft wird aufgelöst:

1. nach Massgabe der Statuten;

2. durch einen Beschluss der Generalversammlung, über den eine öffentliche Urkunde zu errichten ist;

3. durch die Eröffnung des Konkurses;

4.[4] durch Urteil des Richters, wenn Aktionäre, die zusammen mindestens zehn Prozent des Aktienkapitals vertreten, aus wichtigen Gründen die Auflösung verlangen. Statt derselben kann der Richter auf eine andere sachgemässe und den Beteiligten zumutbare Lösung erkennen;

5. in den übrigen vom Gesetze vorgesehenen Fällen.

> Ziff. 3: OR 939. Ziff. 4: BGE 67 II 165; 105 II 114; 126 III 266. Ziff. 5: 625 Abs. 2, 643 Abs. 2, 824.

---

1   Fassung gemäss Ziff. I 3 des BG vom 16. Dez. 2005, in Kraft per 1. Jan. 2008 (AS 2007 4791 4839; BBl 2002 3148, BBl 2004 3969).

2   Zweiter Satz in der Fassung gemäss Ziff. I 3 des BG vom 16. Dez. 2005, in Kraft per 1. Jan. 2008 (AS 2007 4791 4839; BBl 2002 3148, BBl 2004 3969).

3   Fassung gemäss Ziff. I 3 des BG vom 16. Dez. 2005, in Kraft per 1. Jan. 2008 (AS 2007 4791 4839; BBl 2002 3148, BBl 2004 3969).

4   Fassung gemäss Ziff. I des BG vom 4. Okt. 1991, in Kraft seit 1. Juli 1992 (AS 1992 733 786; BBl 1983 II 745).

Art. 737[1]   II. Anmeldung beim Handelsregister

Erfolgt die Auflösung der Gesellschaft nicht durch Konkurs oder richterliches Urteil, so ist sie vom Verwaltungsrat zur Eintragung in das Handelsregister anzumelden.

> OR 939. HRegV 63 ff., → Nr. 14.

Art. 738[2]   III. Folgen

Die aufgelöste Gesellschaft tritt in Liquidation, unter Vorbehalt der Fälle der Fusion, der Aufspaltung und der Übertragung ihres Vermögens auf eine Körperschaft des öffentlichen Rechts.

Art. 739   B. Auflösung mit Liquidation
                 I. Zustand der Liquidation. Befugnisse

[1] Tritt die Gesellschaft in Liquidation, so behält sie die juristische Persönlichkeit und führt ihre bisherige Firma, jedoch mit dem Zusatz «in Liquidation», bis die Auseinandersetzung auch mit den Aktionären durchgeführt ist.

[2] Die Befugnisse der Organe der Gesellschaft werden mit dem Eintritt der Liquidation auf die Handlungen beschränkt, die für die Durchführung der Liquidation erforderlich sind, ihrer Natur nach jedoch nicht von den Liquidatoren vorgenommen werden können.

> Abs. 2: BGE 123 III 473.

Art. 740   II. Bestellung und Abberufung der Liquidatoren
                 1. Bestellung[3]

[1] Die Liquidation wird durch den Verwaltungsrat besorgt, sofern sie nicht in den Statuten oder durch einen Beschluss der Generalversammlung anderen Personen übertragen wird.

[2] Die Liquidatoren sind vom Verwaltungsrat zur Eintragung in das Handelsregister anzumelden, auch wenn die Liquidation vom Verwaltungsrat besorgt wird.

[3] Wenigstens einer der Liquidatoren muss in der Schweiz wohnhaft und zur Vertretung berechtigt sein.[4]

[4] Wird die Gesellschaft durch richterliches Urteil aufgelöst, so bestimmt der Richter die Liquidatoren.[5]

---

[1] Fassung gemäss Ziff. I des BG vom 4. Okt. 1991, in Kraft seit 1. Juli 1992 (AS 1992 733 786; BBl 1983 II 745).
[2] Fassung gemäss Anhang Ziff. 2 des Fusionsgesetzes vom 3. Okt. 2003, in Kraft seit 1. Juli 2004 (SR 221.301).
[3] Fassung gemäss Ziff. I des BG vom 4. Okt. 1991, in Kraft seit 1. Juli 1992 (AS 1992 733 786; BBl 1983 II 745).
[4] Fassung gemäss Ziff. I 3 des BG vom 16. Dez. 2005, in Kraft per 1. Jan. 2008 (AS 2007 4791 4839; BBl 2002 3148, BBl 2004 3969).
[5] Fassung gemäss Ziff. I des BG vom 4. Okt. 1991, in Kraft seit 1. Juli 1992 (AS 1992 733 786; BBl 1983 II 745).

⁵ Im Falle des Konkurses besorgt die Konkursverwaltung die Liquidation nach den Vorschriften des Konkursrechtes. Die Organe der Gesellschaft behalten die Vertretungsbefugnis nur, soweit eine Vertretung durch sie noch notwendig ist.

> OR 705, 933.
> Abs. 2: HRegV 63 ff., → Nr. 14.

Art. 741[1]   2. Abberufung

¹ Die Generalversammlung kann die von ihr ernannten Liquidatoren jederzeit abberufen.

² Auf Antrag eines Aktionärs kann der Richter, sofern wichtige Gründe vorliegen, Liquidatoren abberufen und nötigenfalls andere ernennen.

> Abs. 2: BGE 132 III 758.

Art. 742   III. Liquidationstätigkeit
1. Bilanz. Schuldenruf

¹ Die Liquidatoren haben bei der Übernahme ihres Amtes eine Bilanz aufzustellen.

² Die aus den Geschäftsbüchern ersichtlichen oder in anderer Weise bekannten Gläubiger sind durch besondere Mitteilung, unbekannte Gläubiger und solche mit unbekanntem Wohnort durch öffentliche Bekanntmachung im Schweizerischen Handelsamtsblatt und überdies in der von den Statuten vorgesehenen Form von der Auflösung der Gesellschaft in Kenntnis zu setzen und zur Anmeldung ihrer Ansprüche aufzufordern.

> Abs. 2: BGE 115 II 272.

Art. 743   2. Übrige Aufgaben

¹ Die Liquidatoren haben die laufenden Geschäfte zu beendigen, noch ausstehende Aktienbeträge nötigenfalls einzuziehen, die Aktiven zu verwerten und die Verpflichtungen der Gesellschaft, sofern die Bilanz und der Schuldenruf keine Überschuldung ergeben, zu erfüllen.

² Sie haben, sobald sie eine Überschuldung feststellen, den Richter zu benachrichtigen; dieser hat die Eröffnung des Konkurses auszusprechen.

³ Sie haben die Gesellschaft in den zur Liquidation gehörenden Rechtsgeschäften zu vertreten, können für sie Prozesse führen, Vergleiche und Schiedsverträge abschliessen und, soweit erforderlich, auch neue Geschäfte eingehen.

⁴ Sie dürfen Aktiven auch freihändig verkaufen, wenn die Generalversammlung nichts anderes angeordnet hat.

⁵ Sie haben bei länger andauernder Liquidation jährliche Zwischenbilanzen aufzustellen.

---

1   Fassung gemäss Ziff. I des BG vom 4. Okt. 1991, in Kraft seit 1. Juli 1992 (AS 1992 733 786; BBl 1983 II 745).

⁶ Die Gesellschaft haftet für den Schaden aus unerlaubten Handlungen, die ein Liquidator in Ausübung seiner geschäftlichen Verrichtungen begeht.

OR 745, 760. BankG 42. StGB 152.

Art. 744 3. Gläubigerschutz

¹ Haben bekannte Gläubiger die Anmeldung unterlassen, so ist der Betrag ihrer Forderungen gerichtlich zu hinterlegen.

² Ebenso ist für die nicht fälligen und die streitigen Verbindlichkeiten der Gesellschaft ein entsprechender Betrag zu hinterlegen, sofern nicht den Gläubigern eine gleichwertige Sicherheit bestellt oder die Verteilung des Gesellschaftsvermögens bis zur Erfüllung dieser Verbindlichkeiten ausgesetzt wird.

Art. 745 4. Verteilung des Vermögens

¹ Das Vermögen der aufgelösten Gesellschaft wird nach Tilgung ihrer Schulden, soweit die Statuten nichts anderes bestimmen, unter die Aktionäre nach Massgabe der einbezahlten Beträge und unter Berücksichtigung der Vorrechte einzelner Aktienkategorien verteilt.[1]

² Die Verteilung darf frühestens nach Ablauf eines Jahres vollzogen werden, von dem Tage an gerechnet, an dem der Schuldenruf zum dritten Mal ergangen ist.

³ Eine Verteilung darf bereits nach Ablauf von drei Monaten erfolgen, wenn ein zugelassener Revisionsexperte bestätigt, dass die Schulden getilgt sind und nach den Umständen angenommen werden kann, dass keine Interessen Dritter gefährdet werden.[2]

ZGB 57.

Art. 746 IV. Löschung im Handelsregister

Nach Beendigung der Liquidation ist das Erlöschen der Firma von den Liquidatoren beim Handelsregisteramt anzumelden.

OR 939. Wiedereintragung: BGE 64 I 335; 87 I 303.

---

1   Fassung gemäss Ziff. I des BG vom 4. Okt. 1991, in Kraft seit 1. Juli 1992 (AS 1992 733 786; BBl 1983 II 745).

2   Fassung gemäss Ziff. I 3 des BG vom 16. Dez. 2005, in Kraft per 1. Jan. 2008 (AS 2007 4791 4839; BBl 2002 3148, BBl 2004 3969).

Art. 747   V. Aufbewahrung der Geschäftsbücher

Die Geschäftsbücher der aufgelösten Gesellschaft sind während zehn Jahren an einem sicheren Ort aufzubewahren, der von den Liquidatoren, und wenn sie sich nicht einigen, vom Handelsregisteramt zu bezeichnen ist.

OR 962. StGB 325. BGE 131 IV 56. HRegV 65, → Nr. 14.

Art. 748–750[1]   C. Auflösung ohne Liquidation
                I. ...

Aufgehoben.

OR 181. Vgl. FusG, → Nr. 12.

Art. 751   II. Übernahme durch eine Körperschaft des öffentlichen Rechts

[1] Wird das Vermögen einer Aktiengesellschaft vom Bunde, von einem Kanton oder unter Garantie des Kantons von einem Bezirk oder von einer Gemeinde übernommen, so kann mit Zustimmung der Generalversammlung vereinbart werden, dass die Liquidation unterbleiben soll.

[2] Der Beschluss der Generalversammlung ist nach den Vorschriften über die Auflösung zu fassen und beim Handelsregisteramt anzumelden.

[3] Mit der Eintragung dieses Beschlusses ist der Übergang des Vermögens der Gesellschaft mit Einschluss der Schulden vollzogen, und es ist die Firma der Gesellschaft zu löschen.

Sechster Abschnitt: Verantwortlichkeit

Art. 752[2]   A. Haftung
                 I. Für den Emissionsprospekt

Sind bei der Gründung einer Gesellschaft oder bei der Ausgabe von Aktien, Obligationen oder anderen Titeln in Emissionsprospekten oder ähnlichen Mitteilungen unrichtige, irreführende oder den gesetzlichen Anforderungen nicht entsprechende Angaben gemacht oder verbreitet worden, so haftet jeder, der absichtlich oder fahrlässig dabei mitgewirkt hat, den Erwerbern der Titel für den dadurch verursachten Schaden.

BGE 131 III 306; 132 III 715.

---

1   Aufgehoben durch Anhang Ziff. 2 des Fusionsgesetzes vom 3. Okt. 2003, mit Wirkung seit 1. Juli 2004 (SR 221.301).
2   Fassung gemäss Ziff. I des BG vom 4. Okt. 1991, in Kraft seit 1. Juli 1992 (AS 1992 733 786; BBl 1983 II 745).

Art. 753[1] II. Gründungshaftung

Gründer, Mitglieder des Verwaltungsrates und alle Personen, die bei der Gründung mitwirken, werden sowohl der Gesellschaft als den einzelnen Aktionären und Gesellschaftsgläubigern für den Schaden verantwortlich, wenn sie

1. absichtlich oder fahrlässig Sacheinlagen, Sachübernahmen oder die Gewährung besonderer Vorteile zugunsten von Aktionären oder anderen Personen in den Statuten, einem Gründungsbericht oder einem Kapitalerhöhungsbericht unrichtig oder irreführend angeben, verschweigen oder verschleiern, oder bei der Genehmigung einer solchen Massnahme in anderer Weise dem Gesetz zuwiderhandeln;

2. absichtlich oder fahrlässig die Eintragung der Gesellschaft in das Handelsregister aufgrund einer Bescheinigung oder Urkunde veranlassen, die unrichtige Angaben enthält;

3. wissentlich dazu beitragen, dass Zeichnungen zahlungsunfähiger Personen angenommen werden.

BGE 117 II 432.

Art. 754[2] III. Haftung für Verwaltung, Geschäftsführung und Liquidation

[1] Die Mitglieder des Verwaltungsrates und alle mit der Geschäftsführung oder mit der Liquidation befassten Personen sind sowohl der Gesellschaft als den einzelnen Aktionären und Gesellschaftsgläubigern für den Schaden verantwortlich, den sie durch absichtliche oder fahrlässige Verletzung ihrer Pflichten verursachen.

[2] Wer die Erfüllung einer Aufgabe befugterweise einem anderen Organ überträgt, haftet für den von diesem verursachten Schaden, sofern er nicht nachweist, dass er bei der Auswahl, Unterrichtung und Überwachung die nach den Umständen gebotene Sorgfalt angewendet hat.

BGE 117 II 432; 132 III 564.
Abs. 1: BGE 117 II 570 (Organ); 119 II 255; 122 III 166, 176 (Nachlassvertrag); 122 III 196 (Delegation); 125 III 86 (Schaden); 128 III 92 (Tochtergesellschaft); 128 III 180 (Haftung); 131 III 306, 640.

Art. 755[3] IV. Revisionshaftung

[1] Alle mit der Prüfung der Jahres- und Konzernrechnung, der Gründung, der Kapitalerhöhung oder Kapitalherabsetzung befassten Personen sind sowohl der Gesellschaft als auch den einzelnen Aktionären und Gesellschaftsgläubigern für den Schaden verantwortlich, den sie durch absichtliche oder fahrlässige Verletzung ihrer Pflichten verursachen.

1   Fassung gemäss Ziff. I des BG vom 4. Okt. 1991, in Kraft seit 1. Juli 1992 (AS 1992 733 786; BBl 1983 II 745).
2   Fassung gemäss Ziff. I des BG vom 4. Okt. 1991, in Kraft seit 1. Juli 1992 (AS 1992 733 786; BBl 1983 II 745).
3   Fassung gemäss Ziff. I des BG vom 4. Okt. 1991, in Kraft seit 1. Juli 1992 (AS 1992 733 786; BBl 1983 II 745).

[2] Wurde die Prüfung von einer Finanzkontrolle der öffentlichen Hand oder von einem ihrer Mitarbeiter durchgeführt, so haftet das betreffende Gemeinwesen. Der Rückgriff auf die an der Prüfung beteiligten Personen richtet sich nach dem öffentlichen Recht.[1]

BGE 129 III 129.

Art. 756[2]   B. Schaden der Gesellschaft
                 I. Ansprüche ausser Konkurs

[1] Neben der Gesellschaft sind auch die einzelnen Aktionäre berechtigt, den der Gesellschaft verursachten Schaden einzuklagen. Der Anspruch des Aktionärs geht auf Leistung an die Gesellschaft.

[2] Hatte der Aktionär aufgrund der Sach- und Rechtslage begründeten Anlass zur Klage, so verteilt der Richter die Kosten, soweit sie nicht vom Beklagten zu tragen sind, nach seinem Ermessen auf den Kläger und die Gesellschaft.

Art. 757[3]   II. Ansprüche im Konkurs

[1] Im Konkurs der geschädigten Gesellschaft sind auch die Gesellschaftsgläubiger berechtigt, Ersatz des Schadens an die Gesellschaft zu verlangen. Zunächst steht es jedoch der Konkursverwaltung zu, die Ansprüche von Aktionären und Gesellschaftsgläubigern geltend zu machen.

[2] Verzichtet die Konkursverwaltung auf die Geltendmachung dieser Ansprüche, so ist hierzu jeder Aktionär oder Gläubiger berechtigt. Das Ergebnis wird vorab zur Deckung der Forderungen der klagenden Gläubiger gemäss den Bestimmungen des Schuldbetreibungs- und Konkursgesetzes vom 11. April 1889[4] verwendet. Am Überschuss nehmen die klagenden Aktionäre im Ausmass ihrer Beteiligung an der Gesellschaft teil; der Rest fällt in die Konkursmasse.

[3] Vorbehalten bleibt die Abtretung von Ansprüchen der Gesellschaft gemäss Artikel 260 des Schuldbetreibungs- und Konkursgesetzes vom 11. April 1889.

BGE 132 III 342.

---

1   Eingefügt durch Ziff. I 3 des BG vom 16. Dez. 2005, in Kraft per 1. Jan. 2008 (AS 2007 4791 4839; BBl 2002 3148, BBl 2004 3969).
2   Fassung gemäss Ziff. I des BG vom 4. Okt. 1991, in Kraft seit 1. Juli 1992 (AS 1992 733 786; BBl 1983 II 745).
3   Fassung gemäss Ziff. I des BG vom 4. Okt. 1991, in Kraft seit 1. Juli 1992 (AS 1992 733 786; BBl 1983 II 745).
4   SR 281.1

Art. 758[1] III. Wirkung des Entlastungsbeschlusses

[1] Der Entlastungsbeschluss der Generalversammlung wirkt nur für bekanntgegebene Tatsachen und nur gegenüber der Gesellschaft sowie gegenüber den Aktionären, die dem Beschluss zugestimmt oder die Aktien seither in Kenntnis des Beschlusses erworben haben.

[2] Das Klagerecht der übrigen Aktionäre erlischt sechs Monate nach dem Entlastungsbeschluss.

Art. 759[2] C. Solidarität und Rückgriff

[1] Sind für einen Schaden mehrere Personen ersatzpflichtig, so ist jede von ihnen insoweit mit den anderen solidarisch haftbar, als ihr der Schaden aufgrund ihres eigenen Verschuldens und der Umstände persönlich zurechenbar ist.

[2] Der Kläger kann mehrere Beteiligte gemeinsam für den Gesamtschaden einklagen und verlangen, dass der Richter im gleichen Verfahren die Ersatzpflicht jedes einzelnen Beklagten festsetzt.

[3] Der Rückgriff unter mehreren Beteiligten wird vom Richter in Würdigung aller Umstände bestimmt.

> Abs. 1: BGE 127 III 453; 132 III 564.
> Abs. 2: BGE 122 III 324; 125 III 138.
> Abs. 3: BGE 132 III 523.

Art. 760 D. Verjährung

[1] Der Anspruch auf Schadenersatz gegen die nach den vorstehenden Bestimmungen verantwortlichen Personen verjährt in fünf Jahren von dem Tage an, an dem der Geschädigte Kenntnis vom Schaden und von der Person des Ersatzpflichtigen erlangt hat, jedenfalls aber mit dem Ablaufe von zehn Jahren, vom Tage der schädigenden Handlung an gerechnet.

[2] Wird die Klage aus einer strafbaren Handlung hergeleitet, für die das Strafrecht eine längere Verjährung vorschreibt, so gilt diese auch für den Zivilanspruch.

> BankG 45.
> Abs. 1: BGE 102 II 353.

Art. 761[3]

Aufgehoben.

---

1 Fassung gemäss Ziff. I des BG vom 4. Okt. 1991, in Kraft seit 1. Juli 1992 (AS 1992 733 786; BBl 1983 II 745).
2 Fassung gemäss Ziff. I des BG vom 4. Okt. 1991, in Kraft seit 1. Juli 1992 (AS 1992 733 786; BBl 1983 II 745).
3 Aufgehoben durch Anhang Ziff. 5 des Gerichtsstandsgesetzes vom 24. März 2000 (SR 272).

Siebenter Abschnitt: Beteiligung von Körperschaften des öffentlichen Rechts

Art. 762

[1] Haben Körperschaften des öffentlichen Rechts wie Bund, Kanton, Bezirk oder Gemeinde ein öffentliches Interesse an einer Aktiengesellschaft, so kann der Körperschaft in den Statuten der Gesellschaft das Recht eingeräumt werden, Vertreter in den Verwaltungsrat oder in die Revisionsstelle abzuordnen, auch wenn sie nicht Aktionärin ist.[1]

[2] Bei solchen Gesellschaften sowie bei gemischtwirtschaftlichen Unternehmungen, an denen eine Körperschaft des öffentlichen Rechts als Aktionär beteiligt ist, steht das Recht zur Abberufung der von ihr abgeordneten Mitglieder des Verwaltungsrates und der Revisionsstelle nur ihr selbst zu.

[3] Die von einer Körperschaft des öffentlichen Rechts abgeordneten Mitglieder des Verwaltungsrates und der Revisionsstelle haben die gleichen Rechte und Pflichten wie die von der Generalversammlung gewählten.[2]

[4] Für die von einer Körperschaft des öffentlichen Rechts abgeordneten Mitglieder haftet die Körperschaft der Gesellschaft, den Aktionären und den Gläubigern gegenüber, unter Vorbehalt des Rückgriffs nach dem Recht des Bundes und der Kantone.

Achter Abschnitt: Ausschluss der Anwendung des Gesetzes auf öffentlich-rechtliche Anstalten

Art. 763

[1] Auf Gesellschaften und Anstalten, wie Banken, Versicherungs- oder Elektrizitätsunternehmen, die durch besondere kantonale Gesetze gegründet worden sind und unter Mitwirkung öffentlicher Behörden verwaltet werden, kommen, sofern der Kanton die subsidiäre Haftung für deren Verbindlichkeiten übernimmt, die Bestimmungen über die Aktiengesellschaft auch dann nicht zur Anwendung, wenn das Kapital ganz oder teilweise in Aktien zerlegt ist und unter Beteiligung von Privatpersonen aufgebracht wird.

[2] Auf Gesellschaften und Anstalten, die vor dem 1. Januar 1883 durch besondere kantonale Gesetze gegründet worden sind und unter Mitwirkung öffentlicher Behörden verwaltet werden, finden die Bestimmungen über die Aktiengesellschaft auch dann keine Anwendung, wenn der Kanton die subsidiäre Haftung für die Verbindlichkeiten nicht übernimmt.

a.OR 899.

1 Fassung gemäss Ziff. I des BG vom 4. Okt. 1991, in Kraft seit 1. Juli 1992 (AS 1992 733 786; BBl 1983 II 745).
2 Fassung gemäss Ziff. I des BG vom 4. Okt. 1991, in Kraft seit 1. Juli 1992 (AS 1992 733 786; BBl 1983 II 745).

Siebenundzwanzigster Titel: Die Kommanditaktiengesellschaft

Art. 764 A. Begriff

[1] Die Kommanditaktiengesellschaft ist eine Gesellschaft, deren Kapital in Aktien zerlegt ist und bei der ein oder mehrere Mitglieder den Gesellschaftsgläubigern unbeschränkt und solidarisch gleich einem Kollektivgesellschafter haftbar sind.

[2] Für die Kommanditaktiengesellschaft kommen, soweit nicht etwas anderes vorgesehen ist, die Bestimmungen über die Aktiengesellschaft zur Anwendung.

[3] Wird ein Kommanditkapital nicht in Aktien zerlegt, sondern in Teile, die lediglich das Mass der Beteiligung mehrerer Kommanditäre regeln, so gelten die Vorschriften über die Kommanditgesellschaft.

> Abs. 1: OR 568 ff.
> Abs. 3: OR 594 ff.
> HRegV 66 ff., → Nr. 14.

Art. 765 B. Verwaltung
I. Bezeichnung und Befugnisse

[1] Die unbeschränkt haftenden Mitglieder bilden die Verwaltung der Kommanditaktiengesellschaft. Ihnen steht die Geschäftsführung und die Vertretung zu. Sie sind in den Statuten zu nennen.

[2] Der Name, der Wohnsitz, der Heimatort und die Funktion der Mitglieder der Verwaltung sowie der zur Vertretung befugten Personen sind ins Handelsregister einzutragen.[1]

[3] Für Änderungen im Bestande der unbeschränkt haftenden Mitglieder bedarf es der Zustimmung der bisherigen Mitglieder und der Änderung der Statuten.

> OR 957 ff., 961. BankG 3.

Art. 766 II. Zustimmung zu Generalversammlungsbeschlüssen

Beschlüsse der Generalversammlung über Umwandlung des Gesellschaftszweckes, Erweiterung oder Verengerung des Geschäftsbereiches und Fortsetzung der Gesellschaft über die in den Statuten bestimmte Zeit hinaus bedürfen der Zustimmung der Mitglieder der Verwaltung.

---

1 Fassung gemäss Ziff. I 3 des BG vom 16. Dez. 2005, in Kraft per 1. Jan. 2008 (AS 2007 4791 4839; BBl 2002 3148, BBl 2004 3969).

Art. 767   III. Entziehung der Geschäftsführung und Vertretung

[1] Den Mitgliedern der Verwaltung kann die Geschäftsführung und Vertretung unter den gleichen Voraussetzungen wie bei der Kollektivgesellschaft entzogen werden.

[2] Mit der Entziehung endigt auch die unbeschränkte Haftbarkeit des Mitgliedes für die künftig entstehenden Verbindlichkeiten der Gesellschaft.

> Abs. 1: OR 565. HRegV 69, → Nr. 14.

Art. 768   C. Aufsichtsstelle
                 I. Bestellung und Befugnisse

[1] Die Kontrolle, in Verbindung mit der dauernden Überwachung der Geschäftsführung, ist einer Aufsichtsstelle zu übertragen, der durch die Statuten weitere Obliegenheiten zugewiesen werden können.

[2] Bei der Bestellung der Aufsichtsstelle haben die Mitglieder der Verwaltung kein Stimmrecht.

[3] Die Mitglieder der Aufsichtsstelle sind in das Handelsregister einzutragen.

> BankG 18 ff.

Art. 769   II. Verantwortlichkeitsklage

[1] Die Aufsichtsstelle kann namens der Gesellschaft die Mitglieder der Verwaltung zur Rechenschaft ziehen und vor Gericht belangen.

[2] Bei arglistigem Verhalten von Mitgliedern der Verwaltung ist die Aufsichtsstelle zur Durchführung von Prozessen auch dann berechtigt, wenn ein Beschluss der Generalversammlung entgegensteht.

Art. 770   D. Auflösung

[1] Die Gesellschaft wird beendigt durch das Ausscheiden, den Tod, die Handlungsunfähigkeit oder den Konkurs sämtlicher unbeschränkt haftender Gesellschafter.

[2] Im übrigen gelten für die Auflösung der Kommanditaktiengesellschaft die gleichen Vorschriften wie für die Auflösung der Aktiengesellschaft; doch kann eine Auflösung durch Beschluss der Generalversammlung vor dem in den Statuten festgesetzten Termin nur mit Zustimmung der Verwaltung erfolgen.

[3] ...[1]

> Abs. 1: OR 736 ff.

---

[1]   Aufgehoben durch Anhang Ziff. 2 des Fusionsgesetzes vom 3. Okt. 2003, mit Wirkung seit 1. Juli 2004 (SR 221.301).

Art. 771   E. Kündigung

¹ Dem unbeschränkt haftenden Gesellschafter steht das Recht der Kündigung gleich einem Kollektivgesellschafter zu.

² Macht einer von mehreren unbeschränkt haftenden Gesellschaftern von seinem Kündigungsrechte Gebrauch, so wird die Gesellschaft, sofern die Statuten es nicht anders bestimmen, von den übrigen fortgesetzt.

Abs. 1: OR 574, 545 Ziff. 6, 546.

Achtundzwanzigster Titel:¹ Die Gesellschaft mit beschränkter Haftung
Erster Abschnitt: Allgemeine Bestimmungen

Art. 772   A. Begriff

¹ Die Gesellschaft mit beschränkter Haftung ist eine personenbezogene Kapitalgesellschaft, an der eine oder mehrere Personen oder Handelsgesellschaften beteiligt sind. Ihr Stammkapital ist in den Statuten festgelegt. Für ihre Verbindlichkeiten haftet nur das Gesellschaftsvermögen.

² Die Gesellschafter sind mindestens mit je einem Stammanteil am Stammkapital beteiligt. Die Statuten können für sie Nachschuss- und Nebenleistungspflichten vorsehen.

StGB 152.

Art. 773   B. Stammkapital

Das Stammkapital muss mindestens 20 000 Franken betragen.

Art. 774   C. Stammanteile

¹ Der Nennwert der Stammanteile muss mindestens 100 Franken betragen. Im Falle einer Sanierung kann er bis auf einen Franken herabgesetzt werden.

² Die Stammanteile müssen mindestens zum Nennwert ausgegeben werden.

Art. 774a   D. Genussscheine

Die Statuten können die Schaffung von Genussscheinen vorsehen; die Vorschriften des Aktienrechts sind entsprechend anwendbar.

1   Fassung gemäss Ziff. I 2 des BG vom 16. Dez. 2005, in Kraft per 1. Jan. 2008 (AS 2007 4791 4839; BBl 2002 3148, BBl 2004 3969).

Art. 775   E. Gesellschafter

Eine Gesellschaft mit beschränkter Haftung kann durch eine oder mehrere natürliche oder juristische Personen oder andere Handelsgesellschaften gegründet werden.

Art. 776   F. Statuten
                I. Gesetzlich vorgeschriebener Inhalt

Die Statuten müssen Bestimmungen enthalten über:

1. die Firma und den Sitz der Gesellschaft;
2. den Zweck der Gesellschaft;
3. die Höhe des Stammkapitals sowie die Anzahl und den Nennwert der Stammanteile;
4. die Form der von der Gesellschaft ausgehenden Bekanntmachungen.

Art. 776a   II. Bedingt notwendiger Inhalt

Zu ihrer Verbindlichkeit bedürfen der Aufnahme in die Statuten Bestimmungen über:

1. die Begründung und die Ausgestaltung von Nachschuss- und Nebenleistungspflichten;
2. die Begründung und die Ausgestaltung von Vorhand-, Vorkaufs- oder Kaufsrechten der Gesellschafter oder der Gesellschaft an den Stammanteilen;
3. Konkurrenzverbote der Gesellschafter;
4. Konventionalstrafen zur Sicherung der Erfüllung gesetzlicher oder statutarischer Pflichten;
5. Vorrechte, die mit einzelnen Kategorien von Stammanteilen verbunden sind (Vorzugsstammanteile);
6. Vetorechte von Gesellschaftern betreffend Beschlüsse der Gesellschafterversammlung;
7. die Beschränkung des Stimmrechts und des Rechts der Gesellschafter, sich vertreten zu lassen;
8. Genussscheine;
9. statutarische Reserven;
10. Befugnisse der Gesellschafterversammlung, die dieser über die gesetzlichen Zuständigkeiten hinaus zugewiesen werden;
11. die Genehmigung bestimmter Entscheide der Geschäftsführer durch die Gesellschafterversammlung;
12. das Erfordernis der Zustimmung der Gesellschafterversammlung zur Bezeichnung von natürlichen Personen, die für Gesellschafter, die juristische Personen oder Handelsgesellschaften sind, das Recht zur Geschäftsführung ausüben;

13. die Befugnis der Geschäftsführer, Direktoren, Prokuristen sowie Handlungsbevollmächtigte zu ernennen;

14. die Ausrichtung von Tantiemen an die Geschäftsführer;

15. die Zusicherung von Bauzinsen;

16. die Organisation und die Aufgaben der Revisionsstelle, sofern dabei über die gesetzlichen Vorschriften hinausgegangen wird;

17. die Gewährung eines statutarischen Austrittsrechts, die Bedingungen für dessen Ausübung und die auszurichtende Abfindung;

18. besondere Gründe für den Ausschluss von Gesellschaftern aus der Gesellschaft;

19. andere als die gesetzlichen Auflösungsgründe.

[2] Zu ihrer Verbindlichkeit bedürfen ebenfalls der Aufnahme in die Statuten von den gesetzlichen Vorschriften abweichende Regelungen:

1. der Beschlussfassung über die nachträgliche Schaffung von neuen Vorzugsstammanteilen;

2. der Übertragung von Stammanteilen;

3. der Einberufung der Gesellschafterversammlung;

4. der Bemessung des Stimmrechts der Gesellschafter;

5. der Beschlussfassung in der Gesellschafterversammlung;

6. der Beschlussfassung der Geschäftsführer;

7. der Geschäftsführung und der Vertretung;

8. zu den Konkurrenzverboten der Geschäftsführer.

Art. 777   G. Gründung
                 I. Errichtungsakt

[1] Die Gesellschaft wird errichtet, indem die Gründer in öffentlicher Urkunde erklären, eine Gesellschaft mit beschränkter Haftung zu gründen, darin die Statuten festlegen und die Organe bestellen.

[2] In diesem Errichtungsakt zeichnen die Gründer die Stammanteile und stellen fest, dass:

1. sämtliche Stammanteile gültig gezeichnet sind;

2. die Einlagen dem gesamten Ausgabebetrag entsprechen;

3. die gesetzlichen und statutarischen Anforderungen an die Leistung der Einlagen erfüllt sind;

4. sie die statutarischen Nachschuss- oder Nebenleistungspflichten übernehmen.

Art. 777a   II. Zeichnung der Stammanteile

[1] Die Zeichnung der Stammanteile bedarf zu ihrer Gültigkeit der Angabe von Anzahl, Nennwert und Ausgabebetrag sowie gegebenenfalls der Kategorie der Stammanteile.

[2] In der Urkunde über die Zeichnung muss hingewiesen werden auf statutarische Bestimmungen über:

1.   Nachschusspflichten;

2.   Nebenleistungspflichten;

3.   Konkurrenzverbote für die Gesellschafter;

4.   Vorhand-, Vorkaufs- und Kaufsrechte der Gesellschafter oder der Gesellschaft;

5.   Konventionalstrafen.

Art. 777b   III. Belege

[1] Im Errichtungsakt muss die Urkundsperson die Belege über die Gründung einzeln nennen und bestätigen, dass sie ihr und den Gründern vorgelegen haben.

[2] Dem Errichtungsakt sind folgende Unterlagen beizulegen:

1.   die Statuten;

2.   der Gründungsbericht;

3.   die Prüfungsbestätigung;

4.   die Bestätigung über die Hinterlegung von Einlagen in Geld;

5.   die Sacheinlageverträge;

6.   bereits vorliegende Sachübernahmeverträge.

Art. 777c   IV. Einlagen

[1] Bei der Gründung muss für jeden Stammanteil eine dem Ausgabebetrag entsprechende Einlage vollständig geleistet werden.

[2] Im Übrigen sind die Vorschriften des Aktienrechts entsprechend anwendbar für:

1.   die Angabe der Sacheinlagen, der Sachübernahmen und der besonderen Vorteile in den Statuten;

2.   die Eintragung von Sacheinlagen, Sachübernahmen und von besonderen Vorteilen ins Handelsregister;

3.   die Leistung und die Prüfung der Einlagen.

Art. 778   H. Eintragung ins Handelsregister
                 I. Gesellschaft

Die Gesellschaft ist ins Handelsregister des Ortes einzutragen, an dem sie ihren Sitz hat.

> HRegV 71 ff., → Nr. 14.

Art. 778a   II. Zweigniederlassungen

Zweigniederlassungen sind ins Handelsregister des Ortes einzutragen, an dem sie sich befinden.

Art. 779   J. Erwerb der Persönlichkeit
                 I. Zeitpunkt; mangelnde Voraussetzungen

[1] Die Gesellschaft erlangt das Recht der Persönlichkeit durch die Eintragung ins Handelsregister.

[2] Sie erlangt das Recht der Persönlichkeit auch dann, wenn die Voraussetzungen für die Eintragung tatsächlich nicht erfüllt sind.

[3] Waren bei der Gründung gesetzliche oder statutarische Voraussetzungen nicht erfüllt und sind dadurch die Interessen von Gläubigern oder Gesellschaftern in erheblichem Masse gefährdet oder verletzt worden, so kann das Gericht auf Begehren einer dieser Personen die Auflösung der Gesellschaft verfügen.

[4] Das Klagerecht erlischt drei Monate nach der Veröffentlichung der Gründung der Gesellschaft im Schweizerischen Handelsamtsblatt.

Art. 779a   II. Vor der Eintragung eingegangene Verpflichtungen

[1] Personen, die vor der Eintragung ins Handelsregister im Namen der Gesellschaft handeln, haften dafür persönlich und solidarisch.

[2] Übernimmt die Gesellschaft innerhalb von drei Monaten nach ihrer Eintragung Verpflichtungen, die ausdrücklich in ihrem Namen eingegangen werden, so werden die Handelnden befreit, und es haftet nur die Gesellschaft.

Art. 780   K. Statutenänderung

Jeder Beschluss der Gesellschafterversammlung über eine Änderung der Statuten muss öffentlich beurkundet und ins Handelsregister eingetragen werden.

Art. 781   L. Erhöhung des Stammkapitals

[1] Die Gesellschafterversammlung kann die Erhöhung des Stammkapitals beschliessen.

[2] Die Ausführung des Beschlusses obliegt den Geschäftsführern.

[3] Die Zeichnung und die Einlagen richten sich nach den Vorschriften über die Gründung. Für den Zeichnungsschein sind zudem die Vorschriften über die Erhöhung des Aktienkapitals entsprechend anwendbar. Ein öffentliches Angebot zur Zeichnung der Stammanteile ist ausgeschlossen.

[4] Die Erhöhung des Stammkapitals muss innerhalb von drei Monaten nach dem Beschluss der Gesellschafterversammlung beim Handelsregister zur Eintragung angemeldet werden; sonst fällt der Beschluss dahin.

[5] Im Übrigen sind die Vorschriften des Aktienrechts über die ordentliche Kapitalerhöhung entsprechend anwendbar für:

1. die Form und den Inhalt des Beschlusses der Gesellschafterversammlung;
2. das Bezugsrecht der Gesellschafter;
3. die Erhöhung des Stammkapitals aus Eigenkapital;
4. den Kapitalerhöhungsbericht und die Prüfungsbestätigung;
5. die Statutenänderung und die Feststellungen der Geschäftsführer;
6. die Eintragung der Erhöhung des Stammkapitals ins Handelsregister und die Nichtigkeit vorher ausgegebener Urkunden.

HRegV 74 ff., → Nr. 14.

Art. 782   M. Herabsetzung des Stammkapitals

[1] Die Gesellschafterversammlung kann die Herabsetzung des Stammkapitals beschliessen.

[2] Das Stammkapital darf in keinem Fall unter 20 000 Franken herabgesetzt werden.

[3] Zur Beseitigung einer durch Verluste entstandenen Unterbilanz darf das Stammkapital nur herabgesetzt werden, wenn die Gesellschafter die in den Statuten vorgesehenen Nachschüsse voll geleistet haben.

[4] Im Übrigen sind die Vorschriften über die Herabsetzung des Aktienkapitals entsprechend anwendbar.

HRegV 77 ff., → Nr. 14.

Art. 783   N. Erwerb eigener Stammanteile

[1] Die Gesellschaft darf eigene Stammanteile nur dann erwerben, wenn frei verwendbares Eigenkapital in der Höhe der dafür nötigen Mittel vorhanden ist und der gesamte Nennwert dieser Stammanteile zehn Prozent des Stammkapitals nicht übersteigt.

[2] Werden im Zusammenhang mit einer Übertragbarkeitsbeschränkung, einem Austritt oder einem Ausschluss Stammanteile erworben, so beträgt die Höchstgrenze 35 Prozent. Die über 10 Prozent des Stammkapitals hinaus erworbenen eigenen Stammanteile sind innerhalb von zwei Jahren zu veräussern oder durch Kapitalherabsetzung zu vernichten.

[3] Ist mit den Stammanteilen, die erworben werden sollen, eine Nachschusspflicht oder eine Nebenleistungspflicht verbunden, so muss diese vor deren Erwerb aufgehoben werden.

[4] Im Übrigen sind für den Erwerb eigener Stammanteile durch die Gesellschaft die Vorschriften über eigene Aktien entsprechend anwendbar.

Zweiter Abschnitt: Rechte und Pflichten der Gesellschafter

Art. 784   A. Stammanteile
            I. Urkunde

[1] Wird über Stammanteile eine Urkunde ausgestellt, so kann diese nur als Beweisurkunde oder Namenpapier errichtet werden.

[2] In die Urkunde müssen dieselben Hinweise auf statutarische Rechte und Pflichten aufgenommen werden wie in die Urkunde über die Zeichnung der Stammanteile.

Art. 785   II. Übertragung
            1. Abtretung
            a. Form

[1] Die Abtretung von Stammanteilen sowie die Verpflichtung zur Abtretung bedürfen der schriftlichen Form.

[2] In den Abtretungsvertrag müssen dieselben Hinweise auf statutarische Rechte und Pflichten aufgenommen werden wie in die Urkunde über die Zeichnung der Stammanteile.

Art. 786   b. Zustimmungserfordernisse

[1] Die Abtretung von Stammanteilen bedarf der Zustimmung der Gesellschafterversammlung. Die Gesellschafterversammlung kann die Zustimmung ohne Angabe von Gründen verweigern.

[2] Von dieser Regelung können die Statuten abweichen, indem sie:

1. auf das Erfordernis der Zustimmung zur Abtretung verzichten;

2. die Gründe festlegen, die die Verweigerung der Zustimmung zur Abtretung rechtfertigen;

3. vorsehen, dass die Zustimmung zur Abtretung verweigert werden kann, wenn die Gesellschaft dem Veräusserer die Übernahme der Stammanteile zum wirklichen Wert anbietet;

4. die Abtretung ausschliessen;

5. vorsehen, dass die Zustimmung zur Abtretung verweigert werden kann, wenn die Erfüllung statutarischer Nachschuss- oder Nebenleistungspflichten zweifelhaft ist und eine von der Gesellschaft geforderte Sicherheit nicht geleistet wird.

[3] Schliessen die Statuten die Abtretung aus oder verweigert die Gesellschafterversammlung die Zustimmung zur Abtretung, so bleibt das Recht auf Austritt aus wichtigem Grund vorbehalten.

Art. 787   c. Rechtsübergang

[1] Ist für die Abtretung von Stammanteilen die Zustimmung der Gesellschafterversammlung erforderlich, so wird die Abtretung erst mit dieser Zustimmung rechtswirksam.

[2] Lehnt die Gesellschafterversammlung das Gesuch um Zustimmung zur Abtretung nicht innerhalb von sechs Monaten nach Eingang ab, so gilt die Zustimmung als erteilt.

Art. 788   2. Besondere Erwerbsarten

[1] Werden Stammanteile durch Erbgang, Erbteilung, eheliches Güterrecht oder Zwangsvollstreckung erworben, so gehen alle Rechte und Pflichten, die damit verbunden sind, ohne Zustimmung der Gesellschafterversammlung auf die erwerbende Person über.

[2] Für die Ausübung des Stimmrechts und der damit zusammenhängenden Rechte bedarf die erwerbende Person jedoch der Anerkennung der Gesellschafterversammlung als stimmberechtigter Gesellschafter.

[3] Die Gesellschafterversammlung kann ihr die Anerkennung nur verweigern, wenn ihr die Gesellschaft die Übernahme der Stammanteile zum wirklichen Wert im Zeitpunkt des Gesuches anbietet. Das Angebot kann auf eigene Rechnung oder auf Rechnung anderer Gesellschafter oder Dritter erfolgen. Lehnt die erwerbende Person das Angebot nicht innerhalb eines Monats nach Kenntnis des wirklichen Wertes ab, so gilt es als angenommen.

[4] Lehnt die Gesellschafterversammlung das Gesuch um Anerkennung nicht innerhalb von sechs Monaten ab Eingang ab, so gilt die Anerkennung als erteilt.

[5] Die Statuten können auf das Erfordernis der Anerkennung verzichten.

Art. 789   3. Bestimmung des wirklichen Werts

[1] Stellen das Gesetz oder die Statuten auf den wirklichen Wert der Stammanteile ab, so können die Parteien verlangen, dass dieser vom Gericht bestimmt wird.

[2] Das Gericht verteilt die Kosten des Verfahrens und der Bewertung nach seinem Ermessen.

Art. 789a 4. Nutzniessung

¹ Für die Bestellung einer Nutzniessung an einem Stammanteil sind die Vorschriften über die Übertragung der Stammanteile entsprechend anwendbar.

² Schliessen die Statuten die Abtretung aus, so ist auch die Bestellung einer Nutzniessung an den Stammanteilen ausgeschlossen.

Art. 789b 5. Pfandrecht

¹ Die Statuten können vorsehen, dass die Bestellung eines Pfandrechts an Stammanteilen der Zustimmung der Gesellschafterversammlung bedarf. Diese darf die Zustimmung nur verweigern, wenn ein wichtiger Grund vorliegt.

² Schliessen die Statuten die Abtretung aus, so ist auch die Bestellung eines Pfandrechts an den Stammanteilen ausgeschlossen.

Art. 790 III. Anteilbuch

¹ Die Gesellschaft führt über die Stammanteile ein Anteilbuch.

² In das Anteilbuch sind einzutragen:

1. die Gesellschafter mit Namen und Adresse;
2. die Anzahl, der Nennwert sowie allenfalls die Kategorien der Stammanteile jedes Gesellschafters;
3. die Nutzniesser mit Namen und Adresse;
4. die Pfandgläubiger mit Namen und Adresse.

³ Gesellschafter, die nicht zur Ausübung des Stimmrechts und der damit zusammenhängenden Rechte befugt sind, müssen als Gesellschafter ohne Stimmrecht bezeichnet werden.

⁴ Den Gesellschaftern steht das Recht zu, in das Anteilbuch Einsicht zu nehmen.

Art. 791 IV. Eintragung ins Handelsregister

¹ Die Gesellschafter sind mit Name, Wohnsitz und Heimatort sowie mit der Anzahl und dem Nennwert ihrer Stammanteile ins Handelsregister einzutragen.

² Die Gesellschaft muss die Eintragung anmelden.

HRegV 82, → Nr. 14.

Art. 792   V. Gemeinschaftliches Eigentum

Steht ein Stammanteil mehreren Berechtigten ungeteilt zu, so:

1.   haben diese gemeinsam eine Person zu bezeichnen, die sie vertritt; sie können die Rechte aus dem Stammanteil nur durch diese Person ausüben;

2.   haften diese für Nachschusspflichten und Nebenleistungspflichten solidarisch.

Art. 793   B. Leistung der Einlagen

[1] Die Gesellschafter sind zur Leistung einer dem Ausgabebetrag ihrer Stammanteile entsprechenden Einlage verpflichtet.

[2] Die Einlagen dürfen nicht zurückerstattet werden.

Art. 794   C. Haftung der Gesellschafter

Für die Verbindlichkeiten der Gesellschaft haftet nur das Gesellschaftsvermögen.

Art. 795   D. Nachschüsse und Nebenleistungen
          I. Nachschüsse
          1. Grundsatz und Betrag

[1] Die Statuten können die Gesellschafter zur Leistung von Nachschüssen verpflichten.

[2] Sehen die Statuten eine Nachschusspflicht vor, so müssen sie den Betrag der mit einem Stammanteil verbundenen Nachschusspflicht festlegen. Dieser darf das Doppelte des Nennwertes des Stammanteils nicht übersteigen.

[3] Die Gesellschafter haften nur für die mit den eigenen Stammanteilen verbundenen Nachschüsse.

Art. 795a   2. Einforderung

[1] Die Nachschüsse werden durch die Geschäftsführer eingefordert.

[2] Sie dürfen nur eingefordert werden, wenn:

1.   die Summe von Stammkapital und gesetzlichen Reserven nicht mehr gedeckt ist;

2.   die Gesellschaft ihre Geschäfte ohne diese zusätzlichen Mittel nicht ordnungsgemäss weiterführen kann;

3.   die Gesellschaft aus in den Statuten umschriebenen Gründen Eigenkapital benötigt.

[3] Mit Eintritt des Konkurses werden ausstehende Nachschüsse fällig.

Art. 795b   3. Rückzahlung

Geleistete Nachschüsse dürfen nur dann ganz oder teilweise zurückbezahlt werden, wenn der Betrag durch frei verwendbares Eigenkapital gedeckt ist und ein zugelassener Revisionsexperte dies schriftlich bestätigt.

Art. 795c   4. Herabsetzung

1 Eine statutarische Nachschusspflicht darf nur dann herabgesetzt oder aufgehoben werden, wenn das Stammkapital und die gesetzlichen Reserven voll gedeckt sind.

2 Die Vorschriften über die Herabsetzung des Stammkapitals sind entsprechend anwendbar.

Art. 795d   5. Fortdauer

1 Für Gesellschafter, die aus der Gesellschaft ausscheiden, besteht die Nachschusspflicht unter Vorbehalt der nachfolgenden Einschränkungen während dreier Jahre weiter. Der Zeitpunkt des Ausscheidens bestimmt sich nach der Eintragung ins Handelsregister.

2 Ausgeschiedene Gesellschafter müssen Nachschüsse nur leisten, wenn die Gesellschaft in Konkurs fällt.

3 Ihre Nachschusspflicht entfällt, soweit sie von einem Rechtsnachfolger erfüllt wurde.

4 Die Nachschusspflicht ausgeschiedener Gesellschafter darf nicht erhöht werden.

Art. 796   II. Nebenleistungen

1 Die Statuten können die Gesellschafter zu Nebenleistungen verpflichten.

2 Sie können nur Nebenleistungspflichten vorsehen, die dem Zweck der Gesellschaft, der Erhaltung ihrer Selbstständigkeit oder der Wahrung der Zusammensetzung des Kreises der Gesellschafter dienen.

3 Gegenstand und Umfang wie auch andere nach den Umständen wesentliche Punkte einer mit einem Stammanteil verbundenen Nebenleistungspflicht müssen in den Statuten bestimmt werden. Für die nähere Umschreibung kann auf ein Reglement der Gesellschafterversammlung verwiesen werden.

4 Statutarische Verpflichtungen zur Zahlung von Geld oder zur Leistung anderer Vermögenswerte unterstehen den Bestimmungen über Nachschüsse, wenn keine angemessene Gegenleistung vorgesehen wird und die Einforderung der Deckung des Eigenkapitalbedarfs der Gesellschaft dient.

Art. 797   III. Nachträgliche Einführung

Die nachträgliche Einführung oder Erweiterung statutarischer Nachschuss- oder Nebenleistungspflichten bedarf der Zustimmung aller davon betroffenen Gesellschafter.

Art. 798   E. Dividenden, Zinse, Tantiemen
               I. Dividenden

[1] Dividenden dürfen nur aus dem Bilanzgewinn und aus hierfür gebildeten Reserven ausgerichtet werden.

[2] Die Dividende darf erst festgesetzt werden, nachdem die dem Gesetz und den Statuten entsprechenden Zuweisungen an die gesetzlichen und statutarischen Reserven abgezogen worden sind.

[3] Die Dividenden sind im Verhältnis des Nennwerts der Stammanteile festzusetzen; wurden Nachschüsse geleistet, so ist deren Betrag für die Bemessung der Dividenden dem Nennwert zuzurechnen; die Statuten können eine abweichende Regelung vorsehen.

Art. 798a   II. Zinsen

[1] Für das Stammkapital und geleistete Nachschüsse dürfen keine Zinsen bezahlt werden.

[2] Die Ausrichtung von Bauzinsen ist zulässig. Die Vorschrift des Aktienrechts über Bauzinse ist entsprechend anwendbar.

Art. 798b   III. Tantiemen

Die Statuten können die Ausrichtung von Tantiemen an Geschäftsführer vorsehen. Die Vorschriften des Aktienrechts über Tantiemen sind entsprechend anwendbar.

Art. 799   F. Vorzugsstammanteile

Für Vorzugsstammanteile sind die Vorschriften des Aktienrechts über Vorzugsaktien entsprechend anwendbar.

Art. 800   G. Rückerstattung von Leistungen

Für die Rückerstattung von Leistungen der Gesellschaft an Gesellschafter, Geschäftsführer sowie diesen nahe stehende Personen sind die Vorschriften des Aktienrechts entsprechend anwendbar.

Art. 801 H. Geschäftsbericht, Reserven und Offenlegung

Für den Geschäftsbericht, für die Reserven sowie für die Offenlegung der Jahresrechnung und der Konzernrechnung sind die Vorschriften des Aktienrechts entsprechend anwendbar.

Art. 801a J. Zustellung des Geschäftsberichts

[1] Der Geschäftsbericht und der Revisionsbericht sind den Gesellschaftern spätestens zusammen mit der Einladung zur ordentlichen Gesellschafterversammlung zuzustellen.

[2] Die Gesellschafter können verlangen, dass ihnen nach der Gesellschafterversammlung die von ihr genehmigte Fassung des Geschäftsberichts zugestellt wird.

Art. 802 K. Auskunfts- und Einsichtsrecht

[1] Jeder Gesellschafter kann von den Geschäftsführern Auskunft über alle Angelegenheiten der Gesellschaft verlangen.

[2] Hat die Gesellschaft keine Revisionsstelle, so kann jeder Gesellschafter in die Bücher und Akten uneingeschränkt Einsicht nehmen. Hat sie eine Revisionsstelle, so besteht ein Recht zur Einsichtnahme nur, soweit ein berechtigtes Interesse glaubhaft gemacht wird.

[3] Besteht Gefahr, dass der Gesellschafter die erlangten Kenntnisse zum Schaden der Gesellschaft für gesellschaftsfremde Zwecke verwendet, so können die Geschäftsführer die Auskunft und die Einsichtnahme im erforderlichen Umfang verweigern; auf Antrag des Gesellschafters entscheidet die Gesellschafterversammlung.

[4] Verweigert die Gesellschafterversammlung die Auskunft oder die Einsicht ungerechtfertigterweise, so ordnet sie das Gericht auf Antrag des Gesellschafters an.

Art. 803 L. Treuepflicht und Konkurrenzverbot

[1] Die Gesellschafter sind zur Wahrung des Geschäftsgeheimnisses verpflichtet.

[2] Sie müssen alles unterlassen, was die Interessen der Gesellschaft beeinträchtigt. Insbesondere dürfen sie nicht Geschäfte betreiben, die ihnen zum besonderen Vorteil gereichen und durch die der Zweck der Gesellschaft beeinträchtigt würde. Die Statuten können vorsehen, dass die Gesellschafter konkurrenzierende Tätigkeiten unterlassen müssen.

[3] Die Gesellschafter dürfen Tätigkeiten ausüben, die gegen die Treuepflicht oder ein allfälliges Konkurrenzverbot verstossen, sofern alle übrigen Gesellschafter schriftlich zustimmen. Die Statuten können vorsehen, dass stattdessen die Zustimmung der Gesellschafterversammlung erforderlich ist.

[4] Die besonderen Vorschriften über das Konkurrenzverbot von Geschäftsführern bleiben vorbehalten.

Dritter Abschnitt: Organisation der Gesellschaft

Art. 804 A. Gesellschafterversammlung
I. Aufgaben

[1] Oberstes Organ der Gesellschaft ist die Gesellschafterversammlung.

[2] Der Gesellschafterversammlung stehen folgende unübertragbare Befugnisse zu:

1. die Änderung der Statuten;
2. die Bestellung und die Abberufung von Geschäftsführern;
3. die Bestellung und die Abberufung der Mitglieder der Revisionsstelle und des Konzernrechnungsprüfers;
4. die Genehmigung des Jahresberichtes und der Konzernrechnung;
5. die Genehmigung der Jahresrechnung sowie die Beschlussfassung über die Verwendung des Bilanzgewinnes, insbesondere die Festsetzung der Dividende und der Tantieme;
6. die Festsetzung der Entschädigung der Geschäftsführer;
7. die Entlastung der Geschäftsführer;
8. die Zustimmung zur Abtretung von Stammanteilen beziehungsweise die Anerkennung als stimmberechtigter Gesellschafter;
9. die Zustimmung zur Bestellung eines Pfandrechts an Stammanteilen, falls die Statuten dies vorsehen;
10. die Beschlussfassung über die Ausübung statutarischer Vorhand-, Vorkaufs- oder Kaufsrechte;
11. die Ermächtigung der Geschäftsführer zum Erwerb eigener Stammanteile durch die Gesellschaft oder die Genehmigung eines solchen Erwerbs;
12. die nähere Regelung von Nebenleistungspflichten in einem Reglement, falls die Statuten auf ein Reglement verweisen;
13. die Zustimmung zu Tätigkeiten der Geschäftsführer und der Gesellschafter, die gegen die Treuepflicht oder das Konkurrenzverbot verstossen, sofern die Statuten auf das Erfordernis der Zustimmung aller Gesellschafter verzichten;
14. die Beschlussfassung darüber, ob dem Gericht beantragt werden soll, ein Gesellschafter aus wichtigem Grund auszuschliessen;
15. der Ausschluss eines Gesellschafters aus in den Statuten vorgesehenen Gründen;
16. die Auflösung der Gesellschaft;
17. die Genehmigung von Geschäften der Geschäftsführer, für die die Statuten die Zustimmung der Gesellschafterversammlung fordern;
18. die Beschlussfassung über die Gegenstände, die das Gesetz oder die Statuten der Gesellschafterversammlung vorbehalten oder die ihr die Geschäftsführer vorlegen.

3 Die Gesellschafterversammlung ernennt die Direktoren, die Prokuristen sowie die Handlungsbevollmächtigten. Die Statuten können diese Befugnis auch den Geschäftsführern einräumen.

Art. 805 II. Einberufung und Durchführung

1 Die Gesellschafterversammlung wird von den Geschäftsführern, nötigenfalls durch die Revisionsstelle, einberufen. Das Einberufungsrecht steht auch den Liquidatoren zu.

2 Die ordentliche Versammlung findet alljährlich innerhalb von sechs Monaten nach Schluss des Geschäftsjahres statt. Ausserordentliche Versammlungen werden nach Massgabe der Statuten und bei Bedarf einberufen.

3 Die Gesellschafterversammlung ist spätestens 20 Tage vor dem Versammlungstag einzuberufen. Die Statuten können diese Frist verlängern oder bis auf zehn Tage verkürzen. Die Möglichkeit einer Universalversammlung bleibt vorbehalten.

4 Beschlüsse können auch schriftlich gefasst werden, sofern nicht ein Gesellschafter die mündliche Beratung verlangt.

5 Im Übrigen sind die Vorschriften des Aktienrechts entsprechend anwendbar für:

1. die Einberufung;
2. das Einberufungs- und Antragsrecht der Gesellschafter;
3. die Verhandlungsgegenstände;
4. die Anträge;
5. die Universalversammlung;
6. die vorbereitenden Massnahmen;
7. das Protokoll;
8. die Vertretung der Gesellschafter;
9. die unbefugte Teilnahme.

Art. 806 III. Stimmrecht
1. Bemessung

1 Das Stimmrecht der Gesellschafter bemisst sich nach dem Nennwert ihrer Stammanteile. Die Gesellschafter haben je mindestens eine Stimme. Die Statuten können die Stimmenzahl der Besitzer mehrerer Stammanteile beschränken.

2 Die Statuten können das Stimmrecht unabhängig vom Nennwert so festsetzen, dass auf jeden Stammanteil eine Stimme entfällt. In diesem Fall müssen die Stammanteile mit dem tiefsten Nennwert mindestens einen Zehntel des Nennwerts der übrigen Stammanteile aufweisen.

3 Die Bemessung des Stimmrechts nach der Zahl der Stammanteile ist nicht anwendbar für:

1. die Wahl der Mitglieder der Revisionsstelle;

2. die Ernennung von Sachverständigen zur Prüfung der Geschäftsführung oder einzelner Teile davon;

3. die Beschlussfassung über die Anhebung einer Verantwortlichkeitsklage.

Art. 806a   2. Ausschliessung vom Stimmrecht

[1] Bei Beschlüssen über die Entlastung der Geschäftsführer haben Personen, die in irgendeiner Weise an der Geschäftsführung teilgenommen haben, kein Stimmrecht.

[2] Bei Beschlüssen über den Erwerb eigener Stammanteile durch die Gesellschaft hat der Gesellschafter, der die Stammanteile abtritt, kein Stimmrecht.

[3] Bei Beschlüssen über die Zustimmung zu Tätigkeiten der Gesellschafter, die gegen die Treuepflicht oder das Konkurrenzverbot verstossen, hat die betroffene Person kein Stimmrecht.

Art. 806b   3. Nutzniessung

Im Falle der Nutzniessung an einem Stammanteil stehen das Stimmrecht und die damit zusammenhängenden Rechte dem Nutzniesser zu. Dieser wird dem Eigentümer ersatzpflichtig, wenn er bei der Ausübung seiner Rechte nicht in billiger Weise auf dessen Interessen Rücksicht nimmt.

Art. 807   IV. Vetorecht

[1] Die Statuten können Gesellschaftern ein Vetorecht gegen bestimmte Beschlüsse der Gesellschafterversammlung einräumen. Sie müssen die Beschlüsse umschreiben, für die das Vetorecht gilt.

[2] Die nachträgliche Einführung eines Vetorechts bedarf der Zustimmung aller Gesellschafter.

[3] Das Vetorecht kann nicht übertragen werden.

Art. 808   V. Beschlussfassung
               1. Im Allgemeinen

Die Gesellschafterversammlung fasst ihre Beschlüsse und vollzieht ihre Wahlen mit der absoluten Mehrheit der vertretenen Stimmen, soweit das Gesetz oder die Statuten es nicht anders bestimmen.

Art. 808a   2. Stichentscheid

Der Vorsitzende der Gesellschafterversammlung hat den Stichentscheid. Die Statuten können eine andere Regelung vorsehen.

Art. 808b   3. Wichtige Beschlüsse

[1] Ein Beschluss der Gesellschafterversammlung, der mindestens zwei Drittel der vertretenen Stimmen sowie die absolute Mehrheit des gesamten Stammkapitals auf sich vereinigt, mit dem ein ausübbares Stimmrecht verbunden ist, ist erforderlich für:

1. die Änderung des Gesellschaftszweckes;
2. die Einführung von stimmrechtsprivilegierten Stammanteilen;
3. die Erschwerung, den Ausschluss oder die Erleichterung der Übertragbarkeit der Stammanteile;
4. die Zustimmung zur Abtretung von Stammanteilen beziehungsweise die Anerkennung als stimmberechtigter Gesellschafter;
5. die Erhöhung des Stammkapitals;
6. die Einschränkung oder Aufhebung des Bezugsrechtes;
7. die Zustimmung zu Tätigkeiten der Geschäftsführer sowie der Gesellschafter, die gegen die Treuepflicht oder das Konkurrenzverbot verstossen;
8. den Antrag an das Gericht, einen Gesellschafter aus wichtigem Grund auszuschliessen;
9. den Ausschluss eines Gesellschafters aus in den Statuten vorgesehenen Gründen;
10. die Verlegung des Sitzes der Gesellschaft;
11. die Auflösung der Gesellschaft.

[2] Statutenbestimmungen, die für die Fassung bestimmter Beschlüsse grössere Mehrheiten als die vom Gesetz vorgeschriebenen festlegen, können nur mit dem vorgesehenen Mehr eingeführt werden.

Art. 808c   VI. Anfechtung von Beschlüssen der Gesellschafterversammlung

Für die Anfechtung der Beschlüsse der Gesellschafterversammlung sind die Vorschriften des Aktienrechts entsprechend anwendbar.

Art. 809   B. Geschäftsführung und Vertretung
I. Bezeichnung der Geschäftsführer und Organisation

[1] Alle Gesellschafter üben die Geschäftsführung gemeinsam aus. Die Statuten können die Geschäftsführung abweichend regeln.

[2] Als Geschäftsführer können nur natürliche Personen eingesetzt werden. Ist an der Gesellschaft eine juristische Person oder eine Handelsgesellschaft beteiligt, so bezeichnet sie gegebenenfalls eine natürliche Person, die diese Funktion an ihrer Stelle ausübt. Die Statuten können dafür die Zustimmung der Gesellschafterversammlung verlangen.

[3] Hat die Gesellschaft mehrere Geschäftsführer, so muss die Gesellschafterversammlung den Vorsitz regeln.

4 Hat die Gesellschaft mehrere Geschäftsführer, so entscheiden diese mit der Mehrheit der abgegebenen Stimmen. Der Vorsitzende hat den Stichentscheid. Die Statuten können eine andere Regelung der Beschlussfassung durch die Geschäftsführer vorsehen.

Art. 810   II. Aufgaben der Geschäftsführer

1 Die Geschäftsführer sind zuständig in allen Angelegenheiten, die nicht nach Gesetz oder Statuten der Gesellschafterversammlung zugewiesen sind.

2 Unter Vorbehalt der nachfolgenden Bestimmungen haben die Geschäftsführer folgende unübertragbare und unentziehbare Aufgaben:

1.   die Oberleitung der Gesellschaft und die Erteilung der nötigen Weisungen;

2.   die Festlegung der Organisation im Rahmen von Gesetz und Statuten;

3.   die Ausgestaltung des Rechnungswesens und der Finanzkontrolle sowie der Finanzplanung, sofern diese für die Führung der Gesellschaft notwendig ist;

4.   die Aufsicht über die Personen, denen Teile der Geschäftsführung übertragen sind, namentlich im Hinblick auf die Befolgung der Gesetze, Statuten, Reglemente und Weisungen;

5.   die Erstellung des Geschäftsberichtes (Jahresrechnung, Jahresbericht und gegebenenfalls Konzernrechnung);

6.   die Vorbereitung der Gesellschafterversammlung sowie die Ausführung ihrer Beschlüsse;

7.   die Benachrichtigung des Gerichts im Falle der Überschuldung.

3 Wer den Vorsitz der Geschäftsführung innehat, beziehungsweise der einzige Geschäftsführer hat folgende Aufgaben:

1.   die Einberufung und Leitung der Gesellschafterversammlung;

2.   Bekanntmachungen gegenüber den Gesellschaftern;

3.   die Sicherstellung der erforderlichen Anmeldungen beim Handelsregister.

Art. 811   III. Genehmigung durch die Gesellschafterversammlung

1 Die Statuten können vorsehen, dass die Geschäftsführer der Gesellschafterversammlung:

1.   bestimmte Entscheide zur Genehmigung vorlegen müssen;

2.   einzelne Fragen zur Genehmigung vorlegen können.

2 Die Genehmigung der Gesellschafterversammlung schränkt die Haftung der Geschäftsführer nicht ein.

Art. 812   IV. Sorgfalts- und Treuepflicht; Konkurrenzverbot

[1] Die Geschäftsführer sowie Dritte, die mit der Geschäftsführung befasst sind, müssen ihre Aufgabe mit aller Sorgfalt erfüllen und die Interessen der Gesellschaft in guten Treuen wahren.

[2] Sie unterstehen der gleichen Treuepflicht wie die Gesellschafter.

[3] Sie dürfen keine konkurrenzierenden Tätigkeiten ausüben, es sei denn, die Statuten sehen etwas anderes vor oder alle übrigen Gesellschafter stimmen der Tätigkeit schriftlich zu. Die Statuten können vorsehen, dass stattdessen die Zustimmung durch die Gesellschafterversammlung erforderlich ist.

Art. 813   V. Gleichbehandlung

Die Geschäftsführer sowie Dritte, die mit der Geschäftsführung befasst sind, haben die Gesellschafter unter gleichen Voraussetzungen gleich zu behandeln.

Art. 814   VI. Vertretung

[1] Jeder Geschäftsführer ist zur Vertretung der Gesellschaft berechtigt.

[2] Die Statuten können die Vertretung abweichend regeln, jedoch muss mindestens ein Geschäftsführer zur Vertretung befugt sein. Für Einzelheiten können die Statuten auf ein Reglement verweisen.

[3] Die Gesellschaft muss durch eine Person vertreten werden können, die Wohnsitz in der Schweiz hat. Dieses Erfordernis kann durch einen Geschäftsführer oder einen Direktor erfüllt werden.

[4] Für den Umfang und die Beschränkung der Vertretungsbefugnis sowie für Verträge zwischen der Gesellschaft und der Person, die sie vertritt, sind die Vorschriften des Aktienrechts entsprechend anwendbar.

[5] Die zur Vertretung der Gesellschaft befugten Personen haben in der Weise zu zeichnen, dass sie der Firma der Gesellschaft ihre Unterschrift beifügen.

[6] Sie müssen ins Handelsregister eingetragen werden. Sie haben ihre Unterschrift beim Handelsregisteramt zu zeichnen oder die Zeichnung in beglaubigter Form einzureichen.

Art. 815   VII. Abberufung von Geschäftsführern; Entziehung der Vertretungs-
             befugnis

[1] Die Gesellschafterversammlung kann von ihr gewählte Geschäftsführer jederzeit abberufen.

[2] Jeder Gesellschafter kann dem Gericht beantragen, einem Geschäftsführer die Geschäftsführungs- und Vertretungsbefugnis zu entziehen oder zu beschränken, wenn ein wichtiger Grund vorliegt, namentlich wenn die betreffende Person ihre Pflichten grob verletzt oder die Fähigkeit zu einer guten Geschäftsführung verloren hat.

3 Die Geschäftsführer können Direktoren, Prokuristen oder Handlungsbevollmächtigte jederzeit in ihrer Funktion einstellen.

4 Sind diese Personen durch die Gesellschafterversammlung eingesetzt worden, so ist unverzüglich eine Gesellschafterversammlung einzuberufen.

5 Entschädigungsansprüche der abberufenen oder in ihren Funktionen eingestellten Personen bleiben vorbehalten.

BGE 81 II 544.

Art. 816   VIII. Nichtigkeit von Beschlüssen

Für die Beschlüsse der Geschäftsführer gelten sinngemäss die gleichen Nichtigkeitsgründe wie für die Beschlüsse der Generalversammlung der Aktiengesellschaft.

Art. 817   IX. Haftung

Die Gesellschaft haftet für den Schaden aus unerlaubten Handlungen, die eine zur Geschäftsführung oder zur Vertretung befugte Person in Ausübung ihrer geschäftlichen Verrichtungen begeht.

Art. 818   C. Revisionsstelle

1 Für die Revisionsstelle sind die Vorschriften des Aktienrechts entsprechend anwendbar.

2 Ein Gesellschafter, der einer Nachschusspflicht unterliegt, kann eine ordentliche Revision der Jahresrechnung verlangen.

Art. 819   D. Mängel in der Organisation der Gesellschaft

Bei Mängeln in der Organisation der Gesellschaft sind die Vorschriften des Aktienrechts entsprechend anwendbar.

Art. 820   E. Kapitalverlust und Überschuldung

1 Für die Anzeigepflichten bei Kapitalverlust und Überschuldung der Gesellschaft sowie für die Eröffnung und den Aufschub des Konkurses sind die Vorschriften des Aktienrechts entsprechend anwendbar.

2 Das Gericht kann den Konkurs auf Antrag der Geschäftsführer oder eines Gläubigers aufschieben, namentlich wenn ausstehende Nachschüsse unverzüglich einbezahlt werden und Aussicht auf Sanierung besteht.

Vierter Abschnitt: Auflösung und Ausscheiden

Art. 821   A. Auflösung
             I. Gründe

1 Die Gesellschaft mit beschränkter Haftung wird aufgelöst:

1. wenn ein in den Statuten vorgesehener Auflösungsgrund eintritt;
2. wenn die Gesellschafterversammlung dies beschliesst;
3. wenn der Konkurs eröffnet wird;
4. in den übrigen vom Gesetz vorgesehenen Fällen.

2 Beschliesst die Gesellschafterversammlung die Auflösung, so bedarf der Beschluss der öffentlichen Beurkundung.

3 Jeder Gesellschafter kann beim Gericht die Auflösung der Gesellschaft aus wichtigem Grund verlangen. Das Gericht kann statt auf Auflösung auf eine andere sachgemässe und den Beteiligten zumutbare Lösung erkennen, so insbesondere auf die Abfindung des klagenden Gesellschafters zum wirklichen Wert seiner Stammanteile.

Art. 821a   II. Folgen

1 Für die Folgen der Auflösung sind die Vorschriften des Aktienrechts entsprechend anwendbar.

2 Die Auflösung einer Gesellschaft muss ins Handelsregister eingetragen werden. Die Auflösung durch Urteil ist vom Gericht dem Handelsregister unverzüglich zu melden. Die Auflösung aus anderen Gründen muss die Gesellschaft beim Handelsregister anmelden.

Art. 822   B. Ausscheiden von Gesellschaftern
             I. Austritt

1 Ein Gesellschafter kann aus wichtigem Grund beim Gericht auf Bewilligung des Austritts klagen.

2 Die Statuten können den Gesellschaftern ein Recht auf Austritt einräumen und dieses von bestimmten Bedingungen abhängig machen.

Art. 822a   II. Anschlussaustritt

1 Reicht ein Gesellschafter eine Klage auf Austritt aus wichtigem Grund ein oder erklärt ein Gesellschafter seinen Austritt gestützt auf ein statutarisches Austrittsrecht, so müssen die Geschäftsführer unverzüglich die übrigen Gesellschafter informieren.

2 Falls andere Gesellschafter innerhalb von drei Monaten nach Zugang dieser Mitteilung auf Austritt aus wichtigem Grund klagen oder ein statutarisches Austrittsrecht ausüben, sind alle austretenden Gesellschafter im Verhältnis des Nennwerts ihrer

Stammanteile gleich zu behandeln. Wurden Nachschüsse geleistet, so ist deren Betrag dem Nennwert zuzurechnen.

Art. 823   III. Ausschluss

[1] Liegt ein wichtiger Grund vor, so kann die Gesellschaft beim Gericht auf Ausschluss eines Gesellschafters klagen.

[2] Die Statuten können vorsehen, dass die Gesellschafterversammlung Gesellschafter aus der Gesellschaft ausschliessen darf, wenn bestimmte Gründe vorliegen.

[3] Die Vorschriften über den Anschlussaustritt sind nicht anwendbar.

Art. 824   IV. Vorsorgliche Massnahme

In einem Verfahren betreffend das Ausscheiden eines Gesellschafters kann das Gericht auf Antrag einer Partei bestimmen, dass einzelne oder alle mitgliedschaftlichen Rechte und Pflichten der betroffenen Person ruhen.

Art. 825   V. Abfindung
            1. Anspruch und Höhe

[1] Scheidet ein Gesellschafter aus der Gesellschaft aus, so hat er Anspruch auf eine Abfindung, die dem wirklichen Wert seiner Stammanteile entspricht.

[2] Für das Ausscheiden auf Grund eines statutarischen Austrittsrechts können die Statuten die Abfindung abweichend festlegen.

Art. 825a   2. Auszahlung

[1] Die Abfindung wird mit dem Ausscheiden fällig, soweit die Gesellschaft:
1.   über verwendbares Eigenkapital verfügt;
2.   die Stammanteile der ausscheidenden Person veräussern kann;
3.   ihr Stammkapital unter Beachtung der entsprechenden Vorschriften herabsetzen darf.

[2] Ein zugelassener Revisionsexperte muss die Höhe des verwendbaren Eigenkapitals feststellen. Reicht dieses zur Auszahlung der Abfindung nicht aus, so muss er zudem zur Frage Stellung nehmen, wie weit das Stammkapital herabgesetzt werden könnte.

[3] Für den nicht ausbezahlten Teil der Abfindung hat der ausgeschiedene Gesellschafter eine unverzinsliche nachrangige Forderung. Diese wird fällig, soweit im jährlichen Geschäftsbericht verwendbares Eigenkapital festgestellt wird.

[4] Solange die Abfindung nicht vollständig ausbezahlt ist, kann der ausgeschiedene Gesellschafter verlangen, dass die Gesellschaft eine Revisionsstelle bezeichnet und die Jahresrechnung ordentlich revidieren lässt.

Art. 826   C. Liquidation

[1] Jeder Gesellschafter hat Anspruch auf einen Anteil am Liquidationsergebnis, der dem Verhältnis der Nennwerte seiner Stammanteile zum Stammkapital entspricht. Wurden Nachschüsse geleistet und nicht zurückbezahlt, so ist deren Betrag den Stammanteilen der betreffenden Gesellschafter und dem Stammkapital zuzurechnen. Die Statuten können eine abweichende Regelung vorsehen.

[2] Für die Auflösung der Gesellschaft mit Liquidation sind die Vorschriften des Aktienrechts entsprechend anwendbar.

Fünfter Abschnitt: Verantwortlichkeit

Art. 827

Für die Verantwortlichkeit der Personen, die bei der Gründung mitwirken oder mit der Geschäftsführung, der Revision oder der Liquidation befasst sind, sind die Vorschriften des Aktienrechts entsprechend anwendbar.

Neunundzwanzigster Titel: Die Genossenschaft
Erster Abschnitt: Begriff und Errichtung

Art. 828   A. Genossenschaft des Obligationenrechts

[1] Die Genossenschaft ist eine als Körperschaft organisierte Verbindung einer nicht geschlossenen Zahl von Personen oder Handelsgesellschaften, die in der Hauptsache die Förderung oder Sicherung bestimmter wirtschaftlicher Interessen ihrer Mitglieder in gemeinsamer Selbsthilfe bezweckt.

[2] Genossenschaften mit einem zum voraus festgesetzten Grundkapital sind unzulässig.

BankG 13. SchUeB 17 Ziff. 2, 3.

Art. 829   B. Genossenschaften des öffentlichen Rechts

Öffentlich-rechtliche Personenverbände stehen, auch wenn sie genossenschaftlichen Zwecken dienen, unter dem öffentlichen Recht des Bundes und der Kantone.

Art. 830   C. Errichtung
                 I. Erfordernisse
                 1. Im Allgemeinen

Die Genossenschaft entsteht nach Aufstellung der Statuten und deren Genehmigung in der konstituierenden Versammlung durch Eintragung in das Handelsregister.

Art. 831   2. Zahl der Mitglieder

[1] Bei der Gründung einer Genossenschaft müssen mindestens sieben Mitglieder beteiligt sein.

[2] Sinkt in der Folge die Zahl der Genossenschafter unter diese Mindestzahl, so sind die Vorschriften des Aktienrechts über Mängel in der Organisation der Gesellschaft entsprechend anwendbar.[1]

Art. 832   II. Statuten
                 1. Gesetzlich vorgeschriebener Inhalt

Die Statuten müssen Bestimmungen enthalten über:

1.   den Namen (die Firma) und den Sitz der Genossenschaft;
2.   den Zweck der Genossenschaft;
3.   eine allfällige Verpflichtung der Genossenschafter zu Geld- oder andern Leistungen sowie deren Art und Höhe;
4.   die Organe für die Verwaltung und für die Revision und die Art der Ausübung der Vertretung;[2]
5.   die Form der von der Genossenschaft ausgehenden Bekanntmachungen.

Firma: OR 950 f.

Art. 833   2. Weitere Bestimmungen

Zu ihrer Verbindlichkeit bedürfen der Aufnahme in die Statuten:

1.   Vorschriften über die Schaffung eines Genossenschaftskapitals durch Genossenschaftsanteile (Anteilscheine);
2.   Bestimmungen über nicht durch Einzahlung geleistete Einlagen auf das Genossenschaftskapital (Sacheinlagen), deren Gegenstand und deren Anrechnungsbetrag, sowie über die Person des einlegenden Genossenschafters;

---

1   Fassung gemäss Ziff. I 3 des BG vom 16. Dez. 2005, in Kraft per 1. Jan. 2008 (AS 2007 4791 4839; BBl 2002 3148, BBl 2004 3969).
2   Fassung gemäss Ziff. I 3 des BG vom 16. Dez. 2005, in Kraft per 1. Jan. 2008 (AS 2007 4791 4839; BBl 2002 3148, BBl 2004 3969).

3. Bestimmungen über Vermögenswerte, die bei der Gründung übernommen werden, über die hiefür zu leistende Vergütung und über die Person des Eigentümers der zu übernehmenden Vermögenswerte;

4. von den gesetzlichen Bestimmungen abweichende Vorschriften über den Eintritt in die Genossenschaft und über den Verlust der Mitgliedschaft;

5. Bestimmungen über die persönliche Haftung und die Nachschusspflicht der Genossenschafter;

6. von den gesetzlichen Bestimmungen abweichende Vorschriften über die Organisation, die Vertretung, die Abänderung der Statuten und über die Beschlussfassung der Generalversammlung;

7. Beschränkungen und Erweiterungen in der Ausübung des Stimmrechtes;

8. Bestimmungen über die Berechnung und die Verwendung des Reinertrages und des Liquidationsüberschusses.

Art. 834   III. Konstituierende Versammlung

1 Die Statuten sind schriftlich abzufassen und einer von den Gründern einzuberufenden Versammlung zur Beratung und Genehmigung vorzulegen.

2 Überdies ist ein schriftlicher Bericht der Gründer über allfällige Sacheinlagen und zu übernehmenden Vermögenswerte der Versammlung bekanntzugeben und von ihr zu beraten.

3 Diese Versammlung bestellt auch die notwendigen Organe.

4 Bis zur Eintragung der Genossenschaft in das Handelsregister kann die Mitgliedschaft nur durch Unterzeichnung der Statuten begründet werden.

Gründer, Verantwortlichkeit: BGE 66 II 163; StGB 152.

Art. 835[1]   IV. Eintragung ins Handelsregister
1. Gesellschaft

Die Gesellschaft ist ins Handelsregister des Ortes einzutragen, an dem sie ihren Sitz hat.

HRegV 84 ff., → Nr. 14.

---

1   Fassung gemäss Ziff. I 3 des BG vom 16. Dez. 2005, in Kraft per 1. Jan. 2008 (AS 2007 4791 4839; BBl 2002 3148, BBl 2004 3969).

Art. 836[1]   2. Zweigniederlassungen

Zweigniederlassungen sind ins Handelsregister des Ortes einzutragen, an dem sie sich befinden.

    OR 955, 952.

Art. 837[2]   3. Verzeichnis der Genossenschafter

Genossenschaften, deren Statuten eine persönliche Haftung oder Nachschusspflicht vorsehen, müssen dem Handelsregisteramt ein Verzeichnis der Genossenschafter einreichen. Dieses wird nicht ins Handelsregister eingetragen, steht jedoch zur Einsicht offen.

Art. 838   V. Erwerb der Persönlichkeit

[1] Die Genossenschaft erlangt das Recht der Persönlichkeit erst durch die Eintragung in das Handelsregister.

[2] Ist vor der Eintragung im Namen der Genossenschaft gehandelt worden, so haften die Handelnden persönlich und solidarisch.

[3] Wurden solche Verpflichtungen ausdrücklich im Namen der zu bildenden Genossenschaft eingegangen und innerhalb einer Frist von drei Monaten nach der Eintragung in das Handelsregister von der Genossenschaft übernommen, so werden die Handelnden befreit, und es haftet die Genossenschaft.

    ZGB 52 ff.

Zweiter Abschnitt: Erwerb der Mitgliedschaft

Art. 839   A. Grundsatz

[1] In eine Genossenschaft können jederzeit neue Mitglieder aufgenommen werden.

[2] Die Statuten können unter Wahrung des Grundsatzes der nicht geschlossenen Mitgliederzahl die nähern Bestimmungen über den Eintritt treffen; sie dürfen jedoch den Eintritt nicht übermässig erschweren.

    BGE 98 II 221; 118 II 435.

---

1   Fassung gemäss Ziff. I 3 des BG vom 16. Dez. 2005, in Kraft per 1. Jan. 2008 (AS 2007 4791 4839; BBl 2002 3148, BBl 2004 3969).
2   Fassung gemäss Ziff. I 3 des BG vom 16. Dez. 2005, in Kraft per 1. Jan. 2008 (AS 2007 4791 4839; BBl 2002 3148, BBl 2004 3969).

Art. 840   B. Beitrittserklärung

[1] Zum Beitritt bedarf es einer schriftlichen Erklärung.

[2] Besteht bei einer Genossenschaft neben der Haftung des Genossenschaftsvermögens eine persönliche Haftung oder eine Nachschusspflicht der einzelnen Genossenschafter, so muss die Beitrittserklärung diese Verpflichtungen ausdrücklich enthalten.

[3] Über die Aufnahme neuer Mitglieder entscheidet die Verwaltung, soweit nicht nach den Statuten die blosse Beitrittserklärung genügt oder ein Beschluss der Generalversammlung nötig ist.

Art. 841   C. Verbindung mit einem Versicherungsvertrag

[1] Ist die Zugehörigkeit zur Genossenschaft mit einem Versicherungsvertrag bei dieser Genossenschaft verknüpft, so wird die Mitgliedschaft erworben mit der Annahme des Versicherungsantrages durch das zuständige Organ.

[2] Die von einer konzessionierten Versicherungsgenossenschaft mit den Mitgliedern abgeschlossenen Versicherungsverträge unterstehen in gleicher Weise wie die von ihr mit Dritten abgeschlossenen Versicherungsverträge den Bestimmungen des Bundesgesetzes vom 2. April 1908[1] über den Versicherungsvertrag.

Abs. 1: BGE 124 III 30.

Dritter Abschnitt: Verlust der Mitgliedschaft

Art. 842   A. Austritt
I. Freiheit des Austrittes

[1] Solange die Auflösung der Genossenschaft nicht beschlossen ist, steht jedem Genossenschafter der Austritt frei.

[2] Die Statuten können vorschreiben, dass der Austretende zur Bezahlung einer angemessenen Auslösungssumme verpflichtet ist, wenn nach den Umständen durch den Austritt der Genossenschaft ein erheblicher Schaden erwächst oder deren Fortbestand gefährdet wird.

[3] Ein dauerndes Verbot oder eine übermässige Erschwerung des Austrittes durch die Statuten oder durch Vertrag sind ungültig.

Abs. 3: OR 20.

Art. 843   II. Beschränkung des Austrittes

[1] Der Austritt kann durch die Statuten oder durch Vertrag auf höchstens fünf Jahre ausgeschlossen werden.

[2] Auch während dieser Frist kann aus wichtigen Gründen der Austritt erklärt werden. Die Pflicht zur Bezahlung einer angemessenen Auslösungssumme unter den für den freien Austritt vorgesehenen Voraussetzungen bleibt vorbehalten.

Art. 844   III. Kündigungsfrist und Zeitpunkt des Austrittes

[1] Der Austritt kann nur auf Schluss des Geschäftsjahres und unter Beobachtung einer einjährigen Kündigungsfrist stattfinden.

[2] Den Statuten bleibt vorbehalten, eine kürzere Kündigungsfrist vorzuschreiben und den Austritt auch im Laufe des Geschäftsjahres zu gestatten.

OR 864.

Art. 845   IV. Geltendmachung im Konkurs und bei Pfändung

Falls die Statuten dem ausscheidenden Mitglied einen Anteil am Vermögen der Genossenschaft gewähren, kann ein dem Genossenschafter zustehendes Austrittsrecht in dessen Konkurse von der Konkursverwaltung oder, wenn dieser Anteil gepfändet wird, vom Betreibungsamt geltend gemacht werden.

Art. 846   B. Ausschliessung

[1] Die Statuten können die Gründe bestimmen, aus denen ein Genossenschafter ausgeschlossen werden darf.

[2] Überdies kann er jederzeit aus wichtigen Gründen ausgeschlossen werden.

[3] Über die Ausschliessung entscheidet die Generalversammlung. Die Statuten können die Verwaltung als zuständig erklären, wobei dem Ausgeschlossenen ein Rekursrecht an die Generalversammlung zusteht. Dem Ausgeschlossenen steht innerhalb drei Monaten die Anrufung des Richters offen.

[4] Das ausgeschlossene Mitglied kann unter den für den freien Austritt aufgestellten Voraussetzungen zur Entrichtung einer Auslösungssumme verhalten werden.

Art. 847   C. Tod des Genossenschafters

[1] Die Mitgliedschaft erlischt mit dem Tode des Genossenschafters.

[2] Die Statuten können jedoch bestimmen, dass die Erben ohne weiteres Mitglieder der Genossenschaft sind.

3 Die Statuten können ferner bestimmen, dass die Erben oder einer unter mehreren Erben auf schriftliches Begehren an Stelle des verstorbenen Genossenschafters als Mitglied anerkannt werden müssen.

4 Die Erbengemeinschaft hat für die Beteiligung an der Genossenschaft einen gemeinsamen Vertreter zu bestellen.

ZGB 70 Abs. 3.

Art. 848   D. Wegfall einer Beamtung oder Anstellung oder eines Vertrages

Ist die Zugehörigkeit zu einer Genossenschaft mit einer Beamtung oder Anstellung verknüpft oder die Folge eines Vertragsverhältnisses, wie bei einer Versicherungsgenossenschaft, so fällt die Mitgliedschaft, sofern die Statuten es nicht anders ordnen, mit dem Aufhören der Beamtung oder Anstellung oder des Vertrages dahin.

Art. 849   E. Übertragung der Mitgliedschaft
            I. Im Allgemeinen

1 Die Abtretung der Genossenschaftsanteile und, wenn über die Mitgliedschaft oder den Genossenschaftsanteil eine Urkunde ausgestellt worden ist, die Übertragung dieser Urkunde machen den Erwerber nicht ohne weiteres zum Genossenschafter. Der Erwerber wird erst durch einen dem Gesetz und den Statuten entsprechenden Aufnahmebeschluss Genossenschafter.

2 Solange der Erwerber nicht als Genossenschafter aufgenommen ist, steht die Ausübung der persönlichen Mitgliedschaftsrechte dem Veräusserer zu.

3 Ist die Zugehörigkeit zu einer Genossenschaft mit einem Vertrage verknüpft, so können die Statuten bestimmen, dass die Mitgliedschaft mit der Übernahme des Vertrages ohne weiteres auf den Rechtsnachfolger übergeht.

Art. 850   II. Durch Übertragung von Grundstücken oder wirtschaftlichen Betrieben

1 Die Mitgliedschaft bei einer Genossenschaft kann durch die Statuten vom Eigentum an einem Grundstück oder vom wirtschaftlichen Betrieb eines solchen abhängig gemacht werden.

2 Die Statuten können für solche Fälle vorschreiben, dass mit der Veräusserung des Grundstückes oder mit der Übernahme des wirtschaftlichen Betriebes die Mitgliedschaft ohne weiteres auf den Erwerber oder den Übernehmer übergeht.

3 Die Bestimmung betreffend den Übergang der Mitgliedschaft bei Veräusserung des Grundstückes bedarf zu ihrer Gültigkeit gegenüber Dritten der Vormerkung im Grundbuche.

Art. 851   F. Austritt des Rechtsnachfolgers

Bei Übertragung und Vererbung der Mitgliedschaft gelten für den Rechtsnachfolger die gleichen Austrittsbedingungen wie für das frühere Mitglied.

Vierter Abschnitt: Rechte und Pflichten der Genossenschafter

Art. 852   A. Ausweis der Mitgliedschaft

[1] Die Statuten können vorschreiben, dass für den Ausweis der Mitgliedschaft eine Urkunde ausgestellt wird.
[2] Dieser Ausweis kann auch im Anteilschein enthalten sein.

Art. 853   B. Genossenschaftsanteile

[1] Bestehen bei einer Genossenschaft Anteilscheine, so hat jeder der Genossenschaft Beitretende mindestens einen Anteilschein zu übernehmen.
[2] Die Statuten können bestimmen, dass bis zu einer bestimmten Höchstzahl mehrere Anteilscheine erworben werden dürfen.
[3] Die Anteilscheine werden auf den Namen des Mitgliedes ausgestellt. Sie können aber nicht als Wertpapiere, sondern nur als Beweisurkunden errichtet werden.

Art. 854   C. Rechtsgleichheit

Die Genossenschafter stehen in gleichen Rechten und Pflichten, soweit sich aus dem Gesetz nicht eine Ausnahme ergibt.

> Bedeutung: BGE 69 II 44.

Art. 855   D. Rechte
                 I. Stimmrecht

Die Rechte, die den Genossenschaftern in den Angelegenheiten der Genossenschaft, insbesondere in Bezug auf die Führung der genossenschaftlichen Geschäfte und die Förderung der Genossenschaft zustehen, werden durch die Teilnahme an der General-versammlung oder in den vom Gesetz vorgesehenen Fällen durch schriftliche Stimmab-gabe (Urabstimmung) ausgeübt.

> OR 880, 885.

Art. 856   II. Kontrollrecht der Genossenschafter
1. Bekanntgabe der Bilanz

[1] Spätestens zehn Tage vor der Generalversammlung oder der Urabstimmung, die über die Abnahme der Betriebsrechnung und der Bilanz zu entscheiden hat, sind die Betriebsrechnung und die Bilanz mit dem Revisionsbericht zur Einsicht der Genossenschafter am Sitz der Genossenschaft aufzulegen.

[2] Die Statuten können bestimmen, dass jeder Genossenschafter berechtigt ist, auf Kosten der Genossenschaft eine Abschrift der Betriebsrechnung und der Bilanz zu verlangen.

OR 957 ff., 961. BankG 21.

Art. 857   2. Auskunfterteilung

[1] Die Genossenschafter können die Revisionsstelle auf zweifelhafte Ansätze aufmerksam machen und die erforderlichen Aufschlüsse verlangen.[1]

[2] Eine Einsichtnahme in die Geschäftsbücher und Korrespondenzen ist nur mit ausdrücklicher Ermächtigung der Generalversammlung oder durch Beschluss der Verwaltung und unter Wahrung des Geschäftsgeheimnisses gestattet.

[3] Der Richter kann verfügen, dass die Genossenschaft dem Genossenschafter über bestimmte, für die Ausübung des Kontrollrechts erhebliche Tatsachen durch beglaubigte Abschrift aus ihren Geschäftsbüchern oder von Korrespondenzen Auskunft zu erteilen hat. Durch diese Verfügung dürfen die Interessen der Genossenschaft nicht gefährdet werden.

[4] Das Kontrollrecht der Genossenschafter kann weder durch die Statuten noch durch Beschlüsse eines Genossenschaftsorgans aufgehoben oder beschränkt werden.

Art. 858   III. Allfällige Rechte auf den Reinertrag
1. Feststellung des Reinertrages

[1] Die Berechnung des Reinertrages erfolgt auf Grund der Jahresbilanz, die nach den Vorschriften über die kaufmännische Buchführung zu erstellen ist.

[2] Kreditgenossenschaften und konzessionierte Versicherungsgenossenschaften stehen unter den für die Aktiengesellschaft geltenden Bilanzvorschriften.

OR 957 ff. BankG 6.

---

1   Fassung gemäss Ziff. I 3 des BG vom 16. Dez. 2005, in Kraft per 1. Jan. 2008 (AS 2007 4791 4839; BBl 2002 3148, BBl 2004 3969).

Art. 859   2. Verteilungsgrundsätze

[1] Ein Reinertrag aus dem Betriebe der Genossenschaft fällt, wenn die Statuten es nicht anders bestimmen, in seinem ganzen Umfange in das Genossenschaftsvermögen.

[2] Ist eine Verteilung des Reinertrages unter die Genossenschafter vorgesehen, so erfolgt sie, soweit die Statuten es nicht anders ordnen, nach dem Masse der Benützung der genossenschaftlichen Einrichtungen durch die einzelnen Mitglieder.

[3] Bestehen Anteilscheine, so darf die auf sie entfallende Quote des Reinertrages den landesüblichen Zinsfuss für langfristige Darlehen ohne besondere Sicherheiten nicht übersteigen.

Art. 860   3. Pflicht zur Bildung und Äufnung eines Reservefonds

[1] Soweit der Reinertrag in anderer Weise als zur Äufnung des Genossenschaftsvermögens verwendet wird, ist davon jährlich ein Zwanzigstel einem Reservefonds zuzuweisen. Diese Zuweisung hat während mindestens 20 Jahren zu erfolgen; wenn Anteilscheine bestehen, hat die Zuweisung auf alle Fälle so lange zu erfolgen, bis der Reservefonds einen Fünftel des Genossenschaftskapitals ausmacht.

[2] Durch die Statuten kann eine weitergehende Äufnung des Reservefonds vorgeschrieben werden.

[3] Soweit der Reservefonds die Hälfte des übrigen Genossenschaftsvermögens oder, wenn Anteilscheine bestehen, die Hälfte des Genossenschaftskapitals nicht übersteigt, darf er nur zur Deckung von Verlusten oder zu Massnahmen verwendet werden, die geeignet sind, in Zeiten schlechten Geschäftsganges die Erreichung des Genossenschaftszweckes sicherzustellen.

[4] ...[1]

Art. 861   4. Reinertrag bei Kreditgenossenschaften

[1] Kreditgenossenschaften können in den Statuten von den Bestimmungen der vorstehenden Artikel abweichende Vorschriften über die Verteilung des Reinertrages erlassen, doch sind auch sie gehalten, einen Reservefonds zu bilden und den vorstehenden Bestimmungen gemäss zu verwenden.

[2] Dem Reservefonds ist alljährlich mindestens ein Zehntel des Reinertrages zuzuweisen, bis der Fonds die Höhe von einem Zehntel des Genossenschaftskapitals erreicht hat.

[3] Wird auf die Genossenschaftsanteile eine Quote des Reinertrages verteilt, die den landesüblichen Zinsfuss für langfristige Darlehen ohne besondere Sicherheiten übersteigt, so ist von dem diesen Zinsfuss übersteigenden Betrag ein Zehntel ebenfalls dem Reservefonds zuzuweisen.

---

[1]   Aufgehoben durch Anhang Ziff. II 1 des Versicherungsaufsichtsgesetzes vom 17. Dez. 2004, mit Wirkung seit 1. Jan. 2006 (SR 961.01).

Art. 862   5. Fonds zu Wohlfahrtszwecken

[1] Die Statuten können insbesondere auch Fonds zur Gründung und Unterstützung von Wohlfahrtseinrichtungen für Angestellte und Arbeiter des Unternehmens sowie für Genossenschafter vorsehen.

[2–4] …[1]

SchUeB 3, 15 Ziff. 7.

Art. 863   6. Weitere Reserveanlagen

[1] Die dem Gesetz und den Statuten entsprechenden Einlagen in Reserve- und andere Fonds sind in erster Linie von dem zur Verteilung gelangenden Reinertrag in Abzug zu bringen.

[2] Soweit die Rücksicht auf das dauernde Gedeihen des Unternehmens es als angezeigt erscheinen lässt, kann die Generalversammlung auch solche Reserveanlagen beschliessen, die im Gesetz oder in den Statuten nicht vorgesehen sind oder über deren Anforderungen hinausgehen.

[3] In gleicher Weise können zum Zwecke der Gründung und Unterstützung von Wohlfahrtseinrichtungen für Angestellte, Arbeiter und Genossenschafter sowie zu andern Wohlfahrtszwecken Beiträge aus dem Reinertrag auch dann ausgeschieden werden, wenn sie in den Statuten nicht vorgesehen sind; solche Beiträge stehen unter den Bestimmungen über die statutarischen Wohlfahrtsfonds.

SchUeB 3.

Art. 864   IV. Abfindungsanspruch
              1. Nach Massgabe der Statuten

[1] Die Statuten bestimmen, ob und welche Ansprüche an das Genossenschaftsvermögen den ausscheidenden Genossenschaftern oder deren Erben zustehen. Diese Ansprüche sind auf Grund des bilanzmässigen Reinvermögens im Zeitpunkt des Ausscheidens mit Ausschluss der Reserven zu berechnen.

[2] Die Statuten können dem Ausscheidenden oder seinen Erben ein Recht auf gänzliche oder teilweise Rückzahlung der Anteilscheine mit Ausschluss des Eintrittsgeldes zuerkennen. Sie können die Hinausschiebung der Rückzahlung bis auf die Dauer von drei Jahren nach dem Ausscheiden vorsehen.

[3] Die Genossenschaft bleibt indessen auch ohne statutarische Bestimmung hierüber berechtigt, die Rückzahlung bis auf drei Jahre hinauszuschieben, sofern ihr durch diese Zahlung ein erheblicher Schaden erwachsen oder ihr Fortbestand gefährdet würde. Ein allfälliger Anspruch der Genossenschaft auf Bezahlung einer angemessenen Auslösungssumme wird durch diese Bestimmung nicht berührt.

1   Aufgehoben durch Ziff. I Buchst. b des BG vom 21. März 1958 (AS 1958 379; BBl 1956 II 825).

[4] Die Ansprüche des Ausscheidenden oder seiner Erben verjähren in drei Jahren vom Zeitpunkt an gerechnet, auf den die Auszahlung verlangt werden kann.

> BankG 12.
> Abs. 1: BGE 127 III 415.

Art. 865   2. Nach Gesetz

[1] Enthalten die Statuten keine Bestimmung über einen Abfindungsanspruch, so können die ausscheidenden Genossenschafter oder ihre Erben keine Abfindung beanspruchen.

[2] Wird die Genossenschaft innerhalb eines Jahres nach dem Ausscheiden oder nach dem Tode eines Genossenschafters aufgelöst und wird das Vermögen verteilt, so steht dem Ausgeschiedenen oder seinen Erben der gleiche Anspruch zu wie den bei der Auflösung vorhandenen Genossenschaftern.

Art. 866   E. Pflichten
                 I. Treuepflicht

Die Genossenschafter sind verpflichtet, die Interessen der Genossenschaft in guten Treuen zu wahren.

Art. 867   II. Pflicht zu Beiträgen und Leistungen

[1] Die Statuten regeln die Beitrags- und Leistungspflicht.

[2] Sind die Genossenschafter zur Einzahlung von Genossenschaftsanteilen oder zu andern Beitragsleistungen verpflichtet, so hat die Genossenschaft diese Leistungen unter Ansetzung einer angemessenen Frist und mit eingeschriebenem Brief einzufordern.

[3] Wird auf die erste Aufforderung nicht bezahlt und kommt der Genossenschafter auch einer zweiten Zahlungsaufforderung innert Monatsfrist nicht nach, so kann er, sofern ihm dies mit eingeschriebenem Brief angedroht worden ist, seiner Genossenschaftsrechte verlustig erklärt werden.

[4] Sofern die Statuten es nicht anders ordnen, wird der Genossenschafter durch die Verlustigerklärung nicht von fälligen oder durch die Ausschliessung fällig werdenden Verpflichtungen befreit.

Art. 868   III. Haftung
                 1. Der Genossenschaft

Für die Verbindlichkeiten der Genossenschaft haftet das Genossenschaftsvermögen. Es haftet ausschliesslich, sofern die Statuten nichts anderes bestimmen.

Art. 869   2. Der Genossenschafter
a. Unbeschränkte Haftung

[1] Die Statuten können, ausgenommen bei konzessionierten Versicherungsgenossenschaften, die Bestimmung aufstellen, dass nach dem Genossenschaftsvermögen die Genossenschafter persönlich unbeschränkt haften.

[2] In diesem Falle haften, soweit die Gläubiger im Genossenschaftskonkurse zu Verlust kommen, die Genossenschafter für alle Verbindlichkeiten der Genossenschaft solidarisch mit ihrem ganzen Vermögen. Diese Haftung wird bis zur Beendigung des Konkurses durch die Konkursverwaltung geltend gemacht.

SchUeB 7.

Art. 870   b. Beschränkte Haftung

[1] Die Statuten können, ausgenommen bei konzessionierten Versicherungsgenossenschaften, die Bestimmung aufstellen, dass die Genossenschafter über die Mitgliederbeiträge und Genossenschaftsanteile hinaus für die Verbindlichkeiten der Genossenschaft nach dem Genossenschaftsvermögen persönlich, jedoch nur bis zu einem bestimmten Betrage haften.

[2] Wenn Genossenschaftsanteile bestehen, ist der Haftungsbetrag für die einzelnen Genossenschafter nach dem Betrag ihrer Genossenschaftsanteile zu bestimmen.

[3] Die Haftung wird bis zur Beendigung des Konkurses durch die Konkursverwaltung geltend gemacht.

Art. 871   c. Nachschusspflicht

[1] Die Statuten können die Genossenschafter an Stelle oder neben der Haftung zur Leistung von Nachschüssen verpflichten, die jedoch nur zur Deckung von Bilanzverlusten dienen dürfen.

[2] Die Nachschusspflicht kann unbeschränkt sein, sie kann aber auch auf bestimmte Beträge oder im Verhältnis zu den Mitgliederbeiträgen oder den Genossenschaftsanteilen beschränkt werden.

[3] Enthalten die Statuten keine Bestimmungen über die Verteilung der Nachschüsse auf die einzelnen Genossenschafter, so richtet sich diese nach dem Betrag der Genossenschaftsanteile oder, wenn solche nicht bestehen, nach Köpfen.

[4] Die Nachschüsse können jederzeit eingefordert werden. Im Konkurse der Genossenschaft steht die Einforderung der Nachschüsse der Konkursverwaltung zu.

[5] Im Übrigen sind die Vorschriften über die Einforderung der Leistungen und über die Verlustigerklärung anwendbar.

Art. 872   d. Unzulässige Beschränkungen

Bestimmungen der Statuten, welche die Haftung auf bestimmte Zeit oder auf besondere Verbindlichkeiten oder auf einzelne Gruppen von Mitgliedern beschränken, sind ungültig.

Art. 873   e. Verfahren im Konkurs

[1] Im Konkurs einer Genossenschaft mit persönlicher Haftung oder mit Nachschusspflicht der Genossenschafter hat die Konkursverwaltung gleichzeitig mit der Aufstellung des Kollokationsplanes die auf die einzelnen Genossenschafter entfallenden vorläufigen Haftungsanteile oder Nachschussbeträge festzustellen und einzufordern.

[2] Uneinbringliche Beträge sind auf die übrigen Genossenschafter im gleichen Verhältnis zu verteilen, Überschüsse nach endgültiger Feststellung der Verteilungsliste zurückzuerstatten. Der Rückgriff der Genossenschafter unter sich bleibt vorbehalten.

[3] Die vorläufige Feststellung der Verpflichtungen der Genossenschafter und die Verteilungsliste können nach den Vorschriften des Schuldbetreibungs- und Konkursgesetzes vom 11. April 1889[1] durch Beschwerde angefochten werden.

[4] Das Verfahren wird durch eine Verordnung des Bundesgerichts geregelt.

> Abs. 4: SchKG 17. VO des Bundesgerichts vom 20. Dezember 1937 über den Genossenschaftskonkurs, SR 281.52.

Art. 874   f. Änderung der Haftungsbestimmungen

[1] Änderungen an den Haftungs- oder Nachschussverpflichtungen der Genossenschafter sowie die Herabsetzung oder Aufhebung der Anteilscheine können nur auf dem Wege der Statutenrevision vorgenommen werden.

[2] Auf die Herabsetzung oder Aufhebung der Anteilscheine finden überdies die Bestimmungen über die Herabsetzung des Grundkapitals bei der Aktiengesellschaft Anwendung.

[3] Von einer Verminderung der Haftung oder der Nachschusspflicht werden die vor der Veröffentlichung der Statutenrevision entstandenen Verbindlichkeiten nicht betroffen.

[4] Die Neubegründung oder Vermehrung der Haftung oder der Nachschusspflicht wirkt mit der Eintragung des Beschlusses zugunsten aller Gläubiger der Genossenschaft.

Art. 875   g. Haftung neu eintretender Genossenschafter

[1] Wer in eine Genossenschaft mit persönlicher Haftung oder mit Nachschusspflicht der Genossenschafter eintritt, haftet gleich den andern Genossenschaftern auch für die vor seinem Eintritt entstandenen Verbindlichkeiten.

[2] Eine entgegenstehende Bestimmung der Statuten oder Verabredung unter den Genossenschaftern hat Dritten gegenüber keine Wirkung.

¬ 1   SR 281.1

Art. 876 h. Haftung nach Ausscheiden oder nach Auflösung

[1] Wenn ein unbeschränkt oder beschränkt haftender Genossenschafter durch Tod oder in anderer Weise ausscheidet, dauert die Haftung für die vor seinem Ausscheiden entstandenen Verbindlichkeiten fort, sofern die Genossenschaft innerhalb eines Jahres oder einer statutarisch festgesetzten längern Frist seit der Eintragung des Ausscheidens in das Handelsregister in Konkurs gerät.

[2] Unter den gleichen Voraussetzungen und für die gleichen Fristen besteht auch die Nachschusspflicht fort.

[3] Wird eine Genossenschaft aufgelöst, so bleiben die Mitglieder in gleicher Weise haftbar oder zu Nachschüssen verpflichtet, falls innerhalb eines Jahres oder einer statutarisch festgesetzten längere Frist seit der Eintragung der Auflösung in das Handelsregister der Konkurs über die Genossenschaft eröffnet wird.

Art. 877 i. Anmeldung von Ein- und Austritt im Handelsregister

[1] Sind die Genossenschafter für die Genossenschaftsschulden unbeschränkt oder beschränkt haftbar oder sind sie zu Nachschüssen verpflichtet, so hat die Verwaltung jeden Eintritt oder Austritt eines Genossenschafters innerhalb drei Monaten beim Handelsregisteramt anzumelden.

[2] Überdies steht jedem austretenden oder ausgeschlossenen Mitgliede sowie den Erben eines Mitgliedes die Befugnis zu, die Eintragung des Austrittes, des Ausschlusses oder des Todesfalles von sich aus vornehmen zu lassen. Das Handelsregisteramt hat der Verwaltung der Genossenschaft von einer solchen Anmeldung sofort Kenntnis zu geben.

[3] Die konzessionierten Versicherungsgenossenschaften sind von der Pflicht zur Anmeldung ihrer Mitglieder beim Handelsregisteramt befreit.

Art. 878 k. Verjährung der Haftung

[1] Die Ansprüche der Gläubiger aus der persönlichen Haftung der einzelnen Genossenschafter können noch während der Dauer eines Jahres vom Schlusse des Konkursverfahrens an von jedem Gläubiger geltend gemacht werden, sofern sie nicht nach gesetzlicher Vorschrift schon vorher erloschen sind.

[2] Der Rückgriff der Genossenschafter unter sich verjährt ebenfalls in einem Jahre vom Zeitpunkt der Zahlung an, für die er geltend gemacht wird.

Fünfter Abschnitt: Organisation der Genossenschaft

Art. 879　　A. Generalversammlung
　　　　　　　　I. Befugnisse

[1] Oberstes Organ der Genossenschaft ist die Generalversammlung der Genossenschafter.

[2] Ihr stehen folgende unübertragbare Befugnisse zu:

1. die Festsetzung und Änderung der Statuten;
2. die Wahl der Verwaltung und der Revisionsstelle;[1]
3. die Abnahme der Betriebsrechnung und der Bilanz und gegebenenfalls die Beschlussfassung über die Verteilung des Reinertrages;
4. die Entlastung der Verwaltung;
5. die Beschlussfassung über die Gegenstände, die der Generalversammlung durch das Gesetz oder die Statuten vorbehalten sind.

Art. 880　　II. Urabstimmung

Bei Genossenschaften, die mehr als 300 Mitglieder zählen oder bei denen die Mehrheit der Mitglieder aus Genossenschaften besteht, können die Statuten bestimmen, dass die Befugnisse der Generalversammlung ganz oder zum Teil durch schriftliche Stimmabgabe (Urabstimmung) der Genossenschafter ausgeübt werden.

　　OR 855.

Art. 881　　III. Einberufung
　　　　　　　　1. Recht und Pflicht

[1] Die Generalversammlung wird durch die Verwaltung oder ein anderes nach den Statuten dazu befugtes Organ, nötigenfalls durch die Revisionsstelle einberufen.[2] Das Einberufungsrecht steht auch den Liquidatoren und den Vertretern der Anleihensgläubiger zu.

[2] Die Generalversammlung muss einberufen werden, wenn wenigstens der zehnte Teil der Genossenschafter oder, bei Genossenschaften von weniger als 30 Mitgliedern, mindestens drei Genossenschafter die Einberufung verlangen.

[3] Entspricht die Verwaltung diesem Begehren nicht binnen angemessener Frist, so hat der Richter auf Antrag der Gesuchsteller die Einberufung anzuordnen.

1　Fassung gemäss Ziff. I 3 des BG vom 16. Dez. 2005, in Kraft per 1. Jan. 2008 (AS 2007 4791 4839; BBl 2002 3148, BBl 2004 3969).
2　Fassung gemäss Ziff. I 3 des BG vom 16. Dez. 2005, in Kraft per 1. Jan. 2008 (AS 2007 4791 4839; BBl 2002 3148, BBl 2004 3969).

Art. 882   2. Form

[1] Die Generalversammlung ist in der durch die Statuten vorgesehenen Form, jedoch mindestens fünf Tage vor dem Versammlungstag einzuberufen.

[2] Bei Genossenschaften von über 30 Mitgliedern ist die Einberufung wirksam, sobald sie durch öffentliche Auskündigung erfolgt.

Art. 883   3. Verhandlungsgegenstände

[1] Bei der Einberufung sind die Verhandlungsgegenstände, bei Abänderung der Statuten der wesentliche Inhalt der vorgeschlagenen Änderungen bekanntzugeben.

[2] Über Gegenstände, die nicht in dieser Weise angekündigt worden sind, können Beschlüsse nicht gefasst werden, ausser über einen Antrag auf Einberufung einer weitern Generalversammlung.

[3] Zur Stellung von Anträgen und zu Verhandlungen ohne Beschlussfassung bedarf es der vorgängigen Ankündigung nicht.

Art. 884   4. Universalversammlung

Wenn und solange alle Genossenschafter in einer Versammlung anwesend sind, können sie, falls kein Widerspruch erhoben wird, Beschlüsse fassen, auch wenn die Vorschriften über die Einberufung nicht eingehalten wurden.

Art. 885   IV. Stimmrecht

Jeder Genossenschafter hat in der Generalversammlung oder in der Urabstimmung eine Stimme.

OR 855, 880. BGE 128 III 375.

Art. 886   V. Vertretung

[1] Bei der Ausübung seines Stimmrechts in der Generalversammlung kann sich ein Genossenschafter durch einen andern Genossenschafter vertreten lassen, doch kann kein Bevollmächtigter mehr als einen Genossenschafter vertreten.

[2] Bei Genossenschaften mit über 1000 Mitgliedern können die Statuten vorsehen, dass jeder Genossenschafter mehr als einen, höchstens aber neun andere Genossenschafter vertreten darf.

[3] Den Statuten bleibt vorbehalten, die Vertretung durch einen handlungsfähigen Familienangehörigen zulässig zu erklären.

Art. 887   VI. Ausschliessung vom Stimmrecht

[1] Bei Beschlüssen über die Entlastung der Verwaltung haben Personen, die in irgendeiner Weise an der Geschäftsführung teilgenommen haben, kein Stimmrecht.

[2] ...[1]

Art. 888   VII. Beschlussfassung
                   1. Im Allgemeinen

[1] Die Generalversammlung fasst ihre Beschlüsse und vollzieht ihre Wahlen, soweit das Gesetz oder die Statuten es nicht anders bestimmen, mit absoluter Mehrheit der abgegebenen Stimmen. Dasselbe gilt für Beschlüsse und Wahlen, die auf dem Wege der Urabstimmung vorgenommen werden.

[2] Für die Auflösung der Genossenschaft sowie für die Abänderung der Statuten bedarf es einer Mehrheit von zwei Dritteln der abgegebenen Stimmen. Die Statuten können die Bedingungen für diese Beschlüsse noch erschweren.[2]

     OR 855, 880.

Art. 889   2. Bei Erhöhung der Leistungen der Genossenschafter

[1] Beschlüsse über die Einführung oder die Vermehrung der persönlichen Haftung oder der Nachschusspflicht der Genossenschafter bedürfen der Zustimmung von drei Vierteilen sämtlicher Genossenschafter.

[2] Solche Beschlüsse sind für Genossenschafter, die nicht zugestimmt haben, nicht verbindlich, wenn sie binnen drei Monaten seit der Veröffentlichung des Beschlusses den Austritt erklären. Dieser Austritt ist wirksam auf den Zeitpunkt des Inkrafttretens des Beschlusses.

[3] Der Austritt darf in diesem Falle nicht von der Leistung einer Auslösungssumme abhängig gemacht werden.

     Abs. 2: SchUeB 7 Abs. 3.

---

1   Aufgehoben durch Ziff. I 3 des BG vom 16. Dez. 2005, in Kraft per 1. Jan. 2008 (AS 2007 4791 4839; BBl 2002 3148, BBl 2004 3969).

2   Fassung gemäss Anhang Ziff. 2 des Fusionsgesetzes vom 3. Okt. 2003, in Kraft seit 1. Juli 2004 (SR 221.301).

Art. 890 VIII. Abberufung der Verwaltung und der Revisionsstelle[1]

[1] Die Generalversammlung ist berechtigt, die Mitglieder der Verwaltung und der Revisionsstelle sowie andere von ihr gewählte Bevollmächtigte und Beauftragte abzuberufen.[2]

[2] Auf den Antrag von wenigstens einem Zehntel der Genossenschafter kann der Richter die Abberufung verfügen, wenn wichtige Gründe vorliegen, insbesondere wenn die Abberufenen die ihnen obliegenden Pflichten vernachlässigt haben oder zu erfüllen ausserstande waren. Er hat in einem solchen Falle, soweit notwendig, eine Neuwahl durch die zuständigen Genossenschaftsorgane zu verfügen und für die Zwischenzeit die geeigneten Anordnungen zu treffen.

[3] Entschädigungsansprüche der Abberufenen bleiben vorbehalten.

OR 905.

Art. 891 IX. Anfechtung der Generalversammlungsbeschlüsse

[1] Die Verwaltung und jeder Genossenschafter können von der Generalversammlung oder in der Urabstimmung gefasste Beschlüsse, die gegen das Gesetz oder die Statuten verstossen, beim Richter mit Klage gegen die Genossenschaft anfechten. Ist die Verwaltung Klägerin, so bestimmt der Richter einen Vertreter für die Genossenschaft.

[2] Das Anfechtungsrecht erlischt, wenn die Klage nicht spätestens zwei Monate nach der Beschlussfassung angehoben wird.

[3] Das Urteil, das einen Beschluss aufhebt, wirkt für und gegen alle Genossenschafter.

Art. 892 X. Delegiertenversammlung

[1] Genossenschaften, die mehr als 300 Mitglieder zählen oder bei denen die Mehrheit der Mitglieder aus Genossenschaften besteht, können durch die Statuten die Befugnisse der Generalversammlung ganz oder zum Teil einer Delegiertenversammlung übertragen.

[2] Zusammensetzung, Wahlart und Einberufung der Delegiertenversammlung werden durch die Statuten geregelt.

[3] Jeder Delegierte hat in der Delegiertenversammlung eine Stimme, sofern die Statuten das Stimmrecht nicht anders ordnen.

[4] Im Übrigen gelten für die Delegiertenversammlung die gesetzlichen Vorschriften über die Generalversammlung.

---

1 Fassung gemäss Ziff. I 3 des BG vom 16. Dez. 2005, in Kraft per 1. Jan. 2008 (AS 2007 4791 4839; BBl 2002 3148, BBl 2004 3969).

2 Fassung gemäss Ziff. I 3 des BG vom 16. Dez. 2005, in Kraft per 1. Jan. 2008 (AS 2007 4791 4839; BBl 2002 3148, BBl 2004 3969).

Art. 893   XI. Ausnahmebestimmungen für Versicherungsgenossenschaften

[1] Die konzessionierten Versicherungsgenossenschaften mit über 1000 Mitgliedern können durch die Statuten die Befugnisse der Generalversammlung ganz oder zum Teil der Verwaltung übertragen.

[2] Unübertragbar sind die Befugnisse der Generalversammlung zur Einführung oder Vermehrung der Nachschusspflicht, zur Auflösung, zur Fusion, zur Spaltung und zur Umwandlung der Rechtsform der Genossenschaft.[1]

Art. 894   B. Verwaltung
             I. Wählbarkeit
             1. Mitgliedschaft

[1] Die Verwaltung der Genossenschaft besteht aus mindestens drei Personen; die Mehrheit muss aus Genossenschaftern bestehen.

[2] Ist an der Genossenschaft eine juristische Person oder eine Handelsgesellschaft beteiligt, so ist sie als solche nicht als Mitglied der Verwaltung wählbar; dagegen können an ihrer Stelle ihre Vertreter gewählt werden.

    OR 836.

Art. 895[2]   …

Aufgehoben.

Art. 896   II. Amtsdauer

[1] Die Mitglieder der Verwaltung werden auf höchstens vier Jahre gewählt, sind aber, wenn die Statuten nicht etwas anderes bestimmen, wieder wählbar.

[2] Bei den konzessionierten Versicherungsgenossenschaften finden für die Amtsdauer der Verwaltung die für die Aktiengesellschaft geltenden Vorschriften Anwendung.

    Abs. 2: OR 708.

Art. 897   III. Verwaltungsausschuss

Die Statuten können einen Teil der Pflichten und Befugnisse der Verwaltung einem oder mehreren von dieser gewählten Verwaltungsausschüssen übertragen.

---

1   Fassung gemäss Anhang Ziff. 2 des Fusionsgesetzes vom 3. Okt. 2003, in Kraft seit 1. Juli 2004 (SR 221.301).
2   Aufgehoben durch Ziff. I 3 des BG vom 16. Dez. 2005, in Kraft per 1. Jan. 2008 (AS 2007 4791 4839; BBl 2002 3148, BBl 2004 3969).

Art. 898[1]   IV. Geschäftsführung und Vertretung
1. Im Allgemeinen

[1] Die Statuten können die Generalversammlung oder die Verwaltung ermächtigen, die Geschäftsführung oder einzelne Zweige derselben und die Vertretung an eine oder mehrere Personen, Geschäftsführer oder Direktoren zu übertragen, die nicht Mitglieder der Genossenschaft zu sein brauchen.

[2] Die Genossenschaft muss durch eine Person vertreten werden können, die Wohnsitz in der Schweiz hat. Dieses Erfordernis kann durch ein Mitglied der Verwaltung, einen Geschäftsführer oder einen Direktor erfüllt werden.

Art. 899   2. Umfang und Beschränkung

[1] Die zur Vertretung befugten Personen sind ermächtigt, im Namen der Genossenschaft alle Rechtshandlungen vorzunehmen, die der Zweck der Genossenschaft mit sich bringen kann.

[2] Eine Beschränkung dieser Vertretungsbefugnis hat gegenüber gutgläubigen Dritten keine Wirkung, unter Vorbehalt der im Handelsregister eingetragenen Bestimmungen über die ausschliessliche Vertretung der Hauptniederlassung oder einer Zweigniederlassung oder über die gemeinsame Führung der Firma.

[3] Die Genossenschaft haftet für den Schaden aus unerlaubten Handlungen, die eine zur Geschäftsführung oder zur Vertretung befugte Person in Ausübung ihrer geschäftlichen Verrichtungen begeht.

OR 458 ff., 933.

Art. 899a[2]   3. Verträge zwischen der Genossenschaft und ihrem Vertreter

Wird die Genossenschaft beim Abschluss eines Vertrages durch diejenige Person vertreten, mit der sie den Vertrag abschliesst, so muss der Vertrag schriftlich abgefasst werden. Dieses Erfordernis gilt nicht für Verträge des laufenden Geschäfts, bei denen die Leistung der Gesellschaft den Wert von 1000 Franken nicht übersteigt.

Art. 900   4. Zeichnung[3]

Die zur Vertretung der Genossenschaft befugten Personen haben in der Weise zu zeichnen, dass sie der Firma der Genossenschaft ihre Unterschrift beifügen.

---

1   Fassung gemäss Ziff. I 3 des BG vom 16. Dez. 2005, in Kraft per 1. Jan. 2008 (AS 2007 4791 4839; BBl 2002 3148, BBl 2004 3969).
2   Eingefügt durch Ziff. I 3 des BG vom 16. Dez. 2005, in Kraft per 1. Jan. 2008 (AS 2007 4791 4839; BBl 2002 3148, BBl 2004 3969).
3   Fassung gemäss Ziff. I 3 des BG vom 16. Dez. 2005, in Kraft per 1. Jan. 2008 (AS 2007 4791 4839; BBl 2002 3148, BBl 2004 3969).

Art. 901   5. Eintragung[1]

Die zur Vertretung der Genossenschaft befugten Personen sind von der Verwaltung zur Eintragung in das Handelsregister anzumelden unter Vorlegung einer beglaubigten Abschrift des Beschlusses. Sie haben ihre Unterschrift beim Handelsregisteramt zu zeichnen oder die Zeichnung in beglaubigter Form einzureichen.

Art. 902   V. Pflichten
           1. Im Allgemeinen

[1] Die Verwaltung hat die Geschäfte der Genossenschaft mit aller Sorgfalt zu leiten und die genossenschaftliche Aufgabe mit besten Kräften zu fördern.

[2] Sie ist insbesondere verpflichtet:

1. die Geschäfte der Generalversammlung vorzubereiten und deren Beschlüsse auszuführen;

2. die mit der Geschäftsführung und Vertretung Beauftragten im Hinblick auf die Beobachtung der Gesetze, der Statuten und allfälliger Reglemente zu überwachen und sich über den Geschäftsgang regelmässig unterrichten zu lassen.

[3] Die Verwaltung ist dafür verantwortlich, dass ihre Protokolle und diejenigen der Generalversammlung, die notwendigen Geschäftsbücher sowie das Genossenschafterverzeichnis regelmässig geführt werden, dass die Betriebsrechnung und die Jahresbilanz nach den gesetzlichen Vorschriften aufgestellt und der Revisionsstelle zur Prüfung unterbreitet und die vorgeschriebenen Anzeigen an das Handelsregisteramt über Eintritt und Austritt der Genossenschafter gemacht werden.[2]

StGB 152, 325.

Art. 903   2. Anzeigepflicht bei Überschuldung und bei Kapitalverlust

[1] Besteht begründete Besorgnis einer Überschuldung, so hat die Verwaltung sofort auf Grund der Veräusserungswerte eine Zwischenbilanz aufzustellen.

[2] Zeigt die letzte Jahresbilanz und eine daraufhin zu errichtende Liquidationsbilanz oder zeigt eine Zwischenbilanz, dass die Forderungen der Genossenschaftsgläubiger durch die Aktiven nicht mehr gedeckt sind, so hat die Verwaltung den Richter zu benachrichtigen. Dieser hat die Konkurseröffnung auszusprechen, falls nicht die Voraussetzungen eines Aufschubes gegeben sind.

---

1 Fassung gemäss Ziff. I 3 des BG vom 16. Dez. 2005, in Kraft per 1. Jan. 2008 (AS 2007 4791 4839; BBl 2002 3148, BBl 2004 3969).

2 Fassung gemäss Ziff. I 3 des BG vom 16. Dez. 2005, in Kraft per 1. Jan. 2008 (AS 2007 4791 4839; BBl 2002 3148, BBl 2004 3969).

3 Bei Genossenschaften mit Anteilscheinen hat die Verwaltung unverzüglich eine Generalversammlung einzuberufen und diese von der Sachlage zu unterrichten, wenn die letzte Jahresbilanz ergibt, dass die Hälfte des Genossenschaftskapitals nicht mehr gedeckt ist.

4 Bei Genossenschaften mit Nachschusspflicht muss der Richter erst benachrichtigt werden, wenn der durch die Bilanz ausgewiesene Verlust nicht innert drei Monaten durch Nachschüsse der Mitglieder gedeckt wird.

5 Auf Antrag der Verwaltung oder eines Gläubigers kann der Richter, falls Aussicht auf Sanierung besteht, die Konkurseröffnung aufschieben. In diesem Falle trifft er die zur Erhaltung des Vermögens geeigneten Massnahmen, wie Inventaraufnahme, Bestellung eines Sachwalters.

6 Bei konzessionierten Versicherungsgenossenschaften gelten die Ansprüche der Mitglieder aus Versicherungsverträgen als Gläubigerrechte.

Abs. 2: SchKG 173a.

Art. 904   VI. Rückerstattung entrichteter Zahlungen

1 Im Konkurse der Genossenschaft sind die Mitglieder der Verwaltung den Genossenschaftsgläubigern gegenüber zur Rückerstattung aller in den letzten drei Jahren vor Konkursausbruch als Gewinnanteile oder unter anderer Bezeichnung gemachten Bezüge verpflichtet, soweit diese ein angemessenes Entgelt für Gegenleistungen übersteigen und bei vorsichtiger Bilanzierung nicht hätten ausgerichtet werden sollen.

2 Die Rückerstattung ist ausgeschlossen, soweit sie nach den Bestimmungen über die ungerechtfertigte Bereicherung nicht gefordert werden kann.

3 Der Richter entscheidet unter Würdigung aller Umstände nach freiem Ermessen.

Abs. 2: OR 63.

Art. 905   VII. Einstellung und Abberufung

1 Die Verwaltung kann die von ihr bestellten Ausschüsse, Geschäftsführer, Direktoren und andern Bevollmächtigten und Beauftragten jederzeit abberufen.

2 Die von der Generalversammlung bestellten Bevollmächtigten und Beauftragten können von der Verwaltung jederzeit in ihren Funktionen eingestellt werden unter sofortiger Einberufung einer Generalversammlung.

3 Entschädigungsansprüche der Abberufenen oder in ihren Funktionen Eingestellten bleiben vorbehalten.

OR 890.

Art. 906[1]   C. Revisionsstelle
             I. Im Allgemeinen

[1] Für die Revisionsstelle sind die Vorschriften des Aktienrechts entsprechend anwendbar.

[2] Eine ordentliche Revision der Jahresrechnung durch eine Revisionsstelle können verlangen:

1.   10 Prozent der Genossenschafter;

2.   Genossenschafter, die zusammen mindestens 10 Prozent des Anteilscheinkapitals vertreten;

3.   Genossenschafter, die einer persönlichen Haftung oder einer Nachschusspflicht unterliegen.

BankG 20.

Art. 907[2]   II. Prüfung des Genossenschafterverzeichnisses

Bei Genossenschaften mit persönlicher Haftung oder Nachschusspflicht der Genossenschafter hat die Revisionsstelle festzustellen, ob das Genossenschafterverzeichnis korrekt geführt wird. Verfügt die Genossenschaft über keine Revisionsstelle, so muss die Verwaltung das Genossenschafterverzeichnis durch einen zugelassenen Revisor prüfen lassen.

Art. 908[3]   D. Mängel in der Organisation

Bei Mängeln in der Organisation der Genossenschaft sind die Vorschriften des Aktienrechts entsprechend anwendbar.

Art. 909–910[4]   …

Aufgehoben.

---

1   Fassung gemäss Ziff. I 3 des BG vom 16. Dez. 2005, in Kraft per 1. Jan. 2008 (AS 2007 4791 4839; BBl 2002 3148, BBl 2004 3969).

2   Fassung gemäss Ziff. I 3 des BG vom 16. Dez. 2005, in Kraft per 1. Jan. 2008 (AS 2007 4791 4839; BBl 2002 3148, BBl 2004 3969).

3   Fassung gemäss Ziff. I 3 des BG vom 16. Dez. 2005, in Kraft per 1. Jan. 2008 (AS 2007 4791 4839; BBl 2002 3148, BBl 2004 3969).

4   Aufgehoben durch Ziff. I 3 des BG vom 16. Dez. 2005, in Kraft per 1. Jan. 2008 (AS 2007 4791 4839; BBl 2002 3148, BBl 2004 3969).

Sechster Abschnitt: Auflösung der Genossenschaft

Art. 911 A. Auflösungsgründe

Die Genossenschaft wird aufgelöst:

1. nach Massgabe der Statuten;
2. durch einen Beschluss der Generalversammlung;
3. durch Eröffnung des Konkurses;
4. in den übrigen vom Gesetze vorgesehenen Fällen.

OR 831 Abs. 2, 895 Abs. 2. Ziff. 3: 873. Ziff. 4: 831 Abs. 2, SchUeB 14 Abs. 4.

Art. 912 B. Anmeldung beim Handelsregister

Erfolgt die Auflösung der Genossenschaft nicht durch Konkurs, so ist sie von der Verwaltung zur Eintragung in das Handelsregister anzumelden.

OR 939. HRegV 89, → Nr. 14.

Art. 913 C. Liquidation, Verteilung des Vermögens

[1] Die Genossenschaft wird, unter Vorbehalt der nachfolgenden Bestimmungen, nach den für die Aktiengesellschaft geltenden Vorschriften liquidiert.

[2] Das nach Tilgung sämtlicher Schulden und Rückzahlung allfälliger Genossenschaftsanteile verbleibende Vermögen der aufgelösten Genossenschaft darf nur dann unter die Genossenschafter verteilt werden, wenn die Statuten eine solche Verteilung vorsehen.

[3] Die Verteilung erfolgt in diesem Falle, wenn die Statuten nicht etwas anderes bestimmen, unter die zur Zeit der Auflösung vorhandenen Genossenschafter oder ihre Rechtsnachfolger nach Köpfen. Der gesetzliche Abfindungsanspruch der ausgeschiedenen Genossenschafter oder ihrer Erben bleibt vorbehalten.

[4] Enthalten die Statuten keine Vorschrift über die Verteilung unter die Genossenschafter, so muss der Liquidationsüberschuss zu genossenschaftlichen Zwecken oder zur Forderung gemeinnütziger Bestrebungen verwendet werden.

[5] Der Entscheid hierüber steht, wenn die Statuten es nicht anders ordnen, der Generalversammlung zu.

OR 739 ff. ZGB 57.

Art. 914[1]   D. ...

Aufgehoben.

> Vgl. FusG, → Nr. 12.

Art. 915   E. Übernahme durch eine Körperschaft des öffentlichen Rechts

[1] Wird das Vermögen einer Genossenschaft vom Bunde, von einem Kanton oder unter Garantie des Kantons von einem Bezirk oder von einer Gemeinde übernommen, so kann mit Zustimmung der Generalversammlung vereinbart werden, dass die Liquidation unterbleiben soll.

[2] Der Beschluss der Generalversammlung ist nach den Vorschriften über die Auflösung zu fassen und beim Handelsregisteramt anzumelden.

[3] Mit der Eintragung dieses Beschlusses ist der Übergang des Vermögens der Genossenschaft mit Einschluss der Schulden vollzogen, und es ist die Firma der Genossenschaft zu löschen.

> Umwandlung: SchUeB 4. Vgl. FusG 99 ff., → Nr. 12.

Siebenter Abschnitt: Verantwortlichkeit

Art. 916[2]   A. Haftung gegenüber der Genossenschaft

Alle mit der Verwaltung, Geschäftsführung, Revision oder Liquidation befassten Personen sind der Genossenschaft für den Schaden verantwortlich, den sie ihr durch absichtliche oder fahrlässige Verletzung der ihnen obliegenden Pflichten verursachen.

> OR 838 Abs. 2, 904. SchUeB 17 Ziff. 4. StGB 152.

Art. 917   B. Haftung gegenüber Genossenschaft, Genossenschaftern und Gläubigern

[1] Die Mitglieder der Verwaltung und die Liquidatoren, welche die für den Fall der Überschuldung der Genossenschaft vom Gesetz aufgestellten Pflichten absichtlich oder fahrlässig verletzen, haften der Genossenschaft, den einzelnen Genossenschaftern und den Gläubigern für den entstandenen Schaden.

---

1   Aufgehoben durch Anhang Ziff. 2 des Fusionsgesetzes vom 3. Okt. 2003, mit Wirkung seit 1. Juli 2004 (SR 221.301).

2   Fassung gemäss Ziff. I 3 des BG vom 16. Dez. 2005, in Kraft per 1. Jan. 2008 (AS 2007 4791 4839; BBl 2002 3148, BBl 2004 3969).

2 Der Ersatz des Schadens, der den Genossenschaftern und den Gläubigern nur mittelbar durch Schädigung der Genossenschaft verursacht wurde, ist nach den für die Aktiengesellschaft aufgestellten Vorschriften geltend zu machen.

Art. 918   C. Solidarität und Rückgriff

1 Sind mehrere Personen für denselben Schaden verantwortlich, so haften sie solidarisch.

2 Der Rückgriff unter mehreren Beteiligten wird vom Richter nach dem Grade des Verschuldens des einzelnen bestimmt.

OR 143 ff.

Art. 919   D. Verjährung

1 Der Anspruch auf Schadenersatz gegen die nach den vorstehenden Bestimmungen verantwortlichen Personen verjährt in fünf Jahren von dem Tage an, an dem der Geschädigte Kenntnis vom Schaden und von der Person des Ersatzpflichtigen erlangt hat, jedenfalls aber mit dem Ablaufe von zehn Jahren, vom Tage der schädigenden Handlung an gerechnet.

2 Wird die Klage aus einer strafbaren Handlung hergeleitet, für die das Strafrecht eine längere Verjährung vorschreibt, so gilt diese auch für den Zivilanspruch.

Art. 920   E. Bei Kredit- und Versicherungsgenossenschaften

Bei Kreditgenossenschaften und konzessionierten Versicherungsgenossenschaften richtet sich die Verantwortlichkeit nach den Bestimmungen des Aktienrechts.

Achter Abschnitt: Genossenschaftsverbände

Art. 921   A. Voraussetzungen

Drei oder mehr Genossenschaften können einen Genossenschaftsverband bilden und ihn als Genossenschaft ausgestalten.

Art. 922   B. Organisation
I. Delegiertenversammlung

1 Oberstes Organ des Genossenschaftsverbandes ist, sofern die Statuten es nicht anders ordnen, die Delegiertenversammlung.

2 Die Statuten bestimmen die Zahl der Delegierten der angeschlossenen Genossenschaften.

3 Jeder Delegierte hat, unter Vorbehalt anderer Regelung durch die Statuten, eine Stimme.

Art. 923   II. Verwaltung

Die Verwaltung wird, sofern die Statuten es nicht anders bestimmen, aus Mitgliedern der angeschlossenen Genossenschaften gebildet.

Art. 924   III. Überwachung. Anfechtung

1 Die Statuten können der Verwaltung des Verbandes das Recht einräumen, die geschäftliche Tätigkeit der angeschlossenen Genossenschaften zu überwachen.

2 Sie können der Verwaltung des Verbandes das Recht verleihen, Beschlüsse, die von den einzelnen angeschlossenen Genossenschaften gefasst worden sind, beim Richter durch Klage anzufechten.

Art. 925   IV. Ausschluss neuer Verpflichtungen

Der Eintritt in einen Genossenschaftsverband darf für die Mitglieder der eintretenden Genossenschaft keine Verpflichtungen zur Folge haben, denen sie nicht schon durch das Gesetz oder die Statuten ihrer Genossenschaft unterworfen sind.

Neunter Abschnitt: Beteiligung von Körperschaften des öffentlichen Rechts

Art. 926

1 Bei Genossenschaften, an denen Körperschaften des öffentlichen Rechts, wie Bund, Kanton, Bezirk oder Gemeinde, ein öffentliches Interesse besitzen, kann der Körperschaft in den Statuten der Genossenschaft das Recht eingeräumt werden, Vertreter in die Verwaltung oder in die Revisionsstelle abzuordnen.[1]

2 Die von einer Körperschaft des öffentlichen Rechts abgeordneten Mitglieder haben die gleichen Rechte und Pflichten wie die von der Genossenschaft gewählten.

3 Die Abberufung der von einer Körperschaft des öffentlichen Rechts abgeordneten Mitglieder der Verwaltung und der Revisionsstelle steht nur der Körperschaft selbst zu.[2] Diese haftet gegenüber der Genossenschaft, den Genossenschaftern und den Gläubiger für diese Mitglieder, unter Vorbehalt des Rückgriffs nach dem Rechte des Bundes und der Kantone.

---

1   Fassung gemäss Ziff. I 3 des BG vom 16. Dez. 2005, in Kraft per 1. Jan. 2008 (AS 2007 4791 4839; BBl 2002 3148, BBl 2004 3969).
2   Fassung gemäss Ziff. I 3 des BG vom 16. Dez. 2005, in Kraft per 1. Jan. 2008 (AS 2007 4791 4839; BBl 2002 3148, BBl 2004 3969).

Vierte Abteilung:[1] Handelsregister, Geschäftsfirmen und kaufmännische Buchführung

Dreissigster Titel: Das Handelsregister

Art. 927   A. Zweck und Einrichtung
            I. Im Allgemeinen

[1] In jedem Kanton wird ein Handelsregister geführt.

[2] Es steht den Kantonen frei, das Handelsregister bezirksweise zu führen.

[3] Die Kantone haben die Amtsstellen, denen die Führung des Handelsregisters obliegt, und eine kantonale Aufsichtsbehörde zu bestimmen

> HRegV, → Nr. 14. Strafrechtlicher Schutz: StGB 153. Zweck: BGE 75 I 78; 80 I 384.

Art. 928   II. Haftbarkeit

[1] Die Handelsregisterführer und die ihnen unmittelbar vorgesetzten Aufsichtsbehörden sind persönlich für allen Schaden haftbar, den sie selbst oder die von ihnen ernannten Angestellten durch ihr Verschulden verursachen.

[2] Für die Haftbarkeit der Aufsichtsbehörden sind die Vorschriften massgebend, die über die Verantwortlichkeit der vormundschaftlichen Behörden aufgestellt sind.

[3] Wird der Schaden durch die haftbaren Beamten nicht gedeckt, so hat der Kanton den Ausfall zu tragen.

> ZGB 428 ff.

Art. 929   III. Verordnung des Bundesrates
            1. Im Allgemeinen[2]

[1] Der Bundesrat erlässt die Vorschriften über die Einrichtung, die Führung und die Beaufsichtigung des Handelsregisters sowie über das Verfahren, die Anmeldung zur Eintragung, die einzureichenden Belege und deren Prüfung, den Inhalt der Eintragungen, die Gebühren und die Beschwerdeführung.[3]

[2] Die Gebühren sollen der wirtschaftlichen Bedeutung des Unternehmens angepasst sein.

---

1   Fassung gemäss BG vom 18. Dez. 1936, in Kraft seit 1. Juli 1937 (AS 53 185; BBl 1928 I 205, 1932 I 217). Siehe die Schl- und UeB zu den Tit. XXIV–XXXIII am Schluss des OR.

2   Fassung gemäss Anhang Ziff. 2 des BG vom 19. Dez. 2003 über die elektronische Signatur, in Kraft seit 1. Jan. 2005 (SR 943.03).

3   Fassung gemäss Ziff. I 3 des BG vom 16. Dez. 2005, in Kraft per 1. Jan. 2008 (AS 2007 4791 4839; BBl 2002 3148, BBl 2004 3969).

HRegV und VO vom 3. Dezember 1954 über die Gebühren für das Handelsregister (SR 221.411.1), → Nr. 14 und 15.

Art. 929a[1]   2. Bei Führung des Handelsregisters mittels Informatik

[1] Der Bundesrat erlässt die Vorschriften über die Führung des Handelsregisters mittels Informatik und den elektronischen Datenaustausch zwischen den Handelsregisterbehörden. Insbesondere kann er den Kantonen die Führung des Handelsregisters mittels Informatik, die Entgegennahme elektronisch eingereichter Belege, die elektronische Erfassung von Belegen und die elektronische Datenübermittlung vorschreiben.

[2] Der Bundesrat bestimmt, ob und unter welchen Voraussetzungen die elektronische Einreichung von Anmeldungen und Belegen beim Handelsregisteramt zulässig ist. Er kann Vorschriften zur elektronischen Aufbewahrung von Belegen erlassen und den Kantonen die Ausstellung beglaubigter Handelsregisterauszüge in elektronischer Form vorschreiben.

Art. 930   IV. Öffentlichkeit

Das Handelsregister mit Einschluss der Anmeldungen und der Belege ist öffentlich.

HRegV 10 ff., → Nr. 14.

Art. 931   V. Handelsamtsblatt

[1] Die Eintragungen im Handelsregister werden, soweit nicht eine nur teilweise oder auszugsweise Bekanntmachung durch Gesetz oder Verordnung vorgeschrieben ist, ihrem ganzen Inhalte nach ohne Verzug durch das Schweizerische Handelsamtsblatt bekanntgemacht.

[2] Ebenso haben alle vom Gesetze vorgeschriebenen Veröffentlichungen im Schweizerischen Handelsamtsblatt zu erfolgen.

[2bis] Der Bundesrat kann die im Schweizerischen Handelsamtsblatt veröffentlichten Daten dem Publikum auch auf andere Art zur Verfügung stellen.[2]

[3] Der Bundesrat erlässt die Vorschriften über die Einrichtung des Schweizerischen Handelsamtsblattes.

HRegV 35, → Nr. 14. VO über das Schweizerische Handelsamtsblatt vom 7. Juni 1937, SR 221.415.

---

1   Eingefügt durch Anhang Ziff. 2 des BG vom 19. Dez. 2003 über die elektronische Signatur, in Kraft seit 1. Jan. 2005 (SR 943.03).
2   Eingefügt durch Anhang Ziff. 2 des BG vom 19. Dez. 2003 über die elektronische Signatur, in Kraft seit 1. Jan. 2005 (SR 943.03).

Art. 931a[1] B. Eintragungen
  I. Anmeldung

[1] Bei juristischen Personen obliegt die Anmeldung zur Eintragung ins Handelsregister dem obersten Leitungs- oder Verwaltungsorgan. Spezialgesetzliche Vorschriften betreffend öffentlich-rechtliche Körperschaften und Anstalten bleiben vorbehalten.

[2] Die Anmeldung muss von zwei Mitgliedern des obersten Leitungs- oder Verwaltungsorgans oder von einem Mitglied mit Einzelzeichnungsberechtigung unterzeichnet werden. Die Anmeldung ist beim Handelsregisteramt zu unterzeichnen oder mit den beglaubigten Unterschriften einzureichen.

Art. 932 II. Beginn der Wirksamkeit[2]

[1] Für die Bestimmung des Zeitpunktes der Eintragung in das Handelsregister ist die Einschreibung der Anmeldung in das Tagebuch massgebend.

[2] Gegenüber Dritten wird eine Eintragung im Handelsregister erst an dem nächsten Werktage wirksam, der auf den aufgedruckten Ausgabetag derjenigen Nummer des Schweizerischen Handelsamtsblattes folgt, in der die Eintragung veröffentlicht ist. Dieser Werktag ist auch der massgebende Tag für den Lauf einer Frist, die mit der Veröffentlichung der Eintragung beginnt.

[3] Vorbehalten bleiben die besonderen gesetzlichen Vorschriften, nach denen unmittelbar mit der Eintragung auch Dritten gegenüber Rechtswirkungen verbunden sind oder Fristen zu laufen beginnen.

   OR 77 ff.

Art. 933 III. Wirkungen[3]

[1] Die Einwendung, dass jemand eine Dritten gegenüber wirksam gewordene Eintragung nicht gekannt habe, ist ausgeschlossen.

[2] Wurde eine Tatsache, deren Eintragung vorgeschrieben ist, nicht eingetragen, so kann sie einem Dritten nur entgegengehalten werden, wenn bewiesen wird, dass sie diesem bekannt war.

   Kenntnis: BGE 65 II 87; 106 II 346. Wirkung: BGE 78 III 45.

---

1   Eingefügt durch Ziff. I 3 des BG vom 16. Dez. 2005, in Kraft per 1. Jan. 2008 (AS 2007 4791 4839; BBl 2002 3148, BBl 2004 3969).

2   Fassung gemäss Ziff. I 3 des BG vom 16. Dez. 2005, in Kraft per 1. Jan. 2008 (AS 2007 4791 4839; BBl 2002 3148, BBl 2004 3969).

3   Fassung gemäss Ziff. I 3 des BG vom 16. Dez. 2005, in Kraft per 1. Jan. 2008 (AS 2007 4791 4839; BBl 2002 3148, BBl 2004 3969).

Art. 934[1]   IV. Eintragung ins Handelsregister
                  1. Recht und Pflicht

[1] Wer ein Handels-, Fabrikations- oder ein anderes nach kaufmännischer Art geführtes Gewerbe betreibt, ist verpflichtet, dieses am Ort der Hauptniederlassung ins Handelsregister eintragen zu lassen.

[2] Wer unter einer Firma ein Gewerbe betreibt, das nicht eingetragen werden muss, hat das Recht, dieses am Ort der Hauptniederlassung ins Handelsregister eintragen zu lassen.

> OR 945, 957. Kaufmännisches Gewerbe: BGE 56 I 127; 63 II 94; 70 I 105, 108; 79 I 59; 87 II 253.

Art. 935   2. Zweigniederlassungen

[1] Schweizerische Zweigniederlassungen von Firmen, deren Hauptsitz sich in der Schweiz befindet, sind an ihrem Sitz einzutragen, nachdem die Eintragung am Hauptsitz erfolgt ist.

[2] Die schweizerischen Zweigniederlassungen von Firmen mit Hauptsitz im Auslande sind einzutragen, und zwar in derselben Weise wie diejenigen schweizerischer Firmen, soweit das ausländische Recht keine Abweichung nötig macht. Für solche Zweigniederlassungen muss ein Bevollmächtigter mit Wohnsitz in der Schweiz und mit dem Rechte der geschäftlichen Vertretung bestellt werden.

> Zweigniederlassung: BGE 108 II 122; 117 II 85. Sitz: BGE 81 I 156. OR 952. HRegV 109 ff., → Nr. 14.

Art. 936   3. Ausführungsbestimmungen

Der Bundesrat erlässt die näheren Vorschriften über die Pflicht zur Eintragung in das Handelsregister.

> HRegV 36, → Nr. 14.

---

1 Fassung gemäss Ziff. I 3 des BG vom 16. Dez. 2005, in Kraft per 1. Jan. 2008 (AS 2007 4791 4839; BBl 2002 3148, BBl 2004 3969).

Art. 936a[1]   Identifikationsnummer

[1] Die im Handelsregister eingetragenen Einzelunternehmen, Kollektiv- und Kommanditgesellschaften, Kapitalgesellschaften, Genossenschaften, Vereine, Stiftungen und Institute des öffentlichen Rechts erhalten eine Identifikationsnummer.[2]

[2] Die Identifikationsnummer bleibt während des Bestehens des Rechtsträgers unverändert, so insbesondere auch bei der Sitzverlegung, der Umwandlung und der Änderung des Namens oder der Firma.

[3] Der Bundesrat erlässt Ausführungsvorschriften. Er kann vorsehen, dass die Identifikationsnummer nebst der Firma auf Briefen, Bestellscheinen und Rechnungen anzugeben ist.

> HRegV 116, → Nr. 14.

Art. 937   V. Änderungen[3]

Ist eine Tatsache im Handelsregister eingetragen, so muss auch jede Änderung dieser Tatsache eingetragen werden.

Art. 938[4]   VI. Löschung
1. Pflicht zur Löschung

Wenn ein im Handelsregister eingetragenes Gewerbe zu bestehen aufhört oder auf eine andere Person übergeht, so sind die bisherigen Inhaber oder deren Erben verpflichtet, die Eintragung löschen zu lassen.

> HRegV 39, → Nr. 14. Wiedereintragung nach Liquidation: BGE 59 II 58; 78 I 454.

Art. 938a[5]   2. Löschung von Amtes wegen

[1] Weist eine Gesellschaft keine Geschäftstätigkeit mehr auf und hat sie keine verwertbaren Aktiven mehr, so kann sie der Handelsregisterführer nach dreimaligem ergebnislosem Rechnungsruf im Handelsregister löschen.

---

1   Eingefügt durch Anhang Ziff. 2 des Fusionsgesetzes vom 3. Okt. 2003, in Kraft seit 1. Juli 2004 (SR 221.301).
2   Fassung gemäss Ziff. I 3 des BG vom 16. Dez. 2005, in Kraft per 1. Jan. 2008 (AS 2007 4791 4839; BBl 2002 3148, BBl 2004 3969).
3   Fassung gemäss Ziff. I 3 des BG vom 16. Dez. 2005, in Kraft per 1. Jan. 2008 (AS 2007 4791 4839; BBl 2002 3148, BBl 2004 3969).
4   Fassung gemäss Ziff. I 3 des BG vom 16. Dez. 2005, in Kraft per 1. Jan. 2008 (AS 2007 4791 4839; BBl 2002 3148, BBl 2004 3969).
5   Eingefügt durch Ziff. I 3 des BG vom 16. Dez. 2005, in Kraft per 1. Jan. 2008 (AS 2007 4791 4839; BBl 2002 3148, BBl 2004 3969).

2 Macht ein Gesellschafter beziehungsweise ein Aktionär oder Genossenschafter oder ein Gläubiger ein Interesse an der Aufrechterhaltung der Eintragung geltend, so entscheidet der Richter.

3 Der Bundesrat regelt die Einzelheiten.

Art. 938b[1] 3. Organe und Vertretungsbefugnisse

1 Scheiden im Handelsregister als Organ eingetragene Personen aus ihrem Amt aus, so muss die betroffene juristische Person unverzüglich deren Löschung verlangen.

2 Die ausgeschiedenen Personen können ihre Löschung auch selbst anmelden. Der Registerführer teilt der juristischen Person die Löschung unverzüglich mit.

3 Diese Vorschriften sind für die Löschung eingetragener Zeichnungsberechtigter ebenfalls anwendbar.

Art. 939 VII. Konkurs von Handelsgesellschaften und Genossenschaften[2]

1 Ist über eine Handelsgesellschaft oder über eine Genossenschaft der Konkurs eröffnet worden, so hat der Handelsregisterführer nach Empfang der amtlichen Mitteilung des Konkurserkenntnisses die dadurch bewirkte Auflösung der Gesellschaft oder Genossenschaft in das Handelsregister einzutragen.

2 Wird der Konkurs widerrufen, so ist auf die amtliche Mitteilung des Widerrufs hin diese Eintragung im Handelsregister zu löschen.

3 Nach Schluss des Konkursverfahrens ist auf die amtliche Mitteilung des Schlusserkenntnisses hin die Gesellschaft oder Genossenschaft im Handelsregister zu löschen.

Art. 940 VIII. Pflichten des Registerführers
1. Prüfungspflicht[3]

1 Der Registerführer hat zu prüfen, ob die gesetzlichen Voraussetzungen für die Eintragung erfüllt sind.

2 Bei der Eintragung juristischer Personen ist insbesondere zu prüfen, ob die Statuten keinen zwingenden Vorschriften widersprechen und den vom Gesetz verlangten Inhalt aufweisen.

Abs. 1: BGE 78 I 450; 114 II 68; 132 III 668.

---

1 Eingefügt durch Ziff. I 3 des BG vom 16. Dez. 2005, in Kraft per 1. Jan. 2008 (AS 2007 4791 4839; BBl 2002 3148, BBl 2004 3969).

2 Fassung gemäss Ziff. I 3 des BG vom 16. Dez. 2005, in Kraft per 1. Jan. 2008 (AS 2007 4791 4839; BBl 2002 3148, BBl 2004 3969).

3 Fassung gemäss Ziff. I 3 des BG vom 16. Dez. 2005, in Kraft per 1. Jan. 2008 (AS 2007 4791 4839; BBl 2002 3148, BBl 2004 3969).

Art. 941   2. Mahnung. Eintragung von Amtes wegen

Der Registerführer hat die Beteiligten zur Erfüllung der Anmeldungspflicht anzuhalten und nötigenfalls die vorgeschriebenen Eintragungen von Amtes wegen vorzunehmen.

HRegV 152 ff., → Nr. 14.

Art. 941a[1]   3. Überweisung an den Richter oder an die Aufsichtsbehörde

[1] Bei Mängeln in der gesetzlich zwingend vorgeschriebenen Organisation der Gesellschaft stellt der Registerführer dem Richter den Antrag, die erforderlichen Massnahmen zu ergreifen.

[2] Bei Mängeln in der gesetzlich zwingend vorgeschriebenen Organisation der Stiftung stellt der Registerführer der Aufsichtsbehörde den Antrag, die erforderlichen Massnahmen zu ergreifen.

[3] Sind die zwingenden Vorschriften über die Revisionsstelle im Verein verletzt, so stellt der Registerführer dem Richter den Antrag, die erforderlichen Massnahmen zu ergreifen.

Art. 942   IX. Nichtbefolgung der Vorschriften
1. Haftung für Schaden[2]

Wer zur Anmeldung einer Eintragung in das Handelsregister verpflichtet ist und diese absichtlich oder fahrlässig unterlässt, haftet für den dadurch verursachten Schaden.

Art. 943   2. Ordnungsbussen

[1] Wenn das Gesetz die Beteiligung zur Anmeldung einer Eintragung verpflichtet, hat die Registerbehörde von Amtes wegen gegen die Fehlbaren mit Ordnungsbussen im Betrage von 10 bis 500 Franken einzuschreiten.

[2] Die nämliche Busse ist gegen die Mitglieder der Verwaltung einer Aktiengesellschaft auszusprechen, die der Aufforderung zur Auflegung der Gewinn- und Verlustrechnung und der Bilanz beim Handelsregisteramt nicht nachkommen.

HRegV 152, → Nr. 14. Vgl. auch StGB 153.

---

1   Fassung gemäss Ziff. I 3 des BG vom 16. Dez. 2005, in Kraft per 1. Jan. 2008 (AS 2007 4791 4839; BBl 2002 3148, BBl 2004 3969).
2   Fassung gemäss Ziff. I 3 des BG vom 16. Dez. 2005, in Kraft per 1. Jan. 2008 (AS 2007 4791 4839; BBl 2002 3148, BBl 2004 3969).

Einunddreissigster Titel: Die Geschäftsfirmen

Art. 944 A. Grundsätze der Firmenbildung
I. Allgemeine Bestimmungen

[1] Jede Firma darf, neben dem vom Gesetze vorgeschriebenen wesentlichen Inhalt, Angaben enthalten, die zur näheren Umschreibung der darin erwähnten Personen dienen oder auf die Natur des Unternehmens hinweisen oder eine Phantasiebezeichnung darstellen, vorausgesetzt, dass der Inhalt der Firma der Wahrheit entspricht, keine Täuschungen verursachen kann und keinem öffentlichen Interesse zuwiderläuft.

[2] Der Bundesrat kann Vorschriften darüber erlassen, in welchem Umfange nationale und territoriale Bezeichnungen bei der Bildung von Firmen verwendet werden dürfen.

Abs. 1: BGE 69 I 132; 93 II 256; 108 II 130; 112 II 59; 113 II 179, 280; 116 II 605; 118 II 319; 123 III 220; 132 III 532.
Abs. 2: BGE 55 I 251. HRegV 26, → Nr. 14.

Art. 945 II. Einzelunternehmen
1. Wesentlicher Inhalt[1]

[1] Wer als alleiniger Inhaber ein Geschäft betreibt, muss den wesentlichen Inhalt seiner Firma aus dem Familiennamen mit oder ohne Vornamen bilden.

[2] ...[2]

[3] Der Firma darf kein Zusatz beigefügt werden, der ein Gesellschaftsverhältnis andeutet.

OR 934. Rechtssubjekt: BGE 74 II 226.

Art. 946 2. Ausschliesslichkeit der eingetragenen Firma

[1] Eine im Handelsregister eingetragene Einzelfirma darf von keinem andern Geschäftsinhaber an demselben Orte verwendet werden, selbst dann nicht, wenn er den gleichen Vor- und Familiennamen hat, mit dem die ältere Firma gebildet worden ist.

[2] Der neue Geschäftsinhaber hat in einem solchen Falle seinem Namen in der Firma einen Zusatz beizufügen, durch den diese deutlich von der älteren Firma unterschieden wird.

[3] Gegenüber einer an einem andern Orte eingetragenen Einzelfirma bleiben die Ansprüche aus unlauterem Wettbewerb vorbehalten.

---

1 Fassung gemäss Ziff. I 3 des BG vom 16. Dez. 2005, in Kraft per 1. Jan. 2008 (AS 2007 4791 4839; BBl 2002 3148, BBl 2004 3969).
2 Aufgehoben durch Ziff. I des BG vom 4. Okt. 1991 (AS 1992 733; BBl 1983 II 745).

OR 951. Unterscheidbarkeit: BGE 59 II 158.

Art. 947   III. Gesellschaftsfirmen
1. Kollektiv-, Kommandit- und Kommanditaktiengesellschaft
a. Bildung der Firma

[1] Die Firma einer Kollektivgesellschaft muss, sofern nicht sämtliche Gesellschafter namentlich aufgeführt werden, den Familiennamen wenigstens eines der Gesellschafter mit einem das Gesellschaftsverhältnis andeutenden Zusatz enthalten.

[2] Bei Aufnahme weiterer Gesellschafter kann die Kollektivgesellschaft ihre Firma unverändert beibehalten.

[3] Die Firma einer Kommanditgesellschaft oder Kommanditaktiengesellschaft muss den Familiennamen wenigstens eines unbeschränkt haftenden Gesellschafters mit einem das Gesellschaftsverhältnis andeutenden Zusatz enthalten.

[4] Die Namen anderer Personen als der unbeschränkt haftenden Gesellschafter dürfen in der Firma einer Kollektivgesellschaft, Kommanditgesellschaft oder Kommanditaktiengesellschaft nicht enthalten sein.

OR 951 Abs. 1. Name: BGE 71 I 272.
Abs. 3: BGE 116 II 76.

Art. 948   b. Änderung der Firma

[1] Wenn eine Person, deren Familienname in der Firma einer Kollektivgesellschaft Kommanditgesellschaft oder Kommanditaktiengesellschaft enthalten ist, aus der Gesellschaft ausscheidet, so darf auch mit Einwilligung dieser Person oder ihrer Erben ihr Name in der Gesellschaftsfirma nicht beibehalten werden.

[2] Ausnahmen können bewilligt werden, wenn das Gesellschaftsverhältnis durch eine verwandtschaftliche Beziehung ausgedrückt ist, solange wenigstens unter zwei unbeschränkt haftenden Gesellschaftern noch eine Verwandtschaft oder Schwägerschaft besteht und einer von ihnen den in der Firma enthaltenen Familiennamen trägt.

Art. 949[1]   …

Aufgehoben.

---

1   Aufgehoben durch Ziff. I 3 des BG vom 16. Dez. 2005, in Kraft per 1. Jan. 2008 (AS 2007 4791 4839; BBl 2002 3148, BBl 2004 3969).

Art. 950[1]   2. Aktiengesellschaft, Gesellschaft mit beschränkter Haftung und Genossenschaft

Aktiengesellschaften, Gesellschaften mit beschränkter Haftung und Genossenschaften können unter Wahrung der allgemeinen Grundsätze der Firmenbildung ihre Firma frei wählen. In der Firma muss die Rechtsform angegeben werden.

Art. 951[2]   3. Ausschliesslichkeit der eingetragenen Firma

[1] Die Vorschriften über die Ausschliesslichkeit der eingetragenen Firma von Einzelunternehmen gelten auch für die Firma der Kollektivgesellschaft, der Kommanditgesellschaft und der Kommanditaktiengesellschaft.

[2] Die Firmen der Aktiengesellschaften, der Gesellschaften mit beschränkter Haftung und der Genossenschaften müssen sich von allen in der Schweiz bereits eingetragenen Firmen von Gesellschaften in einer dieser Rechtsformen deutlich unterscheiden.

OR 946. Unterscheidbarkeit: BGE 59 II 158; 82 II 154, 341; 90 II 199, 294; 122 III 369.

Art. 952   IV. Zweigniederlassungen

[1] Zweigniederlassungen müssen die gleiche Firma führen wie die Hauptniederlassung; sie dürfen jedoch ihrer Firma besondere Zusätze beifügen, sofern diese nur für die Zweigniederlassung zutreffen.

[2] Die Firma der Zweigniederlassung eines Unternehmens, dessen Sitz sich im Auslande befindet, muss überdies den Ort der Hauptniederlassung, den Ort der Zweigniederlassung und die ausdrückliche Bezeichnung als solche enthalten.

OR 935. HRegV 110, → Nr. 14.

Art. 953   V. Übernahme eines Geschäftes

[1] Wer ein Geschäft übernimmt, ist an die Vorschriften gebunden, die für die Bildung und die Führung einer Firma aufgestellt sind.

[2] Der Übernehmer darf jedoch mit ausdrücklicher oder stillschweigender Zustimmung der früheren Inhaber oder ihrer Erben die bisherige Firma weiterführen, sofern in einem Zusatz das Nachfolgeverhältnis zum Ausdruck gebracht und der neue Inhaber genannt wird.

OR 181.

---

1   Fassung gemäss Ziff. I 3 des BG vom 16. Dez. 2005, in Kraft per 1. Jan. 2008 (AS 2007 4791 4839; BBl 2002 3148, BBl 2004 3969).
2   Fassung gemäss Ziff. I 3 des BG vom 16. Dez. 2005, in Kraft per 1. Jan. 2008 (AS 2007 4791 4839; BBl 2002 3148, BBl 2004 3969).

Art. 954 VI. Namensänderung

Die bisherige Firma kann beibehalten werden, wenn der darin enthaltene Name des Geschäftsinhabers oder eines Gesellschafters von Gesetzes wegen oder durch die zuständige Behörde geändert worden ist.

Art. 954a[1] B. Firmen- und Namensgebrauchspflicht

[1] In der Korrespondenz, auf Bestellscheinen und Rechnungen sowie in Bekanntmachungen muss die im Handelsregister eingetragene Firma oder der im Handelsregister eingetragene Name vollständig und unverändert angegeben werden.

[2] Zusätzlich können Kurzbezeichnungen, Logos, Geschäftsbezeichnungen, Enseignes und ähnliche Angaben verwendet werden.

Art. 955 C. Überwachung[2]

Der Registerführer ist von Amtes wegen verpflichtet, die Beteiligten zur Beobachtung der Bestimmungen über die Firmenbildung anzuhalten.

BGE 123 III 220.

Art. 956 D. Schutz der Firma[3]

[1] Die im Handelsregister eingetragene und im Schweizerischen Handelsamtsblatt veröffentlichte Firma eines einzelnen Geschäftsinhabers oder einer Handelsgesellschaft oder Genossenschaft steht dem Berechtigten zu ausschliesslichem Gebrauche zu.

[2] Wer durch den unbefugten Gebrauch einer Firma beeinträchtigt wird, kann auf Unterlassung der weitern Führung der Firma und bei Verschulden auf Schadenersatz klagen.

OR 48. ZGB 2, 28. BGE 131 III 572. Strafrechtlicher Schutz: StGB 326ter. Firma: BGE 83 II 255. Unlauterer Wettbewerb: BGE 74 II 241; 79 II 191. Gebrauch: BGE 128 III 224.

---

1 Eingefügt durch Ziff. I 3 des BG vom 16. Dez. 2005, in Kraft per 1. Jan. 2008 (AS 2007 4791 4839; BBl 2002 3148, BBl 2004 3969).

2 Fassung gemäss Ziff. I 3 des BG vom 16. Dez. 2005, in Kraft per 1. Jan. 2008 (AS 2007 4791 4839; BBl 2002 3148, BBl 2004 3969).

3 Fassung gemäss Ziff. I 3 des BG vom 16. Dez. 2005, in Kraft per 1. Jan. 2008 (AS 2007 4791 4839; BBl 2002 3148, BBl 2004 3969).

Zweiunddreissigster Titel: Die kaufmännische Buchführung

Art. 957[1]　　A. Pflicht zur Führung und Aufbewahrung der Geschäftsbücher

[1] Wer verpflichtet ist, seine Firma in das Handelsregister eintragen zu lassen, ist gehalten, diejenigen Bücher ordnungsgemäss zu führen und aufzubewahren, die nach Art und Umfang seines Geschäftes nötig sind, um die Vermögenslage des Geschäftes und die mit dem Geschäftsbetriebe zusammenhängenden Schuld- und Forderungsverhältnisse sowie die Ergebnisse der einzelnen Geschäftsjahre festzustellen.

[2] Die Bücher, die Buchungsbelege und die Geschäftskorrespondenz können schriftlich, elektronisch oder in vergleichbarer Weise geführt und aufbewahrt werden, soweit dadurch die Übereinstimmung mit den zu Grunde liegenden Geschäftsvorfällen gewährleistet ist.

[3] Betriebsrechnung und Bilanz sind schriftlich und unterzeichnet aufzubewahren. Die übrigen Geschäftsbücher, die Buchungsbelege und die Geschäftskorrespondenz können auch elektronisch oder in vergleichbarer Weise aufbewahrt werden, wenn sie jederzeit lesbar gemacht werden können.

[4] Elektronisch oder in vergleichbarer Weise aufbewahrte Geschäftsbücher, Buchungsbelege und Geschäftskorrespondenz haben die gleiche Beweiskraft wie solche, die ohne Hilfsmittel lesbar sind.

[5] Der Bundesrat kann die Voraussetzungen näher umschreiben.

Vgl. GeBüV, → Nr. 16.
OR 934. Umfang: BGE 79 I 58.

Art. 958　　B. Bilanzvorschriften
　　　　　　　　I. Bilanzpflicht

[1] Wer zur Führung von Geschäftsbüchern verpflichtet ist, hat bei Eröffnung des Geschäftsbetriebes ein Inventar und eine Bilanz und auf Schluss eines jeden Geschäftsjahres ein Inventar, eine Betriebsrechnung und eine Bilanz aufzustellen.

[2] Inventar, Betriebsrechnung und Bilanz sind innerhalb einer dem ordnungsmässigen Geschäftsgang entsprechenden Frist abzuschliessen.

RAG, → Nr. 13.

1　Fassung gemäss Ziff. I des BG vom 22. Dez. 1999, in Kraft seit 1. Juni 2002 (AS 2002 949 952; BBl 1999 5149).

Art. 959 II. Bilanzgrundsätze
1. Bilanzwahrheit und -klarheit

Betriebsrechnung und Jahresbilanz sind nach allgemein anerkannten kaufmännischen Grundsätzen vollständig, klar und übersichtlich aufzustellen, damit die Beteiligten einen möglichst sicheren Einblick in die wirtschaftliche Lage des Geschäftes erhalten.

OR 662 ff.

Art. 960 2. Wertansätze

[1] Inventar, Betriebsrechnung und Bilanz sind in Landeswährung aufzustellen.

[2] Bei ihrer Errichtung sind alle Aktiven höchstens nach dem Werte anzusetzen, der ihnen im Zeitpunkt, auf welchen die Bilanz errichtet wird, für das Geschäft zukommt.

[3] Vorbehalten bleiben die abweichenden Bilanzvorschriften, die für Aktiengesellschaften, Kommanditaktiengesellschaften, Gesellschaften mit beschränkter Haftung sowie Versicherungs- und Kreditgenossenschaften aufgestellt sind.

Art. 961[1] III. Unterzeichnung

Betriebsrechnung und Bilanz sind vom Firmeninhaber, gegebenenfalls von sämtlichen persönlich haftenden Gesellschaftern und, wenn es sich um eine Aktiengesellschaft, Kommanditaktiengesellschaft, Gesellschaft mit beschränkter Haftung oder Genossenschaft handelt, von den mit der Geschäftsführung betrauten Personen zu unterzeichnen.

Art. 962[2] C. Dauer der Aufbewahrungspflicht

[1] Die Geschäftsbücher, die Buchungsbelege und die Geschäftskorrespondenz sind während zehn Jahren aufzubewahren.

[2] Die Aufbewahrungsfrist beginnt mit dem Ablauf des Geschäftsjahres, in dem die letzten Eintragungen vorgenommen wurden, die Buchungsbelege entstanden sind und die Geschäftskorrespondenz ein- oder ausgegangen ist.

OR 590, 747. Vgl. dazu die bundesrätliche VO über die Führung und Aufbewahrung der Geschäftsbücher vom 24. April 2002, SR 221.431, → Nr. 16.

---

1 Fassung gemäss Ziff. I des BG vom 22. Dez. 1999, in Kraft seit 1. Juni 2002 (AS 2002 949 952; BBl 1999 5149).

2 Fassung gemäss Ziff. I des BG vom 22. Dez. 1999, in Kraft seit 1. Juni 2002 (AS 2002 949 952; BBl 1999 5149).

Art. 963[1]   D. Editionspflicht

[1] Wer zur Führung von Geschäftsbüchern verpflichtet ist, kann bei Streitigkeiten, die das Geschäft betreffen, angehalten werden, Geschäftsbücher, Buchungsbelege und Geschäftskorrespondenz vorzulegen, wenn ein schutzwürdiges Interesse nachgewiesen wird und das Gericht dies für den Beweis als notwendig erachtet.

[2] Werden die Geschäftsbücher, die Buchungsbelege oder die Geschäftskorrespondenz elektronisch oder in vergleichbarer Weise aufbewahrt, so kann das Gericht oder die Behörde, die kraft öffentlichen Rechts ihre Edition verlangen kann, anordnen, dass:

1. sie so vorgelegt werden, dass sie ohne Hilfsmittel gelesen werden können; oder
2. die Mittel zur Verfügung gestellt werden, mit denen sie lesbar gemacht werden können.

Bedeutung: BGE 71 II 244; 73 I 358.

Art. 964[2]

Aufgehoben.

Fünfte Abteilung:[3] Die Wertpapiere

Dreiunddreissigster Titel: Die Namen-, Inhaber- und Ordrepapiere

Erster Abschnitt: Allgemeine Bestimmungen

Art. 965   A. Begriff des Wertpapiers

Wertpapier ist jede Urkunde, mit der ein Recht derart verknüpft ist, dass es ohne die Urkunde weder geltend gemacht noch auf andere übertragen werden kann.

BRB über den Schutz von Wertpapieren und ähnlichen Urkunden durch vorsorgliche Massnahmen vom 12. April 1957, SR 531.55. BGE 67 II 30; 68 II 38, 96; 83 II 454.

Art. 966   B. Verpflichtung aus dem Wertpapier

[1] Der Schuldner aus einem Wertpapier ist nur gegen Aushändigung der Urkunde zu leisten verpflichtet.

---

1   Fassung gemäss Ziff. I des BG vom 22. Dez. 1999, in Kraft seit 1. Juni 2002 (AS 2002 949 952; BBl 1999 5149).
2   Aufgehoben durch Ziff. I des BG vom 22. Dez. 1999 (AS 2002 949; BBl 1999 5149).
3   Fassung gemäss BG vom 18. Dez. 1936, in Kraft seit 1. Juli 1937 (AS 53 185; BBl 1928 I 205, 1932 I 217). Siehe die Schl- und UeB zu den Tit. XXIV-XXXIII am Schluss des OR.

2 Der Schuldner wird durch eine bei Verfall erfolgte Leistung an den durch die Urkunde ausgewiesenen Gläubiger befreit, wenn ihm nicht Arglist oder grobe Fahrlässigkeit zur Last fällt.

Art. 967   C. Übertragung des Wertpapiers
             I. Allgemeine Form

1 Zur Übertragung des Wertpapiers zu Eigentum oder zu einem beschränkten dinglichen Recht bedarf es in allen Fällen der Übertragung des Besitzes an der Urkunde.

2 Bei Ordrepapieren bedarf es überdies der Indossierung, bei Namenpapieren einer schriftlichen Erklärung, die nicht auf das Wertpapier selbst gesetzt werden muss.

3 Durch Gesetz oder Vertrag kann für die Übertragung die Mitwirkung anderer Personen, wie namentlich des Schuldners, vorgeschrieben werden.

> OR 684. Verpfändung: ZGB 901 f.
> Abs. 2: OR 1145 ff.; BGE 114 II 57.

Art. 968   II. Indossierung
             1. Form

1 Die Indossierung erfolgt in allen Fällen nach den Vorschriften über den Wechsel.

2 Das ausgefüllte Indossament gilt in Verbindung mit der Übergabe der Urkunde als genügende Form der Übertragung.

> OR 1002.

Art. 969   2. Wirkung

Mit der Indossierung und der Übergabe der indossierten Urkunde gehen bei allen übertragbaren Wertpapieren, soweit sich aus dem Inhalt oder der Natur der Urkunde nicht etwas anderes ergibt, die Rechte des Indossanten auf den Erwerber über.

Art. 970   D. Umwandlung

1 Ein Namen- oder Ordrepapier kann nur mit Zustimmung aller berechtigten und verpflichteten Personen in ein Inhaberpapier umgewandelt werden. Diese Zustimmung ist auf der Urkunde selbst zu erklären.

2 Der gleiche Grundsatz gilt für die Umwandlung von Inhaberpapieren in Namen- oder Ordrepapiere. Fehlt in diesem Falle die Zustimmung einer der berechtigten oder verpflichteten Personen, so ist die Umwandlung wirksam, jedoch nur zwischen dem Gläubiger, der sie vorgenommen hat, und seinem unmittelbaren Rechtsnachfolger.

Art. 971   E. Kraftloserklärung
            I. Geltendmachung

[1] Wird ein Wertpapier vermisst, so kann es durch den Richter kraftlos erklärt werden.

[2] Die Kraftloserklärung kann verlangen, wer zur Zeit des Verlustes oder der Entdeckung des Verlustes an dem Papier berechtigt ist.

> Für Kriegszeiten vgl. BRB über den Schutz von Wertpapieren und ähnlichen Urkunden durch vorsorgliche Massnahmen vom 12. April 1957, SR 531.55.

Art. 972   II. Verfahren. Wirkung

[1] Nach der Kraftloserklärung kann der Berechtigte sein Recht auch ohne die Urkunde geltend machen oder die Ausstellung einer neuen Urkunde verlangen.

[2] Im übrigen kommen für das Verfahren und die Wirkung der Kraftloserklärung die bei den einzelnen Arten von Wertpapieren aufgestellten Bestimmungen zur Anwendung.

> OR 981 ff. Rechtsnatur: BGE 82 II 226.

Art. 973   F. Besondere Vorschriften

Die besondern Vorschriften über die Wertpapiere, wie namentlich über den Wechsel, den Check und die Pfandtitel, bleiben vorbehalten.

Zweiter Abschnitt: Die Namenpapiere

Art. 974   A. Begriff

Ein Wertpapier gilt als Namenpapier, wenn es auf einen bestimmten Namen lautet und weder an Ordre gestellt noch gesetzlich als Ordrepapier erklärt ist.

> SchUeB 9. BGE 117 II 166 (Sparheft).

Art. 975   B. Ausweis über das Gläubigerrecht
            I. In der Regel

[1] Der Schuldner ist nur demjenigen zu leisten verpflichtet, der Inhaber der Urkunde ist und der sich als die Person oder als Rechtsnachfolger der Person ausweist, auf welche die Urkunde lautet.

[2] Leistet der Schuldner ohne diesen Ausweis, so wird er gegenüber einem Dritten, der seine Berechtigung nachweist, nicht befreit.

Art. 976 II. Beim hinkenden Inhaberpapier

Hat sich der Schuldner im Namenpapier das Recht vorbehalten, jedem Inhaber der Urkunde leisten zu dürfen, so wird er durch die in gutem Glauben erfolgte Leistung an den Inhaber befreit, auch wenn er den Ausweis über das Gläubigerrecht nicht verlangt hat; er ist indessen nicht verpflichtet, an den Inhaber zu leisten.

Art. 977 C. Kraftloserklärung

[1] Die Namenpapiere werden, wenn keine besondern Vorschriften aufgestellt sind, nach den für die Inhaberpapiere geltenden Bestimmungen kraftlos erklärt.

[2] Der Schuldner kann in der Urkunde eine vereinfachte Kraftloserklärung durch Herabsetzung der Zahl der öffentlichen Aufforderungen oder durch Verkürzung der Fristen vorsehen, oder sich das Recht vorbehalten, auch ohne Vorweisung der Urkunde und ohne Kraftloserklärung gültig zu leisten, wenn der Gläubiger die Entkräftung des Schuldscheins und die Tilgung der Schuld in einer öffentlichen oder beglaubigten Urkunde ausspricht.

Dritter Abschnitt: Die Inhaberpapiere

Art. 978 A. Begriff

[1] Ein Wertpapier gilt als Inhaberpapier, wenn aus dem Wortlaut oder der Form der Urkunde ersichtlich ist, dass der jeweilige Inhaber als Berechtigter anerkannt wird.

[2] Der Schuldner darf jedoch nicht mehr bezahlen, wenn ein gerichtliches oder polizeiliches Zahlungsverbot an ihn erlassen worden ist.

OR 471 Abs. 1. 976. Sparheft: BGE 68 II 96. Kinobillett: BGE 80 II 33.

Art. 979 B. Einreden des Schuldners
I. Im Allgemeinen

[1] Der Schuldner kann der Forderung aus einem Inhaberpapier nur solche Einreden entgegensetzen, die entweder gegen die Gültigkeit der Urkunde gerichtet sind oder aus der Urkunde selbst hervorgehen, sowie solche, die ihm persönlich gegen den jeweiligen Gläubiger zustehen.

[2] Einreden, die sich auf die unmittelbaren Beziehungen des Schuldners zu einem früheren Inhaber gründen, sind zulässig, wenn der Inhaber bei dem Erwerb der Urkunde bewusst zum Nachteil des Schuldners gehandelt hat.

[3] Ausgeschlossen ist die Einrede, dass die Urkunde wider den Willen des Schuldners in den Verkehr gelangt sei.

OR 1007. BGE 77 II 365; 84 II 281.

Art. 980   II. Bei Inhaberzinscoupons

[1] Gegen die Forderung aus Inhaberzinscoupons kann der Schuldner die Einrede, dass die Kapitalschuld getilgt sei, nicht erheben.

[2] Der Schuldner ist aber berechtigt, bei Bezahlung der Kapitalschuld den Betrag der erst in Zukunft verfallenden Inhaberzinscoupons, die ihm nicht mit dem Haupttitel abgeliefert werden, bis nach Ablauf der für diese Coupons geltenden Verjährungsfrist zurückzuhalten, es sei denn, dass die nicht abgelieferten Coupons kraftlos erklärt worden sind oder dass deren Betrag sichergestellt wird.

Art. 981   C. Kraftloserklärung
                 I. Im Allgemeinen
                 1. Begehren[1]

[1] Inhaberpapiere, wie Aktien, Obligationen, Genussscheine, Couponsbogen, Bezugsscheine für Couponsbogen, jedoch mit Ausschluss einzelner Coupons, werden auf Begehren des Berechtigten durch den Richter kraftlos erklärt.

[2] ...[2]

[3] Der Gesuchsteller hat den Besitz und Verlust der Urkunde glaubhaft zu machen.

[4] Ist dem Inhaber eines mit Couponsbogen oder Bezugsschein versehenen Papiers bloss der Couponsbogen oder Bezugsschein abhanden gekommen, so genügt zur Begründung des Begehrens die Vorzeigung des Haupttitels.

  Wirkung: BGE 82 II 226; 84 II 176. Verlust: BGE 66 II 39.

Art. 982   2. Zahlungsverbot

[1] Dem aus dem Wertpapier Verpflichteten kann auf Verlangen des Gesuchstellers die Einlösung unter Hinweis auf die Gefahr doppelter Zahlung verboten werden.

[2] Soll ein Couponsbogen kraftlos erklärt werden, so findet auf die während des Verfahrens verfallenden einzelnen Coupons die Bestimmung über die Kraftloserklärung der Zinscoupons entsprechende Anwendung.

Art. 983   3. Aufgebot, Anmeldungsfrist

Erachtet der Richter die Darstellung des Gesuchstellers über seinen frühern Besitz und über den Verlust der Urkunde für glaubhaft, so fordert er durch öffentliche Bekanntmachung den unbekannten Inhaber auf, das Wertpapier innerhalb bestimmter Frist vorzulegen, widrigenfalls die Kraftloserklärung ausgesprochen werde. Die Frist ist auf mindestens sechs Monate festzusetzen; sie läuft vom Tage der ersten Bekanntmachung an.

---

1   Fassung gemäss Anhang Ziff. 5 des Gerichtsstandsgesetzes vom 24. März 2000, in Kraft seit 1. Jan. 2001 (SR 272).
2   Aufgehoben durch Anhang Ziff. 5 des Gerichtsstandsgesetzes vom 24. März 2000 (SR 272).

OR 931 f.

Art. 984 4. Art der Bekanntmachung

[1] Die Aufforderung zur Vorlegung der Urkunde ist dreimal im Schweizerischen Handelsamtsblatt zu veröffentlichen.

[2] In besonderen Fällen kann der Richter noch in anderer Weise für angemessene Veröffentlichung sorgen.

Art. 985 5. Wirkung
a. Bei Vorlegung der Urkunde

[1] Wird das abhanden gekommene Inhaberpapier vorgelegt, so setzt der Richter dem Gesuchsteller Frist zur Anhebung der Klage auf Herausgabe der Urkunde.

[2] Klagt der Gesuchsteller nicht binnen dieser Frist, so gibt der Richter die Urkunde zurück und hebt das Zahlungsverbot auf.

Art. 986 b. Bei Nichtvorlegung

[1] Wird das abhanden gekommene Inhaberpapier innert der angesetzten Frist nicht vorgelegt, so kann der Richter die Urkunde kraftlos erklären oder je nach Umständen weitere Anordnungen treffen.

[2] Die Kraftloserklärung eines Inhaberpapiers ist sofort im Schweizerischen Handelsamtsblatt, nach Ermessen des Richters auch anderweitig zu veröffentlichen.

[3] Nach der Kraftloserklärung ist der Gesuchsteller berechtigt, auf seine Kosten die Ausfertigung einer neuen Urkunde oder die Erfüllung der fälligen Leistung zu fordern.

Art. 987 II. Bei Coupons im besondern

[1] Sind einzelne Coupons abhanden gekommen, so hat der Richter auf Begehren des Berechtigten zu verfügen, dass der Betrag bei Verfall oder, sofern der Coupon bereits verfallen ist, sofort gerichtlich hinterlegt werde.

[2] Nach Ablauf von drei Jahren seit dem Verfalltage ist, wenn sich inzwischen kein Berechtigter gemeldet hat, der Betrag nach Verfügung des Richters an den Gesuchsteller herauszugeben.

Art. 988 III. Bei Banknoten und ähnlichen Papieren

Bei Banknoten und andern in grösserer Anzahl ausgegebenen, auf Sicht zahlbaren Inhaberpapieren, die zum Umlauf als Ersatzmittel für Geld bestimmt sind und auf feste Beträge lauten, findet eine Kraftloserklärung nicht statt.

Art. 989   D. Schuldbrief und Gült

Vorbehalten bleiben die besondern Bestimmungen über den Schuldbrief und die Gült, die auf den Inhaber lauten.

ZGB 859.

Vierter Abschnitt: Der Wechsel

Siehe Genfer Abkommen über die Vereinheitlichung des Wechselrechts vom 7. Juni 1930, SR 0.221.554.

Art. 990   A. Wechselfähigkeit

Wer sich durch Verträge verpflichten kann, ist wechselfähig.

ZGB 17.

Art. 991   B. Gezogener Wechsel
                I. Ausstellung und Form des gezogenen Wechsels
                1. Erfordernisse

Der gezogene Wechsel enthält:
1. die Bezeichnung als Wechsel im Texte der Urkunde, und zwar in der Sprache, in der sie ausgestellt ist;
2. die unbedingte Anweisung, eine bestimmte Geldsumme zu zahlen;
3. den Namen dessen, der zahlen soll (Bezogener);
4. die Angabe der Verfallzeit;
5. die Angabe des Zahlungsortes;
6. den Namen dessen, an den oder an dessen Ordre gezahlt werden soll;
7. die Angabe des Tages und des Ortes der Ausstellung;
8. die Unterschrift des Ausstellers.

Ziff. 6: Remittent. BGE 108 II 319. Ziff. 8: Trassant. BGE 118 III 24.

Art. 992   2. Fehlen von Erfordernissen

[1] Eine Urkunde, der einer der im vorstehenden Artikel bezeichneten Bestandteile fehlt, gilt nicht als gezogener Wechsel, vorbehaltlich der in den folgenden Absätzen bezeichneten Fälle.

[2] Ein Wechsel ohne Angabe der Verfallzeit gilt als Sichtwechsel.

3 Mangels einer besonderen Angabe gilt der bei dem Namen des Bezogenen angegebene Ort als Zahlungsort und zugleich als Wohnort des Bezogenen.

4 Ein Wechsel ohne Angabe des Ausstellungsortes gilt als ausgestellt an dem Orte, der bei dem Namen des Ausstellers angegeben ist.

Art. 993   3. Arten

1 Der Wechsel kann an die eigene Ordre des Ausstellers lauten.

2 Er kann auf den Aussteller selbst gezogen werden.

3 Er kann für Rechnung eines Dritten gezogen werden.

> Abs. 2: Trassiert eigener Wechsel.

Art. 994   4. Zahlstellen. Domizilwechsel

Der Wechsel kann bei einem Dritten, am Wohnorte des Bezogenen oder an einem anderen Orte zahlbar gestellt werden.

> OR 1017. Domizil- und Zahlstellenwechsel.

Art. 995   5. Zinsversprechen

1 In einem Wechsel, der auf Sicht oder auf eine bestimmte Zeit nach Sicht lautet, kann der Aussteller bestimmen, dass die Wechselsumme zu verzinsen ist. Bei jedem anderen Wechsel gilt der Zinsvermerk als nicht geschrieben.

2 Der Zinsfuss ist im Wechsel anzugeben; fehlt diese Angabe, so gilt der Zinsvermerk als nicht geschrieben.

3 Die Zinsen laufen vom Tage der Ausstellung des Wechsels, sofern nicht ein anderer Tag bestimmt ist.

> OR 1024.

Art. 996   6. Verschiedene Bezeichnung der Wechselsumme

1 Ist die Wechselsumme in Buchstaben und in Ziffern angegeben, so gilt bei Abweichungen die in Buchstaben angegebene Summe.

2 Ist die Wechselsumme mehrmals in Buchstaben oder mehrmals in Ziffern angegeben, so gilt bei Abweichungen die geringste Summe.

Art. 997   7. Unterschriften von Wechselunfähigen

Trägt ein Wechsel Unterschriften von Personen, die eine Wechselverbindlichkeit nicht eingehen können, gefälschte Unterschriften, Unterschriften erdichteter Personen oder Unterschriften, die aus irgendeinem anderen Grunde für die Personen, die unterschrieben haben oder mit deren Namen unterschrieben worden ist, keine Verbindlichkeit begründen, so hat dies auf die Gültigkeit der übrigen Unterschriften keinen Einfluss.

OR 990, 1085.

Art. 998   8. Unterschrift ohne Ermächtigung

Wer auf einem Wechsel seine Unterschrift als Vertreter eines anderen setzt, ohne hierzu ermächtigt zu sein, haftet selbst wechselmässig und hat, wenn er den Wechsel einlöst, dieselben Rechte, die der angeblich Vertretene haben würde. Das gleiche gilt von einem Vertreter, der seine Vertretungsbefugnis überschritten hat.

Voraussetzung: BGE 85 II 29.

Art. 999   9. Haftung des Ausstellers

[1] Der Aussteller haftet für die Annahme und die Zahlung des Wechsels.

[2] Er kann die Haftung für die Annahme ausschliessen; jeder Vermerk, durch den er die Haftung für die Zahlung ausschliesst, gilt als nicht geschrieben.

OR 1012.

Art. 1000   10. Blankowechsel

Wenn ein Wechsel, der bei der Begebung unvollständig war, den getroffenen Vereinbarungen zuwider ausgefüllt worden ist, so kann die Nichteinhaltung dieser Vereinbarungen dem Inhaber nicht entgegengesetzt werden, es sei denn, dass er den Wechsel in bösem Glauben erworben hat oder ihm beim Erwerb eine grobe Fahrlässigkeit zur Last fällt.

Art. 1001   II. Indossament
              1. Übertragbarkeit

[1] Jeder Wechsel kann durch Indossament übertragen werden, auch wenn er nicht ausdrücklich an Ordre lautet.

[2] Hat der Aussteller in den Wechsel die Worte: «nicht an Ordre» oder einen gleichbedeutenden Vermerk aufgenommen, so kann der Wechsel nur in der Form und mit den Wirkungen einer gewöhnlichen Abtretung übertragen werden.

³ Das Indossament kann auch auf den Bezogenen, gleichviel ob er den Wechsel angenommen hat oder nicht, auf den Aussteller oder auf jeden anderen Wechselverpflichteten lauten. Diese Personen können den Wechsel weiter indossieren.

> BG über die Stempelabgaben (SR 641.10) Art. 13 ff.
> Abs. 2: Rektaklausel, OR 1005 Abs. 2.

Art. 1002   2. Erfordernisse

¹ Das Indossament muss unbedingt sein. Bedingungen, von denen es abhängig gemacht wird, gelten als nicht geschrieben.

² Ein Teilindossament ist nichtig.

³ Ein Indossament an den Inhaber gilt als Blankoindossament.

> Abs. 1: OR 1005 Abs. 2, 1012 Abs. 4, 1013 Abs. 3.

Art. 1003   3. Form

¹ Das Indossament muss auf den Wechsel oder auf ein mit dem Wechsel verbundenes Blatt (Anhang, Allonge) gesetzt werden. Es muss von dem Indossanten unterschrieben werden.

² Das Indossament braucht den Indossatar nicht zu bezeichnen und kann selbst in der blossen Unterschrift des Indossanten bestehen (Blankoindossament). In diesem letzteren Falle muss das Indossament, um gültig zu sein, auf die Rückseite des Wechsels oder auf den Anhang gesetzt werden.

> Abs. 2: OR 1004 Abs. 2.

Art. 1004   4. Wirkungen
a. Übertragungsfunktion

¹ Das Indossament überträgt alle Rechte aus dem Wechsel.

² Ist es ein Blankoindossament, so kann der Inhaber

1. das Indossament mit seinem Namen oder mit dem Namen eines anderen ausfüllen;

2. den Wechsel durch ein Blankoindossament oder an eine bestimmte Person weiter indossieren;

3. den Wechsel weiter begeben, ohne das Blankoindossament auszufüllen und ohne ihn zu indossieren.

Art. 1005   b. Garantiefunktion

[1] Der Indossant haftet mangels eines entgegenstehenden Vermerks für die Annahme und die Zahlung.

[2] Er kann untersagen, dass der Wechsel weiter indossiert wird; in diesem Falle haftet er denen nicht, an die der Wechsel weiter indossiert wird.

Abs. 2: Rektaklausel, OR 1001 Abs. 2.

Art. 1006   c. Legitimation des Inhabers

[1] Wer den Wechsel in Händen hat, gilt als rechtmässiger Inhaber, sofern er sein Recht durch eine ununterbrochene Reihe von Indossamenten nachweist, und zwar auch dann, wenn das letzte ein Blankoindossament ist. Ausgestrichene Indossamente gelten hiebei als nicht geschrieben. Folgt auf ein Blankoindossament ein weiteres Indossament, so wird angenommen, dass der Aussteller dieses Indossaments den Wechsel durch das Blankoindossament erworben hat.

[2] Ist der Wechsel einem früheren Inhaber irgendwie abhanden gekommen, so ist der neue Inhaber, der sein Recht nach den Vorschriften des vorstehenden Absatzes nachweist, zur Herausgabe des Wechsels nur verpflichtet, wenn er ihn in bösem Glauben erworben hat oder ihm beim Erwerb eine grobe Fahrlässigkeit zur Last fällt.

OR 1030 Abs. 3, 1072.

Art. 1007   5. Einreden

Wer aus dem Wechsel in Anspruch genommen wird, kann dem Inhaber keine Einwendungen entgegensetzen, die sich auf seine unmittelbaren Beziehungen zu dem Aussteller oder zu einem früheren Inhaber gründen, es sei denn, dass der Inhaber bei dem Erwerb des Wechsels bewusst zum Nachteil des Schuldners gehandelt hat.

OR 979.

Art. 1008   6. Vollmachtsindossament

[1] Enthält das Indossament den Vermerk «Wert zur Einziehung», «zum Inkasso», «in Prokura» oder einen anderen nur eine Bevollmächtigung ausdrückenden Vermerk, so kann der Inhaber alle Rechte aus dem Wechsel geltend machen; aber er kann ihn nur durch ein weiteres Vollmachtsindossament übertragen.

[2] Die Wechselverpflichteten können in diesem Falle dem Inhaber nur solche Einwendungen entgegensetzen, die ihnen gegen den Indossanten zustehen.

[3] Die in dem Vollmachtsindossament enthaltene Vollmacht erlischt weder mit dem Tod noch mit dem Eintritt der Handlungsunfähigkeit des Vollmachtgebers.

Prokuraindossament. SchKG 201.

Art. 1009   7. Offenes Pfandindossament

[1] Enthält das Indossament den Vermerk «Wert zur Sicherheit», «Wert zum Pfande» oder einen anderen eine Verpfändung ausdrückenden Vermerk, so kann der Inhaber alle Rechte aus dem Wechsel geltend machen; ein von ihm ausgestelltes Indossament hat aber nur die Wirkung eines Vollmachtsindossaments.

[2] Die Wechselverpflichteten können dem Inhaber keine Einwendungen entgegensetzen, die sich auf ihre unmittelbaren Beziehungen zu dem Indossanten gründen, es sei denn, dass der Inhaber bei dem Erwerb des Wechsels bewusst zum Nachteil des Schuldners gehandelt hat.

ZGB 901 Abs. 2.

Art. 1010   8. Nachindossament

[1] Ein Indossament nach Verfall hat dieselben Wirkungen wie ein Indossament vor Verfall. Ist jedoch der Wechsel erst nach Erhebung des Protestes mangels Zahlung oder nach Ablauf der hiefür bestimmten Frist indossiert worden, so hat das Indossament nur die Wirkungen einer gewöhnlichen Abtretung.

[2] Bis zum Beweis des Gegenteils wird vermutet, dass ein nicht datiertes Indossament vor Ablauf der für die Erhebung des Protestes bestimmten Frist auf den Wechsel gesetzt worden ist.

Art. 1011   III. Annahme
             1. Recht zur Vorlegung

Der Wechsel kann von dem Inhaber oder von jedem, der den Wechsel auch nur in Händen hat, bis zum Verfall dem Bezogenen an seinem Wohnorte zur Annahme vorgelegt werden.

Art. 1012   2. Gebot und Verbot der Vorlegung

[1] Der Aussteller kann in jedem Wechsel mit oder ohne Bestimmung einer Frist vorschreiben, dass der Wechsel zur Annahme vorgelegt werden muss.

[2] Er kann im Wechsel die Vorlegung zur Annahme untersagen wenn es sich nicht um einen Wechsel handelt, der bei einem Dritten oder an einem von dem Wohnort des Bezogenen verschiedenen Ort zahlbar ist oder der auf eine bestimmte Zeit nach Sicht lautet.

[3] Er kann auch vorschreiben, dass der Wechsel nicht vor einem bestimmten Tage zur Annahme vorgelegt werden darf.

⁴ Jeder Indossant kann, wenn nicht der Aussteller die Vorlegung zur Annahme untersagt hat, mit oder ohne Bestimmung einer Frist vorschreiben, dass der Wechsel zur Annahme vorgelegt werden muss.

999.
Abs. 2: nicht akzeptable Tratte, OR 1033 Ziff. 3.

Art. 1013   3. Pflicht zur Vorlegung bei Nachsichtwechseln

¹ Wechsel, die auf eine bestimmte Zeit nach Sicht lauten, müssen binnen einem Jahre nach dem Tage der Ausstellung zur Annahme vorgelegt werden.

² Der Aussteller kann eine kürzere oder eine längere Frist bestimmen.

³ Die Indossanten können die Vorlegungsfristen abkürzen.

OR 1025.

Art. 1014   4. Nochmalige Vorlegung

¹ Der Bezogene kann verlangen, dass ihm der Wechsel am Tage nach der ersten Vorlegung nochmals vorgelegt wird. Die Beteiligten können sich darauf, dass diesem Verlangen nicht entsprochen worden ist, nur berufen, wenn das Verlangen im Protest vermerkt ist.

² Der Inhaber ist nicht verpflichtet, den zur Annahme vorgelegten Wechsel in der Hand des Bezogenen zu lassen.

Art. 1015   5. Form der Annahme

¹ Die Annahmeerklärung wird auf den Wechsel gesetzt. Sie wird durch das Wort «angenommen» oder ein gleichbedeutendes Wort ausgedrückt; sie ist vom Bezogenen zu unterschreiben. Die blosse Unterschrift des Bezogenen auf der Vorderseite des Wechsels gilt als Annahme.

² Lautet der Wechsel auf eine bestimmte Zeit nach Sicht oder ist er infolge eines besonderen Vermerks innerhalb einer bestimmten Frist zur Annahme vorzulegen, so muss die Annahmeerklärung den Tag bezeichnen, an dem sie erfolgt ist, sofern nicht der Inhaber die Angabe des Tages der Vorlegung verlangt. Ist kein Tag angegeben, so muss der Inhaber, um seine Rückgriffsrechte gegen die Indossanten und den Aussteller zu wahren, diese Unterlassung rechtzeitig durch einen Protest feststellen lassen.

OR 1013, 1025. BGE 128 III 324.

Art. 1016 6. Einschränkungen der Annahme

[1] Die Annahme muss unbedingt sein; der Bezogene kann sie aber auf einen Teil der Wechselsumme beschränken.

[2] Wenn die Annahmeerklärung irgendeine andere Abweichung von den Bestimmungen des Wechsels enthält, so gilt die Annahme als verweigert. Der Annehmende haftet jedoch nach dem Inhalte seiner Annahmeerklärung.

Art. 1017 7. Domiziliat und Zahlstelle

[1] Hat der Aussteller im Wechsel einen von dem Wohnorte des Bezogenen verschiedenen Zahlungsort angegeben, ohne einen Dritten zu bezeichnen, bei dem die Zahlung geleistet werden soll, so kann der Bezogene bei der Annahmeerklärung einen Dritten bezeichnen. Mangels einer solchen Bezeichnung wird angenommen, dass sich der Annehmer verpflichtet hat, selbst am Zahlungsorte zu zahlen.

[2] Ist der Wechsel beim Bezogenen selbst zahlbar, so kann dieser in der Annahmeerklärung eine am Zahlungsorte befindliche Stelle bezeichnen, wo die Zahlung geleistet werden soll.

OR 994.

Art. 1018 8. Wirkung der Annahme
a. Im Allgemeinen

[1] Der Bezogene wird durch die Annahme verpflichtet, den Wechsel bei Verfall zu bezahlen.

[2] Mangels Zahlung hat der Inhaber, auch wenn er der Aussteller ist, gegen den Annehmer einen unmittelbaren Anspruch aus dem Wechsel auf alles, was auf Grund der Artikel 1045 und 1046 gefordert werden kann.

Art. 1019 b. Bei Streichung

[1] Hat der Bezogene die auf den Wechsel gesetzte Annahmeerklärung vor der Rückgabe des Wechsels gestrichen, so gilt die Annahme als verweigert. Bis zum Beweis des Gegenteils wird vermutet, dass die Streichung vor der Rückgabe des Wechsels erfolgt ist.

[2] Hat der Bezogene jedoch dem Inhaber oder einer Person, deren Unterschrift sich auf dem Wechsel befindet, die Annahme schriftlich mitgeteilt, so haftet er diesen nach dem Inhalt seiner Annahmeerklärung.

Art. 1020   IV. Wechselbürgschaft
             1. Wechselbürgen

[1] Die Zahlung der Wechselsumme kann ganz oder teilweise durch Wechselbürgschaft gesichert werden.

[2] Diese Sicherheit kann von einem Dritten oder auch von einer Person geleistet werden, deren Unterschrift sich schon auf dem Wechsel befindet.

> Aval. BGE 44 II 145. Bürgschaftsrecht: BGE 79 II 80.

Art. 1021   2. Form

[1] Die Bürgschaftserklärung wird auf den Wechsel oder auf einen Anhang (Allonge) gesetzt.

[2] Sie wird durch die Worte «als Bürge» oder einen gleichbedeutenden Vermerk ausgedrückt; sie ist von dem Wechselbürgen zu unterschreiben.

[3] Die blosse Unterschrift auf der Vorderseite des Wechsels gilt als Bürgschaftserklärung, soweit es sich nicht um die Unterschrift des Bezogenen oder des Ausstellers handelt.

[4] In der Erklärung ist anzugeben, für wen die Bürgschaft geleistet wird; mangels einer solchen Angabe gilt sie für den Aussteller.

> BGE 90 II 130; 91 II 109.

Art. 1022   3. Wirkungen

[1] Der Wechselbürge haftet in der gleichen Weise wie derjenige, für den er sich verbürgt hat.

[2] Seine Verpflichtungserklärung ist auch gültig, wenn die Verbindlichkeit, für die er sich verbürgt hat, aus einem andern Grund als wegen eines Formfehlers nichtig ist.

[3] Der Wechselbürge, der den Wechsel bezahlt, erwirbt die Rechte aus dem Wechsel gegen denjenigen, für den er sich verbürgt hat, und gegen alle, die diesem wechselmässig haften.

> OR 1042 Abs. 2. Vgl. BGE 44 II 145; 84 II 648.

Art. 1023   V. Verfall
             1. Im Allgemeinen

1 Ein Wechsel kann gezogen werden:
auf Sicht;
auf eine bestimmte Zeit nach Sicht;

auf eine bestimmte Zeit nach der Ausstellung;
auf einen bestimmten Tag.

[2] Wechsel mit anderen oder mit mehreren aufeinander folgenden Verfallzeiten sind nichtig.

OR 995.

Art. 1024   2. Bei Sichtwechseln

[1] Der Sichtwechsel ist bei der Vorlegung fällig. Er muss binnen einem Jahre nach der Ausstellung zur Zahlung vorgelegt werden. Der Aussteller kann eine kürzere oder eine längere Frist bestimmen. Die Indossanten können die Vorlegungsfristen abkürzen.

[2] Der Aussteller kann vorschreiben, dass der Sichtwechsel nicht vor einem bestimmten Tage zur Zahlung vorgelegt werden darf. In diesem Fall beginnt die Vorlegungsfrist mit diesem Tage.

Art. 1025   3. Bei Nachsichtwechseln

[1] Der Verfall eines Wechsels, der auf eine bestimmte Zeit nach Sicht lautet, richtet sich nach dem in der Annahmeerklärung angegebenen Tage oder nach dem Tage des Protestes.

[2] Ist in der Annahmeerklärung ein Tag nicht angegeben und ein Protest nicht erhoben worden, so gilt dem Annehmer gegenüber der Wechsel als am letzten Tage der für die Vorlegung zur Annahme vorgesehenen Frist angenommen.

OR 1013.

Art. 1026   4. Fristenberechnung

[1] Ein Wechsel, der auf einen oder mehrere Monate nach der Ausstellung oder nach Sicht lautet, verfällt an dem entsprechenden Tage des Zahlungsmonats. Fehlt dieser Tag, so ist der Wechsel am letzten Tage des Monats fällig.

[2] Lautet der Wechsel auf einen oder mehrere Monate und einen halben Monat nach der Ausstellung oder nach Sicht, so werden die ganzen Monate zuerst gezählt.

[3] Ist als Verfallzeit der Anfang, die Mitte oder das Ende eines Monats angegeben, so ist darunter der erste, der fünfzehnte oder der letzte Tag des Monats zu verstehen.

[4] Die Ausdrücke «acht Tage» oder «fünfzehn Tage» bedeuten nicht eine oder zwei Wochen, sondern volle acht oder fünfzehn Tage.

[5] Der Ausdruck «halber Monat» bedeutet fünfzehn Tage.

OR 77.

Art. 1027   5. Zeitberechnung nach altem Stil

[1] Ist ein Wechsel an einem bestimmten Tag an einem Orte zahlbar, dessen Kalender von dem des Ausstellungsortes abweicht, so ist für den Verfalltag der Kalender des Zahlungsortes massgebend.

[2] Ist ein zwischen zwei Orten mit verschiedenem Kalender gezogener Wechsel eine bestimmte Zeit nach der Ausstellung zahlbar, so wird der Tag der Ausstellung in den nach dem Kalender des Zahlungsortes entsprechenden Tag umgerechnet und hienach der Verfalltag ermittelt.

[3] Auf die Berechnung der Fristen für die Vorlegung von Wechseln findet die Vorschrift des vorstehenden Absatzes entsprechende Anwendung.

[4] Die Vorschriften dieses Artikels finden keine Anwendung wenn sich aus einem Vermerk im Wechsel oder sonst aus dessen Inhalt ergibt, dass etwas anderes beabsichtigt war.

Art. 1028   VI. Zahlung
1. Vorlegung zur Zahlung

[1] Der Inhaber eines Wechsels, der an einem bestimmten Tag oder bestimmte Zeit nach der Ausstellung oder nach Sicht zahlbar ist, hat den Wechsel am Zahlungstag oder an einem der beiden folgenden Werktage zur Zahlung vorzulegen.

[2] Die Einlieferung in eine von der Schweizerischen Nationalbank anerkannte Abrechnungsstelle steht der Vorlegung zur Zahlung gleich.[1]

  OR 994, 1017, 1034 Abs. 3, 1090.

Art. 1029   2. Recht auf Quittung. Teilzahlung

[1] Der Bezogene kann vom Inhaber gegen Zahlung die Aushändigung des quittierten Wechsels verlangen.

[2] Der Inhaber darf eine Teilzahlung nicht zurückweisen.

[3] Im Falle der Teilzahlung kann der Bezogene verlangen, dass sie auf dem Wechsel vermerkt und ihm eine Quittung erteilt wird.

  OR 1047.

Art. 1030   3. Zahlung vor und bei Verfall

[1] Der Inhaber des Wechsels ist nicht verpflichtet, die Zahlung vor Verfall anzunehmen.

[2] Der Bezogene, der vor Verfall zahlt, handelt auf eigene Gefahr.

---

  1   Fassung gemäss Anhang Ziff. II 2 des Nationalbankgesetzes vom 3. Okt. 2003, in Kraft seit 1. Mai 2004 (SR 951.11).

3 Wer bei Verfall zahlt, wird von seiner Verbindlichkeit befreit, wenn ihm nicht Arglist oder grobe Fahrlässigkeit zur Last fällt. Er ist verpflichtet, die Ordnungsmässigkeit der Reihe der Indossamente, aber nicht die Unterschriften der Indossanten zu prüfen.

OR 1006.

Art. 1031 4. Zahlung in fremder Währung

1 Lautet der Wechsel auf eine Währung, die am Zahlungsorte nicht gilt, so kann die Wechselsumme in der Landeswährung nach dem Werte gezahlt werden, den sie am Verfalltage besitzt. Wenn der Schuldner die Zahlung verzögert, so kann der Inhaber wählen, ob die Wechselsumme nach dem Kurs des Verfalltages oder nach dem Kurs des Zahlungstages in die Landeswährung umgerechnet werden soll.

2 Der Wert der fremden Währung bestimmt sich nach den Handelsgebräuchen des Zahlungsortes. Der Aussteller kann jedoch im Wechsel für die zu zahlende Summe einen Umrechnungskurs bestimmen.

3 Die Vorschriften der beiden ersten Absätze finden keine Anwendung, wenn der Aussteller die Zahlung in einer bestimmten Währung vorgeschrieben hat (Effektivvermerk).

4 Lautet der Wechsel auf eine Geldsorte, die im Lande der Ausstellung dieselbe Bezeichnung, aber einen anderen Wert hat als in dem der Zahlung, so wird vermutet, dass die Geldsorte des Zahlungsortes gemeint ist.

OR 1122.

Art. 1032 5. Hinterlegung

Wird der Wechsel nicht innerhalb der im Artikel 1028 bestimmten Frist zur Zahlung vorgelegt, so kann der Schuldner die Wechselsumme bei der zuständigen Behörde auf Gefahr und Kosten des Inhabers hinterlegen.

OR 92 Abs. 2.

Art. 1033[1] VII. Rückgriff mangels Annahme und mangels Zahlung
1. Rückgriff des Inhabers

1 Der Inhaber kann gegen die Indossanten, den Aussteller und die anderen Wechselverpflichteten bei Verfall des Wechsels Rückgriff nehmen, wenn der Wechsel nicht bezahlt worden ist.

2 Das gleiche Recht steht dem Inhaber schon vor Verfall zu:

1. wenn die Annahme ganz oder teilweise verweigert worden ist;

2. wenn über das Vermögen des Bezogenen, gleichviel ob er den Wechsel angenommen hat oder nicht, der Konkurs eröffnet worden ist oder wenn der Bezogene

---

1 Im französischen und italienischen Text besteht dieser Artikel aus einem einzigen Absatz.

auch nur seine Zahlungen eingestellt hat oder wenn eine Zwangsvollstreckung in sein Vermögen fruchtlos verlaufen ist;

3. wenn über das Vermögen des Ausstellers eines Wechsels, dessen Vorlegung zur Annahme untersagt ist, der Konkurs eröffnet worden ist.

Ziff. 3: OR 1012 Abs. 2.

Art. 1034   2. Protest
                 a. Fristen und Erfordernisse

[1] Die Verweigerung der Annahme oder der Zahlung muss durch eine öffentliche Urkunde (Protest mangels Annahme oder mangels Zahlung) festgestellt werden.

[2] Der Protest mangels Annahme muss innerhalb der Frist erhoben werden, die für die Vorlegung zur Annahme gilt. Ist im Falle des Artikels 1014 Absatz 1 der Wechsel am letzten Tage der Frist zum ersten Male vorgelegt worden, so kann der Protest noch am folgenden Tage erhoben werden.

[3] Der Protest mangels Zahlung muss bei einem Wechsel, der an einem bestimmten Tag oder bestimmte Zeit nach der Ausstellung oder nach Sicht zahlbar ist, an einem der beiden auf den Zahlungstag folgenden Werktage erhoben werden. Bei einem Sichtwechsel muss der Protest mangels Zahlung in den gleichen Fristen erhoben werden, wie sie im vorhergehenden Absatz für den Protest mangels Annahme vorgesehen sind.

[4] Ist Protest mangels Annahme erhoben worden, so bedarf es weder der Vorlegung zur Zahlung noch des Protestes mangels Zahlung.

[5] Hat der Bezogene, gleichviel ob er den Wechsel angenommen hat oder nicht, seine Zahlungen eingestellt, oder ist eine Zwangsvollstreckung in sein Vermögen fruchtlos verlaufen, so kann der Inhaber nur Rückgriff nehmen, nachdem der Wechsel dem Bezogenen zur Zahlung vorgelegt und Protest erhoben worden ist.

[6] Ist über das Vermögen des Bezogenen, gleichviel ob er den Wechsel angenommen hat oder nicht, oder über das Vermögen des Ausstellers eines Wechsels, dessen Vorlegung zur Annahme untersagt ist, Konkurs eröffnet worden, so genügt es zur Ausübung des Rückgriffsrechts, dass der gerichtliche Beschluss über die Eröffnung des Konkurses vorgelegt wird.

Abs. 1: OR 1050.
Abs. 2/3: OR 1011 ff., 1028.
Abs. 5: OR 1126 Abs. 2.

Art. 1035   b. Zuständigkeit

Der Protest muss durch eine hierzu ermächtigte Urkundsperson oder Amtsstelle erhoben werden.

Art. 1036   c. Inhalt

[1] Der Protest enthält:

1.   den Namen der Person oder die Firma, für die und gegen die der Protest erhoben wird;
2.   die Angabe, dass die Person oder die Firma, gegen die der Protest erhoben wird, ohne Erfolg zur Vornahme der wechselrechtlichen Leistung aufgefordert worden oder nicht anzutreffen gewesen ist oder dass ihr Geschäftslokal oder ihre Wohnung sich nicht hat ermitteln lassen;
3.   die Angabe des Ortes und des Tages, an dem die Aufforderung vorgenommen oder ohne Erfolg versucht worden ist;
4.   die Unterschrift der den Protest erhebenden Person oder Amtsstelle.

[2] Wird eine Teilzahlung geleistet, so ist dies im Protest zu vermerken.

[3] Verlangt der Bezogene, dem der Wechsel zur Annahme vorgelegt worden ist, die nochmalige Vorlegung am nächsten Tage, so ist auch dies im Protest zu vermerken.

OR 1014.

Art. 1037   d. Form

[1] Der Protest ist auf ein besonderes Blatt zu setzen, das mit dem Wechsel verbunden wird.

[2] Wird der Protest unter Vorlegung mehrerer Ausfertigungen desselben Wechsels oder unter Vorlegung der Urschrift und einer Abschrift erhoben, so genügt die Verbindung des Protestes mit einer der Ausfertigungen oder dem Originalwechsel.

[3] Auf den anderen Ausfertigungen oder der Abschrift ist zu vermerken, dass sich der Protest auf einer der übrigen Ausfertigungen oder auf der Urschrift befindet.

Art. 1038   e. Bei Teilannahme

Ist der Wechsel nur zu einem Teil der Wechselsumme angenommen worden und wird deshalb Protest erhoben, so ist eine Abschrift des Wechsels auszufertigen und der Protest auf diese Abschrift zu setzen.

Art. 1039   f. Gegen mehrere Personen

Muss eine wechselrechtliche Leistung von mehreren Verpflichteten verlangt werden, so ist über die Proteste nur eine Urkunde erforderlich.

Art. 1040   g. Abschrift der Protesturkunde

[1] Die den Protest erhebende Urkundsperson oder Amtsstelle hat eine Abschrift der Protesturkunde zu erstellen.

[2] Auf dieser Abschrift sind anzugeben:

1. der Betrag des Wechsels;
2. die Verfallzeit;
3. Ort und Tag der Ausstellung;
4. der Aussteller des Wechsels, der Bezogene sowie der Name der Person oder die Firma, an die oder an deren Ordre gezahlt werden soll;
5. wenn eine vom Bezogenen verschiedene Person oder Firma angegeben ist, durch die die Zahlung erfolgen soll, der Name dieser Person oder diese Firma;
6. die Notadressen und Ehrenannehmer.

[3] Die Abschriften der Protesturkunden sind durch die den Protest erhebende Urkundsperson oder Amtsstelle in der Zeitfolge geordnet aufzubewahren.

Art. 1041   h. Mangelhafter Protest

Ist der Protest von einer zuständigen Urkundsperson oder Amtsstelle unterschrieben worden, so ist er auch dann gültig, wenn er nicht vorschriftsgemäss erhoben worden ist oder wenn die darin enthaltenen Angaben unrichtig sind.

Art. 1042   3. Benachrichtigung

[1] Der Inhaber muss seinen unmittelbaren Vormann und den Aussteller von dem Unterbleiben der Annahme oder der Zahlung innerhalb der vier Werktage benachrichtigen, die auf den Tag der Protesterhebung oder, im Falle des Vermerks «ohne Kosten», auf den Tag der Vorlegung folgen. Jeder Indossant muss innerhalb zweier Werktage nach Empfang der Nachricht seinem unmittelbaren Vormanne von der Nachricht, die er erhalten hat, Kenntnis geben und ihm die Namen und Adressen derjenigen mitteilen, die vorher Nachricht gegeben haben, und so weiter in der Reihenfolge bis zum Aussteller. Die Fristen laufen vom Empfang der vorhergehenden Nachricht.

[2] Wird nach Massgabe des vorhergehenden Absatzes einer Person, deren Unterschrift sich auf dem Wechsel befindet, Nachricht gegeben, so muss die gleiche Nachricht in derselben Frist ihrem Wechselbürgen gegeben werden.

[3] Hat ein Indossant seine Adresse nicht oder in unleserlicher Form angegeben, so genügt es, dass sein unmittelbarer Vormann benachrichtigt wird.

[4] Die Nachricht kann in jeder Form gegeben werden, auch durch die blosse Rücksendung des Wechsels.

[5] Der zur Benachrichtigung Verpflichtete hat zu beweisen, dass er in der vorgeschriebenen Frist benachrichtigt hat. Die Frist gilt als eingehalten, wenn ein Schreiben, das die Benachrichtigung enthält, innerhalb der Frist zur Post gegeben worden ist.

[6] Wer die rechtzeitige Benachrichtigung versäumt, verliert nicht den Rückgriff; er haftet für den etwa durch seine Nachlässigkeit entstandenen Schaden, jedoch nur bis zur Höhe der Wechselsumme.

Abs. 1: OR 1043.

Art. 1043   4. Protesterlass

[1] Der Aussteller sowie jeder Indossant oder Wechselbürge kann durch den Vermerk «ohne Kosten», «ohne Protest» oder einen gleichbedeutenden auf den Wechsel gesetzten und unterzeichneten Vermerk den Inhaber von der Verpflichtung befreien, zum Zwecke der Ausübung des Rückgriffs Protest mangels Annahme oder mangels Zahlung erheben zu lassen.

[2] Der Vermerk befreit den Inhaber nicht von der Verpflichtung, den Wechsel rechtzeitig vorzulegen und die erforderlichen Nachrichten zu geben. Der Beweis, dass die Frist nicht eingehalten worden ist, liegt demjenigen ob, der sich dem Inhaber gegenüber darauf beruft.

[3] Ist der Vermerk vom Aussteller beigefügt, so wirkt er gegenüber allen Wechselverpflichteten; ist er von einem Indossanten oder einem Wechselbürgen beigefügt, so wirkt er nur diesen gegenüber. Lässt der Inhaber ungeachtet des vom Aussteller beigefügten Vermerks Protest erheben, so fallen ihm die Kosten zur Last. Ist der Vermerk von einem Indossanten oder einem Wechselbürgen beigefügt, so sind alle Wechselverpflichteten zum Ersatze der Kosten eines dennoch erhobenen Protestes verpflichtet.

Abs. 1: OR 1042.

Art. 1044   5. Solidarische Haftung der Wechselverpflichteten

[1] Alle die einen Wechsel ausgestellt, angenommen, indossiert oder mit einer Bürgschaftserklärung versehen haben, haften dem Inhaber als Gesamtschuldner.

[2] Der Inhaber kann jeden einzeln oder mehrere oder alle zusammen in Anspruch nehmen, ohne an die Reihenfolge gebunden zu sein, in der sie sich verpflichtet haben.

[3] Das gleiche Recht steht jedem Wechselverpflichteten zu, der den Wechsel eingelöst hat.

[4] Durch die Geltendmachung des Anspruches gegen einen Wechselverpflichteten verliert der Inhaber nicht seine Rechte gegen die anderen Wechselverpflichteten, auch nicht gegen die Nachmänner desjenigen, der zuerst in Anspruch genommen worden ist.

OR 143 ff. Sprungregress.

Art. 1045   6. Inhalt des Rückgriffs
            a. Des Inhabers

[1] Der Inhaber kann im Wege des Rückgriffs verlangen:

1.   die Wechselsumme, soweit der Wechsel nicht angenommen oder nicht eingelöst worden ist, mit den etwa bedungenen Zinsen;

2.   Zinsen zu sechs vom Hundert seit dem Verfalltage;

3.   die Kosten des Protestes und der Nachrichten sowie die anderen Auslagen;

4.   eine Provision von höchstens einem Drittel Prozent.

[2] Wird der Rückgriff vor Verfall genommen, so werden von der Wechselsumme Zinsen abgezogen. Diese Zinsen werden auf Grund des öffentlich bekanntgemachten Diskontsatzes (Satz der Schweizerischen Nationalbank) berechnet, der am Tage des Rückgriffs am Wohnorte des Inhabers gilt.

OR 1033.

Art. 1046   b. Des Einlösers

Wer den Wechsel eingelöst hat, kann von seinen Vormännern verlangen:

1.   den vollen Betrag, den er gezahlt hat;

2.   die Zinsen dieses Betrages zu sechs vom Hundert seit dem Tage der Einlösung;

3.   seine Auslagen;

4.   eine Provision von höchstens 2 Promille.

Art. 1047   c. Recht auf Aushändigung von Wechsel, Protest und Quittung

[1] Jeder Wechselverpflichtete, gegen den Rückgriff genommen wird oder genommen werden kann, ist berechtigt, zu verlangen, dass ihm gegen Entrichtung der Rückgriffssumme der Wechsel mit dem Protest und eine quittierte Rechnung ausgehändigt werden.

[2] Jeder Indossant, der den Wechsel eingelöst hat, kann sein Indossament und die Indossamente seiner Nachmänner ausstreichen.

OR 1029.

Art. 1048   d. Bei Teilannahme

Bei dem Rückgriff nach einer Teilannahme kann derjenige, der den nicht angenommenen Teil der Wechselsumme entrichtet, verlangen, dass dies auf dem Wechsel vermerkt und ihm darüber Quittung erteilt wird. Der Inhaber muss ihm ferner eine beglaubigte Abschrift des Wechsels und den Protest aushändigen, um den weiteren Rückgriff zu ermöglichen.

Art. 1049 e. Rückwechsel

[1] Wer zum Rückgriff berechtigt ist, kann mangels eines entgegenstehenden Vermerks den Rückgriff dadurch nehmen, dass er auf einen seiner Vormänner einen neuen Wechsel (Rückwechsel) zieht, der auf Sicht lautet und am Wohnort dieses Vormannes zahlbar ist.

[2] Der Rückwechsel umfasst, ausser den in den Artikeln 1045 und 1046 angegebenen Beträgen, die Mäklergebühr und die Stempelgebühr für den Rückwechsel.

[3] Wird der Rückwechsel vom Inhaber gezogen, so richtet sich die Höhe der Wechselsumme nach dem Kurse, den ein vom Zahlungsorte des ursprünglichen Wechsels auf den Wohnort des Vormannes gezogener Sichtwechsel hat. Wird der Rückwechsel von einem Indossanten gezogen, so richtet sich die Höhe der Wechselsumme nach dem Kurse, den ein vom Wohnorte des Ausstellers des Rückwechsels auf den Wohnort des Vormannes gezogener Sichtwechsel hat.

Art. 1050 7. Präjudizierung
a. Im Allgemeinen

[1] Mit der Versäumung der Fristen

für die Vorlegung eines Wechsels, der auf Sicht oder auf eine bestimmte Zeit nach Sicht lautet,

für die Erhebung des Protestes mangels Annahme oder mangels Zahlung,

für die Vorlegung zur Zahlung im Falle des Vermerkes «ohne Kosten»

verliert der Inhaber seine Rechte gegen die Indossanten, den Aussteller und alle anderen Wechselverpflichteten, mit Ausnahme des Annehmers.

[2] Versäumt der Inhaber die vom Aussteller für die Vorlegung zur Annahme vorgeschriebene Frist, so verliert er das Recht, mangels Annahme und mangels Zahlung Rückgriff zu nehmen, sofern nicht der Wortlaut des Vermerkes ergibt, dass der Aussteller nur die Haftung für die Annahme hat ausschliessen wollen.

[3] Ist die Frist für die Vorlegung in einem Indossament enthalten, so kann sich nur der Indossant darauf berufen.

OR 1034 Abs. 6.

Art. 1051 b. Höhere Gewalt

[1] Steht der rechtzeitigen Vorlegung des Wechsels oder der rechtzeitigen Erhebung des Protestes ein unüberwindliches Hindernis entgegen (gesetzliche Vorschrift eines Staates oder ein anderer Fall höherer Gewalt), so werden die für diese Handlungen bestimmten Fristen verlängert.

[2] Der Inhaber ist verpflichtet, seinen unmittelbaren Vormann von dem Falle der höheren Gewalt unverzüglich zu benachrichtigen und die Benachrichtigung unter Beifügung

des Tages und Ortes sowie seiner Unterschrift auf dem Wechsel oder einem Anhange zu vermerken; im übrigen finden die Vorschriften des Artikels 1042 Anwendung.

³ Fällt die höhere Gewalt weg, so muss der Inhaber den Wechsel unverzüglich zur Annahme oder zur Zahlung vorlegen und gegebenenfalls Protest erheben lassen.

⁴ Dauert die höhere Gewalt länger als 30 Tage nach Verfall, so kann Rückgriff genommen werden, ohne dass es der Vorlegung oder der Protesterhebung bedarf.

⁵ Bei Wechseln, die auf Sicht oder auf eine bestimmte Zeit nach Sicht lauten, läuft die dreissigtägige Frist von dem Tage, an dem der Inhaber seinen Vormann von dem Falle der höheren Gewalt benachrichtigt hat; diese Nachricht kann schon vor Ablauf der Vorlegungsfrist gegeben werden. Bei Wechseln, die auf bestimmte Zeit nach Sicht lauten, verlängert sich die dreissigtägige Frist um die im Wechsel angegebene Nachsichtfrist.

⁶ Tatsachen, die rein persönlich den Inhaber oder denjenigen betreffen, den er mit der Vorlegung des Wechsels oder mit der Protesterhebung beauftragt hat, gelten nicht als Fälle höherer Gewalt.

Abs. 1: Moratorien.

Art. 1052   c. Ungerechtfertigte Bereicherung

¹ Soweit der Aussteller eines Wechsels und der Annehmer zum Schaden des Wechselinhabers ungerechtfertigt bereichert sind bleiben sie diesem verpflichtet, auch wenn ihre wechselmässige Verbindlichkeit durch Verjährung oder wegen Unterlassung der zur Erhaltung des Wechselanspruches gesetzlich vorgeschriebenen Handlungen erloschen ist.

² Der Bereicherungsanspruch besteht auch gegen den Bezogenen, den Domiziliaten und die Person oder Firma, für deren Rechnung der Aussteller den Wechsel gezogen hat.

³ Ein solcher Anspruch besteht dagegen nicht gegen die Indossanten, deren wechselmässige Verbindlichkeit erloschen ist.

OR 62, 1093. Verjährung: BGE 53 II 119; 67 II 176.

Art. 1053   VIII. Übergang der Deckung

¹ Ist über den Aussteller eines Wechsels der Konkurs eröffnet worden, so geht ein allfälliger zivilrechtlicher Anspruch des Ausstellers gegen den Bezogenen auf Rückgabe der Deckung oder Erstattung gutgebrachter Beträge auf den Inhaber des Wechsels über.

² Erklärt der Aussteller auf dem Wechsel, dass er seine Ansprüche aus dem Deckungsverhältnisse abtrete, so stehen diese dem jeweiligen Wechselinhaber zu.

3 Der Bezogene darf, sobald der Konkurs veröffentlicht oder ihm die Abtretung angezeigt ist, nur an den gehörig ausgewiesenen Inhaber gegen Rückgabe des Wechsels Zahlung leisten.

Bot. 1928 S. 128.

Art. 1054 IX. Ehreneintritt
1. Allgemeine Vorschriften

1 Der Aussteller sowie jeder Indossant oder Wechselbürge kann eine Person angeben, die im Notfall annehmen oder zahlen soll.

2 Der Wechsel kann unter den nachstehend bezeichneten Voraussetzungen zu Ehren eines jeden Wechselverpflichteten, gegen den Rückgriff genommen werden kann, angenommen oder bezahlt werden.

3 Jeder Dritte, auch der Bezogene, sowie jeder aus dem Wechsel bereits Verpflichtete, mit Ausnahme des Annehmers, kann einen Wechsel zu Ehren annehmen oder bezahlen.

4 Wer zu Ehren annimmt oder zahlt, ist verpflichtet, den Wechselverpflichteten, für den er eintritt, innerhalb zweier Werktage hiervon zu benachrichtigen. Hält er die Frist nicht ein, so haftet er für den etwa durch seine Nachlässigkeit entstandenen Schaden, jedoch nur bis zur Höhe der Wechselsumme.

Intervention.

Art. 1055 2. Ehrenannahme
a. Voraussetzungen. Stellung des Inhabers

1 Die Ehrenannahme ist in allen Fällen zulässig, in denen der Inhaber vor Verfall Rückgriff nehmen kann, es sei denn, dass es sich um einen Wechsel handelt, dessen Vorlegung zur Annahme untersagt ist.

2 Ist auf dem Wechsel eine Person angegeben, die im Notfall am Zahlungsort annehmen oder zahlen soll, so kann der Inhaber vor Verfall gegen denjenigen, der die Notadresse beigefügt hat, und gegen seine Nachmänner nur Rückgriff nehmen, wenn er den Wechsel der in der Notadresse bezeichneten Person vorgelegt hat und im Falle der Verweigerung der Ehrenannahme die Verweigerung durch einen Protest hat feststellen lassen.

3 In den anderen Fällen des Ehreneintritts kann der Inhaber die Ehrenannahme zurückweisen. Lässt er sie aber zu, so verliert er den Rückgriff vor Verfall gegen denjenigen, zu dessen Ehren die Annahme erklärt worden ist, und gegen dessen Nachmänner.

Art. 1056   b. Form

Die Ehrenannahme wird auf dem Wechsel vermerkt; sie ist von demjenigen, der zu Ehren annimmt, zu unterschreiben. In der Annahmeerklärung ist anzugeben, für wen die Ehrenannahme stattfindet; mangels einer solchen Angabe gilt sie für den Aussteller.

Art. 1057   c. Haftung des Ehrenannehmenden. Wirkung auf das Rückgriffsrecht

[1] Wer zu Ehren annimmt, haftet dem Inhaber und den Nachmännern desjenigen, für den er eingetreten ist, in der gleichen Weise wie dieser selbst.

[2] Trotz der Ehrenannahme können der Wechselverpflichtete, zu dessen Ehren der Wechsel angenommen worden ist, und seine Vormänner vom Inhaber gegen Erstattung des im Artikel 1045 angegebenen Betrags die Aushändigung des Wechsels und gegebenenfalls des erhobenen Protestes sowie einer quittierten Rechnung verlangen.

Art. 1058   3. Ehrenzahlung
            a. Voraussetzungen

[1] Die Ehrenzahlung ist in allen Fällen zulässig, in denen der Inhaber bei Verfall oder vor Verfall Rückgriff nehmen kann.

[2] Die Ehrenzahlung muss den vollen Betrag umfassen, den der Wechselverpflichtete, für den sie stattfindet, zahlen müsste.

[3] Sie muss spätestens am Tage nach Ablauf der Frist für die Erhebung des Protestes mangels Zahlung stattfinden.

Art. 1059   b. Verpflichtung des Inhabers

[1] Ist der Wechsel von Personen zu Ehren angenommen, die ihren Wohnsitz am Zahlungsort haben, oder sind am Zahlungsort wohnende Personen angegeben, die im Notfall zahlen sollen, so muss der Inhaber spätestens am Tage nach Ablauf der Frist für die Erhebung des Protestes mangels Zahlung den Wechsel allen diesen Personen vorlegen und gegebenenfalls Protest wegen unterbliebener Ehrenzahlung erheben lassen.

[2] Wird der Protest nicht rechtzeitig erhoben, so werden derjenige, der die Notadresse angegeben hat oder zu dessen Ehren der Wechsel angenommen worden ist, und die Nachmänner frei.

Art. 1060   c. Folge der Zurückweisung

Weist der Inhaber die Ehrenzahlung zurück, so verliert er den Rückgriff gegen diejenigen, die frei geworden wären.

Art. 1061   d. Recht auf Aushändigung von Wechsel, Protest und Quittung

1 Über die Ehrenzahlung ist auf dem Wechsel eine Quittung auszustellen, die denjenigen bezeichnet, für den gezahlt wird. Fehlt die Bezeichnung, so gilt die Zahlung für den Aussteller.

2 Der Wechsel und der etwa erhobene Protest sind dem Ehrenzahler auszuhändigen.

> Abs. 1: BGE 124 III 112.

Art. 1062   e. Übergang der Inhaberrechte. Mehrere Ehrenzahlungen

1 Der Ehrenzahler erwirbt die Rechte aus dem Wechsel gegen den Wechselverpflichteten, für den er gezahlt hat, und gegen die Personen, die diesem aus dem Wechsel haften. Er kann jedoch den Wechsel nicht weiter indossieren.

2 Die Nachmänner des Wechselverpflichteten, für den gezahlt worden ist, werden frei.

3 Sind mehrere Ehrenzahlungen angeboten, so gebührt derjenigen der Vorzug, durch welche die meisten Wechselverpflichteten frei werden. Wer entgegen dieser Vorschrift in Kenntnis der Sachlage zu Ehren zahlt, verliert den Rückgriff gegen diejenigen, die sonst frei geworden wären.

> Abs. 1: BGE 124 III 112.

Art. 1063   X. Ausfertigung mehrerer Stücke eines Wechsels (Duplikate), Wechselabschriften (Wechselkopien)
   1. Ausfertigungen
   a. Recht auf mehrere Ausfertigungen

1 Der Wechsel kann in mehreren gleichen Ausfertigungen (Duplikaten) ausgestellt werden.

2 Diese Ausfertigungen müssen im Texte der Urkunde mit fortlaufenden Nummern versehen sein; andernfalls gilt jede Ausfertigung als besonderer Wechsel.

3 Jeder Inhaber eines Wechsels kann auf seine Kosten die Übergabe mehrerer Ausfertigungen verlangen, sofern nicht aus dem Wechsel zu ersehen ist, dass er in einer einzigen Ausfertigung ausgestellt worden ist. Zu diesem Zwecke hat sich der Inhaber an seinen unmittelbaren Vormann zu wenden, der wieder an seinen Vormann zurückgehen muss, und so weiter in der Reihenfolge bis zum Aussteller. Die Indossanten sind verpflichtet, ihre Indossamente auf den neuen Ausfertigungen zu wiederholen.

Art. 1064   b. Verhältnis der Ausfertigungen

1 Wird eine Ausfertigung bezahlt, so erlöschen die Rechte aus allen Ausfertigungen, auch wenn diese nicht den Vermerk tragen, dass durch die Zahlung auf eine Ausferti-

gung die anderen ihre Gültigkeit verlieren. Jedoch bleibt der Bezogene aus jeder angenommenen Ausfertigung, die ihm nicht zurückgegeben worden ist, verpflichtet.

[2] Hat ein Indossant die Ausfertigungen an verschiedene Personen übertragen, so haften er und seine Nachmänner aus allen Ausfertigungen, die ihre Unterschrift tragen und nicht herausgegeben worden sind.

Art. 1065   c. Annahmevermerk

[1] Wer eine Ausfertigung zur Annahme versendet, hat auf den anderen Ausfertigungen den Namen dessen anzugeben, bei dem sich die versendete Ausfertigung befindet. Dieser ist verpflichtet, sie dem rechtmässigen Inhaber einer anderen Ausfertigung auszuhändigen.

[2] Wird die Aushändigung verweigert, so kann der Inhaber nur Rückgriff nehmen, nachdem er durch einen Protest hat feststellen lassen:

1. dass ihm die zur Annahme versendete Ausfertigung auf sein Verlangen nicht ausgehändigt worden ist;

2. dass die Annahme oder die Zahlung auch nicht auf eine andere Ausfertigung zu erlangen war.

Art. 1066   2. Abschriften
    a. Form und Wirkung

[1] Jeder Inhaber eines Wechsels ist befugt, Abschriften (Wechselkopien) davon herzustellen.

[2] Die Abschrift muss die Urschrift mit den Indossamenten und allen anderen darauf befindlichen Vermerken genau wiedergeben. Es muss angegeben sein, wie weit die Abschrift reicht.

[3] Die Abschrift kann auf dieselbe Weise und mit denselben Wirkungen indossiert und mit einer Bürgschaftserklärung versehen werden wie die Urschrift.

Art. 1067   b. Auslieferung der Urschrift

[1] In der Abschrift ist der Verwahrer der Urschrift zu bezeichnen. Dieser ist verpflichtet, die Urschrift dem rechtmässigen Inhaber der Abschrift auszuhändigen.

[2] Wird die Aushändigung verweigert, so kann der Inhaber gegen die Indossanten der Abschrift und gegen diejenigen, die eine Bürgschaftserklärung auf die Abschrift gesetzt haben, nur Rückgriff nehmen, nachdem er durch einen Protest hat feststellen lassen, dass ihm die Urschrift auf sein Verlangen nicht ausgehändigt worden ist.

[3] Enthält die Urschrift nach dem letzten, vor Anfertigung der Abschrift daraufgesetzten Indossament den Vermerk «von hier ab gelten Indossamente nur noch auf der Abschrift» oder einen gleichbedeutenden Vermerk, so ist ein später auf die Urschrift gesetztes Indossament nichtig.

Art. 1068   XI. Änderungen des Wechsels

Wird der Text eines Wechsels geändert, so haften diejenigen, die nach der Änderung ihre Unterschrift auf den Wechsel gesetzt haben, entsprechend dem geänderten Text. Wer früher unterschrieben hat, haftet nach dem ursprünglichen Text.

Art. 1069   XII. Verjährung
              1. Fristen

[1] Die wechselmässigen Ansprüche gegen den Annehmer verjähren in drei Jahren vom Verfalltage.

[2] Die Ansprüche des Inhabers gegen die Indossanten und gegen den Aussteller verjähren in einem Jahre vom Tage des rechtzeitig erhobenen Protestes oder im Falle des Vermerks «ohne Kosten» vom Verfalltage.

[3] Die Ansprüche eines Indossanten gegen andere Indossanten und gegen den Aussteller verjähren in sechs Monaten von dem Tage, an dem der Wechsel vom Indossanten eingelöst oder ihm gegenüber gerichtlich geltend gemacht worden ist.

> Kausalverhältnis: BGE 78 II 456. Verjährung: BGE 120 II 53.

Art. 1070   2. Unterbrechung
              a. Gründe

Die Verjährung wird durch Anhebung der Klage, durch Einreichung des Betreibungsbegehrens, durch Streitverkündung oder durch Eingabe im Konkurse unterbrochen.

Art. 1071   b. Wirkungen

[1] Die Unterbrechung der Verjährung wirkt nur gegen den Wechselverpflichteten, in Ansehung dessen die Tatsache eingetreten ist, welche die Unterbrechung bewirkt.

[2] Mit der Unterbrechung der Verjährung beginnt eine neue Verjährungsfrist von gleicher Dauer zu laufen.

Art. 1072   XIII. Kraftloserklärung
              1. Vorsorgliche Massnahmen

[1] Derjenige, dem ein Wechsel abhanden gekommen ist, kann beim Richter verlangen, dass dem Bezogenen die Bezahlung des Wechsels verboten werde.[1]

[2] Der Richter ermächtigt mit dem Zahlungsverbot den Bezogenen, am Verfalltage den Wechselbetrag zu hinterlegen, und bestimmt den Ort der Hinterlegung.

---

1   Fassung gemäss Anhang Ziff. 5 des Gerichtsstandsgesetzes vom 24. März 2000, in Kraft seit 1. Jan. 2001 (SR 272).

Art. 1073   2. Bekannter Inhaber

[1] Ist der Inhaber des Wechsels bekannt, so setzt der Richter dem Gesuchsteller eine angemessene Frist zur Anhebung der Klage auf Herausgabe des Wechsels.

[2] Klagt der Gesuchsteller nicht binnen dieser Frist, so hebt der Richter das dem Bezogenen auferlegte Zahlungsverbot auf.

Art. 1074   3. Unbekannter Inhaber
             a. Pflichten des Gesuchstellers

[1] Ist der Inhaber des Wechsels unbekannt, so kann die Kraftloserklärung des Wechsels verlangt werden.

[2] Wer die Kraftloserklärung begehrt, hat den Besitz und Verlust des Wechsels glaubhaft zu machen und entweder eine Abschrift des Wechsels oder Angaben über dessen wesentlichen Inhalt beizubringen.

Art. 1075   b. Einleitung des Aufgebots

Erachtet der Richter die Darstellung des Gesuchstellers über den frühern Besitz und über den Verlust des Wechsels für glaubhaft, so fordert er durch öffentliche Bekanntmachung den Inhaber auf, innerhalb bestimmter Frist den Wechsel vorzulegen, widrigenfalls die Kraftloserklärung ausgesprochen werde.

Art. 1076   c. Fristen

[1] Die Vorlegungsfrist beträgt mindestens drei Monate und höchstens ein Jahr.

[2] Der Richter ist indessen an die Mindestdauer von drei Monaten nicht gebunden, wenn bei verfallenen Wechseln die Verjährung vor Ablauf der drei Monate eintreten würde.

[3] Die Frist läuft bei verfallenen Wechseln vom Tage der ersten öffentlichen Bekanntmachung, bei noch nicht verfallenen Wechseln vom Verfall an.

Art. 1077   d. Veröffentlichung

[1] Die Aufforderung zur Vorlegung des Wechsels ist dreimal im Schweizerischen Handelsamtsblatt zu veröffentlichen.

[2] In besondern Fällen kann der Richter noch in anderer Weise für angemessene Veröffentlichung sorgen.

Art. 1078 4. Wirkung

a. Bei Vorlegung des Wechsels

[1] Wird der abhanden gekommene Wechsel vorgelegt, so setzt der Richter dem Gesuchsteller eine Frist zur Anhebung der Klage auf Herausgabe des Wechsels.

[2] Klagt der Gesuchsteller nicht binnen dieser Frist, so gibt der Richter den Wechsel zurück und hebt das dem Bezogenen auferlegte Zahlungsverbot auf.

Art. 1079 b. Bei Nichtvorlegung

[1] Wird der abhanden gekommene Wechsel innert der angesetzten Frist nicht vorgelegt, so hat der Richter ihn kraftlos zu erklären.

[2] Nach der Kraftloserklärung des Wechsels kann der Gesuchsteller seinen wechselmässigen Anspruch noch gegen den Annehmenden geltend machen.

Art. 1080 5. Richterliche Verfügungen

[1] Der Richter kann schon vor der Kraftloserklärung dem Annehmer die Hinterlegung und gegen Sicherstellung selbst die Zahlung des Wechselbetrages zur Pflicht machen.

[2] Die Sicherheit haftet dem gutgläubigen Erwerber des Wechsels. Sie wird frei, wenn der Wechsel kraftlos erklärt wird oder die Ansprüche aus ihm sonst erlöschen.

Art. 1081 XIV. Allgemeine Vorschriften

1. Fristbestimmungen

a. Feiertage

[1] Verfällt der Wechsel an einem Sonntag oder einem anderen staatlich anerkannten Feiertag, so kann die Zahlung erst am nächsten Werktage verlangt werden. Auch alle anderen auf den Wechsel bezüglichen Handlungen, insbesondere die Vorlegung zur Annahme und die Protesterhebung, können nur an einem Werktage stattfinden.

[2] Fällt der letzte Tag einer Frist, innerhalb deren eine dieser Handlungen vorgenommen werden muss, auf einen Sonntag oder einen anderen staatlich anerkannten Feiertag[1], so wird die Frist bis zum nächsten Werktage verlängert. Feiertage, die in den Lauf einer Frist fallen, werden bei der Berechnung der Frist mitgezählt.

OR 78.

---

[1] Hinsichtlich der gesetzlichen Fristen des eidgenössischen Rechts und der kraft eidgenössischen Rechts von Behörden angesetzten Fristen wird heute der Samstag einem anerkannten Feiertag gleichgestellt (Art. 1 des BG vom 21. Juni 1963 über den Fristenlauf an Samstagen – SR 173.110.3).

Art. 1082   b. Fristberechnung

Bei der Berechnung der gesetzlichen oder im Wechsel bestimmten Fristen wird der Tag, von dem sie zu laufen beginnen, nicht mitgezählt.

Art. 1083   c. Ausschluss von Respekttagen

Weder gesetzliche noch richterliche Respekttage werden anerkannt.

Art. 1084   2. Ort der Vornahme wechselrechtlicher Handlungen

1 Die Vorlegung zur Annahme oder zur Zahlung, die Protesterhebung, das Begehren um Aushändigung einer Ausfertigung des Wechsels sowie alle übrigen bei einer bestimmten Person vorzunehmenden Handlungen müssen in deren Geschäftslokal oder in Ermangelung eines solchen in deren Wohnung vorgenommen werden.
2 Geschäftslokal oder Wohnung sind sorgfältig zu ermitteln.
3 Ist jedoch eine Nachfrage bei der Polizeibehörde oder Post stelle des Ortes ohne Erfolg geblieben, so bedarf es keiner weiteren Nachforschungen.

Art. 1085   3. Eigenhändige Unterschrift. Unterschrift des Blinden

1 Wechselerklärungen müssen eigenhändig unterschrieben sein.
2 Die Unterschrift kann nicht durch eine auf mechanischem Wege bewirkte Nachbildung der eigenhändigen Schrift, durch Handzeichen, auch wenn sie beglaubigt sind, oder durch eine öffentliche Beurkundung ersetzt werden.
3 Die Unterschrift des Blinden muss beglaubigt sein.

OR 14, 997.

Art. 1086   XV. Geltungsbereich der Gesetze
                 1. Wechselfähigkeit

1 Die Fähigkeit einer Person, eine Wechselverbindlichkeit einzugehen, bestimmt sich nach dem Recht des Landes, dem sie angehört. Erklärt dieses Recht das Recht eines anderen Landes für massgebend, so ist das letztere Recht anzuwenden.
2 Wer nach dem im vorstehenden Absatz bezeichneten Recht nicht wechselfähig ist, wird gleichwohl gültig verpflichtet, wenn die Unterschrift in dem Gebiet eines Landes abgegeben worden ist, nach dessen Recht er wechselfähig wäre.

Art. 1087   2. Form und Fristen der Wechselerklärungen
              a. Im Allgemeinen

[1] Die Form einer Wechselerklärung bestimmt sich nach dem Recht des Landes, in dessen Gebiete die Erklärung unterschrieben worden ist.

[2] Wenn jedoch eine Wechselerklärung, die nach den Vorschriften des vorstehenden Absatzes ungültig ist, dem Recht des Landes entspricht, in dessen Gebiet eine spätere Wechselerklärung unterschrieben worden ist, so wird durch Mängel in der Form der ersten Wechselerklärung die Gültigkeit der späteren Wechselerklärung nicht berührt.

[3] Ebenso ist eine Wechselerklärung, die ein Schweizer im Ausland abgegeben hat, in der Schweiz gegenüber einem anderen Schweizer gültig, wenn sie den Formerfordernissen des schweizerischen Rechtes genügt.

Art. 1088   b. Handlungen zur Ausübung und Erhaltung des Wechselrechts

Die Form des Protestes und die Fristen für die Protesterhebung sowie die Form der übrigen Handlungen, die zur Ausübung oder Erhaltung der Wechselrechte erforderlich sind, bestimmen sich nach dem Recht des Landes, in dessen Gebiet der Protest zu erheben oder die Handlung vorzunehmen ist.

Art. 1089   c. Ausübung des Rückgriffs

Die Fristen für die Ausübung der Rückgriffsrechte werden für alle Wechselverpflichteten durch das Recht des Ortes bestimmt, an dem der Wechsel ausgestellt worden ist.

Art. 1090   3. Wirkung der Wechselerklärungen
              a. Im Allgemeinen

[1] Die Wirkungen der Verpflichtungserklärungen des Annehmers eines gezogenen Wechsels und des Ausstellers eines eigenen Wechsels bestimmen sich nach dem Recht des Zahlungsorts.

[2] Die Wirkungen der übrigen Wechselerklärungen bestimmen sich nach dem Recht des Landes, in dessen Gebiete die Erklärungen unterschrieben worden sind.

Art. 1091   b. Teilannahme und Teilzahlung

Das Recht des Zahlungsortes bestimmt, ob die Annahme eines gezogenen Wechsels auf einen Teil der Summe beschränkt werden kann und ob der Inhaber verpflichtet oder nicht verpflichtet ist, eine Teilzahlung anzunehmen.

Art. 1092   c. Zahlung

Die Zahlung des Wechsels bei Verfall, insbesondere die Berechnung des Verfalltages und des Zahlungstages sowie die Zahlung von Wechseln, die auf eine fremde Währung lauten, bestimmen sich nach dem Recht des Landes, in dessen Gebiete der Wechsel zahlbar ist.

     OR 1031.

Art. 1093   d. Bereicherungsanspruch

Der Bereicherungsanspruch gegen den Bezogenen, den Domiziliaten und die Person oder Firma, für deren Rechnung der Aussteller den Wechsel gezogen hat, bestimmt sich nach dem Recht des Landes, in dessen Gebiet diese Personen ihren Wohnsitz haben.

     OR 1052.

Art. 1094   e. Übergang der Deckung

Das Recht des Ausstellungsortes bestimmt, ob der Inhaber eines gezogenen Wechsels die seiner Ausstellung zugrunde liegende Forderung erwirbt.

Art. 1095   f. Kraftloserklärung

Das Recht des Zahlungsortes bestimmt die Massnahmen, die bei Verlust oder Diebstahl eines Wechsels zu ergreifen sind.

Art. 1096   C. Eigener Wechsel
                 1. Erfordernisse

Der eigene Wechsel enthält:

1. die Bezeichnung als Wechsel im Texte der Urkunde, und zwar in der Sprache, in der sie ausgestellt ist:
2. das unbedingte Versprechen, eine bestimmte Geldsumme zu zahlen;
3. die Angabe der Verfallzeit;
4. die Angabe des Zahlungsortes;
5. den Namen dessen, an den oder an dessen Ordre gezahlt werden soll;
6. die Angabe des Tages und des Ortes der Ausstellung;
7. die Unterschrift des Ausstellers.

Art. 1097 2. Fehlen von Erfordernissen

[1] Eine Urkunde, der einer der im vorstehenden Artikel bezeichneten Bestandteile fehlt, gilt nicht als eigener Wechsel, vorbehaltlich der in den folgenden Absätzen bezeichneten Fälle.

[2] Ein eigener Wechsel ohne Angabe der Verfallzeit gilt als Sichtwechsel.

[3] Mangels einer besonderen Angabe gilt der Ausstellungsort als Zahlungsort und zugleich als Wohnort des Ausstellers.

[4] Ein eigener Wechsel ohne Angabe des Ausstellungsortes gilt als ausgestellt an dem Orte, der bei dem Namen des Ausstellers angegeben ist.

Art. 1098 3. Verweisung auf den gezogenen Wechsel

[1] Für den eigenen Wechsel gelten, soweit sie nicht mit seinem Wesen in Widerspruch stehen, die für den gezogenen Wechsel gegebenen Vorschriften über:
das Indossament (Art. 1001–1010);
den Verfall (Art. 1023–1027);
die Zahlung (Art. 1028–1032);
den Rückgriff mangels Zahlung (Art. 1033–1047, 1049–1051);
die Ehrenzahlung (Art. 1054, 1058–1062);
die Abschriften (Art. 1066 und 1067);
die Änderungen (Art. 1068);
die Verjährung (Art. 1069–1071);
die Kraftloserklärung (Art. 1072–1080);
die Feiertage, die Fristenberechnung, das Verbot der Respekttage, den Ort der Vornahme wechselrechtlicher Handlungen und die Unterschrift (Art. 1081–1085).

[2] Ferner gelten für den eigenen Wechsel die Vorschriften über gezogene Wechsel, die bei einem Dritten oder an einem von dem Wohnort des Bezogenen verschiedenen Ort zahlbar sind (Art. 994 und 1017), über den Zinsvermerk (Art. 995), über die Abweichungen bei der Angabe der Wechselsumme (Art. 996), über die Folgen einer ungültigen Unterschrift (Art. 997) oder die Unterschrift einer Person, die ohne Vertretungsbefugnis handelt oder ihre Vertretungsbefugnis überschreitet (Art. 998), und über den Blankowechsel (Art. 1000).

[3] Ebenso finden auf den eigenen Wechsel die Vorschriften über die Wechselbürgschaft Anwendung (Art. 1020–1022); im Falle des Artikels 1021 Absatz 4 gilt die Wechselbürgschaft, wenn die Erklärung nicht angibt, für wen sie geleistet wird, für den Aussteller des eigenen Wechsels.

Art. 1099 4. Haftung des Ausstellers. Vorlegung zur Sichtnahme

[1] Der Aussteller eines eigenen Wechsels haftet in der gleichen Weise wie der Annehmer eines gezogenen Wechsels.

2 Eigene Wechsel, die auf eine bestimmte Zeit nach Sicht lauten, müssen dem Aussteller innerhalb der im Artikel 1013 bezeichneten Fristen zur Sicht vorgelegt werden. Die Sicht ist von dem Aussteller auf dem Wechsel unter Angabe des Tages und Beifügung der Unterschrift zu bestätigen. Die Nachsichtfrist läuft vom Tage des Sichtvermerks. Weigert sich der Aussteller, die Sicht unter Angabe des Tages zu bestätigen, so ist dies durch einen Protest festzustellen (Art. 1015); die Nachsichtfrist läuft dann vom Tage des Protestes.

Fünfter Abschnitt: Der Check

Siehe Genfer Abkommen über die Vereinheitlichung des Checkrechts vom 19. März 1931, SR 0.221.555.

Art. 1100   I. Ausstellung und Form des Checks
             1. Erfordernisse

Der Check enthält:

1. die Bezeichnung als Check im Texte der Urkunde, und zwar in der Sprache, in der sie ausgestellt ist;
2. die unbedingte Anweisung, eine bestimmte Geldsumme zu zahlen;
3. den Namen dessen, der zahlen soll (Bezogener);
4. die Angabe des Zahlungsortes;
5. die Angabe des Tages und des Ortes der Ausstellung;
6. die Unterschrift des Ausstellers.

Ziff. 4: OR 1101, 1107. BGE 95 II 176.

Art. 1101   2. Fehlen von Erfordernissen

1 Eine Urkunde, in der einer der im vorstehenden Artikel bezeichneten Bestandteile fehlt, gilt nicht als Check, vorbehältlich der in den folgenden Absätzen bezeichneten Fälle.

2 Mangels einer besonderen Angabe gilt der bei dem Namen des Bezogenen angegebene Ort als Zahlungsort. Sind mehrere Orte bei dem Namen des Bezogenen angegeben, so ist der Check an dem an erster Stelle angegebenen Orte zahlbar.

3 Fehlt eine solche und jede andere Angabe, so ist der Check an dem Orte zahlbar, an dem der Bezogene seine Hauptniederlassung hat.

4 Ein Check ohne Angabe des Ausstellungsortes gilt als ausgestellt an dem Orte, der bei dem Namen des Ausstellers angegeben ist.

Abs. 2: OR 1107, Folgen: BGE 80 II 84.

Art. 1102   3. Passive Checkfähigkeit

[1] Auf Checks, die in der Schweiz zahlbar sind kann als Bezogener nur ein Bankier bezeichnet werden.

[2] Ein auf eine andere Person gezogener Check gilt nur als Anweisung.

> OR 1135.

Art. 1103   4. Deckungserfordernis

[1] Ein Check darf nur ausgestellt werden, wenn der Aussteller beim Bezogenen ein Guthaben besitzt und gemäss einer ausdrücklichen oder stillschweigenden Vereinbarung, wonach der Aussteller das Recht hat, über dieses Guthaben mittels Checks zu verfügen. Die Gültigkeit der Urkunde als Check wird jedoch durch die Nichtbeachtung dieser Vorschriften nicht berührt.

[2] Kann der Aussteller beim Bezogenen nur über einen Teilbetrag verfügen, so ist der Bezogene zur Zahlung dieses Teilbetrages verpflichtet.

[3] Wer einen Check ausstellt, ohne bei dem Bezogenen für den angewiesenen Betrag verfügungsberechtigt zu sein, hat dem Inhaber des Checks ausser dem verursachten Schaden fünf vom Hundert des nicht gedeckten Betrages der angewiesenen Summe zu vergüten.

Art. 1104   5. Ausschluss der Annahme

Der Check kann nicht angenommen werden. Ein auf den Check gesetzter Annahmevermerk gilt als nicht geschrieben.

> BGE: 120 II 128.

Art. 1105   6. Bezeichnung des Remittenten

[1] Der Check kann zahlbar gestellt werden:
an eine bestimmte Person, mit oder ohne den ausdrücklichen Vermerk «an Ordre»;
an eine bestimmte Person, mit dem Vermerk «nicht an Ordre» oder mit einem gleichbedeutenden Vermerk;
an den Inhaber.

[2] Ist dem Check eine bestimmte Person mit dem Zusatz «oder Überbringer» oder mit einem gleichbedeutenden Vermerk als Zahlungsempfänger bezeichnet, so gilt der Check als auf den Inhaber gestellt.

[3] Ein Check ohne Angabe des Nehmers gilt als zahlbar an den Inhaber.

> Abs. 1 Unterabs. 2: Rektaklausel, OR 1108 Abs. 2.
> Abs. 2: OR 1111.

Art. 1106   7. Zinsvermerk

Ein in den Check aufgenommener Zinsvermerk gilt als nicht geschrieben.

Art. 1107   8. Zahlstellen. Domizilcheck

Der Check kann bei einem Dritten, am Wohnort des Bezogenen oder an einem andern Orte zahlbar gestellt werden, sofern der Dritte Bankier ist.

OR 1101, 1135.

Art. 1108   II. Übertragung
                1. Übertragbarkeit

[1] Der auf eine bestimmte Person zahlbar gestellte Check mit oder ohne den ausdrücklichen Vermerk «an Ordre» kann durch Indossament übertragen werden.

[2] Der auf eine bestimmte Person zahlbar gestellte Check mit dem Vermerk «nicht an Ordre» oder mit einem gleichbedeutenden Vermerk kann nur in der Form und mit den Wirkungen einer gewöhnlichen Abtretung übertragen werden.

[3] Das Indossament kann auch auf den Aussteller oder jeden anderen Checkverpflichteten lauten. Diese Personen können den Check weiter indossieren.

Abs. 2: OR 164 ff.

Art. 1109   2. Erfordernisse

[1] Das Indossament muss unbedingt sein. Bedingungen, von denen es abhängig gemacht wird, gelten als nicht geschrieben.

[2] Ein Teilindossament ist nichtig.

[3] Ebenso ist ein Indossament des Bezogenen nichtig.

[4] Ein Indossament an den Inhaber gilt als Blankoindossament.

[5] Das Indossament an den Bezogenen gilt nur als Quittung, es sei denn, dass der Bezogene mehrere Niederlassungen hat und das Indossament auf eine andere Niederlassung lautet als diejenige, auf die der Check gezogen worden ist.

Art. 1110   3. Legitimation des Inhabers

Wer einen durch Indossament übertragbaren Check in Händen hat, gilt als rechtmässiger Inhaber, sofern er sein Recht durch eine ununterbrochene Reihe von Indossamenten nachweist, und zwar auch dann, wenn das letzte ein Blankoindossament ist. Ausgestrichene Indossamente gelten hiebei als nicht geschrieben. Folgt auf ein Blankoindossament ein weiteres Indossament, so wird angenommen, dass der Aussteller dieses Indossaments den Check durch das Blankoindossament erworben hat.

Art. 1111   4. Inhabercheck

Ein Indossament auf einem Inhabercheck macht den Indossanten nach den Vorschriften über den Rückgriff haftbar, ohne aber die Urkunde in einen Ordrecheck umzuwandeln.

Art. 1112   5. Abhandengekommener Check

Ist der Check einem früheren Inhaber irgendwie abhanden gekommen, so ist der Inhaber, in dessen Hände der Check gelangt ist – sei es, dass es sich um einen Inhabercheck handelt, sei es, dass es sich um einen durch Indossament übertragbaren Check handelt und der Inhaber sein Recht gemäss Artikel 1110 nachweist –, zur Herausgabe des Checks nur verpflichtet, wenn er ihm in bösem Glauben erworben hat oder ihm beim Erwerb eine grobe Fahrlässigkeit zur Last fällt.

OR 1119 Abs. 3. BGE 121 III 69.

Art. 1113   6. Rechte aus dem Nachindossament

[1] Ein Indossament, das nach Erhebung des Protests oder nach Vornahme einer gleichbedeutenden Feststellung oder nach Ablauf der Vorlegungsfrist auf den Check gesetzt wird, hat nur die Wirkungen einer gewöhnlichen Abtretung.

[2] Bis zum Beweis des Gegenteils wird vermutet, dass ein nicht datiertes Indossament vor Erhebung des Protests oder vor der Vornahme einer gleichbedeutenden Feststellung oder vor Ablauf der Vorlegungsfrist auf den Check gesetzt worden ist.

Art. 1114   III. Checkbürgschaft

[1] Die Zahlung der Checksumme kann ganz oder teilweise durch Checkbürgschaft gesichert werden.

[2] Diese Sicherheit kann von einem Dritten, mit Ausnahme des Bezogenen, oder auch von einer Person geleistet werden, deren Unterschrift sich schon auf dem Check befindet.

Art. 1115   IV. Vorlegung und Zahlung
1. Verfallzeit

[1] Der Check ist bei Sicht zahlbar. Jede gegenteilige Angabe gilt als nicht geschrieben.

[2] Ein Check, der vor Eintritt des auf ihm angegebenen Ausstellungstages zur Zahlung vorgelegt wird, ist am Tage der Vorlegung zahlbar.

Art. 1116　　2. Vorlegung zur Zahlung

[1] Ein Check, der in dem Lande der Ausstellung zahlbar ist, muss binnen acht Tagen zur Zahlung vorgelegt werden.

[2] Ein Check, der in einem anderen Lande als dem der Ausstellung zahlbar ist, muss binnen 20 Tagen vorgelegt werden, wenn Ausstellungsort und Zahlungsort sich in demselben Erdteile befinden, und binnen 70 Tagen, wenn Ausstellungsort und Zahlungsort sich in verschiedenen Erdteilen befinden.

[3] Hiebei gelten die in einem Lande Europas ausgestellten und in einem an das Mittelmeer grenzenden Lande zahlbaren Checks, ebenso wie die in einem an das Mittelmeer grenzenden Lande ausgestellten und in einem Lande Europas zahlbaren Checks als Checks, die in demselben Erdteile ausgestellt und zahlbar sind.

[4] Die vorstehend erwähnten Fristen beginnen an dem Tage zu laufen, der in dem Check als Ausstellungstag angegeben ist.

OR 1134.

Art. 1117　　3. Zeitberechnung nach altem Stil

Ist ein Check auf einen Ort gezogen, dessen Kalender von dem des Ausstellungsortes abweicht, so wird der Tag der Ausstellung in den nach dem Kalender des Zahlungsortes entsprechenden Tag umgerechnet.

Art. 1118　　4. Einlieferung in eine Abrechnungsstelle

Die Einlieferung in eine von der Schweizerischen Nationalbank anerkannte Abrechnungsstelle steht der Vorlegung zur Zahlung gleich.[1]

Art. 1119　　5. Widerruf
　　　　　　　　　a. Im Allgemeinen

[1] Ein Widerruf des Checks ist erst nach Ablauf der Vorlegungsfrist wirksam.

[2] Wenn der Check nicht widerrufen ist, kann der Bezogene auch nach Ablauf der Vorlegungsfrist Zahlung leisten.

[3] Behauptet der Aussteller, dass der Check ihm oder einem Dritten abhanden gekommen sei, so kann er dem Bezogenen die Einlösung verbieten.

Abs. 3: OR 1112.

1　Fassung gemäss Anhang Ziff. II 2 des Nationalbankgesetzes vom 3. Okt. 2003, in Kraft seit 1. Mai 2004 (SR 951.11).

Art. 1120   b. Bei Tod, Handlungsunfähigkeit, Konkurs

Auf die Wirksamkeit des Checks ist es ohne Einfluss, wenn nach der Begebung des Checks der Aussteller stirbt oder handlungsunfähig wird oder wenn über sein Vermögen der Konkurs eröffnet wird.

Art. 1121   6. Prüfung der Indossamente

Der Bezogene, der einen durch Indossament übertragbaren Check einlöst, ist verpflichtet, die Ordnungsmässigkeit der Reihe der Indossamente, aber nicht die Unterschriften der Indossanten, zu prüfen.

Art. 1122   7. Zahlung in fremder Währung

[1] Lautet der Check auf eine Währung, die am Zahlungsorte nicht gilt, so kann die Checksumme in der Landeswährung nach dem Werte gezahlt werden, den sie am Tage der Vorlegung besitzt. Wenn die Zahlung bei Vorlegung nicht erfolgt ist, so kann der Inhaber wählen, ob die Checksumme nach dem Kurs des Vorlegungstages oder nach dem Kurs des Zahlungstages in die Landeswährung umgerechnet werden soll.

[2] Der Wert der fremden Währung bestimmt sich nach den Handelsgebräuchen des Zahlungsortes. Der Aussteller kann jedoch im Check für die zu zahlende Summe einen Umrechnungskurs bestimmen.

[3] Die Vorschriften der beiden ersten Absätze finden keine Anwendung, wenn der Aussteller die Zahlung in einer bestimmten Währung vorgeschrieben hat (Effektivvermerk).

[4] Lautet der Check auf eine Geldsorte, die im Lande der Ausstellung dieselbe Bezeichnung, aber einen andern Wert hat als in dem der Zahlung, so wird vermutet, dass die Geldsorte des Zahlungsortes gemeint ist.

OR 1031.

Art. 1123   V. Gekreuzter Check und Verrechnungscheck
1. Gekreuzter Check
a. Begriff

[1] Der Aussteller sowie jeder Inhaber können den Check mit den im Artikel 1124 vorgesehenen Wirkungen kreuzen.

[2] Die Kreuzung erfolgt durch zwei gleichlaufende Striche auf der Vorderseite des Checks. Die Kreuzung kann allgemein oder besonders sein.

[3] Die Kreuzung ist allgemein, wenn zwischen den beiden Strichen keine Angabe oder die Bezeichnung «Bankier» oder ein gleichbedeutender Vermerk steht; sie ist eine besondere, wenn der Name eines Bankiers zwischen die beiden Striche gesetzt ist.

⁴ Die allgemeine Kreuzung kann in eine besondere, nicht aber die besondere Kreuzung in eine allgemeine umgewandelt werden.

⁵ Die Streichung der Kreuzung oder des Namens des bezeichneten Bankiers gilt als nicht erfolgt.

Abs. 3: BGE 122 III 26.

Art. 1124   b. Wirkungen

¹ Ein allgemein gekreuzter Check darf vom Bezogenen nur an einen Bankier oder an einen Kunden des Bezogenen bezahlt werden.

² Ein besonders gekreuzter Check darf vom Bezogenen nur an den bezeichneten Bankier oder, wenn dieser selbst der Bezogene ist, an dessen Kunden bezahlt werden. Immerhin kann der bezeichnete Bankier einen andern Bankier mit der Einziehung des Checks betrauen.

³ Ein Bankier darf einen gekreuzten Check nur von einem seiner Kunden oder von einem anderen Bankier erwerben. Auch darf er ihn nicht für Rechnung anderer als der vorgenannten Personen einziehen.

⁴ Befinden sich auf einem Check mehrere besondere Kreuzungen, so darf der Check vom Bezogenen nur dann bezahlt werden, wenn nicht mehr als zwei Kreuzungen vorliegen und die eine zum Zwecke der Einziehung durch Einlieferung in eine Abrechnungsstelle erfolgt ist.

⁵ Der Bezogene oder der Bankier, der den vorstehenden Vorschriften zuwiderhandelt, haftet für den entstandenen Schaden, jedoch nur bis zur Höhe der Checksumme.

OR 1135.
BGE 124 III 313 (Kunde).
Abs. 3: BGE 122 III 26.

Art. 1125   2. Verrechnungscheck
                 a. Im Allgemeinen

¹ Der Aussteller sowie jeder Inhaber eines Checks kann durch den quer über die Vorderseite gesetzten Vermerk «nur zur Verrechnung» oder durch einen gleichbedeutenden Vermerk untersagen, dass der Check bar bezahlt wird.

² Der Bezogene darf in diesem Falle den Check nur im Wege der Gutschrift einlösen (Verrechnung, Überweisung, Ausgleichung). Die Gutschrift gilt als Zahlung.

³ Die Streichung des Vermerks «nur zur Verrechnung» gilt als nicht erfolgt.

⁴ Der Bezogene, der den vorstehenden Vorschriften zuwiderhandelt, haftet für den entstandenen Schaden, jedoch nur bis zur Höhe der Checksumme.

Abs. 3: BGE 122 III 26.

Art. 1126 b. Rechte des Inhabers bei Konkurs, Zahlungseinstellung, Zwangsvollstreckung

[1] Der Inhaber eines Verrechnungschecks ist jedoch befugt, vom Bezogenen Barzahlung zu verlangen und bei Nichtzahlung Rückgriff zu nehmen, wenn über das Vermögen des Bezogenen der Konkurs eröffnet worden ist oder wenn er seine Zahlungen eingestellt hat oder wenn eine Zwangsvollstreckung in sein Vermögen fruchtlos verlaufen ist.

[2] Dasselbe gilt, wenn der Inhaber infolge von Massnahmen, die auf Grund des Bankengesetzes vom 8. November 1934[1] getroffen worden sind, über die Gutschrift beim Bezogenen nicht verfügen kann.

Art. 1127 c. Rechte des Inhabers bei Verweigerung der Gutschrift oder der Ausgleichung

Der Inhaber eines Verrechnungschecks ist ferner berechtigt, Rückgriff zu nehmen, wenn er nachweist, dass der Bezogene die bedingungslose Gutschrift ablehnt oder dass der Check von der Abrechnungsstelle des Zahlungsortes als zur Ausgleichung von Verbindlichkeiten des Inhabers ungeeignet erklärt worden ist.

> Abrechnungsstelle: siehe OR 1118.
> Abs. 3: BGE 122 III 26.

Art. 1128 VI. Rückgriff mangels Zahlung
1. Rückgriffsrechte des Inhabers

Der Inhaber kann gegen die Indossanten, den Aussteller und die anderen Checkverpflichteten Rückgriff nehmen, wenn der rechtzeitig vorgelegte Check nicht eingelöst und die Verweigerung der Zahlung festgestellt worden ist:

1. durch eine öffentliche Urkunde (Protest) oder
2. durch eine schriftliche, datierte Erklärung des Bezogenen auf dem Check, die den Tag der Vorlegung angibt, oder
3. durch eine datierte Erklärung einer Abrechnungsstelle, dass der Check rechtzeitig eingeliefert und nicht bezahlt worden ist.

> Ziff. 2. BGE 102 II 270.

---

1 SR 952.0

Art. 1129   2. Protesterhebung. Fristen

[1] Der Protest oder die gleichbedeutende Feststellung muss vor Ablauf der Vorlegungsfrist vorgenommen werden.

[2] Ist die Vorlegung am letzten Tage der Frist erfolgt, so kann der Protest oder die gleichbedeutende Feststellung auch noch an dem folgenden Werktage vorgenommen werden.

Art. 1130   3. Inhalt der Rückgriffsforderung

Der Inhaber kann im Wege des Rückgriffs verlangen:
1. die Checksumme, soweit der Check nicht eingelöst worden ist;
2. Zinsen zu sechs vom Hundert seit dem Tage der Vorlegung;
3. die Kosten des Protestes oder der gleichbedeutenden Feststellung und der Nachrichten sowie die anderen Auslagen;
4. eine Provision von höchstens einem Drittel Prozent.

Art. 1131   4. Vorbehalt der höheren Gewalt

[1] Steht der rechtzeitigen Vorlegung des Checks oder der rechtzeitigen Erhebung des Protestes oder der Vornahme einer gleichbedeutenden Feststellung ein unüberwindliches Hindernis entgegen (gesetzliche Vorschrift eines Staates oder ein anderer Fall höherer Gewalt), so werden die für diese Handlungen bestimmten Fristen verlängert.

[2] Der Inhaber ist verpflichtet, seinen unmittelbaren Vormann von dem Falle der höheren Gewalt unverzüglich zu benachrichtigen und die Benachrichtigung unter Beifügung des Tages und Ortes sowie seiner Unterschrift auf dem Check oder einem Anhang zu vermerken; im übrigen finden die Vorschriften des Artikels 1042 Anwendung.

[3] Fällt die höhere Gewalt weg, so muss der Inhaber den Check unverzüglich zur Zahlung vorlegen und gegebenenfalls Protest erheben oder eine gleichbedeutende Feststellung vornehmen lassen.

[4] Dauert die höhere Gewalt länger als 15 Tage seit dem Tage, an dem der Inhaber selbst vor Ablauf der Vorlegungsfrist seinen Vormann von dem Falle der höheren Gewalt benachrichtigt hat, so kann Rückgriff genommen werden, ohne dass es der Vorlegung oder der Protesterhebung oder einer gleichbedeutenden Feststellung bedarf.

[5] Tatsachen, die rein persönlich den Inhaber oder denjenigen betreffen, den er mit der Vorlegung des Checks oder mit der Erhebung des Protestes oder mit der Herbeiführung einer gleichbedeutenden Feststellung beauftragt hat, gelten nicht als Fälle höherer Gewalt.

Art. 1132 VII. Gefälschter Check

Der aus der Einlösung eines falschen oder verfälschten Checks sich ergebende Schaden trifft den Bezogenen, sofern nicht dem in dem Check genannten Aussteller ein Verschulden zur Last fällt, wie namentlich eine nachlässige Verwahrung der ihm überlassenen Checkformulare.

Bot. 1928 S. 137. BGE 122 III 26, 373.

Art. 1133 VIII. Ausfertigung mehrerer Stücke eines Checks

Checks, die nicht auf den Inhaber gestellt sind und in einem anderen Lande als dem der Ausstellung oder in einem überseeischen Gebiete des Landes der Ausstellung zahlbar sind, und umgekehrt, oder in dem überseeischen Gebiete eines Landes ausgestellt und zahlbar sind, oder in dem überseeischen Gebiete eines Landes ausgestellt und in einem anderen überseeischen Gebiete desselben Landes zahlbar sind, können in mehreren gleichen Ausfertigungen ausgestellt werden. Diese Ausfertigungen müssen im Texte der Urkunde mit fortlaufenden Nummern versehen sein; andernfalls gilt jede Ausfertigung als besonderer Check.

Art. 1134 IX. Verjährung

[1] Die Rückgriffsansprüche des Inhabers gegen die Indossanten, den Aussteller und die anderen Checkverpflichteten verjähren in sechs Monaten vom Ablauf der Vorlegungsfrist.

[2] Die Rückgriffsansprüche eines Verpflichteten gegen einen andern Checkverpflichteten verjähren in sechs Monaten von dem Tage, an dem der Check von dem Verpflichteten eingelöst oder ihm gegenüber gerichtlich geltend gemacht worden ist.

OR 1116.

Art. 1135 X. Allgemeine Vorschriften
1. Begriff des «Bankiers»

In diesem Abschnitt sind unter der Bezeichnung «Bankier» Firmen zu verstehen, die dem Bankengesetz vom 8. November 1934[1] unterstehen.

1 SR 952.0

Art. 1136 2. Fristbestimmungen
a. Feiertage

[1] Die Vorlegung und der Protest eines Checks können nur an einem Werktage stattfinden.

[2] Fällt der letzte Tag einer Frist, innerhalb derer eine auf den Check bezügliche Handlung, insbesondere die Vorlegung, der Protest oder eine gleichbedeutende Feststellung vorgenommen werden muss, auf einen Sonntag oder einen anderen staatlich anerkannten Feiertag[1], so wird die Frist bis zum nächsten Werktag verlängert.

Feiertage, die in den Lauf einer Frist fallen, werden bei der Berechnung der Frist mitgezählt.

Art. 1137 b. Fristberechnung

Bei der Berechnung der in diesem Gesetz vorgesehenen Fristen wird der Tag, an dem sie zu laufen beginnen, nicht mitgezählt.

Art. 1138 XI. Geltungsbereich der Gesetze
1. Passive Checkfähigkeit

[1] Das Recht des Landes, in dem der Check zahlbar ist, bestimmt die Personen, auf die ein Check gezogen werden kann.

[2] Ist nach diesem Recht der Check im Hinblick auf die Person des Bezogenen nichtig, so sind gleichwohl die Verpflichtungen aus Unterschriften gültig, die in Ländern auf den Check gesetzt worden sind, deren Recht die Nichtigkeit aus einem solchen Grunde nicht vorsieht.

Art. 1139 2. Form und Fristen der Checkerklärungen

[1] Die Form einer Checkerklärung bestimmt sich nach dem Recht des Landes, in dessen Gebiete die Erklärung unterschrieben worden ist. Es genügt jedoch die Beobachtung der Form, die das Recht des Zahlungsortes vorschreibt.

[2] Wenn eine Checkerklärung, die nach den Vorschriften des vorstehenden Absatzes ungültig ist, dem Recht des Landes entspricht, in dessen Gebiet eine spätere Checkerklärung unterschrieben worden ist, so wird durch Mängel in der Form der ersten Checkerklärung die Gültigkeit der späteren Checkerklärung nicht berührt.

[3] Ebenso ist eine Checkerklärung, die ein Schweizer im Ausland abgegeben hat, in der Schweiz gegenüber einem anderen Schweizer gültig, wenn sie den Formerfordernissen des schweizerischen Rechts genügt.

---

1 Hinsichtlich der gesetzlichen Fristen des eidgenössischen Rechts und der kraft eidgenössischen Rechts von Behörden angesetzten Fristen wird heute der Samstag einem anerkannten Feiertag gleichgestellt (Art. 1 des BG vom 21. Juni 1963 über den Fristenlauf an Samstagen – SR 173.110.3).

Art. 1140 3. Wirkung der Checkerklärungen
a. Recht des Ausstellungsortes

Die Wirkungen der Checkerklärungen bestimmen sich nach dem Recht des Landes, in dessen Gebiete die Erklärungen unterschrieben worden sind.

Art. 1141 b. Recht des Zahlungsortes

Das Recht des Landes, in dessen Gebiet der Check zahlbar ist, bestimmt:

1. ob der Check notwendigerweise bei Sicht zahlbar ist oder ob er auf eine bestimmte Zeit nach Sicht gezogen werden kann und welches die Wirkungen sind, wenn auf dem Check ein späterer als der wirkliche Ausstellungstag angegeben ist.
2. die Vorlegungsfrist;
3. ob ein Check angenommen, zertifiziert, bestätigt oder mit einem Visum versehen werden kann, und welches die Wirkungen dieser Vermerke sind;
4. ob der Inhaber eine Teilzahlung verlangen kann und ob er eine solche annehmen muss;
5. ob ein Check gekreuzt oder mit dem Vermerk «nur zur Verrechnung» oder mit einem gleichbedeutenden Vermerk versehen werden kann, und welches die Wirkungen der Kreuzung oder des Verrechnungsvermerks oder eines gleichbedeutenden Vermerks sind;
6. ob der Inhaber besondere Rechte auf die Deckung hat und welches der Inhalt dieser Rechte ist;
7. ob der Aussteller den Check widerrufen oder gegen die Einlösung des Checks Widerspruch erheben kann;
8. die Massnahmen, die im Falle des Verlustes oder des Diebstahls des Checks zu ergreifen sind;
9. ob ein Protest oder eine gleichbedeutende Feststellung zur Erhaltung des Rückgriffs gegen die Indossanten, den Aussteller und die anderen Checkverpflichteten notwendig ist.

Art. 1142 c. Recht des Wohnsitzes

Der Bereicherungsanspruch gegen den Bezogenen oder den Domiziliaten bestimmt sich nach dem Recht des Landes, in dessen Gebiet diese Personen ihren Wohnsitz haben.

Art. 1143   XII. Anwendbarkeit des Wechselrechts

[1] Auf den Check finden die nachstehenden Bestimmungen des Wechselrechts Anwendung:

1. Artikel 990 über die Wechselfähigkeit;
2. Artikel 993 über Wechsel an eigene Ordre, auf den Aussteller und für Rechnung eines Dritten;
3. Artikel 996–1000 über verschiedene Bezeichnung der Wechselsumme, Unterschriften von Wechselunfähigen, Unterschrift ohne Ermächtigung, Haftung des Ausstellers und Blankowechsel;
4. Artikel 1003–1005 über das Indossament;
5. Artikel 1007 über die Wechseleinreden;
6. Artikel 1008 über die Rechte aus dem Vollmachtsindossament;
7. Artikel 1021 und 1022 über Form und Wirkungen der Wechselbürgschaft;
8. Artikel 1029 über das Recht auf Quittung und Teilzahlung;
9. Artikel 1035–1037 und 1039–1041 über den Protest;
10. Artikel 1042 über die Benachrichtigung;
11. Artikel 1043 über den Protesterlass;
12. Artikel 1044 über die solidarische Haftung der Wechselverpflichteten;
13. Artikel 1046 und 1047 über die Rückgriffsforderung bei Einlösung des Wechsels und das Recht auf Aushändigung von Wechsel, Protest und Quittung;
14. Artikel 1052 über den Bereicherungsanspruch;
15. Artikel 1053 über den Übergang der Deckung;
16. Artikel 1064 über das Verhältnis mehrerer Ausfertigungen;
17. Artikel 1068 über Änderungen;
18. Artikel 1070 und 1071 über die Unterbrechung der Verjährung;
19. Artikel 1072–1078 und 1079 Absatz 1 über die Kraftloserklärung;
20. Artikel 1083–1085 über den Ausschluss von Respekttagen, den Ort der Vornahme wechselrechtlicher Handlungen und die eigenhändige Unterschrift;
21. Artikel 1086, 1088 und 1089 über den Geltungsbereich der Gesetze in Bezug auf Wechselfähigkeit, Handlungen zur Ausübung und Erhaltung des Wechselrechts und Ausübung der Rückgriffsrechte.

[2] In Wegfall kommen bei diesen Artikeln die Bestimmungen, die sich auf die Annahme des Wechsels beziehen.

[3] Die Artikel 1042 Absatz 1, 1043 Absätze 1 und 3 und 1047 werden für die Anwendung auf den Check in dem Sinne ergänzt, dass an die Stelle des Protestes die gleichbedeutende Feststellung nach Artikel 1128 Ziffern 2 und 3 treten kann.

Ziff. 2: Platzcheck.

Art. 1144   XIII. Vorbehalt besondern Rechtes

Vorbehalten bleiben die besondern Bestimmungen über den Postcheck.

Sechster Abschnitt: Wechselähnliche und andere Ordrepapiere

Art. 1145   A. Im Allgemeinen
I. Voraussetzungen

Ein Wertpapier gilt als Ordrepapier, wenn es an Ordre lautet oder vom Gesetze als Ordrepapier erklärt ist.

OR 991 Ziff. 6, 993, 1105.

Art. 1146   II. Einreden des Schuldners

[1] Wer aus einem Ordrepapier in Anspruch genommen wird, kann sich nur solcher Einreden bedienen, die entweder gegen die Gültigkeit der Urkunde gerichtet sind oder aus der Urkunde selbst hervorgehen, sowie solcher, die ihm persönlich gegen den jeweiligen Gläubiger zustehen.

[2] Einreden, die sich auf die unmittelbaren Beziehungen des Schuldners zum Aussteller oder zu einem frühern Inhaber gründen, sind zulässig, wenn der Inhaber bei dem Erwerb des Ordrepapiers bewusst zum Nachteil des Schuldners gehandelt hat.

Abs. 2: OR 1126 Abs. 2.

Art. 1147   B. Wechselähnliche Papiere
I. Anweisungen an Ordre
1. Im Allgemeinen

Anweisungen, die im Texte der Urkunde nicht als Wechsel bezeichnet sind, aber ausdrücklich an Ordre lauten und im übrigen den Erfordernissen des gezogenen Wechsels entsprechen, stehen den gezogenen Wechseln gleich.

OR 471.

Art. 1148   2. Keine Annahmepflicht

[1] Die Anweisung an Ordre ist nicht zur Annahme vorzulegen.

[2] Wird sie trotzdem vorgelegt, aber ihre Annahme verweigert, so steht dem Inhaber ein Rückgriffsrecht aus diesem Grunde nicht zu.

Art. 1149　3. Folgen der Annahme

[1] Wird die Anweisung an Ordre freiwillig angenommen, so steht der Annehmer der Anweisung dem Annehmer des gezogenen Wechsels gleich.

[2] Der Inhaber kann jedoch nicht vor Verfall Rückgriff nehmen, wenn über den Angewiesenen der Konkurs eröffnet worden ist oder wenn der Angewiesene seine Zahlungen eingestellt hat oder wenn eine Zwangsvollstreckung in sein Vermögen fruchtlos verlaufen ist.

[3] Ebenso steht dem Inhaber der Rückgriff vor Verfall nicht zu, wenn über den Anweisenden der Konkurs eröffnet worden ist.

Art. 1150　4. Keine Wechselbetreibung

Die Bestimmungen des Schuldbetreibungs- und Konkursgesetzes vom 11. April 1889[1] betreffend die Wechselbetreibung finden auf die Anweisung an Ordre keine Anwendung.

Art. 1151　II. Zahlungsversprechen an Ordre

[1] Zahlungsversprechen, die im Texte der Urkunde nicht als Wechsel bezeichnet sind, aber ausdrücklich an Ordre lauten und im übrigen den Erfordernissen des eigenen Wechsels entsprechen, stehen den eigenen Wechseln gleich.

[2] Für das Zahlungsversprechen an Ordre gelten jedoch die Bestimmungen über die Ehrenzahlung nicht.

[3] Die Bestimmungen des Schuldbetreibungs- und Konkursgesetzes vom 11. April 1889[2] betreffend die Wechselbetreibung finden auf das Zahlungsversprechen an Ordre keine Anwendung.

Art. 1152　C. Andere indossierbare Papiere

[1] Urkunden, in denen der Zeichner sich verpflichtet, nach Ort, Zeit und Summe bestimmte Geldzahlungen zu leisten oder bestimmte Mengen vertretbarer Sachen zu liefern, können, wenn sie ausdrücklich an Ordre lauten, durch Indossament übertragen werden.

[2] Für diese Urkunden sowie für andere indossierbare Papiere, wie Lagerscheine, Warrants, Ladescheine, gelten die Vorschriften des Wechselrechtes über die Form des Indossaments, die Legitimation des Inhabers, die Kraftloserklärung sowie über die Pflicht des Inhabers zur Herausgabe.

[3] Dagegen sind die Bestimmungen über den Wechselrückgriff auf solche Papiere nicht anwendbar.

1　SR 281.1
2　SR 281.1

Siebenter Abschnitt: Die Warenpapiere

Art. 1153   A. Erfordernisse

Warenpapiere, die von einem Lagerhalter oder Frachtführer als Wertpapier ausgestellt werden, müssen enthalten:

1.   den Ort und den Tag der Ausstellung und die Unterschrift des Ausstellers;
2.   den Namen und den Wohnort des Ausstellers;
3.   den Namen und den Wohnort des Einlagerers oder des Absenders;
4.   die Bezeichnung der eingelagerten oder aufgegebenen Ware nach Beschaffenheit, Menge und Merkzeichen;
5.   die Gebühren und Löhne, die zu entrichten sind oder die vorausbezahlt wurden;
6.   die besondern Vereinbarungen, die von den Beteiligten über die Behandlung der Ware getroffen worden sind;
7.   die Zahl der Ausfertigungen des Warenpapiers;
8.   die Angabe des Verfügungsberechtigten mit Namen oder an Ordre oder als Inhaber.

OR 482. Übertragung: ZGB 925. Konnossement: OR 440 Anm. BGE 48 II 83. Intern. Übereinkommen: SR 0.747.354.11. Seeschifffahrtsgesetz (SR 747.30) Art. 112 ff.

Art. 1154   B. Der Pfandschein

[1] Wird von mehreren Warenpapieren eines für die Pfandbestellung bestimmt, so muss es als Pfandschein (Warrant) bezeichnet sein und im Übrigen der Gestalt eines Warenpapiers entsprechen.

[2] Auf den andern Ausfertigungen ist die Ausstellung des Pfandscheines anzugeben und jede vorgenommene Verpfändung mit Forderungsbetrag und Verfalltag einzutragen.

ZGB 902.

Art. 1155   C. Bedeutung der Formvorschriften

[1] Scheine, die über lagernde oder verfrachtete Waren ausgestellt werden, ohne den gesetzlichen Formvorschriften für Warenpapiere zu entsprechen, werden nicht als Wertpapiere anerkannt, sondern gelten nur als Empfangsscheine oder andere Beweisurkunden.

[2] Scheine, die von Lagerhaltern ausgegeben werden, ohne dass die zuständige Behörde die vom Gesetz verlangte Bewilligung erteilt hat, sind, wenn sie den gesetzlichen Formvorschriften entsprechen, als Wertpapiere anzuerkennen. Ihre Aussteller unterliegen einer von der zuständigen kantonalen Behörde zu verhängenden Ordnungsbusse bis zu 1000 Franken.

Abs. 1: BGE 109 II 144.

Vierunddreissigster Titel: Anleihensobligationen

Erster Abschnitt: Prospektzwang bei Ausgabe von Anleihensobligationen

Art. 1156

1 Anleihensobligationen dürfen nur auf Grund eines Prospektes öffentlich zur Zeichnung aufgelegt oder an der Börse eingeführt werden.

2 Die Bestimmungen über den Prospekt bei Ausgabe neuer Aktien finden entsprechende Anwendung; überdies soll der Prospekt die nähern Angaben enthalten über das Anleihen, insbesondere die Verzinsungs- und Rückzahlungsbedingungen, die für die Obligationen bestellten besondern Sicherheiten und gegebenenfalls die Vertretung der Anleihensgläubiger.

3 Sind Obligationen ohne Zugrundelegung eines diesen Vorschriften entsprechenden Prospektes ausgegeben worden, oder enthält dieser unrichtige oder den gesetzlichen Erfordernissen nicht entsprechende Angaben, so sind die Personen, die absichtlich oder fahrlässig mitgewirkt haben, solidarisch für den Schaden haftbar.

Abs. 3: BGE 129 III 71.

Zweiter Abschnitt:[1] Gläubigergemeinschaft bei Anleihensobligationen

Art. 1157   A. Voraussetzungen

1 Sind Anleihensobligationen von einem Schuldner, der in der Schweiz seinen Wohnsitz oder eine geschäftliche Niederlassung hat, mit einheitlichen Anleihensbedingungen unmittelbar oder mittelbar durch öffentliche Zeichnung ausgegeben, so bilden die Gläubiger von Gesetzes wegen eine Gläubigergemeinschaft.

2 Sind mehrere Anleihen ausgegeben, so bilden die Gläubiger jedes Anleihens eine besondere Gläubigergemeinschaft.

3 Die Vorschriften dieses Abschnittes sind nicht anwendbar auf Anleihen des Bundes, der Kantone, der Gemeinden und anderer Körperschaften und Anstalten des öffentlichen Rechts.

Vgl. auch: BG über die Schuldbetreibung gegen Gemeinden und andere Körperschaften des kantonalen öffentlichen Rechts vom 4. Dezember 1947, SR 282.11.

---

1   Fassung gemäss Ziff. I des BG vom 1. April 1949, in Kraft seit 1. Jan. 1950 (AS 1949 I 791 801; BBl 1947 III 869). Siehe die SchlB zu diesem Abschn. (zweiter Abschn. des XXXIV. Tit.) am Schluss des OR.

Art. 1158 B. Anleihensvertreter
I. Bestellung

[1] Vertreter, die durch die Anleihensbedingungen bestellt sind, gelten mangels gegenteiliger Bestimmung als Vertreter sowohl der Gläubigergemeinschaft wie des Schuldners.

[2] Die Gläubigerversammlung kann einen oder mehrere Vertreter der Gläubigergemeinschaft wählen.

[3] Mehrere Vertreter üben, wenn es nicht anders bestimmt ist, die Vertretung gemeinsam aus.

Art. 1159 II. Befugnisse
1. Im Allgemeinen

[1] Der Vertreter hat die Befugnisse, die ihm durch das Gesetz, die Anleihensbedingungen oder die Gläubigerversammlung übertragen werden.

[2] Er verlangt vom Schuldner, wenn die Voraussetzungen vorliegen, die Einberufung einer Gläubigerversammlung, vollzieht deren Beschlüsse und vertritt die Gemeinschaft im Rahmen der ihn übertragenen Befugnisse.

[3] Soweit der Vertreter zur Geltendmachung von Rechten der Gläubiger ermächtigt ist, sind die einzelnen Gläubiger zur selbständigen Ausübung ihrer Rechte nicht befugt.

Art. 1160 2. Kontrolle des Schuldners

[1] Solange der Schuldner sich mit der Erfüllung seiner Verpflichtungen aus dem Anleihen im Rückstande befindet, ist der Vertreter der Gläubigergemeinschaft befugt, vom Schuldner alle Aufschlüsse zu verlangen, die für die Gemeinschaft von Interesse sind.

[2] Ist eine Aktiengesellschaft, Kommanditaktiengesellschaft, Gesellschaft mit beschränkter Haftung oder Genossenschaft Schuldnerin, so kann der Vertreter unter den gleichen Voraussetzungen an den Verhandlungen ihrer Organe mit beratender Stimme teilnehmen, soweit Gegenstände behandelt werden, welche die Interessen der Anleihensgläubiger berühren.

[3] Der Vertreter ist zu solchen Verhandlungen einzuladen und hat Anspruch auf rechtzeitige Mitteilung der für die Verhandlungen massgebenden Grundlagen.

Art. 1161 3. Bei pfandgesicherten Anleihen

[1] Ist für ein Anleihen mit Grundpfandrecht oder mit Fahrnispfand ein Vertreter des Schuldners und der Gläubiger bestellt worden, so stehen ihm die gleichen Befugnisse zu wie dem Pfandhalter nach Grundpfandrecht.

[2] Der Vertreter hat die Rechte der Gläubiger, des Schuldners und des Eigentümers der Pfandsache mit aller Sorgfalt und Unparteilichkeit zu wahren.

Art. 1162   III. Dahinfallen der Vollmacht

[1] Die Gläubigerversammlung kann die Vollmacht, die sie einem Vertreter erteilt hat, jederzeit widerrufen oder abändern.

[2] Die Vollmacht eines durch die Anleihensbedingungen bestellten Vertreters kann durch einen Beschluss der Gläubigergemeinschaft mit Zustimmung des Schuldners jederzeit widerrufen oder abgeändert werden.

[3] Der Richter kann aus wichtigen Gründen auf Antrag eines Anleihensgläubigers oder des Schuldners die Vollmacht als erloschen erklären.

[4] Fällt die Vollmacht aus irgendeinem Grunde dahin, so trifft auf Verlangen eines Anleihensgläubigers oder des Schuldners der Richter die zum Schutze der Anleihensgläubiger und des Schuldners notwendigen Anordnungen.

Art. 1163   IV. Kosten

[1] Die Kosten einer in den Anleihensbedingungen vorgesehenen Vertretung sind vom Anleihensschuldner zu tragen.

[2] Die Kosten einer von der Gläubigergemeinschaft gewählten Vertretung werden aus den Leistungen des Anleihensschuldners gedeckt und allen Anleihensgläubigern nach Massgabe des Nennwertes der Obligationen, die sie besitzen, in Abzug gebracht.

Art. 1164   C. Gläubigerversammlung
            I. Im Allgemeinen

[1] Die Gläubigergemeinschaft ist befugt, in den Schranken des Gesetzes die geeigneten Massnahmen zur Wahrung der gemeinsamen Interessen der Anleihensgläubiger, insbesondere gegenüber einer Notlage des Schuldners, zu treffen.

[2] Die Beschlüsse der Gläubigergemeinschaft werden von der Gläubigerversammlung gefasst und sind gültig, wenn die Voraussetzungen erfüllt sind, die das Gesetz im Allgemeinen oder für einzelne Massnahmen vorsieht.

[3] Soweit rechtsgültige Beschlüsse der Gläubigerversammlung entgegenstehen, können die einzelnen Anleihensgläubiger ihre Rechte nicht mehr selbständig geltend machen.

[4] Die Kosten der Einberufung und der Abhaltung der Gläubigerversammlung trägt der Schuldner.

Abs. 1: BGE 113 II 283.

Art. 1165 II. Einberufung

1. Im Allgemeinen

[1] Die Gläubigerversammlung wird durch den Schuldner einberufen.

[2] Der Schuldner ist verpflichtet, sie binnen 20 Tagen einzuberufen, wenn Anleihensgläubiger, denen zusammen der zwanzigste Teil des im Umlauf befindlichen Kapitals zusteht, oder der Anleihensvertreter die Einberufung schriftlich und unter Angabe des Zweckes und der Gründe verlangen.

[3] Entspricht der Schuldner diesem Begehren nicht, so kann der Richter die Gesuchsteller ermächtigen, von sich aus eine Gläubigerversammlung einzuberufen.

[4] ...[1]

Art. 1166 2. Stundung

[1] Vom Zeitpunkte der ordnungsmässigen Veröffentlichung der Einladung zur Gläubigerversammlung an bis zur rechtskräftigen Beendigung des Verfahrens vor der Nachlassbehörde bleiben die fälligen Ansprüche der Anleihensgläubiger gestundet.

[2] Diese Stundung gilt nicht als Zahlungseinstellung im Sinne des Schuldbetreibungs- und Konkursgesetzes vom 11. April 1889[2]; eine Konkurseröffnung ohne vorgängige Betreibung kann nicht verlangt werden.

[3] Während der Dauer der Stundung ist der Lauf der Verjährungs- und Verwirkungsfristen, welche durch Betreibung unterbrochen werden können, für die fälligen Ansprüche der Anleihensgläubiger gehemmt.

[4] Missbraucht der Schuldner das Recht auf Stundung, so kann sie von der oberen kantonalen Nachlassbehörde auf Begehren eines Anleihensgläubigers aufgehoben werden.

Art. 1167 III. Abhaltung

1. Stimmrecht

[1] Stimmberechtigt ist der Eigentümer einer Obligation oder sein Vertreter, bei in Nutzniessung stehenden Obligationen jedoch der Nutzniesser oder sein Vertreter. Der Nutzniesser wird aber dem Eigentümer ersatzpflichtig, wenn er bei der Ausübung des Stimmrechts auf dessen Interessen nicht in billiger Weise Rücksicht nimmt.

[2] Obligationen, die im Eigentum oder in der Nutzniessung des Schuldners stehen, gewähren kein Stimmrecht. Sind hingegen Obligationen verpfändet, die dem Schuldner gehören, so steht das Stimmrecht dem Pfandgläubiger zu.

[3] Ein dem Schuldner an Obligationen zustehendes Pfandrecht oder Retentionsrecht schliesst das Stimmrecht ihres Eigentümers nicht aus.

---

1   Aufgehoben durch Anhang Ziff. 5 des Gerichtsstandsgesetzes vom 24. März 2000 (SR 272).
2   SR 281.1

Art. 1168   2. Vertretung einzelner Anleihensgläubiger

[1] Zur Vertretung von Anleihensgläubigern bedarf es, sofern die Vertretung nicht auf Gesetz beruht, einer schriftlichen Vollmacht.

[2] Die Ausübung der Vertretung der stimmberechtigten Anleihensgläubiger durch den Schuldner ist ausgeschlossen.

Art. 1169   IV. Verfahrensvorschriften

Der Bundesrat erlässt die Vorschriften über die Einberufung der Gläubigerversammlung, die Mitteilung der Tagesordnung, die Ausweise zur Teilnahme an der Gläubigerversammlung, die Leitung der Versammlung, die Beurkundung und die Mitteilung der Beschlüsse.

VO über die Gläubigergemeinschaft bei Anleihensobligationen vom 9. Dezember 1949, → Nr. 17.

Art. 1170   D. Gemeinschaftsbeschlüsse
              I. Eingriffe in die Gläubigerrechte
              1. Zulässigkeit und erforderliche Mehrheit
              a. Bei nur einer Gemeinschaft

[1] Eine Mehrheit von mindestens zwei Dritteln des im Umlauf befindlichen Kapitals ist zur Gültigkeit des Beschlusses erforderlich, wenn es sich um folgende Massnahmen handelt:

1. Stundung von Zinsen für die Dauer von höchstens fünf Jahren, mit der Möglichkeit der zweimaligen Verlängerung der Stundung um je höchstens fünf Jahre;

2. Erlass von höchstens fünf Jahreszinsen innerhalb eines Zeitraumes von sieben Jahren;

3. Ermässigung des Zinsfusses bis zur Hälfte des in den Anleihensbedingungen vereinbarten Satzes oder Umwandlung eines festen Zinsfusses in einen vom Geschäftsergebnis abhängigen Zinsfuss, beides für höchstens zehn Jahre, mit der Möglichkeit der Verlängerung um höchstens fünf Jahre;

4. Verlängerung der Amortisationsfrist um höchstens zehn Jahre durch Herabsetzung der Annuität oder Erhöhung der Zahl der Rückzahlungsquoten oder vorübergehende Einstellung dieser Leistungen, mit der Möglichkeit der Erstreckung um höchstens fünf Jahre;

5. Stundung eines fälligen oder binnen fünf Jahren verfallenden Anleihens oder von Teilbeträgen eines solchen auf höchstens zehn Jahre, mit der Möglichkeit der Verlängerung um höchstens fünf Jahre;

6. Ermächtigung zu einer vorzeitigen Rückzahlung des Kapitals;

7. Einräumung eines Vorgangspfandrechts für dem Unternehmen neu zugeführtes Kapital sowie Änderung an den für ein Anleihen bestellten Sicherheiten oder gänzlicher oder teilweiser Verzicht auf solche;

8. Zustimmung zu einer Änderung der Bestimmungen über Beschränkung der Obligationenausgabe im Verhältnis zum Aktienkapital;

9. Zustimmung zu einer gänzlichen oder teilweisen Umwandlung von Anleihensobligationen in Aktien.

[2] Diese Massnahmen können miteinander verbunden werden.

Art. 1171 b. Bei mehreren Gemeinschaften

[1] Bei einer Mehrheit von Gläubigergemeinschaften kann der Schuldner eine oder mehrere der im vorangehenden Artikel vorgesehenen Massnahmen den Gemeinschaften gleichzeitig unterbreiten, im ersten Falle mit dem Vorbehalte, dass die Massnahme nur gültig sein soll, falls sie von allen Gemeinschaften angenommen wird, im zweiten Falle mit dem weitern Vorbehalte, dass die Gültigkeit jeder Massnahme von der Annahme der übrigen abhängig ist.

[2] Die Vorschläge gelten als angenommen, wenn sie die Zustimmung der Vertretung von mindestens zwei Dritteln des im Umlauf befindlichen Kapitals aller dieser Gläubigergemeinschaften zusammen gefunden haben, gleichzeitig von der Mehrheit der Gemeinschaften angenommen worden sind und in jeder Gemeinschaft mindestens die einfache Mehrheit des vertretenen Kapitals zugestimmt hat.

Art. 1172 c. Feststellung der Mehrheit

[1] Für die Feststellung des im Umlauf befindlichen Kapitals fallen Anleihensobligationen, die kein Stimmrecht gewähren, ausser Betracht.

[2] Erreicht ein Antrag in der Gläubigerversammlung nicht die erforderliche Stimmenzahl, so kann der Schuldner die fehlenden Stimmen durch schriftliche und beglaubigte Erklärungen binnen zwei Monaten nach dem Versammlungstage beim Leiter der Versammlung beibringen und dadurch einen gültigen Beschluss herstellen.

Art. 1173 2. Beschränkungen
            a. Im Allgemeinen

[1] Kein Anleihensgläubiger kann durch Gemeinschaftsbeschluss verpflichtet werden, andere als die in Artikel 1170 vorgesehenen Eingriffe in die Gläubigerrechte zu dulden oder Leistungen zu machen, die weder in den Anleihensbedingungen vorgesehen noch mit ihm bei der Begebung der Obligation vereinbart worden sind.

[2] Zu einer Vermehrung der Gläubigerrechte ist die Gläubigergemeinschaft ohne Zustimmung des Schuldners nicht befugt.

Art. 1174   b. Gleichbehandlung

[1] Die einer Gemeinschaft angehörenden Gläubiger müssen alle gleichmässig von den Zwangsbeschlüssen betroffen werden, es sei denn, dass jeder etwa ungünstiger behandelte Gläubiger ausdrücklich zustimmt.

[2] Unter Pfandgläubigern darf die bisherige Rangordnung ohne deren Zustimmung nicht abgeändert werden. Vorbehalten bleibt Artikel 1170 Ziffer 7.

[3] Zusicherungen oder Zuwendungen an einzelne Gläubiger, durch die sie gegenüber andern der Gemeinschaft angehörenden Gläubigern begünstigt werden, sind ungültig.

Art. 1175[1]   c. Status und Bilanz

Ein Antrag auf Ergreifung der in Artikel 1170 genannten Massnahmen darf vom Schuldner nur eingebracht und von der Gläubigerversammlung nur in Beratung gezogen werden auf Grund eines auf den Tag der Gläubigerversammlung aufgestellten Status oder einer ordnungsgemäss errichteten und gegebenenfalls von der Revisionsstelle als richtig bescheinigten Bilanz, die auf einen höchstens sechs Monate zurückliegenden Zeitpunkt abgeschlossen ist.

Art. 1176   3. Genehmigung
               a. Im Allgemeinen

[1] Die Beschlüsse, die einen Eingriff in Gläubigerrechte enthalten, sind nur wirksam und für die nicht zustimmenden Anleihensgläubiger verbindlich, wenn sie von der oberen kantonalen Nachlassbehörde genehmigt worden sind.

[2] Der Schuldner hat sie dieser Behörde innerhalb eines Monats seit dem Zustandekommen zur Genehmigung zu unterbreiten.

[3] Die Zeit der Verhandlung wird öffentlich bekanntgemacht mit der Anzeige an die Anleihensgläubiger, dass sie ihre Einwendungen schriftlich oder in der Verhandlung auch mündlich anbringen können.

[4] Die Kosten des Genehmigungsverfahrens trägt der Schuldner.

Art. 1177   b. Voraussetzungen

Die Genehmigung darf nur verweigert werden:

1. wenn die Vorschriften über die Einberufung und das Zustandekommen der Beschlüsse der Gläubigerversammlung verletzt worden sind;

2. wenn der zur Abwendung einer Notlage des Schuldners gefasste Beschluss sich als nicht notwendig herausstellt;

3. wenn die gemeinsamen Interessen der Anleihensgläubiger nicht genügend gewahrt sind;

---

1   Fassung gemäss Ziff. I 3 des BG vom 16. Dez. 2005, in Kraft per 1. Jan. 2008 (AS 2007 4791 4839; BBl 2002 3148, BBl 2004 3969).

4.   wenn der Beschluss auf unredliche Weise zustande gekommen ist.

Art. 1178   c. Weiterzug

[1] Wird die Genehmigung erteilt, so kann sie von jedem Anleihensgläubiger, der dem Beschluss nicht zugestimmt hat, innerhalb 30 Tagen beim Bundesgericht wegen Gesetzesverletzung oder Unangemessenheit angefochten werden, wobei das für die Rechtspflege in Schuldbetreibungs- und Konkurssachen vorgesehene Verfahren Anwendung findet.

[2] Ebenso kann der Entscheid, mit dem die Genehmigung verweigert wird, von einem Anleihensgläubiger, der dem Beschluss zugestimmt hat, oder vom Schuldner angefochten werden.

Art. 1179   d. Widerruf

[1] Stellt sich nachträglich heraus, dass der Beschluss der Gläubigerversammlung auf unredliche Weise zustande gekommen ist, so kann die obere kantonale Nachlassbehörde auf Begehren eines Anleihensgläubigers die Genehmigung ganz oder teilweise widerrufen.

[2] Das Begehren ist binnen sechs Monaten, nachdem der Anleihensgläubiger vom Anfechtungsgrunde Kenntnis erhalten hat, zu stellen.

[3] Der Widerruf kann vom Schuldner und von jedem Anleihensgläubiger innerhalb 30 Tagen beim Bundesgericht wegen Gesetzesverletzung oder Unangemessenheit in dem für die Rechtspflege in Schuldbetreibungs- und Konkurssachen vorgesehenen Verfahren angefochten werden. Ebenso kann die Verweigerung des Widerrufs von jedem Anleihensgläubiger, der den Widerruf verlangt hat, angefochten werden.

Art. 1180   II. Andere Beschlüsse
         1. Vollmacht des Anleihensvertreters

[1] Die Zustimmung der Vertretung von mehr als der Hälfte des im Umlauf befindlichen Kapitals ist erforderlich für den Widerruf und für die Abänderung der einem Anleihensvertreter erteilten Vollmacht.

[2] Der gleichen Mehrheit bedarf ein Beschluss, durch welchen einem Anleihensvertreter Vollmacht zur einheitlichen Wahrung der Rechte der Anleihensgläubiger im Konkurs erteilt wird.

Art. 1181   2. Die übrigen Fälle

¹ Für Beschlüsse, die weder in die Gläubigerrechte eingreifen noch den Gläubigern Leistungen auferlegen, genügt die absolute Mehrheit der vertretenen Stimmen, soweit das Gesetz es nicht anders bestimmt oder die Anleihensbedingungen nicht strengere Bestimmungen aufstellen.

² Diese Mehrheit berechnet sich in allen Fällen nach dem Nennwert des in der Versammlung vertretenen stimmberechtigten Kapitals.

Art. 1182   3. Anfechtung

Beschlüsse im Sinne der Artikel 1180 und 1181, die das Gesetz oder vertragliche Vereinbarungen verletzen, können von jedem Anleihensgläubiger der Gemeinschaft, der nicht zugestimmt hat, binnen 30 Tagen, nachdem er von ihnen Kenntnis erhalten hat, beim Richter angefochten werden.

Art. 1183   E. Besondere Anwendungsfälle
                 I. Konkurs des Schuldners

¹ Gerät ein Anleihensschuldner in Konkurs, so beruft die Konkursverwaltung unverzüglich eine Versammlung der Anleihensgläubiger ein, die dem bereits ernannten oder einem von ihr zu ernennenden Vertreter die Vollmacht zur einheitlichen Wahrung der Rechte der Anleihensgläubiger im Konkursverfahren erteilt.

² Kommt kein Beschluss über die Erteilung einer Vollmacht zustande, so vertritt jeder Anleihensgläubiger seine Rechte selbständig.

Art. 1184   II. Nachlassvertrag

¹ Im Nachlassverfahren wird unter Vorbehalt der Vorschriften über die pfandversicherten Anleihen ein besonderer Beschluss der Anleihensgläubiger über die Stellungnahme zum Nachlassvertrag nicht gefasst, und es gelten für ihre Zustimmung ausschliesslich die Vorschriften des Schuldbetreibungs- und Konkursgesetzes vom 11. April 1889[1].

² Auf die pfandversicherten Anleihensgläubiger kommen, soweit eine über die Wirkungen des Nachlassverfahrens hinausgehende Einschränkung ihrer Gläubigerrechte stattfinden soll, die Bestimmungen über die Gläubigergemeinschaft zur Anwendung.

Art. 1185   III. Anleihen von Eisenbahn- oder Schiffahrtsunternehmungen

¹ Auf die Anleihensgläubiger einer Eisenbahn- oder Schifffahrtsunternehmung sind die Bestimmungen des gegenwärtigen Abschnittes unter Vorbehalt der nachfolgenden besondern Vorschriften anwendbar.

---

1   SR 281.1

2 Das Gesuch um Einberufung einer Gläubigerversammlung ist an das Bundesgericht zu richten.

3 Für die Einberufung der Gläubigerversammlung, die Beurkundung, die Genehmigung und die Ausführung ihrer Beschlüsse ist das Bundesgericht zuständig.

4 Das Bundesgericht kann nach Eingang des Gesuches um Einberufung einer Gläubigerversammlung eine Stundung mit den in Artikel 1166 vorgesehenen Wirkungen anordnen.

Art. 1186 F. Zwingendes Recht

1 Die Rechte, die das Gesetz der Gläubigergemeinschaft und dem Anleihensvertreter zuweist, können durch die Anleihensbedingungen oder durch besondere Abreden zwischen den Gläubigen und dem Schuldner weder ausgeschlossen noch beschränkt werden.

2 Die erschwerenden Bestimmungen der Anleihensbedingungen über das Zustandekommen der Beschlüsse der Gläubigerversammlung bleiben vorbehalten.

Übergangsbestimmungen des Bundesgesetzes vom 30. März 1911

I. Der Schlusstitel des Zivilgesetzbuches[1] wird abgeändert wie folgt:

...

Schlussbestimmungen der Änderung vom 23. März 1962[2]

Art. 1 A. Konkursprivileg

Artikel 219 des Schuldbetreibungs- und Konkursgesetzes vom 11. April 1889[3] erhält folgenden Zusatz:

Dritte Klasse:[4]

d. ...

---

1 SR 210. Die hiernach aufgeführte Änd. ist eingefügt im genannten Erlass.

2 Eingefügt durch Ziff. II des BG vom 23. März 1962, in Kraft seit 1. Jan. 1963 (AS 1962 1047 1056; BBl 1960 I 523).

3 SR 281.1

4 Dieser Abschn. hat heute eine neue Fassung.

Art. 2   B. Unlauterer Wettbewerb

Die Artikel 1 und 13 des Bundesgesetzes vom 30. September 1943[1] über den unlauteren Wettbewerb werden wie folgt ergänzt (bei Art. 1: Bst. *i* und *k*, bei Art. 13: Bst. *h* und *i*):

...

Art. 3   C. Übergangsrecht

[1] Die Artikel 226*f*, 226*g*, 226*h*, 226*i* und 226*k* finden auch auf Abzahlungsverträge Anwendung, die vor dem Inkrafttreten dieses Gesetzes abgeschlossen worden sind.

[2] Auf Vorauszahlungsverträge, die vor dem Inkrafttreten dieses Gesetzes abgeschlossen wurden, findet nur Artikel 226*k* Anwendung. Solche Verträge sind indessen innert Jahresfrist den Bestimmungen des Artikels 227*b* anzupassen, widrigenfalls sie dahinfallen und dem Käufer sein gesamtes Guthaben mit allen ihm gutgeschriebenen Zinsen und Vergünstigungen auszuzahlen ist.

Art. 4   D. Inkrafttreten

Der Bundesrat bestimmt den Zeitpunkt des Inkrafttretens dieses Gesetzes.

Schlussbestimmungen zum Achten Titel und zum Achten Titel[bis2]

Art. 1

Der Bundesbeschluss vom 30. Juni 1972[3] über Massnahmen gegen Missbräuche im Mietwesen wird aufgehoben.

Art. 2

Das Bundesgesetz vom 4. Oktober 1985[4] über die landwirtschaftliche Pacht wird wie folgt geändert:

...

Art. 3

...

1   [BS 2 951; AS 1978 2057, 1988 223 Art. 28]
2   Eingefügt durch Ziff. II des BG vom 15. Dez. 1989, in Kraft seit 1. Juli 1990 (AS 1990 802 834; BBl 1985 I 1389).
3   [AS 1972 1502, 1977 1269, 1982 1234, 1987 1189]
4   SR 221.213.2. Die hiernach aufgeführten Änd. sind eingefügt im genannten BG.

Art. 4

Das Strafgesetzbuch[1] wird wie folgt geändert:

...

Art. 5

[1] Die Vorschriften über den Kündigungsschutz bei Miete und Pacht von Wohn- und Geschäftsräumen sind auf alle Miet- und Pachtverhältnisse anwendbar, die nach dem Inkrafttreten dieses Gesetzes gekündigt werden.

[2] Wurde jedoch ein Miet- oder Pachtverhältnis vor dem Inkrafttreten dieses Gesetzes, aber mit Wirkung auf einen Zeitpunkt danach gekündigt, so beginnen die Fristen für die Anfechtung der Kündigung und das Erstreckungsbegehren (Art. 273) mit dem Inkrafttreten des Gesetzes.

Art. 6

[1] Dieses Gesetz untersteht dem fakultativen Referendum.

[2] Der Bundesrat bestimmt das Inkrafttreten.

---

[1]   SR 311.0. Die hiernach aufgeführten Änd. sind eingefügt im genannten BG.

Schluss- und Übergangsbestimmungen zum X. Titel[1]

Art. 1 Änderung des OR

Das Obligationenrecht[2] wird wie folgt geändert:

...

Art. 2 Änderung des ZGB

Das Zivilgesetzbuch[3] wird wie folgt geändert:

...

Art. 3 Änderung des Versicherungsvertragsgesetzes

Das Versicherungsvertragsgesetz vom 2. April 1908[4] wird wie folgt geändert:

...

Art. 4 Änderung des Landwirtschaftsgesetzes

Das Landwirtschaftsgesetz vom 3. Oktober 1951[5] wird wie folgt geändert:

...

Art. 5 Änderung des Arbeitsgesetzes

Das Arbeitsgesetz vom 13. März 1964[6] wird wie folgt geändert:

...

1 Eingefügt durch Ziff. II des BG vom 25. Juni 1971, in Kraft seit 1. Jan. 1972 (AS 1971 1465 1507; BBl 1967 II 241).
2 SR 220. Die hiernach aufgeführten Änd. sind eingefügt in diesem BG.
3 SR 210. Die hiernach aufgeführten Änd. sind eingefügt im genannten BG.
4 SR 221.229.1. Die hiernach aufgeführte Änd. ist eingefügt im genannten BG.
5 [AS 1953 1073, 1954 1364 Art. 1, 1958 659, 1959 588, 1960 1279, 1962 203 1144 Art. 14 1412, 1967 722, 1968 92, 1974 763, 1975 1088, 1977 2249 Ziff. I 921 942 931, 1979 2058, 1982 1676 Anhang Ziff. 6, 1988 640, 1989 504 Art. 33 Bst. c, 1991 362 Ziff. II 51 857 Anhang Ziff. 25 2611, 1992 1860 Art. 75 Ziff. 5 1986 Art. 36 Abs. 1, 1993 1571 2080 Anhang Ziff. 11 3033 Art. 92 Ziff. 4, 1994 28, 1995 1469 Art. 59 Ziff. 3 1837 3517 Ziff. I 2, 1996 2588 Anhang Ziff. 2, 2783, 1997 1187 1190, 1998 1822. AS 1998 3033 Anhang Bst. c]
6 SR 822.11. Die hiernach aufgeführten Änd. sind eingefügt im genannten BG.

Art. 6   Aufhebung eidgenössischer Vorschriften

Mit dem Inkrafttreten dieses Gesetzes werden aufgehoben:

1.   Artikel 159 und 463 des Obligationenrechts,
2.   Artikel 130 des Bundesgesetzes vom 13. Juni 1911[1] über die Kranken- und Unfallversicherung,
3.   Artikel 20 bis 26, 28, 29 und 69 Absätze 2 und 5 des Bundesgesetzes vom 18. Juni 1914[2] über die Arbeit in den Fabriken,
4.   Artikel 4, 8 Absätze 1, 2 und 5, 9 und 19 des Bundesgesetzes vom 12. Dezember 1940[3] über die Heimarbeit,
5.   das Bundesgesetz vom 13. Juni 1941[4] über das Anstellungsverhältnis der Handelsreisenden,
6.   das Bundesgesetz vom 1. April 1949[5] über die Beschränkung der Kündigung von Anstellungsverhältnissen bei Militärdienst,
7.   Artikel 96 und 97 des Landwirtschaftsgesetzes vom 3. Oktober 1951[6],
8.   Artikel 32 des Bundesgesetzes vom 25. September 1952[7] über die Erwerbsausfallentschädigung an Wehrpflichtige (Erwerbsersatzordnung),
9.   Artikel 19 des Bundesgesetzes vom 28. September 1956[8] über die Allgemeinverbindlicherklärung von Gesamtarbeitsverträgen,
10. Artikel 49 des Zivilschutzgesetzes[9],
11. Artikel 20 Absatz 2 und 59 des Bundesgesetzes vom 20. September 1963[10] über die Berufsbildung,
12. Artikel 64 und 72 Absatz 2 Buchstabe *a* des Arbeitsgesetzes vom 13. März 1964[11].

---

1   [BS 8 281; AS 1959 858, 1964 965 Ziff. I-III, 1968 64, 1977 2249 Ziff. I 611, 1978 1836 Anhang Ziff. 4, 1982 196 1676 Anhang Ziff. 1 2184 Art. 114, 1990 1091, 1991 362 Ziff. II 412, 1992 288 Anhang Ziff. 37 2350, 1995 511. AS 1995 1328 Anhang Ziff. 1]

2   SR 821.41

3   [BS 8 229; AS 1951 1231 Art. 14 Abs. 2, 1966 57 Art. 68. AS 1983 108 Art. 21 Ziff. 3]

4   [BS 2 776; AS 1966 57 Art. 69]

5   [AS 1949 II 1293]

6   [AS 1953 1073, 1954 1364 Art. 1, 1958 659, 1959 588, 1960 1279, 1962 203 1144 Art. 14 1412, 1967 722, 1968 92, 1974 763, 1975 1088, 1977 2249 Ziff. I 921 942 931, 1979 2058, 1982 1676 Anhang Ziff. 6, 1988 640, 1989 504 Art. 33 Bst. c, 1991 362 Ziff. II 51 857 Anhang Ziff. 25 2611, 1992 1860 Art. 75 Ziff. 5 1986 Art. 36 Abs. 1, 1993 1410 Art. 92 Ziff. 4 1571 2080 Anhang Ziff. 11, 1994 28, 1995 1469 Art. 59 Ziff. 3 1837 3517 Ziff. I 2, 1996 2588 Anhang Ziff. 2 2783, 1997 1187 1190, 1998 1822. AS 1998 3033 Anhang Bst. c]

7   SR 834.1. Heute: BG über den Erwerbsersatz für Dienstleistende und bei Mutterschaft (Erwerbsersatzgesetz, EOG).

8   SR 221.215.311

9   [AS 1962 1089, 1964 487 Art. 22 Abs. 2 Bst. b, 1968 1025 Art. 35, 1969 310 Ziff. III, 1971 751, 1978 50 570, 1985 1649, 1990 1882 Anhang Ziff. 7, 1992 288 Anhang Ziff. 22, 1993 2043 Anhang Ziff. 3, 1994 2626 Art. 71]

10 [AS 1965 321 428, 1968 86, 1972 1681, 1975 1078 Ziff. III, 1977 2249 Ziff. I 331. AS 1979 1687 Art. 75]

11 SR 822.11

Art. 7	Anpassung altrechtlicher Verhältnisse

Die im Zeitpunkt des Inkrafttretens dieses Gesetzes bestehenden Arbeitsverträge (Einzelarbeitsverträge, Normalarbeitsverträge und Gesamtarbeitsverträge) sind innert der Frist von einem Jahr seinen Vorschriften anzupassen; nach Ablauf dieser Frist sind seine Vorschriften auf alle Arbeitsverträge anwendbar.

[2] Die im Zeitpunkt des Inkrafttretens[1] bestehenden Personalfürsorgeeinrichtungen haben bis spätestens zum 1. Januar 1977 ihre Statuten oder Reglemente unter Beachtung der für die Änderung geltenden Formvorschriften den Artikeln 331 *a*, 331 *b* und 331 *c* anzupassen; ab 1. Januar 1977 sind diese Bestimmungen auf alle Personalfürsorgeeinrichtungen anwendbar.[2]

Art. 8	Inkrafttreten des Gesetzes

Der Bundesrat bestimmt den Zeitpunkt des Inkrafttretens dieses Gesetzes.

Schlussbestimmungen zum vierten Abschnitt des XIII. Titels[3]

Art. 1	A. Übergangsrecht

[1] Auf die beim Inkrafttreten des neuen Rechts bereits bestehenden Agenturverträge finden die Artikel 418*d* Absatz 1, 418*f* Absatz 1, 418*k* Absatz 2, 418*o*, 418*p*, 418*r* und 418*s* sofort Anwendung.

[2] Im übrigen sind die im Zeitpunkt des Inkrafttretens des neuen Rechts bestehenden Agenturverträge innerhalb der Frist von zwei Jahren seinen Vorschriften anzupassen. Nach Ablauf dieser Frist ist das neue Recht auch auf die früher abgeschlossenen Agenturverträge anwendbar.

[3] Auf die beim Inkrafttreten des neuen Rechts bestehenden Agenturverträge von Agenten, die als solche bloss im Nebenberuf tätig sind, finden die Vorschriften dieses Abschnittes mangels gegenteiliger Abrede nach Ablauf von zwei Jahren ebenfalls Anwendung.

1	1. Jan. 1972
2	Fassung gemäss Ziff. I des BG vom 25. Juni 1976, in Kraft seit 1. Jan. 1977 (AS 1976 1972 1974; BBl 1976 I 1269).
3	Eingefügt durch Ziff. II des BG vom 4. Febr. 1949, in Kraft seit 1. Jan. 1950 (AS 1949 I 802 808; BBl 1947 III 661).

Art. 2   B. Konkursprivileg

Der Artikel 219 des Schuldbetreibungs- und Konkursgesetzes vom 11. April 1889[1] erhält folgenden Zusatz:

...

Art. 3   C. Inkrafttreten

Der Bundesrat bestimmt den Zeitpunkt des Inkrafttretens dieses Gesetzes.

Übergangsbestimmungen zum XX. Titel[2]

[1] Die Bestimmungen des neuen Rechts finden Anwendung auf alle Bürgschaften, die nach dem Inkrafttreten dieses Gesetzes eingegangen worden sind.

[2] Auf Bürgschaften, die vor dem Inkrafttreten dieses Gesetzes eingegangen worden sind, finden die Bestimmungen des neuen Rechts nur hinsichtlich der später eintretenden Tatsachen und mit folgenden Einschränkungen Anwendung:

1. Nicht anwendbar sind die neuen Artikel 492 Absatz 3, 496 Absatz 2, 497 Absätze 3 und 4, 499, 500, 501 Absatz 4, 507 Absätze 4 und 6, 511 Absatz 1.

2. Die Vorschriften der neuen Artikel 493 über die Form und 494 über das Erfordernis der Zustimmung des Ehegatten sind auf altrechtliche Bürgschaften nur anwendbar, soweit sie sich auf nachträgliche Änderungen der Bürgschaft beziehen.

3. Artikel 496 Absatz 1 gilt mit der Massgabe, dass der Bürge nicht nur vor dem Hauptschuldner und vor Verwertung der Grundpfänder, sondern auch vor Verwertung der übrigen Pfandrechte belangt werden kann, sofern der Hauptschuldner mit seiner Leistung im Rückstand und erfolglos gemahnt worden oder seine Zahlungsunfähigkeit offenkundig ist.

4. Für die Mitteilung des Rückstandes gemäss Artikel 505 Absatz I wird dem Gläubiger eine Frist von sechs Monaten nach Eintritt des Rückstandes, mindestens aber eine solche von drei Monaten seit dem Inkrafttreten des Gesetzes gewährt.

5. Die Bestimmung des Artikels 505 Absatz 2 findet nur Anwendung auf Konkurse, die mindestens drei Monate nach Inkrafttreten des Gesetzes eröffnet, sowie auf Nachlassstundungen, die mindestens drei Monate nach Inkrafttreten des Gesetzes bewilligt worden sind.

6. Die in Artikel 509 Absatz 3 genannte Frist beginnt für altrechtliche Bürgschaften erst mit dem Inkrafttreten des Gesetzes zu laufen.

---

1   SR 281.1

2   Eingefügt durch Ziff. II des BG vom 10. Dez. 1941, in Kraft seit 1. Juli 1942 (AS 58 279 290 644; BBl 1939 II 841).

[3] Die Vorschriften der Artikel 77–80 des Zollgesetzes vom 18. März 2005[1] bleiben vorbehalten.[2]

[4] Der Bundesrat bestimmt den Zeitpunkt des Inkrafttretens dieses Gesetzes.

Vom Bundesrat auf den 1. Juni 1942 in Kraft erklärt. Abs. 2, Tatsachen: BGE 70 II 277.

Schluss- und Übergangsbestimmungen zu den Titeln XXIV–XXXIII[3]

Art. 1   A. Anwendbarkeit des Schlusstitels

Die Vorschriften des Schlusstitels des Zivilgesetzbuches[4] finden auch Anwendung auf dieses Gesetz.

Art. 2   B. Anpassung alter Gesellschaften an das neue Recht
         I. Im Allgemeinen

[1] Aktiengesellschaften, Kommanditaktiengesellschaften und Genossenschaften, die im Zeitpunkte des Inkrafttretens dieses Gesetzes im Handelsregister eingetragen sind, jedoch den gesetzlichen Vorschriften nicht entsprechen, haben binnen einer Frist von fünf Jahren ihre Statuten den neuen Bestimmungen anzupassen.

[2] Während dieser Frist unterstehen sie dem bisherigen Rechte, soweit ihre Statuten den neuen Bestimmungen widersprechen.

[3] Kommen die Gesellschaften dieser Vorschrift nicht nach, so sind sie nach Ablauf der Frist durch den Handelsregisterführer von Amtes wegen als aufgelöst zu erklären.

[4] Für Versicherungs- und Kreditgenossenschaften kann der Bundesrat im einzelnen Fall die Anwendbarkeit des alten Rechts verlängern. Der Antrag hierzu muss vor Ablauf von drei Jahren seit Inkrafttreten des Gesetzes gestellt werden.

Art. 3   II. Wohlfahrtsfonds

Haben Aktiengesellschaften, Kommanditaktiengesellschaften und Genossenschaften vor dem Inkrafttreten dieses Gesetzes Vermögensteile zur Gründung und Unterstützung von Wohlfahrtseinrichtungen für Angestellte und Arbeiter sowie für Genossenschafter erkennbar gewidmet, so haben sie diese Fonds binnen fünf Jahren den Bestimmungen der Artikel 673[5] und 862 anzupassen.

---

1   SR 631.0
2   Fassung gemäss Anhang Ziff. 2 des Zollgesetzes vom 18. März 2005, in Kraft seit 1. Mai 2007 (SR 631.0).
3   Eingefügt durch das BG vom 18. Dez. 1936 (AS 53 185; BBl 1928 I 205, 1932 I 217).
4   SR 210
5   Dieser Art. hat heute eine neue Fassung.

Art. 4[1]

Aufgehoben.

Art. 5   C. Bilanzvorschriften
I. Vorbehalt ausserordentlicher Verhältnisse

[1] Der Bundesrat ist berechtigt, wenn ausserordentliche wirtschaftliche Verhältnisse es erfordern, Bestimmungen zu erlassen, die den Bilanzpflichtigen Abweichungen von den in diesem Gesetz aufgestellten Bilanzierungsvorschriften gestatten. Ein solcher Beschluss des Bundesrates ist zu veröffentlichen.

[2] Wenn bei der Aufstellung einer Bilanz ein solcher Bundesratsbeschluss zur Anwendung gekommen ist, ist dies in der Bilanz zu vermerken.

Art. 6[2]   II. ...

Gegenstandslos.

Art. 7   D. Haftungsverhältnisse der Genossenschafter

[1] Durch Veränderungen, die nach den Vorschriften dieses Gesetzes in den Haftungsverhältnissen der Genossenschafter eintreten, werden die Rechte der im Zeitpunkte des Inkrafttretens vorhandenen Gläubiger nicht beeinträchtigt.

[2] Genossenschaften, deren Mitglieder lediglich kraft der Vorschrift des Artikels 689 des bisherigen Obligationenrechts[3] persönlich für die Verbindlichkeiten der Genossenschaft haften, stehen während fünf Jahren unter den Bestimmungen des bisherigen Rechts.

[3] Während dieser Frist können Beschlüsse über ganze oder teilweise Ausschliessung der persönlichen Haftung oder über ausdrückliche Feststellung der Haftung in der Generalversammlung mit absoluter Mehrheit der Stimmen gefasst werden. Die Vorschrift des Artikels 889 Absatz 2 über den Austritt findet keine Anwendung.

Art. 8   E. Geschäftsfirmen

[1] Die beim Inkrafttreten dieses Gesetzes bestehenden Firmen, die dessen Vorschriften nicht entsprechen, dürfen während zwei Jahren von diesem Zeitpunkte an unverändert fortbestehen.

[2] Bei irgendwelcher Änderung vor Ablauf dieser Frist sind sie jedoch mit gegenwärtigem Gesetze in Einklang zu bringen.

---

1   Aufgehoben durch Anhang Ziff. 2 des Fusionsgesetzes vom 3. Okt. 2003, mit Wirkung seit 1. Juli 2004 (SR 221.301).
2   Gegenstandslos.
3   AS 27 317

Art. 9   F. Früher ausgegebene Wertpapiere
             I. Namenpapiere

Die vor dem Inkrafttreten dieses Gesetzes als Namenpapiere ausgestellten Sparkassen- und Depositenhefte, Spareinlage- und Depositenscheine unterstehen den Vorschriften von Artikel 977 über Kraftloserklärung von Schuldurkunden auch dann, wenn der Schuldner in der Urkunde sich nicht ausdrücklich vorbehalten hat, ohne Vorweisung der Schuldurkunde und ohne Kraftloserklärung zu leisten.

Art. 10   II. Aktien
             1. Nennwert

Aktien, die vor dem Inkrafttreten des Gesetzes ausgegeben worden sind, können

1.   einen Nennwert unter 100 Franken beibehalten;
2.   innerhalb dreier Jahre seit dem Inkrafttreten des Gesetzes bei einer Herabsetzung des Grundkapitals auf einen Nennwert unter 100 Franken gebracht werden.

Art. 11   2. Nicht voll einbezahlte Inhaberaktien

[1] Auf den Inhaber lautende Aktien und Interimsscheine, die vor dem Inkrafttreten des Gesetzes ausgegeben worden sind, unterstehen den Bestimmungen der Artikel 683 und 688 Absätze 1 und 3 nicht.

[2] Das Rechtsverhältnis der Zeichner und Erwerber dieser Aktien richtet sich nach dem bisherigen Rechte.

Art. 12   III. Wechsel und Checks

Vor dem Inkrafttreten dieses Gesetzes ausgestellte Wechsel und Checks unterstehen in allen Beziehungen dem bisherigen Rechte.

Art. 13   G. Gläubigergemeinschaft

Für Fälle, auf die die Bestimmungen der Verordnung vom 20. Februar 1918[1] betreffend die Gläubigergemeinschaft bei Anleihensobligationen und der ergänzenden Bundesratsbeschlüsse[2] angewendet worden sind, gelten diese Vorschriften auch fernerhin.

SchUeB 19 Abs. 2.

1   [AS 34 231, 35 297, 36 623 893]
2   [AS 51 673, 53 454, 57 1514, 58 934, 62 1088, 63 1342]

Art. 14[1] H. ...

Aufgehoben.

Art. 15 J. Abänderung des Schuldbetreibungs- und Konkursgesetzes

Das Schuldbetreibungs- und Konkursgesetz vom 11. April 1889[2] wird abgeändert wie folgt:
...[3]

Art. 16 K. Verhältnis zum Bankengesetz
I. Allgemeiner Vorbehalt

Die Vorschriften des Bankengesetzes vom 8. November 1934[4] bleiben vorbehalten.

Art. 17 II. Abänderung einzelner Vorschriften

Das Bankengesetz vom 8. November 1934[5] wird abgeändert wie folgt:
...[6]

Art. 18 L. Aufhebung von Bundeszivilrecht

Mit dem Inkrafttreten dieses Gesetzes sind die damit im Widerspruch stehenden zivilrechtlichen Bestimmungen des Bundes, insbesondere die dritte Abteilung des Obligationenrechts, betitelt: «Die Handelsgesellschaften, Wertpapiere und Geschäftsfirmen» (BG vom 14. Juni 1881[7] über das Obligationenrecht, Art. 552–715 und 720–880), aufgehoben.

1 Aufgehoben durch Ziff. I Bst. c des Anhangs zum IPRG vom 18. Dez. 1987 (SR 291).
2 SR 281.1
3 Es handelt sich um die Änd. der Art. 39 Abs. 1 und 2, 47 Abs. 3, 68a, 178 Abs. 2 Ziff. 2, 182 Ziff. 4, 183 und 219 Abs. 4 Zweite Klasse Bst. e. Sie wurden eingefügt im genannten BG. Art. 39 Abs. 1, 47, 68a, 182 Ziff. 4 und 219 Abs. 4 Zweite Klasse sind inzwischen aufgehoben oder haben eine neue Fassung.
4 SR 952.0
5 SR 952.0
6 Es handelt sich um die Art. 11 Abs. 2, 13 Abs. 2, 14 Abs. 4 und 39. Sie wurden eingefügt im genannten BG. Art. 14 ist inzwischen aufgehoben und Art. 39 hat eine neue Fassung.
7 [AS 5 635, 11 490; BS 2 784 Art. 103 Abs. 1. BS 2 3 SchlT Art. 60 Abs. 2]

Art. 19 M. Inkrafttreten dieses Gesetzes

[1] Dieses Gesetz tritt mit dem 1. Juli 1937 in Kraft.

[2] Ausgenommen ist der Abschnitt über die Gläubigergemeinschaft bei Anleihensobligationen (Art. 1157–1182), dessen Inkrafttreten der Bundesrat festsetzen wird.[1]

[3] Der Bundesrat wird mit dem Vollzug dieses Gesetzes beauftragt.

Abs. 2 ist überholt.

Schlussbestimmungen zum Sechsundzwanzigsten Titel[2]

Art. 1 A. Schlusstitel des Zivilgesetzbuches

Der Schlusstitel des Zivilgesetzbuches[3] gilt für dieses Gesetz.

Art. 2 B. Anpassung an das neue Recht
    I. Im Allgemeinen

[1] Aktiengesellschaften und Kommanditaktiengesellschaften, die im Zeitpunkt des Inkrafttretens dieses Gesetzes im Handelsregister eingetragen sind, jedoch den neuen gesetzlichen Vorschriften nicht entsprechen, müssen innert fünf Jahren ihre Statuten den neuen Bestimmungen anpassen.

[2] Gesellschaften die ihre Statuten trotz öffentlicher Aufforderung durch mehrfache Publikation im Schweizerischen Handelsamtsblatt und in den kantonalen Amtsblättern nicht innert fünf Jahren den Bestimmungen über das Mindestkapital, die Mindesteinlage und die Partizipations- und Genussscheine anpassen, werden auf Antrag des Handelsregisterführers vom Richter aufgelöst. Der Richter kann eine Nachfrist von höchstens sechs Monaten ansetzen. Gesellschaften, die vor dem 1. Januar 1985 gegründet wurden, sind von der Anpassung ihrer Statutenbestimmung über das Mindestkapital ausgenommen. Gesellschaften, deren Partizipationskapital am 1. Januar 1985 das Doppelte des Aktienkapitals überstieg, sind von dessen Anpassung an die gesetzliche Begrenzung ausgenommen.

[3] Andere statutarische Bestimmungen, die mit dem neuen Recht unvereinbar sind, bleiben bis zur Anpassung, längstens aber noch fünf Jahre, in Kraft.

1   Dieser Abschnitt ist in der Fassung des BG vom 1. April 1949 in Kraft gesetzt worden. Für den Text in der ursprünglichen Fassung siehe AS 53 185.

2   Eingefügt durch Ziff. III des BG vom 4. Okt. 1991, in Kraft seit 1. Juli 1992 (AS 1992 733 786; BBl 1983 II 745).

3   SR 210

Art. 3   II. Einzelne Bestimmungen
1. Partizipations- und Genussscheine

[1] Die Artikel 656*a*, 656*b* Absätze 2 und 3, 656*c* und 656*d* sowie 656*g* gelten für bestehende Gesellschaften mit dem Inkrafttreten dieses Gesetzes, auch wenn ihnen die Statuten oder Ausgabebedingungen widersprechen. Sie gelten für Titel, die als Partizipationsscheine oder Genussscheine bezeichnet sind, einen Nennwert haben und in den Passiven der Bilanz ausgewiesen sind.

[2] Die Gesellschaften müssen für die in Absatz 1 genannten Titel innert fünf Jahren die Ausgabebedingungen in den Statuten niederlegen und Artikel 656*f* anpassen, die erforderlichen Eintragungen in das Handelsregister veranlassen und die Titel, die sich im Umlauf befinden und nicht als Partizipationsscheine bezeichnet sind, mit dieser Bezeichnung versehen.

[3] Für andere als in Absatz 1 genannte Titel gelten die neuen Vorschriften über die Genussscheine, auch wenn sie als Partizipationsscheine bezeichnet sind. Innert fünf Jahren müssen sie nach dem neuen Recht bezeichnet werden und dürfen keinen Nennwert mehr angeben. Die Statuten sind entsprechend abzuändern. Vorbehalten bleibt die Umwandlung in Partizipationsscheine.

Art. 4   2. Ablehnung von Namenaktionären

In Ergänzung zu Artikel 685*d* Absatz 1 kann die Gesellschaft, aufgrund statutarischer Bestimmung, Personen als Erwerber börsenkotierter Namenaktien ablehnen, soweit und solange deren Anerkennung die Gesellschaft daran hindern könnte, durch Bundesgesetze geforderte Nachweise über die Zusammensetzung des Kreises der Aktionäre zu erbringen.

Art. 5   3. Stimmrechtsaktien

Gesellschaften, die in Anwendung von Artikel 10 der Schluss- und Übergangsbestimmungen des Bundesgesetzes vom 18. Dezember 1936 über die Revision der Titel 24–33 des Obligationenrechtes[1] Stimmrechtsaktien mit einem Nennwert von unter zehn Franken beibehalten haben, sowie Gesellschaften, bei denen der Nennwert der grösseren Aktien mehr als das Zehnfache des Nennwertes der kleineren Aktien beträgt, müssen ihre Statuten dem Artikel 693 Absatz 2 zweiter Satz nicht anpassen. Sie dürfen jedoch keine neuen Aktien mehr ausgeben, deren Nennwert mehr als das Zehnfache des Nennwertes der kleineren Aktien oder weniger als zehn Prozent des Nennwertes der grösseren Aktien beträgt.

---

1   Siehe hiervor.

Art. 6 4. Qualifizierte Mehrheiten

Hat eine Gesellschaft durch blosse Wiedergabe von Bestimmungen des bisherigen Rechts für bestimmte Beschlüsse Vorschriften über qualifizierte Mehrheiten in die Statuten übernommen, so kann binnen eines Jahres seit dem Inkrafttreten dieses Gesetzes mit absoluter Mehrheit aller an einer Generalversammlung vertretenen Aktienstimmen die Anpassung an das neue Recht beschlossen werden.

Art. 7 C. Änderung von Bundesgesetzen

Es werden geändert:

...

Art. 8 D. Referendum

Dieses Gesetz untersteht dem fakultativen Referendum.

Art. 9 E. Inkrafttreten

Der Bundesrat bestimmt das Inkrafttreten.

Inkrafttreten: 1. Juli 1992.

Schlussbestimmungen zum zweiten Abschnitt des XXXIV. Titels[1]

1. In Artikel 657 des Obligationenrechts wird Absatz 3 gestrichen; als letzter Absatz wird beigefügt.[2]
    ...

2. Die Artikel 71 Absatz 1, 72 Absatz 1 und 73 des Bundesgesetzes vom 28. September 1944[3] über rechtliche Schutzmassnahmen für die Hotel- und die Stickereiindustrie werden aufgehoben und durch folgende Bestimmungen ersetzt:
    ...[4]

3. Die unter dem bisherigen Recht gefassten Gemeinschaftsbeschlüsse behalten ihre Gültigkeit unter dem neuen Recht.
    Für Beschlüsse, die nach Inkrafttreten dieses Gesetzes gefasst werden, sind die Vorschriften des neuen Rechts massgebend.

---

1 Eingefügt durch Ziff. II des BG vom 1. April 1949, in Kraft seit 1. Jan. 1950 (AS 1949 I 791 801; BBl 1947 III 869).
2 Dieser Art. hat heute eine neue Fassung.
3 [BS 10 454; AS 1949 I 791 Ziff. II 2, II 1665, 1950 II 963, 1953 509. AS 1955 1107 Art. 80 Bst. c]
4 Für den Text dieser Bestimmungen siehe AS 1949 I 791.

Sind indessen einem Schuldner schon unter dem bisherigen Recht durch Gläubigergemeinschaftsbeschlüsse Erleichterungen gewährt worden, die den in Artikel 1170 vorgesehenen gleich oder entsprechend sind, so müssen sie bei der Anwendung dieser Vorschrift angemessen berücksichtigt werden.

Im Übrigen sind die Schluss- und Übergangsbestimmungen des Bundesgesetzes vom 18. Dezember 1936 über die Revision der Titel XXIV–XXXIII des Obligationenrechts anwendbar.

4. Mit dem Inkrafttreten dieses Gesetzes werden die widersprechenden Bestimmungen, insbesondere die Verordnung des Bundesrates vom 20. Februar 1918[1] betreffend die Gläubigergemeinschaft bei Anleihensobligationen, aufgehoben.

5. Der Bundesrat bestimmt den Zeitpunkt des Inkrafttretens dieses Gesetzes.

Übergangsbestimmungen der Änderung vom 16. Dezember 2005[2]

Art. 1   A. Allgemeine Regel

[1] Der Schlusstitel des Zivilgesetzbuches gilt für dieses Gesetz, soweit die folgenden Bestimmungen nichts anderes vorsehen.

[2] Die Bestimmungen des neuen Gesetzes werden mit seinem Inkrafttreten auf bestehende Gesellschaften anwendbar.

Art. 2   B. Anpassungsfrist

[1] Gesellschaften mit beschränkter Haftung, die im Zeitpunkt des Inkrafttretens dieses Gesetzes im Handelsregister eingetragen sind, jedoch den neuen Vorschriften nicht entsprechen, müssen innerhalb von zwei Jahren ihre Statuten und Reglemente den neuen Bestimmungen anpassen.

[2] Bestimmungen der Statuten und Reglemente, die mit dem neuen Recht nicht vereinbar sind, bleiben bis zur Anpassung, längstens aber noch zwei Jahre, in Kraft.

[3] Für Gesellschaften mit beschränkter Haftung, die im Zeitpunkt des Inkrafttretens dieses Gesetzes im Handelsregister eingetragen sind, finden die Artikel 808a und 809 Absatz 4 zweiter Satz erst nach Ablauf der Frist zur Anpassung der Statuten Anwendung.

[4] Aktiengesellschaften und Genossenschaften, die im Zeitpunkt des Inkrafttretens dieses Gesetzes im Handelsregister eingetragen sind und deren Firma den neuen gesetzlichen Vorschriften nicht entspricht, müssen ihre Firma innerhalb von zwei Jah-

---

1   [AS 34 231, 35 297, 36 623 893]
2   Eingefügt durch Ziff. III des BG vom 16. Dez. 2005, in Kraft per 1. Jan. 2008 (AS 2007 4791 4839; BBl 2002 3148, BBl 2004 3969).

ren den neuen Bestimmungen anpassen. Nach Ablauf dieser Frist ergänzt das Handelsregisteramt die Firma von Amtes wegen.

Art. 3   C. Leistung der Einlagen

[1] Wurden in Gesellschaften mit beschränkter Haftung, die im Zeitpunkt des Inkrafttretens dieses Gesetzes im Handelsregister eingetragen sind, keine dem Ausgabebetrag aller Stammanteile entsprechenden Einlagen geleistet, so müssen diese innerhalb von zwei Jahren erbracht werden.

[2] Bis zur vollständigen Leistung der Einlagen in der Höhe des Stammkapitals haften die Gesellschafter nach Artikel 802 des Obligationenrechts in der Fassung vom 18. Dezember 1936.

Art. 4   D. Partizipationsscheine und Genussscheine

[1] Anteile an Gesellschaften mit beschränkter Haftung, die einen Nennwert aufweisen und in den Passiven der Bilanz ausgewiesen werden, die aber kein Stimmrecht vermitteln (Partizipationsscheine), gelten nach Ablauf von zwei Jahren als Stammanteile mit gleichen Vermögensrechten, wenn sie nicht innerhalb dieser Frist durch Kapitalherabsetzung vernichtet werden. Werden die Anteile vernichtet, so muss den bisherigen Partizipanten eine Abfindung in der Höhe des wirklichen Werts ausgerichtet werden.

[2] Die erforderlichen Beschlüsse der Gesellschafterversammlung können mit der absoluten Mehrheit der vertretenen Stimmen gefasst werden, auch wenn die Statuten etwas anderes vorsehen.

[3] Für Anteile an Gesellschaften mit beschränkter Haftung, die nicht in den Passiven der Bilanz ausgewiesen werden, finden nach dem Inkrafttreten dieses Gesetzes die Vorschriften über die Genussscheine Anwendung, dies auch dann, wenn sie als Partizipationsscheine bezeichnet sind. Sie dürfen keinen Nennwert angeben und müssen als Genussscheine bezeichnet werden. Die Bezeichnung der Titel und die Statuten sind innerhalb von zwei Jahren anzupassen.

Art. 5   E. Eigene Stammanteile

Haben Gesellschaften mit beschränkter Haftung vor dem Inkrafttreten dieses Gesetzes eigene Stammanteile erworben, so müssen sie diese, soweit sie zehn Prozent des Stammkapitals übersteigen, innerhalb von zwei Jahren veräussern oder durch Kapitalherabsetzung vernichten.

Art. 6   F. Nachschusspflicht

[1] Statutarische Verpflichtungen zur Leistung von Nachschüssen, die vor dem Inkrafttreten dieses Gesetzes begründet wurden und die das Doppelte des Nennwerts der Stammanteile übersteigen, bleiben rechtsgültig und können nur im Verfahren nach Artikel 795c herabgesetzt werden.

[2] Im Übrigen finden nach dem Inkrafttreten dieses Gesetzes die neuen Vorschriften Anwendung, so namentlich für die Einforderung der Nachschüsse.

Art. 7   G. Revisionsstelle

Die Bestimmungen dieses Gesetzes zur Revisionsstelle gelten vom ersten Geschäftsjahr an, das mit dem Inkrafttreten dieses Gesetzes oder danach beginnt.

Art. 8   H. Stimmrecht

[1] Gesellschaften mit beschränkter Haftung, die das Stimmrecht vor dem Inkrafttreten dieses Gesetzes unabhängig vom Nennwert der Stammanteile festgelegt haben, müssen die entsprechenden Bestimmungen nicht an die Anforderungen von Artikel 806 anpassen.

[2] Bei der Ausgabe neuer Stammanteile muss Artikel 806 Absatz 2 zweiter Satz in jedem Fall beachtet werden.

Art. 9   J. Anpassung statutarischer Mehrheitserfordernisse

Hat eine Gesellschaft mit beschränkter Haftung durch blosse Wiedergabe von Bestimmungen des alten Rechts Vorschriften in die Statuten aufgenommen, die für die Beschlussfassung der Gesellschafterversammlung qualifizierte Mehrheiten vorsehen, so kann die Gesellschafterversammlung innerhalb von zwei Jahren mit der absoluten Mehrheit der vertretenen Stimmen die Anpassung dieser Bestimmungen an das neue Recht beschliessen.

Art. 10   K. Vernichtung von Aktien und Stammanteilen im Fall einer Sanierung

Wurde das Aktienkapital oder das Stammkapital vor dem Inkrafttreten dieses Gesetzes zum Zwecke der Sanierung auf null herabgesetzt und anschliessend wieder erhöht, so gehen die Mitgliedschaftsrechte der früheren Aktionäre oder Gesellschafter mit dem Inkrafttreten unter.

Art. 11   L. Ausschliesslichkeit eingetragener Firmen

Die Ausschliesslichkeit von Firmen, die vor dem Inkrafttreten dieses Gesetzes im Handelsregister eingetragen wurden, beurteilt sich nach Artikel 951 des Obligationenrechts in der Fassung vom 18. Dezember 1936.

Anhang: Nebenerlasse zum OR

Nr. 2 # Bundesgesetz über die Gleichstellung von Frau und Mann (Gleichstellungsgesetz, GlG)

vom 24. März 1995 (Stand am 18. April 2006)

SR 151.1

Die Bundesversammlung der Schweizerischen Eidgenossenschaft,

gestützt auf die Artikel 4 Absatz 2, 34ter Absatz 1 Buchstabe a, 64 und 85 Ziffer 3 der Bundesverfassung[1],

nach Einsicht in die Botschaft des Bundesrates vom 24. Februar 1993[2],

beschliesst:

1. Abschnitt: Zweck

Art. 1

Dieses Gesetz bezweckt die Förderung der tatsächlichen Gleichstellung von Frau und Mann.

Vgl. auch das Behindertengleichstellungsgesetz vom 13. Februar 2002, SR 151.3.

2. Abschnitt: Gleichstellung im Erwerbsleben

Art. 2   Grundsatz

Dieser Abschnitt gilt für Arbeitsverhältnisse nach Obligationenrecht[3] sowie für alle öffentlichrechtlichen Arbeitsverhältnisse in Bund, Kantonen und Gemeinden.

Art. 3   Diskriminierungsverbot

[1] Arbeitnehmerinnen und Arbeitnehmer dürfen aufgrund ihres Geschlechts weder direkt noch indirekt benachteiligt werden, namentlich nicht unter Berufung auf den Zivilstand, auf die familiäre Situation oder, bei Arbeitnehmerinnen, auf eine Schwangerschaft.

[2] Das Verbot gilt insbesondere für die Anstellung, Aufgabenzuteilung, Gestaltung der Arbeitsbedingungen, Entlöhnung, Aus- und Weiterbildung, Beförderung und Entlassung.

---

1   AS 1996 1498
    [BS 1 3; AS 1981 1243]
2   BBl 1993 I 1248
3   SR 220

[3] Angemessene Massnahmen zur Verwirklichung der tatsächlichen Gleichstellung stellen keine Diskriminierung dar.

> BV Art. 8 Abs.3.
> BGE 125 III 368; 126 II 217; 127 III 207; 130 III 145; 131 II 361, 393.

Art. 4   Diskriminierung durch sexuelle Belästigung

Diskriminierend ist jedes belästigende Verhalten sexueller Natur oder ein anderes Verhalten aufgrund der Geschlechtszugehörigkeit, das die Würde von Frauen und Männern am Arbeitsplatz beeinträchtigt. Darunter fallen insbesondere Drohungen, das Versprechen von Vorteilen, das Auferlegen von Zwang und das Ausüben von Druck zum Erlangen eines Entgegenkommens sexueller Art.

Art. 5   Rechtsansprüche

[1] Wer von einer Diskriminierung im Sinne der Artikel 3 und 4 betroffen ist, kann dem Gericht oder der Verwaltungsbehörde beantragen:

a. eine drohende Diskriminierung zu verbieten oder zu unterlassen;

b. eine bestehende Diskriminierung zu beseitigen;

c. eine Diskriminierung festzustellen, wenn diese sich weiterhin störend auswirkt;

d. die Zahlung des geschuldeten Lohns anzuordnen.

[2] Besteht die Diskriminierung in der Ablehnung einer Anstellung oder in der Kündigung eines obligationenrechtlichen Arbeitsverhältnisses, so hat die betroffene Person lediglich Anspruch auf eine Entschädigung. Diese ist unter Würdigung aller Umstände festzusetzen und wird auf der Grundlage des voraussichtlichen oder tatsächlichen Lohnes errechnet.

[3] Bei einer Diskriminierung durch sexuelle Belästigung kann das Gericht oder die Verwaltungsbehörde der betroffenen Person zudem auch eine Entschädigung zusprechen, wenn die Arbeitgeberinnen oder die Arbeitgeber nicht beweisen, dass sie Massnahmen getroffen haben, die zur Verhinderung sexueller Belästigungen nach der Erfahrung notwendig und angemessen sind und die ihnen billigerweise zugemutet werden können. Die Entschädigung ist unter Würdigung aller Umstände festzusetzen und wird auf der Grundlage des schweizerischen Durchschnittslohns errechnet.

[4] Die Entschädigung bei Diskriminierung in der Ablehnung einer Anstellung nach Absatz 2 darf den Betrag nicht übersteigen, der drei Monatslöhnen entspricht. Die Gesamtsumme der Entschädigungen darf diesen Betrag auch dann nicht übersteigen, wenn mehrere Personen einen Anspruch auf eine Entschädigung wegen diskriminierender Ablehnung derselben Anstellung geltend machen. Die Entschädigung bei Diskriminierung in der Kündigung eines obligationenrechtlichen Arbeitsverhältnisses nach Absatz 2 und bei Diskriminierung durch sexuelle Belästigung nach Absatz 3 darf den Betrag nicht übersteigen, der sechs Monatslöhnen entspricht.

⁵ Vorbehalten bleiben Ansprüche auf Schadenersatz und Genugtuung sowie weitergehende vertragliche Ansprüche.

> Abs. 2: BGE 131 II 361.
> Abs. 3: BGE 126 III 395.

Art. 6   Beweislasterleichterung

Bezüglich der Aufgabenzuteilung, Gestaltung der Arbeitsbedingungen, Entlöhnung, Aus- und Weiterbildung, Beförderung und Entlassung wird eine Diskriminierung vermutet, wenn diese von der betroffenen Person glaubhaft gemacht wird.

Art. 7   Klagen und Beschwerden von Organisationen

¹ Organisationen, die nach ihren Statuten die Gleichstellung von Frau und Mann fördern oder die Interessen der Arbeitnehmerinnen und Arbeitnehmer wahren und seit mindestens zwei Jahren bestehen, können im eigenen Namen feststellen lassen, dass eine Diskriminierung vorliegt, wenn der Ausgang des Verfahrens sich voraussichtlich auf eine grössere Zahl von Arbeitsverhältnissen auswirken wird. Sie müssen der betroffenen Arbeitgeberin oder dem betroffenen Arbeitgeber Gelegenheit zur Stellungnahme geben, bevor sie eine Schlichtungsstelle anrufen oder eine Klage einreichen.

² Im Übrigen gelten die Bestimmungen für die Klagen und Beschwerden von Einzelpersonen sinngemäss.

3. Abschnitt: Besondere Bestimmungen für Arbeitsverhältnisse nach Obligationenrecht[1]

Art. 8   Verfahren bei diskriminierender Ablehnung der Anstellung

¹ Personen, deren Bewerbung für eine Anstellung nicht berücksichtigt worden ist und die eine Diskriminierung geltend machen, können von der Arbeitgeberin oder vom Arbeitgeber eine schriftliche Begründung verlangen.

² Der Anspruch auf eine Entschädigung nach Artikel 5 Absatz 2 ist verwirkt, wenn nicht innert drei Monaten, nachdem die Arbeitgeberin oder der Arbeitgeber die Ablehnung der Anstellung mitgeteilt hat, die Klage angehoben wird.

Art. 9   Verfahren bei diskriminierender Kündigung

Wird eine Arbeitnehmerin oder ein Arbeitnehmer durch die Kündigung diskriminiert, ist Artikel 336*b* des Obligationenrechts[2] anwendbar.

---

1   SR 220
2   SR 220

Art. 10   Kündigungsschutz

[1] Die Kündigung des Arbeitsverhältnisses durch die Arbeitgeberin oder den Arbeitgeber ist anfechtbar, wenn sie ohne begründeten Anlass auf eine innerbetriebliche Beschwerde über eine Diskriminierung oder auf die Anrufung der Schlichtungsstelle oder des Gerichts durch die Arbeitnehmerin oder den Arbeitnehmer folgt.

[2] Der Kündigungsschutz gilt für die Dauer eines innerbetrieblichen Beschwerdeverfahrens, eines Schlichtungs- oder eines Gerichtsverfahrens sowie sechs Monate darüber hinaus.

[3] Die Kündigung muss vor Ende der Kündigungsfrist beim Gericht angefochten werden. Das Gericht kann die provisorische Wiedereinstellung der Arbeitnehmerin oder des Arbeitnehmers für die Dauer des Verfahrens anordnen, wenn es wahrscheinlich erscheint, dass die Voraussetzungen für die Aufhebung der Kündigung erfüllt sind.

[4] Die Arbeitnehmerin oder der Arbeitnehmer kann während des Verfahrens auf die Weiterführung des Arbeitsverhältnisses verzichten und stattdessen eine Entschädigung nach Artikel 336*a* des Obligationenrechts[1] geltend machen.

[5] Dieser Artikel gilt sinngemäss für Kündigungen, die wegen der Klage einer Organisation nach Artikel 7 erfolgen.

Art. 11   Schlichtungsverfahren

[1] Die Kantone bezeichnen Schlichtungsstellen. Diese beraten die Parteien und versuchen, eine Einigung herbeizuführen.

[2] Das Schlichtungsverfahren ist für die Parteien freiwillig. Die Kantone können jedoch vorsehen, dass die gerichtliche Klage erst nach der Durchführung des Schlichtungsverfahrens angehoben werden kann.

[3] Die Schlichtungsstelle muss innerhalb der Klagefrist angerufen werden, wenn das Gesetz eine solche vorsieht. In diesem Fall ist die gerichtliche Klage innerhalb von drei Monaten nach Abschluss des Schlichtungsverfahrens einzureichen.

[4] Das Schlichtungsverfahren ist kostenlos.

[5] Durch Gesamtarbeitsvertrag kann die Schlichtung von Streitigkeiten zwischen Arbeitnehmerverbänden und einzelnen Arbeitgeberinnen oder Arbeitgebern unter Ausschluss der staatlichen Schlichtungsstellen auf im Vertrag vorgesehene Organe übertragen werden.

Art. 12   Zivilrechtspflege

[1] In Streitigkeiten über Diskriminierungen im Erwerbsleben dürfen die Kantone das schriftliche Verfahren und die Prozessvertretung nicht ausschliessen.

[2] Artikel 343 des Obligationenrechts[2] ist vor den kantonalen Gerichten unabhängig vom Streitwert anwendbar.[1]

1   SR 220
2   SR 220

4. Abschnitt: Rechtsschutz bei öffentlichrechtlichen Arbeitsverhältnissen

Art. 13

[1] Der Rechtsschutz bei öffentlichrechtlichen Arbeitsverhältnissen richtet sich nach den allgemeinen Bestimmungen über die Bundesrechtspflege. Für Beschwerden von Bundespersonal gilt ausserdem Artikel 58 des Beamtengesetzes vom 30. Juni 1927[2].

[2] Wird eine Person durch die Abweisung ihrer Bewerbung für die erstmalige Begründung eines Arbeitsverhältnisses diskriminiert, so ist Artikel 5 Absatz 2 anwendbar. Die Entschädigung kann direkt mit Beschwerde gegen die abweisende Verfügung verlangt werden.

[3] Bundesangestellte können sich innerhalb der Beschwerdefrist nach Artikel 50 des Bundesgesetzes vom 20. Dezember 1968[3] über das Verwaltungsverfahren an eine Schlichtungskommission wenden. Diese berät die Parteien und versucht, eine Einigung herbeizuführen.[4]

[4] ...[5]

[5] Das Verfahren ist kostenlos; ausgenommen sind Fälle von mutwilliger Prozessführung. Im Verfahren vor dem Bundesgericht richtet sich die Kostenpflicht nach dem Bundesgerichtsgesetz vom 17. Juni 2005[6].[7]

5. Abschnitt: Finanzhilfen

Art. 14   Förderungsprogramme

[1] Der Bund kann öffentlichen oder privaten Institutionen, die Programme zur Förderung der Gleichstellung von Frau und Mann im Erwerbsleben durchführen, Finanzhilfen gewähren. Er kann selbst Programme durchführen.

[2] Die Programme können dazu dienen:

a.   die inner- oder ausserbetriebliche Aus- und Weiterbildung zu fördern;

---

1   Fassung gemäss Anhang Ziff. 1 des Bundesgerichtsgesetzes vom 17. Juni 2005, in Kraft seit 1. Jan. 2007 (SR 173.110).

2   SR 172.221.10. Dieser Art. ist aufgehoben. Siehe heute Art. 35 und 36 des Bundespersonalgesetzes vom 24. März 2000 (SR 172.220.1).

3   SR 172.021

4   Fassung gemäss Ziff. I des BG vom 8. Okt. 2004, in Kraft seit 1. März 2005 (AS 2005 1023 1024; BBl 2003 7809)

5   Aufgehoben durch Anhang Ziff. 1 des Bundesgerichtsgesetzes vom 17. Juni 2005, mit Wirkung seit 1. Jan. 2007 (SR 173.110).

6   SR 173.110

7   Satz eingefügt durch Anhang Ziff. 1 des Bundesgerichtsgesetzes vom 17. Juni 2005, in Kraft seit 1. Jan. 2007 (SR 173.110).

b.   die Vertretung der Geschlechter in den verschiedenen Berufen, Funktionen und Führungsebenen zu verbessern;

c.   die Vereinbarkeit von beruflichen und familiären Aufgaben zu verbessern;

d.   Arbeitsorganisationen und Infrastrukturen am Arbeitsplatz zu fördern, welche die Gleichstellung begünstigen.

[3] In erster Linie werden Programme mit neuartigem und beispielhaftem Inhalt unterstützt.

Vgl. VO über Finanzhilfen nach dem GlG, SR 151.51.

Art. 15   Beratungsstellen

Der Bund kann privaten Institutionen Finanzhilfen gewähren für:

a.   die Beratung und die Information von Frauen im Erwerbsleben;

b.   die Förderung der Wiedereingliederung von Frauen und Männern, die ihre berufliche Tätigkeit zugunsten familiärer Aufgaben unterbrochen haben.

6. Abschnitt: Eidgenössisches Büro für die Gleichstellung von Frau und Mann

Art. 16

[1] Das Eidgenössische Büro für die Gleichstellung von Frau und Mann fördert die Gleichstellung der Geschlechter in allen Lebensbereichen und setzt sich für die Beseitigung jeglicher Form direkter oder indirekter Diskriminierung ein.

[2] Zu diesem Zweck nimmt es namentlich folgende Aufgaben wahr:

a.   es informiert die Öffentlichkeit;

b.   es berät Behörden und Private;

c.   es führt Untersuchungen durch und empfiehlt Behörden und Privaten geeignete Massnahmen;

d.   es kann sich an Projekten von gesamtschweizerischer Bedeutung beteiligen;

e.   es wirkt an der Ausarbeitung von Erlassen des Bundes mit, soweit diese für die Gleichstellung von Bedeutung sind;

f.   es prüft die Gesuche um Finanzhilfen nach den Artikeln 14 und 15 und überwacht die Durchführung der Förderungsprogramme.

7. Abschnitt: Schlussbestimmungen

Art. 17   Übergangsbestimmung

Ansprüche nach Artikel 5 Absatz 1 Buchstabe d werden nach neuem Recht beurteilt, wenn die zivilrechtliche Klage nach dem Inkrafttreten des Gesetzes erhoben worden ist oder die erstinstanzlich zuständige Behörde bis zu diesem Zeitpunkt noch keine Verfügung getroffen hat.

Art. 18   Referendum und Inkrafttreten

[1] Dieses Gesetz untersteht dem fakultativen Referendum.

[2] Der Bundesrat bestimmt das Inkrafttreten.

Datum des Inkrafttretens: 1. Juli 1996[1]

---

1   BRB vom 25. Okt. 1995 (AS 1996 1503)

Nr. 3   **Bundesgesetz über den Erwerb von Grundstücken durch Personen im Ausland (BewG)**

vom 16. Dezember 1983 (Stand am 1. Januar 2008)

SR 211.412.41

Die Bundesversammlung der Schweizerischen Eidgenossenschaft,

gestützt auf die Zuständigkeit des Bundes im Bereich der auswärtigen Angelegenheiten[1]
sowie die Artikel 64 und 64bis der Bundesverfassung[2],[3]
nach Einsicht in eine Botschaft des Bundesrates vom 16. September 1981[4],

beschliesst:

1. Kapitel: Zweck und Grundsätze

Art. 1   Zweck

Dieses Gesetz beschränkt den Erwerb von Grundstücken durch Personen im Ausland, um die Überfremdung des einheimischen Bodens zu verhindern.

Das Gesetz steht in Revision; es bestehen Bestrebungen zu seiner Abschaffung.

Art. 2   Bewilligungspflicht

[1] Personen im Ausland bedürfen für den Erwerb von Grundstücken einer Bewilligung der zuständigen kantonalen Behörde.

[2] Keiner Bewilligung bedarf der Erwerb, wenn:

a.   das Grundstück als ständige Betriebsstätte eines Handels-, Fabrikations- oder eines anderen nach kaufmännischer Art geführten Gewerbes, eines Handwerksbetriebes oder eines freien Berufes dient;

b.   das Grundstück dem Erwerber als natürlicher Person als Hauptwohnung am Ort seines rechtmässigen und tatsächlichen Wohnsitzes dient; oder

---

1   AS 1984 1148
    Dieser Zuständigkeitsumschreibung entspricht Artikel 54 Absatz 1 der BV vom 18. April 1999 (SR 101)

2   [BS 1 3]. Den genannten Bestimmungen entsprechen heute Art. 122 und 123 der BV vom 18. April 1999 (SR 101).

3   Fassung des ersten und zweiten Lemmas gemäss Anhang Ziff. 4 des Gerichtsstandsgesetzes vom 24. März 2000, in Kraft seit 1. Jan. 2001 (SR 272).

4   BBl 1981 III 585

c.   eine Ausnahme nach Artikel 7 vorliegt.[1]

[3] Beim Erwerb von Grundstücken nach Absatz 2 Buchstabe a können durch Wohn-anteilvorschriften vorgeschriebene Wohnungen oder dafür reservierte Flächen mit-erworben werden.[2]

Art. 3   Bundesrecht und kantonales Recht

[1] Die Bewilligung wird nur aus den Gründen erteilt, die dieses Gesetz vorsieht.

[2] Die Kantone können zur Wahrung ihrer unterschiedlichen Interessen zusätzliche Bewilligungsgründe und weitergehende Beschränkungen vorsehen, soweit dieses Gesetz sie dazu ermächtigt.

2. Kapitel: Bewilligungspflicht

Art. 4   Erwerb von Grundstücken

[1] Als Erwerb eines Grundstückes gilt:

a.   der Erwerb des Eigentums, eines Baurechts, eines Wohnrechts oder der Nutz-niessung an einem Grundstück;

b.[3] die Beteiligung an einer vermögensfähigen Gesellschaft ohne juristische Per-sönlichkeit, deren tatsächlicher Zweck der Erwerb von Grundstücken ist;

c.   der Erwerb des Eigentums oder der Nutzniessung an einem Anteil an einem Im-mobilienanlagefonds, dessen Anteilscheine auf dem Markt nicht regelmässig ge-handelt werden, oder an einem ähnlichen Vermögen;

d.   ...[4]

e.[5] der Erwerb des Eigentums oder der Nutzniessung an einem Anteil an einer juristi-schen Person, deren tatsächlicher Zweck der Erwerb von Grundstücken ist, sofern die Anteile dieser juristischen Person nicht an einer Börse in der Schweiz kotiert sind;

---

1   Eingefügt durch Ziff. I des BG vom 30. April 1997, in Kraft seit 1. Okt. 1997 (AS 1997 2086 2089; BBl 1997 II 1221).
2   Eingefügt durch Ziff. I des BG vom 30. April 1997, in Kraft seit 1. Okt. 1997 (AS 1997 2086 2089; BBl 1997 II 1221).
3   Fassung gemäss Ziff. I des BG vom 30. April 1997, in Kraft seit 1. Okt. 1997 (AS 1997 2086 2089; BBl 1997 II 1221).
4   Aufgehoben durch Ziff. I des BG vom 30. April 1997 (AS 1997 2086; BBl 1997 II 1221).
5   Fassung gemäss Ziff. I des BG vom 8. Okt. 2004, in Kraft seit 1. April 2005 (AS 2005 1337 1339; BBL 2003 4357).

f.[1] die Begründung und Ausübung eines Kaufs-, Vorkaufs- oder Rückkaufsrechts an einem Grundstück oder an einem Anteil im Sinne der Buchstaben b, c und e;

g. der Erwerb anderer Rechte, die dem Erwerber eine ähnliche Stellung wie dem Eigentümer eines Grundstückes verschaffen.

[2] Als Erwerb eines Grundstückes gilt auch, wenn eine juristische Person oder eine vermögensfähige Gesellschaft ohne juristische Persönlichkeit ihren statutarischen oder tatsächlichen Sitz ins Ausland verlegt und Rechte an einem Grundstück beibehält, das nicht nach Artikel 2 Absatz 2 Buchstabe a bewilligungsfrei erworben werden kann.[2]

Abs. 1 lit. d und e: BGE 115 Ib 102; 123 IV 167.

Art. 5   Personen im Ausland

[1] Als Personen im Ausland gelten:

a.[3] Staatsangehörige der Mitgliedstaaten der Europäischen Gemeinschaft oder der Europäischen Freihandelsassoziation, die ihren rechtmässigen und tatsächlichen Wohnsitz nicht in der Schweiz haben;

a[bis].[4] Staatsangehörige anderer ausländischer Staaten, die nicht das Recht haben, sich in der Schweiz niederzulassen;

b. juristische Personen oder vermögensfähige Gesellschaften ohne juristische Persönlichkeit, die ihren statutarischen oder tatsächlichen Sitz im Ausland haben;

c. juristische Personen oder vermögensfähige Gesellschaften ohne juristische Persönlichkeit, die ihren statutarischen und tatsächlichen Sitz in der Schweiz haben und in denen Personen im Ausland eine beherrschende Stellung innehaben;

d.[5] natürliche und juristische Personen sowie vermögensfähige Gesellschaften ohne juristische Persönlichkeit, die nicht Personen im Ausland nach den Buchstaben a, a[bis] und c sind, wenn sie ein Grundstück für Rechnung von Personen im Ausland erwerben.

[2] ...[6]

---

1 Fassung gemäss Ziff. I des BG vom 30. April 1997, in Kraft seit 1. Okt. 1997 (AS 1997 2086 2089; BBl 1997 II 1221).

2 Fassung gemäss Ziff. I des BG vom 30. April 1997, in Kraft seit 1. Okt. 1997 (AS 1997 2086 2089; BBl 1997 II 1221).

3 Fassung gemäss Ziff. I 2 des BG vom 14. Dez. 2001 betreffend die Bestimmungen über die Personenfreizügigkeit im Abk. zur Änd. des Übereink. zur Errichtung der EFTA, in Kraft seit 1. Juni 2002 (AS 2002 685 700; BBl 2001 4963).

4 Eingefügt durch Ziff. I 2 des BG vom 8. Okt. 1999 zum Abk. zwischen der Schweizerischen Eidgenossenschaft einerseits und der EG sowie ihren Mitgliedstaaten andererseits über die Freizügigkeit, in Kraft seit 1. Juni 2002 (AS 2002 701 722; BBl 1999 6128).

5 Fassung gemäss Ziff. I 2 des BG vom 8. Okt. 1999 zum Abk. zwischen der Schweizerischen Eidgenossenschaft einerseits und der EG sowie ihren Mitgliedstaaten andererseits über die Freizügigkeit, in Kraft seit 1. Juni 2002 (AS 2002 701 722; BBl 1999 6128).

6 Aufgehoben durch Ziff. I des BG vom 30. April 1997 (AS 1997 2086; BBl 1997 II 1221).

Art. 6   Beherrschende Stellung

[1] Eine Person im Ausland hat eine beherrschende Stellung inne, wenn sie aufgrund ihrer finanziellen Beteiligung, ihres Stimmrechtes oder aus anderen Gründen allein oder gemeinsam mit anderen Personen im Ausland die Verwaltung oder Geschäftsführung entscheidend beeinflussen kann.

[2] Die Beherrschung einer juristischen Person durch Personen im Ausland wird vermutet, wenn diese:

a.[1] mehr als einen Drittel des Aktien-, Stamm- oder Genossenschaftskapitals besitzen;

b. über mehr als einen Drittel der Stimmen in der General- oder Gesellschafter-versammlung verfügen;

c. die Mehrheit des Stiftungsrates oder der Begünstigten einer Stiftung des privaten Rechts stellen;

d. der juristischen Person rückzahlbare Mittel zur Verfügung stellen, die mehr als die Hälfte der Differenz zwischen den Aktiven der juristischen Person und ihren Schulden gegenüber nicht bewilligungspflichtigen Personen ausmachen.

[3] Die Beherrschung einer Kollektiv- oder Kommanditgesellschaft durch Personen im Ausland wird vermutet, wenn eine oder mehrere von ihnen:

a. unbeschränkt haftende Gesellschafter sind;

b. der Gesellschaft als Kommanditäre Mittel zur Verfügung stellen, die einen Drittel der Eigenmittel der Gesellschaft übersteigen;

c. der Gesellschaft oder unbeschränkt haftenden Gesellschaftern rückzahlbare Mittel zur Verfügung stellen, die mehr als die Hälfte der Differenz zwischen den Aktiven der Gesellschaft und ihren Schulden gegenüber nicht bewilligungspflichtigen Personen ausmachen.

Art. 7   Übrige Ausnahmen von der Bewilligungspflicht[2]

Keiner Bewilligung bedürfen:

a. gesetzliche Erben im Sinne des schweizerischen Rechts im Erbgang;

b.[3] Verwandte des Veräusserers in auf- und absteigender Linie sowie dessen Ehegatte, eingetragene Partnerin oder eingetragener Partner;

c.[4] der Erwerber, der bereits Mit- oder Gesamteigentum am Grundstück hat;

d. Stockwerkeigentümer für den Tausch ihrer Stockwerke im selben Objekt;

---

1   Fassung gemäss Ziff. I des BG vom 8. Okt. 2004, in Kraft seit 1. April 2005 (AS 2005 1337 1339; BBl 2003 4357).

2   Fassung gemäss Ziff. I des BG vom 30. April 1997, in Kraft seit 1. Okt. 1997 (AS 1997 2086 2089; BBl 1997 II 1221).

3   Fassung gemäss Anhang Ziff. 10 des Partnerschaftsgesetzes vom 18. Juni 2004, in Kraft seit 1. Jan. 2007 (SR 211.231).

4   Fassung gemäss Ziff. I des BG vom 8. Okt. 2004, in Kraft seit 1. April 2005 (AS 2005 1337 1339; BBl 2003 4357).

e. der Erwerber, der ein Grundstück als Realersatz bei einer Enteignung, Landumlegung oder Güterzusammenlegung nach dem Recht des Bundes oder des Kantons erhält;

f. der Erwerber, der ein Grundstück als Ersatz für ein anderes erwirbt, das er an eine öffentlichrechtliche Körperschaft oder Anstalt veräussert hat;

g. der Erwerber, der eine geringfügige Fläche infolge einer Grenzbereinigung oder infolge einer Erhöhung der Wertquote von Stockwerkeigentum erwirbt;

h.[1] der Erwerber, dessen Erwerb im staatspolitischen Interesse des Bundes geboten ist; die Fläche darf nicht grösser sein, als es der Verwendungszweck des Grundstücks erfordert;

i.[2] natürliche Personen, die infolge der Liquidation einer vor dem 1. Februar 1974 gegründeten juristischen Person, deren tatsächlicher Zweck der Erwerb von Grundstücken ist, eine Wohnung erwerben, wenn sie nach den damals geltenden Vorschriften im entsprechenden Umfang Anteile an der juristischen Person erworben haben;

j.[3] Staatsangehörige der Mitgliedstaaten der Europäischen Gemeinschaft und der Europäischen Freihandelsassoziation, die als Grenzgänger in der Region des Arbeitsorts eine Zweitwohnung erwerben.

Lit. i: BGE 129 II 361.

Art. 7a[4]   Institutionelle Begünstigte von Vorrechten, Immunitäten und Erleichterungen

Der Erwerb eines Grundstücks für dienstliche Zwecke durch institutionelle Begünstigte nach Artikel 2 Absatz 1 des Gaststaatgesetzes vom 22. Juni 200719, die Vorrechte, Immunitäten und Erleichterungen geniessen, untersteht ausschliesslich dem 3. Kapitel des Gaststaatgesetzes.

---

1 Eingefügt durch Anhang Ziff. II 3 des BG über die von der Schweiz als Gaststaat gewährten Vorrechte, Immunitäten und Erleichterungen sowie finanziellen Beiträge (Gaststaatgesetz, GSG) vom 22. Juni 2007, in Kraft seit 1. Jan. 2008 (AS 2007 6637 6649; BBl 2006 8017).

2 Eingefügt durch Ziff. I des BG vom 30. April 1997, in Kraft seit 1. Okt. 1997 (AS 1997 2086 2089; BBl 1997 II 1221).

3 Eingefügt durch Ziff. I 2 des BG vom 8. Okt. 1999 zum Abk. zwischen der Schweizerischen Eidgenossenschaft einerseits und der EG sowie ihren Mitgliedstaaten andererseits über die Freizügigkeit (AS 2002 701; BBl 1999 6128). Fassung gemäss Ziff. I 2 des BG vom 14. Dez. 2001 betreffend die Bestimmungen über die Personenfreizügigkeit im Abk. zur Änd. des Übereink. zur Errichtung der EFTA, in Kraft seit 1. Juni 2002 (AS 2002 685 700; BBl 2001 4963).

4 Eingefügt durch Anhang Ziff. II 3 des BG über die von der Schweiz als Gaststaat gewährten Vorrechte, Immunitäten und Erleichterungen sowie finanziellen Beiträge (Gaststaatgesetz, GSG) vom 22. Juni 2007, in Kraft seit 1. Jan. 2008 (AS 2007 6637 6649; BBl 2006 8017).

3. Kapitel: Bewilligungs- und Verweigerungsgründe

Art. 8   Allgemeine Bewilligungsgründe

[1] Der Erwerb wird bewilligt, wenn das Grundstück dienen soll:

a.   ...[1]

b.   als Kapitalanlage aus der Geschäftstätigkeit ausländischer und ausländisch beherrschter, in der Schweiz zum Geschäftsbetrieb zugelassener Versicherungseinrichtungen, sofern die allgemein anerkannten Anlagegrundsätze beachtet werden und der Wert aller Grundstücke des Erwerbers die von der Versicherungsaufsichtsbehörde als technisch notwendig erachteten Rückstellungen für das Schweizer Geschäft nicht übersteigt;

c.   zur Personalvorsorge von inländischen Betriebsstätten oder zu ausschliesslich gemeinnützigen Zwecken, wenn der Erwerber für das Grundstück von der direkten Bundessteuer befreit ist;

d.[2]   zur Deckung pfandgesicherter Forderungen ausländischer und ausländisch beherrschter, in der Schweiz zum Geschäftsbetrieb zugelassener Banken und Versicherungseinrichtungen in Zwangsverwertungen und Liquidationsvergleichen.

[2] Einem Erben, welcher der Bewilligung bedarf und keinen Bewilligungsgrund hat, wird der Erwerb mit der Auflage bewilligt, das Grundstück innert zweier Jahre wieder zu veräussern. Weist der Erbe enge, schutzwürdige Beziehungen zum Grundstück nach, so kann die Bewilligung ohne diese Auflage erteilt werden.[3]

[3] Einer natürlichen Person, die von einer anderen eine Haupt-, Zweit- oder Ferienwohnung oder eine Wohneinheit in einem Apparthotel erwirbt und dafür mangels kantonaler Bestimmungen oder infolge einer örtlichen Bewilligungssperre keinen Bewilligungsgrund hat, wird die Bewilligung erteilt, wenn ein Härtefall für den Veräusserer vorliegt. Als Härtefall gilt eine nachträglich eingetretene, unvorhersehbare Notlage des Veräusserers, die er nur abwenden kann, indem er das Grundstück an eine Person im Ausland veräussert. ...[4].

---

1   Aufgehoben durch Ziff. I des BG vom 30. April 1997 (AS 1997 2086; BBl 1997 II 1221).

2   Fassung gemäss Ziff. I des BG vom 30. April 1997, in Kraft seit 1. Okt. 1997 (AS 1997 2086 2089; BBl 1997 II 1221).

3   Satz eingefügt durch Ziff. I des BG vom 8. Okt. 2004, in Kraft seit 1. April 2005 (AS 2005 1337 1339; BBL 2003 4357).

4   Satz aufgehoben durch Ziff. I des BG vom 22. März 2002 (AS 2002 2467; BBl 2002 1052 2748).

Art. 9   Kantonale Bewilligungsgründe[1]

[1] Die Kantone können durch Gesetz bestimmen, dass der Erwerb bewilligt wird, wenn das Grundstück dient:

a.   dem sozialen Wohnungsbau nach kantonalem Recht und ohne Bundeshilfe in Orten, die unter Wohnungsnot leiden, oder wenn sich auf dem Grundstück solche neuerstellten Wohnbauten befinden;

b.   ...[2]

c.   einer natürlichen Person als Zweitwohnung an einem Ort, zu dem sie aussergewöhnlich enge, schutzwürdige Beziehungen unterhält, solange diese andauern.

[2] Die Kantone können ausserdem durch Gesetz bestimmen, dass einer natürlichen Person der Erwerb als Ferienwohnung oder als Wohneinheit in einem Apparthotel im Rahmen des kantonalen Kontingents bewilligt werden kann.

[3] Die Kantone bestimmen die Orte, die des Erwerbs von Ferienwohnungen oder von Wohneinheiten in Apparthotels durch Personen im Ausland bedürfen, um den Fremdenverkehr zu fördern.[3]

[4] Nicht an das Kontingent angerechnet wird eine Bewilligung:

a.   wenn bereits dem Veräusserer der Erwerb der Ferienwohnung oder Wohneinheit in einem Apparthotel bewilligt worden ist;

b.   die nach Artikel 8 Absatz 3 erteilt wird;

c.   für den Erwerb eines Miteigentumsanteils an einer Ferienwohnung oder Wohneinheit in einem Apparthotel, sofern der Erwerb eines anderen Miteigentumsanteils an derselben Ferienwohnung oder Wohneinheit in einem Apparthotel bereits an das Kontingent angerechnet worden ist.[4]

Art. 10   Apparthotels

Als Apparthotel gilt ein neues oder zu erneuerndes Hotel im Stockwerkeigentum des Betriebsinhabers, von Personen im Ausland und gegebenenfalls von Drittpersonen, wenn es folgende Voraussetzungen erfüllt:

a.   Eigentum des Betriebsinhabers an den besonderen Anlagen und Einrichtungen für den Hotelbetrieb und an den Wohneinheiten im Umfang von insgesamt mindestens 51 Prozent der Wertquoten;

b.   dauernde hotelmässige Bewirtschaftung der Wohneinheiten im Umfange von mindestens 65 Prozent der darauf entfallenden Wertquoten, einschliesslich aller dem Betriebsinhaber gehörenden Wohneinheiten;

---

1   Fassung gemäss Ziff. I des BG vom 22. März 2002, in Kraft seit 1. Sept. 2002 (AS 2002 2467 2468; BBl 2002 1052 2748).

2   Aufgehoben durch Ziff. I des BG vom 30. April 1997 (AS 1997 2086; BBl 1997 II 1221).

3   Fassung gemäss Ziff. I des BG vom 8. Okt. 2004, in Kraft seit 1. April 2005 (AS 2005 1337 1339; BBL 2003 4357).

4   Eingefügt durch Ziff. I des BG vom 22. März 2002, in Kraft seit 1. Sept. 2002 (AS 2002 2467 2468; BBl 2002 1052 2748).

c. angemessenes Dienstleistungsangebot, entsprechende bauliche und betriebliche Eignung sowie mutmassliche Wirtschaftlichkeit des Hotels gestützt auf ein Gutachten der Schweizerischen Gesellschaft für Hotelkredit.

Lit. b: BGE 130 II 290.

Art. 11[1]   Bewilligungskontingente

[1] Der Bundesrat bestimmt die jährlichen kantonalen Bewilligungskontingente für den Erwerb von Ferienwohnungen und Wohneinheiten in Apparthotels im Rahmen einer gesamtschweizerischen Höchstzahl; er berücksichtigt dabei die staatspolitischen und volkswirtschaftlichen Interessen des Landes.

[2] Die Höchstzahl nach Absatz 1 darf 1500 Kontingentseinheiten nicht überschreiten.

[3] Der Bundesrat bemisst die kantonalen Kontingente nach der Bedeutung des Fremdenverkehrs für die Kantone, den touristischen Entwicklungsplanungen und dem Anteil an ausländischem Grundeigentum auf ihrem Gebiet.

[4] Die Kantone regeln die Verteilung der Bewilligungen aus ihrem Kontingent.

Art. 12   Zwingende Verweigerungsgründe

Die Bewilligung wird auf jeden Fall verweigert, wenn:

a. das Grundstück einer nach diesem Gesetz unzulässigen Kapitalanlage dient;

b. die Fläche grösser ist, als es der Verwendungszweck erfordert;

c. der Erwerber versucht hat, dieses Gesetz zu umgehen;

d.[2] dem Erwerber einer Zweitwohnung im Sinne von Artikel 9 Absatz 1 Buchstabe c, einer Ferienwohnung oder einer Wohneinheit in einem Apparthotel, seinem Ehegatten, seiner eingetragenen Partnerin oder seinem eingetragenen Partner oder seinen Kindern unter 18 Jahren bereits eine solche Wohnung in der Schweiz gehört;

e. ...[3]

f. der Erwerb staatspolitischen Interessen widerspricht.

Art. 13   Weitergehende kantonale Beschränkungen

[1] Die Kantone können durch Gesetz den Erwerb von Ferienwohnungen und von Wohneinheiten in Apparthotels weitergehend einschränken, indem sie insbesondere:

a. eine Bewilligungssperre einführen;

---

1   Fassung gemäss Ziff. I des BG vom 22. März 2002, in Kraft seit 1. Sept. 2002 (AS 2002 2467 2468; BBl 2002 1052 2748).

2   Fassung gemäss Anhang Ziff. 10 des Partnerschaftsgesetzes vom 18. Juni 2004, in Kraft seit 1. Jan. 2007 (SR 211.231).

3   Aufgehoben durch Ziff. I des BG vom 30. April 1997 (AS 1997 2086; BBl 1997 II 1221).

b.   den Erwerb von Ferienwohnungen nur im Rahmen von Stockwerkeigentum oder einer anderen Gesamtheit mehrerer Ferienwohnungen zulassen;

c.   für eine Gesamtheit von Ferienwohnungen und für Wohneinheiten in Apparthotels den Erwerb nur bis zu einer bestimmten Quote des Wohnraums zulassen;

d.   zugunsten von Personen, die keiner Bewilligung bedürfen, ein Vorkaufsrecht zum Verkehrswert einführen;

e.   den Erwerb auf das Baurecht, das Wohnrecht oder die Nutzniessung beschränken.

[2] Die Gemeinden können diese Einschränkungen von sich aus einführen. Die Kantone regeln das Verfahren.

Art. 14   Bedingungen und Auflagen

[1] Die Bewilligung wird unter Bedingungen und Auflagen erteilt, die sicherstellen, dass das Grundstück zu dem vom Erwerber geltend gemachten Zweck verwendet wird.

[2] Der Bundesrat regelt die Mindestbedingungen und -auflagen, soweit dieses Gesetz sie nicht regelt, und den Verfall von Bewilligungen.

[3] Auflagen sind im Grundbuch anzumerken.

[4] Sie können auf Antrag des Erwerbers aus zwingenden Gründen widerrufen werden.

[5] Wird die Bewilligungspflicht verneint, weil Personen im Ausland keine beherrschende Stellung innehaben, so ist diese Feststellung an die Auflage zu knüpfen, dass der Erwerber vor jeder Änderung der Verhältnisse, welche die Bewilligungspflicht begründen könnte, erneut um die Feststellung nachzusuchen hat.

BGE 129 II 361; 132 II 171.

4. Kapitel: Behörden und Verfahren

Art. 15   Kantonale Behörden

[1] Jeder Kanton bezeichnet:

a.   eine oder mehrere Bewilligungsbehörden, die über die Bewilligungspflicht, die Bewilligung und den Widerruf einer Bewilligung oder Auflage entscheiden;

b.   eine beschwerdeberechtigte Behörde, die auch den Widerruf einer Bewilligung oder die Einleitung eines Strafverfahrens verlangen und auf Beseitigung des rechtswidrigen Zustandes klagen kann;

c.   eine Beschwerdeinstanz.

[2] Zuständig ist die Behörde am Ort des Grundstückes; beim Erwerb von Anteilen an juristischen Personen oder bei der Beteiligung an einer vermögensfähigen Gesellschaft ohne juristische Persönlichkeit ist die Behörde zuständig, in deren Amtsbereich wertmässig der grösste Teil der Grundstücke liegt.

3 Das Eidgenössische Justiz- und Polizeidepartement entscheidet in Kompetenzkonflikten zwischen den Behörden verschiedener Kantone.

Art. 16 Bundesbehörden

1 Der Bundesrat stellt nach Anhören der Kantonsregierung fest, ob:

a. es sich um einen Erwerb handelt, für den der Erwerber aus Gründen des staatspolitischen Interesses des Bundes keiner Bewilligung bedarf;

b. der Erwerb staatspolitischen Interessen widerspricht; trifft dies zu, so verweigert er die Bewilligung.

2 ...[1]

3 ...[2]

4 In den übrigen Fällen sind das Eidgenössische Justiz- und Polizeidepartement und, soweit dieses Gesetz es vorsieht, das Bundesamt für Justiz zuständig.

Art. 17 Bewilligungsverfahren

1 Erwerber, deren Bewilligungspflicht sich nicht ohne weiteres ausschliessen lässt, haben spätestens nach dem Abschluss des Rechtsgeschäftes oder, mangels dessen, nach dem Erwerb um die Bewilligung oder die Feststellung nachzusuchen, dass sie keiner Bewilligung bedürfen.

2 Die Bewilligungsbehörde eröffnet ihre Verfügung mit Begründung und Rechtsmittelbelehrung den Parteien, der Gemeinde, in der das Grundstück liegt, und mit den vollständigen Akten der beschwerdeberechtigten kantonalen Behörde.

3 Verzichtet die beschwerdeberechtigte kantonale Behörde auf eine Beschwerde oder zieht sie diese zurück, so eröffnet sie die Verfügung mit den vollständigen Akten kostenlos dem Bundesamt für Justiz.

Art. 18 Grundbuch und Handelsregister

1 Kann der Grundbuchverwalter die Bewilligungspflicht nicht ohne weiteres ausschliessen, so setzt er das Verfahren aus und räumt dem Erwerber eine Frist von 30 Tagen ein, um die Bewilligung oder die Feststellung einzuholen, dass er keiner Bewilligung bedarf; er weist die Anmeldung ab, wenn der Erwerber nicht fristgerecht handelt oder die Bewilligung verweigert wird.

2 Der Handelsregisterführer verfährt wie der Grundbuchverwalter; er verweist jedoch eine juristische Person oder vermögensfähige Gesellschaft ohne juristische Persönlichkeit, die ihren Sitz von der Schweiz ins Ausland verlegt, vor der Löschung in jedem Falle an die Bewilligungsbehörde.

---

1 Aufgehoben durch Anhang Ziff. II 3 des BG über die von der Schweiz als Gaststaat gewährten Vorrechte, Immunitäten und Erleichterungen sowie finanziellen Beiträge (Gaststaatgesetz, GSG) vom 22. Juni 2007, in Kraft seit 1. Jan. 2008 (AS 2007 6637 6649; BBl 2006 8017).

2 Aufgehoben durch Ziff. I des BG vom 30. April 1997 (AS 1997 2086; BBl 1997 II 1221).

[3] Die abweisende Verfügung des Grundbuchverwalters und des Handelsregisterführers unterliegt der Beschwerde an die nach diesem Gesetz zuständige kantonale Beschwerdeinstanz; diese Beschwerde tritt an die Stelle der Beschwerde an die Aufsichtsbehörde für das Grundbuch oder Handelsregister.

[4] ...[1]

Art. 19　　Zwangsversteigerung

[1] Ersteigen jemand ein Grundstück in einer Zwangsversteigerung, so hat er der Steigerungsbehörde nach dem Zuschlag schriftlich zu erklären, ob er eine Person im Ausland ist, namentlich ob er auf Rechnung einer Person im Ausland handelt; er ist darauf und auf die Bewilligungspflicht von Personen im Ausland für den Erwerb von Grundstücken in den Steigerungsbedingungen aufmerksam zu machen.

[2] Besteht Gewissheit über die Bewilligungspflicht und liegt noch keine rechtskräftige Bewilligung vor, oder lässt sich die Bewilligungspflicht ohne nähere Prüfung nicht ausschliessen, so räumt die Steigerungsbehörde dem Erwerber unter Mitteilung an den Grundbuchverwalter eine Frist von zehn Tagen ein, um:

a.　die Bewilligung oder die Feststellung einzuholen, dass der Erwerber keiner Bewilligung bedarf;

b.　den Kaufpreis sicherzustellen, wobei für die Dauer der Sicherstellung ein jährlicher Zins von 5 Prozent zu entrichten ist;

c.　die Kosten einer erneuten Versteigerung sicherzustellen.

[3] Handelt der Erwerber nicht fristgerecht oder wird die Bewilligung rechtskräftig verweigert, so hebt die Steigerungsbehörde unter Mitteilung an den Grundbuchverwalter den Zuschlag auf und ordnet eine neue Versteigerung an.

[4] Die Aufhebungsverfügung der Steigerungsbehörde unterliegt der Beschwerde an die nach diesem Gesetz zuständige kantonale Beschwerdeinstanz; diese Beschwerde tritt an die Stelle der Beschwerde an die Aufsichtsbehörde für Schuldbetreibung und Konkurs.

[5] Wird bei der erneuten Versteigerung ein geringerer Erlös erzielt, so haftet der erste Ersteigerer für den Ausfall und allen weiteren Schaden.

Art. 20　　Beschwerde an die kantonale Beschwerdeinstanz

[1] Der Beschwerde an die kantonale Beschwerdeinstanz unterliegen die Verfügungen der Bewilligungsbehörde, des Grundbuchverwalters, des Handelsregisterführers und der Steigerungsbehörde.

[2] Das Beschwerderecht steht zu:

a.　dem Erwerber, dem Veräusserer und anderen Personen, die ein schutzwürdiges Interesse an der Aufhebung oder Änderung der Verfügung haben:

1　Aufgehoben durch Ziff. I des BG vom 30. April 1997 (AS 1997 2086; BBl 1997 II 1221).

b. der beschwerdeberechtigten kantonalen Behörde oder, wenn diese auf die Beschwerde verzichtet oder sie zurückzieht, dem Bundesamt für Justiz;

c. der Gemeinde, in der das Grundstück liegt, gegen eine Bewilligung, gegen die Feststellung, dass der Erwerber keiner Bewilligung bedarf, und gegen den Widerruf einer Auflage.

[3] Die Beschwerdefrist beträgt 30 Tage seit der Eröffnung der Verfügung an die Parteien oder die beschwerdeberechtigte Behörde.

[4] Die kantonale Beschwerdeinstanz eröffnet ihren Entscheid mit Begründung und Rechtsmittelbelehrung den beschwerdeberechtigten Personen, der Bewilligungsbehörde und, kostenlos, den beschwerdeberechtigten Behörden.

Abs. 2 lit. a: BGE 131 II 649.

Art. 21[1] Beschwerde an Bundesbehörden

[1] Für die Beschwerde an Bundesbehörden gelten die allgemeinen Bestimmungen über die Bundesrechtspflege.

[2] Die Parteien und Behörden, die zur Beschwerde an die kantonale Beschwerdeinstanz berechtigt sind, können auch bei Bundesbehörden Beschwerde führen.

Vgl. Verwaltungsgerichtsgesetz, SR 173.32.

Art. 22 Beweiserhebung

[1] Die Bewilligungsbehörde und die kantonale Beschwerdeinstanz stellen den Sachverhalt von Amtes wegen fest. Sie stellen nur auf Vorbringen ab, die sie geprüft und über die sie nötigenfalls Beweis erhoben haben.

[2] Die Bewilligungsbehörde, die kantonale Beschwerdeinstanz, die eidgenössischen Gerichte und, ausserhalb eines Verfahrens dieser Behörden, die beschwerdeberechtigte kantonale Behörde und das Bundesamt für Justiz können Auskunft über alle Tatsachen verlangen, die für die Bewilligungspflicht oder die Bewilligung von Bedeutung sind.[2]

[3] Auskunftspflichtig ist, wer von Amtes wegen, berufsmässig, vertraglich, als Organ einer juristischen Person oder Gesellschaft ohne juristische Persönlichkeit oder eines Anlagefonds durch Finanzierung oder auf andere Weise an der Vorbereitung, dem Abschluss oder dem Vollzug eines Rechtsgeschäftes über den Erwerb mitwirkt; er hat auf Verlangen auch Einsicht in die Geschäftsbücher, Korrespondenzen oder Belege zu gewähren und sie herauszugeben.

[4] Die Behörde kann zu Ungunsten des Erwerbers entscheiden, wenn ein Auskunftspflichtiger die notwendige und zumutbare Mitwirkung verweigert.

1 Fassung gemäss Anhang Ziff. 17 des Verwaltungsgerichtsgesetzes vom 17. Juni 2005, in Kraft seit 1. Jan. 2007 (SR 173.32).

2 Fassung gemäss Anhang Ziff. 17 des Verwaltungsgerichtsgesetzes vom 17. Juni 2005, in Kraft seit 1. Jan. 2007 (SR 173.32).

Art. 23   Vorsorgliche Massnahmen

[1] Die kantonalen Behörden und, ausserhalb eines Verfahrens, auch das Bundesamt für Justiz können vorsorgliche Massnahmen anordnen, um einen rechtlichen oder tatsächlichen Zustand unverändert zu erhalten.

[2] Die Beschwerde gegen eine vorsorgliche Verfügung hat keine aufschiebende Wirkung.

Art. 24   Rechts- und Amtshilfe

[1] Die Verwaltungs- und Gerichtsbehörden des Bundes und der Kantone leisten sich gegenseitig Rechts- und Amtshilfe.

[2] Behörden und Beamte, die in ihrer amtlichen Eigenschaft Widerhandlungen wahrnehmen oder Kenntnis davon erhalten, sind verpflichtet, sie sofort der zuständigen kantonalen Strafverfolgungsbehörde, der beschwerdeberechtigten kantonalen Behörde oder dem Bundesamt für Justiz anzuzeigen.

[3] Die zuständigen Behörden liefern dem Bundesamt für Justiz die zur Führung und Veröffentlichung einer Statistik über den Erwerb von Grundstücken durch Personen im Ausland notwendigen Angaben; das Bundesamt für Justiz erteilt den zuständigen Behörden Auskunft über Tatsachen, die für die Bewilligungspflicht oder die Bewilligung von Bedeutung sind.

5. Kapitel: Sanktionen

1. Abschnitt: Verwaltungsrecht

Art. 25   Widerruf der Bewilligung und nachträgliche Feststellung der Bewilligungspflicht[1]

[1] Die Bewilligung wird von Amtes wegen widerrufen, wenn der Erwerber sie durch unrichtige Angaben erschlichen hat oder eine Auflage trotz Mahnung nicht einhält.

[1bis] Die Bewilligungspflicht wird von Amtes wegen nachträglich festgestellt, wenn der Erwerber einer zuständigen Behörde, dem Grundbuchverwalter oder dem Handelsregisterführer über Tatsachen, die für die Bewilligungspflicht von Bedeutung sind, unrichtige oder unvollständige Angaben gemacht hat.[2]

[2] Sanktionen nach dem Ausländerrecht bleiben vorbehalten.

---

1   Fassung gemäss Ziff. I des BG vom 30. April 1997, in Kraft seit 1. Okt. 1997 (AS 1997 2086 2089; BBl 1997 II 1221).

2   Eingefügt durch Ziff. I des BG vom 30. April 1997, in Kraft seit 1. Okt. 1997 (AS 1997 2086 2089; BBl 1997 II 1221).

2. Abschnitt: Zivilrecht

Art. 26   Unwirksamkeit und Nichtigkeit

[1] Rechtsgeschäfte über einen Erwerb, für den der Erwerber einer Bewilligung bedarf, bleiben ohne rechtskräftige Bewilligung unwirksam.

[2] Sie werden nichtig, wenn:

a.   der Erwerber das Rechtsgeschäft vollzieht, ohne um die Bewilligung nachzusuchen oder bevor die Bewilligung in Rechtskraft tritt;

b.   die Bewilligungsbehörde die Bewilligung rechtskräftig verweigert oder widerrufen hat;

c.   der Grundbuchverwalter oder Handelsregisterführer die Anmeldung abweist, ohne dass die Bewilligungsbehörde die Bewilligung vorgängig verweigert hat;

d.   die Steigerungsbehörde den Zuschlag aufhebt, ohne dass die Bewilligungsbehörde die Bewilligung vorgängig verweigert hat.

[3] Unwirksamkeit und Nichtigkeit sind von Amtes wegen zu beachten.

[4] Sie haben zur Folge, dass:

a.   versprochene Leistungen nicht gefordert werden dürfen;

b.   Leistungen innerhalb eines Jahres zurückgefordert werden können, seit der Kläger Kenntnis von seinem Rückforderungsanspruch hat, oder innerhalb eines Jahres seit Abschluss eines Strafverfahrens, spätestens aber innerhalb von zehn Jahren seit die Leistung erbracht worden ist;

c.   von Amtes wegen auf Beseitigung eines rechtswidrigen Zustandes geklagt wird.

Art. 27   Beseitigung des rechtswidrigen Zustandes

[1] Die beschwerdeberechtigte kantonale Behörde oder, wenn diese nicht handelt, das Bundesamt für Justiz, klagt gegen die Parteien auf:[1]

a.   Wiederherstellung des ursprünglichen Zustandes, wenn ein Grundstück aufgrund eines mangels Bewilligung nichtigen Rechtsgeschäftes erworben wurde;

b.   Auflösung der juristischen Person mit Verfall ihres Vermögens an das Gemeinwesen im Falle von Artikel 57 Absatz 3 des Schweizerischen Zivilgesetzbuches[2].

[2] Erweist sich die Wiederherstellung des ursprünglichen Zustandes als unmöglich oder untunlich, so ordnet der Richter die öffentliche Versteigerung nach den Vorschriften über die Zwangsverwertung von Grundstücken an. Der Erwerber kann nur seine Gestehungskosten beanspruchen; ein Mehrerlös fällt dem Kanton zu.

---

1   Fassung gemäss Anhang Ziff. 4 des Gerichtsstandsgesetzes vom 24. März 2000, in Kraft seit 1. Jan. 2001 (SR 272).

2   SR 210

³ Die Klage auf Wiederherstellung des ursprünglichen Zustandes entfällt, wenn die Parteien ihn wieder hergestellt haben oder ein gutgläubiger Dritter das Grundstück erworben hat.

⁴ Beide Klagen sind anzubringen:

a. innerhalb eines Jahres seit einem rechtskräftigen Entscheid, der die Nichtigkeit bewirkt;

b. im übrigen innerhalb von zehn Jahren seit dem Erwerb, wobei die Klagefrist während eines Verwaltungsverfahrens ruht;

c. spätestens bis zur Verjährung der Strafverfolgung, wenn diese länger dauert.

⁵ Für den Schutz gutgläubig erworbener dinglicher Rechte und die Ersatzpflicht gilt Artikel 975 Absatz 2 des Schweizerischen Zivilgesetzbuches.

Abs. 1 und 2: BGE 113 II 450.

3. Abschnitt: Strafrecht

Art. 28   Umgehung der Bewilligungspflicht

¹ Wer vorsätzlich ein mangels Bewilligung nichtiges Rechtsgeschäft vollzieht oder als Erbe, der für den Erwerb der Bewilligung bedarf, nicht fristgerecht um diese nachsucht, wird mit Gefängnis oder mit Busse bis zu 100 000 Franken bestraft.

² Handelt der Täter gewerbsmässig, so ist die Strafe Gefängnis nicht unter sechs Monaten.

³ Handelt der Täter fahrlässig, so ist die Strafe Busse bis zu 50 000 Franken.

⁴ Stellt der Täter den ursprünglichen Zustand wieder her, so kann der Richter die Strafe mildern.

Abs. 1: BGE 123 IV 167.

Art. 29   Unrichtige Angaben

¹ Wer vorsätzlich einer zuständigen Behörde, dem Grundbuchverwalter oder dem Handelsregisterführer über Tatsachen, die für die Bewilligungspflicht oder für die Bewilligung von Bedeutung sind, unrichtige oder unvollständige Angaben macht oder einen Irrtum dieser Behörden arglistig benutzt, wird mit Gefängnis oder mit Busse bis zu 100 000 Franken bestraft.[1]

² Wer fahrlässig unrichtige oder unvollständige Angaben macht, wird mit Busse bis zu 50 000 Franken bestraft.

BGE 114 IV 67.

---

1   Fassung gemäss Ziff. I des BG vom 30. April 1997, in Kraft seit 1. Okt. 1997 (AS 1997 2086 2089; BBl 1997 II 1221).

Art. 30   Missachtung von Auflagen

[1] Wer vorsätzlich eine Auflage missachtet, wird mit Gefängnis oder mit Busse bis zu 100 000 Franken bestraft.

[2] Handelt der Täter fahrlässig, so ist die Strafe Busse bis zu 50 000 Franken.

[3] Wird die Auflage nachträglich widerrufen oder kommt der Täter nachträglich der Auflage nach, so ist die Strafe Busse bis zu 20 000 Franken.

[4] Bis zur rechtskräftigen Erledigung eines Verfahrens auf Widerruf der Auflage darf der Strafrichter nicht urteilen.

Art. 31   Verweigerung von Auskunft oder Edition

Wer sich weigert, der Auskunfts- oder Editionspflicht nachzukommen, die ihm die zuständige Behörde unter Hinweis auf die Strafandrohung dieses Artikels auferlegt, wird mit Haft oder mit Busse bis zu 50 000 Franken bestraft. Er bleibt straflos, wenn er sich auf ein Berufsgeheimnis nach Artikel 321 des Strafgesetzbuches[1] berufen kann.

> BGE 114 IV 67.

Art. 32   Verjährung

[1] Die Strafverfolgung verjährt:

a.   in zwei Jahren für die Verweigerung von Auskunft oder Edition;

b.   in fünf Jahren für andere Übertretungen;

c.   in zehn Jahren für Vergehen.

[2] Die Strafe für eine Übertretung verjährt in fünf Jahren.

Art. 33   Einziehung unrechtmässiger Vermögensvorteile

[1] Wer durch eine Widerhandlung einen unrechtmässigen Vorteil erlangt, der nicht auf Klage hin beseitigt wird, ist bis zur Verjährung der Strafverfolgung ohne Rücksicht auf die Strafbarkeit einer bestimmten Person zu verpflichten, einen entsprechenden Betrag an den Kanton zu zahlen.

[2] Geschenke und andere Zuwendungen verfallen nach Artikel 59 des Strafgesetzbuches[2].

Art. 34   Widerhandlungen im Geschäftsbetrieb

Für Widerhandlungen im Geschäftsbetrieb gelten die Artikel 6 und 7 des Bundesgesetzes vom 22. März 1974[3] über das Verwaltungsstrafrecht sinngemäss.

---

1   SR 311.0. Heute: nach Art. 321 und 321bis.

2   SR 311.0. Heute: nach Art. 321 und 321bis.

3   SR 313.0

Art. 35   Strafverfolgung

[1] Die Strafverfolgung obliegt den Kantonen.

[2] Jede Einleitung eines Strafverfahrens, alle Einstellungsbeschlüsse, Strafbescheide und Strafurteile sind ohne Verzug und unentgeltlich der Bundesanwaltschaft mitzuteilen; diese kann jederzeit Auskunft über den Stand eines hängigen Strafverfahrens verlangen.

[3] Die Artikel 258 und 259 des Bundesgesetzes vom 15. Juni 1934[1] über die Bundesstrafrechtspflege sind anwendbar.

6. Kapitel: Schlussbestimmungen

Art. 36   Ausführungsbestimmungen

[1] Der Bundesrat und die Kantone erlassen die notwendigen Ausführungsbestimmungen.

[2] Die Kantone können ausser ihren notwendigen Ausführungsbestimmungen auch ergänzende gesetzliche Bestimmungen, zu deren Erlass dieses Gesetz sie ermächtigt, vorläufig durch nicht referendumspflichtige Verordnung erlassen; diese Verordnungen bleiben bis zum Erlass gesetzlicher Bestimmungen in Kraft, längstens jedoch für die Dauer von drei Jahren seit dem Inkrafttreten dieses Gesetzes.

[3] Die Bestimmungen, welche die Kantone und die Gemeinden erlassen, sind dem Bundesamt für Justiz zur Kenntnis zu bringen.[2]

> Abs. 1: Verordnung des Bundesrates über den Erwerb von Grundstücken durch Personen im Ausland, vom 1. Oktober 1984 (SR 211.412.411).

Art. 37   Aufhebung und Änderung anderer Erlasse

[1] Der Bundesbeschluss vom 23. März 1961[3] über den Erwerb von Grundstücken durch Personen im Ausland wird aufgehoben.

[2] Das Bundesgesetz vom 23. Juni 1950[4] über den Schutz militärischer Anlagen wird wie folgt geändert:

Art. 3 Abs. 1bis[5]

...

---

1   SR 312.0
2   Fassung gemäss Ziff. I des BG vom 8. Okt. 2004, in Kraft seit 1. April 2005 (AS 2005 1337 1339; BBL 2003 4357).
3   [AS 1961 203, 1965 1239, 1970 1199, 1974 83, 1977 1689 Ziff. II, 1982 1914]
4   SR 510.518
5   Dieser Abs. wurde inzwischen wieder aufgehoben.

Art. 38   Übergangsbestimmung

Dieses Gesetz und die gestützt darauf erlassenen Ausführungsbestimmungen sind auf Bewilligungen anwendbar, die nach dem Inkrafttreten dieses Gesetzes in erster Instanz erteilt werden, soweit sie nicht auf rechtskräftigen Grundsatzbewilligungen nach dem früheren Recht[1] beruhen.

Art. 39   Bewilligungskontingente

Der Bundesrat setzt für die erste Periode von zwei Jahren die gesamtschweizerische Höchstzahl an Bewilligungen für Ferienwohnungen und Wohneinheiten in Apparthotels auf höchstens zwei Drittel der Bewilligungen fest, die im Durchschnitt der fünf letzten Jahre vor Inkrafttreten dieses Gesetzes für den Erwerb von Zweitwohnungen im Sinne des früheren Rechts erteilt worden sind.

Art. 40   Referendum und Inkrafttreten

[1] Dieses Gesetz untersteht dem fakultativen Referendum.

[2] Es tritt am 1. Januar 1985 in Kraft, wenn die Volksinitiative «gegen den Ausverkauf der Heimat» vor diesem Zeitpunkt zurückgezogen oder verworfen wird.[2] Andernfalls bestimmt der Bundesrat das Inkrafttreten.

> Abs. 2: Die Initiative wurde verworfen.

Schlussbestimmungen der Änderung vom 30. April 1997[3]

[1] Die Änderung dieses Gesetzes ist auf Rechtsgeschäfte anwendbar, die vor dem Inkrafttreten dieser Änderung abgeschlossen, aber noch nicht vollzogen worden oder noch nicht rechtskräftig entschieden sind.

[2] An eine Bewilligung geknüpfte Auflagen fallen von Gesetzes wegen dahin, wenn das neue Recht sie nicht mehr vorschreibt oder es den Erwerb nicht mehr der Bewilligungspflicht unterstellt; ihre Löschung im Grundbuch erfolgt auf Antrag des Erwerbers.

[3] Kann der Grundbuchverwalter nicht ohne weiteres feststellen, ob eine Auflage von Gesetzes wegen dahingefallen ist, verweist er den Anmeldenden an die Bewilligungsbehörde; Artikel 18 Absatz 1 ist sinngemäss anwendbar.

---

1   [AS 1972 1062. AS 1974 94 Art. 26]
      [AS 1974 109, 1975 1303, 1976 607. AS 1976 2389 Art. 5 Abs. 3]
      [AS 1976 2389, 1979 806, 1980 1875, 1981 2070, 1982 2235, 1983 1614]
2   Die Initiative wurde am 20. Mai 1984 verworfen (BBl 1984 II 989).
3   AS 1997 2086; BBl 1997 II 1221

Schlussbestimmungen der Änderung vom 8. Oktober 1999[1]

Die Schlussbestimmungen der Änderung vom 30. April 1997[2] gelten für diese Änderung analog.

Schlussbestimmungen der Änderung vom 14. Dezember 2001[3]

Die vorliegende Änderung ist anwendbar auf Rechtsakte, die zwar vor dem Inkrafttreten dieser Änderung abgeschlossen, aber noch nicht ausgeführt oder nicht von einer in Kraft getretenen Entscheidung erfasst worden sind.

1   AS 2002 701; BBl 1999 6128
2   AS 1997 2086
3   AS 2002 685; BBl 2001 4963

Nr. 4 **Bundesgesetz über die Produktehaftpflicht (Produktehaftpflichtgesetz, PrHG)**

vom 18. Juni 1993 (Stand am 1. Juli 2007)

SR 221.112.944

Die Bundesversammlung der Schweizerischen Eidgenossenschaft,

gestützt auf Artikel 64 der Bundesverfassung[1],
nach Einsicht in die Botschaft des Bundesrates vom 24. Februar 1993[2],

beschliesst:

Art. 1 Grundsatz

[1] Die herstellende Person (Herstellerin)[3] haftet für den Schaden, wenn ein fehlerhaftes Produkt dazu führt, dass:

a. eine Person getötet oder verletzt wird;

b. eine Sache beschädigt oder zerstört wird, die nach ihrer Art gewöhnlich zum privaten Gebrauch oder Verbrauch bestimmt und vom Geschädigten[4] hauptsächlich privat verwendet worden ist.

[2] Die Herstellerin haftet nicht für den Schaden am fehlerhaften Produkt.

Art. 2 Herstellerin

[1] Als Herstellerin im Sinne dieses Gesetzes gilt:

a. die Person, die das Endprodukt, einen Grundstoff oder ein Teilprodukt hergestellt hat;

b. jede Person, die sich als Herstellerin ausgibt, indem sie ihren Namen, ihr Warenzeichen oder ein anderes Erkennungszeichen auf dem Produkt anbringt;

c. jede Person, die ein Produkt zum Zweck des Verkaufs, der Vermietung, des Mietkaufs oder einer andern Form des Vertriebs im Rahmen ihrer geschäftlichen Tätigkeit einführt; dabei bleiben abweichende Bestimmungen in völkerrechtlichen Verträgen vorbehalten.

[2] Kann die Herstellerin des Produkts nicht festgestellt werden, so gilt jede Person als Herstellerin, welche das Produkt geliefert hat, sofern sie dem Geschädigten nach einer

---

1   AS 1993 3122
     [BS 1 3]
2   BBl 1993 I 805
3   Die Personenbezeichnung ist weiblich, weil sie sich nach dem grammatischen Geschlecht des voranstehenden Substantivs richtet.
4   Da es sich um einen feststehenden Rechtsbegriff handelt, wird dem Grundsatz der sprachlichen Gleichbehandlung nicht Rechnung getragen.

entsprechenden Aufforderung nicht innerhalb einer angemessenen Frist die Herstellerin oder die Person nennt, die ihr das Produkt geliefert hat.

[3] Absatz 2 gilt auch für Produkte, bei denen nicht festgestellt werden kann, wer sie eingeführt hat, selbst wenn der Name der Herstellerin angegeben ist.

Art. 3   Produkt

[1] Als Produkte im Sinne dieses Gesetzes gelten:

a.   jede bewegliche Sache, auch wenn sie einen Teil einer anderen beweglichen Sache oder einer unbeweglichen Sache bildet, und

b.   Elektrizität.

[2] Landwirtschaftliche Bodenerzeugnisse sowie Tierzucht-, Fischerei- und Jagderzeugnisse gelten nur als Produkte:

a.   vom Zeitpunkt der ersten Verarbeitung an; oder

b.   vom Zeitpunkt des Inverkehrbringens an, wenn es sich um Tiere handelt, deren Organe, Gewebe oder Zellen oder daraus hergestellte Transplantatprodukte zur Transplantation auf den Menschen bestimmt sind.[1]

Art. 4   Fehler

[1] Ein Produkt ist fehlerhaft, wenn es nicht die Sicherheit bietet, die man unter Berücksichtigung aller Umstände zu erwarten berechtigt ist; insbesondere sind zu berücksichtigen:

a.   die Art und Weise, in der es dem Publikum präsentiert wird;

b.   der Gebrauch, mit dem vernünftigerweise gerechnet werden kann;

c.   der Zeitpunkt, in dem es in Verkehr gebracht wurde.

[2] Ein Produkt ist nicht allein deshalb fehlerhaft, weil später ein verbessertes Produkt in Verkehr gebracht wurde.

   BGE 133 III 81 (Beweis).

Art. 5   Ausnahmen von der Haftung

[1] Die Herstellerin haftet nicht, wenn sie beweist, dass:

a.   sie das Produkt nicht in Verkehr gebracht hat;

b.   nach den Umständen davon auszugehen ist, dass der Fehler, der den Schaden verursacht hat, noch nicht vorlag, als sie das Produkt in Verkehr brachte;

c.   sie das Produkt weder für den Verkauf oder eine andere Form des Vertriebs mit wirtschaftlichem Zweck hergestellt noch im Rahmen ihrer beruflichen Tätigkeit hergestellt oder vertrieben hat;

   1   Fassung gemäss Art. 73 Ziff. 1 des Transplantationsgesetzes vom 8. Okt. 2004, in Kraft seit 1. Juli 2007 (SR 810.21).

d. der Fehler darauf zurückzuführen ist, dass das Produkt verbindlichen, hoheitlich erlassenen Vorschriften entspricht;

e. der Fehler nach dem Stand der Wissenschaft und Technik im Zeitpunkt, in dem das Produkt in Verkehr gebracht wurde, nicht erkannt werden konnte.

1bis Die Ausnahme von der Haftung nach Absatz 1 Buchstabe e gilt nicht für tierische Organe, Gewebe oder Zellen oder daraus hergestellte Transplantatprodukte, die zur Transplantation auf den Menschen bestimmt sind.[1]

2 Die Herstellerin eines Grundstoffs oder eines Teilprodukts haftet ferner nicht, wenn sie beweist, dass der Fehler durch die Konstruktion des Produkts, in das der Grundstoff oder das Teilprodukt eingearbeitet wurde, oder durch die Anleitungen der Herstellerin dieses Produkts verursacht worden ist.

Art. 6   Selbstbehalt bei Sachschäden

1 Der Geschädigte muss Sachschäden bis zur Höhe von 900 Franken selber tragen.

2 Der Bundesrat kann den Betrag gemäss Absatz 1 den veränderten Verhältnissen anpassen.

Art. 7   Solidarhaftung

Sind für den Schaden, der durch ein fehlerhaftes Produkt verursacht worden ist, mehrere Personen ersatzpflichtig, so haften sie solidarisch.

Art. 8   Wegbedingung der Haftung

Vereinbarungen, welche die Haftpflicht nach diesem Gesetz gegenüber dem Geschädigten beschränken oder wegbedingen, sind nichtig.

Art. 9   Verjährung

Ansprüche nach diesem Gesetz verjähren drei Jahre nach dem Tag, an dem der Geschädigte Kenntnis vom Schaden, dem Fehler und von der Person der Herstellerin erlangt hat oder hätte erlangen müssen.

Art. 10   Verwirkung

1 Ansprüche nach diesem Gesetz verwirken zehn Jahre nach dem Tag, an dem die Herstellerin das Produkt, das den Schaden verursacht hat, in Verkehr gebracht hat.

2 Die Verwirkungsfrist gilt als gewahrt, wenn gegen die Herstellerin binnen zehn Jahren geklagt wird.

---

1   Eingefügt durch Art. 73 Ziff. 1 des Transplantationsgesetzes vom 8. Okt. 2004, in Kraft seit 1. Juli 2007 (SR 810.21).

Art. 11 Verhältnis zu anderen Bestimmungen des eidgenössischen oder kantonalen Rechts

[1] Soweit dieses Gesetz nichts anderes vorsieht, gelten die Bestimmungen des Obligationenrechts[1].

[2] Schadenersatzansprüche aufgrund des Obligationenrechts oder anderer Bestimmungen des eidgenössischen oder des kantonalen öffentlichen Rechts bleiben dem Geschädigten gewahrt.

[3] Dieses Gesetz ist nicht anwendbar auf Schäden infolge eines nuklearen Zwischenfalls. Abweichende Bestimmungen in völkerrechtlichen Verträgen sind vorbehalten.

Art. 12 Änderung bisherigen Rechts

Das Kernenergiehaftpflichtgesetz vom 18. März 1983[2] wird wie folgt geändert:
Art. 2 Abs. 1 Bst. b und c
...[3]

Art. 13 Übergangsbestimmung

Dieses Gesetz gilt nur für Produkte, die nach seinem Inkrafttreten in Verkehr gebracht wurden.

Art. 14 Referendum und Inkrafttreten

[1] Dieses Gesetz untersteht dem fakultativen Referendum.
[2] Der Bundesrat bestimmt das Inkrafttreten.

Datum des Inkrafttretens: 1. Januar 1994[4]

---

1   SR 220
2   SR 732.44
3   Text eingefügt im genannten BG.
4   BRB vom 25. Nov. 1993 (AS 1993 3125).

Nr. 5 Verordnung über die Miete und Pacht von Wohn- und Geschäftsräumen (VMWG)

vom 9. Mai 1990 (Stand am 1. Januar 2008)

SR 221.213.11

Der Schweizerische Bundesrat,

gestützt auf Artikel 253*a* Absatz 3 des Obligationenrechts (OR)[1],

verordnet:

Art. 1   Geltungsbereich
(Art. 253*a* Abs. 1 OR)

Als Sachen, die der Vermieter dem Mieter zusammen mit Wohn- und Geschäftsräumen zum Gebrauch überlässt, gelten insbesondere Mobilien, Garagen, Autoeinstell- und Abstellplätze sowie Gärten.

Art. 2   Ausnahmen
(Art. 253, Abs. 2, 253*b* Abs. 2 und 3 OR)

[1] Für luxuriöse Wohnungen und Einfamilienhäuser mit sechs oder mehr Wohnräumen (ohne Anrechnung der Küche) gilt der 2. Abschnitt des Achten Titels des OR (Art. 269–270*e*) nicht.

[2] Für Wohnungen, deren Bereitstellung von der öffentlichen Hand gefördert wurde und deren Mietzinse durch eine Behörde kontrolliert werden, gelten nur die Artikel 253–268*b*, 269, 269*d* Absatz 3, 270*e* und 271–274*g* OR sowie die Artikel 3–10 und 20–23 dieser Verordnung.

Art. 3   Koppelungsgeschäfte
(Art. 254 OR)

Als Koppelungsgeschäft im Sinne von Artikel 254 OR gilt insbesondere die Verpflichtung des Mieters, die Mietsache, Möbel oder Aktien zu kaufen oder einen Versicherungsvertrag abzuschliessen.

---

1   AS 1990 835
     SR 220

Art. 4   Nebenkosten im allgemeinen
(Art. 257*a* OR)

[1] Erhebt der Vermieter die Nebenkosten aufgrund einer Abrechnung, muss er diese jährlich mindestens einmal erstellen und dem Mieter vorlegen.

[2] Erhebt er sie pauschal, muss er auf Durchschnittswerte dreier Jahre abstellen.

[3] Die für die Erstellung der Abrechnung entstehenden Verwaltungskosten dürfen nach Aufwand oder im Rahmen der üblichen Ansätze angerechnet werden.[1]

Art. 5   Anrechenbare Heizungs- und Warmwasserkosten
(Art. 257*b* Abs. 1 OR)

[1] Als Heizungs- und Warmwasserkosten anrechenbar sind die tatsächlichen Aufwendungen, die mit dem Betrieb der Heizungsanlage oder der zentralen Warmwasseraufbereitungsanlage direkt zusammenhängen.

[2] Darunter fallen insbesondere die Aufwendungen für:

a.   die Brennstoffe und die Energie, die verbraucht wurden;

b.   die Elektrizität zum Betrieb von Brennern und Pumpen;

c.   die Betriebskosten für Alternativenergien;

d.   die Reinigung der Heizungsanlage und des Kamins, das Auskratzen, Ausbrennen und Einölen der Heizkessel sowie die Abfall- und Schlackenbeseitigung;

e.   die periodische Revision der Heizungsanlage einschliesslich des Öltanks sowie das Entkalken der Warmwasseranlage, der Boiler und des Leitungsnetzes;

f.   die Verbrauchserfassung und den Abrechnungsservice für die verbrauchsabhängige Heizkostenabrechnung sowie den Unterhalt der nötigen Apparate;

g.   die Wartung;

h.   die Versicherungsprämien, soweit sie sich ausschliesslich auf die Heizungsanlage beziehen;

i.   die Verwaltungsarbeit, die mit dem Betrieb der Heizungsanlage zusammenhängt.

[3] Die Kosten für die Wartung und die Verwaltung dürfen nach Aufwand oder im Rahmen der üblichen Ansätze angerechnet werden.

Art. 6   Nicht anrechenbare Heizungs- und Warmwasserkosten
(Art. 257*b* Abs. 1 OR)

Nicht als Heizungs- und Warmwasseraufbereitungskosten anrechenbar sind die Aufwendungen für:

a.   die Reparatur und Erneuerung der Anlagen;

b.   die Verzinsung und Abschreibung der Anlagen.

---

1   Eingefügt durch Ziff. I der V vom 26. Juni 1996, in Kraft seit 1. Aug. 1996 (AS 1996 2120).

Art. 6a[1]   Energiebezug von einer ausgelagerten Zentrale

Bezieht der Vermieter Heizenergie oder Warmwasser aus einer nicht zur Liegenschaft gehörenden Zentrale, die nicht Teil der Anlagekosten ist, kann er die tatsächlich anfallenden Kosten in Rechnung stellen.

Art. 7   Nicht vermietete Wohn- und Geschäftsräume
         (Art. 257*b* Abs. 1 OR)

[1] Die Heizungskosten für nicht vermietete Wohn- und Geschäftsräume trägt der Vermieter.

[2] Sind keine Geräte zur Erfassung des Wärmeverbrauchs der einzelnen Verbraucher installiert und wurden nicht vermietete Wohn- und Geschäftsräume nachweisbar nur soweit geheizt, als dies zur Verhinderung von Frostschäden notwendig ist, muss der Vermieter nur einen Teil der Heizungskosten übernehmen, die nach dem normalen Verteilungsschlüssel auf Wohn- und Geschäftsräume entfallen. Dieser Teil beträgt in der Regel:

a.   ein Drittel für Zwei- bis Dreifamilienhäuser;

b.   die Hälfte für Vier- bis Achtfamilienhäuser;

c.   zwei Drittel für grössere Gebäude sowie für Büro- und Geschäftshäuser.

Art. 8   Abrechnung
         (Art. 257*b* OR)

[1] Erhält der Mieter mit der jährlichen Heizungskostenrechnung nicht eine detaillierte Abrechnung und Aufteilung der Heizungs- und Warmwasseraufbereitungskosten, so ist auf der Rechnung ausdrücklich darauf hinzuweisen, dass er die detaillierte Abrechnung verlangen kann.

[2] Der Mieter oder sein bevollmächtigter Vertreter ist berechtigt, die sachdienlichen Originalunterlagen einzusehen und über den Anfangs- und Endbestand von Heizmaterialien Auskunft zu verlangen.

Art. 9   Kündigungen
         (Art. 266/Abs. 2 OR)

[1] Das Formular für die Mitteilung der Kündigung im Sinne von Artikel 266/Absatz 2 OR muss enthalten:

a.   die Bezeichnung des Mietgegenstandes, auf welchen sich die Kündigung bezieht;

b.   den Zeitpunkt, auf den die Kündigung wirksam wird;

c.   den Hinweis, dass der Vermieter die Kündigung auf Verlangen des Mieters begründen muss;

---

[1]   Eingefügt durch Ziff. I der V vom 26. Juni 1996, in Kraft seit 1. Aug. 1996 (AS 1996 2120).

d. die gesetzlichen Voraussetzungen der Anfechtung der Kündigung und der Erstreckung des Mietverhältnisses (Art. 271–273 OR);

e. das Verzeichnis der Schlichtungsbehörden und ihre örtliche Zuständigkeit.

2 Die Kantone sorgen dafür, dass in den Gemeinden Formulare in genügender Zahl zur Verfügung stehen. Sie können zu diesem Zweck eigene Formulare in den Gemeindekanzleien auflegen.

Art. 10 Offensichtlich übersetzter Kaufpreis
(Art. 269 OR)

Als offensichtlich übersetzt im Sinne von Artikel 269 OR gilt ein Kaufpreis, der den Ertragswert einer Liegenschaft, berechnet auf den orts- oder quartierüblichen Mietzinsen für gleichartige Objekte, erheblich übersteigt.

Art. 11 Orts- und quartierübliche Mietzinse
(Art. 269*a* Bst. a OR)

1 Massgeblich für die Ermittlung der orts- und quartierüblichen Mietzinse im Sinne von Artikel 269*a* Buchstabe a OR sind die Mietzinse für Wohn- und Geschäftsräume, die nach Lage, Grösse, Ausstattung, Zustand und Bauperiode mit der Mietsache vergleichbar sind.

2 Bei Geschäftsräumen kann der Vergleich im Sinne von Artikel 269*a* Buchstabe a OR mit den quartierüblichen Quadratmeterpreisen gleichartiger Objekte erfolgen.

3 Ausser Betracht fallen Mietzinse, die auf einer Marktbeherrschung durch einen Vermieter oder eine Vermietergruppe beruhen.

4 Amtliche Statistiken sind zu berücksichtigen.

Abs. 1: BGE 123 III 317.

Art. 12 Kostensteigerungen
(Art. 269*a* Bst. b OR)

1 Als Kostensteigerungen im Sinne von Artikel 269a Buchstabe b OR gelten insbesondere Erhöhungen des Hypothekarzinssatzes, der Gebühren, Objektsteuern, Baurechtszinse, Versicherungsprämien sowie Erhöhungen der Unterhaltskosten.[1]

2 Aus Handänderungen sich ergebende Kosten gelten als Teil der Erwerbskosten und nicht als Kostensteigerungen.

BGE 118 II 45 (Hypothekarzins).

---

1 Fassung gemäss Ziff. I der V vom 28. Nov. 2007, in Kraft per 1. Jan. 2008 (AS 2007 7021).

Art. 12a[1] Referenzzinssatz für Hypotheken

[1] Für Mietzinsanpassungen aufgrund von Änderungen des Hypothekarzinssatzes gilt ein Referenzzinssatz. Dieser stützt sich auf den vierteljährlich erhobenen, volumengewichteten Durchschnittszinssatz für inländische Hypothekarforderungen und wird in Viertelprozenten festgesetzt. Er wird vom Eidgenössischen Volkswirtschaftsdepartement (EVD) bekannt gegeben.

[2] Sobald sich der Durchschnittszinssatz für inländische Hypothekarforderungen um 0.25 Prozentpunkte verändert hat, gibt das EVD den neuen Referenzzinssatz bekannt.

[3] Das EVD kann für den technischen Vollzug der Datenerhebung und die Berechnung des Durchschnittszinssatzes für inländische Hypothekarforderungen Dritte beiziehen.

[4] Es erlässt Bestimmungen über die technische Definition, Erhebung und Veröffentlichung des Durchschnittszinssatzes für inländische Hypothekarforderungen gemäss Absatz 1. Die Banken müssen dem EVD die notwendigen Daten melden.

Art. 13 Hypothekarzinse
(Art. 269*a* Bst. b OR)

[1] Eine Hypothekarzinserhöhung von einem Viertel Prozent berechtigt in der Regel zu einer Mietzinserhöhung von höchstens:

a. 2 Prozent bei Hypothekarzinssätzen von mehr als 6 Prozent;

b. 2,5 Prozent bei Hypothekarzinssätzen zwischen 5 und 6 Prozent;

c. 3 Prozent bei Hypothekarzinssätzen von weniger als 5 Prozent.

Bei Hypothekarzinssenkungen sind die Mietzinse entsprechend herabzusetzen oder die Einsparungen mit inzwischen eingetretenen Kostensteigerungen zu verrechnen.

[2] Bei Zahlungsplänen im Sinne von Artikel 269*a* Buchstabe d und Rahmenmietverträgen im Sinne von Artikel 269*a* Buchstabe f OR gelten bei Hypothekarzinsänderungen stattdessen die für solche Fälle vereinbarten Regelungen.

[3] Wird unter Verzicht auf Quartierüblichkeit und Teuerungsausgleich dauernd mit der reinen Kostenmiete gerechnet, so kann der Mietzins bei Hypothekarzinserhöhungen im Umfang der Mehrbelastung für das gesamte investierte Kapital erhöht werden.

[4] Bei Mietzinsanpassungen infolge von Hypothekarzinsänderungen ist im übrigen zu berücksichtigen, ob und inwieweit frühere Hypothekarzinsänderungen zu Mietzinsanpassungen geführt haben.

BGE 118 II 45.

---

1 Eingefügt durch Ziff. I der V vom 28. Nov. 2007, in Kraft per 1. Jan. 2008 (AS 2007 7021).

Art. 14[1]   Mehrleistungen des Vermieters
(Art. 269*a* Bst. b OR)

[1] Als Mehrleistungen im Sinne von Artikel 269a Buchstabe b OR gelten Investitionen für wertvermehrende Verbesserungen, die Vergrösserung der Mietsache sowie zusätzliche Nebenleistungen. Die Kosten umfassender Überholungen gelten in der Regel zu 50–70 Prozent als wertvermehrende Investitionen.

[2] Als Mehrleistungen gelten auch die folgenden energetischen Verbesserungen:

a.   Massnahmen zur Verminderung der Energieverluste der Gebäudehülle;

b.   Massnahmen zur rationelleren Energienutzung;

c.   Massnahmen zur Verminderung der Emissionen bei haustechnischen Anlagen;

d.   Massnahmen zum Einsatz erneuerbarer Energien;

e.   der Ersatz von Haushaltgeräten mit grossem Energieverbrauch durch Geräte mit geringerem Verbrauch.

[3] Als Mehrleistung kann nur der Teil der Kosten geltend gemacht werden, der die Kosten zur Wiederherstellung oder Erhaltung des ursprünglichen Zustandes übersteigt.

[4] Mietzinserhöhungen wegen wertvermehrender Investitionen und energetischer Verbesserungen sind nicht missbräuchlich, wenn sie den angemessenen Satz für Verzinsung, Amortisation und Unterhalt der Investition nicht überschreiten.

[5] Mietzinserhöhungen wegen wertvermehrender Investitionen und energetischer Verbesserungen dürfen erst angezeigt werden, wenn die Arbeiten ausgeführt sind und die sachdienlichen Belege vorliegen. Bei grösseren Arbeiten sind gestaffelte Mietzinserhöhungen nach Massgabe bereits erfolgter Zahlungen zulässig.

Abs. 4: BGE 118 II 415.

Art. 15   Bruttorendite
(Art. 269*a* Bst. c OR)

[1] Die Bruttorendite im Sinne von Artikel 269*a* Buchstabe c OR wird auf den Anlagekosten berechnet.

[2] Ausser Betracht fallen offensichtlich übersetzte Land-, Bau- und Erwerbskosten.

Art. 16   Teuerungsausgleich
(Art. 269*a* Bst. e OR)

Zum Ausgleich der Teuerung auf dem risikotragenden Kapital im Sinne von Artikel 269*a* Buchstabe e OR darf der Mietzins um höchstens 40 Prozent der Steigerung des Landesindexes der Konsumentenpreise erhöht werden.

---

1   Fassung gemäss Ziff. I der V vom 28. Nov. 2007, in Kraft per 1. Jan. 2008 (AS 2007 7021).

Art. 17 Indexierte Mietzinse[1]

[1] Haben die Parteien für die Miete einer Wohnung einen indexierten Mietzins vereinbart, darf die jeweilige Mietzinserhöhung die Zunahme des Landesindexes der Konsumentenpreise nicht übersteigen.[2]

[2] Bei einer Senkung des Landesindexes ist der Mietzins entsprechend anzupassen.

[3] Mietzinserhöhungen gestützt auf den Landesindex der Konsumentenpreise können unter Einhaltung einer Frist von mindestens 30 Tagen auf ein Monatsende angekündigt werden.[3]

[4] Ein Mietvertrag ist im Sinne von Artikel 269b OR für fünf Jahre abgeschlossen, wenn der Vertrag durch den Vermieter für die Dauer von mindestens fünf Jahren nicht gekündigt werden kann.[4]

Abs. 1: Übergangsbestimmung: Die Vereinbarung einer vollen Indexierung nach Art. 17 Abs. 1 vor dem Inkrafttreten dieser Verordnungsänderung ist möglich, soweit sie erst nach dem Inkrafttreten (1. August 1996) wirksam wird.

Art. 18 Unvollständige Mietzinsanpassung

Macht der Vermieter die ihm zustehende Mietzinsanpassung nicht vollständig geltend, hat er diesen Vorbehalt in Franken oder in Prozenten des Mietzinses festzulegen.

Art. 19 Formular zur Mitteilung von Mietzinserhöhungen und anderen einseitigen Vertragsänderungen (Art. 269d OR)

[1] Das Formular für die Mitteilung von Mietzinserhöhungen und anderen einseitigen Vertragsänderungen im Sinne von Artikel 269*d* OR muss enthalten:

a.[5] Für Mietzinserhöhungen:

1. den bisherigen Mietzins und die bisherige Belastung des Mieters für Nebenkosten;

2. den neuen Mietzins und die neue Belastung des Mieters für Nebenkosten;

3. den Zeitpunkt, auf den die Erhöhung in Kraft tritt;

4. die klare Begründung der Erhöhung. Werden mehrere Erhöhungsgründe geltend gemacht, so sind diese je in Einzelbeträgen auszuweisen.

b. Für andere einseitige Vertragsänderungen:

1. die Umschreibung dieser Forderung;

---

1 Fassung gemäss Ziff. I der V vom 28. Nov. 2007, in Kraft per 1. Jan. 2008 (AS 2007 7021).
2 Fassung gemäss Ziff. I der V vom 26. Juni 1996, in Kraft seit 1. Aug. 1996 (AS 1996 2120). Siehe auch die SchlB dieser Änd. am Ende der vorliegenden V.
3 Eingefügt durch Ziff. I der V vom 28. Nov. 2007, in Kraft per 1. Jan. 2008 (AS 2007 7021).
4 Eingefügt durch Ziff. I der V vom 28. Nov. 2007, in Kraft per 1. Jan. 2008 (AS 2007 7021).
5 Fassung gemäss Ziff. I der V vom 26. Juni 1996, in Kraft seit 1. Aug. 1996 (AS 1996 2120).

2. den Zeitpunkt, auf den sie wirksam wird;

3. die klare Begründung dieser Forderung.

c. Für beide Fälle:

1. die gesetzlichen Voraussetzungen der Anfechtung;

2. das Verzeichnis der Schlichtungsbehörden und ihre örtliche Zuständigkeit.

[1bis] Erfolgt die Begründung in einem Begleitschreiben, so hat der Vermieter im Formular ausdrücklich darauf hinzuweisen.[1]

[2] Die Absätze 1 und 1bis gelten ferner sinngemäss, wenn der Vermieter den Mietzins einem vereinbarten Index anpasst oder ihn aufgrund der vereinbarten Staffelung erhöht. Bei indexgebundenen Mietverhältnissen darf die Mitteilung frühestens nach der öffentlichen Bekanntgabe des neuen Indexstandes erfolgen. Bei gestaffelten Mietzinsen darf die Mitteilung frühestens vier Monate vor Eintritt jeder Mietzinserhöhung erfolgen. Die Kantone können als rechtsgenügendes Formular in diesem Fall die Kopie der Mietzinsvereinbarung bezeichnen.[2]

[3] Die Absätze 1 und 1bis sind sinngemäss anzuwenden, wenn die Kantone im Sinne von Artikel 270 Absatz 2 des Obligationenrechts die Verwendung des Formulars beim Abschluss eines neuen Mietvertrags obligatorisch erklären.[3]

[4] Die Kantone sorgen dafür, dass in den Gemeinden Formulare in genügender Zahl zur Verfügung stehen. Sie können zu diesem Zweck eigene Formulare in den Gemeindekanzleien auflegen.

Art. 20   Begründungspflicht des Vermieters
(Art. 269*d* Abs. 2 und 3 OR)

[1] Bei Mietzinserhöhungen wegen Kostensteigerungen oder wegen wertvermehrenden Verbesserungen des Vermieters kann der Mieter verlangen, dass der geltend gemachte Differenzbetrag zahlenmässig begründet wird. Die 30tägige Anfechtungsfrist wird dadurch nicht berührt.

[2] Im Schlichtungsverfahren kann der Mieter verlangen, dass für alle geltend gemachten Gründe der Mietzinserhöhung die sachdienlichen Belege vorgelegt werden.

Art. 21   Aufgaben der Schlichtungsbehörden
(Art. 274*a* Abs. 1 und 274*e* OR)

[1] Die Schlichtungsbehörden haben im Schlichtungsverfahren eine Einigung der Parteien anzustreben, die sich auf das gesamte Mietverhältnis (Höhe des Mietzinses, Dauer des Vertrags, Kündigungsfrist usw.) erstreckt. Der Inhalt der Abmachungen ist schriftlich festzuhalten und jeder Partei auszuhändigen.

---

1   Eingefügt durch Ziff. I der V vom 26. Juni 1996, in Kraft seit 1. Aug. 1996 (AS 1996 2120).

2   Fassung gemäss Ziff. I der V vom 26. Juni 1996, in Kraft seit 1. Aug. 1996 (AS 1996 2120).

3   Fassung gemäss Ziff. I der V vom 26. Juni 1996, in Kraft seit 1. Aug. 1996 (AS 1996 2120).

2 Die Schlichtungsbehörden sind verpflichtet, Mieter und Vermieter ausserhalb eines Anfechtungsverfahrens, insbesondere vor Abschluss eines Mietvertrags, zu beraten. Sie haben namentlich Mietern und Vermietern behilflich zu sein, sich selbst ein Urteil darüber zu bilden, ob ein Mietzins missbräuchlich ist.

3 Die Schlichtungsbehörden können einzelne Mitglieder oder das Sekretariat mit der Beratung betrauen.

Art. 22   Zusammensetzung und Kosten der Schlichtungsbehörden
(Art. 274*a* OR)

1 Die Schlichtungsbehörden bestehen aus mindestens je einem Vertreter der Vermieter und der Mieter sowie einem unabhängigen Vorsitzenden.

2 Die Kantone sind verpflichtet, die Zusammensetzung der Schlichtungsbehörden und deren Zuständigkeit periodisch zu veröffentlichen.

3 Die Kosten der Schlichtungsbehörden sind von den Kantonen zu tragen.

Art. 23   Berichterstattung über die Schlichtungsbehörden und Bekanntgabe richterlicher Urteile

1 Die Kantone haben dem Eidgenössischen Volkswirtschaftsdepartement halbjährlich über die Tätigkeit der Schlichtungsbehörden Bericht zu erstatten. Aus dem Bericht müssen die Zahl der Fälle, der jeweilige Grund der Anrufung sowie die Art der Erledigung ersichtlich sein.

2 Die Kantone haben die zuständigen kantonalen richterlichen Behörden zu verpflichten, ein Doppel der Urteile über angefochtene Mietzinse und andere Forderungen der Vermieter dem Eidgenössischen Volkswirtschaftsdepartement zuzustellen.

3 Das Eidgenössische Volkswirtschaftsdepartement sorgt für deren Auswertung und Veröffentlichung in geeigneter Form.

Art. 24   Vollzug

Das Eidgenössische Volkswirtschaftsdepartement ist mit dem Vollzug beauftragt.

Art. 25   Aufhebung bisherigen Rechts

Die Verordnung vom 10. Juli 1972[1] über Massnahmen gegen Missbräuche im Mietwesen wird aufgehoben.

1   [AS 1972 1559, 1975 173, 1977 2233, 1978 74 1965, 1983 256, 1989 1856]

Art. 26   Übergangsbestimmungen

[1] Die Vorschriften über den Schutz vor missbräuchlichen Mietzinsen und andern missbräuchlichen Forderungen des Vermieters bei der Miete von Wohn- und Geschäftsräumen sind anwendbar auf Anfangsmietzinse oder Mietzinserhöhungen, die mit Wirkung auf einen Zeitpunkt nach dem 1. Juli 1990 festgelegt oder mitgeteilt werden.

[2] Wurde eine Mietzinserhöhung vor dem 1. Juli 1990, aber mit Wirkung auf einen Zeitpunkt danach mitgeteilt, so beginnt die Frist für die Anfechtung (Art. 270*b* OR) am 1. Juli 1990 zu laufen. Für die Anfechtung eines Anfangsmietzinses, der vor dem 1. Juli 1990, aber mit Wirkung auf einen Zeitpunkt danach festgelegt wurde, gilt die Frist gemäss Artikel 270 OR.

[3] Mietverhältnisse mit indexierten oder gestaffelten Mietzinsen, die nach dem 1. Juli 1990 beginnen, unterstehen dem neuen Recht; Mietverhältnisse mit indexierten oder gestaffelten Mietzinsen, die vor dem 1. Juli 1990 begonnen haben aber erst später enden, unterstehen dem alten Recht.

[4] Basiert der Mietzins am 1. Juli 1990 auf einem Hypothekarzinsstand von weniger als 6 Prozent, so kann der Vermieter auch später für jedes Viertelprozent, das unter diesem Stand liegt, den Mietzins um 3,5 Prozent erhöhen.

Art. 27   Inkrafttreten

Diese Verordnung tritt am 1. Juli 1990 in Kraft.

Schlussbestimmung der Änderung vom 26. Juni 1996[1]

Die Vereinbarung einer vollen Indexierung nach Artikel 17 Absatz 1 vor dem Inkrafttreten dieser Verordnungsänderung ist möglich, soweit sie erst nach dem Inkrafttreten wirksam wird.

Übergangsbestimmungen der Änderung vom 28. November 2007[2]

[1] Bis zur erstmaligen Veröffentlichung des hypothekarischen Referenzzinssatzes gilt für Mietzinsanpassungen aufgrund von Veränderungen des Hypothekarzinssatzes das bisherige Recht.

[2] Ansprüche auf Senkung oder Erhöhung des Mietzinses aufgrund von Hypothekarzinsänderungen, die vor der Veröffentlichung des Referenzzinssatzes nach Absatz 1 erfolgt sind, können auch nach diesem Zeitpunkt geltend gemacht werden.

---

1   AS 1996 2120
2   Eingefügt durch Ziff. II der V vom 28. Nov. 2007, in Kraft per 1. Jan. 2008 (AS 2007 7021).

Nr. 6 Bundesgesetz über Rahmenmietverträge und deren Allgemeinverbindlicherklärung

vom 23. Juni 1995 (Stand am 1. April 1996)

SR 221.213.15

Die Bundesversammlung der Schweizerischen Eidgenossenschaft,
gestützt auf Artikel 34septies Absatz 2 der Bundesverfassung[1],
nach Einsicht in die Botschaft des Bundesrates vom 27. September 1993[2],
beschliesst:

1. Abschnitt: Rahmenmietverträge

Art. 1   Begriff

[1] Der Rahmenmietvertrag im Sinne dieses Gesetzes ist eine Vereinbarung, durch die Vermieter- und Mieterverbände gemeinsam Musterbestimmungen über Abschluss, Inhalt und Beendigung der einzelnen Mietverhältnisse über Wohn- und Geschäftsräume aufstellen.

[2] Der Rahmenmietvertrag kann auch andere Bestimmungen enthalten, soweit sie das Verhältnis zwischen Vermietenden und Mietenden betreffen. Insbesondere kann er Bestimmungen über die gemeinsame Einrichtung von Auskunfts- und Beratungsstellen enthalten.

[3] Ein Rahmenmietvertrag kann abgeschlossen werden:

a.   für die ganze Schweiz;

b.   für das Gebiet eines oder mehrerer Kantone;

c.   für Regionen, die mindestens 30 000 Wohnungen oder 10 000 Geschäftsräume umfassen.

Art. 2   Form

Ein Rahmenmietvertrag bedarf zu seiner Gültigkeit der schriftlichen Form. Er muss in den Amtssprachen des örtlichen Geltungsbereichs abgefasst sein.

---

1   AS 1996 750
      SR 101
2   BBl 1993 III 957

Art. 3   Abweichung von zwingenden Vorschriften

[1] Der Bundesrat kann auf gemeinsamen Antrag der vertragsschliessenden Parteien Abweichungen von zwingenden Bestimmungen des Mietrechtes bewilligen, wenn der Rahmenmietvertrag:

a. von repräsentativen Verbänden oder Organisationen, die Vermieter- oder Mieterinteressen vertreten, abgeschlossen ist;

b. den Mietenden einen mindestens gleichwertigen Schutz vor missbräuchlichen Mietzinsen, anderen missbräuchlichen Forderungen und vor Kündigungen bietet;

c. dem übrigen zwingenden Recht von Bund und Kantonen nicht widerspricht.

[2] Repräsentativ sind Verbände und Organisationen, die:

a. seit mindestens zehn Jahren gemäss ihren Statuten den Hauptzweck haben, Vermieter- oder Mieterinteressen zu vertreten; und

b. mindestens 5 Prozent der Mietenden oder Vermietenden des Geltungsbereiches vertreten oder deren Mitglieder mindestens 10 Prozent der Einzelmietverträge des Geltungsbereiches direkt oder indirekt zeichnen.

[3] Der Rahmenmietvertrag darf jedoch von folgenden Bestimmungen des Obligationenrechtes[1] nicht abweichen:

a. Artikel 266*l*–266*o* (Form der Kündigung);

b. Artikel 269 und 269*d* (Schutz vor missbräuchlichen Mietzinsen und anderen missbräuchlichen Forderungen);

c. Artikel 270*e* (Weitergeltung des Vertrags während des Anfechtungsverfahrens);

d. Artikel 271, 273 Absätze 1, 4 und 5 und Artikel 273*a* Absatz 1 (Schutz vor missbräuchlichen Kündigungen);

e. Artikel 274–274*g* (Behörden und Verfahren).

[4] Ferner darf der Rahmenmietvertrag:

a. nicht von Artikel 270 des Obligationenrechts (Anfechtung des Anfangsmietzinses) abweichen, wenn der oder die betroffenen Kantone die Verwendung des Formulars nach Artikel 269*d* obligatorisch erklärt haben (Art. 270 Abs. 2);

b. das Recht der Mietenden nicht einschränken, die Herabsetzung von Mietzinsen zu verlangen (Art. 270*a*) und die Erhöhung von Mietzinsen anzufechten (Art. 270*b*).

[5] Der Bundesrat regelt das Verfahren zur Erteilung der Bewilligung. Im Rahmen dieses Verfahrens sind die betroffenen Kantone anzuhören.

Abs. 5: Verordnung vom 31. Januar 1996, SR 221.213.151.

---

1   SR 220

2. Abschnitt: Allgemeinverbindlicherklärung

Art. 4   Allgemeines

[1] Rahmenmietverträge können auf übereinstimmenden Antrag der Vertragsparteien allgemeinverbindlich erklärt werden. Die Allgemeinverbindlicherklärung erfolgt befristet oder unbefristet.

[2] Bestimmungen über die Beurteilung von Streitigkeiten durch Schiedsgerichte können nicht allgemeinverbindlich erklärt werden.

Art. 5   Wirkung

[1] Allgemeinverbindliche Bestimmungen des Rahmenmietvertrages sind für alle Mietverhältnisse des örtlichen und sachlichen Geltungsbereiches zwingend.

[2] Bestimmungen in Einzelmietverträgen, die allgemeinverbindlichen Bestimmungen widersprechen, sind nichtig, ausser wenn sie für die Mietenden günstiger sind.

[3] Die nichtigen Bestimmungen werden durch die Bestimmungen des Rahmenmietvertrages ersetzt.

Art. 6   Voraussetzungen

Die Allgemeinverbindlicherklärung darf nur angeordnet werden, wenn:

a.   der Rahmenmietvertrag den Erfordernissen nach Artikel 3 genügt;

b.   die repräsentativen Vermieter- und Mieterorganisationen, die nicht Vertragspartei sind, zu den Vertragsverhandlungen zugelassen waren und im Rahmen des Anhörungsverfahrens (Art. 10) die Allgemeinverbindlicherklärung nicht ausdrücklich abgelehnt haben;

c.   die Vertragsparteien nachweisen, dass die Allgemeinverbindlicherklärung im öffentlichen Interesse liegt und insbesondere der Förderung des Wohnfriedens dient.

Art. 7   Zuständigkeit

[1] Erstreckt sich der Geltungsbereich des Rahmenmietvertrages auf das Gebiet mehrerer Kantone, so wird die Allgemeinverbindlichkeit vom Bundesrat erklärt.

[2] Beschränkt sich der Geltungsbereich des Rahmenmietvertrages auf das Gebiet eines Kantons oder auf einen Teil desselben, so wird die Allgemeinverbindlichkeit durch den Kanton erklärt.

Art. 8   Antrag

¹ Die Vertragsparteien müssen den Antrag auf Allgemeinverbindlicherklärung des Rahmenmietvertrages bei den zuständigen Behörden gemeinsam, schriftlich und begründet stellen. Die Bestimmungen, die allgemeinverbindlich erklärt werden sollen, sind dem Antrag in den für den örtlichen Geltungsbereich massgebenden Amtssprachen beizulegen.

² Der Antrag muss enthalten:

a.   den örtlichen und den sachlichen Geltungsbereich;

b.   den Beginn und die Dauer der Allgemeinverbindlichkeit; und

c.   die erforderlichen Angaben über die Voraussetzungen nach den Artikeln 3 und 6.

Art. 9   Veröffentlichung des Antrages

¹ Ist der Antrag nicht offensichtlich unzulässig, so veröffentlicht ihn die zuständige Behörde in den massgebenden Amtssprachen im Schweizerischen Handelsamtsblatt, in den Amtsblättern der betroffenen Kantone und in den Organen der Vermieter- und Mieterorganisationen. Sie weist in den wichtigsten Zeitungen im örtlichen Geltungsbereich des Rahmenmietvertrages durch Anzeige darauf hin.

² Die Behörde setzt eine Anhörungsfrist von 60 Tagen an.

Art. 10   Anhörung

¹ Innerhalb der Anhörungsfrist kann sich jede Person, die von der vorgesehenen Allgemeinverbindlichkeit betroffen ist, zum veröffentlichten Antrag schriftlich äussern.

² Bevor der Bundesrat die Allgemeinverbindlichkeit erklärt, holt er die Stellungnahme der betroffenen Kantone sowie der interessierten Vermieter- und Mieterorganisationen ein, welche nicht Vertragspartei sind. Er kann auch weitere, den Vermieter- oder Mieterorganisationen nahestehende Verbände zur Stellungnahme einladen.

³ Bevor der Kanton die Allgemeinverbindlichkeit erklärt, holt er die Stellungnahme der interessierten Vermieter- und Mieterorganisationen ein, welche nicht Vertragspartei sind. Er kann auch weitere, den Vermieter- oder Mieterorganisationen nahestehende Verbände zur Stellungnahme einladen.

Art. 11   Allgemeinverbindlicherklärung; Eröffnung und Veröffentlichung

¹ Erachtet die zuständige Behörde die Voraussetzungen zur Allgemeinverbindlicherklärung als erfüllt, so setzt sie den örtlichen und sachlichen Geltungsbereich fest und bestimmt Beginn und Dauer der Allgemeinverbindlichkeit.

² Der Entscheid über die Allgemeinverbindlicherklärung wird den Vertragsparteien schriftlich eröffnet.

³ Die Allgemeinverbindlicherklärungen des Bundesrates und die allgemeinverbindlichen Bestimmungen werden im Bundesblatt im Wortlaut veröffentlicht. Die Veröffentlichung ist in den Presseorganen nach Artikel 9 anzuzeigen.

⁴ Die Allgemeinverbindlicherklärungen des Kantons und die allgemeinverbindlichen Bestimmungen werden nach ihrer Genehmigung im kantonalen Amtsblatt im Wortlaut veröffentlicht. Die Veröffentlichung ist in den Presseorganen nach Artikel 9 anzuzeigen.

Art. 12   Genehmigung der kantonalen Allgemeinverbindlicherklärung

¹ Die kantonale Allgemeinverbindlicherklärung bedarf zu ihrer Gültigkeit der Genehmigung des Bundes. Für das Verfahren gilt Artikel 7*a* des Verwaltungsorganisationsgesetzes[1].

² Die Genehmigung wird erteilt, wenn die Voraussetzungen zur Allgemeinverbindlicherklärung erfüllt sind und das Verfahren ordnungsgemäss durchgeführt worden ist.

³ Der Entscheid über die Genehmigung ist dem Kanton und den Vertragsparteien schriftlich und mit Begründung zu eröffnen.

⁴ Erweist sich nachträglich, dass die Voraussetzungen zur Allgemeinverbindlicherklärung nicht oder nicht mehr erfüllt sind, so widerruft der Bundesrat die Genehmigung.

Art. 13   Kosten

¹ Die Kosten für die Veröffentlichung des Antrages und des Entscheides sowie allfällige weitere Kosten gehen zu Lasten der Vertragsparteien; diese haften dafür solidarisch.

² Die zuständige Behörde erlässt nach Abschluss des Verfahrens eine Kostenverfügung und verteilt die Kosten auf die Vertragsparteien. Die rechtskräftigen Kostenverfügungen sind vollstreckbaren gerichtlichen Urteilen im Sinne von Artikel 80 des Bundesgesetzes über Schuldbetreibung und Konkurs[2] gleichgestellt.

Art. 14   Ausserkraftsetzung und Dahinfallen

¹ Die Allgemeinverbindlicherklärung wird von der zuständigen Behörde ausser Kraft gesetzt:

a.   auf Antrag aller Vertragsparteien;

b.   von Amtes wegen, wenn sich erweist, dass die Voraussetzungen zur Allgemeinverbindlicherklärung nicht oder nicht mehr erfüllt sind;

c.   von Amtes wegen, bei vorzeitiger Auflösung des allgemeinverbindlich erklärten Vertrages.

² Die Allgemeinverbindlicherklärung fällt dahin:

---

1   SR 172.010
2   SR 281.1

a. mit Ablauf der Frist, falls die Allgemeinverbindlicherklärung befristet ausgesprochen wurde;

b. mit Ablauf der Geltungsdauer des allgemeinverbindlich erklärten Vertrages.

[3] Artikel 11 Absätze 2, 3 und 4 ist sinngemäss anwendbar auf die Ausserkraftsetzung und auf das Dahinfallen der Allgemeinverbindlicherklärung.

Art. 15   Änderungen

Die Artikel 6–14 gelten sinngemäss, wenn:

a. allgemeinverbindlich erklärte Bestimmungen geändert oder neue Bestimmungen allgemeinverbindlich erklärt werden;

b. die Dauer der Allgemeinverbindlichkeit verlängert oder die Allgemeinverbindlicherklärung teilweise ausser Kraft gesetzt wird.

3. Abschnitt: Schlussbestimmungen

Art. 16   Vollzug

Der Bundesrat erlässt die Ausführungsbestimmungen.

Verordnung vom 31. Januar 1996, SR 221.213.151.

Art. 17   Änderung bisherigen Rechts

Das Bundesrechtspflegegesetz[1] wird wie folgt geändert:

…

Art. 18   Referendum und Inkrafttreten

[1] Dieses Gesetz untersteht dem fakultativen Referendum.
[2] Der Bundesrat bestimmt das Inkrafttreten.

Datum des Inkrafttretens: 1. März 1996[2]

---

1   SR 173.110
2   BRB vom 31. Jan. 1996 (AS 1996 755).

Nr. 7 **Bundesgesetz über die landwirtschaftliche Pacht (LPG)**

vom 4. Oktober 1985 (Stand am 13. Juni 2006)

SR 221.213.2

Die Bundesversammlung der Schweizerischen Eidgenossenschaft,

gestützt auf die Artikel 31octies und 64 der Bundesverfassung[1,2]

nach Einsicht in die Botschaft des Bundesrates vom 11. November 1981[3],

beschliesst:

1. Kapitel: Geltungsbereich

1. Abschnitt: Grundsatz

Art. 1

[1] Dieses Gesetz gilt für die Pacht:

a. von Grundstücken zur landwirtschaftlichen Nutzung;

b.[4] von landwirtschaftlichen Gewerben im Sinne der Artikel 5 und 7 Absätze 1 und 2 des Bundesgesetzes vom 4. Oktober 1991[5] über das bäuerliche Bodenrecht;

c. nichtlandwirtschaftlicher Nebengewerbe, die mit einem landwirtschaftlichen Gewerbe eine wirtschaftliche Einheit bilden.

[2] Das Gesetz gilt auch für Rechtsgeschäfte, die das gleiche bezwecken wie die landwirtschaftliche Pacht und ohne Unterstellung unter das Gesetz den von diesem angestrebten Schutz vereiteln würden.

[3] Für die Pacht von Allmenden, Alpen und Weiden sowie von Nutzungs- und Anteilsrechten an solchen gelten die Bestimmungen über die Pacht von landwirtschaftlichen Grundstücken.

[4] Soweit dieses Gesetz nicht anwendbar ist oder keine besondern Vorschriften enthält, gilt das Obligationenrecht (OR)[6], mit Ausnahme der Bestimmungen über die Pacht von

---

1 AS 1986 926
[BS 1 3; AS 1996 2503]. Den genannten Bestimmungen entsprechen heute Art. 104 und 122 der BV vom 18. April 1999 (SR 101).

2 Fassung gemäss Anhang Ziff. 7 des Gerichtsstandsgesetzes vom 24. März 2000, in Kraft seit 1. Jan. 2001 (SR 272).

3 BBl 1982 I 257

4 Fassung gemäss Ziff. I des BG vom 20. Juni 2003, in Kraft seit 1. Jan. 2004 (AS 2003 4127 4130; BBl 2002 4721).

5 SR 211.412.11

6 SR 220

Wohn- und Geschäftsräumen, derjenigen über die Hinterlegung des Pachtzinses und derjenigen über die Behörden und das Verfahren.[1]

2. Abschnitt: Ausnahmen

Art. 2   Kleine Grundstücke

[1] Dieses Gesetz gilt nicht für die Pacht:

a.   von Rebgrundstücken unter 15 Aren;

b.   anderer landwirtschaftlicher Grundstücke ohne Gebäude und unter 25 Aren.

[2] Die Kantone können dem Gesetz auch kleinere Grundstücke unterstellen.

[3] Die Flächen von mehreren, vom gleichen Eigentümer an den gleichen Pächter verpachteten Grundstücken werden zusammengerechnet. Das gleiche gilt, wenn ein Eigentümer ein Grundstück an verschiedene Pächter verpachtet.

Art. 3   Alpen und Weiden

Die Kantone können für die Pacht von Alpen und Weiden sowie von Nutzungs- und Anteilsrechten an solchen abweichende Bestimmungen erlassen.

2. Kapitel: Der landwirtschaftliche Pachtvertrag

1. Abschnitt: Begriff

Art. 4

[1] Durch den landwirtschaftlichen Pachtvertrag verpflichtet sich der Verpächter, dem Pächter ein Gewerbe oder ein Grundstück zur landwirtschaftlichen Nutzung zu überlassen, und der Pächter, dafür einen Zins zu bezahlen.

[2] ...[2]

---

1   Fassung gemäss Ziff. II Art. 2 des BG vom 15. Dez. 1989 über die Änderung des OR (Miete und Pacht), in Kraft seit 1. Juli 1990 (SR 220 am Schluss, SchlB zu den Tit. VIII und VIIIbis).

2   Aufgehoben durch Ziff. I des BG vom 20. Juni 2003, mit Wirkung seit 1. Jan. 2004 (AS 2003 4127 4130; BBl 2002 4721).

2. Abschnitt: Vorpachtrecht

Art. 5   Vorpachtrecht der Nachkommen des Verpächters

[1] Die Kantone können für Nachkommen des Verpächters eines landwirtschaftlichen Gewerbes, welche dieses selber bewirtschaften wollen und dafür geeignet sind, ein Vorpachtrecht vorsehen.

[2] Der Nachkomme kann ein solches Vorpachtrecht einem Dritten nur dann entgegenhalten, wenn es im Grundbuch angemerkt worden ist.[1]

[3] Im Übrigen regeln die Kantone die Einzelheiten und das Verfahren.

Art. 6   Vorpachtrecht an Alpweiden

Die Kantone können für Landwirte in Berggegenden ein Vorpachtrecht an benachbarten Alpweiden vorsehen. Sie regeln die Einzelheiten und das Verfahren.

3. Abschnitt: Pachtdauer

Art. 7   Erstmalige Verpachtung

[1] Die erste Pachtdauer beträgt für landwirtschaftliche Gewerbe mindestens neun Jahre und für einzelne Grundstücke mindestens sechs Jahre.

[2] Die Vereinbarung einer kürzeren Pachtdauer ist nur gültig, wenn die Behörde sie bewilligt hat. Das Gesuch ist spätestens drei Monate nach dem Antritt der Pacht einzureichen.

[3] Eine kürzere Pachtdauer wird bewilligt, wenn:

a.   der Pachtgegenstand ganz oder teilweise in einer Bauzone nach Artikel 15 des Raumplanungsgesetzes vom 22. Juni 1979[2] liegt und für die Verkürzung wichtige Gründe der Raumplanung bestehen;

b.   persönliche oder wirtschaftliche Verhältnisse einer Partei oder andere sachliche Gründe die Verkürzung rechtfertigen.

[4] Wird die Bewilligung verweigert oder das Gesuch zu spät eingereicht, so gilt die gesetzliche Mindestpachtdauer.

---

1   Fassung gemäss Ziff. I des BG vom 20. Juni 2003, in Kraft seit 1. Jan. 2004 (AS 2003 4127 4130; BBl 2002 4721).
2   SR 700

Art. 8   Fortsetzung der Pacht

[1] Der Pachtvertrag gilt unverändert für jeweils weitere sechs Jahre, wenn er:

a.   auf unbestimmte Zeit abgeschlossen und nicht ordnungsgemäss gekündigt worden ist;

b.   auf bestimmte Zeit abgeschlossen ist und nach der vereinbarten Pachtdauer stillschweigend fortgesetzt wird.

[2] Die Vereinbarung einer Fortsetzung auf kürzere Zeit ist nur gültig, wenn die Behörde sie bewilligt hat. Das Gesuch ist spätestens drei Monate nach Beginn der Fortsetzung einzureichen.

[3] Die Bestimmungen über die Verkürzung der Pachtdauer bei der erstmaligen Verpachtung gelten sinngemäss.

Art. 9   Pachtdauer für Spezialkulturen

Für die Pacht von Grundstücken mit Spezialkulturen wie Reben und Obstanlagen können die Kantone eine andere Pachtdauer festsetzen.

4. Abschnitt: Anpassung an veränderte Verhältnisse

Art. 10   Pachtzinsanpassung im Allgemeinen

Ändert der Bundesrat die Ansätze für die Bemessung des zulässigen Pachtzinses, so kann jede Partei die Anpassung des vereinbarten Pachtzinses auf das folgende Pachtjahr verlangen.

Art. 11   Pachtzinsanpassung bei Änderung des Ertragswerts

Wird der Wert eines verpachteten Gewerbes oder Grundstücks infolge eines Naturereignisses, von Bodenverbesserungen, Vergrösserung oder Verminderung der Fläche, Neu- oder Umbauten, Abbruch oder Stilllegung eines Gebäudes oder anderer Umstände dauernd verändert, so kann jede Partei verlangen, dass der Ertragswert neu festgesetzt und der Pachtzins auf Beginn des folgenden Pachtjahres angepasst wird. Dies kann auch verlangt werden, wenn die allgemeinen Grundlagen für die Schätzung des Ertragswerts ändern.

Art. 12   Anpassung anderer Vertragsbestimmungen

Jede Partei kann verlangen, dass andere Vertragsbestimmungen an veränderte Verhältnisse angepasst werden, wenn der Vertrag für sie unzumutbar geworden ist.

Art. 13 Pachtzinsnachlass

Ist der gewöhnliche Ertrag wegen eines ausserordentlichen Unglücksfalles oder Naturereignisses vorübergehend beträchtlich zurückgegangen, so kann der Pächter verlangen, dass der Pachtzins für bestimmte Zeit angemessen herabgesetzt wird.

5. Abschnitt: Veräusserung des Pachtgegenstandes

Art. 14 Kauf bricht Pacht nicht

Wird der Pachtgegenstand veräussert oder dem Verpächter im Schuldbetreibungs- oder Konkursverfahren entzogen, so tritt der Erwerber in den Pachtvertrag ein.

Vorkaufsrecht des Pächters: BGBB (SR 211.412.11) Art. 47 ff. BGE 124 III 37.

Art. 15 Ausnahmen

[1] Der Erwerber kann den Pachtvertrag auflösen, wenn er den Pachtgegenstand unmittelbar zu Bauzwecken oder zu öffentlichen Zwecken oder zur Selbstbewirtschaftung erwirbt.

[2] Will der Erwerber den Pachtvertrag nicht übernehmen, so muss er dem Pächter innert dreier Monate seit Abschluss des Veräusserungsvertrags schriftlich anzeigen, dass die Pacht nach Ablauf einer Frist von mindestens einem Jahr auf den folgenden ortsüblichen Frühjahrs- oder Herbsttermin aufgelöst sei.

[3] Wird die Pacht aufgelöst, so kann der Pächter innert 30 Tagen seit Empfang der Anzeige des Erwerbers auf Erstreckung klagen. Der Richter erstreckt die Pacht um mindestens sechs Monate, jedoch um höchstens zwei Jahre, wenn die Beendigung für den Pächter oder seine Familie eine Härte zur Folge hat, die auch unter Würdigung der Interessen des neuen Eigentümers nicht zu rechtfertigen ist.

[4] Der Verpächter muss dem Pächter den Schaden ersetzen, der aus der vorzeitigen Beendigung der Pacht entsteht. Der Pächter braucht den Pachtgegenstand erst zu verlassen, wenn ihm Schadenersatz oder hinreichende Sicherheit geleistet worden ist.

[5] Die vorzeitige Beendigung der Pacht kann mit schriftlicher Zustimmung des Pächters im Veräusserungsvertrag geregelt werden.

Abs. 1: BGE 115 II 181.

6. Abschnitt: Beendigung der Pacht

Art. 16   Kündigung im Allgemeinen

[1] Die Kündigung eines Pachtvertrags ist nur gültig, wenn sie schriftlich erfolgt. Auf Verlangen ist sie zu begründen.

[2] Die Kündigungsfrist beträgt ein Jahr, wenn das Gesetz nichts anderes bestimmt; die Parteien können eine längere Frist vereinbaren.

[3] Ist nichts anderes vereinbart, kann nur auf den ortsüblichen Frühjahrs- oder Herbsttermin gekündigt werden.

     Abs. 1: BGE 125 III 425.

Art. 17   Vorzeitige Kündigung

[1] Ist die Erfüllung des Vertrags für eine Partei aus wichtigen Gründen unzumutbar geworden, so kann sie die Pacht auf den folgenden Frühjahrs- oder Herbsttermin schriftlich kündigen. Die Kündigungsfrist beträgt sechs Monate.

[2] Der Richter bestimmt die vermögensrechtlichen Folgen unter Würdigung aller Umstände.

Art. 18   Tod des Pächters

[1] Stirbt der Pächter, so können seine Erben oder der Verpächter den Pachtvertrag auf den folgenden Frühjahrs- oder Herbsttermin schriftlich kündigen. Die Kündigungsfrist beträgt sechs Monate.

[2] Wird der Pachtvertrag vom Verpächter gekündigt, so kann ein Nachkomme, der Ehegatte, die eingetragene Partnerin oder der eingetragene Partner des Pächters innert 30 Tagen den Eintritt in den Pachtvertrag erklären.[1] Der Verpächter kann unter mehreren Bewerbern denjenigen bezeichnen, der in den Pachtvertrag eintreten soll.

[3] Bietet der Eintretende keine Gewähr für eine ordnungsgemässe Bewirtschaftung des Pachtgegenstandes oder ist die Fortsetzung der Pacht für den Verpächter aus andern Gründen unzumutbar, so kann der Verpächter innert 30 Tagen seit der Eintrittserklärung auf Auflösung des Pachtvertrags klagen.

     BGE 118 II 441.

---

1   Fassung gemäss Anhang Ziff. 12 des Partnerschaftsgesetzes vom 18. Juni 2004, in Kraft seit 1. Jan. 2007 (SR 211.231).

Art. 19   Übernahme von Zupachten bei Betriebsübergabe

¹ Übergibt der Inhaber ein landwirtschaftliches Gewerbe, das teilweise im Eigentum und teilweise gepachtet ist, einer anderen Person zur Betriebsführung, so kann der Übernehmer des Gewerbes dem Verpächter eines Zupachtgrundstücks schriftlich erklären, dass er dieses Grundstück pachtweise weiterbewirtschaften möchte.

² Lehnt der Verpächter nicht innert dreier Monate seit Empfang der Erklärung den Übernehmer als neuen Pächter ab, oder verlangt er innert derselben Frist nicht den Abschluss eines neuen Pachtvertrages mit dem Übernehmer, so tritt dieser in den laufenden Pachtvertrag ein.

Art. 20   Güterzusammenlegung

¹ Bringt eine Güterzusammenlegung oder die Umlegung von landwirtschaftlichem Boden für ein verpachtetes Grundstück eine wesentliche Änderung in der Bewirtschaftung mit sich, so kann jede Partei den Pachtvertrag auf Antritt des neuen Besitzstandes schriftlich auflösen.

² Ein Anspruch auf Entschädigung wegen vorzeitiger Beendigung der Pacht besteht nicht.

Art. 21   Zahlungsrückstand des Pächters

¹ Ist der Pächter während der Pachtzeit mit einer Zinszahlung im Rückstand, so kann ihm der Verpächter schriftlich androhen, dass der Pachtvertrag in sechs Monaten aufgelöst sei, wenn der ausstehende Zins bis dahin nicht bezahlt sei.

² Wird der Vertrag aufgelöst, so muss der Pächter den Schaden ersetzen, sofern er nicht beweist, dass ihn kein Verschulden trifft.

7. Abschnitt: Pflichten des Pächters und des Verpächters[1]

Art. 21a[2]   Bewirtschaftungspflicht

¹ Der Pächter muss den Pachtgegenstand sorgfältig bewirtschaften und namentlich für eine nachhaltige Ertragsfähigkeit des Bodens sorgen.

² Die Bewirtschaftungspflicht obliegt dem Pächter selber. Er kann jedoch den Pachtgegenstand unter seiner Verantwortung durch Familienangehörige, Angestellte oder Mitglieder einer Gemeinschaft zur Bewirtschaftung, der er angehört, bewirtschaften oder einzelne Arbeiten durch Dritte ausführen lassen.

---

1   Ursprünglich vor Art. 22. Fassung gemäss Ziff. I des BG vom 20. Juni 2003, in Kraft seit 1. Jan. 2004 (AS 2003 4127 4130; BBl 2002 4721).

2   Eingefügt durch Ziff. I des BG vom 20. Juni 2003, in Kraft seit 1. Jan. 2004 (AS 2003 4127 4130; BBl 2002 4721).

Art. 22   Unterhaltspflicht, Reparaturen

¹ Der Verpächter ist verpflichtet, Hauptreparaturen am Pachtgegenstand, die während der Pachtzeit notwendig werden, sobald ihm der Pächter von deren Notwendigkeit Kenntnis gegeben hat, auf seine Kosten auszuführen.

² Der Pächter ist berechtigt, notwendige Hauptreparaturen selber auszuführen, wenn der Verpächter sie auf Anzeige hin nicht innert nützlicher Frist vorgenommen und seine Verpflichtung hiezu nicht bestritten hat. Er kann spätestens bei Beendigung der Pacht hiefür Entschädigung verlangen.

³ Der Pächter ist verpflichtet, auf seine Kosten für den ordentlichen Unterhalt des Pachtgegenstandes zu sorgen. Er hat die kleineren Reparaturen, insbesondere den gewöhnlichen Unterhalt der Wege, Stege, Gräben, Dämme, Zäune, Dächer, Wasserleitungen usw. nach Ortsgebrauch vorzunehmen.

⁴ Die Parteien können vereinbaren, dass der Pächter eine weitergehende Unterhaltspflicht übernimmt und für Hauptreparaturen aufzukommen hat.

Art. 22a¹   Erneuerungen und Änderungen durch den Pächter

¹ Der Pächter darf Erneuerungen und Änderungen am Pachtgegenstand, die über den ordentlichen Unterhalt hinausgehen, sowie Änderungen in der hergebrachten Bewirtschaftungsweise, die über die Pachtzeit hinaus von wesentlicher Bedeutung sein können, nur mit schriftlicher Zustimmung des Verpächters vornehmen.

² Hat der Verpächter zugestimmt, so kann er die Wiederherstellung des früheren Zustandes nur verlangen, wenn dies schriftlich vereinbart worden ist.

Art. 22b²   Pflichtverletzungen des Pächters

Der Verpächter kann mit einer Frist von sechs Monaten die Pacht schriftlich auf den folgenden Frühjahr- oder Herbsttermin kündigen, wenn der Pächter trotz schriftlicher Ermahnung beziehungsweise Aufforderung des Verpächters:

a. seine Bewirtschaftungspflicht nach Artikel 21 *a* weiter verletzt;

b. seine Unterhaltspflicht nach Artikel 22 Absatz 3 weiter verletzt;

c. eine Erneuerung oder Änderung nach Artikel 22 *a*, die der Pächter ohne schriftliche Zustimmung des Verpächters vorgenommen hat, nicht innert angemessener Frist rückgängig macht.

---

1   Eingefügt durch Ziff. II Art. 2 des BG vom 15. Dez. 1989 über die Änderung des OR (Miete und Pacht) (SR 220 am Schluss, SchlB zu den Tit. VIII und VIIIbis). Fassung gemäss Ziff. I des BG vom 20. Juni 2003, in Kraft seit 1. Jan. 2004 (AS 2003 4127 4130; BBl 2002 4721).

2   Eingefügt durch Ziff. I des BG vom 20. Juni 2003, in Kraft seit 1. Jan. 2004 (AS 2003 4127 4130; BBl 2002 4721).

Art. 23 Rückgabe. Verbesserungen und Verschlechterungen

[1] Bei Beendigung der Pacht ist der Pachtgegenstand in dem Zustand, in dem er sich befindet, zurückzugeben.

[2] Sofern nichts anderes vereinbart ist, kann der Pächter bei Beendigung der Pacht verlangen, dass er für den Aufwand für Verbesserungen angemessen entschädigt wird, die er mit Zustimmung des Verpächters vorgenommen hat.

[3] Für Verbesserungen, die lediglich aus der gehörigen Bewirtschaftung hervorgegangen sind, kann er keinen Ersatz fordern.

[4] Für Verschlechterungen, die bei gehöriger Bewirtschaftung hätten vermieden werden können, hat er Ersatz zu leisten.

Art. 24 Früchte

[1] Der Pächter hat keinen Anspruch auf die Früchte, die bei der Beendigung der Pacht noch nicht geerntet sind, wenn Vertrag oder Ortsgebrauch nichts anderes bestimmen.

[2] Er kann aber für seinen Aufwand eine angemessene Entschädigung verlangen.

Art. 25 Vorräte

[1] Der Pächter muss die Futter-, Streue- und Düngervorräte zurücklassen, die einer ordentlichen Bewirtschaftung im letzten Pachtjahr entsprechen, wenn Vertrag oder Ortsgebrauch nichts anderes bestimmen.

[2] Hat er beim Pachtantritt weniger empfangen, so hat er ein Recht auf Ersatz des Mehrwertes; hat er mehr empfangen, so hat er für Ersatz zu sorgen oder den Minderwert zu ersetzen.

7. Abschnitt[bis]:[1] Retentionsrecht des Verpächters

Art. 25b

Der Verpächter hat für einen verfallenen und einen laufenden Jahrespachtzins das gleiche Retentionsrecht wie der Vermieter von Geschäftsräumen.

---

1 Eingefügt durch Ziff. II Art. 2 des BG vom 15. Dez. 1989 über die Änderung des OR (Miete und Pacht), in Kraft seit 1. Juli 1990 (SR 220 am Schluss, SchlB zu den Tit. VIII und VIIIbis).

8. Abschnitt: Pachterstreckung durch den Richter

Art. 26   Klage

[1] Kündigt eine Partei den Pachtvertrag, so kann die andere Partei innert dreier Monate seit Empfang der Kündigung beim Richter auf Erstreckung der Pacht klagen.

[2] Läuft ein auf bestimmte Zeit abgeschlossener Pachtvertrag aus und kommt kein neuer Vertrag zustande, so kann jede Partei spätestens neun Monate vor Ablauf der Pacht beim Richter auf Erstreckung der Pacht klagen.

Art. 27   Urteil

[1] Der Richter erstreckt die Pacht, wenn dies für den Beklagten zumutbar ist.

[2] Hat der Verpächter gekündigt, so muss er nachweisen, dass die Fortsetzung der Pacht für ihn unzumutbar oder aus andern Gründen nicht gerechtfertigt ist. Die Fortsetzung der Pacht ist insbesondere unzumutbar oder nicht gerechtfertigt, wenn:

a.   der Pächter schwerwiegend gegen seine gesetzlichen oder vertraglichen Pflichten verstossen hat;

b.   der Pächter zahlungsunfähig ist;

c.[1]   der Verpächter, sein Ehegatte, seine eingetragene Partnerin oder sein eingetragener Partner, ein naher Verwandter oder Verschwägerter den Pachtgegenstand selber bewirtschaften will;

d.   das Gewerbe nicht erhaltenswürdig ist;

e.   das Gewerbe oder das Grundstück ganz oder teilweise in einer Bauzone nach Artikel 15 des Raumplanungsgesetzes[2] liegt und in naher Zukunft überbaut werden soll.

[3] Der behördliche Entscheid über den Pachtzins macht die Fortsetzung der Pacht in keinem Fall unzumutbar.

[4] Der Richter erstreckt die Pacht um drei bis sechs Jahre. Er würdigt dabei die persönlichen Verhältnisse und berücksichtigt namentlich die Art des Pachtgegenstandes und eine allfällige Abkürzung der Pachtdauer.

Abs. 2 lit. c: BGE 115 II 181. Lit. e: SR 700.

Art. 28   Anpassung der Vertragsbestimmungen

Auf Begehren einer Partei kann der Richter bei Erstreckung der Pacht die Vertragsbestimmungen den veränderten Verhältnissen anpassen.

---

1   Fassung gemäss Anhang Ziff. 12 des Partnerschaftsgesetzes vom 18. Juni 2004, in Kraft seit 1. Jan. 2007 (SR 211.231).

2   SR 700

9. Abschnitt: Zwingende Bestimmungen

Art. 29

Ist nichts anderes bestimmt, so kann der Pächter auf die Rechte, die ihm oder seinen Erben nach den Vorschriften dieses Kapitels zustehen, nicht zum voraus verzichten. Abweichende Vereinbarungen sind nichtig.

3. Kapitel: Parzellenweise Verpachtung und Zupacht

1. Abschnitt: Parzellenweise Verpachtung

Art. 30 Bewilligungspflicht

[1] Wer von einem landwirtschaftlichen Gewerbe einzelne Grundstücke oder Teile von einzelnen Grundstücken verpachtet (parzellenweise Verpachtung), bedarf einer Bewilligung.

[2] Der Verpächter braucht keine Bewilligung, wenn er insgesamt nicht mehr als 10 Prozent der ursprünglichen Nutzfläche des Gewerbes verpachtet und der Pachtgegenstand keine Gebäude umfasst.

Art. 31 Bewilligungsgründe

[1] Der Verpächter muss die Bewilligung vor Pachtantritt bei der kantonalen Bewilligungsbehörde einholen.

[2] Die Bewilligung wird nur erteilt, wenn eine der folgenden Voraussetzungen erfüllt ist, nämlich:

a. ...[1]

b.[2] zur Bewirtschaftung des landwirtschaftlichen Gewerbes bereits vor der parzellenweisen Verpachtung weniger als eineinhalb Standardarbeitskräfte nötig waren;

c. das landwirtschaftliche Gewerbe nicht mehr erhaltungswürdig ist;

d. das landwirtschaftliche Gewerbe ganz oder überwiegend in einer Bauzone nach Artikel 15 des Raumplanungsgesetzes[3] liegt;

e. das Gewerbe nur vorübergehend parzellenweise verpachtet und später wieder als ganzes bewirtschaftet werden soll;

f. der Verpächter das Gewerbe bisher selber bewirtschaftet hat, dazu jedoch aus persönlichen Gründen, wie schwere Krankheit oder vorgerücktes Alter, nur noch teilweise in der Lage ist;

---

1   Aufgehoben durch Ziff. I des BG vom 20. Juni 2003, mit Wirkung seit 1. Jan. 2004 (AS 2003 4127 4130; BBl 2002 4721).
2   Fassung gemäss Ziff. I des BG vom 20. Juni 2003, in Kraft seit 1. Jan. 2004 (AS 2003 4127 4130; BBl 2002 4721).
3   SR 700

g.[1] anstelle der parzellenweise verpachteten Grundstücke oder Grundstücksteile andere Pachtsachen zugepachtet werden, die für den Betrieb des Gewerbes günstiger liegen oder geeigneter sind.

[2bis] Die Behörde bewilligt ferner die parzellenweise Verpachtung eines landwirtschaftlichen Gewerbes, wenn:

a. ...[2]

b. die parzellenweise Verpachtung überwiegend dazu dient, andere landwirtschaftliche Gewerbe strukturell zu verbessern;

c. keine vorkaufs- oder zuweisungsberechtigte Person innerhalb der Verwandtschaft das Gewerbe zur Selbstbewirtschaftung übernehmen will, oder keine andere Person, die in der Erbteilung die Zuweisung verlangen könnte (Art. 11 Abs. 2 des BG vom 4. Okt. 1991[3] über das bäuerliche Bodenrecht), das Gewerbe zur Verpachtung als Ganzes übernehmen will; und

d.[4] der Ehegatte, die eingetragene Partnerin oder der eingetragene Partner, der oder die das Gewerbe zusammen mit dem Eigentümer bewirtschaftet hat, der parzellenweisen Verpachtung zustimmt.[5]

[3] ...[6]

Art. 32　　　Folgen der Bewilligungsverweigerung

[1] Wird die Bewilligung verweigert, so löst die Bewilligungsbehörde den Pachtvertrag auf den nächsten zumutbaren Frühjahrs- oder Herbsttermin auf und ordnet die Räumung des Grundstücks an.

[2] Die Parteien haben keinen Anspruch auf den Ersatz des Schadens, der ihnen aus der Auflösung des Pachtvertrags entsteht.

2. Abschnitt: Zupacht

Art. 33[7]　　　Einsprache

[1] Gegen die Zupacht eines Grundstücks, das ausserhalb des ortsüblichen Bewirtschaftungsbereichs des Gewerbes des Zupächters liegt, kann Einsprache erhoben werden.

1　Eingefügt durch Ziff. I des BG vom 26. Juni 1998, in Kraft seit 1. Jan. 1999 (AS 1998 3012 3013; BBl 1996 IV 1).

2　Aufgehoben durch Ziff. I des BG vom 20. Juni 2003, mit Wirkung seit 1. Jan. 2004 (AS 2003 4127 4130; BBl 2002 4721).

3　SR 211.412.11

4　Fassung gemäss Anhang Ziff. 12 des Partnerschaftsgesetzes vom 18. Juni 2004, in Kraft seit 1. Jan. 2007 (SR 211.231).

5　Eingefügt durch Ziff. I des BG vom 26. Juni 1998, in Kraft seit 1. Jan. 1999 (AS 1998 3012 3013; BBl 1996 IV 1).

6　Aufgehoben durch Ziff. I des BG vom 20. Juni 2003, mit Wirkung seit 1. Jan. 2004 (AS 2003 4127 4130; BBl 2002 4721).

7　Fassung gemäss Ziff. I des BG vom 20. Juni 2003, in Kraft seit 1. Jan. 2004 (AS 2003 4127 4130; BBl 2002 4721).

² Einspracheberechtigt sind Personen, die ein schutzwürdiges Interesse haben, sowie die vom Kanton bezeichneten Behörden.

³ Die Einsprache ist innert drei Monaten seit Kenntnis des Vertragsabschlusses bei der zuständigen Behörde zu erheben. Nach Ablauf eines halben Jahres seit Antritt der Pacht sind nur noch Einsprachen der Behörden zulässig; das Einspracherecht der Behörden verwirkt nach Ablauf von zwei Jahren seit Antritt der Pacht.

Art. 34 Zulässigkeit der Zupacht

Die Einsprache ist abzuweisen, wenn der Zupächter besondere Gründe für den Abschluss des Pachtvertrags nachweist oder wenn nach dem Pachtgegenstand keine andere Nachfrage besteht.

Art. 35 Folgen des Einspracheentscheides

¹ Wird die Einsprache gutgeheissen, so hebt die Bewilligungsbehörde den Pachtvertrag mit einer Frist von mindestens sechs Monaten auf den folgenden ortsüblichen Frühjahrs- oder Herbsttermin auf.

² Die Parteien haben keinen Anspruch auf den Ersatz des Schadens, der ihnen aus der Aufhebung des Pachtvertrags entsteht.

4. Kapitel: Pachtzins¹

1. Abschnitt: Grundsätze²

Art. 35a³ Vertragliche Regelungen

¹ Der Pachtzins kann in Geld, einem Teil der Früchte (Teilpacht) oder in einer Sachleistung bestehen. Bei der Teilpacht richtet sich das Recht des Verpächters an den Früchten nach dem Ortsgebrauch, wenn nichts anderes vereinbart ist.

² Der Pächter trägt die Nebenkosten, soweit die Parteien nichts anderes vereinbart haben.

Art. 36 Öffentlich-rechtliche Beschränkungen⁴

¹ Der Pachtzins unterliegt der Kontrolle; er darf das zulässige Mass nicht übersteigen.

² Der Bundesrat setzt die Sätze für die Verzinsung des Ertragswerts und die Abgeltung der Verpächterlasten fest und bestimmt den Zuschlag für die allgemeinen Vorteile.

---

1 Ursprünglich vor Art. 36.
2 Ursprünglich vor Art. 36.
3 Eingefügt durch Ziff. I des BG vom 20. Juni 2003, in Kraft seit 1. Jan. 2004 (AS 2003 4127 4130; BBl 2002 4721).
4 Eingefügt durch Ziff. I des BG vom 20. Juni 2003, in Kraft seit 1. Jan. 2004 (AS 2003 4127 4130; BBl 2002 4721).

3 Naturalleistungen und andere vereinbarte Nebenleistungen sind an den Pachtzins anzurechnen.

4 Für die Bemessung des Pachtzinses ist auch zu berücksichtigen, was der Pächter dem Verpächter für eine Mietsache oder einen nichtlandwirtschaftlichen Pachtgegenstand bezahlt, die mit einer überwiegend landwirtschaftlichen Pacht verbunden sind.

> Abs. 2: Pachtzinsverordnung, siehe Pachtzinsverordnung, → Nr. 8.

2. Abschnitt: Bemessung

Art. 37   Pachtzins für Gewerbe

Der Pachtzins für landwirtschaftliche Gewerbe setzt sich zusammen aus:

a. einer angemessenen Verzinsung des Ertragswerts im Sinn von Artikel 6 des Bundesgesetzes vom 12. Dezember 1940[1] über die Entschuldung landwirtschaftlicher Heimwesen;

b. der Abgeltung der mittleren Aufwendungen der Verpächter für Anlagen und Einrichtungen (Verpächterlasten).

Art. 38   Pachtzins für einzelne Grundstücke

1 Der Pachtzins für einzelne Grundstücke setzt sich zusammen aus:

a. einer angemessenen Verzinsung des Ertragswerts im Sinn von Artikel 6 des Bundesgesetzes vom 12. Dezember 1940[2] über die Entschuldung landwirtschaftlicher Heimwesen;

b. der Abgeltung der mittleren Aufwendungen der Verpächter für Anlagen und Einrichtungen (Verpächterlasten);

c. einem Zuschlag für die allgemeinen sich für den Pächter aus einer Zupacht ergebenden Vorteile.

2 Im Einzelfall sind auf den Betrieb bezogene Zuschläge von je höchstens 15 Prozent zulässig, wenn das Grundstück:

a. eine bessere Arrondierung ermöglicht;

b. für den Betrieb des Gewerbes günstig liegt.

3 Für landwirtschaftliche Gebäude dürfen keine Zuschläge nach den Absätzen 1 Buchstabe c und 2 eingerechnet werden.

---

1   [BS 9 80; AS 1955 685, 1962 1273 Art. 54 Abs. 1 Ziff. 4 Abs. 2, 1979 802. AS 1993 1410 Art. 93 Bst. b]. Heute: von Art. 10 des BG vom 4. Okt. 1991 über das bäuerliche Bodenrecht (SR 211.412.11).

2   [BS 9 80; AS 1955 685, 1962 1273 Art. 54 Abs. 1 Ziff. 4 Abs. 2, 1979 802. AS 1993 1410 Art. 93 Bst. b]. Heute: von Art. 10 des BG vom 4. Okt. 1991 über das bäuerliche Bodenrecht (SR 211.412.11).

Art. 39 Zinse für Miet- und nichtlandwirtschaftliche Pachtsachen

Für die Bemessung des Zinses für Miet- und nichtlandwirtschaftliche Pachtsachen, die mit einer überwiegend landwirtschaftlichen Pacht verbunden sind, gelten die Vorschriften über Massnahmen gegen missbräuchliche Mietzinse.

OR 269 ff.

Art. 40 Zinssatz. Verpächterlasten

[1] Der Bundesrat setzt den Satz für die Verzinsung des Ertragswerts aufgrund des durchschnittlichen Zinssatzes für erste Hypotheken im Mittel mehrerer Jahre fest und passt ihn den nachhaltig veränderten Zinsverhältnissen an.

[2] Dieser Satz vermindert sich für Gewerbe um einen Viertel.

[3] Der Bundesrat bestimmt den Ansatz für die Verpächterlasten nach den durchschnittlichen Aufwendungen in der Bemessungsperiode, die für die Berechnung des Ertragswerts gilt.

Art. 41 Zuschlag für längere Pachtdauer

Verabreden die Parteien eine Fortsetzungsdauer, welche die gesetzliche Fortsetzungsdauer um mindestens drei Jahre übersteigt, so ist für die ganze Fortsetzungsdauer ein Zuschlag von 15 Prozent zum Pachtzins zulässig.

3. Abschnitt: Pachtzinskontrolle

Art. 42 Pachtzinsbewilligung für Gewerbe

[1] Der Pachtzins für Gewerbe bedarf der Bewilligung.

[2] Der Verpächter muss den Pachtzins innert dreier Monate seit dem Pachtantritt oder der mit dem Pächter vereinbarten Anpassung bewilligen lassen. Wird der Pachtzins angepasst, weil der Bundesrat die Sätze für die Bemessung des Pachtzinses geändert hat, so ist keine Bewilligung nötig. Auf Begehren einer Partei erlässt die Behörde über den zulässigen Umfang der Anpassung eine Feststellungsverfügung.

[3] Erhält die vom Kanton bezeichnete Behörde Kenntnis von einem nichtbewilligten Pachtzins, so leitet sie das Bewilligungsverfahren ein.

Art. 43 Einsprache gegen den Pachtzins für Grundstücke

[1] Gegen den vereinbarten Pachtzins für einzelne Grundstücke können die vom Kanton bezeichneten Behörden bei der Bewilligungsbehörde Einsprache erheben.

[2] Die Einsprache ist innert drei Monaten seit Kenntnis des Vertragsabschlusses oder der Anpassung des Pachtzinses zu erheben, spätestens aber innert zwei Jahren seit Pachtantritt oder seit dem Zeitpunkt, auf den die Pachtzinsanpassung erfolgt ist.[1]

Art. 44   Entscheid der Bewilligungsbehörde

[1] Die Bewilligungsbehörde entscheidet, ob der vereinbarte Pachtzins für das Gewerbe oder das Grundstück zulässig ist.

[2] Sie setzt zu hohe Pachtzinse auf das erlaubte Mass herab.

[3] Sie eröffnet ihren Entscheid den Parteien und teilt ihn der zur Einsprache berechtigten Behörde mit.

Art. 45   Zivilrechtliche Folgen

[1] Die Vereinbarung über den Pachtzins ist nichtig, soweit dieser das durch die Behörde festgesetzte Mass übersteigt.

[2] Pachtzinse, die aufgrund einer nichtigen Vereinbarung bezahlt worden sind, können innert eines Jahres seit dem rechtskräftigen Entscheid über den Pachtzins, spätestens aber fünf Jahre nach ihrer Bezahlung zurückgefordert werden.

[3] Die Nichtigkeit des Pachtzinses berührt im Übrigen die Gültigkeit des Pachtvertrages nicht.

Art. 46   Nichtige Abreden

Die Vertragsparteien können auf die Rechte, die ihnen nach diesem Abschnitt zustehen, nicht zum voraus verzichten.

5. Kapitel: Verfahren und Behörden

1. Abschnitt: Verfahren und Rechtsmittel

Art. 47   Grundsätze

[1] Die Kantone sehen ein einfaches und rasches Verfahren vor.

[2] Der Richter und die Verwaltungsbehörden stellen den Sachverhalt von Amtes wegen fest. Die Parteien sind anzuhören.

[3] Soweit das Gesetz das Verfahren nicht regelt, ordnen es die Kantone.

Art. 48   Zivilrechtliche Klagen[2]

[1] Klagen aus dem Pachtvertrag beurteilt der Richter.

[2] ...[1]

---

1   Fassung gemäss Ziff. I des BG vom 20. Juni 2003, in Kraft seit 1. Jan. 2004 (AS 2003 4127 4130; BBl 2002 4721).

2   Fassung gemäss Anhang Ziff. 7 des Gerichtsstandsgesetzes vom 24. März 2000, in Kraft seit 1. Jan. 2001 (SR 272).

Art. 49 Feststellungsverfügung der Verwaltungsbehörde

[1] Eine Partei, die ein schutzwürdiges Interesse hat, kann von der zuständigen Behörde feststellen lassen, ob die Verkürzung der Pachtdauer, die parzellenweise Verpachtung, die Zupacht oder der Pachtzins genehmigt werden kann.

[2] Die Partei kann schon vor dem Abschluss des Pachtvertrags um Erlass einer Feststellungsverfügung nachsuchen.

Art. 50 Beschwerde an die kantonale Beschwerdeinstanz

[1] Gegen Verfügungen der erstinstanzlichen Verwaltungsbehörde kann innert 30 Tagen Beschwerde bei der kantonalen Beschwerdeinstanz erhoben werden.

[2] Die Beschwerdeinstanz eröffnet ihren Entscheid den Vertragsparteien und dem Einsprecher; sie teilt ihn der Vorinstanz mit.

Art. 51[1]

Aufgehoben.

Art. 52 Auskunftspflicht

Die Beteiligten müssen der zuständigen Verwaltungsbehörde auf Verlangen Auskunft erteilen, Einsicht in die Urkunden gewähren und den Augenschein gestatten, soweit es für die Erteilung einer Bewilligung, einen Einsprache- oder Beschwerdeentscheid oder eine Feststellungsverfügung notwendig ist.

2. Abschnitt: Kantonale Behörden

Art. 53

Die Kantone bezeichnen:
a. die Bewilligungsbehörden;
b. die zur Einsprache berechtigten Behörden;
c. die Beschwerdeinstanz.

---

1 Aufgehoben durch Anhang Ziff. 7 des Gerichtsstandsgesetzes vom 24. März 2000 (SR 272).
2 Aufgehoben durch Anhang Ziff. 18 des Verwaltungsgerichtsgesetzes vom 17. Juni 2005, mit Wirkung seit 1. Jan. 2007 (SR 173.32).

6. Kapitel: Strafbestimmungen[1]

Art. 54   Widerhandlungen

[1] Wer als Verpächter für die parzellenweise Verpachtung keine Bewilligung einholt oder eine solche Pacht nach Verweigerung der Bewilligung weiterführt,

wer als Pächter bei parzellenweiser Verpachtung die Pacht antritt, ohne dass hiefür die Bewilligung eingeholt worden ist, oder eine solche Pacht nach Verweigerung der Bewilligung weiterführt,

wer eine Zupacht, die auf Einsprache hin aufgelöst worden ist, weiterführt,

wer einen bewilligungsbedürftigen, aber nicht bewilligten Pachtzins fordert oder bezahlt,

wer mehr als den bewilligten Pachtzins fordert oder bezahlt,

wird mit Busse bis zu 10 000 Franken bestraft.

[2] Wer seine Auskunftspflicht nicht erfüllt, indem er einer unter Hinweis auf die Strafandrohung dieses Artikels an ihn erlassenen Verfügung der zuständigen Behörde nicht Folge leistet, wird mit Busse bestraft.

Art. 55   Verjährung

Eine Widerhandlung verjährt in zwei Jahren, die Strafe für die Widerhandlung in fünf Jahren.

Art. 56   Anwendung auf juristische Personen, Handelsgesellschaften und Körperschaften

Artikel 6 des Bundesgesetzes vom 22. März 1974[2] über das Verwaltungsstrafrecht ist anwendbar. Er gilt auch für Widerhandlungen in der Verwaltung einer öffentlichrechtlichen Körperschaft.

Art. 57   Strafverfolgung

Die Kantone verfolgen und beurteilen die Widerhandlungen.

---

1   Ab 1. Jan. 2007 sind die angedrohten Strafen und die Verjährungsfristen in Anwendung von Art. 333 Abs. 2-6 des Strafgesetzbuches (SR 311.0) in der Fassung des BG vom 13. Dez. 2002 (AS 2006 3459) zu interpretieren beziehungsweise umzurechnen.

2   SR 313.0

7. Kapitel: Schlussbestimmungen

1. Abschnitt: Kantonale Ausführungsbestimmungen

Art. 58

[1] Kantonale Erlasse, die sich auf dieses Gesetz stützen, müssen dem Eidgenössischen Justiz- und Polizeidepartement zur Kenntnis gebracht werden.[1]

[2] Die Kantone passen auf das Inkrafttreten dieses Gesetzes ihre Ausführungsbestimmungen und ihre Behördenorganisation an.

[3] Mit dem Inkrafttreten dieses Gesetzes sind widersprechende kantonale Vorschriften aufgehoben.

2. Abschnitt: Änderung und Aufhebung von Bundesrecht

Art. 59

...

3. Abschnitt: Übergangsbestimmungen

Art. 60   Übergangsbestimmungen zum Inkrafttreten vom 20. Oktober 1986[2]

[1] Das Gesetz gilt mit Ausnahme der Bestimmungen über die Pachtdauer und die parzellenweise Verpachtung und Zupacht auch für Pachtverträge, die vor seinem Inkrafttreten abgeschlossen oder fortgesetzt worden sind. Beginnt die Fortsetzung einer Pacht nach dem Inkrafttreten, gilt die neue Fortsetzungsdauer.

[2] Lässt sich das Datum des Pachtantritts nicht mehr feststellen, so gilt der ortsübliche Frühjahrstermin 1973 als Pachtantritt.

[3] Wird der Pachtvertrag vor dem Inkrafttreten dieses Gesetzes auf den Zeitpunkt des Inkrafttretens oder auf ein späteres Datum gekündigt, so kann die betroffene Partei bis 30 Tage nach dem Inkrafttreten des Gesetzes auf Erstreckung nach den neuen Bestimmungen klagen.

[4] Hängige Klagen und Gesuche werden nach dem Recht beurteilt, das zur Zeit des Urteils oder Entscheids gilt.

---

1   Fassung gemäss Ziff. I des BG vom 20. Juni 2003, in Kraft seit 1. Jan. 2004 (AS 2003 4127 4130; BBl 2002 4721).

2   Eingefügt durch Ziff. I des BG vom 20. Juni 2003, in Kraft seit 1. Jan. 2004 (AS 2003 4127 4130; BBl 2002 4721).

Art. 60a[1]   Übergangsbestimmungen zur Änderung vom 20. Juni 2003

[1] Ein Pachtvertrag über ein landwirtschaftliches Gewerbe, das den Anforderungen hinsichtlich der Mindestgrösse eines landwirtschaftlichen Gewerbes (Art. 1 Abs. 1 Bst. b) nicht mehr genügt, besteht während der laufenden gesetzlichen oder einer längeren vertraglichen oder einer richterlich erstreckten Pachtdauer als Vertrag über ein landwirtschaftliches Gewerbe weiter.

[2] Wird ein solcher Vertrag auf Ablauf der Pachtdauer gekündigt und verlangt der Pächter die Erstreckung, so stellt die Absicht des Verpächters, den Betrieb parzellenweise zu verpachten, keinen Grund dar, der die Fortsetzung der Pacht für den Verpächter unzumutbar macht.

4. Abschnitt: Referendum und Inkrafttreten

Art. 61

[1] Dieses Gesetz untersteht dem fakultativen Referendum.

[2] Der Bundesrat bestimmt das Inkrafttreten.

Datum des Inkrafttretens: 20. Oktober 1986[2]

---

1   Eingefügt durch Ziff. I des BG vom 20. Juni 2003, in Kraft seit 1. Jan. 2004 (AS 2003 4127 4130; BBl 2002 4721).
2   BRB vom 2. Juni 1986 (AS 1986 943)

Nr. 8   ## Verordnung über die Bemessung des landwirtschaftlichen Pachtzinses (Pachtzinsverordnung)

vom 11. Februar 1987 (Stand am 20. Januar 2004)

SR 221.213.221

Der Schweizerische Bundesrat,

gestützt auf Artikel 36 Absatz 2 und 40 Absatz 1 des Bundesgesetzes vom 4. Oktober 1985[1] über die landwirtschaftliche Pacht (Gesetz),[2]

verordnet:

1. Abschnitt: Grundlagen

Art. 1[3]

[1] Für die Verzinsung des Ertragswertes gilt der Satz von 4 Prozent. Er vermindert sich für Gewerbe um einen Viertel (Art. 40 Abs. 2 des Gesetzes).[4]

[2] Ertragswert, Mietwert, Normalbedarf an Wohnraum, bereinigte Bodenpunktzahl und Gesamtnutzungsdauer bestimmen sich nach der Verordnung vom 4. Oktober 1993[5] über das bäuerliche Bodenrecht (VBB).

2. Abschnitt: Pachtzins für Gewerbe

Art. 2   Elemente des Pachtzinses

Der höchstzulässige Pachtzins für Gewerbe setzt sich aus der Verzinsung des Ertragswertes und der Abgeltung der Verpächterlasten zusammen.

Art. 3[6]   Verzinsung

Die Verzinsung beträgt 3 Prozent des Ertragswertes des Gewerbes unter Einschluss der Gebäude und allfälliger Dauerkulturen.

---

1   AS 1987 406
    SR 221.213.2
2   Fassung gemäss Ziff. I der V vom 13. Febr. 1991 (AS 1991 487).
3   Fassung gemäss Ziff. I der V vom 25. Okt. 1995, in Kraft seit 1. Febr. 1996 (AS 1995 5150).
4   Fassung gemäss Ziff. I der V vom 26. Nov. 2003, in Kraft seit 1. Febr. 2004 (AS 2004 303).
5   SR 211.412.110
6   Fassung gemäss Ziff. I der V vom 26. Nov. 2003, in Kraft seit 1. Febr. 2004 (AS 2004 303).

Art. 4   Abgeltung der Verpächterlasten

[1] Die Abgeltung der Verpächterlasten setzt sich zusammen aus:

a.[1] 85 Prozent des Mietwertes der Gebäude;

b. der Abschreibung auf Dauerkulturen (wie Reben und Obstanlagen), wenn die Erneuerung der Anlage dem Verpächter obliegt.

[2] Die Abschreibung auf Dauerkulturen entspricht dem Ertragswert der Anlage (ohne Boden) im ersten Vollertragsjahr bzw. zu Beginn der Vollertragsphase, geteilt durch die Gesamtnutzungsdauer in Jahren.

Art. 5   Pachtzins für zusätzlichen Wohnraum

Der Pachtzins für Wohnraum, der den landwirtschaftlichen Normalbedarf übersteigt, entspricht dem effektiv erzielbaren Mietzins ohne Nebenkosten.

3. Abschnitt: Pachtzins für einzelne Grundstücke

Art. 6   Elemente des Pachtzinses

Der höchstzulässige Pachtzins für einzelne Grundstücke setzt sich zusammen aus:

a. dem Pachtzins für den Boden (Art. 7 und 8);

b. dem Pachtzins für die Anlagen von Dauerkulturen (Art. 9);

c. dem Pachtzins für Gebäude (Art. 10).

Art. 7   Pachtzins für Boden (ohne Rebboden und Sömmerungsweiden)

[1] Der höchstzulässige Pachtzins für Boden setzt sich zusammen aus dem Basispachtzins, bereinigt aufgrund der örtlichen Verhältnisse, und allfälligen betriebsbezogenen Zuschlägen.

[2] Der Basispachtzins umfasst die Verzinsung, die Abgeltung der Verpächterlasten und einen Zuschlag für allgemeine Vorteile der Zupacht (Art. 38 Abs. 1 des Gesetzes). Er beträgt 9 Prozent des Bodenertragswertes der Verkehrslage 4 gemäss Anhang VBB[2].[3]

[3] Die kantonale Bewilligungsbehörde kann den Basispachtzins um bis zu 15 Prozent vermindern oder erhöhen, um den besonderen örtlichen Verhältnissen, das heisst den in einem Gebiet oder Gebietsabschnitt vorherrschenden Betriebsstrukturen oder Bewirtschaftungsverhältnissen, Rechnung zu tragen. Der so festgelegte Abzug oder Zuschlag gilt für jede Pachtzinsfestsetzung im betreffenden Gebiet oder Gebietsabschnitt.

---

1   Fassung gemäss Ziff. I der V vom 26. Nov. 2003, in Kraft seit 1. Febr. 2004 (AS 2004 303).

2   SR 211.412.110

3   Fassung gemäss Ziff. I der V vom 26. Nov. 2003, in Kraft seit 1. Febr. 2004 (AS 2004 303).

[4] Zum Pachtzins nach den Absätzen 2 und 3 sind betriebsbezogene Zuschläge von je höchstens 15 Prozent zulässig (Art. 38 Abs. 2 des Gesetzes), wenn das Grundstück:

a. dem Pächter eine bessere Arrondierung seines Betriebes ermöglicht;

b. für den Betrieb des Pächters günstig liegt, insbesondere wenn die Wegdistanz und die Höhendifferenz zwischen Betrieb und Grundstück gering sind.

Art. 8[1]   Pachtzins für Rebboden

Der höchstzulässige Pachtzins für Rebboden setzt sich zusammen aus dem Basispachtzins von 6,5 Prozent des Bodenertragswertes, bereinigt aufgrund der örtlichen Verhältnisse im Sinne von Artikel 7 Absatz 3, und allfälligen betriebsbezogenen Zuschlägen im Sinne von Artikel 7 Absatz 4.

Art. 9   Pachtzins für Dauerkulturen

[1] Der höchstzulässige Pachtzins für Dauerkulturen (wie Reben und Obstanlagen) auf einzelnen Grundstücken setzt sich zusammen aus dem Pachtzins für den Boden (Art. 7 bzw. 8) und dem Pachtzins für die Anlage.

[2] Der Pachtzins für die Anlage setzt sich zusammen aus:

a.[2] der Verzinsung: sie beträgt in der Regel 4 Prozent des durchschnittlichen Ertragswertes der Anlage während der Gesamtnutzungsdauer; als durchschnittlicher Ertragswert gelten 50–55 Prozent des Ertragswertes im ersten Vollertragsjahr bzw. zu Beginn der Vollertragsphase;

b. der Abschreibung nach Artikel 4 Absatz 2, wenn die Erneuerung der Anlage dem Verpächter obliegt.

Art. 10   Pachtzins für Gebäude

Der höchstzulässige Pachtzins für Gebäude auf einzelnen Grundstücken entspricht dem Mietwert des Gebäudes.

Art. 11   Pachtzins für Sömmerungsweiden

[1] Der höchstzulässige Pachtzins für Sömmerungsweiden setzt sich zusammen aus:

a. dem Pachtzins für den Boden;

b. dem Pachtzins für die Gebäude (Art. 10).

[2] Der Pachtzins für den Boden setzt sich zusammen aus dem Basispachtzins von 6,5 Prozent des Bodenertragswertes, bereinigt aufgrund der örtlichen Verhältnisse im Sinne von Artikel 7 Absatz 3, und allfälligen betriebsbezogenen Zuschlägen im Sinne von Artikel 7 Absatz 4.[3]

---

1   Fassung gemäss Ziff. I der V vom 26. Nov. 2003, in Kraft seit 1. Febr. 2004 (AS 2004 303).
2   Fassung gemäss Ziff. I der V vom 26. Nov. 2003, in Kraft seit 1. Febr. 2004 (AS 2004 303).
3   Fassung gemäss Ziff. I der V vom 26. Nov. 2003, in Kraft seit 1. Febr. 2004 (AS 2004 303).

4. Abschnitt: Besondere Verhältnisse

Art. 12   Pachtzinsreduktion bei Mehrleistung des Pächters

Übernimmt der Pächter durch Vereinbarung Nebenleistungen wie Unterhaltspflichten, die über das gesetzliche Mass hinausgehen, so ist die im höchstzulässigen Pachtzins eingeschlossene Abgeltung der Verpächterlasten anteilmässig herabzusetzen. Bei Gebäuden auf einzelnen Grundstücken (Art. 10) darf sich der höchstzulässige Pachtzins deswegen um höchstens 50 Prozent vermindern.

Art. 13   Zuschlag für längere Pachtdauer

Verabreden die Parteien eine Fortsetzungsdauer, welche die gesetzliche Fortsetzungsdauer um mindestens drei Jahre übersteigt, so ist für die ganze Fortsetzungsdauer ein Zuschlag von 15 Prozent zum Pachtzins nach den Artikeln 2–12 zulässig (Art. 41 des Gesetzes).

Art. 14   Ausnahmeregelung bei ausserordentlichen Verhältnissen

Ist die Berechnung des Pachtzinses nach den Artikeln 2–12 nicht möglich, weil allgemeine Grundlagen für die Schätzung des Ertragswertes fehlen oder führt diese Berechnung in Anbetracht der besondern sachlichen Verhältnisse zu einem unbilligen Ergebnis, so kann der Pachtzins anders berechnet bzw. der berechnete Pachtzins angemessen erhöht oder vermindert werden. Die Grundsätze nach den Artikeln 36–40 des Gesetzes bleiben in jedem Fall anwendbar.

5. Abschnitt: Inkrafttreten

Art. 15

Diese Verordnung tritt am 25. Februar 1987 in Kraft.

Nr. 9 **Bundesgesetz über den Konsumkredit (KKG)**
vom 23. März 2001 (Stand am 10. Dezember 2002)

SR 221.214.1

Die Bundesversammlung der Schweizerischen Eidgenossenschaft,

gestützt auf die Artikel 97 und 122 der Bundesverfassung[1],
nach Einsicht in die Botschaft des Bundesrates vom 14. Dezember 1998[2],

beschliesst:

1. Abschnitt: Begriffe

Art. 1 Konsumkreditvertrag

[1] Der Konsumkreditvertrag ist ein Vertrag, durch den eine kreditgebende Person (Kreditgeberin) einer Konsumentin oder einem Konsumenten einen Kredit in Form eines Zahlungsaufschubs, eines Darlehens oder einer ähnlichen Finanzierungshilfe gewährt oder zu gewähren verspricht.

[2] Als Konsumkreditverträge gelten auch:

a. Leasingverträge über bewegliche, dem privaten Gebrauch des Leasingnehmers dienende Sachen, die vorsehen, dass die vereinbarten Leasingraten erhöht werden, falls der Leasingvertrag vorzeitig aufgelöst wird;

b. Kredit- und Kundenkarten sowie Überziehungskredite, wenn sie mit einer Kreditoption verbunden sind; als Kreditoption gilt die Möglichkeit, den Saldo einer Kredit- oder Kundenkarte in Raten zu begleichen.

Vgl. Verordnung zum KKG vom 6. November 2002; SR 221.214.11.

Art. 2 Kreditgeberin

Als Kreditgeberin gilt jede natürliche oder juristische Person, die gewerbsmässig Konsumkredite gewährt.

Art. 3 Konsumentin oder Konsument

Als Konsumentin oder Konsument gilt jede natürliche Person, die einen Konsumkreditvertrag zu einem Zweck abschliesst, der nicht ihrer beruflichen oder gewerblichen Tätigkeit zugerechnet werden kann.

[1] AS 2002 3846
 SR 101
[2] BBl 1999 3155

Art. 4   Kreditvermittlerin

Als Kreditvermittlerin gilt jede natürliche oder juristische Person, die gewerbsmässig Konsumkreditverträge vermittelt.

Art. 5   Gesamtkosten des Kredits für die Konsumentin oder den Konsumenten

Als Gesamtkosten des Kredits für die Konsumentin oder den Konsumenten gelten sämtliche Kosten, einschliesslich der Zinsen und sonstigen Kosten, welche die Konsumentin oder der Konsument für den Kredit zu bezahlen hat.

Art. 6   Effektiver Jahreszins

Der effektive Jahreszins drückt die Gesamtkosten des Kredits für die Konsumentin oder den Konsumenten in Jahresprozenten des gewährten Kredits aus.

2. Abschnitt: Geltungsbereich

Art. 7   Ausschluss

[1] Dieses Gesetz gilt nicht für:
a. Kreditverträge oder Kreditversprechen, die direkt oder indirekt grundpfandgesichert sind;
b. Kreditverträge oder Kreditversprechen, die durch hinterlegte bankübliche Sicherheiten oder durch ausreichende Vermögenswerte, welche die Konsumentin oder der Konsument bei der Kreditgeberin hält, gedeckt sind;
c. Kredite, die zins- und gebührenfrei gewährt oder zur Verfügung gestellt werden;
d. Kreditverträge, nach denen keine Zinsen in Rechnung gestellt werden, sofern die Konsumentin oder der Konsument sich bereit erklärt, den Kredit auf einmal zurückzuzahlen;
e. Verträge über Kredite von weniger als 500 Franken oder mehr als 80 000 Franken;
f. Kreditverträge, nach denen die Konsumentin oder der Konsument den Kredit entweder innert höchstens drei Monaten oder in nicht mehr als vier Raten innert höchstens zwölf Monaten zurückzahlen muss;
g. Verträge über die fortgesetzte Erbringung von Dienstleistungen oder Leistungen von Versorgungsbetrieben, nach denen die Konsumentin oder der Konsument berechtigt ist, während der Dauer der Erbringung Teilzahlungen zu leisten.
[2] Der Bundesrat kann die Beträge gemäss Absatz 1 Buchstabe e den veränderten Verhältnissen anpassen.

Art. 8   Einschränkung

[1] Leasingverträge im Sinne von Artikel 1 Absatz 2 Buchstabe a unterstehen nur den Artikeln 11, 13–16, 17 Absatz 3, 18 Absätze 2 und 3, 19–21, 26, 29, 31–35, 37 und 38.

[2] Konti für Kredit- und Kundenkarten mit Kreditoption sowie Überziehungskredite auf laufendem Konto unterstehen nur den Artikeln 12–16, 17 Absätze 1 und 2, 18 Absätze 1 und 3, 19–21, 27, 30–35, 37 und 38.

3. Abschnitt: Form und Inhalt des Vertrags

Art. 9   Barkredite

[1] Konsumkreditverträge sind schriftlich abzuschliessen; die Konsumentin oder der Konsument erhält eine Kopie des Vertrags.

[2] Der Vertrag muss angeben:

a.   den Nettobetrag des Kredits;

b.   den effektiven Jahreszins oder, wenn dies nicht möglich ist, den Jahreszins und die bei Vertragsschluss in Rechnung gestellten Kosten;

c.   die Bedingungen, unter denen der Zinssatz und die Kosten nach Buchstabe b geändert werden können;

d.   die Elemente der Gesamtkosten des Kredits, die für die Berechnung des effektiven Jahreszinses nicht berücksichtigt worden sind (Art. 34), mit Ausnahme der bei Nichterfüllung der vertraglichen Verpflichtungen entstehenden Kosten; ist der genaue Betrag dieser Kostenelemente bekannt, so ist er anzugeben; andernfalls ist, soweit möglich, entweder eine Berechnungsmethode oder eine realistische Schätzung aufzuführen;

e.   die allfällige Höchstgrenze des Kreditbetrags;

f.   die Rückzahlungsmodalitäten, insbesondere den Betrag, die Anzahl und die zeitlichen Abstände oder den Zeitpunkt der Zahlungen, welche die Konsumentin oder der Konsument zur Tilgung des Kredits und zur Entrichtung der Zinsen und sonstigen Kosten vornehmen muss, sowie, wenn möglich, den Gesamtbetrag dieser Zahlungen;

g.   dass die Konsumentin oder der Konsument bei vorzeitiger Rückzahlung Anspruch auf Erlass der Zinsen und auf eine angemessene Ermässigung der Kosten hat, die auf die nicht beanspruchte Kreditdauer entfallen;

h.   das Widerrufsrecht und die Widerrufsfrist (Art. 16);

i.   die allfällig verlangten Sicherheiten;

j.   den pfändbaren Teil des Einkommens, der der Kreditfähigkeitsprüfung zu Grunde gelegt worden ist (Art. 28 Abs. 2 und 3); Einzelheiten können in einem vom Konsumkreditvertrag getrennten Schriftstück festgehalten werden; dieses bildet einen integrierenden Bestandteil des Vertrags.

Art. 10   Verträge zur Finanzierung des Erwerbs von Waren oder Dienstleistungen

Dient der Kreditvertrag der Finanzierung des Erwerbs von Waren oder Dienstleistungen, so muss er auch folgende Angaben enthalten:

a.   die Beschreibung der Waren oder Dienstleistungen;

b.   den Barzahlungspreis und den Preis, der im Rahmen des Kreditvertrags zu bezahlen ist;

c.   die Höhe der allfälligen Anzahlung, die Anzahl, die Höhe und die Fälligkeit der Teilzahlungen oder das Verfahren, nach dem diese Elemente bestimmt werden können, falls sie bei Vertragsschluss noch nicht bekannt sind;

d.   den Namen der Eigentümerin oder des Eigentümers der Waren, falls das Eigentum daran nicht unmittelbar auf die Konsumentin oder den Konsumenten übergeht, und die Bedingungen, unter denen die Ware in das Eigentum der Konsumentin oder des Konsumenten übergeht;

e.   den Hinweis auf die allfällig verlangte Versicherung und, falls die Wahl des Versicherers nicht der Konsumentin oder dem Konsumenten überlassen ist, die Versicherungskosten.

Art. 11   Leasingverträge

[1] Leasingverträge sind schriftlich abzuschliessen; der Leasingnehmer erhält eine Kopie des Vertrags.

[2] Der Vertrag muss angeben:

a.   die Beschreibung der Leasingsache und ihren Barkaufpreis im Zeitpunkt des Vertragsabschlusses;

b.   die Anzahl, die Höhe und die Fälligkeit der Leasingraten;

c.   die Höhe einer allfälligen Kaution;

d.   den Hinweis auf die allfällig verlangte Versicherung und, falls die Wahl des Versicherers nicht dem Leasingnehmer überlassen ist, die Versicherungskosten;

e.   den effektiven Jahreszins;

f.   den Hinweis auf das Widerrufsrecht und die Widerrufsfrist;

g.   eine nach anerkannten Grundsätzen erstellte Tabelle, aus der hervorgeht, was der Leasingnehmer bei einer vorzeitigen Beendigung des Leasingvertrags zusätzlich zu den bereits entrichteten Leasingraten zu bezahlen hat und welchen Restwert die Leasingsache zu diesem Zeitpunkt hat;

h.   die Elemente, die der Kreditfähigkeitsprüfung zu Grunde gelegt worden sind (Art. 29 Abs. 2); Einzelheiten können in einem vom Leasingvertrag getrennten Schriftstück festgehalten werden; dieses bildet einen integrierenden Bestandteil des Vertrags.

Art. 12   Überziehungskredit auf laufendem Konto oder Kredit- und Kundenkartenkonto mit Kreditoption

[1] Verträge, mit denen eine Kreditgeberin einen Kredit in Form eines Überziehungskredits auf laufendem Konto oder auf einem Kredit- und Kundenkartenkonto mit Kreditoption gewährt, sind schriftlich abzuschliessen; die Konsumentin oder der Konsument erhält eine Kopie des Vertrags.

[2] Der Vertrag muss angeben:

a.   die Höchstgrenze des Kreditbetrags;

b.   den Jahreszins und die bei Vertragsabschluss in Rechnung gestellten Kosten sowie die Bedingungen, unter denen diese geändert werden können;

c.   die Modalitäten einer Beendigung des Vertrags;

d.   die Elemente, die der Kreditfähigkeitsprüfung zu Grunde gelegt worden sind (Art. 30 Abs. 1); Einzelheiten können in einem vom Kredit- oder Kundenkartenvertrag getrennten Schriftstück festgehalten werden; dieses bildet einen integrierenden Bestandteil des Vertrags.

[3] Während der Vertragsdauer ist die Konsumentin oder der Konsument über jede Änderung des Jahreszinses oder der in Rechnung gestellten Kosten unverzüglich zu informieren; diese Information kann in Form eines Kontoauszugs erfolgen.

[4] Wird eine Kontoüberziehung stillschweigend akzeptiert und das Konto länger als drei Monate überzogen, so ist die Konsumentin oder der Konsument zu informieren über:

a.   den Jahreszins und die in Rechnung gestellten Kosten;

b.   alle diesbezüglichen Änderungen.

Art. 13   Zustimmung des gesetzlichen Vertreters

[1] Ist die Konsumentin oder der Konsument minderjährig, so bedarf der Konsumkreditvertrag zu seiner Gültigkeit der schriftlichen Zustimmung der gesetzlichen Vertreterin oder des gesetzlichen Vertreters.

[2] Die Zustimmung ist spätestens abzugeben, wenn die Konsumentin oder der Konsument den Vertrag unterzeichnet.

Art. 14   Höchstzinssatz

Der Bundesrat legt den höchstens zulässigen Zinssatz nach Artikel 9 Absatz 2 Buchstabe b fest. Er berücksichtigt dabei die von der Nationalbank ermittelten, für die Refinanzierung des Konsumkreditgeschäftes massgeblichen Zinssätze. Der Höchstzinssatz soll in der Regel 15 Prozent nicht überschreiten.

Art. 15   Nichtigkeit

[1] Die Nichteinhaltung der Artikel 9–11, 12 Absätze 1, 2 und 4 Buchstabe a, 13 und 14 bewirkt die Nichtigkeit des Konsumkreditvertrags.

[2] Ist der Konsumkreditvertrag nichtig, so hat die Konsumentin oder der Konsument die bereits empfangene oder beanspruchte Kreditsumme bis zum Ablauf der Kreditdauer zurückzuzahlen, schuldet aber weder Zinsen noch Kosten.

[3] Die Kreditsumme ist in gleich hohen Teilzahlungen zurückzuzahlen. Wenn der Vertrag keine längeren Zeitabstände vorsieht, liegen die Teilzahlungen jeweils einen Monat auseinander.

[4] Bei einem Leasingvertrag hat die Konsumentin oder der Konsument den ihr oder ihm überlassenen Gegenstand zurückzugeben und die Raten zu zahlen, die bis zu diesem Zeitpunkt geschuldet sind. Ein damit nicht abgedeckter Wertverlust geht zu Lasten der Leasinggeberin.

Art. 16   Widerrufsrecht

[1] Die Konsumentin oder der Konsument kann den Antrag zum Vertragsabschluss oder die Annahmeerklärung innerhalb von sieben Tagen schriftlich widerrufen. Kein Widerrufsrecht besteht im Falle von Artikel 12 Absatz 4.

[2] Die Widerrufsfrist beginnt zu laufen, sobald die Konsumentin oder der Konsument nach den Artikeln 9 Absatz 1, 11 Absatz 1 oder 12 Absatz 1 eine Kopie des Vertrags erhalten hat. Die Frist ist eingehalten, wenn die Widerrufserklärung am siebenten Tag der Post übergeben wird.

[3] Ist das Darlehen bereits vor dem Widerruf des Vertrags ausbezahlt worden, so gilt Artikel 15 Absätze 2 und 3. Im Falle eines Abzahlungskaufs, einer auf Kredit beanspruchten Dienstleistung oder eines Leasingvertrags gilt Artikel 40 *f* des Obligationenrechts[1].

4. Abschnitt: Rechte und Pflichten der Parteien

Art. 17   Vorzeitige Rückzahlung

[1] Die Konsumentin oder der Konsument kann die Pflichten aus dem Konsumkreditvertrag vorzeitig erfüllen.

[2] In diesem Fall besteht ein Anspruch auf Erlass der Zinsen und auf eine angemessene Ermässigung der Kosten, die auf die nicht beanspruchte Kreditdauer entfallen.

[3] Der Leasingnehmer kann mit einer Frist von mindestens 30 Tagen auf Ende einer dreimonatigen Leasingdauer kündigen. Der Anspruch des Leasinggebers auf Entschädigung richtet sich nach der Tabelle gemäss Artikel 11 Absatz 2 Buchstabe g.

---

1   SR 220

Art. 18　　　Verzug

[1] Die Kreditgeberin kann vom Vertrag zurücktreten, wenn Teilzahlungen ausstehend sind, die mindestens 10 Prozent des Nettobetrags des Kredits beziehungsweise des Barzahlungspreises ausmachen.

[2] Der Leasinggeber kann vom Vertrag zurücktreten, wenn Teilzahlungen ausstehend sind, die mehr als drei monatlich geschuldete Leasingraten ausmachen.

[3] Der Verzugszins darf den für den Konsumkredit oder Leasingvertrag vereinbarten Zinssatz (Art. 9 Abs. 2 Bst. b) nicht übersteigen.

Art. 19　　　Einreden

Die Konsumentin oder der Konsument hat das unabdingbare Recht, die Einreden aus dem Konsumkreditvertrag gegenüber jedem Abtretungsgläubiger geltend zu machen.

Art. 20　　　Zahlung und Sicherheit in Form von Wechseln

[1] Die Kreditgeberin darf weder Zahlungen in Form von Wechseln, einschliesslich Eigenwechseln, noch Sicherheiten in Form von Wechseln, einschliesslich Eigenwechseln und Checks, annehmen.

[2] Ist ein Wechsel oder ein Check entgegen Absatz 1 angenommen worden, so kann ihn die Konsumentin oder der Konsument jederzeit von der Kreditgeberin zurückverlangen.

[3] Die Kreditgeberin haftet für den Schaden, welcher der Konsumentin oder dem Konsumenten aus der Begebung des Wechsels oder Checks entstanden ist.

Art. 21　　　Mangelhafte Erfüllung des Erwerbsvertrags

[1] Wer im Hinblick auf den Erwerb von Waren oder Dienstleistungen einen Konsumkreditvertrag mit einer anderen Person als dem Lieferanten abschliesst, kann gegenüber der Kreditgeberin alle Rechte geltend machen, die ihm gegenüber dem Lieferanten zustehen, wenn folgende Bedingungen erfüllt sind:

a.　　Zwischen der Kreditgeberin und dem Lieferanten besteht eine Abmachung, wonach Kredite an Kunden dieses Lieferanten ausschliesslich von der Kreditgeberin gewährt werden.

b.　　Die Konsumentin oder der Konsument erhält den Kredit im Rahmen dieser Abmachung.

c.　　Die unter den Konsumkreditvertrag fallenden Waren oder Dienstleistungen werden nicht oder nur teilweise geliefert oder entsprechen nicht dem Liefervertrag.

d.　　Die Konsumentin oder der Konsument hat die Rechte gegenüber dem Lieferanten erfolglos geltend gemacht.

e.　　Der Betrag des betreffenden Einzelgeschäfts liegt über 500 Franken.

[2] Der Bundesrat kann den Betrag gemäss Absatz 1 Buchstabe e den veränderten Verhältnissen anpassen.

5. Abschnitt: Kreditfähigkeit

Art. 22   Grundsatz

Die Kreditfähigkeitsprüfung bezweckt die Vermeidung einer Überschuldung der Konsumentin oder des Konsumenten infolge eines Konsumkreditvertrags.

Art. 23   Informationsstelle für Konsumkredit

[1] Die Kreditgeberinnen gründen eine Informationsstelle für Konsumkredit (Informationsstelle). Diese gemeinsame Einrichtung bearbeitet die Daten, die im Rahmen der Artikel 25–27 anfallen.

[2] Die Statuten der Informationsstelle müssen vom zuständigen Departement[1] genehmigt werden. Sie regeln insbesondere:

a.   die Verantwortung für die Datenbearbeitung;

b.   die Kategorien der zu erfassenden Daten sowie deren Aufbewahrungsdauer, Archivierung und Löschung;

c.   die Zugriffs- und Bearbeitungsberechtigungen;

d.   die Zusammenarbeit mit beteiligten Dritten;

e.   die Datensicherheit.

[3] Die Informationsstelle gilt als Bundesorgan im Sinne von Artikel 3 Buchstabe h des Bundesgesetzes vom 19. Juni 1992[2] über den Datenschutz. Der Bundesrat erlässt die Vollzugsbestimmungen.

[4] Vorbehältlich der Zuständigkeit gemäss Bundesgesetz vom 19. Juni 1992 über den Datenschutz untersteht die Informationsstelle der Aufsicht des Departements.

[5] Der Bundesrat kann den Kreditgeberinnen eine Frist setzen, binnen der die gemeinsame Einrichtung errichtet sein muss. Kommt die Gründung der gemeinsamen Einrichtung nicht zu Stande oder wird diese später aufgelöst, so richtet der Bundesrat die Informationsstelle ein.

Art. 24   Datenzugang

[1] Zugang zu den von der Informationsstelle gesammelten Daten haben ausschliesslich die diesem Gesetz unterstellten Kreditgeberinnen, soweit sie die Daten zur Erfüllung ihrer Pflichten nach diesem Gesetz benötigen.

[2] Im Einzelfall haben auch die von den Kantonen bezeichneten und unterstützten Institutionen der Schuldensanierung Zugang, sofern der Schuldner zustimmt.

---

1   Zurzeit Eidgenössisches Justiz- und Polizeidepartement
2   SR 235.1

Art. 25   Meldepflicht

[1] Die Kreditgeberin muss der Informationsstelle den von ihr gewährten Konsumkredit melden.

[2] Sie muss der Informationsstelle auch melden, wenn Teilzahlungen ausstehend sind, die mindestens 10 Prozent des Nettobetrags des Kredits beziehungsweise des Barzahlungspreises ausmachen (Art. 18 Abs. 1).

[3] Die Informationsstelle bestimmt in ihren Statuten oder einem darauf gestützten Reglement das Nähere zu Inhalt, Form und Zeitpunkt der Meldung.

Art. 26   Meldepflicht bei Leasing

[1] Bei einem Leasingvertrag meldet die Kreditgeberin der Informationsstelle:

a.   die Höhe der Leasingverpflichtung;

b.   die Vertragsdauer;

c.   die monatlichen Leasingraten.

[2] Sie muss der Informationsstelle auch melden, wenn drei Leasingraten ausstehen.

Art. 27   Meldepflicht bei Kredit- und Kundenkartenkonti

[1] Hat die Konsumentin oder der Konsument dreimal hintereinander von der Kreditoption Gebrauch gemacht, so ist der ausstehende Betrag der Informationsstelle zu melden. Keine Pflicht zur Meldung besteht, wenn der ausstehende Betrag unter 3000 Franken liegt.

[2] Der Bundesrat wird ermächtigt, die in Absatz 1 genannte Meldelimite von 3000 Franken mittels Verordnung periodisch der Entwicklung des schweizerischen Indexes der Konsumentenpreise anzupassen.

Art. 28   Prüfung der Kreditfähigkeit

[1] Die Kreditgeberin muss vor Vertragsabschluss nach Artikel 31 die Kreditfähigkeit der Konsumentin oder des Konsumenten prüfen.

[2] Die Konsumentin oder der Konsument gilt dann als kreditfähig, wenn sie oder er den Konsumkredit zurückzahlen kann, ohne den nicht pfändbaren Teil des Einkommens nach Artikel 93 Absatz 1 des Bundesgesetzes vom 11. April 1889[1] über Schuldbetreibung und Konkurs beanspruchen zu müssen.

[3] Der pfändbare Teil des Einkommens wird nach den Richtlinien über die Berechnung des Existenzminimums des Wohnsitzkantons der Konsumentin oder des Konsumenten ermittelt. Bei der Ermittlung zu berücksichtigen sind in jedem Fall:

a.   der tatsächlich geschuldete Mietzins;

b.   die nach Quellensteuertabelle geschuldeten Steuern;

1   SR 281.1

c.   Verpflichtungen, die bei der Informationsstelle gemeldet sind.

[4] Bei der Beurteilung der Kreditfähigkeit muss von einer Amortisation des Konsumkredits innerhalb von 36 Monaten ausgegangen werden, selbst wenn vertraglich eine längere Laufzeit vereinbart worden ist. Dies gilt auch für frühere Konsumkredite, soweit diese noch nicht zurückbezahlt worden sind.

Art. 29   Prüfung der Kreditfähigkeit des Leasingnehmers

[1] Der Leasinggeber muss vor Vertragsabschluss die Kreditfähigkeit des Leasingnehmers prüfen.

[2] Die Kreditfähigkeit ist zu bejahen, wenn der Leasingnehmer die Leasingraten ohne Beanspruchung des nicht pfändbaren Teils des Einkommens nach Artikel 28 Absätze 2 und 3 finanzieren kann oder wenn Vermögenswerte, die dem Leasingnehmer gehören, die Zahlung der Leasingraten sicherstellen.

Art. 30   Prüfung der Kreditfähigkeit bei Kredit- und Kundenkartenkonti

[1] Räumt die Kreditgeberin oder das Kreditkartenunternehmen im Rahmen eines Kredit- oder Kundenkartenkontos mit Kreditoption oder eines Überziehungskredits auf laufendem Konto eine Kreditlimite ein, so prüfen sie zuvor summarisch die Kreditfähigkeit der Antragstellerin oder des Antragstellers. Sie stützen sich dabei auf deren oder dessen Angaben über die Vermögens- und Einkommensverhältnisse. Die Kreditlimite muss den Einkommens- und Vermögensverhältnissen der Konsumentin oder des Konsumenten Rechnung tragen. Dabei sind die bei der Informationsstelle vermeldeten Konsumkredite zu berücksichtigen.

[2] Die Kreditfähigkeitsprüfung nach Absatz 1 ist zu wiederholen, wenn der Kreditgeber oder das Kreditkartenunternehmen über Informationen verfügt, wonach sich die wirtschaftlichen Verhältnisse der Konsumentin oder des Konsumenten verschlechtert haben.

Art. 31   Bedeutung der Angaben der Konsumentin oder des Konsumenten

[1] Die Kreditgeberin darf sich auf die Angaben der Konsumentin oder des Konsumenten zu den finanziellen Verhältnissen (Art. 28 Abs. 2 und 3) oder zu den wirtschaftlichen Verhältnissen (Art. 29 Abs. 2 und 30 Abs. 1) verlassen.

[2] Vorbehalten bleiben Angaben, die offensichtlich unrichtig sind oder denjenigen der Informationsstelle widersprechen.

[3] Zweifelt die Kreditgeberin an der Richtigkeit der Angaben der Konsumentin oder des Konsumenten, so muss sie deren Richtigkeit anhand einschlägiger amtlicher oder privater Dokumente wie des Auszugs aus dem Betreibungsregister oder eines Lohnausweises überprüfen.

Art. 32   Sanktion

[1] Verstösst die Kreditgeberin in schwerwiegender Weise gegen die Artikel 28, 29 oder 30, so verliert sie die von ihr gewährte Kreditsumme samt Zinsen und Kosten. Die Konsumentin oder der Konsument kann bereits erbrachte Leistungen nach den Regeln über die ungerechtfertigte Bereicherung zurückfordern.

[2] Verstösst die Kreditgeberin gegen Artikel 25, 26 oder 27 Absatz 1 oder in geringfügiger Weise gegen die Artikel 28, 29 oder 30, so verliert sie nur die Zinsen und die Kosten.

6. Abschnitt: Berechnung des effektiven Jahreszinses

Art. 33   Zeitpunkt und Berechnungsmethode

[1] Der effektive Jahreszins ist beim Abschluss des Konsumkreditvertrags nach der im Anhang 1 aufgeführten mathematischen Formel zu berechnen.

[2] Die Berechnung beruht auf der Annahme, dass der Kreditvertrag für die vereinbarte Dauer gültig bleibt und dass die Parteien ihren Verpflichtungen zu den vereinbarten Terminen nachkommen.

[3] Lässt der Kreditvertrag eine Anpassung der Zinsen oder anderer Kosten zu, die in die Berechnung einzubeziehen sind, jedoch zu deren Zeitpunkt nicht beziffert werden können, so beruht die Berechnung auf der Annahme, dass der ursprüngliche Zinssatz und die ursprünglichen anderen Kosten bis zum Ende des Kreditvertrags unverändert bleiben.

[4] Bei Leasingverträgen wird der effektive Jahreszins auf der Grundlage des Barkaufspreises der Leasingsache bei Vertragsabschluss (Kalkulationsbasis) und bei Vertragsende (Restwert) sowie der einzelnen Tilgungszahlungen (Leasingraten) berechnet.

Art. 34   Massgebende Kosten

[1] Für die Berechnung des effektiven Jahreszinses sind die Gesamtkosten des Kredits für die Konsumentin oder den Konsumenten im Sinne von Artikel 5, einschliesslich des Kaufpreises, massgebend.

[2] Nicht zu berücksichtigen sind:

a.   die Kosten, welche die Konsumentin oder der Konsument bei Nichterfüllung einer im Vertrag aufgeführten Verpflichtung bezahlen muss;

b.   die Kosten, welche die Konsumentin oder der Konsument durch den Erwerb von Waren oder Dienstleistungen unabhängig davon zu tragen hat, ob es sich um ein Bar- oder um ein Kreditgeschäft handelt;

c.   die Mitgliederbeiträge für Vereine oder Gruppen, die aus anderen als den im Kreditvertrag vereinbarten Gründen entstehen.

[3] Die Überweisungskosten sowie Kosten für die Führung eines Kontos, das für die Kreditrückzahlung sowie für die Zahlung der Zinsen oder anderer Kosten dienen soll, sind nur dann zu berücksichtigen, wenn die Konsumentin oder der Konsument nicht über eine angemessene Wahlfreiheit in diesem Bereich verfügt und sie ungewöhnlich hoch sind. In die Berechnung einzubeziehen sind jedoch die Inkassokosten dieser Rückzahlungen oder Zahlungen, unabhängig davon, ob sie in bar oder in anderer Weise erhoben werden.

[4] Die Kosten für Versicherungen und Sicherheiten sind so weit zu berücksichtigen, als sie:

a. die Kreditgeberin für die Kreditgewährung zwingend vorschreibt; und

b. der Kreditgeberin bei Tod, Invalidität, Krankheit oder Arbeitslosigkeit der Konsumentin oder des Konsumenten die Rückzahlung eines Betrags sicherstellen sollen, der gleich hoch oder geringer ist als der Gesamtbetrag des Kredits, einschliesslich Zinsen und anderer Kosten.

7. Abschnitt: Kreditvermittlung

Art. 35

[1] Die Konsumentin oder der Konsument schuldet der Kreditvermittlerin für die Vermittlung eines Konsumkredits keine Entschädigung.

[2] Die Aufwendungen der Kreditgeberin für die Kreditvermittlung bilden Teil der Gesamtkosten (Art. 5 und 34 Abs. 1); sie dürfen dem Konsumenten oder der Konsumentin nicht gesondert in Rechnung gestellt werden.

8. Abschnitt: Werbung

Art. 36

Die Werbung für Konsumkredite richtet sich nach dem Bundesgesetz vom 19. Dezember 1986[1] gegen den unlauteren Wettbewerb.

UWG, → Nr. 18.

---

1   SR 241

9. Abschnitt: Zwingendes Recht

Art. 37

Von den Bestimmungen dieses Gesetzes darf nicht zu Ungunsten der Konsumentin oder des Konsumenten abgewichen werden.

10. Abschnitt: Zuständigkeiten

Art. 38 Verhältnis zum kantonalen Recht

Der Bund regelt die Konsumkreditverträge abschliessend.

Art. 39 Bewilligungspflicht

[1] Die Kantone müssen die Gewährung und die Vermittlung von Konsumkrediten einer Bewilligungspflicht unterstellen.

[2] Zuständig für die Erteilung der Bewilligung ist der Kanton, in dem die Kreditgeberin oder die Kreditvermittlerin ihren Sitz hat. Hat die Kreditgeberin oder die Kreditvermittlerin ihren Sitz nicht in der Schweiz, so ist der Kanton für die Erteilung der Bewilligung zuständig, auf dessen Gebiet die Kreditgeberin oder die Kreditvermittlerin hauptsächlich tätig zu werden gedenkt. Die von einem Kanton erteilte Bewilligung gilt für die ganze Schweiz.

[3] Keine Bewilligung nach Absatz 2 ist erforderlich, wenn die Kreditgeberin oder die Kreditvermittlerin:

a. dem Bankengesetz vom 8. November 1934[1] untersteht;

b. Konsumkredite zur Finanzierung des Erwerbs ihrer Waren oder der Beanspruchung ihrer Dienstleistungen gewährt oder vermittelt.

Art. 40 Bewilligungsvoraussetzungen

[1] Die Bewilligung ist zu erteilen, wenn der Gesuchsteller:

a. zuverlässig ist und in geordneten Vermögensverhältnissen lebt;

b. die allgemeinen kaufmännischen und fachlichen Kenntnisse und Fertigkeiten besitzt, die zur Ausübung der Tätigkeit erforderlich sind;

c. über eine ausreichende Berufshaftpflichtversicherung verfügt.

[2] Gesellschaften und juristischen Personen wird die Bewilligung nur erteilt, wenn alle Mitglieder der Geschäftsleitung die in Absatz 1 Buchstabe b erwähnten Kenntnisse und Fertigkeiten besitzen.

---

1   SR 952.0

[3] Der Bundesrat regelt in einer Verordnung das Nähere zu den Bewilligungsvoraussetzungen nach Absatz 2.

11. Abschnitt: Schlussbestimmungen

Art. 41   Aufhebung und Änderung bisherigen Rechts

Die Aufhebung und die Änderung bisherigen Rechts werden im Anhang 2 geregelt.

Art. 42   Referendum und Inkrafttreten

[1] Dieses Gesetz untersteht dem fakultativen Referendum.

[2] Der Bundesrat bestimmt das Inkrafttreten.

Datum des Inkrafttretens:[1]   1. Jan. 2003

Anhang 1: Formel zur Berechnung des effektiven Jahreszinses (Art. 33)

$$\sum_{K=1}^{K=m} \frac{A_K}{(1+i)^{t_K}} = \sum_{K'=1}^{K'=m'} \frac{A'_{K'}}{(1+i)^{t_{K'}}}$$

Die in der Formel verwendeten Buchstaben und Symbole haben folgende Bedeutung:

K	laufende Nummer eines Kredits,
K'	laufende Nummer einer Tilgungszahlung oder einer Zahlung von Kosten,
A_K	Betrag des Kredits mit der Nummer K,
$A'_{K'}$	Betrag der Tilgungszahlung oder der Zahlung von Kosten mit der Nummer K',
S	Summationszeichen,
m	laufende Nummer des letzten Kredits,
m'	laufende Nummer der letzten Tilgungszahlung oder der letzten Zahlung von Kosten,
t_K	in Jahren oder Jahresbruchteilen ausgedrückter Zeitabstand zwischen dem Zeitpunkt der Kreditvergabe mit der Nummer 1 und den Zeitpunkten der späteren Kredite mit der Nummer 2 bis m,

1   BRB vom 6. Nov. 2002 (AS 2002 3859).

$t_{K'}$ in Jahren oder Jahresbruchteilen ausgedrückter Zeitabstand zwischen dem Zeitpunkt der Kreditvergabe mit der Nummer 1 und den Zeitpunkten der Tilgungszahlung oder Zahlungen von Kosten mit der Nummer 1 bis m',

i effektiver Zinssatz, der entweder algebraisch oder durch schrittweise Annäherungen oder durch ein Computerprogramm errechnet werden kann, wenn die sonstigen Gleichungsgrössen aus dem Vertrag oder auf andere Weise bekannt sind.

Anhang 2: Aufhebung und Änderung bisherigen Rechts (Art. 41)

I

Das Bundesgesetz vom 8. Oktober 1993[1] über den Konsumkredit wird aufgehoben.

II

Die nachstehenden Bundesgesetze werden wie folgt geändert:

…

---

1   [AS 1994 367]

Nr. 10 **Bundesgesetz über die Allgemeinverbindlicherklärung von Gesamtarbeitsverträgen (AVEG)**

vom 28. September 1956 (Stand am 28. März 2006)

SR 221.215.311

Die Bundesversammlung der Schweizerischen Eidgenossenschaft,

gestützt auf Artikel 34ter der Bundesverfassung[1],

nach Einsicht in eine Botschaft des Bundesrates vom 29. Januar 1954[2, 3],

beschliesst:

I. Begriff, Voraussetzungen und Wirkungen

Art. 1   Allgemeinverbindlicherklärung
             1. Im Allgemeinen[4]

[1] Der Geltungsbereich eines zwischen Verbänden abgeschlossenen Gesamtarbeitsvertrages kann auf Antrag aller Vertragsparteien durch Anordnung der zuständigen Behörde (Allgemeinverbindlicherklärung) auf Arbeitgeber und Arbeitnehmer des betreffenden Wirtschaftszweiges oder Berufes ausgedehnt werden, die am Vertrag nicht beteiligt sind.

[2] Gegenstand der Allgemeinverbindlicherklärung können nur Bestimmungen sein, die gemäss Artikel 323 des Obligationenrechts[5] unmittelbar für die beteiligten Arbeitgeber und Arbeitnehmer gelten oder in bezug auf welche eine Vereinbarung gemäss Artikel 323ter des Obligationenrechts[6] getroffen worden ist.

[3] Bestimmungen über die Beurteilung von Streitigkeiten durch Schiedsgerichte können nicht allgemeinverbindlich erklärt werden.

  Abs. 2: Heute Art. 357 und 341 Abs. 1 bzw. Art. 357b OR.

---

1   AS 1956 1543
    [BS 1 3; AS 1976 2001]. Dieser Bestimmung entspricht Art. 110 der Bundesverfassung vom 18. April 1999 (SR 101).
2   BBl 1954 I 125
3   Fassung gemäss Anhang Ziff. 3 des BG vom 8. Okt. 1999 über die in die Schweiz entsandten Arbeitnehmerinnen und Arbeitnehmer, in Kraft seit 1. Juni 2004 (SR 823.20).
4   Fassung gemäss Anhang Ziff. 3 des BG vom 8. Okt. 1999 über die in die Schweiz entsandten Arbeitnehmerinnen und Arbeitnehmer, in Kraft seit 1. Juni 2004 (SR 823.20).
5   SR 220. Diesem Artikel in der Fassung im Zeitpunkt der Veröffentlichung dieses Gesetzes (AS 1956 1543 Art. 19) entsprechen heute die Art. 357 und 341 Abs. 1 in der Fassung vom 25. Juni 1971.
6   SR 220. Diesem Artikel in der Fassung im Zeitpunkt der Veröffentlichung dieses Gesetzes (AS 1956 1543 Art. 19) entspricht heute Art. 357b in der Fassung vom 25. Juni 1971.

Art. 1a[1] 2. Bei Missbräuchen

Stellt die tripartite Kommission nach Artikel 360*b* Obligationenrecht[2] fest, dass in einer Branche oder einem Beruf die orts-, berufs- oder branchenüblichen Löhne und Arbeitszeiten wiederholt in missbräuchlicher Weise unterboten werden, so kann sie mit Zustimmung der Vertragsparteien die Allgemeinverbindlicherklärung der Bestimmungen über die minimale Entlöhnung und die ihr entsprechende Arbeitszeit sowie die paritätischen Kontrollen des für die betreffende Branche geltenden Gesamtarbeitsvertrags beantragen.

Art. 2 Allgemeine Voraussetzungen

Die Allgemeinverbindlichkeit darf nur unter folgenden Voraussetzungen angeordnet werden:

1. Die Allgemeinverbindlichkeit muss sich wegen der für die beteiligten Arbeitgeber und Arbeitnehmer andernfalls zu erwartenden erheblichen Nachteile als notwendig erweisen.

2. Die Allgemeinverbindlichkeit darf dem Gesamtinteresse nicht zuwiderlaufen und die berechtigten Interessen anderer Wirtschaftsgruppen und Bevölkerungskreise nicht beeinträchtigen. Sie muss ferner den auf regionalen oder betrieblichen Verschiedenheiten beruhenden Minderheitsinteressen innerhalb des betreffenden Wirtschaftszweiges oder Berufes angemessen Rechnung tragen.

3. Am Gesamtarbeitsvertrag müssen mehr als die Hälfte aller Arbeitgeber und mehr als die Hälfte aller Arbeitnehmer, auf die der Geltungsbereich des Gesamtarbeitsvertrages ausgedehnt werden soll, beteiligt sein. Die beteiligten Arbeitgeber müssen überdies mehr als die Hälfte aller Arbeitnehmer beschäftigen. Ausnahmsweise kann bei besondern Verhältnissen vom Erfordernis der Mehrheit der beteiligten Arbeitnehmer abgesehen werden.

3.[bis 3] Im Fall eines Antrags auf Allgemeinverbindlicherklärung nach Artikel 1*a* müssen die beteiligten Arbeitgeber mindestens 50 Prozent aller Arbeitnehmer beschäftigen.

4. Der Gesamtarbeitsvertrag darf die Rechtsgleichheit nicht verletzen und, unter Vorbehalt von Artikel 323[quater] des Obligationenrechts[1], dem zwingenden Recht des Bundes und der Kantone nicht widersprechen.

---

1 Eingefügt durch Anhang Ziff. 3 des BG vom 8. Okt. 1999 über die in die Schweiz entsandten Arbeitnehmerinnen und Arbeitnehmer, in Kraft seit 1. Juni 2004 (SR 823.20).

2 SR 220

3 Eingefügt durch Anhang Ziff. 3 des BG vom 8. Okt. 1999 über die in die Schweiz entsandten Arbeitnehmerinnen und Arbeitnehmer (SR 823.20). Fassung gemäss Art. 2 Ziff. 3 des BB vom 17. Dez. 2004 über die Genehmigung und Umsetzung des Prot. über die Ausdehnung des Freizügigkeitsabkommens auf die neuen EG-Mitgliedstaaten zwischen der Schweizerischen Eidgenossenschaft einerseits und der EG und ihren Mitgliedstaaten andererseits sowie über die Genehmigung der Revision der flankierenden Massnahmen zur Personenfreizügigkeit, in Kraft seit 1. April 2006 (AS 2006 979 994; BBl 2004 5891 6565).

5. Der Gesamtarbeitsvertrag darf die Verbandsfreiheit nicht beeinträchtigen, insbesondere nicht die Freiheit, sich einem Verband anzuschliessen oder ihm fernzubleiben.

6. Nicht beteiligten Arbeitgeber- und Arbeitnehmerverbänden muss der Beitritt zum Gesamtarbeitsvertrag zu gleichen Rechten und Pflichten offen stehen, wenn sie ein berechtigtes Interesse nachweisen und ausreichende Gewähr für die Einhaltung des Vertrages bieten.

7. Einzelnen Arbeitgebern und Arbeitnehmern, die am Gesamtarbeitsvertrag nicht beteiligt sind, muss der Beitritt zum vertragschliessenden Verband oder der Anschluss an den Gesamtarbeitsvertrag offen stehen.

Ziff. 4: Heute OR 358.

Art. 3   Besondere Voraussetzungen

[1] Bestimmungen über Ausgleichskassen und andere Einrichtungen im Sinne von Artikel 323ter Absatz 1 Buchstabe *b* des Obligationenrechts[2] dürfen nur allgemeinverbindlich erklärt werden, wenn die Organisation der Kasse oder Einrichtung ausreichend geregelt ist und Gewähr für eine ordnungsgemässe Führung besteht.

[2] Bestimmungen über Kontrollen, Kautionen und Konventionalstrafen dürfen nur allgemeinverbindlich erklärt werden:

a. wenn die Kontrolle und Durchsetzung ausreichend geregelt sind und Gewähr für eine geordnete Anwendung besteht;

b. wenn die Kontrollkostenbeiträge der am Gesamtarbeitsvertrag nicht beteiligten Arbeitgeber und Arbeitnehmer die Anteile nicht übersteigen, die sich bei einer gleichmässigen Verteilung der tatsächlichen Kosten auf alle Arbeitgeber einerseits und auf alle Arbeitnehmer anderseits ergeben;

c. wenn die Konventionalstrafen zur Deckung der Kontrollkosten bestimmt sind und allfällige Überschüsse in angemessener Weise, vor allem zugunsten allgemeiner Zwecke des betreffenden Wirtschaftszweiges oder Berufes, verwendet werden.

Abs. 1: Heute OR 357b Abs. 1. Bst. b.

---

1   SR 220. Diesem Artikel in der Fassung im Zeitpunkt der Veröffentlichung dieses Gesetzes (AS 1956 1543 Art. 19) entspricht heute Art. 358 in der Fassung vom 25. Juni 1971.

2   SR 220. Diesem Artikel in der Fassung im Zeitpunkt der Veröffentlichung dieses Gesetzes (AS 1956 1543 Art. 19) entspricht heute Art. 357b Abs. 1 Bst. b in der Fassung vom 25. Juni 1971.

Art. 4 Wirkung auf die nicht beteiligten Arbeitgeber und Arbeitnehmer

[1] Die Bestimmungen des Gesamtarbeitsvertrages im Sinne von Artikel 323 des Obligationenrechts[1] sowie die Verpflichtungen der beteiligten Arbeitgeber und Arbeitnehmer gegenüber den Vertragsparteien im Sinne von Artikel 323ter Absatz 1 des Obligationenrechts[2] gelten auch für die am Vertrag nicht beteiligten Arbeitgeber und Arbeitnehmer, auf die der Geltungsbereich ausgedehnt wird.

[2] Die Bestimmungen eines allgemeinverbindlichen Gesamtarbeitsvertrages gehen den Bestimmungen eines nicht allgemeinverbindlichen Vertrages vor, jedoch mit Ausnahme der abweichenden Bestimmungen zugunsten der Arbeitnehmer.

Abs. 1: Heute OR 357 und 341 Abs. 1 bzw. OR 357b Abs. 1.

Art. 5 Wirkung auf die Vertragsparteien

[1] Die Vertragsparteien sind verpflichtet, die Arbeitgeber und Arbeitnehmer, auf die der Geltungsbereich des Gesamtarbeitsvertrages ausgedehnt wird, bei der Durchführung des Vertrages gleich wie die beteiligten Arbeitgeber und Arbeitnehmer zu behandeln.

[2] Werden Bestimmungen über Ausgleichskassen oder andere Einrichtungen im Sinne von Artikel 323ter Absatz 1 Buchstabe *b* des Obligationenrechts[3] allgemeinverbindlich erklärt, so untersteht die Kasse oder Einrichtung der Aufsicht der zuständigen Behörde. Diese hat dafür zu sorgen, dass die Kasse oder Einrichtung ordnungsgemäss geführt wird, und kann zu diesem Zweck von deren Träger die notwendigen Auskünfte verlangen.

Abs. 2: Heute OR 357b Abs. 1.

Art. 6[4] Besonderes Kontrollorgan

[1] Arbeitgeber und Arbeitnehmer, auf die der Geltungsbereich des Gesamtarbeitsvertrages ausgedehnt wird, können jederzeit bei der zuständigen Behörde die Einsetzung eines besonderen, von den Vertragsparteien unabhängigen Kontrollorgans an Stelle der im Vertrag vorgesehenen Kontrollorgane verlangen. Dieses Kontrollorgan kann auch auf Antrag der Vertragsparteien eingesetzt werden, wenn sich ein am Vertrag nicht beteiligter Arbeitgeber oder Arbeitnehmer weigert, sich einer Kontrolle des paritätischen Organs zu unterziehen.

---

1 SR 220. Diesem Artikel in der Fassung im Zeitpunkt der Veröffentlichung dieses Gesetzes (AS 1956 1543 Art. 19) entsprechen heute die Art. 357 und 341 Abs. 1 in der Fassung vom 25. Juni 1971.

2 SR 220. Diesem Artikel in der Fassung im Zeitpunkt der Veröffentlichung dieses Gesetzes (AS 1956 1543 Art. 19) entspricht heute Art. 357b Abs. 1 in der Fassung vom 25. Juni 1971.

3 SR 220. Diesem Artikel in der Fassung im Zeitpunkt der Veröffentlichung dieses Gesetzes (AS 1956 1543 Art. 19) entspricht heute Art. 357b Abs. 1 Bst. b in der Fassung vom 25. Juni 1971.

4 Fassung gemäss Anhang Ziff. 3 des BG vom 8. Okt. 1999 über die in die Schweiz entsandten Arbeitnehmerinnen und Arbeitnehmer, in Kraft seit 1. Juni 2004 (SR 823.20).

2 Die zuständige Behörde bestimmt Gegenstand und Umfang der Kontrolle nach Anhörung der Vertragsparteien und des Arbeitgebers oder Arbeitnehmers, der die Einsetzung eines besonderen Kontrollorgans verlangt oder der sich geweigert hat, sich der Kontrolle des paritätischen Organs zu unterziehen.

3 Die Kontrollkosten gehen zu Lasten des Arbeitgebers oder Arbeitnehmers, der eine besondere Kontrolle verlangt oder der sich geweigert hat, sich der Kontrolle des paritätischen Organs zu unterziehen; sie können jedoch von der zuständigen Behörde ganz oder teilweise den Vertragsparteien auferlegt werden, wenn besondere Umstände dies rechtfertigen.

II. Zuständigkeit und Verfahren

Art. 7   Zuständige Behörde

1 Erstreckt sich der Geltungsbereich der Allgemeinverbindlichkeit auf das Gebiet mehrerer Kantone, so wird sie vom Bundesrat angeordnet.

2 Beschränkt sich der Geltungsbereich der Allgemeinverbindlichkeit auf das Gebiet eines Kantons oder auf einen Teil desselben, so wird sie von der vom Kanton bezeichneten Behörde angeordnet.

Art. 8   Antrag

1 Der Antrag auf Allgemeinverbindlicherklärung ist von allen Vertragsparteien der zuständigen Behörde schriftlich einzureichen. Die allgemeinverbindlich zu erklärenden Bestimmungen sind dem Antrag in den für den Geltungsbereich massgebenden Amtssprachen beizulegen.

2 Der Antrag hat den Gegenstand, den räumlichen, beruflichen und betrieblichen Geltungsbereich sowie Beginn und Dauer der Allgemeinverbindlichkeit anzuführen und die erforderlichen Angaben über die Voraussetzungen gemäss den Artikeln 2 und 3 zu enthalten.

3 Wird der Antrag nicht ordnungsgemäss oder nicht mit den erforderlichen Angaben eingereicht, so ruht das Verfahren und wird nach erfolgloser Fristansetzung eingestellt.

Art. 9   Veröffentlichung des Antrages

1 Der Antrag auf Allgemeinverbindlicherklärung ist mit den allgemeinverbindlich zu erklärenden Bestimmungen unter Ansetzung einer angemessenen Einsprachefrist von 14 bis 30 Tagen in den massgebenden Amtssprachen zu veröffentlichen. Von der Veröffentlichung kann abgesehen werden, wenn die Voraussetzungen für die Allgemeinverbindlichkeit offensichtlich nicht erfüllt sind.

2 Anträge, über die der Bundesrat zu entscheiden hat, sind im Schweizerischen Handelsamtsblatt zu veröffentlichen und den beteiligten Kantonen zur Vernehmlassung zuzustellen.

3 Anträge, über die der Kanton entscheidet, sind im kantonalen Amtsblatt zu veröffentlichen und unter Angabe der Einsprachefrist im Schweizerischen Handelsamtsblatt anzuzeigen.

Art. 10 Einsprache

1 Wer ein Interesse glaubhaft macht, kann gegen den Antrag auf Allgemeinverbindlicherklärung schriftlich und begründet bei der zuständigen Behörde Einsprache erheben.

2 Den Vertragsparteien ist Gelegenheit zu geben, zu den Einsprachen sowie zu den Vernehmlassungen der Kantone schriftlich Stellung zu nehmen.

3 Den Einsprechern dürfen keine Kosten auferlegt werden.

Art. 11 Begutachtung

Die zuständige Behörde holt vor dem Entscheid das Gutachten unabhängiger Sachverständiger ein, wenn sich dies nicht von vornherein als überflüssig erweist. Sie kann einen ständigen Ausschuss von Sachverständigen bestellen, insbesondere zur Prüfung der Voraussetzungen gemäss Artikel 2 Ziffern 1 und 2.

Art. 12 Entscheid

1 Die zuständige Behörde prüft, ob die Voraussetzungen für die Allgemeinverbindlichkeit erfüllt sind. und entscheidet über den Antrag auf Allgemeinverbindlicherklärung.

2 Wird die Allgemeinverbindlichkeit angeordnet, so setzt die zuständige Behörde den räumlichen, beruflichen und betrieblichen Geltungsbereich fest und bestimmt Beginn und Dauer der Allgemeinverbindlichkeit.

3 Der Entscheid über den Antrag ist den Vertragsparteien und den Einsprechern, soweit diese betroffen sind, schriftlich und begründet zu eröffnen.

4 Ergeben sich nachträglich Zweifel über den Geltungsbereich, so wird dieser nach Anhörung der Vertragsparteien vom Eidgenössischen Volkswirtschaftsdepartement oder von der für die Allgemeinverbindlicherklärung zuständigen kantonalen Behörde näher bestimmt.

Art. 13　　　　Genehmigung der kantonalen Allgemeinverbindlicherklärung

[1] Die kantonale Allgemeinverbindlicherklärung bedarf zu ihrer Gültigkeit der Genehmigung des Bundes[1].

[2] Die Genehmigung wird erteilt, wenn die Voraussetzungen für die Allgemeinverbindlichkeit erfüllt sind und das Verfahren ordnungsgemäss durchgeführt worden ist.

[3] Der Entscheid über die Genehmigung ist dem Kanton und den Vertragsparteien schriftlich und begründet zu eröffnen.

[4] Erweist sich nachträglich, dass die Voraussetzungen für die Allgemeinverbindlichkeit nicht oder nicht mehr erfüllt sind, so hat der Bund[2] die Genehmigung zu widerrufen. Im übrigen ist Artikel 18 Absatz 2 anwendbar.

Art. 14　　　　Veröffentlichung der Allgemeinverbindlicherklärung

[1] Die Allgemeinverbindlicherklärung ist mit den allgemein verbindlichen Bestimmungen in den massgebenden Amtssprachen zu veröffentlichen. Die Allgemeinverbindlicherklärungen des Bundes werden mit Titel und Bezugsquelle im Bundesblatt und diejenigen der Kantone im kantonalen Amtsblatt veröffentlicht; diese Veröffentlichungen sind im Schweizerischen Handelsamtsblatt anzuzeigen.[3]

[2] Die Ausserkraftsetzung der Allgemeinverbindlichkeit gemäss den Artikeln 17 und 18 ist in gleicher Weise zu veröffentlichen.

Art. 15　　　　Kosten

[1] Die Kosten für die Veröffentlichung des Antrages und des Entscheides sowie in der Regel auch die Kosten der Begutachtung und allfällige weitere Kosten gehen zu Lasten der Vertragsparteien, die solidarisch dafür haften.

[2] Die zuständige Behörde erlässt nach Abschluss des Verfahrens eine Kostenverfügung und verteilt die Kosten auf die Vertragsparteien. Die rechtskräftigen Kostenverfügungen sind vollstreckbaren gerichtlichen Urteilen im Sinne von Artikel 80 des Schuldbetreibungs- und Konkursgesetzes[4] gleichgestellt.

1　Ausdruck gemäss Ziff. III des BG vom 15. Dez. 1989 über die Genehmigung kantonaler Erlasse durch den Bund, in Kraft seit 1. Febr. 1991 (AS 1991 362 369; BBl 1988 II 1333).

2　Ausdruck gemäss Ziff. III des BG vom 15. Dez. 1989 über die Genehmigung kantonaler Erlasse durch den Bund, in Kraft seit 1. Febr. 1991 (AS 1991 362 369; BBl 1988 II 1333).

3　Fassung von Satz 2 gemäss Art. 17 Ziff. 2 des BG vom 21. März 1986 über die Gesetzessammlungen und das Bundesblatt [AS 1987 600].

4　SR 281.1

Art. 16   Änderung der Allgemeinverbindlichkeit

[1] Werden allgemeinverbindliche Bestimmungen geändert oder neue Bestimmungen allgemeinverbindlich erklärt, wird die Dauer der Allgemeinverbindlichkeit verlängert oder wird die Allgemeinverbindlichkeit teilweise ausser Kraft gesetzt, so sind die Vorschriften dieses Abschnittes anwendbar.

[2] Die Vertragsparteien sind verpflichtet, die zuständige Behörde von jeder Änderung eines allgemeinverbindlichen Gesamtarbeitsvertrages sofort schriftlich zu benachrichtigen.

Art. 17   Ausserkraftsetzung der Allgemeinverbindlichkeit bei vorzeitiger Beendigung des Gesamtarbeitsvertrages

[1] Endigt der Gesamtarbeitsvertrag vor Ablauf der Geltungsdauer der Allgemeinverbindlichkeit, so ist diese auf den gleichen Zeitpunkt ausser Kraft zu setzen.

[2] Die Vertragsparteien sind verpflichtet, die zuständige Behörde von der Kündigung und Aufhebung des Gesamtarbeitsvertrages sofort schriftlich zu benachrichtigen. Wird diese Benachrichtigung versäumt, so gelten die allgemeinverbindlichen Bestimmungen für alle Arbeitgeber und Arbeitnehmer bis zum Zeitpunkt, auf den die Allgemeinverbindlichkeit ausser Kraft gesetzt wird.

Art. 18   Ausserkraftsetzung der Allgemeinverbindlichkeit auf Antrag und von Amtes wegen

[1] Die für die Allgemeinverbindlicherklärung zuständige Behörde hat auf Antrag aller Vertragsparteien die Allgemeinverbindlichkeit ausser Kraft zu setzen.

[2] Stellt die für die Allgemeinverbindlicherklärung zuständige Behörde von Amtes wegen oder auf Anzeige hin fest, dass die Voraussetzungen für die Allgemeinverbindlichkeit nicht oder nicht mehr erfüllt sind, so hat sie die Allgemeinverbindlichkeit ausser Kraft zu setzen. Ebenso kann sie dies anordnen, wenn der Grundsatz der Gleichbehandlung gemäss Artikel 5 Absatz 1 verletzt, oder wenn entgegen Artikel 5 Absatz 2 eine Kasse oder Einrichtung nicht ordnungsgemäss geführt wird.

III. Schlussbestimmungen

Art. 19[1]

Aufgehoben.

Art. 20   Bezeichnung der zuständigen Behörden

[1] Die Kantone bezeichnen die zuständigen Behörden für die Allgemeinverbindlicherklärung und deren Aufhebung, für die Durchführung des Verfahrens gemäss
den Artikeln 8–11 und 14–18 sowie für die Massnahmen gemäss den Artikeln 5 Absatz
2, und 6.

[2] Bei Anträgen, über die der Bundesrat entscheidet, führt die zuständige Behörde[2] das
Verfahren und trifft die Massnahmen nach den Artikeln 5 Absatz 2 und 6.[3]

Art. 21   Inkrafttreten

Der Bundesrat bestimmt den Zeitpunkt des Inkrafttretens dieses Gesetzes.

Datum des Inkrafttretens: 1. Januar 1957[4]

---

1   Aufgehoben durch Ziff. II Art. 6 Ziff. 9 des BG vom 25. Juni 1971 über die Revision des Zehnten Titels und des
     Zehnten Titels bis des Obligationenrechts Der (Arbeitsvertrag) (SR 220 am Schluss, Schl- und UeB zum X. Tit.)

2   Gegenwärtig Staatssekretariat für Wirtschaft (seco)

3   Fassung gemäss Anhang Ziff. 3 des BG vom 8. Okt. 1999 über die in die Schweiz entsandten Arbeitnehmerinnen
     und Arbeitnehmer, in Kraft seit 1. Juni 2004 (SR 823.20).

4   BRB vom 29. Dez. 1956 (AS 1956 1552)

Nr. 11 **Bundesgesetz über den Versicherungsvertrag (Versicherungsvertragsgesetz, VVG)**[1]

vom 2. April 1908 (Stand am 1. Januar 2008)

SR 221.229.1

Die Bundesversammlung der Schweizerischen Eidgenossenschaft,

in Vollziehung des Artikels 64 der Bundesverfassung[2],[3]
nach Einsicht in eine Botschaft des Bundesrates vom 2. Februar 1904[4],

beschliesst:

I. Allgemeine Bestimmungen

Art. 1   Versicherungsantrag

[1] Wer dem Versicherer den Antrag zum Abschlusse eines Versicherungsvertrages gestellt und für die Annahme keine kürzere Frist gesetzt hat, bleibt 14 Tage gebunden.

[2] Erfordert die Versicherung eine ärztliche Untersuchung, so bleibt der Antragsteller vier Wochen gebunden.

[3] Die Frist beginnt mit der Übergabe oder Absendung des Antrags an den Versicherer oder dessen Agenten zu laufen.

[4] Der Antragsteller wird frei, wenn die Annahmeerklärung des Versicherers nicht vor Ablauf der Frist bei ihm eingetroffen ist.

Art. 2   Besondere Antragsverhältnisse

[1] Wird der Antrag, einen bestehenden Vertrag zu verlängern oder abzuändern oder einen suspendierten Vertrag wieder in Kraft zu setzen, vom Versicherer nicht binnen 14 Tagen, vom Empfange an gerechnet, abgelehnt, so gilt er als angenommen.

[2] Ist nach Massgabe der allgemeinen Versicherungsbedingungen eine ärztliche Untersuchung erforderlich, so gilt der Antrag als angenommen, wenn er vom Versicherer nicht binnen vier Wochen, vom Empfange an gerechnet, abgelehnt wird.

[3] Der Antrag, die Versicherungssumme zu erhöhen, fällt nicht unter diese Bestimmungen.

---

1 BS 2 784
  Kurztit. und Abkürzung eingefügt durch Ziff. I des BG vom 17. Dez. 2004, in Kraft seit 1. Jan. 2006 (AS 2005 5245 5251; BBl 2003 3789).
2 [BS 1 3]. Der genannten Bestimmung entspricht heute Art. 122 der BV vom 18. April 1999 (SR 101).
3 Fassung gemäss Anhang Ziff. 8 des Gerichtsstandsgesetzes vom 24. März 2000, in Kraft seit 1. Jan. 2001 (SR 272).
4 BBl 1904 I 241

Art. 3[1]   Informationspflicht des Versicherers

[1] Der Versicherer muss den Versicherungsnehmer vor Abschluss des Versicherungsvertrages verständlich über die Identität des Versicherers und den wesentlichen Inhalt des Versicherungsvertrages informieren. Er muss informieren über:

a. die versicherten Risiken;

b. den Umfang des Versicherungsschutzes;

c. die geschuldeten Prämien und weitere Pflichten des Versicherungsnehmers;

d. Laufzeit und Beendigung des Versicherungsvertrages;

e. die für die Überschussermittlung und die Überschussbeteiligung geltenden Berechnungsgrundlagen und Verteilungsgrundsätze und -methoden;

f. die Rückkaufs- und Umwandlungswerte;

g. die Bearbeitung der Personendaten einschliesslich Zweck und Art der Datensammlung sowie Empfänger und Aufbewahrung der Daten.

[2] Diese Angaben sind dem Versicherungsnehmer so zu übergeben, dass er sie kennen kann, wenn er den Versicherungsvertrag beantragt oder annimmt. In jedem Fall muss er zu diesem Zeitpunkt im Besitz der Allgemeinen Versicherungsbedingungen und der Information nach Absatz 1 Buchstabe g sein.

[3] Bei Kollektivverträgen, die anderen Personen als dem Versicherungsnehmer einen direkten Leistungsanspruch verleihen, ist der Versicherungsnehmer verpflichtet, diese Personen über den wesentlichen Inhalt des Vertrages sowie dessen Änderungen und Auflösung zu unterrichten. Der Versicherer stellt dem Versicherungsnehmer die zur Information erforderlichen Unterlagen zur Verfügung.

Art. 3a[2]   Verletzung der Informationspflicht

[1] Hat der Versicherer die Informationspflicht nach Artikel 3 verletzt, so ist der Versicherungsnehmer berechtigt, den Versicherungsvertrag durch schriftliche Erklärung zu kündigen. Die Kündigung wird mit Zugang beim Versicherer wirksam.

[2] Das Kündigungsrecht erlischt vier Wochen, nachdem der Versicherungsnehmer von der Pflichtverletzung und den Informationen nach Artikel 3 Kenntnis erhalten hat, jedenfalls spätestens ein Jahr nach der Pflichtverletzung.

---

1   Fassung gemäss Ziff. I des BG vom 17. Dez. 2004, in Kraft seit 1. Jan. 2007 (AS 2005 5245 5251; BBl 2003 3789).

2   Eingefügt durch Ziff. I des BG vom 17. Dez. 2004, in Kraft seit 1. Jan. 2007 (AS 2005 5245 5251; BBl 2003 3789).

Art. 4 Anzeigepflicht beim Vertragsabschlusse
a. Im allgemeinen

[1] Der Antragsteller hat dem Versicherer an Hand eines Fragebogens oder auf sonstiges schriftliches Befragen alle für die Beurteilung der Gefahr erheblichen Tatsachen, soweit und so wie sie ihm beim Vertragsabschlusse bekannt sind oder bekannt sein müssen, schriftlich mitzuteilen.

[2] Erheblich sind diejenigen Gefahrstatsachen, die geeignet sind, auf den Entschluss des Versicherers, den Vertrag überhaupt oder zu den vereinbarten Bedingungen abzuschliessen, einen Einfluss auszuüben.

[3] Die Gefahrstatsachen, auf welche die schriftlichen Fragen des Versicherers in bestimmter, unzweideutiger Fassung gerichtet sind, werden als erheblich vermutet.

Art. 5 b. Beim Vertragsabschlusse durch Stellvertreter

[1] Wird der Vertrag durch einen Stellvertreter abgeschlossen, so sind sowohl die erheblichen Gefahrstatsachen anzuzeigen, die dem Vertretenen, als auch diejenigen, die dem Vertreter bekannt sind oder bekannt sein müssen.

c. Bei der Versicherung für fremde Rechnung

[2] Bei der Versicherung für fremde Rechnung (Art. 16) sind auch diejenigen erheblichen Gefahrstatsachen anzuzeigen, die dem versicherten Dritten selbst oder seinem Zwischenbeauftragten bekannt sind oder bekannt sein müssen, es sei denn, dass der Vertrag ohne Wissen dieser Personen abgeschlossen wird, oder dass die rechtzeitige Benachrichtigung des Antragstellers nicht möglich ist.

Art. 6[1] Folgen der verletzten Anzeigepflicht
a. Im Allgemeinen

[1] Hat der Anzeigepflichtige beim Abschluss der Versicherung eine erhebliche Gefahrstatsache, die er kannte oder kennen musste und über die er schriftlich befragt worden ist, unrichtig mitgeteilt oder verschwiegen, so ist der Versicherer berechtigt, den Vertrag durch schriftliche Erklärung zu kündigen. Die Kündigung wird mit Zugang beim Versicherungsnehmer wirksam.

[2] Das Kündigungsrecht erlischt vier Wochen, nachdem der Versicherer von der Verletzung der Anzeigepflicht Kenntnis erhalten hat.

[3] Wird der Vertrag durch Kündigung nach Absatz 1 aufgelöst, so erlischt auch die Leistungspflicht des Versicherers für bereits eingetretene Schäden, deren Eintritt oder Umfang durch die nicht oder unrichtig angezeigte erhebliche Gefahrstatsache beeinflusst worden ist. Soweit die Leistungspflicht schon erfüllt wurde, hat der Versicherer Anspruch auf Rückerstattung.

---

1 Fassung gemäss Ziff. I des BG vom 17. Dez. 2004, in Kraft seit 1. Jan. 2006 (AS 2005 5245 5251; BBl 2003 3789).

[4] Wird ein Lebensversicherungsvertrag, der nach Massgabe dieses Gesetzes rückkauffähig ist (Art. 90 Abs. 2) aufgelöst, so hat der Versicherer die für den Rückkauf festgestellte Leistung zu gewähren.

Art. 7   b. Beim Kollektivversicherungsvertrage

Umfasst der Vertrag mehrere Gegenstände oder Personen und ist die Anzeigepflicht nur bezüglich eines Teiles dieser Gegenstände oder Personen verletzt, so bleibt die Versicherung für den übrigen Teil wirksam, wenn sich aus den Umständen ergibt, dass der Versicherer diesen Teil allein zu den nämlichen Bedingungen versichert hätte.

Art. 8   Nichteintritt der Folgen der verletzten Anzeigepflicht

Trotz der Anzeigepflichtverletzung (Art. 6) kann der Versicherer den Vertrag nicht kündigen:[1]

1.   wenn die verschwiegene oder unrichtig angezeigte Tatsache vor Eintritt des befürchteten Ereignisses weggefallen ist;

2.   wenn der Versicherer die Verschweigung oder unrichtige Angabe veranlasst hat;

3.   wenn der Versicherer die verschwiegene Tatsache gekannt hat oder gekannt haben muss;

4.   wenn der Versicherer die unrichtig angezeigte Tatsache richtig gekannt hat oder gekannt haben muss;

5.[2]   wenn der Versicherer auf das Kündigungsrecht verzichtet hat;

6.   wenn der Anzeigepflichtige auf eine ihm vorgelegte Frage eine Antwort nicht erteilt, und der Versicherer den Vertrag gleichwohl abgeschlossen hat. Diese Bestimmung findet keine Anwendung, wenn die Frage, auf Grund der übrigen Mitteilungen des Anzeigepflichtigen, als in einem bestimmten Sinne beantwortet angesehen werden muss und wenn diese Antwort sich als Verschweigen oder unrichtige Mitteilung einer erheblichen Gefahrstatsache darstellt, die der Anzeigepflichtige kannte oder kennen musste.

---

1   Fassung gemäss Ziff. I des BG vom 17. Dez. 2004, in Kraft seit 1. Jan. 2006 (AS 2005 5245 5251; BBI 2003 3789).

2   Fassung gemäss Ziff. I des BG vom 17. Dez. 2004, in Kraft seit 1. Jan. 2006 (AS 2005 5245 5251; BBI 2003 3789).

Art. 9[1]   Nichtigkeit des Versicherungsvertrages

Der Versicherungsvertrag ist unter Vorbehalt der Fälle nach Artikel 100 Absatz 2 nichtig, wenn im Zeitpunkt des Abschlusses der Versicherung die Gefahr bereits weggefallen oder das befürchtete Ereignis schon eingetreten war.

Art. 10   Sonderstellung der Feuerversicherung und der Transportversicherung

[1] Die Vorschrift des Artikels 9 dieses Gesetzes findet auf die Feuerversicherung hinsichtlich solcher Gegenstände, die im Auslande gelegen sind, und auf die Transportversicherung nur dann Anwendung, wenn beide Parteien beim Vertragsabschlusse wussten, dass die Gefahr bereits weggefallen oder das befürchtete Ereignis schon eingetreten war.

[2] Wusste beim Vertragsabschlusse nur der Versicherer, dass die Gefahr bereits weggefallen war, so ist der Versicherungsnehmer an den Vertrag nicht gebunden. Der Versicherer hat weder auf die Prämie noch auf Ersatz der Geschäftsunkosten Anspruch.

[3] Wusste beim Vertragsabschlusse nur der Versicherungsnehmer, dass das befürchtete Ereignis bereits eingetreten war, so ist der Versicherer an den Vertrag nicht gebunden. Der Versicherer hat auf Ersatz der Geschäftsunkosten Anspruch.

Art. 11   Police
         a. Inhalt

[1] Der Versicherer ist gehalten, dem Versicherungsnehmer eine Police auszuhändigen, welche die Rechte und Pflichten der Parteien feststellt. Der Versicherer ist berechtigt, vom Versicherungsnehmer ausser Porto und Stempelkosten eine Gebühr für Ausfertigung der Police sowie für Abänderungen derselben zu erheben. Die Höhe dieser Gebühr kann durch Verordnung des Bundesrates begrenzt werden.

[2] Der Versicherer muss überdies dem Versicherungsnehmer auf Verlangen eine Abschrift der in den Antragspapieren enthaltenen oder anderweitig abgegebenen Erklärungen des Antragstellers, auf Grund deren die Versicherung abgeschlossen wurde, gegen Ersatz der Auslagen aushändigen.

Art. 12   b. Vorbehaltlose Annahme

[1] Stimmt der Inhalt der Police oder der Nachträge zu derselben mit den getroffenen Vereinbarungen nicht überein, so hat der Versicherungsnehmer binnen vier Wochen nach Empfang der Urkunde deren Berichtigung zu verlangen, widrigenfalls ihr Inhalt als von ihm genehmigt gilt.

[2] Diese Bestimmung ist in ihrem Wortlaute in jede Police aufzunehmen.

---

1   Fassung gemäss Art. 115 des Arbeitslosenversicherungsgesetzes vom 25. Juni 1982, in Kraft seit 1. Jan. 1984 (SR 837.0, 837.01).

Art. 13   c. Kraftloserklärung

[1] Wird die Police vermisst, so kann derjenige, dem sie abhanden gekommen ist, beim Richter des Erfüllungsortes die Kraftloserklärung der Urkunde beantragen.

[2] Für die Kraftloserklärung von Policen kommen die für die Kraftloserklärung von Inhaberpapieren geltenden Bestimmungen des Bundesgesetzes vom 14. Juni 1881[1] über das Obligationenrecht sinngemäss zur Anwendung, mit der Abänderung, dass die Anmeldungsfrist höchstens ein Jahr beträgt.

Art. 14   Schuldhafte Herbeiführung des befürchteten Ereignisses

[1] Der Versicherer haftet nicht, wenn der Versicherungsnehmer oder der Anspruchsberechtigte das befürchtete Ereignis absichtlich herbeigeführt hat.

[2] Hat der Versicherungsnehmer oder der Anspruchsberechtigte das Ereignis grobfahrlässig herbeigeführt, so ist der Versicherer berechtigt, seine Leistung in einem dem Grade des Verschuldens entsprechenden Verhältnisse zu kürzen.

[3] Ist das Ereignis absichtlich oder grobfahrlässig von einer Person herbeigeführt worden, die mit dem Versicherungsnehmer oder dem Anspruchsberechtigten in häuslicher Gemeinschaft lebt, oder für deren Handlungen der Versicherungsnehmer oder der Anspruchsberechtigte einstehen muss, und hat er sich in der Beaufsichtigung, durch die Anstellung oder durch die Aufnahme jener Person einer groben Fahrlässigkeit schuldig gemacht, so kann der Versicherer seine Leistung in einem Verhältnisse kürzen, das dem Grade des Verschuldens des Versicherungsnehmers oder des Anspruchsberechtigten entspricht.

[4] Hat der Versicherungsnehmer oder der Anspruchsberechtigte das Ereignis leichtfahrlässig herbeigeführt oder sich einer leichten Fahrlässigkeit im Sinne des vorhergehenden Absatzes schuldig gemacht, oder hat eine der übrigen dort aufgeführten Personen das Ereignis leichtfahrlässig herbeigeführt, so haftet der Versicherer in vollem Umfange.

Art. 15   Gebote der Menschlichkeit

Hat eine der in Artikel 14 dieses Gesetzes genannten Personen gemäss einem Gebote der Menschlichkeit gehandelt und dadurch das befürchtete Ereignis herbeigeführt, so haftet der Versicherer in vollem Umfange.

---

1   [AS 5 635, 11 490; SR 221.229.1 Art. 103 Abs. 1. SR 210 SchlT Art. 60 Abs. 2, 220 am Schluss, Art. 18 Schl- und UeB zu den Tit. XXIV–XXXIII]. Heute: die Bestimmungen des OR (SR 220).

Art. 16 Versicherung für fremde Rechnung

[1] Die Versicherung kann für eigene oder fremde Rechnung, mit oder ohne Bezeichnung der Person des versicherten Dritten, abgeschlossen werden.

[2] Im Zweifel wird angenommen, dass der Versicherungsnehmer den Vertrag für eigene Rechnung abgeschlossen hat.

Art. 17 Besonderheiten der Versicherung für fremde Rechnung

[1] Die Versicherung für fremde Rechnung ist für den Versicherer auch dann verbindlich, wenn der versicherte Dritte den Vertrag erst nach Eintritt des befürchteten Ereignisses genehmigt.

[2] Der Versicherungsnehmer ist befugt, ohne Zustimmung des Versicherten den Ersatzanspruch gegen den Versicherer geltend zu machen, wenn der Versicherte den Versicherungsnehmer vorbehaltlos zum Abschlusse des Vertrages beauftragt hat oder wenn dem Versicherungsnehmer eine gesetzliche Versicherungspflicht obgelegen hat.

[3] Der Versicherer ist nicht berechtigt, Forderungen, die ihm gegen den Versicherungsnehmer zustehen, mit der dem Versicherten geschuldeten Entschädigung zu verrechnen. Die Bestimmung des Artikels 18 Absatz 2 dieses Gesetzes bleibt vorbehalten.

Art. 18 Prämie
a. Träger der Verpflichtung

[1] Zur Bezahlung der Prämie ist der Versicherungsnehmer verpflichtet.

[2] Bei der Versicherung für fremde Rechnung ist der Versicherer berechtigt, die Bezahlung der Prämie auch vom Versicherten zu fordern, wenn der Versicherungsnehmer zahlungsunfähig geworden ist und die Prämie vom Versicherten noch nicht erhalten hat.

[3] Bei der Versicherung zugunsten Dritter steht dem Versicherer das Recht zu, die Prämienforderung mit der dem Begünstigten geschuldeten Leistung zu verrechnen.

Art. 19 b. Fälligkeit

[1] Wenn der Vertrag nicht anders bestimmt, ist die Prämie für die erste Versicherungsperiode mit dem Abschlusse der Versicherung fällig. Unter Versicherungsperiode wird der Zeitabschnitt, nach dem die Prämieneinheit berechnet wird, verstanden. Die Versicherungsperiode umfasst im Zweifel den Zeitraum eines Jahres.

[2] Auf die Bestimmung der Police, dass die Versicherung erst mit Bezahlung der ersten Prämie in Kraft tritt, kann sich der Versicherer nicht berufen, wenn er die Police vor Bezahlung dieser Prämie ausgehändigt hat.

[3] Die folgenden Prämien sind im Zweifel jeweilen mit Beginn einer neuen Versicherungsperiode fällig.

Art. 20   c. Mahnpflicht des Versicherers; Verzugsfolgen

[1] Wird die Prämie zur Verfallzeit oder während der im Vertrage eingeräumten Nachfrist nicht entrichtet, so ist der Schuldner unter Androhung der Säumnisfolgen auf seine Kosten schriftlich aufzufordern, binnen 14 Tagen, von der Absendung der Mahnung an gerechnet, Zahlung zu leisten.

[2] Wird die Prämie beim Schuldner abgeholt, so kann der Versicherer die schriftliche Mahnung durch eine mündliche ersetzen.

[3] Bleibt die Mahnung ohne Erfolg, so ruht die Leistungspflicht des Versicherers vom Ablaufe der Mahnfrist an.

[4] Die Vorschrift des Artikels 93 dieses Gesetzes wird vorbehalten.

Art. 21   d. Vertragsverhältnis nach eingetretenem Verzuge

[1] Wird die rückständige Prämie nicht binnen zwei Monaten nach Ablauf der in Artikel 20 dieses Gesetzes festgesetzten Frist rechtlich eingefordert, so wird angenommen, dass der Versicherer, unter Verzicht auf die Bezahlung der rückständigen Prämie, vom Vertrage zurücktritt.

[2] Wird die Prämie vom Versicherer eingefordert oder nachträglich angenommen, so lebt seine Haftung mit dem Zeitpunkte, in dem die rückständige Prämie samt Zinsen und Kosten bezahlt wird, wieder auf.

Art. 22[1]   e. Zahlungsort; Bringschuld und Holschuld

[1] Die Prämie ist dem inländischen Versicherer an seinem Sitz, dem ausländischen Versicherer am Ort der Geschäftsstelle für das gesamte schweizerische Geschäft zu bezahlen, wenn der Versicherer dem Versicherungsnehmer nicht eine andere inländische Zahlstelle bezeichnet hat.

[2] Hat der Versicherer, ohne hierzu verpflichtet zu sein, die Prämie regelmässig beim Schuldner einziehen lassen, so ist die Prämie abzuholen, solange diese Übung vom Versicherer nicht ausdrücklich widerrufen wird.

Art. 23   f. Prämienreduktion

Ist die Prämie unter Berücksichtigung bestimmter gefahrerhöhender Umstände vereinbart worden, so kann der Versicherungsnehmer, wenn diese Umstände im Laufe der Versicherung wegfallen oder ihre Bedeutung verlieren, für die künftigen Versicherungsperioden die tarifgemässe Herabsetzung der Prämie verlangen.

---

1   Fassung gemäss Ziff. 3 des Anhangs zum Versicherungsaufsichtsgesetz vom 23. Juni 1978, in Kraft seit 1. Jan. 1979 [AS 1978 1836].

Art. 24[1]   g. Teilbarkeit

[1] Bei vorzeitiger Auflösung oder Beendigung des Versicherungsvertrages ist die Prämie nur für die Zeit bis zur Vertragsauflösung geschuldet. Artikel 42 Absatz 3 bleibt vorbehalten.

[2] Die auf die laufende Versicherungsperiode entfallene Prämie ist ganz geschuldet, wenn der Versicherer zufolge des Wegfalls des Risikos die Versicherungsleistung erbracht hat.

Art. 25–27[2]

Aufgehoben.

Art. 28   Gefahrserhöhung mit Zutun des Versicherungsnehmers

[1] Wenn der Versicherungsnehmer im Laufe der Versicherung eine wesentliche Gefahrserhöhung herbeigeführt hat, so ist der Versicherer für die Folgezeit an den Vertrag nicht gebunden.

[2] Die Gefahrserhöhung ist wesentlich, wenn sie auf der Änderung einer für die Beurteilung der Gefahr erheblichen Tatsache (Art. 4) beruht, deren Umfang die Parteien beim Vertragsabschlusse festgestellt haben.

[3] Der Vertrag kann bestimmen, ob, in welchem Umfange und in welchen Fristen der Versicherungsnehmer dem Versicherer von solchen Gefahrserhöhungen Mitteilung zu machen hat.

Art. 29   Vorbehalt besonderer Vereinbarungen

[1] Vertragsabreden, wonach der Versicherungsnehmer bestimmte Obliegenheiten übernimmt, um die Gefahr zu vermindern oder eine Gefahrserhöhung zu verhüten, werden durch die Bestimmungen des Artikels 28 dieses Gesetzes nicht berührt.

[2] Auf die Vertragsbestimmung, dass der Versicherer, wenn eine solche Obliegenheit verletzt wird, an den Vertrag nicht gebunden ist, kann sich der Versicherer nicht berufen, sofern die Verletzung keinen Einfluss auf den Eintritt des befürchteten Ereignisses und auf den Umfang der dem Versicherer obliegenden Leistung gehabt hat.

---

1   Fassung gemäss Ziff. I des BG vom 17. Dez. 2004, in Kraft seit 1. Jan. 2006 (AS 2005 5245 5251; BBl 2003 3789).

2   Aufgehoben durch Ziff. I des BG vom 17. Dez. 2004, mit Wirkung seit 1. Jan. 2006 (AS 2005 5245 5251; BBl 2003 3789).

Art. 30 Gefahrserhöhung ohne Zutun des Versicherungsnehmers

[1] Ist die wesentliche Gefahrserhöhung ohne Zutun des Versicherungsnehmers herbeigeführt worden, so treten die in Artikel 28 dieses Gesetzes festgestellten Folgen nur dann ein, wenn der Versicherungsnehmer es unterlassen hat, die ihm bekannt gewordene Gefahrserhöhung ohne Verzug dem Versicherer schriftlich mitzuteilen.

[2] Ist diese Anzeigepflicht nicht verletzt und hat sich der Versicherer das Recht vorbehalten, wegen wesentlicher Gefahrserhöhung den Vertrag aufzuheben, so erlischt die Haftung des Versicherers mit dem Ablaufe von 14 Tagen, nachdem er dem Versicherungsnehmer den Rücktritt vom Vertrage mitgeteilt hat.

Art. 31 Gefahrserhöhung beim Kollektivversicherungsvertrage

Umfasst der Vertrag mehrere Gegenstände oder Personen, und trifft die Gefahrserhöhung nur einen Teil dieser Gegenstände oder Personen, so bleibt die Versicherung für den übrigen Teil wirksam, sofern der Versicherungsnehmer die auf diesen Teil etwa entfallende höhere Prämie auf erstes Begehren des Versicherers bezahlt.

Art. 32 Nichteintritt der Folgen der Gefahrserhöhung

Die an die Gefahrserhöhung geknüpften Rechtsfolgen treten nicht ein:

1. wenn die Gefahrserhöhung auf den Eintritt des befürchteten Ereignisses und auf den Umfang der dem Versicherer obliegenden Leistung keinen Einfluss ausgeübt hat;
2. wenn die Gefahrserhöhung in der Absicht, das Interesse des Versicherers zu wahren, vorgenommen worden ist;
3. wenn die Gefahrserhöhung durch ein Gebot der Menschlichkeit veranlasst worden ist.
4. wenn der Versicherer ausdrücklich oder stillschweigend auf den Rücktritt verzichtet hat, insbesondere wenn er, nachdem ihm die Gefahrserhöhung durch schriftliche Anzeige des Versicherungsnehmers zur Kenntnis gebracht worden ist, nicht binnen 14 Tagen dem Versicherungsnehmer den Rücktritt vom Vertrage angezeigt hat.

Art. 33 Umfang der Gefahr

Soweit dieses Gesetz nicht anders bestimmt, haftet der Versicherer für alle Ereignisse, welche die Merkmale der Gefahr, gegen deren Folgen Versicherung genommen wurde, an sich tragen, es sei denn, dass der Vertrag einzelne Ereignisse in bestimmter, unzweideutiger Fassung von der Versicherung ausschliesst.

Art. 34[1]   Verantwortlichkeit des Versicherers für seine Vermittler

Gegenüber dem Versicherungsnehmer hat der Versicherer für das Verhalten seines Vermittlers wie für sein eigenes einzustehen.

Art. 35   Revision der allgemeinen Versicherungsbedingungen

Werden im Laufe der Versicherung die allgemeinen Versicherungsbedingungen derselben Versicherungsart abgeändert, so kann der Versicherungsnehmer verlangen, dass der Vertrag zu den neuen Bedingungen fortgesetzt werde. Er muss jedoch, wenn für die Versicherung zu den neuen Bedingungen eine höhere Gegenleistung erforderlich ist, das entsprechende Entgelt gewähren.[2]

Art. 36   Entzug der Bewilligung zum Geschäftsbetrieb; privatrechtliche Folgen[3]

[1] Der Versicherungsnehmer ist berechtigt, vom Vertrag zurückzutreten, wenn dem Versicherer die Bewilligung zum Geschäftsbetrieb nach Artikel 61 des Versicherungsaufsichtsgesetzes vom 17. Dezember 2004[4] (VAG) entzogen worden ist.[5]

[2] Tritt der Versicherungsnehmer vom Vertrage zurück, so kann er die bezahlte Prämie für die noch nicht abgelaufene Versicherungszeit zurückfordern.

[3] Tritt der Versicherungsnehmer von einem Lebensversicherungsvertrage zurück, so kann er das Deckungskapital zurückfordern.

[4] Dem Versicherungsnehmer bleibt überdies der Anspruch auf Schadenersatz gewahrt.

Art. 37   Konkurs des Versicherers

[1] Wird über den Versicherer der Konkurs eröffnet, so erlischt der Vertrag mit dem Ablaufe von vier Wochen, von dem Tage an gerechnet, da die Konkurseröffnung bekannt gemacht worden ist.[6]

[2] Der Versicherungsnehmer kann die in Artikel 36 Absätze 2 und 3 dieses Gesetzes festgestellte Forderung geltend machen.

[3] Steht ihm aus der laufenden Versicherungsperiode ein Ersatzanspruch gegen den Versicherer zu, so kann er nach seiner Wahl entweder diesen Ersatzanspruch oder jene Forderung geltend machen.

[4] Überdies bleiben ihm Schadenersatzansprüche vorbehalten.

1   Fassung gemäss Ziff. I des BG vom 17. Dez. 2004, in Kraft seit 1. Jan. 2006 (AS 2005 5245 5251; BBl 2003 3789).

2   Fassung gemäss Ziff. 3 des Anhangs zum Versicherungsaufsichtsgesetz vom 23. Juni 1978, in Kraft seit 1. Jan. 1979 [AS 1978 1836].

3   Fassung gemäss Ziff. I des BG vom 17. Dez. 2004, in Kraft seit 1. Jan. 2006 (AS 2005 5245 5251; BBl 2003 3789).

4   SR 961.01

5   Fassung gemäss Ziff. I des BG vom 17. Dez. 2004, in Kraft seit 1. Jan. 2006 (AS 2005 5245 5251; BBl 2003 3789).

6   Durch die Konkurseröffnung werden die zum Sicherungsfonds bzw. zum schweizerischen Versicherungsbestand gehörenden Versicherungen nicht aufgelöst (Art. 22 und 39 des BG vom 25. Juni 1930 über die Sicherstellung von Ansprüchen aus Lebensversicherungen inländischer Lebensversicherungsgesellschaften [BS 10 303]).

Art. 38   Anzeigepflicht nach Eintritt des befürchteten Ereignisses

[1] Ist das befürchtete Ereignis eingetreten, so muss der Anspruchsberechtigte, sobald er von diesem Ereignisse und seinem Anspruche aus der Versicherung Kenntnis erlangt, den Versicherer benachrichtigen. Der Vertrag kann verfügen, dass die Anzeige schriftlich erstattet werden muss.

[2] Hat der Anspruchsberechtigte die Anzeigepflicht schuldhafterweise verletzt, so ist der Versicherer befugt, die Entschädigung um den Betrag zu kürzen, um den sie sich bei rechtzeitiger Anzeige gemindert haben würde.

[3] Der Versicherer ist an den Vertrag nicht gebunden, wenn der Anspruchsberechtigte die unverzügliche Anzeige in der Absicht unterlassen hat, den Versicherer an der rechtzeitigen Feststellung der Umstände, unter denen das befürchtete Ereignis eingetreten ist, zu hindern.

Art. 39   Begründung des Versicherungsanspruches

[1] Der Anspruchsberechtigte muss auf Begehren des Versicherers jede Auskunft über solche ihm bekannte Tatsachen erteilen, die zur Ermittlung der Umstände, unter denen das befürchtete Ereignis eingetreten ist, oder zur Feststellung der Folgen des Ereignisses dienlich sind.

[2] Der Vertrag kann verfügen:

1. dass der Anspruchsberechtigte bestimmte Belege, deren Beschaffung ihm ohne erhebliche Kosten möglich ist, insbesondere auch ärztliche Bescheinigungen, beizubringen hat;
2. dass die in Absatz 1 und Absatz 2 Ziffer 1 dieses Artikels vorgesehenen Mitteilungen, bei Verlust des Versicherungsanspruches, binnen bestimmter, angemessener Frist gemacht werden müssen. Die Frist läuft von dem Tage an, an dem der Versicherer den Anspruchsberechtigten, unter Androhung der Säumnisfolgen, schriftlich aufgefordert hat, diese Mitteilungen zu machen.

Art. 39a[1]   Früherfassung

[1] Sofern kein überwiegendes Privatinteresse entgegensteht, dürfen zur Früherfassung Daten an die zuständige IV-Stelle bekannt gegeben werden nach Artikel 3b des Bundesgesetzes vom 19. Juni 1959[2] über die Invalidenversicherung (IVG).

[2] Es dürfen nur die Daten bekannt gegeben werden, welche für den in Frage stehenden Zweck erforderlich sind. Unter dieser Voraussetzung ist die Versicherungseinrichtung von ihrer Schweigepflicht entbunden.

[3] Der Bundesrat regelt die Einzelheiten.

---

1   Eingefügt durch Anhang Ziff. III 1 des BG vom 6. Okt. 2006, in Kraft per 1. Jan. 2008 (AS 2007 5129 5147; BBl 2005 4459).

2   SR 831.20; AS 2007 5129

Art. 39b[1] Interinstitutionelle Zusammenarbeit

[1] Sofern kein überwiegendes Privatinteresse entgegensteht, dürfen im Rahmen der interinstitutionellen Zusammenarbeit nach Artikel 68bis IVG[2] Daten bekannt gegeben werden an:

a. die IV-Stellen;

b. die privaten Versicherungseinrichtungen nach Artikel 68bis Absatz 1 Buchstabe b IVG;

c. die Einrichtungen der beruflichen Vorsorge nach Artikel 68bis Absatz 1 Buchstabe c IVG.

[2] Es dürfen nur die Daten bekannt gegeben werden, welche für den in Frage stehenden Zweck erforderlich sind. Unter dieser Voraussetzung ist die Versicherungseinrichtung von ihrer Schweigepflicht entbunden.

[3] Die betroffene Person ist über die Datenbekanntgabe zu informieren.

Art. 40 Betrügerische Begründung des Versicherungsanspruches

Hat der Anspruchsberechtigte oder sein Vertreter Tatsachen, welche die Leistungspflicht des Versicherers ausschliessen oder mindern würden, zum Zwecke der Täuschung unrichtig mitgeteilt oder verschwiegen oder hat er die ihm nach Massgabe des Artikels 39 dieses Gesetzes obliegenden Mitteilungen zum Zwecke der Täuschung zu spät oder gar nicht gemacht, so ist der Versicherer gegenüber dem Anspruchsberechtigten an den Vertrag nicht gebunden.

Art. 41 Fälligkeit des Versicherungsanspruches

[1] Die Forderung aus dem Versicherungsvertrage wird mit dem Ablaufe von vier Wochen, von dem Zeitpunkte an gerechnet, fällig, in dem der Versicherer Angaben erhalten hat, aus denen er sich von der Richtigkeit des Anspruches überzeugen kann.

[2] Die Vertragsabrede, dass der Versicherungsanspruch erst nach Anerkennung durch den Versicherer oder nach rechtskräftiger Verurteilung des Versicherers fällig werde, ist ungültig.

---

1 Eingefügt durch Anhang Ziff. III 1 des BG vom 6. Okt. 2006, in Kraft per 1. Jan. 2008 (AS 2007 5129 5147; BBl 2005 4459).

2 SR 831.20; AS 2007 5129

Art. 42   Teilschaden

1 Ist nur ein Teilschaden eingetreten und wird dafür Ersatz beansprucht, so ist der Versicherer wie der Versicherungsnehmer berechtigt, spätestens bei der Auszahlung der Entschädigung vom Vertrage zurückzutreten.

2 Wird der Vertrag gekündigt, so erlischt die Haftung des Versicherers 14 Tage, nachdem der anderen Partei die Kündigung mitgeteilt wurde.[1]

3 Dem Versicherer bleibt der Anspruch auf die Prämie für die laufende Versicherungsperiode gewahrt, falls der Versicherungsnehmer den Vertrag während des auf den Vertragsabschluss folgenden Jahres kündigt.[2]

4 Tritt weder der Versicherer noch der Versicherungsnehmer vom Vertrage zurück, so haftet der Versicherer für die Folgezeit, wenn nichts anderes vereinbart ist, mit dem Restbetrage der Versicherungssumme.

Art. 43   Mitteilungen des Versicherers

Die Mitteilungen, die der Versicherer nach Massgabe dieses Gesetzes dem Versicherungsnehmer oder dem Anspruchsberechtigten zu machen hat, erfolgen gültig an die dem Versicherer bekannte letzte Adresse.

Art. 44   Mitteilungen des Versicherungsnehmers oder Anspruchsberechtigten; Meldestellen

1 Der Versicherer ist verpflichtet, für alle Mitteilungen, die ihm nach Massgabe des Vertrages oder dieses Gesetzes gemacht werden müssen, mindestens eine inländische Meldestelle zu bezeichnen und dem Versicherungsnehmer, sowie dem Anspruchsberechtigten, der seine Rechte beim Versicherer schriftlich angemeldet hat, zur Kenntnis zu bringen.

2 Kommt der Versicherer diesen Verpflichtungen nicht nach, so treten die Folgen nicht ein, die nach Massgabe des Vertrages oder dieses Gesetzes für den Fall vorgesehen sind, dass eine Mitteilung gar nicht oder verspätet erstattet wird.

3 Der Versicherungsnehmer oder der Anspruchsberechtigte kann die ihm obliegenden Mitteilungen, nach seiner Wahl, entweder der bezeichneten Meldestelle oder dem Versicherer direkt oder jedem Agenten des Versicherers erstatten. Durch Vereinbarung der Parteien kann die Befugnis des Agenten, für den Versicherer Mitteilungen entgegenzunehmen, ausgeschlossen werden.

---

1   Fassung gemäss Ziff. I des BG vom 17. Dez. 2004, in Kraft seit 1. Jan. 2006 (AS 2005 5245 5251; BBl 2003 3789).

2   Fassung gemäss Ziff. I des BG vom 17. Dez. 2004, in Kraft seit 1. Jan. 2006 (AS 2005 5245 5251; BBl 2003 3789).

Art. 45 Unverschuldete Vertragsverletzung

[1] Ist vereinbart worden, dass der Versicherungsnehmer oder der Anspruchsberechtigte wegen Verletzung einer Obliegenheit von einem Rechtsnachteil betroffen wird, so tritt dieser Nachteil nicht ein, wenn die Verletzung den Umständen nach als eine unverschuldete anzusehen ist.

[2] Die wegen Zahlungsunfähigkeit des Prämienschuldners versäumte Prämienzahlung gilt nicht als unverschuldet.

[3] Wo der Vertrag oder dieses Gesetz den Bestand eines Rechtes aus der Versicherung an die Beobachtung einer Frist knüpft, ist der Versicherungsnehmer oder der Anspruchsberechtigte befugt, die ohne Verschulden versäumte Handlung sofort nach Beseitigung des Hindernisses nachzuholen.

Art. 46 Verjährung und Befristung

[1] Die Forderungen aus dem Versicherungsvertrage verjähren in zwei Jahren nach Eintritt der Tatsache, welche die Leistungspflicht begründet. Artikel 41 des Bundesgesetzes vom 25. Juni 1982[1] über die berufliche Alters-, Hinterlassenen- und Invalidenvorsorge bleibt vorbehalten.[2]

[2] Vertragsabreden, die den Anspruch gegen den Versicherer einer kürzern Verjährung oder einer zeitlich kürzern Beschränkung unterwerfen, sind ungültig. Vorbehalten bleibt die Bestimmung des Artikels 39 Absatz 2 Ziffer 2 dieses Gesetzes.

Art. 46a[3] Erfüllungsort

Die Versicherer müssen ihre Verpflichtungen aus Versicherungsverträgen am schweizerischen Wohnsitz des Versicherten oder Versicherungsnehmers erfüllen. Der Gerichtsstand richtet sich nach dem Gerichtsstandsgesetz vom 24. März 2000[4].

Art. 47 Stillschweigende Vertragserneuerung

Die Abrede, dass der Versicherungsvertrag mangels Kündigung als erneuert gelten soll, ist insoweit nichtig, als die Erneuerung für mehr als je ein Jahr ausbedungen wird.

---

1 SR 831.40
2 Fassung gemäss Ziff. 3 des Anhangs zum BG vom 25. Juni 1982 über die berufliche Alters-, Hinterlassenen- und Invalidenvorsorge, in Kraft seit 1. Jan. 1985 (SR 831.40, 831.401 Art. 1 Abs. 1).
3 Eingefügt durch Ziff. 3 des Anhangs zum Versicherungsaufsichtsgesetz vom 23. Juni 1978 [AS 1978 1836]. Fassung gemäss Ziff. I des BG vom 17. Dez. 2004, in Kraft seit 1. Jan. 2006 (AS 2005 5245 5251; BBl 2003 3789).
4 SR 272

Art. 47a[1]   Versichertennummer der Alters- und Hinterlassenenversicherung (AHV)

Dem Versicherungsaufsichtsgesetz vom 17. Dezember 2004[2] unterstehende private Versicherungsunternehmen sind nur berechtigt, die Versichertennummer der AHV nach den Bestimmungen des Bundesgesetzes vom 20. Dezember 1946[3] über die Alters- und Hinterlassenenversicherung für die Durchführung der privaten Zusatzversicherungen im Rahmen der Krankenversicherung oder der Unfallversicherung systematisch zu verwenden, wenn sie:

a.   die in Artikel 12 Absatz 2 des Bundesgesetzes vom 18. März 1994[4] über die Krankenversicherung vorgesehenen Zusatzversicherungen zur sozialen Krankenversicherung anbieten;

b.   nach Artikel 68 Absatz 2 des Bundesgesetzes vom 20. März 1981[5] über die Unfallversicherung (UVG) im Register der UVG-Versicherer eingetragen sind und die Zusatzversicherungen zum UVG anbieten.

II. Besondere Bestimmungen über die Schadensversicherung

Art. 48   Gegenstand der Versicherung

Gegenstand der Schadensversicherung kann jedes wirtschaftliche Interesse sein, das jemand am Ausbleiben eines befürchteten Ereignisses hat.

Art. 49   Versicherungswert

[1] Der Wert, den das versicherte Interesse zur Zeit des Vertragsabschlusses hat, ist der Versicherungswert.

[2] Besteht das versicherte Interesse darin, dass eine Sache nicht beschädigt oder vernichtet wird, so gilt im Zweifel dasjenige Interesse als versichert, das ein Eigentümer der Sache an deren Erhaltung hat.

Art. 50   Verminderung des Versicherungswertes

[1] Hat sich im Laufe der Versicherung der Versicherungswert wesentlich vermindert, so kann sowohl der Versicherer wie der Versicherungsnehmer die verhältnismässige Herabsetzung der Versicherungssumme verlangen.

[2] Die Prämie ist für die künftigen Versicherungsperioden entsprechend zu ermässigen.

---

1   Eingefügt durch Anhang Ziff. II 2 des BG vom 23. Juni 2006 (Neue AHV-Versichertennummer), in Kraft per 1. Dez. 2007 (AS 2007 5259 5263; BBl 2006 501).
2   SR 961.01
3   SR 831.10; AS 2007 5259
4   SR 832.10
5   SR 832.20

Art. 51 Überversicherung

Übersteigt die Versicherungssumme den Versicherungswert (Überversicherung), so ist der Versicherer gegenüber dem Versicherungsnehmer an den Vertrag nicht gebunden, wenn der Versicherungsnehmer den Vertrag in der Absicht abgeschlossen hat, sich aus der Überversicherung einen rechtswidrigen Vermögensvorteil zu verschaffen. Der Versicherer hat auf die ganze vereinbarte Gegenleistung Anspruch.

Art. 52 Kontrollmassnahmen

Ist eine Überversicherung gegen Feuersgefahr abgeschlossen worden, so ist die nach kantonalem Rechte zuständige Behörde befugt, die Versicherungssumme auf Grund einer amtlichen Schätzung auf den Betrag des Versicherungswertes herabzusetzen, wenn die Überversicherung nicht als gerechtfertigt erscheint.

Art. 53 Doppelversicherung

[1] Wird dasselbe Interesse gegen dieselbe Gefahr und für dieselbe Zeit bei mehr als einem Versicherer dergestalt versichert, dass die Versicherungssummen zusammen den Versicherungswert übersteigen (Doppelversicherung), so ist der Versicherungsnehmer verpflichtet, hiervon allen Versicherern ohne Verzug schriftlich Kenntnis zu geben.

[2] Hat der Versicherungsnehmer diese Anzeige absichtlich unterlassen oder die Doppelversicherung in der Absicht abgeschlossen, sich daraus einen rechtswidrigen Vermögensvorteil zu verschaffen, so sind die Versicherer gegenüber dem Versicherungsnehmer an den Vertrag nicht gebunden.

[3] Jeder Versicherer hat auf die ganze vereinbarte Gegenleistung Anspruch.

Art. 54[1] Handänderung

[1] Wechselt der Gegenstand des Versicherungsvertrages den Eigentümer, so endet der Vertrag zum Zeitpunkt der Handänderung. Vorbehalten bleiben Absatz 2 sowie Artikel 67 Absätze 1 und 2 des Strassenverkehrsgesetzes vom 19. Dezember 1958[2].

[2] In Kantonen mit einem Versicherungsobligatorium für Gebäude gegen Feuer- und Elementarschäden bei privaten Versicherungsträgern geht der bestehende Versicherungsvertrag auf den Erwerber über, sofern dieser oder der Versicherer den Vertrag nicht innert 14 Tagen nach der Handänderung kündigen.

---

1 Fassung gemäss Ziff. I des BG vom 17. Dez. 2004, in Kraft seit 1. Jan. 2006 (AS 2005 5245 5251; BBl 2003 3789).
2 SR 741.01

Art. 55   Konkurs des Versicherungsnehmers

[1] Fällt der Versicherungsnehmer in Konkurs, so endet der Vertrag mit der Konkurseröffnung.[1]

[2] Befinden sich unter den versicherten Sachen unpfändbare Vermögensstücke (Art. 92 des BG vom 11. April 1889[2] über Schuldbetreibung und Konkurs), so verbleibt der für diese Vermögensstücke begründete Versicherungsanspruch dem Gemeinschuldner und seiner Familie.

Art. 56   Pfändung und Arrest

Ist eine versicherte Sache auf dem Wege der Schuldbetreibung gepfändet oder mit Arrest belegt worden, so kann der Versicherer, wenn er hiervon rechtzeitig benachrichtigt wird, die Ersatzleistung gültig nur an das Betreibungsamt ausrichten.

Art. 57   Pfandrecht an der versicherten Sache

[1] Ist eine verpfändete Sache versichert, so erstreckt sich das Pfandrecht des Gläubigers sowohl auf den Versicherungsanspruch des Verpfänders als auch auf die aus der Entschädigung angeschafften Ersatzstücke.

[2] Ist das Pfandrecht beim Versicherer angemeldet worden, so darf der Versicherer die Entschädigung nur mit Zustimmung des Pfandgläubigers oder gegen Sicherstellung desselben an den Versicherten ausrichten.

Art. 58   Vorbehalt zugunsten des kantonalen Rechtes

Die Vorschriften der kantonalen Gesetze, wonach das dingliche Recht, das an der versicherten Sache besteht, auf den Versicherungsanspruch und die Versicherungssumme ausgedehnt wird, sowie die Bestimmungen, durch die der Anspruch des Berechtigten gesichert wird, bleiben vorbehalten.

Art. 59   Haftpflichtversicherung
           a. Umfang

Hat sich der Versicherungsnehmer gegen die Folgen der mit einem gewerblichen Betriebe verbundenen gesetzlichen Haftpflicht versichert, so erstreckt sich die Versicherung auch auf die Haftpflicht der Vertreter des Versicherungsnehmers sowie auf die Haftpflicht der mit der Leitung oder Beaufsichtigung des Betriebes betrauten Personen.

---

1   Fassung gemäss Ziff. I des BG vom 17. Dez. 2004, in Kraft seit 1. Jan. 2006 (AS 2005 5245 5251; BBl 2003 3789).
2   SR 281.1

Art. 60   b. Gesetzliches Pfandrecht des geschädigten Dritten

[1] An dem Ersatzanspruche, der dem Versicherungsnehmer aus der Versicherung gegen die Folgen gesetzlicher Haftpflicht zusteht, besitzt der geschädigte Dritte im Umfange seiner Schadenersatzforderung Pfandrecht. Der Versicherer ist berechtigt, die Ersatzleistung direkt an den geschädigten Dritten auszurichten.

[2] Der Versicherer ist für jede Handlung, durch die er den Dritten in seinem Rechte verkürzt, verantwortlich.

Art. 61   Rettungspflicht

[1] Der Anspruchsberechtigte ist verpflichtet, nach Eintritt des befürchteten Ereignisses tunlichst für Minderung des Schadens zu sorgen. Er muss, wenn nicht Gefahr im Verzuge liegt, über die zu ergreifenden Massregeln die Weisung des Versicherers einholen und befolgen.

[2] Hat der Anspruchsberechtigte diese Pflichten in nicht zu entschuldigender Weise verletzt, so ist der Versicherer berechtigt, die Entschädigung um den Betrag zu kürzen, um den sie sich bei Erfüllung jener Obliegenheiten vermindert hätte.

Art. 62   Ersatzwert
               a. Grundsatz

Der Ersatzwert ist auf Grundlage des Wertes zu bemessen, den das versicherte Interesse zur Zeit des Eintrittes des befürchteten Ereignisses gehabt hat.

Art. 63   b. Feuerversicherung

[1] In der Feuerversicherung ist der Ersatzwert:

1.   bei Waren und Naturerzeugnissen der Marktpreis;

2.   bei Gebäuden der ortsübliche Bauwert, nach Abzug der seit der Erbauung eingetretenen baulichen Wertverminderung. Wird das Gebäude nicht wieder aufgebaut, so darf der Ersatzwert den Verkehrswert nicht übersteigen;

3.   bei Mobiliar, Gebrauchsgegenständen, Arbeitsgerätschaften und Maschinen derjenige Betrag, den die Neuanschaffung erfordern würde. Haben indessen die versicherten Gegenstände durch Abnutzung oder aus andern Gründen eine Wertverminderung erlitten, so ist diese bei Ermittlung des Ersatzwertes in billige Berücksichtigung zu ziehen.

[2] Als Feuerschaden ist auch derjenige Schaden anzusehen, der durch Löschen des Feuers oder durch notwendiges Ausräumen eintritt und in der Vernichtung, Beschädigung oder in dem Abhandenkommen der Sache besteht.

Art. 64   c. Andere Versicherungsarten

[1] Bei der Warentransportversicherung ist der Wert der Sache am Bestimmungsorte massgebend.

[2] Bei der Viehversicherung ist der Wert zur Zeit der Erkrankung oder des Unfalls des Tieres massgebend.

[3] Ist ein künftiger Gewinn versichert worden, so ist der Feststellung des Schadens der Gewinn zugrunde zu legen, der bei Gelingen des Unternehmens erzielt worden wäre.

[4] Ist ein künftiger Ertrag versichert worden, so ist der Feststellung des Schadens der Ertrag zugrunde zu legen, der sich bei Ausbleiben des befürchteten Ereignisses ergeben hätte.

[5] Von dem Ersatzwerte sind allfällige durch den Eintritt des befürchteten Ereignisses ersparte Unkosten in Abzug zu bringen.

Art. 65   d. Vereinbarung über den Ersatzwert

[1] Haben die Parteien den Versicherungswert durch besondere Vereinbarung festgestellt, so gilt der vereinbarte Wert auch als Ersatzwert, sofern der Versicherer nicht beweist, dass der Ersatzwert nach Massgabe der Vorschriften der Artikel 62–64 und 66 dieses Gesetzes geringer ist als der Versicherungswert.

[2] Eine solche Vereinbarung ist ungültig, wenn ein künftiger Ertrag oder Gewinn gegen Feuersgefahr versichert wird.

Art. 66   Gattungssachen

Ist die versicherte Sache der Gattung nach bestimmt, so fallen alle zur Zeit des Eintrittes des befürchteten Ereignisses zur Gattung gehörenden Gegenstände unter die Versicherung.

Art. 67   Schadensermittlung

[1] Der Versicherer sowohl als der Anspruchsberechtigte kann verlangen, dass der Schaden von den Parteien ohne Verzug festgestellt werde. Sind landwirtschaftliche Erzeugnisse nur teilweise vernichtet worden, insbesondere durch Hagelschlag, so ist auf Begehren der einen oder andern Partei die Abschätzung des Schadens bis zur Ernte aufzuschieben.

[2] Weigert sich eine Partei, bei der Feststellung des Schadens mitzuwirken, oder können sich die Parteien über die Grösse des entstandenen Schadens nicht einigen, so ist, vorbehältlich besonderer Vereinbarungen, der Schaden durch gerichtlich bestellte Sachverständige zu ermitteln.

[3] Der Versicherer geht dadurch, dass er bei der Feststellung des Schadens mitwirkt, der Einreden, die ihm gegen die Entschädigungsforderung des Anspruchsberechtigten zustehen, nicht verlustig.

4 Die Vereinbarung, dass der Anspruchsberechtigte bei den Verhandlungen zur Feststellung des Schadens sich nicht verbeiständen lassen darf, ist ungültig.

5 Die Kosten der Schadensermittlung tragen die Parteien zu gleichen Teilen.

Art. 68   Veränderungsverbot

1 Bevor der Schaden ermittelt ist, darf der Anspruchsberechtigte ohne Zustimmung des Versicherers an den beschädigten Gegenständen keine Veränderung vornehmen, welche die Feststellung der Schadensursache oder des Schadens erschweren oder vereiteln könnte, es sei denn, dass die Veränderung zum Zwecke der Schadensminderung oder im öffentlichen Interesse als geboten erscheint.

2 Handelt der Anspruchsberechtigte dieser Pflicht in betrügerischer Absicht zuwider, so ist der Versicherer an den Vertrag nicht gebunden.

Art. 69   Versicherungssumme; Ersatzpflicht bei Unterversicherung

1 Soweit der Vertrag oder dieses Gesetz (Art. 70) nicht anders bestimmt, haftet der Versicherer für den Schaden nur bis auf die Höhe der Versicherungssumme.

2 Erreicht die Versicherungssumme den Ersatzwert nicht (Unterversicherung), so ist der Schaden, wenn nichts anderes vereinbart ist, in dem Verhältnisse zu ersetzen, in dem die Versicherungssumme zum Ersatzwerte steht.

Art. 70   Rettungskosten

1 Der Versicherer ist gehalten, dem Anspruchsberechtigten die zum Zwecke der Schadensminderung (Art. 61) nicht offenbar unzweckmässig aufgewendeten Kosten auch dann zu vergüten, wenn die getroffenen Massnahmen ohne Erfolg geblieben sind, oder wenn diese Kosten und der Schadenersatz zusammen den Betrag der Versicherungssumme übersteigen.

2 Erreicht die Versicherungssumme den Ersatzwert nicht, so trägt der Versicherer die Kosten in dem Verhältnisse, in dem die Versicherungssumme zum Ersatzwerte steht.

Art. 71   Ersatzpflicht bei Doppelversicherung

1 Bei Doppelversicherung (Art. 53) haftet jeder Versicherer für den Schaden in dem Verhältnisse, in dem seine Versicherungssumme zum Gesamtbetrage der Versicherungssummen steht.

2 Ist einer der Versicherer zahlungsunfähig geworden, so haften, unter Vorbehalt der Bestimmung des Artikels 70 Absatz 2 dieses Gesetzes, die übrigen Versicherer in dem Verhältnisse, in dem die von ihnen versicherten Summen zueinander stehen, bis auf die Höhe ihrer Versicherungssumme für den Anteil des zahlungsunfähigen Versicherers. Die Forderung, die dem Anspruchsberechtigten gegen diesen Versicherer zusteht, geht auf die Versicherer, die Ersatz geleistet haben, über.

3 Ist das befürchtete Ereignis eingetreten, so darf der Anspruchsberechtigte keine Versicherung zuungunsten der übrigen Versicherer aufheben oder abändern.

Art. 72   Regressrecht des Versicherers

1 Auf den Versicherer geht insoweit, als er Entschädigung geleistet hat, der Ersatzanspruch über, der dem Anspruchsberechtigten gegenüber Dritten aus unerlaubter Handlung zusteht.

2 Der Anspruchsberechtigte ist für jede Handlung, durch die er dieses Recht des Versicherers verkürzt, verantwortlich.

3 Die Bestimmung des ersten Absatzes findet keine Anwendung, wenn der Schaden durch eine Person leichtfahrlässig herbeigeführt worden ist, die mit dem Anspruchsberechtigten in häuslicher Gemeinschaft lebt oder für deren Handlungen der Anspruchsberechtigte einstehen muss.

III. Besondere Bestimmungen über diePersonenversicherung

Art. 73   Rechtliche Natur der Police; Abtretung und Verpfändung

1 Der Anspruch aus einem Personenversicherungsvertrage kann weder durch Indossierung noch durch einfache Übergabe der Police abgetreten oder verpfändet werden. Abtretung und Verpfändung bedürfen zu ihrer Gültigkeit der schriftlichen Form und der Übergabe der Police sowie der schriftlichen Anzeige an den Versicherer.

2 Bestimmt die Police, dass der Versicherer an den Inhaber leisten darf, so ist der gutgläubige Versicherer befugt, jeden Inhaber als anspruchsberechtigt zu betrachten.

Art. 74   Versicherung auf fremdes Leben

1 Die Versicherung auf fremdes Leben ist ungültig, wenn nicht derjenige, auf dessen Tod die Versicherung gestellt ist, vor Abschluss des Vertrages schriftlich seine Zustimmung erteilt hat. Ist die Versicherung auf den Tod einer handlungsunfähigen Person gestellt, so ist die schriftliche Zustimmung des gesetzlichen Vertreters erforderlich.

2 Der Versicherungsanspruch kann dagegen ohne Zustimmung des Dritten abgetreten werden.

3 Der Vertrag kann verfügen, dass die Bestimmungen der Artikel 6 und 28 dieses Gesetzes auch dann zur Anwendung kommen, wenn derjenige, auf dessen Tod die Versicherung gestellt ist, die Anzeigepflicht verletzt oder die Gefahrserhöhung herbeigeführt hat.

Art. 75   Unrichtige Altersangabe

[1] Wegen unrichtiger Angabe des Alters kann der Versicherer nur dann vom Vertrage zurücktreten, wenn das wirkliche Alter beim Eintritte ausserhalb der von ihm festgestellten Aufnahmegrenzen liegt.

[2] Liegt dagegen das Eintrittsalter innerhalb dieser Grenzen, so gelten folgende Bestimmungen:

1. Ist infolge unrichtiger Angabe des Alters eine niedrigere Prämie entrichtet worden, als auf Grund des richtigen Eintrittsalters hätte bezahlt werden müssen, so ist die Gegenleistung des Versicherers im Verhältnisse der vereinbarten Prämie zu der Tarifprämie des richtigen Eintrittsalters herabzusetzen. Hat der Versicherer bereits erfüllt, so ist er berechtigt, den Betrag, den er nach dieser Berechnungsweise zu viel bezahlt hat, samt Zins zurückzufordern.

2. Ist infolge unrichtiger Angabe des Alters eine höhere Prämie entrichtet worden, als auf Grund des richtigen Eintrittsalters hätte bezahlt werden müssen, so ist der Versicherer verpflichtet, die Differenz zwischen dem vorhandenen und dem für das richtige Eintrittsalter notwendigen Deckungskapital zurückzuerstatten. Künftige Prämien sind nach Massgabe des richtigen Eintrittsalters herabzusetzen.

3. Den in den Ziffern 1 und 2 dieses Artikels vorgesehenen Berechnungen sind die Tarife zugrunde zu legen, die zur Zeit des Vertragsabschlusses gegolten haben.

Art. 76   Versicherung zugunsten Dritter
            a. Grundlage. Umfang der Begünstigung

[1] Der Versicherungsnehmer ist befugt, ohne Zustimmung des Versicherers einen Dritten als Begünstigten zu bezeichnen.[1]

[2] Die Begünstigung kann sich auf den gesamten Versicherungsanspruch oder nur auf einen Teil desselben beziehen.

Art. 77   b. Verfügungsbefugnis des Versicherungsnehmers

[1] Der Versicherungsnehmer kann auch dann, wenn ein Dritter als Begünstigter bezeichnet ist, über den Anspruch aus der Versicherung unter Lebenden und von Todes wegen frei verfügen.[2]

[2] Das Recht, die Begünstigung zu widerrufen, fällt nur dann dahin, wenn der Versicherungsnehmer in der Police auf den Widerruf unterschriftlich verzichtet und die Police dem Begünstigten übergeben hat.

---

1   Siehe jedoch Art. 1 der V vom 1. März 1966 über die Aufhebung von Beschränkungen der Vertragsfreiheit in Versicherungsverträgen (SR 221.229.11).

2   Siehe jedoch Art. 1 der V vom 1. März 1966 über die Aufhebung von Beschränkungen der Vertragsfreiheit in Versicherungsverträgen (SR 221.229.11).

Art. 78   c. Natur des dem Begünstigten zustehenden Rechtes

Die Begünstigung begründet, unter Vorbehalt von Verfügungen nach Artikel 77 Absatz 1 dieses Gesetzes, für den Begünstigten ein eigenes Recht auf den ihm zugewiesenen Versicherungsanspruch.

Art. 79   d. Gesetzliche Erlöschungsgründe

[1] Die Begünstigung erlischt mit der Pfändung des Versicherungsanspruches und mit der Konkurseröffnung, über den Versicherungsnehmer. Sie lebt wieder auf, wenn die Pfändung dahinfällt oder der Konkurs widerrufen wird.

[2] Hat der Versicherungsnehmer auf das Recht, die Begünstigung zu widerrufen, verzichtet, so unterliegt der durch die Begünstigung begründete Versicherungsanspruch nicht der Zwangsvollstreckung zugunsten der Gläubiger des Versicherungsnehmers.

Art. 80[1]   e. Ausschluss der betreibungs- und konkursrechtlichen Verwertung des Versicherungsanspruchs

Sind der Ehegatte, die eingetragene Partnerin, der eingetragene Partner oder Nachkommen des Versicherungsnehmers Begünstigte, so unterliegt, vorbehältlich allfälliger Pfandrechte, weder der Versicherungsanspruch des Begünstigten noch derjenige des Versicherungsnehmers der Zwangsvollstreckung zugunsten der Gläubiger des Versicherungsnehmers.

Art. 81   f. Eintrittsrecht[2]

[1] Sind der Ehegatte, die eingetragene Partnerin, der eingetragene Partner oder Nachkommen des Versicherungsnehmers Begünstigte aus einem Lebensversicherungsvertrag, so treten sie, sofern sie es nicht ausdrücklich ablehnen, im Zeitpunkt, in dem gegen den Versicherungsnehmer ein Verlustschein vorliegt oder über ihn der Konkurs eröffnet wird, an seiner Stelle in die Rechte und Pflichten aus dem Versicherungsvertrag ein.[3]

[2] Die Begünstigten sind verpflichtet, den Übergang der Versicherung durch Vorlage einer Bescheinigung des Betreibungsamtes oder der Konkursverwaltung dem Versicherer anzuzeigen. Sind mehrere Begünstigte vorhanden, so müssen sie einen Vertreter bezeichnen, der die dem Versicherer obliegenden Mitteilungen entgegenzunehmen hat.

---

1   Fassung gemäss Anhang Ziff. 13 des Partnerschaftsgesetzes vom 18. Juni 2004, in Kraft seit 1. Jan. 2007 (SR 211.231).

2   Fassung gemäss Anhang Ziff. 13 des Partnerschaftsgesetzes vom 18. Juni 2004, in Kraft seit 1. Jan. 2007 (SR 211.231).

3   Fassung gemäss Anhang Ziff. 13 des Partnerschaftsgesetzes vom 18. Juni 2004, in Kraft seit 1. Jan. 2007 (SR 211.231).

Art. 82   g. Vorbehalt der Anfechtungsklage

Gegenüber den Bestimmungen dieses Gesetzes über die Versicherung zugunsten Dritter werden die Vorschriften der Artikel 285ff. des Bundesgesetzes vom 11. April 1889[1] über Schuldbetreibung und Konkurs vorbehalten.

Art. 83   h. Auslegung der Begünstigungsklauseln
aa. Hinsichtlich der begünstigten Personen

[1] Sind als Begünstigte die Kinder einer bestimmten Person bezeichnet, so werden darunter die erbberechtigten Nachkommen derselben verstanden.

[2] Unter dem Ehegatten ist der überlebende Ehegatte zu verstehen.

[2bis] Unter der eingetragenen Partnerin oder dem eingetragenen Partner ist die überlebende eingetragene Partnerin oder der überlebende eingetragene Partner zu verstehen. [2]

[3] Unter den Hinterlassenen, Erben oder Rechtsnachfolgern sind die erbberechtigten Nachkommen und der überlebende Ehegatte oder die überlebende eingetragene Partnerin beziehungsweise der überlebende eingetragene Partner zu verstehen; sind keine dieser Personen vorhanden, so sind darunter die anderen Personen zu verstehen, denen ein Erbrecht am Nachlass zusteht. [3]

Art. 84   bb. Hinsichtlich der Anteile

[1] Fällt der Versicherungsanspruch den erbberechtigten Nachkommen und dem überlebenden Ehegatten oder der überlebenden eingetragenen Partnerin oder dem überlebenden eingetragenen Partner als Begünstigten zu, so erhalten der Ehegatte, die Partnerin oder der Partner die Hälfte der Versicherungssumme und die Nachkommen nach Massgabe ihrer Erbberechtigung die andere Hälfte.[4]

[2] Sind andere Erben als Begünstigte bezeichnet, so fällt ihnen der Versicherungsanspruch nach Massgabe ihrer Erbberechtigung zu.

[3] Sind mehrere nicht erbberechtigte Personen ohne nähere Bestimmung ihrer Teile als Begünstige bezeichnet, so fällt ihnen der Versicherungsanspruch zu gleichen Teilen zu.

[4] Fällt ein Begünstigter weg, so wächst sein Anteil den übrigen Begünstigten zu gleichen Teilen an.

1   SR 281.1

2   Eingefügt durch Anhang Ziff. 13 des Partnerschaftsgesetzes vom 18. Juni 2004, in Kraft seit 1. Jan. 2007 (SR 211.231).

3   Fassung gemäss Anhang Ziff. 13 des Partnerschaftsgesetzes vom 18. Juni 2004, in Kraft seit 1. Jan. 2007 (SR 211.231).

4   Fassung gemäss Anhang Ziff. 13 des Partnerschaftsgesetzes vom 18. Juni 2004, in Kraft seit 1. Jan. 2007 (SR 211.231).

Art. 85[1]   i. Ausschlagung der Erbschaft

Sind erbberechtigte Nachkommen, ein Ehegatte, eine eingetragene Partnerin, ein eingetragener Partner, Eltern, Grosseltern oder Geschwister die Begünstigten, so fällt ihnen der Versicherungsanspruch zu, auch wenn sie die Erbschaft nicht antreten.

Art. 86[2]   Betreibungs- und konkursrechtliche Verwertung des Versicherungsanspruchs

[1] Unterliegt der Anspruch aus einem Lebensversicherungsvertrag, den der Schuldner auf sein eigenes Leben abgeschlossen hat, der betreibungs- oder konkursrechtlichen Verwertung, so können der Ehegatte, die eingetragene Partnerin, der eingetragene Partner oder die Nachkommen des Schuldners mit dessen Zustimmung verlangen, dass der Versicherungsanspruch ihnen gegen Erstattung des Rückkaufspreises übertragen wird.

[2] Ist ein solcher Versicherungsanspruch verpfändet und soll er betreibungs- oder konkursrechtlich verwertet werden, so können der Ehegatte, die eingetragene Partnerin, der eingetragene Partner oder die Nachkommen des Schuldners mit dessen Zustimmung verlangen, dass der Versicherungsanspruch ihnen gegen Bezahlung der pfandversicherten Forderung oder, wenn diese kleiner ist als der Rückkaufspreis, gegen Bezahlung dieses Preises übertragen wird.

[3] Der Ehegatte, die eingetragene Partnerin, der eingetragene Partner oder die Nachkommen müssen ihr Begehren vor der Verwertung der Forderung bei dem Betreibungsamt oder der Konkursverwaltung geltend machen.

Art. 87[3]   Kollektivunfallversicherung; Forderungsrecht des Begünstigten

Aus der kollektiven Unfall- oder Krankenversicherung steht demjenigen, zu dessen Gunsten die Versicherung abgeschlossen worden ist, mit dem Eintritt des Unfalls oder der Krankheit ein selbständiges Forderungsrecht gegen den Versicherer zu.

---

1   Fassung gemäss Anhang Ziff. 13 des Partnerschaftsgesetzes vom 18. Juni 2004, in Kraft seit 1. Jan. 2007 (SR 211.231).

2   Fassung gemäss Anhang Ziff. 13 des Partnerschaftsgesetzes vom 18. Juni 2004, in Kraft seit 1. Jan. 2007 (SR 211.231).

3   Fassung gemäss Ziff. II Art. 3 des BG vom 25. Juni 1971 über die Revision des Zehnten Titels und des Zehnten Titelsbis des Obligationenrechts (Der Arbeitsvertrag), in Kraft seit 1. Jan. 1972 (SR 220 am Schluss, Schl- und UeB zum X. Tit.).

Art. 88   Unfallversicherung; Invaliditätsentschädigung

[1] Wird infolge eines Unfalles die Erwerbsfähigkeit des Versicherten voraussichtlich bleibend beeinträchtigt, so ist die Entschädigung, sobald die voraussichtlich dauernden Unfallfolgen feststehen, auf Grundlage der für den Fall der Invalidität versicherten Summe in Form der Kapitalabfindung auszurichten. Diese Bestimmung findet keine Anwendung, wenn der Versicherungsnehmer die Entschädigung ausdrücklich in Form der Rentenabfindung beantragt hat.

[2] Der Vertrag kann bestimmen, dass Zwischenrenten gewährt und von der Entschädigung in Abzug gebracht werden.

Art. 89   Rücktrittsrecht des Versicherungsnehmers

[1] Hat der Versicherungsnehmer die Prämie für ein Jahr entrichtet, so kann er vom Lebensversicherungsvertrage zurücktreten und die Bezahlung weiterer Prämien ablehnen.

[2] Die Rücktrittserklärung ist dem Versicherer vor Beginn einer neuen Versicherungsperiode schriftlich abzugeben.

Art. 89a[1]   Rücktrittsrecht des Versicherungsnehmers im Rahmen des grenzüberschreitenden Dienstleistungsverkehrs

Auf Einzel-Lebensversicherungsverträge, die im Rahmen des grenzüberschreitenden Dienstleistungsverkehrs mit Versicherern abgeschlossen werden, deren Sitz sich in einem Staat befindet, mit dem die Schweiz auf der Grundlage der Gegenseitigkeit ein völkerrechtliches Abkommen abgeschlossen hat, das die Anerkennung aufsichtsrechtlicher Anforderungen und Massnahmen vorsieht und sicherstellt, dass im betreffenden Staat gleichwertige Regelungen wie in der Schweiz zur Anwendung kommen (Vertragsstaat), sind folgende Bestimmungen anwendbar, solange dieses Abkommen in Kraft ist:[2]

a. Schliesst der Versicherungsnehmer einen Lebensversicherungsvertrag ab, dessen Laufzeit sechs Monate übersteigt, so kann er von diesem Vertrag innerhalb von 14 Tagen seit Kenntnis des Vertragsabschlusses zurücktreten. Die Rücktrittserklärung ist dem Versicherer schriftlich abzugeben. Die Rücktrittsfrist ist eingehalten, wenn die Rücktrittserklärung am vierzehnten Tag der Post übergeben wird.

b. Als Zeitpunkt, da der Versicherungsnehmer vom Vertragsabschluss Kenntnis hat, gilt der Tag des Eintreffens der Annahmeerklärung des Versicherers beim Versicherungsnehmer oder der Tag der Annahmeerklärung des Versicherungsnehmers.

---

1   Eingefügt durch Ziff. I des BG vom 18. Juni 1993, in Kraft seit 1. Jan. 1994 (AS 1993 3175 3179; BBl 1993 I 805).
2   Fassung gemäss Ziff. I des BG vom 17. Dez. 2004, in Kraft seit 1. Jan. 2006 (AS 2005 5245 5251; BBl 2003 3789).

c.   Die Mitteilung des Versicherungsnehmers, dass er vom Vertrag zurücktritt, befreit ihn für die Zukunft von allen aus diesem Vertrag entstehenden Verpflichtungen. Hat der Versicherungsnehmer bereits Prämien oder Einmaleinlagen einbezahlt, so sind ihm diese vom Versicherer zurückzuerstatten.

d.   Der Versicherer muss in dem von ihm ausgegebenen Antragschein sowie in den allgemeinen Versicherungsbedingungen den Antragsteller über Rücktrittsrecht, Frist und Form des Rücktrittsrechts sowie über die Adresse seiner Niederlassung, mit welcher der Vertrag abgeschlossen wird, unterrichten. Wird kein Antragschein ausgegeben, so sind diese Angaben in die Police sowie in die allgemeinen Versicherungsbedingungen aufzunehmen. Wird diese Vorschrift nicht eingehalten, so kann der Kunde jederzeit vom Vertrag zurücktreten.

Art. 90   Umwandlung und Rückkauf
         a. Im allgemeinen

[1] Der Versicherer ist verpflichtet, jede Lebensversicherung, für welche die Prämien wenigstens für drei Jahre entrichtet worden sind, auf Begehren des Anspruchsberechtigten ganz oder teilweise in eine beitragsfreie Versicherung umzuwandeln.

[2] Der Versicherer muss überdies diejenige Lebensversicherung, bei welcher der Eintritt des versicherten Ereignisses gewiss ist, auf Verlangen des Anspruchsberechtigten ganz oder teilweise zurückkaufen, sofern die Prämien wenigstens für drei Jahre entrichtet worden sind.[1]

Art. 91   b. Feststellung der Abfindungswerte

[1] Der Versicherer hat die Grundlagen zur Ermittlung des Umwandlungswertes und des Rückkaufswertes der Versicherung festzustellen.

[2] Die Bestimmungen über Umwandlung und Rückkauf sind in die allgemeinen Versicherungsbedingungen aufzunehmen.

[3] Der Bundesrat entscheidet in seiner Eigenschaft als Aufsichtsbehörde im Gebiete des privaten Versicherungswesens, ob die vorgesehenen Abfindungswerte angemessen sind.

Art. 92   c. Obliegenheiten des Versicherers; Nachprüfung durch das Versicherungsamt; Fälligkeit der Rückkaufsforderung

[1] Der Versicherer ist verpflichtet, auf Anfrage des Anspruchsberechtigten binnen vier Wochen den Umwandlungswert oder den Rückkaufswert der Versicherung zu berechnen und dem Anspruchsberechtigten mitzuteilen. Der Versicherer muss, wenn der Anspruchsberechtigte es verlangt, überdies diejenigen Angaben machen, die zur Ermitt-

---

1   Siehe jedoch Art. 1 der V vom 1. März 1966 über die Aufhebung von Beschränkungen der Vertragsfreiheit in Versicherungsverträgen (SR 221.229.11).

lung des Umwandlungswertes oder des Rückkaufswertes für Sachverständige erforderlich sind.

2 Das Eidgenössische Versicherungsamt hat auf Ersuchen des Anspruchsberechtigten die vom Versicherer festgestellten Werte unentgeltlich auf ihre Richtigkeit zu prüfen.

3 Stellt der Anspruchsberechtigte das Rückkaufsbegehren, so wird die Rückkaufsforderung nach drei Monaten, vom Eintreffen des Begehrens an gerechnet, fällig.

Art. 93 d. Unverfallbarkeit

1 Unterbleibt die Prämienzahlung, nachdem die Versicherung mindestens drei Jahre in Kraft bestanden hat, so wird der Umwandlungswert der Versicherung geschuldet. Der Versicherer hat den Umwandlungswert und, wenn die Versicherung rückkaufsfähig ist, auch den Rückkaufswert nach Massgabe dieses Gesetzes festzustellen und dem Anspruchsberechtigten auf dessen Begehren mitzuteilen.

2 Ist die Versicherung rückkaufsfähig, so kann der Anspruchsberechtigte binnen sechs Wochen, vom Empfange dieser Mitteilung an gerechnet, an Stelle der Umwandlung den Rückkaufswert der Versicherung verlangen.

Art. 94 e. Umwandlung und Rückkauf von Anteilen am Geschäftsergebnis

Die Vorschriften dieses Gesetzes über die Umwandlung und den Rückkauf der Lebensversicherung gelten auch für solche Leistungen, die der Versicherer aus angefallenen Anteilen am Geschäftsergebnis dem Anspruchsberechtigten in Form der Erhöhung der Versicherungsleistungen gewährt hat.

Art. 94a[1]

Aufgehoben.

Art. 95 Pfandrecht des Versicherers; Liquidation

Hat der Anspruchsberechtigte den Anspruch aus dem Lebensversicherungsvertrage dem Versicherer verpfändet, so ist der Versicherer berechtigt, seine Forderung mit dem Rückkaufswert der Versicherung zu verrechnen, nachdem er unter Androhung der Säumnisfolgen den Schuldner ohne Erfolg schriftlich aufgefordert hat, binnen sechs Monaten, vom Empfange der Aufforderung an gerechnet, die Schuld zu bezahlen.

---

1 Eingefügt durch Ziff. I des BG vom 18. Juni 1993 (AS 1993 3175 3179; BBl 1993 I 805). Aufgehoben durch Ziff. I des BG vom 17. Dez. 2004, mit Wirkung seit 1. Jan. 2006 (AS 2005 5245 5251; BBl 2003 3789).

Art. 96[1]   Ausschluss des Regressrechtes des Versicherers

In der Personenversicherung gehen die Ansprüche, die dem Anspruchsberechtigten infolge Eintrittes des befürchteten Ereignisses gegenüber Dritten zustehen, nicht auf den Versicherer über.

IV. Zwingende Bestimmungen

Art. 97   Vorschriften, die nicht abgeändert werden dürfen

[1] Folgende Vorschriften dieses Gesetzes dürfen durch Vertragsabrede nicht geändert werden: Artikel 9, 10, 13, 24, 41 Absatz 2, 46a, 47, 51, 53, 62, 63, 65 Absatz 2, 67 Absatz 4, 71 Absatz 1, 73, sowie 74 Absatz 1.[2]

[2] Diese Bestimmung findet, soweit die Vorschriften der Artikel 47 und 71 Absatz 1 in Betracht kommen, auf die Transportversicherung keine Anwendung.

Art. 98   Vorschriften, die nicht zuungunsten des Versicherungsnehmers oder des Anspruchsberechtigten abgeändert werden dürfen

[1] Die folgenden Vorschriften dieses Gesetzes dürfen durch Vertragsabrede nicht zuungunsten des Versicherungsnehmers oder des Anspruchsberechtigten geändert werden: Artikel 1, 2, 3 Absätze 1–3, 3a, 6, 11, 12, 14 Absatz 4, 15, 19 Absatz 2, 20–22, 28, 29 Absatz 2, 30, 32, 34, 39 Absatz 2 Ziffer 2 Satz 2, 42 Absätze 1–3, 44–46, 54–57, 59, 60, 72 Absatz 3, 76 Absatz 1, 77 Absatz 1, 87, 88 Absatz 1, 89, 89a, 90–94, 95 und 96.[3]

[2] Diese Bestimmung findet auf die Transportversicherung keine Anwendung.

Art. 99   Verordnungsrecht des Bundesrates

Der Bundesrat kann durch Verordnung verfügen, dass die in Artikel 98 dieses Gesetzes festgestellten Beschränkungen der Vertragsfreiheit bei einzelnen Versicherungsarten soweit ausser Kraft treten, als die Eigenart oder die besondern Verhältnisse einer Versicherungsart es erfordern.

---

1   Siehe jedoch die Art. 41 und 42 des BG vom 20. März 1981 über die Unfallversicherung (SR 832.20).
2   Fassung gemäss Ziff. I des BG vom 17. Dez. 2004, in Kraft seit 1. Jan. 2006 (AS 2005 5245 5251; BBl 2003 3789).
3   Fassung gemäss Ziff. I des BG vom 17. Dez. 2004, in Kraft seit 1. Jan. 2006 (AS 2005 5245 5251; BBl 2003 3789).

V. Schlussbestimmungen

Art. 100 Verhältnis zum Obligationenrechte

[1] Soweit dieses Gesetz keine Vorschriften enthält, finden auf den Versicherungsvertrag die Bestimmungen des Obligationenrechtes Anwendung.

[2] Für Versicherungsnehmer und Versicherte, die nach Artikel 10 des Arbeitslosenversicherungsgesetzes vom 25. Juni 1982[1] als arbeitslos gelten, sind überdies die Artikel 71 Absätze 1 und 2 und 73 des Bundesgesetzes vom 18. März 1994[2] über die Krankenversicherung sinngemäss anwendbar.[3]

Art. 101[4] Nicht unter das Gesetz fallende Rechtsverhältnisse

[1] Dieses Gesetz findet keine Anwendung:

1. auf Rückversicherungsverträge;
2.[5] auf die privaten Rechtsverhältnisse zwischen den der Versicherungsaufsicht nicht unterstellten Versicherungsunternehmen (Art. 2 Abs. 2 VAG[6]) und ihren Versicherten, mit Ausnahme der Rechtsverhältnisse, für deren Durchführung diese Versicherungsunternehmen der Versicherungsaufsicht unterstellt sind.

[2] Für diese Rechtsverhältnisse gilt das Obligationenrecht[7].

Art. 101a[8] Sonderbestimmung für die Rechtsanwendung mit Vertragsstaaten

Die Artikel 101 *b* und 101 *c* gelten, solange ein völkerrechtliches Abkommen in Kraft ist, das die Anerkennung aufsichtsrechtlicher Anforderungen und Massnahmen vorsieht sowie sicherstellt, dass im betreffenden Staat gleichwertige Regelungen wie in der Schweiz zur Anwendung kommen.

---

1   SR 837.0
2   SR 832.10
3   Eingefügt durch Art. 115 des Arbeitslosenversicherungsgesetzes (SR 837.0). Fassung gemäss Ziff. I des BG vom 17. Dez. 2004, in Kraft seit 1. Jan. 2006 (AS 2005 5245 5251; BBl 2003 3789).
4   Fassung gemäss Ziff. 3 des Anhangs zum Versicherungsaufsichtsgesetz vom 23. Juni 1978, in Kraft seit 1. Jan. 1979 [AS 1978 1836].
5   Fassung gemäss Ziff. I des BG vom 17. Dez. 2004, in Kraft seit 1. Jan. 2006 (AS 2005 5245 5251; BBl 2003 3789).
6   SR 961.01
7   SR 220
8   Eingefügt durch Ziff. I des BG vom 18. Juni 1993, in Kraft seit 1. Jan. 1994 (AS 1993 3175 3179; BBl 1993 I 805).

Art. 101b[1]   Rechtsanwendung im Bereich Direktversicherung mit Ausnahme der Lebensversicherung

[1] Auf Versicherungsverträge in den nach Artikel 6 VAG[2] vom Bundesrat bestimmten Zweigen der Direktversicherung mit Ausnahme der Lebensversicherung sind, wenn sie Risiken decken, die im Sinne von Absatz 5 in einem Vertragsstaat gelegen sind, die folgenden Vorschriften anwendbar:[3]

a. Hat der Versicherungsnehmer seinen gewöhnlichen Aufenthalt oder seine Hauptverwaltung im Vertragsstaat, in dem das Risiko gelegen ist, so ist das auf den Versicherungsvertrag anwendbare Recht das Recht dieses Vertragsstaats. Die Parteien können jedoch das Recht eines anderen Staates wählen, sofern dies nach dem Recht dieses Vertragsstaats zulässig ist.

b. Hat der Versicherungsnehmer seinen gewöhnlichen Aufenthalt oder seine Hauptverwaltung nicht in dem Vertragsstaat, in dem das Risiko gelegen ist, so können die Parteien des Versicherungsvertrags wählen, ob das Recht dieses Vertragsstaats oder das Recht jenes Staates, in dem der Versicherungsnehmer seinen gewöhnlichen Aufenthalt oder seine Hauptverwaltung hat, auf den Vertrag anwendbar sein soll.

c. Übt der Versicherungsnehmer eine Tätigkeit im industriellen oder gewerblichen Sektor oder eine freiberufliche Tätigkeit aus und deckt der Vertrag zwei oder mehrere in verschiedenen Vertragsstaaten gelegene Risiken in Verbindung mit diesen Tätigkeiten, so umfasst die freie Wahl des auf den Vertrag anwendbaren Rechts das Recht dieser Vertragsstaaten und des Staates, in dem der Versicherungsnehmer seinen gewöhnlichen Aufenthalt oder seine Hauptverwaltung hat.

d. Lassen die nach den Buchstaben b und c wählbaren Rechte eine weitergehende Rechtswahl zu, so können die Parteien davon Gebrauch machen.

e. Beschränken sich die durch den Vertrag gedeckten Risiken auf Schadenfälle, die in einem anderen Vertragsstaat eintreten können als demjenigen, in dem das Risiko gelegen ist, so können die Parteien das Recht des anderen Staates wählen.

f.[4] Bei der Versicherung von Grossrisiken gemäss Absatz 6 können die Parteien jedes beliebige Recht wählen.

g. Befinden sich die wesentlichen Sachverhaltselemente (Versicherungsnehmer, Ort des gelegenen Risikos) im selben Vertragsstaat, so darf die Wahl eines Rechts in den unter den Buchstaben a und f genannten Fällen durch die Parteien die zwingenden Bestimmungen dieses Vertragsstaats nicht berühren.

h. Die unter den Buchstaben a–g genannte Rechtswahl muss ausdrücklich erfolgt sein oder sich mit hinreichender Sicherheit aus den Vertragsklauseln oder aus den

---

1   Eingefügt durch Ziff. I des BG vom 18. Juni 1993, in Kraft seit 1. Jan. 1994 (AS 1993 3175 3179; BBl 1993 I 805).
2   SR 961.01
3   Fassung gemäss Ziff. I des BG vom 17. Dez. 2004, in Kraft seit 1. Jan. 2006 (AS 2005 5245 5251; BBl 2003 3789).
4   Fassung gemäss Ziff. I des BG vom 17. Dez. 2004, in Kraft seit 1. Jan. 2006 (AS 2005 5245 5251; BBl 2003 3789).

Umständen des Falls ergeben. Ist dies nicht der Fall oder ist keine Rechtswahl getroffen worden, so gilt für den Vertrag das Recht desjenigen nach den Buchstaben a–g in Betracht kommenden Staates, zu dem er in der engsten Beziehung steht. Jedoch kann auf einen selbständigen Teil des Vertrages, der zu einem anderen nach den Buchstaben a–g in Betracht kommenden Staat in engerer Beziehung steht, ausnahmsweise das Recht dieses anderen Staates anwendbar sein. Es wird vermutet, dass der Vertrag die engsten Beziehungen zu dem Vertragsstaat aufweist, in dem das Risiko gelegen ist.

2 Vorbehalten bleiben die Bestimmungen des schweizerischen Rechts, die im Sinne von Artikel 18 des Bundesgesetzes vom 18. Dezember 1987[1] über das Internationale Privatrecht ohne Rücksicht auf das auf den Vertrag anzuwendende Recht den Sachverhalt zwingend regeln.

3 Im Sinne von Artikel 19 des Bundesgesetzes vom 18. Dezember 1987 über das Internationale Privatrecht bleiben ferner vorbehalten die zwingenden Vorschriften des Rechts des Vertragsstaats, in dem das Risiko gelegen ist, oder eines Vertragsstaats, der die Versicherungspflicht vorschreibt.

4 Deckt der Vertrag in mehr als einem Vertragsstaat gelegene Risiken, so wird für die Anwendung der Absätze 2 und 3 davon ausgegangen, dass er mehreren Verträgen entspricht, von denen sich jeder auf jeweils einen Vertragsstaat bezieht.

5 Ein Risiko gilt als in dem Staat gelegen, in dem:

a. sich die versicherten Gegenstände befinden, wenn Gebäude oder Gebäude einschliesslich darin befindliche Sachen versichert werden;

b. die versicherten Fahrzeuge, ungeachtet welcher Art, zugelassen sind;

c. der Versicherungsnehmer einen Vertrag von höchstens vier Monaten Dauer zur Versicherung von Reise- und Ferienrisiken abgeschlossen hat, ungeachtet des betreffenden Versicherungszweiges;

d. der Versicherungsnehmer seinen gewöhnlichen Aufenthalt oder, im Falle einer juristischen Person, eine Niederlassung hat, auf die sich der Vertrag bezieht.[2]

6 Ein Grossrisiko liegt vor, wenn:

a. die unter den Versicherungszweigen Schienenfahrzeug-Kasko, Luftfahrzeug-Kasko, See-, Binnensee- und Flussschifffahrts-Kasko, Transportgüter, Luftfahrzeughaftpflicht und See-, Binnensee- und Flussschifffahrtshaftpflicht eingestuften Risiken betroffen sind;

b. die unter den Zweigen Kredit und Kaution eingestuften Risiken betroffen sind, sofern der Versicherungsnehmer eine Erwerbstätigkeit im industriellen oder gewerblichen Sektor oder eine freiberufliche Tätigkeit ausübt und das Risiko damit im Zusammenhang steht;

---

1 SR 291
2 Eingefügt durch Ziff. I des BG vom 17. Dez. 2004, in Kraft seit 1. Jan. 2006 (AS 2005 5245 5251; BBl 2003 3789).

c. die unter den Zweigen Landfahrzeug-Kasko, Feuer- und Elementarschäden, Sonstige Sachschäden, Haftpflicht für Landfahrzeuge mit eigenem Antrieb, Allgemeine Haftpflicht und Verschiedene finanzielle Verluste eingestuften Risiken betroffen sind, sofern der Versicherungsnehmer bei mindestens zwei der drei folgenden Kriterien die Obergrenzen überschreitet:

1. Bilanzsumme: 6,2 Millionen Euro;

2. Nettoumsatz: 12,8 Millionen Euro;

3. 250 Vollzeitstellen im Jahresdurchschnitt.[1]

Art. 101c[2] Rechtsanwendung im Bereich Lebensversicherung

[1] Das Recht, das auf die Lebensversicherungsverträge in den nach Artikel 6 VAG[3] vom Bundesrat bestimmten Versicherungszweigen anwendbar ist, ist das Recht des Vertragsstaats, in dem der Versicherungsnehmer seinen gewöhnlichen Aufenthalt oder, im Falle einer juristischen Person, eine Niederlassung hat, auf die sich der Vertrag bezieht. Die Parteien können jedoch das Recht eines andern Staates wählen, sofern dies nach dem Recht dieses Vertragsstaats zulässig ist.[4]

[2] Handelt es sich bei dem Versicherungsnehmer um eine natürliche Person und hat diese ihren gewöhnlichen Aufenthalt in einem anderen Vertragsstaat als dem, dessen Staatsangehörige sie ist, so können die Parteien das Recht des Vertragsstaats wählen, dessen Staatsangehörige sie ist.

[3] ...[5]

[4] Vorbehalten bleiben die Bestimmungen des schweizerischen Rechts, die im Sinne von Artikel 18 des Bundesgesetzes vom 18. Dezember 1987[6] über das Internationale Privatrecht ohne Rücksicht auf das auf den Vertrag anzuwendende Recht den Sachverhalt zwingend regeln.

[5] Im Sinne von Artikel 19 des Bundesgesetzes vom 18. Dezember 1987 über das Internationale Privatrecht bleiben ferner vorbehalten die zwingenden Vorschriften des Rechts des Vertragsstaats der Verpflichtung.

---

1   Eingefügt durch Ziff. I des BG vom 17. Dez. 2004, in Kraft seit 1. Jan. 2006 (AS 2005 5245 5251; BBl 2003 3789).

2   Eingefügt durch Ziff. I des BG vom 18. Juni 1993, in Kraft seit 1. Jan. 1994 (AS 1993 3175 3179; BBl 1993 I 805).

3   SR 961.01

4   Fassung gemäss Ziff. I des BG vom 17. Dez. 2004, in Kraft seit 1. Jan. 2006 (AS 2005 5245 5251; BBl 2003 3789).

5   Aufgehoben durch Ziff. I des BG vom 17. Dez. 2004, mit Wirkung seit 1. Jan. 2006 (AS 2005 5245 5251; BBl 2003 3789).

6   SR 291

Art. 102   Verhältnis des neuen Rechtes zum alten Rechte

[1] Auf die zur Zeit des Inkrafttretens dieses Gesetzes bestehenden Versicherungsverträge kommen von diesem Zeitpunkte an zur Anwendung die Bestimmungen der Artikel 11 Absatz 2, 13, 20, 21, 22 Absätze 2–4, 29 Absatz 2, 34–37, 43–45, 54–57, 60, 65 Absatz 2, 66, 67 Absatz 4, 73 Absatz 2, 76, 77, 79, 80–87, 93 Absatz 1 Satz 1, 95 und 96.

[2] Die Bestimmung des Artikels 44 Absatz 3, dass der Versicherungsnehmer oder der Anspruchsberechtigte die ihm obliegenden Mitteilungen auch jedem Agenten des Versicherers erstatten kann, findet indessen auf diese Verträge nur dann Anwendung, wenn der Versicherer es unterlässt, dem Versicherungsnehmer oder dem Anspruchsberechtigten eine inländische Meldestelle zur Kenntnis zu bringen.

[3] Verträge, die vor Inkrafttreten dieses Gesetzes abgeschlossen worden sind, aber nach Inkrafttreten des Gesetzes durch vertragsmässige Kündigung beendigt werden können, sind von dem Zeitpunkte an, auf den sie hätten beendigt werden können, überdies den in den Artikeln 97 und 98 dieses Gesetzes aufgeführten Vorschriften unterworfen.

[4] Im übrigen kommen die Artikel 882 und 883 des Bundesgesetzes vom 14. Juni 1881[1] über das Obligationenrecht sinngemäss zur Anwendung.

Art. 103   Aufhebung bestehender Vorschriften

[1] Mit dem Inkrafttreten dieses Gesetzes werden, vorbehältlich der Vorschrift des Artikels 102 Absatz 4 dieses Gesetzes, die Bestimmung des Artikels 896 des Obligationenrechtes vom 14. Juni 1881[2] sowie alle entgegenstehenden Vorschriften der kantonalen Gesetze und Verordnungen aufgehoben.

[2] Indessen werden durch dieses Gesetz die kantonalen Vorschriften über Versicherungsverhältnisse, die bei den von den Kantonen organisierten Versicherungsanstalten entstehen, nicht berührt.

Art. 104   Inkrafttreten des Gesetzes

Der Bundesrat wird beauftragt, auf Grundlage der Bestimmungen des Bundesgesetzes vom 17. Juni 1874[3] betreffend Volksabstimmung über Bundesgesetze und Bundesbeschlüsse, dieses Gesetz bekannt zu machen und den Beginn seiner Wirksamkeit festzusetzen.

Datum des Inkrafttretens: 1. Januar 1910[4]

---

1   [AS 5 635, 11 490. BS 2 3 SchlT Art. 60 Abs. 2]
2   [AS 5 635, 11 490. BS 2 3 SchlT Art. 60 Abs. 2]
3   [BS 1 173; AS 1962 789 Art. 11 Abs. 3. AS 1978 688 Art. 89 Bst. b]
4   BRB vom 17. Juli 1908 (AS 24 756)

Nr. 12 **Bundesgesetz über Fusion, Spaltung, Umwandlung und Vermögensübertragung (Fusionsgesetz, FusG)**

vom 3. Oktober 2003 (Stand am 1. Januar 2008)

SR 221.301

Die Bundesversammlung der Schweizerischen Eidgenossenschaft,

gestützt auf Artikel 122 Absatz 1 der Bundesverfassung[1],
nach Einsicht in die Botschaft des Bundesrates vom 13. Juni 2000[2],

beschliesst:

1. Kapitel: Gegenstand und Begriffe

Art. 1 Gegenstand

[1] Dieses Gesetz regelt die Anpassung der rechtlichen Strukturen von Kapital-gesellschaften, Kollektiv- und Kommanditgesellschaften, Genossenschaften, Vereinen, Stiftungen und Einzelunternehmen im Zusammenhang mit Fusion, Spaltung, Umwand-lung und Vermögensübertragung.[3]

[2] Es gewährleistet dabei die Rechtssicherheit und Transparenz und schützt Gläubige-rinnen und Gläubiger, Arbeitnehmerinnen und Arbeitnehmer sowie Personen mit Minderheitsbeteiligungen.

[3] Ferner legt es die privatrechtlichen Voraussetzungen fest, unter welchen Institute des öffentlichen Rechts mit privatrechtlichen Rechtsträgern fusionieren, sich in pri-vatrechtliche Rechtsträger umwandeln oder sich an Vermögensübertragungen betei-ligen können.

[4] Die Vorschriften des Kartellgesetzes vom 6. Oktober 1995[4] betreffend die Beurteilung von Unternehmenszusammenschlüssen bleiben vorbehalten.

Art. 2 Begriffe

In diesem Gesetz gelten als:

a. Rechtsträger: Gesellschaften, Stiftungen, im Handelsregister eingetragene Einzel-unternehmen, Kommanditgesellschaften für kollektive Kapitalanlagen, Invest-mentgesellschaften mit variablem Kapital und Institute des öffentlichen Rechts;[1]

---

1 AS 2004 2617
   SR 101
2 BBl 2000 4337
3 Fassung gemäss Anhang Ziff. II 2 des BG vom 16. Dez. 2005, in Kraft per 1. Jan. 2008 (AS 2007 4791 4839; BBl 2002 3148, BBl 2004 3969).
4 SR 251

b. *Gesellschaften:* Kapitalgesellschaften, Kollektiv- und Kommanditgesellschaften, Vereine und Genossenschaften, sofern es sich nicht um Vorsorgeeinrichtungen gemäss Buchstabe i handelt;

c. *Kapitalgesellschaften:* Aktiengesellschaften, Kommanditaktiengesellschaften und Gesellschaften mit beschränkter Haftung;

d. *Institute des öffentlichen Rechts:* im Handelsregister eingetragene, organisatorisch verselbständigte Einrichtungen des öffentlichen Rechts des Bundes, der Kantone und der Gemeinden, unabhängig davon, ob sie als juristische Person ausgestaltet sind oder nicht;

e. *kleine und mittlere Unternehmen:* Gesellschaften, die keine Anleihensobligationen ausstehend haben, deren Anteile nicht an der Börse kotiert sind und die überdies zwei der nachfolgenden Grössen nicht in den zwei letzten dem Fusions-, dem Spaltungs- oder dem Umwandlungsbeschluss vorangegangenen Geschäftsjahren überschreiten:

    1. Bilanzsumme von 20 Millionen Franken,

    2. Umsatzerlös von 40 Millionen Franken,

    3. 200 Vollzeitstellen im Jahresdurchschnitt;

f. *Gesellschafterinnen und Gesellschafter:* Anteilsinhaberinnen und -inhaber, Gesellschafterinnen und Gesellschafter in der Kollektiv- und der Kommanditgesellschaft, Genossenschafterinnen und Genossenschafter ohne Anteilscheine, Mitglieder im Verein;

g. *Anteilsinhaberinnen und -inhaber:* Inhaberinnen und Inhaber von Aktien, Partizipationsscheinen oder Genussscheinen, Gesellschafterinnen und Gesellschafter von Gesellschaften mit beschränkter Haftung, Genossenschafterinnen und Genossenschafter mit Anteilscheinen;

h. *Generalversammlung:* die Generalversammlung in der Aktiengesellschaft, der Kommanditaktiengesellschaft und in der Genossenschaft; die Gesellschafterversammlung in der Gesellschaft mit beschränkter Haftung; die Versammlung der Mitglieder im Verein; die Delegiertenversammlung, soweit diese in der Genossenschaft oder im Verein nach den Statuten zuständig ist;

i. *Vorsorgeeinrichtungen:* Einrichtungen, die der Aufsicht gemäss Artikel 61 ff. des Bundesgesetzes vom 25. Juni 1982[2] über die berufliche Alters-, Hinterbliebenen- und Invalidenvorsorge (BVG) unterstellt sind und die als juristische Person ausgestaltet sind.

1   Fassung gemäss Anhang Ziff. II 1 des Kollektivanlagegesetzes vom 23. Juni 2006, in Kraft seit 1. Januar 2007 (SR 951.31).
2   SR 831.40

664

2. Kapitel: Fusion von Gesellschaften

1. Abschnitt: Allgemeine Bestimmungen

Art. 3   Grundsatz

[1] Gesellschaften können fusionieren, indem:

a.   die eine die andere übernimmt (Absorptionsfusion);

b.   sie sich zu einer neuen Gesellschaft zusammenschliessen (Kombinationsfusion).

[2] Mit der Fusion wird die übertragende Gesellschaft aufgelöst und im Handelsregister gelöscht.

Art. 4   Zulässige Fusionen

[1] Kapitalgesellschaften können fusionieren:

a.   mit Kapitalgesellschaften;

b.   mit Genossenschaften;

c.   als übernehmende Gesellschaften mit Kollektiv- und Kommanditgesellschaften;

d.   als übernehmende Gesellschaften mit Vereinen, die im Handelsregister eingetragen sind.

[2] Kollektiv- und Kommanditgesellschaften können fusionieren:

a.   mit Kollektiv- und Kommanditgesellschaften;

b.   als übertragende Gesellschaften mit Kapitalgesellschaften;

c.   als übertragende Gesellschaften mit Genossenschaften.

[3] Genossenschaften können fusionieren:

a.   mit Genossenschaften;

b.   mit Kapitalgesellschaften;

c.   als übernehmende Gesellschaften mit Kollektiv- und Kommanditgesellschaften;

d.   als übernehmende Gesellschaften mit Vereinen, die im Handelsregister eingetragen sind;

e.   falls keine Anteilscheine bestehen, als übertragende Gesellschaften mit Vereinen, die im Handelsregister eingetragen sind.

[4] Vereine können mit Vereinen fusionieren. Im Handelsregister eingetragene Vereine können überdies fusionieren:

a.   als übertragende Gesellschaften mit Kapitalgesellschaften;

b.   als übertragende Gesellschaften mit Genossenschaften;

c.   als übernehmende Gesellschaften mit Genossenschaften ohne Anteilscheine.

Art. 5 Fusion einer Gesellschaft in Liquidation

[1] Eine Gesellschaft in Liquidation kann sich als übertragende Gesellschaft an einer Fusion beteiligen, wenn mit der Vermögensverteilung noch nicht begonnen wurde.

[2] Das oberste Leitungs- oder Verwaltungsorgan muss gegenüber dem Handelsregisteramt bestätigen, dass die Voraussetzung nach Absatz 1 erfüllt ist.

Art. 6 Fusion von Gesellschaften im Fall von Kapitalverlust oder Überschuldung

[1] Eine Gesellschaft, deren Aktien-, Stamm- oder Genossenschaftskapital und deren gesetzliche Reserven zur Hälfte nicht mehr gedeckt sind oder die überschuldet ist, kann mit einer anderen Gesellschaft nur fusionieren, wenn diese über frei verwendbares Eigenkapital im Umfang der Unterdeckung und gegebenenfalls der Überschuldung verfügt. Diese Voraussetzung entfällt, soweit Gläubigerinnen und Gläubiger der an der Fusion beteiligten Gesellschaften im Rang hinter alle anderen Gläubigerinnen und Gläubiger zurücktreten.

[2] Das oberste Leitungs- oder Verwaltungsorgan muss dem Handelsregisteramt eine Bestätigung einer zugelassenen Revisionsexpertin oder eines zugelassenen Revisionsexperten einreichen, wonach die Voraussetzungen nach Absatz 1 erfüllt sind.[1]

2. Abschnitt: Anteils- und Mitgliedschaftsrechte

Art. 7 Wahrung der Anteils- und Mitgliedschaftsrechte

[1] Gesellschafterinnen und Gesellschafter der übertragenden Gesellschaft haben Anspruch auf Anteils- oder Mitgliedschaftsrechte an der übernehmenden Gesellschaft, die unter Berücksichtigung des Vermögens der beteiligten Gesellschaften, der Verteilung der Stimmrechte sowie aller anderen relevanten Umstände ihren bisherigen Anteils- oder Mitgliedschaftsrechten entsprechen.

[2] Bei der Festlegung des Umtauschverhältnisses für Anteile kann eine Ausgleichszahlung vorgesehen werden, die den zehnten Teil des wirklichen Werts der gewährten Anteile nicht übersteigen darf.

[3] Gesellschafterinnen und Gesellschafter ohne Anteilscheine haben bei der Übernahme ihrer Gesellschaft durch eine Kapitalgesellschaft Anspruch auf mindestens einen Anteil.

[4] Für Anteile ohne Stimmrecht an der übertragenden Gesellschaft muss die übernehmende Gesellschaft gleichwertige Anteile oder Anteile mit Stimmrecht gewähren.

[5] Für Sonderrechte an der übertragenden Gesellschaft, die mit Anteils- oder Mitgliedschaftsrechten verbunden sind, muss die übernehmende Gesellschaft gleichwertige Rechte oder eine angemessene Abgeltung gewähren.

---

1 Fassung gemäss Anhang Ziff. II 2 des BG vom 16. Dez. 2005, in Kraft per 1. Jan. 2008 (AS 2007 4791 4839; BBl 2002 3148, BBl 2004 3969).

[6] Die übernehmende Gesellschaft muss den Inhaberinnen und Inhabern von Genuss-scheinen der übertragenden Gesellschaft gleichwertige Rechte gewähren oder ihre Genussscheine zum wirklichen Wert im Zeitpunkt des Abschlusses des Fusionsvertrags zurückkaufen.

Art. 8   Abfindung

[1] Die an der Fusion beteiligten Gesellschaften können im Fusionsvertrag vorsehen, dass die Gesellschafterinnen und Gesellschafter zwischen Anteils- oder Mitgliedschaftsrech-ten und einer Abfindung wählen können.

[2] Die an der Fusion beteiligten Gesellschaften können im Fusionsvertrag auch vorse-hen, dass nur eine Abfindung ausgerichtet wird.

3. Abschnitt: Kapitalerhöhung, Neugründung und Zwischenbilanz

Art. 9   Kapitalerhöhung bei der Absorptionsfusion

[1] Bei der Absorptionsfusion muss die übernehmende Gesellschaft das Kapital erhöhen, soweit es zur Wahrung der Rechte der Gesellschafterinnen und Gesellschafter der übertragenden Gesellschaft erforderlich ist.

[2] Die Vorschriften des Obligationenrechts[1] (OR) über die Sacheinlagen sowie Artikel 651 Absatz 2 des OR finden bei der Fusion keine Anwendung.

Art. 10   Neugründung bei der Kombinationsfusion

Für die Neugründung einer Gesellschaft im Rahmen einer Kombinationsfusion gelten die Bestimmungen des Zivilgesetzbuches[2] (ZGB) und des OR[3] über die Gründung einer Ge-sellschaft. Keine Anwendung finden die Vorschriften über die Anzahl der Gründerinnen und Gründer bei Kapitalgesellschaften sowie die Vorschriften über die Sacheinlagen.

Art. 11   Zwischenbilanz

[1] Liegt der Bilanzstichtag bei Abschluss des Fusionsvertrags mehr als sechs Monate zurück oder sind seit Abschluss der letzten Bilanz wichtige Änderungen in der Vermö-genslage der an der Fusion beteiligten Gesellschaften eingetreten, so müssen diese eine Zwischenbilanz erstellen.

[2] Die Erstellung der Zwischenbilanz erfolgt gemäss den Vorschriften und Grundsätzen für den Jahresabschluss unter Vorbehalt folgender Vorschriften:

1   SR 220
2   SR 210
3   SR 220

a.   Eine körperliche Bestandesaufnahme ist nicht notwendig.
b.   Die in der letzten Bilanz vorgenommenen Bewertungen brauchen nur nach Massgabe der Bewegungen in den Geschäftsbüchern verändert zu werden; Abschreibungen, Wertberichtigungen und Rückstellungen für die Zwischenzeit sowie wesentliche, aus den Büchern nicht ersichtliche Veränderungen der Werte müssen jedoch berücksichtigt werden.

4. Abschnitt: Fusionsvertrag, Fusionsbericht und Prüfung

Art. 12   Abschluss des Fusionsvertrags

[1] Der Fusionsvertrag muss von den obersten Leitungs- oder Verwaltungsorganen der an der Fusion beteiligten Gesellschaften abgeschlossen werden.

[2] Er bedarf der schriftlichen Form und der Zustimmung der Generalversammlung beziehungsweise der Gesellschafterinnen und Gesellschafter der beteiligten Gesellschaften (Art. 18).

Art. 13   Inhalt des Fusionsvertrags

[1] Der Fusionsvertrag enthält:
a.   den Namen oder die Firma, den Sitz und die Rechtsform der beteiligten Gesellschaften, im Fall der Kombinationsfusion auch den Namen oder die Firma, den Sitz und die Rechtsform der neuen Gesellschaft;
b.   das Umtauschverhältnis für Anteile und gegebenenfalls die Höhe der Ausgleichszahlung beziehungsweise Angaben über die Mitgliedschaft der Gesellschafterinnen und Gesellschafter der übertragenden Gesellschaft bei der übernehmenden Gesellschaft;
c.   die Rechte, welche die übernehmende Gesellschaft den Inhaberinnen und Inhabern von Sonderrechten, von Anteilen ohne Stimmrecht oder von Genussscheinen gewährt;
d.   die Modalitäten für den Umtausch der Anteile;
e.   den Zeitpunkt, von dem an die Anteils- oder Mitgliedschaftsrechte Anspruch auf einen Anteil am Bilanzgewinn gewähren, sowie alle Besonderheiten dieses Anspruchs;
f.   gegebenenfalls die Höhe der Abfindung nach Artikel 8;
g.   den Zeitpunkt, von dem an die Handlungen der übertragenden Gesellschaft als für Rechnung der übernehmenden Gesellschaft vorgenommen gelten;
h.   jeden besonderen Vorteil, der Mitgliedern eines Leitungs- oder Verwaltungsorgans oder geschäftsführenden Gesellschafterinnen und Gesellschaftern gewährt wird;
i.   gegebenenfalls die Bezeichnung der Gesellschafterinnen und Gesellschafter mit unbeschränkter Haftung.

[2] Bei der Fusion zwischen Vereinen finden Absatz 1 Buchstaben c–f keine Anwendung.

Art. 14   Fusionsbericht

[1] Die obersten Leitungs- oder Verwaltungsorgane der beteiligten Gesellschaften müssen einen schriftlichen Bericht über die Fusion erstellen. Sie können den Bericht auch gemeinsam verfassen.

[2] Kleine und mittlere Unternehmen können auf die Erstellung eines Fusionsberichts verzichten, sofern alle Gesellschafterinnen und Gesellschafter zustimmen.

[3] Im Bericht sind rechtlich und wirtschaftlich zu erläutern und zu begründen:

a.   der Zweck und die Folgen der Fusion;

b.   der Fusionsvertrag;

c.   das Umtauschverhältnis für Anteile und gegebenenfalls die Höhe der Ausgleichszahlung beziehungsweise die Mitgliedschaft der Gesellschafterinnen und Gesellschafter der übertragenden Gesellschaft bei der übernehmenden Gesellschaft;

d.   gegebenenfalls die Höhe der Abfindung und die Gründe, weshalb an Stelle von Anteils- oder Mitgliedschaftsrechten nur eine Abfindung gewährt werden soll;

e.   Besonderheiten bei der Bewertung der Anteile im Hinblick auf die Festsetzung des Umtauschverhältnisses;

f.   gegebenenfalls der Umfang der Kapitalerhöhung der übernehmenden Gesellschaft;

g.   gegebenenfalls die Nachschusspflicht, andere persönliche Leistungspflichten und die persönliche Haftung, die sich für die Gesellschafterinnen und Gesellschafter der übertragenden Gesellschaft aus der Fusion ergeben;

h.   bei der Fusion von Gesellschaften mit unterschiedlichen Rechtsformen die Pflichten, die den Gesellschafterinnen und Gesellschaftern in der neuen Rechtsform auferlegt werden können;

i.   die Auswirkungen der Fusion auf die Arbeitnehmerinnen und Arbeitnehmer der an der Fusion beteiligten Gesellschaften sowie Hinweise auf den Inhalt eines allfälligen Sozialplans;

j.   die Auswirkungen der Fusion auf die Gläubigerinnen und Gläubiger der an der Fusion beteiligten Gesellschaften;

k.   gegebenenfalls Hinweise auf erteilte und ausstehende behördliche Bewilligungen.

[4] Bei der Kombinationsfusion ist dem Fusionsbericht der Entwurf der Statuten der neuen Gesellschaft beizufügen.

[5] Bei der Fusion zwischen Vereinen findet diese Bestimmung keine Anwendung.

Art. 15   Prüfung des Fusionsvertrags und des Fusionsberichts

[1] Die an der Fusion beteiligten Gesellschaften müssen den Fusionsvertrag, den Fusionsbericht und die der Fusion zu Grunde liegende Bilanz von einer zugelassenen Revisionsexpertin oder einem zugelassenen Revisionsexperten prüfen lassen, falls die übernehmende Gesellschaft eine Kapitalgesellschaft oder eine Genossenschaft mit Anteilscheinen ist. Sie können eine gemeinsame Revisionsexpertin oder einen gemeinsamen Revisionsexperten bestimmen.[1]

[2] Kleine und mittlere Unternehmen können auf die Prüfung verzichten, sofern alle Gesellschafterinnen und Gesellschafter zustimmen.

[3] Die beteiligten Gesellschaften müssen der Revisionsexpertin oder dem Revisionsexperten alle zweckdienlichen Auskünfte und Unterlagen geben.[2]

[4] Die Revisionsexpertin oder der Revisionsexperte legt in einem schriftlichen Prüfungsbericht dar:[3]

a.   ob die vorgesehene Kapitalerhöhung der übernehmenden Gesellschaft zur Wahrung der Rechte der Gesellschafterinnen und Gesellschafter der übertragenden Gesellschaft genügt;

b.   ob das Umtauschverhältnis für Anteile beziehungsweise die Abfindung vertretbar ist;

c.   nach welcher Methode das Umtauschverhältnis bestimmt worden ist und aus welchen Gründen die angewandte Methode angemessen ist;

d.   welche relative Bedeutung gegebenenfalls verschiedenen angewendeten Methoden für die Bestimmung des Umtauschverhältnisses beigemessen wurde;

e.   welche Besonderheiten bei der Bewertung der Anteile im Hinblick auf die Festsetzung des Umtauschverhältnisses zu beachten waren.

Art. 16   Einsichtsrecht

[1] Jede der an der Fusion beteiligten Gesellschaften muss an ihrem Sitz den Gesellschafterinnen und Gesellschaftern während der 30 Tage vor der Beschlussfassung Einsicht in folgende Unterlagen aller an der Fusion beteiligten Gesellschaften gewähren:

a.   den Fusionsvertrag;

b.   den Fusionsbericht;

c.   den Prüfungsbericht;

d.   die Jahresrechnungen und Jahresberichte der letzten drei Geschäftsjahre sowie gegebenenfalls die Zwischenbilanz.

---

1   Fassung gemäss Anhang Ziff. II 2 des BG vom 16. Dez. 2005, in Kraft per 1. Jan. 2008 (AS 2007 4791 4839; BBl 2002 3148, BBl 2004 3969).

2   Fassung gemäss Anhang Ziff. II 2 des BG vom 16. Dez. 2005, in Kraft per 1. Jan. 2008 (AS 2007 4791 4839; BBl 2002 3148, BBl 2004 3969).

3   Einleitungssatz in der Fassung gemäss Anhang Ziff. II 2 des BG vom 16. Dez. 2005, in Kraft per 1. Jan. 2008 (AS 2007 4791 4839; BBl 2002 3148, BBl 2004 3969).

[2] Kleine und mittlere Unternehmen können auf das Einsichtsverfahren nach Absatz 1 verzichten, sofern alle Gesellschafterinnen und Gesellschafter zustimmen.

[3] Die Gesellschafterinnen und Gesellschafter können von den beteiligten Gesellschaften Kopien der Unterlagen nach Absatz 1 verlangen. Diese müssen ihnen unentgeltlich zur Verfügung gestellt werden.

[4] Jede der an der Fusion beteiligten Gesellschaften muss die Gesellschafterinnen und Gesellschafter in geeigneter Form auf die Möglichkeit zur Einsichtnahme hinweisen.

Art. 17　　　Veränderungen im Vermögen

[1] Treten bei einer der an der Fusion beteiligten Gesellschaften zwischen dem Abschluss des Fusionsvertrags und der Beschlussfassung durch die Generalversammlung wesentliche Änderungen im Aktiv- oder im Passivvermögen ein, so muss deren oberstes Leitungs- oder Verwaltungsorgan die obersten Leitungs- oder Verwaltungsorgane der anderen beteiligten Gesellschaften darüber informieren.

[2] Die obersten Leitungs- oder Verwaltungsorgane aller beteiligten Gesellschaften prüfen, ob der Fusionsvertrag abgeändert werden muss oder ob auf die Fusion zu verzichten ist; trifft dies zu, so müssen sie den Antrag auf Genehmigung zurückziehen. Andernfalls müssen sie in der Generalversammlung begründen, warum der Fusionsvertrag keiner Anpassung bedarf.

5. Abschnitt: Fusionsbeschluss und Eintragung ins Handelsregister

Art. 18　　　Fusionsbeschluss

[1] Bei den Kapitalgesellschaften, den Genossenschaften und den Vereinen muss das oberste Leitungs- oder Verwaltungsorgan den Fusionsvertrag der Generalversammlung zur Beschlussfassung unterbreiten. Folgende Mehrheiten sind erforderlich:

a.　bei Aktiengesellschaften und Kommanditaktiengesellschaften mindestens zwei Drittel der an der Generalversammlung vertretenen Aktienstimmen und die absolute Mehrheit des von ihnen vertretenen Aktiennennwerts;

b.　bei einer Kapitalgesellschaft, die von einer Genossenschaft übernommen wird, die Zustimmung aller Aktionärinnen und Aktionäre oder, im Fall der Gesellschaft mit beschränkter Haftung, aller Gesellschafterinnen und Gesellschafter;

c.　bei Gesellschaften mit beschränkter Haftung mindestens zwei Drittel der an der Generalversammlung vertretenen Stimmen sowie die absolute Mehrheit des gesamten Stammkapitals, mit dem ein ausübbares Stimmrecht verbunden ist;[1]

d.　bei Genossenschaften mindestens zwei Drittel der abgegebenen Stimmen oder, wenn eine Nachschusspflicht, andere persönliche Leistungspflichten oder die per-

---

1　Fassung gemäss Anhang Ziff. II 2 des BG vom 16. Dez. 2005, in Kraft per 1. Jan. 2008 (AS 2007 4791 4839; BBl 2002 3148, BBl 2004 3969).

sönliche Haftung eingeführt oder erweitert werden, mindestens drei Viertel aller Genossenschafterinnen und Genossenschafter;

e. bei Vereinen mindestens drei Viertel der an der Generalversammlung anwesenden Mitglieder.

2 Bei Kollektiv- und bei Kommanditgesellschaften bedarf der Fusionsvertrag der Zustimmung aller Gesellschafterinnen und Gesellschafter. Der Gesellschaftsvertrag kann jedoch vorsehen, dass die Zustimmung von mindestens drei Vierteln der Gesellschafterinnen und Gesellschafter genügt.

3 Übernimmt eine Kommanditaktiengesellschaft eine andere Gesellschaft, so bedarf es zusätzlich zu den Mehrheiten nach Absatz 1 Buchstabe a der schriftlichen Zustimmung aller Gesellschafterinnen und Gesellschafter, die unbeschränkt haften.

4 Bei Aktiengesellschaften oder Kommanditaktiengesellschaften, die von einer Gesellschaft mit beschränkter Haftung übernommen werden und bei denen durch diese Übernahme eine Nachschusspflicht oder eine andere persönliche Leistungspflicht eingeführt wird, bedarf es der Zustimmung aller Aktionärinnen und Aktionäre, die davon betroffen werden.

5 Sieht der Fusionsvertrag nur eine Abfindung vor, so bedarf der Fusionsbeschluss der Zustimmung von mindestens 90 Prozent der stimmberechtigten Gesellschafterinnen und Gesellschafter der übertragenden Gesellschaft.

6 Ergibt sich für die Gesellschafterinnen und Gesellschafter der übertragenden Gesellschaft aus der Fusion eine Änderung des Zwecks der Gesellschaft und ist dafür auf Grund gesetzlicher oder statutarischer Vorschriften eine andere Mehrheit erforderlich als für den Fusionsbeschluss, so gelten für diesen beide Mehrheitserfordernisse.

Art. 19   Austrittsrecht bei der Fusion von Vereinen

1 Vereinsmitglieder können innerhalb von zwei Monaten nach dem Fusionsbeschluss frei aus dem Verein austreten.

2 Der Austritt gilt rückwirkend auf das Datum des Fusionsbeschlusses.

Art. 20   Öffentliche Beurkundung

1 Der Fusionsbeschluss bedarf der öffentlichen Beurkundung.

2 Bei der Fusion zwischen Vereinen findet diese Bestimmung keine Anwendung.

Art. 21   Eintragung ins Handelsregister

1 Sobald der Fusionsbeschluss aller an der Fusion beteiligten Gesellschaften vorliegt, müssen deren oberste Leitungs- oder Verwaltungsorgane dem Handelsregisteramt die Fusion zur Eintragung anmelden.

[2] Muss die übernehmende Gesellschaft infolge der Fusion ihr Kapital erhöhen, so sind dem Handelsregisteramt zusätzlich die geänderten Statuten und die erforderlichen Feststellungen über die Kapitalerhöhung (Art. 652*g* OR[1]) zu unterbreiten.

[3] Die übertragende Gesellschaft wird mit der Eintragung der Fusion im Handelsregister gelöscht.

[4] Diese Bestimmung findet keine Anwendung auf Vereine, die im Handelsregister nicht eingetragen sind.

Art. 22   Rechtswirksamkeit

[1] Die Fusion wird mit der Eintragung ins Handelsregister rechtswirksam. In diesem Zeitpunkt gehen alle Aktiven und Passiven der übertragenden Gesellschaft von Gesetzes wegen auf die übernehmende Gesellschaft über. Artikel 34 des Kartellgesetzes vom 6. Oktober 1995[2] bleibt vorbehalten.

[2] Die Fusion von Vereinen, die im Handelsregister nicht eingetragen sind, wird mit dem Vorliegen des Fusionsbeschlusses aller beteiligten Vereine rechtswirksam.

6. Abschnitt: Erleichterte Fusion von Kapitalgesellschaften

Art. 23   Voraussetzungen

[1] Kapitalgesellschaften können unter erleichterten Voraussetzungen fusionieren, wenn:

a. die übernehmende Kapitalgesellschaft alle Anteile der übertragenden Kapitalgesellschaft besitzt, die ein Stimmrecht gewähren; oder

b. ein Rechtsträger, eine natürliche Person oder eine gesetzlich oder vertraglich verbundene Personengruppe, alle Anteile der an der Fusion beteiligten Kapitalgesellschaften besitzt, die ein Stimmrecht gewähren.

[2] Besitzt die übernehmende Kapitalgesellschaft nicht alle, jedoch mindestens 90 Prozent der Anteile der übertragenden Kapitalgesellschaft, die ein Stimmrecht gewähren, so kann die Fusion unter erleichterten Voraussetzungen erfolgen, wenn den Inhaberinnen und Inhabern von Minderheitsanteilen:

a. neben Anteilsrechten an der übernehmenden Kapitalgesellschaft eine Abfindung nach Artikel 8 angeboten wird, die dem wirklichen Wert der Anteile entspricht; und

b. aus der Fusion weder eine Nachschusspflicht, eine andere persönliche Leistungspflicht noch eine persönliche Haftung erwächst.

---

1   SR 220
2   SR 251

Art. 24   Erleichterungen

[1] Die an der Fusion beteiligten Kapitalgesellschaften, welche die Voraussetzungen nach Artikel 23 Absatz 1 erfüllen, müssen im Fusionsvertrag nur die Angaben nach Artikel 13 Absatz 1 Buchstaben a und f–i machen. Sie müssen weder einen Fusionsbericht (Art. 14) erstellen noch den Fusionsvertrag prüfen lassen (Art. 15) noch das Einsichtsrecht gewähren (Art. 16) noch den Vertrag der Generalversammlung zur Beschlussfassung unterbreiten (Art. 18).

[2] Die an der Fusion beteiligten Kapitalgesellschaften, die die Voraussetzungen nach Artikel 23 Absatz 2 erfüllen, müssen im Fusionsvertrag nur die Angaben nach Artikel 13 Absatz 1 Buchstaben a, b und f–i machen. Sie müssen weder einen Fusionsbericht (Art. 14) erstellen noch den Fusionsvertrag der Generalversammlung zur Beschlussfassung unterbreiten (Art. 18). Das Einsichtsrecht nach Artikel 16 muss mindestens 30 Tage vor der Anmeldung der Fusion zur Eintragung ins Handelsregister gewährt werden.

7. Abschnitt: Gläubiger- und Arbeitnehmerschutz

Art. 25   Sicherstellung der Forderungen

[1] Die übernehmende Gesellschaft muss die Forderungen der Gläubigerinnen und Gläubiger der an der Fusion beteiligten Gesellschaften sicherstellen, wenn diese es innerhalb von drei Monaten nach der Rechtswirksamkeit der Fusion verlangen.

[2] Die an der Fusion beteiligten Gesellschaften müssen ihre Gläubigerinnen und Gläubiger im Schweizerischen Handelsamtsblatt dreimal auf ihre Rechte hinweisen. Sie können von einer Publikation absehen, wenn eine zugelassene Revisionsexpertin oder ein zugelassener Revisionsexperte bestätigt, dass keine Forderungen bekannt oder zu erwarten sind, zu deren Befriedigung das freie Vermögen der beteiligten Gesellschaften nicht ausreicht.[1]

[3] Die Pflicht zur Sicherstellung entfällt, wenn die Gesellschaft nachweist, dass die Erfüllung der Forderung durch die Fusion nicht gefährdet wird.

[4] Anstatt eine Sicherheit zu leisten, kann die Gesellschaft die Forderung erfüllen, sofern die anderen Gläubigerinnen und Gläubiger nicht geschädigt werden.

---

1   Zweiter Satz in der Fassung gemäss Anhang Ziff. II 2 des BG vom 16. Dez. 2005, in Kraft per 1. Jan. 2008 (AS 2007 4791 4839; BBl 2002 3148, BBl 2004 3969).

Art. 26   Persönliche Haftung der Gesellschafterinnen und Gesellschafter

[1] Gesellschafterinnen und Gesellschafter der übertragenden Gesellschaft, die vor der Fusion für deren Verbindlichkeiten hafteten, bleiben dafür haftbar, soweit die Verbindlichkeiten vor der Veröffentlichung des Fusionsbeschlusses begründet wurden oder deren Entstehungsgrund vor diesem Zeitpunkt liegt.

[2] Die Ansprüche aus persönlicher Haftung der Gesellschafterinnen und Gesellschafter für die Verbindlichkeiten der übertragenden Gesellschaft verjähren spätestens drei Jahre nach Eintritt der Rechtswirksamkeit der Fusion. Wird die Forderung erst nach der Veröffentlichung des Fusionsbeschlusses fällig, so beginnt die Verjährung mit der Fälligkeit. Die Begrenzung der persönlichen Haftung gilt nicht für Gesellschafterinnen und Gesellschafter, die auch für die Verbindlichkeiten der übernehmenden Gesellschaft persönlich haften.

[3] Bei Anleihensobligationen und anderen Schuldverschreibungen, die öffentlich ausgegeben wurden, besteht die Haftung bis zur Rückzahlung, es sei denn, der Prospekt sehe etwas anderes vor. Vorbehalten bleiben die Bestimmungen über die Gläubigergemeinschaft bei Anleihensobligationen nach den Artikeln 1157 ff. des OR[1].

Art. 27   Übergang der Arbeitsverhältnisse, Sicherstellung und persönliche Haftung

[1] Für den Übergang der Arbeitsverhältnisse auf die übernehmende Gesellschaft findet Artikel 333 des OR[2] Anwendung.

[2] Die Arbeitnehmerinnen und Arbeitnehmer der an der Fusion beteiligten Gesellschaften können gemäss Artikel 25 die Sicherstellung ihrer Forderungen aus Arbeitsvertrag verlangen, die bis zum Zeitpunkt fällig werden, auf den das Arbeitsverhältnis ordentlicherweise beendigt werden könnte oder, bei Ablehnung des Übergangs, von der Arbeitnehmerin oder dem Arbeitnehmer beendigt wird.

[3] Gesellschafterinnen und Gesellschafter der übertragenden Gesellschaft, die vor der Fusion für deren Verbindlichkeiten hafteten, bleiben für alle Verbindlichkeiten aus Arbeitsvertrag haftbar, die bis zum Zeitpunkt fällig werden, auf den das Arbeitsverhältnis ordentlicherweise beendigt werden könnte oder, bei Ablehnung des Übergangs, von der Arbeitnehmerin oder dem Arbeitnehmer beendigt wird.

1   SR 220
2   SR 220

Art. 28   Konsultation der Arbeitnehmervertretung

[1] Für die Konsultation der Arbeitnehmervertretung findet für die übertragende wie auch für die übernehmende Gesellschaft Artikel 333*a* des OR[1] Anwendung.

[2] Die Konsultation muss vor der Beschlussfassung gemäss Artikel 18 erfolgen. Das oberste Leitungs- oder Verwaltungsorgan muss die Generalversammlung anlässlich der Beschlussfassung über das Ergebnis der Konsultation informieren.

[3] Werden die Vorschriften der Absätze 1 und 2 nicht eingehalten, so kann die Arbeitnehmervertretung vom Gericht verlangen, dass es die Eintragung der Fusion ins Handelsregister untersagt.

[4] Diese Bestimmung findet auch Anwendung auf übernehmende Gesellschaften mit Sitz im Ausland.

3. Kapitel: Spaltung von Gesellschaften

1. Abschnitt: Allgemeine Bestimmungen

Art. 29   Grundsatz

Eine Gesellschaft kann sich spalten, indem sie:

a.   ihr ganzes Vermögen aufteilt und auf andere Gesellschaften überträgt. Ihre Gesellschafterinnen und Gesellschafter erhalten Anteils- oder Mitgliedschaftsrechte der übernehmenden Gesellschaften. Die übertragende Gesellschaft wird aufgelöst und im Handelsregister gelöscht (Aufspaltung); oder

b.   einen oder mehrere Teile ihres Vermögens auf andere Gesellschaften überträgt. Ihre Gesellschafterinnen und Gesellschafter erhalten dafür Anteils- oder Mitgliedschaftsrechte der übernehmenden Gesellschaften (Abspaltung).

Art. 30   Zulässige Spaltungen

Kapitalgesellschaften und Genossenschaften können sich in Kapitalgesellschaften und in Genossenschaften spalten.

2. Abschnitt: Anteils- und Mitgliedschaftsrechte

Art. 31

[1] Bei der Spaltung müssen die Anteils- und Mitgliedschaftsrechte gemäss Artikel 7 gewahrt werden.

[2] Den Gesellschafterinnen und Gesellschaftern der übertragenden Gesellschaft können:

1   SR 220

a.   Anteils- oder Mitgliedschaftsrechte an allen an der Spaltung beteiligten Gesellschaften im Verhältnis ihrer bisherigen Beteiligung zugewiesen werden (symmetrische Spaltung);

b.   Anteils- oder Mitgliedschaftsrechte an einzelnen oder allen an der Spaltung beteiligten Gesellschaften unter Abänderung der Beteiligungsverhältnisse zugewiesen werden (asymmetrische Spaltung).

3. Abschnitt: Kapitalherabsetzung, Kapitalerhöhung, Neugründung und Zwischenbilanz

Art. 32   Herabsetzung des Kapitals bei der Abspaltung

Wird im Zusammenhang mit der Abspaltung das Kapital der übertragenden Gesellschaft herabgesetzt, so finden die Artikel 733, 734, 788 Absatz 2 und 874 Absatz 2 des OR[1] keine Anwendung.

Art. 33   Kapitalerhöhung

[1] Die übernehmende Gesellschaft muss das Kapital erhöhen, soweit es zur Wahrung der Rechte der Gesellschafterinnen und Gesellschafter der übertragenden Gesellschaft erforderlich ist.

[2] Die Vorschriften des OR[2] über die Sacheinlagen sowie Artikel 651 Absatz 2 des OR finden bei der Spaltung keine Anwendung.

Art. 34   Neugründung

Für die Neugründung einer Gesellschaft im Rahmen einer Spaltung gelten die Bestimmungen des OR[3] über die Gründung einer Gesellschaft. Keine Anwendung finden die Vorschriften über die Anzahl der Gründerinnen und Gründer bei Kapitalgesellschaften sowie die Vorschriften über die Sacheinlagen.

Art. 35   Zwischenbilanz

[1] Liegt der Bilanzstichtag beim Abschluss des Spaltungsvertrags oder bei der Erstellung des Spaltungsplans mehr als sechs Monate zurück oder sind seit Abschluss der letzten Bilanz wichtige Änderungen in der Vermögenslage der an der Spaltung beteiligten Gesellschaften eingetreten, so müssen diese eine Zwischenbilanz erstellen.

[2] Die Erstellung der Zwischenbilanz erfolgt gemäss den Vorschriften und Grundsätzen für den Jahresabschluss unter Vorbehalt folgender Vorschriften:

1   SR 220
2   SR 220
3   SR 220

a. Eine körperliche Bestandesaufnahme ist nicht notwendig.

b. Die in der letzten Bilanz vorgenommenen Bewertungen brauchen nur nach Massgabe der Bewegungen in den Geschäftsbüchern verändert zu werden; Abschreibungen, Wertberichtigungen und Rückstellungen für die Zwischenzeit sowie wesentliche, aus den Büchern nicht ersichtliche Veränderungen der Werte müssen jedoch berücksichtigt werden.

4. Abschnitt: Spaltungsvertrag, Spaltungsplan, Spaltungsbericht und Prüfung

Art. 36   Spaltungsvertrag und Spaltungsplan

[1] Überträgt eine Gesellschaft durch Spaltung Vermögensteile auf bestehende Gesellschaften, so schliessen die obersten Leitungs- oder Verwaltungsorgane der beteiligten Gesellschaften einen Spaltungsvertrag ab.

[2] Will eine Gesellschaft durch Spaltung Vermögensteile auf neu zu gründende Gesellschaften übertragen, so erstellt ihr oberstes Leitungs- oder Verwaltungsorgan einen Spaltungsplan.

[3] Der Spaltungsvertrag und der Spaltungsplan bedürfen der schriftlichen Form und der Zustimmung der Generalversammlung (Art. 43).

Art. 37   Inhalt des Spaltungsvertrags oder des Spaltungsplans

Der Spaltungsvertrag oder der Spaltungsplan enthält:

a. die Firma, den Sitz und die Rechtsform der beteiligten Gesellschaften;

b. ein Inventar mit der eindeutigen Bezeichnung, der Aufteilung und der Zuordnung der Gegenstände des Aktiv- und des Passivvermögens sowie der Zuordnung der Betriebsteile; Grundstücke, Wertpapiere und immaterielle Werte sind einzeln aufzuführen;

c. das Umtauschverhältnis für Anteile und gegebenenfalls die Höhe der Ausgleichszahlung beziehungsweise Angaben über die Mitgliedschaft der Gesellschafterinnen und Gesellschafter der übertragenden Gesellschaft bei der übernehmenden Gesellschaft;

d. die Rechte, welche die übernehmende Gesellschaft den Inhaberinnen und Inhabern von Sonderrechten, von Anteilen ohne Stimmrecht oder von Genussscheinen gewährt;

e. die Modalitäten für den Umtausch der Anteile;

f. den Zeitpunkt, von dem an die Anteils- oder Mitgliedschaftsrechte Anspruch auf einen Anteil am Bilanzgewinn gewähren, sowie alle Besonderheiten dieses Anspruchs;

g. den Zeitpunkt, von dem an die Handlungen der übertragenden Gesellschaft als für Rechnung der übernehmenden Gesellschaft vorgenommen gelten;

h. jeden besonderen Vorteil, der Mitgliedern eines Leitungs- oder Verwaltungsorgans oder geschäftsführenden Gesellschafterinnen und Gesellschaftern gewährt wird;

i. eine Liste der Arbeitsverhältnisse, die mit der Spaltung übergehen.

Art. 38　　　Nicht zugeordnete Vermögenswerte

[1] Ein Gegenstand des Aktivvermögens, der sich auf Grund des Spaltungsvertrags oder des Spaltungsplans nicht zuordnen lässt:

a. gehört bei der Aufspaltung allen übernehmenden Gesellschaften zu Miteigentum, und zwar im Verhältnis, in dem das Reinvermögen nach Spaltungsvertrag oder Spaltungsplan auf sie übergeht;

b. verbleibt bei der Abspaltung bei der übertragenden Gesellschaft.

[2] Absatz 1 gilt sinngemäss für Forderungen und immaterielle Rechte.

[3] Die an einer Aufspaltung beteiligten Gesellschaften haften solidarisch für Verbindlichkeiten, die sich auf Grund des Spaltungsvertrags oder des Spaltungsplans nicht zuordnen lassen.

Art. 39　　　Spaltungsbericht

[1] Die obersten Leitungs- oder Verwaltungsorgane der beteiligten Gesellschaften müssen einen schriftlichen Bericht über die Spaltung erstellen. Sie können den Bericht auch gemeinsam verfassen.

[2] Kleine und mittlere Unternehmen können auf die Erstellung eines Spaltungsberichts verzichten, sofern alle Gesellschafterinnen und Gesellschafter zustimmen.

[3] Im Bericht sind rechtlich und wirtschaftlich zu erläutern und zu begründen:

a. der Zweck und die Folgen der Spaltung;

b. der Spaltungsvertrag oder der Spaltungsplan;

c. das Umtauschverhältnis für Anteile und gegebenenfalls die Höhe der Ausgleichszahlung beziehungsweise die Mitgliedschaft der Gesellschafterinnen und Gesellschafter der übertragenden Gesellschaft bei der übernehmenden Gesellschaft;

d. Besonderheiten bei der Bewertung der Anteile im Hinblick auf die Festsetzung des Umtauschverhältnisses;

e. gegebenenfalls die Nachschusspflicht, andere persönliche Leistungspflichten und die persönliche Haftung, die sich für die Gesellschafterinnen und Gesellschafter aus der Spaltung ergeben;

f. die Pflichten, die den Gesellschafterinnen und Gesellschaftern in der neuen Rechtsform auferlegt werden können, sofern Gesellschaften verschiedener Rechtsformen an der Spaltung beteiligt sind;

g. die Auswirkungen der Spaltung auf die Arbeitnehmerinnen und Arbeitnehmer der an der Spaltung beteiligten Gesellschaften sowie Hinweise auf den Inhalt eines allfälliges Sozialplans;

h. die Auswirkungen der Spaltung auf die Gläubigerinnen und Gläubiger der an der Spaltung beteiligten Gesellschaften.

4 Bei der Neugründung einer Gesellschaft im Rahmen einer Spaltung ist dem Spaltungsbericht der Entwurf der Statuten der neuen Gesellschaft beizufügen.

Art. 40   Prüfung des Spaltungsvertrags oder des Spaltungsplans und des Spaltungsberichts

Für die Prüfung des Spaltungsvertrags oder des Spaltungsplans und des Spaltungsberichts gilt Artikel 15 sinngemäss.

Art. 41   Einsichtsrecht

1 Jede der an der Spaltung beteiligten Gesellschaften muss an ihrem Sitz den Gesellschafterinnen und Gesellschaftern während zweier Monate vor der Beschlussfassung Einsicht in folgende Unterlagen aller an der Spaltung beteiligten Gesellschaften gewähren:

a. den Spaltungsvertrag oder den Spaltungsplan;

b. den Spaltungsbericht;

c. den Prüfungsbericht;

d. die Jahresrechnungen und die Jahresberichte der letzten drei Geschäftsjahre sowie gegebenenfalls die Zwischenbilanz.

2 Kleine und mittlere Unternehmen können auf das Einsichtsverfahren nach Absatz 1 verzichten, sofern alle Gesellschafterinnen und Gesellschafter zustimmen.

3 Die Gesellschafterinnen und Gesellschafter können von den beteiligten Gesellschaften Kopien der Unterlagen nach Absatz 1 verlangen. Diese müssen ihnen unentgeltlich zur Verfügung gestellt werden.

4 Jede der an der Spaltung beteiligten Gesellschaften muss im Schweizerischen Handelsamtsblatt auf die Möglichkeit zur Einsichtnahme hinweisen.

Art. 42   Information über Veränderungen im Vermögen

Für die Information über Veränderungen im Vermögen gilt Artikel 17 sinngemäss.

5. Abschnitt: Spaltungsbeschluss und öffentliche Beurkundung

Art. 43   Spaltungsbeschluss

[1] Die obersten Leitungs- oder Verwaltungsorgane der beteiligten Gesellschaften dürfen den Spaltungsvertrag oder den Spaltungsplan erst der Generalversammlung zur Beschlussfassung unterbreiten, wenn die Sicherstellung nach Artikel 46 erfolgt ist.

[2] Für die Beschlussfassung gelten die erforderlichen Mehrheiten nach Artikel 18 Absätze 1, 3, 4 und 6.

[3] Bei der asymmetrischen Spaltung müssen mindestens 90 Prozent aller Gesellschafterinnen und Gesellschafter der übertragenden Gesellschaft, die über ein Stimmrecht verfügen, zustimmen.

Art. 44   Öffentliche Beurkundung

Der Spaltungsbeschluss bedarf der öffentlichen Beurkundung.

6. Abschnitt: Gläubiger- und Arbeitnehmerschutz

Art. 45   Aufforderung an die Gläubigerinnen und Gläubiger

Die Gläubigerinnen und Gläubiger aller an der Spaltung beteiligten Gesellschaften müssen im Schweizerischen Handelsamtsblatt dreimal darauf hingewiesen werden, dass sie unter Anmeldung ihrer Forderungen Sicherstellung verlangen können.

Art. 46   Sicherstellung der Forderungen

[1] Die an der Spaltung beteiligten Gesellschaften müssen die Forderungen der Gläubigerinnen und Gläubiger sicherstellen, wenn diese es innerhalb von zwei Monaten nach der Aufforderung an die Gläubigerinnen und Gläubiger verlangen.

[2] Die Pflicht zur Sicherstellung entfällt, wenn die Gesellschaft nachweist, dass die Erfüllung der Forderung durch die Spaltung nicht gefährdet wird.

[3] Anstatt eine Sicherheit zu leisten, kann die Gesellschaft die Forderung erfüllen, sofern die anderen Gläubigerinnen und Gläubiger nicht geschädigt werden.

Art. 47   Subsidiäre Haftung der an der Spaltung beteiligten Gesellschaften

[1] Werden die Forderungen einer Gläubigerin oder eines Gläubigers von der Gesellschaft, der die Verbindlichkeiten durch den Spaltungsvertrag oder den Spaltungsplan zugeordnet wurden (primär haftende Gesellschaft), nicht befriedigt, so haften die

übrigen an der Spaltung beteiligten Gesellschaften (subsidiär haftende Gesellschaften) solidarisch.

[2] Subsidiär haftende Gesellschaften können nur belangt werden, wenn eine Forderung nicht sichergestellt ist und die primär haftende Gesellschaft:

a. in Konkurs geraten ist;

b. Nachlassstundung oder Konkursaufschub erhalten hat;

c. bis zur Ausstellung eines definitiven Verlustscheins betrieben worden ist;

d. den Sitz ins Ausland verlegt hat und in der Schweiz nicht mehr belangt werden kann;

e. den Sitz im Ausland verlegt hat und dadurch eine erhebliche Erschwerung der Rechtsverfolgung eingetreten ist.

Art. 48 Persönliche Haftung der Gesellschafterinnen und Gesellschafter

Für die persönliche Haftung von Gesellschafterinnen und Gesellschaftern gilt Artikel 26 sinngemäss.

Art. 49 Übergang der Arbeitsverhältnisse, Sicherstellung und persönliche Haftung

[1] Für den Übergang der Arbeitsverhältnisse findet Artikel 333 des OR[1] Anwendung.

[2] Die Arbeitnehmerinnen und Arbeitnehmer der an der Spaltung beteiligten Gesellschaften können gemäss Artikel 46 die Sicherstellung ihrer Forderungen aus Arbeitsvertrag verlangen, die bis zum Zeitpunkt fällig werden, auf den das Arbeitsverhältnis ordentlicherweise beendigt werden könnte oder, bei Ablehnung des Übergangs, durch die Arbeitnehmerin oder den Arbeitnehmer beendigt wird.

[3] Artikel 27 Absatz 3 findet entsprechende Anwendung.

Art. 50 Konsultation der Arbeitnehmervertretung

Die Konsultation der Arbeitnehmervertretung richtet sich nach Artikel 28.

7. Abschnitt: Eintragung ins Handelsregister und Rechtswirksamkeit

Art. 51 Eintragung ins Handelsregister

[1] Sobald der Spaltungsbeschluss vorliegt, muss das oberste Leitungs- oder Verwaltungsorgan dem Handelsregisteramt die Spaltung zur Eintragung anmelden.

---

1 SR 220

[2] Muss die übertragende Gesellschaft infolge der Abspaltung ihr Kapital herabsetzen, so sind dem Handelsregisteramt zusätzlich die geänderten Statuten zu unterbreiten.

[3] Im Falle der Aufspaltung wird die übertragende Gesellschaft mit der Eintragung der Spaltung im Handelsregister gelöscht.

Art. 52   Rechtswirksamkeit

Die Spaltung wird mit der Eintragung ins Handelsregister rechtswirksam. In diesem Zeitpunkt gehen alle im Inventar aufgeführten Aktiven und Passiven von Gesetzes wegen auf die übernehmenden Gesellschaften über. Artikel 34 des Kartellgesetzes vom 6. Oktober 1995[1] bleibt vorbehalten.

4. Kapitel: Umwandlung von Gesellschaften

1. Abschnitt: Allgemeine Bestimmungen

Art. 53   Grundsatz

Eine Gesellschaft kann ihre Rechtsform ändern (Umwandlung). Ihre Rechtsverhältnisse werden dadurch nicht verändert.

Art. 54   Zulässige Umwandlungen

[1] Eine Kapitalgesellschaft kann sich umwandeln:
a.   in eine Kapitalgesellschaft mit einer anderen Rechtsform;
b.   in eine Genossenschaft.

[2] Eine Kollektivgesellschaft kann sich umwandeln:
a.   in eine Kapitalgesellschaft;
b.   in eine Genossenschaft;
c.   in eine Kommanditgesellschaft.

[3] Eine Kommanditgesellschaft kann sich umwandeln:
a.   in eine Kapitalgesellschaft;
b.   in eine Genossenschaft;
c.   in eine Kollektivgesellschaft.

[4] Eine Genossenschaft kann sich umwandeln:
a.   in eine Kapitalgesellschaft;
b.   in einen Verein, falls sie über keine Anteilscheine verfügt und der Verein ins Handelsregister eingetragen wird.

[5] Ein Verein kann sich in eine Kapitalgesellschaft oder in eine Genossenschaft umwandeln, falls er im Handelsregister eingetragen ist.

1   SR 251

Art. 55 Sonderregelung für die Umwandlung von Kollektiv- und Kommanditgesellschaften

[1] Eine Kollektivgesellschaft kann sich in eine Kommanditgesellschaft umwandeln, indem:

a. eine Kommanditärin oder ein Kommanditär in die Kollektivgesellschaft eintritt;

b. eine Gesellschafterin oder ein Gesellschafter zur Kommanditärin oder zum Kommanditär wird.

[2] Eine Kommanditgesellschaft kann sich in eine Kollektivgesellschaft umwandeln, indem:

a. alle Kommanditärinnen und Kommanditäre austreten;

b. alle Kommanditärinnen und Kommanditäre zu unbeschränkt haftenden Gesellschafterinnen und Gesellschaftern werden.

[3] Die Fortführung einer Kollektiv- oder Kommanditgesellschaft als Einzelunternehmen nach Artikel 579 des Obligationenrechts[1] bleibt vorbehalten.[2]

[4] Auf die Umwandlung gemäss diesem Artikel finden die Bestimmungen dieses Kapitels keine Anwendung.

2. Abschnitt: Anteils- und Mitgliedschaftsrechte

Art. 56 Wahrung der Anteils- und Mitgliedschaftsrechte

[1] Die Anteils- und Mitgliedschaftsrechte der Gesellschafterinnen und Gesellschafter sind bei der Umwandlung zu wahren.

[2] Gesellschafterinnen und Gesellschafter ohne Anteilscheine haben bei der Umwandlung ihrer Gesellschaft in eine Kapitalgesellschaft Anspruch auf mindestens einen Anteil.

[3] Für Anteile ohne Stimmrecht müssen gleichwertige Anteile oder Anteile mit Stimmrecht gewährt werden.

[4] Für Sonderrechte, die mit Anteils- oder Mitgliedschaftsrechten verbunden sind, müssen gleichwertige Rechte oder eine angemessene Abgeltung gewährt werden.

[5] Für Genussscheine sind gleichwertige Rechte zu gewähren, oder sie sind zum wirklichen Wert im Zeitpunkt der Erstellung des Umwandlungsplans zurückzukaufen.

---

1 SR 220

2 Fassung gemäss Anhang Ziff. II 2 des BG vom 16. Dez. 2005, in Kraft per 1. Jan. 2008 (AS 2007 4791 4839; BBl 2002 3148, BBl 2004 3969).

3. Abschnitt: Gründung und Zwischenbilanz

Art. 57   Gründungsvorschriften

Bei der Umwandlung finden die Bestimmungen des ZGB[1] und des OR[2] über die Gründung einer entsprechenden Gesellschaft Anwendung. Keine Anwendung finden die Vorschriften über die Anzahl der Gründerinnen und Gründer bei Kapitalgesellschaften und die Vorschriften über die Sacheinlagen.

Art. 58   Zwischenbilanz

[1] Liegt der Bilanzstichtag zum Zeitpunkt der Erstattung des Umwandlungsberichts mehr als sechs Monate zurück oder sind seit Abschluss der letzten Bilanz wichtige Änderungen in der Vermögenslage der Gesellschaft eingetreten, so muss diese eine Zwischenbilanz erstellen.

[2] Die Erstellung der Zwischenbilanz erfolgt gemäss den Vorschriften und Grundsätzen für den Jahresabschluss unter Vorbehalt folgender Vorschriften:

a.   Eine körperliche Bestandesaufnahme ist nicht notwendig.

b.   Die in der letzten Bilanz vorgenommenen Bewertungen brauchen nur nach Massgabe der Bewegungen in den Geschäftsbüchern verändert zu werden; Abschreibungen, Wertberichtigungen und Rückstellungen für die Zwischenzeit sowie wesentliche, aus den Büchern nicht ersichtliche Veränderungen der Werte müssen jedoch berücksichtigt werden.

4. Abschnitt: Umwandlungsplan, Umwandlungsbericht und Prüfung

Art. 59   Erstellung des Umwandlungsplans

[1] Das oberste Leitungs- oder Verwaltungsorgan erstellt einen Umwandlungsplan.

[2] Der Umwandlungsplan bedarf der schriftlichen Form und der Zustimmung der Generalversammlung beziehungsweise der Gesellschafterinnen und Gesellschafter gemäss Artikel 64.

Art. 60   Inhalt des Umwandlungsplans

Der Umwandlungsplan enthält:

a.   den Namen oder die Firma, den Sitz und die Rechtsform vor und nach der Umwandlung;

b.   die neuen Statuten;

1   SR 210
2   SR 220

c. die Zahl, die Art und die Höhe der Anteile, welche die Anteilsinhaberinnen und -inhaber nach der Umwandlung erhalten, oder Angaben über die Mitgliedschaft der Gesellschafterinnen und Gesellschafter nach der Umwandlung.

Art. 61   Umwandlungsbericht

[1] Das oberste Leitungs- oder Verwaltungsorgan muss einen schriftlichen Bericht über die Umwandlung erstellen.

[2] Kleine und mittlere Unternehmen können auf die Erstellung eines Umwandlungsberichts verzichten, sofern alle Gesellschafterinnen und Gesellschafter zustimmen.

[3] Im Bericht sind rechtlich und wirtschaftlich zu erläutern und zu begründen:

a. der Zweck und die Folgen der Umwandlung;

b. die Erfüllung der Gründungsvorschriften für die neue Rechtsform;

c. die neuen Statuten;

d. das Umtauschverhältnis für Anteile beziehungsweise die Mitgliedschaft der Gesellschafterinnen und Gesellschafter nach der Umwandlung;

e. gegebenenfalls die Nachschusspflicht, andere persönliche Leistungspflichten und die persönliche Haftung, die sich für die Gesellschafterinnen und Gesellschafter aus der Umwandlung ergeben;

f. die Pflichten, die den Gesellschafterinnen und Gesellschaftern in der neuen Rechtsform auferlegt werden können.

Art. 62   Prüfung des Umwandlungsplans und des Umwandlungsberichts

[1] Die Gesellschaft muss den Umwandlungsplan, den Umwandlungsbericht und die der Umwandlung zu Grunde liegende Bilanz von einer zugelassenen Revisionsexpertin oder einem zugelassenen Revisionsexperten prüfen lassen.[1]

[2] Kleine und mittlere Unternehmen können auf die Prüfung verzichten, sofern alle Gesellschafterinnen und Gesellschafter zustimmen.

[3] Die Gesellschaft muss der Revisionsexpertin oder dem Revisionsexperten alle zweckdienlichen Auskünfte und Unterlagen geben.[2]

[4] Die Revisionsexpertin oder der Revisionsexperte muss prüfen, ob die Voraussetzungen für die Umwandlung erfüllt sind, insbesondere, ob die Rechtsstellung der Gesellschafterinnen und Gesellschafter nach der Umwandlung gewahrt bleibt.[3]

---

1   Fassung gemäss Anhang Ziff. II 2 des BG vom 16. Dez. 2005, in Kraft per 1. Jan. 2008 (AS 2007 4791 4839; BBl 2002 3148, BBl 2004 3969).

2   Fassung gemäss Anhang Ziff. II 2 des BG vom 16. Dez. 2005, in Kraft per 1. Jan. 2008 (AS 2007 4791 4839; BBl 2002 3148, BBl 2004 3969).

3   Fassung gemäss Anhang Ziff. II 2 des BG vom 16. Dez. 2005, in Kraft per 1. Jan. 2008 (AS 2007 4791 4839; BBl 2002 3148, BBl 2004 3969).

Art. 63   Einsichtsrecht

1 Die Gesellschaft muss an ihrem Sitz den Gesellschafterinnen und Gesellschaftern während der 30 Tage vor der Beschlussfassung Einsicht in folgende Unterlagen gewähren:

a.   den Umwandlungsplan;

b.   den Umwandlungsbericht;

c.   den Prüfungsbericht;

d.   die Jahresrechnungen und Jahresberichte der letzten drei Geschäftsjahre sowie gegebenenfalls die Zwischenbilanz.

2 Kleine und mittlere Unternehmen können auf das Einsichtsverfahren nach Absatz 1 verzichten, sofern alle Gesellschafterinnen und Gesellschafter zustimmen.

3 Die Gesellschafterinnen und Gesellschafter können von der Gesellschaft Kopien der Unterlagen nach Absatz 1 verlangen. Diese müssen ihnen unentgeltlich zur Verfügung gestellt werden.

4 Die Gesellschaft muss die Gesellschafterinnen und Gesellschafter in geeigneter Form auf die Möglichkeit zur Einsichtnahme hinweisen.

5. Abschnitt: Umwandlungsbeschluss und Eintragung ins Handelsregister

Art. 64   Umwandlungsbeschluss

1 Bei den Kapitalgesellschaften, den Genossenschaften und den Vereinen muss das oberste Leitungs- oder Verwaltungsorgan den Umwandlungsplan der Generalversammlung zur Beschlussfassung unterbreiten. Folgende Mehrheiten sind erforderlich:

a.   bei Aktiengesellschaften und Kommanditaktiengesellschaften mindestens zwei Drittel der an der Generalversammlung vertretenen Aktienstimmen und die absolute Mehrheit des von ihnen vertretenen Aktiennennwerts; werden bei der Umwandlung in eine Gesellschaft mit beschränkter Haftung eine Nachschusspflicht oder andere persönliche Leistungspflichten eingeführt, die Zustimmung aller Aktionärinnen und Aktionäre, die davon betroffen werden;

b.   bei der Umwandlung einer Kapitalgesellschaft in eine Genossenschaft die Zustimmung aller Gesellschafterinnen und Gesellschafter;

c.   bei Gesellschaften mit beschränkter Haftung mindestens zwei Drittel der an der Generalversammlung vertretenen Stimmen sowie die absolute Mehrheit des gesamten Kapitals, mit dem ein ausübbares Stimmrecht verbunden ist;[1]

d.   bei Genossenschaften mindestens zwei Drittel der abgegebenen Stimmen oder, wenn eine Nachschusspflicht, andere persönliche Leistungspflichten oder die per-

---

1   Fassung gemäss Anhang Ziff. II 2 des BG vom 16. Dez. 2005, in Kraft per 1. Jan. 2008 (AS 2007 4791 4839; BBl 2002 3148, BBl 2004 3969).

sönliche Haftung eingeführt oder erweitert werden, mindestens drei Viertel aller Genossenschafterinnen und Genossenschafter;

e. bei Vereinen mindestens drei Viertel der an der Generalversammlung anwesenden Mitglieder.

[2] Bei Kollektiv- und bei Kommanditgesellschaften bedarf der Umwandlungsplan der Zustimmung aller Gesellschafterinnen und Gesellschafter. Der Gesellschaftsvertrag kann jedoch vorsehen, dass die Zustimmung von drei Vierteln der Gesellschafterinnen und Gesellschafter genügt.

Art. 65   Öffentliche Beurkundung

Der Umwandlungsbeschluss bedarf der öffentlichen Beurkundung.

Art. 66   Eintragung ins Handelsregister

Das oberste Leitungs- oder Verwaltungsorgan muss dem Handelsregisteramt die Umwandlung zur Eintragung anmelden.

Art. 67   Rechtswirksamkeit

Die Umwandlung wird mit der Eintragung ins Handelsregister rechtswirksam.

6. Abschnitt: Gläubiger- und Arbeitnehmerschutz

Art. 68

[1] Für die persönliche Haftung der Gesellschafterinnen und Gesellschafter findet Artikel 26 entsprechende Anwendung.

[2] Für die Haftung für Verbindlichkeiten aus Arbeitsvertrag findet Artikel 27 Absatz 3 entsprechende Anwendung.

5. Kapitel: Vermögensübertragung

1. Abschnitt: Allgemeine Bestimmungen

Art. 69

[1] Im Handelsregister eingetragene Gesellschaften, Kommanditgesellschaften für kollektive Kapitalanlagen, Investmentgesellschaften mit variablem Kapital und im Handelsregister eingetragene Einzelunternehmen können ihr Vermögen oder Teile davon mit

Aktiven und Passiven auf andere Rechtsträger des Privatrechts übertragen.[1] Wenn die Gesellschafterinnen und Gesellschafter der übertragenden Gesellschaft Anteils- oder Mitgliedschaftsrechte der übernehmenden Gesellschaft erhalten, gilt Kapitel 3.

[2] Vorbehalten bleiben die gesetzlichen und statutarischen Bestimmungen über den Kapitalschutz und die Liquidation.

2. Abschnitt: Übertragungsvertrag

Art. 70   Abschluss des Übertragungsvertrags

[1] Der Übertragungsvertrag muss von den obersten Leitungs- oder Verwaltungsorganen der an der Vermögensübertragung beteiligten Rechtsträger abgeschlossen werden.

[2] Der Übertragungsvertrag bedarf der schriftlichen Form. Werden Grundstücke übertragen, so bedürfen die entsprechenden Teile des Vertrages der öffentlichen Beurkundung. Eine einzige öffentliche Urkunde genügt auch dann, wenn Grundstücke in verschiedenen Kantonen liegen. Die Urkunde muss durch eine Urkundsperson am Sitz des übertragenden Rechtsträgers errichtet werden.

Art. 71   Inhalt des Übertragungsvertrags

[1] Der Übertragungsvertrag enthält:

a. die Firma oder den Namen, den Sitz und die Rechtsform der beteiligten Rechtsträger;

b. ein Inventar mit der eindeutigen Bezeichnung der zu übertragenden Gegenstände des Aktiv- und des Passivvermögens; Grundstücke, Wertpapiere und immaterielle Werte sind einzeln aufzuführen;

c. den gesamten Wert der zu übertragenden Aktiven und Passiven;

d. die allfällige Gegenleistung;

e. eine Liste der Arbeitsverhältnisse, die mit der Vermögensübertragung übergehen.

[2] Die Vermögensübertragung ist nur zulässig, wenn das Inventar einen Aktivenüberschuss ausweist.

Art. 72   Nicht zugeordnete Gegenstände des Aktivvermögens

Gegenstände des Aktivvermögens sowie Forderungen und immaterielle Rechte, die sich auf Grund des Inventars nicht zuordnen lassen, verbleiben beim übertragenden Rechtsträger.

---

1   Fassung gemäss Anhang Ziff. II 1 des Kollektivanlagengesetzes vom 23. Juni 2006, in Kraft seit 1. Jan. 2007 (SR 951.31).

3. Abschnitt: Eintragung ins Handelsregister und Rechtswirksamkeit

Art. 73

[1] Das oberste Leitungs- oder Verwaltungsorgan des übertragenden Rechtsträgers muss dem Handelsregisteramt die Vermögensübertragung zur Eintragung anmelden.

[2] Die Vermögensübertragung wird mit der Eintragung ins Handelsregister rechtswirksam. In diesem Zeitpunkt gehen alle im Inventar aufgeführten Aktiven und Passiven von Gesetzes wegen auf den übernehmenden Rechtsträger über. Artikel 34 des Kartellgesetzes vom 6. Oktober 1995[1] bleibt vorbehalten.

4. Abschnitt: Information der Gesellschafterinnen und Gesellschafter

Art. 74

[1] Das oberste Leitungs- oder Verwaltungsorgan der übertragenden Gesellschaft muss die Gesellschafterinnen und Gesellschafter über die Vermögensübertragung im Anhang zur Jahresrechnung informieren. Ist keine Jahresrechnung zu erstellen, so muss über die Vermögensübertragung an der nächsten Generalversammlung informiert werden.

[2] Im Anhang beziehungsweise an der Generalversammlung sind rechtlich und wirtschaftlich zu erläutern und zu begründen:

a. der Zweck und die Folgen der Vermögensübertragung;

b. der Übertragungsvertrag;

c. die Gegenleistung für die Übertragung;

d. die Folgen für die Arbeitnehmerinnen und Arbeitnehmer und Hinweise auf den Inhalt eines allfälligen Sozialplans.

[3] Die Informationspflicht entfällt, falls die übertragenen Aktiven weniger als 5 Prozent der Bilanzsumme der übertragenden Gesellschaft ausmachen.

1   SR 251

5. Abschnitt: Gläubiger- und Arbeitnehmerschutz

Art. 75   Solidarische Haftung

[1] Die bisherigen Schuldner haften für die vor der Vermögensübertragung begründeten Schulden während dreier Jahre solidarisch mit dem neuen Schuldner.

[2] Die Ansprüche gegen den übertragenden Rechtsträger verjähren spätestens drei Jahre nach der Veröffentlichung der Vermögensübertragung. Wird die Forderung erst nach der Veröffentlichung fällig, so beginnt die Verjährung mit der Fälligkeit.

[3] Die an der Vermögensübertragung beteiligten Rechtsträger müssen die Forderungen sicherstellen, wenn:

a.   die solidarische Haftung vor Ablauf der Frist von drei Jahren entfällt; oder

b.   die Gläubigerinnen und Gläubiger glaubhaft machen, dass die solidarische Haftung keinen ausreichenden Schutz bietet.

[4] Anstatt eine Sicherheit zu leisten, können an der Vermögensübertragung beteiligte Rechtsträger die Forderung erfüllen, sofern die anderen Gläubigerinnen und Gläubiger nicht geschädigt werden.

Art. 76   Übergang der Arbeitsverhältnisse und solidarische Haftung

[1] Für den Übergang der Arbeitsverhältnisse auf den übernehmenden Rechtsträger findet Artikel 333 des OR[1] Anwendung.

[2] Artikel 75 findet Anwendung auf alle Verbindlichkeiten aus Arbeitsvertrag, die bis zum Zeitpunkt fällig werden, auf den das Arbeitsverhältnis ordentlicherweise beendigt werden könnte oder, bei Ablehnung des Übergangs, von der Arbeitnehmerin oder dem Arbeitnehmer beendigt wird.

Art. 77   Konsultation der Arbeitnehmervertretung

[1] Für die Konsultation der Arbeitnehmervertretung findet für den übertragenden wie auch für den übernehmenden Rechtsträger Artikel 333*a* des OR[2] Anwendung.

[2] Werden die Vorschriften von Absatz 1 nicht eingehalten, so kann die Arbeitnehmervertretung vom Gericht verlangen, dass es die Eintragung der Vermögensübertragung im Handelsregister untersagt.

[3] Diese Bestimmung findet auch Anwendung auf übernehmende Rechtsträger mit Sitz im Ausland.

---

1   SR 220
2   SR 220

6. Kapitel: Fusion und Vermögensübertragung von Stiftungen

1. Abschnitt: Fusion

Art. 78 Grundsatz

[1] Stiftungen können miteinander fusionieren.

[2] Die Fusion ist nur zulässig, wenn sie sachlich gerechtfertigt ist und insbesondere der Wahrung und Durchführung des Stiftungszwecks dient. Allfällige Rechtsansprüche der Destinatäre der beteiligten Stiftungen müssen gewahrt werden. Ist im Hinblick auf eine Fusion eine Zweckänderung erforderlich, so findet Artikel 86 des ZGB[1] Anwendung.

Art. 79 Fusionsvertrag

[1] Der Fusionsvertrag muss von den obersten Organen der Stiftungen abgeschlossen werden.

[2] Der Vertrag enthält:

a. den Namen, den Sitz und den Zweck der beteiligten Stiftungen, im Fall der Kombinationsfusion auch den Namen, den Sitz und den Zweck der neuen Stiftung;

b. Angaben über die Stellung der Destinatäre mit Rechtsansprüchen in der übernehmenden Stiftung;

c. den Zeitpunkt, ab dem die Handlungen der übertragenden Stiftung als für Rechnung der übernehmenden Stiftung vorgenommen gelten.

[3] Der Fusionsvertrag bedarf der schriftlichen Form. Bei Familienstiftungen und kirchlichen Stiftungen bedarf der Fusionsvertrag der öffentlichen Beurkundung.

Art. 80 Bilanz

Die Stiftungen müssen eine Bilanz und unter den Voraussetzungen von Artikel 11 eine Zwischenbilanz erstellen.

Art. 81 Prüfung des Fusionsvertrags

[1] Die Stiftungen müssen den Fusionsvertrag sowie die Bilanzen von einer zugelassenen Revisorin oder einem zugelassenen Revisor prüfen lassen.[2]

[2] Sie müssen der Revisorin oder dem Revisor alle zweckdienlichen Auskünfte und Unterlagen geben.

[3] Die Revisorin oder der Revisor erstellt einen Bericht, in dem insbesondere darzulegen ist, ob die allfälligen Rechtsansprüche der Destinatäre gewahrt sind und ob Forderun-

---

1 SR 210

2 Fassung gemäss Anhang Ziff. II 2 des BG vom 16. Dez. 2005, in Kraft per 1. Jan. 2008 (AS 2007 4791 4839; BBl 2002 3148, BBl 2004 3969).

gen von Gläubigerinnen und Gläubigern bekannt oder zu erwarten sind, zu deren Befriedigung das Vermögen der beteiligten Stiftungen nicht ausreicht.

Art. 82 Informationspflicht

Das oberste Organ der übertragenden Stiftung informiert die Destinatäre mit Rechtsansprüchen vor dem Antrag an die Aufsichtsbehörde über die geplante Fusion und deren Auswirkungen auf ihre Rechtsstellung. Bei Familienstiftungen und kirchlichen Stiftungen erfolgt die Information vor dem Fusionsbeschluss.

Art. 83 Genehmigung und Vollzug der Fusion

[1] Bei Stiftungen, die der Aufsicht des Gemeinwesens unterstehen, beantragen die obersten Stiftungsorgane bei der zuständigen Aufsichtsbehörde die Genehmigung der Fusion. Im Antrag ist schriftlich darzulegen, dass die Voraussetzungen für die Fusion erfüllt sind. Mit dem Antrag sind der Aufsichtsbehörde die von der zugelassenen Revisorin oder dem zugelassenen Revisor geprüften Bilanzen der beteiligten Stiftungen sowie der Revisionsbericht einzureichen.[1]

[2] Zuständig ist die Aufsichtsbehörde der übertragenden Stiftung. Bei mehreren übertragenden Stiftungen muss jede Aufsichtsbehörde der Fusion zustimmen.

[3] Die Aufsichtsbehörde erlässt nach Prüfung des Begehrens die entsprechende Verfügung und meldet im Fall der Zustimmung die Fusion zur Eintragung in das Handelsregister an.

[4] Für die Rechtswirksamkeit der Fusion gilt Artikel 22 Absatz 1.

Art. 84 Beschluss und Vollzug der Fusion bei Familienstiftungen und kirchlichen Stiftungen

[1] Bei Familienstiftungen und kirchlichen Stiftungen wird die Fusion mit der Zustimmung der obersten Stiftungsorgane der beteiligten Stiftungen zum Fusionsvertrag rechtswirksam. Bei kirchlichen Stiftungen, die nach öffentlichem Recht der Aufsicht eines Gemeinwesens unterstehen, gilt Artikel 83 sinngemäss.

[2] Jeder Destinatär mit Rechtsanspruch und jedes Mitglied des obersten Stiftungsorgans, das dem Beschluss nicht zugestimmt hat, kann den Fusionsbeschluss wegen Fehlens der Voraussetzungen innert dreier Monate nach Beschluss gerichtlich anfechten.

Art. 85 Gläubiger- und Arbeitnehmerschutz

[1] Die Aufsichtsbehörde oder, bei Familienstiftungen und kirchlichen Stiftungen, das oberste Stiftungsorgan der übertragenden Stiftung hat vor Erlass der Verfügung beziehungsweise vor dem Beschluss die Gläubigerinnen und Gläubiger der an der Fusion

---

1 Dritter Satz in der Fassung gemäss Anhang Ziff. II 2 des BG vom 16. Dez. 2005, in Kraft per 1. Jan. 2008 (AS 2007 4791 4839; BBl 2002 3148, BBl 2004 3969).

beteiligten Stiftungen im Schweizerischen Handelsamtsblatt dreimal darauf hinzuweisen, dass sie unter Anmeldung ihrer Forderungen Sicherstellung verlangen können. Die Destinatäre mit Rechtsansprüchen haben keinen Anspruch auf Sicherstellung.

[2] Die Aufsichtsbehörde oder, bei Familienstiftungen und kirchlichen Stiftungen, das oberste Stiftungsorgan kann von einer Aufforderung an die Gläubigerinnen und Gläubiger absehen, wenn auf Grund des Berichts der zugelassenen Revisorin oder des zugelassenen Revisors keine Forderungen bekannt oder zu erwarten sind, zu deren Befriedigung das Stiftungsvermögen der beteiligten Stiftungen nicht ausreicht.[1]

[3] Im Falle einer Aufforderung an die Gläubigerinnen und Gläubiger findet Artikel 25 Anwendung.

[4] Der Arbeitnehmerschutz richtet sich nach den Artikeln 27 und 28.

2. Abschnitt: Vermögensübertragung

Art. 86   Grundsatz

[1] Die im Handelsregister eingetragenen Stiftungen können ihr Vermögen oder Teile davon mit Aktiven und Passiven auf andere Rechtsträger übertragen.

[2] Artikel 78 Absatz 2 findet sinngemäss Anwendung. Der Übergangsvertrag richtet sich nach den Artikeln 70–72, der Gläubiger- und Arbeitnehmerschutz nach den Artikeln 75–77.

Art. 87   Genehmigung und Vollzug der Vermögensübertragung

[1] Bei Stiftungen, die der Aufsicht des Gemeinwesens unterstehen, beantragen die obersten Stiftungsorgane bei der zuständigen Aufsichtsbehörde die Genehmigung der Vermögensübertragung. Im Antrag ist schriftlich darzulegen, dass die Voraussetzungen für die Vermögensübertragung erfüllt sind.

[2] Zuständig ist die Aufsichtsbehörde der übertragenden Stiftung.

[3] Die Aufsichtsbehörde erlässt nach Prüfung des Begehrens die entsprechende Verfügung. Nach Eintritt der Rechtskraft der zustimmenden Verfügung meldet sie die Vermögensübertragung zur Eintragung in das Handelsregister an.

[4] Die Eintragung ins Handelsregister und die Rechtswirksamkeit richten sich nach Artikel 73.

---

1   Fassung gemäss Anhang Ziff. II 2 des BG vom 16. Dez. 2005, in Kraft per 1. Jan. 2008 (AS 2007 4791 4839; BBl 2002 3148, BBl 2004 3969).

7. Kapitel: Fusion, Umwandlung und Vermögensübertragung von Vorsorgeeinrichtungen

1. Abschnitt: Fusion

Art. 88   Grundsatz

[1] Vorsorgeeinrichtungen können miteinander fusionieren.

[2] Die Fusion von Vorsorgeeinrichtungen ist nur zulässig, wenn der Vorsorgezweck und die Rechte und Ansprüche der Versicherten gewahrt bleiben.

[3] Die Bestimmungen des Stiftungsrechts (Art. 80 ff ZGB[1]) und des BVG[2] bleiben vorbehalten.

Art. 89   Bilanz

Die beteiligten Vorsorgeeinrichtungen müssen eine Bilanz und unter den Voraussetzungen von Artikel 11 eine Zwischenbilanz erstellen.

Art. 90   Fusionsvertrag

[1] Der Fusionsvertrag muss von den obersten Leitungsorganen der beteiligten Vorsorgeeinrichtungen abgeschlossen werden.

[2] Der Fusionsvertrag enthält:

a.   den Namen oder die Firma, den Sitz und die Rechtsform der beteiligten Vorsorgeeinrichtungen, im Fall der Kombinationsfusion auch den Namen oder die Firma, den Sitz und die Rechtsform der neuen Vorsorgeeinrichtung;

b.   Angaben über die Rechte und Ansprüche der Versicherten bei der übernehmenden Vorsorgeeinrichtung;

c.   den Zeitpunkt, von dem an die Handlungen der übertragenden Vorsorgeeinrichtung als für Rechnung der übernehmenden Vorsorgeeinrichtung vorgenommen gelten.

[3] Der Fusionsvertrag bedarf der schriftlichen Form.

Art. 91   Fusionsbericht

[1] Die obersten Leitungsorgane der Vorsorgeeinrichtungen müssen einen schriftlichen Bericht über die Fusion erstellen. Sie können den Bericht auch gemeinsam verfassen.

[2] Im Bericht sind zu erläutern und zu begründen:

a.   der Zweck und die Folgen der Fusion;

b.   der Fusionsvertrag;

c.   die Auswirkungen der Fusion auf die Rechte und Ansprüche der Versicherten.

1   SR 210
2   SR 831.40

Art. 92   Prüfung des Fusionsvertrags

[1] Die beteiligten Vorsorgeeinrichtungen müssen den Fusionsvertrag, den Fusionsbericht und die Bilanz von ihren Kontrollstellen sowie von einer anerkannten Expertin oder einem anerkannten Experten für die berufliche Vorsorge prüfen lassen. Sie können eine gemeinsame Expertin oder einen gemeinsamen Experten bestimmen.

[2] Die beteiligten Vorsorgeeinrichtungen müssen den mit der Prüfung betrauten Personen alle zweckdienlichen Auskünfte und Unterlagen geben.

[3] Die Revisionsstelle und die Expertin oder der Experte für die berufliche Vorsorge erstellen einen Bericht, in dem darzulegen ist, ob die Rechte und Ansprüche der Versicherten gewahrt sind.

Art. 93   Informationspflicht und Einsichtsrecht

[1] Die zuständigen Organe der Vorsorgeeinrichtung haben spätestens bis zum Zeitpunkt der Gewährung des Einsichtsrechts gemäss Absatz 2 die Versicherten über die geplante Fusion und deren Auswirkungen zu informieren. Sie haben die Versicherten in geeigneter Form auf die Möglichkeit der Einsichtnahme hinzuweisen.

[2] Die beteiligten Vorsorgeeinrichtungen müssen an ihrem Sitz während der 30 Tage vor dem Antrag an die Aufsichtsbehörde den Versicherten Einsicht in den Fusionsvertrag und in den Fusionsbericht gewähren.

Art. 94   Fusionsbeschluss

[1] Die Fusion bedarf der Zustimmung des obersten Leitungsorgans und, bei einer Genossenschaft, überdies der Generalversammlung. Für die erforderlichen Mehrheiten gilt Artikel 18 Absatz 1 Buchstabe d.

[2] Bei Vorsorgeeinrichtungen des öffentlichen Rechts bleibt Artikel 100 Absatz 3 vorbehalten.

Art. 95   Genehmigung und Vollzug der Fusion

[1] Die obersten Leitungsorgane der Vorsorgeeinrichtungen beantragen bei der zuständigen Aufsichtsbehörde die Genehmigung der Fusion.

[2] Zuständig ist die Aufsichtsbehörde der übertragenden Vorsorgeeinrichtung.

[3] Die Aufsichtsbehörde prüft, ob die Voraussetzungen einer Fusion gegeben sind, und erlässt eine Verfügung. Die Aufsichtsbehörde kann weitere für die Prüfung der Voraussetzungen erforderliche Belege verlangen.

[4] Nach Eintritt der Rechtskraft der zustimmenden Verfügung meldet die Aufsichtsbehörde die Fusion zur Eintragung in das Handelsregister an.

[5] Für die Rechtswirksamkeit der Fusion gilt Artikel 22 Absatz 1.

Art. 96   Gläubiger- und Arbeitnehmerschutz

[1] Die Aufsichtsbehörde hat vor Erlass der Verfügung die Gläubigerinnen und Gläubiger der an der Fusion beteiligten Vorsorgeeinrichtungen im Schweizerischen Handelsamtsblatt dreimal darauf hinzuweisen, dass sie unter Anmeldung ihrer Forderungen Sicherstellung verlangen können.

[2] Die Aufsichtsbehörde kann von einer Aufforderung an die Gläubigerinnen und Gläubiger absehen, wenn keine Forderungen bekannt oder zu erwarten sind, zu deren Befriedigung das freie Vermögen der beteiligten Vorsorgeeinrichtungen nicht ausreicht.

[3] Im Falle einer Aufforderung an die Gläubigerinnen und Gläubiger können diese innerhalb von zwei Monaten nach der Veröffentlichung im Schweizerischen Handelsamtsblatt von der übernehmenden Vorsorgeeinrichtung die Sicherstellung ihrer Forderungen verlangen. Die Versicherten haben keinen Anspruch auf Sicherstellung.

[4] Die Pflicht zur Sicherstellung entfällt, wenn die Vorsorgeeinrichtung nachweist, dass die Erfüllung der angemeldeten Forderung durch die Fusion nicht gefährdet ist. Artikel 25 Absatz 4 findet Anwendung. Im Streitfall entscheidet die Aufsichtsbehörde.

[5] Der Arbeitnehmerschutz richtet sich nach den Artikeln 27 und 28.

2. Abschnitt: Umwandlung

Art. 97

[1] Vorsorgeeinrichtungen können sich in eine Stiftung oder in eine Genossenschaft umwandeln.

[2] Die Umwandlung von Vorsorgeeinrichtungen ist nur zulässig, wenn der Vorsorgezweck und die Rechte und Ansprüche der Versicherten gewahrt bleiben.

[3] Die Artikel 89–95 finden sinngemäss Anwendung.

3. Abschnitt: Vermögensübertragung

Art. 98

[1] Vorsorgeeinrichtungen können ihr Vermögen oder Teile davon mit Aktiven und Passiven auf andere Vorsorgeeinrichtungen oder Rechtsträger übertragen.

[2] Artikel 88 Absatz 2 findet sinngemäss Anwendung. Die Artikel 70–77 finden Anwendung.

[3] Vermögensübertragungen im Rahmen einer Teil- oder Gesamtliquidation bedürfen der Genehmigung der Aufsichtsbehörde, wenn dies im Recht der beruflichen Vorsorge vorgesehen ist.

8. Kapitel: Fusion, Umwandlung und Vermögensübertragung unter Beteiligung von Instituten des öffentlichen Rechts

Art. 99   Zulässige Fusionen, Umwandlungen und Vermögensübertragungen

¹ Institute des öffentlichen Rechts können:

a. ihr Vermögen durch Fusion auf Kapitalgesellschaften, Genossenschaften, Vereine oder Stiftungen übertragen;

b. sich in Kapitalgesellschaften, Genossenschaften, Vereine oder Stiftungen umwandeln.

² Institute des öffentlichen Rechts können durch Vermögensübertragung ihr Vermögen oder Teile davon auf andere Rechtsträger übertragen oder das Vermögen oder Teile davon von anderen Rechtsträgern übernehmen.

BGE 132 III 470.

Art. 100   Anwendbares Recht

¹ Auf die Fusion von privatrechtlichen Rechtsträgern mit Instituten des öffentlichen Rechts, auf die Umwandlung solcher Institute in Rechtsträger des Privatrechts und auf die Vermögensübertragung unter Beteiligung eines Rechtsträgers des öffentlichen Rechts finden die Vorschriften dieses Gesetzes sinngemäss Anwendung. Bei der Fusion und der Umwandlung nach Artikel 99 Absatz 1 kann das öffentliche Recht für den beteiligten Rechtsträger des öffentlichen Rechts abweichende Vorschriften vorsehen. Die Artikel 99–101 finden jedoch in jedem Fall Anwendung.

² Institute des öffentlichen Rechts müssen in einem Inventar die Gegenstände des Aktiv- und des Passivvermögens, die von der Fusion, der Umwandlung oder der Vermögensübertragung erfasst werden, eindeutig bezeichnen und bewerten. Grundstücke, Wertpapiere und immaterielle Werte sind einzeln aufzuführen. Das Inventar muss von einer zugelassenen Revisionsexpertin oder einem zugelassenen Revisionsexperten geprüft werden, sofern nicht in anderer Weise sichergestellt ist, dass die Erstellung und die Bewertung des Inventars den anerkannten Rechnungslegungsgrundsätzen entsprechen.[1]

³ Die Beschlussfassung des Rechtsträgers des öffentlichen Rechts zur Fusion, Umwandlung oder Vermögensübertragung richtet sich nach den öffentlich-rechtlichen Vorschriften und Grundsätzen des Bundes, der Kantone und der Gemeinden.

---

1   Dritter Satz in der Fassung gemäss Anhang Ziff. II 2 des BG vom 16. Dez. 2005, in Kraft per 1. Jan. 2008 (AS 2007 4791 4839; BBl 2002 3148, BBl 2004 3969).

Art. 101   Verantwortlichkeit von Bund, Kantonen und Gemeinden

[1] Durch Fusionen, Umwandlungen und Vermögensübertragungen von Instituten des öffentlichen Rechts dürfen keine Gläubigerinnen und Gläubiger geschädigt werden. Der Bund, die Kantone und die Gemeinden müssen Vorkehrungen treffen, damit Ansprüche im Sinne der Artikel 26, 68 Absatz 1 und 75 erfüllt werden können.

[2] Für Schäden, welche auf mangelhafte Vorkehrungen zurückzuführen sind, haften Bund, Kantone und Gemeinden nach den für sie massgebenden Vorschriften.

9. Kapitel: Gemeinsame Vorschriften

1. Abschnitt: Ausführungsbestimmungen

Art. 102

Der Bundesrat erlässt Vorschriften über:

a.   die Einzelheiten der Eintragung ins Handelsregister und die einzureichenden Belege;

b.   die Einzelheiten der Eintragung ins Grundbuch und die einzureichenden Belege.

2. Abschnitt: Handänderungsabgaben

Art. 103

Die Erhebung von kantonalen und kommunalen Handänderungsabgaben ist bei Umstrukturierungen im Sinne von Artikel 8 Absatz 3 und Artikel 24 Absätze 3 und 3quater des Bundesgesetzes vom 14. Dezember 1990[1] über die Harmonisierung der direkten Steuern der Kantone und Gemeinden ausgeschlossen. Kostendeckende Gebühren bleiben vorbehalten.

3. Abschnitt: Anmeldung beim Grundbuchamt

Art. 104

[1] Der übernehmende Rechtsträger oder, im Falle der Umwandlung, der Rechtsträger, der seine Rechtsform ändert, muss alle Änderungen, die sich für das Grundbuch aus der Fusion, der Spaltung oder der Umwandlung ergeben, innert dreier Monate vom Eintritt der Rechtswirksamkeit an beim Grundbuchamt anmelden, sofern nicht die kürzere Frist nach Absatz 2 gilt.

---

1   SR 642.14

2 Der übernehmende Rechtsträger muss den Übergang des Eigentums an einem Grundstück umgehend nach Eintritt der Rechtswirksamkeit beim Grundbuchamt anmelden, wenn:

a. bei einer Fusion von Vereinen oder von Stiftungen der übertragende Rechtsträger nicht im Handelsregister eingetragen ist;

b. das Grundstück durch Abspaltung auf ihn übergegangen ist;

c. das Grundstück durch Vermögensübertragung auf ihn übergegangen ist.

3 In den Fällen nach Absatz 2 Buchstaben a und b bedarf es als Ausweis für die Eigentumsübertragung für das Grundbuch einer öffentlichen Urkunde über die Tatsache, dass das Eigentum an den Grundstücken auf den übernehmenden Rechtsträger übergegangen ist.

4 Die Urkundsperson, welche eine Feststellungsurkunde nach Absatz 3 oder eine öffentliche Urkunde nach Artikel 70 Absatz 2 errichtet, ist namens des übernehmenden Rechtsträgers zur Anmeldung bei den Grundbuchämtern befugt.

4. Abschnitt: Überprüfung der Anteils- und Mitgliedschaftsrechte

Art. 105

1 Wenn bei einer Fusion, einer Spaltung oder einer Umwandlung die Anteils- oder Mitgliedschaftsrechte nicht angemessen gewahrt sind oder die Abfindung nicht angemessen ist, kann jede Gesellschafterin und jeder Gesellschafter innerhalb von zwei Monaten nach der Veröffentlichung des Fusions-, des Spaltungs- oder des Umwandlungsbeschlusses verlangen, dass das Gericht eine angemessene Ausgleichszahlung festsetzt. Für die Festsetzung der Ausgleichszahlung gilt Artikel 7 Absatz 2 nicht.

2 Das Urteil hat Wirkung für alle Gesellschafterinnen und Gesellschafter des beteiligten Rechtsträgers, sofern sie sich in der gleichen Rechtsstellung wie die Klägerin oder der Kläger befinden.

3 Die Kosten des Verfahrens trägt der übernehmende Rechtsträger. Wenn besondere Umstände es rechtfertigen, kann das Gericht die Kosten ganz oder teilweise den Klägerinnen und Klägern auferlegen.

4 Die Klage auf Überprüfung der Wahrung der Anteils- oder Mitgliedschaftsrechte hindert die Rechtswirksamkeit des Fusions-, des Spaltungs- oder des Umwandlungsbeschlusses nicht.

5. Abschnitt: Anfechtung von Fusionen, Spaltungen, Umwandlungen und Vermögensübertragungen durch Gesellschafterinnen und Gesellschafter

Art. 106   Grundsatz

[1] Sind die Vorschriften dieses Gesetzes verletzt, so können Gesellschafterinnen und Gesellschafter der beteiligten Rechtsträger, die dem Beschluss über die Fusion, die Spaltung oder die Umwandlung nicht zugestimmt haben, den Beschluss innerhalb von zwei Monaten nach der Veröffentlichung im Schweizerischen Handelsamtsblatt anfechten. Wenn keine Veröffentlichung erforderlich ist, beginnt die Frist mit der Beschlussfassung.

[2] Gesellschafterinnen und Gesellschafter können den Beschluss auch anfechten, wenn er vom obersten Leitungs- oder Verwaltungsorgan gefasst wurde.

Art. 107   Folgen eines Mangels

[1] Kann ein Mangel behoben werden, so räumt das Gericht den betroffenen Rechtsträgern dazu eine Frist ein.

[2] Wird ein Mangel innerhalb der angesetzten Frist nicht behoben oder kann er nicht behoben werden, so hebt das Gericht den Beschluss auf und ordnet die erforderlichen Massnahmen an.

6. Abschnitt: Verantwortlichkeit

Art. 108

[1] Alle mit der Fusion, der Spaltung, der Umwandlung oder der Vermögensübertragung befassten Personen sind sowohl den Rechtsträgern als auch den einzelnen Gesellschafterinnen und Gesellschaftern sowie den Gläubigerinnen und Gläubigern für den Schaden verantwortlich, den sie durch absichtliche oder fahrlässige Verletzung ihrer Pflichten verursachen. Die Verantwortung der Gründerinnen und Gründer bleibt vorbehalten.

[2] Alle mit der Prüfung der Fusion, der Spaltung oder der Umwandlung befassten Personen sind sowohl den Rechtsträgern als auch den einzelnen Gesellschafterinnen und Gesellschaftern sowie Gläubigerinnen und Gläubigern für den Schaden verantwortlich, den sie durch absichtliche oder fahrlässige Verletzung ihrer Pflichten verursachen.

[3] Die Artikel 756, 759 und 760 des OR[1] finden Anwendung. Im Fall des Konkurses einer Kapitalgesellschaft oder einer Genossenschaft gelten die Artikel 757, 764 Absatz 2, 827 und 920 des OR sinngemäss.

[4] Die Verantwortlichkeit der Personen, die für ein Institut des öffentlichen Rechts tätig sind, richtet sich nach dem öffentlichen Recht.

1   SR 220

10. Kapitel: Schlussbestimmungen

Art. 109   Änderung bisherigen Rechts

Die Änderung bisherigen Rechts wird im Anhang geregelt.

Art. 110   Übergangsbestimmung

Dieses Gesetz findet Anwendung auf Fusionen, Spaltungen, Umwandlungen und Vermögensübertragungen, die nach seinem Inkrafttreten beim Handelsregister zur Eintragung angemeldet werden.

Art. 111   Referendum und Inkrafttreten

[1] Dieses Gesetz untersteht dem fakultativen Referendum.

[2] Der Bundesrat bestimmt das Inkrafttreten.

[3] Artikel 103 tritt fünf Jahre nach den übrigen Bestimmungen dieses Gesetzes in Kraft.

Datum des Inkrafttretens:[1]
Art. 103: 1. Juli 2009
alle übrigen Bestimmungen: 1. Juli 2004

---

1   BRB vom 21. April 2004 (AS 2004 2655)

Nr. 13   Bundesgesetz über die Zulassung und Beaufsichtigung der Revisorinnen und Revisoren (Revisionsaufsichtsgesetz, RAG)

vom 16. Dezember 2005 (Stand am 1. September 2007)

SR 221.302

Die Bundesversammlung der Schweizerischen Eidgenossenschaft,

gestützt auf die Artikel 95 Absatz 1, 122 Absatz 1 und 123 Absatz 1
der Bundesverfassung[1],
nach Einsicht in die Botschaft des Bundesrates vom 23. Juni 2004[2],

beschliesst:

1. Abschnitt: Gegenstand und Begriffe

Art. 1   Gegenstand und Zweck

[1] Dieses Gesetz regelt die Zulassung und die Beaufsichtigung von Personen, die Revisionsdienstleistungen erbringen.

[2] Es dient der ordnungsgemässen Erfüllung und der Sicherstellung der Qualität von Revisionsdienstleistungen.

[3] Spezialgesetzliche Vorschriften bleiben vorbehalten.

Art. 2   Begriffe

In diesem Gesetz gelten als:

a. *Revisionsdienstleistungen:* Prüfungen und Bestätigungen, die nach bundesrechtlichen Vorschriften durch eine zugelassene Revisionsexpertin, einen zugelassenen Revisionsexperten, eine zugelassene Revisorin oder einen zugelassenen Revisor vorgenommen werden müssen;

b. *Revisionsunternehmen:* im Handelsregister eingetragene Einzelunternehmen, Personengesellschaften oder juristische Personen, die Revisionsdienstleistungen erbringen;

c. *Publikumsgesellschaften:* Gesellschaften nach Artikel 727 Absatz 1 Ziffer 1 des Obligationenrechts (OR)[3].

---

1   AS 2007 3971
    SR 101
2   BBl 2004 3969
3   SR 220; BBl 2005 7289

2. Abschnitt: Allgemeine Bestimmungen über die Zulassung zur Erbringung von Revisionsdienstleistungen

Art. 3 Grundsatz

[1] Natürliche Personen und Revisionsunternehmen, die Revisionsdienstleistungen im Sinne von Artikel 2 Buchstabe a erbringen, bedürfen einer Zulassung.

[2] Natürliche Personen werden unbefristet, Revisionsunternehmen für die Dauer von fünf Jahren zugelassen.

Art. 4 Voraussetzungen für Revisionsexpertinnen und Revisionsexperten

[1] Eine natürliche Person wird als Revisionsexpertin oder Revisionsexperte zugelassen, wenn sie die Anforderungen an Ausbildung und Fachpraxis erfüllt und über einen unbescholtenen Leumund verfügt.

[2] Die Anforderungen an Ausbildung und Fachpraxis erfüllen:

a. eidgenössisch diplomierte Wirtschaftsprüferinnen und Wirtschaftsprüfer;

b. eidgenössisch diplomierte Treuhandexpertinnen und Treuhandexperten, Steuerexpertinnen und Steuerexperten sowie Expertinnen und Experten in Rechnungslegung und Controlling, je mit mindestens fünf Jahren Fachpraxis;

c. Absolventinnen und Absolventen eines Universitäts- oder Fachhochschulstudiums in Betriebs-, Wirtschafts- oder Rechtswissenschaften an einer schweizerischen Hochschule, Fachleute im Finanz- und Rechnungswesen mit eidgenössischem Fachausweis sowie Treuhänderinnen und Treuhänder mit eidgenössischem Fachausweis, je mit mindestens zwölf Jahren Fachpraxis;

d. Personen, die eine den in den Buchstaben a, b oder c aufgeführten vergleichbare ausländische Ausbildung abgeschlossen haben, die entsprechende Fachpraxis aufweisen und die notwendigen Kenntnisse des schweizerischen Rechts nachweisen, sofern ein Staatsvertrag mit dem Herkunftsstaat dies so vorsieht oder der Herkunftsstaat Gegenrecht hält.

[3] Der Bundesrat kann weitere gleichwertige Ausbildungsgänge zulassen und die Dauer der notwendigen Fachpraxis bestimmen.

[4] Die Fachpraxis muss vorwiegend auf den Gebieten des Rechnungswesens und der Rechnungsrevision erworben worden sein, davon mindestens zwei Drittel unter Beaufsichtigung durch eine zugelassene Revisionsexpertin oder einen zugelassenen Revisionsexperten oder durch eine ausländische Fachperson mit vergleichbarer Qualifikation. Fachpraxis während der Ausbildung wird angerechnet, wenn diese Voraussetzungen erfüllt sind.

Art. 5   Voraussetzungen für Revisorinnen und Revisoren

[1] Eine natürliche Person wird als Revisorin oder Revisor zugelassen, wenn sie:

a.   über einen unbescholtenen Leumund verfügt;

b.   eine Ausbildung nach Artikel 4 Absatz 2 abgeschlossen hat;

c.   eine Fachpraxis von einem Jahr nachweist.

[2] Die Fachpraxis muss vorwiegend auf den Gebieten des Rechnungswesens und der Rechnungsrevision erworben worden sein, dies unter Beaufsichtigung durch eine zugelassene Revisorin oder einen zugelassenen Revisor oder durch eine ausländische Fachperson mit vergleichbarer Qualifikation. Fachpraxis während der Ausbildung wird angerechnet, wenn diese Voraussetzungen erfüllt sind.

Art. 6   Voraussetzungen für Revisionsunternehmen

[1] Ein Revisionsunternehmen wird als Revisionsexperte oder als Revisor zugelassen, wenn:

a.   die Mehrheit der Mitglieder seines obersten Leitungs- oder Verwaltungsorgans sowie seines Geschäftsführungsorgans über die entsprechende Zulassung verfügt;

b.   mindestens ein Fünftel der Personen, die an der Erbringung von Revisionsdienstleistungen beteiligt sind, über die entsprechende Zulassung verfügt;

c.   sichergestellt ist, dass alle Personen, die Revisionsdienstleistungen leiten, über die entsprechende Zulassung verfügen;

d.   die Führungsstruktur gewährleistet, dass die einzelnen Mandate genügend überwacht werden.

[2] Finanzkontrollen der öffentlichen Hand werden als Revisionsunternehmen zugelassen, wenn sie die Anforderungen nach Absatz 1 erfüllen. Die Zulassung als staatlich beaufsichtigte Revisionsunternehmen ist nicht möglich.

3. Abschnitt: Besondere Bestimmungen über die Zulassung zur Erbringung von Revisionsdienstleistungen für Publikumsgesellschaften

Art. 7   Grundsatz

[1] Revisionsunternehmen, die Revisionsdienstleistungen für Publikumsgesellschaften erbringen, bedürfen einer besonderen Zulassung und stehen unter staatlicher Aufsicht (staatlich beaufsichtigte Revisionsunternehmen).

[2] Andere Revisionsunternehmen werden auf Gesuch hin ebenfalls als staatlich beaufsichtigte Revisionsunternehmen zugelassen, wenn sie die gesetzlichen Voraussetzungen erfüllen.

Art. 8 Sonderfälle im internationalen Verhältnis

¹ Einer Zulassung als staatlich beaufsichtigtes Revisionsunternehmen bedürfen auch Revisionsunternehmen, die Revisionsdienstleistungen im Sinne von Artikel 2 Buchstabe a oder diesen vergleichbare Dienstleistungen nach ausländischem Recht erbringen für:

a. Gesellschaften nach ausländischem Recht, deren Beteiligungspapiere an einer Schweizer Börse kotiert sind;

b. Gesellschaften nach ausländischem Recht, die in der Schweiz Anleihensobligationen ausstehend haben;

c. Gesellschaften nach schweizerischem oder ausländischem Recht, die mindestens 20 Prozent der Aktiven oder des Umsatzes zur Konzernrechnung einer Gesellschaft nach Buchstabe a oder b beitragen;

d. Gesellschaften nach ausländischem Recht, die mindestens 20 Prozent der Aktiven oder des Umsatzes zur Konzernrechnung einer schweizerischen Publikumsgesellschaft im Sinne von Artikel 727 Absatz 1 Ziffer 1 Buchstabe a oder b des OR[1] beitragen.

² Die Zulassungspflicht entfällt, wenn das Revisionsunternehmen einer vom Bundesrat anerkannten ausländischen Revisionsaufsichtsbehörde untersteht.

³ Die Zulassungspflicht gemäss Absatz 1 Buchstabe b entfällt zudem, wenn die Anleihensobligationen durch eine Gesellschaft garantiert werden, die über ein Revisionsunternehmen verfügt, das entweder Absatz 1 oder 2 erfüllt.

Art. 9 Voraussetzungen

¹ Revisionsunternehmen werden zur Erbringung von Revisionsdienstleistungen für Publikumsgesellschaften zugelassen, wenn sie:

a. die Voraussetzungen für die Zulassung als Revisionsexperten erfüllen;

b. gewährleisten, dass sie die gesetzlichen Vorschriften einhalten;

c. für die Haftungsrisiken ausreichend versichert sind.

² Die Aufsichtsbehörde kann die Zulassung eines Revisionsunternehmens auf der Grundlage einer ausländischen Zulassung erteilen, wenn die Anforderungen dieses Gesetzes erfüllt sind.

Art. 10 Gesuch

¹ Das Gesuch um Zulassung als staatlich beaufsichtigtes Revisionsunternehmen muss der Aufsichtsbehörde (Art. 28) eingereicht werden.

² Der Bundesrat regelt die Einzelheiten, insbesondere bestimmt er die dem Gesuch beizulegenden Unterlagen.

---

1 SR 220; BBl 2005 7289

4. Abschnitt: Pflichten staatlich beaufsichtigter Revisionsunternehmen

Art. 11   Unabhängigkeit

[1] Über die allgemeinen gesetzlichen Vorschriften zur Unabhängigkeit der Revisionsstelle hinaus (Art. 728 OR[1]) müssen staatlich beaufsichtigte Revisionsunternehmen bei der Erbringung von Revisionsdienstleistungen für Publikumsgesellschaften folgende Grundsätze einhalten:

a.   Die jährlichen Honorare aus Revisions- und anderen Dienstleistungen für eine einzelne Gesellschaft und die mit ihr durch einheitliche Leitung verbundenen Gesellschaften (Konzern) dürfen 10 Prozent ihrer gesamten Honorarsumme nicht übersteigen.

b.   Treten Personen, die in einer Gesellschaft eine Entscheidfunktion innehatten oder in leitender Stellung in der Rechnungslegung tätig waren, in ein Revisionsunternehmen über und übernehmen sie dort eine leitende Stellung, so darf dieses während zwei Jahren ab Übertritt keine Revisionsdienstleistungen für diese Gesellschaft erbringen.

c.   Treten Personen, die in einer Gesellschaft in der Rechnungslegung mitgewirkt haben, in ein Revisionsunternehmen über, so dürfen sie während zwei Jahren ab Übertritt keine Revisionsdienstleistungen für diese Gesellschaft leiten.

[2] Eine Publikumsgesellschaft darf keine Personen beschäftigen, die während der zwei vorausgegangenen Jahre Revisionsdienstleistungen für diese Gesellschaft geleitet haben oder im betreffenden Revisionsunternehmen eine Entscheidfunktion inne hatten.

Art. 12   Sicherung der Qualität

[1] Die staatlich beaufsichtigten Revisionsunternehmen treffen alle Massnahmen, die zur Sicherung der Qualität ihrer Revisionsdienstleistungen notwendig sind.

[2] Sie stellen eine geeignete Organisation sicher und erlassen insbesondere schriftliche Weisungen über:

a.   die Anstellung, die Aus- und Weiterbildung, die Beurteilung, die Zeichnungsberechtigung und das gebotene Verhalten der Mitarbeiterinnen und Mitarbeiter;

b.   die Annahme neuer und die Weiterführung bestehender Aufträge für Revisionsdienstleistungen;

c.   die Überwachung der Massnahmen zur Sicherung der Unabhängigkeit und der Qualität.

[3] Sie gewährleisten bei den einzelnen Revisionsdienstleistungen insbesondere:

a.   die sachgerechte Zuteilung der Aufgaben;

b.   die Überwachung der Arbeiten;

1   SR 220; BBl 2005 7289

c.   die Einhaltung der massgebenden Vorschriften und Standards zur Prüfung und zur Unabhängigkeit;

d.   eine qualifizierte und unabhängige Nachkontrolle der Prüfungsergebnisse.

Art. 13   Auskunftspflicht und Zutrittsgewährung

[1] Staatlich beaufsichtigte Revisionsunternehmen, ihre Mitarbeiterinnen und Mitarbeiter, die Personen, die sie für Revisionsdienstleistungen beiziehen, und die geprüften Gesellschaften müssen der Aufsichtsbehörde alle Auskünfte erteilen und Unterlagen herausgeben, die diese für die Erfüllung ihrer Aufgabe benötigt.

[2] Staatlich beaufsichtigte Revisionsunternehmen müssen der Aufsichtsbehörde jederzeit Zutritt zu ihren Geschäftsräumen gewähren.

Art. 14   Meldungen an die Aufsichtsbehörde

[1] Staatlich beaufsichtigte Revisionsunternehmen müssen die Zulassungsunterlagen jedes Jahr jeweils per 30. Juni aktualisieren und bis zum 30. September bei der Aufsichtsbehörde einreichen. Unverändert gültige Unterlagen müssen nicht erneut eingereicht werden.

[2] Staatlich beaufsichtigte Revisionsunternehmen müssen die Aufsichtsbehörde überdies unverzüglich schriftlich über Vorkommnisse unterrichten, die für die Aufsicht relevant sind. Zu melden sind insbesondere:

a.   Änderungen der Zusammensetzung ihres obersten Leitungs- oder Verwaltungsorgans sowie ihres Geschäftsführungsorgans;

b.   Wechsel einer Person, die eine Revisionsdienstleistung leitet, unter Angabe der Gründe;

c.   die vorzeitige Auflösung oder der Verzicht auf die Verlängerung eines Revisionsauftrags, unter Angabe der Gründe.

5. Abschnitt: Zulassung und Aufsicht

Art. 15   Zulassung und Registrierung

[1] Die Aufsichtsbehörde entscheidet auf Gesuch hin über die Zulassung von:

a.   Revisorinnen und Revisoren;

b.   Revisionsexpertinnen und Revisionsexperten;

c.   staatlich beaufsichtigten Revisionsunternehmen.

[2] Sie führt ein Register über die zugelassenen natürlichen Personen und Revisionsunternehmen. Das Register ist öffentlich und wird auf dem Internet publiziert. Der Bundesrat regelt den Inhalt des Registers.

³ Die registrierten natürlichen Personen und Revisionsunternehmen müssen der Aufsichtsbehörde jede Änderung von eingetragenen Tatsachen mitteilen.

Art. 16   Überprüfung staatlich beaufsichtigter Revisionsunternehmen

¹ Die Aufsichtsbehörde unterzieht die staatlich beaufsichtigten Revisionsunternehmen mindestens alle drei Jahre einer eingehenden Überprüfung. Bei Verdacht auf Verstösse gegen gesetzliche Pflichten nimmt sie eine entsprechende Überprüfung vor.

² Sie überprüft:

a.   die Richtigkeit der Angaben in den Zulassungsunterlagen;

b.   die Einhaltung der gesetzlichen Pflichten sowie die Beachtung der Berufsgrundsätze, der Standesregeln und gegebenenfalls des Kotierungsreglements;

c.   die Qualität der erbrachten Revisionsdienstleistungen durch einzelne Stichproben;

d.   die Einhaltung und Umsetzung der von ihr erteilten Anweisungen.

³ Sie erstellt zuhanden des obersten Leitungs- oder Verwaltungsorgans des Revisionsunternehmens einen schriftlichen Bericht über das Ergebnis der Überprüfung.

⁴ Stellt sie Verstösse gegen gesetzliche Pflichten fest, so erteilt sie dem staatlich beaufsichtigten Revisionsunternehmen einen schriftlichen Verweis, gibt Anweisungen zur Wiederherstellung des ordnungsgemässen Zustands und setzt ihm dafür eine Frist von höchstens zwölf Monaten. Aus wichtigen Gründen kann sie die Frist angemessen verlängern.

Art. 17   Entzug der Zulassung

¹ Erfüllt eine Revisorin, ein Revisor, eine Revisionsexpertin oder ein Revisionsexperte die Zulassungsvoraussetzungen der Artikel 4–6 nicht mehr, so kann die Aufsichtsbehörde die Zulassung befristet oder unbefristet entziehen. Sofern die Zulassungsvoraussetzungen wiederhergestellt werden können, ist der Entzug vorher anzudrohen.

² Erfüllt ein staatlich beaufsichtigtes Revisionsunternehmen die Zulassungsvoraussetzungen nicht mehr oder verletzt es die gesetzlichen Vorschriften wiederholt oder in grober Weise, so kann ihm die Aufsichtsbehörde die Zulassung befristet oder unbefristet entziehen. Der Entzug ist vorher anzudrohen; dies gilt nicht bei groben Verstössen gegen das Gesetz.

³ Die Aufsichtsbehörde informiert die betroffenen Gesellschaften und die Börse über den Entzug der Zulassung.

Art. 18   Massnahmen gegenüber natürlichen Personen, die für staatlich beaufsichtigte Revisionsunternehmen tätig sind

Verletzt eine natürliche Person, die für ein staatlich beaufsichtigtes Revisionsunternehmen tätig ist, die gesetzlichen Vorschriften, so erteilt ihr die Aufsichtsbehörde einen schriftlichen Verweis. Bei wiederholten oder groben Verstössen kann ihr die

Aufsichtsbehörde die Ausübung ihrer Tätigkeit befristet oder unbefristet verbieten und gegebenenfalls die Zulassung nach Artikel 17 Absatz 1 entziehen.

Art. 19   Information der Öffentlichkeit

[1] Die Aufsichtsbehörde veröffentlicht jährlich einen Bericht über ihre Tätigkeit und Praxis.

[2] Über laufende und abgeschlossene Verfahren informiert sie nur, wenn dies aus Gründen überwiegender öffentlicher oder privater Interessen erforderlich ist.

Art. 20   Beizug von Drittpersonen

[1] Die Aufsichtsbehörde kann zur Erfüllung ihrer Aufgaben Drittpersonen beiziehen.

[2] Die beauftragten Drittpersonen müssen vom staatlich beaufsichtigten Revisionsunternehmen und von Gesellschaften, für die dieses Revisionsdienstleistungen erbringt, unabhängig sein.

[3] Sie haben über Feststellungen, die sie im Rahmen ihrer Tätigkeit machen, das Geheimnis zu wahren.

Art. 21   Finanzierung

[1] Die Aufsichtsbehörde erhebt für ihre Verfügungen, Überprüfungen und Dienstleistungen Gebühren.

[2] Zur Deckung der Aufsichtskosten, die nicht durch Gebühren gedeckt sind, erhebt die Aufsichtsbehörde von den staatlich beaufsichtigten Revisionsunternehmen eine jährliche Aufsichtsabgabe. Diese wird auf der Grundlage der Kosten des Rechnungsjahres erhoben und trägt der wirtschaftlichen Bedeutung der staatlich beaufsichtigten Revisionsunternehmen Rechnung.

[3] Der Bundesrat regelt die Einzelheiten, insbesondere die Gebührenansätze, die Bemessung der Aufsichtsabgabe und deren Aufteilung auf die beaufsichtigten Revisionsunternehmen.

6. Abschnitt: Amts- und Rechtshilfe

Art. 22   Spezialgesetzliche Aufsichtsbehörden

[1] Die Aufsichtsbehörde und die spezialgesetzlichen Aufsichtsbehörden müssen einander alle Auskünfte erteilen und Unterlagen übermitteln, die sie für die Durchsetzung der jeweiligen Gesetzgebung benötigen. Sie koordinieren ihre Aufsichtstätigkeiten, um Doppelspurigkeiten zu vermeiden.

[2] Sie informieren sich gegenseitig über hängige Verfahren und Entscheide, die für die jeweilige Aufsichtstätigkeit von Belang sein können.

Art. 23   Börsen

[1] Die Börse und die Aufsichtsbehörde koordinieren ihre Aufsichtstätigkeiten, um Doppelspurigkeiten zu vermeiden.

[2] Sie informieren sich gegenseitig über hängige Verfahren und Entscheide, die für die jeweilige Aufsichtstätigkeit von Belang sein können.

[3] Können Sanktionen der Aufsichtsbehörde bei Verstössen gegen die Artikel 7 und 8 nicht durchgesetzt werden, so ergreift die Börse die erforderlichen Sanktionen.

Art. 24   Strafverfolgungsbehörden

[1] Die Aufsichtsbehörde und die Strafverfolgungsbehörden müssen einander alle Auskünfte erteilen und Unterlagen übermitteln, die sie für die Durchsetzung dieses Gesetzes benötigen.

[2] Die Strafverfolgungsbehörde darf von der Aufsichtsbehörde erhaltene Auskünfte und Unterlagen nur im Rahmen des Strafverfahrens verwenden, für das Rechtshilfe gewährt wurde. Sie darf Auskünfte und Unterlagen nicht an Dritte weitergeben.

[3] Erhält die Aufsichtsbehörde in Ausübung ihrer dienstlichen Pflichten Kenntnis von strafbaren Handlungen, so benachrichtigt sie die zuständigen Strafverfolgungsbehörden.

[4] Die Strafverfolgungsbehörden melden der Aufsichtsbehörde sämtliche Verfahren, die im Zusammenhang mit einer von einem staatlich beaufsichtigten Revisionsunternehmen erbrachten Revisionsdienstleistung stehen; sie übermitteln ihr die Urteile und die Einstellungsbeschlüsse. Zu melden sind insbesondere Verfahren, die folgende Bestimmungen betreffen:

a.   die Artikel 146, 152, 153, 161, 166, 251, 253–255 und 321 des Strafgesetzbuches[1];

b.   Artikel 47 des Bankengesetzes vom 8. November 1934[2];

c.   Artikel 43 des Börsengesetzes vom 24. März 1995[3].

Art. 25   Zivilgerichte

Die kantonalen Zivilgerichte und das Bundesgericht melden der Aufsichtsbehörde sämtliche Verfahren betreffend die Revisionshaftung (Art. 755 OR[4]) im Zusammenhang mit einer von einem staatlich beaufsichtigten Revisionsunternehmen erbrachten Revisionsdienstleistung und stellen ihr die Urteile sowie andere Entscheide zu, welche ein solches Verfahren abschliessen.

---

1   SR 311.0
2   SR 952.0
3   SR 954.1
4   SR 220; BBl 2005 7289

Art. 26 Zusammenarbeit mit ausländischen Revisionsaufsichtsbehörden

1 Die Aufsichtsbehörde kann zur Durchsetzung dieses Gesetzes ausländische Revisionsaufsichtsbehörden um Auskünfte und Unterlagen ersuchen.

2 Sie darf ausländischen Revisionsaufsichtsbehörden nicht öffentlich zugängliche Auskünfte und Unterlagen übermitteln, sofern diese Behörden:

a. die übermittelten Informationen ausschliesslich zur direkten Beaufsichtigung von Personen und Unternehmen verwenden, die Revisionsdienstleistungen erbringen;

b. an das Amts- oder Berufsgeheimnis gebunden sind;

c. die Informationen nur auf Grund einer Ermächtigung in einem Staatsvertrag oder mit vorgängiger Zustimmung der Aufsichtsbehörde an Behörden und an Organe weiterleiten, die im öffentlichen Interesse liegende Aufsichtsaufgaben wahrnehmen und an das Amts- und Berufsgeheimnis gebunden sind.

3 Die Aufsichtsbehörde verweigert die Zustimmung, wenn die Informationen an Strafbehörden oder an Behörden und Organe mit verwaltungsrechtlichen Sanktionsbefugnissen weitergeleitet werden sollen und die Rechtshilfe in Strafsachen wegen der Art der Tat ausgeschlossen wäre. Die Aufsichtsbehörde entscheidet im Einvernehmen mit dem Bundesamt für Justiz.

4 Der Bundesrat ist im Rahmen von Absatz 2 befugt, die Zusammenarbeit mit ausländischen Revisionsaufsichtsbehörden in Staatsverträgen zu regeln.

Art. 27 Grenzüberschreitende Prüfungshandlungen

1 Die Aufsichtsbehörde kann zur Durchsetzung dieses Gesetzes ausländische Revisionsaufsichtsbehörden um die Vornahme von Prüfungshandlungen im Ausland ersuchen. Auf Grund einer Ermächtigung in einem Staatsvertrag oder mit vorgängiger Zustimmung der ausländischen Revisionsaufsichtsbehörde kann sie Prüfungshandlungen im Ausland selbst vornehmen.

2 Auf Ersuchen ausländischer Revisionsaufsichtsbehörden nimmt die Aufsichtsbehörde für diese Prüfungshandlungen im Inland vor, wenn der ersuchende Staat Gegenrecht hält. Artikel 26 Absätze 2 und 3 finden entsprechende Anwendung.

3 Auf Grund einer Ermächtigung in einem Staatsvertrag oder mit vorgängiger Zustimmung der Aufsichtsbehörde können ausländische Revisionsaufsichtsbehörden Prüfungshandlungen in der Schweiz selbst vornehmen, wenn der ersuchende Staat Gegenrecht hält. Artikel 26 Absätze 2 und 3 findet entsprechende Anwendung.

4 Die Aufsichtsbehörde kann die ausländische Revisionsaufsichtsbehörde bei deren Aufsichtshandlungen in der Schweiz begleiten. Die betroffene Person oder das betroffene Unternehmen kann eine solche Begleitung verlangen.

5 Der Bundesrat ist im Rahmen der Absätze 2 und 3 befugt, die Zusammenarbeit mit ausländischen Revisionsaufsichtsbehörden in Staatsverträgen zu regeln.

7. Abschnitt: Organisation der Aufsichtsbehörde

Art. 28   Aufsichtsbehörde

[1] Die Aufsicht nach diesem Gesetz obliegt der Eidgenössischen Revisionsaufsichtsbehörde (Aufsichtsbehörde).

[2] Die Aufsichtsbehörde ist eine öffentlich-rechtliche Anstalt mit eigener Rechtspersönlichkeit. Sie übt die Aufsicht unabhängig aus.

[3] Sie ist in ihrer Organisation sowie in ihrer Betriebsführung selbstständig und führt eine eigene Rechnung.

Art. 29   Organe

Die Organe der Aufsichtsbehörde sind:

a.   der Verwaltungsrat;

b.   die Direktorin oder der Direktor;

c.   die Revisionsstelle.

Art. 30   Verwaltungsrat

[1] Der Bundesrat wählt den Verwaltungsrat, bestimmt das Präsidium sowie das Vizepräsidium und legt die Entschädigungen fest.

[2] Der Verwaltungsrat besteht aus höchstens fünf Mitgliedern. Er wird für eine Amtsdauer von vier Jahren gewählt. Die Mitglieder müssen fachkundig und von der Revisionsbranche unabhängig sein.

[3] Der Verwaltungsrat ist das oberste Organ der Aufsichtsbehörde. Er hat folgende Aufgaben:

a.   Er regelt die Organisation und erlässt Vorschriften über weitere Angelegenheiten, deren Regelung der Aufsichtsbehörde übertragen ist.

b.   Er wählt die Direktorin oder den Direktor unter Vorbehalt der Genehmigung durch den Bundesrat.

c.   Er überwacht die Erfüllung der Aufgaben durch die Direktorin oder den Direktor.

d.   Er genehmigt die Tätigkeitsberichte (Art. 19 und 38).

e.   Er genehmigt den Voranschlag und die Jahresrechnung.

[4] Für das Honorar der Mitglieder des Verwaltungsrates und die weiteren mit diesen Personen vereinbarten Vertragsbedingungen findet Artikel 6*a* Absätze 1–5 des Bundespersonalgesetzes vom 24. März 2000[1] entsprechende Anwendung.

---

1   SR 172.220.1

Art. 31   Direktorin oder Direktor

[1] Die Direktorin oder der Direktor ist oberstes vollziehendes Organ und erfüllt alle Aufgaben gemäss diesem Gesetz, die nicht dem Verwaltungsrat vorbehalten sind.

[2] Sie oder er erarbeitet die Entscheidgrundlagen des Verwaltungsrates und erstattet ihm regelmässig Bericht, bei besonderen Ereignissen ohne Verzug.

[3] Sie oder er kann in internationalen Organisationen und Gremien mitwirken, die Angelegenheiten der Revisionsaufsicht behandeln.

Art. 32   Revisionsstelle

Die Eidgenössische Finanzkontrolle besorgt die Revision der Aufsichtsbehörde nach Massgabe des Finanzkontrollgesetzes vom 28. Juni 1967[1].

Art. 33   Personal

[1] Die Aufsichtsbehörde stellt ihr Personal privatrechtlich an.

[2] Der Bundesrat erlässt Vorschriften zur Vermeidung von Interessenkonflikten.

[3] Für den Lohn der Direktorin oder des Direktors sowie der Angehörigen des geschäftsleitenden Kaders und des weiteren Personals, das in vergleichbarer Weise entlöhnt wird, sowie für die weiteren mit diesen Personen vereinbarten Vertragsbedingungen findet Artikel 6*a* Absätze 1–5 des Bundespersonalgesetzes vom 24. März 2000[2] entsprechende Anwendung.

Art. 34   Amtsgeheimnis

Die Organe der Aufsichtsbehörde und ihr Personal unterstehen dem Amtsgeheimnis.

Art. 35   Rechnungswesen

[1] Der Voranschlag und die Jahresrechnung der Aufsichtsbehörde werden unabhängig vom Voranschlag und von der Rechnung des Bundes geführt.

[2] Auf die Rechnungslegung finden die Bestimmungen der Artikel 662*a*–663*b* des OR[3] entsprechende Anwendung.

[3] Die Aufsichtsbehörde bildet die für die Ausübung ihrer Aufsichtstätigkeit erforderlichen Reserven im Umfang von höchstens einem Jahresbudget.

---

1   SR 614.0
2   SR 172.220.1
3   SR 220; BBl 2005 7289

Art. 36   Tresorerie

[1] Die Aufsichtsbehörde verfügt beim Bund über ein Kontokorrent und legt die überschüssigen Gelder beim Bund zu Marktzinsen an.

[2] Der Bund gewährt der Aufsichtsbehörde für deren Aufbau sowie zur Sicherstellung ihrer Zahlungsfähigkeit Darlehen zu Marktzinsen.

Art. 37   Steuerbefreiung

Die Aufsichtsbehörde ist von jeder Besteuerung durch den Bund, die Kantone und die Gemeinden befreit.

Art. 38   Aufsicht

[1] Die Aufsichtsbehörde untersteht der Aufsicht des Bundesrates. Dieser entscheidet über die administrative Zuordnung.

[2] Sie erstattet dem Bundesrat und der Bundesversammlung jährlich Bericht über ihre Tätigkeit.

8. Abschnitt: Strafbestimmungen

Art. 39   Übertretungen

[1] Mit Busse bis zu 100 000 Franken wird bestraft, wer verstösst gegen:

a.   die Grundsätze zur Unabhängigkeit nach Artikel 11 sowie nach Artikel 728 des OR[1];

b.   die Meldepflichten nach Artikel 14;

c.   die Mitteilungspflicht nach Artikel 15 Absatz 3;

d.   eine Ausführungsbestimmung zu diesem Gesetz, deren Übertretung vom Bundesrat für strafbar erklärt wird;

e.   eine Verfügung oder Massnahme der Aufsichtsbehörde, die unter Hinweis auf die Strafdrohung dieses Artikels erlassen wurde.

[2] Wird die Tat fahrlässig begangen, so ist die Strafe Busse bis zu 50 000 Franken.

[3] Die Aufsichtsbehörde verfolgt und beurteilt diese Widerhandlungen nach den Vorschriften des Bundesgesetzes vom 22. März 1974[2] über das Verwaltungsstrafrecht.

[4] Die Verfolgung von Übertretungen verjährt nach sieben Jahren.

---

1   SR 220; BBl 2005 7289
2   SR 313.0

Art. 40 Vergehen

[1] Mit Gefängnis oder mit Busse bis zu 1 000 000 Franken wird bestraft, wer:

a. eine Revisionsdienstleistung ohne die erforderliche Zulassung oder trotz Verbot zur Ausübung seiner Tätigkeit erbringt;

b. der Aufsichtsbehörde die verlangten Auskünfte nicht erteilt oder ihr die verlangten Unterlagen nicht herausgibt, ihr gegenüber falsche oder unvollständige Angaben macht oder ihr keinen Zutritt zu seinen Geschäftsräumlichkeiten gewährt (Art. 13);

c. als staatlich beaufsichtigtes Revisionsunternehmen gegen die Pflichten zur Dokumentation und zur Aufbewahrung verstösst (Art. 730c OR[1]);

d. während oder nach Beendigung der Tätigkeit als von der Aufsichtsbehörde beauftragte Drittperson (Art. 20) ein Geheimnis offenbart, das ihr in dieser Eigenschaft anvertraut worden ist oder das sie in dieser Eigenschaft wahrgenommen hat; vorbehalten bleiben die eidgenössischen und kantonalen Bestimmungen über die Zeugnispflicht und die Auskunftspflicht gegenüber einer Behörde.

[2] Wird die Tat fahrlässig begangen, so ist die Strafe Busse bis zu 100 000 Franken.

[3] Strafverfolgung und Beurteilung sind Sache der Kantone.

9. Abschnitt: Schlussbestimmungen

Art. 41 Vollzug

Der Bundesrat erlässt die Ausführungsbestimmungen. Er kann die Aufsichtsbehörde ermächtigen, weitere Ausführungsbestimmungen zu erlassen.

Art. 42 Änderung bisherigen Rechts

Die Änderung bisherigen Rechts wird im Anhang geregelt.

Art. 43 Übergangsbestimmungen

[1] Erfüllt eine natürliche Person oder ein Revisionsunternehmen die Aufgaben einer Revisionsstelle, so gelten die Vorschriften dieses Gesetzes, sobald auf die zu prüfende juristische Person die neuen Vorschriften zur Revisionsstelle vom 16. Dezember 2005 Anwendung finden.

[2] Erbringen natürliche Personen oder Revisionsunternehmen andere Revisionsdienstleistungen, so findet das neue Recht mit Inkrafttreten dieses Gesetzes Anwendung.

[3] Natürliche Personen und Revisionsunternehmen, die bis vier Monate nach Inkrafttreten dieses Gesetzes bei der Aufsichtsbehörde ein Gesuch um Zulassung als Revisorin,

1   SR 220; BBl 2005 7289

Revisor, Revisionsexpertin, Revisionsexperte oder staatlich beaufsichtigtes Revisionsunternehmen einreichen, dürfen bis zum Entscheid über die Zulassung Revisionsdienstleistungen im Sinne von Artikel 2 Buchstabe a erbringen. Die Aufsichtsbehörde bestätigt der Gesuchstellerin oder dem Gesuchsteller schriftlich die fristgerechte Einreichung des Gesuchs. Sie macht der Börse Mitteilung über die eingereichten Gesuche um Zulassung als staatlich beaufsichtigtes Revisionsunternehmen.

4 Fachpraxis, die bis zwei Jahre nach Inkrafttreten dieses Gesetzes unter der Beaufsichtigung von Personen erworben wurde, welche die Voraussetzungen nach der Verordnung vom 15. Juni 1992[1] über die fachlichen Anforderungen an besonders befähigte Revisoren erfüllen, gilt als Fachpraxis im Sinne von Artikel 4.

5 Fachpraxis, die bis zwei Jahre nach Inkrafttreten dieses Gesetzes unter der Beaufsichtigung von Personen erworben wurde, welche die Voraussetzungen an die Ausbildung nach Artikel 4 Absatz 2 erfüllen, gilt als Fachpraxis im Sinne von Artikel 5.

6 Die Aufsichtsbehörde kann in Härtefällen auch Fachpraxis anerkennen, die den gesetzlichen Anforderungen nicht genügt, sofern eine einwandfreie Erbringung von Revisionsdienstleistungen auf Grund einer langjährigen praktischen Erfahrung nachgewiesen wird.

Art. 44   Übergangsbestimmung zum Rechtsschutz

Bis zum Inkrafttreten des Verwaltungsgerichtsgesetzes vom 17. Juni 2005[2] wird der Rechtsschutz in Ergänzung zu den allgemeinen Bestimmungen über die Bundesrechtspflege wie folgt geregelt: Die Rekurskommission EVD beurteilt Beschwerden gegen Verfügungen der Aufsichtsbehörde.

Art. 45   Referendum und Inkrafttreten

1 Dieses Gesetz untersteht dem fakultativen Referendum.

2 Der Bundesrat bestimmt das Inkrafttreten.

Datum des Inkrafttretens: [3]	1. September 2007
Artikel 28, 29, 30 Absätze 1, 2, 3 Buchstaben a–c und e sowie 4, 31, 32, 33 Absätze 1 und 3, 34, 35 Absätze 1 und 2, 36, 37 und 38 Absatz 1:	1. November 2006
Art. 8:	später

---

1   [AS 1992 1210]
2   SR 173.32
3   V vom 22. Aug 2007 (AS 2007 3969)

Nr. 14   Handelsregisterverordnung (HRegV)

vom 17. Oktober 2007 (Stand am 1. Januar 2008)

SR 221.411

Der Schweizerische Bundesrat,

gestützt auf die Artikel 929, 929a, 931 Absatz 2bis, 936, 936a und 938a des Obligationenrechts (OR)[1] sowie auf Artikel 102 des Fusionsgesetzes vom 3. Oktober 2003[2] (FusG),

verordnet:

1. Titel: Allgemeine Bestimmungen

1. Kapitel: Zweck und Begriffe

Art. 1   Zweck

Das Handelsregister dient der Konstituierung und der Identifikation von Rechtseinheiten. Es bezweckt die Erfassung und Offenlegung rechtlich relevanter Tatsachen und gewährleistet die Rechtssicherheit sowie den Schutz Dritter im Rahmen zwingender Vorschriften des Zivilrechts.

Art. 2   Begriffe

Im Sinne dieser Verordnung gelten als:

a. Rechtseinheit:
   1. Einzelunternehmen (Art. 934 Abs. 1 und 2 OR),
   2. Kollektivgesellschaften (Art. 552 ff. OR),
   3. Kommanditgesellschaften (Art. 594 ff. OR),
   4. Aktiengesellschaften (Art. 620 ff. OR),
   5. Kommanditaktiengesellschaften (Art. 764 ff. OR),
   6. Gesellschaften mit beschränkter Haftung (Art. 772 ff. OR),
   7. Genossenschaften (Art. 828 ff. OR),
   8. Vereine (Art. 60 ff. des Zivilgesetzbuches, ZGB[3]),
   9. Stiftungen (Art. 80 ff. ZGB),
   10. Kommanditgesellschaft für kollektive Kapitalanlagen (Art. 98 ff. des Kollektivanlagengesetzes vom 23. Juni 2006[4], KAG),

---

1   SR 220; AS 2007 4791
2   SR 221.301
3   SR 210
4   SR 951.31

11. Investmentgesellschaft mit festem Kapital (SICAF; Art. 110 ff. KAG),
12. Investmentgesellschaft mit variablem Kapital (SICAV; Art. 36 ff. KAG),
13. Institute des öffentlichen Rechts (Art. 2 Bst. d FusG),
14. Zweigniederlassungen (Art. 935 OR);

b. Gewerbe: eine selbstständige, auf dauernden Erwerb gerichtete wirtschaftliche Tätigkeit;

c. Rechtsdomizil: die Adresse, unter der die Rechtseinheit an ihrem Sitz erreicht werden kann, mit folgenden Angaben: Strasse, Hausnummer, Postleitzahl und Ortsnamen.

2. Kapitel: Handelsregisterbehörden

Art. 3   Handelsregisterämter

Die Führung der Handelsregisterämter obliegt den Kantonen. Sie gewährleisten eine fachlich qualifizierte Handelsregisterführung. Es steht ihnen frei, das Handelsregister kantonsübergreifend zu führen.

Art. 4   Kantonale Aufsichtsbehörden

1 Die Kantone bestimmen die Aufsichtsbehörde, die mit der administrativen Aufsicht über das Handelsregisteramt betraut ist.

2 Erfüllen Registerführerinnen oder Registerführer oder deren Mitarbeiterinnen oder Mitarbeiter ihre Aufgaben nicht ordnungsgemäss, so trifft die kantonale Aufsichtsbehörde von Amtes wegen oder auf Antrag des Bundes die erforderlichen Massnahmen. In schweren oder wiederholten Fällen sind die betroffenen Personen ihres Amtes zu entheben.

3 Die Anfechtung von Verfügungen des Handelsregisteramtes richtet sich nach Artikel 165.

Art. 5   Oberaufsicht durch den Bund

1 Das Eidgenössische Justiz- und Polizeidepartement übt die Oberaufsicht über die Handelsregisterführung aus.

2 Das Eidgenössische Amt für das Handelsregister (EHRA) im Bundesamt für Justiz ist insbesondere zur selbstständigen Erledigung folgender Geschäfte ermächtigt:

a. den Erlass von Weisungen im Bereich des Handelsregisters und des Firmenrechts, die sich an die kantonalen Handelsregisterbehörden richten;

b. die Prüfung der Rechtmässigkeit und die Genehmigung der kantonalen Eintragungen in das Tagesregister;

c. die Durchführung von Inspektionen;

d. die Stellung von Anträgen gemäss Artikel 4 Absatz 2;

e. die Beschwerdeführung an das Bundesgericht gegen Entscheide des Bundesverwaltungsgerichts und der kantonalen Gerichte.

3. Kapitel: Aufbau und Inhalt des Handelsregisters

Art. 6 Aufbau des Handelsregisters

[1] Das Handelsregister besteht aus dem Tagesregister, dem Hauptregister, den Anmeldungen und Belegen.

[2] Das Tagesregister ist das elektronische Verzeichnis aller Einträge in chronologischer Reihenfolge.

[3] Das Hauptregister ist der elektronische Zusammenzug aller rechtswirksamen Einträge im Tagesregister geordnet nach Rechtseinheit.

Art. 7 Inhalt des Handelsregisters

Das Tages- und das Hauptregister enthalten Einträge über:

a. die Rechtseinheiten;

b. nicht kaufmännische Prokuren (Art. 458 Abs. 3 OR);

c. das Haupt von Gemeinderschaften (Art. 341 Abs. 3 ZGB).

Art. 8 Tagesregister

[1] Alle ins Handelsregister einzutragenden Tatsachen werden in das Tagesregister aufgenommen.

[2] Das Handelsregisteramt erstellt die Einträge aufgrund der Anmeldung und der Belege oder aufgrund eines Urteils oder einer Verfügung oder nimmt diese von Amtes wegen vor.

[3] Das Tagesregister enthält:

a. die Einträge;

b. die Nummer und das Datum des Eintrags;

c. das Identifikationszeichen der Person, die die Eintragung vorgenommen oder angeordnet hat und die Angabe des Handelsregisteramtes;

d. die Gebühren der Eintragung;

e. die Liste der Belege, die der Eintragung zugrunde liegen.

[4] Die Einträge im Tagesregister werden fortlaufend nummeriert. Die Zählung beginnt mit jedem Kalenderjahr neu zu laufen. Bereits zugeteilte Nummern nicht rechtswirksam gewordener Einträge dürfen im selben Kalenderjahr nicht erneut verwendet werden.

[5] Die Einträge im Tagesregister dürfen nachträglich nicht verändert werden und bleiben zeitlich unbeschränkt bestehen.

Art. 9 Hauptregister

[1] Einträge im Tagesregister sind am Tag, an dem sie im Schweizerischen Handelsamtsblatt veröffentlicht werden, ins Hauptregister zu übernehmen.

[2] Das Hauptregister enthält für jede Rechtseinheit folgende Angaben:

a. alle Einträge ins Tagesregister gemäss Artikel 8 Absatz 3 Buchstaben a und b;

b. das Datum der erstmaligen Eintragung der Rechtseinheit in das Handelsregister;

c. die Nummer des Eintrags im Tagesregister;

d. das Datum und die Nummer der Ausgabe des Schweizerischen Handelsamtsblattes, in der die Eintragung publiziert wurde;

e. der Verweis auf einen allfälligen früheren Eintrag auf einer Karteikarte oder im Firmenverzeichnis;

f. das Datum der Löschung im Handelsregister.

[3] Die Löschung einer Rechtseinheit ist im Hauptregister deutlich sichtbar zu machen.

[4] Die Einträge im Hauptregister dürfen nachträglich nicht verändert werden und bleiben zeitlich unbeschränkt bestehen. Vorbehalten bleibt die Vornahme von rein typografischen Korrekturen ohne Einfluss auf den materiellen Gehalt. Die Vornahme entsprechender Korrekturen ist zu protokollieren.

[5] Das Hauptregister muss durch elektronische Wiedergabe und auf einem Papierausdruck jederzeit sichtbar gemacht werden können.

4. Kapitel: Öffentlichkeit des Handelsregisters

Art. 10 Öffentlichkeit des Hauptregisters

Die Einträge im Hauptregister, die Anmeldungen und die Belege sind öffentlich. Die Einträge im Tagesregister werden mit der Genehmigung durch das EHRA öffentlich. Nicht öffentlich ist die mit der Eintragung zusammenhängende Korrespondenz.

Art. 11 Einsichtnahme und Auszüge

[1] Auf Verlangen gewähren die Handelsregisterämter Einsicht in das Hauptregister, in die Anmeldung und in die Belege und erstellen:

a. beglaubigte Auszüge über die Einträge einer Rechtseinheit im Hauptregister;

b. Kopien von Anmeldungen und von Belegen.

[2] Vor der Veröffentlichung einer Eintragung im Schweizerischen Handelsamtsblatt dürfen Auszüge nur ausgestellt werden, wenn die Eintragung durch das EHRA genehmigt ist.

[3] Erstellen die Handelsregisterämter elektronische Auszüge und Kopien von Anmeldungen und von Belegen, so müssen die Beglaubigungen mit einem qualifizierten

Zertifikat nach dem Bundesgesetz vom 19. Dezember 2003[1] über die elektronische Signatur (ZertES) versehen werden.

4 Für die Einsichtnahme sowie für die Auszüge, die Kopien von Anmeldungen und Belegen und die Bescheinigungen ist eine Gebühr zu entrichten. Keine Gebühr ist zu entrichten, wenn die Auszüge, Kopien und Bescheinigungen zu amtlichem Gebrauch bestimmt sind.

5 Das EHRA sorgt durch eine Weisung für eine einheitliche Struktur und Darstellung der Auszüge. Dabei ermöglicht es den Kantonen, kantonale Wappen und Symbole zu verwenden. Es kann Vorschriften zur Sicherheit der Auszüge erlassen.

6 Ist eine Rechtseinheit nicht eingetragen, so bescheinigt dies das Handelsregisteramt auf Verlangen.

Art. 12 Elektronisches Angebot

1 Die Kantone stellen die Einträge im Hauptregister für Einzelabfragen im Internet unentgeltlich zur Verfügung.

2 Bei Abweichungen gehen die im Hauptregister eingetragenen Tatsachen den elektronisch abgerufenen Daten vor.

3 Die Daten müssen nach bestimmten Suchkriterien abrufbar sein. Das EHRA erlässt eine Weisung dazu.

5. Kapitel: Zentralregister und Zefix

Art. 13 Zentralregister

1 Das EHRA führt ein Zentralregister sämtlicher Rechtseinheiten, die in den Hauptregistern der Kantone eingetragen sind. Das Zentralregister dient der Unterscheidung und dem Auffinden der eingetragenen Rechtseinheiten.

2 Das EHRA führt auf Verlangen schriftliche Recherchen zu Firmen und Namen im Zentralregister durch. Es erhebt für Auskünfte an Private eine Gebühr.

Art. 14 Zentraler Firmenindex (Zefix)

1 Die öffentlichen Daten des Zentralregisters sind im elektronischen Abrufverfahren über die Internetdatenbank Zefix für Einzelabfragen unentgeltlich zugänglich. Elektronisch abgerufene Daten entfalten keine Rechtswirkungen.

2 Das EHRA kann Daten, die im Zentralregister enthalten sind, in elektronischer Form Behörden von Bund, Kantonen und Gemeinden sowie Institutionen, die mit dem Vollzug der Sozialversicherungsgesetzgebung betraut sind, zugänglich machen, wenn diese Behörden diese Daten für die Erfüllung ihrer öffentlichen Aufgaben benötigen. Diese Dienstleistung ist unentgeltlich.

1 SR 943.03

³ Das Eidgenössische Justiz- und Polizeidepartement bestimmt:

a.   die Daten, die ins Zentralregister aufgenommen werden;

b.   die Daten des Zentralregisters, die öffentlich sind;

c.   den Inhalt der gesamten Datenbestände, die Behörden zugänglich gemacht werden können;

d.   die Bedingungen und die Modalitäten für den Zugang zu den Datenbeständen.

2. Titel: Eintragungsverfahren

1. Kapitel: Anmeldung und Belege

1. Abschnitt: Anmelde- und Belegprinzip

Art. 15

¹ Die Eintragung ins Handelsregister beruht auf einer Anmeldung; vorbehalten bleibt die Eintragung aufgrund eines Urteils oder einer Verfügung eines Gerichts oder einer Behörde oder von Amtes wegen.

² Die einzutragenden Tatsachen sind zu belegen. Dem Handelsregisteramt müssen die dazu erforderlichen Belege eingereicht werden.

³ Ist für die Eintragung in das Handelsregister eine Frist vorgesehen, so gilt diese als gewahrt, wenn die Anmeldung und die erforderlichen Belege den rechtlichen Anforderungen genügen und:

a.   die Anmeldung und die erforderlichen Belege am letzten Tag der Frist beim Handelsregisteramt eingereicht oder zu dessen Handen der Schweizerischen Post übergeben werden; oder

b.   das Informatiksystem dem Absender den Empfang der elektronischen Anmeldung und der erforderlichen elektronischen Belege spätestens am letzten Tag der Frist bestätigt.

2. Abschnitt: Anmeldung

Art. 16   Inhalt, Form und Sprache

¹ Die Anmeldung muss die Rechtseinheit klar identifizieren und die einzutragenden Tatsachen angeben oder auf die entsprechenden Belege einzeln verweisen.

² Die Anmeldung kann auf Papier oder in elektronischer Form eingereicht werden.

³ Für die elektronische Anmeldung muss entweder das elektronische Formular des zuständigen kantonalen Handelsregisteramtes oder eine andere vom Kanton anerkannte elektronische Eingabeform verwendet werden.

4 Die Anmeldungen sind in einer der Amtssprachen des Kantons abzufassen, in dem die Eintragung erfolgt.

Art. 17 Anmeldende Personen

1 Die Anmeldung erfolgt durch die betroffene Rechtseinheit und muss von folgenden Personen unterzeichnet sein:

a. bei Einzelunternehmen: von der Inhaberin oder vom Inhaber (Art. 934 OR);

b. bei der Kollektiv- oder Kommanditgesellschaft: von allen Gesellschafterinnen und Gesellschaftern (Art. 552 Abs. 2, 594 Abs. 3 OR);

c. bei juristischen Personen: von zwei Mitgliedern des obersten Leitungs- oder Verwaltungsorgans oder von einem Mitglied mit Einzelzeichnungsberechtigung (Art. 931a OR);

d. bei der Kommanditgesellschaft für kollektive Kapitalanlagen: von einer zur Vertretung berechtigten natürlichen Person für jede unbeschränkt haftende Gesellschafterin;

e. bei Instituten des öffentlichen Rechts: von den Personen, die nach öffentlichem Recht zuständig sind (Art. 931a OR);

f. bei der nicht kaufmännischen Prokura: von der Geschäftsfrau oder vom Geschäftsherrn (Art. 458 Abs. 3 OR);

g. bei der Gemeinderschaft: vom Haupt der Gemeinderschaft (Art. 341 Abs. 3 ZGB).

h. bei der Zweigniederlassung von Rechtseinheiten mit Sitz im In- oder im Ausland: von einer zeichnungsberechtigten Person, die am Sitz der Hauptniederlassung oder der Zweigniederlassung im Handelsregister eingetragen ist;

i. bei der Löschung einer Rechtseinheit: von den Liquidatorinnen und Liquidatoren (Art. 589, 619, 746, 764 Abs. 2, 826 Abs. 2, 913 OR; Art. 58 ZGB).

2 Die Anmeldung kann zudem durch die betroffenen Personen selbst erfolgen:

a. bei der Löschung von Mitgliedern der Organe und der Löschung von Vertretungsbefugnissen (Art. 938b OR);

b. bei der Änderung von Personenangaben gemäss Artikel 119 Absatz 1 Buchstaben a–d;

c. bei der Löschung des Rechtsdomizils gemäss Artikel 117 Absatz 3.

3 Haben Erbinnen oder Erben eine Eintragung anzumelden, so können an ihrer Stelle auch Willensvollstreckerinnen, Willensvollstrecker, Erbschaftsliquidatorinnen oder Erbschaftsliquidatoren die Anmeldung vornehmen.

Art. 18   Unterzeichnung

[1] Die Anmeldung muss von den Personen nach Artikel 17 unterzeichnet sein. Die Unterzeichnung durch eine Vertreterin oder einen Vertreter ist nicht zulässig.

[2] Die Anmeldung auf Papier ist beim Handelsregisteramt zu unterzeichnen oder mit den beglaubigten Unterschriften einzureichen. Eine Beglaubigung ist nicht erforderlich, wenn die Unterschriften schon früher in beglaubigter Form für die gleiche Rechtseinheit eingereicht wurden. Bestehen begründete Zweifel an der Echtheit einer Unterschrift, so kann das Handelsregisteramt eine erneute Beglaubigung verlangen.

[3] Unterzeichnen die anmeldenden Personen die Anmeldung beim Handelsregisteramt, so haben sie ihre Identität durch einen gültigen Pass oder eine gültige Identitätskarte nachzuweisen.

[4] Elektronische Anmeldungen müssen mit einem qualifizierten Zertifikat im Sinne des ZertES[1] unterzeichnet sein.

[5] Ist eine rechtskonforme Unterzeichnung einer Anmeldung aus zwingenden Gründen nicht möglich und sind die Voraussetzungen für das Verfahren von Amtes wegen nach Artikel 152 nicht erfüllt, so kann die kantonale Aufsichtsbehörde auf Antrag der Rechtseinheit oder des Handelsregisteramts die Vornahme einer Eintragung anordnen.

Art. 19   Eintragung aufgrund eines Urteils oder einer Verfügung

[1] Ordnet ein Gericht oder eine Behörde die Eintragung von Tatsachen in das Handelsregister an, so reicht die anordnende Stelle dem Handelsregisteramt das Urteil oder die Verfügung ein. Das Urteil oder die Verfügung darf erst eingereicht werden, wenn es oder sie vollstreckbar geworden ist. Artikel 176 Absatz 1 des Bundesgesetzes vom 11. April 1889[2] über Schuldbetreibung und Konkurs (SchKG) bleibt vorbehalten.

[2] Das Handelsregisteramt nimmt die Eintragung unverzüglich vor.

[3] Enthält das Dispositiv des Urteils oder der Verfügung unklare oder unvollständige Anordnungen über die einzutragenden Tatsachen, so muss das Handelsregisteramt die anordnende Stelle um schriftliche Erläuterung ersuchen.

[4] Die Genehmigung der Eintragungen durch das EHRA bleibt vorbehalten.

3. Abschnitt: Belege

Art. 20   Inhalt, Form und Sprache

[1] Die Belege sind im Original oder in beglaubigter Kopie einzureichen. Beglaubigte Kopien können auf Papier oder in elektronischer Form eingereicht werden.

---

1   SR 943.03
2   SR 281.1

2 Die Belege müssen rechtskonform unterzeichnet sein. Elektronische Kopien von Belegen müssen mit einem qualifizierten Zertifikat im Sinn des ZertES[1] unterzeichnet sein.

3 Werden Belege in einer Sprache eingereicht, die nicht als Amtssprache des Kantons gilt, so kann das Handelsregisteramt eine Übersetzung verlangen, sofern dies für die Prüfung oder für die Einsichtnahme durch Dritte erforderlich ist. Soweit nötig, kann es die Übersetzerin oder den Übersetzer bezeichnen. Die Übersetzung gilt diesfalls ebenfalls als Beleg.

Art. 21 Unterschriften

1 Wird eine zeichnungsberechtigte Person zur Eintragung in das Handelsregister angemeldet, so muss sie ihre Unterschrift beim Handelsregisteramt zeichnen, oder ihre originale Unterschrift muss dem Handelsregisteramt in beglaubigter Form als Beleg eingereicht werden.

2 Zeichnet sie die Unterschrift beim Handelsregisteramt, so muss sie ihre Identität durch einen gültigen Pass oder eine gültige Identitätskarte nachweisen. Das Handelsregisteramt beglaubigt die Unterschrift gegen Gebühr.

3 Diese Bestimmung gilt sinngemäss für nicht zeichnungsberechtigte Personen, die eine Anmeldung beim Handelsregisteramt vornehmen.

Art. 22 Statuten und Stiftungsurkunden

1 Ins Handelsregister wird als Datum der Statuten der Tag eingetragen, an dem:

a. die Gründerinnen und Gründer die Statuten angenommen haben; oder

b. das zuständige Organ der Gesellschaft die letzte Änderung der Statuten beschlossen hat.

2 Ins Handelsregister wird als Datum der Stiftungsurkunde der Tag eingetragen, an dem:

a. die öffentliche Urkunde über die Errichtung der Stiftung erstellt wurde;

b. die Verfügung von Todes wegen errichtet wurde; oder

c. die Stiftungsurkunde durch das Gericht oder eine Behörde geändert wurde.

3 Werden die Statuten oder die Stiftungsurkunde geändert oder angepasst, so muss dem Handelsregisteramt eine vollständige neue Fassung der Statuten oder der Stiftungsurkunde eingereicht werden.

4 Die Statuten von Aktiengesellschaften, Kommanditaktiengesellschaften, Gesellschaften mit beschränkter Haftung, Investmentgesellschaften mit festem Kapital und Investmentgesellschaften mit variablem Kapital sowie die Stiftungsurkunde müssen von einer Urkundsperson beglaubigt werden. Die Statuten von Genossenschaften und Vereinen müssen von einem Mitglied der Verwaltung beziehungsweise des Vorstandes unterzeichnet sein.

1 SR 943.03

Art. 23   Protokolle über die Fassung von Beschlüssen

[1] Beruhen einzutragende Tatsachen auf Beschlüssen oder Wahlen von Organen einer juristischen Person und bedarf der Beschluss nicht der öffentlichen Beurkundung, so muss das Protokoll beziehungsweise ein Protokollauszug über die Beschlussfassung oder ein Zirkularbeschluss als Beleg eingereicht werden.

[2] Protokolle oder Protokollauszüge müssen von der Protokollführerin oder vom Protokollführer sowie von der Vorsitzenden oder vom Vorsitzenden des beschliessenden Organs unterzeichnet werden, Zirkularbeschlüsse von allen Personen, die dem Organ angehören.

[3] Ein Protokoll oder ein Protokollauszug des obersten Leitungs- oder Verwaltungsorgans ist nicht erforderlich, sofern die Anmeldung an das Handelsregisteramt von sämtlichen Mitgliedern dieses Organs unterzeichnet ist. Ein Protokoll oder ein Protokollauszug der Gesellschafterversammlung von Gesellschaften mit beschränkter Haftung ist ebenfalls nicht erforderlich, sofern die Anmeldung an das Handelsregisteramt von sämtlichen im Handelsregister eingetragenen Gesellschaftern unterzeichnet ist.

Art. 24   Bestehen von Rechtseinheiten

[1] Nimmt eine einzutragende Tatsache auf eine im schweizerischen Handelsregister eingetragene Rechtseinheit Bezug, so muss deren Bestehen nicht belegt werden. Das mit der Eintragung dieser Tatsache betraute Handelsregisteramt überprüft das Bestehen der Rechtseinheit durch Einsichtnahme in die kantonale Handelsregisterdatenbank nach Artikel 12.

[2] Das Bestehen einer Rechtseinheit, die nicht im schweizerischen Handelsregister eingetragen ist, muss durch einen aktuellen beglaubigten Auszug aus dem ausländischen Handelsregister oder durch eine gleichwertige Urkunde belegt werden.

Art. 25   Ausländische öffentliche Urkunden und Beglaubigungen

[1] Im Ausland errichtete öffentliche Urkunden und Beglaubigungen müssen mit einer Bescheinigung der am Errichtungsort zuständigen Behörde versehen sein, die bestätigt, dass sie von der zuständigen Urkundsperson errichtet worden sind. Unter Vorbehalt abweichender Bestimmungen von Staatsverträgen ist zudem eine Beglaubigung der ausländischen Regierung und der zuständigen diplomatischen oder konsularischen Vertretung der Schweiz beizufügen.

[2] Muss nach schweizerischem Recht eine öffentliche Urkunde erstellt und als Beleg beim Handelsregisteramt eingereicht werden, so kann das Handelsregisteramt den Nachweis verlangen, dass das ausländische Beurkundungsverfahren dem öffentlichen Beurkundungsverfahren in der Schweiz gleichwertig ist. Es kann dazu ein Gutachten verlangen und den Gutachter bezeichnen.

2. Kapitel: Grundsätze für die Eintragung

Art. 26 Wahrheitsgebot, Täuschungsverbot und öffentliches Interesse

Die Eintragungen in das Handelsregister müssen wahr sein und dürfen weder zu Täuschungen Anlass geben noch einem öffentlichen Interesse widersprechen.

Art. 27 Änderung von Tatsachen

Ist eine Tatsache im Handelsregister eingetragen, so muss auch jede Änderung dieser Tatsache eingetragen werden (Art. 937 OR).

Art. 28 Prüfungspflicht des Handelsregisteramts

Bevor das Handelsregisteramt eine Eintragung vornimmt, muss es prüfen, ob die Voraussetzungen des Gesetzes und der Verordnung erfüllt sind. Insbesondere muss es prüfen, ob die Anmeldung und die Belege den vom Gesetz und der Verordnung verlangten Inhalt aufweisen und keinen zwingenden Vorschriften widersprechen.

Art. 29 Sprache

Die Eintragung in das Handelsregister erfolgt in der Sprache der Anmeldung gemäss Artikel 16 Absatz 4. Ist die Anmeldung in rätoromanischer Sprache abgefasst, so erfolgt die Eintragung zudem in deutscher oder italienischer Sprache.

Art. 30 Antrag auf Eintragung zusätzlicher Tatsachen

[1] Tatsachen, deren Eintragung weder im Gesetz noch in der Verordnung vorgesehen ist, werden auf Antrag in das Handelsregister aufgenommen, wenn:

a. die Eintragung dem Zweck des Handelsregisters entspricht; und

b. an der Bekanntgabe ein öffentliches Interesse besteht.

[2] Die Vorschriften über die Anmeldung und die Belege sind entsprechend anwendbar.

3. Kapitel: Prüfung, Genehmigung und Publikation der Eintragung

Art. 31 Übermittlung ans EHRA

Die kantonalen Handelsregisterämter übermitteln dem EHRA ihre Einträge elektronisch am Werktag, an dem diese ins Tagesregister aufgenommen wurden.

Art. 32   Prüfung und Genehmigung durch das EHRA

[1] Das EHRA prüft die Einträge und genehmigt sie, sofern sie die Voraussetzungen des Gesetzes und der Verordnung erfüllen. Es teilt seine Genehmigung dem kantonalen Handelsregisteramt elektronisch mit.

[2] Eine Einsichtnahme in die Anmeldung und in die Belege erfolgt nur ausnahmsweise, soweit dafür ein besonderer Anlass besteht.

[3] Die Prüfungspflicht des EHRA entspricht derjenigen des Handelsregisteramts.

[4] Das EHRA übermittelt die genehmigten Einträge elektronisch dem Schweizerischen Handelsamtsblatt.

Art. 33   Verweigerung der Genehmigung

[1] Verweigert das EHRA die Genehmigung, so begründet es diesen Entscheid summarisch und teilt ihn dem kantonalen Handelsregisteramt mit. Diese Mitteilung ist eine nicht selbstständig anfechtbare Zwischenverfügung.

[2] Wenn die Verweigerung der Genehmigung auf Mängeln beruht, die nicht durch das kantonale Handelsregisteramt behoben werden können, so übermittelt dieses den ablehnenden Entscheid den Personen, die die Anmeldung eingereicht haben. Es räumt ihnen Gelegenheit zur schriftlichen Stellungnahme zuhanden des EHRA ein.

[3] Genehmigt das EHRA die Eintragung nachträglich, so informiert es das kantonale Handelsregisteramt. Dieses übermittelt die Eintragung erneut elektronisch.

[4] Verweigert das EHRA die Genehmigung endgültig, so erlässt es eine beschwerdefähige Verfügung.

Art. 34   Rechtswirksamkeit der Eintragungen

Die Eintragungen ins Tagesregister werden mit der Genehmigung durch das EHRA rückwirkend auf den Zeitpunkt der Eintragung in das Tagesregister rechtswirksam.

Art. 35   Publikation

[1] Die Eintragungen werden innert zwei Werktagen nach deren Übermittlung durch das EHRA im Schweizerischen Handelsamtsblatt publiziert.

[2] Die kantonalen Handelsregisterämter haben unentgeltlichen Zugang auf die elektronische Ausgabe des Schweizerischen Handelsamtsblatts und erhalten zudem auf Anfrage kostenlos ein Abonnement des Schweizerischen Handelsamtsblatts.

[3] Die Kantone können die Eintragungen ins Tagesregister nach der Publikation im Schweizerischen Handelsamtsblatt zusätzlich in anderen Publikationsorganen veröffentlichen. Sie dürfen für diese Publikationen jedoch keine Gebühren erheben.

3. Titel: Rechtsformspezifische Bestimmungen für die Eintragung

1. Kapitel: Einzelunternehmen

Art. 36   Eintragungspflicht und freiwillige Eintragung

[1] Natürliche Personen, die ein nach kaufmännischer Art geführtes Gewerbe betreiben und während eines Jahres Roheinnahmen von mindestens 100 000 Franken (Jahresumsatz) erzielen, sind verpflichtet, ihr Einzelunternehmen ins Handelsregister eintragen zu lassen. Gehören einer Person mehrere Einzelunternehmen, so ist deren Umsatz zusammenzurechnen.

[2] Die Pflicht zur Eintragung entsteht, sobald verlässliche Zahlen über den Jahresumsatz vorliegen.

[3] Eine Pflicht zur Eintragung aufgrund anderer Vorschriften bleibt vorbehalten.

[4] Natürliche Personen, die ein Gewerbe betreiben und die nicht zur Eintragung verpflichtet sind, haben das Recht, ihr Einzelunternehmen eintragen zu lassen.

Art. 37   Anmeldung und Belege

Mit der Anmeldung zur Eintragung eines Einzelunternehmens müssen nur Belege eingereicht werden, wenn:

a.   die einzutragenden Tatsachen nicht aus der Anmeldung hervorgehen;

b.   dies aufgrund anderer Vorschriften erforderlich ist.

Art. 38   Inhalt des Eintrags

Bei Einzelunternehmen müssen im Handelsregister eingetragen werden:

a.   die Firma und die Identifikationsnummer;

b.   der Sitz und das Rechtsdomizil;

c.   die Rechtsform;

d.   der Zweck;

e.   die Inhaberin oder der Inhaber des Einzelunternehmens;

f.   die zur Vertretung berechtigten Personen.

Art. 39   Löschung

[1] Gibt die Inhaberin oder der Inhaber eines Einzelunternehmens die Geschäftstätigkeit auf oder überträgt sie oder er das Geschäft auf eine andere Person oder Rechtseinheit, so muss sie oder er die Löschung des Einzelunternehmens anmelden.

[2] Ist die Inhaberin oder der Inhaber eines Einzelunternehmens verstorben, so muss eine Erbin oder ein Erbe die Löschung zur Eintragung anmelden. Wird die Geschäftstätigkeit

weitergeführt und sind die Voraussetzungen nach Artikel 36 Absatz 1 erfüllt, so ist die neue Inhaberin oder der neue Inhaber zur Anmeldung des Unternehmens verpflichtet. Das Einzelunternehmen erhält eine neue Identifikationsnummer.

3 Zusammen mit der Löschung muss der Löschungsgrund im Handelsregister eingetragen werden.

2. Kapitel: Kollektiv- und Kommanditgesellschaft

Art. 40　　　Anmeldung und Belege

Mit der Anmeldung zur Eintragung einer Kollektiv- oder Kommanditgesellschaft müssen nur Belege eingereicht werden, wenn:

a.　die einzutragenden Tatsachen nicht aus der Anmeldung hervorgehen;

b.　dies aufgrund anderer Vorschriften erforderlich ist.

Art. 41　　　Inhalt des Eintrags

1 Bei Kollektivgesellschaften müssen ins Handelsregister eingetragen werden:

a.　die Firma und die Identifikationsnummer;

b.　der Sitz und das Rechtsdomizil;

c.　die Rechtsform;

d.　der Zeitpunkt des Beginns der Gesellschaft;

e.　der Zweck;

f.　die Gesellschafterinnen und Gesellschafter;

g.　die zur Vertretung berechtigten Personen.

2 Bei Kommanditgesellschaften müssen ins Handelsregister eingetragen werden:

a.　die Firma und die Identifikationsnummer;

b.　der Sitz und das Rechtsdomizil;

c.　die Rechtsform;

d.　der Zeitpunkt des Beginns der Gesellschaft;

e.　der Zweck;

f.　die unbeschränkt haftenden Gesellschafterinnen und Gesellschafter (Komplementärinnen und Komplementäre);

g.　die beschränkt haftenden Gesellschafterinnen und Gesellschafter (Kommanditärinnen und Kommanditäre) unter Hinweis auf den jeweiligen Betrag ihrer Kommanditsumme;

h.　falls die Kommanditsumme ganz oder teilweise in Form einer Sacheinlage geleistet wird: deren Gegenstand und Wert;

i.　die zur Vertretung berechtigten Personen.

3 Für Kollektivgesellschaften oder Kommanditgesellschaften, die kein nach kaufmännischer Art geführtes Gewerbe betreiben, entspricht der Zeitpunkt des Beginns der Gesellschaft dem Zeitpunkt der Eintragung ins Tagesregister.

Art. 42 Auflösung und Löschung

1 Wird eine Kollektiv- oder Kommanditgesellschaft zum Zweck der Liquidation aufgelöst, so müssen die Gesellschafterinnen und Gesellschafter die Auflösung zur Eintragung ins Handelsregister anmelden (Art. 574 Abs. 2 OR).

2 Mit der Anmeldung zur Auflösung müssen keine weiteren Belege eingereicht werden. Vorbehalten bleibt die Hinterlegung der Unterschriften von Liquidatorinnen oder Liquidatoren, die nicht Gesellschafter sind.

3 Bei der Auflösung der Gesellschaft müssen ins Handelsregister eingetragen werden:

a. die Tatsache, dass die Gesellschaft aufgelöst wurde;

b. die Firma mit dem Liquidationszusatz;

c. die Liquidatorinnen und Liquidatoren.

4 Nach Beendigung der Liquidation haben die Liquidatorinnen und Liquidatoren die Löschung der Gesellschaft anzumelden (Art. 589 OR).

5 Zusammen mit der Löschung muss der Löschungsgrund im Handelsregister eingetragen werden.

3. Kapitel: Aktiengesellschaft

1. Abschnitt: Gründung

Art. 43 Anmeldung und Belege

1 Mit der Anmeldung der Gründung einer Aktiengesellschaft zur Eintragung müssen dem Handelsregisteramt folgende Belege eingereicht werden:

a. die öffentliche Urkunde über den Errichtungsakt;

b. die Statuten;

c. ein Nachweis, dass die Mitglieder des Verwaltungsrates ihre Wahl angenommen haben;

d. gegebenenfalls ein Nachweis, dass die gesetzlich vorgeschriebene Revisionsstelle ihre Wahl angenommen hat;

e. das Protokoll des Verwaltungsrates über seine Konstituierung, über die Regelung des Vorsitzes und über die Erteilung der Zeichnungsbefugnisse;

f. bei Bareinlagen: eine Bescheinigung, aus der ersichtlich ist, bei welchem Bankinstitut die Einlagen hinterlegt sind, sofern das Bankinstitut in der öffentlichen Urkunde nicht genannt wird;

g. im Fall von Artikel 117 Absatz 3: die Erklärung der Domizilhalterin oder des Domizilhalters, dass sie oder er der Gesellschaft ein Rechtsdomizil am Ort von deren Sitz gewährt;

h. die Erklärung der Gründerinnen und Gründer, dass keine anderen Sacheinlagen, Sachübernahmen, Verrechnungstatbestände oder besonderen Vorteile bestehen, als die in den Belegen genannten.

2 Für Angaben, die bereits im Errichtungsakt festgehalten sind, ist kein zusätzlicher Beleg erforderlich.

3 Bestehen Sacheinlagen, Sachübernahmen, beabsichtigte Sachübernahmen, Verrechnungstatbestände oder besondere Vorteile, so müssen zusätzlich folgende Belege eingereicht werden:

a. die Sacheinlageverträge mit den erforderlichen Beilagen;

b. die Sachübernahmeverträge mit den erforderlichen Beilagen;

c. der von allen Gründerinnen und Gründern unterzeichnete Gründungsbericht;

d. die vorbehaltlose Prüfungsbestätigung eines staatlich beaufsichtigten Revisionsunternehmens, einer zugelassenen Revisionsexpertin, eines zugelassenen Revisionsexperten, einer zugelassenen Revisorin oder eines zugelassenen Revisors.

Art. 44   Errichtungsakt

Die öffentliche Urkunde über den Errichtungsakt muss enthalten:

a. die Personenangaben zu den Gründerinnen und Gründern sowie gegebenenfalls zu deren Vertreterinnen und Vertreter;

b. die Erklärung der Gründerinnen und Gründer, eine Aktiengesellschaft zu gründen;

c. die Bestätigung der Gründerinnen und Gründer, dass die Statuten festgelegt sind;

d. die Erklärung jeder Gründerin und jedes Gründers über die Zeichnung der Aktien unter Angabe von Anzahl, Nennwert, Art, Kategorie und Ausgabebetrag sowie die bedingungslose Verpflichtung, eine dem Ausgabebetrag entsprechende Einlage zu leisten;

e. die Tatsache, dass die Mitglieder des Verwaltungsrates gewählt wurden und die entsprechenden Personenangaben;

f. die Tatsache, dass die Revisionsstelle gewählt wurde, beziehungsweise den Verzicht auf eine Revision;

g. die Feststellung der Gründerinnen und Gründer, dass:

1. sämtliche Aktien gültig gezeichnet sind,

2. die versprochenen Einlagen dem gesamten Ausgabebetrag entsprechen,

3. die gesetzlichen und statutarischen Anforderungen an die Leistung der Einlagen erfüllt sind;

h. die Nennung aller Belege sowie die Bestätigung der Urkundsperson, dass die Belege ihr und den Gründerinnen und Gründern vorgelegen haben;

i.   die Unterschriften der Gründerinnen und Gründer.

Art. 45   Inhalt des Eintrags

1 Bei Aktiengesellschaften müssen ins Handelsregister eingetragen werden:

a.   die Tatsache, dass es sich um die Gründung einer neuen Aktiengesellschaft handelt;

b.   die Firma und die Identifikationsnummer;

c.   der Sitz und das Rechtsdomizil;

d.   die Rechtsform;

e.   das Datum der Statuten;

f.   falls sie beschränkt ist: die Dauer der Gesellschaft;

g.   der Zweck;

h.   die Höhe des Aktienkapitals und der darauf geleisteten Einlagen sowie Anzahl, Nennwert und Art der Aktien;

i.   gegebenenfalls die Stimmrechtsaktien;

j.   falls ein Partizipationskapital ausgegeben wird: dessen Höhe und die darauf geleisteten Einlagen sowie Anzahl, Nennwert und Art der Partizipationsscheine;

k.   im Fall von Vorzugsaktien oder Vorzugspartizipationsscheinen: die damit verbundenen Vorrechte;

l.   bei einer Beschränkung der Übertragbarkeit der Aktien oder der Partizipationsscheine: ein Verweis auf die nähere Umschreibung in den Statuten;

m.   falls Genussscheine ausgegeben werden: deren Anzahl und die damit verbundenen Rechte;

n.   die Mitglieder des Verwaltungsrates;

o.   die zur Vertretung berechtigten Personen;

p.   falls die Gesellschaft keine ordentliche oder eingeschränkte Revision durchführt: ein Hinweis darauf sowie das Datum der Erklärung des Verwaltungsrates gemäss Artikel 62 Absatz 2;

q.   falls die Gesellschaft eine ordentliche oder eingeschränkte Revision durchführt: die Revisionsstelle;

r.   das gesetzliche Publikationsorgan sowie gegebenenfalls weitere Publikationsorgane;

s.   die in den Statuten vorgesehene Form der Mitteilungen des Verwaltungsrates an die Aktionärinnen und Aktionäre.

2 Bestehen Sacheinlagen, Sachübernahmen, Verrechnungstatbestände oder besondere Vorteile, so sind zusätzlich folgende Tatsachen einzutragen:

a.   die Sacheinlage unter Angabe des Datums des Vertrags, des Gegenstands und der dafür ausgegebenen Aktien;

b.   die Sachübernahme oder die beabsichtigte Sachübernahme unter Angabe des Datums des Vertrags, des Gegenstands und der Gegenleistung der Gesellschaft;

c.   die Verrechnung unter Angabe des Betrages der zur Verrechnung gebrachten Forderung sowie der dafür ausgegebenen Aktien;

d.   der Inhalt und der Wert der besonderen Vorteile gemäss näherer Umschreibung in den Statuten.

[3] Leistet eine Aktionärin oder ein Aktionär eine Sacheinlage, deren anzurechnender Wert die Einlagepflicht übersteigt und für die die Gesellschaft neben den ausgegebenen Aktien eine Gegenleistung gewährt, so ist im Umfang dieser Gegenleistung eine Sachübernahme im Handelsregister einzutragen (gemischte Sacheinlage und Sachübernahme).

2. Abschnitt: Ordentliche Kapitalerhöhung

Art. 46   Anmeldung und Belege

[1] Eine ordentliche Erhöhung des Aktienkapitals muss innerhalb von drei Monaten nach dem Beschluss der Generalversammlung beim Handelsregisteramt zur Eintragung angemeldet werden. Anmeldungen, die nach dieser Frist eingereicht werden, werden abgewiesen.

[2] Mit der Anmeldung müssen dem Handelsregisteramt folgende Belege eingereicht werden:

a.   die öffentliche Urkunde über den Beschluss der Generalversammlung;

b.   die öffentliche Urkunde über die Feststellungen des Verwaltungsrates und über die Statutenänderung;

c.   die angepassten Statuten;

d.   der von einem Mitglied des Verwaltungsrates unterzeichnete Kapitalerhöhungsbericht;

e.   bei Bareinlagen eine Bescheinigung, aus der ersichtlich ist, bei welchem Bankinstitut die Einlagen hinterlegt sind, sofern das Bankinstitut in der öffentlichen Urkunde nicht genannt wird;

f.   gegebenenfalls der Prospekt;

g.   die Erklärung der Personen, die die Eintragung anmelden, dass keine anderen Sacheinlagen, Sachübernahmen, Verrechnungstatbestände oder besonderen Vorteile bestehen, als die in den Belegen genannten.

[3] Bestehen Sacheinlagen, Sachübernahmen, Verrechnungstatbestände oder besondere Vorteile oder wird die Kapitalerhöhung durch Umwandlung von Eigenkapital liberiert, so müssen zusätzlich folgende Belege eingereicht werden:

a.   die Sacheinlageverträge mit den erforderlichen Beilagen;

b. soweit sie bereits vorliegen: die Sachübernahmeverträge mit den erforderlichen Beilagen;

c. die vorbehaltslose Prüfungsbestätigung eines staatlich beaufsichtigten Revisionsunternehmens, einer zugelassenen Revisionsexpertin, eines zugelassenen Revisionsexperten, einer zugelassenen Revisorin oder eines zugelassenen Revisors;

d. bei einer Liberierung durch Umwandlung von frei verwendbarem Eigenkapital: die genehmigte Jahresrechnung oder der Zwischenabschluss sowie der Revisionsbericht einer zugelassenen Revisorin oder eines zugelassenen Revisors.

4 Werden die Bezugsrechte eingeschränkt oder aufgehoben, so muss eine vorbehaltslose Prüfungsbestätigung eines staatlich beaufsichtigten Revisionsunternehmens, einer zugelassenen Revisionsexpertin, eines zugelassenen Revisionsexperten, einer zugelassenen Revisorin oder eines zugelassenen Revisors eingereicht werden.

Art. 47   Öffentliche Urkunden

1 Die öffentliche Urkunde über den Beschluss der Generalversammlung muss folgende Angaben enthalten:

a. den Nennbetrag oder gegebenenfalls den maximalen Nennbetrag, um den das Aktienkapital erhöht werden soll, und den Betrag der darauf zu leistenden Einlagen;

b. die Anzahl oder gegebenenfalls die maximale Anzahl sowie den Nennwert und die Art der Aktien, die neu ausgegeben werden;

c. den Ausgabebetrag oder gegebenenfalls die Ermächtigung des Verwaltungsrates, diesen festzusetzen;

d. den Beginn der Dividendenberechtigung;

e. die Art der Einlagen;

f. im Fall von Sacheinlagen: deren Gegenstand und Bewertung, den Namen der Einlegerin oder des Einlegers sowie die ihr oder ihm zukommenden Aktien;

g. im Fall von Sachübernahmen: deren Gegenstand, den Namen der Veräussererin oder des Veräusserers sowie die Gegenleistung der Gesellschaft;

h. im Fall von besonderen Vorteilen: deren Inhalt und Wert sowie die Namen der begünstigten Personen;

i. gegebenenfalls die Stimmrechtsaktien;

j. im Fall von Vorzugsaktien: die damit verbundenen Vorrechte;

k. gegebenenfalls die Beschränkung der Übertragbarkeit der Aktien;

l. die Zuweisung nicht ausgeübter oder entzogener Bezugsrechte und gegebenenfalls die Einschränkung oder Aufhebung des Bezugsrechts.

2 Die öffentliche Urkunde über die Feststellungen des Verwaltungsrates und über die Statutenänderung muss festhalten, dass:

a. sämtliche Aktien gültig gezeichnet sind;

b. die versprochenen Einlagen dem gesamten Ausgabebetrag entsprechen;

c. die Einlagen entsprechend den Anforderungen des Gesetzes, der Statuten und des Generalversammlungsbeschlusses geleistet wurden;

d. die Belege der Urkundsperson und dem Verwaltungsrat vorgelegen haben. Diese Belege sind einzeln aufzuführen.

Art. 48　　Inhalt des Eintrags

[1] Bei einer ordentlichen Erhöhung des Aktienkapitals müssen ins Handelsregister eingetragen werden:

a. die Bezeichnung als ordentliche Kapitalerhöhung;

b. das Datum der Änderung der Statuten;

c. der Betrag des Aktienkapitals nach der Kapitalerhöhung;

d. der Betrag der auf das Aktienkapital geleisteten Einlagen nach der Kapitalerhöhung;

e. Anzahl, Nennwert und Art der Aktien nach der Kapitalerhöhung;

f. gegebenenfalls die Stimmrechtsaktien;

g. im Fall von Vorzugsaktien: die damit verbundenen Vorrechte;

h. gegebenenfalls die Beschränkung der Übertragbarkeit der Aktien;

i. falls die Erhöhung durch Umwandlung von frei verwendbarem Eigenkapital erfolgt: ein Hinweis darauf.

[2] Bestehen Sacheinlagen, Sachübernahmen, Verrechnungstatbestände oder besondere Vorteile, so gilt Artikel 45 Absätze 2 und 3 sinngemäss.

3. Abschnitt: Genehmigte Kapitalerhöhung

Art. 49　　Ermächtigungsbeschluss der Generalversammlung

[1] Mit der Anmeldung zur Eintragung des Generalversammlungsbeschlusses über eine genehmigte Kapitalerhöhung müssen dem Handelsregisteramt folgende Belege eingereicht werden:

a. die öffentliche Urkunde über den Beschluss der Generalversammlung betreffend die Ermächtigung des Verwaltungsrates;

b. die angepassten Statuten.

[2] Die Statuten müssen folgende Angaben enthalten (Art. 650 Abs. 2, 651 Abs. 2 und 3 OR):

a. den Nennbetrag des genehmigten Kapitals und den Betrag der darauf zu leistenden Einlagen;

b. die Anzahl, den Nennwert und die Art der Aktien;

c. gegebenenfalls die Stimmrechtsaktien;

d. im Fall von Vorzugsaktien: die damit verbundenen Vorrechte;

e. gegebenenfalls die Beschränkung der Übertragbarkeit der Aktien;

f. im Fall von besonderen Vorteilen: deren Inhalt und Wert sowie die Namen der begünstigten Personen;

g. die Zuweisung nicht ausgeübter oder entzogener Bezugsrechte und gegebenenfalls die Einschränkung oder Aufhebung des Bezugsrechts.

3 Im Handelsregister müssen eingetragen werden:

a. ein Hinweis auf das genehmigte Kapital gemäss näherer Umschreibung in den Statuten;

b. das Datum des Beschlusses der Generalversammlung über die Änderung der Statuten.

Art. 50 Erhöhungsbeschluss und Feststellungen des Verwaltungsrates

1 Mit der Anmeldung zur Eintragung des Beschlusses des Verwaltungsrates über eine Erhöhung des Aktienkapitals müssen dem Handelsregisteramt die Belege nach Artikel 46 eingereicht werden; anstelle der öffentlichen Urkunde über den Beschluss der Generalversammlung ist der Beschluss des Verwaltungsrates betreffend die Erhöhung des Aktienkapitals einzureichen.

2 Der Erhöhungsbeschluss des Verwaltungsrates muss dem Beschluss der Generalversammlung entsprechen und folgenden Inhalt haben:

a. den Nennbetrag, um den das Aktienkapital erhöht wird;

b. die Anzahl der neuen Aktien;

c. den Ausgabebetrag;

d. die Art der Einlagen;

e. im Fall von Sacheinlagen: deren Gegenstand und Bewertung, den Namen der Einlegerin oder des Einlegers sowie die ihr oder ihm zukommenden Aktien;

f. im Fall von Sachübernahmen: deren Gegenstand, den Namen der Veräusserin oder des Veräusserers sowie die Gegenleistung der Gesellschaft;

g. im Falle einer Verrechnung: die Angabe des Betrages der zur Verrechnung gebrachten Forderung sowie die dafür ausgegebenen Aktien;

h. die Anpassung des Nennbetrags des genehmigten Kapitals beziehungsweise die Streichung der Bestimmung über die genehmigte Kapitalerhöhung in den Statuten.

3 Die öffentliche Urkunde über die Statutenänderung und über die Feststellungen des Verwaltungsrates muss die Angaben gemäss Artikel 47 Absatz 2 enthalten.

4 Wird die Kapitalerhöhung beim Handelsregister nach Ablauf der Dauer der Ermächtigung des Verwaltungsrates angemeldet, so darf die Kapitalerhöhung nicht eingetragen werden.

5 Für den Inhalt des Eintrags gilt Artikel 48 sinngemäss.

6 Wird das Aktienkapital während der Dauer der Ermächtigung des Verwaltungsrates nicht bis zur Höhe des Nennbetrags erhöht, so muss die Gesellschaft die Streichung der Statutenbestimmung über die genehmigte Kapitalerhöhung beim Handelsregisteramt zur Eintragung anmelden.

4. Abschnitt: Bedingte Kapitalerhöhung

Art. 51   Gewährungsbeschluss der Generalversammlung

1 Mit der Anmeldung zur Eintragung des Beschlusses der Generalversammlung über eine bedingte Kapitalerhöhung müssen dem Handelsregisteramt folgende Belege eingereicht werden:

a.   die öffentliche Urkunde über den Gewährungsbeschluss der Generalversammlung;

b.   die angepassten Statuten.

2 Die Statuten müssen folgende Angaben enthalten (Art. 653b OR):

a.   den Nennbetrag des bedingten Kapitals;

b.   die Anzahl, den Nennwert und die Art der Aktien;

c.   die maximale Anzahl von Aktien, die bei der Ausübung des Wandels- oder Optionsrechts ausgegeben werden;

d.   gegebenenfalls die Stimmrechtsaktien;

e.   im Fall von Vorzugsaktien: die damit verbundenen Vorrechte;

f.   gegebenenfalls die Beschränkung der Übertragbarkeit der Aktien;

g.   den Kreis der Personen, denen ein Wandels- oder Optionsrecht zusteht;

h.   die Aufhebung oder die Einschränkung der Bezugsrechte der Aktionärinnen und Aktionäre.

3 Ins Handelsregister müssen eingetragen werden:

a.   ein Hinweis auf das bedingte Kapital gemäss näherer Umschreibung in den Statuten;

b.   das Datum des Beschlusses der Generalversammlung über die Änderung der Statuten.

Art. 52   Feststellungen und Statutenänderung durch den Verwaltungsrat

1 Mit der Anmeldung zur Eintragung der Beschlüsse des Verwaltungsrates betreffend die Feststellungen über die Ausübung von Wandel- und Optionsrechten und betreffend die Anpassung der Statuten müssen dem Handelsregisteramt folgende Belege eingereicht werden:

a.   die öffentliche Urkunde über die Beschlüsse des Verwaltungsrates;

b.   die angepassten Statuten;

c. die Prüfungsbestätigung eines staatlich beaufsichtigten Revisionsunternehmens, einer zugelassenen Revisionsexpertin oder eines zugelassenen Revisionsexperten.

² Die öffentliche Urkunde über die Beschlüsse des Verwaltungsrates muss dem Beschluss der Generalversammlung entsprechen und folgende Angaben enthalten:

a. die Feststellungen des Verwaltungsrates über:

    1. Anzahl, Nennwert und Art der neu ausgegebenen Aktien,

    2. gegebenenfalls die Stimmrechtsaktien,

    3. im Fall von Vorzugsaktien, die damit verbundenen Vorrechte,

    4. gegebenenfalls die Beschränkung der Übertragbarkeit der Aktien,

    5. die Höhe des Aktienkapitals am Schluss des Geschäftsjahres oder zum Zeitpunkt der Prüfung;

b. die Beschlüsse des Verwaltungsrates über die Änderung der Statuten betreffend:

    1. die Höhe des Aktienkapitals und dessen Liberierung,

    2. den Betrag des noch verbleibenden bedingten Kapitals;

c. die Feststellung der Urkundsperson, dass die Prüfungsbestätigung die verlangten Angaben enthält (Art. 653g OR).

³ Für den Inhalt des Eintrags gilt Artikel 48 sinngemäss.

Art. 53   Aufhebung der Statutenbestimmung über die bedingte Kapitalerhöhung

¹ Sind die Wandel- oder Optionsrechte erloschen, so muss die Gesellschaft die Anpassung der Statuten beim Handelsregisteramt zur Eintragung anmelden.

² Mit der Anmeldung müssen dem Handelsregisteramt folgende Belege eingereicht werden:

a. die öffentliche Urkunde über den Beschluss des Verwaltungsrates betreffend die Aufhebung der Statutenbestimmung;

b. der Bericht eines staatlich beaufsichtigten Revisionsunternehmens, einer zugelassenen Revisionsexpertin oder eines zugelassenen Revisionsexperten;

c. die angepassten Statuten.

³ Die öffentliche Urkunde muss folgende Angaben enthalten:

a. den Beschluss des Verwaltungsrates über die Aufhebung der Statutenbestimmung betreffend die bedingte Kapitalerhöhung;

b. die Feststellung der Urkundsperson, dass der Revisionsbericht die erforderlichen Angaben enthält.

⁴ Ins Handelsregister müssen eingetragen werden:

a. das Datum der Änderung der Statuten;

b. ein Hinweis, dass die Bestimmung über die bedingte Kapitalerhöhung infolge der Ausübung oder des Erlöschens der Wandel- oder Optionsrechte aufgehoben wurde.

5. Abschnitt: Nachträgliche Leistung von Einlagen

Art. 54

[1] Mit der Anmeldung zur Eintragung einer nachträglichen Leistung von Einlagen auf das Aktienkapital müssen dem Handelsregisteramt folgende Belege eingereicht werden:

a. die öffentliche Urkunde über die Beschlüsse des Verwaltungsrates zur Änderung der Statuten und zu seinen Feststellungen;

b. die angepassten Statuten;

c. bei Bareinlagen: eine Bescheinigung, aus der ersichtlich ist, bei welchem Bankinstitut die Einlagen hinterlegt sind, sofern das Bankinstitut in der öffentlichen Urkunde nicht genannt wird;

d. bei einer Liberierung durch Umwandlung von frei verwendbarem Eigenkapital:

1. die genehmigte Jahresrechnung oder der Zwischenabschluss,

2. der Revisionsbericht einer zugelassenen Revisorin oder eines zugelassenen Revisors,

3. der öffentlich beurkundete Beschluss der Generalversammlung, wonach die freien Reserven dem Verwaltungsrat zur Nachliberierung zur Verfügung gestellt werden,

4. ein Bericht des Verwaltungsrates, der von einem Mitglied unterzeichnet ist,

5. eine vorbehaltlose Prüfungsbestätigung eines staatlich beaufsichtigten Revisionsunternehmens, einer zugelassenen Revisionsexpertin, eines zugelassenen Revisionsexperten, einer zugelassenen Revisorin oder eines zugelassenen Revisors;

e. bei Sacheinlagen, bei Sachübernahmen und bei Verrechnung:

1. ein Bericht des Verwaltungsrates, der von einem Mitglied unterzeichnet ist,

2. eine vorbehaltlose Prüfungsbestätigung eines staatlich beaufsichtigten Revisionsunternehmens, einer zugelassenen Revisionsexpertin, eines zugelassenen Revisionsexperten, einer zugelassenen Revisorin oder eines zugelassenen Revisors,

3. gegebenenfalls die Sacheinlageverträge mit den erforderlichen Beilagen und die Sachübernahmeverträge mit den erforderlichen Beilagen;

f. die Erklärung der Personen, die die Eintragung anmelden, dass keine anderen Sacheinlagen, Sachübernahmen, Verrechnungstatbestände oder besondere Vorteile bestehen als die in den Belegen genannten.

[2] Die öffentliche Urkunde über die nachträgliche Leistung von Einlagen muss folgende Angaben enthalten:

a. die Feststellung, dass die nachträglichen Einlagen entsprechend den Anforderungen des Gesetzes, der Statuten oder des Beschlusses des Verwaltungsrates geleistet wurden;

b. gegebenenfalls den Beschluss des Verwaltungsrates über die Aufnahme der erforderlichen Bestimmungen zu Sacheinlagen und Sachübernahmen in die Statuten;

c. den Beschluss des Verwaltungsrates über die Statutenänderung betreffend die Höhe der geleisteten Einlagen;

d. die Nennung aller Belege und die Bestätigung der Urkundsperson, dass die Belege ihr und dem Verwaltungsrat vorgelegen haben.

3 Im Handelsregister müssen eingetragen werden:

a. das Datum der Änderung der Statuten;

b. der neue Betrag der geleisteten Einlagen.

4 Bestehen Sacheinlagen, Sachübernahmen oder Verrechnungstatbestände, so gelten die Artikel 43 Absatz 3 und 45 Absätze 2 und 3 sinngemäss. Werden die Einlagen nachträglich durch Umwandlung von frei verwendbarem Eigenkapital geleistet, so bedarf es eines Hinweises darauf.

6. Abschnitt: Herabsetzung des Aktienkapitals

Art. 55 Ordentliche Kapitalherabsetzung

1 Mit der Anmeldung zur Eintragung einer Herabsetzung des Aktienkapitals müssen dem Handelsregisteramt folgende Belege eingereicht werden:

a. die öffentliche Urkunde über den Beschluss der Generalversammlung betreffend:

   1. die Feststellung über das Ergebnis des Prüfungsberichts,

   2. die Art und Weise der Durchführung der Kapitalherabsetzung,

   3. die Anpassung der Statuten;

b. die öffentliche Urkunde über die Einhaltung der gesetzlichen Bestimmungen betreffend (Art. 734 OR):

   1. die Aufforderungen an die Gläubigerinnen und Gläubiger,

   2. die Anmeldefrist,

   3. die Erfüllung oder Sicherstellung der Forderungen;

c. der Prüfungsbericht eines staatlich beaufsichtigten Revisionsunternehmens, einer zugelassenen Revisionsexpertin oder eines zugelassenen Revisionsexperten;

d. die angepassten Statuten.

2 Der Prüfungsbericht muss bestätigen, dass die Forderungen der Gläubigerinnen und Gläubiger nach der Herabsetzung des Aktienkapitals noch voll gedeckt sind.

3 Im Handelsregister müssen eingetragen werden:

a. die Bezeichnung als Herabsetzung des Aktienkapitals;

b. das Datum der Änderung der Statuten;

c. die Angabe, ob die Herabsetzung durch Reduktion des Nennwerts oder durch Vernichtung von Aktien erfolgt;

d. der Herabsetzungsbetrag;

e. die Verwendung des Herabsetzungsbetrages;

f. der Betrag des Aktienkapitals nach der Herabsetzung;

g. der Betrag der Einlagen nach der Kapitalherabsetzung;

h. Anzahl, Nennwert und Art der Aktien nach der Herabsetzung.

4 Hat die Gesellschaft eigene Aktien zurückgekauft und vernichtet, so findet das Kapitalherabsetzungsverfahren Anwendung. Die Herabsetzung des Aktienkapitals und der Zahl der Aktien ist auch dann ins Handelsregister einzutragen, wenn ein entsprechender Betrag in die Passiven der Bilanz gestellt wird.

Art. 56   Kapitalherabsetzung im Fall einer Unterbilanz

1 Wird durch die Herabsetzung des Aktienkapitals eine Unterbilanz beseitigt, so müssen dem Handelsregisteramt mit der Anmeldung zur Eintragung folgende Belege eingereicht werden:

a. die öffentliche Urkunde über den Beschluss der Generalversammlung betreffend:

    1. die Feststellung über das Ergebnis des Prüfungsberichts,

    2. die Art und Weise der Durchführung der Kapitalherabsetzung,

    3. die Anpassung der Statuten;

b. die angepassten Statuten;

c. der Prüfungsbericht eines staatlich beaufsichtigten Revisionsunternehmens, einer zugelassenen Revisionsexpertin oder eines zugelassenen Revisionsexperten.

2 Der Prüfungsbericht muss bestätigen, dass:

a. die Forderungen der Gläubigerinnen und Gläubiger nach der Herabsetzung des Aktienkapitals voll gedeckt sind;

b. der Betrag der Kapitalherabsetzung den Betrag der durch Verluste entstandenen Unterbilanz nicht übersteigt (Art. 735 OR).

3 Ins Handelsregister müssen eingetragen werden:

a. die Tatsache, dass das Aktienkapital zur Beseitigung einer Unterbilanz herabgesetzt wurde;

b. das Datum der Änderung der Statuten;

c. die Angabe, ob die Herabsetzung durch Reduktion des Nennwerts oder durch Vernichtung von Aktien erfolgt;

d. der Herabsetzungsbetrag;

e. der Betrag des Aktienkapitals nach der Herabsetzung;

f. der Betrag der Einlagen nach der Kapitalherabsetzung;

g. Anzahl, Nennwert und Art der Aktien nach der Herabsetzung.

Art. 57 Herabsetzung und gleichzeitige Wiedererhöhung des Kapitals auf den bisherigen oder einen höheren Betrag

[1] Wird zusammen mit der Herabsetzung des Aktienkapitals eine Wiedererhöhung auf den bisherigen oder einen höheren Betrag beschlossen, so müssen dem Handelsregisteramt mit der Anmeldung zur Eintragung folgende Belege eingereicht werden:

a. die öffentliche Urkunde über den Beschluss der Generalversammlung;

b. die für eine ordentliche Kapitalerhöhung erforderlichen Belege; c. die Statuten, falls sie geändert werden.

[2] Ins Handelsregister müssen eingetragen werden:

a. die Tatsache, dass das Aktienkapital herabgesetzt und gleichzeitig wieder erhöht wurde;

b. der Betrag, auf den das Aktienkapital herabgesetzt wird;

c. die Angabe, ob die Herabsetzung durch Reduktion des Nennwerts oder durch Vernichtung von Aktien erfolgt;

d. falls das Aktienkapital über den bisherigen Betrag erhöht wurde: der neue Betrag;

e. Anzahl, Nennwert und Art der Aktien nach der Kapitalerhöhung;

f. der neue Betrag der geleisteten Einlagen;

g. gegebenenfalls die Stimmrechtsaktien;

h. im Fall von Vorzugsaktien: die damit verbundenen Vorrechte;

i. gegebenenfalls die Beschränkung der Übertragbarkeit der Aktien;

j. falls die Statuten geändert wurden: deren neues Datum.

[3] Wird das Aktienkapital zum Zwecke der Sanierung auf null herabgesetzt und anschliessend wieder erhöht, so muss im Handelsregister die Vernichtung der bisher ausgegebenen Aktien eingetragen werden.

[4] Bestehen anlässlich der Kapitalerhöhung Sacheinlagen, Sachübernahmen, Verrechnungstatbestände oder besondere Vorteile, so gelten die Artikel 43 Absatz 3 und 45 Absätze 2 und 3 sinngemäss. Erfolgt die Wiedererhöhung des Aktienkapitals durch Umwandlung von frei verwendbarem Eigenkapital, so finden die Artikel 46 Absatz 3 Buchstabe d und 48 Absatz 1 Buchstabe i Anwendung.

Art. 58 Herabsetzung und gleichzeitige Wiedererhöhung des Kapitals auf einen tieferen als den bisherigen Betrag

Wird zusammen mit der Herabsetzung des Aktienkapitals eine Wiedererhöhung auf einen Betrag beschlossen, der unter dem Betrag des bisherigen Aktienkapitals liegt, so richtet sich die Herabsetzung nach den Artikeln 55 und 56. Artikel 57 findet ergänzende Anwendung.

Art. 59   Herabsetzung der Einlagen

Werden die auf das Aktienkapital geleisteten Einlagen herabgesetzt, so gelten die Bestimmungen dieser Verordnung über die Herabsetzung des Aktienkapitals sinngemäss.

7. Abschnitt: Partizipationskapital

Art. 60

Für die Erhöhung und Herabsetzung des Partizipationskapitals sowie für die nachträgliche Leistung von Einlagen auf das Partizipationskapital gelten die Bestimmungen über das Aktienkapital sinngemäss.

8. Abschnitt: Besondere Bestimmungen zur Revision und zur Revisionsstelle

Art. 61   Eintragung der Revisionsstelle

[1] Eine Revisionsstelle darf nur in das Handelsregister eingetragen werden, wenn sie eine ordentliche oder eine eingeschränkte Revision durchführt.

[2] Das Handelsregisteramt klärt durch Einsichtnahme in das Register der Eidgenössischen Revisionsaufsichtsbehörde ab, ob die Revisionsstelle zugelassen ist.

[3] Eine Revisionsstelle darf nicht eingetragen werden, wenn Umstände vorliegen, die den Anschein der Abhängigkeit erwecken.

Art. 62   Verzicht auf eine eingeschränkte Revision

[1] Aktiengesellschaften, die weder eine ordentliche noch eine eingeschränkte Revision durchführen, müssen dem Handelsregisteramt mit der Anmeldung zur Eintragung des Verzichts eine Erklärung einreichen, dass:

a.   die Gesellschaft die Voraussetzungen für die Pflicht zur ordentlichen Revision nicht erfüllt;

b.   die Gesellschaft nicht mehr als zehn Vollzeitstellen im Jahresdurchschnitt hat;

c.   sämtliche Aktionärinnen und Aktionäre auf eine eingeschränkte Revision verzichtet haben.

[2] Diese Erklärung muss von mindestens einem Mitglied des Verwaltungsrats unterzeichnet sein. Kopien der massgeblichen aktuellen Unterlagen wie Erfolgsrechnungen, Bilanzen, Jahresberichte, Verzichtserklärungen der Aktionärinnen und Aktionäre oder das Protokoll der Generalversammlung müssen der Erklärung beigelegt werden. Diese

Unterlagen unterstehen nicht der Öffentlichkeit des Handelsregisters nach den Artikeln 10–12 und werden gesondert aufbewahrt.

[3] Die Erklärung kann bereits bei der Gründung abgegeben werden.

[4] Das Handelsregisteramt kann eine Erneuerung der Erklärung verlangen.

[5] Soweit erforderlich, passt der Verwaltungsrat die Statuten an und meldet dem Handelsregisteramt die Löschung oder die Eintragung der Revisionsstelle an.

9. Abschnitt: Auflösung und Löschung

Art. 63   Auflösung

[1] Wird eine Aktiengesellschaft durch Beschluss der Generalversammlung zum Zweck der Liquidation aufgelöst, so muss die Auflösung zur Eintragung ins Handelsregister angemeldet werden.

[2] Mit der Anmeldung müssen dem Handelsregisteramt folgende Belege eingereicht werden:

a.   die öffentliche Urkunde über den Auflösungsbeschluss der Generalversammlung und gegebenenfalls die Bezeichnung der Liquidatorinnen und Liquidatoren und deren Zeichnungsberechtigung;

b.   ein Nachweis, dass die Liquidatorinnen und Liquidatoren ihre Wahl angenommen haben.

[3] Ins Handelsregister müssen eingetragen werden:

a.   die Tatsache der Auflösung;

b.   das Datum des Beschlusses der Generalversammlung;

c.   die Firma mit dem Liquidationszusatz;

d.   die Liquidatorinnen und Liquidatoren;

f.   gegebenenfalls Änderungen betreffend die eingetragenen Zeichnungsberechtigungen;

g.   gegebenenfalls eine Liquidationsadresse;

h.   gegebenenfalls der Hinweis, dass die statutarische Übertragungsbeschränkung der Aktien oder der Partizipationsscheine aufgehoben und der entsprechende Eintrag im Handelsregister gestrichen wird.

[4] Die Bestimmungen über die Eintragungen von Amtes wegen bleiben vorbehalten.

Art. 64   Widerruf der Auflösung

[1] Widerruft die Generalversammlung ihren Auflösungsbeschluss, so muss der Widerruf der Auflösung zur Eintragung ins Handelsregister angemeldet werden.

[2] Mit der Anmeldung müssen dem Handelsregisteramt folgende Belege eingereicht werden:

a.   die öffentliche Urkunde über den Beschluss der Generalversammlung;

b.   der Nachweis der Liquidatorinnen und Liquidatoren, dass mit der Verteilung des Vermögens noch nicht begonnen wurde;

3 Im Handelsregister müssen eingetragen werden:

a.   die Tatsache des Widerrufs der Auflösung;

b.   das Datum des Beschlusses der Generalversammlung;

c.   die Firma ohne den Liquidationszusatz;

d.   die erforderlichen Änderungen bei den eingetragenen Personen;

e.   bei einer Beschränkung der Übertragbarkeit der Aktien oder der Partizipationsscheine: ein Verweis auf die nähere Umschreibung in den Statuten.

Art. 65   Löschung

1 Mit der Anmeldung der Löschung der Gesellschaft zur Eintragung müssen die Liquidatorinnen und Liquidatoren den Nachweis erbringen, dass die Aufforderungen an die Gläubigerinnen und Gläubiger im Schweizerischen Handelsamtsblatt nach Massgabe des Gesetzes durchgeführt wurden.

2 Wird die Löschung einer Aktiengesellschaft im Handelsregister angemeldet, so macht das Handelsregisteramt den Steuerbehörden des Bundes und des Kantons Mitteilung. Die Löschung darf erst vorgenommen werden, wenn ihr diese Behörden zugestimmt haben.

3 Im Handelsregister müssen eingetragen werden:

a.   die Tatsache der Löschung;

b.   der Löschungsgrund.

4. Kapitel: Kommanditaktiengesellschaft

Art. 66   Anmeldung und Belege

1 Mit der Anmeldung der Gründung einer Kommanditaktiengesellschaft zur Eintragung müssen dem Handelsregisteramt folgende Belege eingereicht werden:

a.   die öffentliche Urkunde über den Errichtungsakt;

b.   die Statuten;

c.   das Protokoll der Verwaltung über ihre Konstituierung, über die Regelung des Vorsitzes und gegebenenfalls über die Erteilung der Zeichnungsbefugnisse an Dritte;

d.   ein Nachweis, dass die Mitglieder der Aufsichtsstelle ihre Wahl angenommen haben;

e.   bei Bareinlagen: eine Bescheinigung, aus der ersichtlich ist, bei welchem Bankinstitut die Einlagen hinterlegt sind, sofern das Bankinstitut in der öffentlichen Urkunde nicht genannt wird;

f.   im Fall von Artikel 117 Absatz 3: die Erklärung der Domizilhalterin oder des Domizilhalters, dass sie oder er der Gesellschaft ein Rechtsdomizil am Ort von deren Sitz gewährt;

g.   die Erklärung der Gründerinnen und Gründer, dass keine anderen Sacheinlagen, Sachübernahmen, Verrechnungstatbestände oder besonderen Vorteile bestehen, als die in den Belegen genannten.

2 Für Angaben, die bereits im Errichtungsakt festgehalten sind, ist kein zusätzlicher Beleg erforderlich.

3 Bestehen Sacheinlagen, Sachübernahmen, Verrechnungstatbestände oder besondere Vorteile, so gilt Artikel 43 Absatz 3 sinngemäss.

Art. 67   Errichtungsakt

Die öffentliche Urkunde über den Errichtungsakt muss folgende Angaben enthalten:

a.   die Personenangaben zu den Gründerinnen und Gründern sowie gegebenenfalls zu deren Vertreterinnen und Vertretern;

b.   die Erklärung der Gründerinnen und Gründer, eine Kommanditaktiengesellschaft zu gründen;

c.   die Festlegung der Statuten und die Nennung der Mitglieder der Verwaltung in den Statuten;

d.   die Erklärung der beschränkt haftenden Gründerinnen und Gründer über die Zeichnung der Aktien unter Angabe von Anzahl, Nennwert, Art, Kategorien und Ausgabebetrag der Aktien sowie die bedingungslose Verpflichtung, eine dem Ausgabebetrag entsprechende Einlage zu leisten;

e.   die Feststellung der Gründerinnen und Gründer, dass:

1.   sämtliche Aktien gültig gezeichnet sind,

2.   die versprochenen Einlagen dem gesamten Ausgabebetrag entsprechen,

3.   die gesetzlichen und statutarischen Anforderungen an die Leistung der Einlage erfüllt sind;

f.   die Wahl der Mitglieder der Aufsichtstelle;

g.   die Nennung aller Belege sowie die Bestätigung der Urkundsperson, dass die Belege ihr und den Gründerinnen und Gründern vorgelegen haben;

h.   die Unterschriften der Gründerinnen und Gründer.

Art. 68   Inhalt des Eintrags

[1] Bei Kommanditaktiengesellschaften müssen ins Handelsregister eingetragen werden:

a. die Tatsache, dass es sich um die Gründung einer neuen Kommanditaktiengesellschaft handelt;

b. die Firma und die Identifikationsnummer;

c. der Sitz und das Rechtsdomizil;

d. die Rechtsform;

e. das Datum der Statuten;

f. die Dauer der Gesellschaft, sofern sie beschränkt ist;

g. der Zweck;

h. die Höhe des Aktienkapitals und der darauf geleisteten Einlagen sowie Anzahl, Nennwert und Art der Aktien;

i. gegebenenfalls die Stimmrechtsaktien;

j. falls die Gesellschaft ein Partizipationskapital hat: dessen Höhe, die Höhe der darauf geleisteten Einlagen sowie Anzahl, Nennwert und Art der Partizipationsscheine;

k. im Fall von Vorzugsaktien oder Vorzugspartizipationsscheinen: die damit verbundenen Vorrechte;

l. bei einer Beschränkung der Übertragbarkeit der Aktien oder der Partizipationsscheine: ein Verweis auf die nähere Umschreibung in den Statuten;

m. falls Genussscheine ausgegeben werden: deren Anzahl und die damit verbundenen Rechte;

n. die Mitglieder der Verwaltung unter Angabe ihrer Eigenschaft als unbeschränkt haftende Gesellschafterinnen oder Gesellschafter;

o. die zur Vertretung berechtigten Personen;

p. die Mitglieder der Aufsichtstelle;

q. falls die Gesellschaft keine ordentliche oder eingeschränkte Revision durchführt: ein Hinweis darauf sowie das Datum der Erklärung der Verwaltung gemäss Artikel 62 Absatz 2;

r. falls die Gesellschaft eine ordentliche oder eingeschränkte Revision durchführt: die Revisionsstelle;

s. das gesetzliche Publikationsorgan sowie gegebenenfalls weitere Publikationsorgane;

t. die in den Statuten vorgesehene Form der Mitteilungen der Verwaltung an die Gesellschafterinnen und Gesellschafter.

[2] Bestehen Sacheinlagen, Sachübernahmen, Verrechnungstatbestände oder besondere Vorteile, so gilt Artikel 45 Absätze 2 und 3 sinngemäss.

Art. 69   Änderungen in der Zusammensetzung der Verwaltung

1 Verändert sich die Zusammensetzung der Verwaltung, so müssen mit der Anmeldung folgende Belege eingereicht werden:

a. eine öffentliche Urkunde über den Beschluss der Generalversammlung zur Änderung der Statuten;

b. die angepassten Statuten;

c. gegebenenfalls die Zustimmung aller bisherigen unbeschränkt haftenden Gesellschafterinnen und Gesellschafter.

2 Wird einem Mitglied der Verwaltung die Geschäftsführungs- und Vertretungsbefugnis entzogen, so müssen ins Handelsregister eingetragen werden:

a. das Datum des Entzugs;

b. die betroffene Person;

c. die Tatsache, dass mit dem Entzug der Geschäftsführungs- und Vertretungsbefugnis die unbeschränkte Haftung der betroffenen Person für die künftig entstehenden Verbindlichkeiten der Gesellschaft entfällt;

d. falls die Statuten geändert wurden: deren neues Datum;

e. die geänderte Firma, sofern diese angepasst werden muss (Art. 947 Abs. 4 OR).

Art. 70   Anwendung der Bestimmungen über die Aktiengesellschaft

Soweit sich aus Gesetz und Verordnung nichts anderes ergibt, gelten die Bestimmungen dieser Verordnung über die Aktiengesellschaft.

5. Kapitel: Gesellschaft mit beschränkter Haftung

1. Abschnitt: Gründung

Art. 71   Anmeldung und Belege

1 Mit der Anmeldung der Gründung einer Gesellschaft mit beschränkter Haftung zur Eintragung müssen dem Handelsregisteramt folgende Belege eingereicht werden:

a. die öffentliche Urkunde über den Errichtungsakt;

b. die Statuten;

c. falls die Funktion der Geschäftsführerinnen und Geschäftsführer auf einer Wahl beruht: der Nachweis, dass die betroffenen Personen die Wahl angenommen haben;

d. gegebenenfalls ein Nachweis, dass die gesetzlich vorgeschriebene Revisionsstelle ihre Wahl angenommen hat;

e.	gegebenenfalls der Beschluss der Gründerinnen und Gründer oder, soweit die Statuten dies vorsehen, der Beschluss der Geschäftsführerinnen und Geschäftsführer über die Regelung des Vorsitzes der Geschäftsführung;

f.	gegebenenfalls der Beschluss der Gründerinnen und Gründer oder, soweit die Statuten dies vorsehen, der Beschluss der Geschäftsführerinnen und Geschäftsführer über die Ernennung weiterer zur Vertretung berechtigter Personen;

g.	bei Bareinlagen: eine Bescheinigung, aus der ersichtlich ist, bei welchem Bankinstitut die Einlagen hinterlegt sind, sofern das Bankinstitut in der öffentlichen Urkunde nicht genannt wird;

h.	im Fall von Artikel 117 Absatz 3: die Erklärung der Domizilhalterin oder des Domizilhalters, dass sie oder er der Gesellschaft ein Rechtsdomizil am Ort von deren Sitz gewährt;

i.	die Erklärung der Gründerinnen und Gründer, dass keine anderen Sacheinlagen, Sachübernahmen, Verrechnungstatbestände oder besonderen Vorteile bestehen, als die in den Belegen genannten.

2 Für Angaben, die bereits in der öffentlichen Urkunde über den Errichtungsakt festgehalten sind, ist kein zusätzlicher Beleg erforderlich.

3 Bestehen Sacheinlagen, Sachübernahmen, Verrechnungstatbestände oder besondere Vorteile, so gilt Artikel 43 Absatz 3 sinngemäss.

Art. 72   Errichtungsakt

Die öffentliche Urkunde über den Errichtungsakt muss folgende Angaben enthalten:

a.	die Personenangaben zu den Gründerinnen und Gründern sowie gegebenenfalls zu deren Vertreterinnen und Vertretern;

b.	die Erklärung der Gründerinnen und Gründer, eine Gesellschaft mit beschränkter Haftung zu gründen;

c.	die Bestätigung der Gründerinnen und Gründer, dass die Statuten festgelegt sind;

d.	die Erklärung jeder Gründerin und jedes Gründers über die Zeichnung der Stammanteile unter Angabe von Anzahl, Nennwert, Kategorien und Ausgabebetrag;

e.	die Feststellung der Gründerinnen und Gründer, dass:

1.	sämtliche Stammanteile gültig gezeichnet sind,

2.	die Einlagen dem gesamten Ausgabebetrag entsprechen,

3.	die gesetzlichen und gegebenenfalls die statutarischen Anforderungen an die Leistung der Einlage erfüllt sind,

4.	sie die statutarischen Nachschuss- oder Nebenleistungspflichten übernehmen;

f.	falls die Geschäftsführerinnen und Geschäftsführer gewählt wurden: einen Hinweis darauf und die entsprechenden Personenangaben;

g.	die Tatsache, dass die Revisionsstelle gewählt wurde, beziehungsweise den Verzicht auf eine Revision;

h. die Nennung aller Belege sowie die Bestätigung der Urkundsperson, dass die Belege ihr und den Gründerinnen und Gründern vorgelegen haben;

i. die Unterschriften der Gründerinnen und Gründer.

Art. 73 Inhalt des Eintrags

[1] Bei Gesellschaften mit beschränkter Haftung müssen ins Handelsregister eingetragen werden:

a. die Tatsache, dass es sich um die Gründung einer neuen Gesellschaft mit beschränkter Haftung handelt;

b. die Firma und die Identifikationsnummer;

c. der Sitz und das Rechtsdomizil;

d. die Rechtsform;

e. das Datum der Statuten;

f. falls sie beschränkt ist: die Dauer der Gesellschaft;

g. der Zweck;

h. die Höhe des Stammkapitals;

i. die Gesellschafterinnen und Gesellschafter unter Angabe der Anzahl und des Nennwerts ihrer Stammanteile;

j. bei Nachschusspflichten: ein Verweis auf die nähere Umschreibung in den Statuten;

k. bei statutarischen Nebenleistungspflichten unter Einschluss statutarischer Vorhand-, Vorkaufs- und Kaufsrechte: ein Verweis auf die nähere Umschreibung in den Statuten;

l. gegebenenfalls die Stimmrechtsstammanteile;

m. im Fall von Vorzugsstammanteilen: die damit verbundenen Vorrechte;

n. falls die Regelung der Zustimmungserfordernisse für die Übertragung der Stammanteile vom Gesetz abweicht: ein Verweis auf die nähere Umschreibung in den Statuten;

o. falls Genussscheine ausgegeben werden: deren Anzahl und die damit verbundenen Rechte;

p. die Geschäftsführerinnen und Geschäftsführer;

q. die zur Vertretung berechtigten Personen;

r. falls die Gesellschaft keine ordentliche oder eingeschränkte Revision durchführt: ein Hinweis darauf sowie das Datum der Erklärung der Geschäftsführung gemäss Artikel 62 Absatz 2;

s. falls die Gesellschaft eine ordentliche oder eingeschränkte Revision durchführt: die Revisionsstelle;

t. das gesetzliche Publikationsorgan sowie gegebenenfalls weitere Publikationsorgane;

u.   die in den Statuten vorgesehene Form der Mitteilungen der Geschäftsführerinnen und Geschäftsführer an die Gesellschafterinnen und Gesellschafter.

2 Bestehen Sacheinlagen, Sachübernahmen, Verrechnungstatbestände oder besondere Vorteile, so gilt Artikel 45 Absätze 2 und 3 sinngemäss.

2. Abschnitt: Erhöhung des Stammkapitals

Art. 74   Anmeldung und Belege

1 Eine Erhöhung des Stammkapitals muss innerhalb von drei Monaten nach dem Beschluss der Gesellschafterversammlung beim Handelsregisteramt zur Eintragung angemeldet werden. Anmeldungen, die nach dieser Frist eingereicht werden, werden abgewiesen.

2 Mit der Anmeldung müssen dem Handelsregisteramt folgende Belege eingereicht werden:

a.   die öffentliche Urkunde über den Beschluss der Gesellschafterversammlung;

b.   die öffentliche Urkunde über die Feststellungen der Geschäftsführerinnen und Geschäftsführer und über die Statutenänderung;

c.   die angepassten Statuten;

d.   der von einer zeichnungsberechtigten Geschäftsführerin oder einem zeichnungsberechtigten Geschäftsführer unterzeichnete Kapitalerhöhungsbericht;

e.   bei Bareinlagen: eine Bescheinigung, aus der ersichtlich ist, bei welchem Bankinstitut die Einlagen hinterlegt sind, sofern das Bankinstitut in der öffentlichen Urkunde nicht genannt wird;

f.   die Erklärung der Personen, die die Eintragung anmelden, dass keine anderen Sacheinlagen, Sachübernahmen, Verrechnungstatbestände oder besonderen Vorteile bestehen, als die in den Belegen genannten.

3 Bestehen Sacheinlagen, Sachübernahmen, Verrechnungstatbestände oder besondere Vorteile oder wird die Erhöhung des Stammkapitals durch Umwandlung von Eigenkapital liberiert, so gilt Artikel 46 Absatz 3 sinngemäss.

4 Werden die Bezugsrechte eingeschränkt oder aufgehoben, so gilt Artikel 46 Absatz 4 sinngemäss.

Art. 75 Öffentliche Urkunden

[1] Die öffentliche Urkunde über den Beschluss der Gesellschafterversammlung muss folgende Angaben enthalten:

a. den Nennbetrag oder gegebenenfalls den maximalen Nennbetrag, um den das Stammkapital erhöht werden soll;

b. die Anzahl oder gegebenenfalls die maximale Anzahl sowie den Nennwert der Stammanteile, die neu ausgegeben werden sollen;

c. den Ausgabebetrag oder die Ermächtigung der Geschäftsführerinnen und Geschäftsführer, diesen festzusetzen;

d. den Beginn der Dividendenberechtigung;

e. die Art der Einlagen;

f. im Fall von Sacheinlagen: deren Gegenstand und Bewertung, den Namen der Einlegerin oder des Einlegers sowie die ihr oder ihm zukommenden Stammanteile;

g. im Fall von Sachübernahmen: deren Gegenstand, den Namen der Veräussererin oder des Veräusserers sowie die Gegenleistung der Gesellschaft;

h. im Fall von besonderen Vorteilen: deren Inhalt und Wert sowie die Namen der begünstigten Personen;

i. gegebenenfalls die Stimmrechtsstammanteile;

j. im Fall von Vorzugsstammanteilen: die damit verbundenen Vorrechte;

k. eine vom Gesetz abweichende Regelung der Zustimmungserfordernisse für die Übertragung der Stammanteile;

l. mit den neu auszugebenden Stammanteilen verbundene Nachschuss- oder Nebenleistungspflichten unter Einschluss statutarischer Vorhand-, Vorkaufs- oder Kaufsrechte;

m. die Zuweisung nicht ausgeübter oder entzogener Bezugsrechte und gegebenenfalls die Einschränkung oder Aufhebung des Bezugsrechts.

[2] Die öffentliche Urkunde über die Feststellungen der Geschäftsführerinnen und Geschäftsführer und über die Statutenänderung muss festhalten, dass:

a. sämtliche Stammanteile gültig gezeichnet sind;

b. die Einlagen dem gesamten Ausgabebetrag entsprechen;

c. die Einlagen entsprechend den Anforderungen des Gesetzes, der Statuten und des Gesellschafterversammlungsbeschlusses geleistet wurden;

d. die Zeichnerinnen und Zeichner allfällige statutarische Nachschuss- oder Nebenleistungspflichten, Konkurrenzverbote, Vorhand-, Vorkaufs- und Kaufsrechte sowie Konventionalstrafen übernehmen;

e. die Belege der Urkundsperson und den Geschäftsführerinnen und den Geschäftsführern vorgelegen haben. Die Belege sind einzeln aufzuführen.

Art. 76   Inhalt des Eintrags

[1] Bei einer Erhöhung des Stammkapitals müssen ins Handelsregister eingetragen werden:

a. das Datum der Änderung der Statuten;

b. der Betrag des Stammkapitals nach der Kapitalerhöhung;

c. Anzahl und Nennwert der Stammanteile nach der Kapitalerhöhung;

d. die Änderungen im Bestand der Gesellschafterinnen und Gesellschafter;

e. gegebenenfalls die Stimmrechtsstammanteile;

f. im Fall von Vorzugsstammanteilen: die damit verbundenen Vorrechte;

g. bei Nachschusspflichten: ein Verweis auf die nähere Umschreibung in den Statuten;

h. bei statutarischen Nebenleistungspflichten unter Einschluss statutarischer Vorhand-, Vorkaufs- und Kaufsrechte: ein Verweis auf die nähere Umschreibung in den Statuten;

i. bei einer vom Gesetz abweichende Regelung der Zustimmungserfordernisse für die Übertragung der Stammanteile: ein Verweis auf die nähere Umschreibung in den Statuten;

j. falls die Erhöhung durch Umwandlung von frei verwendbarem Eigenkapital erfolgt ist: ein Hinweis darauf.

[2] Bestehen Sacheinlagen, Sachübernahmen, Verrechnungstatbestände oder besondere Vorteile, so gilt Artikel 45 Absätze 2 und 3 sinngemäss.

3. Abschnitt: Herabsetzung des Stammkapitals

Art. 77   Ordentliche Herabsetzung des Stammkapitals

Soweit dieser Abschnitt nichts anderes bestimmt, gilt Artikel 55 für die Herabsetzung des Stammkapitals sinngemäss.

Art. 78   Herabsetzung des Stammkapitals im Fall einer Unterbilanz

[1] Wird durch die Herabsetzung des Stammkapitals eine Unterbilanz beseitigt, so müssen dem Handelsregisteramt mit der Anmeldung zur Eintragung folgende Belege eingereicht werden:

a. die öffentliche Urkunde über den Beschluss der Gesellschafterversammlung betreffend:

  1. die Feststellung über das Ergebnis des Prüfungsberichts,

  2. die Art und Weise der Durchführung der Kapitalherabsetzung,

  3. die Anpassung der Statuten;

b. die angepassten Statuten;

c. der Prüfungsbericht eines staatlich beaufsichtigten Revisionsunternehmens, einer zugelassenen Revisionsexpertin oder eines zugelassenen Revisionsexperten.

2 Der Prüfungsbericht muss bestätigen, dass:

a. die Forderungen der Gläubigerinnen und Gläubiger nach der Kapitalherabsetzung voll gedeckt sind;

b. der Betrag der Herabsetzung des Stammkapitals die durch Verluste entstandene Unterbilanz nicht übersteigt;

c. die Gesellschafterinnen und Gesellschafter die in den Statuten vorgesehenen Nachschüsse voll geleistet haben.

3 Ins Handelsregister müssen eingetragen werden:

a. die Tatsache, dass das Stammkapital zur Beseitigung einer Unterbilanz herabgesetzt wurde;

b. das Datum der Änderung der Statuten;

c. die Angabe, ob die Herabsetzung durch Reduktion des Nennwerts oder durch Vernichtung von Stammanteilen erfolgt;

d. der Herabsetzungsbetrag;

e. der Betrag des Stammkapitals nach der Herabsetzung;

f. Anzahl und Nennwert der Stammanteile nach der Herabsetzung des Stammkapitals;

g. die Änderungen im Bestand der Gesellschafterinnen und Gesellschafter.

Art. 79   Herabsetzung und gleichzeitige Wiedererhöhung des Stammkapitals auf den bisherigen oder einen höheren Betrag

1 Wird zusammen mit der Herabsetzung des Stammkapitals eine Wiedererhöhung auf den bisherigen oder einen höheren Betrag beschlossen, so müssen dem Handelsregisteramt folgende Belege eingereicht werden:

a. die öffentliche Urkunde über den Beschluss der Gesellschafterversammlung;

b. die für eine Kapitalerhöhung erforderlichen Belege;

c. die Statuten, falls sie geändert werden müssen.

2 Falls die Statuten Nachschüsse vorsehen, muss der Prüfungsbericht bestätigen, dass die Gesellschafterinnen und Gesellschafter diese voll geleistet haben.

3 Ins Handelsregister müssen eingetragen werden:

a. die Tatsache, dass das Stammkapital herabgesetzt und gleichzeitig wieder erhöht wird;

b. der Betrag, auf den das Stammkapital herabgesetzt wird;

c. die Angabe, ob die Herabsetzung durch Reduktion des Nennwerts oder durch Vernichtung von Stammanteilen erfolgt;

d. falls das Stammkapital über den bisherigen Betrag erhöht wurde: der neue Betrag;

e.   Anzahl und Nennwert der Stammanteile nach der Kapitalerhöhung;

f.   die Änderungen im Bestand der Gesellschafterinnen und Gesellschafter;

g.   gegebenenfalls die Stimmrechtsstammanteile;

h.   im Fall von Vorzugsstammanteilen: die damit verbundenen Vorrechte;

i.   bei Nachschusspflichten: ein Verweis auf die nähere Umschreibung in den Statuten;

j.   bei statutarischen Nebenleistungspflichten unter Einschluss statutarischer Vorhand-, Vorkaufs- und Kaufsrechte: ein Verweis auf die nähere Umschreibung in den Statuten;

k.   bei einer vom Gesetz abweichenden Regelung der Zustimmungserfordernisse für die Übertragung der Stammanteile: ein Verweis auf die nähere Umschreibung in den Statuten;

l.   falls die Statuten geändert wurden: deren neues Datum.

4 Wird das Stammkapital zum Zwecke der Sanierung auf null herabgesetzt und anschliessend wieder erhöht, so müssen die Vernichtung der bisher ausgegebenen Stammanteile und allfällige Änderungen im Bestand der Gesellschafterinnen und Gesellschafter ins Handelsregister eingetragen werden.

5 Bestehen anlässlich der Kapitalerhöhung Sacheinlagen, Sachübernahmen, Verrechnungstatbestände oder besondere Vorteile, so gelten die Artikel 45 Absätze 2 und 3 sinngemäss. Erfolgt die Wiedererhöhung des Stammkapitals durch Umwandlung von frei verwendbarem Eigenkapital, so finden die Artikel 74 Absatz 3 und 76 Absatz 1 Buchstabe j Anwendung.

Art. 80   Herabsetzung und gleichzeitige Wiedererhöhung des Stammkapitals auf einen tieferen als den bisherigen Betrag

Wird zusammen mit der Herabsetzung des Stammkapitals eine Wiedererhöhung auf einen Betrag beschlossen, der unter dem Betrag des bisherigen Stammkapitals liegt, so richtet sich die Herabsetzung nach den Artikeln 77 und 78. Artikel 79 findet ergänzende Anwendung.

Art. 81   Herabsetzung oder Aufhebung der Nachschusspflicht

Für die Herabsetzung oder die Aufhebung einer statutarischen Nachschusspflicht gilt Artikel 77 sinngemäss.

4. Abschnitt: Übertragung von Stammanteilen

Art. 82

1 Die Gesellschaft muss sämtliche Übertragungen von Stammanteilen zur Eintragung in das Handelsregister anmelden, unabhängig davon, ob die Übertragungen auf vertraglicher Grundlage oder von Gesetzes wegen erfolgen.

2 Dem Handelsregisteramt müssen eingereicht werden:

a.   ein Beleg, dass der Stammanteil auf die neue Gesellschafterin oder den neuen Gesellschafter übertragen wurde;

b.   falls die Statuten nicht auf die Zustimmung der Gesellschafterversammlung zur Übertragung des Stammanteils verzichten: ein Beleg für diese Zustimmung.

3 Die Erwerberin oder der Erwerber darf nur ins Handelsregister eingetragen werden, wenn lückenlos nachgewiesen wird, dass der Stammanteil von der eingetragenen Gesellschafterin oder vom eingetragenen Gesellschafter auf die Erwerberin oder den Erwerber übergegangen ist.

5. Abschnitt: Revision, Revisionsstelle, Auflösung und Löschung

Art. 83

Für die Revision, für die Revisionsstelle, für die Auflösung, für den Widerruf der Auflösung und für die Löschung der Gesellschaft mit beschränkter Haftung gelten die Bestimmungen über die Aktiengesellschaft sinngemäss.

6. Kapitel: Genossenschaft

Art. 84   Anmeldung und Belege

1 Mit der Anmeldung der Gründung einer Genossenschaft zur Eintragung müssen dem Handelsregisteramt folgende Belege eingereicht werden:

a.   das Protokoll der konstituierenden Versammlung;

b.   die von einem Mitglied der Verwaltung unterzeichneten Statuten;

c.   ein Nachweis, dass die Mitglieder der Verwaltung ihre Wahl angenommen haben;

d.   gegebenenfalls ein Nachweis, dass die gesetzlich vorgeschriebene Revisionsstelle ihre Wahl angenommen hat;

e.   bei Bestellung zur Vertretung berechtigter Personen: der entsprechende Beschluss der konstituierenden Versammlung oder der Verwaltung;

f.   im Fall von Artikel 117 Absatz 3: die Erklärung der Domizilhalterin oder des Domizilhalters, dass sie oder er der Gesellschaft ein Rechtsdomizil am Ort von deren Sitz gewährt;

g.   die Erklärung der Gründerinnen und Gründer, dass keine anderen Sacheinlagen und Sachübernahmen bestehen, als die in den Belegen genannten;

h.   falls die Statuten eine persönliche Haftung oder Nachschusspflicht vorsehen: das von einem Mitglied der Verwaltung unterzeichnete Verzeichnis der Genossenschafterinnen und Genossenschafter.

2 Für Angaben, die bereits im Protokoll der konstituierenden Versammlung festgehalten sind, ist kein zusätzlicher Beleg erforderlich.

3 Bestehen Sacheinlagen oder Sachübernahmen, so müssen zusätzlich folgende Belege eingereicht werden:

a.   die Sacheinlageverträge mit den erforderlichen Beilagen;

b.   Sachübernahmeverträge mit den erforderlichen Beilagen;

c.   der von allen Gründerinnen und Gründern unterzeichnete Gründungsbericht.

Art. 85   Protokoll der konstituierenden Versammlung

Das Protokoll der konstituierenden Versammlung muss folgende Angaben enthalten:

a.   die Personenangaben zu den Gründerinnen und Gründern sowie zu deren Vertreterinnen und Vertretern;

b.   die Erklärung der Gründerinnen und Gründer, eine Genossenschaft zu gründen;

c.   die Bestätigung der Gründerinnen und Gründer, dass die Statuten festgelegt sind;

d.   gegebenenfalls die Tatsache, dass der schriftliche Bericht der Gründerinnen und Gründer über Sacheinlagen oder Sachübernahmen der Versammlung bekannt gegeben und von dieser beraten wurde;

f.   die Wahl der Mitglieder der Verwaltung sowie die entsprechenden Personenangaben;

g.   die Tatsache, dass die Revisionsstelle gewählt wurde, beziehungsweise den Verzicht auf eine Revision;

h.   die Unterschriften der Gründerinnen und Gründer.

Art. 86   Besondere Voraussetzungen der Eintragung

Eine Rechtseinheit wird nur als Genossenschaft eingetragen, wenn:

a.   mindestens sieben Genossenschafterinnen und Genossenschafter an der Gründung beteiligt sind (Art. 831 Abs. 1 OR), beziehungsweise mindestens drei Genossenschaften an der Gründung eines Genossenschaftsverbandes beteiligt sind (Art. 921 OR);

b.   der statutarische Zweck:

1. in der Hauptsache in der Förderung oder Sicherung bestimmter wirtschaftlicher Interessen der Mitglieder in gemeinsamer Selbsthilfe liegt (Art. 828 OR), oder

2. gemeinnützig ausgerichtet ist.

Art. 87 Inhalt des Eintrags

[1] Bei Genossenschaften müssen ins Handelsregister eingetragen werden:

a. die Tatsache, dass es sich um die Gründung einer neuen Genossenschaft handelt;

b. die Firma und die Identifikationsnummer;

c. der Sitz und das Rechtsdomizil;

d. die Rechtsform;

e. das Datum der Statuten;

f. falls sie beschränkt ist: die Dauer der Gesellschaft;

g. der Zweck;

h. der Nennwert allfälliger Anteilscheine;

i. im Fall von Beitrags- oder Leistungspflichten der Genossenschafterinnen und Genossenschafter: ein Verweis auf die nähere Umschreibung in den Statuten;

j. im Fall einer persönlichen Haftung oder einer Nachschusspflicht der Genossenschafterinnen und Genossenschafter: ein Verweis auf die nähere Umschreibung in den Statuten;

k. die Mitglieder der Verwaltung;

l. die zur Vertretung berechtigten Personen;

m. falls die Gesellschaft keine ordentliche oder eingeschränkte Revision durchführt: ein Hinweis darauf sowie das Datum der Erklärung der Verwaltung gemäss Artikel 62 Absatz 2;

n. falls die Gesellschaft eine ordentliche oder eingeschränkte Revision durchführt: die Revisionsstelle;

o. das gesetzliche Publikationsorgan sowie gegebenenfalls weitere Publikationsorgane;

p. die in den Statuten vorgesehene Form der Mitteilungen der Verwaltung an die Genossenschafterinnen und Genossenschafter.

[2] Bestehen anlässlich der Gründung Sacheinlagen oder Sachübernahmen, so gilt Artikel 45 Absatz 2 Buchstaben a und b und Absatz 3 sinngemäss.

Art. 88　　Verzeichnis der Genossenschafterinnen und Genossenschafter

[1] Die Verwaltung muss mit der Mitteilung über den Eintritt oder den Austritt einer Genossenschafterin oder eines Genossenschafters nach Artikel 877 Absatz 1 OR ein von einem Mitglied der Verwaltung unterzeichnetes aktualisiertes Verzeichnis der Genossenschafterinnen und Genossenschafter einreichen, dies vorzugsweise in elektronischer Form.

[2] Es erfolgt keine Eintragung in das Handelsregister; die Mitteilungen und das Verzeichnis stehen jedoch zur Einsichtnahme offen.

[3] Die Mitteilung durch Genossenschafterinnen und Genossenschafter sowie durch ihre Erbinnen und Erben nach Artikel 877 Absatz 2 OR bleibt vorbehalten.

Art. 89　　Revision, Revisionsstelle, Auflösung und Löschung

Für die Revision, für die Revisionsstelle, für die Auflösung, für den Widerruf der Auflösung und für die Löschung der Genossenschaft gelten die Bestimmungen über die Aktiengesellschaft sinngemäss.

7. Kapitel: Verein

Art. 90　　Anmeldung und Belege

[1] Mit der Anmeldung zur Eintragung eines Vereins müssen dem Handelsregisteramt folgende Belege eingereicht werden:

a.　ein Protokoll der Vereinsversammlung über:

　　1.　die Annahme der Statuten,

　　2.　die Wahl der Mitglieder des Vorstandes,

　　3.　die Wahl der Revisionsstelle, sofern der Verein revisionspflichtig ist;

b.　die von einem Mitglied des Vorstandes unterzeichneten Statuten;

c.　die Erklärung der Mitglieder des Vorstandes und gegebenenfalls der Revisionsstelle, dass sie die Wahl annehmen;

d.　bei Bestellung zur Vertretung berechtigter Personen: der entsprechende Beschluss der Vereinsversammlung oder des Vorstandes;

e.　im Fall von Artikel 117 Absatz 3: die Erklärung der Domizilhalterin oder des Domizilhalters, dass sie oder er dem Verein ein Rechtsdomizil am Ort von dessen Sitz gewährt;

f.　falls die Statuten eine persönliche Haftung oder Nachschusspflicht der Mitglieder vorsehen: das Verzeichnis der Mitglieder.

[2] Für Angaben, die bereits im Protokoll der Vereinsversammlung festgehalten sind, ist kein zusätzlicher Beleg erforderlich.

Art. 91   Besondere Voraussetzung der Eintragung

Eine Rechtseinheit wird nur als Verein ins Handelsregister eingetragen, wenn sie nicht zugleich einen wirtschaftlichen Zweck verfolgt und ein nach kaufmännischer Art geführtes Gewerbe betreibt.

Art. 92   Inhalt des Eintrags

Bei Vereinen müssen ins Handelsregister eingetragen werden:
a.   der Name und die Identifikationsnummer;
b.   der Sitz und das Rechtsdomizil;
c.   die Rechtsform;
d.   falls belegt: das Datum der Gründung;
e.   das Datum der Statuten;
f.   falls sie beschränkt ist: die Dauer des Vereins;
g.   der Zweck;
h.   die Mittel, wie Mitgliederbeiträge, Erträge aus dem Vereinsvermögen oder aus der Vereinstätigkeit und Schenkungen;
i.   im Fall einer persönlichen Haftung oder einer Nachschusspflicht der Mitglieder des Vereins: ein Verweis auf die nähere Umschreibung in den Statuten;
j.   die Organisation;
k.   die Mitglieder des Vorstandes;
l.   die zur Vertretung berechtigten Personen;
m.   falls der Verein eine ordentliche oder eingeschränkte Revision durchführt: die Revisionsstelle.

Art. 93   Auflösung und Löschung

Für die Auflösung, den Widerruf der Auflösung und für die Löschung des Vereins gelten die Bestimmungen über die Aktiengesellschaft sinngemäss.

8. Kapitel: Stiftung

Art. 94   Anmeldung und Belege

[1] Mit der Anmeldung der Errichtung einer Stiftung müssen dem Handelsregisteramt folgende Belege eingereicht werden:
a.   die Stiftungsurkunde beziehungsweise ein beglaubigter Auszug aus der Verfügung von Todes wegen;

b. ein Nachweis über die Ernennung der Mitglieder des obersten Stiftungsorgans und der zur Vertretung berechtigten Personen;

c. das Protokoll des obersten Stiftungsorgans über die Bezeichnung der Revisionsstelle beziehungsweise die Verfügung der Aufsichtsbehörde, wonach die Stiftung von der Pflicht zur Bezeichnung einer Revisionsstelle befreit ist;

d. die Erklärung der Mitglieder des obersten Stiftungsorgans und gegebenenfalls der Revisionsstelle, dass sie die Wahl annehmen;

e. im Fall von Artikel 117 Absatz 3: die Erklärung der Domizilhalterin oder des Domizilhalters, dass sie oder er der Stiftung ein Rechtsdomizil am Ort von deren Sitz gewährt.

2 Für Angaben, die bereits in der Stiftungsurkunde oder in der Verfügung von Todes wegen festgehalten sind, ist kein zusätzlicher Beleg erforderlich.

Art. 95   Inhalt des Eintrags

1 Bei Stiftungen müssen ins Handelsregister eingetragen werden:

a. die Tatsache, dass es sich um die Errichtung einer Stiftung handelt;

b. der Name und die Identifikationsnummer;

c. der Sitz und das Rechtsdomizil;

d. die Rechtsform;

e. das Datum der Stiftungsurkunde beziehungsweise das Datum der Verfügung von Todes wegen;

f. der Zweck;

g. bei einem Vorbehalt der Zweckänderung durch die Stifterin oder den Stifter: ein Verweis auf die nähere Umschreibung in der Stiftungsurkunde;

h. die Organisation;

i. die Mitglieder des obersten Stiftungsorgans;

j. die zur Vertretung berechtigten Personen;

k. die Stiftungsaufsichtsbehörde, sobald sie die Aufsicht übernommen hat;

l. falls die Stiftung keine ordentliche oder eingeschränkte Revision durchführt: ein Hinweis darauf sowie das Datum der Befreiungsverfügung der Aufsichtsbehörde;

m. falls die Stiftung eine ordentliche oder eingeschränkte Revision durchführt: die Revisionsstelle.

2 Bei kirchlichen Stiftungen und Familienstiftungen werden nur die Angaben nach Absatz 1 Buchstaben b–j ins Handelsregister eingetragen.

Art. 96   Informationsaustausch zwischen Handelsregisteramt und Stiftungsaufsichtsbehörde

[1] Das Handelsregisteramt teilt die Errichtung der Stiftung der Stiftungsaufsichtsbehörde mit, die nach den Umständen zuständig erscheint. Es sendet ihr eine Kopie der Stiftungsurkunde oder der Verfügung von Todes wegen sowie einen Auszug aus dem Handelsregister.

[2] Die Aufsichtsbehörde meldet die Übernahme der Aufsicht dem Handelsregisteramt zur Eintragung an oder überweist die Mitteilung über die Errichtung der Stiftung umgehend der zuständigen Behörde.

Art. 97   Änderungen, Aufhebung und Löschung

[1] Betrifft eine Verfügung einer Behörde eine Tatsache, die im Handelsregister einzutragen ist, so muss diese Behörde die Änderung beim Handelsregisteramt anmelden und die erforderlichen Belege einreichen. Dies betrifft insbesondere:

a.   die Befreiung der Stiftung von der Pflicht zur Bezeichnung einer Revisionsstelle;

b.   den Widerruf der Befreiung nach Buchstabe a;

c.   die Änderung des Zwecks und der Organisation der Stiftung;

d.   Verfügungen gemäss dem FusG;

e.   die Aufhebung der Stiftung zum Zwecke der Liquidation;

f.   die Feststellung des Abschlusses der Liquidation.

[2] Falls die zuständige Behörde eine Liquidation angeordnet hat, gelten für die Aufhebung und die Löschung der Stiftung die Bestimmungen über die Auflösung und Löschung der Aktiengesellschaft sinngemäss.

9. Kapitel: Kommanditgesellschaft für kollektive Kapitalanlagen

Art. 98   Anmeldung und Belege

Mit der Anmeldung zur Eintragung einer Kommanditgesellschaft für kollektive Kapitalanlagen müssen dem Handelsregisteramt folgende Belege eingereicht werden:

a.   der Gesellschaftsvertrag;

b.   gegebenenfalls ein Nachweis, dass die gesetzlich vorgeschriebene Revisionsstelle ihre Wahl angenommen hat.

Art. 99   Inhalt des Eintrags

Bei Kommanditgesellschaften für kollektive Kapitalanlagen müssen ins Handelsregister eingetragen werden:

a. die Tatsache, dass es sich um die Gründung einer neuen Kommanditgesellschaft für kollektive Kapitalanlagen handelt;

b. die Firma und die Identifikationsnummer;

c. der Sitz und das Rechtsdomizil;

d. die Rechtsform;

e. das Datum des Gesellschaftsvertrags;

f. die Dauer der Gesellschaft;

g. der Zweck;

h. der Betrag der gesamten Kommanditsumme;

i. falls die Kommanditsumme ganz oder teilweise in Form einer Sacheinlage geleistet wird, deren Gegenstand und Wert;

j. die Firma, der Sitz und die Identifikationsnummer der unbeschränkt haftenden Gesellschafterinnen und die für diese handelnden natürlichen Personen;

k. die zur Vertretung berechtigten Personen;

l. die Tatsache, dass die Revision nach KAG[1] durchgeführt wird; m. die Revisionsstelle.

Art. 100   Auflösung und Löschung

Für die Auflösung und die Löschung gilt Artikel 42 sinngemäss.

10. Kapitel: Investmentgesellschaft mit festem Kapital (SICAF)

Art. 101

[1] Bei Investmentgesellschaften mit festem Kapital müssen ins Handelsregister eingetragen werden:

a. die Tatsache, dass es sich um die Gründung einer neuen Investmentgesellschaft mit festem Kapital handelt;

b. die Firma und die Identifikationsnummer;

c. der Sitz und das Rechtsdomizil;

d. die Rechtsform;

e. das Datum der Statuten;

f. falls sie beschränkt ist: die Dauer der Gesellschaft;

1   SR 951.31

g. der Zweck;

h. die Höhe des Aktienkapitals unter Hinweis auf die Tatsache, dass die Einlagen vollständig geleistet sind;

i. Anzahl, Nennwert und Art der Aktien;

j. bei einer Beschränkung der Übertragbarkeit der Aktien: ein Verweis auf die nähere Umschreibung in den Statuten;

k. die Mitglieder des Verwaltungsrates;

l. die zur Vertretung berechtigten Personen;

m. die Tatsache, dass die Revision nach KAG[1] durchgeführt wird;

n. die Revisionsstelle;

o. das gesetzliche und die weiteren Publikationsorgane;

p. die in den Statuten vorgesehene Form der Mitteilungen des Verwaltungsrates an die Aktionärinnen und Aktionäre.

2 Im Übrigen gelten die Bestimmungen über die Aktiengesellschaft sinngemäss.

11. Kapitel: Investmentgesellschaft mit variablem Kapital (SICAV)

Art. 102 Anmeldung und Belege

1 Mit der Anmeldung der Gründung einer Investmentgesellschaft mit variablem Kapital zur Eintragung müssen dem Handelsregisteramt folgende Belege eingereicht werden:

a. die öffentliche Urkunde über den Errichtungsakt;

b. die Statuten;

c. ein Nachweis, dass die Mitglieder des Verwaltungsrates ihre Wahl angenommen haben;

d. ein Nachweis, dass die gesetzlich vorgeschriebene Revisionsstelle ihre Wahl angenommen hat;

e. das Protokoll des Verwaltungsrates über seine Konstituierung, über die Regelung des Vorsitzes und über die Erteilung der Zeichnungsbefugnisse;

f. im Fall von Artikel 117 Absatz 3: die Erklärung der Domizilhalterin oder des Domizilhalters, dass sie oder er der Investmentgesellschaft ein Rechtsdomizil am Ort von deren Sitz gewährt.

2 Für Angaben, die bereits im Errichtungsakt festgehalten sind, ist kein zusätzlicher Beleg erforderlich.

---

1 SR 951.31

Art. 103   Errichtungsakt

Die öffentliche Urkunde über den Errichtungsakt muss folgende Angaben enthalten:

a. die Personenangaben zu den Gründerinnen und Gründern sowie zu deren Vertreterinnen und Vertretern;

b. die Erklärung der Gründerinnen und Gründer, eine Investmentgesellschaft mit variablem Kapital zu gründen;

c. die Bestätigung der Gründerinnen und Gründer, dass die Statuten festgelegt sind;

d. die Tatsache, dass die Mitglieder des Verwaltungsrates gewählt wurden, und die entsprechenden Personenangaben;

e. die Tatsache, dass die Revisionsstelle gewählt wurde, und die entsprechenden Personenangaben;

f. die Nennung aller Belege und die Bestätigung der Urkundsperson, dass die Belege ihr und den Gründerinnen und Gründern vorgelegen haben;

g. die Unterschriften der Gründerinnen und Gründer.

Art. 104   Inhalt des Eintrags

Bei Investmentgesellschaften mit variablem Kapital müssen ins Handelsregister eingetragen werden:

a. die Tatsache, dass es sich um die Gründung einer neuen Investmentgesellschaft mit variablem Kapital handelt;

b. die Firma und die Identifikationsnummer;

c. der Sitz und das Rechtsdomizil;

d. die Rechtsform;

e. das Datum der Statuten;

f. falls sie beschränkt ist: die Dauer der Gesellschaft;

g. der Zweck;

h. die Art der Aktien;

i. bei einer Beschränkung der Übertragbarkeit der Aktien, insbesondere bei einer Einschränkung des Anlegerkreises auf qualifizierte Anlegerinnen und Anleger: ein Verweis auf die nähere Umschreibung in den Statuten;

j. im Fall verschiedener Kategorien von Anlegeraktien: die damit verbundenen Rechte mit einem Verweis auf die nähere Umschreibung in den Statuten;

k. die Mitglieder des Verwaltungsrates;

l. die zur Vertretung berechtigten Personen;

m. die Tatsache, dass die Revision nach KAG[1] durchgeführt wird;

n. die Revisionsstelle;

o. das gesetzliche sowie die weiteren Publikationsorgane;

1   SR 951.31

p. die in den Statuten vorgesehene Form der Mitteilungen des Verwaltungsrates an die Aktionärinnen und Aktionäre.

Art. 105 Auflösung und Löschung

Für die Auflösung und die Löschung gelten die Artikel 63 und 65 sinngemäss.

12. Kapitel: Institut des öffentlichen Rechts

Art. 106 Anmeldung und Belege

1 Mit der Anmeldung zur Eintragung eines Instituts des öffentlichen Rechts müssen dem Handelsregisteramt folgende Belege eingereicht werden:

a. Hinweise auf die massgebenden Rechtsgrundlagen und auf die Beschlüsse des für die Errichtung zuständigen Organs nach dem öffentlichen Recht;

b. gegebenenfalls die Statuten;

c. die Verfügungen, Protokolle oder Protokollauszüge über die Ernennung der Mitglieder des obersten Leitungs- oder Verwaltungsorgans und der zur Vertretung berechtigten Personen sowie gegebenenfalls über die Bezeichnung einer Revisionsstelle;

d. die Erklärungen der Mitglieder des obersten Leitungs- oder Verwaltungsorgans und gegebenenfalls der Revisionsstelle, dass sie ihre Wahl annehmen;

e. im Fall von Artikel 117 Absatz 3: die Erklärung der Domizilhalterin oder des Domizilhalters, dass sie oder er dem Institut des öffentlichen Rechts ein Rechtsdomizil am Ort von dessen Sitz gewährt.

2 Für Angaben, die bereits in andern Unterlagen festgehalten sind, ist kein zusätzlicher Beleg erforderlich.

Art. 107 Inhalt des Eintrags

Bei Instituten des öffentlichen Rechts müssen ins Handelsregister eingetragen werden:

a. die Bezeichnung und die Identifikationsnummer;

b. der Sitz und das Rechtsdomizil;

c. die Rechtsform;

d. die Bezeichnung der massgeblichen Rechtsgrundlagen des öffentlichen Rechts sowie das Datum der Beschlüsse des für die Errichtung zuständigen Organs gemäss öffentlichem Recht;

e. falls bekannt: das Datum der Errichtung des Instituts des öffentlichen Rechts;

f. falls Statuten bestehen: deren Datum;

g. der Zweck;

h.   im Fall eines Dotationskapitals: dessen Höhe;

i.   bei besonderen Haftungsverhältnissen: ein Verweis auf die nähere Umschreibung in den Belegen, Rechtsgrundlagen oder Beschlüssen des für die Gründung zuständigen Organs;

j.   die Organisation;

k.   die Mitglieder des obersten Leitungs- oder Verwaltungsorgans;

l.   die zur Vertretung berechtigten Personen;

m.   gegebenenfalls die Revisionsstelle.

Art. 108   Anwendbares Recht

Die Bestimmungen dieser Verordnung über die Rechtsformen des Privatrechts gelten auf die Institute des öffentlichen Rechts im Übrigen sinngemäss.

13. Kapitel: Zweigniederlassung

1. Abschnitt: Zweigniederlassung einer Rechtseinheit mit Sitz in der Schweiz

Art. 109   Anmeldung und Belege

Mit der Anmeldung zur Eintragung einer Zweigniederlassung einer Rechtseinheit mit Sitz in der Schweiz müssen dem Handelsregisteramt folgende Belege eingereicht werden:

a.   das Protokoll oder der Protokollauszug über die Bestellung der Personen, die nur für die Zweigniederlassung vertretungsberechtigt sind;

b.   im Fall von Artikel 117 Absatz 3: die Erklärung der Domizilhalterin oder des Domizilhalters, dass sie oder er der Zweigniederlassung am Ort von deren Sitz ein Rechtsdomizil gewährt.

Art. 110   Inhalt des Eintrags

1 Bei der Zweigniederlassung müssen ins Handelsregister eingetragen werden:

a.   die Firma beziehungsweise der Name, die Identifikationsnummer, die Rechtsform und der Sitz der Hauptniederlassung;

b.   die Firma beziehungsweise der Name, die Identifikationsnummer, der Sitz und das Rechtsdomizil der Zweigniederlassung;

c.   die Tatsache, dass es sich um eine Zweigniederlassung handelt;

d.   der Zweck der Zweigniederlassung, sofern er enger gefasst ist als der Zweck der Hauptniederlassung;

e. die Personen, die zur Vertretung der Zweigniederlassung berechtigt sind, sofern ihre Zeichnungsberechtigung nicht aus dem Eintrag der Hauptniederlassung hervorgeht.

2 Bei der Hauptniederlassung müssen ins Handelsregister eingetragen werden:

a. die Identifikationsnummer der Zweigniederlassung;

b. der Sitz der Zweigniederlassung.

Art. 111   Koordination der Einträge von Haupt- und Zweigniederlassung

1 Das Handelsregisteramt am Sitz der Zweigniederlassung muss das Handelsregisteramt am Sitz der Hauptniederlassung über die Neueintragung, die Sitzverlegung oder die Löschung der Zweigniederlassung informieren. Das Handelsregisteramt am Sitz der Hauptniederlassung nimmt die erforderlichen Eintragungen von Amtes wegen vor.

2 Das Handelsregisteramt am Sitz der Hauptniederlassung muss das Handelsregisteramt am Sitz der Zweigniederlassung über Änderungen informieren, die eine Änderung der Eintragung der Zweigniederlassung erfordern, insbesondere über Änderungen der Rechtsform, der Firma beziehungsweise des Namens, des Sitzes, die Auflösung oder die Löschung. Das Handelsregisteramt am Sitz der Zweigniederlassung nimmt die erforderlichen Eintragungen von Amtes wegen vor.

Art. 112   Fusion, Spaltung, Umwandlung und Vermögensübertragung

1 Im Fall einer Fusion, einer Spaltung, einer Umwandlung oder einer Vermögensübertragung bleiben die Einträge von Zweigniederlassungen bestehen, wenn nicht deren Löschung angemeldet wird.

2 Ergeben sich aus einer Fusion, einer Spaltung, einer Umwandlung oder einer Vermögensübertragung Änderungen, die in der Eintragung von Zweigniederlassungen zu berücksichtigen sind, so müssen die entsprechenden Tatsachen beim Handelsregisteramt angemeldet werden. Die Anmeldung hat im Fall einer Fusion oder einer Spaltung durch die übernehmende Rechtseinheit zu erfolgen.

2. Abschnitt: Zweigniederlassung einer Rechtseinheit mit Sitz im Ausland

Art. 113   Anmeldung und Belege

1 Mit der Anmeldung zur Eintragung einer Zweigniederlassung einer Rechtseinheit mit Sitz im Ausland müssen dem Handelsregisteramt folgende Belege eingereicht werden:

a. ein beglaubigter aktueller Auszug aus dem Handelsregister am Sitz der Hauptniederlassung oder, falls der Auszug keine genügenden Angaben enthält oder keine dem Handelsregister vergleichbare Institution besteht, ein amtlicher Nachweis darüber, dass die Hauptniederlassung nach den geltenden Bestimmungen des massgeblichen ausländischen Rechts rechtmässig besteht;

b. bei juristischen Personen ein beglaubigtes Exemplar der geltenden Statuten oder des entsprechenden Dokumentes der Hauptniederlassung;

c. das Protokoll oder der Protokollauszug des Organs der Hauptniederlassung, das die Errichtung der Zweigniederlassung beschlossen hat;

d. das Protokoll oder der Protokollauszug über die Bestellung der für die Zweigniederlassung vertretungsberechtigten Personen;

e. im Fall von Artikel 117 Absatz 3: die Erklärung der Domizilhalterin oder des Domizilhalters, dass sie oder er der Zweigniederlassung ein Rechtsdomizil am Ort von deren Sitz gewährt.

2 Ist in der Schweiz bereits eine Zweigniederlassung derselben Rechtseinheit im Handelsregister eingetragen, so findet Absatz 1 Buchstaben a und b keine Anwendung.

Art. 114   Inhalt des Eintrags

1 Bei Zweigniederlassungen von Rechtseinheiten mit Sitz im Ausland müssen ins Handelsregister eingetragen werden:

a. die Firma beziehungsweise der Name, die Rechtsform und der Sitz der Hauptniederlassung sowie gegebenenfalls ein Hinweis auf deren Registrierung und Identifikationsnummer;

b. Höhe und Währung eines allfälligen Kapitals der Hauptniederlassung sowie Angaben zu den geleisteten Einlagen;

c. die Firma beziehungsweise der Name, die Identifikationsnummer, der Sitz und das Rechtsdomizil der Zweigniederlassung;

d. die Tatsache, dass es sich um eine Zweigniederlassung handelt;

e. der Zweck der Zweigniederlassung;

f. die Personen, die zur Vertretung der Zweigniederlassung berechtigt sind.

2 Für die Formulierung des Zwecks der Zweigniederlassung gilt Artikel 118 Absatz 1.

Art. 115   Löschung

1 Hat der Geschäftsbetrieb der Zweigniederlassung aufgehört, so muss die Löschung der Zweigniederlassung zur Eintragung angemeldet werden.

2 Wird die Löschung der Zweigniederlassung zur Eintragung ins Handelsregister angemeldet, so macht das Handelsregisteramt den Steuerbehörden des Bundes und des Kantons Mitteilung. Die Löschung darf erst vorgenommen werden, wenn diese Behörden zugestimmt haben.

3 Zusammen mit der Löschung muss der Löschungsgrund ins Handelsregister eingetragen werden.

4. Titel: Rechtsformübergreifende Bestimmungen für die Eintragung

1. Kapitel: Identifikationsnummer, Sitz-, Zweck- und Personenangaben sowie Hinweis auf die vorangehende Eintragung

Art. 116   Identifikationsnummer

1 Jede im Handelsregister eingetragene Rechtseinheit erhält spätestens bei der Eintragung ins Tagesregister eine Identifikationsnummer zugeteilt.

2 Die Identifikationsnummer identifiziert eine Rechtseinheit dauerhaft. Sie ist unveränderlich.

3 Die Identifikationsnummer einer gelöschten Rechtseinheit darf nicht neu vergeben werden. Wird eine gelöschte Rechtseinheit wieder ins Handelsregister eingetragen, so erhält sie ihre frühere Identifikationsnummer.

4 Bei einer Absorptionsfusion behält die übernehmende Rechtseinheit ihre bisherige Identifikationsnummer. Bei der Kombinationsfusion erhält die entstehende Rechtseinheit eine neue Identifikationsnummer.

5 Entsteht bei der Spaltung eine neue Rechtseinheit, so erhält sie eine neue Identifikationsnummer. Die übrigen an einer Spaltung beteiligten Rechtseinheiten behalten ihre bisherige Identifikationsnummer.

6 Bei der Fortführung des Geschäfts einer Kollektiv- oder Kommanditgesellschaft als Einzelunternehmen gemäss Artikel 579 OR bleibt die Identifikationsnummer unverändert.

Art. 117   Sitz, Rechtsdomizil sowie weitere Adressen

1 Als Sitz wird der Name der politischen Gemeinde eingetragen.

2 Zudem wird das Rechtsdomizil gemäss Artikel 2 Buchstabe c eingetragen.

3 Verfügt eine Rechtseinheit über kein Rechtsdomizil an ihrem Sitz, so muss im Eintrag angegeben werden, bei wem sich das Rechtsdomizil an diesem Sitz befindet (c/o-Adresse). Mit der Anmeldung zur Eintragung ist eine Erklärung der Domizilhalterin oder des Domizilhalters einzureichen, dass sie oder er der Rechtseinheit ein Rechtsdomizil an deren Sitz gewährt.

4 Neben der Angabe von Sitz und Rechtsdomizil kann jede Rechtseinheit weitere in der Schweiz gelegene Adressen im Handelsregister ihres Sitzes eintragen lassen.

Art. 118   Zweckangaben

1 Die Rechtseinheiten müssen ihren Zweck so umschreiben, dass ihr Tätigkeitsfeld für Dritte klar ersichtlich ist.

2 Für die Eintragung kann das Handelsregisteramt die Umschreibung des Zwecks der Rechtseinheit:

a.   unverändert aus den Statuten oder der Stiftungsurkunde übernehmen; oder

b.   auf den wesentlichen Inhalt verkürzen und in Bezug auf die nicht eingetragenen Angaben mit einem Hinweis auf die Statuten oder die Stiftungsurkunde ergänzen.

Art. 119   Personenangaben

1 Einträge zu natürlichen Personen müssen die folgenden Angaben enthalten:

a.   den Familiennamen;

b.   mindestens ein ausgeschriebener Vorname oder, sofern dies für die Identifikation der Person erforderlich ist, alle Vornamen;

c.   den Heimatort oder, bei ausländischen Staatsangehörigen, die Staatsange-hörigkeit;

d.   den Wohnsitz;

e.   den Jahrgang, sofern dies für die Identifikation der Person erforderlich ist;

f.   sofern belegt, schweizerische und gleichwertige ausländische akademische Titel;

g.   die Funktion, die die Person in einer Rechtseinheit wahrnimmt;

h.   die Art der Zeichnungsberechtigung oder den Hinweis, dass die Person nicht zeichnungsberechtigt ist.

2 Die Schreibweise von Familien- und Vornamen richtet sich nach dem Pass oder der Identitätskarte. Es dürfen nur lateinische Buchstaben verwendet werden.

3 Werden Rechtseinheiten als Inhaberinnen einer Funktion bei einer anderen Rechtseinheit eingetragen, so muss dieser Eintrag die folgenden Angaben enthalten:

a.   die Firma, der Name oder die Bezeichnung in der im Handelsregister einge-tragenen Fassung;

b.   die Identifikationsnummer;

c.   der Sitz;

d.   die Funktion.

Art. 120   Leitungs- oder Verwaltungsorgane

Einzelunternehmen, Handelsgesellschaften, juristische Personen sowie Institute des öffentlichen Rechts dürfen als solche nicht als Mitglied der Leitungs- oder Verwaltungsorgane oder als Zeichnungsberechtigte in das Handelsregister eingetragen werden. Vorbehalten bleibt Artikel 98 KAG[1] sowie die Eintragung von Liquidatorinnen, Liquidatoren, Revisorinnen, Revisoren, Konkursverwalterinnen, Konkursverwaltern oder Sachwalterinnen und Sachwaltern.

---

1   SR 951.31

Art. 121 Revisionsstelle

Wo eine Revisionsstelle eingetragen werden muss, wird nicht eingetragen, ob es sich dabei um ein staatlich beaufsichtigtes Revisionsunternehmen, eine zugelassene Revisionsexpertin, einen zugelassenen Revisionsexperten, eine zugelassene Revisorin oder einen zugelassenen Revisor handelt.

Art. 122 Hinweis auf die vorangehende Eintragung

Jede Eintragung im Tagesregister muss einen Hinweis auf die Veröffentlichung der vorangehenden Eintragung der betreffenden Rechtseinheit im Schweizerischen Handelsamtsblatt enthalten; anzugeben sind:

a. das Ausgabedatum;

b. die Seitenzahl;

c. die Nummer der Veröffentlichung.

2. Kapitel: Sitzverlegung

1. Abschnitt: In der Schweiz

Art. 123 Eintragung am neuen Sitz

1 Verlegt eine Rechtseinheit ihren Sitz in einen anderen Registerbezirk, so muss sie sich am neuen Sitz zur Eintragung anmelden.

2 Mit der Anmeldung zur Eintragung der Sitzverlegung müssen dem Handelsregisteramt folgende Belege eingereicht werden:

a. die beglaubigten Statuten des bisherigen Sitzes;

b. falls bei juristischen Personen die Statuten geändert werden müssen: der Beschluss über die Änderung sowie ein beglaubigtes Exemplar der neuen Statuten;

c. die beglaubigten Unterschriften der anmeldenden Personen.

3 Das Handelsregisteramt am neuen Sitz ist für die Prüfung der Sitzverlegung und der Belege zuständig. Es informiert das Handelsregisteramt des bisherigen Sitzes über die vorzunehmende Eintragung.

4 Das Handelsregisteramt am bisherigen Sitz übermittelt dem Handelsregisteramt am neuen Sitz im Hinblick auf die Eintragung der Sitzverlegung sämtliche im Hauptregister vorhandenen elektronischen Daten. Sie werden ins Hauptregister aufgenommen, aber weder im Tagesregister eingetragen noch im Schweizerischen Handelsamtsblatt publiziert.

5 Am neuen Sitz müssen folgende Angaben ins Handelsregister eingetragen werden:

a. die Firma oder der Name und die Identifikationsnummer;

b.   die Tatsache der Sitzverlegung unter Angabe des Ortes des bisherigen und des neuen Sitzes;

c.   das Rechtsdomizil am neuen Sitz;

d.   falls die Statuten geändert wurden: deren neues Datum.

[6] Werden die Einträge im Register des neuen Sitzes in einer anderen Sprache als im Register des alten Sitzes vorgenommen, so müssen alle zu veröffentlichenden Tatsachen in der neuen Sprache eingetragen werden.

Art. 124   Eintragung am bisherigen Sitz

[1] Die Sitzverlegung und die Löschung am bisherigen Sitz müssen am gleichen Tag ins Tagesregister eingetragen werden. Die Handelsregisterämter müssen ihre Eintragungen aufeinander abstimmen.

[2] Die Löschung am bisherigen Sitz wird ohne weitere Prüfung eingetragen.

[3] Am bisherigen Sitz müssen folgende Angaben ins Handelsregister eingetragen werden:

a.   die Tatsache, dass die Rechtseinheit infolge Sitzverlegung im Handelsregister am neuen Sitz eingetragen wurde unter Angabe des Ortes des neuen Sitzes;

b.   die neue Firma beziehungsweise der neue Name, falls diese geändert wurden;

c.   die Tatsache, dass die Rechtseinheit im Handelsregister des bisherigen Sitzes von Amtes wegen gelöscht wird.

Art. 125   Übermittlung der Belege

Das Handelsregisteramt des bisherigen Sitzes übermittelt dem Handelsregisteramt am neuen Sitz sämtliche Belege zu den Eintragungen, die am bisherigen Sitz vorgenommen wurden.

2. Abschnitt: Verlegung des Sitzes einer ausländischen Rechtseinheit in die Schweiz

Art. 126

[1] Unterstellt sich eine ausländische Rechtseinheit gemäss den Vorschriften des Bundesgesetzes vom 18. Dezember 1987[1] über das Internationale Privatrecht (IPRG) durch eine Sitzverlegung schweizerischem Recht, so gelten für die Eintragung in das Handelsregister die Bestimmungen über die Eintragung einer neu gegründeten Rechtseinheit.

[2] Zusätzlich zu den für die Eintragung der Rechtseinheit erforderlichen Belegen müssen die Anmeldenden dem Handelsregisteramt die folgenden besonderen Belege einreichen:

1   SR 291

a. einen Nachweis des rechtlichen Bestehens der Rechtseinheit im Ausland;

b. eine Bescheinigung der zuständigen ausländischen Behörde über die Zulässigkeit der Sitzverlegung im ausländischen Recht oder eine Bewilligung des Eidgenössischen Justiz- und Polizeidepartements gemäss Absatz 4.

c. einen Nachweis, dass die Anpassung an eine schweizerische Rechtsform möglich ist;

d. einen Nachweis, dass die Rechtseinheit den Mittelpunkt ihrer Geschäftstätigkeit in die Schweiz verlegt hat;

e. im Falle einer Kapitalgesellschaft: den Bericht einer zugelassenen Revisionsexpertin oder eines zugelassenen Revisionsexperten, der belegt, dass das Kapital der Gesellschaft nach schweizerischem Recht gedeckt ist.

3 Zusätzlich zu den erforderlichen Angaben bei der Eintragung einer neu gegründeten Rechtseinheit müssen ins Handelsregister eingetragen werden:

a. das Datum des Beschlusses, mit dem sich die Rechtseinheiten nach den Vorschriften des IPRG schweizerischem Recht unterstellt;

b. die Firma oder der Name, die Rechtsform und der Sitz vor der Sitzverlegung in die Schweiz;

c. die ausländische Behörde, die für die Registrierung zuständig war, bevor die Rechtseinheit ihren Sitz in die Schweiz verlegt hat.

4 Erteilt das Eidgenössische Justiz- und Polizeidepartement eine Bewilligung gemäss Artikel 161 Absatz 2 IPRG, so muss die entsprechende Verfügung dem Handelsregisteramt als Beleg eingereicht werden.

3 Abschnitt: Verlegung des Sitzes einer schweizerischen Rechtseinheit ins Ausland

Art. 127

1 Verlegt eine schweizerische Rechtseinheit gemäss den Vorschriften des IPRG[1] ihren Sitz ins Ausland, so müssen die Anmeldenden zusätzlich zu den für die Löschung der Rechtseinheit erforderlichen Belegen dem Handelsregisteramt die folgenden Belege einreichen:

a. ein Nachweis, dass die Rechtseinheit im Ausland weiter besteht;

b. der Bericht einer zugelassenen Revisionsexpertin oder eines zugelassenen Revisionsexperten, welcher bestätigt, dass die Forderungen der Gläubigerinnen und Gläubiger im Sinne von Artikel 46 FusG sichergestellt oder erfüllt worden sind oder dass die Gläubigerinnen und Gläubiger mit der Löschung einverstanden sind.

2 Wird die Verlegung des Sitzes einer schweizerischen Rechtseinheit ins Ausland im Handelsregister angemeldet, so macht das Handelsregisteramt den Steuerbehörden des

1 SR 291

Bundes und des Kantons Mitteilung. Die Löschung darf erst vorgenommen werden, wenn diese Behörden zugestimmt haben.

[3] Ins Handelsregister müssen eingetragen werden:

a.   das Datum des Beschlusses des zuständigen Organs, mit dem sich die Rechtseinheit nach den Vorschriften des IPRG ausländischem Recht unterstellt;

b.   die Firma oder der Name, die Rechtsform und der Sitz nach der Sitzverlegung ins Ausland;

c.   die ausländische Behörde, die für die Registrierung zuständig ist, nachdem die Rechtseinheit ihren Sitz ins Ausland verlegt hat;

d.   das Datum des Revisionsberichts, der bestätigt, dass die Vorkehrungen zum Schutz der Gläubigerinnen und Gläubiger erfüllt worden sind;

e.   die Tatsache, dass die Rechtseinheit gelöscht wird.

3. Kapitel: Umstrukturierungen

1. Abschnitt: Zeitpunkt der Anmeldung und der Eintragung

Art. 128   Zeitpunkt der Anmeldung

Rechtseinheiten dürfen Fusionen, Spaltungen, Umwandlungen und Vermögensübertragungen erst zur Eintragung ins Handelsregister anmelden, wenn die von Gesetzes wegen erforderlichen Zustimmungen anderer Behörden vorliegen. Dies gilt insbesondere für den Fall, dass die Umstrukturierung die Anforderungen eines zu meldenden Zusammenschlusses gemäss Artikel 9 des Kartellgesetzes vom 6. Oktober 1995[1] erfüllt oder einer Bewilligung durch die Aufsichtsbehörde gemäss den Artikeln 3 und 5 des Versicherungsaufsichtsgesetzes vom 17. Dezember 2004[2] bedarf.

Art. 129   Zeitpunkt der Eintragung

[1] Die Umstrukturierungen müssen bei allen beteiligten Rechtseinheiten am gleichen Tag ins Tagesregister eingetragen werden.

[2] Befinden sich nicht alle Rechtseinheiten im selben Registerbezirk, so müssen die Handelsregisterämter ihre Eintragungen aufeinander abstimmen.

[3] Diese Bestimmung gilt auch für die Eintragung einer Sacheinlage oder Sachübernahme, die mittels einer Vermögensübertragung durchgeführt wird.

---

1   SR 251
2   SR 961.01

2. Abschnitt: Fusion von Rechtseinheiten

Art. 130   Anmeldung und zuständiges Handelsregisteramt

1 Jede an der Fusion beteiligte Rechtseinheit muss die sie betreffenden Tatsachen selber zur Eintragung in das Handelsregister anmelden (Art. 21 Abs. 1 FusG), und zwar in einer der Amtssprachen des betroffenen Handelsregisteramts.

2 Befinden sich nicht alle an der Fusion beteiligten Rechtseinheiten im selben Registerbezirk, so ist das Handelsregisteramt am Ort der übernehmenden Rechtseinheit für die Prüfung der Fusion und sämtlicher Belege zuständig. Es informiert die Handelsregisterämter am Sitz der übertragenden Rechtseinheiten über die vorzunehmende Eintragung und übermittelt ihnen die sie betreffenden Anmeldungen. Die Löschung der übertragenden Rechtseinheiten ist ohne weitere Prüfung einzutragen.

3 Sämtliche Belege und elektronische Daten zu den Eintragungen der übertragenden Rechtseinheiten sind nach deren Löschung an das Handelsregisteramt am Sitz der übernehmenden Rechtseinheit zu übermitteln und zu den Akten der übernehmenden Rechtseinheit zu nehmen.

Art. 131   Belege

1 Mit der Anmeldung zur Eintragung der Fusion müssen die beteiligten Rechtseinheiten die folgenden Belege einreichen:

a.   den Fusionsvertrag (Art. 12 und 13 FusG);

b.   die Fusionsbilanzen der übertragenden Rechtseinheiten, gegebenenfalls die Zwischenbilanzen (Art. 11 FusG);

c.   die Fusionsbeschlüsse der beteiligten Rechtseinheiten, soweit erforderlich, öffentlich beurkundet (Art. 18 und 20 FusG);

d.   die Prüfungsberichte der beteiligten Rechtseinheiten (Art. 15 FusG);

e.   bei einer Absorptionsfusion: soweit erforderlich die Belege für eine Kapitalerhöhung (Art. 9 und 21 Abs. 2 FusG);

f.   bei der Fusion einer Rechtseinheit in Liquidation: die von mindestens einem Mitglied des obersten Leitungs- oder Verwaltungsorgans unterzeichnete Bestätigung nach Artikel 5 Absatz 2 FusG;

g.   bei der Fusion von Rechtseinheiten mit Kapitalverlust oder Überschuldung: die Bestätigung nach Artikel 6 Absatz 2 FusG;

h.   bei einer Kombinationsfusion: die für die Neugründung einer Rechtseinheit erforderlichen Belege (Art. 10 FusG).

2 Bei Fusionen von kleinen und mittleren Unternehmen können die fusionierenden Rechtseinheiten anstelle des Belegs nach Absatz 1 Buchstabe d eine von mindestens einem Mitglied des obersten Leitungs- oder Verwaltungsorgans unterzeichnete Erklärung einreichen, wonach sämtliche Gesellschafterinnen und Gesellschafter auf die Erstellung des Fusionsberichts oder auf die Prüfung verzichten und die Rechtseinheit

die Anforderungen nach Artikel 2 Buchstabe e FusG erfüllt. In der Erklärung ist anzugeben, auf welche Unterlagen wie Erfolgsrechnungen, Bilanzen, Jahresberichte, Verzichtserklärungen oder das Protokoll der Generalversammlung sie sich stützt.

3 Bei erleichterten Fusionen von Kapitalgesellschaften (Art. 23 FusG) müssen die beteiligten Gesellschaften anstelle der Belege nach Absatz 1 Buchstaben c und d die Auszüge aus den Protokollen der obersten Leitungs- oder Verwaltungsorgane über die Genehmigung des Fusionsvertrages einreichen, sofern der Fusionsvertrag nicht von allen Mitgliedern dieser Organe unterzeichnet ist. Soweit dies nicht aus den anderen Belegen hervorgeht, müssen sie zudem nachweisen, dass die Gesellschaften die Voraussetzungen von Artikel 23 FusG erfüllen.

Art. 132   Inhalt des Eintrags

1 Bei der übernehmenden Rechtseinheit müssen ins Handelsregister eingetragen werden:

a. die Firma oder der Name, der Sitz sowie die Identifikationsnummer der an der Fusion beteiligten Rechtseinheiten;

b. das Datum des Fusionsvertrages und der Fusionsbilanz und gegebenenfalls der Zwischenbilanz;

c. der gesamte Wert der übertragenen Aktiven und Passiven;

d. gegebenenfalls die den Gesellschafterinnen und Gesellschaftern der übertragenden Gesellschaft zugesprochenen Anteils- oder Mitgliedschaftsrechte sowie eine allfällige Ausgleichszahlung (Art. 7 FusG);

e. gegebenenfalls die Abfindung (Art. 8 FusG);

f. gegebenenfalls die durch die Fusion bedingte Kapitalerhöhung;

g. im Falle von Kapitalverlust oder von Überschuldung: der Hinweis auf die Bestätigung des zugelassenen Revisionsexperten (Art. 6 Abs. 2 FusG);

h. bei der Kombinationsfusion: die für die Eintragung einer neuen Rechtseinheit erforderlichen Angaben.

2 Bei der übertragenden Rechtseinheit müssen ins Handelsregister eingetragen werden:

a. die Firma oder der Name, der Sitz sowie die Identifikationsnummer der an der Fusion beteiligten Rechtseinheiten;

b. die Tatsache, dass die Rechtseinheit infolge Fusion gelöscht wird (Art. 21 Abs. 3 FusG).

3. Abschnitt: Spaltung von Kapitalgesellschaften und Genossenschaften

Art. 133 Anmeldung und zuständiges Handelsregisteramt

1 Jede an der Spaltung beteiligte Gesellschaft muss die sie betreffenden Tatsachen selber zur Eintragung in das Handelsregister anmelden (Art. 51 Abs. 1 FusG), und zwar in einer der Amtssprachen des betroffenen Handelsregisteramts.

2 Befinden sich nicht alle an der Spaltung beteiligten Gesellschaften im selben Registerbezirk, so ist das Handelsregisteramt am Ort der übertragenden Gesellschaft für die Prüfung der Spaltung und sämtlicher Belege zuständig. Es informiert die Handelsregisterämter am Sitz der übernehmenden Gesellschaften über die vorzunehmenden Eintragungen und übermittelt ihnen die sie betreffenden Anmeldungen sowie beglaubigte Kopien der massgeblichen Belege. Die Spaltung wird bei den übernehmenden Gesellschaften ohne weitere Prüfung eingetragen.

Art. 134 Belege

1 Mit der Anmeldung zur Eintragung der Spaltung müssen die beteiligten Gesellschaften folgende Belege einreichen:

a. den Spaltungsvertrag (Art. 36 Abs. 1 und 37 FusG) oder den Spaltungsplan (Art. 36 Abs. 2 und 37 FusG);

b. die öffentlich beurkundeten Spaltungsbeschlüsse der beteiligten Gesellschaften (Art. 43 und 44 FusG);

c. die Prüfungsberichte der beteiligten Gesellschaften (Art. 40 FusG);

d. bei der übertragenden Gesellschaft: soweit erforderlich, die Belege für eine Kapitalherabsetzung (Art. 32 i.V.m. 51 Abs. 2 FusG);

e. bei der übernehmenden Gesellschaft: soweit erforderlich, die Belege für eine Kapitalerhöhung (Art. 33 FusG);

f. bei der neu eingetragenen übernehmenden Gesellschaft: die für die Neugründung erforderlichen Belege (Art. 34 FusG);

g. falls dies nicht aus anderen Belegen hervorgeht: den Nachweis, dass die Gläubigerschutzbestimmungen nach Artikel 45 FusG erfüllt sind.

2 Bei Spaltungen von kleinen und mittleren Unternehmen können die beteiligten Gesellschaften anstelle des Belegs nach Absatz 1 Buchstabe c eine von mindestens einem Mitglied des obersten Leitungs- oder Verwaltungsorgans unterzeichnete Erklärung einreichen, wonach sämtliche Gesellschafterinnen und Gesellschafter auf die Erstellung des Spaltungsberichts oder auf die Prüfung verzichten und die Gesellschaft die Anforderungen nach Artikel 2 Buchstabe e FusG erfüllt. In der Erklärung ist anzugeben, auf welche Unterlagen wie Erfolgsrechnungen, Bilanzen, Jahresberichte, Verzichtserklärungen oder das Protokoll der Generalversammlung sie sich stützt.

Art. 135   Inhalt des Eintrags

[1] Bei den übernehmenden Gesellschaften müssen ins Handelsregister eingetragen werden:

a.   die Firma, der Sitz sowie die Identifikationsnummer der an der Spaltung beteiligten Gesellschaften;

b.   das Datum des Spaltungsvertrages beziehungsweise des Spaltungsplans;

c.   der gesamte Wert der gemäss Inventar übertragenen Aktiven und Passiven;

d.   die den Gesellschafterinnen und Gesellschaftern der übertragenden Gesellschaft zugesprochenen Anteils- oder Mitgliedschaftsrechte sowie eine allfällige Ausgleichszahlung (Art. 37 Bst. c FusG);

e.   gegebenenfalls die durch die Spaltung bedingte Kapitalerhöhung;

f.   gegebenenfalls die für die Eintragung einer neuen Gesellschaft erforderlichen Angaben.

[2] Im Fall einer Aufspaltung müssen bei der übertragenden Gesellschaft ins Handelsregister eingetragen werden:

a.   die Firma, der Sitz sowie die Identifikationsnummer aller an der Aufspaltung beteiligten Gesellschaften;

b.   die Tatsache, dass die Gesellschaft infolge Aufspaltung gelöscht wird (Art. 51 Abs. 3 FusG).

[3] Im Falle einer Abspaltung müssen bei der übertragenden Gesellschaft ins Handelsregister eingetragen werden:

a.   die Firma, der Sitz sowie die Identifikationsnummer aller an der Abspaltung beteiligten Gesellschaften;

b.   gegebenenfalls die durch die Abspaltung bedingte Kapitalherabsetzung.

4. Abschnitt: Umwandlung von Gesellschaften

Art. 136   Anmeldung und Belege

[1] Mit der Anmeldung zur Eintragung der Umwandlung (Art. 66 FusG) müssen dem Handelsregisteramt folgende Belege eingereicht werden:

a.   der Umwandlungsplan (Art. 59 und 60 FusG);

b.   die Umwandlungsbilanz, gegebenenfalls die Zwischenbilanz (Art. 58 FusG);

c.   der öffentlich beurkundeten Umwandlungsbeschluss (Art. 64 und 65 FusG);

d.   der Prüfungsbericht (Art. 62 FusG);

e.   soweit nach den Umständen erforderlich: dieselben Belege wie bei der Neugründung der neuen Rechtsform (Art. 57 FusG).

[2] Bei Umwandlungen von kleinen und mittleren Unternehmen kann das oberste Leitungs- oder Verwaltungsorgan anstelle des Belegs nach Absatz 1 Buchstabe d eine von

mindestens einem Mitglied unterzeichnete Erklärung einreichen, wonach sämtliche Gesellschafterinnen und Gesellschafter auf die Erstellung des Umwandlungsberichts oder auf die Prüfung verzichten und die Gesellschaft die Anforderungen nach Artikel 2 Buchstabe e FusG erfüllt. In der Erklärung ist anzugeben, auf welche Unterlagen wie Erfolgsrechnungen, Bilanzen, Jahresberichte, Verzichtserklärungen oder das Protokoll der Generalversammlung sie sich stützt.

Art. 137 Inhalt des Eintrags

Bei einer Umwandlung müssen ins Handelsregister eingetragen werden:

a. die Firma oder der Name sowie die Rechtsform vor und nach der Umwandlung;

b. bei juristischen Personen, das Datum der neuen Statuten;

c. das Datum des Umwandlungsplans, der Umwandlungsbilanz und gegebenenfalls der Zwischenbilanz;

d. der gesamte Wert der Aktiven und Passiven;

e. die den Gesellschafterinnen und Gesellschaftern zugesprochenen Anteils- oder Mitgliedschaftsrechte;

f. die weiteren Angaben, die für die neue Rechtsform notwendig sind.

5. Abschnitt: Vermögensübertragung

Art. 138 Anmeldung und Belege

Mit der Anmeldung zur Eintragung der Vermögensübertragung muss die übertragende Rechtseinheit folgende Belege einreichen:

a. den Übertragungsvertrag (Art. 71 FusG);

b. die Auszüge aus den Protokollen der obersten Leitungs- oder Verwaltungsorgane der beteiligten Rechtseinheiten über den Abschluss des Übertragungsvertrages (Art. 70 Abs. 1 FusG), sofern der Übertragungsvertrag nicht von allen Mitgliedern dieser Organe unterzeichnet ist.

Art. 139 Inhalt des Eintrags

Bei der übertragenden Rechtseinheit müssen ins Handelsregister eingetragen werden:

a. die Firma oder der Name, der Sitz sowie die Identifikationsnummer der an der Vermögensübertragung beteiligten Rechtseinheiten;

b. das Datum des Übertragungsvertrages;

c. der gesamte Wert der gemäss Inventar übertragenen Aktiven und Passiven;

d. die allfällige Gegenleistung.

6. Abschnitt: Fusion und Vermögensübertragung von Stiftungen

Art. 140   Fusion

[1] Mit der Anmeldung zur Eintragung der Fusion (Art. 83 Abs. 3 FusG) muss die Aufsichtsbehörde der übertragenden Stiftung dem Handelsregisteramt am Sitz der übernehmenden Stiftung folgende Belege einreichen:

a. die Verfügung über die Genehmigung der Fusion (Art. 83 Abs. 3 FusG);

b. den Fusionsvertrag, soweit erforderlich, öffentlich beurkundet (Art. 79 FusG);

c. die Fusionsbilanzen der übertragenden Stiftungen, gegebenenfalls die Zwischenbilanzen (Art. 80 FusG);

d. den Prüfungsbericht (Art. 81 FusG);

e. die Belege für die Errichtung einer Stiftung bei einer Kombinationsfusion.

[2] Bei Fusionen von Familienstiftungen und kirchlichen Stiftungen muss die übernehmende Stiftung anstelle der Verfügung der Aufsichtsbehörde die Fusionsbeschlüsse der obersten Stiftungsorgane der beteiligten Stiftungen einreichen (Art. 84 Abs. 1 FusG).

[3] Für den Inhalt des Eintrags der Fusion gilt Artikel 132 sinngemäss. Zusätzlich wird das Datum der Verfügung der Aufsichtsbehörde über die Genehmigung der Fusion eingetragen.

Art. 141   Vermögensübertragung

[1] Mit der Anmeldung zur Eintragung der Vermögensübertragung (Art. 87 Abs. 3 FusG) muss die Aufsichtsbehörde der übertragenden Stiftung dem Handelsregisteramt folgende Belege einreichen:

a. die Verfügung über die Genehmigung der Vermögensübertragung;

b. den Übertragungsvertrag.

[2] Bei Vermögensübertragungen von Familienstiftungen und kirchlichen Stiftungen muss die übertragende Stiftung anstelle der Verfügung der Aufsichtsbehörde die Auszüge aus den Protokollen der obersten Leitungs- oder Verwaltungsorgane der beteiligten Rechtsträger über den Abschluss des Übertragungsvertrages einreichen.

[3] Für den Inhalt des Eintrags der Vermögensübertragung gilt Artikel 139 sinngemäss. Zusätzlich wird das Datum der Verfügung der Aufsichtsbehörde über die Genehmigung der Vermögensübertragung eingetragen.

7. Abschnitt: Fusion, Umwandlung und Vermögensübertragung von Vorsorgeeinrichtungen

Art. 142 Fusion

1 Mit der Anmeldung zur Eintragung der Fusion (Art. 95 Abs. 4 FusG) muss die Aufsichtsbehörde der übertragenden Vorsorgeeinrichtung dem Handelsregisteramt am Sitz der übernehmenden Vorsorgeeinrichtung folgende Belege einreichen:

a. den Fusionsvertrag (Art. 90 FusG);

b. die Fusionsbilanzen der übertragenden Vorsorgeeinrichtungen, gegebenenfalls die Zwischenbilanzen (Art. 89 FusG);

c. die Prüfungsberichte der beteiligten Vorsorgeeinrichtungen (Art. 92 FusG);

d. die Fusionsbeschlüsse der beteiligten Vorsorgeeinrichtungen (Art. 94 FusG);

e. die Verfügung der Aufsichtsbehörde über die Genehmigung der Fusion (Art. 95 Abs. 3 FusG);

f. die Belege für die Neugründung bei einer Kombinationsfusion.

2 Für den Inhalt des Eintrags der Fusion gilt Artikel 132 sinngemäss. Zusätzlich wird das Datum der Verfügung der Aufsichtsbehörde über die Genehmigung der Fusion eingetragen.

Art. 143 Umwandlung

1 Mit der Anmeldung zur Eintragung der Umwandlung (Art. 97 Abs. 3 FusG) muss die Aufsichtsbehörde dem Handelsregisteramt die Belege nach Artikel 136 sowie die Verfügung über die Genehmigung der Umwandlung einreichen.

2 Für den Inhalt des Eintrags der Umwandlung gilt Artikel 137 sinngemäss. Zusätzlich ist das Datum der Verfügung der Aufsichtsbehörde einzutragen.

Art. 144 Vermögensübertragung

1 Für die Anmeldung und die Belege bei der Vermögensübertragung gilt Artikel 138 sinngemäss.

2 Für den Inhalt des Eintrags der Vermögensübertragung gilt Artikel 139 sinngemäss.

8. Abschnitt: Fusion, Umwandlung und Vermögensübertragung von Instituten des öffentlichen Rechts

Art. 145

[1] Auf die Fusion von privatrechtlichen Rechtseinheiten mit Instituten des öffentlichen Rechts, auf die Umwandlung solcher Institute in Rechtseinheiten des Privatrechts und auf die Vermögensübertragung unter Beteiligung eines Instituts des öffentlichen Rechts gelten die Vorschriften dieser Verordnung sinngemäss.

[2] Mit der Anmeldung zur Eintragung der Fusion, der Umwandlung und der Vermögensübertragung muss das Institut des öffentlichen Rechts dem Handelsregisteramt einreichen:

a.   die für eine Fusion, eine Umwandlung oder eine Vermögensübertragung vorgeschriebenen Belege, sofern sie aufgrund der sinngemässen Anwendung des FusG (Art. 100 Abs. 1 FusG) erforderlich sind;

b.   das Inventar (Art. 100 Abs. 2 FusG);

c.   den Beschluss oder andere Rechtsgrundlagen des öffentlichen Rechts, auf die sich die Fusion, Umwandlung oder Vermögensübertragung stützt (Art. 100 Abs. 3 FusG).

[3] Die Handelsregistereintragung muss einen Hinweis auf das Inventar sowie auf den Beschluss oder die anderen Rechtsgrundlagen enthalten.

9. Abschnitt: Grenzüberschreitende Umstrukturierungen

Art. 146   Fusion

[1] Mit der Anmeldung zur Eintragung einer Fusion vom Ausland in die Schweiz (Art. 163a IPRG[1]) sind dem Handelsregisteramt zusätzlich zu den Belegen nach Artikel 131 einzureichen:

a.   der Nachweis über das rechtliche Bestehen der übertragenden Rechtseinheit im Ausland;

b.   eine Bescheinigung der zuständigen ausländischen Behörde über die Zulässigkeit der grenzüberschreitenden Fusion nach dem ausländischen Recht;

c.   der Nachweis der Kompatibilität der fusionierenden Rechtseinheiten.

[2] Mit der Anmeldung zur Eintragung der Löschung der übertragenden Rechtseinheit bei einer Fusion von der Schweiz ins Ausland (Art. 163b IPRG) sind dem Handelsregisteramt zusätzlich zu den Belegen nach Artikel 131 einzureichen:

a.   der Nachweis über das rechtliche Bestehen der übernehmenden Rechtseinheit im Ausland;

1   SR 291

b.   eine Bescheinigung der zuständigen ausländischen Behörde über die Zulässigkeit der grenzüberschreitenden Fusion nach dem ausländischen Recht;

c.   der Bericht, der Nachweis und die Bestätigung nach Artikel 164 IPRG.

[3] Der Inhalt des Eintrags richtet sich nach Artikel 132. Zusätzlich muss im Eintrag darauf hingewiesen werden, dass es sich um eine grenzüberschreitende Fusion nach den Vorschriften des IPRG handelt.

Art. 147   Spaltung und Vermögensübertragung

Für die grenzüberschreitende Spaltung und die grenzüberschreitende Vermögensübertragung gelten die Artikel 133–135, 138, 139 sowie 146 sinngemäss.

10. Abschnitt: Übertragbarkeit bei Spaltung und Vermögensübertragung

Art. 148

Bei Spaltungen und Vermögensübertragungen lehnt das Handelsregisteramt die Eintragung insbesondere dann ab, wenn die erfassten Gegenstände offensichtlich nicht frei übertragbar sind.

4. Kapitel: Eintragungen von besonderen Vertretungsverhältnissen und von Beschlüssen der Gläubigerversammlung von Anleihensobligationen

Art. 149   Nichtkaufmännische Prokura

[1] Wird für ein nicht eintragungspflichtiges Gewerbe eine Prokuristin oder ein Prokurist bestellt, so meldet die Vollmachtgeberin oder der Vollmachtgeber die Prokura zur Eintragung in das Handelsregister an.

[2] Der Eintrag enthält:

a.   die Personenangaben zur Vollmachtgeberin oder zum Vollmachtgebers;

b.   die Personenangaben zur Prokuristin oder zum Prokuristen;

c.   die Art der Zeichnungsberechtigung.

[3] Die Vollmachtgeberin oder der Vollmachtgeber hat auch die Änderungen und Löschungen anzumelden. Der Eintrag der nicht kaufmännischen Prokura wird von Amtes wegen gelöscht, wenn:

a.   die Vollmachtgeberin oder der Vollmachtgeber in Konkurs fällt;

b. die Vollmachtgeberin oder der Vollmachtgeber gestorben und seit ihrem oder seinem Tod ein Jahr verflossen ist und die Erbinnen und Erben zur Löschung nicht angehalten werden können; oder

c. die Prokuristin oder der Prokurist gestorben ist und die Vollmachtgeberin oder der Vollmachtgeber nicht zur Löschung angehalten werden kann.

4 Bei Konkurs der Vollmachtgeberin oder des Vollmachtgebers erfolgt die Löschung, sobald das Handelsregisteramt von der Konkurseröffnung Kenntnis erhält.

Art. 150   Haupt der Gemeinderschaft

1 Das Haupt einer Gemeinderschaft hat sich zur Eintragung ins Handelsregister anzumelden.

2 Als Beleg ist eine beglaubigte Kopie des Gemeinderschaftsvertrags einzureichen. Dieser enthält Angaben über:

a. die Zusammensetzung der Gemeinderschaft;

b. das Haupt der Gemeinderschaft;

c. den Ausschluss der übrigen Mitglieder der Gemeinderschaft von der Vertretung.

3 Der Eintrag enthält:

a. die Bezeichnung der Gemeinderschaft;

b. das Datum ihrer Errichtung;

c. die Adresse der Gemeinderschaft;

d. die Personenangaben zum Haupt.

4 Für die Anmeldung zur Löschung ist das Haupt der Gemeinderschaft zuständig.

Art. 151   Beschlüsse der Gläubigerversammlung von Anleihensobligationen

1 Urkunden über die Beschlüsse der Gläubigerversammlung von Anleihensobligationen müssen beim Handelsregisteramt zur Aufbewahrung eingereicht werden.

2 Die Einreichung ist bei der Schuldnerin oder beim Schuldner ins Handelsregister einzutragen.

5. Titel: Eintragungen von Amtes wegen

1. Kapitel: Fehlende oder unrichtige Eintragung

Art. 152   Bei Verletzung der Eintragungspflicht

1 Das Handelsregisteramt muss eine Eintragung von Amtes wegen vornehmen, wenn:

a. die zur Anmeldung verpflichteten Personen dieser Pflicht nicht nachkommen; oder

b. eine Eintragung den Tatsachen oder der Rechtslage nicht oder nicht mehr entspricht und die zur Anmeldung verpflichteten Personen die Änderung oder die Löschung nicht zur Eintragung anmelden.

2 Das Handelsregisteramt fordert die zur Anmeldung verpflichteten Personen auf, die Anmeldung innert 30 Tagen vorzunehmen oder zu belegen, dass keine Eintragung erforderlich ist. Es weist dabei auf die massgebenden Vorschriften, die erforderlichen Belege und die Rechtsfolgen der Verletzung dieser Pflicht hin.

3 Diese Mitteilung wird mit einem eingeschriebenen Brief zugestellt. Kann keine zur Anmeldung verpflichtete Person erreicht werden, so veröffentlicht das Handelsregisteramt die Aufforderung im Schweizerischen Handelsamtsblatt.

4 Bei Einzelunternehmen genügt als Nachweis dafür, dass keine Eintragung erforderlich ist, eine Bestätigung der Steuerbehörden, wonach der für die Eintragungspflicht massgebliche Jahresumsatz nicht erreicht wird.

5 Besteht eine Eintragungspflicht, so erlässt das Handelsregisteramt eine Verfügung über:

a. die Eintragungspflicht;

b. den Inhalt des Eintrags;

c. die Gebühren;

d. gegebenenfalls die Ordnungsbusse gemäss Artikel 943 OR.

6 Das Handelsregisteramt eröffnet den Betroffenen seine Verfügung. Hat das Handelsregisteramt das Verfahren auf Anzeige Dritter eingeleitet, so teilt es diesen seinen Entscheid über die Eintragungspflicht mit.

Art. 153 Bei fehlendem Rechtsdomizil

1 Hat eine Rechtseinheit kein Rechtsdomizil am Ort ihres Sitzes mehr und sind die Voraussetzungen von Artikel 938a Absatz 1 OR nicht erfüllt, so fordert das Handelsregisteramt die zur Anmeldung verpflichteten Personen auf, innert 30 Tagen ein Rechtsdomizil zur Eintragung anzumelden. Es weist dabei auf die massgebenden Vorschriften und die Rechtsfolgen der Verletzung dieser Pflicht hin.

2 Diese Mitteilung wird mit einem eingeschriebenen Brief zugestellt. Kann das Handelsregisteramt keine zur Anmeldung verpflichtete Person erreichen, so publiziert es die Aufforderung im Schweizerischen Handelsamtsblatt.

3 Wird innerhalb der Frist keine Anmeldung eingereicht, so erlässt es eine Verfügung über:

a. die Auflösung der juristischen Person und der Personengesellschaft beziehungsweise die Löschung des Einzelunternehmens;

b. die Einsetzung der Mitglieder des obersten Leitungs- oder Verwaltungsorgans als Liquidatorinnen und Liquidatoren;

c. den weiteren Inhalt des Eintrags im Handelsregister;

d. die Gebühren;

e.   gegebenenfalls die Ordnungsbusse gemäss Artikel 943 OR.

[4] Die Verfügung des Handelsregisteramtes wird den Liquidatorinnen und Liquidatoren eröffnet.

[5] Wird innerhalb von drei Monaten nach Eintragung der Auflösung der gesetzliche Zustand wiederhergestellt, so kann die Auflösung widerrufen werden.

[6] Diese Bestimmung findet keine Anwendung auf Stiftungen, die der Aufsicht eines Gemeinwesens unterstellt sind. Bei fehlendem Rechtsdomizil erstattet das Handelsregisteramt der Stiftungsaufsichtsbehörde eine entsprechende Meldung.

Art. 154   Bei Mängeln in der gesetzlich zwingenden Organisation

[1] Weist eine Rechtseinheit Mängel in der gesetzlich zwingend vorgeschriebenen Organisation auf, so fordert das Handelsregisteramt die zur Anmeldung verpflichteten Personen auf, innert 30 Tagen den rechtmässigen Zustand wiederherzustellen und die entsprechende Eintragung anzumelden. Es weist dabei auf die massgebenden Vorschriften und die Rechtsfolgen der Verletzung dieser Pflicht hin.

[2] Diese Mitteilung wird mit einem eingeschriebenen Brief zugestellt.

[3] Wird der rechtmässige Zustand innert Frist nicht wiederhergestellt, so stellt das Handelsregisteramt dem Gericht beziehungsweise der Aufsichtsbehörde den Antrag, die erforderlichen Massnahmen zu ergreifen (Art. 941a OR). Dem Handelsregisteramt werden keine Kostenvorschüsse und keine Verfahrenskosten auferlegt.

[4] Ordnet das Gericht eine Eintragung an, so findet Artikel 19 Anwendung.

Art. 155   Bei Gesellschaften ohne Geschäftstätigkeit und ohne Aktiven

[1] Weist eine Rechtseinheit keine Geschäftstätigkeit mehr auf und hat sie keine verwertbaren Aktiven mehr, so fordert das Handelsregisteramt die zur Anmeldung verpflichteten Personen mit eingeschriebenem Brief auf, innert 30 Tagen die Löschung anzumelden oder mitzuteilen, dass die Eintragung aufrecht erhalten bleiben soll. Das Handelsregisteramt weist dabei auf die massgebenden Vorschriften und die Rechtsfolgen der Verletzung dieser Pflicht hin.

[2] Wird innerhalb dieser Frist keine Mitteilung eingereicht oder werden keine Gründe für die Aufrechterhaltung der Eintragung geltend gemacht, so veranlasst das Handelsregisteramt einen dreimaligen Rechnungsruf im Schweizerischen Handelsamtsblatt, in dem Gesellschafterinnen und Gesellschafter sowie Gläubigerinnen und Gläubiger aufgefordert werden, innert 30 Tagen ein begründetes Interesse an der Aufrechterhaltung der Eintragung der Rechtseinheit schriftlich mitzuteilen.

[3] Wird innert 30 Tagen seit der letzten Publikation des Rechnungsrufs kein Interesse an der Aufrechterhaltung der Eintragung geltend gemacht, so löscht das Handelsregisteramt die Rechtseinheit im Handelsregister (Art. 938a Abs. 1 OR).

[4] Wird ein Interesse an der Aufrechterhaltung der Eintragung geltend gemacht, so überweist das Handelsregisteramt die Angelegenheit dem Gericht zum Entscheid (Art.

938a Abs. 2 OR). Dem Handelsregisteramt werden keine Kostenvorschüsse und keine Verfahrenskosten auferlegt.

5 Ordnet das Gericht die Löschung an, so findet Artikel 19 Anwendung.

Art. 156   Zeitpunkt der Eintragung von Amtes wegen

Das Handelsregisteramt nimmt eine Eintragung von Amtes wegen vor, sobald seine Verfügung vollstreckbar geworden ist. Im Eintrag ist ausdrücklich darauf hinzuweisen, dass die Eintragung von Amtes wegen erfolgt ist.

Art. 157   Ermittlung der Eintragungspflicht und von Änderungen eingetragener Tatsachen

1 Die Handelsregisterämter müssen eintragungspflichtige Gewerbe ermitteln und Einträge feststellen, die mit den Tatsachen nicht mehr übereinstimmen; sie müssen die erforderlichen Eintragungen, Änderungen und Löschungen herbeiführen.

2 Zu diesem Zweck sind die Gerichte und Behörden des Bundes, der Kantone, der Bezirke und der Gemeinden verpflichtet, den Handelsregisterämtern über eintragungspflichtige Gewerbe und Tatsachen, die eine Eintragungs-, Änderungs- oder Löschungspflicht begründen könnten, auf Anfrage schriftlich und kostenlos Auskunft zu erteilen.

3 Die Steuerbehörden müssen ihre Auskunft auf folgende Angaben beschränken:

a.   das Bestehen von Kollektiv- und Kommanditgesellschaften sowie von Vereinen;

b.   das Erreichen der Umsatzgrenze, die für die Eintragungspflicht von Einzelunternehmen massgebend ist.

4 Mindestens alle drei Jahre haben die Handelsregisterämter die Gemeinde- oder Bezirksbehörden zu ersuchen, ihnen von neu gegründeten Gewerben oder von Änderungen eingetragener Tatsachen Kenntnis zu geben. Sie übermitteln dazu eine Liste der ihren Amtskreis betreffenden Einträge.

2. Kapitel: Konkurs, Nachlassstundung und Nachlassvertrag mit Vermögensabtretung

Art. 158   Meldung und Eintragung des Konkurses

1 Im Zusammenhang mit Konkursverfahren meldet das Gericht oder die Behörde dem Handelsregisteramt:

a.   die Konkurseröffnung;

b.   Verfügungen, in denen einem Rechtsmittel aufschiebende Wirkung erteilt wird;

c.   den Widerruf des Konkurses;

d.   die Einstellung mangels Aktiven;

e.   die Wiederaufnahme des Konkursverfahrens;

f.   den Abschluss des Konkursverfahrens;

g.   vorsorgliche Anordnungen.

² Das Handelsregisteramt muss die entsprechende Eintragung unverzüglich nach Eingang der Meldung des Gerichts oder der Behörde in das Handelsregister vornehmen.

³ Wird eine Stiftung infolge Konkurs aufgehoben, so darf die Löschung erst vorgenommen werden, wenn die Aufsichtsbehörde bestätigt, dass sie kein Interesse mehr daran hat, dass die Eintragung aufrechterhalten bleibt.

Art. 159   Inhalt des Eintrags des Konkurses

¹ Wird der Konkurs über eine Rechtseinheit eröffnet, so müssen folgende Angaben ins Handelsregister eingetragen werden:

a.   die Tatsache, dass der Konkurs eröffnet wurde;

b.   das Datum und der Zeitpunkt des Konkurserkenntnisses;

c.   bei Personengesellschaften und juristischen Personen: die Firma beziehungsweise der Name mit dem Liquidationszusatz.

² Wird einem Rechtsmittel die aufschiebende Wirkung erteilt oder der Konkurs widerrufen, so müssen folgende Angaben ins Handelsregister eingetragen werden:

a.   die Tatsache, dass einem Rechtsmittel aufschiebende Wirkung erteilt beziehungsweise der Konkurs widerrufen wurde;

b.   das Datum der Verfügung;

c.   bei Personengesellschaften und juristischen Personen: die Firma beziehungsweise der Name ohne den Liquidationszusatz.

³ Wird das Konkursverfahren mangels Aktiven eingestellt, so müssen folgende Angaben ins Handelsregister eingetragen werden:

a.   die Tatsache, dass der Konkurs mangels Aktiven eingestellt wurde;

b.   das Datum der Einstellungsverfügung.

⁴ Wird das Konkursverfahren wieder aufgenommen, so müssen folgende Angaben ins Handelsregister eingetragen werden:

a.   die Tatsache, dass das Konkursverfahren wieder aufgenommen wurde;

b.   das Datum der Wiederaufnahmeverfügung;

c.   bei Personengesellschaften und juristischen Personen: die Firma beziehungsweise der Name mit dem Liquidationszusatz.

⁵ Eine Rechtseinheit wird von Amtes wegen gelöscht, wenn:

a.   bei der Einstellung des Konkursverfahrens mangels Aktiven innert drei Monaten nach der Publikation der Eintragung gemäss Absatz 3 kein begründeter Einspruch erhoben wurde und, im Falle eines Einzelunternehmens, der Geschäftsbetrieb aufgehört hat;

b.   das Konkursverfahren durch Entscheid des Gerichts abgeschlossen wird.

6 Ins Handelsregister müssen eingetragen werden:

a. die Tatsache, dass kein begründeter Einspruch gegen die Löschung erhoben wurde, beziehungsweise das Datum des Abschlusses des Konkursverfahrens;

b. die Löschung der Rechtseinheit.

Art. 160   Nachlassstundung

1 Das Gericht meldet dem Handelsregisteramt die Bewilligung der Nachlassstundung und reicht ihm das Dispositiv seines Entscheides ein.

2 Das Handelsregisteramt nimmt die Eintragung unverzüglich nach Eingang der Meldung vor.

3 Ins Handelsregister müssen eingetragen werden:

a. das Datum der Bewilligung und die Dauer der Nachlassstundung;

b. die Personenangaben zur Sachwalterin oder zum Sachwalter;

c. falls das Nachlassgericht angeordnet hat, dass gewisse Handlungen nur unter Mitwirkung der Sachwalterin oder des Sachwalters rechtsgültig vorgenommen werden können, oder die Sachwalterin oder der Sachwalter ermächtigt wird, die Geschäftsführung anstelle des Schuldners zu übernehmen: ein Hinweis darauf.

4 Wird der Nachlassvertrag abgelehnt oder die Nachlassstundung widerrufen (Art. 295 Abs. 5 und 298 Abs. 3 SchKG[1]), so muss diese Tatsache ins Handelsregister eingetragen werden.

Art. 161   Nachlassvertrag mit Vermögensabtretung

1 Das Gericht meldet dem Handelsregisteramt die Bestätigung eines Nachlassvertrages mit Vermögensabtretung (Art. 308 SchKG[2]) und reicht ihm folgende Belege ein:

a. eine Kopie des Nachlassvertrags;

b. das Dispositiv des Entscheides.

2 Das Handelsregisteramt nimmt die Eintragung unverzüglich nach Eingang der Meldung vor.

3 Ins Handelsregister müssen eingetragen werden:

a. das Datum der Bestätigung des Nachlassvertrages;

b. die Firma beziehungsweise der Name mit dem Zusatz «in Nachlassliquidation»;

c. die Liquidatorin oder der Liquidator;

d. die Löschung der Zeichnungsberechtigungen von Personen, die im Handelsregister eingetragen und zur Vertretung der Rechtseinheit befugt sind.

4 Wird die Liquidation beendet, so meldet die Liquidatorin oder der Liquidator die Löschung der Rechtseinheit an.

---

1   SR 281.1
2   SR 281.1

5 Zusammen mit der Löschung muss der Löschungsgrund ins Handelsregister eingetragen werden.

6. Titel: Rechtsbehelfe und Rechtsmittel

Art. 162 Registersperre

1 Auf schriftlichen Einspruch Dritter nimmt das Handelsregisteramt die Eintragung ins Tagesregister vorläufig nicht vor (Registersperre).

2 Es informiert die Rechtseinheit über die Registersperre. Es gewährt der Einsprecherin oder dem Einsprecher Einsicht in die Anmeldung und in die Belege, sofern das Gericht dies anordnet.

3 Das Handelsregisteramt nimmt die Eintragung vor, wenn:

a. die Einsprecherin oder der Einsprecher dem Handelsregisteramt nicht innert zehn Tagen nachweist, dass sie oder er dem Gericht ein Gesuch um Erlass einer vorsorglichen Massnahme gestellt hat; oder

b. das Gericht das Gesuch um Erlass einer vorsorglichen Massnahme rechtskräftig abgelehnt hat.

4 Das Gericht entscheidet im summarischen Verfahren unverzüglich über die Registersperre. Es übermittelt dem Handelsregisteramt eine Kopie des Entscheids.

5 Erheben Dritte Einsprache gegen eine Eintragung, die bereits ins Tagesregister aufgenommen wurde, so sind sie an das Gericht zu verweisen.

Art. 163 Frist und Belege bei der Registersperre

1 Die Frist nach Artikel 162 Absatz 3 Buchstabe a beginnt:

a. mit der Einreichung des Einspruchs beim Handelsregisteramt; oder

b. am Datum des Poststempels, falls der Einspruch per Post eingereicht wird.

2 Sie ist gewahrt, wenn der Nachweis spätestens bis um 17.00 Uhr am letzten Tag der Frist beim Handelsregisteramt eingeht.

3 Der Nachweis ist erbracht, wenn die Einsprecherin oder der Einsprecher dem Handelsregisteramt folgende Belege einreicht:

a. das ans Gericht adressierte Gesuch um Erlass einer vorsorglichen Massnahme; und

b. die Aufgabebestätigung der Schweizerischen Post oder die Empfangsbestätigung des Gerichts.

Art. 164 Wiedereintragung

1 Das Gericht kann auf Antrag die Wiedereintragung einer gelöschten Rechtseinheit ins Handelsregister anordnen, sofern glaubhaft gemacht wird, dass:

a. nach Abschluss der Liquidation der gelöschten Rechtseinheit Aktiven vorliegen, die noch nicht verwertet oder verteilt worden sind;

b. die gelöschte Rechtseinheit in einem Gerichtsverfahren als Partei teilnimmt;

c. die Wiedereintragung der gelöschten Rechtseinheit für die Bereinigung eines öffentlichen Registers erforderlich ist; oder

d. die Wiedereintragung für die Beendigung des Konkursverfahrens der gelöschten Rechtseinheit erforderlich ist.

2 Zum Antrag ist berechtigt, wer ein schutzwürdiges Interesse an der Wiedereintragung der gelöschten Rechtseinheit hat.

3 Bestehen Mängel in der rechtmässigen Organisation der Rechtseinheit, so muss das Gericht zusammen mit der Anordnung der Wiedereintragung die erforderlichen Massnahmen ergreifen.

4 Das Handelsregisteramt nimmt die Wiedereintragung auf Anordnung des Gerichts vor. Die gelöschte Rechtseinheit wird als in Liquidation befindlich eingetragen. Weiter muss die Liquidatorin oder der Liquidator sowie die Liquidationsadresse angegeben werden.

5 Entfällt der Grund für die Wiedereintragung, so muss die Liquidatorin oder der Liquidator die Löschung der Rechtseinheit beim Handelsregisteramt zur Eintragung anmelden.

Art. 165 Kantonale Rechtsmittel

1 Verfügungen der kantonalen Handelsregisterämter können angefochten werden.

2 Jeder Kanton bezeichnet ein oberes Gericht als einzige Beschwerdeinstanz.

3 Beschwerdeberechtigt sind Personen und Rechtseinheiten:

a. deren Anmeldung abgewiesen wurde;

b. die von einer Eintragung von Amtes wegen unmittelbar berührt sind.

4 Beschwerden gegen Entscheide der kantonalen Handelsregisterämter sind innert 30 Tagen nach der Eröffnung der Entscheide zu erheben.

5 Die kantonalen Gerichte teilen ihre Entscheide unverzüglich dem kantonalen Handelsregisteramt sowie dem EHRA mit.

7. Titel: Aktenaufbewahrung, Aktenherausgabe, Datensicherheit

Art. 166   Aufbewahrung von Anmeldungen, Belegen und Korrespondenz

1 Anmeldungen und Belege sind während 30 Jahren nach der Eintragung in das Tagesregister aufzubewahren. Die Statuten von Rechtseinheiten und die Stiftungsurkunden müssen jedoch immer in einer aktuellen Form vorliegen.

2 Wird eine Rechtseinheit im Handelsregister gelöscht, so dürfen die Anmeldungen, Belege und allfällige Mitgliederverzeichnisse zehn Jahre nach der Löschung vernichtet werden.

3 Auf den Anmeldungen und Belegen müssen das Datum und die Nummer der Eintragung ins Tagesregister vermerkt werden.

4 Die mit Eintragungen zusammenhängenden Korrespondenzen sind zehn Jahre aufzubewahren.

5 Schreibt das Gesetz oder die Verordnung vor, dass beim Handelsregisteramt Unterlagen zu hinterlegen sind, die nicht als Belege gelten, so sind sie mit der Identifikationsnummer der betreffenden Rechtseinheit zu versehen und mit deren Belegen aufzubewahren.

Art. 167   Herausgabe von Akten in Papierform

1 Folgende Behörden können schriftlich verlangen, dass ihnen Originale von Aktenstücken der kantonalen Handelsregisterämter in Papierform herausgegeben werden:

a.   das Gericht;

b.   die Untersuchungsrichterin oder der Untersuchungsrichter; c. die Staatsanwaltschaft;

d.   die kantonale Aufsichtsbehörde;

e.   das EHRA;

f.   die eidgenössischen Aufsichtsbehörden im Bereich der Banken- und Finanzmarktaufsicht.

2 Die Behörde bestätigt den Empfang. Sie gibt die Originale spätestens nach Abschluss des Verfahrens, für das sie benötigt werden, zurück.

3 Sind die Aktenstücke nicht elektronisch archiviert, so ist anstelle des Originals eine beglaubigte Kopie des herausgegebenen Aktenstücks zusammen mit der Empfangsbestätigung aufzubewahren.

4 Anstelle der Herausgabe von Originalen können die berechtigten Stellen die Zustellung von beglaubigten Kopien verlangen.

Art. 168 Herausgabe von Akten in elektronischer Form

Von Akten in elektronischer Form dürfen nur beglaubigte Kopien herausgegeben werden.

Art. 169 Datensicherheit

1 Die elektronischen Systeme für das Tages- und das Hauptregister sowie für das Zentralregister müssen folgende Anforderungen erfüllen:

a. Die aufgenommenen Daten müssen in Bestand und Qualität langfristig erhalten bleiben.

b. Das Format der Daten muss vom Hersteller bestimmter elektronischer Systeme unabhängig sein.

c. Die Sicherung der Daten muss nach anerkannten Normen und entsprechend dem aktuellen Stand der Technik erfolgen.

d. Es muss eine Dokumentation zum Programm und zum Format vorliegen.

2 Die Kantone und der Bund müssen die folgenden Massnahmen für die Funktionsfähigkeit und die Sicherheit ihrer elektronischen Systeme vorsehen:

a. Sie gewährleisten den Datenaustausch zwischen den Systemen.

b. Sie sichern die Daten periodisch auf dezentralen Datenträgern.

c. Sie warten die Daten und die elektronischen Systeme.

d. Sie regeln die Zugriffsberechtigungen auf die Daten und die elektronischen Systeme.

e. Sie sichern die Daten und die elektronischen Systeme gegen Missbrauch.

f. Sie sehen Massnahmen zur Behebung technischer Störungen der elektronischen Systeme vor.

3 Das EHRA regelt in einer Weisung das Datenaustauschverfahren und das Datenmodell.

8. Titel: Schlussbestimmungen

1. Kapitel: Revisionsstelle

Art. 170

Das EHRA kann zur Durchsetzung der neuen Bestimmungen zur Revisionsstelle:

a. Daten der kantonalen Handelsregisterämter anfordern;

b. mit der Eidgenössischen Revisionsaufsichtsbehörde zusammenarbeiten und mit dieser Daten austauschen;

c. Weisungen erlassen, insbesondere die Handelsregisterämter verpflichten, bestimmte Tatsachen an die Eidgenössische Revisionsaufsichtsbehörde zu melden.

2. Kapitel: Weisungen, Kreisschreiben und Mitteilungen

Art. 171

Alle Weisungen, Kreisschreiben und Mitteilungen des Eidgenössischen Justiz- und Polizeidepartements und des EHRA, die gestützt auf die Handelsregisterverordnung vom 7. Juni 1937[1] erlassen wurden, werden aufgehoben. Davon ausgenommen sind:

a. die Weisung des EHRA vom August 1995 über die elektronische Übermittlung des Handelsregister-Tagebuches und über die Anwendungsvoraussetzungen von Artikel 23 Absatz 2 des Gebührentarifs;

b. die Anleitung und Weisung des EHRA vom 1. Januar 1998 an die kantonalen Handelsregisterbehörden betreffend die Prüfung von Firmen und Namen;

c. die Richtlinien des EHRA vom 13. Januar 1998 für die kantonalen Handelsregisterämter über den Erwerb von Grundstücken durch Personen im Ausland;

d. die Mitteilung des EHRA vom 15. August 2001 an die kantonalen Handelsregisterbehörden betreffend Sacheinlage und Sachübernahme;

e. die Weisung des EHRA vom 12. Oktober 2007 an die kantonalen Handelsregisterbehörden betreffend die Eintragung von Finanzkontrollen der öffentlichen Hand im Handelsregister.

3. Kapitel: Aufhebung und Änderung bisherigen Rechts

Art. 172

Die Aufhebung und die Änderung bisherigen Rechts werden im Anhang geregelt.

4. Kapitel: Übergangsbestimmungen

Art. 173   Anwendbares Recht

[1] Tatsachen, die nach dem Inkrafttreten dieser Verordnung beim Handelsregisteramt zur Eintragung angemeldet werden, unterstehen neuem Recht.

[2] Tatsachen, die vor dem Inkrafttreten dieser Verordnung beim Handelsregisteramt zur Eintragung angemeldet werden, unterstehen altem Recht.

[3] Tatsachen, die in Anwendung des neuen Rechts vor dem Inkrafttreten dieser Verordnung beim Handelsregisteramt zur Eintragung angemeldet werden, dürfen erst nach dem Inkrafttreten des neuen Rechts ins Handelsregister eingetragen werden.

---

1   AS 53 577

Art. 174   Verzicht auf eine eingeschränkte Revision

Der Verzicht auf eine eingeschränkte Revision nach Artikel 62 darf erst ins Handels-register eingetragen werden, wenn ein Mitglied des Verwaltungsrates schriftlich bestä-tigt, dass die Revisionsstelle die Jahresrechnung für das Geschäftsjahr, welches vor dem Inkrafttreten des neuen Rechts begonnen hat, geprüft hat (Art. 7 der UeB der Änderung des OR vom 16. Dez. 2005[1], GmbH-Recht sowie Anpassungen im Aktien-, Genossenschafts-, Handelsregister- und Firmenrecht).

Art. 175   Elektronische Anmeldungen und Belege

Die Handelsregisterämter müssen spätestens fünf Jahre nach Inkrafttreten dieser Verordnung Anmeldungen und Belege in elektronischer Form entgegennehmen kön-nen.

Art. 176   Firmenrecht

Ergänzt das kantonale Handelsregisteramt die Firma einer Aktiengesellschaft oder einer Genossenschaft gestützt auf Artikel 2 Absatz 4 der Übergangsbestimmungen der Änderung des Obligationenrechts vom 16. Dezember 2005[2] von Amtes wegen, ohne dass die Rechtseinheit ihre Statuten entsprechend angepasst hat, so weist es jede weitere Anmeldung zur Eintragung einer Änderung der Statuten ab, solange diese in Bezug auf die Firma nicht angepasst wurden.

Art. 177   Geschäftsbezeichnungen und Enseignes

Im Handelsregister eingetragene Geschäftbezeichnungen und Enseignes werden innert zwei Jahren nach Inkrafttreten dieser Verordnung von Amtes wegen aus dem Hauptre-gister gestrichen. Eine Genehmigung durch das EHRA sowie eine Publikation im Schweizerischen Handelsamtsblatt sind nicht erforderlich. Bestehende Hinweise auf Enseignes in der Zweckumschreibung bleiben unverändert eingetragen.

Art. 178   Altrechtliches Firmenverzeichnis

Das Firmenverzeichnis nach Artikel 14 der Handelsregisterverordnung in der Fassung vom 6. Mai 1970[3] ist aufzubewahren.

---

1   AS 2007 4791; BBl 2002 3148, 2004 3969
2   AS 2007 4791; BBl 2002 3148, 2004 3969
3   AS 1970 733

Art. 179   Unterlagen über die besondere Befähigung der Revisorinnen und Revisoren

Im Handelsregister eingetragene Hinweise auf die Hinterlegung von Unterlagen über die besondere Befähigung der Revisorinnen und Revisoren nach Artikel 86a Absatz 2 der Handelsregisterverordnung in der Fassung vom 9. Juni 1992[1] werden ein Jahr nach Inkrafttreten dieser Verordnung von Amtes wegen aus dem Hauptregister gestrichen. Eine Genehmigung durch das EHRA sowie eine Publikation im Schweizerischen Handelsamtsblatt sind nicht erforderlich. Die Unterlagen sind bis zum 1. Januar 2018 aufzubewahren.

Art. 180   Verfahren betreffend Eintragungen von Amtes wegen

Verfahren betreffend Eintragungen von Amtes wegen, die vor dem Inkrafttreten dieser Verordnung eingeleitet wurden, richten sich nach den Vorschriften des alten Rechts.

Art. 181   Ausgestaltung der kantonalen Rechtsmittel

Die Kantone haben ihr Rechtsmittelverfahren gegen Verfügungen des Handelsregisteramtes innert zwei Jahren nach dem Inkrafttreten dieser Verordnung an die Vorgaben von Artikel 165 anzupassen.

5. Kapitel: Inkrafttreten

Art. 182

Diese Verordnung tritt am 1. Januar 2008 in Kraft. …

Anhang: Aufhebung und Änderung bisherigen Rechts (Art. 172)

I. Die Handelsregisterverordnung vom 7. Juni 1937[2] wird aufgehoben.

II. Die nachstehenden Verordnungen werden wie folgt geändert:

…

---

1   AS 1992 1213
2   AS 53 577, 1970 733, 1971 1839, 1982 558, 1989 2380, 1992 1213, 1996 2243, 1997 2230, 2004 433 2669 4937, 2005 4557, 2006 4705 5787

Nr. 15 **Verordnung über die Gebühren für das Handelsregister**[1]
vom 3. Dezember 1954 (Stand am 1. Januar 2008)
SR 221.411.1

Der Schweizerische Bundesrat,
in Ausführung der Artikel 929 und 936 des Obligationenrechts (OR)[2],
beschliesst:

I. Gebühren für die Eintragung in das kantonale Handelsregister

A. Neueintragungen

Art. 1[3] 1. Hauptsitz von Rechtseinheiten[4]

[1] Bei der Eintragung der nachstehenden Rechtseinheiten werden folgende Gebühren erhoben:[5]

		Fr.
a.	Einzelunternehmen	120
b.	Kollektiv- und Kommanditgesellschaften	240
c.	Aktiengesellschaften	600
d.	Kommanditaktiengesellschaften	600
e.	Gesellschaften mit beschränkter Haftung	600
f.	Genossenschaften	400
g.	Vereine	400
h.	Stiftungen	300
i.	Kommanditgesellschaften für kollektive Kapitalanlagen	600
j.	Investmentgesellschaften mit festem Kapital	600
k.	Investmentgesellschaften mit variablem Kapital	600
l.	Institute des öffentlichen Rechts	500
m.	Vertreter von Gemeinderschaften	80
n.	der Nichtkaufmann, der einen Prokuristen bestellt	80

---

1 AS 1954 1165
  Fassung gemäss Ziff. I der V vom 9. Juni 1992 (AS 1992 1223).
2 SR 220
3 Fassung gemäss Ziff. I der V vom 11. Dez. 1972 (AS 1972 2771).
4 Fassung gemäss Anhang Ziff. II 2 der Handelsregisterverordnung vom 17. Okt. 2007 (SR 221.411), in Kraft per 1. Jan. 2008 (AS 2007 4851).
5 Fassung gemäss Anhang Ziff. II 2 der Handelsregisterverordnung vom 17. Okt. 2007 (SR 221.411), in Kraft per 1. Jan. 2008 (AS 2007 4851).

[2] Beträgt bei den unter den Buchstaben c, d, e, j und l aufgeführten Rechtseinheiten das Grund-, Stamm- oder Dotationskapital mehr als 200 000 Franken, so erhöht sich die Grundgebühr um 0,2 Promille der diesen Betrag übersteigenden Summe, jedoch höchstens auf 10 000 Franken.[1]

[3] Beträgt bei der unter Buchstabe k aufgeführten Investmentgesellschaft mit variablem Kapital die Mindesteinlage mehr als 250 000 Franken, so erhöht sich die Grundgebühr um 0, 2 Promille der diesen Betrag übersteigenden Summe, jedoch höchstens auf 10 000 Franken.[2]

[4] Für jede einzutragende Zeichnungsberechtigung wird zusätzlich eine Gebühr von 30 Franken und für die Eintragung einer Funktion eine Gebühr von 20 Franken erhoben.[3]

[5] ...[4]

Art. 2   2. Zweigniederlassungen

[1] Für die Eintragung einer Zweigniederlassung beträgt die Gebühr 50 Prozent des nach Artikel 1 für den Hauptsitz vorgesehenen Betrages, höchstens aber 2500 Franken.[5]

[2] Befindet sich der Hauptsitz im Ausland, so ist für die Eintragung der ersten Zweigniederlassung in der Schweiz die gleiche Gebühr zu beziehen wie für einen Hauptsitz. Für weitere schweizerische Zweigniederlassungen gilt Absatz 1 hievor.

B. Änderungen und Löschungen

Art. 3[6]   1. Am Hauptsitz
          a. Allgemeines

[1] Werden mehrere Änderungen gleichzeitig eingetragen, so beträgt die Gebühr die Summe der für die einzelnen Eintragungen geschuldeten Beträge.

[2] Ist für die Ergänzung oder Änderung eines Eintrages keine Gebühr vorgesehen, so ist sie nach ähnlichen Fällen festzusetzen.

Art. 4   b. Statutenänderungen

[1] Für die Eintragung von Statutenänderungen sind auf den nächsten gerundeten Franken zu beziehen:[1]

---

1   Fassung gemäss Anhang Ziff. II 2 der Handelsregisterverordnung vom 17. Okt. 2007 (SR 221.411), in Kraft per 1. Jan. 2008 (AS 2007 4851).
2   Fassung gemäss Anhang Ziff. II 2 der Handelsregisterverordnung vom 17. Okt. 2007 (SR 221.411), in Kraft per 1. Jan. 2008 (AS 2007 4851).
3   Fassung gemäss Ziff. I der V vom 9. Juni 1992 (AS 1992 1223).
4   Aufgehoben durch Anhang Ziff. II 2 der Handelsregisterverordnung vom 17. Okt. 2007 (SR 221.411), in Kraft per 1. Jan. 2008 (AS 2007 4851).
5   Fassung gemäss Ziff. I der V vom 10. Nov. 1982, in Kraft seit 1. Jan. 1983 (AS 1982 1998).
6   Fassung gemäss Ziff. I der V vom 21. Dez. 1973, in Kraft seit 1. Febr. 1974 (AS 1974 191).

a. 50 Prozent der Grundgebühr, wenn das Kapital erhöht oder herabgesetzt wird;

b. 40 Prozent der Grundgebühr in allen andern Fällen, sofern nicht Buchstabe c anwendbar ist;

c. 20 Prozent der Grundgebühr für die dem Umfang nach geringfügigen Änderungen.[2]

[2] Wird das Kapital erhöht oder herabgesetzt, so ist der Zuschlag gemäss Artikel 1 Absatz 2 auf der Grundlage des neuen Kapitals zu berechnen.

Art. 4a[3]   c. Fusion

Für die Eintragung einer Fusion bezieht das Handelsregisteramt am Sitz des übernehmenden Rechtsträgers:

1. 600 Franken bei der übernehmenden Gesellschaft sowie, falls im Zusammenhang mit der Fusion das Kapital erhöht wird, die Gebühr nach Artikel 4 Absatz 1 Buchstabe a oder, bei einer Kombinationsfusion, die Gebühr für eine Neueintragung nach Artikel 1;

2. 120 Franken für die Löschung bei der übertragenden Gesellschaft.

Art. 4b[4]   Spaltung

Für die Eintragung einer Spaltung bezieht das Handelsregisteramt am Sitz der übertragenden Gesellschaft:

1. je 600 Franken für die Prüfung der Spaltung bei den beteiligten übernehmenden Gesellschaften;

2. die Gebühr nach Artikel 1 für eine Neueintragung sowie nach Artikel 4 Absatz 1 Buchstabe a für den Fall, dass im Zusammenhang mit der Spaltung das Kapital erhöht oder herabgesetzt wird;

3. 120 Franken für die Löschung im Falle einer Aufspaltung.

Art. 4c[5]   Umwandlung und Vermögensübertragung

[1] Für die Eintragung einer Umwandlung werden folgende Gebühren bezogen:

1. 600 Franken bei der Umwandlung eines Rechtsträgers in eine juristische Person;

2. 300 Franken bei der Umwandlung einer Kollektivgesellschaft in eine Kommanditgesellschaft und umgekehrt.

[2] Für die Eintragung der Vermögensübertragung bezieht das Handelsregisteramt am Sitz des übertragenden Rechtsträgers eine Gebühr von 400 Franken.

---

1   Fassung gemäss Ziff. I der V vom 9. Juni 1992 (AS 1992 1223).
2   Fassung gemäss Ziff. I der V vom 21. Dez. 1973, in Kraft seit 1. Febr. 1974 (AS 1974 191).
3   Eingefügt durch Anhang Ziff. 1 der V vom 21. April 2004, in Kraft seit 1. Juli 2004 (AS 2004 2669).
4   Eingefügt durch Anhang Ziff. 1 der V vom 21. April 2004, in Kraft seit 1. Juli 2004 (AS 2004 2669).
5   Eingefügt durch Anhang Ziff. 1 der V vom 21. April 2004, in Kraft seit 1. Juli 2004 (AS 2004 2669).

Art. 4d[1]   Zusätzliche Gebühr

Sind spezielle Abklärungen im Zusammenhang mit der Eintragung erforderlich, so kann das Handelsregisteramt die Gebühren nach den Artikeln 4*a*–4*c* unter Berücksichtigung von Artikel 929 Absatz 2 des OR erhöhen. Die zusätzliche Gebühr bemisst sich nach Artikel 9 Absatz 1 Ziffer 4.

Art. 5[2]   d. Übrige Änderungen

Für folgende Leistungen werden bezogen:

a. bei allen Rechtsträgern für:

    1. die Eintragung, die Änderung oder die Löschung des Rechtsdomizils oder einer zusätzlichen Adresse 40 Franken,

    2. die Eintragung, die Änderung oder die Löschung von Personalangaben oder Funktionen 20 Franken,

    3. die Eintragung, die Änderung oder die Löschung von Zeichnungsberechtigungen 30 Franken,

    4. …[3]

    5. …[4]

    6. die Eintragung eines Nachlassvertrages mit Vermögensabtretung 100 Franken,

    7. die Eintragung der Übernahme eines Vermögens oder eines Geschäfts nach Artikel 181 OR 50 Franken, sofern nicht die Vorschriften des Fusionsgesetzes vom 3. Oktober 2003[5] über die Vermögensübertragung zur Anwendung gelangen,

    8. die Wiedereintragung eines gelöschten Rechtsträgers 100 Franken,

    9. die Eintragung einer Gesellschaft, die sich gemäss Artikel 161 des Bundesgesetzes vom 18. Dezember 1987[6] über das Internationale Privatrecht (IPRG) schweizerischem Recht unterstellt, 600 Franken zuzüglich die Gebühr für eine Neueintragung gemäss Artikel 1,

    10. die Löschung einer Gesellschaft, die sich gemäss Artikel 163 IPRG ausländischem Recht unterstellt, 300 Franken;

b. bei Einzelunternehmen für:

---

1   Eingefügt durch Anhang Ziff. 1 der V vom 21. April 2004, in Kraft seit 1. Juli 2004 (AS 2004 2669).
2   Fassung gemäss Anhang Ziff. 1 der V vom 21. April 2004, in Kraft seit 1. Juli 2004 (AS 2004 2669).
3   Aufgehoben durch Anhang Ziff. II 2 der Handelsregisterverordnung vom 17. Okt. 2007 (SR 221.411), in Kraft per 1. Jan. 2008 (AS 2007 4851).
4   Aufgehoben durch Anhang Ziff. II 2 der Handelsregisterverordnung vom 17. Okt. 2007 (SR 221.411), in Kraft per 1. Jan. 2008 (AS 2007 4851).
5   SR 221.301
6   SR 291

1. die Verlegung des Sitzes innerhalb desselben Registerbezirkes 40 Franken, in einen anderen Registerbezirk 80 Franken (Eintragung der neuen Adresse inbegriffen),

2. die Änderung der Firma sowie die Eintragung, die Änderung oder die Löschung von fremdsprachigen Fassungen 80 Franken,

3. die Änderung des Geschäftszweckes 80 Franken;

c. bei Kollektiv- und Kommanditgesellschaften für:

1. die Verlegung des Sitzes innerhalb desselben Registerbezirkes 40 Franken, ausserhalb des Registerbezirkes 80 Franken (Eintragung der neuen Adresse inbegriffen),

2. die Änderung der Firma sowie die Eintragung, die Änderung oder die Löschung von fremdsprachigen Fassungen 80 Franken,

3. die Änderung des Geschäftszweckes 80 Franken,

4. den Eintritt oder den Austritt eines Gesellschafters 80 Franken,

5. die Änderung der Kommanditsumme 80 Franken,

6. den Wechsel eines Kommanditärs in einen unbeschränkt haftenden Gesellschafter und umgekehrt 80 Franken,

7. die Auflösung und Löschung einer Kollektiv- oder Kommanditgesellschaft und die Fortsetzung des Geschäftes durch einen bisherigen Gesellschafter als Einzelunternehmen gemäss Artikel 579 OR 200 Franken,

8. die Auflösung zwecks Liquidation 100 Franken,

9. den Widerruf der Auflösung durch Beschluss der Gesellschaft 100 Franken;

d. bei Kapitalgesellschaften und Genossenschaften für:

1. die Herabsetzung und die Wiedererhöhung des Kapitals ohne Statutenänderung 300 Franken,

2. die Eintragung oder die Löschung der Revisionsstelle 40 Franken,

3. die Eintragung oder die Streichung eines Publikationsorgans 40 Franken,

4. die Ausgabe von Genussscheinen nach der Gründung sowie die Änderung oder die Löschung der Eintragung 100 Franken,

5. den Wechsel einer Gesellschafterin oder eines Gesellschafters bei Gesellschaften mit beschränkter Haftung 100 Franken.[1]

6. die Auflösung zwecks Liquidation 100 Franken,

7. den Widerruf der von Amtes wegen verfügten Auflösung 100 Franken,

8. den Widerruf der Auflösung durch Beschluss der Gesellschaft 300 Franken;

e. bei Vereinen und Stiftungen für:

1. die Verlegung des Sitzes innerhalb desselben Registerbezirkes 40 Franken, ausserhalb des Registerbezirkes 80 Franken (Eintragung der neuen Adresse

---

[1] Fassung gemäss Anhang Ziff. II 2 der Handelsregisterverordnung vom 17. Okt. 2007 (SR 221.411), in Kraft per 1. Jan. 2008 (AS 2007 4851).

inbegriffen), sofern die Statuten oder die Urkunde keinen festen Sitz vorsehen,

2. die Eintragung oder die Löschung einer Revisionsstelle 40 Franken,
3. die Auflösung zwecks Liquidation 100 Franken,
4. den Widerruf der von Amtes wegen verfügten Auflösung 100 Franken,
5. den Widerruf der Auflösung des Vereins durch Beschluss der Vereinsversammlung 200 Franken.

Art. 6[1]   2. Zweigniederlassungen

Bei Zweigniederlassungen wird die Gebühr in allen Fällen nach den Artikeln 3 und 5 berechnet.

Art. 7[2]   3. Anleihensobligationen

Für die Vormerkung der Einreichung von Urkunden betreffend Anleihensobligationen sind 25 Franken zu entrichten.

Art. 8[3]   4. Löschung

Für die endgültige Löschung der Einträge nach den Artikeln 1 und 2 beträgt die Gebühr 40 Franken bei Einzelunternehmen, 120 Franken in den übrigen Fällen.

II. Gebühren für Dienstleistungen der kantonalen Handelsregisterämter

Art. 9[4]   a. Im Allgemeinen

[1] Die kantonalen Handelsregisterämter beziehen für die nachstehenden Dienstleistungen folgende Gebühren:

a. für die Abfassung einer Anmeldung: 10–100 Franken;
b. für die Beglaubigung einer Unterschrift: 10 Franken;
c. für die Beglaubigung oder die Erstellung von Anmeldungsbelegen: 10–120 Franken;
d. für besondere Abklärungen im Zusammenhang mit der Zulässigkeit von Firmen und Namen: 100–500 Franken;

1   Fassung gemäss Ziff. I der V vom 21. Dez. 1973, in Kraft seit 1. Febr. 1974 (AS 1974 191).
2   Fassung gemäss Ziff. I der V vom 10. Nov. 1982, in Kraft seit 1. Jan. 1983 (AS 1982 1998).
3   Fassung gemäss Anhang Ziff. II 2 der Handelsregisterverordnung vom 17. Okt. 2007 (SR 221.411), in Kraft per 1. Jan. 2008 (AS 2007 4851).
4   Fassung gemäss Anhang Ziff. II 2 der Handelsregisterverordnung vom 17. Okt. 2007 (SR 221.411), in Kraft per 1. Jan. 2008 (AS 2007 4851).

e. für juristische Auskünfte, Stellungnahmen und Gutachten sowie für die Vorprüfung von Eintragungsbelegen: 100–250 Franken je aufgewendete Stunde;

f. für die Abweisung einer Anmeldung, wenn sie schriftlich und unter Angabe der Gründe und des Rechtsmittels erfolgt: bis zum Betrag der Eintragungsgebühr der Rechtseinheit nach den Artikeln 1–8;

g. für die Einholung einer vorzeitigen Genehmigung der Eintragung beim Eidgenössischen Amt für das Handelsregister: 100–200 Franken;

h. für die schriftliche Aufforderung, eine fällige Anmeldung vorzunehmen, oder für die zweite schriftliche Mahnung, eine fällige Gebühr zu bezahlen: 100 Franken;

i. für die Erstellung von beglaubigten Auszügen, von Kopien von Anmeldungen und Belegen und von Bescheinigungen, dass eine Rechtseinheit nicht eingetragen ist: 10–120 Franken;

j. für mündliche oder telefonische Auskünfte zu jeder Rechtseinheit: 6 Franken; bei aufwendigen Recherchen kann die Gebühr bis auf 30 Franken erhöht werden.

2 Für Dienstleistungen von aussergewöhnlichem Umfang, besonderer Schwierigkeit oder Dringlichkeit kann das kantonale Handelsregisteramt Zuschläge bis zu 50 Prozent der Gebühr nach Absatz 1 Buchstabe e erheben.

Art. 10[1]   b. Mitgliederverzeichnisse

1 Für die Aufbewahrung der Mitgliederverzeichnisse von Genossenschaften und Vereinen wird keine Gebühr erhoben.

2 Für die Mitteilung des Handelsregisteramtes an die Verwaltung einer Genossenschaft oder an den Vorstand eines Vereins nach Artikel 877 Absatz 2 OR ist eine Gebühr von 20 Franken zu entrichten.

Art. 11[2]   c. ...

Aufgehoben.

Art. 12[3]   c. Aufforderung zur Wiederherstellung des rechtmässigen Zustandes

Für alle Aufforderungen nach den Artikeln 152–155 HRegV sind 50–200 Franken zu erheben. Die Gebühr ist nur geschuldet, wenn es zu einer entsprechenden Eintragung kommt.

---

1   Fassung gemäss Anhang Ziff. II 2 der Handelsregisterverordnung vom 17. Okt. 2007 (SR 221.411), in Kraft per 1. Jan. 2008 (AS 2007 4851).

2   Aufgehoben durch Ziff. I der V vom 9. Juni 1992 (AS 1992 1223).

3   Fassung gemäss Anhang Ziff. II 2 der Handelsregisterverordnung vom 17. Okt. 2007 (SR 221.411), in Kraft per 1. Jan. 2008 (AS 2007 4851).

III. Gebühren für Verfügungen der kantonalen Aufsichtsbehörden

Art. 13[1]   Kantonale Aufsichtsbehörden
a. Ersatzpflicht

Für das in Artikel 18 Absatz 5 HRegV vorgesehene Verfahren im Falle einer nicht rechtskonform unterzeichneten Anmeldung sind die Kosten der Rechtseinheit aufzuerlegen.

Art. 14[2]   b. Art der Kosten

Die kantonalen Aufsichtsbehörden beziehen:

a. die Auslagen;

b. eine Spruchgebühr bis 1'500 Franken, je nach Bedeutung der Verfügung und Arbeitsaufwand.

IV. Gebühren für Dienstleistungen des Eidgenössischen Amtes für das Handelsregister

Art. 15[3]

[1] Das Eidgenössische Amt für das Handelsregister bezieht für die nachstehenden Dienstleistungen folgende Gebühren:

a. für Auskünfte über den Inhalt des Zentralregisters: 30–50 Franken für jede Firma oder jeden Namen, die Gegenstand der Recherche bilden;

b. für Stellungnahmen über die Zulässigkeit von Firmen und Namen: 100–500 Franken;

c. für juristische Auskünfte, Stellungnahmen und Gutachten sowie für die Vorprüfung von Eintragungsbelegen: 100–250 Franken je aufgewendete Stunde;

d. für die Bestätigung, dass eine noch nicht veröffentlichte Eintragung genehmigt worden ist: 50 Franken.

[2] Für Dienstleistungen von aussergewöhnlichem Umfang, besonderer Schwierigkeit oder Dringlichkeit kann das Eidgenössische Amt für das Handelsregister Zuschläge bis zu 50 Prozent der Gebühr nach Absatz 1 Buchstabe c erheben.

1   Fassung gemäss Anhang Ziff. II 2 der Handelsregisterverordnung vom 17. Okt. 2007 (SR 221.411), in Kraft per 1. Jan. 2008 (AS 2007 4851).

2   Fassung gemäss Anhang Ziff. II 2 der Handelsregisterverordnung vom 17. Okt. 2007 (SR 221.411), in Kraft per 1. Jan. 2008 (AS 2007 4851).

3   Fassung gemäss Anhang Ziff. II 2 der Handelsregisterverordnung vom 17. Okt. 2007 (SR 221.411), in Kraft per 1. Jan. 2008 (AS 2007 4851).

V. Befreiung von der Gebührenpflicht

Art. 16[1]   a. Grundsatz

Geschuldete Gebühren dürfen weder erlassen noch ermässigt werden. Vorbehalten bleiben die Artikel 17–20.

Art. 17[2]   b. Widerruf der Anmeldung

[1] Wird eine Anmeldung nach der Eintragung ins Tagesregister, jedoch vor Anordnung der Veröffentlichung widerrufen, so ermässigt sich die Gebühr um 25 Prozent.

[2] Erfolgt der Widerruf vor der Eintragung ins Tagesregister, aber nach Prüfung der Eintragungsbelege, so findet Artikel 9 Absatz 1 Buchstabe e sinngemäss Anwendung.

Art. 18[3]   c. Eintragungen von Amtes wegen

Eintragungen von Amtes wegen erfolgen gebührenfrei. Davon ausgenommen sind die Eintragungen, die nach den Artikeln 152–155 HRegV vorgenommen werden.

Art. 19[4]   d. Auskünfte an Behörden

Behörden und weitere Stellen mit amtlichem Charakter sind von der Entrichtung der in Artikel 9 Absatz 1 Buchstabe j vorgesehenen Gebühren befreit.

Art. 20[5]   e. Uneinbringlichkeit von Gebühren

[1] Ist der Schuldner nachweislich mittellos, ohne bekannte Adresse oder im Ausland, so kann das kantonale Handelsregisteramt die Gebühr als uneinbringlich abschreiben.

[2] Auf Verlangen des Handelsregisteramtes sind die Behörden des Wohnortes des Schuldners verpflichtet, über dessen persönliche Verhältnisse schriftlich und gebührenfrei Auskunft zu erteilen.

---

1   Fassung gemäss Anhang Ziff. II 2 der Handelsregisterverordnung vom 17. Okt. 2007 (SR 221.411), in Kraft per 1. Jan. 2008 (AS 2007 4851).

2   Fassung gemäss Anhang Ziff. II 2 der Handelsregisterverordnung vom 17. Okt. 2007 (SR 221.411), in Kraft per 1. Jan. 2008 (AS 2007 4851).

3   Fassung gemäss Anhang Ziff. II 2 der Handelsregisterverordnung vom 17. Okt. 2007 (SR 221.411), in Kraft per 1. Jan. 2008 (AS 2007 4851).

4   Fassung gemäss Anhang Ziff. II 2 der Handelsregisterverordnung vom 17. Okt. 2007 (SR 221.411), in Kraft per 1. Jan. 2008 (AS 2007 4851).

5   Fassung gemäss Anhang Ziff. II 2 der Handelsregisterverordnung vom 17. Okt. 2007 (SR 221.411), in Kraft per 1. Jan. 2008 (AS 2007 4851).

VI. Kostentragung und Vollstreckung

Art. 21   a. Kostentragung

[1] Wer zur Anmeldung einer Eintragung berechtigt oder verpflichtet ist, wer eine Anmeldung einreicht oder eine Amtshandlung verlangt, haftet persönlich für die Bezahlung der Gebühren und Auslagen. Mehrere Personen haften solidarisch. Ebenso haftet solidarisch die Firma, für die die Eintragung befugterweise nachgesucht oder von Amtes wegen angeordnet worden ist.

[2] Die Kosten für die Abweisung einer Anmeldung tragen die Anmeldenden; mit ihnen haftet solidarisch die Firma, die die Anmeldung veranlasst hat.

[3] Die Gebühren sind im Voraus zu entrichten. Eintragungen und Amtshandlungen, die nur auf Antrag vorzunehmen sind, können verweigert werden, solange der Vorschuss nicht geleistet ist.

> Abs. 1: BGE 115 II 93 (Notar).

Art. 22   b. Vollstreckung

Rechtskräftige Entscheide und Verfügungen der kantonalen Handelsregisterämter und Aufsichtsbehörden sowie des Eidgenössischen Amtes für das Handelsregister betreffend Zahlung von Gebühren oder Ordnungsbussen sowie Rückerstattung von Auslagen und Kosten sind in der ganzen Schweiz vollstreckbaren Gerichtsurteilen nach Artikel 80 des Schuldbetreibungs- und Konkursgesetzes vom 11. April 1889[1] gleichgestellt.

VII. Verteilung der Gebühren zwischen Bund und Kantonen

Art. 23[2]

[1] Die Gebühren für die Handelsregistereintragungen fallen zu 85 Prozent dem Kanton, der die Eintragung vorgenommen hat, und zu 15 Prozent der Eidgenossenschaft zu.

[2] Die übrigen Gebühren erhält der betreffende Kanton oder die Eidgenossenschaft, je nachdem, wer die Amtshandlung vorgenommen hat. Ordnungsbussen fallen dem Kanton zu.

[3] Der Anteil des Bundes an den von den kantonalen Handelsregisterämtern im vorangehenden Jahr bezogenen Gebühren, ist zu Beginn jedes neuen Jahres der Eidgenossenschaft zu überweisen.

---

1   SR 281.1
2   Fassung gemäss Anhang Ziff. II 2 der Handelsregisterverordnung vom 17. Okt. 2007 (SR 221.411), in Kraft per 1. Jan. 2008 (AS 2007 4851).

VIII. Schlussbestimmung

Art. 24

Diese Verordnung tritt am 1. Januar 1955 in Kraft. Damit ist der Gebührentarif vom 21. Juni 1937[1] aufgehoben.

---

1   [BS 2 716]

Nr. 16   # Verordnung über die Führung und Aufbewahrung der Geschäftsbücher (Geschäftsbücherverordnung; GeBüV)

vom 24. April 2002 (Stand am 18. Juni 2002)

SR 221.431

Der Schweizerische Bundesrat,

gestützt auf Artikel 957 Absatz 5 des Obligationenrechts[1],

verordnet:

1. Abschnitt: Zu führende Bücher

Art. 1

[1] Wer buchführungspflichtig ist, muss ein Hauptbuch und, je nach Art und Umfang des Geschäfts, auch Hilfsbücher führen.

[2] Das Hauptbuch besteht aus:

a.   den Konten (sachlogische Gliederung aller verbuchten Geschäftsvorfälle), auf deren Basis Betriebsrechnung und Bilanz erstellt werden;

b.   dem Journal (chronologische Erfassung aller verbuchten Geschäftsvorfälle).

[3] Die Hilfsbücher müssen in Ergänzung zum Hauptbuch die Angaben enthalten, die zur Feststellung der Vermögenslage des Geschäftes und der mit dem Geschäftsbetrieb zusammenhängenden Schuld- und Forderungsverhältnisse sowie der Betriebsergebnisse der einzelnen Geschäftsjahre nötig sind. Darunter fallen insbesondere die Lohnbuchhaltung, die Debitoren- und Kreditorenbuchhaltung sowie die fortlaufende Führung der Warenbestände bzw. der nicht fakturierten Dienstleistungen.

2. Abschnitt: Allgemeine Grundsätze

Art. 2   Grundsätze ordnungsgemässer Führung und Aufbewahrung der Bücher

[1] Bei der Führung der Geschäftsbücher und der Erfassung der Buchungsbelege sind die anerkannten kaufmännischen Grundsätze einzuhalten (ordnungsgemässe Buchführung).

[2] Werden die Geschäftsbücher elektronisch oder auf vergleichbare Weise geführt und aufbewahrt und die Buchungsbelege sowie die Geschäftskorrespondenz elektronisch

1   AS 2002 1399
      SR 220

oder auf vergleichbare Weise erfasst und aufbewahrt, so sind die Grundsätze der ordnungsgemässen Datenverarbeitung einzuhalten.

3 Die Ordnungsmässigkeit der Führung und der Aufbewahrung der Bücher richtet sich nach den allgemein anerkannten Regelwerken und Fachempfehlungen, sofern diese Verordnung oder darauf gestützte Erlasse keine Vorschrift enthalten.

Art. 3   Integrität (Echtheit und Unverfälschbarkeit)

Die Geschäftsbücher müssen so geführt und aufbewahrt und die Buchungsbelege und die Geschäftskorrespondenz müssen so erfasst und aufbewahrt werden, dass sie nicht geändert werden können, ohne dass sich dies feststellen lässt.

Art. 4   Dokumentation

1 Je nach Art und Umfang des Geschäfts sind die Organisation, die Zuständigkeiten, die Abläufe und Verfahren und die Infrastruktur (Maschinen und Programme), die bei der Führung und Aufbewahrung der Geschäftsbücher zur Anwendung gekommen sind, in Arbeitsanweisungen so zu dokumentieren, dass die Geschäftsbücher, die Buchungsbelege und die Geschäftskorrespondenz verstanden werden können.

2 Arbeitsanweisungen sind zu aktualisieren und nach den gleichen Grundsätzen und gleich lang aufzubewahren wie die Geschäftsbücher, die danach geführt wurden.

3. Abschnitt: Grundsätze für die ordnungsgemässe Aufbewahrung

Art. 5   Allgemeine Sorgfaltspflicht

Die Geschäftsbücher, die Buchungsbelege und die Geschäftskorrespondenz sind sorgfältig, geordnet und vor schädlichen Einwirkungen geschützt aufzubewahren.

Art. 6   Verfügbarkeit

1 Die Geschäftsbücher, die Buchungsbelege und die Geschäftskorrespondenz müssen so aufbewahrt werden, dass sie bis zum Ende der Aufbewahrungsfrist von einer berechtigten Person innert angemessener Frist eingesehen und geprüft werden können.

2 Soweit es für die Einsicht und die Prüfung erforderlich ist, sind das entsprechende Personal sowie die Geräte oder Hilfsmittel verfügbar zu halten.

3 Im Rahmen des Einsichtsrechts muss die Möglichkeit bestehen, die Geschäftsbücher auf Begehren einer berechtigten Person auch ohne Hilfsmittel lesbar zu machen.

Art. 7   Organisation

[1] Archivierte Informationen sind von aktuellen Informationen zu trennen bzw. so zu kennzeichnen, dass eine Unterscheidung möglich ist. Die Verantwortung für die archivierten Informationen ist klar zu regeln und zu dokumentieren.

[2] Auf archivierte Daten muss innert nützlicher Frist zugegriffen werden können.

Art. 8   Archiv

Die Informationen sind systematisch zu inventarisieren und vor unbefugtem Zugriff zu schützen. Zugriffe und Zutritte sind aufzuzeichnen. Diese Aufzeichnungen unterliegen derselben Aufbewahrungspflicht wie die Datenträger.

4. Abschnitt: Informationsträger

Art. 9   Zulässige Informationsträger

[1] Zur Aufbewahrung von Unterlagen sind zulässig:

a.   unveränderbare Informationsträger, namentlich Papier, Bildträger und unveränderbare Datenträger;

b.   veränderbare Informationsträger, wenn:

    1.   technische Verfahren zur Anwendung kommen, welche die Integrität der gespeicherten Informationen gewährleisten (z.B. digitale Signaturverfahren),

    2.   der Zeitpunkt der Speicherung der Informationen unverfälschbar nachweisbar ist (z.B. durch «Zeitstempel»),

    3.   die zum Zeitpunkt der Speicherung bestehenden weiteren Vorschriften über den Einsatz der betreffenden technischen Verfahren eingehalten werden, und

    4.   die Abläufe und Verfahren zu deren Einsatz festgelegt und dokumentiert sowie die entsprechenden Hilfsinformationen (wie Protokolle und Log files) ebenfalls aufbewahrt werden.

[2] Informationsträger gelten als veränderbar, wenn die auf ihnen gespeicherten Informationen geändert oder gelöscht werden können, ohne dass die Änderung oder Löschung auf dem Datenträger nachweisbar ist (wie Magnetbänder, magnetische oder magnetooptische Disketten, Fest- oder Wechselplatten, solid state-Speicher).

Art. 10 Überprüfung und Datenmigration

[1] Die Informationsträger sind regelmässig auf ihre Integrität und Lesbarkeit zu prüfen.

[2] Die Daten können in andere Formate oder auf andere Informationsträger übertragen werden (Datenmigration), wenn sichergestellt wird, dass:

a. die Vollständigkeit und die Richtigkeit der Informationen gewährleistet bleiben; und

b. die Verfügbarkeit und die Lesbarkeit den gesetzlichen Anforderungen weiterhin genügen.

[3] Die Übertragung von Daten von einem Informationsträger auf einen anderen ist zu protokollieren. Das Protokoll ist zusammen mit den Informationen aufzubewahren.

5. Abschnitt: Schlussbestimmungen

Art. 11 Aufhebung bisherigen Rechts

Die Verordnung vom 2. Juni 1976[1] über die Aufzeichnung von aufzubewahrenden Unterlagen wird aufgehoben.

Art. 12 Inkrafttreten

Diese Verordnung tritt am 1. Juni 2002 in Kraft.

---

1   [AS 1976 1334]

Nr. 17   ## Verordnung über die Gläubigergemeinschaft bei Anleihensobligationen
vom 9. Dezember 1949

SR 221.522.1

Der Schweizerische Bundesrat,

in Ausführung von Artikel 1169 des Obligationenrechts[1],

beschliesst:

Art. 1   A. Einberufung der Gläubigerversammlung

[1] Die Einberufung der Obligationäre zur Gläubigerversammlung erfolgt durch mindestens zweimalige öffentliche Auskündigung im Handelsamtsblatt und in den durch die Anleihensbedingungen angegebenen öffentlichen Blättern. Dabei muss die zweite öffentliche Bekanntmachung mindestens zehn Tage vor dem Versammlungstermin erfolgen.

[2] Gläubiger, deren Obligationen auf den Namen lauten, sind ausserdem durch eingeschriebenen Brief mindestens zehn Tage zum voraus einzuladen.

[3] Bei der Einberufung auf Grund einer Ermächtigung des Richters sind überdies seine besonderen Anordnungen zu beachten.

Art. 2   B. Tagesordnung

[1] Die Tagesordnung für die Gläubigerversammlung ist den Eingeladenen mit der Einberufung selbst oder doch mindestens zehn Tage vor der Versammlung nach den für die Einberufung geltenden Vorschriften bekanntzugeben.

[2] Jedem Anleihensgläubiger ist auf Verlangen eine Abschrift der Anträge zu verabfolgen.

[3] Über Gegenstände, die nicht derart wenigstens nach ihrem wesentlichen Inhalt bekanntgegeben worden sind, kann auch mit Einstimmigkeit der vertretenen Stimmen kein verbindlicher Beschluss gefasst werden. Vorbehalten bleiben Beschlüsse, denen alle zur Gemeinschaft gehörenden Obligationäre oder ihre Vertreter zugestimmt haben.

1   AS 1949 II 1666AS 1949 II 1666
     SR 220

Art. 3 C. Teilnahme an der Gläubigerversammlung
    I. Ausweis

[1] An den Beratungen und Abstimmungen können nur Personen teilnehmen, sie sich bei der Urkundsperson über ihre Stimmberechtigung ausgewiesen haben.

[2] Bei Obligationen, die auf den Inhaber lauten, genügt die Vorlegung der Titel, für welche das Stimmrecht beansprucht wird, oder die Bescheinigung, dass sie bei einer in der Einberufung bezeichneten Stelle auf den Namen des Inhabers hinterlegt sind.

[3] Bei andern Obligationen ist das Eigentum, gegebenenfalls das Nutzniessungsrecht oder das Pfandrecht nachzuweisen. Der Stellvertreter eines Stimmberechtigten hat überdies, sofern die Stellvertretung nicht auf Gesetz beruht, eine schriftliche Vollmacht vorzulegen. Auf Verlangen der Urkundsperson hat der gesetzliche Vertreter sich als solcher auszuweisen.

Art. 4 II. Teilnehmerverzeichnis

[1] Es ist ein Verzeichnis der Teilnehmer an der Gläubigerversammlung anzulegen.

[2] Dieses hat den Namen und den Wohnort der Stimmberechtigten und gegebenenfalls ihrer Stellvertreter sowie den Betrag der durch jeden Teilnehmer vertretenen Obligationen anzugeben.

Art. 5 D. Leitung der Versammlung

[1] Soweit die Anleihensbedingungen es nicht anders bestimmen, wird der Vorsitzende von der Gläubigerversammlung bezeichnet. Die Urkundsperson kann jedoch nicht als Vorsitzender der Versammlung gewählt werden.

[2] Solange die Versammlung keinen Vorsitzenden hat, steht die vorläufige Leitung dem Anleihensvertreter, in Ermangelung eines solchen, der Urkundsperson zu.

[3] Bei der Einberufung auf Anordnung des Richters kann dieser den Vorsitzenden oder den vorläufigen Leiter der Versammlung bezeichnen.

[4] Im Verfahren vor Bundesgericht (Art. 1185 OR[1]) ist die Leitung der Versammlung Sache des Gerichts, sofern dieses nicht im einzelnen Falle etwas anderes anordnet.

Art. 6 E. Beurkundung der Beschlüsse

[1] Über jeden Beschluss, sei er in der Gläubigerversammlung gefasst worden oder durch nachträgliche Zustimmung zustande gekommen, ist eine öffentliche Urkunde zu errichten.

[2] Das Verzeichnis der Teilnehmer sowie gegebenenfalls eine von der Urkundsperson anzufertigende Zusammenstellung der nachträglich zustimmenden Gläubiger ist in die öffentliche Urkunde aufzunehmen oder dieser mit den Belegen über die ordnungsgemässe Einberufung der Versammlung beizufügen.

 1 SR 220

3 In der öffentlichen Urkunde sind auf Verlangen die Nummern der Obligationen, deren Inhaber oder Vertreter gegen einen mehrheitlich genehmigten Antrag gestimmt haben, anzugeben.

4 Das kantonale Recht ordnet die Befugnis zur Beurkundung der Versammlungsbeschlüsse.

Art. 7   F. Mitteilung der Beschlüsse

1 Jeder zustande gekommene Beschluss, der Eingriffe in die Gläubigerrechte vornimmt oder die Anleihensbedingungen sonstwie abändert, ist im Schweizerischen Handelsamtsblatt und in den durch die Anleihensbedingungen angegebenen öffentlichen Blättern bekanntzugeben. Den Gläubigern, deren Obligationen auf den Namen lauten, ist er besonders mitzuteilen.

2 Eine beglaubigte Abschrift des Protokolls sowie gegebenenfalls der Genehmigungsbeschluss der Nachlassbehörde oder allenfalls des Bundesgerichts und die Gerichtsurteile über erhobene Anfechtungsbegehren sind beim Handelsregister zu den Akten des Schuldners einzureichen.

3 Die in Kraft erwachsenen Beschlüsse werden, soweit erforderlich, auf den Anleihenstiteln angemerkt.

Art. 8   G. Inkrafttreten

Diese Verordnung tritt am 1. Januar 1950 in Kraft

Nr. 18 Bundesgesetz gegen den unlauteren Wettbewerb (UWG)

vom 19. Dezember 1986 (Stand am 1. April 2007)

SR 241

Die Bundesversammlung der Schweizerischen Eidgenossenschaft,

gestützt auf die Artikel 31bis Absatz 2, 31sexies, 64 und 64bis der Bundesverfassung[1],[2]
nach Einsicht in eine Botschaft des Bundesrates vom 18. Mai 1983[3],

beschliesst:

1. Kapitel: Zweck

Art. 1

Dieses Gesetz bezweckt, den lauteren und unverfälschten Wettbewerb im Interesse aller Beteiligten zu gewährleisten.

Vgl. auch KG und Binnenmarktgesetz, SR 943.02.

2. Kapitel: Zivil- und prozessrechtliche Bestimmungen

1. Abschnitt: Widerrechtlichkeit des unlauteren Wettbewerbs

Art. 2   Grundsatz

Unlauter und widerrechtlich ist jedes täuschende oder in anderer Weise gegen den Grundsatz von Treu und Glauben verstossende Verhalten oder Geschäftsgebaren, welches das Verhältnis zwischen Mitbewerbern oder zwischen Anbietern und Abnehmern beeinflusst.

Art. 3   Unlautere Werbe- und Verkaufsmethoden und anderes widerrechtliches Verhalten

Unlauter handelt insbesondere, wer:

AS 1988 223

1   AS 1988 223
    [BS 1 3; AS 1981 1244]. Den genannten Bestimmungen entsprechen heute Art. 95, 97, 122 und 123 der BV vom 18. April 1999 (SR 101).
2   Fassung gemäss Anhang Ziff. 14 des Gerichtsstandsgesetzes vom 24. März 2000, in Kraft seit 1. Jan. 2001 (SR 272).
3   BBl 1983 II 1009

a. andere, ihre Waren, Werke, Leistungen, deren Preise oder ihre Geschäftsverhältnisse durch unrichtige, irreführende oder unnötig verletzende Äusserungen herabsetzt;

b.[1] über sich, seine Firma, seine Geschäftsbezeichnung, seine Waren, Werke oder Leistungen, deren Preise, die vorrätige Menge, die Art der Verkaufsveranstaltung oder über seine Geschäftsverhältnisse unrichtige oder irreführende Angaben macht oder in entsprechender Weise Dritte im Wettbewerb begünstigt;

c. unzutreffende Titel oder Berufsbezeichnungen verwendet, die geeignet sind, den Anschein besonderer Auszeichnungen oder Fähigkeiten zu erwecken;

d. Massnahmen trifft, die geeignet sind, Verwechslungen mit den Waren, Werken, Leistungen oder dem Geschäftsbetrieb eines anderen herbeizuführen;

e. sich, seine Waren, Werke, Leistungen oder deren Preise in unrichtiger, irreführender, unnötig herabsetzender oder anlehnender Weise mit anderen, ihren Waren, Werken, Leistungen oder deren Preisen vergleicht oder in entsprechender Weise Dritte im Wettbewerb begünstigt;

f. ausgewählte Waren, Werke oder Leistungen wiederholt unter Einstandspreisen anbietet, diese Angebote in der Werbung besonders hervorhebt und damit den Kunden über die eigene oder die Leistungsfähigkeit von Mitbewerbern täuscht; Täuschung wird vermutet, wenn der Verkaufspreis unter dem Einstandspreis vergleichbarer Bezüge gleichartiger Waren, Werke oder Leistungen liegt; weist der Beklagte den tatsächlichen Einstandspreis nach, so ist dieser für die Beurteilung massgebend;

g. den Kunden durch Zugaben über den tatsächlichen Wert des Angebots täuscht;

h. den Kunden durch besonders aggressive Verkaufsmethoden in seiner Entscheidungsfreiheit beeinträchtigt;

i. die Beschaffenheit, die Menge, den Verwendungszweck, den Nutzen oder die Gefährlichkeit von Waren, Werken oder Leistungen verschleiert und dadurch den Kunden täuscht;

k.[2] es bei öffentlichen Auskündigungen über einen Konsumkredit unterlässt, seine Firma eindeutig zu bezeichnen oder den Nettobetrag des Kredits, die Gesamtkosten des Kredits und den effektiven Jahreszins deutlich anzugeben;

l.[3] es bei öffentlichen Auskündigungen über einen Konsumkredit zur Finanzierung von Waren oder Dienstleistungen unterlässt, seine Firma eindeutig zu bezeichnen oder den Barzahlungspreis, den Preis, der im Rahmen des Kreditvertrags zu bezahlen ist, und den effektiven Jahreszins deutlich anzugeben;

---

1   Fassung gemäss Ziff. I des BG vom 24. März 1995, in Kraft seit 1. Nov. 1995 (AS 1995 4086 4087; BBl 1994 III 442).

2   Fassung gemäss Anhang 2 Ziff. II 2 des BG 23. März 2001 über den Konsumkredit, in Kraft seit 1. Jan. 2003 (SR 221.214.1).

3   Fassung gemäss Anhang 2 Ziff. II 2 des BG 23. März 2001 über den Konsumkredit, in Kraft seit 1. Jan. 2003 (SR 221.214.1).

m.[1] im Rahmen einer geschäftlichen Tätigkeit einen Konsumkreditvertrag oder einen Vorauszahlungskauf anbietet oder abschliesst und dabei Vertragsformulare verwendet, die unvollständige oder unrichtige Angaben über den Gegenstand des Vertrags, den Preis, die Zahlungsbedingungen, die Vertragsdauer, das Widerrufs- oder Kündigungsrecht des Kunden oder über sein Recht zu vorzeitiger Bezahlung der Restschuld enthalten;

n.[2] es bei öffentlichen Auskündigungen über einen Konsumkredit (Bst. k) oder über einen Konsumkredit zur Finanzierung von Waren oder Dienstleistungen (Bst. l) unterlässt, darauf hinzuweisen, dass die Kreditvergabe verboten ist, falls sie zur Überschuldung der Konsumentin oder des Konsumenten führt;

o.[3] Massenwerbung ohne direkten Zusammenhang mit einem angeforderten Inhalt fernmeldetechnisch sendet oder solche Sendungen veranlasst und es dabei unterlässt, vorher die Einwilligung der Kunden einzuholen, den korrekten Absender anzugeben oder auf eine problemlose und kostenlose Ablehnungsmöglichkeit hinzuweisen; wer beim Verkauf von Waren, Werken oder Leistungen Kontaktinformationen von Kunden erhält und dabei auf die Ablehnungsmöglichkeit hinweist, handelt nicht unlauter, wenn er diesen Kunden ohne deren Einwilligung Massenwerbung für eigene ähnliche Waren, Werke oder Leistungen sendet.

Lit. a: BGE 120 IV 32; 122 IV 33; 123 III 354 (Presse); 123 IV 211; 124 III 72; 125 III 185.
Lit. d: BGE 117 II 199; 126 III 239; 128 III 224.
Lit. e: BGE 125 III 286; 129 III 426;132 III 414.
Lit. l: BGE 120 IV 187.

Art. 4   Verleitung zu Vertragsverletzung oder -auflösung

Unlauter handelt insbesondere, wer:

a. Abnehmer zum Vertragsbruch verleitet, um selber mit ihnen einen Vertrag abschliessen zu können;

b. ...[4]

c. Arbeitnehmer, Beauftragte oder andere Hilfspersonen zum Verrat oder zur Auskundschaftung von Fabrikations- oder Geschäftsgeheimnissen ihres Arbeitgebers oder Auftraggebers verleitet;

d.[1] einen Käufer oder Kreditnehmer, der einen Vorauszahlungskauf oder einen Konsumkreditvertrag abgeschlossen hat, veranlasst, den Vertrag zu widerrufen, oder

1   Fassung gemäss Anhang 2 Ziff. II 2 des BG 23. März 2001 über den Konsumkredit, in Kraft seit 1. Jan. 2003 (SR 221.214.1).

2   Eingefügt durch Anhang 2 Ziff. II 2 des BG vom 23. März 2001 über den Konsumkredit, in Kraft seit 1. Jan. 2003 (SR 221.214.1).

3   Eingefügt durch Anhang Ziff. 1 des BG vom 24. März 2006, in Kraft seit 1. April 2007 (AS 2007 921 939; BBl 2003 7951).

4   Aufgehoben durch Art. 2 Ziff. 1 des BB vom 7. Okt. 2005 über die Genehmigung und die Umsetzung des Strafrechtsübereink. und des Zusatzprot. des Europarates über Korruption, mit Wirkung seit 1. Juli 2006 (AS 2006 2371 2374; BBl 2004 6983).

wer einen Käufer, der einen Vorauszahlungskauf abgeschlossen hat, veranlasst, diesen zu kündigen, um selber mit ihm einen solchen Vertrag abzuschliessen.

Art. 4a[2]   Bestechen und sich bestechen lassen

[1] Unlauter handelt, wer:

a. einem Arbeitnehmer, einem Gesellschafter, einem Beauftragten oder einer anderen Hilfsperson eines Dritten im privaten Sektor im Zusammenhang mit dessen dienstlicher oder geschäftlicher Tätigkeit für eine pflichtwidrige oder eine im Ermessen stehende Handlung oder Unterlassung zu dessen Gunsten oder zu Gunsten eines Dritten einen nicht gebührenden Vorteil anbietet, verspricht oder gewährt;

b. als Arbeitnehmer, als Gesellschafter, als Beauftragter oder als andere Hilfsperson eines Dritten im privaten Sektor im Zusammenhang mit seiner dienstlichen oder geschäftlichen Tätigkeit für eine pflichtwidrige oder eine im Ermessen stehende Handlung oder Unterlassung für sich oder einen Dritten einen nicht gebührenden Vorteil fordert, sich versprechen lässt oder annimmt.

[2] Keine nicht gebührenden Vorteile sind vertraglich vom Dritten genehmigte sowie geringfügige, sozial übliche Vorteile.

Art. 5   Verwertung fremder Leistung

Unlauter handelt insbesondere, wer:

a. ein ihm anvertrautes Arbeitsergebnis wie Offerten, Berechnungen oder Pläne unbefugt verwertet;

b. ein Arbeitsergebnis eines Dritten wie Offerten, Berechnungen oder Pläne verwertet, obwohl er wissen muss, dass es ihm unbefugterweise überlassen oder zugänglich gemacht worden ist;

c. das marktreife Arbeitsergebnis eines andern ohne angemessenen eigenen Aufwand durch technische Reproduktionsverfahren als solches übernimmt und verwertet.

Art. 6   Verletzung von Fabrikations- und Geschäftsgeheimnissen

Unlauter handelt insbesondere, wer Fabrikations- oder Geschäftsgeheimnisse, die er ausgekundschaftet oder sonst wie unrechtmässig erfahren hat, verwertet oder andern mitteilt.

---

1   Fassung gemäss Anhang 2 Ziff. II 2 des BG 23. März 2001 über den Konsumkredit, in Kraft seit 1. Jan. 2003 (SR 221.214.1).

2   Eingefügt durch Art. 2 Ziff. 1 des BB vom 7. Okt. 2005 über die Genehmigung und die Umsetzung des Strafrechtsübereink. und des Zusatzprot. des Europarates über Korruption, in Kraft seit 1. Juli 2006 (AS 2006 2371 2374; BBl 2004 6983).

Art. 7   Nichteinhaltung von Arbeitsbedingungen

Unlauter handelt insbesondere, wer Arbeitsbedingungen nicht einhält, die durch Rechtssatz oder Vertrag auch dem Mitbewerber auferlegt, oder berufs- oder ortsüblich sind.

Art. 8   Verwendung missbräuchlicher Geschäftsbedingungen

Unlauter handelt insbesondere, wer vorformulierte allgemeine Geschäftsbedingungen verwendet, die in irreführender Weise zum Nachteil einer Vertragspartei:

a.   von der unmittelbar oder sinngemäss anwendbaren gesetzlichen Ordnung erheblich abweichen oder

b.   eine der Vertragsnatur erheblich widersprechende Verteilung von Rechten und Pflichten vorsehen.

2. Abschnitt: Klageberechtigung

Art. 9   Grundsatz

[1] Wer durch unlauteren Wettbewerb in seiner Kundschaft, seinem Kredit oder beruflichen Ansehen, in seinem Geschäftsbetrieb oder sonst in seinen wirtschaftlichen Interessen bedroht oder verletzt wird, kann dem Richter beantragen:

a.   eine drohende Verletzung zu verbieten;

b.   eine bestehende Verletzung zu beseitigen;

c.   die Widerrechtlichkeit einer Verletzung festzustellen, wenn sich diese weiterhin störend auswirkt.

[2] Er kann insbesondere verlangen, dass eine Berichtigung oder das Urteil Dritten mitgeteilt oder veröffentlicht wird.

[3] Er kann ausserdem nach Massgabe des Obligationenrechts[1] auf Schadenersatz und Genugtuung sowie auf Herausgabe eines Gewinnes entsprechend den Bestimmungen über die Geschäftsführung ohne Auftrag klagen.

> IPRG 136.
> Abs. 1: BGE 123 III 354 (Presse), 395; 124 III 72; 126 III 239.

---

1   SR 220

Art. 10   Klagen von Kunden und Organisationen sowie des Bundes[1]

[1] Die Klagen gemäss Artikel 9 stehen ebenso den Kunden zu, die durch unlauteren Wettbewerb in ihren wirtschaftlichen Interessen bedroht oder verletzt sind.

[2] Ferner können nach Artikel 9 Absätze 1 und 2 klagen:

a. Berufs- und Wirtschaftsverbände, die nach den Statuten zur Wahrung der wirtschaftlichen Interessen ihrer Mitglieder befugt sind;

b. Organisationen von gesamtschweizerischer oder regionaler Bedeutung, die sich statutengemäss dem Konsumentenschutz widmen;

c.[2] der Bund, wenn er es zum Schutz des Ansehens der Schweiz im Ausland als nötig erachtet und die klageberechtigten Personen im Ausland ansässig sind.

Abs. 2 lit. c: Verordnung vom 17. Februar 1993 über das Klagerecht des Bundes im Rahmen des UWG, SR 241.3. BGE 126 III 198.

Art. 11   Klagen gegen den Geschäftsherrn

Ist der unlautere Wettbewerb von Arbeitnehmern oder anderen Hilfspersonen bei dienstlichen oder geschäftlichen Verrichtungen begangen worden, so kann auch gegen den Geschäftsherrn nach Artikel 9 Absätze 1 und 2 geklagt werden.

3. Abschnitt: Prozessrechtliche Bestimmungen

Art. 12   Sachzusammenhang[3]

[1] ...[4]

[2] Steht ein zivilrechtlicher Anspruch wegen unlauteren Wettbewerbs im Zusammenhang mit einer zivilrechtlichen Streitigkeit, für die das entsprechende Bundesgesetz eine einzige kantonale Instanz oder andere Gerichtsstände vorsieht, so kann die Klage wegen unlauteren Wettbewerbs auch an diese angehoben werden. Ist eine einzige kantonale Instanz vorgesehen, so ist die Berufung an das Bundesgericht ohne Rücksicht auf den Streitwert zulässig.

Abs. 2: BGE 125 III 95.

---

1   Fassung gemäss Ziff. I des BG vom 20. März 1992, in Kraft seit 1. Aug. 1992 (AS 1992 1514 1515; BBl 1992 I 355).

2   Eingefügt durch Ziff. I des BG vom 20. März 1992, in Kraft seit 1. Aug. 1992 (AS 1992 1514 1515; BBl 1992 I 355).

3   Fassung gemäss Anhang Ziff. 14 des Gerichtsstandsgesetzes vom 24. März 2000, in Kraft seit 1. Jan. 2001 (SR 272).

4   Aufgehoben durch Anhang Ziff. 14 des Gerichtsstandsgesetzes vom 24. März 2000 (SR 272).

Art. 13 Schlichtungsverfahren oder einfaches und rasches Prozessverfahren

Die Kantone sehen für Streitigkeiten wegen unlauteren Wettbewerbs bis zu einem vom Bundesrat zu bestimmenden Streitwert ein Schlichtungsverfahren oder ein einfaches und rasches Prozessverfahren vor. Dieses Verfahren ist auch auf Streitigkeiten ohne Streitwert anwendbar.

Verordnung über die Streitwertgrenzen im Verfahren des Konsumentenschutzes und des unlauteren Wettbewerbs, SR 944.8.

Art. 13a[1] Beweislastumkehr

[1] Der Richter kann vom Werbenden den Beweis für die Richtigkeit von in der Werbung enthaltenen Tatsachenbehauptungen verlangen, wenn dies unter Berücksichtigung der berechtigten Interessen des Werbenden und anderer am Verfahren beteiligter Personen im Einzelfall angemessen erscheint.

[2] Der Richter kann Tatsachenbehauptungen als unrichtig ansehen, wenn der Beweis nicht angetreten oder für unzureichend erachtet wird.

Art. 14 Vorsorgliche Massnahmen

Auf vorsorgliche Massnahmen sind die Artikel 28c–28f des Zivilgesetzbuches[2] sinngemäss anwendbar.

Art. 15 Wahrung von Fabrikations- und Geschäftsgeheimnissen

[1] In Streitigkeiten gemäss Artikel 3 Buchstabe f und im Falle von Artikel 13a sind die Fabrikations- und Geschäftsgeheimnisse der Parteien zu wahren.[3]

[2] Beweismittel, durch die solche Geheimnisse offenbart werden können, dürfen der Gegenpartei nur soweit zugänglich gemacht werden, als dies mit der Wahrung der Geheimnisse vereinbar ist.

StGB 162.

---

[1] Eingefügt durch Ziff. I des BG vom 18. Juni 1993, in Kraft seit 1. April 1994 (AS 1994 375 376; BBl 1993 I 805).
[2] SR 210
[3] Fassung gemäss Ziff. I des BG vom 18. Juni 1993, in Kraft seit 1. April 1994 (AS 1994 375 376; BBl 1993 I 805).

3. Kapitel: Verwaltungsrechtliche Bestimmungen

1. Abschnitt: Preisbekanntgabe an Konsumenten

Art. 16   Pflicht zur Preisbekanntgabe

[1] Für Waren, die dem Konsumenten zum Kaufe angeboten werden, ist der tatsächlich zu bezahlende Preis bekannt zu geben, soweit der Bundesrat keine Ausnahmen vorsieht. Ausnahmen sind insbesondere aus technischen oder Sicherheitsgründen zulässig. Dieselbe Pflicht besteht für die vom Bundesrat bezeichneten Dienstleistungen.

[2] Der Bundesrat regelt die Bekanntgabe von Preisen und Trinkgeldern.

[3] Für messbare Güter und Leistungen gelten zudem die Bestimmungen von Artikel 11 des Bundesgesetzes vom 9. Juni 1977[1] über das Messwesen.

> Preisbekanntgabeverordnung, SR 942.211.
> Abs. 1: BGE 128 IV 176 (Telefondienste).
> Abs. 3: SR 941.20.

Art. 17   Preisbekanntgabe in der Werbung

Werden Preise oder Preisreduktionen in der Werbung angezeigt, so richtet sich deren Bekanntgabe nach den vom Bundesrat zu erlassenden Bestimmungen.

Art. 18   Irreführende Preisbekanntgabe

Es ist unzulässig, in irreführender Weise:
a.   Preise bekannt zu geben;
b.   auf Preisreduktionen hinzuweisen oder
c.   neben dem tatsächlich zu bezahlenden Preis weitere Preise aufzuführen.

Art. 19   Auskunftspflicht

[1] Die zuständigen Organe der Kantone können Auskünfte einholen und Unterlagen verlangen, soweit es die Abklärung des Sachverhalts erfordert.

[2] Der Auskunftspflicht unterstehen:
a.   Personen und Firmen, die Konsumenten Waren zum Kauf anbieten oder solche Waren herstellen, kaufen oder damit Handel treiben;
b.   Personen und Firmen, die Dienstleistungen anbieten, erbringen, vermitteln oder in Anspruch nehmen;
c.   Organisationen der Wirtschaft;

---

1   SR 941.20

d.   Organisationen von gesamtschweizerischer oder regionaler Bedeutung, die sich statutengemäss dem Konsumentenschutz widmen.

[3] Die Auskunftspflicht entfällt, wenn nach Artikel 42 des Bundesgesetzes über den Bundeszivilprozess[1] die Aussage verweigert werden kann.

[4] Bestimmungen der Kantone über das Verwaltungs- und Strafverfahren bleiben vorbehalten.

> Vgl. Preisüberwachungsgesetz, SR 942.20.

Art. 20   Vollzug

[1] Der Vollzug obliegt den Kantonen, die Oberaufsicht dem Bund.

[2] Der Bundesrat erlässt die Ausführungsbestimmungen.

2. Abschnitt: Ausverkäufe und ähnliche Veranstaltungen

Art. 21–22[2]

Aufgehoben.

4. Kapitel: Strafbestimmungen[3]

Art. 23[4]   Unlauterer Wettbewerb

[1] Wer vorsätzlich unlauteren Wettbewerb nach Artikel 3, 4, 4*a*, 5 oder 6 begeht, wird auf Antrag mit Gefängnis oder mit Busse bis zu 100 000 Franken bestraft.

[2] Strafantrag stellen kann, wer nach den Artikeln 9 und 10 zur Zivilklage berechtigt ist.

> BGE 124 IV 73.

---

1   SR 273
2   Aufgehoben durch Ziff. I des BG vom 24. März 1995 (AS 1995 4086; BBl 1994 III 442).
3   Ab 1. Jan. 2007 sind die angedrohten Strafen und die Verjährungsfristen in Anwendung von Art. 333 Abs. 2-6 des Strafgesetzbuches (SR 311.0) in der Fassung des BG vom 13. Dez. 2002 (AS 2006 3459) zu interpretieren beziehungsweise umzurechnen.
4   Fassung gemäss Art. 2 Ziff. 1 des BB vom 7. Okt. 2005 über die Genehmigung und die Umsetzung des Strafrechtsüberink. und des Zusatzprot. des Europarates über Korruption, in Kraft seit 1. Juli 2006 (AS 2006 2371 2374; BBl 2004 6983).

Art. 24　　　Verletzung der Pflicht zur Preisbekanntgabe an Konsumenten

[1] Wer vorsätzlich:

a.　die Pflicht zur Preisbekanntgabe (Art. 16) verletzt;

b.　den Vorschriften über die Preisbekanntgabe in der Werbung (Art. 17) zuwiderhandelt;

c.　in irreführender Weise Preise bekannt gibt (Art. 18);

d.　die Auskunftspflicht im Zusammenhang mit der Preisbekanntgabe (Art. 19) verletzt;

e.　den Ausführungsvorschriften des Bundesrates über die Preisbekanntgabe (Art. 16 und 20) zuwiderhandelt,

wird mit Haft oder Busse bis zu 20 000 Franken bestraft.

[2] Handelt der Täter fahrlässig, so ist die Strafe Busse.

　　　Abs. 1 lit. e: Preisbekanntgabeverordnung vom 11. Dezember 1978, SR 942.211.

Art. 25[1]

Aufgehoben.

Art. 26　　　Widerhandlungen in Geschäftsbetrieben

Für Widerhandlungen in Geschäftsbetrieben, durch Beauftragte und dergleichen sind die Artikel 6 und 7 des Verwaltungsstrafrechtsgesetzes vom 22. März 1974[2] anwendbar.

Art. 27　　　Strafverfolgung

[1] Die Strafverfolgung ist Sache der Kantone.

[2] Die kantonalen Behörden teilen sämtliche Urteile, Strafbescheide und Einstellungsbeschlüsse aus dem Bereich der Preisbekanntgabe an Konsumenten unverzüglich und unentgeltlich in vollständiger Ausfertigung der Bundesanwaltschaft zuhanden des Eidgenössischen Volkswirtschaftsdepartements mit.[3]

1　Aufgehoben durch Ziff. I des BG vom 24. März 1995 (AS 1995 4086; BBl 1994 III 442).

2　SR 313.0

3　Fassung gemäss Ziff. I des BG vom 24. März 1995, in Kraft seit 1. Nov. 1995 (AS 1995 4086 4087; BBl 1994 III 442).

5. Kapitel: Schlussbestimmungen

Art. 28   Aufhebung bisherigen Rechts

Das Bundesgesetz vom 30. September 1943[1] über den unlauteren Wettbewerb wird aufgehoben.

Art. 29   Referendum und Inkrafttreten

[1] Dieses Gesetz untersteht dem fakultativen Referendum.
[2] Der Bundesrat bestimmt das Inkrafttreten.

Datum des Inkrafttretens: 1. März 1988[2]

---

1   [BS 2 951; AS 1962 1047 Art. 2, 1978 2057]
2   BRB vom 14. Dez. 1987 (AS 1988 231)

Nr. 19   **Bundesgesetz über die Arbeit in Industrie, Gewerbe und Handel (Arbeitsgesetz, ArG)**

vom 13. März 1964 (Stand am 1. Januar 2008)

SR 822.11

Die Bundesversammlung der Schweizerischen Eidgenossenschaft,

gestützt auf die Artikel 26, 31bis Absatz 2, 34bis, 34ter, 36, 64, 64bis, 85, 103 und 114bis der Bundesverfassung[1],[2]

nach Einsicht in eine Botschaft des Bundesrates vom 30. September 1960[3],

beschliesst:

I. Geltungsbereich

Art. 1   Betrieblicher und persönlicher Geltungsbereich

[1] Das Gesetz ist, unter Vorbehalt der Artikel 2–4, anwendbar auf alle öffentlichen und privaten Betriebe.[4]

[2] Ein Betrieb im Sinne des Gesetzes liegt vor, wenn ein Arbeitgeber dauernd oder vorübergehend einen oder mehrere Arbeitnehmer beschäftigt, unabhängig davon, ob bestimmte Einrichtungen oder Anlagen vorhanden sind. Wenn die Voraussetzungen für die Anwendbarkeit des Gesetzes nur für einzelne Teile eines Betriebes gegeben sind, ist das Gesetz nur auf diese anwendbar.

[3] Auf Arbeitnehmer, welche ein im Auslande gelegener Betrieb in der Schweiz beschäftigt, ist das Gesetz anwendbar, soweit dies nach den Umständen möglich ist.

Art. 2   Ausnahmen vom betrieblichen Geltungsbereich

[1] Das Gesetz ist, unter Vorbehalt von Artikel 3*a*, nicht anwendbar:[5]

a.   auf Verwaltungen des Bundes, der Kantone und Gemeinden, unter Vorbehalt von Absatz 2;

---

1   AS 1966 57

     [BS 1 3; AS 1976 2001]. Den genannten Bestimmungen entsprechen heute die Art. 63, 87, 92, 95, 110, 117, 122, 177 Abs. 3, 188 Abs. 2 und 190 Abs. 1 (nach Inkrafttreten des Bundesbeschlusses vom 8. Okt. 1999 über die Reform der Justiz; BBl 1999 8633; Art. 188 Abs. 2, 189 Abs. 1, 191 Abs. 3 und 191a Abs. 2) der BV vom 18. April 1999 (SR 101).

2   Fassung gemäss Ziff. VII 3 des BG vom 24. März 2000 über die Schaffung und die Anpassung gesetzlicher Grundlagen für die Bearbeitung von Personendaten, in Kraft seit 1. Sept. 2000 (AS 2000 1891 1914; BBl 1999 9005).

3   BBl 1960 II 909

4   Fassung gemäss Ziff. I des BG vom 20. März 1998, in Kraft seit 1. Aug. 2000 (AS 2000 1569 1580; BBl 1998 1394).

5   Fassung gemäss Ziff. I des BG vom 8. Okt. 1993, in Kraft seit 1. Mai 1994 (AS 1994 1035 1036; BBl 1993 I 805).

b.[1] auf Betriebe, die der Bundesgesetzgebung über die Arbeit in Unternehmen des öffentlichen Verkehrs unterstehen;

c. auf Betriebe, die der Bundesgesetzgebung über die Seeschifffahrt unter der Schweizerflagge unterstehen;

d. auf Betriebe der landwirtschaftlichen Urproduktion, mit Einschluss von Nebenbetrieben, in denen überwiegend die Erzeugnisse des Hauptbetriebes verarbeitet oder verwertet werden, sowie auf örtliche Milchsammelstellen und die damit verbundenen Milchverarbeitungsbetriebe;

e. auf Betriebe mit überwiegend gärtnerischer Pflanzenproduktion, unter Vorbehalt von Absatz 3;

f. auf Fischereibetriebe;

g. auf private Haushaltungen.

[2] Die öffentlichen Anstalten, die den Verwaltungen des Bundes, der Kantone und der Gemeinden gleichzustellen sind, sowie die Betriebe des Bundes, der Kantone und der Gemeinden, auf die das Gesetz anwendbar ist, werden durch Verordnung bezeichnet.

[3] Auf Betriebe mit überwiegend gärtnerischer Pflanzenproduktion, die Lehrlinge ausbilden, können einzelne Bestimmungen des Gesetzes durch Verordnung anwendbar erklärt werden, soweit dies zum Schutze der Lehrlinge erforderlich ist.

[4] Die Bestimmungen des Gesetzes und seiner Verordnungen über das Mindestalter sind anwendbar auf Betriebe im Sinne von Absatz 1 Buchstaben d–g.[2]

Art. 3   Ausnahmen vom persönlichen Geltungsbereich

Das Gesetz ist, unter Vorbehalt von Artikel 3*a*, ferner nicht anwendbar:[3]

a. auf Personen geistlichen Standes und andere Personen, die im Dienste von Kirchen stehen, sowie auf Angehörige von Ordens- und Mutterhäusern oder anderer religiöser Gemeinschaften;

b. auf das in der Schweiz wohnhafte Personal öffentlicher Verwaltungen ausländischer Staaten oder internationaler Organisationen;

c.[4] auf die Besatzungen von schweizerischen Flugbetriebsunternehmen;

d. auf Arbeitnehmer, die eine höhere leitende Tätigkeit oder eine wissenschaftliche oder selbständige künstlerische Tätigkeit ausüben;

e.[5] auf Lehrer an Privatschulen sowie auf Lehrer, Fürsorger, Erzieher und Aufseher in Anstalten;

f.[6] auf Heimarbeitnehmer;

---

1   Fassung gemäss Art. 28 Abs. 2 des Arbeitszeitgesetzes vom 8. Okt. 1971, in Kraft seit 28. Mai 1972 (SR 822.21).
2   Eingefügt durch Ziff. I des BG vom 19. März 1999, in Kraft seit 1. Aug. 2000 (AS 2000 1568; BBl 1999 513).
3   Fassung gemäss Ziff. I des BG vom 8. Okt. 1993, in Kraft seit 1. Mai 1994 (AS 1994 1035 1036; BBl 1993 I 805).
4   Fassung gemäss Ziff. II 2 des BG vom 18. Juni 1993, in Kraft seit 1. Jan. 1995 (AS 1994 3010 3024; BBl 1992 I 607).
5   Fassung gemäss Ziff. I des BG vom 22. März 2002, in Kraft seit 1. Jan. 2005 (AS 2002 2547; BBl 2001 3181 6098).
6   Fassung gemäss Art. 21 Ziff. 2 des Heimarbeitsgesetzes vom 20. März 1981, in Kraft seit 1. April 1983 (SR 822.31).

g.   auf Handelsreisende im Sinne der Bundesgesetzgebung;

h.[1]   auf Arbeitnehmer, die dem Abkommen vom 21. Mai 1954[2] über die Arbeitsbedingungen der Rheinschiffer unterstehen.

Art. 3a[3]   Vorschriften über den Gesundheitsschutz[4]

Die Vorschriften dieses Gesetzes über den Gesundheitsschutz (Art. 6, 35 und 36*a*) sind jedoch anwendbar:[5]

a.[6]   auf die Verwaltungen des Bundes, der Kantone und Gemeinden;

b.   auf Arbeitnehmer, die eine höhere leitende Tätigkeit oder eine wissenschaftliche oder selbstständige künstlerische Tätigkeit ausüben;

c.[7]   auf Lehrer an Privatschulen sowie Lehrer, Fürsorger, Erzieher und Aufseher in Anstalten.

Art. 4   Familienbetriebe

[1] Das Gesetz ist nicht anwendbar auf Betriebe, in denen lediglich der Ehegatte, die eingetragene Partnerin oder der eingetragene Partner des Betriebsinhabers, seine Verwandten in auf- und absteigender Linie und deren Ehegatten, eingetragene Partnerinnen oder Partner sowie seine Stiefkinder tätig sind.[8]

[2] Sind im Betrieb auch andere als die in Absatz 1 erwähnten Personen tätig, so ist das Gesetz nur auf diese anwendbar.

[3] Auf jugendliche Familienglieder im Sinne von Absatz 1 können einzelne Vorschriften des Gesetzes durch Verordnung anwendbar erklärt werden, soweit dies zum Schutze von Leben und Gesundheit der Jugendlichen oder zur Wahrung der Sittlichkeit erforderlich ist.

Art. 5   Sondervorschriften für industrielle Betriebe

[1] Die besonderen Vorschriften des Gesetzes für industrielle Betriebe sind auf den einzelnen Betrieb oder auf einzelne Betriebsteile nur anwendbar aufgrund einer Unterstellungsverfügung des Bundesamtes für Wirtschaft und Arbeit (Bundesamt)[9].[10]

---

1   Eingefügt durch Ziff. II 2 des BG vom 18. Juni 1993, in Kraft seit 1. Jan. 1995 (AS 1994 3010 3024; BBl 1992 I 607).

2   SR 0.747.224.022

3   Eingefügt durch Ziff. I des BG vom 8. Okt. 1993, in Kraft seit 1. Mai 1994 (AS 1994 1035 1036; BBl 1993 I 805).

4   Fassung gemäss Ziff. I des BG vom 20. März 1998, in Kraft seit 1. Aug. 2000 (AS 2000 1569 1580; BBl 1998 1394).

5   Fassung gemäss Ziff. I des BG vom 20. März 1998, in Kraft seit 1. Aug. 2000 (AS 2000 1569 1580; BBl 1998 1394).

6   Fassung gemäss Ziff. I des BG vom 20. März 1998, in Kraft seit 1. Aug. 2000 (AS 2000 1569 1580; BBl 1998 1394).

7   Fassung gemäss Ziff. I des BG vom 22. März 2002, in Kraft seit 1. Jan. 2005 (AS 2002 2547; BBl 2001 3181 6098).

8   Fassung gemäss Anhang Ziff. 27 des Partnerschaftsgesetzes vom 18. Juni 2004, in Kraft seit 1. Jan. 2007 (SR 211.231).

9   Heute:«Staatssekretariat für Wirtschaft (SECO)» (Art. 5 der Organisationsverordnung für das Eidgenössische Volkswirtschaftsdepartement vom 14. Juni 1999 – SR 172.216.1; AS 2000 187 Art. 2).

10   Fassung gemäss Ziff. I des BG vom 20. März 1998, in Kraft seit 1. Aug. 2000 (AS 2000 1569 1580; BBl 1998 1394).

[2] Als industrielle Betriebe im Sinne des Gesetzes gelten Betriebe mit fester Anlage von dauerndem Charakter für die Herstellung, Verarbeitung oder Behandlung von Gütern oder für die Erzeugung, Umwandlung oder Übertragung von Energie, sofern

a. die Arbeitsweise oder die Arbeitsorganisation durch Maschinen oder andere technische Einrichtungen oder durch serienmässige Verrichtungen bestimmt werden und für die Herstellung, Verarbeitung oder Behandlung von Gütern oder für die Erzeugung, Umwandlung oder Übertragung von Energie wenigstens sechs Arbeitnehmer beschäftigt werden, oder

b. die Arbeitsweise oder die Arbeitsorganisation wesentlich durch automatisierte Verfahren bestimmt werden, oder

c. Leben oder Gesundheit der Arbeitnehmer besonderen Gefahren ausgesetzt sind.

II. Gesundheitsschutz[1] und Plangenehmigung[2]

Art. 6[3]   Pflichten der Arbeitgeber und Arbeitnehmer

[1] Der Arbeitgeber ist verpflichtet, zum Schutze der Gesundheit der Arbeitnehmer alle Massnahmen zu treffen, die nach der Erfahrung notwendig, nach dem Stand der Technik anwendbar und den Verhältnissen des Betriebes angemessen sind. Er hat im Weiteren die erforderlichen Massnahmen zum Schutze der persönlichen Integrität der Arbeitnehmer vorzusehen.[4]

[2] Der Arbeitgeber hat insbesondere die betrieblichen Einrichtungen und den Arbeitsablauf so zu gestalten, dass Gesundheitsgefährdungen und Überbeanspruchungen der Arbeitnehmer nach Möglichkeit vermieden werden.

[2bis] Der Arbeitgeber hat dafür zu sorgen, dass der Arbeitnehmer in Ausübung seiner beruflichen Tätigkeit keinen Alkohol oder andere berauschende Mittel konsumieren muss. Der Bundesrat regelt die Ausnahmen.[5]

[3] Für den Gesundheitsschutz hat der Arbeitgeber die Arbeitnehmer zur Mitwirkung heranzuziehen. Diese sind verpflichtet, den Arbeitgeber in der Durchführung der Vorschriften über den Gesundheitsschutz zu unterstützen.

[4] Durch Verordnung wird bestimmt, welche Massnahmen für den Gesundheitsschutz in den Betrieben zu treffen sind.

---

1   Ausdruck gemäss Ziff. I des BG vom 20. März 1998, in Kraft seit 1. Aug. 2000 (AS 2000 1569 1580; BBl 1998 1394). Diese Änd. ist im ganzen Erlass berücksichtigt.
2   Fassung gemäss Ziff. 9 des Anhangs zum Unfallversicherungsgesetz, in Kraft seit 1. Jan. 1984 (SR 832.20, 832.201 Art. 1 Abs. 1).
3   Fassung gemäss Ziff. 9 des Anhangs zum Unfallversicherungsgesetz, in Kraft seit 1. Jan. 1984 (SR 832.20, 832.201 Art. 1 Abs. 1).
4   Fassung gemäss Ziff. I des BG vom 20. März 1998, in Kraft seit 1. Aug. 2000 (AS 2000 1569 1580; BBl 1998 1394).
5   Eingefügt durch Ziff. I des BG vom 20. März 1998, in Kraft seit 1. Aug. 2000 (AS 2000 1569 1580; BBl 1998 1394).

Art. 7[1]   Plangenehmigung und Betriebsbewilligung

[1] Wer einen industriellen Betrieb errichten oder umgestalten will, muss bei der kantonalen Behörde um die Genehmigung der geplanten Anlage nachsuchen. Diese holt den Bericht des Eidgenössischen Arbeitsinspektorats und durch dessen Vermittlung den Mitbericht der Schweizerischen Unfallversicherungsanstalt ein. Die im Bericht und Mitbericht ausdrücklich als Weisungen bezeichneten Anträge werden von der kantonalen Behörde als Auflagen in die Plangenehmigung aufgenommen.

[2] Entspricht die geplante Anlage den Vorschriften, so genehmigt die kantonale Behörde die Pläne, nötigenfalls mit der Auflage, dass besondere Schutzmassnahmen zu treffen sind.

[3] Vor der Aufnahme der betrieblichen Tätigkeit muss der Arbeitgeber bei der kantonalen Behörde um die Betriebsbewilligung nachsuchen. Die kantonale Behörde holt den Bericht des Eidgenössischen Arbeitsinspektorats ein und erteilt die Betriebsbewilligung, wenn Bau und Einrichtung des Betriebes der Plangenehmigung entsprechen.

[4] Ist für die Errichtung oder Umgestaltung eines Betriebs die Genehmigung einer Bundesbehörde erforderlich, so erteilt diese auch die Plangenehmigung im Verfahren nach Absatz 1. Auf Berichte und Mitberichte sind die Artikel 62*a* und 62*b* des Regierungs- und Verwaltungsorganisationsgesetzes vom 21. März 1997[2] anwendbar.[3]

Art. 8[4]   Nichtindustrielle Betriebe

Der Bundesrat kann Artikel 7 auf nichtindustrielle Betriebe mit erheblichen Betriebsgefahren anwendbar erklären. Die einzelnen Betriebsarten werden durch Verordnung bestimmt.

III. Arbeits- und Ruhezeit

1. Arbeitszeit

Art. 9   Wöchentliche Höchstarbeitszeit

[1] Die wöchentliche Höchstarbeitszeit beträgt:

a.[5] 45 Stunden für Arbeitnehmer in industriellen Betrieben sowie für Büropersonal, technische und andere Angestellte, mit Einschluss des Verkaufspersonals in Grossbetrieben des Detailhandels;

1 Fassung gemäss Ziff. 9 des Anhangs zum Unfallversicherungsgesetz, in Kraft seit 1. Jan. 1984 (SR 832.20, 832.201 Art. 1 Abs. 1).

2 SR 172.010

3 Eingefügt durch Ziff. I 16 des BG vom 18. Juni 1999 über die Koordination und Vereinfachung von Entscheidverfahren, in Kraft seit 1. Jan. 2000 (AS 1999 3071 3124; BBl 1998 2591).

4 Fassung gemäss Ziff. 9 des Anhangs zum Unfallversicherungsgesetz, in Kraft seit 1. Jan. 1984 (SR 832.20, 832.201 Art. 1 Abs. 1).

5 Fassung gemäss Ziff. I des BG vom 20. März 1998, in Kraft seit 1. Aug. 2000 (AS 2000 1569 1580; BBl 1998 1394).

b.   50 Stunden für alle übrigen Arbeitnehmer.

2 ...1

3 Für bestimmte Gruppen von Betrieben oder Arbeitnehmern kann die wöchentliche Höchstarbeitszeit durch Verordnung zeitweise um höchstens vier Stunden verlängert werden, sofern sie im Jahresdurchschnitt nicht überschritten wird.

4 Eine Verlängerung der wöchentlichen Höchstarbeitszeit um höchstens vier Stunden kann vom Bundesamt für bestimmte Gruppen von Betrieben oder Arbeitnehmern oder für bestimmte Betriebe bewilligt werden, sofern und solange zwingende Gründe dies rechtfertigen.

5 Auf Büropersonal, technische und andere Angestellte, mit Einschluss des Verkaufspersonals in Grossbetrieben des Detailhandels, die im gleichen Betrieb oder Betriebsteil zusammen mit Arbeitnehmern beschäftigt werden, für die eine längere wöchentliche Höchstarbeitszeit gilt, ist diese ebenfalls anwendbar.

Art. 10[2]   Tages- und Abendarbeit

1 Die Arbeit von 6 Uhr bis 20 Uhr gilt als Tagesarbeit, die Arbeit von 20 Uhr bis 23 Uhr ist Abendarbeit. Tages- und Abendarbeit sind bewilligungsfrei. Abendarbeit kann vom Arbeitgeber nach Anhörung der Arbeitnehmervertretung im Betrieb oder, wo eine solche nicht besteht, der betroffenen Arbeitnehmer eingeführt werden.

2 Beginn und Ende der betrieblichen Tages- und Abendarbeit können zwischen 5 Uhr und 24 Uhr anders festgelegt werden, wenn die Arbeitnehmervertretung im Betrieb oder, wo eine solche nicht besteht, die Mehrheit der betroffenen Arbeitnehmer dem zustimmt. Die betriebliche Tages- und Abendarbeit beträgt auch in diesem Falle höchstens 17 Stunden.

3 Die Tages- und Abendarbeit des einzelnen Arbeitnehmers muss mit Einschluss der Pausen und der Überzeit innerhalb von 14 Stunden liegen.

Art. 11   Ausgleich ausfallender Arbeitszeit

Wird die Arbeit wegen Betriebsstörungen, wegen Betriebsferien, zwischen arbeitsfreien Tagen oder unter ähnlichen Umständen für verhältnismässig kurze Zeit ausgesetzt oder werden einem Arbeitnehmer auf seinen Wunsch arbeitsfreie Tage eingeräumt, so darf der Arbeitgeber innert eines angemessenen Zeitraumes einen entsprechenden Ausgleich in Abweichung von der wöchentlichen Höchstarbeitszeit anordnen. Der Ausgleich für den einzelnen Arbeitnehmer darf, mit Einschluss von Überzeitarbeit, zwei Stunden im Tag nicht überschreiten, ausser an arbeitsfreien Tagen oder Halbtagen.

---

1   Aufgehoben durch Ziff. I des BG vom 20. März 1998 (AS 2000 1569; BBl 1998 1394).
2   Fassung gemäss Ziff. I des BG vom 20. März 1998, in Kraft seit 1. Aug. 2000 (AS 2000 1569 1580; BBl 1998 1394).

Art. 12   Voraussetzungen und Dauer der Überzeitarbeit

¹ Die wöchentliche Höchstarbeitszeit darf ausnahmsweise überschritten werden

a.   wegen Dringlichkeit der Arbeit oder ausserordentlichen Arbeitsandranges;

b.   für Inventaraufnahmen, Rechnungsabschlüsse und Liquidationsarbeiten;

c.   zur Vermeidung oder Beseitigung von Betriebsstörungen, soweit dem Arbeitgeber nicht andere Vorkehren zugemutet werden können.

² Die Überzeit darf für den einzelnen Arbeitnehmer zwei Stunden im Tag nicht überschreiten, ausser an arbeitsfreien Werktagen oder in Notfällen, und im Kalenderjahr insgesamt nicht mehr betragen als:

a.   170 Stunden für Arbeitnehmer mit einer wöchentlichen Höchstarbeitszeit von 45 Stunden;

b.   140 Stunden für Arbeitnehmer mit einer wöchentlichen Höchstarbeitszeit von 50 Stunden.[1]

3–4 ...[2]

Art. 13   Lohnzuschlag für Überzeitarbeit

¹ Der Arbeitgeber hat den Arbeitnehmern für die Überzeitarbeit einen Lohnzuschlag von wenigstens 25 Prozent auszurichten, dem Büropersonal sowie den technischen und andern Angestellten, mit Einschluss des Verkaufspersonals in Grossbetrieben des Detailhandels, jedoch nur für Überzeitarbeit, die 60 Stunden im Kalenderjahr übersteigt.

² Wird Überzeitarbeit im Einverständnis mit dem einzelnen Arbeitnehmer innert eines angemessenen Zeitraums durch Freizeit von gleicher Dauer ausgeglichen, so ist kein Zuschlag auszurichten.

Art. 14[3]

Aufgehoben.

2. Ruhezeit

Art. 15   Pausen

¹ Die Arbeit ist durch Pausen von folgender Mindestdauer zu unterbrechen:

a.   eine Viertelstunde bei einer täglichen Arbeitszeit von mehr als fünfeinhalb Stunden;

b.   eine halbe Stunde bei einer täglichen Arbeitszeit von mehr als sieben Stunden;

1   Fassung gemäss Ziff. I des BG vom 20. März 1998, in Kraft seit 1. Aug. 2000 (AS 2000 1569 1580; BBl 1998 1394).

2   Aufgehoben durch Ziff. I des BG vom 20. März 1998 (AS 2000 1569; BBl 1998 1394).

3   Aufgehoben durch Ziff. I des BG vom 20. März 1998 (AS 2000 1569; BBl 1998 1394).

c. eine Stunde bei einer täglichen Arbeitszeit von mehr als neun Stunden.

2 Die Pausen gelten als Arbeitszeit, wenn die Arbeitnehmer ihren Arbeitsplatz nicht verlassen dürfen.

Art. 15a[1]   Tägliche Ruhezeit

1 Den Arbeitnehmern ist eine tägliche Ruhezeit von mindestens elf aufeinander folgenden Stunden zu gewähren.

2 Die Ruhezeit kann für erwachsene Arbeitnehmer einmal in der Woche bis auf acht Stunden herabgesetzt werden, sofern die Dauer von elf Stunden im Durchschnitt von zwei Wochen eingehalten wird.

Art. 16[2]   Verbot der Nachtarbeit

Die Beschäftigung von Arbeitnehmern ausserhalb der betrieblichen Tages- und Abendarbeit nach Artikel 10 (Nachtarbeit) ist untersagt. Vorbehalten bleibt Artikel 17.

Art. 17[3]   Ausnahmen vom Verbot der Nachtarbeit

1 Ausnahmen vom Verbot der Nachtarbeit bedürfen der Bewilligung.

2 Dauernde oder regelmässig wiederkehrende Nachtarbeit wird bewilligt, sofern sie aus technischen oder wirtschaftlichen Gründen unentbehrlich ist.

3 Vorübergehende Nachtarbeit wird bewilligt, sofern ein dringendes Bedürfnis nachgewiesen wird.

4 Nachtarbeit zwischen 5 Uhr und 6 Uhr sowie zwischen 23 Uhr und 24 Uhr wird bewilligt, sofern ein dringendes Bedürfnis nachgewiesen wird.

5 Dauernde oder regelmässig wiederkehrende Nachtarbeit wird vom Bundesamt, vorübergehende Nachtarbeit von der kantonalen Behörde bewilligt.

6 Der Arbeitgeber darf den Arbeitnehmer ohne dessen Einverständnis nicht zu Nachtarbeit heranziehen.

---

1   Eingefügt durch Ziff. I des BG vom 20. März 1998, in Kraft seit 1. Aug. 2000 (AS 2000 1569 1580; BBl 1998 1394).

2   Fassung gemäss Ziff. I des BG vom 20. März 1998, in Kraft seit 1. Aug. 2000 (AS 2000 1569 1580; BBl 1998 1394).

3   Fassung gemäss Ziff. I des BG vom 20. März 1998, in Kraft seit 1. Aug. 2000 (AS 2000 1569 1580; BBl 1998 1394).

Art. 17a[1]   Dauer der Nachtarbeit

[1] Bei Nachtarbeit darf die tägliche Arbeitszeit für den einzelnen Arbeitnehmer neun Stunden nicht überschreiten; sie muss, mit Einschluss der Pausen, innerhalb eines Zeitraumes von zehn Stunden liegen.

[2] Wird der Arbeitnehmer in höchstens drei von sieben aufeinander folgenden Nächten beschäftigt, so darf die tägliche Arbeitszeit unter den Voraussetzungen, welche durch Verordnung festzulegen sind, zehn Stunden betragen; sie muss aber, mit Einschluss der Pausen, innerhalb eines Zeitraumes von zwölf Stunden liegen.

Art. 17b[2]   Lohn- und Zeitzuschlag

[1] Dem Arbeitnehmer, der nur vorübergehend Nachtarbeit verrichtet, hat der Arbeitgeber einen Lohnzuschlag von mindestens 25 Prozent zu bezahlen.

[2] Arbeitnehmer, die dauernd oder regelmässig wiederkehrend Nachtarbeit leisten, haben Anspruch auf eine Kompensation von 10 Prozent der Zeit, während der sie Nachtarbeit geleistet haben. Die Ausgleichsruhezeit ist innerhalb eines Jahres zu gewähren. Für Arbeitnehmer, die regelmässig abends oder morgens höchstens eine Randstunde in der Nachtzeit arbeiten, kann der Ausgleich auch als Lohnzuschlag gewährt werden.

[3] Die Ausgleichsruhezeit gemäss Absatz 2 ist nicht zu gewähren, wenn:

a. die durchschnittliche betriebliche Schichtdauer einschliesslich der Pausen sieben Stunden nicht überschreitet, oder

b. die Person, die Nachtarbeit leistet, nur in vier Nächten pro Woche (Vier-Tage-Woche) beschäftigt wird, oder

c. den Arbeitnehmern durch Gesamtarbeitsvertrag oder die analoge Anwendung öffentlich-rechtlicher Vorschriften andere gleichwertige Ausgleichsruhezeiten innerhalb eines Jahres gewährt werden.

[4] Ausgleichsregelungen nach Absatz 3 Buchstabe c sind dem Bundesamt zur Beurteilung vorzulegen; dieses stellt die Gleichwertigkeit mit der gesetzlichen Ausgleichsruhezeit nach Absatz 2 fest.

Art. 17c[3]   Medizinische Untersuchung und Beratung

[1] Der Arbeitnehmer, der über längere Zeit Nachtarbeit verrichtet, hat Anspruch auf eine Untersuchung seines Gesundheitszustandes sowie darauf, sich beraten zu lassen, wie die mit seiner Arbeit verbundenen Gesundheitsprobleme vermindert oder vermieden werden können.

---

1   Eingefügt durch Ziff. I des BG vom 20. März 1998, in Kraft seit 1. Aug. 2000 (AS 2000 1569 1580; BBl 1998 1394).

2   Eingefügt durch Ziff. I des BG vom 20. März 1998, in Kraft seit 1. Aug. 2000 (AS 2000 1569 1580; BBl 1998 1394). Für die Abs. 2-4 siehe auch die SchlB am Ende des Textes.

3   Eingefügt durch Ziff. I des BG vom 20. März 1998, in Kraft seit 1. Aug. 2000 (AS 2000 1569 1580; BBl 1998 1394).

2 Die Einzelheiten werden durch Verordnung geregelt. Für bestimmte Gruppen von Arbeitnehmern kann die medizinische Untersuchung obligatorisch erklärt werden.

3 Die Kosten der medizinischen Untersuchung und der Beratung trägt der Arbeitgeber, soweit nicht die Krankenkasse oder ein anderer Versicherer des Arbeitnehmers dafür aufkommt.

Art. 17d[1] Untauglichkeit zur Nachtarbeit

Der Arbeitgeber hat den Arbeitnehmer, der aus gesundheitlichen Gründen zur Nachtarbeit untauglich erklärt wird, nach Möglichkeit zu einer ähnlichen Tagesarbeit zu versetzen, zu der er tauglich ist.

Art. 17e[2] Weitere Massnahmen bei Nachtarbeit

1 Soweit nach den Umständen erforderlich ist der Arbeitgeber, der regelmässig Arbeitnehmer in der Nacht beschäftigt, verpflichtet, weitere geeignete Massnahmen zum Schutz der Arbeitnehmer vorzusehen, namentlich im Hinblick auf die Sicherheit des Arbeitsweges, die Organisation des Transportes, die Ruhegelegenheiten und Verpflegungsmöglichkeiten sowie die Kinderbetreuung.

2 Die Bewilligungsbehörden können die Arbeitszeitbewilligungen mit entsprechenden Auflagen verbinden.

Art. 18[3] Verbot der Sonntagsarbeit

1 In der Zeit zwischen Samstag 23 Uhr und Sonntag 23 Uhr ist die Beschäftigung von Arbeitnehmern untersagt. Vorbehalten bleibt Artikel 19.

2 Der in Absatz 1 festgelegte Zeitraum von 24 Stunden kann um höchstens eine Stunde vorgezogen oder verschoben werden, wenn die Arbeitnehmervertretung im Betrieb oder, wo eine solche nicht besteht, die Mehrheit der betroffenen Arbeitnehmer dem zustimmt.

Art. 19[4] Ausnahmen vom Verbot der Sonntagsarbeit

1 Ausnahmen vom Verbot der Sonntagsarbeit bedürfen der Bewilligung.

2 Dauernde oder regelmässig wiederkehrende Sonntagsarbeit wird bewilligt, sofern sie aus technischen oder wirtschaftlichen Gründen unentbehrlich ist.

3 Vorübergehende Sonntagsarbeit wird bewilligt, sofern ein dringendes Bedürfnis nachgewiesen wird. Dem Arbeitnehmer ist ein Lohnzuschlag von 50 Prozent zu bezahlen.

---

1 Eingefügt durch Ziff. I des BG vom 20. März 1998, in Kraft seit 1. Aug. 2000 (AS 2000 1569 1580; BBl 1998 1394).
2 Eingefügt durch Ziff. I des BG vom 20. März 1998, in Kraft seit 1. Aug. 2000 (AS 2000 1569 1580; BBl 1998 1394).
3 Fassung gemäss Ziff. I des BG vom 20. März 1998, in Kraft seit 1. Aug. 2000 (AS 2000 1569 1580; BBl 1998 1394).
4 Fassung gemäss Ziff. I des BG vom 20. März 1998, in Kraft seit 1. Aug. 2000 (AS 2000 1569 1580; BBl 1998 1394).

⁴ Dauernde oder regelmässig wiederkehrende Sonntagsarbeit wird vom Bundesamt, vorübergehende Sonntagsarbeit von der kantonalen Behörde bewilligt.

⁵ Der Arbeitgeber darf den Arbeitnehmer ohne dessen Einverständnis nicht zu Sonntagsarbeit heranziehen.

Art. 20¹ Freier Sonntag und Ersatzruhe

¹ Innert zweier Wochen muss wenigstens einmal ein ganzer Sonntag als wöchentlicher Ruhetag unmittelbar vor oder nach der täglichen Ruhezeit freigegeben werden. Vorbehalten bleibt Artikel 24.

² Sonntagsarbeit von einer Dauer bis zu fünf Stunden ist durch Freizeit auszugleichen. Dauert sie länger als fünf Stunden, so ist während der vorhergehenden oder der nachfolgenden Woche im Anschluss an die tägliche Ruhezeit ein auf einen Arbeitstag fallender Ersatzruhetag von mindestens 24 aufeinander folgenden Stunden zu gewähren.

³ Der Arbeitgeber darf die Arbeitnehmer während der Ersatzruhe vorübergehend zur Arbeit heranziehen, soweit dies notwendig ist, um dem Verderb von Gütern vorzubeugen oder um Betriebsstörungen zu vermeiden oder zu beseitigen; doch ist die Ersatzruhe spätestens in der folgenden Woche zu gewähren.

Art. 20a² Feiertage und religiöse Feiern

¹ Der Bundesfeiertag ist den Sonntagen gleichgestellt. Die Kantone können höchstens acht weitere Feiertage im Jahr den Sonntagen gleichstellen und sie nach Kantonsteilen verschieden ansetzen.

² Der Arbeitnehmer ist berechtigt, an andern als den von den Kantonen anerkannten religiösen Feiertagen die Arbeit auszusetzen. Er hat jedoch sein Vorhaben dem Arbeitgeber spätestens drei Tage im Voraus anzuzeigen. Artikel 11 ist anwendbar.

³ Für den Besuch von religiösen Feiern muss der Arbeitgeber dem Arbeitnehmer auf dessen Wunsch die erforderliche Zeit nach Möglichkeit freigeben.

Art. 21 Wöchentlicher freier Halbtag

¹ Wird die wöchentliche Arbeitszeit auf mehr als fünf Tage verteilt, so ist den Arbeitnehmern jede Woche ein freier Halbtag zu gewähren, mit Ausnahme der Wochen, in die ein arbeitsfreier Tag fällt.

² Der Arbeitgeber darf im Einverständnis mit dem Arbeitnehmer die wöchentlichen freien Halbtage für höchstens vier Wochen zusammenhängend gewähren; die wöchentliche Höchstarbeitszeit ist im Durchschnitt einzuhalten.

³ Artikel 20 Absatz 3 ist sinngemäss anwendbar.³

---

1 Fassung gemäss Ziff. I des BG vom 20. März 1998, in Kraft seit 1. Aug. 2000 (AS 2000 1569 1580; BBl 1998 1394).

2 Eingefügt durch Ziff. I des BG vom 20. März 1998, in Kraft seit 1. Aug. 2000 (AS 2000 1569 1580; BBl 1998 1394).

3 Fassung gemäss Ziff. I des BG vom 20. März 1998, in Kraft seit 1. Aug. 2000 (AS 2000 1569 1580; BBl 1998 1394).

Art. 22[1]   Verbot der Abgeltung der Ruhezeit

Soweit das Gesetz Ruhezeiten vorschreibt, dürfen diese nicht durch Geldleistungen oder andere Vergünstigungen abgegolten werden, ausser bei Beendigung des Arbeitsverhältnisses.

3. Ununterbrochener Betrieb[2]

Art. 23[3]

Aufgehoben.

Art. 24[4]   Ununterbrochener Betrieb

[1] Der ununterbrochene Betrieb bedarf der Bewilligung.

[2] Dauernder oder wiederkehrender ununterbrochener Betrieb wird bewilligt, sofern er aus technischen oder wirtschaftlichen Gründen unentbehrlich ist.

[3] Vorübergehender ununterbrochener Betrieb wird bewilligt, sofern ein dringendes Bedürfnis nachgewiesen wird.

[4] Dauernder oder wiederkehrender ununterbrochener Betrieb wird vom Bundesamt, vorübergehender ununterbrochener Betrieb von der kantonalen Behörde bewilligt.

[5] Durch Verordnung wird bestimmt, unter welchen zusätzlichen Voraussetzungen und wie weit bei ununterbrochenem Betrieb die tägliche und wöchentliche Höchstarbeitszeit verlängert und die Ruhezeit anders verteilt werden kann. Dabei darf in der Regel die wöchentliche Höchstarbeitszeit im Durchschnitt von 16 Wochen nicht überschritten werden.

[6] Im Übrigen sind auf den ununterbrochenen Betrieb die Vorschriften über die Nacht- und Sonntagsarbeit anwendbar.

4. Weitere Vorschriften[5]

Art. 25[6]   Schichtenwechsel

[1] Die Arbeitszeit ist so einzuteilen, dass der einzelne Arbeitnehmer nicht länger als während sechs aufeinander folgenden Wochen die gleiche Schicht zu leisten hat.

---

1 Fassung gemäss Ziff. I des BG vom 20. März 1998, in Kraft seit 1. Aug. 2000 (AS 2000 1569 1580; BBl 1998 1394).
2 Fassung gemäss Ziff. I des BG vom 20. März 1998, in Kraft seit 1. Aug. 2000 (AS 2000 1569 1580; BBl 1998 1394).
3 Aufgehoben durch Ziff. I des BG vom 20. März 1998 (AS 2000 1569; BBl 1998 1394).
4 Fassung gemäss Ziff. I des BG vom 20. März 1998, in Kraft seit 1. Aug. 2000 (AS 2000 1569 1580; BBl 1998 1394).
5 Ursprünglich vor Art. 25.
6 Fassung gemäss Ziff. I des BG vom 20. März 1998, in Kraft seit 1. Aug. 2000 (AS 2000 1569 1580; BBl 1998 1394).

² Bei zweischichtiger Arbeit am Tag und am Abend muss der Arbeitnehmer an beiden Schichten und bei Nachtarbeit an der Tages- und Nachtarbeit gleichmässig Anteil haben.

³ Wenn die betroffenen Arbeitnehmer einverstanden sind und die durch Verordnung festzulegenden Bedingungen und Auflagen eingehalten werden, kann die Dauer von sechs Wochen verlängert, oder aber es kann auf den Wechsel ganz verzichtet werden.

Art. 26   Weitere Schutzbestimmungen

¹ Über die Überzeit-, Nacht- und Sonntagsarbeit sowie über die Schichtarbeit und den ununterbrochenen Betrieb können zum Schutze der Arbeitnehmer durch Verordnung im Rahmen der wöchentlichen Höchstarbeitszeit weitere Bestimmungen aufgestellt werden.[1]

² Die wöchentliche Höchstarbeitszeit kann für bestimmte Gruppen von Betrieben oder Arbeitnehmern durch Verordnung verkürzt werden, soweit dies zum Schutze der Gesundheit der Arbeitnehmer erforderlich ist.

Art. 27   Sonderbestimmungen für bestimmte Gruppen von Betrieben oder Arbeitnehmern

¹ Bestimmte Gruppen von Betrieben oder Arbeitnehmern können durch Verordnung ganz oder teilweise von den Vorschriften der Artikel 9–17*a*, 17*b* Absatz 1, 18–20, 21, 24, 25, 31 und 36 ausgenommen und entsprechenden Sonderbestimmungen unterstellt werden, soweit dies mit Rücksicht auf ihre besonderen Verhältnisse notwendig ist.[2]

¹ᵇⁱˢ Insbesondere werden kleingewerbliche Betriebe, für die Nacht- und Sonntagsarbeit betriebsnotwendig ist, von der Bewilligungspflicht ausgenommen.[3]

¹ᵗᵉʳ In Verkaufsstellen und Dienstleistungsbetrieben in Bahnhöfen, welche auf Grund des grossen Reiseverkehrs Zentren des öffentlichen Verkehrs sind, sowie in Flughäfen dürfen Arbeitnehmerinnen und Arbeitnehmer sonntags beschäftigt werden.[4]

² Solche Sonderbestimmungen können insbesondere erlassen werden

a.   für Betriebe der Erziehung, des Unterrichts, der Fürsorge, der Krankenpflege, der ärztlichen Behandlung sowie für Apotheken;

b.   für Betriebe der Beherbergung, der Bewirtung und der Unterhaltung sowie für Betriebe, die der Versorgung des Gastgewerbes bei besonderen Anlässen dienen;

c.   für Betriebe, die den Bedürfnissen des Fremdenverkehrs oder der landwirtschaftlichen Bevölkerung dienen;

d.   für Betriebe, die der Versorgung mit leicht verderblichen Gütern dienen;

e.   für Betriebe, die der Verarbeitung landwirtschaftlicher Erzeugnisse dienen, sowie für Gartenbaubetriebe, die nicht unter Artikel 2 Absatz 1 Buchstabe *e* fallen;

f.   für Forstbetriebe;

1   Fassung gemäss Ziff. I des BG vom 20. März 1998, in Kraft seit 1. Aug. 2000 (AS 2000 1569 1580; BBl 1998 1394).
2   Fassung gemäss Ziff. I des BG vom 20. März 1998, in Kraft seit 1. Aug. 2000 (AS 2000 1569 1580; BBl 1998 1394).
3   Eingefügt durch Ziff. I des BG vom 20. März 1998, in Kraft seit 1. Aug. 2000 (AS 2000 1569 1580; BBl 1998 1394).
4   Eingefügt durch Ziff. I des BG vom 8. Okt. 2004, in Kraft seit 1. April 2006 (AS 2006 961 962; BBl 2004 1621 1629).

g. für Betriebe, die der Versorgung mit Elektrizität, Gas oder Wasser dienen;

h. für Betriebe, die der Versorgung von Fahrzeugen mit Betriebsstoffen oder ihrer Instandhaltung und Instandstellung dienen;

i. für Redaktionen von Zeitungen und Zeitschriften;

k. für das Bodenpersonal der Luftfahrt;

l. für Arbeitnehmer auf Bauplätzen und in Steinbrüchen, für welche wegen ihrer geographischen Lage oder wegen besonderer klimatischer oder technischer Verhältnisse eine besondere Ordnung der Arbeitszeit erforderlich ist;

m. für Arbeitnehmer, deren Arbeitszeit in erheblichem Masse blosse Präsenzzeit ist oder deren Tätigkeit in erheblichem Masse Reisen oder eine häufige Verlegung des Arbeitsplatzes erfordert.

Art. 28   Geringfügige Abweichungen

Die zuständige Behörde ist ermächtigt, in ihren Arbeitszeitbewilligungen ausnahmsweise geringfügige Abweichungen von den Vorschriften des Gesetzes oder einer Verordnung vorzusehen, soweit der Befolgung dieser Vorschriften ausserordentliche Schwierigkeiten entgegenstehen und das Einverständnis der Mehrheit der beteiligten Arbeitnehmer oder deren Vertretung im Betriebe vorliegt.

IV. Sonderschutzvorschriften[1]

1. Jugendliche Arbeitnehmer

Art. 29   Allgemeine Vorschriften

[1] Als Jugendliche gelten Arbeitnehmer beider Geschlechter bis zum vollendeten 18. Altersjahr.[2]

[2] Der Arbeitgeber hat auf die Gesundheit der Jugendlichen gebührend Rücksicht zu nehmen und für die Wahrung der Sittlichkeit zu sorgen. Er hat namentlich darauf zu achten, dass die Jugendlichen nicht überanstrengt werden und vor schlechten Einflüssen im Betriebe bewahrt bleiben.

[3] Die Verwendung Jugendlicher für bestimmte Arbeiten kann zum Schutze von Leben und Gesundheit oder zur Wahrung der Sittlichkeit durch Verordnung untersagt oder von besonderen Voraussetzungen abhängig gemacht werden.

[4] Bei der Einstellung eines Jugendlichen hat der Arbeitgeber einen Altersausweis zu verlangen. Durch Verordnung kann bestimmt werden, dass ausserdem ein ärztliches Zeugnis beizubringen ist.

---

1   Fassung gemäss Ziff. I des BG vom 20. März 1998, in Kraft seit 1. Aug. 2000 (AS 2000 1569 1580; BBl 1998 1394).

2   Fassung gemäss Ziff. I des BG vom 23. Juni 2006, in Kraft per 1. Jan. 2008 (AS 2007 4957 f.; BBl 2004 6773).

Art. 30   Mindestalter

[1] Vor dem vollendeten 15. Altersjahr dürfen Jugendliche nicht beschäftigt werden. Vorbehalten bleiben die Absätze 2 und 3.

[2] Durch Verordnung wird bestimmt, für welche Gruppen von Betrieben oder Arbeitnehmern sowie unter welchen Voraussetzungen:

a.   Jugendliche im Alter von über 13 Jahren zu Botengängen und leichten Arbeiten herangezogen werden dürfen;

b.   Jugendliche im Alter von unter 15 Jahren bei kulturellen, künstlerischen und sportlichen Darbietungen sowie in der Werbung beschäftigt werden dürfen.[1]

[3] Die Kantone, in denen die Schulpflicht vor dem vollendeten 15. Altersjahr endigt, können durch Verordnung ermächtigt werden, für schulentlassene Jugendliche im Alter von mehr als 14 Jahren unter besonderen Voraussetzungen Ausnahmen zu bewilligen.

Art. 31   Arbeits- und Ruhezeit

[1] Die tägliche Arbeitszeit der Jugendlichen darf diejenige der andern im Betriebe beschäftigten Arbeitnehmer und, falls keine anderen Arbeitnehmer vorhanden sind, die ortsübliche Arbeitszeit nicht überschreiten und nicht mehr als neun Stunden betragen. Auf die Arbeitszeit sind allfällige Überzeitarbeit sowie obligatorischer Unterricht, soweit er in die Arbeitszeit fällt, anzurechen.[2]

[2] Die Tagesarbeit der Jugendlichen muss, mit Einschluss der Pausen, innerhalb eines Zeitraumes von zwölf Stunden liegen. Jugendliche bis zum vollendeten 16. Altersjahr dürfen höchstens bis 20 Uhr und Jugendliche von mehr als 16 Jahren höchstens bis 22 Uhr beschäftigt werden. Vorbehalten bleiben abweichende Bestimmungen über die Beschäftigung Jugendlicher im Sinne von Artikel 30 Absatz 2.[3]

[3] Jugendliche dürfen bis zum vollendeten 16. Altersjahr zu Überzeitarbeit nicht eingesetzt werden.[4]

[4] Der Arbeitgeber darf Jugendliche während der Nacht und an Sonntagen nicht beschäftigen. Ausnahmen können, insbesondere im Interesse der beruflichen Ausbildung sowie für die Beschäftigung Jugendlicher im Sinne von Artikel 30 Absatz 2, durch Verordnung vorgesehen werden.[5]

---

1   Fassung gemäss Ziff. I des BG vom 20. März 1998, in Kraft seit 1. Aug. 2000 (AS 2000 1569 1580; BBl 1998 1394).

2   Fassung des Satzes gemäss Ziff. I des BG vom 20. März 1998, in Kraft seit 1. Aug. 2000 (AS 2000 1569 1580; BBl 1998 1394).

3   Fassung gemäss Ziff. I des BG vom 20. März 1998, in Kraft seit 1. Aug. 2000 (AS 2000 1569 1580; BBl 1998 1394).

4   Fassung gemäss Ziff. I des BG vom 20. März 1998, in Kraft seit 1. Aug. 2000 (AS 2000 1569 1580; BBl 1998 1394).

5   Fassung gemäss Ziff. I des BG vom 20. März 1998, in Kraft seit 1. Aug. 2000 (AS 2000 1569 1580; BBl 1998 1394).

Art. 32   Besondere Fürsorgepflichten des Arbeitgebers

[1] Erkrankt der Jugendliche, erleidet er einen Unfall oder erweist er sich als gesundheitlich oder sittlich gefährdet, so ist der Inhaber der elterlichen Gewalt oder der Vormund zu benachrichtigen. Bis zum Eintreffen ihrer Weisungen hat der Arbeitgeber die gebotenen Massnahmen zu treffen.

[2] Lebt der Jugendliche in der Hausgemeinschaft des Arbeitgebers, so hat dieser für eine ausreichende und dem Alter entsprechende Verpflegung sowie für gesundheitlich und sittlich einwandfreie Unterkunft zu sorgen.

Art. 33–34[1]

Aufgehoben.

2.[2] Schwangere Frauen und stillende Mütter[3]

Art. 35   Gesundheitsschutz bei Mutterschaft

[1] Der Arbeitgeber hat schwangere Frauen und stillende Mütter so zu beschäftigen und ihre Arbeitsbedingungen so zu gestalten, dass ihre Gesundheit und die Gesundheit des Kindes nicht beeinträchtigt werden.

[2] Durch Verordnung kann die Beschäftigung schwangerer Frauen und stillender Mütter für beschwerliche und gefährliche Arbeiten aus gesundheitlichen Gründen untersagt oder von besonderen Voraussetzungen abhängig gemacht werden.

[3] Schwangere Frauen und stillende Mütter, die aufgrund der Vorschriften von Absatz 2 bestimmte Arbeiten nicht verrichten können, haben Anspruch auf 80 Prozent des Lohnes, samt einer angemessenen Vergütung für ausfallenden Naturallohn, soweit ihnen der Arbeitgeber keine gleichwertige Ersatzarbeit zuweisen kann.

Art. 35a   Beschäftigung bei Mutterschaft

[1] Schwangere und stillende Frauen dürfen nur mit ihrem Einverständnis beschäftigt werden.

[2] Schwangere dürfen auf blosse Anzeige hin von der Arbeit fernbleiben oder die Arbeit verlassen. Stillenden Müttern ist die erforderliche Zeit zum Stillen freizugeben.

[3] Wöchnerinnen dürfen während acht Wochen nach der Niederkunft nicht und danach bis zur 16. Woche nur mit ihrem Einverständnis beschäftigt werden.

[4] Schwangere Frauen dürfen ab der 8. Woche vor der Niederkunft zwischen 20 Uhr und 6 Uhr nicht beschäftigt werden.

---

1   Aufgehoben durch Ziff. I des BG vom 20. März 1998 (AS 2000 1569; BBl 1998 1394).
2   Fassung gemäss Ziff. I des BG vom 20. März 1998, in Kraft seit 1. Aug. 2000 (AS 2000 1569 1580; BBl 1998 1394).
3   Ursprünglich vor Art. 33.

Art. 35b   Ersatzarbeit und Lohnfortzahlung bei Mutterschaft

[1] Der Arbeitgeber hat schwangeren Frauen, die zwischen 20 Uhr und 6 Uhr beschäftigt werden, nach Möglichkeit eine gleichwertige Arbeit zwischen 6 Uhr und 20 Uhr anzubieten. Diese Verpflichtung gilt auch für die Zeit zwischen der 8. und der 16. Woche nach der Niederkunft.

[2] Frauen, die zwischen 20 Uhr und 6 Uhr beschäftigt werden, haben während der in Absatz 1 festgelegten Zeiträume Anspruch auf 80 Prozent des Lohnes, ohne allfällige Zuschläge für Nachtarbeit, samt einer angemessenen Vergütung für ausfallenden Naturallohn, soweit ihnen keine andere gleichwertige Arbeit angeboten werden kann.

3. Arbeitnehmer mit Familienpflichten[1]

Art. 36[2]

[1] Bei der Festsetzung der Arbeits- und Ruhezeit ist auf Arbeitnehmer mit Familienpflichten besonders Rücksicht zu nehmen. Als Familienpflichten gelten die Erziehung von Kindern bis 15 Jahren sowie die Betreuung pflegebedürftiger Angehöriger oder nahe stehender Personen.

[2] Diese Arbeitnehmer dürfen nur mit ihrem Einverständnis zu Überzeitarbeit herangezogen werden. Auf ihr Verlangen ist ihnen eine Mittagspause von wenigstens anderthalb Stunden zu gewähren.

[3] Der Arbeitgeber hat Arbeitnehmern mit Familienpflichten gegen Vorlage eines ärztlichen Zeugnisses die zur Betreuung kranker Kinder erforderliche Zeit im Umfang bis zu drei Tagen freizugeben.

4.[3] Andere Gruppen von Arbeitnehmern

Art. 36a

Durch Verordnung kann die Beschäftigung anderer Gruppen von Arbeitnehmern für beschwerliche und gefährliche Arbeiten aus gesundheitlichen Gründen untersagt oder von besonderen Voraussetzungen abhängig gemacht werden.

---

1   Titel eingefügt durch Ziff. I des BG vom 20. März 1998, in Kraft seit 1. Aug. 2000 (AS 2000 1569 1580; BBl 1998 1394).

2   Fassung gemäss Ziff. I des BG vom 20. März 1998, in Kraft seit 1. Aug. 2000 (AS 2000 1569 1580; BBl 1998 1394).

3   Eingefügt durch Ziff. I des BG vom 20. März 1998, in Kraft seit 1. Aug. 2000 (AS 2000 1569 1580; BBl 1998 1394).

V. Betriebsordnung

Art. 37 Aufstellung

[1] Für industrielle Betriebe ist eine Betriebsordnung aufzustellen.

[2] Durch Verordnung kann die Aufstellung einer Betriebsordnung auch für nicht-industrielle Betriebe vorgeschrieben werden, soweit die Art des Betriebes oder die Zahl der Arbeitnehmer dies rechtfertigen.

[3] Andere nicht-industrielle Betriebe können nach Massgabe der Vorschriften dieses Abschnittes freiwillig eine Betriebsordnung aufstellen.

[4] Die Betriebsordnung wird zwischen dem Arbeitgeber und einer von den Arbeitnehmern frei gewählten Vertretung schriftlich vereinbart oder vom Arbeitgeber nach Anhören der Arbeitnehmer erlassen.

Art. 38[1] Inhalt

[1] Die Betriebsordnung hat Bestimmungen über den Gesundheitsschutz und die Unfallverhütung und, soweit notwendig, über die Ordnung im Betrieb und das Verhalten der Arbeitnehmer im Betrieb aufzustellen; Ordnungsstrafen sind nur zulässig, wenn sie in der Betriebsordnung angemessen geregelt sind.

[2] Die vereinbarte Betriebsordnung kann auch andere Bestimmungen enthalten, die das Verhältnis zwischen dem Arbeitgeber und den Arbeitnehmern betreffen, jedoch nur soweit, als ihr Gegenstand in dem Bereich, dem der Betrieb angehört, nicht üblicherweise durch Gesamtarbeitsvertrag oder durch andere kollektive Vereinbarung geregelt wird.

[3] Der Inhalt der Betriebsordnung darf dem zwingenden Recht und den für den Arbeitgeber verbindlichen Gesamtarbeitsverträgen nicht widersprechen.

Art. 39 Kontrolle, Wirkungen[2]

[1] Die Betriebsordnung ist der kantonalen Behörde zuzustellen; stellt diese fest, dass Bestimmungen der Betriebsordnung mit den Vorschriften dieses Gesetzes nicht übereinstimmen, so ist das Verfahren gemäss Artikel 51 durchzuführen.[3]

---

1 Fassung gemäss Ziff. II Art. 5 des BG vom 25. Juni 1971 über die Revision des Zehnten Titels und des Zehnten Titelsbis des Obligationenrechts (Der Arbeitsvertrag), in Kraft seit 1. Jan. 1972 (SR 220 am Schluss, Schl- und UeB zum X. Tit.).

2 Fassung gemäss Ziff. II Art. 5 des BG vom 25. Juni 1971 über die Revision des Zehnten Titels und des Zehnten Titelsbis des Obligationenrechts (Der Arbeitsvertrag), in Kraft seit 1. Jan. 1972 (SR 220 am Schluss, Schl- und UeB zum X. Tit.).

3 Fassung gemäss Ziff. II Art. 5 des BG vom 25. Juni 1971 über die Revision des Zehnten Titels und des Zehnten Titelsbis des Obligationenrechts (Der Arbeitsvertrag), in Kraft seit 1. Jan. 1972 (SR 220 am Schluss, Schl- und UeB zum X. Tit.).

² Nach der Bekanntgabe im Betrieb ist die Betriebsordnung für den Arbeitgeber und für die Arbeitnehmer verbindlich.

VI. Durchführung des Gesetzes

1. Durchführungsbestimmungen

Art. 40

¹ Der Bundesrat ist zuständig zum Erlasse

a. von Verordnungsbestimmungen in den vom Gesetz ausdrücklich vorgesehenen Fällen;

b. von Ausführungsbestimmungen zur nähern Umschreibung einzelner Vorschriften des Gesetzes;

c. von Verwaltungsbestimmungen für die Vollzugs- und Aufsichtsbehörden.

² Vor dem Erlasse von Bestimmungen gemäss Absatz 1 Buchstaben *a* und *b* sind die Kantone, die Eidgenössische Arbeitskommission und die zuständigen Organisationen der Wirtschaft anzuhören.

2. Aufgaben und Organisation der Behörden

Art. 41   Kantone

¹ Der Vollzug des Gesetzes und der Verordnungen obliegt, unter Vorbehalt von Artikel 42, den Kantonen. Diese bezeichnen die zuständigen Vollzugsbehörden und eine kantonale Rekursbehörde.

² Die Kantone erstatten dem Bundesrat nach Ablauf jedes zweiten Jahres Bericht über den Vollzug.

³ Bestehen Zweifel über die Anwendbarkeit des Gesetzes auf einzelne nicht-industrielle Betriebe oder einzelne Arbeitnehmer in industriellen oder nicht-industriellen Betrieben, so entscheidet die kantonale Behörde.

Art. 42   Bund

¹ Der Bund übt die Oberaufsicht über den Vollzug des Gesetzes und der Verordnungen durch die Kantone aus. Er kann den kantonalen Vollzugsbehörden Weisungen erteilen.

² Dem Bund obliegen ferner die Vollzugsmassnahmen, für die ihn das Gesetz ausdrücklich als zuständig erklärt, sowie der Vollzug des Gesetzes und der Verordnungen in den Betrieben des Bundes im Sinne von Artikel 2 Absatz 2.

3 Die Aufgaben des Bundes im Sinne der Absätze 1 und 2 obliegen dem Bundesamt, soweit sie nicht dem Bundesrat oder dem Eidgenössischen Volkswirtschaftsdepartement vorbehalten bleiben.

4 Für die Durchführung seiner Aufgaben stehen dem Bundesamt die Eidgenössischen Arbeitsinspektorate und der Arbeitsärztliche Dienst zur Verfügung. Es kann ferner besondere Fachinspektorate oder Sachverständige heranziehen.

Art. 43   Arbeitskommission

1 Der Bundesrat bestellt eine Eidgenössische Arbeitskommission aus Vertretern der Kantone und wissenschaftlichen Sachverständigen, aus Vertretern der Arbeitgeber- und Arbeitnehmerverbände in gleicher Zahl sowie aus Vertretern weiterer Organisationen.

2 Die Arbeitskommission begutachtet zuhanden der Bundesbehörden Fragen der Gesetzgebung und des Vollzugs. Sie ist befugt, von sich aus Anregungen zu machen.

Art. 44[1]   Schweigepflicht

1 Personen, die mit Aufgaben nach diesem Gesetz betraut sind oder dabei mitwirken, sind verpflichtet, über Tatsachen, die ihnen bei ihrer Tätigkeit zur Kenntnis gelangen, gegenüber Dritten Stillschweigen zu bewahren.

2 Die mit der Aufsicht und dem Vollzug dieses Gesetzes betrauten kantonalen Behörden und das Bundesamt unterstützen sich gegenseitig in der Erfüllung ihrer Aufgaben; sie erteilen einander die benötigten Auskünfte kostenlos und gewähren auf Verlangen Einsicht in amtliche Akten. Die in Anwendung dieser Vorschrift gemeldeten oder festgestellten Tatsachen unterliegen der Schweigepflicht nach Absatz 1.

Art. 44a[2]   Datenbekanntgabe

1 Das Bundesamt oder die zuständige kantonale Behörde kann auf begründetes schriftliches Gesuch hin Daten bekannt geben an:

a. die Aufsichts- und Vollzugsbehörde über die Arbeitssicherheit nach dem Bundesgesetz vom 20. März 1981[3] über die Unfallversicherung, sofern diese die Daten zur Erfüllung ihrer Aufgaben benötigt;

b. Gerichte und Strafuntersuchungsbehörden, sofern es die Ermittlung eines rechtlich relevanten Sachverhaltes erfordert;

c. Versicherer, sofern es die Abklärung eines versicherten Risikos erfordert;

d. den Arbeitgeber, sofern die Anordnung personenbezogener Massnahmen nötig wird;

1   Fassung gemäss Ziff. VII 3 des BG vom 24. März 2000 über die Schaffung und die Anpassung gesetzlicher Grundlagen für die Bearbeitung von Personendaten, in Kraft seit 1. Sept. 2000 (AS 2000 1891 1914; BBl 1999 9005).

2   Eingefügt durch Ziff. VII 3 des BG vom 24. März 2000 über die Schaffung und die Anpassung gesetzlicher Grundlagen für die Bearbeitung von Personendaten, in Kraft seit 1. Sept. 2000 (AS 2000 1891 1914; BBl 1999 9005).

3   SR 832.20

e. die Organe des Bundesamtes für Statistik, sofern diese die Daten zur Erfüllung ihrer Aufgaben benötigen.

2 An andere Behörden von Bund, Kantonen und Gemeinden oder an Dritte dürfen Daten auf begründetes schriftliches Gesuch hin bekannt gegeben werden, wenn die betroffene Person schriftlich eingewilligt hat oder die Einwilligung nach den Umständen vorausgesetzt werden darf.

3 Zur Abwendung einer Gefahr für Leben oder Gesundheit der Arbeitnehmer oder von Dritten können Daten ausnahmsweise bekannt gegeben werden.

4 Die Weitergabe von anonymisierten Daten, die namentlich der Planung, Statistik oder Forschung dienen, kann ohne Zustimmung der betroffenen Personen erfolgen.

5 Der Bundesrat kann eine generelle Bekanntgabe von nicht besonders schützenswerten Daten an Behörden oder Institutionen vorsehen, sofern diese Daten für den Empfänger zur Erfüllung einer gesetzlichen Aufgabe notwendig sind. Er kann zu diesem Zweck ein Abrufverfahren vorsehen.

Art. 44b[1]   Informations- und Dokumentationssysteme

1 Die Kantone und das Bundesamt führen zur Erfüllung der Aufgaben nach diesem Gesetz Informations- oder Dokumentationssysteme.

2 Die Informations- und Dokumentationssysteme können besonders schützenswerte Daten enthalten über:

a. den Gesundheitszustand einzelner Arbeitnehmer im Zusammenhang mit den von diesem Gesetz und seinen Verordnungen vorgesehenen medizinischen Abklärungen, Risikoanalysen und Gutachten;

b. Verwaltungs- und Strafverfahren nach diesem Gesetz.

3 Der Bundesrat bestimmt die Kategorien der zu erfassenden Daten und deren Aufbewahrungsdauer sowie die Zugriffs- und Bearbeitungsberechtigung. Er regelt die Zusammenarbeit mit den beteiligten Organen, den Datenaustausch und die Datensicherheit.

3. Pflichten der Arbeitgeber und Arbeitnehmer

Art. 45   Auskunftspflicht

1 Der Arbeitgeber und seine Arbeitnehmer sowie Personen, die im Auftrag des Arbeitgebers Aufgaben nach diesem Gesetz wahrnehmen, haben den Vollzugs- und Aufsichtsbehörden alle Auskünfte zu erteilen, die diese zur Erfüllung ihrer Aufgaben benötigen.[2]

---

1   Eingefügt durch Ziff. VII 3 des BG vom 24. März 2000 über die Schaffung und die Anpassung gesetzlicher Grundlagen für die Bearbeitung von Personendaten, in Kraft seit 1. Sept. 2000 (AS 2000 1891 1914; BBl 1999 9005).

2   Fassung gemäss Ziff. VII 3 des BG vom 24. März 2000 über die Schaffung und die Anpassung gesetzlicher Grundlagen für die Bearbeitung von Personendaten, in Kraft seit 1. Sept. 2000 (AS 2000 1891 1914; BBl 1999 9005).

² Der Arbeitgeber hat den Vollzugs- und Aufsichtsorganen den Zutritt zum Betriebe, die Vornahme von Feststellungen und die Entnahme von Proben zu gestatten.

Art. 46[1]   Verzeichnisse und andere Unterlagen

Der Arbeitgeber hat die Verzeichnisse oder andere Unterlagen, aus denen die für den Vollzug dieses Gesetzes und seiner Verordnungen erforderlichen Angaben ersichtlich sind, den Vollzugs- und Aufsichtsorganen zur Verfügung zu halten. Im Übrigen gelten die Bestimmungen des Bundesgesetzes vom 19. Juni 1992[2] über den Datenschutz.

Art. 47[3]   Bekanntgabe des Stundenplanes und der Arbeitszeitbewilligungen

¹ Der Arbeitgeber hat den Arbeitnehmern durch Anschlag oder auf andere geeignete Weise bekannt zu geben:

a.   den Stundenplan und die Arbeitszeitbewilligungen sowie

b.   die damit zusammenhängenden besonderen Schutzvorschriften.

² Durch Verordnung wird bestimmt, welche Stundenpläne der kantonalen Behörde mitzuteilen sind.

Art. 48[4]   Mitwirkungsrechte

¹ Den Arbeitnehmern oder deren Vertretung im Betrieb stehen in folgenden Angelegenheiten Mitspracherechte zu:

a.   in allen Fragen des Gesundheitsschutzes;

b.   bei der Organisation der Arbeitszeit und der Gestaltung der Stundenpläne;

c.   hinsichtlich der bei Nachtarbeit vorgesehenen Massnahmen im Sinne von Artikel 17*e*.

² Das Mitspracherecht umfasst den Anspruch auf Anhörung und Beratung, bevor der Arbeitgeber einen Entscheid trifft, sowie auf Begründung des Entscheids, wenn dieser den Einwänden der Arbeitnehmer oder deren Vertretung im Betrieb nicht oder nur teilweise Rechnung trägt.

---

1   Fassung gemäss Ziff. VII 3 des BG vom 24. März 2000 über die Schaffung und die Anpassung gesetzlicher Grundlagen für die Bearbeitung von Personendaten, in Kraft seit 1. Sept. 2000 (AS 2000 1891 1914; BBl 1999 9005).

2   SR 235.1

3   Fassung gemäss Ziff. I des BG vom 20. März 1998, in Kraft seit 1. Aug. 2000 (AS 2000 1569 1580; BBl 1998 1394).

4   Fassung gemäss Ziff. I des BG vom 20. März 1998, in Kraft seit 1. Aug. 2000 (AS 2000 1569 1580; BBl 1998 1394).

Art. 49   Bewilligungsgesuche

[1] Der Arbeitgeber hat Gesuche für die im Gesetze vorgesehenen Bewilligungen rechtzeitig einzureichen und zu begründen sowie die erforderlichen Unterlagen beizufügen.

[2] Kann in dringlichen Fällen das Gesuch für eine Arbeitszeitbewilligung nicht rechtzeitig gestellt werden, so hat der Arbeitgeber dies so rasch als möglich nachzuholen und die Verspätung zu begründen. In nicht voraussehbaren Fällen von geringfügiger Tragweite kann auf die nachträgliche Einreichung eines Gesuches verzichtet werden.

[3] Für Arbeitszeitbewilligungen dürfen lediglich mässige Kanzleigebühren erhoben werden.[1]

4. Verwaltungsverfügungen und Verwaltungsmassnahmen

Art. 50   Verwaltungsverfügungen

[1] Die auf Grund des Gesetzes oder einer Verordnung getroffenen Verfügungen sind schriftlich zu eröffnen. Verfügungen, durch welche ein Gesuch ganz oder teilweise abgelehnt wird, sind zu begründen, unter Hinweis auf Beschwerderecht, Beschwerdefrist und Beschwerdeinstanz.

[2] Die Verfügungen können jederzeit geändert oder aufgehoben werden, wenn sich die zugrunde liegenden Tatsachen ändern.

Art. 51   Vorkehren bei Nichtbefolgung von Vorschriften oder Verfügungen

[1] Werden Vorschriften des Gesetzes oder einer Verordnung oder wird eine Verfügung nicht befolgt, so macht die kantonale Behörde, das Eidgenössische Arbeitsinspektorat oder der Arbeitsärztliche Dienst den Fehlbaren darauf aufmerksam und verlangt die Einhaltung der nicht befolgten Vorschrift oder Verfügung.

[2] Leistet der Fehlbare dem Verlangen keine Folge, so erlässt die kantonale Behörde eine entsprechende Verfügung, verbunden mit der Strafandrohung des Artikels 292 des Strafgesetzbuches[2].

[3] Wird durch einen Verstoss im Sinne von Absatz 1 zugleich ein Gesamtarbeitsvertrag verletzt, so kann die kantonale Behörde in geeigneter Weise auf die Massnahmen der Vertragsparteien zur Durchsetzung des Gesamtarbeitsvertrages Rücksicht nehmen.

---

1   Fassung gemäss Ziff. II Art. 5 des BG vom 25. Juni 1971 über die Revision des Zehnten Titels und des Zehnten Titelsbis des Obligationenrechts (Der Arbeitsvertrag), in Kraft seit 1. Jan. 1972 (SR 220 am Schluss, Schl- und UeB zum X. Tit.).

2   SR 311.0

Art. 52   Massnahmen des Verwaltungszwangs

[1] Wird eine Verfügung im Sinne von Artikel 51 Absatz 2 missachtet, so ergreift die kantonale Behörde die zur Herbeiführung des rechtmässigen Zustandes erforderlichen Massnahmen.

[2] Werden Leben oder Gesundheit von Arbeitnehmern oder die Umgebung des Betriebes durch die Missachtung einer Verfügung im Sinne von Artikel 51 Absatz 2 erheblich gefährdet, so kann die kantonale Behörde nach vorheriger schriftlicher Androhung die Benützung von Räumen oder Einrichtungen verhindern und in besonders schweren Fällen den Betrieb für eine bestimmte Zeit schliessen.

Art. 53   Entzug und Sperre von Arbeitszeitbewilligungen

[1] Wird eine Arbeitszeitbewilligung nicht eingehalten, so kann die Bewilligungsbehörde, unabhängig vom Verfahren gemäss den Artikeln 51 und 52, die Bewilligung nach vorheriger schriftlicher Androhung aufheben und, wenn die Verhältnisse dies rechtfertigen, die Erteilung neuer Bewilligungen für eine bestimmte Zeit sperren.

[2] Missbraucht ein Arbeitgeber die Befugnis zur Anordnung von Überzeitarbeit ohne Bewilligung, so kann ihm die kantonale Behörde diese Befugnis für eine bestimmte Zeit entziehen.

Art. 54   Anzeigen

[1] Die zuständigen Behörden sind verpflichtet, Anzeigen wegen Nichtbefolgung des Gesetzes, einer Verordnung oder einer Verfügung zu prüfen und, falls sie begründet sind, gemäss den Artikeln 51–53 zu verfahren.

[2] Trifft die Behörde auf Anzeige hin keine oder ungenügende Vorkehren, so kann die übergeordnete Behörde angerufen werden.

5. Verwaltungsrechtspflege

Art. 55[1]

Aufgehoben.

Art. 56 · Beschwerde gegen Verfügungen der kantonalen Behörde

[1] Gegen Verfügungen der kantonalen Behörde kann innert 30 Tagen, von der Eröffnung der Verfügung an gerechnet, Beschwerde bei der kantonalen Rekursbehörde erhoben werden.

[2] Der Entscheid ist dem Beschwerdeführer und der Behörde, deren Verfügung angefochten wurde, schriftlich mit Angabe der Gründe und mit Rechtsmittelbelehrung zu eröffnen. Im Übrigen richtet sich das Verfahren nach kantonalem Recht.

Art. 57[2]

Aufgehoben.

Art. 58[3] · Beschwerderecht

Zur Beschwerde gegen Verfügungen der kantonalen Behörden und der Bundesbehörden sind auch die Verbände der beteiligten Arbeitgeber und Arbeitnehmer berechtigt.

6. Strafbestimmungen[4]

Art. 59[5] · Strafrechtliche Verantwortlichkeit des Arbeitgebers

[1] Der Arbeitgeber ist strafbar, wenn er den Vorschriften über

a. den Gesundheitsschutz und die Plangenehmigung vorsätzlich oder fahrlässig zuwiderhandelt;

b. die Arbeits- und Ruhezeit vorsätzlich zuwiderhandelt;

---

1 Aufgehoben durch Anhang Ziff. 98 des Verwaltungsgerichtsgesetzes vom 17. Juni 2005, mit Wirkung seit 1. Jan. 2007 (SR 173.32).

2 Aufgehoben durch Anhang Ziff. 98 des Verwaltungsgerichtsgesetzes vom 17. Juni 2005, mit Wirkung seit 1. Jan. 2007 (SR 173.32).

3 Fassung gemäss Anhang Ziff. 98 des Verwaltungsgerichtsgesetzes vom 17. Juni 2005, in Kraft seit 1. Jan. 2007 (SR 173.32).

4 Ab 1. Jan. 2007 sind die angedrohten Strafen und die Verjährungsfristen in Anwendung von Art. 333 Abs. 2-6 des Strafgesetzbuches (SR 311.0) in der Fassung des BG vom 13. Dez. 2002 (AS 2006 3459) zu interpretieren beziehungsweise umzurechnen.

5 Fassung gemäss Ziff. 9 des Anhangs zum Unfallversicherungsgesetz, in Kraft seit 1. Jan. 1984 (SR 832.20, 832.201 Art. 1 Abs. 1).

c. den Sonderschutz der jugendlichen oder weiblichen Arbeitnehmer vorsätzlich oder fahrlässig zuwiderhandelt.

[2] Artikel 6 des Verwaltungsstrafrechtsgesetzes vom 22. März 1974[1] ist anwendbar.

Art. 60[2]   Strafrechtliche Verantwortlichkeit des Arbeitnehmers

[1] Der Arbeitnehmer ist strafbar, wenn er den Vorschriften über den Gesundheitsschutz vorsätzlich zuwiderhandelt.

[2] Gefährdet er dadurch andere Personen ernstlich, so ist auch die fahrlässige Widerhandlung strafbar.

Art. 61[3]   Strafen

[1] Der Arbeitgeber wird mit Gefängnis bis zu sechs Monaten oder mit Busse bestraft.

[2] Der Arbeitnehmer wird mit Haft oder Busse bestraft.

Art. 62   Vorbehalt des Strafgesetzbuches und Strafverfolgung

[1] Die besonderen Bestimmungen des Strafgesetzbuches[4] bleiben vorbehalten.

[2] Die Strafverfolgung ist Sache der Kantone.

VII. Änderung von Bundesgesetzen

Art. 63–70

...

---

1   SR 313.0
2   Fassung gemäss Ziff. 9 des Anhangs zum Unfallversicherungsgesetz, in Kraft seit 1. Jan. 1984 (SR 832.20, 832.201 Art. 1 Abs. 1).
3   Fassung gemäss Ziff. 9 des Anhangs zum Unfallversicherungsgesetz, in Kraft seit 1. Jan. 1984 (SR 832.20, 832.201 Art. 1 Abs. 1).
4   SR 311.0

VIII. Schluss- und Übergangsbestimmungen

Art. 71   Vorbehalt von Vorschriften des Bundes, der Kantone und der Gemeinden

Vorbehalten bleiben insbesondere

a. die Bundesgesetzgebung über die berufliche Ausbildung, über die Verhütung von Unfällen und Berufskrankheiten sowie über die Arbeits- und Ruhezeit der berufsmässigen Motorfahrzeugführer;

b.[1] Vorschriften des Bundes, der Kantone und der Gemeinden über das öffentlich-rechtliche Dienstverhältnis; von den Vorschriften über den Gesundheitsschutz und über die Arbeits- und Ruhezeit darf dabei jedoch nur zu Gunsten der Arbeitnehmer abgewichen werden;

c. Polizeivorschriften des Bundes, der Kantone und der Gemeinden, wie namentlich solche über die Bau-, Feuer-, Gesundheits- und Wasserpolizei sowie über die Sonntagsruhe und über die Öffnungszeiten von Betrieben, die dem Detailverkauf, der Bewirtung oder der Unterhaltung dienen.

Art. 72   Aufhebung eidgenössischer Vorschriften

[1] Mit dem Inkrafttreten des Gesetzes sind folgende Bundesgesetze aufgehoben:

a. das Bundesgesetz vom 2. November 1898[2] betreffend die Fabrikation und den Vertrieb von Zündhölzern;

b. das Bundesgesetz vom 18. Juni 1914[3] betreffend die Arbeit in den Fabriken, unter Vorbehalt von Absatz 2;

c. das Bundesgesetz vom 31. März 1922[4] über die Beschäftigung der jugendlichen und weiblichen Personen in den Gewerben;

d. das Bundesgesetz vom 26. September 1931[5] über die wöchentliche Ruhezeit;

e. das Bundesgesetz vom 24. Juni 1938[6] über das Mindestalter der Arbeitnehmer.

[2] Auf industrielle Betriebe bleiben die folgenden Vorschriften des Bundesgesetzes vom 18. Juni 1914[7] betreffend die Arbeit in den Fabriken weiterhin anwendbar:

a. ...[8]

b. die Vorschriften der Artikel 30, 31 und 33–35 über das Einigungswesen.

---

1   Fassung gemäss Ziff. I des BG vom 22. März 2002, in Kraft seit 1. Jan. 2005 (AS 2002 2547; BBl 2001 3181 6098).

2   [BS 8 117]

3   SR 821.41

4   [BS 8 206]

5   [BS 8 125]

6   [BS 8 217 221]

7   SR 821.41

8   Aufgehoben durch Ziff. II Art. 6 Ziff. 12 des BG vom 25. Juni 1971 über die Revision des Zehnten Titels und des Zehnten Titelsbis des Obligationenrechts (Der Arbeitsvertrag) (SR 220 am Schluss, Schl- und UeB zum X. Tit.).

Art. 73   Aufhebung kantonaler Vorschriften

[1] Mit dem Inkrafttreten des Gesetzes sind ferner aufgehoben:

a.   die kantonalen Vorschriften, die vom Gesetze geregelte Sachgebiete betreffen;

b.   die kantonalen Vorschriften über die Ferien, unter Vorbehalt von Absatz 2.

[2] Kantonale Vorschriften über die Feriendauer, die längere Ferien als Artikel 341bis Absatz 1 des Obligationenrechts[1] vorsehen, bleiben als zivilrechtliche Bestimmungen im Rahmen von Artikel 341bis Absatz 2 des Obligationenrechts weiterhin in Kraft.

[3] Vorbehalten bleiben kantonale Vorschriften über die ärztliche Untersuchung der Jugendlichen, soweit der Bund von seiner Befugnis gemäss Artikel 29 Absatz 4 keinen Gebrauch macht.

[4] ...[2]

Art. 74   Inkrafttreten

[1] Der Bundesrat bestimmt den Zeitpunkt des Inkrafttretens des Gesetzes. Er kann einzelne Teile oder Vorschriften des Gesetzes in einem späteren Zeitpunkt in Kraft setzen.

[2] Setzt der Bundesrat nicht alle Vorschriften des Gesetzes auf den gleichen Zeitpunkt in Kraft, so bestimmt er mit der Inkraftsetzung der einzelnen Vorschriften, ob und inwieweit die in Artikel 72 Absatz 1 genannten Bundesgesetze aufgehoben sind.

Datum des Inkrafttretens: 1. Februar 1966[3]

Schlussbestimmungen der Änderung vom 20. März 1998[4]

Artikel 17*b* Absätze 2–4 wird wie folgt in Kraft gesetzt:

1.   für Frauen, die bisher dem Nachtarbeitsverbot unterstellt waren und die neu Nachtarbeit leisten, gleichzeitig mit den übrigen Bestimmungen dieses Gesetzes;

2.   für alle andern Arbeitnehmer drei Jahre nach Inkrafttreten der übrigen Bestimmungen dieses Gesetzes.

---

1   SR 220. Dem Art. 341bis Abs. 1 und 2 in der Fassung des vorliegenden BG (AS 1966 57 Art. 64) entspricht heute Art. 329a Abs. 1 in der Fassung vom 16. Dez. 1983.

2   Aufgehoben durch Ziff. II 408 des BG vom 15. Dez. 1989 über die Genehmigung kantonaler Erlasse durch den Bund (AS 1991 362; BBl 1988 II 1333).

3   BRB vom 14. Jan. 1966 (AS 1966 85).

4   AS 2000 1569 1580; BBl 1998 1394

Nr. 20　**Bundesgesetz über die Information und Mitsprache der Arbeitnehmerinnen und Arbeitnehmer in den Betrieben (Mitwirkungsgesetz)**

vom 17. Dezember 1993 (Stand am 6. April 2004)

SR 822.14

Die Bundesversammlung der Schweizerischen Eidgenossenschaft,

gestützt auf Artikel 34ter Absatz 1 Buchstabe b der Bundesverfassung[1],
nach Einsicht in die Botschaft des Bundesrates vom 24. Februar 1993[2],

beschliesst:

1. Abschnitt: Allgemeine Bestimmungen

Art. 1　　Geltungsbereich

Dieses Gesetz gilt für alle privaten Betriebe, die ständig Arbeitnehmerinnen und Arbeitnehmer in der Schweiz beschäftigen.

Art. 2　　Abweichungen

Zugunsten der Arbeitnehmerinnen und Arbeitnehmer kann von diesem Gesetz abgewichen werden. Zu ihren Ungunsten darf von den Artikeln 3, 6, 9, 10, 12 und 14 Absatz 2 Buchstabe b nicht und von den übrigen Bestimmungen nur durch gesamtarbeitsvertragliche Mitwirkungsordnung abgewichen werden.

Art. 3　　Anspruch auf Vertretung

In Betrieben mit mindestens 50 Arbeitnehmerinnen und Arbeitnehmern können diese aus ihrer Mitte eine oder mehrere Vertretungen bestellen.

Art. 4　　Mitwirkung in Betrieben ohne Arbeitnehmervertretung

In Betrieben oder Betriebsbereichen ohne Arbeitnehmervertretung stehen die Informations- und Mitspracherechte nach den Artikeln 9 und 10 den Arbeitnehmerinnen und Arbeitnehmern direkt zu.

1　AS 1994 1037
　　[BS 1 3]
2　BBl 1993 I 805

2. Abschnitt: Arbeitnehmervertretung

Art. 5 Erstmalige Bestellung

[1] Auf Verlangen eines Fünftels der Arbeitnehmerinnen und Arbeitnehmer ist durch eine geheime Abstimmung festzustellen, ob die Mehrheit der Stimmenden sich für eine Arbeitnehmervertretung ausspricht. In Betrieben mit mehr als 500 Beschäftigten ist die Abstimmung durchzuführen, wenn 100 von ihnen eine solche verlangen.

[2] Befürwortet die Mehrheit der Stimmenden eine Arbeitnehmervertretung, so ist die Wahl durchzuführen.

[3] Abstimmung und Wahl werden von Arbeitgeber- und Arbeitnehmerseite gemeinsam organisiert.

Art. 6 Wahlgrundsätze

Die Arbeitnehmervertretung wird in allgemeiner und freier Wahl bestellt. Auf Verlangen eines Fünftels der Arbeitnehmerinnen und Arbeitnehmer ist diese geheim durchzuführen.

Art. 7 Grösse

[1] Die Grösse der Arbeitnehmervertretung wird von der Arbeitgeber- und der Arbeitnehmerseite gemeinsam festgelegt. Dabei ist der Grösse und der Struktur des Betriebs angemessen Rechnung zu tragen.

[2] Die Vertretung besteht aus mindestens drei Personen.

Art. 8 Aufgaben

Die Arbeitnehmervertretung nimmt gegenüber der Arbeitgeberin oder dem Arbeitgeber die gemeinsamen Interessen der Arbeitnehmerinnen und Arbeitnehmer wahr. Sie informiert letztere regelmässig über ihre Tätigkeit.

3. Abschnitt: Mitwirkungsrechte

Art. 9 Informationsrecht

[1] Die Arbeitnehmervertretung hat Anspruch auf rechtzeitige und umfassende Information über alle Angelegenheiten, deren Kenntnis Voraussetzung für eine ordnungsgemässe Erfüllung ihrer Aufgaben ist.

[2] Die Arbeitgeberin oder der Arbeitgeber hat die Arbeitnehmervertretung mindestens einmal jährlich über die Auswirkungen des Geschäftsganges auf die Beschäftigung und die Beschäftigten zu informieren.

Art. 10   Besondere Mitwirkungsrechte

Der Arbeitnehmervertretung stehen in folgenden Angelegenheiten nach Massgabe der entsprechenden Gesetzgebung besondere Mitwirkungsrechte zu:

a.[1] In Fragen der Arbeitssicherheit im Sinne von Artikel 82 des Unfallversicherungsgesetzes vom 20. März 1981[2] sowie in Fragen des Arbeitnehmerschutzes im Sinne von Artikel 48 des Arbeitsgesetzes vom 13. März 1964[3];

b. beim Übergang von Betrieben im Sinne der Artikel 333 und 333*a* des Obligationenrechts[4];

c. bei Massenentlassungen im Sinne der Artikel 335*d*–335*g* des Obligationenrechts;

d.[5] über den Anschluss an eine Einrichtung der beruflichen Vorsorge und die Auflösung eines Anschlussvertrages.

4. Abschnitt: Zusammenarbeit

Art. 11   Grundsatz

[1] Die Arbeitgeberin oder der Arbeitgeber und die Arbeitnehmervertretung arbeiten in betrieblichen Angelegenheiten nach dem Grundsatz von Treu und Glauben zusammen.

[2] Die Arbeitnehmervertretung wird von Arbeitgeberseite in ihrer Tätigkeit unterstützt. Die Arbeitgeberin oder der Arbeitgeber hat ihr im notwendigen Umfang Räume, Hilfsmittel und administrative Dienstleistungen zur Verfügung zu stellen.

Art. 12   Schutz der Mitglieder der Arbeitnehmervertretung

[1] Die Arbeitgeberin oder der Arbeitgeber darf die Mitglieder der Arbeitnehmervertretung in ihren Aufgaben nicht behindern.

[2] Die Mitglieder der Arbeitnehmervertretung dürfen von Arbeitgeberseite während des Mandats und nach dessen Beendigung wegen Ausübung dieser Tätigkeit nicht benachteiligt werden. Dies gilt auch für alle, die sich zur Wahl in eine Arbeitnehmervertretung stellen.

---

1   Fassung gemäss Art. 64 des Arbeitsgesetzes vom 13. März 1964 in der Fassung des BG vom 20. März 1998, in Kraft seit 1. Aug. 2000 (SR 822.11).

2   SR 832.20

3   SR 822.11

4   SR 220

5   Eingefügt durch Anhang Ziff. 5 des BG vom 3. Okt. 2003 (1. BVG-Revision), in Kraft seit 1. April 2004 (AS 2004 1677 1700; BBl 2000 2637).

Art. 13 Mitwirkung während der Arbeitszeit

Die Arbeitnehmervertretung kann ihre Tätigkeit während der Arbeitszeit ausüben, wenn die Wahrnehmung ihrer Aufgabe es erfordert und ihre Berufsarbeit es zulässt.

Art. 14 Verschwiegenheitspflicht

[1] Die Mitglieder der Arbeitnehmervertretung sind über betriebliche Angelegenheiten, die ihnen in dieser Eigenschaft zur Kenntnis gelangen, zur Verschwiegenheit gegenüber betriebsfremden Personen verpflichtet, sofern diese nicht mit der Wahrung der Interessen der Arbeitnehmerinnen und Arbeitnehmer betraut sind.

[2] Die Arbeitgeberin und der Arbeitgeber sowie die Mitglieder der Arbeitnehmervertretung sind zur Verschwiegenheit gegenüber allen Personen verpflichtet:

a. in Angelegenheiten, bei denen dies von Arbeitgeberseite oder von der Arbeitnehmervertretung aus berechtigtem Interesse ausdrücklich verlangt wird;

b. in persönlichen Angelegenheiten einzelner Arbeitnehmerinnen und Arbeitnehmer.

[3] Arbeitnehmerinnen und Arbeitnehmer von Betrieben ohne Arbeitnehmervertretung, denen gestützt auf Artikel 4 das Informations- und Mitspracherecht direkt zusteht, sowie betriebsfremde Personen, die nach Absatz 1 informiert werden dürfen, sind ebenfalls zur Verschwiegenheit verpflichtet.

[4] Im weitern sind auch die Arbeitnehmerinnen und Arbeitnehmer zur Verschwiegenheit verpflichtet, die von der Arbeitnehmervertretung nach Artikel 8 informiert worden sind.

[5] Die Pflicht zur Verschwiegenheit bleibt auch nach dem Ausscheiden aus der Arbeitnehmervertretung bestehen.

5. Abschnitt: Rechtspflege

Art. 15

[1] Über Streitigkeiten, die sich aus diesem Gesetz oder einer vertraglichen Mitwirkungsordnung ergeben, entscheiden unter Vorbehalt vertraglicher Schlichtungs- und Schiedsstellen die für Streitigkeiten aus dem Arbeitsverhältnis zuständigen Instanzen.

[2] Klageberechtigt sind die beteiligten Arbeitgeberinnen und Arbeitgeber, Arbeitnehmerinnen und Arbeitnehmer sowie deren Verbände. Für letztere geht der Anspruch nur auf Feststellung.

[3] Das Verfahren ist einfach, rasch und unentgeltlich. Der Sachverhalt wird von Amtes wegen festgestellt.

Abs. 3: BGE 130 III 102.

6. Abschnitt: Schlussbestimmungen

Art. 16

[1] Dieses Gesetz untersteht dem fakultativen Referendum.

[2] Der Bundesrat bestimmt das Inkrafttreten.

Datum des Inkrafttretens: 1. Mai 1994[1]

---

1   BRB vom 8. April 1994 (AS 1994 1041)

Nr. 21 Bundesgesetz über die Information der Konsumentinnen und Konsumenten (Konsumenteninformationsgesetz, KIG)

vom 5. Oktober 1990 (Stand am 27. November 2001)

SR 944.0

Die Bundesversammlung der Schweizerischen Eidgenossenschaft,

gestützt auf Artikel 31[sexies] Absatz 1 der Bundesverfassung[1,2]
nach Einsicht in eine Botschaft des Bundesrates vom 7. Mai 1986[3],

beschliesst:

1. Abschnitt: Zweck

Art. 1

Dieses Gesetz bezweckt, die objektive Information der Konsumentinnen und Konsumenten (Konsumenten) zu fördern durch:

a. Vorschriften über die Waren- und Dienstleistungsdeklaration;

b. Finanzhilfen an Konsumentenorganisationen.

Das Gesetz soll im Sinne eines verstärkten Konsumentenschutzes revidiert werden.

2. Abschnitt: Waren- und Dienstleistungsdeklaration

Art. 2 Grundsätze

[1] Liegt es im Interesse der Konsumenten, so sind in vergleichbarer Form zu deklarieren:

a. die wesentlichen Eigenschaften der zum Kauf oder Gebrauch angebotenen Waren;

b. der wesentliche Inhalt der vom Bundesrat bezeichneten Dienstleistungen.

[2] Wer solche Waren in Verkehr bringt oder solche Dienstleistungen anbietet, ist zur Deklaration verpflichtet.

[3] Ausländische Deklarationen sind anzuerkennen, wenn sie mit den inländischen vergleichbar sind.

[4] Das Geschäfts- und Fabrikationsgeheimnis bleibt gewahrt.

---

[1] AS 1992 910
[BS 1 3; AS 1981 1244]. Der genannten Bestimmung entspricht heute Art. 97 der BV vom 18. April 1999 (SR 101).

[2] Fassung gemäss Anhang Ziff. II 10 des Heilmittelgesetzes vom 15. Dez. 2000, in Kraft seit 1. Jan. 2002 (SR 812.21).

[3] BBl 1986 II 354

[5] Vorbehalten bleibt die Kennzeichnungspflicht nach andern Bundesvorschriften.[1]

[6] Die Deklarationen erfolgen in den Amtssprachen des Bundes.

Art. 3   Privatrechtliche Vereinbarungen

Die betroffenen Organisationen der Wirtschaft und der Konsumenten vereinbaren, welche Waren deklariert werden müssen. Sie vereinbaren auch die Anforderungen an Form und Inhalt der Deklarationen über diese Waren und die vom Bundesrat bezeichneten Dienstleistungen. Sie berücksichtigen dabei die internationalen Normen sowie den Grundsatz der Nichtdiskriminierung.

Art. 4   Verordnungen des Bundesrates

Der Bundesrat kann nach Anhören der betroffenen Organisationen der Wirtschaft und der Konsumenten die Deklaration durch Verordnung regeln, wenn:

a.   innert angemessener Frist keine Vereinbarung zustande gekommen ist oder

b.   eine Vereinbarung unzureichend erfüllt wird.

3. Abschnitt: Finanzhilfe an Konsumentenorganisationen

Art. 5   Grundsätze

[1] Der Bund kann Konsumentenorganisationen, deren Tätigkeit von gesamtschweizerischer Bedeutung ist und die sich statutengemäss ausschliesslich dem Konsumentenschutz widmen, im Rahmen der bewilligten Kredite Finanzhilfe von höchstens 50 Prozent der anrechenbaren Kosten gewähren für:

a.   die objektive und fachgerechte Information in gedruckten oder in elektronischen Medien;

b.   die Durchführung vergleichender Tests über wesentliche und eindeutig erfassbare Eigenschaften von Waren und über den wesentlichen Inhalt von Dienstleistungen;

c.   das Aushandeln von Vereinbarungen über Deklarationen.

[2] Der Bund kann Finanzhilfe nach Absatz 1 Buchstabe a auch andern Organisationen gewähren, deren Tätigkeit von gesamtschweizerischer Bedeutung ist und die sich statutengemäss der Konsumenteninformation widmen.

Art. 6   Finanzhilfe an die Durchführung vergleichender Tests

[1] Finanzhilfe an die Durchführung vergleichender Tests gewährt der Bund nur, wenn die Konsumentenorganisation in ihrer gesamten Testtätigkeit:

---

1   Fassung gemäss Anhang Ziff. II 10 des Heilmittelgesetzes vom 15. Dez. 2000, in Kraft seit 1. Jan. 2002 (SR 812.21).

a. bei der Auswahl der Testthemen und bei der Durchführung der Tests auf das Informationsbedürfnis der Konsumenten abstellt;
b. die Tests nach wissenschaftlichen Prinzipien durchführt;
c. eine technisch einwandfreie, fachkundige und neutrale Durchführung der Tests sicherstellt;
d. den betroffenen Anbietern ein Anhörungsrecht einräumt;

[2] Die zuständige Bundesstelle sorgt für die Koordination der Testtätigkeit der um Finanzhilfe nachsuchenden Konsumentenorganisationen.

Art. 7   Unabhängigkeit bei der Durchführung von Tests

Eine Organisation, welche für die Durchführung vergleichender Tests gemäss Artikel 5 Absatz 1 Buchstabe b Finanzhilfe erhält, muss so unabhängig sein, dass die objektive Durchführung der Tests gewährleistet ist.

4. Abschnitt: Auskunftspflicht

Art. 8

[1] Organisationen, die Finanzhilfe beanspruchen, müssen der zuständigen Verwaltungseinheit alle erforderlichen Auskünfte erteilen und Einblick in die Unterlagen gewähren.

[2] Die betroffenen Organisationen der Wirtschaft und der Konsumenten sowie die Anbieter von Waren und Dienstleistungen müssen der zuständigen Verwaltungseinheit alle Auskünfte erteilen, die für den Vollzug von Vorschriften des Bundesrates über die Waren- und Dienstleistungsdeklaration (Art. 4) erforderlich sind.

5. Abschnitt: Eidgenössische Kommission für Konsumentenfragen

Art. 9

[1] Der Bundesrat bestellt eine Eidgenössische Kommission für Konsumentenfragen, in der die Konsumenten, die Wirtschaft und die Wissenschaft vertreten sind.

[2] Die Kommission berät den Bundesrat und die Departemente in Angelegenheiten, die die Konsumenten betreffen.

[3] Die Kommission fördert die partnerschaftliche Lösung von Konsumentenfragen.

6. Abschnitt: Verfahren und Strafbestimmungen

Art. 10   Rechtsschutz

Der Rechtsschutz richtet sich nach den Bestimmungen über die Bundesverwaltungsrechtspflege.

Art. 11   Strafbare Handlungen

[1] Mit Busse wird bestraft, wer vorsätzlich:

a.   gegen eine Vorschrift des Bundesrates über die Waren- und Dienstleistungsdeklaration (Art. 4) verstösst, die eine Strafandrohung enthält;

b.   die Auskunftspflicht nach Artikel 8 Absatz 2 nicht erfüllt.

[2] Handelt der Täter fahrlässig, so beträgt die Busse bis zu 2000 Franken.

[3] In besonders leichten Fällen kann auf die Bestrafung verzichtet werden.

Art. 12   Verhältnis zum Bundesgesetz über das Verwaltungsstrafrecht

[1] Für die Strafverfolgung und die Beurteilung der strafbaren Handlungen gilt das Verwaltungsstrafrechtsgesetz[1].

[2] Verfolgende und urteilende Verwaltungseinheit ist das Eidgenössische Volkswirtschaftsdepartement.

7. Abschnitt: Schlussbestimmungen

Art. 13   Vollzug

[1] Der Bundesrat vollzieht dieses Gesetz. Er erlässt die Ausführungsbestimmungen.

[2] Er kann für den Vollzug der Vorschriften die betroffenen Organisationen der Wirtschaft und der Konsumenten beiziehen.

Vgl. die VO über Finanzhilfen an Konsumentenorganisationen, SR 944.05.

Art. 14   Referendum und Inkrafttreten

[1] Dieses Gesetz untersteht dem fakultativen Referendum.

[2] Der Bundesrat bestimmt das Inkrafttreten.

Datum des Inkrafttretens: 1. Mai 1992[1]

1   SR 313.0

Nr. 22   # Bundesgesetz über Pauschalreisen

vom 18. Juni 1993

SR 944.3

Die Bundesversammlung der Schweizerischen Eidgenossenschaft,

gestützt auf die Artikel 31[sexies] und 64 der Bundesverfassung[2],

nach Einsicht in die Botschaft des Bundesrates vom 24. Februar 1993[3],

beschliesst:

1. Abschnitt: Begriffe

Art. 1   Pauschalreise

[1] Als Pauschalreise gilt die im voraus festgelegte Verbindung von mindestens zwei der folgenden Dienstleistungen, wenn diese Verbindung zu einem Gesamtpreis angeboten wird und länger als 24 Stunden dauert oder eine Übernachtung einschliesst:

a. Beförderung;

b. Unterbringung;

c. andere touristische Dienstleistungen, die nicht Nebenleistungen von Beförderung oder Unterbringung sind und einen beträchtlichen Teil der Gesamtleistung ausmachen.

[2] Dieses Gesetz ist auch anwendbar, wenn im Rahmen derselben Pauschalreise einzelne Leistungen getrennt berechnet werden.

Art. 2   Veranstalter, Vermittler und Konsument

[1] Als Veranstalter oder Veranstalterin (Veranstalter)[4] gilt jede Person, die Pauschalreisen nicht nur gelegentlich organisiert und diese direkt oder über einen Vermittler anbietet.

[2] Als Vermittler oder Vermittlerin (Vermittler)[1] gilt die Person, welche die vom Veranstalter zusammengestellte Pauschalreise anbietet.

---

1   BRB vom 1. April 1992 (AS 1992 913).

2   AS 1993 3152
     SR 101

3   BBl 1993 I 805

4   Da die durchgehende Verwendung von Paarformen die Lesbarkeit des vorliegenden Erlasses erschwert, wird im folgenden die männliche Personenbezeichnung als Ausdruck gewählt, der sich auf Personen beider Geschlechter bezieht.

[3] Als Konsument oder Konsumentin (Konsument)[2] gilt jede Person:

a. welche eine Pauschalreise bucht oder zu buchen sich verpflichtet;

b. in deren Namen oder zu deren Gunsten eine Pauschalreise gebucht oder eine Buchungsverpflichtung eingegangen wird;

c. welcher die Pauschalreise nach Artikel 17 abgetreten wird.

2. Abschnitt: Prospekte

Art. 3

Veröffentlicht ein Veranstalter oder ein Vermittler einen Prospekt, so sind die darin enthaltenen Angaben für ihn verbindlich; sie können nur geändert werden:

a. durch spätere Parteivereinbarung;

b. wenn der Prospekt ausdrücklich auf die Änderungsmöglichkeit hinweist und die Änderung dem Konsumenten vor Vertragsschluss klar mitgeteilt wird.

3. Abschnitt: Information des Konsumenten

Art. 4   Vor Vertragsschluss

[1] Der Veranstalter oder der Vermittler muss dem Konsumenten vor Vertragsschluss alle Vertragsbedingungen schriftlich mitteilen.

[2] Die Vertragsbedingungen können dem Konsumenten auch in einer anderen geeigneten Form vermittelt werden, vorausgesetzt, dass sie ihm vor Vertragsschluss schriftlich bestätigt werden. Die Pflicht zur schriftlichen Bestätigung fällt dahin, wenn ihre Erfüllung eine Buchung oder einen Vertragsschluss verunmöglichen würde.

[3] Soweit dies für die Pauschalreise von Bedeutung ist, muss der Veranstalter oder der Vermittler den Konsumenten vor Vertragsschluss schriftlich oder in einer anderen geeigneten Form allgemein informieren:

a. über die für Staatsangehörige der Staaten der EG und der EFTA geltenden Pass- und Visumserfordernisse, insbesondere über die Fristen für die Erlangung dieser Dokumente;

b. über gesundheitspolizeiliche Formalitäten, die für die Reise und den Aufenthalt erforderlich sind.

---

1   Da die durchgehende Verwendung von Paarformen die Lesbarkeit des vorliegenden Erlasses erschwert, wird im folgenden die männliche Personenbezeichnung als Ausdruck gewählt, der sich auf Personen beider Geschlechter bezieht.

2   Da die durchgehende Verwendung von Paarformen die Lesbarkeit des vorliegenden Erlasses erschwert, wird im folgenden die männliche Personenbezeichnung als Ausdruck gewählt, der sich auf Personen beider Geschlechter bezieht.

4 Staatsangehörige anderer Staaten haben Anspruch auf die Informationen nach Absatz 3 Buchstabe a, wenn sie diese unverzüglich verlangen.

Art. 5   Vor Reisebeginn

Der Veranstalter oder der Vermittler muss dem Konsumenten rechtzeitig vor dem Abreisetermin schriftlich oder in einer anderen geeigneten Form mitteilen:

a. Uhrzeiten und Orte von Zwischenstationen und Anschlussverbindungen;

b. den vom Reisenden einzunehmenden Platz;

c. Name, Adresse und Telefonnummer der örtlichen Vertretung des Veranstalters oder des Vermittlers oder, wenn eine solche Vertretung fehlt, der örtlichen Stellen, welche dem Konsumenten bei Schwierigkeiten Hilfe leisten können; fehlen auch solche Stellen, so sind dem Konsumenten auf jeden Fall eine Notrufnummer oder sonstige Angaben mitzuteilen, mit deren Hilfe er mit dem Veranstalter oder dem Vermittler Verbindung aufnehmen kann;

d. bei Auslandreisen und -aufenthalten einer minderjährigen Person Angaben darüber, wie eine unmittelbare Verbindung zu dieser Person oder den an ihrem Aufenthaltsort Verantwortlichen hergestellt werden kann;

e. Angaben über den möglichen Abschluss einer Reiserücktrittsversicherung oder einer Versicherung zur Deckung der Rückführungskosten bei Unfall oder Krankheit.

4. Abschnitt: Inhalt des Vertrages

Art. 6

1 Unabhängig von der Art der vereinbarten Leistungen muss der Vertrag angeben:

a. den Namen und die Adresse des Veranstalters und des allfälligen Vermittlers;

b. das Datum, die Uhrzeit und den Ort von Beginn und Ende der Reise;

c. die Sonderwünsche des Konsumenten, die vom Veranstalter oder vom Vermittler akzeptiert wurden;

d. ob für das Zustandekommen der Pauschalreise eine Mindestteilnehmerzahl erforderlich ist, und, gegebenenfalls, wann spätestens dem Konsumenten eine Annullierung der Reise mitgeteilt wird;

e. den Preis der Pauschalreise sowie den Zeitplan und die Modalitäten für dessen Zahlung;

f. die Frist, innert welcher der Konsument allfällige Beanstandungen wegen Nichterfüllung oder nicht gehöriger Erfüllung des Vertrags erheben muss;

g. den Namen und die Adresse des allfälligen Versicherers.

2 Je nach Art der vereinbarten Leistungen muss der Vertrag auch angeben:

a. den Bestimmungsort und, wenn mehrere Aufenthalte vorgesehen sind, deren Dauer und Termine;

b. die Reiseroute;

c. die Transportmittel, ihre Merkmale und Klasse;

d. die Anzahl der Mahlzeiten, die im Preis der Pauschalreise inbegriffen sind;

e. die Lage, die Kategorie oder den Komfort und die Hauptmerkmale der Unterbringung sowie deren Zulassung und touristische Einstufung gemäss den Vorschriften des Gaststaates;

f. die Besuche, die Ausflüge und die sonstigen Leistungen, die im Preis der Pauschalreise inbegriffen sind;

g. die Voraussetzungen einer allfälligen Preiserhöhung nach Artikel 7;

h. allfällige Abgaben für bestimmte Leistungen, wie Landegebühren, Ein- oder Ausschiffungsgebühren in Häfen und entsprechende Gebühren auf Flughäfen und Aufenthaltsgebühren, die nicht im Preis der Pauschalreise inbegriffen sind.

5. Abschnitt: Preiserhöhungen

Art. 7

Eine Erhöhung des vertraglich festgelegten Preises ist nur zulässig, wenn:

a. der Vertrag diese Möglichkeit ausdrücklich vorsieht und genaue Angaben zur Berechnung des neuen Preises enthält;

b. sie mindestens drei Wochen vor dem Abreisetermin erfolgt; und

c. sie mit einem Anstieg der Beförderungskosten, einschliesslich der Treibstoffkosten, einer Zunahme der Abgaben für bestimmte Leistungen, wie Landegebühren, Ein- oder Ausschiffungsgebühren in Häfen und entsprechende Gebühren auf Flughäfen, oder mit einer Änderung der für die Pauschalreise geltenden Wechselkurse begründet ist.

6. Abschnitt: Wesentliche Vertragsänderungen

Art. 8   Begriff

[1] Als wesentliche Vertragsänderung gilt jede erhebliche Änderung eines wesentlichen Vertragspunktes, welche der Veranstalter vor dem Abreisetermin vornimmt.

[2] Eine Preiserhöhung von mehr als zehn Prozent gilt als wesentliche Vertragsänderung.

Art. 9   Mitteilungspflicht

Der Veranstalter teilt dem Konsumenten so bald wie möglich jede wesentliche Vertragsänderung mit und gibt deren Auswirkung auf den Preis an.

Art. 10   Konsumentenrechte

[1] Der Konsument kann eine wesentliche Vertragsänderung annehmen oder ohne Entschädigung vom Vertrag zurücktreten.

[2] Er teilt den Rücktritt vom Vertrag dem Veranstalter oder dem Vermittler so bald wie möglich mit.

[3] Tritt der Konsument vom Vertrag zurück, so hat er Anspruch:

a.   auf Teilnahme an einer anderen gleichwertigen oder höherwertigen Pauschalreise, wenn der Veranstalter oder der Vermittler ihm eine solche anbieten kann;

b.   auf Teilnahme an einer anderen minderwertigen Pauschalreise sowie auf Rückerstattung des Preisunterschieds; oder

c.   auf schnellstmögliche Rückerstattung aller von ihm bezahlten Beträge.

[4] Vorbehalten bleibt der Anspruch auf Schadenersatz wegen Nichterfüllung des Vertrages.

7. Abschnitt: Annullierung der Pauschalreise

Art. 11

[1] Annulliert der Veranstalter die Reise vor dem Abreisetermin aus einem nicht vom Konsumenten zu vertretenden Umstand, so stehen diesem die Ansprüche nach Artikel 10 zu.

[2] Der Konsument hat jedoch keinen Anspruch auf Schadenersatz wegen Nichterfüllung des Vertrages:

a.   wenn die Annullierung erfolgt, weil die Anzahl der Personen, welche die Pauschalreise gebucht haben, nicht die geforderte Mindestteilnehmerzahl erreicht und die Annullierung dem Konsumenten innert der im Vertrag angegebenen Frist schriftlich mitgeteilt wurde, oder

b.   wenn die Annullierung auf höhere Gewalt zurückzuführen ist. Überbuchung gilt nicht als höhere Gewalt.

8. Abschnitt: Nichterfüllung und nicht gehörige Erfüllung des Vertrages

Art. 12   Beanstandung

[1] Der Konsument muss jeden Mangel bei der Erfüllung des Vertrages, den er an Ort und Stelle feststellt, so bald wie möglich schriftlich oder in einer anderen geeigneten Form gegenüber dem betreffenden Dienstleistungsträger sowie gegenüber dem Veranstalter oder dem Vermittler beanstanden.

[2] Im Fall einer Beanstandung bemüht sich der Veranstalter, der Vermittler oder seine örtliche Vertretung nach Kräften um geeignete Lösungen.

Art. 13   Ersatzmassnahmen

[1] Wird nach der Abreise ein erheblicher Teil der vereinbarten Leistungen nicht erbracht oder stellt der Veranstalter fest, dass er einen erheblichen Teil der vorgesehenen Leistungen nicht erbringen kann, so hat er:

a.   angemessene Vorkehrungen zu treffen, damit die Pauschalreise weiter durchgeführt werden kann;

b.   den dem Konsumenten daraus entstandenen Schaden zu ersetzen; die Höhe des Schadenersatzes entspricht dem Unterschied zwischen dem Preis der vorgesehenen und jenem der erbrachten Dienstleistungen.

[2] Können diese Vorkehrungen nicht getroffen werden oder lehnt sie der Konsument aus wichtigen Gründen ab, so hat der Veranstalter für eine gleichwertige Beförderungsmöglichkeit zu sorgen, mit welcher der Konsument zum Ort der Abreise zurückkehren oder an einen anderen mit ihm vereinbarten Ort reisen kann. Ausserdem hat er den dem Konsumenten daraus entstandenen Schaden zu ersetzen.

[3] Die Massnahmen dieses Artikels begründen keinen Preisaufschlag.

Art. 14   Haftung; Grundsatz

[1] Der Veranstalter oder der Vermittler, der Vertragspartei ist, haftet dem Konsumenten für die gehörige Vertragserfüllung unabhängig davon, ob er selbst oder andere Dienstleistungsträger die vertraglichen Leistungen zu erbringen haben.

[2] Der Veranstalter und der Vermittler können gegen andere Dienstleistungsträger Rückgriff nehmen.

[3] Vorbehalten bleiben die in internationalen Übereinkommen vorgesehenen Beschränkungen der Entschädigung bei Schäden aus Nichterfüllung oder nicht gehöriger Erfüllung des Vertrages.

Art. 15   Ausnahmen

[1] Der Veranstalter oder der Vermittler haftet dem Konsumenten nicht, wenn die Nichterfüllung oder die nicht gehörige Erfüllung des Vertrages zurückzuführen ist:

a.   auf Versäumnisse des Konsumenten;

b.   auf unvorhersehbare oder nicht abwendbare Versäumnisse Dritter, die an der Erbringung der vertraglich vereinbarten Leistungen nicht beteiligt sind;

c.   auf höhere Gewalt oder auf ein Ereignis, welches der Veranstalter, der Vermittler oder der Dienstleistungsträger trotz aller gebotenen Sorgfalt nicht vorhersehen oder abwenden konnte.

[2] In den Fällen nach Absatz 1 Buchstaben b und c muss sich der Veranstalter oder der Vermittler, der Vertragspartei ist, darum bemühen, dem Konsumenten bei Schwierigkeiten Hilfe zu leisten.

> Abs. 1 lit. a: BGE 130 III 182 (Kofferverlust).

Art. 16   Beschränkung und Wegbedingung der Haftung

[1] Die Haftung für Personenschäden, die aus der Nichterfüllung oder der nicht gehörigen Erfüllung des Vertrages entstehen, kann vertraglich nicht beschränkt werden.

[2] Für andere Schäden kann die Haftung vertraglich auf das Zweifache des Preises der Pauschalreise beschränkt werden, ausser bei absichtlich oder grobfahrlässig zugefügten Schäden.

9. Abschnitt: Abtretung der Buchung der Pauschalreise

Art. 17

[1] Ist der Konsument daran gehindert, die Pauschalreise anzutreten, so kann er die Buchung an eine Person abtreten, die alle an die Teilnahme geknüpften Bedingungen erfüllt, wenn er zuvor den Veranstalter oder den Vermittler innert angemessener Frist vor dem Abreisetermin darüber informiert.

[2] Diese Person und der Konsument haften dem Veranstalter oder dem Vermittler, der Vertragspartei ist, solidarisch für die Zahlung des Preises sowie für die gegebenenfalls durch diese Abtretung entstehenden Mehrkosten.

10. Abschnitt: Sicherstellung

Art. 18

[1] Der Veranstalter oder der Vermittler, der Vertragspartei ist, muss für den Fall der Zahlungsunfähigkeit oder des Konkurses die Erstattung bezahlter Beträge und die Rückreise des Konsumenten sicherstellen.

[2] Auf Verlangen des Konsumenten muss er die Sicherstellung nachweisen. Erbringt er diesen Nachweis nicht, so kann der Konsument vom Vertrag zurücktreten.

[3] Der Rücktritt muss dem Veranstalter oder dem Vermittler vor dem Abreisetermin schriftlich mitgeteilt werden.

11. Abschnitt: Zwingendes Recht

Art. 19

Von den Bestimmungen dieses Gesetzes kann zuungunsten des Konsumenten nur dort abgewichen werden, wo dies ausdrücklich vorgesehen ist.

12. Abschnitt: Referendum und Inkrafttreten

Art. 20

[1] Dieses Gesetz untersteht dem fakultativen Referendum.

[2] Der Bundesrat bestimmt das Inkrafttreten.

Datum des Inkrafttretens: 1. Juli 1994[1]

---

1   BRB vom 30. Nov. 1993 (AS 1994 3158).

Sachregister

Es werden nach jedem Stichwort die Artikelnummern angegeben, wobei ohne besondere Angabe immer das OR gemeint ist. Spezialgesetze, Verordnungen, Konkordate
sowie Staatsverträge weisen in Klammern die jeweiligen Nummern in diesem Buch auf.

A

D

Darlehen 312 ff.
– an Wertschriften und Waren 317
Datenschutz 328b
Décharge
s. *Entlastung*
Deckung
– des Wechsels
– Übergang 1053
– des Checks 1103
Deckungskauf 191
Décompte 323a
Delcredere
– des Agenten 418a, c
– des Kommissionärs 430
– des Handelsreisenden 348a
Delegiertenversammlung
– der Genossenschaft 892
Delegierter 717
Depesche
– als Brieform 13
Depositenhefte
– SchUeB 9
Deposition
– s. *Hinterlegung*
Depositum irregulare 481
Depotvertreter
– bei AG 689d
Diebstahl
– Haftung f. 487, 490
Dienstboten 128 Ziff. 3, 134 Ziff. 4
– s. ferner *Arbeitsvertrag*
Dienstbürgschaft 500, 503, 510, 512
Dienste 394
Dienstleute
– des Gastes und Fuhrmannes 487 ff.
Dienstliche Verrichtung 55
Dienstvertrag
– s. *Arbeitsvertrag*
Differenzgeschäft 513
Direktor 718
Diskont
– bei Vorleistung 81
– Bankdiskont 104
Diskriminierung
– im Arbeitsleben GlG (Nr. 2)
Dispositives Recht 19 Abs. 2
Distanzkauf 189, 204
Dividende 675
– bei GmbH 798

Domizil
– s. *Sitz*
Domizilcheck, Domizilwechsel
– s. *Zahlungsort*
Draufgeld 158
Dritter
– Eintritt eines D. als Gläubiger 110
– Vertrag zu Lasten eines D. 111
– Versprechen zugunsten eines D. 112
– Versicherung zugunsten eines D. 113
– Verrechnung 122
– Übertragung des Auftrags 399
Drohende Gefahr
– Abwendung 52 Abs. 2, 59
Drohender Schaden 59
Drohung 29
Duplikate
– d. Wechsels 1063/5
Durchstreichen
– s. *Streichung*

E

Editionspflicht 963
«Effektiv»
– Klausel 84 Abs. 2, 1031 Abs. 3, 1122 Abs. 3
Ehefrau, Ehegatte
– Bürgschaft 494
Eheliches Güterrecht
– Schranken der Schenkungsfreiheit 240
Ehrenannahme 1055/1
Ehreneintritt
– Zahlg. 1054 ff.
Eigenbedarf
– des Vermieters 271a
Eigene Aktien
– Erwerb 659
Eigener Wechsel 1096 ff.
Eigengeschäft
– des Kommissionärs 436
Eigentumsvorbehalt 227
– beim Grundstückskauf 217 Abs. 2
Einfache Bürgschaft
s. *Bürgschaft*
Einfache Gesellschaft
– s. *Gesellschaft*
Einfamilienhaus 253b
Einkaufskommission 425 ff.

Einmanngesellschaft 625, Anm. 775, 831
Einreden
– des nicht erfüllten Vertrages 82, 97 ff.
– der Verjährung 135, 138/9
– des Solidarschuldners 145
– des Abtretungsschuldners 169
– des Schuldübernehmers 179
– des Käufers 210
– des Bestellers 371
– gegen d. Frachtführer 454
– des Angewiesenen 468
– des Bürgen 502, 507
– aus Inhaberpapier 979, 980
– aus Wechsel 1007
– aus Ordrepapier 1146
Einsichtsrecht
– des Gesellschafters 541
– des Kollektivgesellschafters 557
– des Aktionärs 696/7
– des Genossenschafters 857
– bei Handelsregister HRegV (Nr. 14) Art. 11
Einsteller 302 ff.
Eintragungspflicht HRegV (Nr. 14) Art. 36
Eintritt
– in die Genossenschaft 839 f., 875
– s. *Selbsteintritt*
Einwilligung
– in die schädigende Handlung 44
Einzahlung
der Aktien, 681 f.
Einzelfirma
– Einzelkaufmann 945/6
Eisenbahnen
– Frachtgeschäft 455 ff.
Eisenbahn- und Schiffahrtsunternehmungen 1182, VO Gläubigergemeinschaft bei Anleihensoblig. (Nr. 17) Art. 29
Elektrizität
– Lieferung 184 Anm.
Emission 652a, 752
Enteignung 259
Entlassung
– aus der Bürgschaft
– s. *Befreiung*
Entlastung
– der Verwaltung der AG 758
– GmbH 806a

J

Jagdwild
– Schadenshaft. 56 Abs. 3
Jahr 77
Jahresbericht
– s. *Geschäftsbericht*
Jugendarbeit 329e

K

Kaduzierung
– der Aktien 681 ff.
– Genossenschaft 867
Kalender
– versch. 1027, 1117
Kamionneur 456 Abs. 3
Kantone
– Haftung für Handelsregisterführer 928 Abs. 3
– Vorschriften über Beamtenhaftung 61 Abs. 2
– Zwangsvollstreckung 97
– Wirtszeche 186
– Güterschlächterei 218
– Versteigerung 236
– Normalarbeitsvertrag 359
– Dienstverträge Beamter 342
– Mäkler 418
– Anstalten 763
– Öffentl. Recht ZGB 6
Kapital 620, 773
Kartell UWG (Nr. 18) Art. 1 Anm.
Kaufleute
– kaufmännischer Verkehr
– Verzugszins 104
– Fixgeschäft 190/1
– Gewicht 212
– Schadenberechnung 215
– Darlehen 313/4
Kaufmännisches Gewerbe 458, 462, 552, 594, 772, 934
Kaufpreis
– Bestimmbarkeit 184 Abs. 3
– Bestimmung 216
– Fälligkeit 213
Kaufsrecht 216 ff.
Kaufvertrag 184 ff.
Kausalzusammenhang 42 Anm.
Kaution
– des Arbeitnehmers 330
– des Mieters 257e

Kinder
– Forderungen an die Eltern. Verjährung 134 Ziff. 1
Klageeinleitung 135 Anm.
Klaglosigkeit
– von Spiel und Wette 513
Kleinverkauf 128, 186
Kollektivgesellschaft 552 ff.
– Haftung 568/9
Kollektivprokura 460
Kollektivverhandlungen 356 ff.
Kommanditaktiengesellschaft 764 ff.
Kommanditgesellschaft 594 ff.
– unbeschränkt haftende Gesellschafter 594 Abs. 2, 613
Kommanditsumme 596 Ziff. 2, 608 ff.
Kommission
– zu Ein- oder Verkauf 425 ff.
– Kreditgewährung 429 f.
– Provision 432 ff.
– Selbsteintrittsrecht 436
– Widerruf 438
Kompensation
– s. *Verrechnung*
Konfusion
– Vereinigung 118
Konkrete Schadensberechnung
– beim Kauf 191 Abs. 3, 215 I
Konkurrenzverbot
– Arbeitsvertrag 340 ff.
– Agentur 418d
– Prokurist 464
– Gesellschaft 536
– Kollektivgesellschaft 561
– GmbH 803, 812
Konkurs
– bei Vollmacht 35
– bei zweiseitigen Verträgen 83
– bei Verrechnung 123
– bei Verjährung 135, 138
– bei Schenkung 250
– bei Miete 261
– bei Pacht 290, 297a
– bei Verlagsvertrag 392
– bei Auftrag 401, 405
– bei Agentur 418s
– bei Anweisung 470
– bei Bürgschaft 495, 496, 501, 504, 505
– bei Verpfründung 529
– bei Gesellschaft 545 Ziff. 3

– bei Kollektivgesellschaft 570/1, 575, 577
– bei Kommanditgesellschaft 615, 619
– bei AG 736
– bei Kommanditaktiengesellschaft 770
– des ausscheidenden Genossenschafters 845
– der Genossenschaft 873
– des Wechselbezogenen 1033 Ziff. 2
– des Wechselausstellers 1033 Ziff. 3, 1034 Abs. 6
– des Checkausstellers 1120, 1034
– des Checkbezogenen 1126
– Eintragung 939, HRegV (Nr. 14) Art. 158
– bei Anleihensobligat. 1179
s. auch Zahlungsunfähigkeit
Konnossement 440 Anm. 1153 Anm.
Konsignation 471 Anm.
Konsortium 530
Konsumenteninformation KIG (Nr. 21)
Konsumkredit
– UWG 3 ff.; KKG (Nr. 9)
Kontokorrent 117, 124 Abs. 3, 314 Abs. 3
Kontrolle
– s. *Einsicht* Kontrollstelle
– der Genossenschaft 906. *Für AGs.* Revisionsstelle
Konventionalstrafe 160–163, 105 Abs. 2, 340b, 499 Ziff. 1, 799
Konzern 663e ff., 697h, 731a
Konzessioniertes Gewerbe
– s. *Gewerbe*
Kopien
– des Wechsels 1066/7, vgl. 1133
Koppelungsgeschäft 254
Körperverletzung 46, 47
Kostbarkeiten 488
Kosten
–   Anrechnung 85
– der Übergabe und des Transportes bei Fahrniskauf 188/189
– bei Wandelung 208
– bei Gebrauchsleihe 307
– bei Hinterlegungsvertrag 477
– bei Bürgschaft 499

N